索·恩·人物档案馆

001

【上】

— 传达了格兰特作为男人和作为战士的本质 —

〔美〕
罗纳德·C. 怀特（Ronald C. White） 著

刘洋 译

美国的 尤利西斯

尤利西斯·S. 格兰特的故事

AMERICAN ULYSSES A LIFE OF ULYSSES S. GRANT

社会科学文献出版社
SOCIAL SCIENCES ACADEMIC PRESS (CHINA)

人物档案馆丛书序

斑驳的旧物埋藏着祖先的英勇事迹，典礼仪式上演的英雄故事传颂着古老的荣光。从司马迁的《史记》、普鲁塔克的名人合传到莎士比亚的历史剧，乃至今天风靡世界的传记电影和历史同人小说创作——我们不断切换视角、变换笔触，力图真切地理解当事者的生活时代，想象其秉性和际遇，勾勒更丰满的人物形象。无限还原的愿望与同样无限的想象力激烈碰撞，传记的魅力正蕴藏在真实性与艺术性的无穷张力之中。

今天我们仍然喜欢描写和阅读伟人的故事，一方面是因为他们的存在和行为对社会发展起了关键作用，塑造着历史潮流，其人生值得在"作为艺术作品的传记"中延续下去并承载教化的功能；另一方面，人们的思想、情感、需求很大程度是相通的，传记从一些重要人物的人生际遇中折射普遍的人性，有让读者感同身受的能力。置身新时代，今人和故人面对着同样的问题：如何决定自己的命运，如何改变世界。过去与现在的鸿沟被不变的人之本性和深厚的思想传统跨越，这使历史可与当下类比。

索·恩人物档案馆丛书和已推出的历史图书馆丛书一道坚持深度阅读的理念，收录由权威研究者撰写的重要政治人物、思想家、艺术家传记。他们有的是叱咤风云的军事领袖、外交强人、科学奇才，有的则是悲情的君主，或与时代格格不入的哲学家……无论如何，他们都是各自领域的翘楚，不仅对所生活的社会，而且对后世及世界其他地方也造成了深远持久的影响。因而，关于他们的优秀的传记作品应当包含丰富而扎实的跨学科研究成果，帮助我们认识传主性格、功过的多面性和复杂性，客观地理解个体映射的时代特征，以及一个人在其社会背景下的生活和行为逻辑，理解人与社会结构是如何相互联系的。同时，这些作品当以前沿研究为基础，向读者介绍最新发现的档案、书信、日记等一手资料，且尤应善于审视不同阶段世人对传主的认识和评价，评述以往各种版本传记之优劣。这样的传记作品既能呈现过往时代的风貌，又见证着我们时代的认知和审美旨趣。人物档案馆丛书愿与读者共读人物传记，在历史书写中思考人类命运和当下现实。

社会科学文献出版社

索·恩编辑部

本书获誉

这是一部具有颠覆性的传记……他是美国历史上最重要的人物之一。

——《基督教科学箴言报》(*The Christian Science Monitor*)

这本书是对格兰特的重新评估……他是一名成为国家领袖的军事英雄。

——《达拉斯晨报》(*The Dallas Morning News*)

这种深思熟虑和饱含共鸣的描述,将受到南北战争爱好者和总统史读者的赞赏。

——《图书馆杂志》(*Library Journal*)

本书对美国历史上最伟大,也是最被低估的一位总统进行了必要且大规模的重新评述。

——《布鲁克林杂志》(*Brooklyn Magazine*)

这是一本关于非凡人生的非凡传记。……怀特的风格流畅迷人……他对历史的掌握在每一页都清晰可见。

——《出版人周刊》（*Publishers Weekly*）

罗纳德·怀特通过一本传记，让尤利西斯·S. 格兰特在历史上重新获得了应有的地位，这本传记的广度和基调完全适合格兰特。就像他本人一样，这本书会经久不衰。

——《华尔街日报》（*The Wall Street Journal*）

权威之选……在过去的一代人中，格兰特于历史学家心中受尊敬的程度得到了显著提升。《美国的尤利西斯》是其中新近产生的重量级冠军。

——《波士顿环球报》（*The Boston Globe*）

在这本饱含共鸣、引用严谨的传记中，怀特……向人们传达了格兰特作为男人和作为战士的本质……格兰特理应得到子孙后代更好的对待，就像他从怀特那里得到的一样。

——《新闻日报》（*Newsday*）

这本书真是太好了……非常发人深省、振奋人心且感人至深……我们在《美国的尤利西斯》中所看到的格兰特的为人以及他留存下来的遗产，值得我们更充分地去理解和颂扬。

——《芝加哥论坛报》（*Chicago Tribune*）

在《美国的尤利西斯》中，怀特提出了一个大胆的新主张，要求立即从多个层面重新思考关于格兰特的问题。……他的努力得到了回报，让他对格兰特——一个在有生之年就看到印有华盛顿、林肯和他本人形象奖章的人——有了全新且细致的了解。这真是一种极好的陪伴。

——《休斯敦新闻》(*Houston Press*)

这是对这位神秘领袖的一份新的评价,他和《荷马史诗》中的同名人物一样,在取得成功之前,在许多方面都失败了。……怀特巧妙地描绘了他的主人公从平民到士兵,再到时势造就的英雄的全部历程。作者通过优秀的地图和人物侧写,使格兰特令人着迷地复活了。

——《柯克斯书评》(星级评论)(*Kirkus Reviews*, starred review)

美国的政治思维有一种方法,即围绕那些能够吸引公众注意力一段时间,过后却逐渐消失的概念展开。例如,在多年来没人关心的情况下,"性情(Temperament)"一词在本次选举季中成了多人的谈资。这也许就是为什么《美国的尤利西斯》似乎特别重要的原因。……罗纳德·C.怀特描绘了一个能够深刻内省的理想主义者,他深思熟虑、行动谨慎,在美国历史最关键的时刻,他发现自己正处在风口浪尖上。

——《今日美国》(*USA Today*)

《美国的尤利西斯》是公认的关于格兰特的经典之作,是对美国历史上一位最引人注目人物的一次不朽研究。

——大卫·H.彼得雷乌斯将军(General David H. Petraeus,已退役)

罗纳德·C.怀特是一位传记大师，他的《美国的尤利西斯》是格兰特研究重大复兴的巅峰之作。史诗般的人生很少能够这般富有成效地与才华横溢的作家相遇。

——大卫·W.布莱特（David W. Blight），《弗里德里克·道格拉斯的一生》（Frederick Douglass：A Life）的作者

在这本详尽且引人入胜的新书中，罗纳德·C.怀特将尤利西斯·S.格兰特重新置于伟大美国人的名人堂中。作为军人和总统，格兰特为国家作出了无价的贡献，而怀特史诗般的传记也是无价的。

——乔恩·米查姆（Jon Meacham），普利策奖获得者，《纽约时报》畅销书排行榜第一名作者

怀特最终解决了格兰特之谜——阿波马托克斯的英雄与（据说是）失败的总统之间在性格和能力上的矛盾。这是格兰特应得的传记。

——理查德·诺顿·史密斯（Richard Norton Smith），曾任林肯、里根、艾森豪威尔、福特和胡佛总统图书馆馆长

在1885年格兰特去世后几代人的时间里，他作为将军和总统的声誉不断下降，直到当代传记作家和历史学家令人信服地使之复兴。《美国的尤利西斯》代表了这一过程的顶峰。

——詹姆斯·麦克弗森（James McPherson），普利策奖获得者，《为自由而战的呐喊》（*Battle Cry of Freedom*）的作者

罗纳德·C.怀特对尤利西斯·S.格兰特卓越的新研究，为这位最伟大的美国人（之一）作了充分的辩护。《美国的尤利西斯》不仅

是一部传记，更是一部启示录。

——肖恩·威伦茨（Sean Wilentz），《美国民主的崛起》（*The Rise of American Democracy*）的作者

罗纳德·C. 怀特写了这本包罗万象、研究详尽的传记，恰如其分地描述了尤利西斯·S.格兰特非凡的一生及那个动荡的时代。

——琼·沃伊（Joan Waugh），《U. S. 格兰特：美国的英雄，美国的神话》（*U. S. Grant: American Hero, American Myth*）的作者

罗纳德·C. 怀特早前对林肯的大量研究，使他能够在格兰特身上抓出一些"林肯元素"，而它们常常被许多人所忽略：沉静的魅力、适度的自信、对平等权利的关注，以及非同寻常的文学技巧。怀特本人的写作更使这本书让人爱不释手。

——理查德·怀特曼·福克斯（Richard Wightman Fox），《林肯的遗体》（*Lincoln's Body*）的作者

献给我的妻子

辛西娅·康格·怀特

在他身上，黑人找到了保护者，印第安人找到了朋友，

被征服的敌人找到了兄弟，危在旦夕的民族找到了救世主。

——弗里德里克·道格拉斯

在伟大的逝者中，有三位伟人配享最伟大的尊号，

即华盛顿、林肯和格兰特。

——西奥多·罗斯福

上

Contents /

第一部分　成长，1630~1848

第二部分　磨砺，1848~1861

下

地图列表

家庭背景和早年生活

美墨战争

和平时期的责任

内战

总统生涯

美国的使者

作者声明

　　为了清楚起见，我有时会对格兰特和与他往来通信者的拼写及标点符号作现代化的修正。19世纪时的拼写和标点符号的使用既不规则也不统一。格兰特的拼写往往充满自己的臆想。本书的任何修改都是为了当代读者能够领略其原始含义。

人物介绍

奥维尔·E. 巴布科克

（Orville E. Babcock，1835~1884）

年轻且雄心壮志的巴布科克，于 1864 年 3 月加入格兰特的幕僚团队，参与了弗吉尼亚陆上战役（Overland Campaign）。他后来在白宫担任格兰特的秘书，并在随后的"威士忌集团（Whiskey Ring）"丑闻事件中遭到指控。

亚当·巴多

（Adam Badeau，1831~1895）

散文作家，戏剧评论家，1864~1869 年成为格兰特的参谋。他帮助格兰特撰写《个人回忆录》，并写了两本关于格兰特的具有参考价值的作品：《尤利西斯·S. 格兰特军事史》（*Military History of Ulysses S. Grant*，1881）和《和平时期的格兰特》（*Grant in Peace*，1887）。

西蒙·玻利瓦尔·巴克纳

（Simon Bolivar Buckner，1823~1914）

格兰特在西点军校的同班同学。他在关键的多纳尔森堡会战（Battle of Fort Donelson）结束时指挥着南方邦联的军队。也正是在这里，格兰特提出了著名的"投降条款"。

唐·卡洛斯·布埃尔

（Don Carlos Buell，1818~1898）

联邦将军，时常谨小慎微。他在夏伊洛会战（Battle of Shiloh）时的延误和擅离职守，以及在随后参与战斗的整个过程中都扮演了一个颇有争议性的角色。

本杰明·巴特勒

（Benjamin Butler，1818~1893）

马萨诸塞州众议员和"政治将军（political general）"，在内战期间与格兰特有分歧。内战结束后，他再次当选为众议员，成为格兰特最有力的支持者之一。

扎卡里亚·钱德勒

（Zachariah Chandler，1813~1879）

身材肥大，在政治上虚张声势，与格兰特的第一次见面是在底特律的法庭上，当时格兰特还是一名中尉。数十年后，钱德勒参议员成为格兰特总统的坚定盟友，并被任命为内政部部长。

乔治·W. 蔡尔兹

（George W. Childs，1829~1894）

《费城公共纪事报》（*Philadelphia Public Ledger*）的出版商，是格兰特在新泽西州朗布兰奇（Long Branch）的邻居，后来成了格兰特的密友和财政顾问。

罗斯科·康克林

（Roscoe Conkling，1829~1888）

纽约州参议员，以强硬的"机器政治（machine politics）"而闻名，特别是他对政治资助的拥护。作为一群年轻共和党参议员领导人的康克林，成了格兰特总统推进自己政策的争取对象。

查尔斯·A. 达纳

（Charles A. Dana，1819~1897）

一个唐·吉诃德式的人物，在1863~1865年任战争部助理部长期间曾称赞格兰特将军，但作为《纽约太阳报》（*New York Sun*）的发行人（1868年以后）则批评格兰特总统。

弗里德里克·道格拉斯

（Frederick Douglass，1818~1895）

道格拉斯曾经是一个奴隶，后来成为废奴主义者的领袖、编辑和社会改革家。在格兰特总统任期内，他成了格氏的坚定支持者。

汉密尔顿·菲什

（Hamilton Fish，1808~1893）

菲什作为格兰特政府的国务卿，一开始对格兰特的领导才能持怀疑态度，但后来他改变了看法，成为格兰特八年总统任期内唯一连任的内阁官员。

亨利·W. 哈勒克
（Henry W. Halleck，1815~1872）

哈勒克作为一名文职将军，绰号"老智囊（Old Brain）"，是一位军事理论家。他在领导格兰特时，互相之间形成了一种信任与不信任共存的关系。当格兰特担任总司令（General in Chief）时，哈勒克成了他的参谋长（Chief of Staff）。

温菲尔德·斯科特·汉考克
（Winfield Scott Hancock，1824~1886）

绰号"超级汉考克（Hancock the Superb）"。1864 年，他和格兰特一起参加弗吉尼亚陆上战役。战争结束后，格兰特对作为保守民主党人的汉考克感到失望，因为他不愿在自己的军事辖区新奥尔良保护被解放的奴隶。

安德鲁·约翰逊
（Andrew Johnson，1808~1875）

林肯总统遇刺去世后，约翰逊副总统宣誓成为美国第 17 任总统。格兰特相信军事应服从于文官政府，因此极力试图与约翰逊合作。

约翰·A. 麦克勒南德
（John A. McClernand，1812~1900）

麦克勒南德作为林肯任命的"政治将军"，与格兰特和谢尔曼不断发生冲突。格兰特试图和这位来自伊利诺伊州的林肯总统的朋友达成和解，但他们的矛盾在维克斯堡（Vicksburg）漫长的战役中发展到顶峰。

詹姆斯·B. 麦克弗森
（James B. McPherson，1828~1864）

1853 年，麦克弗森以全班第一的成绩毕业于西点军校，并在亨利堡会战和多纳尔森堡会战期间担任格兰特的工程总监（Chief Engineer）。在夏伊洛会战和维克斯堡战役后，他进一步赢得了格兰特的信任，被任命为田纳西军团（Army of the Tennessee）的指挥官，与谢尔曼和谢尔丹同为格兰特最信赖的指挥官。

乔治·戈登·米德
（George Gordon Meade，1815~1872）

米德在取得葛底斯堡会战（Battle of Gettysburg）的胜利后，因为让罗伯特·E. 李逃回弗吉尼亚而受到批评。作为波托马克军团（Army of the Potomac）的指挥官，他希望在格兰特担任总司令时，自己的职位能够被接替。他们之间不断发展的关系是理解戏剧般内战最后一年的关键。

大卫·迪克森·波特
（David Dixon Porter，1813~1891）

波特从一大群海军英雄中脱颖而出。他最初接触格兰特时带着对这位西点将军根深蒂固的不信任。他们在维克斯堡战役中的合作对西部战区取得胜利至关重要。

霍勒斯·波特

（Horace Porter，1837~1921）

1860 年，波特以第 3 名的成绩从西点军校毕业，并在查塔努加会战中成为格兰特的参谋。尽管在部队和战后商业领域有着多种职业生涯，但波特最想被人们记住的仍是他曾作为格兰特的副官（aide-de-camp，也译"侍从官"）的经历。他的著作《与格兰特并肩作战》（*Campaigning with Grant*）仍是当代关于格兰特最好的作品之一。

约翰·罗林斯

（John Rawlins，1831~1869）

罗林斯曾是一名律师，并在加利纳（Galena）与格兰特见面。后来，他成为格兰特的参谋长和值得信赖的知己。罗林斯在格兰特的第一届总统任期内被任命为战争部部长。

马蒂亚斯·罗梅罗

（Matías Romero，1837~1898）

格兰特与这位年轻的墨西哥外交官的友谊是一个被忽视的故事。他们的关系表明格兰特主张墨西哥自由民主的胜利，以及他对两国之间建立经济关系的期望。

菲利普·H. 谢尔丹

（Philip H. Sheridan，1831~1888）

谢尔丹绰号"小菲尔（Little Phil）"，是重新思考联邦骑兵角色的领袖人物，也是格兰特的爱将之一。他的骑兵部队对谢南多厄河谷（Shenandoah Valley）的袭击，在 1864~1865 年的弗吉尼亚陆上战役中发挥了关键作用。

威廉·特库赛·谢尔曼
（William Tecumseh Sherman，1820~1891）

谢尔曼与格兰特性格不同，却成了格兰特最亲密的战友。他们在夏伊洛、维克斯堡和查塔努加等地，以及在弗吉尼亚长时间的陆上战役中并肩作战。当格兰特就任总统时，谢尔曼被任命为总司令。

埃德温·M. 斯坦顿
（Edwin M. Stanton，1814~1869）

作为战争部部长，斯坦顿曾任职于林肯和约翰逊政府。格兰特与经常刻薄的斯坦顿的关系不怎么稳定，因为约翰逊总统试图交替地让他们互相取代。

乔治·H. 托马斯
（George H. Thomas，1816~1870）

格兰特与这个为联邦而战的弗吉尼亚人有着复杂的关系。托马斯是一个安静的人，有一对矛盾的绰号："奇克莫加磐石（The Rock of Chickamauga）"和"老慢跑（Old Slow-Trot）"。

马克·吐温
（Mark Twain，1835~1910）

美国著名作家，《哈克贝利·费恩历险记》（*Adventures of Huckleberry Finn*）的作者，他承认自己是个"格兰特迷"。他很敬佩格兰特，成为格兰特《个人回忆录》（*Personal Memoirs*）的出版商。

约翰·海尔·文森特

（John Heyl Vincent，1832~1920）

格兰特在加利纳卫理公会教堂（Methodist church）第一次遇见了文森特。15年后，文森特在纽约创立了肖托夸学院（Chautauqua Institution）。作为总统，格兰特接受了文森特的邀请——在学院成立的第二个夏天，在那里发表了演讲。

伊莱休·B. 沃什伯恩

（Elihu B. Washburne，1816~1887）

在内战期间，来自加利纳的共和党众议员沃什伯恩成为格兰特在林肯政府和国会中的支持者。在格兰特担任总统期间，他成为美国驻法公使。

杨约翰

（John R. Young，1840~1899）

《纽约先驱报》（New York Herald）记者，曾在1877~1879年陪同格兰特环游世界。他的两卷本《同格兰特将军环游世界》（Around the World with General Grant）帮助格兰特在第二届总统任期内爆出丑闻后恢复了名望。

一个寒冷而清爽的早晨，在一个小男孩的陪同下，一个中等身材的男人抵达了位于华盛顿的拥挤的"巴尔的摩—俄亥俄铁路"火车站。那是 1864 年 3 月 8 日。男人叫了辆马车，让车夫带他们前往威拉德酒店（Willard's Hotel）。

威拉德酒店位于宾夕法尼亚大道和第十四街交叉口的西北角，与白宫仅隔两个街区。男人和小男孩下了马车，径直走向前台。那个男人 42 岁，穿着一件沾满灰尘的风衣，向店员要了一间客房。店员对此嗤之以鼻——难道这位旅客不知道，在战时的华盛顿，特别是在国家首都最好的酒店，几乎没有空房吗？

店员磨蹭了一会儿，然后告诉旅客，他可以提供给他们一间顶层的小房间。"那很好"，男人轻声地说。然后店员要求他们在酒店登记处签字。

当店员转过身来看到了签名——"尤利西斯·格兰特和他的儿子，来自伊利诺伊州的加利纳"——面色便苍白起来，他紧张地问道："格兰特将军，您为什么刚才不告诉我您是谁啊？"

通过更仔细的观察，店员现在可以看清那被风衣遮住的蓝色联邦军服。他在华盛顿各处都看到过这位被海报描绘的"西部英雄"。店员突然礼貌起来，并不假思索地说，他要为格兰特和他的儿子重新安排到酒店里最好的 6 号客厅套房——事实上，这间套房是亚伯拉罕·林肯（Abraham Lincoln）和他的妻子玛丽（Mary）在三年前抵达华盛顿时住过的。

现在店员知道站在他面前的人是谁了，于是他递给格兰特一封密封过的信函。格兰特打开信封，发现是一封邀请函，邀请他作为贵宾去白宫参加林肯总统晚上的招待会。

因为他没有在内战的东部战区服役，所以人们对格兰特的好奇心随处可见。许多人都知道他成名的大体情形，但他们仍然很好奇：格兰特究竟是一个什么样的人？在过去的三年里，如此多的联邦将军都战败了，而他是怎样成功的？为什么林肯总统把他晋升为陆军中将（lieutenant general），即自乔治·华盛顿（George Washington）以来，第一位被授予中将军衔的人？①总统又为什么把他从西部战区选拔出来以领导所有的联邦军队？

*

由于弄丢了行李箱钥匙，格兰特不得不穿着不整洁的旅行着装在威拉德酒店华丽的餐厅里用餐。格兰特和身边的小男孩，他的儿子弗里德（Fred）坐了下来，人们伸长脖子去观望这位新的用餐者。一位绅士用刀敲击了一下他的桌子，示意保持沉默，每个人才安静下来。这位绅士起身，宣布他"有幸通知他们，格兰特将军正在餐厅"。随后人们开始一阵阵呼喊："格兰特！""格兰特！""格兰特！"随着欢呼声不断加剧，人们敲打着桌子以示欢迎。

格兰特站起身来，又迅速坐下。他看起来有些尴尬。[1]

晚餐后，格兰特经过短短的两个街区来到白宫。他穿过成群

的游客进入东厢大厅，但没有被人认出来。在东厢大厅，他看到远处一个身材高大的男子正被人群包围着。

林肯环视着每一个人，当看到以前从没见过的一个小个子时，他停止了讲话。他微笑着向那个被他召唤到华盛顿的人走

---

① 美军那时还没有上将军衔，中将即最高级军官。（本书脚注分两种，* 为原书页下注，①等圈码为编者注或译者注。除特殊情况外，后不再说明。）

这幅插图描绘了 1864 年 3 月
8 日林肯和格兰特在白宫招待会
上的一次历史性会面。第二天，
林肯任命格兰特为联邦陆军总
司令。

去。林肯比他的客人高出 9 英寸，伸出他的大手紧紧握住格兰特
的手。"哎呀，格兰特将军来了！我向你保证，见到你真是我极
大的荣幸！"[2]

*

林肯在 1864 年热烈欢迎的这位英雄已经从美国人的记忆中
逐渐消失。在圣路易斯（St. Louis）附近的"尤利西斯·S. 格

兰特国家历史区（Ulysses S. Grant National Historic Site）"的朋友告诉我，大多数游客来到这里的时候几乎对格兰特一无所知，但是离开的时候都满怀敬意。在我撰写的《林肯传》（A. Lincoln: A Biography）中，我曾写过一些关于内战将军格兰特的内容，但我现在承认：我当时对他并非全部了解。格兰特的成名之路一直是一个谜。当我深度发掘的时候，发现他的智识之旅充满了惊奇、弯路、问题和思考。他的性格就像一块调色板，与他在西点军校学会用丰富的色彩绘画没什么不同。

在俄亥俄州边境长大后，年轻的尤利西斯被西点军校录取，并于1843年毕业。随后，他在美墨战争（Mexican-American War）中获得荣誉，并回国与朱莉娅·登特（Julia Dent）结婚，她在未来几年陪同格兰特到纽约和密歇根完成任务。当1852~1854年被派往俄勒冈领地和加利福尼亚州时，格兰特被迫离开了妻子，这让他非常苦恼，以致选择了退役。接下来的七年，他为自己、妻子和他们的四个孩子努力谋生，主要依靠着那位支持奴隶制的岳父在圣路易斯城外的地产过活。

接着内战爆发，一切都发生了改变。在这个转折故事中，格兰特在未来七年，从一名在伊利诺伊州加利纳（Galena）的他父亲皮具店的小职员，一跃成为联邦陆军的总司令（General in Chief）和美国总统。他举世瞩目的崛起成为美国领导层最伟大的故事之一。

虽然格兰特在1885年去世时很有声望，但在不久之后，他开始失宠。历史学家在南方"败局命定"的影响下，提升了罗伯特·E. 李（Robert E. Lee）和南方邦联［美利坚联盟国（The Confederate States of America）］在"北方侵略战争"中的地位。在历史重构中，格兰特成了一个"屠夫"，被认为支持通过对己方士兵的无情屠杀,以战胜人数众多的勇敢的南方邦联军。[3]

当格兰特被记起时,他经常被描述为一个简单的行动者,而不是思想者。普利策奖获得者、格兰特传记作家威廉·S.麦克菲莱(William S. McFeely)就声称:"我相信尤利西斯·格兰特并非一个有机的、富有艺术气息的,或有特殊智识的人。"他这样描述格兰特的中年危机:"唯一的问题是,直到他近40岁时,格兰特还没有找到自己喜欢的工作——所以他成了将军和总统,因为他找不到任何更好的事情。"[4]

不,我相信格兰特是一个杰出的人物和领导者。一枚流行于1870年代的奖章,上面刻画的是乔治·华盛顿、亚伯拉罕·林肯和尤利西斯·格兰特,他们被认为是美国三位最伟大的领导人。他被誉为拯救联邦的将军,在有生之年被誉为"阿波马托克斯的英雄(Hero of Appomattox)"①,他是向罗伯特·E.李将军提出宽宏大量的和平条件的勇士,他是美国唯一一位从林肯到伍德罗·威尔逊(Woodrow Wilson)时期连任总统的领导人。即便在第二届总统任期内爆出了丑闻,在美国人的心目中,格兰特依旧保持着巨大的声望,如果他选择继续参选,他很有可能会在1876年第三次当选。但是,让我们不要提前透露我们的故事。

格兰特的伟大品质如同拼图一般,由许多细碎的闪光点拼接而成。他与他同名的希腊英雄奥德修斯(Odysseus)②一样,被同时代人认为是一个悲剧英雄,在成功之前经历了一次又一次失

---

① 1865年,南方邦联的罗伯特·E.李在阿波马托克斯向格兰特投降,内战结束。

② 奥德修斯也译"俄底修斯",是古希腊神话中的英雄,对应罗马神话中的"尤利西斯(Ulysses)"。

败。一个不喜欢打猎的边境男孩竟然成为一名伟大的军人。他与威廉·特库赛·谢尔曼（William Tecumseh Sherman）的关系在外人看来似乎是两个相互对立的人走到了一起。他在内战中的转变，变得既谦虚又宽宏大量。他坚韧的力量能够让与他一起服役的士兵充满活力。他可以讲一个经常以自嘲式幽默作结的故事。他果敢而低调，坚强且温和。他具有他最崇拜的品质，也就是他经常所说的"道义勇气（Moral Courage）"。虽然他在军事上能够知人善任，但他有时在政治上不能很好地鉴别那些被他邀请加入政府之人的动机和道德。他改善自我的能力和勇于面对自己错误的意志，使他争取到了其他的领导人，例如他著名的国务卿汉密尔顿·菲什（Hamilton Fish）。在他生命的晚年，格兰特写下了美国文坛中最好的回忆录之一，现代总统在写回忆录时总会提到它。在这最后一块拼图里，必须提出一个问题：完成这样的文学成就需要非凡的天赋，那我们是不是遗漏了什么？

格兰特爱他的妻子朱莉娅以及他的四个孩子，同时，他也喜欢马、看剧、密苏里州的农场、绘画、旅行、墨西哥和小说。有一句格言是这么说的："好的作家总会是好的读者。"那么，格兰特读过什么呢？他阅读的广度开始于他在西点军校读过的一大堆小说，这暗示着一个关于他想象力深度的故事还有待叙述。他不是林肯那样有口才的演说家，也不是西奥多·罗斯福（Theodore Roosevelt）那样脾气火爆的人，他的领导能力属于另外一种类型。

在这本传记中，我增加了一些格兰特被忽视或被低估的谈话片段。我很早就相信，如果不理解朱莉娅的故事，我们便无法理解尤利西斯的故事。在此之前，她经常不被重视或被边缘化，但在这部传记中她占有很重的位置。其他人也许会形容她平淡无奇，但对于尤利西斯而言，她的美丽在于她的温柔、热情和乐趣。他们年轻时的爱情将受到极力捍卫奴隶制家庭的考验（指朱莉娅的父亲登特），这大大超出他们最初对爱情的理解。所有尤利西斯的朋友都能观察到他对那个被他称作"亲爱的朱莉娅"的女人的"热爱"。她成为格兰特历经诸多难关时的依靠。

格兰特以骑术和驯马出名。但是格兰特与马的故事对现代读者来说意味着什么呢？在早期，马是日常生活的中心，人们明白，能够被马信赖的人，同样也能够被人信赖。

另一个被忽略的内容是格兰特与墨西哥的不解之缘。他以参加美墨战争为大众所熟知；更为隐蔽但同样引人入胜的是，他作为将军和总统，争取美国支持墨西哥成为自由民主国家的志向。

传记往往侧重于战争和政治。我会尝试由里而外地理解格兰特。但要弄清楚这个被认作"沉默寡言"的人物并不是一件容易的事。格兰特因谦逊谨慎而受人尊敬。在研究他的过程中我开始相信，现代的"内向（introversion）"心理学研究可以为他性格的本质提供线索。

同时，格兰特的宗教历程也被忽视和误解。他是基督教卫理公会（Methodist Church）的信徒。当这个19世纪成长最快的新教教派决定在华盛顿建立一个国家教会时，格兰特在1869年就任总统的四天前参加了洗礼。在格兰特的信仰故事中未被认识的人物是约翰·海尔·文森特（John Heyl Vincent），他曾在加利纳的卫理公会当牧师，并于1874年在纽约创立了闻名当今世界的肖托夸学院（Chautauqua Institution），他还在次年夏天邀请格兰特总统在那里发表演讲。

格兰特从未在职位上寻求殊荣。1861年4月，他希望在新的联邦军队中寻找机会，他从伊利诺伊州斯普林菲尔德（Springfield）写信给他的父亲："我对所有委员会的政治幕后操作行为感到厌恶，我绝不会参与其中。"[5] 七年后，他同意自己被提名，作为共和党的总统候选人，因为这个国家在"分裂总统（divisive presidency）"安德鲁·约翰逊（Andrew Johnson）①之后处于危机之中，已无法承受任何的"交易型政治家"。

格兰特在两届总统任期内做了些什么呢？在他第二届任期内的丑闻幽灵有可能毁掉他两届总统的成就。[6] 尽管格兰特担任总统期间为非裔美国人的政治权利辩护；与3K党和压制选民投票作斗争；重新构想对印第安人的政策；重新思考联邦政府在不断变化中的美国所起的作用；并预见到，那时的美国将在世界事务中承担更大的责任；与英国的持久和平将为美国提供一个主要的盟友。

格兰特在他晚年写下的《个人回忆录》被认为是美国回忆录的标志——自出版以来就畅销不衰——但格兰特的私人信件和军事命令却鲜为人知。在这巨大宝藏中最宝贵的是他写给"亲爱的朱莉娅"的数百封信，多年以来，他把所有的信件都保存了下来。格兰特常常把自己的感情藏在心里，但这些信件可以揭露他的期望、奋斗和信念。

在探索这项研究的可行性时，我咨询了内战历史学家吉姆·麦克弗森（Jim McPherson）、加里·加拉格尔（Gary Gallagher）和琼·沃伊（Joan Waugh），询问他们是否认为是时候写一本新的格兰特传记。他们给予了非常慷慨的肯定和鼓励。近年来，一些杰出的历史学家对格兰特进行了深思熟虑的

---

① 1865年林肯遇刺身亡，副总统安德鲁·约翰逊继任总统，随后，政府内部陷入空前严酷的纷争。

重新评估。[7]布鲁克斯·辛普森（Brooks Simpson）写了两本开创性的著作:《让我们拥抱和平:尤利西斯·S. 格兰特与政治秩序的重建》（*Let Us Have Peace: Ulysses S. Grant and the Politics of Reconstruction*，1991）和《尤利西斯·S. 格兰特:战胜逆境，1822~1865》（*Ulysses S. Grant: Triumph Over Adversity，1822-1865*，2000）。让·爱德华·史密斯（Jean Edward Smith）撰写的综合性的《格兰特传》（*Grant*，2001）和琼·沃伊的《U. S. 格兰特:美国的英雄，美国的神话》（*U. S. Grant: American Hero, American Myth*，2009）在更广泛的美国记忆里对格兰特作出了一种灵活的重新评价。基于他们所做的工作，特别是利用新的资源，我希望将格兰特置于他动荡历史背景的中心，并将他直接展现在当代读者面前。

我从历经49年才编辑完成的《尤利西斯·S. 格兰特文集》（*The Papers of Ulysses S. Grant*）中受益匪浅。这本32卷的文集先是由约翰·Y. 西蒙（John Y. Simon）精心编辑，后来由约翰·马斯扎勒克（John Marszalek）编辑，它让我们以广角和变焦镜头的视角了解格兰特的思想、见解和行为。对图书馆的多次访问，也让我发掘出已出版和网络论文中未包含的丰富资源。

在过去的七年里，我就像阅读了一本悬疑小说，发现格兰特的人生故事有如此多令人惊讶的曲折和跌宕起伏。19世纪与他同时代的人很了解他的故事。他们不仅对他表示钦佩，而且也爱戴他。在他们看来，他是能够与华盛顿和林肯并驾齐驱的人。但就像一张因磨损而变得模糊的老照片，在今天，他的故事需要重新聚焦。我希望读者能够发现格兰特的新意义——无论是在他的时代还是在我们的时代。

1　Frederick Dent Grant, "Reminiscences of General U. S. Grant," paper read before the Illinois Commandery, Military Order of the Loyal Legion of the United States, January 27, 1910, reprinted in the *Journal of the Illinois State Historical Society* 7, no. 1（April 1914）：73.

2　Catton, *Grant Takes Command*（Boston: Little, Brown & Co., 1969）, 124-25.

3　Joan Waugh, in *U. S. Grant: American Hero, American Myth*（Chapel Hill: University of North Carolina Press, 2009）, 185-91, tells the story of the Lost Cause's campaign against Grant.

4　William S. McFeely, *Grant: A Biography*（New York: W. W. Norton & Co., 1981）, xii. 威廉·S. 麦克菲莱（William S. McFeely）补充说："他确实天赋有限，但这种天赋决不是无关紧要的，而是能够被使用在任何真正吸引他注意力的事情上。"

5　USG to JRG, May 6, 1861, *Grant Papers*, 2：21.

6　对格兰特总统生涯的重新评价，见：Brooks D. Simpson, *The Reconstruction Presidents*（Lawrence: University Press of Kansas, 1998）。

7　Brooks Simpson authored *Let Us Have Peace: Ulysses S. Grant and the Politics of War and Reconstruction, 1861-1868*（Chapel Hill: University of North Carolina Press, 1991）and *Ulysses S. Grant: Triumph over Adversity, 1822-1865*（Boston: Houghton Mifflin, 2000）. Jean Edward Smith, *Grant*（New York: Simon & Schuster, 2000）, 为我们提供了一本一流的、综合性的传记。琼·沃伊（Joan Waugh）在《U. S. 格兰特：美国的英雄，美国的神话》（*U. S. Grant: American Hero, American Myth*）一书中巧妙地重新评价了格兰特在美国历史记忆中的地位，并讨论了他失宠的原因，以及他值得重获应有的显赫地位的原因。See also H. W. Brands' *The Man Who Saved the Union: Ulysses Grant in War and Peace*（New York: Doubleday & Co., 2012）.

第一部分　成长，1630~1848

我只读过极少数伟人的生平，因为作为一种规则，传记作家一般不会对生命成长时期作过多阐述。但我想了解的是一个男人在他还是男孩时的模样。

——尤利西斯·S. 格兰特

/ 第 1 章　我的祖先是美国人

> 我的祖先是美国人，并且无论直系还是旁系，都一直代代相传。
>
> ——尤利西斯·S. 格兰特，《个人回忆录》

尽管他的一生被誉为美国神话般的靠个人奋斗而取得成功的典范，但尤利西斯·格兰特明白他的人生与他的家族密不可分。他带着感激之情，回顾了自己家族 200 年七代人的故事。[1]

*

马修·格兰特（Matthew Grant）和普瑞西拉·格兰特（Priscilla Grant）于 1630 年 3 月 20 日从英国普利茅斯港（Plymouth）出发远航。这对格兰特夫妇已结婚五年，他们是来自英格兰西南部多塞特郡（Dorsetshire）的"西部人"。那年春天，他们的家将是玛丽和约翰号（Mary and John）这艘重达 400 吨的木船，其与五月花号（Mayflower）非常相像。五月花号曾在十年前将第一批清教徒带到新英格兰。与格兰特夫妇同行的还有其他 138 名乘客，他们一起作为教堂会众出行，其中还包括两名牧师和一些平信徒官员。[2]

玛丽和约翰号是 1630 年 2~8 月间从英格兰驶往新大陆的 17 艘船中的一艘。在接下来的 11 年里，近 300 艘船将在被称作"大迁徙"的巨大移民潮中运送 20000 名乘客。[3] 这些被反对者轻蔑地称作"清教徒"的人，希望根据欧洲改革宗或加尔文宗的最佳思想去净化英格兰教会，这些皆起源于 16 世纪日内瓦

（Geneva）的约翰·加尔文（John Calvin）。格兰特夫妇加入了清教徒的行列，他们希望在一块新的土地上重新开始生活，这样就可以避免国王查理一世（King Charles I）和大主教威廉·劳德（Archbishop William Laud）的迫害，进而将他们的宗教和政治理念付诸实践。

在北大西洋航行了危险的 70 天后，**玛丽和约翰号抵达了波士顿港**（Boston Harbor）的狭窄入口。抵达马萨诸塞湾殖民地后，作为第一代美国人的格兰特夫妇帮助建设了多切斯特小镇（Town of Dorchester，现在是波士顿的一部分）。[4] 普瑞西拉·格兰特在连续生育了四个孩子后辞世。

1635 年，即他们到达这里的五年后，马修·格兰特将他的梦想与约翰·沃尔姆牧师（Reverend John Warham）和多切斯特堂区的 58 名成员联系起来，他们在距离 105 英里的康涅狄格（Connecticut）与法明顿河（Farmington River）相交的康涅狄格河谷，开始建立另一座新城镇——温莎（Windsor）。第一批英国殖民者向西迁移，取代了美国原住民，这些原住民已经因疾病而大量丧生。马修在新社区中占据了核心地位，并担任多重职位，如温莎镇书记官（town clerk）、县土地测量员（county surveyor）和第一教堂执事。[5]

亨利·里德·斯泰尔斯（Henry Reed Stiles）在 19 世纪撰写《康涅狄格州古温莎历史》（*The History of Ancient Windsor*）时说："很少有人在温莎早期的历史中占据如此重要的地位，或者如同诚实的马修·格兰特一样重要！"斯泰尔斯表示，格兰特代表着"一种新英格兰最优秀的殖民者类型，并且给他的后代留下了一个光芒依旧的名字，和对信赖他的民众保持坚定忠诚的榜样身姿。"在反思清教徒团体优先于个人时，马修·格兰特宣称："我一直小心翼翼地不按照个人的意愿做任何事。"

*

格兰特家族接下来的五代人都是居住在康涅狄格的美国佬，分布在温莎、东温莎和康涅狄格的托兰德（Tolland）。[6]尤利西斯在年轻时就知道他曾祖父诺亚（Noah）的故事，他是马修·格兰特的玄孙。诺亚在 1718 年出生，随着英法两国在北美大陆统治力量的斗争而成长起来。尤利西斯很喜欢讲起诺亚和他的兄弟所罗门（Solomon）在英国军队中拿佣金同法国人和印第安人作战的故事。然而，1756 年，诺亚和所罗门在纽约的不同会战中双双阵亡。[7]

诺亚的儿子也叫诺亚（Noah），是尤利西斯的祖父。当小诺亚的父亲和叔叔在英王的旗帜下战斗牺牲时，他才 9 岁。他出生于 1748 年，在列克星敦和康科德会战（Battles of Lexington and Concord）结束后入伍。尤利西斯会自豪地复述他的祖父是如何参加邦克山会战（Battle of Bunker Hill）的。他相信自己的祖父曾服役于整场独立战争，而这种遗产将成为格兰特自我认同的核心。[8]

作为战后新建立的国家，诺亚·格兰特努力在康涅狄格州当好一名农民和鞋匠。当他的妻子安娜·贝尔·理查德森·格兰特（Anna Buell Richardson Grant）去世时，他决定和邻居一起移民前往位于宾夕法尼亚州西部的开放之地。行进了 475 英里后，他在宾夕法尼亚州西南部的格林斯堡（Greensburg）附近的树木繁茂的莫农加西拉河（Monongahela River）岸边建造

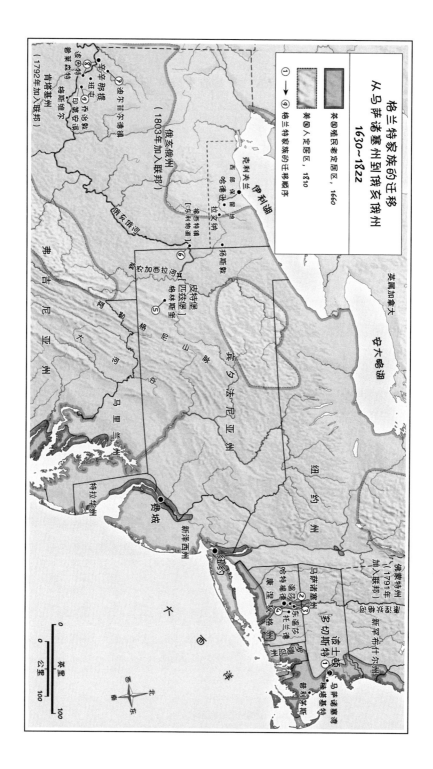

格兰特家族的迁移
从马萨诸塞州到俄亥俄州
1630~1822

了一个小屋。在那里，诺亚与爱尔兰拓荒者的女儿雷切尔·凯丽（Rachel Kelley）结婚，并开始拥有更多的孩子和土地。

杰西·鲁特·格兰特（Jesse Root Grant）于1794年1月23日出生，他是尤利西斯的父亲。

*

当杰西5岁时，格兰特一家再次搬迁。小诺亚那时已然51岁，他和家人搭乘一条小船，这是西部流行的交通工具。在皮特堡［Fort Pitt，今匹兹堡（Pittsburgh）］的村庄，他们转往西南方向，漂浮在被称为"俄亥俄河（Ohio）"［源自塞内卡人（Seneca）的语言"O-hi-yo"，意为"大河"］的河流上。他们停留在出宾夕法尼亚州后的第一个村庄，这是一座风景如画的小村落，面朝壮丽的、蜿蜒曲折的河流。这是福西特镇［Fawcettstown，今东利物浦（East Liverpool）］，以其创始人托马斯·福西特（Thomas Fawcett）的名字命名，他在一年前建立了这个社区。[9]

格兰特一家新定居的俄亥俄是独立战争结束后英国人割让给美国人的一部分土地。新联邦政府将四个海岸州，即马萨诸塞、康涅狄格、纽约和弗吉尼亚的西部土地组成西北领地（Northwest Territory）。1787年7月13日，国会批准了《西北条例》（Northwest Ordinance），为这片通往密西西比河的领土建立了政府系统。

尽管为了吸引所有13个殖民地州的参与，新联邦政府在新宪法中却并没有采取蓄奴的立场，创始国会也对未来高瞻远瞩，规定称："不得存在奴隶制或非自愿的奴役。"[10]

到了 1800 年，加上西北和密西西比领地的领土，这个年轻的国家有 500 万人分布于 16 个州级行政单位中。1803 年 2 月 19 日，托马斯·杰斐逊总统（President Thomas Jefferson）签署法律，授权俄亥俄成为美国西北领地的第一个州，即美国的第 17 州。

当杰西 10 岁时，诺亚带领一家穿过原始森林，再次搬迁至 45 英里之外的沃伦县迪尔菲尔德镇（Deerfield Township, Warren County）。一年后，作为家庭稳定核心的母亲雷切尔·格兰特去世。57 岁的诺亚，由于工作懒惰和嗜酒成性，决定和家里断绝关系。在接下来的三年里，杰西将为该地区的几位农民工作，赚取非常有限的生活费。

1808 年，杰西前往俄亥俄州扬斯敦（Youngstown）附近的农场为托德一家工作。之后的两年，这个 14 岁的年轻人开启了一个新世界。乔治·托德（George Tod）是一位受人尊敬的政治家和法学家。对年轻的杰西而言，乔治是他父亲一辈的人，并介绍杰西参与政治讨论。在杰西的玩伴中，当时 3 岁的大卫·托德（David Tod）后来在内战期间成了俄亥俄州州长。

当乔治因在俄亥俄州最高法院担任法官而经常在夜晚外出时，他的妻子萨莉（Sally）向杰西提供书籍以扩大他的阅读量。受到他渴望学习的鼓舞，托德一家让杰西在一个认捐学校接受了两个冬季学期的教育，这也成为他一生中唯一接受过的正规教育。多年以后，尤利西斯回忆父亲并论及萨莉·托德时，说她是"他所认识的最令人钦佩的女性"。[11]

托德一家向杰西建议，从事制革业比农业在经济上更有价值。在这个时候，技术革新促进了社会各阶层购买皮革制品，因为皮革制品变得更便宜，而且工序变得更简易。1805 年，英国化学家兼发明家汉弗莱·戴维爵士（Sir Humphry Davy）发现除橡木以外的树木都可用于鞣制工序。美国拥有丰富的白蜡树、栗树、铁杉和含羞草等，从而使得制革业的原料来源迅速扩大。美国的塞缪尔·帕克（Samuel Parker）在 1809 年通过发明一种分割皮革的机器，使得制革业得到进一步推进。在帕克发明的帮助下，一个人可以在一天内制成 100 份皮革。随着西部地区人口的快速增长，皮革制品的需求量也在不断增加。[12]

杰西曾亲眼见证了他的父亲从拥有大笔财产到近乎一无所有。在他十几岁的时候，杰西决心努力工作，以获得他在托德家中所发现的文化和财富。

*

杰西打算当一名制革工人。1810 年，杰西来到肯塔基州的梅斯维尔（Maysville），询问他同父异母的哥哥彼得（Peter）自己能否以学徒的身份学习制革。在彼得的指导下，杰西发现他可以通过改进鞣制的皮革制作从鞋子、靴子到马具和马鞍的任何东西。此外，彼得还教杰西如何管理财务和经营生意，这些技能与制革工艺同样重要，而他的父亲诺亚从未学过它们。

1815 年，杰西从彼得那里学成后返回俄亥俄州。他想回到自己熟悉的土地和人民那里。但他稍后在跨过俄亥俄河的时候却说："我不会拥有奴隶，我也不会住在有奴隶的地方。"[13]

在俄亥俄州，已经 21 岁的年轻的格兰特前往欧文·布朗（Owen Brown）家工作。欧文·布朗身材魁梧，在克利夫兰东南 25 英里的哈德逊（Hudson）经营着一家成功的制革厂。在和直率的布朗家人相处的一年时间里，杰西听到了关于奴隶制弊端的持续不断的谈话。欧文的儿子约翰（John）在骑着牛车前往军事要塞的路上，看到了一个年轻黑人男孩被铁锹殴打。约翰·布朗回到家后充满愤怒，这种愤怒一直在积聚，直到数十年后在堪萨斯（Kansas）爆发，并最终在1859年哈珀斯渡口（Harpers Ferry，也译"哈珀斯费里"）彻底爆发出来。① 在哈德逊，约翰·布朗会向任何愿意倾听的人表明他对奴隶制的控诉，杰西便是其中之一。[14]

1817年，杰西成为拉文纳（Ravenna）制革厂的经营合伙人。在两年内，他勤奋努力的职业精神使合资工厂非常成功。他非常节省，并积累了相当可观的1500美元——相当于今天的近27000美元。

1820年1月，杰西搬到位于辛辛那提（Cincinnati）东南25英里、俄亥俄河边上的一个村庄波因特普莱森特（Point Pleasant），并担任新制革厂的工头。托马斯·佩吉（Thomas Page）雇用杰西的部分原因是他想让杰西教授自己的儿子一些制革工艺。而杰西的新目标是获得足够的资金来创办自己的制革厂。

*

25岁时，杰西还有另一个目标：找到一位妻子。佩吉指点他的年轻员工前往约翰·辛普森（John Simpson）和萨拉·辛普森（Sarah Simpson）家。他们家距此向北13英里，位于临近交叉路口的小镇班屯（Bantam）。来自苏格兰长老会

---

① 指"约翰·布朗起义"。1859年10月16日，约翰·布朗领导人民在哈珀斯渡口举行武装起义，要求废除奴隶制，但最后被逮捕遇害。

（Scottish Presbyterian Church）的辛普森一家住在宾夕法尼亚州蒙哥马利县（Montgomery County）时，曾得过"俄亥俄热（Ohio fever）"[①]。他们在1817年夏天向西迁徙，最后几英里是在一艘平底船上航行。抵达班屯时，辛普森一家从佩吉那里以每英亩6美元的价格买下了600英亩的肥沃土地，并建造了一座砖房。

　　杰西很喜欢在辛普森家的稳定生活，享受在他们家阅读的书籍，并在他们的陪同下感到舒适。[15]在辛普森的三个女儿中，他被大女儿汉娜（Hannah）吸引。杰西形容汉娜是"一个朴实无华的乡下姑娘，美丽而不虚荣"。一位邻居称她具有"基督徒的品格"，每个人都觉得她"举止优雅"。她比杰西小5岁，以平静和善的态度吸引着他。[16]汉娜似乎与滔滔不绝的杰西形成了鲜明的对比。

　　有时候，性格的差异往往更能够互相吸引。杰西和汉娜于1821年6月24日在她的家里结婚。

　　这对年轻夫妇搬进了杰西在波因特普莱森特制革厂附近租下的一间平房。这座小房子没有任何装饰，是用阿勒格尼松木（Allegheny pine）搭建于1817年，占地16英尺×19.5英尺，北面有两个房间和一个大壁炉。屋前是印第安溪（Indian Creek）向南流入俄亥俄河的雄浑壮阔的景观。杰西和汉娜站在门口，可以看到**丹尼尔布恩号**（Daniel Boone）和**西蒙肯顿号**（Simon Kenton）。这是两艘以肯塔基州边境的两位英雄命名的轮船，它们途经圣路易斯或匹兹堡。屋后是一座小山，山势向四周渐缓，上面布满了白蜡树、橡树和胡桃树。

---

①　一种美国当时对于向西部迁徙移民的热潮，如"俄亥俄热""威斯康星热""俄勒冈热"等。

1822 年 4 月 27 日，也就是他们结婚十个月零三天后，汉娜生下了他们的第一个孩子，一个重达 10.75 磅 ① 的男孩。杰西决定，直到举行适当的家族会议，再给这个婴儿，即第八代美国格兰特家族的首位成员取名字。

一个月后，格兰特和辛普森的家人聚集在辛普森家中举行命名仪式。这个强壮的婴儿拥有一双迷人的蓝色眼睛和红棕色头发，从此登上了一个非凡故事的舞台中心。汉娜是一位虔诚的民主党人，为了纪念她家乡宾夕法尼亚州的阿尔伯特·加拉廷（Albert Gallatin）——他曾经在国会担任要职，并成为托马斯·杰斐逊总统的财政部部长——遂主张给婴儿取名"阿尔伯特（Albert）"。汉娜的妹妹安妮（Anne）建议取名"西奥多（Theodore）"。约翰·辛普森喜欢"海勒姆（Hiram）"，他认为这个名字很大方。萨拉·辛普森因阅读法国小说家弗朗索瓦·费奈隆（François Fénelon）的《忒勒马科斯历险记》（*The Adventures of Telemachus*）——这是一个关于希腊神话中奥德修斯将军儿子的浪漫故事，他打败了特洛伊人——因此强烈建议取名"尤利西斯（Ulysses）"。杰西再三考虑萨拉的提议，部分原因是他把这本书借给了他的岳母，并想让她高兴。最后，有人建议用抽签决定。他们把名字放在帽子里，最后由最年轻的安妮·辛普森抽取出名字——尤利西斯。

为了对岳父表示尊敬，杰西宣布婴儿的名字叫"海勒姆·尤利西斯"。但是杰西从来没有叫过儿子"海勒姆"。他从一开始就自豪而坚定地称呼自己的长子为"我的尤利西斯"。[17]

在此之前，"尤利西斯"肯定不是一个值得注意的美国人

---

① 1 磅约为 0.454 公斤。

1822 年 4 月 27 日，尤利西斯·S. 格兰特就出生在这座简朴的房子中。

名。这不是格兰特家族前几代经常以《圣经》中的人物来命名的名字，诸如马修（Matthew）、塞缪尔（Samuel）、诺亚（Noah）等。但是，"尤利西斯"将成为美国格兰特家族中最不寻常的名字。

　　这个有着希腊名字的男婴有很多与其名字相类似的地方。费奈隆讲述了希腊英雄奥德修斯的小儿子忒勒马科斯的道德和政治教育故事。在小说里，忒勒马科斯旅行到地中海世界的每一个角落。在这一过程中，他通过尝试和犯错学到了勇敢、谦卑、耐心和朴素等优点。如果他想成为像他的英雄父亲奥德修斯一样的统治者，那么这些都是他必需的特质。[18]

在取名时，杰西和汉娜把他们家庭的希望都寄托在了小尤利西斯身上。

注 释

1　按家谱计算，共有七代，见：Arthur Hastings Grant, *The Grant Family: A Genealogical History of the Descendants of Matthew Grant, of Windsor, Conn. 1601–1898* (Poughkeepsie, N.Y.: A. V. Haight, 1898)。

2　Richardson, *A Personal History*, 17–18.

3　关于更多"大迁徙（The Great Migration）"的根源和成果的故事，见：Virginia DeJohn Anderson, *New England's Generation: The Great Migration and the Formation of Society and Culture in the Seventeenth Century* (New York: Cambridge University Press, 1991)。

4　See Ebenezer Clapp, *History of the Town of Dorchester, Massachusetts* (Boston: E. Clapp, Jr., 1859).

5　See Henry Reed Stiles, *The History of Ancient Windsor, Connecticut* (New York: C. B. Norton, 1859); *Some Early Records and Documents of and Relating to the Town of Windsor, Connecticut, 1639–1703* (Hartford: Connecticut Historical Society, 1930), 3–5; Grant, *Grant Family*, 10–11.

6　Grant, *Grant Family*, 14; Richardson, *A Personal History*, 25.

7　*Personal Memoirs*, 1: 18.

8　*Personal Memoirs*, 1: 18；威廉·S. 麦克菲莱在康涅狄格州立图书馆和国家档案馆研究了美国革命时期康涅狄格州志愿军的战争记录，他对格兰特先辈服役的真实性提出了质疑，见：McFeely, *Grant*, 4–5.

9　George W. Knepper, *Ohio and Its People* (Kent, Ohio: Kent State University Press, 1989), 1.

10　Ibid., 57–59.

11　*Personal Memoirs*, 1: 20.

12　See Peter C. Welsh, "A Craft That Resisted Change: American Tanning Practices to 1850," *Technology and Culture* 4, no. 3 (Summer 1963): 316.

13　Lewis, *Captain Sam Grant*, 9.

14　Ibid., 12.

15 Ibid., 13.

16 Garland, *Grant*, 3；Lewis, *Captain Sam Grant*, 14.

17 Garland, *Grant*, 6；Lewis, *Captain Sam Grant*, 17.

18 See Fénelon, *Telemachus*, edited by Patrick Riley（Cambridge, U.K.: Cambridge University Press, 1994）. 作为一本说教式的法国小说,《忒勒马科斯历险记》（*Les aventures de Télémaque*）于 1689 年首次匿名出版。到了 1717 年, 费内伦（Fénelon）家族作了重新发行, 这本书获得了极大好评。100 多年后, 它仍然受到广泛的欢迎, 杰西·格兰特和萨拉·辛普森都曾阅读过。

/ 第 2 章　我的尤利西斯

> 从开始上学到离开家之前，我从来没有在学校里旷过课。
> ——尤利西斯·S. 格兰特，《个人回忆录》

尤利西斯长大后对他出生的地方没有什么印象。因为在1823年春天，即他出生后不久，杰西和汉娜决定再一次搬家。在积累了1100美元的储蓄后，杰西计划在俄亥俄州另一个城镇乔治敦（Georgetown）——这是一个位于波因特普莱森特以东25英里的村庄——开设自己的制革厂。从波因特普莱森特到乔治敦的道路会穿过白橡树河（White Oak Creek）流域有着茂密森林的山丘。杰西把他经济能否取得成功的赌注押在了乔治敦，因为这里最近被选为布朗县（Brown County）县府的所在地。

1823年8月23日，杰西向布朗县的治安官托马斯·L. 哈默尔（Thomas L. Hamer）支付50美元，正式拥有了乔治敦公共广场以东100码处的第264号地段。他为汉娜和尤利西斯建造了一座两层砖房。在接下来的16年里，尤利西斯将在这座房子里从小孩成长为一个年轻人。

杰西在他家南面隔着半个街区的地方建立了制革厂。他知道水和木材是他成功的关键。白橡树河在乔治敦西边疾驰而过，其从俄亥俄州北部蜿蜒而下，流入城镇以南10英里处的俄亥俄河。至于木材，乔治敦周围环绕着硬木林，如白蜡树、枫树、胡桃树和巨大的橡树，其中有些树的直径超过了6英尺。这些树将提供取之不竭的鞣制所需的树皮。

鞣制会使动物的皮变得更硬，从而不易腐烂。这项工艺可以追溯到史前时代。希伯来人用橡树皮鞣制，埃及人用豆荚树上

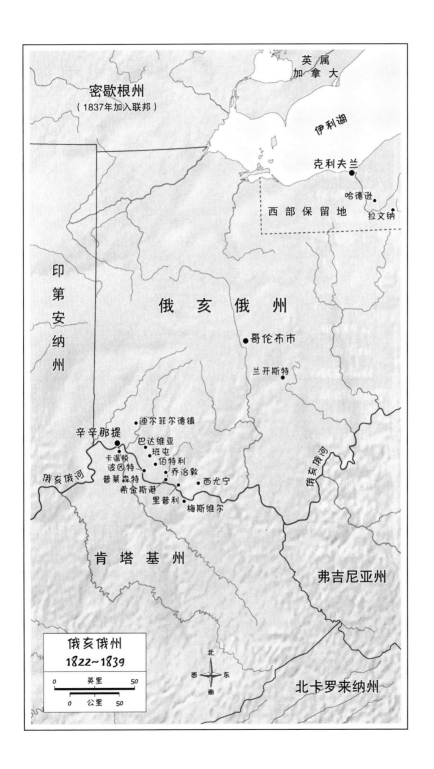

英属
加拿大

密歇根州
（1837年加入联邦）

伊利湖

克利夫兰

哈德逊

拉文纳

西部保留地

印第安纳州

俄亥俄州

哥伦布市

兰开斯特

迪尔菲尔德镇

辛辛那提

巴达维亚

班屯

卡温顿

佰特利

波因特

乔治敦

西尤宁

普莱森特

希金斯港

里普利

梅斯维尔

俄亥俄河

俄亥俄河

肯塔基州

弗吉尼亚州

俄亥俄州
1822~1839

0　英里　50

0　公里　50

北
西　东
南

北卡罗来纳州

1823年，格兰特一家搬到乔治敦后的家。

的豆荚，罗马人用树皮和浆果。杰西从乔治敦周围的橡树树皮中
获取鞣酸。他会把高树上的树皮剥成 3 英尺长的条状。当尤利西
斯足够大时，他打算教授儿子如何用左手握住树皮，右手拿着锤
子，从而将树皮掰成 4~5 英寸长的小块。[1]

　　杰西购买了牛皮，将其浸泡在石灰缸的盐水中软化，以便脱
毛。接下来，他用酸性溶液（有时是粪肥）除去皮毛，然后用浓
度更高的橡木树皮鞣酸或溶液反复浸泡它们。

　　如果制革在经济上是富有成效的，那么在审美角度上则是让
人恶心的。附在手上的皮革气味很难洗掉。当尤利西斯还是小孩
的时候，就很讨厌从他父亲衣服里渗出来的强烈气味。[2]

杰西白天在制革厂努力工作，晚上则专心读书。他大部分的教育源自自学。他客厅的柜子里有35本书，尤利西斯的朋友吉米·桑德森（Jimmy Sanderson）当时将它们称作杰西在俄亥俄州的"一大藏书"。[3]他的学习热情很快就被邻居们所了解。

他并不羞于在当地辩论会上就时下的话题发言。他身边环绕着北方反对蓄奴的辉格党人，而他又生活在亲奴隶制的民主党小镇，这些都加强了杰西的决心——强烈地反对奴隶制。因为在他看来，奴隶制是国家民主美德的一颗毒瘤。杰西为勇于表达自己的想法，特别是在奴隶制方面的想法而自豪。

*

当杰西谈论到小尤利西斯时也不会害羞，这个孩子是他生命的乐趣。尤利西斯有着淡红棕色的头发和蓝色的眼睛，很快便长成一个胖乎乎、脸色红润的小男孩。[4]让小男孩感到不适的是，他父亲最喜欢的消遣方式似乎就是炫耀"我的尤利西斯"。

随着生意的兴隆，杰西在一年内就还清了他们为购买乔治敦房屋的欠款。当他的第二个儿子塞缪尔·辛普森（Samuel Simpson）出生时，杰西开始了第一次扩建房屋的工程。

尤利西斯和塞缪尔·辛普森相差3岁，他们一起长大。两个男孩都喜欢户外游戏，比如转呼啦圈、跳山羊、打弹珠、跳房子和捉迷藏。在寒冷的冬季，兄弟俩会邀请小伙伴在室内玩上好几个小时，比如跳棋、棋类游戏"狐入鹅群（Fox and Geese）"以及九子棋。[5]

当尤利西斯5岁时，杰西希望拥有更多的孩子，所以他增建了一间厢房，从而使房子的规模扩大了一倍。1828年，长女克拉拉（Clara）出生。在 1830 年代，另外三个孩子加入了格兰特一家：1832 年出生的弗吉尼亚（Virginia）［"内莉（Nellie）"］，1835 年出生的奥维尔（Orvil），以及 1839 年出生的玛丽·弗朗西斯（Mary Frances）。

*

一些乔治敦居民被这个自命不凡的外国名字——尤利西斯——出现在边境小镇而逗乐。一位邻居甚至问杰西："你怎么给这个可怜孩子取了这样一个名字？"[6]

随着尤利西斯的成长，男孩和女孩开始称他为"利斯（Lys）"，或者在南方一些悠扬的口音中称他为"利索斯（Lyssus）"。当孩子们学会如何相互戏谑时，有些人嘲笑他的名字是"无用（Useless）"。他不喜欢这个绰号。在教科书的空白首页，他更愿意写上"海勒姆·U. 格兰特（Hiram U. Grant）"。[7]

当然，在叙述格兰特早年生活时，人们容易将他神话化——这些都是根据很久以前的一些传奇故事，把一个男孩描绘成一个比现实更具传奇色彩的英雄。虽然这些故事在各方面都可能不够真实，但格兰特童年时代的故事依然被珍贵地保留下来，并被一遍又一遍地复述着，其为我们观察尤利西斯性格的养成提供了真实的视角，而且，也许更重要的是洞察他体现在历史记忆中的品质：耐心、共识、勇敢以及关爱动物。

丹尼尔·艾门（Daniel Ammen，昵称"丹"）是尤利西斯最早一批的好朋友之一。1826 年，他的父亲大卫·艾门（David Ammen）带着他的家庭和《谴责者周报》（*Castigator*）从俄亥俄州的里普利（Ripley）迁至乔治敦。大卫和他的夫人萨利·艾门（Sally Ammen）本是来自弗吉尼亚州，他们离开南部的原因是因为他们想要在非蓄奴的状态下养育自己的四个孩子。相差 2 岁的尤利西斯和丹尼尔开始了他们持续一生的友谊。[8]

作为朋友，吉米·桑德森记得尤利西斯"安静、稳重，并因此深受老师喜欢"。[9]尤利西斯非常安静，这一点更像他的母亲而非他的父亲。一位邻居说，"他的理智是从他母亲那里得来的"。[10]但是，这些观察者的话并不意味着他缺乏自信。

尤利西斯继承了他母亲的耐心。虽然有些母亲出于母性本能会保护孩子不去做危险的事，但汉娜似乎会满足并支持尤利西斯——无论是他想做的事还是他想去的地方。

杰西有时好斗的行为会波及敏感的尤利西斯。镇上的人往往将父亲的坏名声转嫁到儿子身上。根据另一位邻居的说法，镇上有一群男孩"总是埋伏着欺负他"，但是尤利西斯有一套成熟、"有效并迅速的"方法避开他们。[11]

年轻的尤利西斯喜欢"钓鱼；在夏天去一英里外的小河游泳；骑马去探望相距 15 英里、住在毗邻县城的外祖父母；在冬天滑冰、骑马和玩雪橇"。[12]他的朋友们记得他是一名强壮的游泳高手和"专业潜水员"。因为尤利西斯潜水的时间长得难以置信，所以，他们都很崇拜他。[13]

女孩们喜欢尤利西斯。在冬天，他带她们一起滑雪。一位年长的男孩 W. T. 加尔布雷斯（W. T. Galbreath）回忆说，女孩们对尤利西斯都很热情，因为"他是一个细心的驾驶者，女孩们喜欢和他同行"。[14]他从不抽烟，也不像其他男孩那样说"脏话"。[15]

尤利西斯喜欢在白橡树河的一个洞穴里滑冰和游泳。有一次，在 9 或 10 岁时，他滑了很长时间冰，以至于当他回到家时，他的母亲发现他的脚和靴子紧紧地冻在一起。他的母亲采用了一种自制的补救方法：用点燃的干草烘尤利西斯冻僵的脚，然后将他的脚用熏肉裹起来解冻。[16]

一个初夏的下午，尤利西斯和丹尼尔·艾门骑马出去玩。当抵达一条小河时，他们下了马。丹尼尔后来解释说，"我们认为因春季降雨，水位上升，鱼类会更加丰富"。尤利西斯找来一个大的杨树木头当凳子，并制作了一个简单的钓具——用线穿过被他弄弯曲的针——然后扔进小溪。他希望能钓到一些白鲑或鲶鱼。几分钟后，他一头栽进了小河。艾门这样描述当时的场景，"他的脚后跟悬在空中，头朝下，掉入急速流动的浑水中"。[17]

年轻的丹尼尔眼见他的朋友掉进水里后，便沿着河流一路向前跑去，直到在小河变狭窄处停了下来，因为这里有一些垂柳。丹尼尔一边紧紧抓住柳条，一边抓住"我那被急流冲走的年轻同伴"，"我要帮助他回到岸边"。[18] 这次绝处逢生的经历，他们都不会忘记。

狩猎也是在俄亥俄州边境成长的男孩们流行的娱乐活动。树林里到处是鹿和野火鸡。在白天，男孩们猎杀兔子、松鸡和灰松鼠。晚上，他们带着猎狗捕捉树上的浣熊。

尤利西斯未曾参加过这种男孩的惯例活动。他少年时代的朋友奇尔顿·怀特（Chilton White）曾说："尤利西斯不是一个猎手。他从未拿过枪。"[19] 桑德森证实了这一点，揣摩着说："这很奇怪，因为那个地区几乎没有一个男孩不喜欢狩猎。"[20] 另一位朋友回忆说："他对疼痛异常敏感，厌恶任何形式的杀生，所以他不会去打猎。"[21] 尽管年轻的尤利西斯曾在国庆野餐中获得过手枪射击的奖牌，但他认为猎杀动物并不是一项运动。

*

杰西决定让他的长子接受良好的教育。在许多父亲认为不能让儿子离开农场或家庭生意的时代，杰西却希望尤利西斯能获得比他小时候更好的教育。杰西之所以重视教育有两个原因：第一，尽管自己没有受过正规教育，他却是一个如饥似渴的读书人，阅读活动为他开辟了一片尽管虚拟但比俄亥俄州西南部森林和田野更为广阔的图景；第二，他相信教育具有功利价值，有可能让自己的儿子在家庭鞣制业务以及俄亥俄州刚刚开始发展壮大的商业世界中获得成功。

当尤利西斯5岁时，他开始接受正式的学校教育。旧西北领地的小社区教育融合了公立教育和私立教育：公立教育向社区的所有男孩和女孩开放；而私立教育则由父母决定他们的孩子是否参加，然后提供"订金"给老师。有钱的父母会支付1~2美元，为孩子提供典型的13周课程；其他父母则是用玉米、小麦或烟草来支付订金。课程通常只在冬天进行，因为那时天气太冷，男孩们不能在室外的家庭农场干活。

学校与小镇南部山丘上一座建于1829年的低矮石砖建筑相毗邻。到了上"心算"课的时候，一向安静寡言的格兰特就会表现得特别高兴并开口说话。一位同学回忆说，大多数孩子"讨厌"心算练习，"但年轻的格兰特渴望老师向他提问"。当老师向畏缩的孩子们提问比如（4+5-2）×7等于多少时，"尤利西斯会大声喊出答案"。[22]

尤利西斯也喜欢艺术。他擅长在画板上画出各种各样的马。

但有一项学校活动他不喜欢。每隔一周，老师会要求每个学生进行"演讲"。在这项特殊的作业中，学生们喜欢背诵乔治·华盛顿的告别演说。桑德森记得，尤利西斯"无法忍受站在讲台上与满屋子的男生和女生面对面说话"。他非常厌恶这种经历，放学后他告诉吉米："无论如何，他都不会再站在讲台上说话。"[23]

在 7 岁时，尤利西斯阅读了圣公会（Episcopal Church）牧师梅森·洛克·威姆斯（Mason Locke Weems）撰写的《乔治·华盛顿的故事》（*The Life of George Washington*）。[24] 威姆斯的传记既是在讲华盛顿的故事，也是在对道德价值进行阐述。

第一位老师巴尼先生（Mr. Barney）没有一直教下去，这让专注于尤利西斯教育的杰西觉得巴尼"没有精力"[25]。随即由约翰·D. 怀特（John D. White）继任教师，他来自肯塔基州。怀特的两个儿子卡尔·怀特（Carr White）和奇尔顿·怀特（Chilton White）——他们分别比尤利西斯小 2 岁和 4 岁——将成为尤利西斯最好的朋友之一。怀特在格兰特家上面一点的山丘上建造了一座房子。

大多数教师都很年轻，没有比他们的学生受过更多的教育。但怀特年纪较大且受过良好的教育。他的要求很高，必备的书籍包括诺亚·韦伯斯特（Noah Webster）的《美国英语词典》（*American Dictionary of the English*），塞缪尔·柯克汉姆（Samuel Kirkham）的《常见演讲中的英语语法》（*English Grammar in Familiar Lectures*）和杰西·奥尔尼（Jesse Olney）的《现代地理实用系统》（*A Practical System of Modern Geography*）。

在怀特的指导下，尤利西斯了解到教育和纪律必须齐头并进。多年后，格兰特写道："我可以看到学校老师约翰·怀特手里总是拿着长长的山毛榉教鞭。"怀特每天都带着他的教鞭。"通常他一天就能用完一整捆教鞭……但我从来没有对我的老师有过强烈的反感情绪，无论是在上学的时候，或是在后来几年反思我经历的时候。怀特先生是一位善良的人，受到他所在社区的尊重。他遵循这个时代的普遍习俗。"[26]

尽管他怀念老师怀特，格兰特却相信"这些学校……不怎么样"。其中一个问题是没有"任何老师因执教科目或年级被分类"。这意味着一位老师将负责30~40名学生，无论他们是从"学习字母的婴儿，还是到18岁的女生和20岁的小伙儿。同时，上课最重要的知识被称为'3R'，即阅读（Reading）、写作（Riting）和算术（Rithmetic）"。[27]

/ 018

*

对于一个在边境长大的男孩来说，工作比接受学校教育开始得更早。除了经营制革厂之外，杰西还垦殖了30英亩的土地，并在该村一英里范围内保有另外50英亩的森林，所以他希望长子能够处理他交代的任何事务。到了7岁时，尤利西斯开始搬运家里和制革厂使用的木材。"当然，当时我无法将木材装上马车，但我可以驾驶马车。"[28]

1829年的一个冬日，杰西前往12英里远的里普利。当他回来的时候已经很晚，但他发现屋子旁堆满了灌木枝叶。它们从何而来？

第二天早上，尤利西斯解释了原因。家里有一匹活泼好动的3岁小马，但之前从来没有人试图给它套上马鞍和挽具。尤利西斯不仅给小马套上挽具和马具，而且在马后拴上了雪橇。那一天，用他父亲的话说，他运了"一整天灌木丛，当我晚上回到家时，他有一堆和小屋一样大的灌木丛了"。[29]

＊

尤利西斯以他的高超骑术而闻名。他喜欢骑在未装鞍具的马背上，有时也在马背上放一块羊皮，以防滑落。他双臂环抱着马脖子，赤脚贴在马腹上。他最大的乐趣是在城镇广场上绕圈，他高高地站立在马背上，并单腿保持平衡。[30]

他对马的热爱让每一个朋友和邻居都记忆犹新。奇尔顿·怀特回忆说："他是一名出色的骑手，并且非常爱马。"[31] 吉米·桑德森说："他看起来完全无所畏惧。"他说，尤利西斯热衷于骑上未装马鞍的马，并以极快的骑行速度穿过村庄，"把女人、小孩和老人都吓得不轻"。[32]

尤利西斯以他和马之间相互喜爱的关系为布朗县及周围地区的人们所熟知。农民们开始让他训练马驹或烈马。人们聚集在一起观看尤利西斯的驯马方法——他对这些烦人的马不是靠拳打脚踢，而是温柔地对待它们。

尤利西斯 11 岁时，当一个马戏团来到这里时，以尤里西斯为中心的另一个关于马的故事便传开了。每次表演的主角都是一匹小马。能够骑上这匹小马的人可以获得马戏团小丑给予的 5 美元奖励。但这匹胖乎乎的枣红色小马的鬃毛已被完全剪掉，让人没有抓握的地方，并且它已经接受过训练，可以甩掉任何尝试驾驭它的人。

尤利西斯的朋友一个接一个骑上小马，但通常只能坚持几秒。尤利西斯看了一会儿这场不公平的比赛，然后对小丑说："我相信我可以驾驭那匹马驹。"[33]

当尤利西斯骑上小马时，小马立即通过各种方式——后腿直立、弓着背跳跃、不断踢腿等——竭尽全力甩掉这个年轻的入侵者。尤利西斯紧紧抱住没有鬃毛的小马脖子。他骑着小马不停地在马戏团绕圈。

短暂的几分钟显得格外漫长，最后，小丑给年轻的尤利西斯颁发了5美元奖金。人群的欢呼声是对他最大的回报，因为他们称赞他的壮举——这个故事长期为乔治敦的人们所津津乐道。

大约在这个时候，杰西开展起运输业务。凭借着年幼儿子高超的马术，杰西舒服地坐在"我的尤利西斯"驾驶的小马车中，将旅客送往各个目的地：或是送往附近的河畔镇里普利和希金斯港（Higginsport），在那里乘客可以乘坐行进在俄亥俄河上的蒸汽船，或是经由陆路到西尤宁（West Union），或是横渡距离肯塔基州梅斯维尔20英里远的河流，或是向东50英里前往辛辛那提。当他到达辛辛那提并进入丹尼森之家旅店（Dennison House）过夜时，11岁的尤利西斯引起了不小的轰动。听闻他的故事，酒店老板不确定怎样招呼站在面前的男孩。最后，他勉强让尤利西斯在登记册上签了字，并递给他一把房间钥匙。

*

对杰西来说，学校和教会同等重要。他和汉娜帮助建立了乔治敦卫理公会教堂，该教堂于1827年开始在他们家街对面的会议室举行教会活动。汉娜的父母之前在宾夕法尼亚州加入长老会，但由于俄亥俄州边境地区找不到长老教会，所以他们加入了位于班屯的卫理公会集会所（Methodist meetinghouse）。

美国卫理公会迅速扩张，原因是卫理公会牧师走遍了一个被称为"巡回辖区（circuit）"的地理区域，以便在村民聚居地建立教会或为现有教会设立牧师。卫理公会强调体悟，这是一种对所有人开放的民主价值观，而不论其教育程度或经济地位。这就是19世纪前二三十年该教派迅速扩张的一个重要原因。格兰特一家邀请这些卫理公会的"巡回牧师"留在自己的家中。

格兰特一家经常在一座35英尺长的砖砌教堂里做礼拜。虽然教堂很小，但是它有两个前门，分别收容男女，这种安排一直持续到1846年。建造者为室内安置了一台由窄木条支撑的杨木长椅，宽度刚好足够人们倚靠，但不会宽到让人能躺着睡觉。座位是免费的，不像其他教派只能租用。[34]

杰西成了会众的支柱。卫理公会领导人记得他是"教会事务的主导者"[35]，担负着受托人和管理人的职责。

杰西和汉娜并没有陷入早期卫理公会教众间蔓延的情绪。根据奇尔顿·怀特的说法，"那时卫理公会教众喜欢大声疾呼，但格兰特夫妇从未参与其中"。[36]尽管如此，卫理公会教众也是一群喜欢音乐的人，格兰特夫妇喜欢唱查理·卫斯理（Charles Wesley）创作的热情洋溢的赞美诗。

杰西和汉娜肯定了卫理公会信徒所强调的神圣化，即必须过圣洁正直的生活。他们教导孩子们尊重安息日。他们既不打牌，也不跳舞，同时，他们也不允许自己的孩子跳舞。尤利西斯被教育永远不要发誓，因为这样只会徒然亵渎上帝的名誉。

尤利西斯继承了他母亲对卫理公会的虔诚。汉娜以其安静的行为举止而出名，奇尔顿·怀特发现了许多被忽略的事，例如，她"很深情却不轻易流露"。[37]汉娜教给尤利西斯一种谦逊的基督教式的爱的伦理。她的卫理公会信仰教她赞美造物主而不是万物。因此，她不想赞美尤利西斯或她的任何一个孩子。一位亲戚观察到汉娜的这种精神，"她认为你做的任何事都不应该让你受到表扬……你应该赞美上帝给你机会去做这件事"。[38]

*

为了让他的长子接受更好的教育，1836 年秋，杰西送已满 14 岁的尤利西斯前往 20 英里外的肯塔基州梅斯维尔学院学习。[39] 这所学校成立于 1832 年，由新英格兰的雅各布·W. 兰德（Jacob W. Rand）和弗吉尼亚大学毕业生威廉·韦斯特·里奇森（William West Richeson）负责。尤利西斯和他的伯父彼得和伯母佩里米亚·格兰特（Permelia Grant）住在一起。他们家的屋子是一座漂亮的砖房，位于码头的上方。

兰德最初担任校长时，由里奇森出任他的助手。里奇森是一个年轻的弗吉尼亚人，他心目中的伟大英雄是托马斯·杰斐逊——他擅长当一名老师。同时，兰德是梅斯维尔镇长老会的一名干事，他将伦理观带入了课堂。[40]

尤利西斯在梅斯维尔学院的一名同学理查德·道森（Richard Dawson）回忆说："尤利西斯是一个安静的、实事求是的男孩，谦虚而保守。"就像他在乔治敦的学校一样，尤利西斯在算术方面表现出色。然而，尽管在这方面很成功，但当他"复习以前就学过的算术题"时，他会不断打哈欠。[41] 这所学校并非杰西所期望的那么具有挑战性。

在梅斯维尔学院时，尤利西斯加入了一个社团——辩论学会（Philomathean Society）。"philomathean"一词源于希腊语

"philomath"，意思是"爱学问的人"。他在冬季学期每周参加9场辩论。同学 A. H. 马克兰（A. H. Markland）回忆说，尤利西斯是"他同龄人中的好辩手"。[42] 虽然他从未解释过原因，但尤利西斯发现辩论不同于他以往所厌烦的演说。他在第二次辩论会上，作为"女性比男性有更大影响力"辩题的正方辩手赢得了比赛。接下来的一周，当辩论主题变成"在这个时候解放奴隶是不公正和没有政治意义的"时，尤利西斯又一次以正方辩手身份获胜。此外，他还在另一场冬季辩论中作为正方辩手辩论"纵欲是比战争更大的罪恶"。[43]

回顾他们在梅斯维尔学院的经历，道森回忆说，尤利西斯算不上一个一流的学生，而是"一个能够非常自由和慷慨地与其他男孩分享任何东西的人"。[44] 无独有偶，马克兰证实了这一判断，他说尤利西斯"非常善良、受欢迎、性情温和而慷慨"。[45]

在他16岁的时候，尤利西斯回到了乔治敦和约翰·怀特的学校。从来没人解释为什么他经常更换学校，但一年后的1838年秋天，杰西决定把儿子送到里普利的约翰·兰金（John

年轻的尤利西斯加入了由废奴主义长老会牧师约翰·兰金在俄亥俄州里普利创办的一所学院。

Rankin）的学院学习。

里普利坐落在俄亥俄河较窄的河段上，是酝酿废奴主义情绪的温床。[46] 兰金是长老会牧师，双目炯炯有神，下颌坚毅，他因为对奴隶制的看法不受欢迎而离开了南部。"我认为非自愿行为的奴隶制是一切罪恶和不道德的源头。"他宣称，"它就像笼罩在我们共和国上空的夜幕，并遮蔽着共和国日益增长的光芒。"[47] 最终，俄亥俄河成为寻求自由的非裔美国奴隶的约旦河，里普利成为这条地下逃亡线的一站。

*

尤利西斯寄宿在制革商 R. 马里恩·约翰逊（R. Marion Johnson）的家中，他家位于第二街。尤利西斯还教约翰逊的厨师贝蒂·奥斯本（Betty Osborn）如何制作他母亲最拿手的荞麦饼，就像他在家里做饼时一样轻松。[48]

在学校里，穿着胡桃色牛仔裤的尤利西斯和 W. B. 坎贝尔（W. B. Campbell）成为同桌。坎贝尔回忆说，尤利西斯"不是很擅长说话，而是很安静和严肃"。当尤利西斯再次在他的石板上画他擅长的马时，坎贝尔钦佩地看着他。这个新来的男孩参加了包括摔跤在内的运动和比赛，但从没有"吵过架，也从未见过他打架"。[49]

乍看之下，尤利西斯和他母亲一样，没有丰富的面部表情，但经过长时间了解他的人却发现，他对朋友很体贴。坎贝尔对尤利西斯在兰金学院的主要记忆是，他被尊敬地认为是"一个能忠于朋友的人"。[50]

这个学院里有一个名为厄罗马修斯学会（Eromathean

Society）的辩论俱乐部。其讨论的辩题包括："人的境遇比他的智力更重要吗？""婚姻生活比单身生活更愉快吗？""奴隶主有权追回那些逃脱到俄亥俄州的奴隶吗？"[51]

他的一位同学本·约翰逊（Ben Johnson）认为尤利西斯"擅长提问，我想我已经听他提问过 100 万次了吧"。[52]

尽管有好奇心，尤利西斯回忆说："我却没有养成勤奋的习惯。"[53]考虑到尤利西斯一直过分谦虚，他承认自己"没能取得足够的进步来补偿对生活费和学费的支出"似乎是有些道理的。[54]

*

1838 年夏天，当尤利西斯快满 17 周岁时，他的父亲宣布："你现在已经长大了，可以利用课余时间来皮革厂浸灰间（beam-house）工作。"

制革过程中最令人恶心的环节就是待在皮革浸灰间。皮革浸灰间的起源很古老，其将皮革挂在称为"梁（beam）"的弯曲的圆木或桌面上，然后就是艰苦的脱毛过程。在浸灰间里，工人们从生皮上取下肉和毛，为了这个艰难而不愉快的任务而挥舞着长刀。

尤利西斯回答他的父亲，"制革并非我喜欢的工作。不过，如果你愿意的话，我会待在这里工作，直到我 21 岁。但也请你相信，21 岁之后，我再也不会在这里工作了"。这些话表达了尤利西斯作为他这一代人忠心于父亲对儿子的期望，但同时也表明了他决心规划自己的人生道路。

杰西回答说："我的儿子，我并不想让你现在就工作，如果你不喜欢它，就不必继续坚持下去。我希望你能够找到一份你喜爱的工作，并一直继续下去。现在，你认为你会做什么？"

尤利西斯回答说，"我想成为一名农民，或者一名沿河的商人，或者继续接受教育。"[55]

*

了解到尤利西斯不愿追随他进入制革业，杰西拓展了他对儿子未来的愿景。他没费多大力气就为"我的尤利西斯"找到了另一种可能性。

杰西意识到丹的哥哥雅各布·艾门（Jacob Ammen，昵称"杰克"）上了纽约的新军事学院，并于1831年以优异的成绩毕业。1837年夏天，杰克退役回到乔治敦，并在肯塔基州的培根学院（Bacon College）任教。

杰西明白，参加西点军校不会让一个男孩一辈子过上军队生活。因为它是全美仅有的两所工程学校之一，毕业生经常从军队中退役，然后去利润更加丰厚的商业或新兴铁路行业中谋求职位。此外，由于西点军校由政府资助，尤利西斯的四年教育将是免费的。

尤利西斯不知道的是，他的父亲已经在通过各种政治关系，确保他的儿子能上西点军校。但前景并不乐观。布朗县的众议员托马斯·哈默尔拥有"推荐权"，但他已经选派了乔治·贝利（George Bailey）和简·贝利（Jane Bailey）的儿子巴特·贝利（Bart Bailey）——他家和格兰特家住在同一条街上。这两个家庭从父辈开始就是朋友，但同时也是乔治敦的竞争者。甚至今天在贝利家门口仍然竖立着一个明显的石柱，似乎在与格兰特家竞争。巴特作为一个聪明的男孩在乔治敦城小有名气，他在学校里的表现也超过了尤利西斯。[56]

巴特·贝利于 1837 年初夏前往西点军校，准备让他的父母和家乡乔治敦感到自豪。但事情并没有像预期的那样。1838 年 1 月他从西点军校退学，他的父亲让他进入私立军校，以便他可以准备参加新的入学考试。不幸的是，年轻的贝利不仅存在学术方面的问题，还被指控作出"虚假的报告和陈述"。[57] 他的第二份退学声明于 1838 年 11 月 13 日被学院接受。贝利医生深感失望，他不允许儿子返回乔治敦。

当尤利西斯从里普利回家过圣诞节时，他在街上遇到了简·贝利夫人，并得知了巴特的悲伤故事。

尽管巴特已经放弃了，但杰西仍然面临着让尤利西斯进入西点军校的阻碍。他曾经和哈默尔是密友，但早些时候他们围绕安德鲁·杰克逊总统（President Andrew Jackson），特别是对杰克逊从美国第二银行撤走公共资金一事产生了激烈的争辩。在 1832 年的国会竞选热潮中，杰西在《谴责者周报》中写道："哈默尔先生在对他的邻居鸡蛋里挑骨头之前，最好先擦干净自己的眼睛，免得双目被遮蔽。"至于两人之间的十年友谊，杰西威胁着说："我可以向他保证，他完全有自由收回和我的友谊。"[58]

于是，他决定不找哈默尔作为他儿子去西点军校的推荐人，而是请求俄亥俄州参议员托马斯·莫里斯（Thomas Morris）。但 1839 年 2 月 19 日，杰西从莫里斯那里听说：只有哈默尔有"推荐权"。

那一天，杰西不顾七年的失和，给哈默尔写信。"尤利西斯获得选派必须要获得你的同意。"他承认道，"我认为就这个问题咨询你是明智之举。"他小心翼翼地提出了自己的要求："如果

1839年，俄亥俄州众议员托马斯·哈默尔提名尤利西斯前往西点军校就读。

你没有其他人选，并同意选派尤利西斯，请你向有关部门表示同意。"[59]

众议员哈默尔给杰西回信说，他那里没有其他申请人，并告诉杰西，他会提名尤利西斯。他补充说："你为什么不早点向我提出申请？"哈默尔的信让他和杰西"弥合了裂痕"。[60]

为了赶上提名的最后期限，哈默尔给战争部部长乔尔·R.波因塞特（Joel R. Poinsett）写了封信，要求选派"尤利西斯·辛普森·格兰特"。（哈默尔也许认为尤利西斯的中间名是辛普森，他知道这是他母亲娘家的姓。）

现在只剩下一个问题：把这件事告诉一直被蒙在鼓里的尤利西斯。最后，杰西给他朗读了哈默尔的信，然后说："我相信你会接受这个选派。"

"什么选派？"尤利西斯困惑地问道。

"去西点军校。我已经申请并通过了。"

"但我不会去。"

父亲回答说，他原以为尤利西斯会去。

尤利西斯清楚地记得自己的反应："我也这么认为，如果他这样做的话。"[61]

尤利西斯明确表示他不想接受这个要求，但是如果父亲希望他去，他也会同意。他的回答表明了 19 世纪时孩子与父母之间的角色关系。

*

17 岁时的尤利西斯已经是一个强壮的、满脸雀斑的年轻人，体重在 117 磅左右，但身高差一点才到 5 英尺，这恰好是西点军校要求的最低身高标准。虽然他心算很快，但在公开场合演讲却很慢。尤利西斯最擅长解决问题，例如在学校做心算题，或者给一匹从未套过挽具的马拴上雪橇。

1839 年春，尤利西斯在父亲的坚持下，主动前往西点军校。但乔治敦的许多人都想知道，尤利西斯是否能够成功。

注 释

1 Richardson, *A Personal History*, 63.

2 Lewis, *Captain Sam Grant*, 20-21. 刘易斯（Lewis）为传记写下的笔记——现在是密西西比州立大学尤利西斯·S. 格兰特总统图书馆的《尤利西斯·S. 格兰特文集》（*The Paper of Ulysses S. Grant*）的一部分——已被挖掘出来，其中含有所出版传记中未收录的信息和见解。刘易斯对制革过程作了大量的注解。

3 *New York Times*, July 30, 1885.

4 这一描述来自格兰特的幼年好友奇尔顿·怀特（Chilton White），interview, Hamlin

Garland Papers, University of Southern California; 也见: Richardson, *A Personal History*, 57。

5　Richardson, *A Personal History*, 54.

6　Garland, *Grant*, 15.

7　Lewis, *Captain Sam Grant*, 36.

8　Daniel Ammen, *The Old Navy and the New* (Philadelphia: J. B. Lippincott, 1891), appendix, 527.

9　"Gen. Grant's Early Life," *New York Times*, July 30, 1885.

10　Garland, *Grant*, 3.

11　Ibid., 12.

12　*Personal Memoirs*, 1: 26-27.

13　Richardson, *A Personal History*, 58.

14　Mrs. _____, Hamlin Garland Papers. 尤利西斯会静静地驾车，而女孩们则叽叽喳喳地说个不停。Garland, *Grant*, 15.

15　Lewis, *Captain Sam Grant*, 30.

16　Richardson, *A Personal History*, 58.

17　Daniel Ammen, "Recollections and Letters of Grant," *North American Review* 141 (July-December 1885): 361.

18　Ibid.

19　Chilton White interview, Hamlin Garland Papers.

20　*New York Times*, July 30, 1885.

21　John Russell Young, *Men and Memories*, vol. 2, edited by Mary D. Russell Young (New York: F. Tennyson Neely, 1901), 482.

22　*New York Times*, July 30, 1885.

23　Ibid.

24　Mason L. Weems, *A History of the Life and Death, Virtues and Exploits of General George Washington* (Elizabethtown, Pa.: Shephard Kollock, 1800).

25　Lewis, *Captain Sam Grant*, 23.

26　*Personal Memoirs*, 1: 31.

27　Ibid., 1: 25.

28　Ibid., 1: 26.

29　Lewis, *Captain Sam Grant*, 25.

30　Richardson, *A Personal History*, 56.

31　Chilton White interview, Hamlin Garland Papers.

32　*New York Times*, July 30, 1885.

33　Garland, *Grant*, 13–14. This version of the story is told by James Marshall, interview, Hamlin Garland Papers.

34　Nancy Purdy and Terry Cavanaugh, *The History of the Georgetown United Methodist Church* (Georgetown, Ohio: Georgetown United Methodist Church, 1997), 3–4; Calvin W. Horn, *A Handbook of the Methodist Episcopal Church Georgetown, Ohio* (Georgetown: Georgetown Gazette, 1904), 8.

35　A. H. Markland, quoted in *New York Times*, August 4, 1885.

36　Chilton White interview, Hamlin Garland Papers.

37　Ibid.

38　Lewis, *Captain Sam Grant*, 14.

39　American Association of University Women, *From Cabin to College: A History of the Schools of Mason County, Kentucky* (Maysville, Ky.: G. F. McClanahan Print Company, 1976), 55.

40　Thomas E. Pickett, "William West Richeson: The Kentuckian That Taught Grant," *Register of the Kentucky State Historical Society* 27 (September 1911): 14–22.

41　*Personal Memoirs*, 1: 25.

42　Lewis, *Captain Sam Grant*, 47.

43　Garland, *Grant*, 18–19.

44　Richard Dawson interview, Hamlin Garland Papers.

45　Lewis, *Captain Sam Grant*, 47.

46　我很感激与安·哈格多恩（Ann Hagedorn）进行的交谈，更要感谢她的著作《河对岸：地下铁路英雄们不为人知的故事》（*Beyond the River: The Story of the Heroes of the Underground Railroad*, New York: Simon & Schuster, 2002）中对里普利（Repley）和约翰·兰金（John Rankin）的基本描写。

47　Ibid., 44–50; John Rankin, *Letters on American Slavery* (Ripley, Ohio: D. Ammen, printer, 1826), 5.

48　Garland, *Grant*, 29.

49　W. B. Campbell interview, Hamlin Garland Papers.

50　Ibid.

51　Hagedorn, *Beyond the River*, 61.

52　Benjamin Johnson interview, Hamlin Garland Papers.

53　*Personal Memoirs*, 1: 25.

54　Ibid.

55　Garland, *Grant*, 21; Richardson, *A Personal History*, 73.

56　Garland, *Grant*, narrates the full details of this story, 24–27.

57 Lewis, *Captain Sam Grant*，55-56.

58 *Castigator*（Ohio），September 25，1832，quoted in *Grant Papers*，1：3-4n.

59 JRG to Thomas Hamer，February 19，1839，*Grant Papers*，1：4n.

60 Lewis, *Captain Sam Grant*，57.

61 *Personal Memoirs*，1：32.

/ 第3章 西点军校

我很抱歉地说，我的很多时间都花费在小说上。

——尤利西斯·S.格兰特，《个人回忆录》

满怀期待和疑虑，尤利西斯在1839年5月离开乔治敦前往西点军校。当想象着未来的冒险之旅时，他就精神抖擞；但他一想到西点军校，心情又沉重了下来。

尤利西斯待在家的最后几天，当地的工匠托马斯·沃克（Thomas Walker）给他制作了一个漂亮的行李箱。但当尤利西斯看到箱子时却非常失望，这是因为，沃克已经在箱子表面用黄铜钉写下他名字的首字母"H.U.G."。尤利西斯告诉他的表弟吉米·马歇尔（Jimmy Marshall），他担心西点军校的同学会叫他"HUG"："男孩们会用这个来烦我。"[1]最后，这些首字母被改写成"U.H.G."。

5月15日，他告别了父母和兄弟姐妹。邻居们聚集在中央广场给他送行，家人和朋友在里普利站台上向他挥手致意。[2]

在那里，尤利西斯登上一艘汽船，从俄亥俄河宽阔的东岸出发，前往匹兹堡。由于没有时间表，汽船可以随意调整自己的航速，并在任何地点和任何时间接载人员或包裹。他在路上感到很兴奋。

"我一直想去游历"，格兰特承认。现在，前往西点军校的途中，他将有机会访问新大陆的两个大城市——费城和纽约。同样令他兴奋的是，他乘坐的是19世纪初交通运输革命带来的最新成果。

在俄亥俄河行进了三天后，尤利西斯抵达匹兹堡。四十年前，他的祖父诺亚和他的父亲杰西——当时还是一个 5 岁的男孩——在前往西部的俄亥俄时也曾游经此地。1839 年，接近 20000 人口的匹兹堡已经成为阿勒格尼山脉（Allegheny Mountains）以西最大的城市。

在匹兹堡，尤利西斯可以选择陆路出行，其时速较快，每小时 8~9 英里，但会让人筋疲力尽；或者选择水路，乘坐新的运河船，但速度较慢。在拥挤的站台熟悉情况后，尤利西斯选择通过运河前往宾夕法尼亚州首府哈里斯堡（Harrisburg）："这提供了一个更好的机会去欣赏宾夕法尼亚西部的美景。"[3]

1817~1825 年在纽约修建的伊利运河（Erie Canal）刺激了宾夕法尼亚州建立自己的运河系统，从而保持本州民众、农业和工业的竞争力。尤利西斯继续沿着纵横交错的水路从匹兹堡向东行进。他甚至可能购买了旅行者必备的口袋地图——其可以帮助 1830 年代的旅行者找寻路线。

在哈里斯堡，萨斯奎哈纳河（Susquehanna River）在这里几乎有 1 英里宽。他搭上前往费城的火车，"这是我第一次看见火车"。这是一件多么让人难忘的经历啊！"我认为这已经达到了快速交通的完美境界。"火车最高时速可以达到每小时 18 英里。对于一个来自俄亥俄州小镇的男孩而言，"这看起来就像是在进行空间瞬移"。[4]

在费城，尤利西斯和哈尔一家（Hare family）住在一起。他们一家人包括伊丽莎白（Elizabeth）、萨拉（Sarah）以及西拉斯（Silas），他们都是格兰特母亲家的表亲。虽然在乔治敦的朋友称尤利西斯很"安静"，但伊丽莎白发现他是一位优秀的演说家，因为他用自己在俄亥俄州的生活趣事逗乐了他们。[5]

在接下来的五天里，尤利西斯以西拉斯位于栗树街的帽子店作为他活动的中心。他穿着破旧的鞋在费城街道上溜达，这导致他父亲后来指责他"花了太长时间闲逛"。[6] 费城作为这个国家诞生的地方，能够激起所有年轻人的好奇心。尤利西斯记得他"看过这座城市的每一条街道"。[7] 但除了这些粗略的评论之外，他是否说过他在这里待了将近一周的原因呢？

因为他"参观了这里的剧院"。[8] 在这个简单解释的背后，有一个更大的、未被发现的故事。

尽管无法知道他观看过哪些戏剧表演，但当时的英国小说家爱德华·布尔沃［Edward Bulwer，他后来在名字里加上了母亲的姓氏"利顿（Lytton）"］在费城上映的两部戏剧赢得好评。[9] 尤利西斯可能观看过《黎塞留》(*Richelieu*)，这是受欢迎的布尔沃创作的关于枢机主教的戏剧，其讲述了作为政治家的黎塞留枢机挫败篡夺法国王位的阴谋。刚刚走出俄亥俄州、只在石板上绘画过的尤利西斯，对黎塞留房间的辉煌布景——挂着厚重金丝图案的花毯——留下了深刻的印象。[10] 人们可以想象正当这个 17 岁少年展望着西点军校的种种时，他是如何被剧院现场的魔力所吸引，又是如何被戏剧里极具领袖气质的英雄人物所迷住。

尤利西斯也可能观看了第二部受欢迎的布尔沃戏剧《里昂夫人》(*The Lady of Lyons*)。[11] 这部剧创作于法兰西第一共和国早期，并在西拉斯帽子商店附近的栗树剧院演出。对他而言，还是能够负担得起 25 美分的票价。

*

在费城"闲逛"了五天后，尤利西斯在纽约仅仅待了不到一天。在他入住的旅馆里，他遇到了来自圣路易斯的年轻人弗里德里克·T. 登特（Frederick T. Dent，昵称"弗里德"）。登特回忆说："因为我们都来自西部，所以很快就熟悉了。"尤利西斯告诉弗里德，他"要去西点军校，正在准备参加考试"——而他必须通过考试才能被录取。[12]

"我也是。"[13]弗里德里克回答说，并提出与他同行。

尽管尤利西斯喜欢各种交通方式——马车、轮船、运河和铁路——但他在途中有一种不祥的预感。"如果轮船或火车相撞，或者发生其他事故，虽然我可能会暂时受伤，但如果其足以让我暂时没有资格进入军校学习，我还是会很高兴的。"不幸的是，他沉思着："没有发生这种事，我不得不勇敢地面对困难。"[14]

尤利西斯和弗里德里克乘汽船沿着哈德逊河（Hudson River）向南行进了 55 英里，到达了西点军校——其坐落在风大而多岩石的高地上。在南码头下船后，他们沿着楼梯走向著名的西点军校旅馆（West Point Hotel）。该旅馆建于 1829 年，位于军用保留地的边缘。尤利西斯用"U. H. Grant"这个名字在旅馆进行了登记。[15]

*

1839 年格兰特进入的西点军校，其历史可以追溯至独立战争时期。当时的殖民地军队发现他们依赖于外国工兵和炮兵，因而西点军校也可以说是当时政治角力的产物。一些新军事学院的支持者们认为，可以通过建立西点军校来培养工兵，从而减少对国外的依赖。其他人则对一个会推动建立传统欧洲常备军模式的军事学院持保留意见，他们认为应该铭记这个奋斗的国家依靠的是全民志愿军（也译"自愿兵"）的勇敢战斗，而众所周知，这种常备军模式推翻了它受训保护的政府。[16]

托马斯·杰斐逊在1790年代反对建立军事学院，但在1800年当选第3任总统后，他改变了这一看法。他认识到，计划建立的军事学院将能够向没有能力送子女上大学的家庭提供免费的军事教育。他向国会保证，在学院接受教育的军官将为新民主共和国的利益而战，从而打消了政府对常备军的担忧。最后，他签署了《1802年军事和平建立法案》（Military Peace Establishment Act of 1802），建立了美国自己的军事学院——西点军校。[17]

西点军校在最初15年里管理不善，直到1817年，在具有军事经验的独立战争领导人詹姆斯·门罗总统（President James

尤利西斯在1839~1843年就读于西点军校，这座军校坐落在一片俯瞰哈德逊河的高地平原上。

Monroe）提名西尔维纳斯·塞耶上校（Colonel Sylvanus Thayer）成为新校长后，这一情况才有所转变。塞耶于 1807 年在达特茅斯学院（Dartmouth College）以全班第 1 名的成绩毕业，并于 1808 年，也就是他在西点军校学习一年后，成为美国工程兵部队的一员。在拿破仑战争之后，塞耶被战争部部长詹姆斯·门罗送往法国综合理工学院（École Polytechnique）学习。这所法国学校后来成了塞耶领导改建西点军校的范本。

塞耶被誉为"西点军校之父"。他执掌西点军校长达 17 年，超过其他任何西点军校校长的任期。同时，塞耶因提升军校的地位而广受赞誉。尽管 1833 年他离开了军校，但当尤利西斯在六年后到达军校时，他的精神和思想仍在校园里随处可见。[18]

*

在军校旅馆过夜后，尤利西斯第二天前去注册。他决定颠倒自己前两个名字的顺序，他向一名副官汇报了他有 48 美元存款，并最终在登记簿上署名"尤利西斯·海勒姆·格兰特（Ulysses Hiram Grant）"。通过颠倒名字的顺序，格兰特相信他可以在西点军校重新开始，他不想再被同学们戏称为"HUG"。[19]

令他惊讶的是，他的名字受到了质疑。在核对正式名单后，副官告诉这个站在他面前的年轻人，名单上清楚地写着：来自俄亥俄州的尤利西斯·辛普森·格兰特（Ulysses Simpson Grant）已被录取。[20]

尤利西斯提出抗议，他并不知道众议员哈默尔搞错了他的名字。副官告诉尤利西斯，对他名字的任何改变都必须得到战争部部长的批准。

那好吧。即使政府只接受他叫"U. S. Grant",他决定仍然会使用"U. Hiram Grant"或"Ulysses"作为他私人信件的署名。他拿着《军校守则》前往营房,还没走多远,就听到嘲笑的声音:"看着真没有人样。""敢问你的裁缝高姓大名?"[21]他自制的西装让他被别人嘲笑。

当尤利西斯和他同一年级的学员们一起注册时,这些灰色着装的学员聚集在公告牌周围,浏览着新生名单。来自俄亥俄州、有着红头发、蓝眼睛和修长个头的四年级学员威廉·特库赛·谢尔曼后来写道:"我记得在布告牌上看到他(指格兰特)的名字,那里张贴着所有新生的名单。"他比格兰特高三个年级,并回忆说:"我盯着那些公告牌,看到了'U. S. 格兰特'。我们许多人开始编造各种名字来修饰其首字母'U.S.'。有人说是'美国格兰特(United States Grant)',另一个人说是'山姆大叔格兰特(Uncle Sam Grant)',还有一个人说是'山姆·格兰特(Sam Grant)'。"[22]

山姆·格兰特。他无法摆脱这个名字了。在接下来的几天,无论他走到哪里,嘘声都随之而来。例如,从营房窗口传来的喊叫声:"向格兰特先生敬礼!""送他回家""向左转,向右转,向左转,向右转"。他的名字成了笑柄——"你真是个该死的山姆大叔。"[23]

6月,格兰特参加了考试。听说有30%的申请者未能通过考试,他不知道会考些什么。他面对的是13名考官组成的审查委员会,但考试很简单,包括阅读、写作、拼写和算术。最终,他通过了测试。

他通过考试的奖励之一就是能够穿上军校学员的制服——这是从他微薄的资金中购买的。山姆用36美分购买了一本账簿,从那天起，他对在西点军校的支出作了详细的记录。他的"灰色校服"外套价格为10.88美元。他迫不及待地想要戴上又大又平整、被称作"gigtops"的摩洛哥帽，其价格为2.44美元。他买了六条裤子，但并不确定它们的价格。[24] 他给俄亥俄州的家人写信说，他的裤子"紧得就像树和树皮长在了一起，如果我不走正步，而是弯下腰或者快速跑步的话，裤子就会像开枪一样发出撕裂的巨响"。[25]

西点军校会在平地上给新生开展为期两个月的新兵训练营活动，从而让他们成长为职业军人。日复一日地操练，暴晒在阳光下，睡在帐篷里，山姆对学校生活的所有担忧似乎都成了真。他很快发现，作为刚入学的一年级学生，在军队体系里，他和同学们的地位低得不能更低。

他给表弟R.麦金特里·格里菲斯（R. McKinstry Griffith）写了封信，信里说道："首先，我仅仅在一条毯子上睡了两个月。"他自己读了一遍这句话，又继续补充说，"现在听上去似乎很浪漫的样子，你可能觉得这很容易。但我告诉你，只在一条毯子上睡觉其实极其困难。"他承认他想念家人和朋友——"我希望伯特利（Bethel）的一些漂亮姑娘能来这里，这样我就可以看到她们了。"[26] 这个来自西部的小男孩——带着他"山姆·格兰特"的新名字——感到了孤独。

但山姆·格兰特在第一场夏季障碍训练中坚持了下来。他并没有像有些同学那样，在漫长炎热的夏日里，每当遇到辱骂就会愤愤不平。他总是低下头，并让自己保持理智。他的安静而坚韧，使他并不需要进行反击。

在学校外面的平地上睡了八周后，他爬上北营房的楼梯，来到他第一年将要入住的房间。房间最棒的部分是屋檐上的窗户。

透过窗户，他可以看到周围美丽的乡村。他的室友叫鲁弗斯·英戈尔斯（Rufus Ingalls）——一个比他大2岁、来自缅因州的充满生气的男孩。

在秋季学期开始时，山姆与他俄亥俄州的表弟分享了早期的印象："这绝对是我见过的最美丽的地方；这里有丘陵和山谷，岩石和河流；一切看上去都很愉快。"他告诉格里菲斯："从附近的窗口可以看到哈德逊河。那条著名的河流，那条美丽的河流，怀抱着数以百计的白帆。"27 从他房间的窗户朝另一个方向看，山姆看见了历史。"我可以看到普特南堡（Fort Putnam）远远地皱起眉头；这是一个严肃的纪念碑，它似乎是有意要告诉我们父辈的光荣事迹，并要求我们记住他们的经历，以他们为榜样。"28

山姆在信中不时插一两句自嘲的幽默话。"如果你在远处看到我，你会问的第一个问题就是'这是一条鱼还是什么动物？'"他总结说，"当我两年后（如果我活着的话）回到家时，我的这些令人惊讶的习惯会让家乡人好奇。我希望你们不要把我当作狒狒。"29 伴随着在西点军校四年生活的开端，他走进了一个陌生的新世界。

*

西点军校为学生制定了两个目标。首先，将通过反映法国军事学校技术重点的课程来塑造未来的军官。因此，掌握法语对有抱负的军官阅读军事文献至关重要。塞耶认为法国是"军事科学唯一的宝库"。他在法国购买了大量关于军事理论和实践的书籍。30

西点军校也被认为是一所工程学校。格兰特在西点军校学习的四年期间，将近 70％ 的课程都集中在工程、数学和科学方面。在内战之前的课程中，学生们仅仅在最后一年学习包括 8 门课程的军事战略。[31]

这里几乎没有文科，特别是对英美文学的研究。虽然西点军校的技术重点不时受到质疑，但塞耶和继任的管理者们都认为数学和工程学促进了推理能力。像格兰特这样的未来军官，他们在战争的压力下需要这种脑力训练。[32]

第二个目标是训练出有纪律的职业军官。山姆发现自己生活在斯巴达式权威的训练和纪律中。他的榜样是老师，而几乎所有老师都把自己首先看成一名军人。在一个与外界隔绝的军校里，他们的目的是建立一个由军校学生组成的同质性队伍，他们生活在军人的精神中，呼吸着军人的气息。即使在教室里，学生们也是按照他们的成绩排名入座。这种持续不断的训练成为铸造责任和凝聚力的手段。[33]

*

在西点军校的第一年，山姆很擅长数学。然而，法语却让他苦恼。法语在前两年的成绩排名体系里占据重要位置。虽然学员们没有被要求讲法语，但被要求能够将法语翻译成英语。

由于职业军官是将学术与军事训练和纪律结合起来，所以，军校学生在班级里的排名也是对二者的结合。在家中几乎从未被训斥的山姆，进入了被他们称为"动辄得咎"的世界，即一种彻底的调整。七种类型的罪行构成一套过失体系，将被记录到学员的档案中。

上午5点到晚上10点，从点名、检查、操练、吃饭、上课、学习到夜间列队操练，山姆很快就意识到，任何场合都有可能犯下可怕的错误。禁止清单是无穷无尽的：这里禁止饮酒、吸烟、"打牌或其他赌博游戏"，禁止在寝室里做饭，禁止有"侍从"，或养"狗和马"。[34]

*

虽然山姆努力适应在西点军校的生活，但华盛顿的政治家们正在进行斗争。有些人希望断绝政府与已办校37年的西点军校之间的关系，另一些人则希望继续保持这种关系。安德鲁·杰克逊在1829~1837年担任总统期间，嘲笑那些从西点军校毕业的所谓精英。在早些时候，他曾试图说服塞耶校长越过法规，直接委任他的两个侄子为工兵和炮兵，但被塞耶拒绝。杰克逊对西点军校的公开立场，可能受到这一事件的影响。[35]

1839年12月，国会曾提出一项试图废除西点军校的草案。山姆对这项草案表达了复杂的情感："我视其为一种获得解放的体面方式，并且饶有兴趣地阅读了关于这项法案的辩论，但对之后迟迟未见的行动感到厌烦，因为我自私地支持着这项草案。"[36]

*

在山姆学习的第二年，一个意想不到的乐趣来自一门新的课程——马术。在骑马时他可以做回自己。由于骑行时尘土飞扬，学生们获准不穿制服。山姆大步走出小小的宿舍，穿着旧衣服和马刺靴，在西点军校的大场地以及更远的地方自由驰骋。

传统上，学院里最好的骑手都来自南方，因为在那里，骑马是一种生活方式。但这位来自西部的年轻人很快就赢得了同学们的钦佩。与他在乔治敦的经历相似，即使是烈马，只要交给山姆训练，也会变得温顺、可驾驭和骑行。同班同学英戈尔斯说山姆驯马的成功之处不在于"鞭打……而是通过耐心和技巧，让马知道他想要它做什么"。[37] 由仅仅 8000 名士兵组成的规模很小的美国陆军只有一支骑兵部队，也被称作"龙骑兵部队（dragoon unit）"。在 1840 年代初，骑兵的角色在战斗部署方面仍处于成长期。山姆梦想毕业后加入龙骑兵部队，但这一切都取决于他的成绩。

*

在第一年结束时，山姆所在班级的人数从 73 人减少到 60 人，他取得了第 27 名的成绩。他的数学成绩排第 16 名，但法语成绩只排到第 49 名。在第二年，他所在的班又缩小到只有 53 人，他的成绩排第 24 名。[38]

在 39 名毕业生中，山姆四年总成绩排第 21 名。虽然这个排名已经被用来衡量格兰特的智力，但实际上关于他在西点军校智力演变的故事仍然不为人所知。后来他写道："我很抱歉地说，我的很多时间都花费在小说上。"[39]

他的歉意可能来自于西点军校教员对小说的态度，因为他们认为流行小说是"轻浮的"。[40]

山姆·格兰特没有说他"有时"或"偶尔"阅读小说，而是说他在小说上花费了相当多的时间。

他告诉我们："我阅读过布尔沃的所有作品，以及库柏

（Cooper）、马里亚特（Marryat）、司各特（Scott）、华盛顿·欧文（Washington Irving）、利弗（Lever）及其他许多现在我都不记得名字的作家的作品。"[41]

他非常具体地说："我阅读过布尔沃的所有作品。"用低调的方式指明某个方向，这是格兰特说话的特征。即使遥不可及，但有了这些线索，我们仍有迹可循他的阅读清单，从而了解他可能从阅读这些小说中学到了什么。

*

19世纪三四十年代，西点军校的学术文化不利于热爱阅读的人，山姆很快发现学校图书馆主要不是为学生服务。图书馆是校园的中心建筑。虽然校长塞耶和他的继任者们积聚建立起一座相当大的图书馆，但图书馆仍然主要是为教员服务的。图书馆资源可供他们使用，以帮助他们在职业生涯中取得进步。《借书条例》规定："学生只能从图书馆获取能够帮助他们学习的一类书籍。"此外，"学生每次只能从书架上取出一本书，同时不能借阅超过一周"。一旦进入图书馆，"学生必须待在图书管理员的桌子上阅读，或从管理员那里获取任何书籍"。[42]换句话说，就是没有闲工夫让你阅读。

他还发现图书馆非常重视工科。1833年，一个访问委员会提交了一份关于图书馆学术内容的报告，称赞这些藏书"非常有价值，而且很适合于这所学校的特殊服务对象。它在军事科学和土木工程方面的藏书非常丰富"。报告承认"图书馆确实非常缺少纯文学类作品"。[43]六年后，它将更加"短缺"这类藏书。

但是，在学生们学习军事行为准则的同时，他们也愈发擅长如何规避校规。山姆和他的同学集中他们微薄的收入以购买小说，然后在他们自己开设的非正式借阅室里互相传阅。

*

山姆开始列举他读过的小说家名单，如爱德华·布尔沃（Edward Bulwer）。布尔沃的两部小说已经被改编成戏剧，并在费城上演。1834 年，也就是沃尔特·司各特爵士（Sir Walter Scott）逝世两年后，《美国季刊评论》（*American Quarterly Review*）认为布尔沃"毫无疑问是现在最受欢迎的作家"。[44] 几十年后，格兰特记得他读过布尔沃的所有小说，并暗示这些小说对于还是年轻学生时的他具有非常重要的作用。

截至 1839 年，布尔沃共出版了 11 部小说。在他的第一部小说《福克兰》（*Falkland*，1827）中，英雄必须能够发现外在表象和内在现实之间的差距，也就是所谓"作秀与善行（the fair show and the good deed）"之间的差异。在《佩勒姆》（*Pelham*，1828）中，英雄开始在大多数人隐藏真实自我的世界中找寻真正的个性。当时山姆正好情绪低落地生活在军校的世界里。

接下来的四部小说，即《弃儿》（*The Disowned*，1828）、《德维鲁》（*Devereux*，1829）、《保罗·克利福德》（*Paul Clifford*，1830）和《尤金·亚兰》（*Eugene Aram*，1832），布尔沃重点将肤浅的主流文化与人类的心灵深处作对比。就在山姆对西点军校的纪律听证会产生反感的同时，他也许已经读过布尔沃的犯罪惊悚小说《保罗·克利福德》了。在书中著名的法庭场景中，读者会观察到误导性的表象是如何产生，进而改变了一个人的观点。[45]

布尔沃的声誉在进入20世纪后会有所下降，部分原因是他在接下来的四部小说中渗透着对读者的说教式禁令。在《戈多尔芬》（*Godolphin*，1833）、《欧内斯特·马尔特拉弗斯》（*Ernest Maltravers*，1837）、《爱丽丝》（*Alice*，1838）和《扎诺尼》（*Zanoni*，1842）中，他邀请读者审视自己与书中人物的一些相似之处。[46]

只要在房间里读几个小时布尔沃的书，就能想象得到作者心目中的理想读者是什么样子。他在《学生》（*The Student*，1836）中写道："我们与世界严格隔绝的想象力，是我们与上帝同行的伊甸园。……因此，我们要学会将自己的梦想和想法作为我们的伴侣。"[47]对于年轻的学生而言，阅读布尔沃对读者的直接交谈，可能就像是在聆听虚拟老师的授课。

*

山姆也被历史小说的先驱沃尔特·司各特爵士的作品所吸引。像布尔沃一样，他小说里的英雄都是年轻人，他们不愿离开家乡，并通过戏剧般的考验学会了更具洞察力地评判他人。这些旅程以现实的历史为背景，年轻的英雄们经常在旅程中观察到军事冲突。

山姆可能读过司各特的《威弗利》（*Waverley*），这部作品非常受年轻人欢迎。孤独的爱德华·威弗利（Edward Waverley）回到叔叔的图书馆时，发现自己沉浸在那些充满情节和浪漫主题的书籍中。威弗利会吸引好奇的年轻人，让他意识到他也必须通过阅读了解并参与到现实的世界中。[48]

就像布尔沃一样，山姆发现司各特的小说也是以第一人称叙述的方式直接向读者讲述。司各特在书中的说教也是显而易见的。叙述者和书中的角色一样提供了建议。在《罗伯·罗伊》（*Rob Roy*，1817）中，弗兰克·奥斯巴迪斯顿（Frank Osbaldistone）——一个意识到自身缺陷的新一代凯尔特英雄——观察到自己的焦虑："我想，所有人在特别疑惑和困难的情况下，当他们在一种绝望中毫无目的地运用他们的理性时，都会倾向于把缰绳抛给他们的想象。"[49]山姆在阅读司各特的作品时发现了这样一些年轻人，他们在学习对人的外表和动机更有鉴别力。面对复杂问题时，英雄也会为作出艰难决定而摇摆。但是，英雄又是守法的，被内在的道德所引导。在冲突中，英雄希望成为一名调解人。[50]

*

在阅读詹姆斯·费尼莫·库柏（James Fenimore Cooper）的作品时，山姆被这名美国的首位重要小说家所吸引。库柏与布尔沃和司各特有许多共同特征，他们都写到了年轻人通过旅行了解自己和周围不断变化的世界。

詹姆斯成长于祖辈建立起来的纽约州库珀斯敦（Cooperstown），年轻的他曾在奥齐戈湖（Otsego Lake）旁边的原始森林里漫步，并在他的小说中反映他对大自然的热爱。库柏的五卷本小说《皮袜子故事集》（*Leatherstocking Tales*）中的英雄纳蒂·班波（Natty Bumppo）是一个诚实而敏锐的人。库柏的每一部小说都是一个关于年轻男性成年礼的故事。在《探险者》（*Pathfinder*，1840）中，纳蒂讲述了一些格兰特以往也许听过的话："现在，当我发现一个人总是讲好听的话时，我会密切关注他的行动。这是因为，当心地善良的人打算做好事时，他们通常都是用行动来说话，而不只是用舌头。"[51]

库柏生动的军事描述也吸引着年轻的格兰特。库柏曾是纽约州民兵系统[①]的一名军官，他在《莱昂内尔·林肯》（*Lionel Lincoln*，1824）中描绘的战斗场景受到同代评论家的称赞。[52]这部快节奏的小说清晰地描述了布里德山会战（Battle of Breed's Hill），格兰特的祖父诺亚很可能在独立战争开始时就在那里战斗过。

*

除了喜爱作为课外文艺活动的小说，山姆还在课程中学习了另一门技艺。在第二学年的每个工作日下午，他都要研究地形图和解剖图两个小时。一年后，他在课堂上对风景画兴趣盎然。他对这些课程的热情远远超出了他在石板上画马。

绘图是如何包含在课程中的呢？答案是实用。教员们认为学生总有一天需要绘制他们下达指挥命令的战场。他们能否准确地绘制具有完整细节的地形图，可能就意味着在瞬息万变的战争中的成功或失败。格兰特的技艺将在几年后的某些遥远战场上得到

---

① 美国民兵系统始创于 1636 年 12 月 13 日，波士顿为了保卫殖民地于当年建立了一支民兵队伍。独立战争后，宪法并没有称呼这些民兵为"国民警卫队（United States National Guard）"，这一名称首现于 1824 年，由纽约州的一支民兵部队首先使用。南北战争以后，"国民警卫队"成了各州自行建立的民兵部队的流行叫法。美国 1903 年颁布的《民兵法案》将各州民兵组织整合成"国民警卫队"。1916 年《国防法》通过后，"国民警卫队"成为接受联邦军费的有组织民兵部队的官方称谓。

测试。

　　山姆很幸运能够跟在罗伯特·沃尔特·威尔（Robert Walter Weir）后面学习。威尔在西点军校待了42年，是美国最著名的画家之一，以画清教徒的离别场景而闻名。他曾画过一幅画，画里描绘了清教徒家庭离开荷兰前往新大陆前的场景——这些清教徒聚集在他们的牧师约翰·罗宾逊（John Robinson）身边，在**斯佩德韦尔号**（Speedwell）上举行告别仪式。今天，可以在华盛顿特区的美国国会大厦的圆形大厅中看到它。

　　在威尔的指导下，山姆画了一幅意大利都市风景的钢笔画，并展现了对描摹对象的精确把握。接下来，他用水彩描绘了欧洲人在色彩缤纷的市场中漫步。这位年轻的艺术家（毫不奇怪地）还绘制了一幅草稿，画中马的鼻子套在饲料袋里，但马的身形细

/ 038

1842年，格兰特在西点军校与罗伯特·W.威尔一起学习地形学和解剖学时绘制了这匹巨大的驮马。格兰特以其卓越的骑术而闻名，他把自己对马的深入了解带到了这幅水彩画中。

节则描绘得非常细致。

格兰特另一幅富有同情心的油画，[53] 描绘的是一个印第安原住民和他的妻子以及一条狗与商人易货的场景；这个印第安人的灵感可能是山姆从库柏的小说中获得的。山姆画下了母亲用母乳喂养孩子时圆润的肩膀。他使用橙色、黄色、棕色和蓝色等柔和色调来突出商人展开的彩色毛毯。

尽管格兰特的绘画有时以朦胧的风格闪烁着光芒，但他的绘画不是因为技巧而引人注目，而是因为他渴望能深入人性，即便是在画一匹驮马。我们不知道他在西点军校时创作了多少幅画，但他学生时代的 9 幅作品仍然被保存了下来。[54]

*

在西点军校接触的许多人中，山姆对两名军事领导人的印象格外深刻。其中一位是 1812 年战争中的英雄温菲尔德·斯科特将军（General Winfield Scott），他曾到访过军校，并检阅了军校学生。斯科特身材高大，有 6 英尺 5 英寸。因为喜欢穿五颜六色的军装，所以被称作 "老牛皮（Old Fuss and Feathers）"①，并以此闻名于世。"他有着威武的体形，高大的身材，再搭配华丽的军装，我认为这是我见过最具男子气概的模样，也是最令人羡慕的。"[55]

另一个给格兰特留下深刻印象的人是英俊的、蓄着下垂胡子的查尔斯·F. 史密斯上尉（Captain Charles F. Smith）。他出身名门，是大学校长和长老会牧师的后代，并且通过军事行动证

① 也译 "够讲究且刚正不阿"，源于斯科特在军容仪表和军事纪律上的坚持。

明了自己。1831 年，史密斯被任命为西点军校教员，1838 年成为学生的指挥官。"我把斯科特将军和军校生指挥官史密斯上尉看作全国最令人羡慕的两个人。"[56]那时期待着军事生涯的山姆，正寻找着他的军事榜样。

*

虽然山姆和那些二十年后在南北战争中成名的学员们一起学习，但他在交友方面进展得非常缓慢。即便他的密友圈子相对较小——西点军校大约有 250 名学员——但他仍知道他的大部分同学，虽然他并不认识他们。

在第一学年，山姆就认识了高年级班里两个互不相同却又形影不离的朋友。一个是来自俄亥俄州的比尔·谢尔曼（Bill Sherman），他以性格冲动、富于幽默和爱开玩笑著称。另一个是谢尔曼的朋友，来自弗吉尼亚州的乔治·H. 托马斯（George H. Thomas）。他对学习非常认真，并且被取了个"华盛顿将军"[57]的绰号。

当学生们谈论其他班级的成员时，他们猜测谁会继续留在军队，谁会在毕业后离开。最终极的问题是谁有一天会成为将军。如果学生们对"最有可能成功的人"进行投票，那么获胜者将是 1842 届的绰号"红玫瑰"的威廉·S. 罗斯克兰斯（William S. "Rosy" Rosecrans）。每个人都知道他很健谈，同时他也以优异的成绩和出色的军事表现作为他谈话的底气。

/ 040

山姆最好的朋友之一也是来自 1842 届的绰号"皮特"的詹姆斯·朗斯特里特（James "Pete" Longstreet）。朗斯特里特出生在一个与农业有着紧密联系的家庭，作为佐治亚州和亚拉巴马

这幅画描绘了一位印第安商人、一条狗和一位正在哺乳的妇女，是格兰特自己创作的最喜爱的作品之一。他一直将其保留至 1870 年代。

州的特权之子而长大。他长着棕色头发和蓝眼睛，身高 6 英尺 2 英寸，远高于山姆。

朗斯特里特记得山姆·格兰特是一个"来自乡下的小男孩"。[58] 他们俩从一开始就是"好朋友"，因为天生的局外人意识而走到了一起。朗斯特里特认为山姆"在陈述自己的主张时犹豫不决；他的谦虚使他变得沉默寡言"。[59]

与他的朋友不同，朗斯特里特体能充沛，在运动方面表现出色。例如，学生们一起踢早期的橄榄球，朗斯特里特能够在比赛中表现优异，而他指出山姆"在比赛中并不是重要角色"[60]。的确，山姆的孤独感是因他的体型不够巨大或不够强壮，而无法参加学校里流行的混战类运动而加剧的。然而，不同于赛场，两人能够相互同情，这是因为和山姆一样，朗斯特里特也为学习而挣扎，他发现自己更多时是名列倒数而不是名列前茅。

比山姆小一级的 1844 届毕业生包括西蒙·玻利瓦尔·巴克纳（Simon Bolivar Buckner）和温菲尔德·斯科特·汉考克（Winfield Scott Hancock）。前者英俊但沉默寡言，是肯塔基州本地人，后者来自于宾夕法尼亚州，外向的性格使他很受欢迎。

山姆在军校的最后一个学年时，军校新来的一年级学生班中包括一个难以忽视的学生和一个容易被忽视的人。一个是乔治·B. 麦克莱伦（George B. McClellan），他在费城长大，是当时军校中最年轻的学生，只有 15 岁；另一个是来自弗吉尼亚州山区朴素的托马斯·T. 杰克逊（Thomas T. Jackson）。他几乎没有受过正规教育，但他决心接受西点军校的军事教育，这将为他的军事生涯作好准备。

除了鲁弗斯·英戈尔斯外，山姆在 1843 届自己班上的朋友还包括：来自康涅狄格州的绰号"龙（Dragon）"的乔治·德松（George Deshon），他是山姆二年级时的室友，是一名杰出的学生；来自宾夕法尼亚州的威廉·B. 富兰克林（William B. Franklin），他后来以班级第 1 名的成绩毕业；来自新泽西州的绰号"奈金斯（Nykins）"的艾萨克·F. 昆比（Isaac F. Quinby），他的工学成绩名列第一；来自印第安纳州的约瑟夫·J. 雷诺兹（Joseph J. Reynolds），他和山姆都在数学上表现敏捷。这个朋友圈包括了班里一些最优秀的学生，几乎每个人的成绩都排在山姆前面。[61]

041

山姆似乎对那些把西点军校当作特殊社交场合而前来的年

轻女子没什么兴趣。比山姆小一年级的丹尼尔·M.弗罗斯特（Daniel M. Frost）回忆说："他缺乏和女生交往的能力，因为他毫无优雅感。"[62]

山姆在军校的最后一年和弗里德·登特成为室友。与山姆不同，弗里德成长于一个支持奴隶制的家庭。一天下午，当男孩们忘记他们之间不谈论政治和奴隶制的协议时，他们为此争论不休，并脱掉衬衫准备打架。就在他们准备动手时，山姆对这场闹剧大吃一惊。他突然大笑起来，结束了他们的争斗。[63]

*

山姆对另一项管制也表示抗议："这完全不是共和党的作风。"可怕的法规规定："每位教员和学生都应在周日参加基督教礼拜。"[64]这是一座石制小教堂，建成于山姆来军校之前的两年。其文艺复兴时期的设计风格，以及带有罗马多立克柱的门廊，与山姆在俄亥俄州见过的卫理公会会议厅大不相同。[65]他给在俄亥俄州的表弟写信说，"我们不仅要去教堂，而且必须结伴而行"。[66]学生得坐在板凳上两个小时，听着牧师口中一直抱怨的枯燥传道。[67]

实际上，这里的圣公会是由军校建立的。没有人费心为它的角色辩护，其被认为是负责军官养成的教派，因此被认为是帮助年轻人成长为军官和绅士的最佳基督教传统。

1840年被任命为牧师的马丁·P.帕克斯（Martin P. Parks），当时正在进行从低教会派的卫理公会到高教会派的圣公会，再到被一些学员闲聊的罗马天主教会的旅程。①

在礼拜期间，对教堂的抗议以小声哼唧和拖拖拉拉的形式出现。非语言性抗议带来了强硬的回应："指挥官注意到，一些学生习惯于在周日早晨教堂的地板上吐烟草唾沫，以致让其中一部分不能在下午使用。"[68]山姆过去接受了卫理公会自愿礼拜的传统，所以他也抵制任何形式的宗教性强制。

＊

042

"格兰特的精神犹如一台有着强大低压等级的机器，这台机器能够凝结自己的蒸汽，消耗自己的烟雾，然后稳稳地向前推动并驱逐所有的障碍物。"[69]民用和军事工程以及战法课教授，同时也是西点军校最著名的教员丹尼斯·哈特·马汉（Dennis Hart Mahan）在谈到学生山姆时如是说。

作为一名爱尔兰移民之子，马汉于1824年毕业于西点军校。他在欧洲生活过四年，并在法国梅斯（Metz）的炮兵工程学校学习。然后，他四处旅行，观察了河流、道路和当时的新景观"铁路"的最新发展。他在1832年获得军校的长期聘任。他的整个职业生涯都在西点军校教书。1839年，当格兰特来到西点军校时，马汉才刚刚开始确立自己的显赫地位。[70]

山姆选修了马汉的几门课程，包括"军事与土木工程和战争科学"，这是他最后一学年最顶尖的课程。格兰特很喜欢这位

---

① "低教会派（Low Church）"与"高教会派（High Church）"对立，都从属于基督新教圣公会。"低教会派"一词始于18世纪初，用以把较自由派或无主见派的一群信徒与保守的主张在教义、礼仪和规章上大量保持天主教传统的"高教会派"相区分。

身材瘦小、要求苛刻，并且嗓音尖锐的老师。马汉盘诘那些没有作好准备的学生，但也表扬那些功课很好的学生，他是信奉人文学科的教授之一。他鼓励学生们在自己的房间里"自学"历史和文学。[71]

*

在西点军校的最后几个月，山姆继续阅读小说。当非正式的学生借阅室没有查尔斯·勒维尔（Charles Lever）的《哈利·洛雷克特的忏悔》（*The Confessions of Harry Lorrequer*）和《查尔斯·奥马利》（*Charles O'Malley*）时，他写信给出版商并附上 2 美元，告之他想要带插图的版本。[72] 当他没有立即收到回复时，他一周后再次写信给出版商，"我希望您能尽快把这些作品寄来"。[73]

在从西点军校毕业的四十年后，格兰特想起了这位作者的名字，然而大多数人都不会把他与司各特和库柏相提并论。

勒维尔的《哈利·洛雷克特的忏悔》是一个关于"不情愿的"军官的故事。在这部喜剧小说中，他描述了不必要的军事演习，并拿规章制度开起了玩笑，同时还讲述了团员们的胡闹故事。在山姆即将结束四年军训生涯之际，他一定很喜欢这个故事，因为它突出了一名年轻军官的聪明才智。

在《查尔斯·奥马利》中，作者通过拟人的手法，将马当作人来歌颂，并以一句祝语作结。这句最后的祝福语一定对山姆产生了影响，因为他即将结束自己生命中的重要一章："人生就像几个阶段的旅途，我们休憩并宁静地回顾我们走过的路；现在，我们能够对走过的路投以更加敏锐的目光。"[74]

*

　　6月的一个下午，作为毕业典礼的一部分，学生们聚集在骑行大厅里。大厅的墙壁上悬挂着五颜六色的彩旗和马刀。来自伊利诺伊州的毕业生詹姆斯·B. 弗莱依（James B. Fry）描述了接下来发生的事。毕业班的所有成员都在校长理查德·德拉菲尔德（Richard Delafield）、学术委员会和相当数量的观众面前进行最后的骑术练习。马蹄的集体踢踏声听起来就像战鼓的敲打声。练习结束后，学生们在大厅中央与他们的马站成一条直线。[75]

　　骑术大师亨利·赫什伯格中士（Sergeant Henry Hershberger）走到舞台中央，他站起来比别人的头顶还要高 1 英尺。他喊道："下面有请格兰特少尉。"人群中开始嗡嗡作响。

　　说到这里，正如弗莱依所描述的那样，"一个面容清秀、身材瘦细、体重约 120 磅的年轻人骑着一匹健壮的栗色马从队伍里冲了出来，朝大厅的另一边飞奔而去"。

　　所有的学生都认出了这匹叫"约克（York）"的马，并且知道他们无法驾驭这匹强壮的长腿动物。一位同学查尔斯·汉密尔顿（Charles Hamilton）曾警告山姆，"那匹马总有一天会杀了你"。但山姆对此耸耸肩，回答说："嗯，我顶多只能死一次。"[76]

　　当观众静静地期盼时，山姆骑马至大厅的尽头，并开始他的表演。当他们来到舞台中央时，人群屏住了呼吸。骑手和马相比，前者显得很袖珍，而后者显得格外巨大。但山姆骑着约克进行了一次堪称伟大的跳跃，随后台下响起了雷鸣般的掌声。就像弗莱依所说，"仿佛人和马已经合二为一了"。[77]

"干得很好，先生！"赫什伯格大声说。随着山姆的骑跃壮举，毕业班的表演结束了。[78]

*

在进入西点军校的四年里，山姆从 5 英尺 1 英寸长高到 5 英尺 7 英寸。然而，他更重要的成长发生在不太能衡量的事情上。

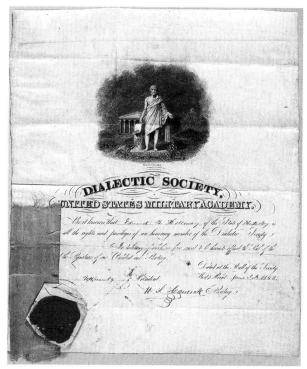

在军校的最后一年，山姆·格兰特被推举为辩证学会的主席，他在这张社团证书上签下了自己的名字——"U.H.Grant"。

他将自己的心智领域从传统的工程课程扩展到不被认可的文学世界。阅读小说拓展了山姆的知识面和情感视野。他受益于优秀作家在个性发展、历史、道德困境和制定决策等方面的指导。在西点军校的最后一年，他的同龄人已经认可他在文学上的敏锐，并推选他成为西点文学俱乐部"辩证学会（Dialectic Society）"的主席。作为学会主席，他签下自己的姓名——"U. H. Grant"。

*

山姆·格兰特从西点军校的四年中脱颖而出，成为一名对自己更加肯定的学生，即使他不确定自己在军队中的长远未来会怎样；他在军校里的成功表现是在艺术和马术，而非法语和工程领域；这名未来的少尉，即便有时仍在男性社交圈和与年轻女性打交道时感到害羞和沉默寡言，但也正变得愈发具有自信。

格兰特的智力水准因他的毕业排名而受到大家的质疑：他在一个39人的班级中排第21名。他坚持不懈地阅读小说是一个年轻人逃离学院严格管制生活的一时念头吗？在军校学生们关于谁会在军旅生涯中坚持不懈并取得成功的各种猜测中，他的进展又将如何？在毕业后，尤利西斯·S. 格兰特接受了他的第一次军事任务，这将会解答上述以及其他各种问题。

注 释

1　Garland, *Grant*, 30-31; Lewis, *Captain Sam Grant*, 58-59.

2　Lucinda Bailey Powers（daughter of Jane Bailey）interview, Hamlin Garland Papers.

3　*Personal Memoirs*, 1：37.

4　Ibid., 1：38.

5　Interview with Elizabeth Hare, *Philadelphia Times*, July 26, 1885.

6　*Personal Memoirs*, 1：38.

7　Ibid.

8　Ibid.

9　Arthur Herman Wilson,*A History of the Philadelphia Theatre,1835–1855*（Philadelphia：University of Pennsylvania Press, 1935）. 赫尔曼·威尔逊（Herman Wilson）提供了一份详细的记录，包括哪些戏剧于特定日期在哪些剧院上演过。

10　Ibid., 638.

11　Edward Bulwer, *The Lady of Lyons*（London：Saunders and Otley, 1838）, 17.

12　Fred Dent interview, Hamlin Garland Papers.

13　Ibid.

14　*Personal Memoirs*, 1：35.

15　Alan and Barbara Aimone, "America's First Vacationland and the Rise and Fall of the West Point and Cozzens' Hotels, *OCHS Journal*（Publication of the Orange County Historical Society）31（November 1, 2002）：17–39.

16　See Robert M. S. McDonald, *Thomas Jefferson's Military Academy：The Founding of West Point*（Charlottesville：University of Virginia Press, 2004）；Theodore J. Crackel, *Mr. Jefferson's Army：Political and Social Reform of the Military Establishment, 1801–1809*（New York：New York University Press, 1987）.

17　Theodore J. Crackel, *West Point：A Bicentennial History*（Lawrence：University Press of Kansas, 2002）, 29–51；Gordon S. Wood, *Empire of Liberty：A History of the Early Republic, 1789–1815*（New York：Oxford University Press, 2009）, 292.

18　Crackel, *West Point：A Bicentennial History*, 81–105.

19　*Register of Graduates and Former Cadets United States Military Academy, 1802–1946*（West Point, N.Y.：Association of Graduates, 1946）, 136.

20　Garland, *Grant*, 31–32.

21　Lewis, *Captain Sam Grant*, 63；Garland, *Grant*, 32.

22　Interview with William Tecumseh Sherman, *New York Herald*, July 24, 1885.

23　Lewis, *Captain Sam Grant*, 63–64；Garland, *Grant*, 32–33.

24　USG Account Book, 1839–June 1843, Ulysses S. Grant Papers, Huntington Library, San Marino, California.

25　U. H. Grant to R. McKinstry Griffith, September 22, 1839, *Grant Papers*, 1：6.

26 Ibid., 5-6.

27 Ibid., 5.

28 Ibid.

29 Ibid., 6, 7.

30 Ibid., 26.

31 James L. Morrison, Jr., *"The Best School in the World": West Point, the Pre-Civil War Years, 1833-1866* (Kent, Ohio: Kent State University Press, 1986), 96-97; Carol Reardon, *With a Sword in One Hand & Jomini in the Other: The Problem of Military Thought in the Civil War* (Chapel Hill: University of North Carolina Press, 2012), 8.

32 Ibid., 27.

33 Ibid., 28-29.

34 *Regulations Established for the Organization and Government of the Military Academy at West Point, New York* (New York: Wiley & Putnam, 1839), 32, 42, 48-49, 77; interview with James Longstreet, *New York Times*, July 24, 1885.

35 Crackel, *West Point: A Bicentennial History*, 101-02, attempts to rebalance the traditional view of Jackson's criticism of West Point, calling it "ambiguous."

36 *Personal Memoirs*, 1: 39.

37 Lewis, *Captain Sam Grant*, 93.

38 *Official Register of the Officers and Cadets of the U.S. Military Academy* (New York: W. L. Burroughs, 1843), 7, 13.

39 *Personal Memoirs*, 1: 39.

40 My interview with Alan Aimone, June 14, 2009.

41 *Personal Memoirs*, 1: 39.

42 *Regulations Established for the Organization and Government of the Military Academy*, 59.

43 Ibid., 52.

44 "Novel Writing," *American Quarterly Review* 16 (1834): 507, cited in Andrew Brown, "Bulwer's Reputation," in Allan Conrad Christensen, ed., *The Subverting Vision of Bulwer Lytton* (Newark: University of Delaware Press; Cranberry, N.J.: Associated University Presses, 2004), 29.

45 Christensen, ed., *The Subverting Vision of Bulwer Lytton*, 15.

46 Allan Conrad Christensen, *Edward Bulwer-Lytton: The Fiction of New Regions* (Athens: University of Georgia Press, 1976), 75, 79.

47 Ibid., 3.

48 For Sir Walter Scott's influence on shaping historical fiction, see James Kerr, *Fiction Against History: Scott as Storyteller* (New York: Cambridge University Press, 1989), 27, and Ian Dennis, *Nationalism and Desire in Early Historical Fiction* (New York: St. Martin's Press, 1997), 65.

49 Quoted in Alexander Welsh, *The Hero of the Waverley Novels, with New Essays on Scott* (Princeton, N.J.: Princeton University Press, 1968), 108.

50 Ibid., 27, 148, 218.

51 James Fenimore Cooper, *The Pathfinder*, vol. 3 (London: Bentley, 1840), 140-41; Richard Rust, "On the Trail of a Craftsman: The Art of The Pathfinder," in W. M. Verhoeven, ed., *James Fenimore Cooper: New Historical and Literary Contexts* (Amsterdam: Rodopi, 1993), 179-80.

52 George Dekker and John P. McWilliams, eds., *Fenimore Cooper: The Critical Heritage* (Boston: Routledge, 1973), 4, 8.

53 这幅画正在西点军校展出。

54 这些画中的八幅详见: *Grant Papers*, 1: 13-19。

55 *Personal Memoirs*, 1: 41.

56 Ibid., 1: 42.

57 Lewis, *Captain Sam Grant*, 69.

58 James Longstreet interview, March 20, 1897, Hamlin Garland Papers.

59 "Longstreet's Reminiscences," *New York Times*, July 24, 1885.

60 Ibid.

61 Lewis, *Captain Sam Grant*, 72.

62 D. M. Frost interview, Hamlin Garland Papers.

63 Lewis, *Captain Sam Grant*, 91.

64 *Regulations Established for the Organization and Government of the Military Academy*, 33.

65 Alan Aimone, "River Guide to the Hudson Highlands," 2009, http://www.hudsonrivervalley.org/library, 16. 现在被称为老学员教堂 (Old Cadet Chapel), 在格兰特的时代, 它位于今科学大楼楼址所在地。随着1910年开始修建新教堂, 1911年, 旧教堂被一块一块地迁移至西点公墓 (United States Military Academy Post Cemetery)。

66 USG to R. McKinstry Griffith, September 22, 1839, *Grant Papers*, 1: 7.

67 Stephen E. Ambrose, *Duty, Honor, Country: A History of West Point* (Baltimore: Johns Hopkins University Press, 1966), 151.

68 Lewis, *Captain Sam Grant*, 82.

69 Dennis Hart Mahan, "The Cadet Life of Grant and Sherman," *Army and Navy Journal* (March 31, 1866): 507.

70 For Mahan, see Thomas Everett Griess, "Dennis Hart Mahan: West Point Professor and Advocate of Military Professionalism 1830 1871" (PhD dissertation, Duke University, Durham, N.C., 1968); John F. Marszalek, *Commander of All Lincoln's Armies: A Life of General Henry W. Halleck* (Cambridge, Mass.: Belknap Press of Harvard University Press, 2004), 22.

71 William Dilworth Puleston, Mahan: *The Life and Work of Captain Alfred Thayer Mahan* (New Haven, Conn.: Yale University Press, 1939), 8–9; Griess, "Dennis Hart Mahan," 347.

72 USG to Messrs. Carey and Hart, March 31, 1843, *Grant Papers*, 1: 11.

73 Ibid., April 8, 1843, *Grant Papers*, 1: 11.

74 Charles Lever, *Charles O'Malley: The Irish Dragoon* (Dublin: William Curry, Jun. & Co., 1841), 541.

75 James B. Fry, "An Acquaintance with Grant," *North American Review* 141 (1885): 540; William E. Woodward, *Meet General Grant* (New York: H. Liveright, 1928), 51.

76 Richardson, *A Personal History*, 92–93; Garland, *Grant*, 52; Lewis, *Captain Sam Grant*, 94.

77 Fry, "An Acquaintance with Grant," 540.

78 Ibid.

/ 第 4 章　我亲爱的朱莉娅

> 即便是在这么遥远的地方，朱莉娅，你对我的影响仍旧非常巨大……我认为我或多或少已被你的意志所左右。
> ——尤利西斯·S. 格兰特致朱莉娅·登特，1845 年 7 月 11 日

如果山姆·格兰特在 1839 年进入西点军校时是情非所愿，那么四年后，尤利西斯·S. 格兰特是自豪地从这里毕业的。由于即将来临的 1843 年夏天并没有战争，在和平时期的军队中，晋升的前景缓慢且不确定，他认为回到西点军校教数学比在遥远的边境要塞保护向西迁徙的殖民者更有吸引力。内战前，虽然西点军校的毕业生不被要求服役，但预期他们仍会服役一小段时间。

毕业时，格兰特不知道他将被分配到哪个单位或地点。当全班同学被要求说出他们想要选择的团时，他的"第一选择是龙骑兵，第二选择是第四步兵团"。[1] 他两面下注，让西点军校的裁缝师不是给他准备龙骑兵（或骑兵团）的制服，就是第四步兵团的制服。当测量身高时，他发现自进入西点军校以来自己已经长高了整整 6 英寸；不幸的是，他的体重只有 117 磅，这是他过去六个月因患有严重的咳嗽病所导致的后果。

*

尤利西斯计划充分利用三个月的假期，然后再去报到服现役。他回了趟家，想要和父母共度时光——他们已经搬到俄亥俄

州的伯特利。同时，他也想见见乔治敦的朋友们，因为不知道什么时候能再见上一面。

在俄亥俄州，他接受了第一个任务。由于他的军衔较低，他被安置在第四步兵团，驻扎在密苏里州圣路易斯以南 10 英里的杰斐逊营地（Jefferson Barracks）。了解到任务后，"我迫不及待地想要穿上我的军装，看看效果如何"。"我想让我的老同学，尤其是那些女同学看到我穿军装的样子。"[2]

当他终于收到自己的军装时，决定在辛辛那提作一番展示。他自豪地骑着马走进这座城市，"想象所有人的目光都集中在自己身上，就像我第一次看见斯科特将军时一样"。突然，格兰特遇到一个"光头赤脚、穿着脏兮兮裤子"的小男孩。那个小男孩自问自答式地嘲笑道："大兵，你要去工作吗？'不，先生，我得先卖掉我的衬衫。'"[3]

尤利西斯被这个街头顽童弄得很尴尬，然后回到了伯特利的家中。他家对面是一个舞台小酒馆，老板非常幽默，他盯上了尤利西斯。那个人"穿着一条天蓝色的裤子——和我的制服裤子颜色相同——并且外面缝补着一条白色棉布，以模仿我"在大街上招摇过市。他的这个笑话针对的就是这名西点军校的新毕业生。"我并没有以他为傲。"[4] 1840 年代初，当是否需要常备军的问题仍悬而未决时，西点军校的毕业生并不一定会赢得人们的尊敬。年轻的格兰特不会忘记这些嘲笑他花哨军服的早期教训。

*

9 月，名誉少尉（Brevet Second Lieutenant）格兰特乘船从辛辛那提来到圣路易斯，骑着他骄傲的父亲送给他的毕业礼物——一匹英俊的棕色马——开始旅行。[5] 在军事用语中，"brevet"是一种名誉军衔，赋予军官一个暂时没有相应报酬的职位；当有职位空出时，名誉军衔会被取消，而正式的军衔和薪酬会被授予该人。对于一支由缺乏退休制度的政府资助的军队来说，名誉军衔也不失为一种既能表彰士兵功劳，又可让他们留在军队的方式。当格兰特从西点军校毕业时，少尉的位置有限，所以他必须耐心地等待。

他于1843年9月20日抵达杰斐逊营地。该营地成立于1826年，因纪念1826年7月4日去世的托马斯·杰斐逊总统而得名，当时正好是签署《独立宣言》的50周年纪念。营地坐落在密西西比河旁边的1700英亩的土地上，地理位置优越，靠近不断发展的圣路易斯，拥有成排粉刷过的兵营和宽阔的阳台，四周由白色篱笆围拢。1843年，它已是美国最大军力的所在地。[6]

杰斐逊营地由史蒂芬·W. 科尔尼上校（Colonel Stephen W. Kearney）指挥。他是1812年战争的老兵，领导了对西部的探险。尽管他要求点名、操练和准时用餐，但科尔尼还是给了士兵们在营地之外社交生活的自由，因为他们不需要提交详细的书面申请以说明自己会去往何处。

格兰特知道一些西点军校的朋友先于他，或者很快就会加入到杰斐逊营地。鲍勃·哈兹利特（Bob Hazlitt）被分配到第四步兵团，而查理·贾维斯（Charley Jarvis）进入第三步兵团。一年前来到西部的詹姆斯·朗斯特里特也被分配到第四步兵团。[7]

格兰特仍梦想成为一名教师，他为未来筹划着多种可能性。到达营地后不久，他写信给西点军校的数学教授阿尔伯特·E. 丘奇（Albert E. Church），"请他让我成为助手，然后再详细说明"。当丘奇教授的回答完全令人满意时，他很高兴。由于希望有这样的任命，格兰特甚至在驻军所在地开设了一门常规的数学课程，"即便不是持续进行，也是有规律地进行着这样一门课程"。他"阅读了许多有价值的历史著作，除了偶尔的小说之外"，继续保持着在西点军校养成的习惯。[8]格兰特的老友、军官 W. W. 史密斯（W. W. Smith）回忆说："格兰特在杰斐逊营地里复习了所有学业。他每天都会在笔记本上写下自己一天内所习得的一切。"[9]

*

在得知尤利西斯的任命后，格兰特在西点军校的四年级室友弗里德·登特鼓励他去拜访自己的父母。他们肯定会欢迎尤利西斯到他们的家乡——距离杰斐逊营地只有 5 英里的怀特黑文（White Haven）。弗里德告诉格兰特，他在怀特黑文有两个兄弟和三个姐妹。

在抵达杰斐逊营地后不久，尤利西斯接受了弗里德的提议。他穿着带有金色纽扣的蓝色外套，备上马鞍，沿着潺潺的格拉瓦河（Gravois Creek）河边的道路前往怀特黑文。当他到达登特家时，一个披着长卷发的小女孩从前廊跑出来迎接他。

"你好，小姑娘！"尤利西斯向她致意，"登特先生住在这里吗？"[10]

这个小女孩叫艾米（Emmy），是登特家最小的孩子，当时年仅 6 岁。她后来回忆当自己第一次看到英俊而年轻的少尉"优雅地"骑着"骏马"时，她感到有些害羞，却又印象深刻。

"别害羞，小姑娘。你能回答我的问题吗？这里是登特先生的家吗？"

"是的，先生。"她支支吾吾地说。[11]

尤利西斯和艾米，以及蹒跚来到大门廊围绕在她周围的黑奴小孩，朝着一个高大魁梧的身影走去。尤利西斯认为那应该就是弗里德里克·登特上校（Colonel Frederick Dent）。登特上校56岁，有着青灰色的头发，脸上没有胡须，穿着他那一代人所喜爱的黑色长外套，嘴里叼着一根陶制长烟斗。

他和尤利西斯相互自我介绍后，很快，登特上校的夫人艾伦（Ellen）——她是一个苗条而美丽的女性——和她的15岁女儿艾伦［Ellen，她也被亲切地称作"内莉（Nellie）"］加入到谈话中。格兰特被告知，登特上校的长女朱莉娅在冬季去了圣路易斯，现在不在家。

没有人认为这位年轻军官的访问有什么不同寻常之处，因为士兵们经常从杰斐逊营地骑马过来，并在长长的前廊上度过他们的下午时光。春天，他们可以在这里享受登特夫人种植的玫瑰花的香味。[12]

詹姆斯·朗斯特里特的母亲玛丽·安·登特·朗斯特里特（Mary Ann Dent Longstreet）是登特家的远房亲戚，所以格兰特经常享受登特家的热情招待。

尤利西斯告诉登特夫妇，弗里德是他在西点军校最后一年的室友。于是，他们很高兴地邀请他在下午留下来。回忆起第一次见面时，艾米写道，年轻的格兰特"看起来像洋娃娃一样俊秀"。[13]

*

弗里德里克·登特在马里兰州西部坎伯兰（Cumberland）

的一个边境小镇长大。他获得了"上校"头衔，不过不是为了表彰他服兵役，而是作为一种流行的礼节荣誉。他的夫人艾伦·布蕾·韦恩莎·登特（Ellen Bray Wrenshall Dent）出生于英格兰，在宾夕法尼亚州西部一个卫理公会牧师的家庭中长大。

登特夫妇于1814年结婚，在1816年向西迁徙至圣路易斯，后来这地方被称为上路易斯安那（Upper Louisiana）。随着他们家庭不断壮大，登特夫妇想在乡下找个避暑之地，所以在1820年购买了一块土地。怀特黑文是以古老的马里兰州低洼

怀特黑文是登特在圣路易斯南部的家，年轻的尤利西斯在那里遇到了朱莉娅·登特，这里将成为热情好客和紧张气氛的中心。

水岸边的房子命名的，后来随着时间推移，一座座宽敞的房屋逐渐被建好。怀特黑文实际上是米色而不是白色，四周边缘是深棕色。我们今天在通往二楼的楼梯上，可以看到由实心黑胡桃木制成的栏杆。

登特上校逐渐在周边获得更多的土地，因此当尤利西斯第一次访问时，他的地产已然有 850 英亩。从外观上看，怀特黑文更像是一座西部农场，而不是一个种植园：客人们会被一种不同寻常的水牛皮和德累斯顿（Dresden）瓷器的异样组合招待，而上校经常穿着褶边衬衫、打着白色领带、戴着海狸帽迎接客人。[14]

登特夫妇在家里和农场里都使用奴隶。1830 年，登特拥有 18 名奴隶，一半未满 10 岁。在 1837 年经济萧条之后，一直到 1840 年，他们拥有的奴隶数量减少到 13 人。整个 1840 年代，随着经济的恢复，登特又获得了更多的奴隶，到 1850 年时他已拥有了 38 名女性奴隶和 12 名男性奴隶。[15]

*

尤利西斯开始每周一次或两次前往怀特黑文，艾米回忆说，没过多久，"姐姐内莉和我开始为我们谁应该'得到他'而争论"。[16] 由于尤利西斯和自己的姐妹们一起长大，所以他很喜欢艾米和年轻漂亮的内莉，并且与她们相处时感到轻松自在。他把艾米放到肩膀上，当艾米纠缠他的时候，他就和内莉骑着马跑到树林里。经过一条不平坦的、穿过森林的小路，这里有榆树、橡树、椴树和枫树，然后进入一片开阔的草地，这为他们的骑行提供了奇妙的空间。

　　尤利西斯耐心地听着杰克逊主义①的民主党人登特谈论南方支持奴隶制的政治观点。他经常对北方废奴主义者日益增长的威胁表示愤怒，对那些批评南方的人表示不满。尤利西斯的父亲在为辉格党反奴隶制问题同别人争论时可能会表现得咄咄逼人，但尤利西斯已经通过不断练习，能够倾听所有的声音。

*

　　1844 年 2 月，朱莉娅回到怀特黑文。在她回来的几天后，尤利西斯顺着格拉瓦河向北骑行，前往登特家例行拜访。当知道朱莉娅小姐回来后，格兰特的眼里就只有她了。

　　朱莉娅·博格斯·登特（Julia Boggs Dent）出生于 1826 年 1 月 26 日，比格兰特小 4 岁，当时只有 18 岁。她是登特家四个男孩之后的第一个女孩，她自己也承认"极受恩宠"。[17] 虽然上校对他的儿子们很严厉，但朱莉娅很早就学会了如何用她的小手抱住父亲。

　　她只有 5 英尺高，有着棕色的眼睛和在发髻里往后梳的深棕色头发，她的皮肤因热爱户外运动而变得光洁，是登特家姑娘中最朴素的一个。因为她的明媚、聪慧和喜欢有趣事物的个性，圣路易斯和杰斐逊营地的年轻人都觉得她非常有魅力。她的右眼有

---

① 得名于美国第 7 任总统安德鲁·杰克逊，主要倾向为睚眦必报的保守民粹主义。一方面，杰克逊主义（Jacksonianism）与汉密尔顿主义（Hamiltonianism）一样，强调国家拥有强大的国防力量，但另一方面，杰克逊主义对政府、商业集团和跨国组织始终抱有非常警惕的态度。杰克逊主义和杰斐逊主义（Jeffersonianism）一样基本不关注国外事务，坚持孤立主义，但和倾向古典自由主义、注重对外沟通的杰斐逊主义不同，如果美国被外国冒犯，杰克逊主义宣扬无视任何国际准则和国际组织，直接用强大的武力实施报复和遏制。

些斜视，导致眼睛轻微抬起，这是婴儿时一场意外事故导致的结果。她唯一的照片来自于晚年，因此我们未能亲眼看到年轻时朱莉娅的容貌。[18]

朱莉娅在一个由她的牧师姥爷传承下来的、遵循卫理公会虔诚实践的家庭中长大。每一天都以家庭祈祷的传统为中心。卫理公会是音乐的信徒，所以朱莉娅很喜欢唱卫理公会的圣歌。[19]

弗里德里克·登特喜欢夏天坐在大门廊的摇椅上读书。在冬天，他能惬意地坐在篝火旁的椅子上阅读好几个小时。艾伦·登特给她的孩子们大声朗读。朱莉娅和她的父母及尤利西斯一样，是个热情的读者。

小时候，朱莉娅和她的兄弟们一起在一个离家约半英里的树林里的一所木制学校上学。她必须表现优秀，因为 1837 年时，登特上校把她送到圣路易斯的一所私立寄宿学校读书。这所学校由 P. 莫罗（P. Mauro）和他的女儿们在第五街和市场街交会处开办。在这所为圣路易斯家庭的女孩们设立的学校里，朱莉娅可以充分学习更广泛的课程。[20]

在那里，她进一步增加了对文学的兴趣。她阅读了爱德华·布尔沃的《黎恩济》（*Rienzi*）、《保罗·克利福德》和沃尔特·司各特的《艾凡赫》（*Ivanhoe*）与《山顶城堡贝佛瑞》（*Peveril of the Peak*），这些书尤利西斯在西点军校也曾读过。她的女教师向她介绍了一些女作家的作品，包括优秀的英国作家路易莎·西德尼·斯坦霍普（Louisa Sidney Stanhope）和伊丽莎白（Elizabeth）的《强盗的新娘》（*Bandit's Bride*）；或者不是那么出名的法国作家索菲·里斯托·科廷（Sophie Ristaud Cottin）的《西伯利亚的流亡者》（*The Exiles of Siberia*）等。[21]

朱莉娅还提高了绘画素描的能力。她喜欢用素描描绘流浪者，并被水彩风景画所吸引。[22]

朱莉娅于1843年6月从莫罗的学校毕业，当时她的哥哥弗里德和尤利西斯正好从西点军校毕业。在怀特黑文度过一个夏天后，她决定和同学卡丽·奥法伦（Carrie O'Fallon）一起过冬。卡丽·奥法伦是约翰·R.奥法伦上校（Colonel John R. O'Fallon）的女儿，这位上校是一位鳏夫，最近刚与卡罗琳·罗斯·希茨（Caroline Ruth Sheetz）结婚。奥法伦夫人很喜欢朱莉娅，对她就像自己的亲生女儿一样。朱莉娅后来还学会了弹奏奥法伦夫妇在怀特黑文送给她的钢琴。[23]

*

当朱莉娅再次回到怀特黑文时，她在家人和朋友面前称为"格兰特少尉"的这个人，突然就从每周一次的访客变成了几乎每天都来这里的访客。

随着冬天过去，春天来临，朱莉娅享受着她所称的"骑行的两个月份"。她骑着一匹名叫"赛克（Psyche）"的阿拉伯栗色母马，尤利西斯则骑着名叫"时髦（Fashion）"的骏马，他们一起穿行于树林和草地。对朱莉娅而言，骑马成为他们之间的一种纽带。有时尤利西斯会在这里过夜，然后他们在早餐前一起骑马："这种经历是如此美好。"[24]

通常，当他们坐在格拉瓦河岸边时，尤利西斯会向朱莉娅朗读司各特、库柏、华盛顿·欧文和弗里德里克·马里亚特（Frederick Marryat）的小说。[25]而在他日午后，他们会在河边钓鱼。妹妹艾米曾回忆说："我曾看到他们钓到许多鲈鱼。"[26]艾米猜想他们之间还有更引人注目的故事。

他们几乎在所有事情上都有共同语言，但尤利西斯和朱莉娅在音乐和舞蹈方面却表现得大不相同。尤利西斯不喜欢军乐队演奏的歌曲或卫理公会的圣歌。

无论是由于音乐还是出于卫理公会的道德教义，尤利西斯都不会跳舞。他曾陪同朱莉娅到杰斐逊营地跳舞，但他只是满足于观看别的年轻舞伴与她共舞。

*

他们永远也不会忘记前往卫理公会营地集会的那个夜晚。朗斯特里特、哈兹利特，以及朱莉娅的几个朋友也加入其中。他们一起坐在农用马车的干草床上，并一直待在上面，"直到最后一首赞美诗被唱完"。在深夜回家的路上，春天的雷雨突然从天而降。附近没有房子，发出尖叫声的年轻女性因担心雷击而不愿躲在树下。"格兰特少尉"开始指挥起来。他让高大的鲍勃·哈兹利特站起身充当帐篷的支柱，他一边把防水帆布盖在头上，一边抓住布的边缘。充满感激的姑娘们则蹲伏在他的脚边，没有被淋湿。[27]

*

除了罗伯特·C. 布坎南上尉（Captain Robert C. Buchanan）之外，尤利西斯几乎与杰斐逊营地的所有人都相处得很好。布坎南绰号"老布奇（Old Buch）"，一直复述着他在到达杰斐逊营地之前，曾在威斯康星州的黑鹰战争（Black Hawk War）和近期在佛罗里达州的塞米诺尔战争（Seminole Wars）中的英勇事迹。如果科尔尼指挥官为他的年轻士兵们的社交生活提供自由空间，那么布坎南则会猛烈抨击他们的每一次违规行为。

当尤利西斯向朱莉娅求爱时，他不止一次在杰斐逊营地吃晚饭时迟到。作为军队伙食的负责人，布坎南制定了一个规则，惩罚晚餐迟到者喝一瓶酒。"格兰特，你又像往常一样迟到了，再来一瓶酒吧，士兵。"[28]

尤利西斯认为布坎南傲慢无礼，回答说："负责人先生，在过去的十天里我已经喝了三瓶酒，如果我再被罚酒的话，我不得不拒绝。"

布坎南回答："格兰特先生，年轻人应该说到做到，而非光说不做！"[29]

*

布坎南并不是唯一一个向尤利西斯发起挑战的老兵。他追求朱莉娅时也受到了朱莉娅的父亲登特的挑战，这超出了年轻少尉最初的理解。尤利西斯最终明白，仅仅得到朱莉娅的芳心是不够的，他还必须让她的父母满意，特别是她的父亲，因为他将最终决定他的女儿跟谁结婚。登特一直希望他的大女儿能够嫁给一个杰出的、经济稳定的男人，而不是一个薪水微薄、前途未卜的人。

但从一开始，尤利西斯就得到了登特夫人的支持。艾米回忆说，她的母亲喜欢"格兰特少尉"，"因为他举止简单，没有以自我为中心的意识"。她钦佩尤利西斯与自己丈夫交谈政治的方式。"他安静、平和的语调，以及不做手势和不矫揉造作尤其吸引着她。"[30]

被艾伦·登特托付做饭任务的奴隶玛丽·罗宾逊（Mary Robinson）也证实了艾米的回忆："当老头登特发现尤利西斯正在向他的女儿求爱时，他极力反对，并且竭尽所能加以阻止。"但是"登特夫人非常喜欢格兰特，并对其予以鼓励"。艾伦·登特不止一次告诉玛丽·罗宾逊，"我喜欢那个年轻人。他身上有一些高贵的品质"。[31]

*

后来，政治成了尤利西斯进一步追求爱情的阻碍。1844 年 4 月 10 日，也就是在他 22 岁生日的那个月份，一声号角在阅兵场响起，第三步兵团准备在 4 月 20 日出发前往靠近路易斯安那州的杰普堡（Fort Jesup），这里临近得克萨斯边界。他们将成为所谓的前沿部队——"侦察军（Army of Observation）"。他们的表面任务是观察得克萨斯正在发生的事件，而真正的任务则是警告墨西哥不要进行干涉。第三步兵团已经出动，对尤利西斯所在的第四步兵团的命令还会远吗？

1821 年，当摩西·奥斯丁（Moses Austin）获得西班牙的许可，把 300 个家庭带到新西班牙（New Spain）北部人口稀少的地区时，美国人开始正式向得克萨斯移民。1821 年，墨西哥宣布独立，摩西的儿子史蒂芬·F. 奥斯丁（Stephen F. Austin）获得墨西哥新政府的授权，继续这一迁移行动。[32] 到 1830 年时，随着美国移民迅速超过墨西哥居民数量，墨西哥政府禁止了继续向这里的移民许可。[33]

1836 年 3 月 2 日，在"孤星（Lone Star）"的旗帜下，一

场"得克萨斯人"的军事行动最终以其宣布从墨西哥独立而结束。那时，美国移民的人数已是墨西哥居民的十倍，他们几乎都是从南部各州移民过来的。[34]

不同的力量或支持或反对吞并政策。曾是弗吉尼亚州奴隶主的约翰·泰勒总统（President John Tyler）提出了一个强有力的兼并方案，使得他的名字迅速成为得克萨斯的同义词。1844年4月12日，国务卿约翰·C. 卡尔霍恩（John C. Calhoun）和得克萨斯共和国（The Republic of Texas）的代表正式签署了一份协议，即独立的共和国将成为美国的领土，条件是它将来有资格成为一个州。[35]

十天后，泰勒总统将该协议提交参议院批准。然后，一件出乎意料的事却发生了。在剑拔弩张的华盛顿，卡尔霍恩被迫公开了一封他写给英国驻美国公使理查德·帕克南（Richard Pakenham）的信。在信中，来自南卡罗来纳的卡尔霍恩不明智地告知英国公使，兼并的动机是保护美国奴隶制免受英国的侵害。在颂扬奴隶制的美德时，卡尔霍恩提供的统计数据表明，南方奴隶比北方的自由黑人或英国白人劳动者的生活更加美好。由此产生的骚动是如此激烈，以至于密苏里州参议员托马斯·哈特·本顿（Thomas Hart Benton）将卡尔霍恩的信称为"得克萨斯炸弹"。[36]

4月27日，亨利·克莱（Henry Clay）和前总统暨辉格党和民主党领导人马丁·范·布伦（Martin Van Buren）宣布反对吞并，他们担心在不久的将来，得克萨斯会成为一个庞大的蓄奴州。克莱还认为："吞并无异于与墨西哥爆发战争。"范·布伦认为，这样的举动有悖于美国的基本价值观："其他国家都因对权力的贪欲导致了侵略和征服行动，而我们在这些方面的行动一

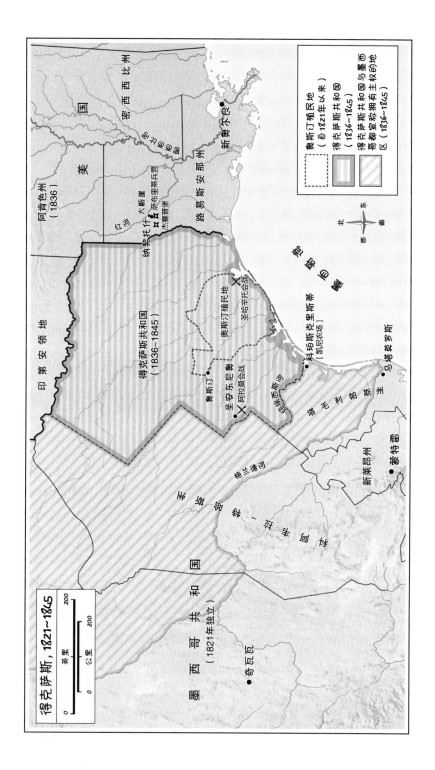

直受到理性和正义的约束，迄今为止，我们都骄傲自豪于此。"[37]

尤利西斯所在的杰斐逊营地也进行了相关的辩论，但格兰特发现"军队的军官们对吞并是否成功并不关心"。然而，他清楚自己的想法："对我而言，我是坚决反对这项措施的。"[38]

他也发现自己和朱莉娅家人拥有不同的观点。他倾听了登特上校关于吞并得克萨斯的强烈倡议，但这一次，他没有静静地听，而是和他进行了争论。当艾伦·登特偷听他们的谈话时，她对尤利西斯表达观点的方式感到震惊。"那个年轻人把政治解释得这么清楚，让我也能够完全了解当时的情况。"[39]

*

尤利西斯预测第四步兵团很快就会被命令前往杰普堡，于是他请了20天假，前往俄亥俄州看望自己的父母。不过，在这之前，他先赶到怀特黑文与朱莉娅道别。这段特殊的日子快要结束了。当他们独自坐在阳台上时，他从手指上取下他的毕业戒指，正如朱莉娅回忆的那样，"问我要不要戴上它"。[40]尤利西斯之前曾告诉朱莉娅，如果他把戒指送给一个女人，那它就是订婚信物。

"哦，不，妈妈不会赞成我接受这份礼物的。"

尤利西斯对自己也不确定，不知道该怎么回答。他在想，当他不在的时候，朱莉娅会想他吗？几年后，朱莉娅回忆说："那时我还是个孩子，从来没有想过他就是我的恋人。"[41]

在尤利西斯到访的几天后，朱莉娅得知第四步兵团即将离开路易斯安那州。她希望能再见到"利斯（Lys）"——现在她已经这么称呼格兰特——一面，于是她骑马前往杰斐逊营地。"我把马停下来，静静地等着、听着，但他没有出来。我能听到的所有声音都是我的心跳。于是我慢慢地、悲伤地骑回了家。"[42]

*

4月底，当尤利西斯登上一艘前往辛辛那提的轮船时，一名信使告诉他，他的团应该准备好在5月7日从路易斯安那州的杰斐逊营地出发。他应该怎么做？他决定坚持原计划，回一趟俄亥俄州。他在伯特利收到了第二封信。这封信来自查理·贾维斯，他是尤利西斯在西点军校的同学。他在信中写道，他将把尤利西斯的所有财产都带到路易斯安那州，并在他回到杰斐逊营地之前，不会再有任何的命令颁出。[43]

在从密苏里州到俄亥俄州的轮船上，尤利西斯意识到他过去几个月都很开心，而离开朱莉娅是让他倍感悲伤的原因。"现在，我发现我非常渴望能够回到杰斐逊营地，我不需要其他人的解释就明白其中的原因。"[44]

他抵达俄亥俄州不久后就赶回了圣路易斯。他向理查德·尤厄尔中尉（Lieutenant Richard Ewell）提交了一份要求延期的报告，以便处理个人事务。

随着要求得到批准，尤利西斯再次前往怀特黑文。这一天下着暴风雨，当他靠近格拉瓦河时，密西西比河已经泛滥成灾，淹没了两边的河岸。"在正常情况下"，几乎每隔一天"河里就没有足够的水来冲泡咖啡"，但现在他面对的是一条汹涌澎湃的急流。他"观察了一会儿，考虑该怎么办"。[45]

尤利西斯下定决心去看望朱莉娅，于是"跃马跳进了河里。刹那间，马就在河里游泳，而我被激流卷了下去"。后来，他回忆起自己是如何在汹涌澎湃、水花四溅的河水中挣扎的，他承认，"我一直有一种很迷信的想法，那就是当我开始去任何地方、做任何事情的时候，我是绝不回头的，也不会停下来，直到我想做的事情完成为止"。他拼命地抓着马并把它引向对岸，最后他终于上了岸。[46]

尤利西斯终于来到怀特黑文。他衣服湿透，就"像湿抹布贴在身上一样"。[47] 每个人看到他这个样子都笑了起来，而朱莉娅笑得最厉害。她让高个子的弟弟约翰（John）去给尤利西斯拿一些衣服。最后，他穿着大得出奇的干衣服走了出来。

登特夫妇正准备参加婚礼。朱莉娅很高兴地讲述在她一生中接下来要发生的事。为了寻找与朱莉娅单独交谈的机会，尤利西斯让约翰骑着他的马参加婚礼，而他驾着马车带着朱莉娅。当准备越过一个通常很干燥的河谷时，他们都注意到汹涌的洪水几乎淹没了桥梁。朱莉娅"多次询问他过桥是否很危险，并告诉他我们应该回去而不是冒险"。当他们走到那座旧桥的桥板上时，朱莉娅说："如果现在发生了什么事，请记住我一定会紧紧抓住你，不管你说什么相反的话。"[48]

当他们驶过旧桥，尤利西斯改变了面容，他的精神变得热烈起来，并向朱莉娅求婚。她记得尤利西斯"在要求我成为他的妻子时，以刚才所处的危险境地为主旨"。[49]

朱莉娅希望能够推迟答复，因为她意识到自己的父亲可能会反对。尤利西斯告诉朱莉娅，如果嫁给他的话，他愿意辞去军队的职务。

虽然尤利西斯在怀特黑文度过了许多天，但距离他离开的日子也越来越近。在他最后一次拜访时，朱莉娅"请求他不要对爸爸说出我们的约定"。他同意了，但朱莉娅说他之所以会答应，更多是因为格兰特在同她父亲说话时会"羞怯"。尤利西斯将西点军校的毕业戒指送给了她，这一次，她接受了这个秘密的订婚信物。

*

尤利西斯再次登上轮船，这次他将加入位于路易斯安那州的在得克萨斯边境附近的团。他对旅行总是充满热情，享受着密西西比河和红河（Red River）上的游览生活。

由于在杰普堡驻扎所有即将到来的部队很不切实际，所以军队在往东25英里、距纳契托什镇（Natchitoches）——纳契托什镇是1803年路易斯安那购地案（Louisiana Purchase）时期最古老的城镇——3英里处建立了萨布里蒂兵营（Camp Salubrity）。这个营地的名字来源于它的原始环境：这里有一道高高的、松树丛生的山脊，上面有清澈的泉水，据说还有蚊子在上面飞行。虽然字典可能把"salubrity"定义为"福祉（well-being）"和"健康（health）"，但尤利西斯很快就对这里的酷暑、蜱虫和蚊子有了更多的了解。[50]

在他给朱莉娅的第一封信中，尤利西斯挣扎着突破他表达爱意的有限能力。因此，他以一种奇怪的方式作为信的结尾："空白—— —— —— —— —— —— —— —— —— —— —— —— —— —— —— —— —— —— 按照我的意思去理解这些空行，它们会比文字更能表达我的心意。"[51]

两天后，他给乔治敦的简·贝利夫人（Mrs. Jane Bailey）写信。由于他向朱莉娅保证会保守秘密，所以他对贝利夫人说，自从他们最近一次见面以来，"除了一件事之外，没有任何其他事值得一提。而且这件事很有趣、很奇妙、很重要，也很出人意料……但是我现在不能说。……你一定不会猜到那是什么事”。[52]

*

为了指挥杰普堡的第一军区，温菲尔德·斯科特将军任命时年59岁的扎卡里·泰勒准将（Brigadier General Zachary Taylor）负责组建这支“侦察军”。

泰勒于1784年出生于弗吉尼亚，在肯塔基边境的路易斯维尔（Louisville）附近长大。他于1806年参军入伍，1812年开始指挥军队作战。1832年参加了威斯康星州的黑鹰战争，并于1837年参加了佛罗里达州第二次塞米诺尔战争期间的奥基乔比会战（Battle of Okeechobee），这使他得以晋升为名誉准将。

058

泰勒身高5英尺8英寸，比尤利西斯高1英寸，但他骨骼粗壮，肌肉发达。骑在马背上时比用他的罗圈腿走路更加显得威风凛凛。与被称作“老牛皮”的斯科特将军不同，泰勒赢得了“耐肏男（Old Rough and Ready）”[①]的“雅号”。他反感军事上的繁文缛节，喜欢穿朴素的衣服，以及他愿意和士兵们一起享受军旅的艰辛生活。[53]

1844年6月8日，在尤利西斯到达萨布里蒂兵营后不久，美国参议院以35：16票通过了对得克萨斯共和国的兼并。

---

① 美军士兵的粗口荤话，意译是“老而弥坚，蓄势待发”。

*

时光流逝，尤利西斯开始对没有收到朱莉娅的任何来信感到焦虑和不安。他恳求道："朱莉娅，请你能够按时给我写信，这样我才能得到一丝安慰，但这些信也无法完全替代你。"[54]

在他们分开之前，尤利西斯和朱莉娅相互承诺，无论他在哪里，他们都会记得每天"在日落时互相想念对方"。但是很快尤利西斯遇到了一个意想不到的问题："我在那时经常行军，毫无疑问，我有时在行军时会心不在焉。"[55] 因为无论什么时候，他都在想念朱莉娅。

由于尤利西斯一生经常迁移，所以朱莉娅写给尤利西斯的信没能保存下来。不过，有时我们可以通过格兰特的信——无论是格兰特在信中转述她的想法或问题，或直接重复引用她的原话——部分拼凑出朱莉娅在信中写了什么内容。她曾回信道："我不知道第一封信里的空白之处有什么意义！"[56]

尤利西斯惊讶地回答："没有什么比这更简单的了，它们只是为了表达一种言语无法表达的爱恋。"[57] 在一封信的"附言"中，他补充说："朱莉娅，我想在几天内就会给登特上校写信，征得他对我们通信的同意。"[58]

在尤利西斯抵达萨布里蒂兵营后写给朱莉娅的第二封信中，他开始称呼对方为"我亲爱的朱莉娅"。这不仅仅是一封信开头的问候，而是一次又一次在信的正文部分出现的昵称。

直到 8 月底，尤利西斯终于收到朱莉娅第一批寄来的两封信。尤利西斯立刻书写回信，想让朱莉娅知道他的灵魂是如何因此而振作起来："自从收到你的来信，我已经一遍又一遍地读着，并将继续读下去，直到另一封信到来。"[59]

*

在等待进一步命令的同时，尤利西斯明白"侦察军"的未来很可能决定于 1844 年的总统选举。辉格党候选人亨利·克莱来自肯塔基州，他曾在约翰·昆西·亚当斯总统（President John Quincy Adams）任期内担任过众议长和国务卿。民主党候选人詹姆斯·波尔克（James Polk）来自田纳西州，是安德鲁·杰克逊的门徒，最终在巴尔的摩大会的第九轮投票中赢得了民主党候选人提名。一旦获得提名，波尔克就越来越多地谈及"重新兼并得克萨斯"，因为他认为得克萨斯曾是托马斯·杰斐逊最初购买路易斯安那领地的一部分。同时，1844 年的选举也见证了一个积极反对兼并的第三党的崛起。詹姆斯·G. 伯尼（James G. Birney）是一位南方种植园主，他将基督教废奴主义者视为自由党候选人。尤利西斯饶有兴趣地关注着伯尼的候选人资格，因为他的副总统候选人是来自俄亥俄州伯特利的参议员汤姆·莫里斯（Tom Morris），而尤利西斯的父亲杰西正是请求莫里斯才让他的儿子顺利进入了西点军校。[60]

059

在美国历史上投票数额差距最小的那次竞选中，波尔克以 1339494 票赢得了克莱的 1300004 票。曾在 1840 年选举中仅获得 7453 票的反对派候选人詹姆斯·G. 伯尼，这次赢得了 62103 票。[61]

无论是波尔克，或是泰勒，他们都将这位来自田纳西候选人的胜利理解为吞并得克萨斯的获胜。众议院在 12 月 29 日投票赞成吞并，参议院也以微弱的优势（27∶25）于 1845 年 2 月 27 日赞成通过。1845 年 3 月 1 日，泰勒总统签署了兼并得克萨斯为美国第 28 州的草案，而这恰好在他卸任总统的三天以前。[62]

*

"焦急却又只能等待。"这是尤利西斯从 1844 年秋到 1845 年初的冬天在萨布里蒂兵营生活传递出的复杂信息。尤利西斯写道,"焦急"意味着谣言正在营地中蔓延,因为他们很快就会"匆匆离开"前往得克萨斯边境的一些地方,大多数人打赌会是在科珀斯克里斯蒂(Corpus Christi,也译"圣体市")或圣安东尼奥(San Antonio)。"等待"又意味着为营地替换漏水的帐篷,团里的军官们开始征募人手,为迎接即将到来的漫长冬季,开始在营地建造两排碉堡。[63]

"焦急却又只能等待"也刻画出尤利西斯与朱莉娅的关系状态。尤利西斯希望尽早迎娶朱莉娅,但他知道自己必须等候完成眼前的部署。当他写信给朱莉娅时,他感到很沮丧,因为他知道朱莉娅的家人会按照习惯,要求她大声朗读来信。"我一直在想象你父母在你读完信时对我提出各种各样的反对意见。"所以在他的信中,他试图揣测并回答她父母的反对意见。"我亲爱的朱莉娅,请你向他们保证,即使是我在世界上认识最久的人,或者与我相识更早几年的人,也不能让我产生这种更深且久的感情。"[64] 由于格兰特怀疑朱莉娅的父母会问他们的关系是否能忍受这么长时间的离别,他在 1845 年 1 月写道:"我在杰斐逊营地与你和你家人建立的一种超乎寻常的关系,仅仅几个月的离开也不能使我遗忘。"[65]

他们爱情的象征来自于不确定的往返通信。[66] 他感谢她寄来的一缕珍贵的头发。对朱莉娅而言,则是"我不断收到格兰特的信件和书籍"。[67]

*

1845 年春，随着战争传闻的不断增加，尤利西斯请求休假 30 天回到密苏里州。他决心去见朱莉娅，并争取登特上校的允许——娶朱莉娅为妻。

艾米发现了一个更加成熟的"格兰特少尉"骑着一匹灰马来到怀特黑文。他来的时候，全家正聚在一起为登特上校去华盛顿出差送行。

他急切想见到朱莉娅，"但他几乎没牵我的手"，而是先在屋里单独跟她的父亲谈话。其他的家庭成员向前倾斜着身子，透过百叶窗偷听。

尤利西斯鼓起了勇气："登特先生，我想娶您的女儿朱莉娅小姐。"

登特反驳说，他不认为军队的"流浪生活"会对朱莉娅有利。这不是尤利西斯想要的回答。于是，他提出辞去军职，并获得一所大学的教学职位。登特现在开始欣赏尤利西斯了，并告诉他应该坚持自己在军队中的职业。

"格兰特先生，如果你愿意娶内莉的话，我是不会反对的。"

尤利西斯被登特上校"拉班式的建议"惊呆了。因为在《圣经·创世记》中，雅各（Jacob）想娶拉班（Laban）的女儿拉结（Rachel）为妻，但在努力争取她七年之后，雅各在新婚之夜才发现拉班用利亚（Leah）替换了拉结。后来，雅各又被迫工作了七年才娶到拉结。[68]

"但我喜欢的不是内莉，我希望娶的是朱莉娅。"

"哦，你确定吗？你愿意吗？好吧，我猜你喜欢的也是朱莉娅。"[69]

通过他的直率，尤利西斯最终克服了来自朱莉娅父亲的阻挠。后来，尤利西斯很喜欢取笑内莉，告诉她，她的爸爸将她许配自己，但被拒绝了。经过一年的订婚和分居，他终于可以和朱莉娅结婚了。但由于他的军事任务，婚礼日期还无法确定。

*

获得上校同意的几周后，尤利西斯就开始准备从萨布里蒂兵营南下。1845 年 7 月 3 日，第四步兵团的官兵带着期待而不是恐惧拔营出发了。对于这些从西点军校毕业，然后被迫在路易斯安那州"焦急却又只能等待"一年多的年轻军官来说，服役于得克萨斯州"占领军（Army of Occupation）"的前景，给他们带来了荣耀和晋升的可能性。

在新奥尔良停留期间，尤利西斯在 11 天内给朱莉娅写了三回信。他每次同时寄出两封信，一封写给朱莉娅，另一封写给她的父母，这让他欣喜若狂。在私人信件中，他试图用更丰富的语言表达自己的感情，但他自嘲地对未婚妻说："我在表达爱或感情的事情上真是一个笨蛋。"他对即将到来的得克萨斯州之行充满期待："现在离开这里，我感觉好像除了我自己，我还为其他人生活，并为之努力奋斗。"在信的最后，他告诉朱莉娅："即便是在这么遥远的地方，朱莉娅，你对我的影响仍旧非常巨大。"他承认说，"如果我想做任何我认为不对的事情，我肯定会想，'好吧，如果被朱莉娅看到，我还会这么做吗？'因此，无论你在不在场，我认为我或多或少已被你的意志所左右"。[70]

*

　　尤利西斯从未想到，在成为年轻军官的第一年，他就完全被朱莉娅·博格斯·登特所吸引。他在一封又一封信中写到自己愈发依赖于她。他试着——有时是犹豫不定地——用一种他从未对任何人用过的方式来表达他对朱莉娅的爱。

　　朱莉娅是一个年轻外向的女生，她丰富了尤利西斯的感情世界。由于尤利西斯的母亲对自我情绪有着严厉的管控，这种家庭环境对儿子的成长产生了重要的影响，因此，朱莉娅让生性害羞的尤利西斯非常着迷。

　　1845 年夏，尤利西斯和他的第四步兵团接到新的命令。他在新奥尔良写给朱莉娅的最后一封信的附言中说道："我们将在三四天内起程前往得克萨斯州。"[71] 所谓的"侦察军"，即将成为"占领军"。

注　释

1　*Personal Memoirs*，1：42.

2　Ibid.，43.

3　Ibid.，43-44；Lewis，*Captain Sam Grant*，99. 尤利西斯到费城拜访哈尔一家（Hare family）时身着便服，并对他们的失望作出了回复："不，我不会出洋相的。"Interview with Elizabeth Hare，*Philadelphia Times*，July 16，1885.

4　*Personal Memoirs*，1：44.

5　Denise M. Dowdall，*From Cincinnati to the Colorado Ranger: The Horsemanship of Ulysses S. Grant*（Dublin：HISTORYEYE，2012），24-25.

6　Henry W. Webb，"The Story of Jefferson Barracks，"*New Mexico Historical Review* 21，no. 3（July 1946）：185-208.

7   Lewis, *Captain Sam Grant*, 100-101.

8   *Personal Memoirs*, 1: 51-52.

9   W. W. Smith interview, Hamlin Garland Papers.

10 Emma Dent Casey, "When Grant Went A-Courtin'," St. Louis: typescript, 1908, Ulysses S. Grant National Historic Site, 4.

11 Ibid., 5.

12 Kimberly Scott Little, *Ulysses S. Grant's White Haven: A Place Where Extraordinary People Came to Live Extraordinary Lives, 1796-1885* (St. Louis: Ulysses S. Grant National Historic Site, 1993), 40.

13 Casey, "When Grant Went A-Courtin'," 7.

14 Little, Ulysses S. *Grant's White Haven*, 31.

15 Little, Ibid., 38-43; Sixth Census of the United States, 1850. United States Bureau of the Census, St. Louis County, Missouri, Schedule of Population.

16 Casey, "When Grant Went A-Courtin'," 7.

17 Julia Dent Grant, *Personal Memoirs*, 35.

18 Ishbel Ross, *The General's Wife* (New York: Dodd, Mead, 1959), 3-4, 37.

19 Ibid., 19.

20 Julia Dent Grant, *Personal Memoirs*, 38.

21 Ibid.

22 Ross, *The General's Wife*, 14.

23 多年以后，当奥法伦夫人（Mrs. O'Fallon）去世时，朱莉娅在给她的儿子约翰（John）的信中写道："她是我童年时代的美丽天使。有那么多的善举和那么多的亲切话语，充满着我的回忆。"Quoted in Ross, *The General's Wife*, 15.

24 Julia Dent Grant, *Personal Memoirs*, 48.

25 Ross, *The General's Wife*, 7, 256.

26 Casey, "When Grant Went A-Courtin'," 11.

27 Ibid., 16.

28 Frank A. Burr, *The Life and Deeds of General U. S. Grant* (Philadelphia: National Publishing Company, 1885), 91-92.

29 Ibid., 92.

30 Casey, "When Grant Went A-Courtin'," 11.

31 "Auntie Robinson's Recollections," *St. Louis Republican*, July 23, 1885.

32 Gregg Cantrell, *Stephen F. Austin: Empresario of Texas* (New Haven, Conn.: Yale University Press, 1999), 344-45. Nettie Lee Benson, "Texas Viewed from Mexico," *Southwestern Historical Quarterly* 90 (January 1987): 219-91, 描述了远离墨西哥

首都墨西哥城的得克萨斯在 1836 年之前是如何淡出人们的视野和记忆的。Amy S. Greenberg, *A Wicked War: Polk, Clay, Lincoln, and the 1846 U.S. Invasion of Mexico*（New York：Alfred A. Knopf, 2012），writes, "While the United States was thriving in the 1830s and 1840s, Mexico was foundering"（57）。

33 一种关于得克萨斯独立运动的复杂故事的叙述和分析，见：Daniel Walker Howe, *What Hath God Wrought: The Transformation of America, 1815-1848*（New York：Oxford University Press, 2007），658-71。

34 Ibid., 663-67。

35 Robert W. Merry, *A Country of Vast Designs: James K. Polk, the Mexican War, and the Conquest of the American Continent*（New York：Simon & Schuster, 2009），73-74，对詹姆斯·K. 波尔克（James K. Polk）的得克萨斯战略提出了积极的看法。

36 Greenberg, A Wicked War, 18-19；Howe, *What Hath God Wrought*, 679-80。

37 Greenberg, A Wicked War, 19-20；Howe, *What Hath God Wrought*, 679。

38 *Personal Memoirs*, 1：53。

39 C. B. Galbreath, "Centennial Anniversary of the Birth of Ulysses S. Grant," *Ohio Archaeological and Historical Quarterly* 31（1922）：226, 242, 286。

40 Julia Dent Grant, *Personal Memoirs*, 49。

41 Ibid.

42 Ibid.

43 Lewis, *Captain Sam Grant*, 110。

44 *Personal Memoirs*, 1：48。

45 Ibid., 1：49。

46 Ibid., 1：49-50。

47 Casey, "When Grant Went A-Courtin'," 17-18。

48 Lewis, *Captain Sam Grant*, 111-12。

49 Ibid., 112。

50 See J. Fair Hardin, "Fort Jesup, Fort Selden, Camp Salubrity: Four Forgotten Frontier Army Posts of Western Louisiana," *Louisiana Historical Quarterly* 17, no. 1（January 1934）：139-68, especially 143-46: "General Grant at Fort Salubrity."

51 USG to Julia Dent, June 4, 1844, *Grant Papers*, 1：26。

52 USG to Mrs. George B. Bailey, June 6, 1844, *Grant Papers*, 1：27。

53 Holman Hamilton, *Zachary Taylor: Soldier of the White House*（Indianapolis：Bobbs-Merrill, 1951），1：21-23, 83-99, 131-33。

54 USG to Julia Dent, July 28, 1844, *Grant Papers*, 1：30. He signed his letters "U S Grant" or "Ulysses" and his postscripts simply "U."

55 USG to Julia Dent, August 31, 1844, *Grant Papers*, 1：33.

56 Ibid., 35.

57 Ibid.

58 Ibid., 36.

59 USG to Julia Dent, September 7, 1844, *Grant Papers*, 1：33.

60 Betty Fladeland, *James Gillespie Birney: Slaveholder to Abolitionist*（Ithaca, N.Y.: Cornell University Press, 1955）.

61 所有目光都转向了选举人团，聚焦在自由党（Liberal Party）大本营所在地纽约。在纽约州，波尔克获得了237588张选票，亨利·克莱（Henry Clay）获得了232482张选票，詹姆斯·G. 伯尼（James G. Birney）获得了15812张选票。如果伯尼的选票中有三分之一投给克莱，那么辉格党（Whig Party）就会赢得纽约州的42张选举人票，从而赢得总统大选。如果刨除纽约州，波尔克在选举人团中将以170：105票击败克莱。

62 Greenberg, A Wicked War, 61; Howe, *What Hath God Wrought*, 698-99.

63 USG to Robert Hazlitt, December 1, 1844, Grant Papers, 1：39-40. 除《格兰特文集》以外，亨利·E. 钱伯斯（Henry E. Chambers）的《密西西比河谷的发端》（*Mississippi Valley Beginnings*, New York: G. P. Putnam's Sons, 1922）也概述了信函中缺失的部分。

64 USG to Julia Dent, September 7, 1844, *Grant Papers*, 1：37.

65 Ibid., January 12, 1845, *Grant Papers*, 1：40.

66 Ibid., July 28, 1844, *Grant Papers*, 1：32.

67 Julia Dent Grant, *Personal Memoirs*, 51.

68 The story is found in Genesis 29：16-30.

69 这段对话是基于几个基本一致的说法拼凑而成。See Casey, "When Grant Went A-Courtin'," 20; Julia Dent Grant, *Personal Memoirs*, 51; Ross, *The General's Wife*, 30.

70 USG to Julia Dent, July 11, 1845, *Grant Papers*, 1：50.

71 Ibid., July 19, 1845, *Grant Papers*, 1：51, 53.

> *我们被派去挑起一场战争，但墨西哥必须准备迎战。*
> *——尤利西斯·S. 格兰特，《个人回忆录》*

进入 1840 年代，美利坚民族不断壮大。这个共和国的人口自 1830 年以来增长了近三分之一，现在已经超过了 1700 万。北方记者约翰·奥沙利文（John O'Sullivan）曾对美国民族精神进行过总结，并用"昭昭天命（Manifest Destiny）"[1] 这个词为其扩张进行辩护和庆祝。

美墨战争将对格兰特和这个年轻国家起到决定性的作用。如果祖辈们参加过独立战争，父辈们在 1812 年战争中与英国第二次作战，那么与墨西哥开战的前景对新一代美国人来说则是一个独特的挑战。其特殊之处表现在：这场战争将是美国第一次在外国领土上作战，将是美国第一次反对非欧洲军队，将是美国第一次针对一个说不同语言的民族。

格兰特和他的战友们对这位南方的邻居墨西哥知之甚少。16 世纪初，西班牙探险家进入了他们所谓的新西班牙——这是一个广阔的地区，向北延伸至当今美国的西南部，向南则进入今日的中美洲。即便是 19 世纪早期，阿勒格尼山脉以西的地区仍有大量的移民，而墨西哥城（Mexico City）最北部的地区仍旧人烟稀少。墨西哥的地方风俗、政治制度以及落后的交通，阻碍了其民族国家的建设。

在得克萨斯爆发冲突之前，墨西哥人曾高度评价美国。许多政治家希望效仿美国建立民主制度。但美国人并不了解墨西哥独立建国的道路是多么艰难和复杂，因为她试图摆脱西班牙帝国的

这张照片摄于 1845 年路易斯安那州萨布里蒂兵营，左侧是格兰特少尉和他的战马"花花公子"，右侧是亚历山大·海斯和他的战马"晴天"。

束缚。从墨西哥的角度来看，美国从墨西哥手中夺走得克萨斯引发了数代人的不信任。

*

1845 年 9 月，格兰特从新奥尔良出发前往得克萨斯州。詹姆斯·波尔克总统指示他的代表、路易斯安那州众议员约翰·斯莱德尔（John Slidell）与墨西哥政府达成协议，将格兰德河（Rio Grande）定为得克萨斯州的南部边界。但随着在墨西哥城的谈判陷入僵局，波尔克指示扎卡里·泰勒将军进军得克萨斯。

尤利西斯乐观地写信给朱莉娅："无论如何，这次去格兰德河的行动将加速边界问题的解决，无论是通过条约，或是通过刀剑，我们都希望早日实现和平，在军队中过上安定的生活。"[2]

泰勒沿着有领土争议的蓝色墨西哥湾纽埃西斯河（Nueces River）河口的小村庄科珀斯克里斯蒂建立了他的得克萨斯营地。当地人称这里为"凯尼农场（Kinney's Ranch）"，其由亨利·L. 凯尼上校（Colonel Henry L. Kinney）于 1838 年建立，由 30 座饱经风霜的建筑组成；当地居民们利用这个港口向墨西哥走私烟草。[3]

格兰特和士兵们抵达这里并不顺利。由于航道较浅，大船不得不将士兵和货物卸到离陆地一定距离的小船上。在登陆这里几天后，格兰特回到了**苏维雅号（Suviah）**上。"当我准备再次离开船时，我以为自己已经学到充足的双滑轮和单滑轮工作原理，乘客们都是通过这个原理从船的上层甲板下降到下面小船上的，所以，我决定在没有任何人帮助的情况下就这样滑下去。"他什么也没说，登上栏杆，抓住绳子，一脚跨下去，开始往下滑。突然有人喊道："坚持住！"但一切太迟了。"我试图用尽全力'抓紧'绳子，但很快就因头朝下脚朝上而无法控制，从水面 25 英尺高的地方一头扎了进去。其速度之快，以至于在我看来我似乎永远不会停下。"所有目光都被吸引过来，但我"没有失去意识，而是不断游动，直到船上放下一个浮筒，我才被拉了上来。我没有擦伤也没有受伤"。虽然安全了，但十分尴尬："当他们发现我没有受伤时，我相信船上没有一个人会同情我。我自己也挺喜欢这次出糗的。"[4]

到了 10 月份，增援部队使得泰勒可指挥的人数达到 3922 人，这也是自 1812 年战争结束以来美军在某地的一次最大规模的集结。[5]一排又一排的帐篷在沙滩上延伸超过 1 英里。该营地的开放队列突显了泰勒的信念，那便是虽然估计墨西哥有超过 8000 名武装人员——这是美军的两倍，但他们不会对他精锐的部队构成威胁。[6]泰勒的"占领军"实际上是一支充满挑衅的军队。

*

格兰特经常冒险，他开始调查得克萨斯州的广阔乡村。他向西北骑行了 150 英里，来到圣安东尼奥和奥斯汀（Austin）。在美国将要占领的这块领土上，并没有看到任何的美国殖民者。

这里的墨西哥人经常贩卖马匹给军队，他用 12 美元的高价从一个墨西哥人手里买下了一匹马。其他军官担心格兰特的这一选择，因为那是一匹倔强的种马。他的朋友詹姆斯·朗斯特里特描述了接下来发生的事。格兰特蒙住马眼，给它套上缰绳和马鞍，然后，他纵身一跃上马，同时立刻解开被蒙住的马眼，并用马刺刺戳种马的两翼，很快就骑到远处消失不见了。

三个小时里，没有人再看见过他。最后，朗斯特里特回忆说："当格兰特骑马返回营地时，种马已经被彻底驯服了。"[7] 他的朋友说，格兰特和得州种马的故事在营地里流传了许多年。

在一次去奥斯汀的途中，士兵们多次猎捕鹿和野火鸡。"但是，我从来没有参与其中，也没有开过枪。"最后，卡尔文·本杰明（Calvin Benjamin）怂恿格兰特陪他到附近的小溪。格兰特记得，"我们刚到树林边，就听到头顶上有振翅的声音，一会儿就看见两三只火鸡飞走了"。随后又有二三十只火鸡直接从头顶飞过。"我一直站在那里看着火鸡，想看看它们在哪儿——我肩上扛着枪，但从未想过瞄准射击那些鸟。"回顾这段经历，"我得出结论，作为一名冒险家，我是个失败者。"[8]

在回到科珀斯克里斯蒂的路上，格兰特被"怪异的狼群嚎叫声"吓了一跳。由于草原的杂草很高，他看不见任何狼的踪迹，但从声音上判断，它们似乎就在附近。当时他有些害怕，觉得附近一定有一群野狼。让格兰特感到意外的是，本杰明继续前进，并朝着叫声的方向走去。格兰特后来写道："由于缺乏道义上的勇气独自返回，于是我跟随他一起行动。"但他承认，如果本杰明提出返回，他会"赞成这个建议"。最后，本杰明轻声问道："格兰特，你认为会有多少只狼？"格兰特不愿意表现自己的无知，决定用一个很低的估值回答："哦，大约 20 只吧。"[9] 本杰明笑了，然后两人骑着马继续赶路。

几分钟后，格兰特和本杰明遇到了"狼群"。"只有两只。它们坐在那里，嘴巴蹭在一起，发出我们过去十分钟里听到的所有声音。"[10]

这些关于火鸡和狼的故事揭示了格兰特矛盾的一面。在一种崇尚男性力量的文化中，格兰特却自告奋勇承认他不喜欢打猎，以及他作为一名年轻士兵却发现自己被狼吓坏了。所有这些都可以在他的作品中看到，而这些作品是他在成为一个著名勇士之后的很长时间里完成的。美国人不希望他们的英雄揭露自己的弱点，但格兰特用幽默的方式坦率地承认了。

*

12月，格兰特收到了一条好消息，他已经从名誉少尉晋升为少尉。正式任命的官方日期是9月30日，当时第四步兵团在科珀斯克里斯蒂全员集结。他没有要求晋升，因为他不喜欢营销自我，同时也不让朋友们推荐他。

随着冬季降临，天气的变化和随之而来的倦怠感开始削弱营地士兵们的士气。在低潮时，足智多谋的威廉·J. 沃斯将军（General William J. Worth）要求约翰·B. 马格鲁德中尉（Lieutenant John B. Magruder）搭建一所剧院。约翰因其彬彬有礼的举止被戏称为"约翰王子"，他宣布他的拥有800个座位的剧院将于1月8日正式开业。其中，包厢座售价1美元，普通座售价50美分。

剧院最早的演出作品之一是威廉·莎士比亚（William Shakespeare）的《奥赛罗的悲剧：威尼斯的摩尔人》（*The Tragedy of Othello: The Moor of Venice*）。马格鲁德征召士兵布置舞台，并派人去新奥尔良制作戏服并选拔演员。他想让詹姆斯·朗斯特里特饰演威尼斯美女苔丝狄蒙娜（Desdemona），但遭到其他人反对，因为他们认为身高6英尺2英寸的朗斯特里特个头太高。然后，马格鲁德邀请喜欢看戏但个头稍矮的格兰特试演这个角色。虽然朗斯特里特说格兰特"打扮起来很像一个女

来自田纳西州的美国总统詹姆斯·波尔克发动了美国对墨西哥的军事入侵。

孩，穿上裙子比他更漂亮"，但马格鲁德最终拒绝了这个提议，并断定"由男性扮演这个女英雄，并不适合这个角色"。最后，马格鲁德派人到新奥尔良寻找女演员来扮演苔丝狄蒙娜。[11]

*

　　1846年初，由于墨西哥人对北上纽埃西斯河驱赶美国"入侵者"毫无热情，于是波尔克总统命令泰勒将他的步兵继续向南调动，从而迫使墨西哥政府就范。总统有意挑起战争，但这样做却误判了对手。[12]

　　墨西哥政府因丢失得克萨斯而痛苦，并认为他们的国家荣誉受到威胁。尽管如此，格兰德河的指挥官马里亚诺·阿里斯塔将军（General Mariano Arista）还是奉命保持防御状态，以避免发生任何类似于"延坪岛事件"那样的挑衅。[13]

格兰特的乐观情绪并没有因为泰勒公布波尔克的新命令而减弱。他在给朱莉娅的信中写道："希望我们这些靠近墨西哥边境的军队能迅速解决边界问题。"[14]

为了准备向南进军，格兰特被分配了一项任务，那就是为这次南迁准备数百头骡子。军队共有 307 辆货车需要运输。其中，84 辆由牛牵引，剩下的 223 辆将由骡子牵引。

虽然是墨西哥人向美军出售的骡子，但格兰特发现它们"都很年轻健壮"。他用绳子拴住这些骡子，并在它们身上烙下"U.S."的烙印，但还得训练它们适应套上马鞍和背包。格兰特很快发现这个过程很有趣："科珀斯克里斯蒂的骡子抵制它们被用于新的用途。"[15]

新来的志愿者——大部分是来自大城市的外国人——被派去帮助他；他们同意接受每月仅 7 美元的薪水，这是一个成本低、效益高的替代方案，而无需消耗常规军队的士兵。但是军官对此嗤之以鼻，认为士兵们在白天的工作习惯不可靠，晚上又喜欢喝酒和打架，却得到了报酬。

虽然后来格兰特也承认，"那些自称有能力胜任驾驶的人也不可能在他们的现实生活中驾驶过骡队，或者说以前就有过驾驭任何动物的经验"，[16] 但他在信里没有对此发表任何批评意见。尽管如此，格兰特还是让这些志愿者们驾驶货车，一辆货车由五匹骡子牵引。一旦一切准备就绪——虽然这并非易事——真正的比赛才刚刚开始。随着新兵们推拉骡车，骡子们反抗地跳跃起来；然后，它们会挨个儿坐下；最后，在绝望的意志斗争中它们会全部躺下来。不过，最终格兰特、车夫和骡子学会了如何合作。

格兰特不断进步的领导力并没有被忽视。一天早上，他带领一个班负责清理牡蛎养殖场的障碍物，以便船只能够从阿兰萨斯湾（Aransas Bay）前往科珀斯克里斯蒂。当他无法用语言表达自己想要说的话时，他便会"跳进齐腰深的水里，和士兵们一起干活"。站在附近的军官"取笑他的热情"。扎卡里·泰勒看到了整个场景，若有所思地说："我希望我有更多的像格兰特这样的军人，他们随时准备在需要的时候挺身而出，并树立个人的榜样。"[17]

*

最后，终于到了出发的日子。到目前为止，格兰特已经有了三匹马，他打算带它们一起去格兰德河：一匹他自己骑行，一匹给他和哈兹利特共同的佣人厄利尔（Alere）使用，还有一匹备用。在出发前，厄利尔骑马并带着另外两匹马前往淡水湖边。忽然，他的马猛地拉扯了一下缰绳，把他重重地摔在地上。在厄利尔恢复意识之前，这三匹马都不见了踪影。

当格兰特得知他失去了所有的马时，他并没有批评厄利尔。他称这是"一个令人伤心的事故"[18]，并准备徒步前往格兰德河。

就在部队准备出发时，泰勒的参谋长威廉·W. S. 布利斯上尉（Captain William W. S. Bliss）得知格兰特的马弄丢了。格兰特在西点军校时，布利斯曾任数学助理教授，他很清楚格兰特对马的热爱。在最后一刻，在布利斯指挥下的另一名上尉乔治·麦考尔（George McCall）找到了格兰特，"你打算在出发前再弄一匹马吗？"

"不必啦！"格兰特回答，"我属于步兵团。"麦考尔走开了。不一会儿，他又回来了，并说："格兰特，你有了一匹新马。"[19]

在格兰特不知情的情况下，麦考尔花了3美元给自己的佣人买了匹野马。因为他不忍心看着自己的佣人都有马骑而自己的军官却要走路。格兰特回忆说："我对接受这个礼物感到愧疚，因为我真的觉得，作为步兵团的一员，我有责任和士兵们一起徒步行军。"[20]

行军的第一天，也就是这匹野马被套上马鞍的第一天。它和格兰特不得不进行"谈判"："我们之间经常就我们应该走哪条路，以及有时在我们是否该走这个问题上存在分歧。……这使得我在白天行军时无法与队列走在一起。"但在格兰特温和的驾驭方式下，"我的马和军队里的任何马一样温顺，没有一匹能比它跑得更好"。[21]

*

格兰特和他的第四步兵团在3月11日跟随第三旅一起离开了科珀斯克里斯蒂，他们是最后一支离开这里的部队。士兵们大部分时间都在西行，在这个早春时节，迎接他们的是大量的野花，包括蓝色的羽扇豆、耐旱的马鞭草以及黄橙色的金盏花。几天后，格兰特突然看到一个更加壮观的场面："目之所及"都是野马。"这里动物的数量多得无法估计，我完全无法想象它们之前曾在罗得岛州或特拉华州被圈围的样子。"[22]

当军队转向南边并行进到荒凉的盐地时，他们的命运随之发生了改变。"占领军"没有遇到一处可以定居的地方。所到之处是越来越多的灌木丛，这种灌木生长得非常茂密，以至于动物也无法穿透，更不用说普通人了。如果有人想要尝试，他很快就能感受到灌木丛对身体带来的刺痛惩罚。行军、吃饭和休息变得愈发困难。[23]

3月28日，格兰特来到一个断崖边，俯瞰蜿蜒曲折的格兰德河，断崖对面就是以墨西哥独立英雄唐·马里亚诺·马塔莫罗斯（Don Mariano Matamoros）之名命名的马塔莫罗斯镇。当他们走近河边时，他听到墨西哥军乐队在演奏爱国歌曲，并看到他们的军队在升国旗。格兰特惊讶地发现他们行军的目的地——格兰德河——是一条浑浊的、黄灰色的河流，河宽不过100码，深不过4英尺。

格兰特开始建立营地。从浑浊河水的南面投来好奇的目光，注视着他们的一举一动。他回头望了望，看见圣母佑护大教堂（Catedral de Nuestra Señora del Refugio）穿过城镇广场的塔顶。在清晨的阳光下，他看见全镇到处都插满了飘扬着的墨西哥国旗。国旗的红色代表着鲜血，是对那些在1810~1821年赢得墨西哥独立战争牺牲者的致敬；白色象征着天主教信仰的纯洁；绿色代表着一个更好国家的希望。

在接下来的三个星期，这两支军队在格兰德河的两岸互相监视。这有时候看起来更像一部喜剧，而不是一场国际战争的肇始。

但还有另一个最引人注目的景象。每天早上，几乎就像钟表一样准时，数十名墨西哥年轻女性会来到河边，将白色衬衫盖在头上，然后开始洗澡。一名来自田纳西州的士兵在日记中写道："她们笑着，呐喊着，歌唱着，扭打着，用成千种灵活的动作展示自己优美的体态。"[24]

首先是几十人，接着是数百名美国士兵前来围观。一天早晨，一些士兵一头跳进河里，开始向这些"美人鱼"游去。当这些妇女仍未离开时，墨西哥士兵已然在用枪开始瞄准，他们朝美国人的头顶上方开枪，而那些嬉笑的妇女们则继续在河里嬉戏。[25]

*

1846 年 4 月，紧张局势加剧了。4 月 11 日，叮当作响的钟声预示着墨西哥将军佩德罗·德·安普迪亚（Pedro de Ampudia）和他 200 人的先遣骑兵来到这里。他们从蒙特雷（Monterrey）出发，用了四天时间，总共骑行了 180 英里。在他身后是一支将近 3000 人的军队。4 月 20 日，仍然充满希望的格兰特写信告诉朱莉娅，"这里的一切都很安静"。他承认，"在旁观者看来这里一切都是好战的，但我相信这里不会有战争"。[26]

4 月 24 日，马里亚诺·阿里斯塔将军抵达马塔莫罗斯，接替安普迪亚将军负责全面指挥。阿里斯塔将军留着红发，他曾经在辛辛那提流亡，并说着一口流利的英语。他指挥着一支约 5000 人的部队。他告诉泰勒，墨西哥现在正与美国交战。泰勒答复说，他希望两国之间仍有可能通过谈判来避免战争行动。

泰勒不知道，阿里斯塔将军下令对格兰德河各地区进行侦察。他派安纳斯塔西奥·托雷洪将军（General Anastasio Torrejón）率领 1600 人越过马塔莫罗斯以西的河流，切断了最近修建的得克萨斯堡（Fort Texas）和伊莎贝拉据点（Point Isabel）之间的道路。那天晚上 11 点，哨兵把墨西哥士兵渡河的事报告给了泰勒。他立即命令塞斯·桑顿上尉（Captain Seth Thornton）带领两队龙骑兵去调查墨西哥人入侵的性质和范围。

骑兵团穿过黑暗，在第二天早晨视察了卡里西托斯牧场（Rancho de Carricitos）。桑顿敲了敲门，当他询问一位老人时，子弹突然像雨点般落下。他们进入了墨西哥人的埋伏圈。在接下来几分钟里，11 名美国士兵阵亡，26 人被俘。桑顿的向导没有进入牧场，他飞奔回营地，将这场灾难告诉了泰勒将军。泰勒立即向波尔克总统写道："现在可以认为战争行动已经开始了。"[27]

*

1846 年 5 月 3 日，星期日，早上 5 点，格兰特被远处隆隆的枪声惊醒了。当他躺在帐篷里的时候，可以清晰地听到得克萨斯堡中的炮声。"战争已经开始了。"[28]

格兰特突然焦虑起来。"我不知道泰勒将军在这场悬而未决的战争中有什么感受；但对我自己来说，作为一名年轻的少尉，我从未听见过敌人的枪声，我为自己的参军感到愧疚。"[29]对格兰特而言，教数学似乎已是一个遥不可及的梦想。

格兰特知道他听见的炮声来自于格兰德河上的得克萨斯堡，那里有 500 名防守士兵正遭到攻击。泰勒将军从伊莎贝拉据点派出通讯员，命令得克萨斯堡指挥官雅各布·布朗少校（Major Jacob Brown）要誓死保卫堡垒，直至最后一人。5 月 6 日，布朗少校受了致命伤，但守军仍继续战斗。

阿里斯塔将军的策略是在泰勒援军到达之前摧毁得克萨斯堡。如果失败了，阿里斯塔就会在他提前计划好的时间和地点拦截并摧毁泰勒的军队。那个地方便是帕洛阿尔托（Palo Alto）。

5 月 8 日中午，由 2300 名士兵和 250 辆补给车组成的泰勒军沿着马塔莫罗斯路行进，开始穿过帕洛阿尔托（Palo Alto）的平原。帕洛阿尔托位于格兰德河以北 10 英里，也被称为"高大的树"，名字来源于环绕这片沿海大草原的树林。格兰特形容平原上齐肩高的杂草"就像一根根织补针一样锋利"。[30]

泰勒并不想困守于要塞，他希望能够和墨西哥军在野外作战。但是阿里斯塔将军已经派出他的 3200 名士兵架好大炮以阻止泰勒军的前进。这位墨西哥将军认为，他在马塔莫罗斯的守军即使在数量上占有优势，也无法击退敌人的进攻，所以他将部队部署在一个他认为更有优势的地方。

格兰特说，这支庞大的墨西哥军队"主要由骑兵组成，他们手持长矛，在阳光下闪着寒光，令人生畏"。[31] 在这 1 英里长的战线两端，阿里斯塔将军都部署了骑兵。他打算从侧翼摧毁前进中的美国军队。

墨西哥人先是用大炮轰炸，然后用火枪（即滑膛枪）射击，但他们的炮火没有击中美国人。泰勒的人马继续向前挺进。墨西哥人发射的实心炮弹效果不佳，在打到美军之前就已经落地了。[32]

格兰特和其他美国士兵并没有恐慌。此时，墨西哥人犯下了一个致命错误：他们过早地开火了。

泰勒军向前继续挺进，然后又停了下来，以便用牛牵引的大炮能够赶上。格兰特对此印象深刻。"我俯视着那长长的约有 3000 名武装人员的队伍，向一支同样全副武装的部队挺进。我想，泰勒将军在远离亲友的情况下指挥着这样一支军队，他一定感受到一种可怕的责任感。"[33] 格兰特为他那支 1822 年的火枪装填好火药和子弹。

最后，泰勒骑着那匹名叫"怀蒂（Whitey）"的老马，戴着他那顶破旧的棕榈帽——如果有什么目标的话，他是一个显而易见的目标——命令他的部队向前推进到距离墨西哥防线 700 码的地方。他不让士兵们开火，直到他确认墨西哥军在他的罐装炮射霰弹（canister）的攻击范围以内。

格兰特曾在美墨战争初期的几次战役中为扎卡里·泰勒将军效力。泰勒将成为这位年轻少尉的榜样。

　　然后他命令炮兵开火。他准备使用他那 4 门 6 磅的铜管炮和 4 门 12 磅的榴弹炮。① 这些"飞行火炮"可以迅速移动到任何需要它们的地方，并且比墨西哥人使用的火炮拥有更快的射速。[34]

/ 073

　　他今天的特别武器是一对 18 磅重的大炮。因其过于沉重，很难拉到战场前线，所以到目前为止，这一对大炮仅用于防御。泰勒打破常规，让每六头戴着轭具的牛牵引一门大炮。这些大炮穿越 7 英里开阔的草原，被用作攻击性武器。他们没有使用球形弹丸，而是选择了罐装炮射霰弹，即一个锡罐里面塞满了多

────────────

①　那时的火炮大多采取磅位制，指的是火炮所能发射的炮弹重量。

达 27 个铅弹。最重要的是，它们的射程高达 300 码。[35] 观察到墨西哥轻型火炮发射的炮弹越来越少，泰勒希望他的重炮能穿过战场。分别由七名炮兵组成的两组炮兵班齐声喊道："向前冲呀，作好发射准备"，最后"开火！"[36]

格兰特注视着这一切，对此大加赞许。"步兵们作为旁观者，秩序井然地站在武器旁，观察着我们的射击对敌人造成的影响。"他给朱莉娅写信说："每时每刻，我们都可以看到我们的士兵冲锋陷阵，在敌方阵营杀出一条血路。"[37]

炮兵取得了胜利。在美国方面，只有 9 人阵亡，44 人负伤，2 人失踪，仅占参与作战人数（2288 人）的 2.5%。而墨西哥方面损失较大，有 102 人阵亡，129 人负伤，26 人失踪。[38]

格兰特在第一次战斗结束后给一个朋友写信说："我相信那天晚上所有人都在帕洛阿尔托的地面上睡得很香，就好像他们在宫殿里一样。"[39] 第二天早上，当他醒来准备迎接新的战斗时，一支侦察队发现墨西哥人已经撤退到多刺的灌木丛中。

*

在第二天下午之前，格兰特发现自己陷入一种无法预料的境地。泰勒将军命令乔治·麦考尔上尉和查尔斯·弗格森·史密斯上尉（Captain Charles Ferguson Smith）带领 150 人去侦察撤退的墨西哥军。他们报告说，墨西哥人已经撤到雷萨卡德拉帕尔马（Resaca de la Palma），并在那里严阵以待。那是一条干涸的河道——沿着从伊莎贝拉据点到马塔莫罗斯的路，或者也被称为深达 12 英尺的河谷——以沿岸排列的棕榈树命名。

当泰勒将军和他的士兵们在下午3点多到达这里时,他把他那18磅重的大炮再次拉上前线。但不像帕洛阿尔托,在雷萨卡德拉帕尔马的墨西哥军隐藏了起来;一支美军的先遣部队由于不明敌情,很快就有5人阵亡。

在瞬息万变的战斗中,由于死亡,格兰特突然意识到自己在指挥一支连队。当他感受到自己的恐惧时,他感到肾上腺素在激增。继续前进时,他发现除了密集的丛林外,墨西哥人还把枯树和灌木丛拖到前线,进一步巩固他们的阵地。由于墨西哥人藏了起来,格兰特带领他的连队"在不知不觉中接近了目标"。在炮火下,敌人被迫迅速撤退,直至格兰特带领他的连队俘虏了"一名墨西哥上校和他的几名手下"。[40]格兰特第一次赢得了胜利。

泰勒作为军事领导人的技能之一是他能够迅速调整策略。由于不确定敌人的藏匿之所,他命令步兵、骑兵和轻炮兵一起发动进攻。他的手下拿着刺刀冲向灌木丛,声嘶力竭地叫喊着。很快,他们发现自己正在进行肉搏战。两个小时之内,战斗就结束了。

美国人赢得了前两场会战的胜利,这归功于他们炮兵的机动性、大炮的射程、弹药的优势,以及由久经沙场的军官指挥着训练有素的士兵。由于西点军官们的表现,此前所有对西点学校及其毕业生的批评都停止了。

但战斗结束后,当格兰特环顾四周时,他突然意识到,他的冲锋并没有深入敌人腹地,只是到达了实际上已在几分钟前取得胜利的地方。他的俘虏们其实早已被俘。格兰特写道:"这无疑在我的脑海中留下一个印象,那就是如果我不在那里,雷萨卡德拉帕尔马会战也会获胜,就像现在一样。"[41]

*

此时朱莉娅正居住在圣路易斯。在1846年的头几个月，地产众多但现金匮乏的登特上校已将怀特黑文售出。当没有他可以接受的报价时，他决定把他的乡村住宅租出去，并在第四街和塞尔街的交叉口为他的家人租了一幢砖房。

在帕洛阿尔托会战和雷萨卡德拉帕尔马会战之后，尤利西斯在和朱莉娅分享自己情感的时候变得更加开放："尽管子弹在我身边嗖嗖掠过，但我直到快开枪时才感到害怕。"他描述了周遭发生的情况："一颗子弹从我身边飞过，一瞬间就击杀了一人。佩奇上尉（Captain Page）的下颌被击穿，一直到咽喉，沃伦中尉（Lieutenant Wallen）和一个中士也中弹了，但所幸他们并无大碍。"[42]

你可以想象朱莉娅在阅读尤利西斯信中那些可怕语句时的感受，但他并没有就此打住。"第二天再去战场巡视时，那里尸横遍野，非常可怕。"在信的末尾，他确定地说："子弹从四面八方飞来并不是一件好玩的事，但我发现，身处其中也没有预想中的那么恐怖。"[43]格兰特参加了战斗的洗礼，他发现了自我：他确实可以成为一个好兵。

*

5月11日，波尔克总统向国会提交了一份战争宣言。总统的代表努力压制辩论，将提问和讨论限制在两个小时以内。波尔克的报告和辅助文件花了将近一个半小时。总统把桑顿及其巡逻士兵之死与边界问题联系起来："纠正我国公民的错误，自然和不可分割地与边界问题结合在一起。"他把责任完全归咎于墨西哥政府："墨西哥已经越过美国边界，侵入我们的领土，并让美国人的鲜血流淌在美国的土地上。他宣布战争行动已经开始，两国处于交战状态。"44 波尔克要求国会拨款 1000 万美元，并授权他可以召集 50000 人的军队用以击退外国入侵者。

*

帕洛阿尔托会战和雷萨卡德拉帕尔马会战是格兰特理解自己的转折点。他勇敢地面对战斗，并在自己身上发现了他所谓的"道义勇气"。现在他开始展望在军队里的职业前景了。

随着波尔克总统和国会的宣战，以及越来越多志愿军的到来，泰勒将军决定跨过格兰德河，把墨西哥军赶出马塔莫罗斯。陆军少尉尤利西斯·格兰特即将成为"侵略军（Army of Invasion）"的一分子。

注 释

1　为了讨论对"昭昭天命（Manifest Destiny）"概念的使用和误用，特别是在对得克萨斯的应用上，详见：Howe, *What Hath God Wrought*, 702-8。

2　USG to Julia Dent, February 5, 1846, *Grant Papers*, 1: 71.

3　Greenberg, *A Wicked War*, 99-100.

4　*Personal Memoirs*, 1: 62-63.

5　K. Jack Bauer, *The Mexican War, 1846-1848*（New York: Macmillan, 1974），32-33.

6　Smith, *Grant*, 39.

7　Interview with James Longstreet, *New York Times*, July 24, 1885.

8　*Personal Memoirs*, 1: 76.

9　Ibid., 1：77-78.

10　Ibid., 1：78.

11　James Longstreet interview, Hamlin Garland Papers; James Longstreet, *From Manassas to Appomattox* (Philadelphia： J. B. Lippincott, 1896), 20; Helen Dortch Longstreet, *Lee and Longstreet at High Tide* (Gainesville, Ga.： printed by the author, 1904), 144; Lewis, Captain Sam Grant, 129.

12　两本最新关于詹姆斯·K. 波尔克总统的传记——Walter R. Borneman, *Polk: The Man Who Transformed the Presidency and America* (New York： Random House, 2008), and by Robert W. Merry, *A Country of Vast Designs*——试图恢复波尔克作为我们最好的总统之一的名誉，包括同情地解读波尔克在美墨战争中的领导作用。更为全面的解释，详见：Howe, *What Hath God Wrought*, 731-43, and Sean Wilentz, *The Rise of American Democracy: Jefferson to Lincoln* (New York： W. W. Norton & Co., 2005), 577-86。

13　K. Jack Bauer, *Zachary Taylor: Soldier, Planter, Statesman of the Old Southwest* (Baton Rouge： Louisiana State University Press, 1985), 119.

14　USG to Julia Dent, March 3, 1846, *Grant Papers*, 1：75.

15　*Personal Memoirs*, 1：79-80.

16　Ibid., 1：81.

17　格兰特在西点军校的朋友拉法耶特·麦克罗斯（Lafayette McLaws）讲述了这个故事。Lafayette McLaws interview, Hamlin Garland Papers.

18　*Personal Memoirs*, 1：83.

19　Ibid., 1：85-86.

20　Ibid., 1：86.

21　Ibid.; Bauer, *Mexican War*, 37-38.

22　*Personal Memoirs*, 1：87.

23　Bauer, *Zachary Taylor*, 125-26; John D. Eisenhower, *So Far from God: The U. S. War with Mexico, 1846-1848* (New York： Random House, 1989), 52-53.

24　John Blount Robertson, *Reminiscences of a Campaign in Mexico* (Nashville： J. York, 1849), 116.

25　José Maria Roa Bárcena, *Recuerdos de la invasión norteamericana, 1846-1848*, vol. 1 (Mexico： J. Buxo, 1883), 61; Bauer, *Zachary Taylor*, 145.

26　USG to Julia Dent, April 20, 1846, *Grant Papers*, 1：80.

27　Bauer, *Zachary Taylor*, 149-50.

28　*Personal Memoirs*, 1：92.

29　Ibid.

30 Ibid., 1: 94.

31 Ibid., 1: 93-94.

32 Ibid., 1: 94-95.

33 Ibid., 1: 94.

34 Martin Dugard, *The Training Ground: Grant, Lee, Sherman, and Davis in the Mexican War, 1846-1848* (Lincoln: University of Nebraska Press, 2008), 85-93, 198-200, 描述了在帕洛阿尔托会战(Battle of Palo Alto)中使用的大炮。见: L. Van Loan Naisawald, *Grape and Canister: The Story of the Field Artillery of the Army of the Potomac, 1861-1865* (New York: Oxford University Press, 1960), 38-39, 53, 74。虽然这本专著的重点是美国内战, 但大部分的描述和解释都适用于美墨战争。也可参见: www.ehow.com/list_6894147_weapons-mexican-war.html。

35 www.ehow.com/list_6894147_weapons-mexican-war.html.

36 Dugard, *Training Ground*, 88-89.

37 USG to Julia Dent, May 11, 1846, *Grant Papers*, 1: 84-85.

38 Bauer, *Zachary Taylor*, 157.

39 USG to John W. Lowe, June 26, 1846, *Grant Papers*, 1: 95-96.

40 *Personal Memoirs*, 1: 97-98.

41 Ibid., 1: 98.

42 USG to Julia Dent, May 11, 1846, *Grant Papers*, 1: 85; *Personal Memoirs*, 1: 96.

43 USG to Julia Dent, May 11, 1846, *Grant Papers*, 1: 86.

44 James D. Richardson, ed., *A Compilation of the Messages and Papers of the Presidents, 1789 1897, vol. 4: 1841-1849* (Washington, D.C.: Authority of Congress, 1899), 438, 442-43.

/ 第 6 章　军事入侵

> 我发现格兰特少尉是一个非常出色和有价值的年轻士兵。如果他有机会发挥自己逐渐成熟的能力，我相信他一定拥有一个辉煌的未来。
>
> ——陆军准将托马斯·L. 哈默尔，1846 年 11 月于墨西哥蒙特雷

随着格兰特跨越作为边界的格兰德河进入墨西哥，此后的几个月，他也将继续越过其他的边界线。进入墨西哥，他将会遇到不同的人和不同的文化，将在一个不同寻常的军队服役，并被委任新的军职。

在美墨战争期间，人们对格兰特的兴趣普遍在于他作为一名军官的成长，但同时，他作为一名文化观察者的成长也同样非常重要。对许多第一次在国外生活的人来说，这种成长至少经历了三个阶段：它开始于对一个新国家的欣赏，然后用新的眼光看待自己的国家，最后可能导致产生新的自我认知。

*

1846 年夏，美国士兵在取得帕洛阿尔托会战和雷萨卡德拉帕尔瓦马战的胜利后，勇敢地向墨西哥进军。尽管士兵们信心十足，但扎卡里·泰勒将军心里明白，他们最近的两场胜利仅仅是在一片广阔领土上的小规模会战，美军在那里因为有火力优势方才轻松取胜。他知道，对墨西哥北部主要城市蒙特雷的争夺，将是一场更为艰巨的挑战。

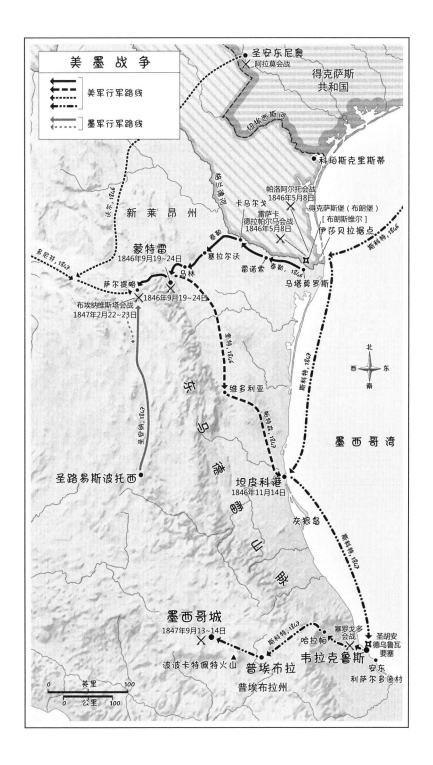

美墨战争

美军行军路线
墨军行军路线

圣安东尼奥
阿拉莫会战

得克萨斯
共和国

纽埃西斯河

科珀斯克里斯蒂

帕洛阿尔托会战
1846年5月8日

卡马尔戈

得克萨斯堡（布朗堡）
[布朗斯维尔]

新莱昂州

德拉帕尔马会战
1846年5月8日

伊莎贝拉据点

蒙特雷
1846年9月19~24日

塞拉尔沃

雷诺索

马塔莫罗斯

萨尔提略

马林
1846年9月19~24日

布埃纳维斯塔会战
1847年2月22~23日

维多利亚

东马

北
西 东
南

墨西哥湾

圣路易斯波托西

坦皮科港
1846年11月14日

灰狼岛

墨西哥城
1847年9月13~14日

塞罗戈多会战

哈拉帕

圣胡安
德乌鲁瓦
要塞

波波卡特佩特火山

普埃布拉

韦拉克鲁斯

安东
利萨尔多渔村

普埃布拉州

0 英里 100

0 公里 100

他们并不了解即将跨越边界进入的这个国家，这对他们来说将是一个挑战。泰勒的军队——现在加入了很多志愿军——即将接受一段关于墨西哥地理、历史和文化的速成课。然而，他们并没有被提供相关课本。和许多外国游客一样，士兵们会根据最初的印象迅速作出判断：墨西哥的贫穷仅仅是因为人们不愿意努力工作，或者，从新教徒的角度来看，其贫穷的原因在于富裕的天主教会在压迫穷人。在接下来的几个月里，没有多少士兵愿意学习语言。因为语言和文化是不可分割的，所以，只有少数人能打破他们对墨西哥的最初印象。

格兰特打破了常规，努力理解这种文化上的不同。他一直是一个充满好奇心的探险家，他把自己持续不断的好奇心也带到了墨西哥。他还学会了一些西班牙语。

在墨西哥境内写给朱莉娅的第一封信中，心情轻松的尤利西斯承诺将从格兰德河岸边摘一朵野花送给她。他还寄给她一张照片：他正在蓄胡子，现在已经有 3 英寸长了。[1]

尽管他的语气很轻松，但朱莉娅的焦虑与日俱增。让她感到宽慰的是他的来信："他的信写满了甜言蜜语、爱情和战争，不时还有一些压平的树叶和花朵。"[2] 她珍视这些信；她会一遍又一遍地阅读，并将它们保存一辈子。[3] 她也给家人读了这些信，尽管妹妹艾米怀疑她并没有读每一封信。艾米指出，尤利西斯的信里"关于军事行动的内容通常比说他自己的事情还要多"。他"从不善于谈论自己"。[4]

*

泰勒将 9 月 1 日定为向蒙特雷进军的日子。为了实现这一目标，需要在三个月内完成许多工作。最大的挑战是如何整合成千上万的志愿军，让他们穿过伊莎贝拉据点，进入格兰德河沿岸的营地。由于日益高涨的爱国热情，已经有 50000 多人报名参军。志愿军团中有一支来自密西西比的队伍，其由一位有着灰色眼睛的名叫杰斐逊·戴维斯（Jefferson Davis）的年轻众议员领导。[5]

格兰特观察到，志愿军们似乎在尽其所能地打破关于礼仪和体统的每一条规则，这成了一个日益严峻的挑战。几乎每天都有年轻人在营地里跑来跑去，大声喧哗，"漂亮的女士们，让我们跳一支方丹戈舞（Fandango）吧！"他们拥抱着漂亮的墨西哥女人跳舞。在"方丹戈舞事件"之后，志愿军们甚至常常强奸妇女，抢劫当地平民。格兰特对朱莉娅说，"志愿军似乎认为，无论以何种程度强迫被征服的平民做任何事情都是绝对正确的，甚至可以在神不知鬼不觉的情况下杀害他们"。[6]这种对战争中平民的同情将伴随格兰特的一生。

*

当格兰特在乔治敦的老朋友们来到这里时，志愿军中出现了一些私人关系。[7]提名他进入西点军校学习、来自俄亥俄州的众议员托马斯·哈默尔（Thomas Hamer）是这批新来者之一。格兰特迎接了卡尔·怀特和奇尔顿·怀特，他们是他的同窗玩伴，现在是由哈默尔领导的俄亥俄州第一志愿军团 G 连的成员。[8]

怀特兄弟告诉尤利西斯，哈默尔是如何带头鼓励大家参加志愿军的。哈默尔是波尔克总统直接从平民任命为准将的六人之一，这六人都是可靠的民主党人。他们被合称为"政治将军

（political generals）"，因为他们都没有接受过军事训练。《辛辛那提公报》（*Cincinnati Gazette*）批评对哈默尔的任命是"绝对的荒谬"。[9]

哈默尔抵达后，被授予威廉·O.巴特勒将军（William O. Butler）麾下第一旅的指挥权。哈默尔勤勤恳恳地研究他的新任务，给正规军留下了深刻的印象。

他邀请只有他一半年龄的格兰特在军事战略上向他作出指导。有一天，他们骑马来到乡下，站在一个高地上。"他向我解释了很多军队发展的情况。"哈默尔写道。通过假设他和哈默尔分别指挥两支敌对的军队，格兰特向比他年长一倍的"政治将军"讲解了各种军事策略。正当哈默尔以为格兰特的假想部队已经击溃他的军队时，"他突然建议我的部队采取一项战略行动，最终使我得以战胜他并获得胜利"。格兰特"优雅地承认他输了"。[10]

*

当泰勒的指挥官们计划向蒙特雷进军时，他们知道他们面临着一系列挑战。首先，帕洛阿尔托会战和雷萨卡德拉帕尔马会战的胜利是由职业军人赢得的，但眼下的军队则包含了数千名志愿军。其次，在早年的美国战争中，军队依靠陆路或水路行军，但是墨西哥北部贫瘠的沙漠不会提供道路和水路。最后，在独立战争和1812年战争中，士兵们都能够自给自足，但在这次行军中却将难以实现。

到了8月，波尔克总统和媒体开始对进军蒙特雷，但军队却停滞不前感到不安。被誉为英雄的泰勒现在被批评为"耽搁将军"[11]。

泰勒不着急进军的一个原因是他意识到自己的军队需要为艰苦行军提供充足的补给。为了满足这一需求，他设立了一个新的职位：团军需官。他知道自己需要有领导能力和组织能力的军官，他们必须不怕在未来艰苦的行军中努力维持部队的充分补给。最终，他命格兰特来担任第四步兵团的军需官。

托马斯·西德尼·杰瑟普（Thomas Sidney Jesup）自1818年以来一直担任军需官的最高职位"军需总监"。多年来，杰瑟普利用运河、新的铁路，甚至是骆驼来改善供应和运输系统。但他还没有准备好应对美墨战争的后勤噩梦。[12] 杰瑟普是一个有趣的人，愿意和将军以及国会发生冲突，他在给战争部部长威廉·马尔西（William Marcy）的信中写道："这里没有一个具远见卓识的指挥官。"他觉得自己"不得不估摸着到底要做些什么"。[13]

在杰瑟普的领导下，格兰特不得不又一次克服长期准备的不足。他接受了一系列艰巨的任务，包括为他的士兵提供服装，寻找装备（包括额外的步枪，即来复枪），为骑兵提供更多的马。但他的主要负担是交通，这意味着要购买手推车、马车、骡子和牛。

格兰特对这个新职位很恼火。他想站在前线，而不是准备这些毫无价值的东西。他写信给约翰·加兰德上校（Colonel John Garland）："我恭敬地抗议我被分配到这个岗位，它让我无法与前线战友共享危险和荣誉。"他要求将他调回"我应该在的位置"。[14]

加兰德上校从三十年的经验出发，回答说："格兰特少尉被尊敬地告之，他的抗议不会被考虑。正是因为观察到他的能力、技术和对于本职工作的忠诚，所以才指派他担任军需官并负责军

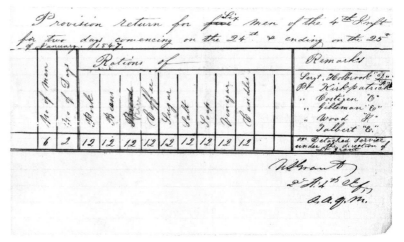

这是格兰特担任军需官时的分类账册。格兰特最初对任命他为军需官很是抗拒，但这让他明白了在敌区部署一支大规模机动部队的重要性。

需物资的供应。"[15]

谁"观察"了他？是站在最上面的人，即泰勒将军。这在泰勒的参谋长威廉·布利斯（现在已是一名少校）写给加兰德的信中可以得到证实。"总指挥需要你挽留格兰特担任第四步兵团的军需官。"[16]格兰特愈发尊敬泰勒，却也在不知不觉中得到他的赏识。

*

最紧迫的问题是：泰勒将军之前在科珀斯克里斯蒂置办的300多辆马车，现在减少到了175辆。这个问题落在了格兰特的肩上，他需要更多的马车和更多的骡子。

一旦他有了骡子，格兰特就得雇用墨西哥的赶脚人（arrieros），他们的工作就是把帐篷和炊具绑在骡子背上。每天早上都要在骡子身上花几个小时做好准备工作。

当他们终于准备好时，骡子开始躁动起来。它们已经厌倦背负沉重的包袱，"有一只开始乱跑，弯下腰并向上踢腿，直到把包袱弄散；其他骡子会躺下来，通过在地上打滚来解除它们的负担"。[17]

格兰特观察着这场每日的混战，评论道："我不记得在我的生活中曾经使用过亵渎性的咒骂，但我愿意为那些可能这样做的人开脱，如果他们当时正在负责一群墨西哥的骡子。"[18]

格兰特在西点军校的朋友亚历山大·海斯（Alexander Hays）正在去蒙特雷看望这位新任军需官的路上。"由于没有道路……所以四处受阻……但格兰特会以某种神秘的方式开着他的'骡子'火车，在各部营火点燃之前抵达营地。"[19]第四步兵团的詹姆斯·D. 埃尔德金（James D. Elderkin）回忆说，格兰特"一般会事先为该团准备过夜所需的物资。当团里的士兵到达那里时，他们除了搭帐篷外就不用做其他任何事情了"。[20]一开始，格兰特可能并不希望得到军需官一职，但他的组织能力和与别人良好合作的能力为他赢得了观察者的赞赏。

*

蒙特雷是一个拥有几千居民的城市，坐落在圣卡塔利纳河（Santa Catarina River）北岸，位于马德雷山脉（Sierra Madre）的山麓上。为加强了防御，安普迪亚将军被调回负责指挥。城市里的建筑都是用石头建造，屋顶平整，所以每一栋建筑都很容易被改造成堡垒。最近有三个旅从瓜达拉哈拉（Guadalajara）抵达这里，安普迪亚现在拥有 7000 名正规军。此外，他还从当地牧场征调了 3000 人的非正规军。格兰特在西点军校学习的法国教科书曾指出，在进攻一个武装要塞时，进攻部队的数量应该至少是防御部队数量的两倍，但泰勒抵达蒙特雷时，部队只有 6000 多人。而且，他和他的士兵们在不了解墨西哥历史的情况下就进入了这里，他们没有料想到牧场主的游击队骑兵会在战斗中突然消失，然后又意想不到地突然出现。[21]

当美国人在 9 月 18 日接近蒙特雷时，他们遭遇了一座由未完工大教堂改造而成的墨西哥堡垒。"我们军队给它起名叫'黑色要塞'"，[22] 这一天，堡垒里严阵以待，向任何胆敢进攻的美国人发出挑战。在城市西部，由位于独立山上的未完工的主教宫（Bishop's Palace）和位于联邦山上的索尔达多堡（Fort Soldado）共同防卫。迪亚波罗堡（Fort Diablo）和德拉特内里亚堡（Fort de La Tenería）护卫着城市的东部。在南部，湍急的圣卡塔利纳河提供了一道自然屏障。

泰勒对 52 岁的威廉·沃斯将军充满信心。沃斯长相英俊，在 1812 年战争中以二等兵的身份开始了他的军旅生涯，并一路晋升。尽管泰勒知道沃斯有些冲动并且脾气暴躁，但他认为沃斯仍是军中最好的战士。[23]

9 月 20 日，星期日，下午 2 点，泰勒开始实施他的计划。他将军队分成几个部分以对抗数量上占优势的敌人。他相信自己可以通过隐蔽性和快速进军来实现这种非常规的策略。为了掩饰主要目标，泰勒派遣大卫·E. 特威格斯将军（General David E. Twiggs）率领正规军和威廉·O. 巴特勒将军带领志愿军，包括哈默尔的第一旅，去威慑城市东部的要塞。他派遣沃斯率领主力部队去切断萨尔提略路（Saltillo Road），阻止从西部驰援的安普迪亚军。

晚上，泰勒安排好他计划的第三个步骤，把大炮移到平原上，就在"黑色要塞"射程之外的一个低洼地，那里可以隐藏大炮。他派遣格兰特所在的第四步兵团去支援炮兵部队。格兰特作为团军需官，"被命令继续负责营地和公共财产"。[24]

第二天早晨，大雾散去，格兰特看到"双方都在开火，在我看来，双方都是狂暴的"。他的本能占据了上风。"我的好奇心作出了更好的判断，我骑上一匹马到前方看看发生了什么。"到达战场后不久，"我接到了冲锋的命令，而且缺乏返回营地的道义勇气——我被命令留在那里——于是，我指挥着团里的士兵向前冲锋"。[25]

由于他是唯一骑马的军官，所以被委任指挥加兰德旅。战争的恐怖很快就凸显出来。冲锋的士兵们相继倒在格兰特的周围。"在几分钟内，约有三分之一的士兵阵亡或负伤。"[26]

当这个团开始撤退时，格兰特在杰斐逊营地认识的32岁的查尔斯·霍普金斯（Charles Hoskins）"发现自己精疲力竭"，于是"我把我的马给了他"。[27]格兰特继续撤退，不久又碰到了霍普金斯，但发现他已然战死。

在这场战斗中，美国的损失令人震惊，有394人阵亡，其中包括34名军官。那天晚上，卡尔文·本杰明率领部队回到平原，试图顺着呻吟声寻找幸存者。本杰明发现格兰特正抱着一名受伤的战友，"拿着水壶给伤员喂水，并用湿手帕擦拭他的脸"。[28]

几个小时后，当一辆装满死者尸体的马车驶过时，格兰特发现了鲍勃·哈兹利特的尸体。鲍勃·哈兹利特是格兰特在萨布里蒂兵营的宿友，他在将负伤的上尉送往安全地时遇袭阵亡。

＊

第二天凌晨 3 点，沃斯的部队又开始向萨尔提略路进发。他们突袭了独立山的西坡，并向主教宫发射了 1 枚 12 磅重的榴弹，重创了守军。沃斯进入了主教宫，并给泰勒捎了一个便条："这座城是我们的了。"[29]

然而，他写得过早。在这天结束前，特威格斯和巴特勒的部队只占领了这座城市的东部。

9 月 23 日清晨，"侵略军"开始向中央广场挺进。墨西哥的战略现在变得清晰起来：通过巷战捍卫他们的城市。居民们在平房屋顶放置沙袋，以保护向美军开火的士兵。他们甚至在墙上钻孔以便射击。[30]

格兰特的第四步兵团以及第三步兵团开始冲锋。墨西哥人勇敢地迎战，美国人损失惨重。两个团在离广场两个街区的地方停下来评估他们的处境，发现弹药已严重不足。加兰德上校需要派人传递信息——他们需要更多的弹药和增援。

"伙计们，我得派人去找特威格斯将军。这项任务很危险，我不喜欢命令别人去做。谁自愿前往？"[31]

格兰特自告奋勇。

他知道，在蒙特雷市中心的街道上骑马会"暴露无遗"。在骑上一匹名叫"内莉"的灰马后，格兰特滑到马的侧边。"我只有一只脚踩在鞍尾上，一只手臂挂在马颈上，就全速向前奔去。"[32]

他骑得很快，用胳膊搂住马颈，就像他小时候赢得马戏团的奖金一样。当墨西哥士兵在交叉路口看到他时，"我飞快地穿过马路，在敌人开火之前，我就已经躲到下一排房子的掩体之后。

我毫发无伤地离开了那里"。[33] 但在格兰特带着所需弹药准备返回战场时，第三和第四步兵团已经撤退。

9月25日凌晨，泰勒将军下令停战。安普迪亚将军同意交出这座城市。泰勒相信他赢得了一场伟大的胜利，希望慷慨的和平能够结束这场代价高昂的战争。本着这种精神，他允许安普迪亚带领他的军队离开城市，前往林科纳达（Rinconada）山口以南一线。泰勒同意在八周之内不越过这条线，从而给谈判人员提供充足的时间来解决美国和墨西哥之间的和平问题。

两个多星期以来，华盛顿都没有听到有关蒙特雷胜利的消息。波尔克总统得知泰勒将军的停战协议时变得愤怒不已，他公开宣称"泰勒的指挥部已经被敌人渗透，应该将他们抓起来，剥夺他们的军权"。[34] 波尔克认为，泰勒此举无异于让墨西哥军队得到了喘息，从而改日再战。

格兰特完全不同意波尔克的观点。他知道美国军队在蒙特雷遭受重创，需要在这八周的时间里休养和恢复。

*

当格兰特在墨西哥作战时，朱莉娅的生活并没有停滞不前。她经常出入法国市场，还参观了1840年代流行的马戏表演和动物园。在妹妹及朋友卡丽·奥法伦的陪伴下，她聆听了包括亨利·克莱和丹尼尔·韦伯斯特（Daniel Webster）在内的名人演讲。在新奥尔良和莫比尔（Mobile）经营剧院的 N. M. 路德洛（N. M. Ludlow）和索尔·史密斯（Sol Smith）夫妇，他们在圣路易斯也开了一家剧院。在卡丽的鼓励下，朱莉娅参加了莎士比亚戏剧和法国戏剧的演出。此外，她还参演了爱德华·布尔沃的几部戏剧，包括《里昂夫人》。[35]

从战场归来的士兵们说起墨西哥常见的方丹戈舞时，年轻的女性们开始担心她们的年轻男性是否会出轨。也许朱莉娅会以尤利西斯不会跳舞的想法安慰自己。

尤利西斯在蒙特雷会战后写信给朱莉娅，他并没有写到自己在炮火下为四面楚歌的战友寻找弹药时的英勇冲锋。但他确实告诉未婚妻，"我对这场战争感到厌倦"，对"与我深爱的人分离感到焦躁不安"。[36]

/ 085

*

受欢迎的1846年秋的停战协议让格兰特有更多的时间给朱莉娅写更长的信。这些信揭示了他敏锐的、具有艺术的眼光。当一些士兵给家里写信时，总是用一种轻蔑的口吻描述墨西哥，但格兰特对蒙特雷充满赞叹："这是我在这个世界上看到过最美丽的地方。"他动情地描述了这座"三面环山的美丽城市，从山的右边到左边有一条通道"。[37]他知道朱莉娅喜欢森林，他形容这个城市"到处都是橘子树、酸橙树和石榴树，以至于进入城镇之前几乎看不到房屋"。[38]

到了11月，在有时间探索这座城市及其周边环境后，他写道，"这里气候宜人、土壤肥沃、风景优美"。[39]他坚持自己之前的赞美："如果这是一座美国城市，我毫不怀疑它会被认为是美国最漂亮的城市。"[40]但是，不管他看上去多么喜欢周围的环境，这位年轻的少尉仍然很孤独。即使尤利西斯在蒙特雷享受着他那些美好的日子，他也想让朱莉娅知道："没有你，我最亲爱的朱莉娅，天堂也会让人寂寞。"[41]

*

格兰特在美墨战争期间历练了自己的军事才能，这在很大程度上是通过观察高级军官的领导能力来实现的。

泰勒将军的朴素着装和平易近人的性格给格兰特留下了深刻的印象。"无论是在制服还是在侍从方面，泰勒将军从来不会作夸张的炫耀或搞大排场。"[42] 在去蒙特雷的路上，他就穿着一件沾满灰尘的绿色军装，戴着一顶草帽。一位印第安纳州的志愿军观察到泰勒的着装后，说这让他想起了一个去市场卖鸡蛋的农民。[43] 格兰特将永远受到泰勒触手可及的影响。泰勒"在部队里认识每一个士兵，受到大家的尊敬"。[44]

作为团军需官，格兰特开始明白战场上的军官实际上依赖于国内的政府和军事领导人来供应物资和军队。尽管有诸多抱怨的理由，"泰勒将军并不是一个经常用他的要求来麻烦政府的人。他倾向于尽己所能地去解决问题"。[45]

最后，给格兰特印象最深的是泰勒面对危险时的举止。"没有哪个战士能比他更镇定地面对危险或责任。这些品质比天赋和勇气更为罕见。"[46] 泰勒的领导风格将成为这位年轻少尉的榜样。

/ 086

*

另一位模范领袖托马斯·哈默尔在蒙特雷会战后去世。他得了痢疾，本来似已痊愈，但在 1846 年 12 月 2 日突然去世。听到哈默尔的死讯后，泰勒感叹道，"我的志愿军队伍从此失去了维持平衡的转轮"。[47]

　　如果泰勒失去了的是一位将军，那么格兰特失去的是他早年的支持者和后来的战友。他给哈默尔的妻子写信说，她的丈夫"死于战火，作为一名勇敢的士兵，这对他来说是一种荣幸"。他总结说："他的死对我来说是无法用言语表达的损失。"[48]

*

　　在距蒙特雷1600多英里的地方，总统波尔克、战争部部长马尔西和陆军总司令斯科特面临着一场旷日持久的战争，而公众的爱国热情也开始消退，所以，他们决定让泰勒止步于蒙特雷。泰勒希望向距离800英里的墨西哥城行军；相反，波尔克设想在港口城市韦拉克鲁斯（Veracruz）部署一支军队以结束战争。在韦拉克鲁斯向西行军不到300英里，就能到达墨西哥首都。

　　波尔克知道，无论他选择何种军事战略，都会带来政治后果。在1844年的竞选中，他曾承诺只担任一届总统。1828年，民主党提名军事英雄安德鲁·杰克逊为候选人并赢得了总统大选。现在他们担心辉格党的军事英雄，也许是泰勒或斯科特会横扫1848年的选举。蒙特雷会战胜利以后，辉格党在1846年的中期选举中赢得了国会两院，进而在1848年开始支持泰勒竞选总统。

　　波尔克曾考虑过任命一位民主党指挥官，但发现自己陷入了困境。他不再喜欢泰勒，也不信任斯科特。最后，他不情愿地任命了斯科特。

*

　　随着1847年的到来，格兰特梦想着回到家里。离他上次见到"亲爱的朱莉娅"已经过去了两年半。他在 1 月 11 日离开蒙特雷，但不确定最终的目的地。他只知道自己将从大卫·特威格斯将军所部转移到威廉·沃斯所部。

格兰特很快就发现沃斯"和我以前的直属上司完全不同"。在从蒙特雷出发的长途跋涉中，格兰特认为没有必要仓促行事，因为斯科特需要数周的时间才能集结部队抵达韦拉克鲁斯。然而沃斯将军催促着他的军队。有一次，在一整天的行军之后，格兰特正在帮助疲惫的士兵搭建帐篷和准备食物。这时，沃斯突然命令收起帐篷，准备开始本应是第二天的行军。格兰特观察到，"有些指挥官可以调动士兵，使他们可以在不疲劳的情况下行军至最远的距离，而另一些指挥官则可以在几天内使他们筋疲力尽，反而没有完成那么多任务。很明显，沃斯属于后一类人"。此外，"他在行军时紧张、急躁、坐立不安"。[49] 如果格兰特从泰勒身上学到了如何做一个冷静、高效、受人尊敬的领导者，那么他从沃斯身上学会了应该不去做什么。

格兰特的军队通过汽船沿着格兰德河前往帕洛阿尔托会战遗址附近的一个营地。在这里他知道自己不可能回家了。相反，他接到命令，将加入斯科特的军队，并在韦拉克鲁斯登陆。他写信给朱莉娅，"一旦斯科特将军指挥军队，一切都将发生改变"。[50]

*

当格兰特在斯科特军队中任职时，战争进入了一种新的形式。作为一个主要的港口城市和商业中心，韦拉克鲁斯对墨西哥的重要性不亚于波士顿和查尔斯顿（Charleston）之于美国。[51]这座拥挤的城市像一个不规则的六边形，被 15 英尺高的城墙保护着。同时，这座城市由圣胡安德乌鲁瓦要塞（San Juan de Ulúa）拱卫。[52]要塞位于城市对面半英里的海岛上，被认为无懈可击。斯科特计划在城市附近登陆，迫使其投降，并击败墨西哥的胡安·埃斯特班·莫拉莱斯将军（General Juan Esteban Morales）。

斯科特要求海军建造冲浪艇，这是美国军方使用的第一种两栖登陆艇。这些平底船能搭载70~80名士兵。

3月9日被定为登陆日期，出发地点在韦拉克鲁斯以南14英里的一个名叫安东利萨尔多（Anton Lizardo）的渔村。在5艘炮舰和2艘汽船的掩护下，80艘运输船准备在科拉多海滩（Collado Beach）登陆。科拉多海滩有一条狭长的海岸线，有缓坡的沙丘，位于韦拉克鲁斯以南3英里处，在圣胡安德乌鲁瓦要塞的大炮射程之外。在肉眼所能看到的范围内，这些船有如一幅白色帆布画的全景图。斯科特在他的木制蒸汽船**马萨诸塞号**（Massachusetts）上打开了他的蓝红色信号旗。这艘旗舰穿过船队，"每一艘船的甲板上都充满着士兵们的欢呼声"。[53]

不在船上的格兰特描述了这一幕的紧张场景：穿着蓝灰色军装的部队乘坐着冲浪艇，准备冲向450码外的海滩。在海滩那边的沙丘上可以看到墨西哥骑兵。"海浪有时很高，所以登陆花费了很长时间。"[54]每一刻，他都在预期着小沙丘后面传来炮声或火枪的射击声。

令格兰特欣慰的是，除了射出几枚瞄准效果不佳的炮弹外，墨西哥人并没有试图击退登陆部队。沃斯坐着一条领头的小船跳进水里，艰难地向岸边游去，后面跟着越来越多的人，他们都把枪举过头顶。格兰特冲上沙丘，但墨西哥骑兵不见了。[55]在这次前所未有的登陆中，双方均无人阵亡。[56]胡安·埃斯特班·莫拉

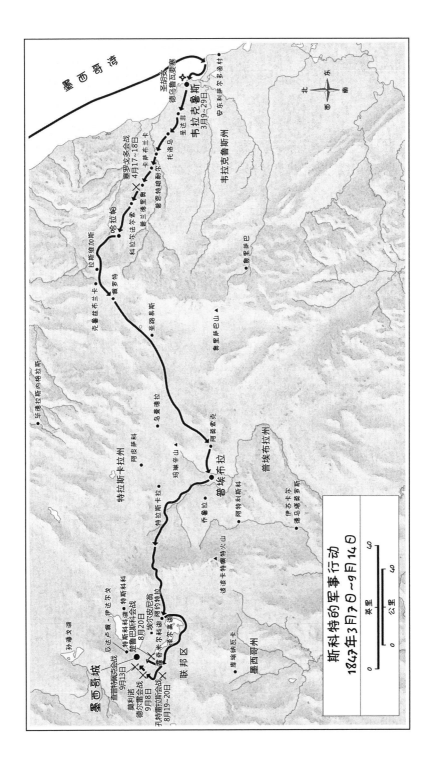

墨西哥湾

圣胡安
德乌鲁瓦要塞
韦拉克鲁斯
3月9~29日
安东利萨不多逊村
韦拉克鲁斯州

圣胡安
德乌鲁瓦要塞
圣达非
托洛马
墨思特雄尔
墨兰德里奥
卡萨布兰卡
塞罗戈多会战 × 4月17~18日
科拉尔达不素
哈拉帕
拉斯维加斯
克兹兹布兰卡
佩罗特
圣路易斯
乌墨德拉
黄里萨巴山 ▲
黄里萨巴
北
东
南
西

毕德拉斯内格拉斯

特拉斯卡拉州
阿皮萨科
阿墨索克
玛琳辛山 ▲
特拉斯卡拉
乔鲁拉
阿特利斯科
浦埃布拉州
伊苏卡尔
德马塔莫罗斯
库埃纳瓦卡
墨西哥州
普埃布拉
浦浦卡特佩特火山 ▲

孙塔戈湖
瓜达卢佩 - 伊达尔戈
特斯科科湖 特斯科科会战
查鲁巴斯科会战 8月20日
查普尔特佩克会战
查米尔科湖 阿约特拉
莫尔英湖
墨西哥城
莫里诺戴尔雷会战 9月13日
真利诺
德尔雷会战 9月8日
孔特雷拉斯会战
8月19~20日
联邦区

斯科特的军事行动
1843年3月7日~9月14日

英里
0   40
公里
0   40

莱斯将军决定不阻击登陆，而是依靠要塞和城市那一夫当关，万夫莫开的险要城墙。

为了替补那些在蒙特雷牺牲的士兵，新军官加入了第四步兵团，包括弗吉尼亚的汤姆·杰克逊（Tom Jackson）和南卡罗来纳的 D. H. 希尔（D. H. Hill）。格兰特见到了他早已耳闻的经验丰富的军官罗伯特·E. 李上尉（Captain Robert E. Lee），他是斯科特的爱将；绰号"乔"的约瑟夫·约翰斯顿（Joseph "Joe" Johnston），因在佛罗里达的塞米诺尔战争中发挥领导作用而备受关注；朱巴尔·厄尔利少校（Major Jubal Early），他是弗吉尼亚州的一名律师。[57] 格兰特特别高兴看到弗里德·登特和第五步兵团一起来到这里。他写信给朱莉娅，"弗里德来了。我每天都能见到他"。[58]

在莫拉莱斯将军拒绝投降的情况下，斯科特在 3 月 13 日完成了 7 英里的包围圈，从四面八方对这座城市发起炮击。墨西哥人在城内有 3000 名士兵，要塞中有 1030 名士兵，他们勇敢战斗，但在经过 20 天的袭击后终于在 3 月 29 日投降。当墨西哥人举起手从城里走出来时，美国人在《扬基歌》（*Yankee Doodle*）的乐声中进入了城市。[59]

除了在 1812 年战争中短暂突袭过加拿大外，美军还从未进入过敌国领土，所以斯科特此次领导的战役在美国历史上还没有先例。格兰特钦佩斯科特努力安抚战败的韦拉克鲁斯公民的感情，因为他决定不疏远墨西哥人。[60] 斯科特实施了戒严令，甚至有一个美国士兵因强奸一名墨西哥妇女而被判处绞刑。他在每个天主教教堂前都安排岗哨。他向商人们保证，他会以公平的价格购买向他军队提供的物资。而这对波尔克总统来说是一种羞辱，因为他曾建议直接没收物资。[61]

*

斯科特渴望向墨西哥城进军，他带领仅有的10000名士兵向西挺进，留下了1000名士兵帮助照顾另外1000名生病和负伤的士兵。他从国家公路（National Road）出发，这就是那条1519年西班牙人埃尔南·科尔特斯（Hernán Cortés，西班牙征服者，曾率军入侵墨西哥）入侵墨西哥时走过的路。

格兰特预见到未来的问题。首先，他观察到斯科特将军指挥的是"一支数量极少的军队，而他们要向敌国渗透260英里，并包围首都"。[62] 由于军队规模只有他要求的一半，斯科特对"波尔克总统的表现"[63]表示了愤怒。

格兰特曾在温菲尔德·斯科特麾下服役。斯科特绰号"老牛皮"，是一位不同于扎卡里·泰勒的军事领袖，他于1847年率军从韦拉克鲁斯向墨西哥城挺进。

其次，军需总监杰瑟普将军向斯科特提出迫在眉睫的后勤问题。他计算出斯科特军需要 2893950 磅的物资补给，并需用 9303 辆货车和 17413 匹骡子运输。此外，他的要求中还包括 300 瓶墨水和 5000 支羽毛笔。[64]

最后，远离韦拉克鲁斯以避免黄热病或那种黑色呕吐物（vómito）非常重要，这些病通常在每年年初到达韦拉克鲁斯。首批患病者中的两人已于 4 月 9 日去世。[65]

斯科特行军的第一站是 74 英里外的哈拉帕（Jalapa）。从 4 月 13 日开始，格兰特不得不带领他的运输队穿过 10 英里好似在燃烧的沙地，才能到达铺过的路面。就好像倔强的骡子没能给他制造出足够的麻烦似的，他被迫强行给未被驯服的野马套上马具和马挽来驱使它们，尽管这些马具要不了多久就会被这些野马踢得粉碎。马匹发放下来后，格兰特用绳索将它们系牢，这样步兵就可以拖拽马车穿过齐脚深的沙路。人们因中暑而倒下，第四步兵团有 6 名士兵在第一天就牺牲了。[66]

在哈拉帕以东 15 英里的地方，先遣侦察兵侦察到安东尼奥·洛佩兹·德·圣安纳将军（General Antonio Lopez de Santa Anna）的部队在科迪勒拉山系（Cordilleras）东部山脉塞罗戈多峰（Cerro Gordo）山脚处挖了一条狭窄的通道。军事和政治领袖圣安纳在 1836 年因击败阿拉莫（Alamo）①守军而一举成名。他在塞罗戈多山曲折道路的关键拐点上安置了大炮。格兰特认为，沿着这条路直接进攻是不可能的，在侧翼的行动似乎也同样不可能。

4 月 17 日，斯科特派遣罗伯特·E. 李上尉前去侦察，寻找

---

① 阿拉莫位于美国得克萨斯州圣安东尼奥，1836 年得克萨斯独立战争期间曾被墨西哥占领。

一种避开墨西哥军队的方法。格兰特敬畏地看着李的工兵们"在山谷右侧的裂缝上开路，那里非常陡峭，人们几乎爬不上去"。在夜幕降临的环境下，炮兵们徒手从陡峭的山坡上爬下来。引人注目的是，"以同样的方式，这些武器也是徒手从对面的斜坡被拉上去的"。[67]

第二天，斯科特袭击了圣安纳的后方阵地。"对敌人的突然袭击是彻底的"。[68]几个小时之内，美国人赢得了决定性的胜利。他们俘获了3000人，并迫使圣安纳遭受重创的军队撤退到普埃布拉（Puebla）。斯科特在他的官方报告中写道："我不得不特别提到……李上尉和他的工兵们。"[69]格兰特对此表示同意。"在美墨战争或其他任何战争中的一场会战都无法做到这一点，因为在这场会战中，战前部署和战后的实际报道是如此的接近。"[70]

得知在韦拉克鲁斯的胜利后，波尔克决定派一名和平谈判代表前往斯科特驻地。国务卿詹姆斯·布坎南（James Buchanan）建议派遣民主党人、国务院首席事务官尼古拉斯·P. 特里斯特（Nicholas P. Trist, Chief Clerk），因为他会说一口流利的西班牙语。[71]特里斯特被派去谈判的条约，包括将格兰德河作为墨西哥的北部边界，将新墨西哥和加利福尼亚割让给美国，并确保美国穿越特万特佩克地峡（Isthmus of Tehuantepec）的权利。此外，波尔克授权他的谈判代表向墨西哥索要高达3000万美元的赔金。

斯科特误解了特里斯特的使命，拒绝在他5月14日到达时跟他会面。斯科特给战争部部长马尔西写了一封信："这让我再一次蒙羞，因为民主党白宫要求我这名军队的总指挥服从于……国务院关于继续或停止战争行动问题的首席事务官。"马尔西未能向斯科特传达总统的意思，即如果特里斯特通过谈判达成了一项斯科特可以接受的和平协议，那么将军就可以自由执行该协议，而不必再咨询华盛顿了。[72]

*

斯科特在普埃布拉召见了格兰特，在那里，他的军队花了三个月的时间重新装备，等待增援。斯科特以科尔特斯为榜样，但对西点军校教科书式的教条提出挑战。斯科特决定切断从韦拉克鲁斯延伸出来的 175 英里长的补给线。为了抵御四处游荡的游击队，他已经损失太多的士兵来保卫这座城市，他相信他需要每一个士兵都参加向墨西哥城 75 英里的进军。

因为军队需要补给物资，他派格兰特带着一群货车开展为期两天的水果和蔬菜征集行动，同时，他们还得从经过的农场获取饲料。[73]尽管有部队保护，格兰特注意到一些牧场主还是准备随时消灭军队落伍的士兵。

回到普埃布拉后，格兰特努力让军队重整待发。新部队一次又一次被告知会得到他们的衣物和毛毯。他们一开始被告知会在新奥尔良拿到这些物资，后来却被告知将在韦拉克鲁斯，最后又被告知肯定会在普埃布拉拿到。格兰特帮助指导"1000 名墨西哥男女雇工制作一切必要的军需品，包括鞋子、大衣以及其他物资"。[74]

他给朱莉娅写了一篇关于普埃布拉的信，"这是我们在墨西哥见过的最大的城市，房子被修建得很好很大……我希望有一天能带你来这里看看那宏伟的教堂和美丽的公共步行街。它们远比你想象的要好"。当他写到普埃布拉的"外观和规模都远远超过圣路易斯时，她一定很惊讶"。[75]

斯科特在普埃布拉停留的时间比原定计划要长，因为他在等待增援。7月8日，吉迪恩·皮洛少将（Major General Gideon Pillow）带着近 4500 人的队伍抵达这里。皮洛是另一位被任命为"政治将军"的民主党人，他曾是波尔克总统在田纳西州的法律伙伴，显然是一个合格的指挥官。最后，在 8 月 6 日，富兰克林·皮尔斯准将（Brigadier General Franklin Pierce）带来了 2400 人。他曾是新罕布什尔州的众议员和参议员，但他拒绝了波尔克政府"总检察长（Attorney General）"①的职位，而是以志愿军的身份应征入伍的。

*

8 月 9 日，格兰特同斯科特重新组建的 10638 名士兵一起离开了普埃布拉。斯科特被迫将 2500 名病人留在医院、600 名伤员留在营地疗养。经过几天的行军，他们来到海拔 17802 英尺的、冒着浓烟的波波卡特佩特火山（Popocatépetl）山脊，在这里，格兰特可以看到巨大的墨西哥山谷在他面前伸展开来。30 英里以外，隐约可见墨西哥城的轮廓，其人口接近 20 万。这座城市坐落在海拔 7800 英尺高原上的一个慢慢干涸的湖床上，湖床的地面上有六个湖泊、沼泽以及横穿其间的高架路。在那里，圣安纳率领着一支将近 35000 人的军队严阵以待。这些湿地限制了斯科特行军的路线。他命令最近晋升为少校的罗伯特·E. 李去调查可以进攻的路线。

/ 093

8 月 12 日，斯科特的先遣部队抵达距离墨西哥城不到 15 英

---

① 这一职位设立于 1789 年，是美国国会和总统的法律顾问。直到 1870 年 6 月 22 日，在格兰特任期内组建了新的司法部，其才正式成为"司法部部长"。

里的地方。根据李的侦察报告，这条国家公路直接通往防守严密的阵地，所以斯科特决定从南边，也就是从靠近埃佩德雷加尔（El Pedrégal）的地方接近这座城市。埃佩德雷加尔是一个大约 5 英里宽的古老熔岩床。当斯科特制订了他最后的作战计划时，格兰特帮助建立了营帐，因为沃斯的部队在泽尔高湖（Lake Chalco）边停驻了几天。

8 月 19 日，斯科特开始进攻墨西哥城的外环防御工事，在孔特雷拉斯镇（Town of Contreras）突袭了墨西哥军。格兰特作为加兰德旅的一员向前冲锋，墨西哥人在混乱中退过楚鲁巴斯科河（Churubusco River）。在这场战争中，情报人员没有直接发现驻扎在圣马特奥方济会女修院（Franciscan Convent of San Mateo）里的 1500 名墨西哥国民自卫军。在那里，曼努埃尔·林孔将军（General Manuel Rincón）命令他的士兵静静等待着，直到美国人接近修道院。接着，爆发了这场战争中最激烈的战斗，修道院内的墨西哥守军和在 6 英尺高的玉米地掩护下发起攻击的美国人进行了一场恶战。虽然美军取得了胜利，但付出了沉重的代价。在孔特雷拉斯和楚鲁巴斯科，他们有 133 人阵亡，865 人负伤。墨西哥人的伤亡要严重得多：圣安纳失去了近三分之一的士兵，他们阵亡、负伤或被俘。[76]

现在，在首都门口，斯科特停止了攻击，希望圣安纳的巨大失败能促成谈判。停火于 8 月 21 日开始。斯科特和特里斯特克服了他们之间的误解，希望停战会促成和平谈判。[77]但是，随着令人失望的一天又一天过去，圣安纳依靠墨西哥人民保卫首都的勇气，重新武装起来准备另一场战斗。

到 9 月 7 日，斯科特收到情报人员的报告，其声称在一个防御薄弱的面粉厂"莫利诺德尔雷（Molino del Rey）"，即"国王的磨坊（King's Mill）"里，守军正在熔化城里教堂的钟来生产大炮。

9月8日，包括格兰特在内的500人组成精锐部队，准备在黎明时分突袭这群建筑。随着他们向前冲锋，从石头建筑物中伸出两个炮口，每个炮口发射出10发重达24磅的炮弹。爆炸后，一切归于沉寂。然而，这种安静只是敌人的一种策略。包括弗里德·登特在内的袭击者冲进了一场大屠杀。不到五分钟，沃斯就失去了十名军官。圣安纳以此警告斯科特，他已经作好了"迎接"的准备。

格兰特带着第一批军队来到磨坊。他瞥见了一些墨西哥士兵在逃跑，有几个正在从屋顶上溜走。很快，他放置了一辆运货马车，并通过建筑物的竖井作为爬上屋顶的梯子；在那里，通过肉搏战，他协助解除了一些墨西哥军官的武装。[78]

在战斗中，朱莉娅的哥哥弗里德·登特的大腿受了伤。格兰特在地上遇见正流血不止的弗里德。格兰特检查了他的伤口，认为伤势不重，就把他抬到墙头，这样医护人员就能看到他。[79]随后，格兰特再次向前方冲去。

9月13日，随着"国王的磨坊"被攻克，斯科特将目光投向了重兵把守的查普特佩克城堡（Chapultepe Castle），这是他进攻墨西哥城市中心前的最后一次进攻。这座要塞坐落在200英尺高的岩石山上，墨西哥军事学院（Colegio Militar Mexico's Military Academy）就在这里。要塞里配备了大炮，其中有些由雇佣的法国炮手操作。

格兰特观察到由吉迪恩·皮洛和约翰·A.奎特曼（John A. Quitman）带领的志愿军从南部和西部攀登岩石顺斜坡而上。为了爬上12~50英尺高的城墙，他们在要塞的底部竖起了梯子。

当美国国旗在壁垒上方升起时，部队欢呼了起来。

由于查普特佩克城堡落在美国人手中，格兰特的部队沿着一条双轨路向前推进，这条双轨路被一条狭窄的高架渠隔开，其正通向圣科斯美（San Cosme）的大门。格兰特描述说，沿线排列的屋顶上不断有人开火，士兵们不得不"站在支撑高架渠的拱门下，一步一个脚印地前进，以此来保护自己"。[80]

当格兰特接近大门以寻找可以压制住守军的方法时，他发现了教堂的钟楼。于是，带上另几个人穿过一片水沟，来到教堂后门。

"当我敲门时，一位神甫走到门口，他虽然非常有礼貌，但拒绝让我们进去。"格兰特用学过的西班牙语"向神甫解释说，他可以通过开门来保护财产，而且开门一定会让他避免成为一个囚犯……此外，不管他是否同意，我都打算进去"。门终于被打开了。

格兰特离圣科斯美城门只有几百码远时，"我们的小型机枪突然向敌人开火，给他们带来了巨大的混乱"。他等着墨西哥人开火还击，或者前来抓他，但令他吃惊的是，一切都沉默了。

沃斯注意到格兰特的努力，便派他的副官约翰·彭伯顿（John Pemberton）去教堂把格兰特带来。当彭伯顿爬上钟楼时，格兰特回复说他现在太忙不能过去。同时，格兰特没有拒绝沃斯送给他的第二支枪，但"我不能告诉将军，教堂尖塔上没有足够的地方再放下另一支枪"。[81]

*

9月14日上午7点。美国国旗在重要的宪法广场缓缓升起，旁边是国家宫（National Palace）、圣母升天大教堂（Cathedral of the Assumption of Mary）和市政厅。圣安纳的部队在前一天晚上就已经放弃了这座城市，但在此之前，他释放了该市监狱里的30000名囚犯，作为欢迎美国人的"礼物"。一个小时后，斯科特，这位绰号"老牛皮"的将军，现在成了新的科尔特斯，身着盛装进入了墨西哥城。他住进了阿兹特克皇帝、新西班牙总督和墨西哥共和国总统曾进行统治的地方。

*

格兰特相信美墨战争是一场不公正的战争——因为一个大国进攻一个小国——但他对美军给予了高度赞誉。他宣称："参加美墨战争的士兵都很勇敢，从高到低的正规军军官都受过专业的教育。我不相信战斗中还会有在数量和武器上比他们更出色的军队。"[82]

格兰特称赞了他为之服务的两位指挥官，但提出了有见地的比较。扎卡里·泰勒喜欢穿"舒适的"衣服，按照自己的时间表规划战场上的行动，身边没有参谋，因为他相信自己的眼睛能判断形势。温菲尔德·斯科特"穿着军装制服，和一大群参谋一起行军。这些参谋把他到达的确切时间通知给部队，这样所有的军队就可以在他们的长官经过时全副武装地向他敬礼"。格兰特钦佩泰勒和斯科特；"尽管个性不同，他们都是伟大而成功的战士。"但是在他的赞扬中，格兰特提到了他想要成为什么样的领导人："他很乐意在双方手下工作，但更愿意与泰勒共事。"[83]

*

美墨战争是西点军校毕业生第一次大量参加美国的对外冲

突。如果在战争开始时，许多美国人对西点军校的毕业生知之甚少，那么到战争结束时，他们的名字和成就则永远改变了人们对西点军校的价值和训练有素的军官队伍重要性的看法。

虽然格兰特当时没有意识到这一点，但他在美墨战争中作为军需官的职责，以及为在外国土地上战斗的美国军队采购急需的物资，教会了他多年后在内战中会用到的宝贵教训：没有足够运输工具的军队就是没有补给的军队，那就是没有战斗力的军队。

格兰特从墨西哥写信给他的父母："大家都认为军需官这个职位能让一个士兵回避战事的正面冲击，但我没有也不会从这个角度看问题。"他想让父母知道自己肩负的义务："你们总是教导我，越是危险的岗位，便越具有责任。"[84]

格兰特在墨西哥的经历也加深了他对其他文化的好奇。在宣布胜利的十个月之后，他才能回到朱莉娅身边。他充分地利用了这几个月，扩大了他对外国及其民众的了解。但他的外部之旅同时也是一次内心旅程。这位穿越边境的年轻军官将带着一种更深层次的意识回到美国。战争促使他对自己、对他服役的军队以及对他所热爱的美国提出了思考。

虽然人们今天基本上遗忘了1846~1848年的美墨战争，但这是美国历史上死亡人数比例第二高的战争。在服役的78718名美军士兵中，有13283人阵亡，死亡率达16.87%。相比之下，第一次世界大战和第二次世界大战的死亡率为2.5%，朝鲜战争和越战的死亡率为0.1%，内战的死亡率为21%。在阵亡人数中，有11562人死于疾病和意外事故。格兰特在西点军校认识的人里，有39人已经阵亡，而1843届班级中也有4名同学牺牲。[85]

没有人能够预测到格兰特军事生涯的未来，但托马斯·哈默尔在去世前作出了有先见之明的预测："当然，现在的格兰特少尉还太年轻，不适合担任指挥官，但他未来的军事能力是毋庸置疑的。"[86]

注　释

1　USG to Julia Dent, May 24, 1846, *Grant Papers*, 1：89.

2　Foster Coates, "The Courtship of General Grant," *Ladies' Home Journal* 7（October 1890）：4.

3　Julia Dent Grant, *Personal Memoirs*, 52.

4　Casey, "When Grant Went A-Courtin'," 21.

5　Bauer, Mexican War, 69-72；Lewis, *Captain Sam Grant*, 159-63. 只有新英格兰，由于辉格党的反战情绪在这里弥漫，所以没有看到大量的志愿者。

6　USG to Julia Dent, July 25, 1846, *Grant Papers*, 1：102.

7　William Seaton Henry, *Campaign Sketches of the War with Mexico*（New York：Harper & Brothers, 1847）, 124-25.

8　*Personal Memoirs*, 1：103；Lewis, *Captain Sam Grant*, 165.

9　*The Cincinnati Gazette editorial is cited in the Niles National Register*（July 25, 1846）, 326. See also Henry Howe, *Historical Collections of Ohio*（Norwalk, Ohio：Laning Printing, 1896）, 1：331.

10　John W. Emerson, "Grant's Life in the West and His Mississippi Valley Campaigns," *Midland Monthly Magazine* 7（January 1897）：34.

11　Eisenhower, *So Far from God*, 111.

12　"Short History of the Quartermaster Corps," U.S. Army Quartermaster Foundation, Fort Lee, Virginia, http：//www.qmfound.com/short.htm.

13　Ibid.

14　USG to Bvt. Col. John Garland,［August 1846］, *Grant Papers*, 1：106-7.

15　The reply by Garland is in Emerson, "Grant's Life in the West," 36；*Grant Papers*, 1：107n.

16　Bvt. Maj. William W. S. Bliss to Bvt. Col. John Garland, August 29, 1846, *Grant*

Papers, 1: 107n.

17 *Personal Memoirs*, 1: 105-6.

18 Ibid., 1: 106.

19 Hays is quoted in Emerson, "Grant's Life in the West," *Midland Monthly* 7 (May 1897): 432. For Hays, see Wayne Mahood, *Alexander "Fighting Elleck" Hays: The Life of a Civil War General, from West Point to the Wilderness* (Jefferson, N.C.: McFarland, 2005).

20 James D. Elderkin interview, Hamlin Garland Papers.

21 "墨西哥游击队的传统和非正规军的编制:1846 年 5 月至 1848 年 7 月对墨西哥的占领", 14, http://www.history.army.mil/brochures/occupation/occupation.htm。

22 *Personal Memoirs*, 1: 108.

23 Dugard, *Training Ground*, 195.

24 *Personal Memoirs*, 1: 110-11.

25 Ibid., 1: 110.

26 Ibid., 1: 111.

27 Ibid.

28 Luther Giddings, *Sketches of the Campaign in Northern Mexico* (New York: G. P. Putnam & Co., 1853), 185-90; Emerson, "Grant's Life in the West," Midland Monthly 7 (January 1897): 40; Robertson, *Reminiscences of a Campaign in Mexico*, 146.

29 Eisenhower, *So Far from God*, 131; Bauer, *Mexican War*, 94; Bauer, *Zachary Taylor*, 178-79.

30 Dugard, *Training Ground*, 188; *Personal Memoirs*, 1: 114-15.

31 Garland, *Grant*, 79.

32 鞍尾（cantle）即马鞍后部凸起的部分。.

33 *Personal Memoirs*, 1: 116.

34 Borneman, *Polk: The Man Who Transformed the Presidency and America*, 245-46; Merry, *A Country of Vast Designs*, 312-13.

35 Ross, *The General's Wife*, 32-34; James Neal Primm, *Lion of the Valley: St. Louis, Missouri, 1764-1980* (St. Louis: Missouri Historical Society Press, 1981), 184. 在朱莉娅等待尤利西斯回来的那些年里，爱德华·布尔沃（Edward Bulwer）的《里昂夫人》(*The Lady of Lyons*)、《黎塞留》(*Richelieu*)、《士兵的女儿》(*The Soldier's Daughter*) 和《金钱》(*Money*) 都在垄断戏剧的勒德洛和史密斯剧院（Ludlow and Smith theater）上演。Larry Eugene Grisvard, "The Final Years: The Ludlow and Smith Theatrical Firm in St. Louis 1845-1851" (PhD dissertation, Ohio State University,

36　USG to Julia Dent, September 23, 1846, *Grant Papers*, 1：111.

37　Ibid., October 20, 1846, *Grant Papers*, 1：115.

38　Ibid., October 3, 1846, *Grant Papers*, 1：112–113.

39　Ibid., November 7, 1846, *Grant Papers*, 1：117.

40　Ibid., October 3, 1846, *Grant Papers*, 1：113.

41　Ibid., October 20, 1846, *Grant Papers*, 1：115.

42　*Personal Memoirs*, 1：100. 格兰特回忆说，泰勒穿军装时"是俭朴的"。

43　Holman Hamilton, *Zachary Taylor: Soldier in the White House* (Indianapolis: Bobbs-Merrill, 1951), 22.

44　*Personal Memoirs*, 1：100.

45　Ibid., 1：99–100.

46　Ibid., 1：100.

47　Bauer, *Mexican War*, 75.

48　USG to Mrs. Thomas L. Hamer, [December 1846], *Grant Papers*, 1：121.

49　*Personal Memoirs*, 1：123–24.

50　USG to Julia Dent, February 1, 1847, *Grant Papers*, 1：123–24. 他补充说："我几乎愿意生着病离开这个国家，只是为了能再次回到格拉瓦。"

51　Dugard, *Training Ground*, 289.

52　田纳西州志愿军约翰·布朗特·罗伯森（John Blount Robertson）在他的《对美墨战争一场战役的回忆》(*Reminiscences of a Campaign in Mexico*, 235–36) 中描述了当时的韦拉克鲁斯（Veracruz）。

53　Winfield Scott, *Memoirs of Lieut.-General Scott*, vol. 2 (New York: Sheldon, 1864), 418–19.

54　*Personal Memoirs*, 1：126.

55　K. Jack Bauer, *Surfboats and Marines: U.S. Naval Operations in the Mexican War, 1846–48* (Annapolis, Md.: United States Naval Institute, 1969), 81–82.

56　17 年前，也就是 1830 年，法国人曾试图在阿尔及尔（Algiers）登陆，结果造成 30 人阵亡。

57　Lewis, *Captain Sam Grant*, 193–94.

58　USG to JDG, April 3, 1847, *Grant Papers*, 1：129.

59　关于韦拉克鲁斯会战（Battle of Veracruz）的"惊人"伤亡数字，详见：Greenberg, *A Wicked War*, 169–72。

60　Johnson, *Winfield Scott: The Quest for Military Glory*, 166–67.

61　Peskin, *Winfield Scott and the Profession of Arms*, 159–60.

164

62 *Personal Memoirs*, 1：129.

63 Scott, *Memoirs*, 2：415.

64 Bauer, *Mexican War*, 259.

65 *Personal Memoirs*, 1：129-30.

66 Ephraim Kirby Smith, *To Mexico with Scott*（Cambridge, Mass.：Harvard University Press, 1917）, 134-35; Lewis, *Captain Sam Grant*, 205.

67 *Personal Memoirs*, 1：132-33.

68 Ibid., 1：133.

69 Scott, *Memoirs*, 2：481-82; Lewis, *Captain Sam Grant*, 231.

70 *Personal Memoirs*, 1：132.

71 尼古拉斯·P. 特里斯特（Nicholas P. Trist）早年跟随年迈的托马斯·杰斐逊（Thomas Jefferson）学习法律。他娶了这位"蒙蒂塞洛贤者（Monticello Sage）"的外孙女弗吉尼亚·伦道夫（Virginia Randolph）。Wallace Ohrt, *Defiant Peacemaker: Nicholas Trist in the Mexican War*（College Station：Texas A&M University Press, 1997）, 103-06; Greenberg, *A Wicked War*, 91-93; 206-7.

72 Richard M. Ketchum, "The Thankless Task of Nicholas Trist," *American Heritage Magazine* 21, no. 5（August 1970）：1-3; Bauer, *Mexican War*, 282-83; Greenberg, *A Wicked War*, 206-7.

73 *Personal Memoirs*, 1：137.

74 Cadmus Marcellus Wilcox, *History of the Mexican War*, edited by Mary Rachel Wilcox（Washington, D.C.：Church News Publishing, 1892）, 336.

75 USG to JDG, May 17, 1847, *Grant Papers*, 1：138-39.

76 Bauer, *Mexican War*, 291-301.

77 Ibid., 307.

78 *Personal Memoirs*, 1：152-53.

79 Lewis, 241; Luther J. Ringwalt, *Anecdotes of General Ulysses S. Grant*（Philadelphia：J. B. Lippincott, 1886）, 59.

80 *Personal Memoirs*, 1：155.

81 Ibid., 1：157-59.

82 Ibid., 1：67.

83 Ibid., 1：138-39.

84 Garland, *Grant*, 78. 哈姆林·加兰德（Hamlin Garland）的书写于 1890 年代，他没有提到这封信的来源和日期。约翰·Y. 西蒙（John Y. Simon）是《尤利西斯·S. 格兰特文集》的第一编辑，他在编辑时决定不收录格兰特写给父母的信，而这些信现已散佚。虽然加兰德在把采访内容写进传记时会对措辞进行改动，但我认为他不太可能在使用上述信件时也这样做，因此我决定采用这些信函。

85 Congressional Records Service，"American War and Military Operations Casualties：Lists and Statistics." 如果我们接受 2011 年提出的数字，那么内战中的阵亡人数实际上是 75 万，阵亡率接近 25%。See J. David Hacker，"A Census-Based Count of the Civil War Dead," *Civil War History* 57，no. 4（December 2011）：307-48. www.fas.org. sgp.crs/natsec/RL32492.pdf.

86 Emerson，"Grant's Life in the West," *Midland Monthly* 7（January 1897）：4.

第二部分　**磨砺，1848~1861**

患难生忍耐，忍耐生老练，老练生盼望。

——《罗马书》5：34

他是我所见过的在最苛刻的环境中仍最冷静自持的人。

——亨利·D.沃伦中尉，1852 年夏于穿越巴拿马地峡

的途中

格兰特在西点军校 39 名毕业生中名列第 21 名，但在墨西哥战场上，另一场排名正在进行。尽管格兰特在大部分战役中担任军需官，但因其在战争即将结束时展现的勇气，两次获得嘉奖——一次是 1847 年 9 月 8 日在莫利诺德尔雷会战中被授予"英勇立功奖"，另一次是 1847 年 9 月 13 日在查普特佩克作战中被授予"英勇奖"。他是 1843 届毕业生中少有的获得两次嘉奖的八人之一。[1]

对格兰特的特别奖励是能够回家和朱莉娅结婚，但结婚的最大的阻碍来自和平谈判。在墨西哥方面，墨西哥总统圣安纳在最后一道防线普埃布拉遭到攻击后，便辞去了总统职位，不再现身公众场合。格兰特观察后得出结论，"在这段时间内，美国的谈判专员特里斯特先生是否能找到谈判对象都是个问题"。[2]

接下来几个月的和平谈判就像一出荒诞的外交闹剧。特里斯特经常被形容为美国国务院一位不知名的职员，尽管他实际在政府事务和与外国打交道方面有着丰富经验。最终，墨西哥组织了一次国会，选举曼努埃尔·德·拉·培尼亚 – 培尼亚（Manuel de la Peña y Peña）为总统。培尼亚 – 培尼亚是一个温和派的政治家，他和另外两名被委任的委员参加了和平谈判。墨西哥人很快就给予特里斯特极大的信任，因为他总是彬彬有礼，而且西班牙语说得无可挑剔。与此同时，特里斯特开始对战败的墨西哥产

生同情，并主动邀请墨西哥谈判团成员提出他们的和平建议。[3]

特里斯特此举传到波尔克总统那里时，总统勃然大怒，认为胜利者不应该自降身份与投降者商议。那时波尔克渴望征服更多的墨西哥领土，他谈到要吞并墨西哥北部的塔毛利帕斯州（Tamaulipas），并一直向南直到坦皮科港（Port of Tampico）。波尔克总统在10月6日的一封信中召回了特里斯特。此后六个星期内，特里斯特一直没有收到这封信。当这封信终于在11月16日传到他手中时，他作出一个决定——不去理会。[4]在斯科特的鼓励下，他开始了与墨西哥的谈判。

格兰特的团驻扎在墨西哥首都西南方向的塔库瓦亚村（Village of Tacubaya），其与墨西哥城仅相隔4英里。他不满足于宁静的乡村生活，几乎每天都骑着马来到墨西哥首都，享受这座城市及文化之美。墨西哥国家剧院和国家博物馆也向美军士兵开放。邮局对面的阅览室提供了一个英文作品的流动图书馆。[5]

一天，格兰特决定拜访约书亚·霍华德（Joshua Howard），他是驻扎在查普特佩克的美军指挥官。这位中校的办公室位于要塞内，要塞周围环绕着高高的土方。格兰特骑马绕行土方好几圈。他没有找到系马的地方，于是骑马到土方上面，顺着另一边陡峭的石阶再骑下去。

霍华德中校从办公室走出来，看见格兰特的马被拴在门边时大声喊道，"少尉，你的马怎么跑到这儿来了？"

格兰特回答："我骑它过来的，长官。"

"那你怎么把它弄回去呢？"

"再往上面骑一段路，而不是向下骑。"

谈话结束后，格兰特骑上马。当他驾马骑上台阶时，这名骑手少尉挥舞了一下他的帽子，然后"如同闪电般掠过护堤"。[6]

作为军需官，格兰特意识到当士兵们太闲时就会出问题，他开始为团基金筹集额外的资金，以便能够开办图书馆、付给乐队音乐会金钱以及订阅一些杂志，并以其他方式为士兵们提供娱乐消遣。[7]

格兰特决定效仿他在蒙特雷曾实施的一个方案：经营一家面包店。他雇用墨西哥人做面包师，生意很快就兴隆起来。这个结果完全出乎他的意料，在蒙特雷他没有赚到钱，但在这里的两个月，"我赚的钱比我在整个战争期间的工资还要多"。[8]

为了体验墨西哥人的生活，格兰特在某个周日花 50 美分观看了一场斗牛比赛。他很快发现"眼前的景象让我感到恶心"，所以没待多久便离开了。"我无法理解为什么人类竟然可以从野兽，甚至是他人的苦痛中享受乐趣。"[9]

*

几个月就这样过去了。1848 年 2 月 2 日，特里斯特缔结了一项和约，专员们在瓜达卢佩 - 伊达尔戈（Guadalupe Hidalgo）签署了这项和约。[10] 美国参议院在 3 月 10 日批准该协议，确认了美国对得克萨斯州主权的主张，并划定以格兰德河作为美墨边界。墨西哥政府将新墨西哥和上加利福尼亚的广阔地区割让给美国，包括今天的亚利桑那州和新墨西哥州，以及内华达州、犹他州和科罗拉多州的部分地区。作为交换，美国向墨西哥支付 1500 万美元，并满足美国公民对墨西哥提出的索赔要求。墨西哥国会于 5 月 25 日批准该条约。几天后，美国军队开始撤离墨西哥。

*

6 月 6 日，作为离开墨西哥准备工作的一部分，军需官格兰特携带 1000 美元的军用银币来到约翰·戈尔上尉（Captain John Gore）的帐篷，并把它锁在箱子里妥善保管，这是因为他自己帐篷里的箱锁最近损坏了。6 月 16 日晚，存放军用银币的箱子被盗。在格兰特的要求下，沃斯将军召集了一个调查委员会，并得出结论："格兰特少尉没有任何过错，他采取了一切可供采取的手段来确保资金安全。"[11] 虽然无可指责，但格兰特仍需要偿还政府的这笔钱。

格兰特从属于最后离开墨西哥的一支部队。7 月，当他乘船从韦拉克鲁斯驶进墨西哥湾时，他能闻到熟悉的金合欢树的香草味，还能看到这座城市白色墙壁上开满的红色花朵。

就像奥德修斯一样，漂泊的尤利西斯从战场回到了他等待已久的爱人身边。7 月 23 日，他的船抵达了密西西比州帕斯卡古拉（Pascagoula）。他得知第四步兵团正被派往靠近加拿大北部的边境执行任务。格兰特获准休假两个月，他预定了前往圣路易斯的船票，并在 7 月 28 日抵达那里。

那个夏天登特一家不在怀特黑文，所以格兰特前往他们在圣路易斯的家。三年多过去了，他和朱莉娅终于可以再次手牵手，好像永远也不会分开。在接下来的几个星期里，用朱莉娅的话来说，她和尤利西斯"几乎一直待在一起"[12]。12岁的艾米四处徘徊，并说道："他向他未来的新娘表现了最投入却又最安静的关心。"[13]

格兰特重新拾起他最爱的娱乐活动之一——看剧。艾米还记得他们在结婚前的那些日子里，格兰特经常带她和朱莉娅去令人印象深刻的希腊神庙剧院看剧。[14] 这是一座位于第三街和橄榄树街交叉口的剧院，可以容纳 1500 人。它由极具开创性思维的剧院经理索尔·史密斯和诺亚·路德洛建造，并成功跻身美国最具吸引力的剧院之列，许多时下最优秀的演员聚集于此。格兰特对艺术的热爱如此之深，以至于他克服了羞怯，向史密斯介绍自己，并由此开始了两人之间的长期联系。[15]

1848 年 8 月 22 日，一个温暖的夏夜，尤利西斯和朱莉娅在登特家中举行婚礼。尽管圣路易斯在去年就装了煤气灯，但家中仍然点燃了许多蜡烛。朱莉娅穿着一件柔软的白色水丝绸礼服走下狭窄的楼梯来到客厅，这件礼服是约翰·奥法伦夫人送给她的礼物。朱莉娅的伴娘们身着白色礼服，伴娘是她的妹妹内莉、表妹朱莉娅·博格斯（Julia Boggs）和朋友萨拉·沃克（Sarah Walker）。尤利西斯身穿华丽的蓝色制服，两侧分别站着詹姆斯·朗斯特里特、卡德穆斯·马塞勒斯·威尔科克斯（Cadmus Marcellus Wilcox）和伯纳德·普拉特（Bernard Pratt）。[16]

尤利西斯没有给朱莉娅买什么贵重礼物，只送给她一张自己的银版相片。在未来的岁月里，人们给格兰特拍了很多照片，但朱莉娅总是十分珍惜这个小小的结婚礼物。她把它放在一个金制小盒式吊坠中，并将吊坠系在手腕的一条带子上。无论丈夫或远或近，她都可以打开吊坠看到他的脸。

尤利西斯和朱莉娅似乎没有意识到他们幸福婚姻表面下的内在冲突。她是一个奴隶主的女儿，而格兰特的父亲强烈反对奴隶制。正因如此，杰西和汉娜决定不参加婚礼。

*

这对新婚夫妇准备去格兰特部队的所在地，即位于密歇根州的底特律报到。格兰特也曾考虑过辞职，但最终还是决定留在军队。他越发重视自己在军队中发展的友谊，也因此希望朱莉娅最后会同他一起前往驻地。

可是朱莉娅真的会吗？当出发的日子临近时，朱莉娅一想到要远离家人和朋友就泪流满面。登特上校对此建议他的新女婿："你去你的军队，把朱莉娅留在我们这里。"他建议格兰特"每年请一两次假，然后继续到这里和我们一起待上一两个星期。"并补充说，"我知道她不能生活在军队中。"[17]

尤利西斯用双臂搂住她，低声问："你也想这样吗，朱莉娅？"

她泪流满面地答道："我一时也拿不定主意。"[18]

*

在美墨战争结束后，格兰特发现自己身处与之前完全不同的和平时期的军队中。他服役于一支规模缩减至与战前大体相似、约8000人的常备军，其中的大多数兵力被部署在西部边境。

1848年，扎卡里·泰勒作为辉格党候选人竞选总统。格兰特支持这位老将"耐劳男"，他在肯塔基州的卡温顿（Covington）拜访亲戚时正碰上大选之日，但他没有投票。最终，泰勒击败了民主党候选人、密歇根州参议员刘易斯·卡斯（Lewis Cass），以及远远落后于他的第3名，即短命的自由土地党候选人、前总统马丁·范·布伦。

11月17日，在大选结束后，格兰特抵达底特律，媒体不断报道加州发现金矿的消息。他和朱莉娅依靠军队每年支付的1000美元薪水，外加分配的房子和马的饲料过活。指挥官威廉·惠斯勒（William Whistler）没有参加过战争，也不熟悉团军需官的职责，他把新的部署任务告诉了格兰特，命令他前往位于纽约北部的安大略湖东岸的萨基茨港的麦迪逊营地（Madison Barracks，Sackets Harbor）报到。格兰特对此表示抗议，认为身为军需官，他应该留在底特律的指挥部。但他的抗议无效。[19]

经过一番乏味的长途跋涉，他和朱莉娅在12月2日抵达麦迪逊营地。当他们接到命令重返底特律时，他们在麦迪逊营地停留的时间还很短，但这时冰雪已经瘫痪了所有的交通方式，他们被迫留在那里过冬。

孤立的萨基茨港见证了尤利西斯和朱莉娅的新婚姻模式。无论是一起享受阅读，还是骑着雪橇比赛，抑或是参加萨基茨港长老会教堂的活动，这对新婚夫妻都发现对方与自己极为契合。

朱莉娅得到了一份经营家务的津贴，并把她的账目记在一个黑皮小本子里。"我小本子里的账永远也算不清楚。"当她请求尤利西斯帮助时，他会开玩笑地回答，"我搞不懂你的数学难题"。[20]

无需值班时，尤利西斯偶尔会骑行10英里赶到沃特敦（Watertown），与律师查尔斯·W. 福特（Charles W. Ford）一起下跳棋、国际象棋和赛马。沃尔特·B. 坎普（Walter B. Camp）记得，格兰特是士兵中最受欢迎的一个。他"总是无拘无束地与人交谈，从不摆作为上级的架子"。[21]

*

当温暖的天气使冰雪消融，尤利西斯和朱莉娅回到了底特律。1849年4月，朱莉娅去了伯特利，然后又去了圣路易斯看望他们的家人，格兰特则在东堡街 253 号——其和位于拉塞尔街的营地指挥部只隔了几个街区——租了一幢普通的两层五室的松木屋，一年租金 250 美元。房子后面有一个马厩，里面饲养着名誉上尉格兰特珍爱的母马"纳里·柏莱（Nelly Bly）"。[22]

1849 年，格兰特发现底特律已接近 20000 人口，但这里"非常沉闷"[23]。他发现军需官的工作也很乏味。他习惯了在战场上为军队提供军备的挑战性，也很快认识到办公桌上的工作令人麻木。"我既不是文员，也没有能力成为文员。"[24]

格兰特到达底特律后不久，就与国会街卫理公会教堂令人尊敬的新牧师乔治·泰勒（Reverend George Taylor）交好。格兰特开始参加教会活动并最终租了一个教会的长凳。[25]

朱莉娅回来后，她和格兰特开始与其他几个驻扎在那里的军官交际往来。詹姆斯·E. 彼得曼（James E. Pitman）是格兰特在军队中的一位朋友，他也参加过位于国会街的教会活动，与这对夫妇在一起度过了相当长的时间。他们在一起的时候，朱莉娅对尤利西斯的影响力给彼得曼留下了尤其深刻的印象："他的妻子很外向，有她在，格兰特甚至都打破了他沉默寡言的外壳。"[26]

为了娱乐，格兰特夫妇和其他人每周都会前往密歇根交易酒店（Michigan Exchange Hotel）参加舞会。朱莉娅会去跳舞，但格兰特没有。也曾在美墨战争中担任军需官，并与格兰特共事过的帕尔默（Palmer），看着他"整晚都站在旁边，或者坐在椅子上"。

据许多观察过格兰特的人所述，格兰特似乎不太喜欢喝酒：几乎每个人都在舞会上喝酒，但帕尔默记得"从未见格兰特受到酒精的影响"。[27]帕尔默回忆说："即使底特律是一个边境城镇，所有人都毫无顾忌地豪饮威士忌……但格兰特喝的酒比其他所有军官都少。"[28]

1849年秋，朱莉娅怀孕了。次年春天，在查尔斯·崔普勒医生（Dr. Charles Tripler）的建议下，她回到了娘家，并于1850年5月30日生下了弗里德里克·登特·格兰特（Frederick Dent Grant）。听到儿子出生的消息，尤利西斯赶紧前往圣路易斯。当他带着朱莉娅和孩子回到底特律时，他得知扎卡里·泰勒总统在任职16个月后于7月9日突然去世。泰勒的继任者是来自纽约州北部的律师米勒德·菲尔莫尔（Millard Fillmore），他曾在多个任期内担任众议员，但他基本上不为人所知。

在密歇根州期间，格兰特没有显露任何接受杰西政治抱负的迹象。他也不是一名军队的政客，偏私于那些能推进他事业的人。1851年冬是他最接近政治参与的一次经历。格兰特和其他军官在扎卡里亚·钱德勒（Zachariah Chandler）家门前的冰面上多次滑倒后，他们起诉钱德勒违反了城市条例，该条例要求房主清扫自家门前的积雪。格兰特没有预料到就在审判前，钱德勒将在次年3月的选举中被提名为市长。[29]

当此案于1852年3月开庭审理时，格兰特是签署证词的唯一一名军人。钱德勒没有请律师，而是自任辩护人。他身材魁梧，在法庭上，他猛烈抨击这些军人："如果你们当兵的能保持清醒，也许你们就不会跌倒在别人家门口的人行道上，并摔伤自己的腿。"[30]尽管证据对格兰特有利，但他没有考虑到法庭上的政治权威。钱德勒虽然看起来输了官司，但实际上却赢了。他同意支付6美分的罚款和8美元的法庭费用。当城市进行选举时，新宪法允许格兰特投票，但他什么也没有做。

6月，尤利西斯通知朱莉娅，第四步兵团将从底特律迁到萨基茨港的麦迪逊营地。[31]作为军需官，他将协助指挥搬迁，朱莉娅和弗里德也加入了他的队伍。到了夏末，朱莉娅回忆说："他急着见他的幼子，我想，他也想见到我。"[32]

在麦迪逊营地，格兰特加入了一个组织"禁酒之子（Sons of Temperance）"。因担心过度饮酒会损害健康、扰乱家庭、助长非基督教行为，这类组织在 1830 年代和 1840 年代纷纷涌现。截止到 1848 年，"禁酒之子"宣称拥有 14.8 万名成员。[33]

格兰特解释说，他作出这一决定是为了响应著名的禁酒演说家约翰·B. 高夫（John B. Gough）在演讲中的号召。一个朋友曾听格兰特说，"我已经确信，除了完全禁酒外，没有什么能够避免被酒精毁灭"。[34] 作为一名新成员，格兰特承诺"不会制造、买卖或食用任何烈酒、麦芽酒、葡萄酒或苹果酒的饮品"。[35] 新成员们的衣领上系着白色的长领子，外加红、白、蓝三色丝带。[36] 格兰特还在营地里协助组织了一次"禁酒之子"的聚会。

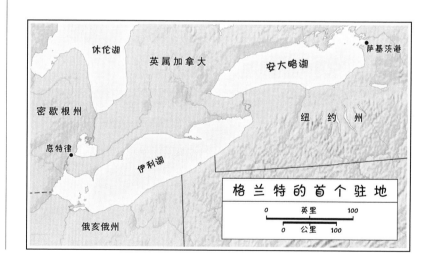

*

格兰特在麦迪逊营地第二次服役的时间很短。随着 1848 年加利福尼亚发现金矿，军队决定在加利福尼亚和华盛顿领地驻扎。1852 年春，第四步兵团奉命向西迁移，格兰特的部队被派往华盛顿领地的温哥华堡（Fort Vancouver）。

对格兰特来说，这既是个好消息，也是个坏消息，他总是乐于探索新的土地。虽然很多军人的妻子都打算和丈夫一起生活，但朱莉娅在 10 月份又要生产了。他不得不作出了独自前往的艰难决定，然后派人去接她和两个孩子。因此，在结婚近四年之际，尤利西斯和朱莉娅又一次道别，这次他们不知道什么时候能再相见。

1852 年 6 月 15 日，格兰特前往哥伦布堡（Fort Columbus），这是位于纽约港海域中心总督岛（Governors Island）上的要塞。第四步兵团的新指挥官是陆军中校本杰明·路易·厄拉利·德·博纳维尔（Lieutenant Colonel Benjamin Louis Eulalie de Bonneville）。格兰特发现尽管还没有确定起程日期，但所有的准备工作都落到了他这个军需官的肩上。[37]

他决定利用这几天去一趟华盛顿，看看能否最终为自己洗脱罪名。因为他在墨西哥时，1000 美元的军用银币被盗。尽管调查法庭免除了他的任何责任，但他不能忍受这种债务得不到纠正。

抵达华盛顿后，他在威拉德酒店订了一间客房，便立即拜访了一些可能会帮助他的国会议员，比如密歇根州参议员刘易斯·卡斯、伊利诺伊州参议员詹姆斯·希尔兹（James

Shields）、俄亥俄州众议员纳尔逊·巴雷尔（Nelson Barrere）以及加利福尼亚州众议员爱德华·C. 马歇尔（Edward C. Marshall）。[38]

不幸的是，他时运不济。曾三次竞选总统的辉格党领袖亨利·克莱于 6 月 29 日去世。尤利西斯给朱莉娅写道："今天所有的商业场所都歇业了，所有建筑都挂出了哀悼条幅。"更令人失望的是：他发现众议员巴雷尔已经在十天前离开了华盛顿。[39] 他实际取得联系的一位众议员说，这是一个财务问题，必须由国会军事委员会裁决。而在格兰特回到纽约之前，军事委员会不会召开。[40]

*

当格兰特打算向西行进时，他回顾了 19 世纪中叶一个旅行者可以选择的三种方式：从陆路走俄勒冈小道（Oregon Trail），从海路绕过合恩角（Cape Horn），或者经海路穿越巴拿马地峡。第四步兵团将从纽约出发前往巴拿马，然后穿过 52 英里长的地峡，再沿着墨西哥西海岸驶向加利福尼亚。

虽然军需总监托马斯·杰瑟普将军在墨西哥的军队转移方案十分奏效，但他没有考虑到此次转移中的差异。在墨西哥，杰瑟普与训练有素、身体状况良好的士兵们一起行动；而现在，经常有小孩和妇女随他们同行，这些小孩和妇女的身体状况没有那么好。尤利西斯在写给朱莉娅的信中便有不祥的预感。"对女士们来说，前往加利福尼亚是一次危险的旅途。"[41]

他回到总督岛后发现，由于缺乏远见和周密计划，行程安排得非常糟糕。直到最后一刻，战争部才预订了**俄亥俄号（Ohio）**

的舱位。这是一艘橡木制、侧边有轮翼的蒸汽船，重达 2432 吨，有三层甲板。*俄亥俄号*的船舱可以容纳 250 名乘客，统舱可容纳 80 名乘客，但这些铺位已经被渴望到达加利福尼亚州寻找黄金的旅客们预订了，他们不会放弃这些铺位的。[42] 格兰特面临的挑战是为余下的近 700 名乘客找到可以住宿的地方，于是他开始在甲板上添置一排排铺位。

1852 年 7 月 5 日，詹姆斯·芬德利·申克船长（Captain James Findlay Schenck）指挥*俄亥俄号*从纽约出发。格兰特告诉朱莉娅，有五名她认识的女士将搭乘这艘船。"我怕那些可怜人登船不到 24 小时就会后悔。"[43]

虽然天气变得明朗，但船上的氛围并非如此。迪莉娅·谢菲尔德（Delia Sheffield）是一名 16 岁的新娘，陪同她的中士丈夫一起前往西部。她看到指挥官博纳维尔整天拿着拐杖，戴着一顶白色海狸帽在甲板上踱来踱去。"任意而脾气暴躁"的博纳维尔有一次撞上谢菲尔德女士，他的"暴躁脾气"很快就在拥挤的轮船上成为惹人厌烦之事。[44] 查尔斯·崔普勒医生的妻子尤妮斯（Eunice）直言不讳地讲道，博纳维尔是个"愚蠢至极的人"。[45]

迪莉娅·谢菲尔德回忆起在航行初期曾与格兰特见过面。她看见那个年轻的军官独自在甲板上踱步，"低着头沉思"。不久，他来到了她旁边，问道："你有没有注意到今天早上跟随我们的鲸鱼数量？"[46]

随着继续航行，她看着博纳维尔的"不愉快"总是"被团里的军需官所平息"。[47] 申克证实了谢菲尔德的回忆。他注意到，博纳维尔身边似乎出现了"不同意见"，使得"他的行动既仓促又多变"。船长很感激"将这些争议交给格兰特仲裁"，因为他相信"格兰特的裁决一直有着优秀的判断力"。[48]

*

在海上航行 11 天后，超载的**俄亥俄号**到达位于新格拉纳达（New Grenada）①东海岸的白珊瑚海岸。当时正值雨季，格兰特照料着乘客们从船上转移到亚斯平沃尔镇（Town of Aspinwall）。这些乘客刚到达小镇，就必须走在积水一英尺深的街道上。

纽约商人威廉·亨利（William Henry）于 1850 年建造了这座城镇，并将其作为他自己的太平洋邮船公司（Pacific Mail Steamship Company）和巴拿马铁路的枢纽。在看到酒吧之前，就有一股恶臭向这些乘客们袭来。要知道在这个小镇里，朗姆酒销售和赌博是主要产业。[49]因为街道到处是积水，木桩上的木板取代了人行道。[50]格兰特"想知道一个人怎么能在亚斯平沃尔镇生活好几个月，更想知道为什么有人愿意这么做"。[51]

格兰特的团没有停留多久。亚斯平沃尔镇的公司签订了合同，会定期运送美国人横跨地峡。军官与他们的妻子和孩子都坐上了小火车，向内陆行驶 20 英里抵达了查格里斯河（Chagres River）。炎热的天气和颇高的湿度让乘客们感觉好似置身于燃烧的火炉里。

一到河边，格兰特就帮助淘金者和军官们带着他们的家属登上一种被称作"bungo"的美洲大型独木舟。这种独木舟将一整根圆木中间挖空，一艘能容纳 30~40 人。这个人员混杂的团

---

① 即前身为大哥伦比亚共和国（Gran Colombia，其疆域包括今哥伦比亚、委内瑞拉、厄瓜多尔和巴拿马）的新格拉纳达共和国（Republic of New Granada）。西蒙·玻利瓦尔（Simón Bolívar）在 1830 年底去世后，厄瓜多尔和委内瑞拉独立，大哥伦比亚共和国解体。

队在宽阔的查格里斯河上行进，四面环绕着绿色丛林。作为军需官，格兰特负责船上所有人的旅行物资，从个人行李到帐篷，甚至包括乐队乐器。[52] 掌舵者是"为了方便操船而不穿衣服的原住民"。[53]

格兰特的队伍走得很慢，有时一小时只行进一英里。船夫在激流中划着桨，观察着危险的涡流。在河流的每一个转弯处，丛林都展现了生命的不同形式。在这里，有鲜艳的花朵；在那里，有红金刚鹦鹉；在高高的树上，有叽叽喳喳的猴子。经过漫长的一天，疲惫不堪的乘客们于傍晚到达了驻锚地。船夫让"吓得浑身发抖的"美国人在他们的独木舟里过夜，而他们却像"喝醉了酒的野蛮人"一样，在附近的一个村子里饮酒作乐，弄得美国人无法入睡。[54]

第二天，到了克鲁塞斯村（Villag of Cruces）后，格兰特迫不及待地骑上骡子，赶紧走完最后 25 英里路，然后搭乘前往加利福尼亚州的轮船。他没有发现骡子，但他确实找到了亚斯平沃尔公司"一位身无分文的美国代理商"。令人困惑的是，代理商承诺骡子"正在从一个虚构的地方出发，并将在一天内到达"。[55] 在等待了几天之后，格兰特解雇了这个代理商，并用他的西班牙语和一个本地人讨价还价购买了骡子。骡子虽然买到，但每匹 40 美元的价格还是让疲惫不堪的旅行者大为震惊，而且这些骡子还远远不够。

/ 110

与此同时，格兰特惊恐地发现霍乱正在人群中暴发。霍乱是一种小肠感染疾病，会引起水样腹泻，在数小时内可导致患者严重脱水和死亡。身体健康的士兵在早上感染霍乱，在天黑前便会死去。

当格兰特"以一种不装腔作势的方式"接管一切时，迪莉

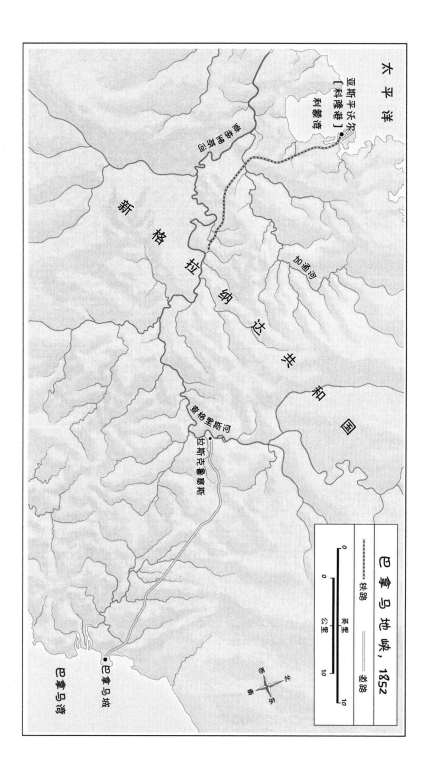

巴拿马地峡, 1852

太平洋

亚斯平达尔
[科隆港]
利豪湾

加通河

新格拉纳达共和国

恰格里斯河

拉斯克鲁塞斯

巴拿马城

巴拿马湾

铁路
马路

北
西 东
南

0   10
英里
0   10
公里

娅·谢菲尔德得到了些许安慰。[56]他命令一些连队用现有的骡子继续出发前往巴拿马，但他决定留下来照顾病人和那些与家人同行的士兵。日复一日，人们相继死去。

在克鲁塞斯村待了一个星期后，格兰特带领着车队在炙热的阳光和瓢泼大雨中开始了剩下的陆路行程。搬运工们用吊床背着孩子们和病情最严重的人。在一些地方，泥潭超过一英尺深，当人们掉进去死掉时，他们就被埋在丛林的花朵下。有一天甚至死了37人。"当时和我在一起的人，其中大约有三分之一不是在克鲁塞斯，就是在去巴拿马的路上死掉的。"[57]

经过漫长的征途，他们终于到达了太平洋沿岸。格兰特看见停泊在距离海岸港口两英里的**金门号**（Golden Gate）轮船。这艘轮船是禁止出入的，因为船上有人感染了霍乱，所以船长宣布了隔离令。尽管如此，在格兰特干涉之前，博纳维尔还是开始让妇女和儿童上船。

格兰特和崔普勒医生在距海岸一英里处整修了一艘旧船，将其作为医疗船，他们可以将病人带到这里。[58]

奇怪的是，霍乱肆虐导致的大多数死亡者都是男性。一种解释是，所有的妇女和儿童都不喝酒，而喝酒是众所周知的导致脱水的原因。两个多星期以来，格兰特和崔普勒一直在照顾病人；死者被装在装满炮弹的麻袋里，然后被扔进海中，葬身水底。

尤妮斯·崔普勒钦佩地看着格兰特静静地和她丈夫一起劳动。一位同事说，格兰特似乎"对每个病人都很热情"。[59]亨利·D. 沃伦中尉（Lieutenant Henry D. Wallen）和他的妻子以及两个小孩同行，他开始相信格兰特是"我所见过的在最苛刻的环境中仍最冷静自持的人"。[60]

尽管最直接的目击者称赞格兰特，他和其他军官还是因处理霍乱疫情而受到了批评。据《巴拿马先驱报》（*Panama Herald*）报道："即使是团军需官格兰特上尉也无法履行他的职责，但他必须克服万难，等待他们的部队到来！"这篇谴责性的文章，是对年轻的格兰特上尉最早一批的报道，并被刊登在《纽约快讯》（*New York Express*）和《查尔斯顿水星报》（*Charleston Mercury*）上。[61]

最后，当船长认为霍乱疫情已经减轻，船体和所有衣服都被彻底烟熏消毒后，格兰特和他的团队才再次登上金门号前往旧金山，只是团队人数从 700 人骤降到 450 人。

在海上，尤利西斯又开始给朱莉娅写信。"在雨季，路上的恐怖情景是无法形容的"，[62] 他细致入微地向妻子说明了刚刚经历过的创伤。又经过了风平浪静的两周，金门号终于驶入了金门海峡。

*

几乎没有人注意到格兰特年轻时候的领导能力。从年轻时起，格兰特就喜欢迎接挑战。他从不害怕努力工作。他遇到的障碍和挫折从未战胜过他的韧性。如果说巴拿马是带来大规模疾病和死亡的不寻常障碍，格兰特则用他的头脑和汗水引导他所领导的人翻过它们。[63] 在巴拿马地峡，他履行的并不仅是一个团军需官的职责。从内心深处，他找到了勇气，去帮助那些病入膏肓、奄奄一息的旅伴，去面对他们毫无准备的恐惧。目击者证明了他的同理心和他在危机、混乱中的沉着。一位幸存者如是说："他对我们大家来说就像一个天使。"[64]

当格兰特到达旧金山时，他期待着探索这个在 1852 年夏每个人都朝思暮想的地方。在经历了巴拿马的磨难后，他预计在温哥华堡的日子会好起来。然而朱莉娅并不在他的身旁。

注　释

1　格兰特和同学的成绩记录，详见：George W. Cullum, ed., *Biographical Register of the Officers and Graduates of the U.S. Military Academy at West Point*, N.Y., vol. 2, 3rd ed.（Boston：Houghton Mifflin, 1891），172–78。有 16 名同学获得了 "Brevet" 的名誉头衔，而另外 14 名却没有。

2　*Personal Memoirs*，1：171.

3　Ohrt, *Defiant Peacemaker*, 132–34, offers a sympathetic portrait of Trist, as does Greenberg, *A Wicked War*, 212–13. For Polk's role, see Greenberg's extensive treatment. For a positive treatment of Polk, see Borneman, *Polk: The Man Who Transformed the Presidency and America*, 304–8.

4　*Personal Memoirs*，1：171–72.

5　Edward S. Wallace, "The United States Army in Mexico City," *Military Affairs* 13, no. 3（Autumn 1949）：162–63.

6　多年后，一位与格兰特一起服役的军官转述了这则故事。See John L. Ringwalt, *Anecdotes of General Ulysses S. Grant*（Philadelphia：J. B. Lippincott, 1886），16.

7　*Personal Memoirs*，1：180.

8　Ibid.

9　Ibid., 1：175.

10　Ohrt, *Defiant Peacemaker*, 143. "墨西哥人发现他的坦率和诚实令人放心……随着信任度在增长，问题得到了迅速的解决。"

11　*Grant Papers*，1：162–63n.

12　Julia Dent Grant, *Personal Memoirs*, 55.

13　Casey, "When Grant Went A-Courtin'," 22.

14　Ross, *The General's Wife*, 44；Casey, "When Grant Went A-Courtin'," 22–23；Primm, *Lion of the Valley*, 184. W.G.B. Carson, *Managers in Distress: The St. Louis Stage 1840–1844*（St. Louis：St. Louis Historical Documents Foundation, 1949），308.

15 *New York Times*, July 26, 1885.

16 Ross, *The General's Wife*, 47–48.

17 Julia Dent Grant, *Personal Memoirs*, 58.

18 Ibid.

19 Smith, *Grant*, 74.

20 Julia Dent Grant, *Personal Memoirs*, 60–61.

21 Garland, *Grant*, 111. 哈姆林·加兰德在他 1898 年的传记序言中赞扬了后来成为当地历史学家的沃尔特·B. 坎普（Walter B. Camp）对格兰特在萨基茨港（Sackets Harbor）的了解。加兰德前往萨基茨港，在那里与坎普交谈，他在传记中引用了坎普的话。坎普回忆说，如同自己的选择，尤利西斯和朱莉娅都加入了萨基茨港长老会教堂，因为那里并没有卫理公会教堂存在。

22 1936 年，这座即将被拆除的房子被迁入密歇根州博览会场地。See *Michigan History Magazine* 21（Spring 1937）: 208-10; Julia Dent Grant, *Personal Memoirs*, 66.

23 USG to JDG, April 27, 1849, *Grant Papers*, 1: 184. 1840 年的人口普查正式登记了底特律市拥有 9102 名居民。

24 *Personal Memoirs*, 1: 233.

25 Silas Farmer, *History of Detroit and Wayne County and Early Michigan*, 3rd ed. (Detroit: Silas Farmer, 1890), 569.

26 James E. Pitman interview, William C. Church Papers, Library of Congress.

27 Friend Palmer, *Early Days in Detroit* (Detroit: Hunt & June, 1906), 225.

28 James E. Pitman interview.

29 *Zachariah Chandler: An Outline Sketch of His Life and Public Services* (Detroit: Post and Tribune, 1880), 80-82; deposition, State of Michigan, City of Detroit, *Grant Papers*, 1: 195.

30 Richardson, *A Personal History*, 134-35.

31 USG to JDG, June 4 and June 7, 1851, *Grant Papers*, 1: 204, 206.

32 Julia Dent Grant, *Personal Memoirs*, 69.

33 Samuel Ellis, *The History of the Sons of Temperance* (Boston: Stacy, Richardson, 1848).

34 Garland, *Grant*, 111. 加兰德对当地历史学家沃尔特·坎普的采访是"格兰特和禁酒"的资料来源。Garland's interview with Walter Camp, local historian, is the source of the quotations about Grant and temperance.

35 Orlando Lund, *The Order of the Sons of Temperance* (Syracuse, N.Y.: Agan & Summers, 1850), 15.

36 Garland, *Grant*, 111; Lewis, *Captain Sam Grant*, 293-94.

37 USG to JDG, June 24, 1852, *Grant Papers*, 1: 238.

38 Grant mentions whom he intends to call upon in letters to Julia on June 28 and July 1, 1852, *Grant Papers*, 1: 239-45.

39 USG to JDG, July 1, 1852, *Grant Papers*, 1: 243.

40 Ibid., July 4, 1852, *Grant Papers*, 1: 245.

41 Ibid., June 24, 1852, *Grant Papers*, 1: 238.

42 John Haskell Kemble, *The Panama Route, 1848-1869* (Berkeley: University of California Press, 1943), 119, 239.

43 USG to JDG, July 15, 1852, *Grant Papers*, 1: 249.

44 William S. Lewis, "Reminiscences of Mrs. Delia B. Sheffield," *Washington Historical Quarterly* 15, no. 1 (January 1924): 51-52.

45 Ibid.; Eunice Tripler, *Eunice Tripler: Some Notes of Her Personal Recollections* (New York: Grafton Press, 1910), 108.

46 Lewis, "Reminiscences of Mrs. Delia B. Sheffield," 52.

47 Ibid.

48 Hamlin Garland interviewed James Findlay Schenck, *Grant*, 117, but this interview is not in the Hamlin Garland Papers.

49 Chauncey D. Griswold, *The Isthmus of Panama, and What I Saw There* (New York: Dewitt and Davenport, 1852), 136; Robert Tomes, *Panama in 1855* (New York: Harper, 1855), 54-59.

50 Lewis, "Reminiscences of Mrs. Delia B. Sheffield," 52.

51 *Personal Memoirs*, 1: 195.

52 Richardson, *A Personal History*, 140.

53 *Personal Memoirs*, 1: 195; Kemble, *Panama Route*, 167-70, describes the trials of travel on the Chagres River.

54 Lewis, "Reminiscences of Mrs. Delia B. Sheffield," 53.

55 *Personal Memoirs*, 1: 196-97.

56 Lewis, "Reminiscences of Mrs. Delia B. Sheffield," 53.

57 *Personal Memoirs*, 1: 197; Garland, *Grant*, 119.

58 Tripler, *Eunice Tripler*, 108.

59 Garland, *Grant*, 119.

60 Lewis, *Captain Sam Grant*, 303.

61 *Charleston Mercury*, September 7, 1852.

62 USG to JDG, August 9, 1852, *Grant Papers*, 1: 252.

63 William C. Davis, *Crucible of Command: Ulysses S. Grant and Robert*

E. Lee—The War They Fought, the Peace They Forged (Boston: De Capo Press, 2014), 86, identifies industry and enterprise as two qualities "that characterized Grant from his youth."

64 Garland, *Grant*, 119.

/ 第 8 章　被抛弃

你不知道我在这里有种被遗弃的感觉！

——尤利西斯·S. 格兰特致朱莉娅·登特·格兰特，
1852 年 2 月 2 日于加利福尼亚州洪堡

格兰特在 8 月 17 日抵达旧金山，这一年他已经 30 岁，在军队服役了九年。他与妻子相距甚远，急于想知道自己第二个孩子的出生情况。他问朱莉娅关于小弗里德的情况，"他有没有叫过爸爸？亲爱的朱莉娅，别让他忘了我"。[1]

尽管如此，当金门号停泊在长长的码头时，他还是感到一阵兴奋。没有人可以离开这艘船，哪怕是几个小时也不行。因为饥饿的士兵们一直在逃跑，他们一心想着本地人所说的发财致富的事情。[2]好不容易得到许可后，格兰特才刚刚下船，就受到了"推销员"，即酒店和赌场雇用的年轻人的欢迎。这里一个人喊道："过来！到这里来！"那里一个人又叫道："钱在这里！趁钱还够用的时候快来赚更多的钱！"[3]

1852 年夏，整个旧金山充满活力。尤利西斯在抵达加州三天后给朱莉娅写道："我对加州的了解足以让我明白，加州与美国完全不同，这里的人做着最富有的梦。"[4] 1849 年春，在美国河（American River，即加州最长的萨克拉门托河）南支一个名叫"萨特的磨坊（Sutter's Mill）"的地方发现了黄金，并引发了一场加利福尼亚淘金热。1847 年的人口普查报告说，耶尔巴布埃纳（Yerba Buena，也译"芳草地"）只有 459 人，后来该镇更名为旧金山（San Francisco），到 1849 年底，这里的人口已增至约 10 万。旧金山，既展示了美国的边疆风情，同时又具有城市特色。古老的西班牙人对"黄金国（El Dorado）"的追寻，现在变成了美国人对黄金的新追求。淘金是一项年轻男子的运动，而大多数妇女都留在东部。然而每 12 个参与淘金的人里头就有一人会死于这种追寻。[5]

这种道德上模棱两可的美国传奇故事，成为格兰特散文写作的灵感。他在散文中这样描写那些西进以追寻财富的人：

> 一些人确实美梦成真；然而这只是数百个失意者中的一个幸运儿，许多未被命运眷顾的人正填满那些不为人知的坟墓；一些人死于他们罪恶的本性，但还有许多人本性不恶，却也沦为了罪犯和弃儿。[6]

他总结道，"早期加利福尼亚州生活中的许多真实场景，在陌生感和趣味性上都超出了小说家头脑中创造的产物"[7]——而他对这种头脑非常熟悉。

格兰特很喜欢旧金山。他在给朱莉娅的信中兴高采烈地写道："我认为这座城市是世界的奇迹。"[8]他对这里的人群印象深刻，因为他们所有人都相信这种一夜暴富的幻景。没有人，包括这位年轻的美国中西部卫理公会信徒能不受这些奇谈的影响。"一个精力充沛的人没有理由不每年发一笔财。"他告诉朱莉娅，"就我而言，我觉得我今天退出军队，一年之内回家，就可以有足够的钱，让我们在格拉瓦舒服地度过一生。"也许当他重读自己所写的东西时，自我保守会使他退缩："当然，我不打算那样做，因为我所拥有的是确实存在的，而我所期望的，可能会被证明只是一个梦。"[9]

朱莉娅的两个兄弟也加入了淘金大军，当格兰特拜访他们时，他更切身地体会到淘金所能带来的美好前景。在乘坐汽船、骡子、公共马车和渡船行进了120英里后，格兰特来到了"骑士渡口庄园（Knight's Ferry House）"，这是一家由刘易斯·登特（Lewis Dent）和约翰·登特（John Dent）在斯坦尼斯洛斯河（Stanislaus River）岸边经营的酒馆。他情不自禁地称赞："他们有马厩……一家贸易公司……一个牧场，在那里他们有几百头牛和许多匹马。"他估计，登特兄弟的各种业务"在这里能创造出的价值要三倍于他们在大西洋沿岸各州可以创造出的价值"。[10]他相信这对兄弟每天能赚到50~100美元，而他作为军官的薪水，即使是加上在加利福尼亚州服役的津贴，也不会超过每年1300美元。

*

在抵达后不到一个月，格兰特就登上了**哥伦比亚号**（Columbia），前往北方的哥伦比亚营地执行任务。9月20日，经过艰难的航行，这艘船驶近哥伦比亚河。向东望去，他可以看到雄伟的喀斯喀特山脉（Cascade Range）中覆盖着皑皑白雪的胡德山（Mt. Hood）。在距太平洋海岸90英里、波特兰（Portland）以北8英里处的绝壁上伫立着哥伦比亚营地，这是一个很小的驻扎点，只有一条街道和几栋木屋。

/ 114

在岸上，格兰特高兴地看到一张熟悉的面孔——他在西点军校的室友鲁弗斯·英戈尔斯。鲁弗斯在1849年建造了这座孤零零的前哨基地。他安排山姆，即格兰特搬进这里最好的区域，这是一栋两层楼的房子，被称作"军需官的牧场"。它在波士顿被建造，在合恩角被拆分成几个部分运送至此。[11]英戈尔斯和托马斯·L. 布伦特上尉（Captain Thomas L. Brent）与格兰特住在一起，并分担一应费用。

尽管想念朱莉娅，格兰特发现在哥伦比亚营地的生活还是可以忍受的，因为他在这里感受到一丝家庭般的氛围。除英戈尔斯与布伦特外，格兰特还认识了来自萨基茨港的玛吉·格茨（Maggy Getz）和她的丈夫，他们一起帮忙管理内务并为大伙儿烹饪食物。"大家都说他们是全境最好的仆役。"[12]

当秋天过去，却迟迟收不到朱莉娅的来信，尤利西斯倍感煎熬。"又有一批信件送达，但我仍然未从你那里收到只言片语。"在这个偏远的前哨站，邮件每两周就会送达一次。不知道自己第二个孩子近况如何，他变得极度焦躁不安。"想想看，在那个时候，我们最小的孩子大概三个月大，可是我没有收到你的一丁点儿消息。"[13]

当他最后在 12 月 3 日收到"我亲爱的妻子"的四封来信时，他欣喜若狂。格兰特得知他的二儿子和他同名，也叫尤利西斯·S. 格兰特（Ulysses S. Grant），在 1852 年 7 月 22 日出生。"你无法想象这次信件的到来带给我一种什么样的感觉。"[14]

与此同时，一则公众信息也传到哥伦比亚营地。在 1852 年的总统选举中，格兰特在墨西哥服役时就非常敬重的民主党人富兰克林·皮尔斯击败了他同样钦佩的辉格党成员温菲尔德·斯科特。美国人似乎更喜欢选举将军作为他们的总统。

"我对温哥华堡非常满意，"格兰特在给朱莉娅的第一封信中显得心满意足，"这是俄勒冈领地最好、人口最多的地区。"然而，接下来发生的事情表明，他无法将在旧金山造访朱莉娅兄弟们的事情从脑海中抹去。"生活是昂贵的，但钱是可以赚到的。自从我到这里以来，我曾做过一次投机生意，一共赚了

1500 美元。我有充分的理由相信，我在一年内可以赚到 1000 多美元。"[15] 如果朱莉娅的兄弟们能成功，为什么他不能呢？

*

　　格兰特的这种想法与他以往保守的理财方式大相径庭，而使他产生这种想法的原因主要有二。一方面，他非常想让朱莉娅和孩子们跟他待在一起，但他意识到自己无法靠一份薪水养活四口人。另一方面，身边其他人的淘金计划成功鼓动了他，格兰特开始冒险进入未知的领域。"亲爱的朱莉娅，关于金钱问题，如果我能得到我应得的一切，我就能比以前过得更好了。"[16]

　　曾经是萨基茨港一家店主的伊利亚·坎普（Elijah Camp）联系到格兰特，希望他能入股旧金山的一家杂货店，格兰特欣然接受了这个机会。坎普说服格兰特"把他离开纽约后的所有积蓄都交给他"。第一个月，据朱莉娅说，"每个人都认为这个家伙要大赚一笔"。但有一天坎普"说他赚不到钱，却一直在赔钱"。很快，坎普告诉格兰特，"他不愿意格兰特因为他而蒙受损失"，并表示要买下格兰特的一半股权。他给了格兰特三张每张价值500 美元的支票。[17]

　　"当尤利西斯告诉我这件事时，我责备了他，并告诉他韦克菲尔德（Wakefield）的教区牧师之子摩西（Moses）和他一样是投资者。"[18] 当她提到摩西·普里姆罗斯（Moses Primrose）时，朱莉娅知道尤利西斯会明白她的意思。摩西·普里姆罗斯是爱尔兰小说家奥立佛·戈德史密斯（Oliver Goldsmith）笔下韦克菲尔德教区牧师的次子，他在书中是个很容易受骗的角色。

*

1853 年 3 月 2 日，根据国会的一项法案，华盛顿领地被重新划分，因此俄勒冈领地只包括哥伦比亚河以南的区域。1853年 7 月，哥伦比亚营地改名为温哥华堡。

格兰特的军需事务并不重，所以他有足够的时间和鲁弗斯·英戈尔斯或独自一人沿着哥伦比亚河骑行，抑或是深入到美丽的云杉森林深处。[19]朱莉娅得知格兰特的这些长途骑行后，担心印第安人会把他抓走。他回答说："这里的人将是你见过最无害的人。"格兰特同情这些印第安人。"我认为，如果不是白人强行压迫，他们整个种族将是无害且和平的。"[20]看到这么多的印第安人死于麻疹和天花，格兰特感到震惊和悲伤。"我个人认为印第安人的大量死亡"，都是因为从白人那里感染了病菌。[21]

到了晚上，"军需官的牧场"就成了大家玩纸牌游戏和吹牛乱侃的地方。[22]一名军官回忆说，格兰特对美墨战争"清晰而明确的描述让他的兄弟军官们大吃一惊，他似乎脑子里有战争的全过程"。[23]

舞蹈使"军需官的牧场"显得生气勃勃。迪莉娅·谢菲尔德注意到格兰特会来这里，但不会待很久，也不会跳舞。他会走上楼，并在那里待上一晚。"他深切地感到与妻子和家人分离的苦楚。"有好几次，当格兰特看着朱莉娅的信时，谢菲尔德注意到"他的眼中全是泪水"。[24]有一天，西奥多·埃克森中士（Sergeant Theodore Eckerson）遇到格兰特，他得意地拿出了一封升职信。格兰特取出自己的信，共有几页纸。在他看到最后一页后，中士看到了一个铅笔描绘的婴儿手的轮廓。格兰特什么也没说，但埃克森看他颤抖着，眼中满含泪水。"他似乎总是很伤感。"[25]

1853年春，英戈尔斯被委派至尤玛堡（Fort Yuma）就任，格兰特的生活变得更加孤独，现在他独自一人骑行。

他渴望有更多人陪伴，便请谢菲尔德一家搬了进来。年轻的迪莉娅同情格兰特的孤独。她很不好意思，因为她不太会做饭，但格兰特答应自己会帮忙做饭。"我有一本很棒的食谱，我自己也是一个非常好的厨师。"一天早上，他问迪莉娅是否可以做些黄油，因为他想要一些自制的甜黄油。这是谢菲尔德第一次这样做，为了让格兰特高兴，"我在里面放了糖而不是盐，因为他想要一些甜黄油"。[26]

晚餐时，谢菲尔德夫人"非常自豪地"端上黄油。她很快就注意到每个人脸上都露出笑容。最后，格兰特问道："谢菲尔德夫人，这是我们的自制黄油吗？"

"是的，上尉先生，您觉得怎么样？"

"非常棒，这是我吃过最甜的黄油。"她记得格兰特的话，当时"他的眼里闪着光"。[27]

*

金钱问题继续困扰着格兰特。那年冬天，他听说旧金山的冰块价格高得离谱。于是，他和英戈尔斯、亨利·沃伦切割了100吨冰块，并装上一艘船，等着冰块换来的钱。他们一直等待着，但由于强劲的逆风，船速慢了下来，两个星期的时间才航行了250英里。在航行中冰块不断融化，他们的利润也随之没了踪影。[28]

后来，格兰特购买了牛和猪，准备在春天出售。他还买了一些木材，把它们切割、堆放好，打算卖给汽船。他聘用迪莉娅·谢菲尔德的丈夫帮助他"买下温哥华堡 20 英里内所有的鸡"，并租了一艘船将鸡运到旧金山，但几乎所有鸡都在途中死亡，"他们投入其中的钱也打了水漂"。[29]

在一次更大的投资中，格兰特和另外三名士兵租下了 100 英亩土地。他买了两匹马和一辆马车，打算在大部分土地上种植土豆。春天，他种下土豆、洋葱和其他蔬菜。他骄傲地对朱莉娅说："我以前从来没有这么愉快地工作过，因为现在我相信每天的工作都会有很大的回报。"[30] 对格兰特来说，他既不铺张浪费，也不炫耀自己，没有比为家人提供一个无忧无虑的未来更好的奖励了。

三个月后，他告诉朱莉娅，"我最近很不幸"。春雨使哥伦比亚河溢出了堤岸，毁掉了"我"花费那么多钱和劳力种出的谷物、洋葱、玉米和一半左右的土豆。水也浸湿了木材，把它们弄散了。最糟糕的是，坎普从旧金山商铺撤资，"骗走了我的钱"，返回了萨基茨港，并仍然拖欠格兰特 800 美元。[31]

*

作为军需官，格兰特的职责包括为测绘队提供补给。《1853 年太平洋铁路勘测法案》（1853 Pacific Railroad Survey Act）旨在消除关于横贯大陆铁路路线的部分争议，并将决定权交予军队。目前正在考虑的有四条线路。皮尔斯新政府的战争部部长杰斐逊·戴维斯任命乔治·B. 麦克莱伦上尉负责勘测北太平洋铁路的西部线路。[32]

麦克莱伦于 6 月 27 日抵达温哥华堡。格兰特 15 岁进入西点军校时就认识麦克莱伦。格兰特热情地迎接他，并邀请麦克莱伦暂住"军需官的牧场"。[33] 当麦克莱伦于 7 月 18 日离开时，格兰特给他准备了 200 匹马和三个月的口粮。[34]

麦克莱伦也带着不满的情绪离开了。据亨利·霍奇斯（Henry Hodges）说，"当测绘队完成了离开前的准备工作时，格兰特开始了一场小狂欢"——一场"让麦克莱伦非常恼火和生气"的饮酒比赛。[35] 霍奇斯相信麦克莱伦永远不会忘记这件事。

*

六年前在墨西哥被盗的 1000 美元军用银币，至今仍让格兰特耿耿于怀。他现在是第四步兵团的中尉，接下来将担任上尉。9 月 8 日，他写信给军需总监托马斯·杰瑟普将军，请求给予他一个机会，"让他前往华盛顿处理这笔账目"。[36]

由于想念朱莉娅，他也非常希望如果军队能命令他去华盛顿，他就可以带着家人一起去完成接下来的任务。他知道军队会支付这样一次行程的所有费用。从夏天进入秋天，他一直在等待着回信。

/ 118

但首先传来的却是另一个消息。格兰特在 1853 年 8 月 9 日收到了战争部部长杰斐逊·戴维斯的信，信上告知他已被升为上尉。不久之后，他将奉命前往加利福尼亚州洪堡指挥第四步兵团 F 连。[37]

*

格兰特对他的新任务表现得非常迟疑，因为他知道洪堡比温哥华堡更加偏僻。他缓慢地赶往洪堡，终于在 1854 年 1 月 5 日到达。[38] 虽然他对自己的晋升感到高兴，但他现在的主要情绪可能是焦虑，甚至有点抑郁，因为他非常想念朱莉娅和他们的孩子，其中有一个孩子他至今还未能见上一面。"我不太喜欢这个地方。"[39] 这与 1852 年尤利西斯刚抵达后给朱莉娅的信中对温哥华堡的赞美完全不同。

洪堡确实是一个风景如画的地方，高出海滩 40 英尺，可以俯瞰太平洋。在堡垒后面，是一大片红杉林和冷杉林。驻扎的小哨所由 14 座建筑组成，大部分是两层楼。格兰特的住所位于阅兵场的北边，是一幢单层的房子，前面有一个门廊。[40]

但他的老朋友英戈尔斯和新朋友沃伦和布伦特都不在这里。同时，环绕着"军需官的牧场"的周边住户，以及日常的社交活动和熟悉的仆役也不在。洪堡与旧金山之间也没有定期的邮件往来业务。

这里只有罗伯特·布坎南少校，他是洪堡的第一指挥官，格兰特是这里的第二把手。军中传闻，布坎南很快就会被提拔到新岗位，而格兰特会留下负责这里。格兰特和布坎南在 1845 年曾在杰斐逊营地发生过冲突。九年后，年长的布坎南会如何对待年轻的格兰特呢？

"你不知道我在这里有种被遗弃的感觉！"到达这里不到一个月，尤利西斯写信给朱莉娅，"我在这里什么也不能做，只是坐在我的房间里看书，偶尔骑一骑军队的马。"[41] 他写道，有些人喜欢捕猎鸭子或鹅，但由于他毕生都不喜欢打猎，"所以我没有参加这些活动"。[42] 对他而言，在洪堡的一切似乎都预示着灾难。

到了 2 月，格兰特更显沮丧。"我和家人已经分开很久了，我甚至想不辞而别离开这里。（I think I have been from my family quite long enough and sometimes I feel as though I could almost

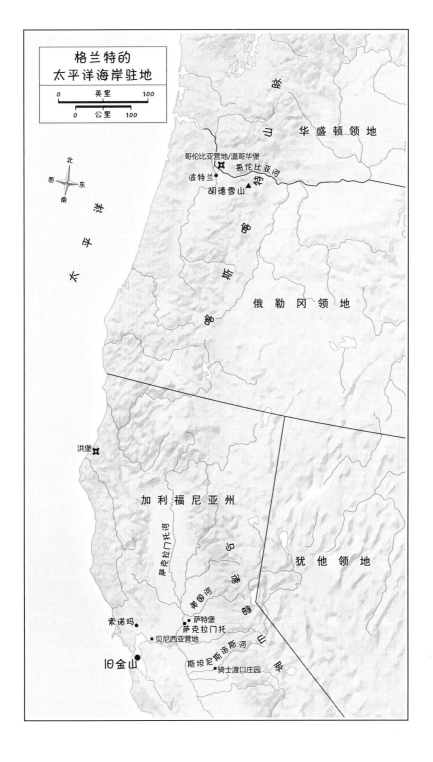

go home "nolens volens."）"[43] "nolens volens" 一词通常被解释为"不论是否愿意"。在格兰特时代的军队用语中，它则有着不经批准擅离职守的含义。

是什么阻止了他呢？"每当我想到这个问题时，是贫穷，对，是贫穷凝视着我，然后我就会想，如果你和我们的孩子想要生活必需品，那我该怎么办。"[44]

向洪堡供应牛肉的承包商 W. I. 里德（W. I. Reed）说："对格兰特而言，最不幸的事莫过于被迫无所事事。他几乎没有什么工作，也没有家人陪伴，他不喜欢和他的军官们一起参加跳舞、打台球、打猎、钓鱼之类的娱乐活动。"接下来发生了什么？"结果是很常见的，他纵情于酒精。但他不会多喝，因为他比其他军官喝得少很多。"[45]

他绝望的情绪开始损害他的健康。虽然他在巴拿马克服了病痛，但在洪堡，由于连绵的大雨，他感染了风寒和热症。3 月初，他写道："在过去的两个星期里，我只出过一次门，走了不到 100 码远。"[46]

在痛苦中，格兰特开始饮酒。他喝了多少酒？多久喝一次？这些都会成为今后关于他谣言的主题。[47]

*

1854 年 4 月 11 日，格兰特给华盛顿的军事行政长官，即陆军副官长塞缪尔·库珀（Adjutant General Samuel Cooper）写了两封信。第一封信写道："感谢上级委任我为第四步兵团上尉，我对此深感荣幸。"[48] 第二封信写道："我非常恭敬地提出辞去陆军军官职务的请求，并恳请从 7 月 31 日起生效。"[49] 不难想到库珀在看到第二封信时会有多么惊讶。

格兰特辞职了。[50]有一种说法是，格兰特在洪堡喝得酩酊大醉之后，布坎南少校给了他两种选择：要么接受军事审判，要么辞职。布坎南最终批准了格兰特的辞职，但没有提供一份单独的报告。[51]

他的朋友鲁弗斯·英戈尔斯毫不怀疑这件事的真实性，他说格兰特"发现自己在一个没有家人的沉闷环境中几乎什么事都做不了，于是就养成了放荡的习惯。有一天，他被发现深受酒精影响，以致无法正常履行自己的职责"。他说，布坎南要求格兰特要么辞职，要么受审。英戈尔斯和他的朋友们敦促格兰特接受审判，因为他们"相信他是无罪的"。但是格兰特想到了朱莉娅，"说他无论如何也不会让妻子知道他受到这样的指控"。[52]

*

5月2日，格兰特给朱莉娅写了一封简短的信，告诉她下一封信只能寄到纽约。[53]五天后，他去了旧金山。他在太平洋海岸两年的时光被匆忙画下了句号。

格兰特于1854年6月25日抵达纽约。他没有发现朱莉娅的来信。在前往俄亥俄州之前，他几乎身无分文，他决定收回伊利亚·坎普欠他的钱。他给坎普写了封信，然后乘火车去了沃特敦，还租了一匹马前往萨基茨港。当他到达时，他发现营队已经再次离开了小镇。[54]

回到纽约后，格兰特遇到了同班同学西蒙·玻利瓦尔·巴克纳。在墨西哥时，他们一起爬过波波卡特佩特火山。格兰特把他的困境告诉了这位肯塔基人。格兰特住在礼查饭店（Astor

House），由于花光了钱，他恳请贷款支付饭店的账单，巴克纳为他的账单作了担保。[55]

当他离开纽约时，格兰特面对着不确定的未来。他对朱莉娅会如何待他很有信心，但她的家人会怎样对待他呢？他的父亲能否接受他？最重要的是，他该如何养家？15 年间，他的整个成年生活都在为进入部队作准备和在军队服役中度过，现在他该如何适应平民的生活呢？

注　释

1　USG to JDG, August 16, 1852, Grant Papers, 1: 256.

2　Kevin Starr and Richard J. Orsi, *Rooted in Barbarous Soil: People, Culture, and Community in Gold Rush California* (Berkeley: University of California Press, 2000), ix.

3　Evelyn Wells and Harry C. Peterson, *The '49ers* (Garden City, N.Y.: Doubleday, 1949), 169.

4　USG to JDG, August 20, 1852, *Grant Papers*, 1: 257.

5　Kevin Starr, *California: A History* (New York: Modern Library, 2007), 73-90; H. W. Brands, *The Age of Gold: The California Gold Rush and the American Dream* (New York: Doubleday, 2002), 247-68.

6　*Personal Memoirs*, 1: 201.

7　Ibid.

8　USG to JDG, September 19, 1852, *Grant Papers*, 1: 266.

9　Ibid., August 20, 1852, *Grant Papers*, 1: 257.

10　Ibid., August 30, 1852, *Grant Papers*, 1: 259.

11　For what is now called Vancouver Barracks, see http://www.nps.gov/fova/historyculture/vb.htm.

12　USG to JDG, January 3, 1853, *Grant Papers*, 1: 279-80.

13　Ibid., October 26, 1852, *Grant Papers*, 1: 269-70.

14　Ibid., December 3, 1852, *Grant Papers*, 1: 274.

15　Ibid., October 7, 1852, *Grant Papers*, 1: 267.

16　Ibid., December 3, 1852, 1: 275. Grant was confident he could recover at least $1,

17 Julia Dent Grant, *Personal Memoirs*, 71–72. Julia says Camp persuaded Ulysses to destroy the notes in his presence.

18 Ibid., 72.

19 Lewis, "Reminiscences of Mrs. Delia B. Sheffield," 58.

20 USG to JDG, March 19, 1853, *Grant Papers*, 1：296.

21 *Personal Memoirs*, 1：205–6.

22 Lewis, *Captain Sam Grant*, 310.

23 Ibid., 310–11.

24 Lewis, "Reminiscences of Mrs. Delia B. Sheffield," 60.

25 Garland, *Grant*, 122. Garland interviewed Theodore Eckerson in Portland, Oregon, x.

26 Lewis, "Reminiscences of Mrs. Delia B. Sheffield," 60.

27 Ibid.

28 Frank Burr, *The Life and Deeds of General Ulysses S. Grant* (Philadelphia: National Publishing, 1885), 116.

29 Lewis, "Reminiscences of Mrs. Delia B. Sheffield," 61.

30 USG to JDG, December 3, 1852, and March 19, 1853, *Grant Papers*, 1：275–76, 294.

31 Ibid., February 15 and June 15, 1853, *Grant Papers*, 1：289, 301. 格兰特打算写一份账单寄给他在萨基茨港的朋友查尔斯·福特（Charles Ford），让他从坎普那里取钱，而"我担心坎普有点神经错乱"。Ibid., June 28, 1853, *Grant Papers*, 1：305.

32 Stephen W. Sears, *George B. McClellan: The Young Napoleon* (New York: Ticknor & Fields, 1988), 36–37.

33 USG to JDG, June 28, 1853, *Grant Papers*, 1：303.

34 Sears, *George B. McClellan*, 38. 7 月 25 日，一向准时汇报的格兰特给奥斯本·克罗斯少校（Major Osborn Cross）写道："我和我的职员对时间的需求非常强烈，都是为了满足北太平洋铁路相关探险活动的装备。"这是他迟到的原因，也是他年度报告简短的原因。*Grant Papers*, 1：308.

35 Henry Hodges to William C. Church, January 5, 1897, William C. Church Papers, Library of Congress.

36 USG to Thomas S. Jesup, September 8, 1853, *Grant Papers*, 1：311. 格兰特的信得到了指挥官博纳维尔（Bonneville）的认可。

37 谢菲尔德夫人（Mrs. Sheffield）在她的回忆录中写道："在温哥华堡的一年里，他没有树敌，而且对所有的人都很友善和体贴。"Lewis, "Reminiscences of Mrs. Delia B. Sheffield," 62.

38 USG to JDG, January 18, 1854, *Grant Papers*, 1: 315n1.

39 Ibid., 1: 315.

40 Leigh H. Irvine, *History of Humboldt County, California* (Los Angeles: Historic Record Company, 1915), 54. 在原来的 14 座建筑中只有医院大楼留存至今。它现在成了一座带历史博物馆的加利福尼亚州立公园，专门讲述洪堡和美洲原住民的故事。详见: http://www.parks.ca.gov。

41 USG to JDG, February 2, 1854, *Grant Papers*, 1: 316.

42 Ibid.

43 USG to JDG, February 6, 1854, *Grant Papers*, 1: 320.

44 Ibid., March 6, 1854, *Grant Papers*, 1: 323.

45 William I. Reed to William C. Church, August 25, 1909, William C. Church Papers, Library of Congress.

46 USG to JDG, March 6, 1854, *Grant Papers*, 1: 323.

47 关于格兰特在温哥华堡和洪堡任职期间饮酒的争论，查尔斯·G. 埃灵顿（Charles G. Ellington）作了最好的研究，见查尔斯·G. 埃灵顿著的《U. S. 格兰特的磨练: 太平洋沿岸的岁月, 1852~1854》(*The Trial of U. S. Grant: The Pacific Coast Years, 1852–1854*, Glendale, Calif.: Arthur H. Clark, 1987), 特别参见第 146~160 页。

48 USG to Colonel Samuel Cooper, April 11, 1854, *Grant Papers*, 1: 328.

49 Ibid., 1: 329.

50 格兰特在《个人回忆录》中并没有详细说明自己决定辞职，或者在那个时候辞职的理由（*Personal Memoirs*, 1: 210）。朱莉娅的回忆录中也只有一句话提到了格兰特的辞职（Julia Dent Grant, *Personal Memoirs*, 75）。

51 军官在打牌时喝酒是很常见的事情。亨利·霍奇斯（Henry Hodges）后来说，格兰特"一年有两到三次狂饮……但总是开诚布公……他承诺会戒酒，同时他也做到了"。Lewis, *Captain Sam Grant*, 312–13; Ellington, *The Trial of U. S. Grant*, 152–53.

52 Garland, *Grant*, 127.

53 USG to JDG, May 2, 1854, *Grant Papers*, 1: 332.

54 Garland, *Grant*, 129.

55 Simon Bolivar Buckner interview, Hamlin Garland Papers; Arndt M. Stickles, *Simon Bolivar Buckner: Borderland Knight* (Chapel Hill: University of North Carolina Press, 1940), 32–34.

/ 第 9 章　贫瘠之地

> 在我 32 岁的时候，我要开始为我们的生活进行新的奋斗。
> ——尤利西斯·S. 格兰特，《个人回忆录》

1854 年 7 月，尤利西斯·格兰特抵达俄亥俄州的伯特利，他的几位邻居说，他父亲对他的态度十分冷淡。杰西因儿子辞去军队职务而感到羞耻。乔治敦的一位居民记得杰西这样抱怨过："西点军校把我的儿子糟蹋成一个生意人。""我想确实是那样"，尤利西斯坦白道。[1] 但是汉娜张开双臂欢迎她的儿子，因为儿子的回家让她感到如释重负。

8 月，格兰特前往密苏里州。当他到达怀特黑文时，他瞥见一个年幼的男孩和一个蹒跚学步的金色卷发小孩在前门廊玩耍。孩子们盯着这个黑胡子的陌生人。当他准备从马车里走出来时，一个年轻女黑奴抬头看了一眼，便一边跑进屋里，一边大声喊道：格兰特先生回来了。[2]

朱莉娅从前门跑到格兰特怀里。几个星期以来，她一直穿着她最好看的一件衣服，期盼着能看到丈夫回家。这些小男孩看上去很困惑，但因他们兴高采烈的父亲将他们高高抛起而尖叫了起来。

28 岁的朱莉娅看上去没什么变化，身材苗条小巧。她仍然很外向，有一种恰到好处的幽默感，因为有两个小男孩要照顾，她对于家务的处理显得更加利索。而尤利西斯似乎是年纪大了，额头上刻着一条皱纹，蓝色的眼睛里有一种疲惫的神态，动作更加缓慢。

尤利西斯——现在朱莉娅喜欢称呼他为上尉——对和登特上校处在同一屋檐下感到不安，他不喜欢依赖任何人。他好不容易

1856 年春，格兰特在距离登特家的怀特黑文一英里的地方建造了一所房子，并讽刺地将其命名为"贫瘠之地"，以试图确立自己的独立身份。

躲开了布坎南少校挑剔的目光，现在又必须面对他父亲以及岳父挑剔的眼神。有一个问题他自己也说不清楚：他能在密苏里州自立吗？

*

尤利西斯·格兰特在西部待了两年回来后，国家政治格局又发生了戏剧性的变化。1854 年 5 月 30 日，富兰克林·皮尔斯总统签署了《堪萨斯—内布拉斯加法案》(Kansas-Nebraska Act)①，该法案由内部分歧严重的国会表决通过。在伊利诺伊州参议员斯蒂芬·A. 道格拉斯 (Stephen A. Douglas) 的带领下，这部法案将在内布拉斯加领地上建立一个"主权在民 (Popular Sovereignty)"的政府，基于这一原则，"所有与奴隶制有关的问题都将由这片领土上的居民决定"。3

随着《堪萨斯—内布拉斯加法案》的颁布，1820 年的《密苏里妥协案》(Missouri Compromise) 被推翻，由《1850 年妥协案》所达成的部分平衡也被破坏，反对奴隶制度者的愤怒愈演愈烈，立法行动也未能安抚南方民众的情绪。1848 年提名扎卡里·泰勒将军为总统的辉格党，在 1852 年提名温菲尔德·斯科特将军竞选总统失败后士气低落，并开始思考应对之策。参议员道格拉斯希望围绕"主权在民"将民主党团结起来，从而终结南北方之间的分裂局面。整个 1854 年夏天，一场激烈的"反内布拉斯加"运动在不断壮大，不同党派的众多团体纷纷加入其中。

随着肯塔基州的亨利·克莱、马萨诸塞州的丹尼尔·韦伯

---

① 1854 年美国国会通过的取消限制奴隶制扩展到西部新开发地区的法案。

斯特和南卡罗来纳州的约翰·C.卡尔霍恩等国会名流不再出席国会，新的领导人登上了国家政治的舞台。现年 41 岁的道格拉斯正处于其参议员的第二个任期内，他把自己定位为正在上演的国家大戏的主角。在台后，45 岁的伊利诺伊州参议员亚伯拉罕·林肯（Abraham Lincoln）在国会的单届任期结束后，从"政治流放"①中走出来，与新生代力量一起反对将奴隶制扩展到新的领土上。俄亥俄州和密苏里州之间的争议成为这场全国性斗争的重要组成部分，在这两个至关重要的州内，尤利西斯和朱莉娅的家庭对奴隶制问题有着完全不同的看法。

*

现在尤利西斯回到了家，但仍然保持着他一贯的政治观点，他计划建造房子，耕种土地，成为农民。朱莉娅的父亲送给她 60 英亩未开垦的土地作为结婚礼物。除了艾玛（Emma）之外，登特所有的孩子都结婚了，他很想把朱莉娅留在身边，所以为她提供了许多帮助和一些设备。作为拥有 20 多个奴隶的奴隶主，登特给了朱莉娅 3 个奴隶——女佣伊莱扎（Eliza）、厨师朱莉娅·安（Julia Ann）和男仆丹（Dan）。[4]

尤利西斯在怀特黑文度过了一个"愉快的"冬天，并打算在春天开始耕种。尽管艾伦·登特在招待格兰特夫妇时精心维持着一种微妙的平衡关系，但登特上校并没有掩饰自己的不满。他所有其他的孩子都结了婚，但他最喜欢的朱莉娅却嫁给了一个 32 岁，而且似乎没有什么成功希望的男人。

___

① 林肯在 1849 年 40 岁时从政治生活中暂时隐退，直到 1854 年才返回。因此，本书作者将其称为林肯的"政治流放（political exile）"时期。

*

1855 年，尽管家庭关系紧张，但新的希望出现了。朱莉娅又怀孕了。她和尤利西斯满心期待着第一次一同迎接孩子的出生。离家前往加利福尼亚州的刘易斯·登特向他们提供了住处——他把登特上校给他的房子提供给了格兰特夫妇。尤利西斯迫不及待地想搬到威士顿威什（Wish-ton-wish），印第安人称那里为"夜鹰（Whippoorwill）"，这个地方在怀特黑文以南半英里。搬到这里后，尤利西斯就可以远离登特上校严厉的审视和言辞了。

善于观察的艾玛现在已经长大成人，她观察着开始务农的尤利西斯。"他是一个天生就需要工作的人。他不知道该如何偷懒。"[5] 在这片土地上，工作成了一种治愈格兰特抑郁的灵药。

在务农方面，尤利西斯依靠他年轻时在乔治敦积累的经验。密苏里州的高地在土壤和气候上与俄亥俄州南部并没有太大区别。唯一的不同之处是人：他们显然是在南方。几乎所有的农民都拥有奴隶。白人务农家庭住在又大又好的农舍里，而奴隶则住在附近的小棚屋里。[6]

尤利西斯在朱莉娅的小奴隶丹的帮助下买了两匹马——"汤姆（Tom）"和"比利（Bill）"——并让它们驮运小麦、燕麦、土豆和玉米。格兰特对驱使奴隶劳动依然保持着自己固有的看法。

在他耕作和种植的同时，他也开始砍伐和运输木材。由于农活是季节性的，好坏全仰仗于天气，所以他需要一份可由自己控制的稳定收入。他沿着格拉瓦路运送木材，走了 12 英里来到圣路易斯，再以每根 4 美元的价格售出。他知道马驮运这么重的车子非常吃力，所以他在马身边徒步行走了 12 英里，这惊呆了不少过路人。[7]

在经过一整天的辛勤农作或木材运输后，玛丽·罗宾逊说，"他大部分闲暇时间都花在阅读上。"她补充道，令人印象深刻的是，"他是我见过最勤奋的读者之一"。[8]

格兰特的大儿子弗里德还记得父亲读过的一些东西。由于最近的学校都远在一英里半开外，尤利西斯便自己教小弗里德算术、拼写和阅读。弗里德清楚地记得父亲朗读了查尔斯·狄更斯（Charles Dickens）的《雾都孤儿》（*Oliver Twist*），其刊载于《本特利杂集》（*Bentley's Miscellany*）上，这本书讽刺了政府的失败和社会的不公。"我们过去常常迫不及待地想要知道下一期这些妙趣横生的故事又该如何发展。"[9]

*

朱莉娅和尤利西斯在 1855 年 7 月 4 日迎来了第三个孩子艾伦·格兰特（Ellen Grant）。格兰特想给他们蓝眼睛的女儿取名朱莉娅，但他的妻子更希望用自己母亲的名字来称呼女儿。[10] 艾伦也随她的阿姨被称作"内莉（Nellie）"。她还只是个蹒跚学步的孩子时，格兰特就开始教她如何骑马。一开始是父亲和她一起，后来就让她一个人骑。因为她的生日在 7 月 4 日，格兰特开玩笑说，这一天所有的烟花和气球都是在为她庆生。[11]

尤利西斯喜欢和他的孩子们摔跤。弗里德是在母亲急性子的影响下长大的，而年幼的男孩则显露了与父亲相似的较为安静的性格。尽管母亲常常反对，所有人还是称格兰特的次子小尤利西斯为"巴克（Buck）"，因为他出生于俄亥俄州，即"七叶果之州（Buckeye State）"。

尤利西斯完成了第一年的农活，结果喜忧参半。罗宾逊说："我见过很多农民，但我从未见过比格兰特先生更努力工作的。"[12] 但在农业领域，辛勤工作并不总是等同于经济上的成功。一方面缘于农作物价格的下跌，另一方面，他运输木材确实挤占了农耕的时间。

*

1856 年春，在回到家中的第二年，尤利西斯开始建造自己的房子。尽管距离怀特黑文不到一英里，但这将是实现个人独立的又一步。房屋该如何设计成为大家争论的焦点。尤利西斯想要建造一幢框架房，而朱莉娅的父亲"极力主张建造一幢木屋"，他认为这样会更暖和。[13] 结果是尤利西斯败下阵来。最后，朱莉娅为他们的新木屋画了草图。据人们回忆，这栋简陋的、两层楼的旧屋，实际上有五间房和一个大厅。

邻居们也匆匆忙忙地帮助建造房屋。格兰特上尉搭建出房屋的一个角落，并为之自豪，邻居芬顿·朗（Fenton Long）则帮忙建成另一个角落，于是，大家众人拾柴火焰高，很快所有被砍伐的木材各安其位，一栋小木屋建成了。当被问及房子的名称时，尤利西斯苦笑着回答："贫瘠之地（Hardscrabble）。"朱莉娅坚称这样的命名"滑稽可笑"。[14] 一些邻居认为，尤利西斯在给屋子起名时，是在讽刺附近登特家房屋高雅的名字。[15]

*

格兰特对 1856 年的总统选举几乎不感兴趣，只是在经过一个投票站时对一个朋友说，"我要回去投票反对弗里蒙特"。[16]

从美国历史的长期发展轨迹来看，约翰·C.弗里蒙特（John C. Frémont）被认为是新共和党的第一个候选人。而从短期发展轨迹来看，许多军人都记得弗里蒙特是一个很喜欢自我宣传的将军，但他并没有一直坚持自吹自擂。格兰特选择了詹姆斯·C.布坎南，尽管他对这位经验丰富的政治家知之甚少。

此外，他还听到越来越多的人在圣路易斯的街道上谈论联邦分裂的事情。"在这种情况下，我更愿意看到一个可以阻止或推迟联邦分裂的候选人获得成功。"[17]

*

在1856年结束的前三天，格兰特在写给父亲的信中盘点了这一年的情况："我每天对农事越来越感兴趣，毋庸置疑，我可以通过务农挣钱，"并且，"我一直在努力工作。"他花费很长时间建造"贫瘠之地"；他没有买种子的钱；春天里反常的寒潮冻坏了小麦；他耕种和运输木料也只能靠同一批马。然后，他请求说："如果我有机会以10美分的价格一年赚500美元，毫无疑问这将对我大有益处。"[18]

1857年，格兰特想增加收成，他需要更好的设备。"对于父母而言，在孩子刚开始独立生活时给予帮助是很平常的事（我才刚刚开始，虽然已经快35岁了），而且我所要求的并不多。"[19]但对于一个已经生活独立的儿子而言，向父母要钱是一件难以启齿的事。

最后，他加大了赌注："事实上，如果没有工具，我继续务农是没有用的，我将不得不做登特先生允许我做的事，即卖掉农场到别处投资。"[20]

没有证据表明杰西寄了钱。他与一个和蓄奴家庭结婚的儿子的关系仍然冷淡而疏远。

*

格兰特寄托在农务上的希望在 1857 年大恐慌中破碎，这场大恐慌使自美墨战争结束以来的经济繁荣彻底破灭。[21] 由于克里米亚战争（Crimean War）的结束和英国的信贷紧缩，美国银行业和铁路业资金流失，工业制成品在城市仓库中无法售出。俄罗斯小麦重返世界市场，恐慌更是蔓延至农村，谷物价格下跌影响了农民的生活。难以预料的大自然力量使灾难加重。到了 8 月，格兰特发现他的小麦每英亩只能生产 5 蒲式耳（bushel），而他原本希望每亩产量为 10~13 蒲式耳。

令人绝望的一年即将结束，沮丧的格兰特在 12 月 23 日走

St. Louis, Dec 23rd 1857

I this day consign to J. S. FRELIGH, at my own risk from loss or damage by thieves or fire, to sell on commission, price not limited, 1 Gold Hunting Detached Lever & Gold chain Twenty two Dollars. And I hereby fully authorize and empower said Freligh to sell at public or private sale the above mentioned property to pay said advance—if the same is not paid to said Freligh, or these conditions renewed by paying charges, on or before Jan 23/58

U. S. Grant

格兰特的财产在 1857 年圣诞节前夕已经严重缩水，为了给朱莉娅买圣诞礼物，他不得不典当了自己的金表和金链。

进圣路易斯 J. S. 弗勒莱（J. S. Frelight）开的当铺。为了过圣诞节，他需要筹措一笔钱，他用他的金表和链子换来 22 美元。他签了一张典当券，如果他一个月内还不上贷款或者一只新表，店主就有权出售这块手表。[22]

1858 年 2 月 6 日，格兰特的第四个孩子杰西·鲁特·格兰特二世（Jesse Root Grant II）出生。给孩子起这个名字，是尤利西斯弥合父子之间鸿沟的再一次尝试。

朱莉娅的父亲登特上校已经 70 岁。在妻子艾伦去世后，他的身体不如以前健朗，因而决定搬到圣路易斯。他将怀特黑文以及 200 英亩耕地和 250 英亩草地租给了尤利西斯和朱莉娅。

尤利西斯在给他妹妹玛丽的信中说："我现在手下有三个黑人，其中两个按年雇佣，另一个属于登特先生，我想，在我自己的努力和他们的帮助下，我可以很好地完成农活，并取得不错的收成。"[23] 他现在是一个奴隶主。这个决定与杰西所主张的一切相矛盾。

到了 1858 年夏，即使有额外的帮助，格兰特的农场和家庭依然内外交困。在外部，6 月初的低温破坏了新作物。而在家里，8 岁的弗里德感染了一种"胆汁性"热症，后来发展成伤寒。在噩梦般的几天里，尤利西斯和朱莉娅时刻担心他们会失去长子。后来，这对父母也病了，格兰特患上了一种更严重的寒热交替发作的病，这和他在西点军校时所患的病症一样。[24] 他担心肺部感染，这种肺部感染在格兰特家族非常普遍，那时他的弟弟塞缪尔·辛普森正深受其害。

*

格兰特不时会遇见他在美墨战争中认识的军官，现在他们驻扎在杰斐逊营地。1858 年的一天，当他在圣路易斯开车运输木材的时候，他突然碰见了战斗英雄威廉·S. 哈尼将军（General William S. Harney）。当哈尼注视着马车上的农民时，他微笑着喊道："怎么会是你，格兰特，你在做什么？"格兰特甩了甩满是泥点的靴子，回答说："是的，将军，我正在运送木材。"[25]

他们大笑起来。哈尼邀请格兰特在"种植园主大院（Planter's House）"吃饭。这件事实在让人开怀，但与军官们的接触使格兰特更加认清他现在的情况。

同一年，曾参加格兰特婚礼的詹姆斯·朗斯特里特上尉也住在"种植园主大院"。朗斯特里特回忆说："有人提议玩一种老式的简化扑克，布莱格牌戏（brag）。"由于还需要一个人参与，埃德蒙斯·N. 霍洛韦上尉（Captain Edmunds N. Holloway）走到门外，"几分钟后，他带着一个衣衫破烂的人回来了，我们认出了他，原来是老朋友格兰特"。[26]

第二天，朗斯特里特在大院门前又碰到了格兰特。格兰特拿出一枚 5 美元的金币，"坚称我应该收下它，用来偿还他 15 年前欠下的债款"。朗斯特里特拒绝了他，并告诉格兰特，"我已经不需要这笔钱，你比我更需要它"。

"你必须收下它。我不会要任何不属于我的东西。"

"看到他一脸坚决，为了不让他伤心，我收下钱，并和他握手道别。"[27]

*

到了 1858 年秋，格兰特断定他无法靠务农谋生。他写信给父亲说，他和朱莉娅的父亲打算卖掉所有家畜，并把怀特黑文租出去。当审视着为数不多可供选择的工作时，格兰特提议想去卡温顿和父亲谈谈，他们之前说到过在伊利诺伊州加利纳的家族皮具店工作的事。[28]

但是这家店现在不再招工了。

这时，朱莉娅的父亲提供了救济。登特上校与哈利·博格斯（Harry Boggs）交谈，他的妻子路易莎（Louisa）是上校的侄女。博格斯现在经营着房地产交易和租赁业务。

圣路易斯的房地产业非常繁荣。[29]随着城市的扩张，需求量超过了供给量。在 1850 年代，新的分区使每年需要新建超过 1000 间房屋。新建的五层和六层楼房拔地而起，仅 1858 年就建成了 33 幢。圣路易斯房产的估价在 1840 年是 860 万美元，1850 年是 2970 万美元，到了 1860 年则飙升至 1.024 亿美元。

格兰特加入了博格斯，并在"麦克莱伦—希利尔—穆迪律师事务所（Law Firm of McClellan, Hillyer, and Moody）"的办公室工作。律师事务所位于第二街和第三街之间狭窄的松树街上。尽管他们名义上看起来像是合作伙伴，但格兰特并没有为这次新的投机注入资金。[30]

在开始了自己的新职业后，格兰特决定解放他的奴隶威廉·琼斯（William Jones）。他是一个 35 岁的男人，登特上校搬到圣路易斯时把他留在这里。1859 年 3 月下旬，格兰特出庭签署了一份解放奴隶的证明书："我在此决定，威廉将从奴役中永远释放并获得自由。"[31]

如果格兰特想把这个奴隶卖掉，他至少可以得到 1000 美元。在这个当口，他当然需要这笔钱。他从未说起过此举的动机，只是在解放琼斯的证明书上签了字。

1859 年 3 月，格兰特签署了一份解放奴隶威廉·琼斯的证明书。如果将这个奴隶售出，他至少可以获得 1000 美元，他当时确实十分拮据。

*

　　格兰特在第七街和私刑街的交叉口租了一间简陋的房子，离他的办公室有两英里远。1859 年 4 月，他和家人及三个奴隶搬到了这里。由于他对数字很敏捷，所以他满怀希望、精力充沛地开始了新的工作。但后来他发现，这项业务的最终目的是收取租金。

　　朱莉娅知道尤利西斯不适合干这种工作。"如果他的好几个债务人表示愧欠，并且说：'格兰特，我对你真的感到很抱歉，我没有能力还钱。'他就无法收回欠他的任何一分钱。"相反，"他总是为他们感到难过，从不强迫他们"。而且，他会说，"我相信他们将来会把钱寄给我"。朱莉娅后来得出结论："我们从未收到这些'良善的'债务人的任何回音。"[32]

此外，博格斯会把他顾客的生意当作谈资，朱莉娅非常不赞同这种做法。仅仅几个月后，尤利西斯就接受了朱莉娅的观点："我认为你对博格斯先生的看法是正确的。"[33] 于是，他解除了他们的商业关系。

*

8月，格兰特申请了县工程师一职；他认为自己受到的教育使他有资格获得这个职位，该职位每年的薪酬为1900美元。他花了很多时间，从这个地方"最早的居民和所有党派的成员"那里收集建议。[34] 他附上一封约瑟夫·雷诺兹的推荐信。[35] 雷诺兹是格兰特在西点军校的同学，现在是圣路易斯华盛顿大学力学与工程学教授。他申请书底部的名单包括慈善家约翰·奥法伦，《密苏里民主党人报》(*Missouri Democrat*) 所有者之一的乔治·W. 菲什贝克 (George W. Fishback)，圣路易斯医学院 (St. Louis Medical College) 外科教授、美国医学会 (American Medical Association) 前会长查尔斯·A. 波普 (Charles A. Pope)。这35封推荐信证明了格兰特在过去五年里建立的友谊。[36]

五天后，他给父亲写信，"我并没有太大的把握能得到这个职位"。为什么呢？"我担心他们对党派提名的要求会非常严格，特别是这个职位正处于党派的控制之下。"[37]

　　格兰特是对的，他在一个月内得知自己没有获得这个职位。正如他预测的那样，这次投票遵循了严格的党派路线：两名民主党人投票支持格兰特，而三名"自由人"——辉格党和民主党反奴隶制成员——投票支持他的对手。一名投票反对格兰特的自由土地党专员、医师威廉·陶西格（William Taussig）认为，自从格兰特与登特一家住在一起后，"尽管我对于他的政治观点一无所知，但他们不义的影子必然会映射在他的身上"。[38]

*

　　10月，为了有一间自己的房子，格兰特卖掉了"贫瘠之地"，换来位于第九街和巴顿街上的一间木屋。他很高兴自己收到了一张3000美元的支票，据计算，这是两所房子价值的差额。[39] 但这笔钱也只能够支撑这个家庭一段时间的开销。

　　到了秋天，格兰特在圣路易斯海关得到了一份临时的工作，但当他的雇主去世后，他也失去了这份干了不到一个月的工作。[40] 秋去冬来，晦暗的日子也映照出格兰特逐渐黯淡下去的希望。

　　1860年2月，格兰特给县专员委员会负责人写了一封信，让他知道如果有职位空缺，他想再次申请。可是并没有空缺的职位。

*

　　在一个冬天的夜晚，尤利西斯和朱莉娅坐在客厅讨论下一步该做什么。朱莉娅坚持说："我们不会一直处于这种状态。"[41]她的乐观主义鼓舞了丈夫；她相信尤利西斯，即使他并不总是相信自己。

她鼓励丈夫去卡温顿，和父亲杰西再谈一谈关于在加利纳工作的事。在她的催促下，格兰特甘愿忍气吞声，再一次尝试在家族商店谋个职位。

尤利西斯于3月14日抵达卡温顿，发现他的父亲在几天前离开了这里。当他的头脑"几乎充满痛苦"时，他富有同情心的母亲和妹妹们给他的家庭问题出谋划策，并给他加油打气。[42]也许这次是母亲影响了父亲，当杰西回家后，他邀请尤利西斯加入家族生意。

杰西给出的条件非常严苛。尤利西斯第一年的收入只有600美元，只相当于现在的17000美元。第二年，如果格兰特能够证明自己确有能力，他将获得生意的股份。杰西意识到他虚弱的次子塞缪尔·辛普森可能无法从肺结核中完全康复，而他只剩下24岁的小儿子奥维尔了。尤利西斯的加入意味着他的三个儿子能够一起在店里工作。

*

格兰特在密苏里州待了六年，不过，这段岁月已没有任何资料可以展示。但这几年格兰特一直在寻求独立。因为他看起来很安静和谦逊，他的身份经常被人误解，尽管他自己还不知道。了解登特上校的邻居认为格兰特支持奴隶制。作为一名在与政治无关的军事文化中成长起来的军人，他仍在追寻自己的信念。

在密苏里州的最后几年，格兰特更多是倾听而非诉说。少有的几个朋友听到他开始把自己的政治观点用文字表达出来。

但在博格斯和格兰特的办公室里，他与律师威廉·S. 希利尔（William S. Hillyer）成了好友。希利尔是一位 27 岁的肯塔基人，他回忆说："我发现格兰特不是一般的健谈。"[43]格兰特与希利尔进行了热烈的交谈，他就是在那时准备加入新共和党的。

*

1860 年 4 月的一个早晨，尤利西斯、朱莉娅和四个孩子登上**伊塔斯加号**（Itasca）轮船，向密西西比河上游航行了 350 英里，最终到达加利纳。在那里，他知道他将和两个弟弟一起工作，但一切都充满了不确定性，因为这两个弟弟都比他小，他已经几年没见过他们了。他将居住在一个陌生的北方州的西北角，与此同时，全国范围内的风暴正愈演愈烈。

注 释

1 加兰德采访了杰西·格兰特（Jesse Grant）在伯特利（Bethel）的一些邻居，并给出这些"声誉良好的邻居"所说内容的大致归因。Garland, *Grant*, 129.

2 Casey, "When Grant Went A-Courtin'," 26.

3 Robert W. Johannsen, *Stephen A. Douglas*（Chicago：University of Chicago Press, 1973），421, 431, 434.

4 Ross, *The General's Wife*, 79.

5 Casey, "When Grant Went A-Courtin'," 27.

6 Garland, *Grant*, 132. 登特上校（Colonel Dent）与邻近育苗场的威廉·西格森（William Sigerson）和约翰·西格森（John Sigerson）发生了冲突。西格森一家反对奴隶制，他们的农场只雇用白人劳工。William Taussig, "Personal Recollections of General Grant," *Missouri Historical Society Collections* 2, no. 3（1903）：2-3.

7 Richardson, *A Personal History*, 152.

8   Interview with Mary Robinson, *St. Louis Republican*, July 24, 1885.

9   Frederick Dent Grant, *New York World Sunday Magazine*, April 25, 1897; see also "Frederick Dent Grant," *Ulysses S. Grant Association Newsletter*, April 1969, 21.

10 Julia, in her *Personal Memoirs*, wrote, "When she [Ellen] was eighteen months old we had the three children christened" (76). "christen" 这个词在今天通常表示"受洗"。朱莉娅没有说他们是在哪个教堂接受洗礼的,但玛丽·罗宾逊(Mary Robinson)称,他们一家人参加了卫理公会教堂的百年庆典,这是该市主要的卫理公会教堂。Interview with Mary Robinson, *St. Louis Republican*, July 24, 1885. See Mr. and Mrs. Francis Emmet Williams, *Centenary Methodist Church of St. Louis: The First Hundred Years, 1839-1939* (St. Louis: Mound City Press, 1939).

11 Ross, *The General's Wife*, 83.

12 Interview with Mary Robinson, *St. Louis Republican*, July 24, 1885.

13 Julia Dent Grant, *Personal Memoirs*, 78-79.

14 Ibid.

15 Garland, *Grant*, 133-34; Lewis, *Captain Sam Grant*, 343.

16 Richardson, *A Personal History*, 156.

17 *Personal Memoirs*, 1: 215.

18 USG to JRG, December 28, 1856, *Grant Papers*, 1: 334.

19 Ibid., February 7, 1857, *Grant Papers*, 1: 336. 尤利西斯向父亲保证,他不是要求无偿的给予,而是一笔带利息的借款。

20 Ibid., 1: 336-37.

21 Charles W. Calomiris and Larry Schweickart, "The Panic of 1857: Origins, Transmissions, and Containment," *Journal of Economic History* 51 (December 1991): 807-34.

22 这张当票目前藏于亚伯拉罕·林肯总统图书馆和博物馆。Pawn ticket, December 23, 1857, *Grant Papers*, 1: 339.

23 USG to Mary Grant, March 21, 1858, *Grant Papers*, 1: 341. 与姐姐玛丽(Mary)的通信现在成了格兰特与父亲的主要联系方式,因为杰西·格兰特很少写信。

24 Ibid., September 7, 1858, *Grant Papers*, 1: 343.

25 Casey, "When Grant Went A-Courtin'," 31.

26 Interview with James Longstreet, *New York Times*, July 24, 1885.

27 Ibid.

28 USG to JRG, October 1, 1858, *Grant Papers*, 1: 344.

29 Primm, *Lion of the Valley*, 181, 192. 在1860年的人口普查中,圣路易斯(St. Louis)成为美国的第八大城市,人口数领先于芝加哥,仅比辛辛那提少271人。

30 USG to JRG，March 12，1859，*Grant Papers*，1：345-46n2.

31 Manumission of Slave，［March 29，1859］，*Grant Papers*，1：347. 加兰德在访谈中总结道："不过，他是个不体面的奴隶主；黑人可以做他们乐意做的事。"Garland，*Grant*，137.

32 Julia Dent Grant，*Personal Memoirs*，80.

33 Ibid.，81.

34 USG to JRG，August 20，1859，*Grant Papers*，1：350.

35 USG to Board of County Commissioners，August 15，1859，*Grant Papers*，1：348-49.

36 Ibid.；Richardson，*A Personal History*，163-68.

37 USG to JRG，August 20，1859，*Grant Papers*，1：350.

38 Taussig，"Personal Recollections of General Grant，" 6.

39 Richardson，*A Personal History*，162.

40 Ibid.，169.

41 Ross，*The General's Wife*，81. 朱莉娅相信精神会振作起来，进而清除自己的负面思想。Julia Dent Grant，*Personal Memoirs*，78.

42 USG to JDG，March 14，1860，*Grant Papers*，1：355.

43 Lewis，*Captain Sam Grant*，363.

/ 第 10 章　加利纳

> 我们这里生意兴隆，我完全有理由相信，几年后我就能
> 一扫愁云。
>
> ——尤利西斯·S. 格兰特致戴维斯先生（圣路易斯的朋
> 友），1860 年 8 月 7 日

船在宽阔的密西西比河转入狭窄的加利纳河（Galena River）后，继续向前行进了 4 英里。当船停靠在沃特街的码头边时，尤利西斯和朱莉娅站在栏杆旁，看着加利纳一点点地进入视野。作为圣路易斯北部最大的汽船枢纽，加利纳充满了活力。但在 1860 年 5 月，它看起来更像是一个瑞士的高山村庄，这里的建筑坐落在环绕水面的悬崖和山丘之上。

在格兰特到达这里的时候，十几艘船停靠于码头的场景并不罕见。到 1850 年代初，河运业务发展到顶峰，加利纳成为圣保罗（St. Paul）和圣路易斯之间最繁忙的港口。[1] 从码头出发，格兰特夫妇途经德索托酒店（DeSoto House），这家酒店拥有 225 间客房。1856 年，就在酒店开业 15 个月后，亚伯拉罕·林肯代表第一位共和党总统候选人约翰·C. 弗里蒙特在这家意大利风格的砖砌酒店阳台上发表了讲话。

伊利诺伊州的西北角有着平缓的丘陵、石灰岩峭壁和河谷，很久以前，曾夷平今艾奥瓦州（即爱荷华州）和伊利诺伊州大部分地区的冰川绕过了这里。1826 年，加利纳形成一个城镇，其名称来源于拉丁语，意思是铅的硫化物，这种沉积物靠近地表。拥有 10000 人口的加利纳之所以繁荣，是因为在伊利诺伊州西北部、威斯康星州西南部 50 平方英里的地方，以及艾奥瓦州密

明尼苏达州

拉克罗斯

威斯康星州

密歇根湖

普雷里德欣

迪比克

加利纳

艾奥瓦州

汉诺威

弗里波特

乔戴维斯县

大西部铁路

锡达拉皮兹

芝加哥

岩河

印第安纳州

伊利诺伊河

北
西 东
南

伊利诺伊州

密西西比河

密苏里州

杰克逊兵营

圣路易斯

怀特黑文

杰斐逊营地

伊利诺伊中部铁路

从圣路易斯到加利纳
1843~1861

0　英里　50

0　公里　50

西西比河西岸的狭长地带发现了丰富的铅矿。到 1859 年，这一地区铅矿开采量占美国铅矿开采的 80%。[2]

*

1841 年，当尤利西斯 19 岁的时候，杰西·格兰特和他的合伙人 E. A. 柯林斯（E. A. Collins）一起，在加利纳建立了一个皮革和马具批发商店。这家商店出售鞋子、靴子和各种马具用品。

他们的合作关系在 1853 年破裂，但杰西开了一家新店。这家新店最初由他次子塞缪尔·辛普森管理，1859 年他的小儿子奥维尔也参与其中。尤利西斯的表兄弟麦利康·T. 伯克（Melychton T. Burke）在 1856 年春从伯特利来到这里担任职员。当尤利西斯到来的时候，辛普森脸颊凹陷，由于肺痨，他显得十分虚弱。[3]

尤利西斯想知道自己在和两个兄弟共事时会扮演什么样的角色，因为他的两个兄弟在家族生意管理上都比他有经验。在有关格兰特的传言中，尤利西斯一开始是"一个地位低下的人"，靠一年 600 美元的薪水勉强度日。不过，他的伯克表兄弟坚称："这简直是无稽之谈。"[4]

从一开始，尤利西斯就参与店铺工作的各个方面。他服务顾客，填写订单。他对数字很敏感，在账簿上花费很多时间和精力，计算着资金运转的情况。冬天，他去威斯康星、明尼苏达和艾奥瓦州购买生牛皮。他能够搬运超过 250 磅的生牛皮，这给伯克留下了深刻的印象，因为"他能多次抬起常人无法抬起的兽皮"。[5]

在最初的几个月里，尤利西斯努力偿还他在密苏里州欠下的债务。没有被问及任何问题，他就从店铺持有的共同资金里借到了钱。

*

格兰特夫妇居住在西边山坡上一栋两层的砖房里。[6]这栋砖房有七间房，他以每年100美元的价格将其租下。在这里，他可以俯瞰河流从小镇中间流过。穿过砖房长长的木楼梯就能来到主街。[7]

在加利纳，格兰特一家住在山坡上一栋拥有七间房的两层砖房里，他们以每年100美元的租金租下了它。

在加利纳，尤利西斯渐渐融于一种他在"贫瘠之地"和圣路易斯无法触及的家庭模式。当他回家后，2岁的杰西会在门口迎接他，并例行公事地问道："你想打一架吗？"

尤利西斯会说："我不想打架，杰西，但我不能忍受被一个像你这么大的人恐吓。"他的小儿子挥舞着小拳头，敲打尤利西斯的膝盖。在几次温柔的反击之后，尤利西斯便在地板上打滚，将杰西抱到胸前。"当一个人倒下后，再用拳头去打他是不公平的。"在又挨了几十下"咯咯笑的拳头"后，这位父亲哭着向小儿子说"我投降，我投降"。[8]杰西会骄傲地站起来，并好心地扶起爸爸。

晚饭后，尤利西斯会穿着拖鞋和孩子们待在一起。最年长的弗里德记得他的父亲和每个孩子相处的方式都不太一样。尽管他对他们表现了毫无二致的爱和善，但作为父亲，他却使自己适应了每个孩子独特的性格。据弗里德所言，二弟尤利西斯是"一个非常温柔和敏感的男孩"。"父亲从来没有忘记这一点，并且小心翼翼地不去伤害他的感情。"尤利西斯把他唯一的女儿内莉称作"我的宝贝"，"并且对她非常温柔"。最小的孩子杰西性格开朗，"有几分机敏"。[9]

在加利纳，尤利西斯和朱莉娅也有更多时间待在一起。晚上，他常常在妻子缝衣服时给她大声朗读报纸和著作。然后，他自己阅读小说以及本地和芝加哥的报纸。他喜欢用陶制烟斗抽烟，但朱莉娅不喜欢他不停地抽烟，并经常把他的烟斗藏起来。[10]

三个月后，尤利西斯给和他一起在圣路易斯海关工作的人写了封信，"自从离开圣路易斯后，我已经很熟悉皮革行业，也很喜欢它"。也许是第一次，他看上去很乐观。"我们这里生意兴隆，我完全有理由相信，几年后我就能一扫愁云。"[11]

*

格兰特夫妇开始参加位于长凳街用砖石新建的大型卫理公会教堂所组织的活动。这座教堂于 1857 年落成，旨在容纳不断壮大的集会，并取代了原有的于 1832 年建造的框架结构教堂。/ 138

1859 年，教会迎来了一位年轻的牧师——27 岁的约翰·海尔·文森特（John Heyl Vincent）。文森特在宾夕法尼亚州长大。18 岁时，他成为一名卫理公会的巡回牧师，服务于宾夕法尼亚州的农民、矿工和店主。他的卫理公会布道非常务实。[12]

格兰特第一次和文森特进行深度交流是在一个寒冷冬天的早晨，当时他们在艾奥瓦州迪比克市（Dubuque）密西西比河对岸的一家旅馆里。格兰特走进房间作了自我介绍："我听说你每个礼拜天都布道。我叫格兰特。"文森特记得格兰特的"活力和诚挚……使我既惊讶又感兴趣"。[13]

在那次短暂的会面之后，文森特回忆说："我在加利纳教堂的公共服务期间，经常看到我那位有趣的听众平静而坚定的面孔。"文森特后来成为全美卫理公会最重要的领袖之一。[14]

*

慢慢的，格兰特开始像他在墨西哥和加利福尼亚州时一样，结交了一群挚友。黑眼睛、黑头发的约翰·A. 罗林斯（John A. Rawlins）在皮革店找到他，并作了自我介绍。罗林斯回忆说，他自己 16 岁时还是个农场男孩，为了"得到参战的许可而几乎陷入疯狂"，[15] 但最终仍未被允准。从那以后，他就十分钦佩那/ 139

格兰特夫妇开始在位于长凳街的卫理公会教堂做礼拜，教堂的牧师是27岁的约翰·海尔·文森特。

些服役过的人，而且他听说格兰特上尉参加了美墨战争。29岁的罗林斯比格兰特小9岁，他回忆起与这位腼腆上尉初次谈话的情景。作为一个热情梦想家的罗林斯，他潜移默化地打破了格兰特本性里的缄默。格兰特会坐在柜台上，讲述"在墨西哥发生的事，这个国家的美丽和博物似乎总能激起他的热情"。[16]

罗林斯在一个喜欢空想的父亲和古道热肠的母亲的抚养下长大。他的父亲为了寻找黄金去了加利福尼亚，但没有成功，而他的母亲只希望自己的儿子生活得更好。罗林斯目睹了酒对父亲及家人的影响，因而对酒精抱有敌意。[17]

1857年，年仅26岁的罗林斯被选为加利纳的检察官，他之前曾担任过加利纳的审计员和市议员。他在法庭上"以清晰、逻辑性极强的理由"进行辩护，他越来越出名，大家都认为他是一名极有实力的律师。[18]

在朋友们看来，罗林斯和格兰特成为朋友似乎很奇怪。罗林斯是一个天生的演说家，而格兰特总是回避公开演讲；罗林斯喜欢全国性的政治运动，而格兰特对此并没有兴趣；罗林斯总爱说些不妥的言辞，而伯克记得"没有人听过格兰特咒骂他人或说过任何不雅正的事"。[19]但他们越发彼此欣赏。

*

1860年11月6日选举日前夕，大量的报道称亚伯拉罕·林肯将当选美国第16任总统。但这位来自伊利诺伊州斯普林菲尔德的政治家几乎没能赢得加利纳地区的选票。在激烈的选举中，有81.2%的合格选民参加了投票，林肯只获得了39.65%的选票，但他仍然是四名候选人中的赢家。无论是德索托酒店，还是最不起眼的小房子，都飘扬着美国国旗。格兰特的店铺也因这场庆祝活动而活跃起来，他也出了一份力，为大家端上了牡蛎和酒水。[20]

*

12月20日，即将到来的风暴中心在南卡罗来纳州查尔斯顿上空盘旋，该州议会一致投票决定脱离联邦。在40天内，南方的密西西比州、佛罗里达州、亚拉巴马州、佐治亚州、路易斯安那州和得克萨斯州一个接一个地投票退出联邦。他们很快控制了包括一些要塞在内的联邦机构。

次年 2 月，加利纳的巡回法院书记官威廉·罗利（William Rowley）曾与格兰特讨论过分离主义者掀起的动荡，他说："虽然这些南方人看着气势汹汹，但他们难道还能挑起战争不成？"

"不，罗利，你错了。他们确实来势汹汹，这是他们所受教育的产物。他们为达成目标，就一定会进行一场激烈的战斗。"[21] 格兰特深知西点军校同学们的信念和能力，他们正辞去军职，返回南方的家乡进行战斗。这些人里包括格兰特在西点军校的三位同学詹姆斯·朗斯特里特，卡德穆斯·马塞勒斯·威尔科克斯，以及伯纳德·普拉特，他们曾在格兰特 12 年前的婚礼上当过伴郎。

*

1861 年 4 月 12 日凌晨，南方邦联的炮兵向萨姆特堡（Fort Sumter）开火。在加利纳，通过电报，人们得知这个南卡岁来纳要塞投降的消息。

4 月 15 日，林肯总统发表公告，号召 75000 名志愿军服役 90 天。第二天，加利纳所有的商店都关了门，人们从周围的农场冲进城来。因为镇上大多数居民都投票选举斯蒂芬·道格拉斯担任总统，所以空气中既弥漫着兴奋，也充斥着不安。

第二天晚上，格兰特和市民们一起来到只有站席的巨大石制法院。市长罗伯特·布兰德（Robert Brand）在这个人满为患的大厅里主持秩序。作为南方出生的民主党人，他发表了一篇软弱无力的演说，反对在美国另一个地区发动战争，并呼吁采取一些"光荣的妥协"。[22] 根据商人奥古斯塔斯·切特兰（Augustus Chetlain）的描述，布兰德的话使会议陷入了"难以形容的混乱"。[23]

众议员伊莱休·沃什伯恩（Elihu Washburne）站了起来，用响亮的声音宣布，"这场邪恶而无理的战争"必须打到最后。他提出了一些建议，包括支持联邦政府的行动和组建两家军事公司。

加利纳是一个强烈支持共和党的民主党城镇。共和党人伊莱休·沃什伯恩在1852年当选为众议员。他出生在缅因州，毕业于哈佛大学法学院，1840年搬到加利纳，在这里成立了一家律师事务所。沃什伯恩个头儿高、肩膀宽，有着一双灰蓝色的眼睛。他因严谨和正直而受到尊敬。当他来到西部时，他发誓不喝酒、不抽烟、不打牌，也不去看戏。[24]

在加利纳，他1845年与阿黛尔·格拉蒂特（Adele Gratiot）邂逅并结婚。格拉蒂特的祖先是法国胡格诺派教徒。他们结婚后，沃什伯恩开始学习法语，并习惯在晚餐时享用一杯葡萄酒。刚到这里时，沃什伯恩在镇上的圣公会教堂做礼拜，但他后来跟着妻子去了她所在的长老会教堂。他的家庭在社会公共服务中有过杰出的贡献，他与两个兄弟，1850年从缅因州当选的伊斯雷尔（Israel），以及1854年从威斯康星州当选的卡德瓦拉德（Cadwallader）共同在国会任职。[25]

在1860年的总统竞选中，沃什伯恩在加利纳为林肯助选，但从未在格兰特的皮革商店中见过尤利西斯。

当沃什伯恩走下台，人群开始大叫："罗林斯！罗林斯！"约翰·罗林斯虽然还不到30岁，却已成为镇上的民主党领袖。大家都知道他在最近的总统竞选中大力支持道格拉斯。当天的早些时候，一位民主党朋友警告罗林斯，"这是一场废奴斗争。不要被卷进去；如果你这样做，你会伤害我们的党"。[26] 虽然许多民主党人建议大家隐忍一时，但人们很想知道罗林斯会说些什么。

当罗林斯让人群安静下来时，格兰特听着他的讲话，满心赞赏。他回顾了美国是如何走到这一步的——宪法的基础，奴隶制在美国历史上的地位，《密苏里妥协案》，美墨战争，《堪萨斯—内布拉斯加法案》。他一再强调，美国人民的天性在于他们愿意服从多数人的意志。

在四十多分钟的讲话后，罗林斯突然提高了嗓门，他谴责萨姆特堡发生的事是"吞火者"和"头脑发热"的人所为。当他讲到高潮时，你可以听到靴子后跟发出的隆隆声。"我一生都是民主党人，但这不再是政治问题。这是简单的联盟或分裂，国家或没有国家的问题……我们将站在我们国家的旗帜旁，向战神发出呼喊。" [27]

观众们跳起来欢呼雀跃。共和党人既惊讶又高兴，而民主党

共和党众议员伊莱休·沃什伯恩是亚伯拉罕·林肯的朋友，住在加利纳。

人不敢提出异议。格兰特后来告诉某位朋友，他"全神贯注"地倾听这一讲话，这段讲话"激起了他的爱国主义，重新点燃了他的军事热情"。[28] 罗林斯清楚地表达了格兰特还未说出来的想法。

当人群离开时，威廉·罗利说："格兰特上尉，这终究是一次很好的集会。"

"是的，我们正打算做点什么。"[29] 格兰特平静地回答。

当格兰特回到家时，他对奥维尔说："我以为我已经完成了当兵的使命，我从没想过自己会再次参军。"他认真地补充说："但我接受了政府的教育。如果我的知识和经验可以提供任何服务，我想我应该提供给他们。"

"我也这么认为。"他的兄弟回答道："去吧，如果你愿意，我就待在家里照看商店。"[30] 格兰特回忆说："那次会议之后，我再也没有进过我们的皮具店做过包装或别的生意。"[31]

*

第二天，小镇宣布了一则通知，在第二天晚上，也就是 4 月 18 日，将再召开一次会议以召集一批志愿军。狂热的场景再次上演，会议由县财务主管、共和党人、美墨战争老兵约翰·E. 史密斯（John E. Smith）主持。在与沃什伯恩商量后，史密斯决定将今晚的主持人让给一位民主党人，一名退伍老兵，他认为这样做才是明智的："我提名格兰特上尉作为主持人。"[32]

格兰特坐在法庭栏杆外的硬板凳上，他对史密斯的这一宣布感到惊讶。人群好奇地看着他，因为只有少数人知道格兰特还曾穿过蓝色军装。

人们慢慢把目光聚焦于格兰特。"格兰特上尉！格兰特上尉！"人群开始齐声喊叫。

格兰特离开长凳，犹豫地走到前面。经"一致同意"，他决定主持会议。[33] 商人切特兰记得格兰特"显然有些尴尬地"陈述了这次集会的目的。[34] 但很快他就恢复了镇静，并解释了筹集和装备一支队伍的意义："我们要绝对服从，即使要在雨雪中长途跋涉。"[35] 在谈及他熟悉的话题时，他讲到将爱国主义和激情转化为纪律和训练的必要性。他没有发表支持战争和联邦的雄辩言辞，但他回答了人们的提问。最后他作出总结，号召人们参加志愿军。

/ 143

*

人们往往有这样一种倾向，将 4 月 18 日晚格兰特被地方领袖出乎意料地选为集会主持人这件事，作为他由公民转向士兵的肇始，但这忽略了他此前几个月在加利纳的重要经历。

首先，格兰特的皮革商店是共和党辩论和思想躁动的温床。塞缪尔·辛普森和奥维尔像他们的父亲一样，都是坚定的共和党人。格兰特兄弟和表兄弟伯克经常围坐在火炉旁，他们讨论政治、奴隶制和脱离联邦的前景。对于一个过去常常听登特上校没完没了地谈论支持南方奴隶制政治的格兰特来说，这是一种多么好的教育啊！

其次，格兰特经常看报。朱莉娅记得，"尤利西斯向我大声朗读每一篇赞成和反对脱离联邦的演讲"，[36] 然后他们会围绕这个问题展开辩论。在一个人们通常只会阅读 2~3 份地方报纸的时代，比如《西北周报》（*Weekly North-Western Gazette*）和《每日信使报》（*Daily Courier*），格兰特却可能还会阅读来自弗里波特（Freeport）、迪比克、芝加哥和圣路易斯的报纸。

到 1860 年底，格兰特的信件内容开始显露新的价值观，变得更加严肃，更加政治化。南卡罗来纳州脱离联邦后，格兰特写信给一位不知名的记者："你们对圣路易斯的分离主义有何感想？"他并不羞于表达自己的观点。"很难意识到会有一个州或多个州做出脱离联邦的自杀行为，尽管从所有的报道来看，我毫不怀疑，至少有四分之一的州会这么做。"他对詹姆斯·布坎南总统的回应有何看法？"有了现在这位婆婆妈妈的行政官员，毫无疑问，一些愚蠢的政策将被推行，这将使得南方尚未脱离联邦的州支持并同情那些已经脱离的州。"[37] 1856 年，格兰特曾投票支持布坎南，希望他能冷却分裂的热情，但作为总统，布坎南在面对分离主义威胁时表现得非常软弱。

*

在第二次法院集会之后的第二天，每个人都想和格兰特交谈——问他问题，寻求他的建议，在招募志愿军方面得到他的帮助。突然间，他成了镇上最引人注目的人。

/ 144

当格兰特准备在这个地区寻找志愿军时，他抽出时间写了一封值得我们注意的信。令人惊讶的是，这封信不是写给他支持保卫联邦的父亲，而是给他支持分裂的岳父："时代的确令人震惊，但现在是人们证明他们爱国的时候了，尤其是位于边境的蓄奴州。"他承认登特上校是代表南方州权利的民主党人，他写道："我知道人们很难在明面上与共和党人合作。"但他建议，"现在所有党派的荣誉都应该被忽略，每一个真正的爱国者都应该维护光荣的古老星条旗、宪法和联邦的完整。"然后，他告诉朱莉娅父亲一些他肯定不想听到的话："所有的问题和烦扰都源自南方州的进攻，而联邦政府完全是自我防卫。"林肯已经召集了75000名志愿军，但格兰特断言，"如有必要"，北方将会"以10~20倍于75000名志愿军的队伍作为对南方进攻的回应"。[38]

格兰特是否真的认为他能改变朱莉娅父亲的想法？或者，也许他是无意识地想用这种方式表达自己未曾在公开场合表明的信念和决心？国家面临着分裂的危机，格兰特用一句话总结了过往和将来，并告诉他的奴隶主岳父："综上所述，我只能看到奴隶制的灭亡。"[39]

*

格兰特在加利纳的这几年是他自我酝酿的时期。他不再挣扎着养家糊口，也不再与支持奴隶制的岳父发生冲突。他离开登特上校的世界去追寻他的父亲，去接近他反对奴隶制的朋友。不过，在1861年4月，他抵触的是分裂国家的行径，而不是抵触奴隶制。如果他认为西点军校、美墨战争、萨基茨港、底特律、温哥华堡和洪堡都已成为过去，那么突然间，在这些地方的所有经历于此时此刻都涌现出来，因为他想到了自己在冲突中可能扮演的角色。格兰特从军队辞职将近七年之后，他发现自己已被卷入了内战的风波。

注 释

1　随着钢取代铅，加利纳（在格兰特时代之后）的衰落一如其崛起般那么迅速。

2   Diann Marsh, Galena, *Illinois: A Brief History* (Charleston, S.C.: History Press, 2010), 13.

3   格兰特杂货店的地址通常被认为是北缅因街 145 号，但直到内战结束后，加利纳地区才出现该街道号码。

4   M. E. Burke interview, Hamlin Garland Papers. 麦利康·T. 伯克（Melycthon T. Burke）最终同意了加兰德的采访请求，其中的一个主要原因是要纠正格兰特在加利纳期间"许多关于他的完全荒谬的故事"。

5   Ibid.

6   Leigh Leslie, "Grant and Galena," *Midland Monthly* 4, no. 3 (September 1895): 195.

7   格兰特家当时的地址是主街 121 号。

8   Julia Dent Grant, *Personal Memoirs*, 85-86.

9   Frederick Dent Grant, quoted in *Army and Navy Journal* (May 23, 1908): 1, 029.

10 Ross, *The General's Wife*, 104.

11 USG to Mr. Davis, August 7, 1860, *Grant Papers*, 1: 357.

12 Leon H. Vincent, *John Heyl Vincent: A Biographical Sketch* (New York: Macmillan, 1925), 29-31.

13 Ibid., 50; John H. Vincent, "The Inner Life of Ulysses S. Grant," *The Chautauquan* 30 (October 1889-March 1900): 634.

14 Russell E. Richey, Kenneth E. Rowe, and Jean Miller Schmidt, *The Methodist Experience in America*, vol. 1 (Nashville: Abingdon Press, 2010), 250, 266, 330.

15 John Rawlins interview, "How Grant Got to Know Rawlins," Hartford Post, in *Army and Navy Journal* (September 12, 1868): 53.

16 Ibid.

17 James Harrison Wilson, *The Life of John A. Rawlins* (New York: Neale Publishing Company, 1916), 24-31.

18 Ibid., 33, 35.

19 M. E. Burke interview, Hamlin Garland Papers.

20 Richardson, *A Personal History*, 175.

21 Ibid., 176.

22 Ibid., 178.

23 Augustus L. Chetlain, *Recollections of Seventy Years* (Galena, Ill.: Gazette Publishing Company, 1899), 69.

24 Gaillard Hunt, *Israel, Elihu and Cadwallader Washburn* (New York: Macmillan, 1925), 172.

25　Ibid., 175–78.

26　Richardson, *A Personal History*, 178.

27　Wilson, *Life of John A. Rawlins*, 46–48；Richardson, *A Personal History*, 179.

28　Wilson, *Life of John A. Rawlins*, 49.

29　Garland, *Grant*, 156.

30　Richardson, *A Personal History*, 179.

31　*Personal Memoirs*，1：231.

32　Garland, *Grant*, 157.

33　Ibid.

34　Chetlain, *Recollections of Seventy Years*, 70.

35　Garland, *Grant*, 157.

36　Julia Dent Grant, *Personal Memoirs*, 87.

37　USG to addressee unknown, [December 1860], *Grant Papers*, 1：359. 尽管这封信没有注明日期，但编者把它放在 12 月是正确的，而且我认为是在 12 月 20 日南卡罗来纳州脱离联邦之后。

38　USG to Frederick Dent, April 19, 1861, *Grant Papers*, 2：3–4.

39　Ibid.

第三部分　**转变，1 8 6 1 ~ 1 8 6 5**

我需要这个人。因为他勇敢作战。

——亚伯拉罕·林肯

/ 第11章 我将尽我所能

现在只有两个党派，叛国者和爱国者，我希望我以后能被列为后者。

——尤利西斯·S. 格兰特致杰西·鲁特·格兰特，1861年4月21日

正如人们多年前预言过的那样，这场南北战争在1861年像春天的暴风雨一样席卷全国。包括格兰特在内，几乎所有人都不相信这场战争会持续很长时间，认为最多几个月，在夏末就会结束。格兰特心中涌起了一股爱国热情，然而一个悬而未决的问题隐隐浮现：在这场战争中，这位前军官将如何以及在哪里找到自己的位置呢？

*

4月19日，也就是格兰特担任集会主持人的第二天，他向南骑行14英里，前往汉诺威（Hanover）招募志愿军。那天晚上，他首次发表了公开演讲。[1]这次旅行的收获是成功招募了12名新兵。

军官由志愿军团选举产生。格兰特回到加利纳，此时镇上的80名新兵正准备投票选举军官。有人劝他接受上尉职位，但他拒绝了。1854年，他辞去了陆军上尉的职务，现在他也不想再恢复到原来的军衔。但他答应"我将尽我所能帮助连队"。[2]

在接下来的几天里，格兰特不知疲倦地工作着，他用松木条代替枪支训练志愿军，在军队的组织和管理程序上提供帮助，并和妇女们一起制作军装。他选定了军装的设计样式，购买了材料，并雇了裁缝帮忙裁剪。

在这种动荡不安的气氛中，格兰特给父亲写了一封令人动容的信。他写道："我现在需要你对我的行动作出支持，或者对这件事提出建议。"[3]他的恳求证明，在19世纪中叶的家庭里，父亲和儿子之间存在着强有力的关系纽带，当人们想起他们间长期存在的矛盾时，这一点就更加引人注目了。在这个关键时刻，儿子希望得到父亲的祝福。

知道父亲很清楚自己以前在政治层面缺乏担当，格兰特急忙补充说："不管我以前的政治观点是什么，现在我只有一种观点。那就是我们只有一个政府、一种法律和一面旗帜，它们必须得到拥护。现在只有两个党派，叛国者和爱国者，我希望我以后能被列为后者。"[4]

*

沃什伯恩鼓励格兰特前往斯普林菲尔德，并告诉他，共和党的州长理查德·叶茨（Richard Yates）将为西点军校有从军经验的毕业生提供职位。4月25日，来自城镇和乡村的民众为乔戴维斯县（Jo Daviess County）的军队送行。格兰特走下长长的主街楼梯，加入了这个团，成为伊利诺伊州第十一步兵团的一员。众多祝福者挤满了街道，卫理公会牧师约翰·海尔·文森特不得不爬上一辆位于中部的车厢，向乘火车前往斯普林菲尔德的志愿军们发表告别演说，并为他们祈祷。[5]

当格兰特抵达斯普林菲尔德时，现场一片混乱。他前往设在州议会大厦里的政府办公室，亚伯拉罕·林肯曾于1858年在那里发表了《分裂之家演说》（House Divided）。一进办公室，他就发现里面挤满了找工作的人。他被前副州长古斯塔夫·科纳

（Gustave Koerner）拦住。在这场危机中，科纳自告奋勇前来帮助州长叶茨。作为一名德意志移民，凭借着对人和事的敏锐判断力，他成功在伊利诺伊州开始了新的政治生涯。他对眼前的这位前军需官印象不深。他将格兰特描述为"未到中等个头，肩膀宽，脖子短"，"看不出任何一点聪明的样子"。格兰特"穿得很差，一点也不像军人"。[6]让格兰特失望的是，叶茨没有时间见他。

1861 年 4 月 27 日，格兰特背井离乡，独自庆祝自己的 39 岁生日。此时，他没有任何任务，也没穿军装。他想参加战争，但他不知道该如何服役。在斯普林菲尔德散步时，他对以自我为中心、不择手段地谋取军事职位感到厌恶。他给父亲写了封信："我对委员会里暗箱操作的政治行为感到极其厌恶，并且不愿参与其中。"[7]

第二天，在没有得到任何职位的情况下，格兰特打算乘坐晚上 9 点钟的火车返回加利纳。在切纳里酒店（Chenery House）吃过晚饭后，他在前门逗留了一会儿。在酒店用餐的州长叶茨喊道："上尉先生。"这位州长得知格兰特要离开斯普林菲尔德，但还是询问他是否会留在这里过夜，并是否可以在第二天早上来他的行政办公室会面。[8]

沃什伯恩的预测成真了。叶茨委任格兰特担任副官长汤姆·马瑟（Adjutant General Tom Mather）的办公室助手。格兰特立即开始了工作。他坐在前厅的一张三腿桌旁，发现自己就是一个执行枯燥乏味工作的职员——填写军事表格和签发命令，甚至在军火库里寻找旧火枪。他被问及各种各样关于军规的问题，人们对他的回答印象深刻。[9]他没有抱怨，并在给朱莉娅的信中写道："案头工作不是我的专长，因此我的服务可能没有他预期的那么有价值。"读到丈夫的下一句话时，朱莉娅并不感到意外："无论如何，我将尽我所能。"[10]

　　叶茨观察着格兰特是如何理清头绪、恢复秩序的。第一项任务之后紧跟着是另一项新任务：5 月 4 日，州长让格兰特负责叶茨营，这是伊利诺伊州最大的招募中心，位于州内的集市。在这里，格兰特负责督导和训练"30 天志愿军"。他在切纳里酒店租了一间房，与奥古斯都·切特兰合用一张床。《西北周报》自豪地报道说，格兰特将叶茨营"置于严格的军规之下。过去的嬉闹和不服从已经一去不返"。[11]

　　在接下来的几个星期里，格兰特前往麦顿（Mattoon）、贝尔维尔（Belleville）和安纳（Anna）等地的征兵中心，督导招募"30 天志愿军"的工作。他在麦顿的影响力巨大，一名士兵报告说，"他的所有行动都毫不迟疑"，以至于士兵们将他们的营地命名为"格兰特营"。[12]

*

　　5 月底，征兵工作完成后，格兰特回到斯普林菲尔德，领取了 130 美元的薪水。斯普林菲尔德《伊利诺伊州记录报》（*Illinois State Register*）的编辑查尔斯·兰菲尔（Charles Lanphier）在切纳里酒店遇见疲惫不堪的格兰特，并问道："上尉，你在这里干什么？"

　　"没什么，只是等待。"[13] 他沮丧地回答。由于没有与他军事经验相匹配的任务，格兰特感到沮丧，他决定回到加利纳看望家人，并仔细权衡最好的发展道路。在他抵达加利纳后不久，长期担任《西北周报》编辑的霍勒斯·H. 霍顿（Horace H. Houghton）询问是否可以采访他。通过这次采访，格兰特第一次受到了报纸的称赞。

我们现在需要像他这样的军人，我们希望政府委任他以更高的指挥职位。他拥有极具荣誉感的魂魄，没有任何人比他更有一颗爱国之心。我们希望我们的年轻士兵能够受到像格兰特上尉这样有着罕见领导能力的人的影响。[14]

/ 150

霍顿在格兰特参战之前就给出了这样的评价。

5月24日，格兰特给在华盛顿的副官长洛伦佐·托马斯（Adjutant General Lorenzo Thomas）写信："若能在战争结束前竭力为您效劳，我将倍感荣幸。"[15] 此前，他一直希望被任命为志愿军上校，这是各州享有的特权，但现在他寻求成为正规军的上校，这一任命只能由林肯总统来决定。

这封信从未被回复。心烦意乱的托马斯一定是把请求信丢在了抽屉里，因为等到1876年这封信被后来的军事行政长官发现时，已经过去了15年。[16]

内战刚爆发时，格兰特并没能参与其中。

*

6月初，格兰特在肯塔基州的卡温顿探望了父母，但他此行还有另外一个目的。他知道俄亥俄州的陆军部门位于俄亥俄河对岸的辛辛那提。这一陆军部门由乔治·麦克莱伦指挥，其包括俄亥俄州、印第安纳州和伊利诺伊州在内。在温哥华堡，格兰特曾为麦克莱伦的铁路勘测队供应装备。

急于见到麦克莱伦，格兰特收敛起他的傲气，来到了麦克莱伦的指挥部。当被告知麦克莱伦刚刚离开后，格兰特等了很长时间，最后他告诉一个军官自己明天会再来。[17]

第二天，格兰特遇到了同样的情况：将军仍不在办公室。格兰特看着工作人员，他们"耳朵后面挂着羽毛笔"，一直忙着写报告，"一句话也没跟他说"。格兰特又一次失望地离开了。[18]

在回伊利诺伊州的途中，他逗留了一会儿，拜访了在印第安纳州拉斐特（Lafayette）的西点军校同学约瑟夫·雷诺兹。当格兰特在印第安纳州时，他收到了叶茨州长的电报，叶茨已经任命他为上校，指挥一个月前于麦顿集结的第七团。[19]

格兰特欣然接受了这项任务。许多西点军校的毕业生瞧不起这些志愿军，但他没有。格兰特承认，当他第一次在美墨战争中见到志愿军时，他对他们的看法有所保留，但当他看到这些人在战斗中的勇敢表现时，这种偏见就消失了。可杰西得知儿子受任的消息后，仍忍不住告诉格兰特，他勉强能够接受，但这不是最好的安排。[20]

格兰特上任后，一开始并不像个上校。志愿军们拿他取笑，有人曾说："他穿得很粗陋，一身普通民众的衣服，包括一件肘部磨破了的旧外套，戴着一顶折痕很深的高帽。"格兰特了解到，只有不到一半的新兵愿意延长服役期限超过30天。他痛苦地意识到自己作为一名主讲人还有很多不足之处，于是他接受了民主党众议员兼军官约翰·A. 罗根（John A. Logan）以及约翰·A. 麦克勒南德（John A. McClernand）向军队发表讲话的提议。他们的口才给他留下了深刻的印象，当罗根介绍他的时候，他只能回复："士兵们，回到你们的营房去吧。"[21]

格兰特指挥的最初几天预示着他在接下来几个月里的表现。他的领导方式不是大喊大叫或者威胁士兵，而是以平静的，通常是书面的方式发布命令。他的部队很快给他贴上"平静人"的标签。他在第一份命令中写道："为了便于指挥，我希望所有现役及非现役的军官能够在指挥和维持纪律方面通力合作，并希望得到每一个士兵的衷心支持。"[22] "合作"意识巩固了格兰特的领导地位。

同样，在第一份命令中，他也遇到了营地纪律的棘手问题。此前的指挥官试图通过建立一支由80名士兵组成的安保队来加强纪律，"防止这些士兵爬出围墙，进城去看女孩们"。[23] 相比之下，格兰特的命令反映了他对情理的信任："从起床到返回寓所不需要通行证。他将这一特权授予自己指挥下的所有士兵，并且希望这种宽限不会被滥用以致遭到取消。所有出营的人都应该意识到他们是士兵中的绅士。"[24] 在还是一名年轻的士兵时，格兰特很欣赏杰斐逊营地的史蒂芬·科尔尼，因为他让士兵们随意来去，只要他们在点名和操练时能按时到场。格兰特也会这么做。[25]

关于格兰特的第一份命令，一名中尉写道："这个命令的效果非常好。士兵们反应热烈，纪律不再是问题。"[26]

格兰特意识到，志愿军的主要问题始于军官。与那些通过上级考察、能力得到证明从而晋升的正规军军官不同，志愿军军官是由他们的同伴选出来的。很多时候，选举成了一场人气竞赛，这意味着新的军官可能完全不用掌握军事技能，却被授予军官职衔。[27]

/ 152

为即将到来的战争作准备，他请朱莉娅把"麦克莱伦的克里米亚战争报告"[28]寄给他。麦克莱伦在欧洲花了整整一年时间研究克里米亚战争用到的战术。克里米亚战争始于1854年，终于1856年。参战一方是俄国，另一方是英国、法国和奥斯曼帝国。他准备从新的角度来研究这场战争。

现在，对自己领导能力充满信心的格兰特回到加利纳的家中。朱莉娅很高兴见到"维克多"，这是"他给我读维克多·艾曼努尔二世（Victor Emmanuel II）成功"[29]统一意大利的故事后，朱莉娅对格兰特的爱称。格兰特这次回家的一个目标是：准备一套制服和一匹战马。但他没有足够的钱。时运不济，他的兄弟们也不能借钱给他，他只好求助于父亲的前合伙人柯林斯，柯氏给了他一张 500 美元的支票。带着新制服和新战马"朗迪（Rondy）"，格兰特离开了加利纳。然而，他仍然喜欢自己那件普通的蓝色外套和黑色毡帽。第七团的卫理公会牧师詹姆斯·L. 克莱恩（James L. Crane）说，格兰特"身上从来没有任何标记，好让人们分辨出他的军衔"。至于制服，克莱恩回忆说："除非必须要盛装游行，他从未穿过它。"[30]

当格兰特就职时，他面临着时间危机。他的军队，作为州属民兵的志愿军，只签约服役 30 天。由于不喜欢上一任上校，他们决定在未来三年里不再参军。时钟嘀嗒作响，他们的服役将于 6 月 28 日结束。

格兰特面对着说服志愿军延长服役期限的挑战。这个决定很大程度上取决于他们对新上校是否信任。6 月 28 日，星期五，第七团几乎每一名志愿军都签约服役三年，而且这些人正发展成为伊利诺伊州第二十一团。

*

新的番号，即"伊利诺伊州第二十一团"带来了新的任务。格兰特接到命令，要指挥伊利诺伊州第二十一团向西行军 110 英里，到达密西西比河沿岸的伊利诺伊州昆西（Quincy）。大西部铁路公司（Great Western Railroad）的代理人联系了格兰特，询问他什么时候需要提供运输服务。

"我并不需要这个。"他对大吃一惊的代理人说，"对军队而言，向那里徒步行军就是最好的准备。"[31]

7月3日开始，格兰特的第一次行军成为他整顿军纪的另一契机。每天早晨，在近千人的队伍扎好营地后，格兰特就会公布第二天的出发时间。如果有人没准备好，他就会被抛在队伍后面——不仅遭到不吃早饭的惩罚，而且不止一次不能穿裤子。[32]

在途经一个小镇时，一些士兵在他们的水壶里装满了当地杂货店里的威士忌。后来，看到一些士兵走路摇摇晃晃，格兰特停下来检查他们的水壶。当他在士兵的水壶里发现威士忌时，他就会让那名士兵把威士忌倒在地上，然后在当天的剩余时间里把他绑在一辆行李车的后面。[33]

行军的第四天，格兰特写信给朱莉娅："途经那些城镇时，所有的人都会来迎接我们。"[34] 他感激这些州对志愿军的支持。

在美墨战争期间，格兰特曾抗拒担任军需官，现在他意识到这段经历对完成新任务很有帮助。约翰·威廉姆斯上校（Colonel John Williams）向叶茨州长报告说，格兰特是第一个明确了解他想要什么东西的军官。"格兰特的军需品申购单做得完美无缺，没有任何一项多余，也没有任何一项缺漏。"[35]

在伊利诺伊河畔露营时，格兰特从当地一位农民那里买下了另一匹马，并取名"杰克（Jack）"。这匹马是米色的，有着银白色的鬃毛和尾巴。事实证明，它比那匹雄壮的骏马"朗迪"更灵活，也更和格兰特相配。[36]

他们一边行军，一边唱起流行的福音歌《通往约旦的苦旅》（*Jordan Am a Hard Road to Travel*）。约瑟夫·W. 万斯中尉（Lieutenant Joseph W. Vance）写道："格兰特让我们进行艰苦的训练。他严禁散乱无章和夜间嬉戏。"万斯说，最令人印象深刻的是，当格兰特"惩罚一个人的时候，他以一种平静的、不会激怒被惩罚者情绪的方式实施惩罚"。[37] 格兰特告诉朱莉娅："我不相信还会有一支更有纪律的志愿军部队。我对他们很严格，他们似乎也乐于接受。"[38]

两天后，他发布了一则通令："指挥这个团的上校认为，在行军时他有义务向服从和遵守军纪的官兵表示感谢。"他提醒士兵们，自己以前在正规军中服役，并以此来加强他对士兵赞扬的说服力。他进一步提出："在这个时候，就军队的一般纪律和执行命令而言，把他的部队同经验丰富的军队进行一次对自己最为有利的比较并非那么不恰当。"他们的良好行为使"卫兵变得多余"。[39]

*

朱莉娅也参与到内战中。自19世纪初以来，社会习俗一直在改变，妇女不再被统一要求待在家里，而是可以选择适合其性别的如教师和护士等公共职业。其目的不是要进入男性领域，而是要在公共领域中播下家庭价值观和女性影响力的种子。朱莉娅不是一个能接受传统社会习俗的女性。[40]

她跨入战争的门槛可以分为三个阶段。第一，她支持丈夫参战，并祝福他。第二，她让长子弗里德跟随格兰特一同前往昆西。朱莉娅反馈说："说也奇怪，我对尤利西斯的离去并不后悔，甚至建议我们11岁的大儿子陪他一起去。"[41]

一到昆西，战争即将来临。当他们进入密苏里州的时候，尤利西斯把弗里德送回了家。他写信给朱莉娅："我没有发电报跟你说这件事，因为我担心在弗里德到家之前，你会焦虑不安。"他在信中还告诉妻子："弗里德根本不想来这里。"[42]

但他低估了朱莉娅。在弗里德到家之前，她给格兰特回信："不要送他回家，"进而补充说，"亚历山大跟随腓力从军时的年纪也不大。一定要让他和你待在一起。"43 朱莉娅知道这段历史。马其顿王国的亚历山大三世，即亚历山大大帝（Alexander the Great）在还是孩童时就跟随父王腓力二世（Philip II of Macedon）参加了战争。

第三，朱莉娅开始考虑自己也加入尤利西斯的队伍。当尤利西斯独自在太平洋海岸服役两年的时候，她能体会到丈夫的孤独。一个星期后，格兰特写道："我非常希望你可以来营地里看我。"44 身为军人的格兰特，也渴望成为丈夫和父亲。

*

7月11日，格兰特跨过密西西比河进入密苏里州。他的任务是：在密苏里州东北部一块存在争议的领土上充当警察。他的特殊任务是：控制桥梁和铁路。在最初的日子里，格兰特的士兵不断受到游击队的威胁。这些游击队不是正规军，他们作战时不穿军装，作战后又融入平民之中。格兰特决心保护私人财产，绝不允许虐待这里的民众。他给朱莉娅写道："当我们第一次来到这里的时候，人们处于一种十分糟糕的恐惧状态中。"他感激地补充说："所幸的是，他们发现这些军队不是他们认为的穷凶极恶之徒。"45

在到达密苏里州四天以后，格兰特接到命令，要对南方游击队领导人托马斯·哈里斯（Thomas Harris）采取行动。据报道，哈里斯的营地就在盐河（Salt River）。格兰特于是向盐河进军，他承认"我非常不容易"。他以为自己已经克服了在美墨战争中作战的恐惧，但当他接近哈里斯的营地时，"我的心跳越来越快，都快到嗓子眼儿了"。他承认，"如果能返回伊利诺伊州，我愿意付出任何代价，但我没有道义勇气停下来考虑该怎么办"。[46]

当格兰特和他的士兵靠近河底时，他发现盐河两边的山丘都超过 100 英尺，足以掩护埋伏在那里的邦联军。当他的先头部队到达山顶时，他们发现哈里斯已经撤离。剩下的只有扎过营的痕迹。在那一刻，格兰特坦白："我的心跳又恢复了正常。"[47]

这件事使格兰特恍然大悟："我立刻想到哈里斯像我害怕他一样也害怕我。"后来，他又写道，"这种认识对未来产生了重大影响……这是我以前从未想到过的问题；但自此之后我从未忘记此事"。[48]

*

7 月，格兰特在接近密苏里州墨西哥城的地方扎营，其位于圣路易斯以西 120 英里。7 月 24 日，北密苏里州指挥官约翰·波普准将（Brigadier General John Pope）扩大了格兰特上校的指挥范围，将驻扎在格兰特附近的四个团都划归他管辖（一个团通常由 1000 人组成）。在这段休整时间里，格兰特集中精力为即将到来的战斗作准备。与此同时，通过他发布的命令也可以看出，格兰特对所到之处的民众越来越重视。他不仅听取志愿军的意见，也听取平民的意见。

在管辖范围变得更大时，格兰特发现，先于第二十一团抵达这里的部队"习惯于不请自来，他们直接到别人家里随便吃喝，或者向居民索要东西"。此外，他们还携带枪支出营，"让他们发现的每一个人都宣誓效忠政府"。[49] 7 月 25 日，格兰特发布命令禁止这种行为："不允许随意游荡。"[50] 在几天后，他报告说："这里的居民不再被骚扰或感到害怕。"[51]

*

8月的一个炎热下午，卫理公会牧师詹姆斯·克莱恩从一辆经过的有轨电车那里拿到了一份《圣路易斯民主党人报》（*St. Louis Democrat*）。在看报时，他在新准将的名单上看到了格兰特的名字。[52] 一个准将通常指挥 4000 名士兵。几分钟后，格兰特走了过去，詹姆斯喊道："上校，我有个消息，你肯定会感兴趣。"

格兰特浏览了公告，发现自己在 34 名新准将中排第 17 名。"好的，先生，我对此一点儿也不怀疑。"他回答，"这份任命并非我主动请缨的。这必然是沃什伯恩做了些工作。"[53]

/ 156

看完报纸后，克莱恩说，格兰特"从容不迫地站了起来，把他的黑色毡帽拉得更低了些"。他"若无其事地走开，好像只是有人告诉他，他的新衣服已经洗好了似的"。[54]

一个月后，格兰特写信给沃什伯恩："我料想是您插手了此事。"格兰特保证："您将永远不会为您所做的这一切感到后悔。"[55]

七年前，格兰特不光彩地辞了职，而现在他被提升为准将，他有权在两边肩膀上各戴一颗星。他知道自己需要订购一套带有两排平行黄铜纽扣的通用制服，但当时他没有时间花费在这些细节上。[56]

*

林肯任命约翰·C. 弗里蒙特领导西部战区，该区域包括阿巴拉契亚山脉（Appalachian Mountains）以西至密西西比河流域。[57]
48岁的弗里蒙特留着一头很酷的灰白色头发，他在陆军测绘兵团服役了11年，因此获得"西部拓荒者"的绰号。1856年，他是共和党提名的第一位总统候选人，但被詹姆斯·布坎南击败。林肯在白宫会见了弗里蒙特，并告知他："我全权委托于你；你必须运用自己的判断力，并尽己所能。"[58]林肯希望弗里蒙特能够巧妙地与肯塔基州和密苏里州，也就是与所谓的边境州打交道，在那里，联邦的支持者们正在与南方邦联的强大信仰作战。

弗里蒙特于7月25日抵达圣路易斯，他自带的贵族气息几乎立即引人注目。他以每年6000美元的价格租下了一幢奢华的豪宅，他身边环绕着一群身穿黄铜制服的匈牙利和意大利警卫。士兵和市民们都觉得他难以接近，他的到来也不那么振奋人心。

8月5日，波普派格兰特到圣路易斯与弗里蒙特商讨密苏里州的军事形势。波普给弗里蒙特写信，告诉他"格兰特上校是一个很有绅士风度的老军官，十分睿智且判断力出众"。[59]一到弗里蒙特豪华的指挥部，格兰特就立刻意识到他与扎卡里·泰勒的不同。泰勒将军一直行事低调，这一点让格兰特很是钦佩。大门口的士兵告诉他，弗里蒙特已经把他们的见面推迟到了第二天。

好吧，这不要紧。那天晚上格兰特去剧院看剧。爱尔兰裔美国剧作家迪翁·布希高勒（Dion Boucicault）的作品《勒克瑙的解放》（*The Relief of Lucknow*）给他留下了深刻印象，这部戏剧写于1857年印度反抗英国统治之后。[60]

第二天，格兰特接到弗里蒙特的命令，他被派往圣路易斯以南90英里的艾恩顿（Ironton），负责指挥密苏里州东南部地区。格兰特到达艾恩顿时，弗里蒙特的铁路运输主管爱德华·卡斯尔（Edward Castle）从艾恩顿写信说："我对格兰特将军很满意，他将统领全局。"[61]

格兰特一到这里，就发现艾恩顿的士兵们缺乏军纪。他下达命令，"在营地内外的所有射击都必须停止"，因为这将产生虚假警报。他命令附近派勒特山丘（Pilot Knob）的指挥官"关闭所有的酒馆"，以便"他保持清醒"。[62]

格兰特还发现军中谣言四起，说威廉·J. 哈迪将军（General William J. Hardee）正率领几千名南方士兵对该地区的安全造成威胁。哈迪在1856~1860年曾在西点军校担任过军校生指挥官，以编写教材《步枪和轻步兵战术》（*Rifle and Light Infantry Tactics*）而知名。格兰特找了一份副本，但很快就发现哈迪的战术"只是常识"。[63]

在艾恩顿，格兰特结识了约翰·W. 爱默生（John W. Emerson）。爱默生在他自己的辖区建立了指挥部。格兰特到达艾恩顿几天后，爱默生发现他正坐在一棵大橡树下仔细查看地图。格兰特看起来很不满意，他询问本地的律师是否能弄到一张更精确的地图。爱默生带着一张新地图回来，然后看见格兰特指向密西西比河，并告诉他，"必须把叛乱者赶出去"，而且"这条河必须被打通"。[64]

第二天，爱默生注意到格兰特在新地图上画了红叉，他知道这些红叉表示邦联军封锁河川的地方。他观察到从陆地到田纳西州亨利堡（Fort Henry）和多纳尔森堡（Fort Donelson）之间的虚线。格兰特用红笔画出了更复杂的线条，不仅沿密西西比河而下，还沿着田纳西河和坎伯兰河（Cumberland River）而上。当爱默生认为这像是一个严肃的作战计划时，格兰特回答说："可行，仅仅是可行。"[65]

如果说格兰特的到来鼓舞了士兵，那么当他的部队听到威尔逊河（Wilson's Creek）作战的结果后，士气再次低落。8月10日，意气用事的联邦将军纳撒尼尔·里昂（Nathaniel Lyon）在距离圣路易斯军资补给站 215 英里远的威尔逊河与组织严密的邦联军展开了一场战斗。南方邦联将领斯特林·普赖斯（Sterling Price）和本·麦卡洛克（Ben McCulloch）领导的军队人数比里昂的联邦军多两倍。里昂在战斗中阵亡，他是第一个在内战中阵亡的联邦将军。许多人质疑为什么弗里蒙特没有增援里昂。[66]

威尔逊河会战后不久，弗里蒙特命令格兰特前往杰斐逊城（Jefferson City），让他保卫密苏里州首府。在内战开始之时，作为边境州的密苏里州已经经历了深深的分裂。在一场"邻舍相欺"的战争中，杰斐逊城向敌对双方运送人员和物资，到了秋天，它就变成了敌对州的首府。

在到达杰斐逊城之后，格兰特报告说，他"在杰斐逊城发现了很多军队，但在大混乱中，没有人知道他们都在哪儿"。[67]他宣称："我在这里无需设防。对士兵而言，训练和纪律比设防更有必要。"[68]训练和纪律正成为格兰特领导的标志性特色。

作为一名新的准将，格兰特需要增加自己部队的人手。他想起了朋友约翰·罗林斯在加利纳把控政治格局的能力，于是请求他加入自己的队伍。罗林斯接受了邀请，但他首先得前往纽约歌珊（Goshen）陪伴生病的妻子。他的妻子后来不幸于 8 月 30 日去世。格兰特任命这位没有接受过军事训练的年轻人担任自己的第一副官，这将被证明是一个高明的举措。[69]

8 月 27 日，弗里蒙特将格兰特召回圣路易斯接受"特别命令"。弗里蒙特在战争中好强的本能使他更加偏向由格兰特（虽然他只见过格兰特两次）担任特殊的指挥职位，而不是军职更高的将军约翰·波普和本杰明·普伦蒂斯（Benjamin Prentiss）。"我相信他是一个非常活跃的人，在服从命令时毫无疑虑或犹豫。"弗里蒙特后来说："我之所以选择他，是因为他身上的品质

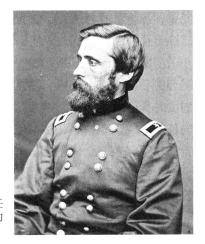

新上任的准将尤利西斯·S.格兰特任命加利纳的律师约翰·A.罗林斯成为自己的第一副官。

是我在其他任何军官身上都未曾发现的。因为格兰特将军性格谦逊，不自鸣得意，也不固执己见，而且有着钢铁般的意志。"[70]

/ 159

格兰特接到新的命令，他被委任为密苏里州东南部、圣路易斯以南以及整个伊利诺伊州南部的指挥官。弗里蒙特希望格兰特能够在密西西比河流域占据一席之地，并有一个长期的目标，那就是建立一个对孟菲斯（Memphis）和纳什维尔（Nashville）的作战基地，并在短期内"尽快占领肯塔基州的哥伦布市（Columbus）"。[71] 他也想让格兰特买一套新的制服。

格兰特乘船前往吉拉多角（Cape Girardeau），接管了一支小规模的联邦守军。其位于圣路易斯以南115英里处，在密西西比河西侧。在给朱莉娅写关于新任务的信时，他用一些话平衡了自己一贯的自嘲语气，表示正在开始做比自己预期中更重大的事："我面前有一项任务，这份任务并非微不足道，我需要尽可能多的鼓励。"[72] 他也写信给父亲杰西："我所担心的是，他们对我的期望太高了。"[73]

在吉拉多角，格兰特预计会追击游击队领袖、绰号"沼泽狐狸（Swamp Fox）”的杰夫·汤普森（Jeff Thompson），他的骑兵已经攻击了密西西比河沿岸的补给线。然而没过几天，格兰特就认定汤普森只是条小鱼，于是他赶紧前往伊利诺伊州的开罗市（Cairo）准备钓一条大鱼。

*

就在几个月前，战争部在伊利诺伊州开罗市建立了一个作战基地。在1861年之前，开罗主要因其地理位置而被众人知晓。这是一个泥泞的小市镇，坐落在一个地势低洼的三角洲上，在这里，俄亥俄河汇入了壮阔的密西西比河。开罗的市民们住在15英尺高的堤坝后面，这些堤坝被用来抵挡两条大河的侵袭。

开罗是北方联邦最南端的城市，在地理位置上比弗吉尼亚州的里士满（Richmond）更靠南，这使它成为一个繁忙的陆军和海军基地。联邦的目标是沿着密西西比河顺流而下，同时沿着田纳西河和坎伯兰河逆流而上。格兰特很早就明白，如果联邦能够赢得这场河战，他们将会赢取南方邦联的中心地带。当下的主要矛盾是，经常互相猜忌的陆军和海军指挥官能否达成合作。

格兰特于9月2日抵达开罗负责指挥。他从开罗水滨直接走到作为军事指挥部的银行大楼前，接替现年37岁的理查德·J.奥格尔斯比上校（Colonel Richard J. Oglesby）。奥格尔斯比的办公室里挤满了来自密苏里州、肯塔基州和伊利诺伊州的人，他们不是抱怨，就是要求索取。格兰特穿着便服走进去，没有人注意到他的到来。

格兰特请一名副官把他介绍给奥格尔斯比，但上校没有听清他的名字。等了几分钟后，格兰特拿出一张纸，发布了一道命令。当看到命令时，奥格尔斯比抬起头看着这个穿便服的瘦弱男人，"脸上露出惊讶的表情"。[74]

　格兰特搬进了圣查尔斯酒店（St. Charles Hotel）并在银行大楼内设立了办公室。当他仍然穿便服工作时，他看起来更像是一个小镇银行家，而不是一名准将。[75]

*

　1861年9月初，肯塔基州虽然仍保持中立，但也不可避免地被在该州不同地区活动的联邦和邦联派系所分裂。在萨姆特堡会战（Battle of Fort Sumter）之后，肯塔基州的民主党州长比利亚·马哥芬（Beriah Magoffin）表达了对脱离联邦的同情，并对林肯的增兵呼吁作出了反抗性的回应。5月16日，肯塔基州众议院宣布采取"严格中立"的姿态。这一行动既拒绝了分裂的请求，也希望肯塔基州不会成为战场。[76]

　格兰特明白肯塔基州作为一个关键边境州有着重要地位。肯塔基人长久以来一直珍视他们在南北之间扮演的调停人角色。他们知道他们的州是两个交战主体，总统亚伯拉罕·林肯和总统杰斐逊·戴维斯的出生地。在俄亥俄州南部长大的格兰特非常明白肯塔基州的战略重要性，因为这里是连接"旧西北部"的俄亥俄州、印第安纳州、伊利诺伊州和南方邦联田纳西州的枢纽。

　9月5日上午，格兰特接见了一位来自弗里蒙特的密使查理·A. 德·阿尔诺（Charles A. De Arnaud）。他告诉格兰特，南方邦联将军吉迪恩·皮洛已进入位于开罗以南28英里的肯塔基州希克曼（Hickman），破坏了肯塔基州的中立地位。当邦联军向北进军肯塔基州的哥伦布市时，德·阿尔诺报告说，皮洛计划继续通过陆路进入俄亥俄河的港口城镇帕迪尤卡（Paducah），从而入侵伊利诺伊州南部。[77]

在听完德·阿尔诺的报告后，格兰特派他返回圣路易斯的弗里蒙特处，并让他带话："根据报务员的讯息，（如果没有发来电报阻止这场行动的话）我现在已差不多准备好向帕迪尤卡进发。"[78]

格兰特没有等待回复，而是准备当晚进军帕迪尤卡。帕迪尤卡在俄亥俄河上游45英里处，位于俄亥俄河一条650英里长的支流田纳西河的河口，拥有4500名居民。这条河流发源于田纳西州东部的山区，蜿蜒向南进入密西西比州和亚拉巴马州北部，然后转而向北，最后到达帕迪尤卡。格兰特在艾恩顿时就开始研究地图，他知道田纳西河是通往南方邦联的河道。

在这忙碌的一天里，格兰特抽出时间给肯塔基州众议长写信："我很遗憾地通知你，南方邦联的军队已大量入侵肯塔基州。"他聪明地解释了自己为什么要去帕迪尤卡。在这紧张的时刻，他既在考虑政治问题，也在考虑军事问题。

晚上，格兰特召集了伊利诺伊州第九团和第十二团的海军运输队。在炮舰的领航下，他们开始了45英里的俄亥俄河之行。在接近帕迪尤卡时，他命令船只抛锚停泊几个小时，以期在晨光熹微时到达目的地。当他们上岸时，格兰特看到分离主义的旗帜在微风中飘扬，他们预计中午就能够碰到邦联军。

格兰特回忆说："我从未见过人们脸上如此惊恐的表情。"当他的士兵走下船时，分离主义的旗帜被撤了下来。"这里的男人、女人和孩子走出家门，面对入侵者，他们脸色苍白、惊恐万分。"格兰特知道这些人一直在等待着邦联军4000兵力的出现，现在这支军队距离他们只有10~15英里远。然而，他们看见的却是北方联邦军的蓝色制服。[79]

在离开之前，格兰特给帕迪尤卡的居民写了一篇简短的公

插画家 N.C. 惠斯精彩地描绘了格兰特在马背上的松弛状态。

告。他开头写道："我来到你们中间，不是作为敌人，而是作为你们的朋友和同胞，不是要伤害或骚扰你们，而是要尊重所有忠诚公民的权利。"他的结语是："无论何时，只要有迹象表明你们能够保卫自己，维护你们政府的权威，保护所有忠诚公民的权利，我就会让军队撤出你们的城市。"[80] 他的宣言向居民们保证他会尊重他们的权利。对于一个回避政治的年轻军官来说，这个简短而巧妙的宣言显示了格兰特的政治演说水平。

*

格兰特带领部队离开帕迪尤卡，返回开罗。从那以后，他准备向敌人开战，而敌军的一些指挥官是他以前的同学。他报名参与了这场他认为会在短期内结束的战争，然而当他接管开罗后才逐渐意识到这很可能是一场旷日持久的战争。

注 释

1　Chetlain, *Recollections of Seventy Years*, 71.

2　*Personal Memoirs*, 1: 231; Augustus L. Chetlain confirms Grant's story of declining, Chetlain interview, Hamlin Garland Papers.

3　USG to JRG, April 21, 1861, *Grant Papers*, 2: 7.

4　Ibid.

5　Lewis, *Captain Sam Grant*, 409.

6　Thomas J. McCormack, ed., *Memoirs of Gustave Koerner, 1809–1896*, vol. 2 (Cedar Rapids, Iowa: Torch Press, 1909), 126-27.

7　USG to JRG, May 6, 1861, *Grant Papers*, 2: 21.

8　*Personal Memoirs*, 1: 232-33.

9　Garland, *Grant*, 164.

10 USG to JDG, May 1, 1861, *Grant Papers*, 2：16.

11 *Weekly North-Western Gazette*（Galena）, May 10, 1861.

12 Garland, *Grant*, 165.

13 Ibid., 167.

14 *Weekly North-Western Gazette*（Galena）, May 31, 1861；Garland, *Grant*, 167.

15 USG to Bvt. Brig. Gen. Lorenzo Thomas, May 24, 1861, *Grant Papers*, 2：35.

16 内战结束后，格兰特的助手亚当·巴多（Adam Badeau）写信给美国战争部，要求获得这封信的副本，但没有找到。几年后的1876年，副官长爱德华·D. 汤森德（Adjutant General Edward D. Townsend）在收拾文件时，于办公室内发现了这封未归档的信件。*Personal Memoirs*，1：240.

17 John Russell Young, *Around the World with General Grant*, vol. 2（New York：American News, 1879）, 214；Sears, George B. McClellan, 72-73.

18 Young, *Around the World*, 2：214-15. 乔治·B. 麦克莱伦（George B. McClellan）在他的回忆录（这本回忆录写于战后的心酸岁月，直到作者故去后方才出版）中写道，他记得自己没有离开几个小时，但是出城去了印第安纳波利斯（Indianapolis）。"如果我在那里，我无疑会给他一个职位，他可能会和我在一起，与我共担命运。"George B. McClellan, *McClellan's Own Story*（New York：Charles L. Webster & Co., 1887）, 47.

19 *Grant Papers*, 2：43n1.

20 杰西·格兰特的态度可以从尤利西斯1861年7月13日的回复中推断出来："你问我是否同意加入正规军。我不同意。我想把我的孩子引到有用的工作岗位上，而在军队里，这样的机会很渺茫。" *Grant Papers*, 2：67.

21 Lewis, *Captain Sam Grant*, 427；Simpson, *Grant*, 85.

22 Orders No. 7, June 18, 1861, *Grant Papers*, 2：45-46.

23 Interview with J. W. Wham, *New York Tribune*, September 27, 1885.

24 Orders No. 8, June 19, 1861, *Grant Papers*, 2：46.

25 Smith, *Grant*, 109.

26 Interview with J. W. Wham, *New York Tribune*, September 27, 1885.

27 布鲁斯·卡顿（Bruce Catton）提供了关于志愿军领导力问题的讨论；详见：Catton, *Grant Moves South*, 8。

28 USG to JDG, June 26, 1861, *Grant Papers*, 2：49-50.

29 Julia Dent Grant, *Personal Memoirs*, 92.

30 James L. Crane, "Grant as a Colonel：Conversation Between Grant and His Chaplain," *McClure's Magazine*（June 1896）：40. 尽管这本回忆录直到1896年才出版，但詹姆斯·L. 克莱恩（逝于1879年）很可能是在战争结束时就写好了。

31 Ensley Moore, an eyewitness of the march, later wrote "Grant's First March," *Transactions of the Illinois State Historical Society for the Year 1910* 15 (Springfield: Illinois State Journal Co., 1912): 56.

32 Catton, *Grant Moves South*, 10.

33 Emerson, "Grant's Life in the West," *Midland Monthly* 8 (January 1898): 51-52; Crane, "Grant as a Colonel: Conversation Between Grant and His Chaplain," 41.

34 USG to JDG, July 7, 1861, *Grant Papers*, 2: 60.

35 Hamlin Garland, "Grant at the Outbreak of the War," *McClure's Magazine* (April 1897): 610.

36 Smith, *Grant*, 157, 302; Richardson, *A Personal History*, 271.

37 Garland, "Grant at the Outbreak of the War," 601-10.

38 USG to JDG, July 7, 1861, *Grant Papers*, 2: 60.

39 General Orders No. 24, July 9, 1861, *Grant Papers*, 2: 62.

40 我很感激威廉·麦克菲莱对朱莉娅·格兰特"参战"方式的分析;详见: *Grant*, 80-81。

41 Julia Dent Grant, *Personal Memoirs*, 92.

42 USG to JDG, July 13, 1861, *Grant Papers*, 2: 70.

43 Julia Dent Grant, *Personal Memoirs*, 92.

44 USG to JDG, July 19, 1861, *Grant Papers*, 2: 72.

45 Ibid., 2: 73.

46 *Personal Memoirs*, 1: 249-50.

47 Ibid., 1: 250.

48 Ibid.

49 Ibid., 1: 252.

50 General Orders No. 1, July 25, 1861, *Grant Papers*, 2: 74-75.

51 *Personal Memoirs*, 1: 252.

52 Crane, "Grant as a Colonel: Conversation Between Grant and His Chaplain," 43.

53 关于提名的描述存在争议。林肯总统于7月4日召开了国会紧急会议。7月30日,他要求战争部部长西蒙·卡梅隆(Simon Cameron)提交新准将的提名。林肯迅速在7月31日签署了一份包含34人的名单,参议院在8月1日确认了这份提名。一方面,整个伊利诺伊州国会代表团开会提名准将候选人,伊莱休·B. 沃什伯恩(Elihu B. Washburne)主张来自同一地区的格兰特;另一方面,没有直接证据表明林肯曾要求任何州的国会议员作出提名。详见: *Grant Papers*, 2: 82n2, n3; John Y. Simon, "From Galena to Appomattox: Grant and Washburne," *Journal of the Illinois State Historical Society* 58, no. 2 (Summer 1965): 171-72。

54 Crane, "Grant as a Colonel: Conversation Between Grant and His Chaplain," 43.

55 USG to Elihu B. Washburne, September 3, 1861, *Grant Papers*, 2: 183.

56 Catton, *Grant Moves South*, 18

57 See Earl J. Hess, *The Civil War in the West: Victory and Defeat from the Appalachians to the Mississippi* (Chapel Hill: University of North Carolina Press, 2012).

58 Allan Nevins, *Frémont: Pathmarker of the West* (New York: Appleton-Century, 1939), 477.

59 *Grant Papers*, 2: 86n1.

60 The *New York Times*, July 26, 1885.

61 Ibid., 2: 87n.

62 USG, General Orders No. 9, August 9, 1861, *Grant Papers*, 2: 88.

63 *Personal Memoirs*, 1: 253.

64 Emerson, "Grant's Life in the West," *Midland Monthly* 8 (February 1898): 116.

65 Ibid.

66 James M. McPherson, *Battle Cry* (New York: Oxford University Press, 1988), 351–52.

67 *Personal Memoirs*, 1: 258.

68 USG to Capt. Speed Butler, August 23, 1861, *Grant Papers*, 2: 131.

69 格兰特给约翰·A. 罗林斯（John A. Rawlins）的信目前仍未找到。在 8 月 10 日写给朱莉娅的信中，格兰特说："我希望你能告诉奥维尔（Orvil），让他转告罗林斯，我想让他尽快过来。" USG to JDG, August 10, 1861, *Grant Papers*, 2: 96; Wilson, *Life of John A. Rawlins*, 53–54.

70 Nevins, *Frémont: Pathmarker of the West*, 591–92.

71 *Grant Papers*, 2: 151n1.

72 USG to JDG, August 29, 1861, *Grant Papers*, 2: 149.

73 USG to JRG, August 31, 1861, *Grant Papers*, 2: 158. 这封信的潜台词是，杰西可能又开始吹嘘了，进而抱怨儿子升职不够快。"你怀疑我被冷落了，这是完全没有根据的揣测。"（159）

74 *Personal Memoirs*, 1: 264. 1885 年，在格兰特的《个人回忆录》出版后，理查德·J. 奥格尔斯比（Richard J. Oglesby）在 1886 年 9 月 28 日写给托马斯·唐纳森（Thomas Donaldson）的一封信证实了格兰特的说法："大约过了半分钟，格兰特将军穿着便服（相当破旧），满脸灰尘，也没刮胡子，走到我的座位旁，在我的办公桌旁坐了下来。"*Journal of the Illinois State Historical Society* 38, no. 2 (June 1945): 242–44.

75 Catton, *Grant Moves South*, 48.

76 Kendall D. Gott, *Where the South Lost the War: An Analysis of the Fort Henry-Fort Donelson Campaign: February 1862* (Mechanicsburg, Pa.: Stackpole Books, 2003), 13-14; Lowell H. Harrison, *The Civil War in Kentucky* (Lexington: University Press of Kentucky, 1975), 8-9.

77 9月5日，查理·A. 德·阿尔诺（Charles A. De Arnaud）给约翰·C. 弗里蒙特（John C. Frémont）发电报，"敌军刚刚从孟菲斯（Memphis）和田纳西州的联合市（Union City）赶来。他们正大举进军，要夺取俄亥俄河上的帕迪尤卡（Paducah），然后入侵伊利诺伊州南部"。*Grant Papers*, 2: 193n1.

78 USG to John C. Frémont, September 5, 1861, *Grant Papers*, 2: 190.

79 *Personal Memoirs*, 1: 265-66.

80 USG, "Proclamation to the Citizens of Paducah," *Grant Papers*, 2: 194-95.

> 跟敌人作战时，我们可以来去自如。
> ——尤利西斯·S.格兰特，《个人回忆录》

随着内战开始，一种声音在北方回荡："我们必须拿下密西西比河。"[1]格兰特明白，谁控制了密西西比河，谁就能控制美国新兴的心脏地带。

对于 21 世纪的读者来说，要理解 19 世纪河流对美国人的重要性并不容易。河流是那时的州际公路。无论是航行于纽约的哈德逊河还是密西西比河，抑或是在密苏里河流域探索西部，探险家、拓荒者和殖民者都利用河流到达他们的目的地。独木舟、内河平底货船、平底船，最后还有汽船，这些都是他们主要的交通工具。从匹兹堡到圣路易斯，再到新奥尔良、辛辛那提、路易斯维尔、纳什维尔和孟菲斯等，这些地处"大河谷"的城市都因位于河边而得以积极开展商业活动。[2]格兰特的祖先也是通过俄亥俄河到达西部的。

1861 年 9 月，南方邦联牢牢控制着密西西比河 550 多英里长的流域——从路易斯安那州的新奥尔良到肯塔基州的哥伦布市。

*

57 岁的阿尔伯特·西德尼·约翰斯顿（Albert Sidney Johnston）是南方邦联在西部的最高指挥官。约翰斯顿和杰斐逊·戴维斯都出生于肯塔基州，他们在肯塔基州列克星敦的特兰西瓦尼亚大学（Transylvania University）和西点军校都是同班同学。约翰斯顿身高 6 英尺多，体格健壮，有着蓝绿色的眼睛，棕色的鬓发上带着一点灰色，给一众崇拜者留下英俊而高贵的印象。戴维斯称约翰斯顿是"最伟大的战士，最能干的人，无论是在民事或军事上，联邦或邦联里"。[3]

格兰特认可戴维斯对约翰斯顿能力的评价。"无论是西点军校的同辈人，或是后来与他建立私交但仍站在我们一边的军官，都认为他的确是南方邦联里最可怕的人。"[4]

内战爆发后的第一个月，南方政客和媒体最关注的是弗吉尼亚州和里士满的防御。然而，约翰斯顿在 1861 年 9 月 14 日抵达纳什维尔接管了西部军区的指挥权后，他明白自己奉命守卫的广阔西部领土有着重要的战略地位。

弗里蒙特写信给格兰特，说他将派查尔斯·F. 史密斯将军坐镇帕迪尤卡。[5]在格兰特还是学生的时候，史密斯就已是一名西点军校非常受人尊敬的军校生指挥官了。史密斯四十年的服役经历为他赢得了广泛的尊敬。他个子很高，留着白色的海象胡，看上去就像是个英雄。随着战争爆发，格兰特被任命为准将，他比史密斯晋升得更早，这意味着曾经的学生将指挥老师。弗里蒙特意识到这可能带来一系列困扰，于是他为史密斯建立了一个独立的指挥部。然而，这位老人与圣路易斯的通信需要通过格兰特的指挥部，同时，史密斯的物资也要由开罗市来供应。[6]

格兰特从弗里蒙特将军那里获得的军令是将邦联军从密苏里州东南部逐出，并占领密西西比河以南 20 英里的哥伦布市。哥伦布市被称为"西部的直布罗陀"，守卫着内河运输。该市被南方邦联将军吉迪恩·皮洛占领。通过牢牢控制住哥伦布市 150 英

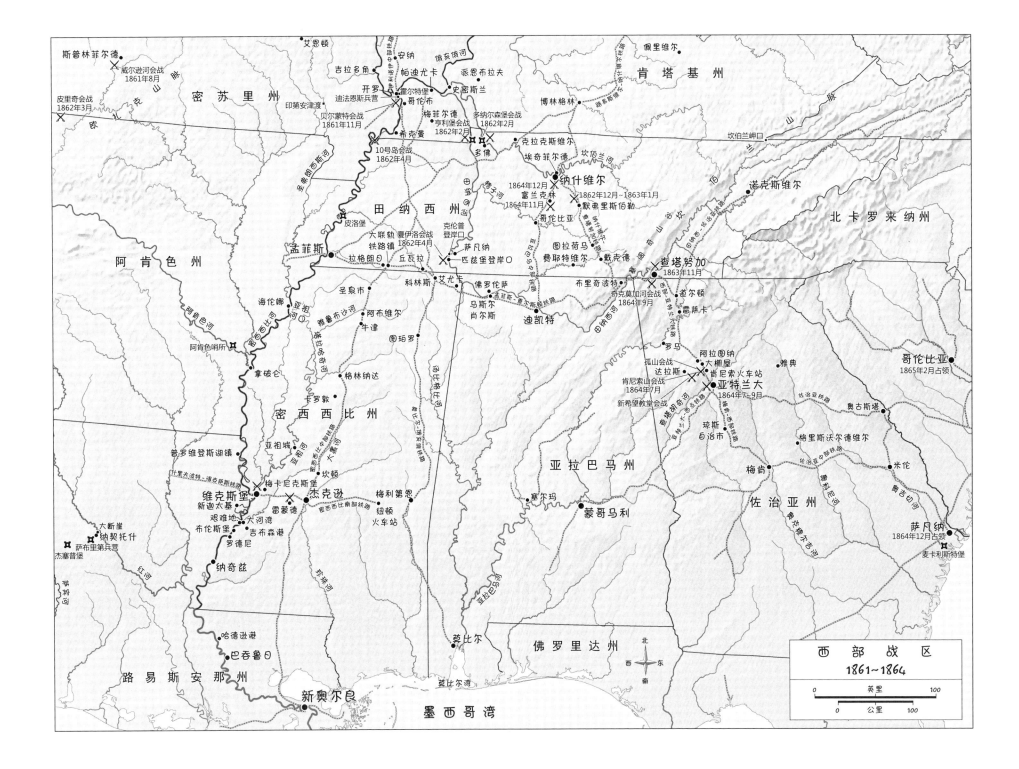

西 部 战 区
1861~1864

尺高的铁堤，邦联军意图阻止联邦军向南挺进到孟菲斯和维克斯堡（Vicksburg）。

*

格兰特在开罗市度过了他的第一个星期，并把平民志愿者训练成士兵。他不是用威吓来发号施令，而是通过尊重、平静且严格的方式。到了9月中旬，格兰特逐渐意识到这场战争将不会在短期内结束。他写信给妹妹玛丽，"然而，我不得不遗憾地说，这场战争是可怕的，它不能像我最初预期的那样很快结束"。[7]经过数周的演习和训练，当格兰特看到士兵们的爱国热情在混乱的开罗日渐消沉时，他意识到必须采取一些行动。

当格兰特首次抵达开罗时，他就沿着俄亥俄河航行占领了帕迪尤卡，他几乎没有留给弗里蒙特说"不"的时间。弗里蒙特对格兰特的主动性感到满意，但他对格兰特写信给肯塔基州众议院的行为有些不满。他批评格兰特说："指挥官不应该与州或其他高级地方官通信。"[8]格兰特不会忘记这个教训。

*

当格兰特准备南下时，令人难以想象的是，邦联军的李欧尼达斯·波尔克（General Leonidas Polk）正在向北进军，他被认为在邦联军的西部军中负责密西西比河上游的事务。波尔克的父亲是北卡罗来纳州一位富有的种植园主，曾在美国独立战争期间服役。1827年，波尔克从西点军校毕业后不久就离开了军队，进入弗吉尼亚神学院学习，并在圣公会任职。战争爆发时，波尔克是路易斯安那州的圣公会主教。邦联总统邀请波尔克前往里士满，并许诺给他一个高级指挥官的军职。波尔克拒绝了两次，但最终还是接受了。波尔克主教的决定震惊了他的家人和朋友，他参战的决定在圣公会内部也引发争议。最后，他放弃了主教的法衣，换上了邦联的军装。[9]

为什么戴维斯会把这样的权威赋予一个三十多年前从西点军校毕业却没有任何军事经验的人呢？因为戴维斯认为波尔克是一位天生的领袖。波尔克身高超过 6 英尺，蓄着雪白的胡须，看上去就像是个将军。在向约翰斯顿汇报并将指挥部设在孟菲斯后，波尔克沿着田纳西河向西进军，意图控制哥伦布市。

波尔克时年 54 岁，有时因为看上去显老而被称作"老奶奶（Old Granny）"，但他最重要的下属吉迪恩·皮洛将军虽然跟他同岁，看上去却比他年轻多了。作为前总统詹姆斯·波尔克的密友，皮洛为田纳西军团提供了丰富的军事经验，同时，他也带来了许多辎重。军事调查法庭至少三次指控过他在墨西哥服役期间受到军方高层的质疑，这也让他的墨西哥服役经历染上污点。尽管每次都被宣告无罪，但他也由此有了自我作秀的名声。[10]

格兰特对皮洛留有印象。他是格兰特为数不多的不喜欢的南方将领之一。格兰特写信告诉玛丽说："在墨西哥，我并不像许多在他手下服役的人那样不守规矩。不过，我想他可能会在受到一处轻微擦伤后都要报告自己成了伤员。"[11]

在哥伦布市，波尔克精心筹备了防御工事。从距水面 15 英尺高的地方开始，他建造了三层炮台，可容纳 143 门大炮。在顶端，他装上 128 磅重的惠特沃斯来复枪（Whitworth Rifle），这是南方邦联军中最大的枪，他们将它称为"波尔克夫人（Lady Polk）"。任何联邦炮舰在面对如此强大的火力时都要三思而后行。[12]

如果最快的联邦炮舰试图进攻炮台，他们就会遭到其他防御力量的攻击。工兵们在水下布满水雷，一旦联邦炮舰误触水雷就会立即引爆。不过好像这些似乎还不够，邦联军还建造了一条巨大的铁链，横跨在800码宽的河上。链条的每一环均重达19磅。这种防守也许能表现波尔克保卫密西西比河的钢铁决心。[13]

*

11月1日，格兰特接到弗里蒙特的命令："特此指示你全副武装，随时准备好在一小时后进军。"弗里蒙特命令他"带领军队沿着河岸向哥伦布市示威"。然而，这一积极的命令附带了一项禁令作为结尾："然而无论如何，不可攻击敌人。"[14]

格兰特让他的士兵作好行动准备，每个士兵都以为此行的目标是哥伦布市，因为几个星期以来，哥伦布市一直是军舰侦察的目标。格兰特有着自己的想法，没有向他的指挥官透露他们的目标可能是密苏里州的贝尔蒙特（Belmont），其与哥伦布市隔岸相对，一艘从哥伦布市驶来的汽船停靠在贝尔蒙特，这里只有一小部分南方驻军守卫。

格兰特在开罗市为进军做准备工作的时候，11月2日，从遥远的华盛顿传来一则消息，林肯总统撤销了仅仅指挥了100天的弗里蒙特的职务。弗里蒙特曾批评格兰特在给肯塔基州众议院的信中越界踏入国内政治，但他8月30日在密苏里州发布的解放宣言释放了携带武器的南方邦联的奴隶，这一做法的影响远远超过了格兰特的行动，林肯因此解除了他在西部的指挥权。[15]

弗里蒙特的撤职给格兰特提供了一个意想不到的机会。11

月2日，他下达一连串命令，派遣七支纵队共计15000人，向南边40英里远的密西西比河吉拉多角，以及向西边62英里远的圣弗朗西斯河（St. Francis River）发起进攻。格兰特继而命令理查德·奥格尔斯比率领伊利诺伊州第八团，对抗"沼泽狐狸"汤普森和他在圣弗朗西斯河流域据点印第安津渡（Indian Ford）的密苏里州非正规军。[16]

11月5日，格兰特写信给史密斯，说他"正准备远征以图震慑贝尔蒙特"。弗里蒙特其实不用担心学生和老师能否合作这个问题。"如果你能同时向哥伦布市示威……这可能会使敌人无法在河上投入更多的作战兵力。"格兰特告诉史密斯，他们的努力"可能会让我把邦联军赶出密苏里"。[17]格兰特从弗里蒙特处得到的命令是佯攻示威，但格兰特显然是在作进攻的准备。

格兰特在开罗集结了两个旅，较大的旅由约翰·麦克勒南德指挥，较小的则由作风强硬的亨利·多尔蒂（Henry Dougherty）率领。此外，格兰特还召集了两个连的骑兵，集结了6门芝加哥轻型炮（Chicago Light Battery's six guns）。

弗吉尼亚州51岁的亨利·沃克船长（Captain Henry Walke）是参加过美墨战争的老兵，他率领着两艘木制炮舰，**泰勒号**和**列克星敦号**。格兰特给史密斯打电报："今晚我将倾尽全力行动，大约有4000人。"[18]他给霍尔特堡（Fort Holt）的约翰·库克上校（Colonel John Cook）发电报，让他从密西西比河肯塔基州一侧向南边的哥伦布市进军。在登上轮船**孟菲斯美女号**（Belle Memphis）时，格兰特告知沃克，登船工作已经完毕。

登上炮舰和轮船的人都在问同样的问题："在这个黑夜我们要去哪里？"[19]格兰特会像两个月前攻击帕迪尤卡那样出现在俄亥俄州吗？或者他会不会顺着密西西比河而下？

晚上9点。在**泰勒号**炮舰上，沃克指挥官率领格兰特将军的部队开进了密西西比河。士兵们很快振奋起来。伊利诺伊州第八团的二等兵威廉·奥斯丁（William Austin）在日记中写道："我们已经猜到此行的目的地。"消息传遍了拥挤的甲板："我们要袭击哥伦布市！"[20]

在顺流而下9英里后，格兰特的部队在肯塔基州一侧抛锚，但仍然保持着假装进攻往南11英里的戒备森严的哥伦布市的态势。

*

第二天早上8点。格兰特开始在贝尔蒙特以北2.5英里的亨特农场（Hunter's Farm）指挥登陆，2500名士兵在这里成功登陆。他的部下在河湾和茂密的树林的掩护下，并没有被哥伦布市一侧的炮台发现。格兰特决定在登陆前留下一支预备队。当沃克准备攻击哥伦布市的炮台时，**泰勒号**和**列克星敦号**将继续向下游航行。格兰特命令士兵们排成纵队，麦克勒南德的旅沿着农场主路一路行到贝尔蒙特。

波尔克意识到格兰特的意图后，认为任何向贝尔蒙特展开的行动都只是一种假象。尽管如此，波尔克还是提醒皮洛准备好支援詹姆斯·塔潘上校（Colonel James Tappan）指挥的阿肯色州第十三团，因为塔潘在贝尔蒙特哨所只有700名守军。

到了9点。不断前进的联邦军散兵与南方守军相遇并交火。在格兰特的命令下，芝加哥的重型大炮被推向前，并向南军的主要部队开火。格兰特绿色军装的联邦军与波尔克绿色军装的邦联军开战了。这是格兰特麾下大多数士兵的第一次作战。他们作了准备并勇敢地投入了战斗。

/ 170

格兰特与他的士兵们同在，相较于命令，他更多是给予士兵们鼓励。这一天，这个一向安静的人把自己的嗓子喊哑了。哥伦布市的防御大炮高高地射向北方士兵的头顶上空，塔潘在贝尔蒙特的守军射得并不精确。在混战中，格兰特的栗色马被击倒了，副官希利尔上尉把自己的马给了格兰特。格兰特继续骑着马指挥，但是把他那价值140美元并刻有自己名字的马鞍，以及脏乱的箱子和金笔留在了地上。

到中午时，联邦的先遣部队已经驱散了南方邦联的守军。格兰特的士兵涌入了约翰斯顿的废弃营地，并扔下武器洗劫营地。他们升起星条旗，唱起《扬基歌》和《星光灿烂的旗帜》（*The Star-Spangled Banner*），甚至还有《迪克西》（*Dixie*）。麦克勒南德发表了一篇振奋人心的爱国演讲。格兰特注意到这些滑稽的举动，并写道，他的军官们"不比士兵们高明多少"。[21]

在此期间，包括格兰特在内，似乎没有人担心贝尔蒙特的守军或河对岸哥伦布市大军的情况。波尔克望着密西西比河对岸，看见詹姆斯·塔潘的部队被格兰特的登陆搅得一团乱。他们本该投降，但格兰特的部队忙于抢劫约翰斯顿的营地，没有一个人能被对岸的情况惊扰到。

南方邦联没有被击败。波尔克命令田纳西州的农民、马术能手弗兰克·凯瑟姆将军（General Frank Cheatham）带领五个团渡过河流，前往约翰斯顿营地；与此同时，波尔克也命令两个团逆流而上，进入格兰特与亨特农场之间的地带。[22]

*

格兰特的医监约翰·布林顿医生（Dr. John Brinton）第一

个看见了他们。当他望向河对岸时，布林顿看到"两艘汽船"[23]正从河对岸驶来。格兰特本是要在这一天发动奇袭的，然而现在轮到他感到诧异了。

当格兰特环视现场时，他看到部队"因胜利而有些泄气"[24]。此外，贝尔蒙特被击败的守军则受到了鼓舞，他们在河岸边重新集结，欢迎来自哥伦布市的战友们。**泰勒号和列克星敦号**已经从上游撤退，因此他们无法再阻挡波尔克的汽船输送新的作战部队。

欢腾变成了恐慌。波尔克的军队通过"波尔克夫人"向格兰特受惊的军队打了声招呼，并在附近的阅兵场引起巨大的爆炸声。虽然没有人受伤，但惊恐的情绪蔓延开来。一些军官和士兵意识到他们即将被包围，便开始谈论起投降。

/ 171

格兰特并没有屈服。为了重建军纪，他下令烧毁营地的帐篷和辎重。塞罗戈多和"国王的磨坊"的老兵没有慌张。当硝烟在营房上空翻腾时，格兰特开始冷静而审慎地重整部队。

南方邦联的攻击伴随着叛乱者的呼喊声从河上挺进，企图切断北军的撤退路线，而这也是北方援军前来支援的必经之路。

/ 172

"我们士气都很低落。"那天下午的早些时候，芝加哥的帕特里克·怀特（Patrick White）捕捉到周围士兵的感受。"军官叫他们的部下集合，但这些人并没有理睬。"结果是："每个人都试图自救，团里的一部分人会放下武器，另一部分人则会选择从另一条路逃跑。"[25]

麦克勒南德旅的"黑杰克（Black Jack）"约翰·罗根上校率领伊利诺伊州第三十一团率先开路。"在国旗的引导下，大家跟我来。"当他们向亨特农场挺进时，联邦军不得不留下一些

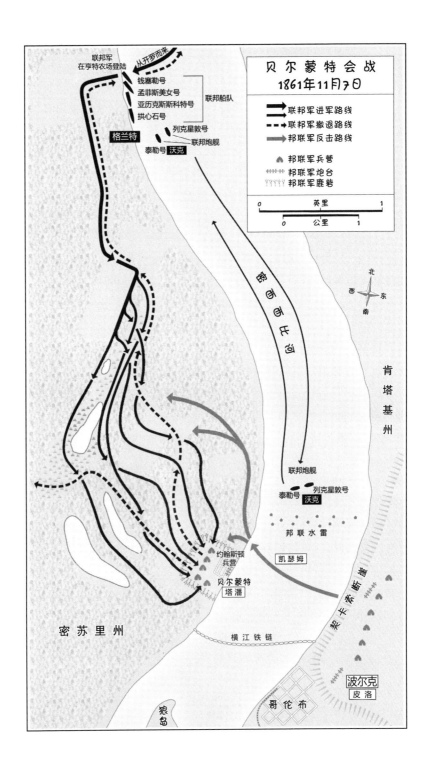

贝尔蒙特会战
1861年11月7日

联邦军进军路线
联邦军撤退路线
邦联军反击路线
邦联军兵营
邦联军炮台
邦联军鹿砦

0　　英里　　1
0　　公里　　1

联邦军
在亨特农场登陆

从开罗而来

钱塞勒号
孟菲斯美女号
亚历克斯科特号
拱心石号

联邦船队

格兰特

列克星敦号

联邦炮舰

泰勒号　沃克

密西西比河

北
西　　东
南

联邦炮舰

泰勒号　列克星敦号

沃克

邦联水雷

凯瑟姆

约翰斯顿
兵营

贝尔蒙特
塔潘

密苏里州

横江铁链

肯塔基州

黎卡索断崖

波尔克
皮洛

狼岛

哥伦布

伤员。

格兰特想让他的预备队进入防守位置，但这也没有用。士兵们慌乱地跑上船。除格兰特外，所有人都上了船。

虽然格兰特已经把自己安排在撤退部队的垫后位置，以确保所有伤员都能撤离，但他最后还是不得不得出这样的结论：有些伤员必须留下。他策马前进，只看见南军在向他们猛冲。突然，他瞥见波尔克的一队骑兵从树林中出现。

他们也看见了他。"我是叛军和我方运输船之间唯一的联邦军。"[26]现在他们离格兰特只有 50 码远。那天，他穿着一件列兵的军装，被比头稍高一点的枯玉米秆遮住了。

波尔克对他的手下喊道："那有一个北方佬。如果愿意，你们可以拿他试试枪。"[27]但并没有人这样尝试。

孟菲斯美女号开始驶离河岸，但查尔斯·斯科特上尉（Captain Charles Scott）并没有发动引擎，他为自己的指挥官放下了一块木板。密西西比河的水位很低，以至于在 11 月初时，河岸和站在上层甲板上的人一样高。

格兰特描述了接下来发生的事。岸边没有路，"我的马冲到岸边后没有丝毫犹豫就跑下了河，后蹄紧跟前蹄，迅疾跑到船上。只通过一个跳板，我骑着马就跨越了 12~15 英尺远"。[28]格兰特没有说的是，作为一名出色的骑手，他骑着那匹并不熟悉的马从危险中逃脱了。

疲惫不堪的格兰特走到顶层甲板上，瘫倒在船长室的沙发上。敌人冲向岸边，哥伦布市响起枪炮声，他可以听见**孟菲斯美女号**被大炮和子弹击中的声音。他来到上层甲板，看见一场交战正在发生。就在这时，从上游返回的**列克星敦号**和**泰勒号**赶来支援。慢慢的，伴随着士兵们的欢呼，**孟菲斯美女号**驶离了炮火区，返回了开罗。

格兰特回到他的船舱。一进去，他就发现"房间里有一颗火枪子弹，这颗子弹击中沙发头部，并穿过沙发卡在了沙发腿上"。[29] 就在几分钟前，他还头靠在火枪子弹穿过的沙发上休息。

格兰特会一直记得贝尔蒙特会战（Battle of Belmont），因为那天他两次死里逃生。

*

他的士兵回到了开罗，用格兰特的话来说，"每个人都觉得贝尔蒙特会战是一次伟大的胜利"。[30] 南方邦联的士兵抵达孟菲斯时，却讲述了一个完全不同的故事。孟菲斯是波尔克成千上万名士兵的家乡。《孟菲斯呼声报》（Memphis Appeal）还刊发了专栏，里面满是对归来士兵的采访，他们吹嘘自己取得了巨大的胜利。在整个南部地区，各大报纸都盛赞贝尔蒙特会战是一场"光荣的胜利"，是"南方英勇的胜利"。[31]

波尔克在第二天给戴维斯总统写了一份极尽夸张的战斗报告，声称他的部队"遭到8000敌军的攻击"，但他们在光荣的战斗中取胜。结果是联邦军队"彻底溃败"。他甚至给戴维斯发了电报："格兰特已被击毙。"[32]

格兰特的报告则更加生动。在最初的报告中，他对自己"所指挥的部队表示感谢"。他刻画出一条从过去到现在的清晰线索："这是我的幸运，能够在斯科特将军和泰勒将军的领导下参加了在墨西哥的所有战事。除了援助布埃纳维斯塔（Buena Vista）之外，我从未见过如此激烈的战斗，也从未见过如此英勇的军队。"[33] 在一场新的战争开始时，格兰特非常清楚英雄在过往的战争中所起的模范作用。

在战争初期，战地记者非常少。因此，第一批记者在权衡士兵故事和官方报道方面缺乏经验，最终导致了俄亥俄州哥伦布市的《危机》（*Crisis*）杂志所称的贝尔蒙特会战后的"一场言论冲突"[34]。这些通篇吹嘘的快评有时会在几天或几周内让位给别的报道，而这些报道里对于谁输谁赢则有着完全不同的判断。

就像战争本身一样，报道分为两个阶段——攻击和反击。包括民主党和共和党在内的一些西部媒体发起了最初的攻击，称联邦在贝尔蒙特的努力是失败的。11月8日凌晨3点，圣路易斯最大的民主党报纸《密苏里共和日报》（*Daily Missouri Republican*）的一名记者从开罗来电，哀叹道："我们遇到了敌人，但我们不是他们的对手。"[35] 几天之内，一些渴望联邦胜利的东部媒体进行了反击。亨利·J. 雷蒙德（Henry J. Raymond）的《纽约时报》（*New York Times*）报道称："最近在密苏里州贝尔蒙特发生了一场战斗，我们所有的参战部队都值得高度赞扬，这场卓越行动的成功应归功于格兰特将军。"[36] 贝尔蒙特会战结束的12天后，詹姆斯·戈登·班尼特（James Gordon Bennett）的《纽约先驱报》（*New York Herald*）宣布贝尔蒙特会战"是勇士们取得的最明显的"胜利。班尼特并非林肯的盟友，但这份民主党报纸用一幅格兰特的画像表达了对他的颂扬——"格兰特挥舞着举过头顶的马刀，在最猛烈的炮火中高声呼喊"。[37]

*

在贝尔蒙特，格兰特对自己和对麾下的士兵们有了更深的了解，有些教训是惨痛的。尽管他在亨特农场登陆时留下了一支预备队，但当邦联军冲向这个运输据点时，这支预备队并没有作好准备。格兰特没能将炮舰完全纳入自己的作战计划，所以在他们最初进攻哥伦布市之后，炮舰就已经从河面上消失了，而此时四艘南军汽船开始从哥伦布市向贝尔蒙特运输军队。最严重的冲击是，他没有考虑到如果哥伦布市的邦联军认为贝尔蒙特被袭只是个假象，他们可能会迅速发动反攻。当然，这正是他们所做的，这种欠考虑几乎使格兰特和他的部队覆没。也许早在墨西哥就认识皮洛是格兰特低估邦联军能力的部分原因。[38] 格兰特在那一天才真正意识到，一场会战直到结束那天才算真的完结。

贝尔蒙特会战反映了格兰特的才能，他将在接下来的几个月中将它们发扬光大。他行动迅速。为了分散哥伦布市的注意力，他采取了各种各样的行动，使他在 11 月 7 日早晨顺利登陆。尽管他一般都保持自己的意见，但他知道如何以及何时以最佳的方式传播信息，从而使己方处于最佳状态。一旦行动起来，他的指挥官，如麦克勒南德、多尔蒂和罗根能很好地领导各自的部队。同时，格兰特与沃克也相处融洽，在战争开始时，这一点并非所有的陆军和海军指挥官都能做到。

尽管格兰特在贝尔蒙特会战中表现了充足的勇气，但在第一阶段战斗后的指挥失误，以及对第二阶段战斗缺乏洞察力和预见性，表明他距离充分发挥自己作为一名将军的潜力仍有很长一段路要走。

*

格兰特回到开罗市后疲惫不堪，下发了许多军令，同时也给朱莉娅和父亲杰西写了信。给朱莉娅的信目前还没有被发现，但他告诉父亲："考虑到远征的目的，这次胜利是圆满的。它使我对士兵们充满信心，使我能够在今后的任何交战中领导他们，而不必担心结果。"[39]

如果你今天站在贝尔蒙特会战的指示牌旁，你会发现这个曾经的 19 世纪的战场现在已大部分位于水下，这是因为 20 世纪密西西比河的航道发生了改变。然而，闭上眼睛，我们仍能想象出使进攻者和防御者都感到惊讶的"两阶段冲突"。[40] 贝尔蒙特会战过后，规模更大、更具决定性的战争很快就将从未来变成现实。但贝尔蒙特会战仍值得我们花时间去了解，因为只有这样我们方可开始欣赏格兰特军事领导能力的发展历程。

/ 176

当时最著名的摄影师之一弗里德里克·古特库斯特为格兰特准将拍下了这张佩戴两颗星的半身像。

1 Richardson, *A Personal History*, 196.

2 Ronald C. White, Jr., *The Eloquent President: A Portrait of Lincoln Through His Words* (New York: Random House, 2005), 209.

3 Charles Pierce Roland, *Albert Sidney Johnston: Soldier of Three Republics* (Austin: University of Texas Press, 1964), 11−19; Shelby Foote, *The Civil War: A Narrative*, vol. 1 (New York: Random House, 1958), 169.

4 *Personal Memoirs*, 1: 360.

5 John C. Frémont to USG, September 6, 1861, *Grant Papers*, 2: 198n.

6 Smith, *Grant*, 120−21.

7 USG to Mary Grant, September 11, 1861, *Grant Papers*, 2: 237−38.

8 约瑟夫·H. 伊顿少校（Major Joseph H. Eaton）在 1861 年 9 月 6 日代表弗里蒙特写信给格兰特。*Grant Papers*, 2: 189n.

9 Glenn Robins, *The Bishop of the Old South: The Ministry and Civil War Legacy of Leonidas Polk* (Macon, Ga.: Mercer University Press, 2006), 144−46. 波尔克的决定在南方圣公会教徒中引发了一场关于神职人员在这场内战中应扮演何种角色的激烈争论。See also Joseph Howard Parks, *General Leonidas Polk, C.S.A.: The Fighting Bishop* (Baton Rouge: Louisiana State University Press, 1990).

10 Nathaniel Cheairs Hughes, Jr., *The Battle of Belmont: Grant Strikes South* (Chapel Hill: University of North Carolina Press, 1991), 30−31.

11 USG to JRG, May 6, 1861, *Grant Papers*, 2: 22. 在 1847 年 9 月 13 日对查普特佩克（Chapultepe）的进攻中，吉迪恩·皮洛（Gideon Pillow）的脚被流弹擦伤。在官方报告中，皮洛说自己是被"霰弹击倒的"。*Grant Papers*, 2: 23n8.

12 Hughes, *Battle of Belmont*, 36.

13 Ibid., 37.

14 Chauncey McKeever to USG, November 1, 1861, *Grant Papers*, 3: 143−44. 由于格兰特从未说明的原因，接下来的一些信息来自于他三年后即 1864 年撰写的关于贝尔蒙特会战（Battle of Belmont）的第二份报告。

15 Ronald C. White, Jr., *A. Lincoln: A Biography* (New York: Random House, 2009), 452−56.

16 USG to Richard J. Oglesby, November 3, 1861, *Grant Papers*, 3: 109.

17 USG to Charles F. Smith, November 5, 1861, *Grant Papers*, 3: 114.

18 Ibid., November 6, 1861, *Grant Papers*, 3: 120.

19 Hughes, *Battle of Belmont*, 49.

20 Ibid.; Lindorf Ozburn to Eliza Ozburn, November 10, 1861, Ozburn Letters, ALPLM; William H. Austin Letters, ALPLM.

21 *Personal Memoirs*, 1: 274.

22 Hughes, *Battle of Belmont*, 139-44.

23 John H. Brinton, *Personal Memoirs of John H. Brinton* (New York: Neale Publishing, 1914), 77.

24 *Personal Memoirs*, 1: 274.

25 Byron Andrews, *A Biography of Gen. John A. Logan* (New York: H. S. Goodspeed, 1884), 403-4.

26 *Personal Memoirs*, 1: 278.

27 格兰特报告说，波尔克手下的一个人后来把这件事告诉了他。*Personal Memoirs*, 1: 281.

28 Ibid., 1: 278-79.

29 Ibid., 1: 279.

30 Ibid., 1: 280.

31 *Nashville Banner*, November 9, 10, 1861; *New Orleans Daily Crescent*, November 11, 1861; Hughes, *Battle of Belmont*, 190.

32 *OR*, ser. 1, vol. 3, 304.

33 Orders, November 8, 1861, *Grant Papers*, 3: 130.

34 *Columbus Crisis*, November 14, 1861; Anna Maclay Green, "Civil War Opinion of General Grant," *Journal of the Illinois State Historical Society* 22 (April 1929): 6.

35 *Personal Memoirs*, 1: 280.

36 *New York Times*, November 11, 1861.

37 *New York Herald*, November 19, 1861.

38 关于这三点，我要感谢约翰·西蒙的《格兰特在贝尔蒙特》(*Grant at Belmont*)。

39 USG to JRG, November 8, 1861, *Grant Papers*, 3: 138.

40 *Grant Papers*, 3, 143-49n; and "No. 1: Reports of Brig. Gen. U. S. Grant, U.S. Army to Headquarters District Southeast Missouri, Cairo, Ill., November 17, 1861" to Brig. Gen. Seth Williams, *OR*, ser. 1, vol. 3, 267-72.

/ 第13章 无条件投降

> 然而，你那平凡无奇的哥哥到目前为止还没有理由感到自己不能胜任这项任务……这不是在自夸，而是一种预感。
> ——尤利西斯·S. 格兰特致玛丽·格兰特，1862 年 2 月 9 日

"今天的孟菲斯就像拉结在为她的孩子哀悼一样。"随着越来越多的船只从贝尔蒙特运送伤亡人员回到孟菲斯，《纳什维尔旗帜报》(*Nashville Banner*) 捕捉到这座战栗中的城市的反应。[1]格兰特开始阅读纳什维尔和孟菲斯的报纸，他发现贝尔蒙特会战后的几天里，在南方对这场战争的报道中，他的兵力从 8000 人大幅下降到 3000 人。

两周后，他写信给众议员伊莱休·沃什伯恩，说他现在对贝尔蒙特会战的结果有了更好的看法："随着时间推移，贝尔蒙特会战会被证明比一般宣传所认为的更加成功。麦克勒南德和我一开始就是这么想的。这场会战给敌人造成了更大的损失，对南方人民的影响也更大。"[2]

沃什伯恩给林肯写了封信，并附上格兰特的信，"我想让您花点时间读一下格兰特的这封信"。[3]众议员对格兰特的支持，使他在华盛顿的地位上升到了让林肯注意的位置。

*

贝尔蒙特会战后不久，尤利西斯认为军事局势已经稳定下来，便邀请朱莉娅到他那里。这是朱莉娅第一次在军营中生

活。在以后的岁月里她还会经常来，因为尤利西斯需要她待在身边。

朱莉娅在开罗市定居下来，她称这里为"荒凉之地"。她搬进银行大楼二楼的房间，尤利西斯的办公室就在一楼。尽管环境不好，但一家人还是高兴地又在一起了。

霍伊特·谢尔曼（Hoyt Sherman）记得"格兰特对家人表现的亲切关怀给人留下了深刻的印象"。谢尔曼经常在星期日工作，有时他回忆起曾听到一层办公室楼上"孩子们唱着老式的主日学校曲调"。[4]

朱莉娅很喜欢开罗的阅兵，她自豪地看着丈夫骑着一匹栗色的马"杰克"穿行于身着鲜艳蓝色军装的士兵中间。作为一名女骑手，她"用诗歌描述着阅兵的一举一动"。[5]

尤利西斯也维系着更为疏远的家庭纽带关系。他邀请妹妹玛丽来看望他，并写信说："如果你能来，我将替你支付一应费用。"他附上自己和参谋的照片，请她把这些照片送给一位叔叔和两位婶婶。他甚至想让玛丽送一张给他父亲的妹妹，也就是他的姑妈雷切尔（Rachel）。雷切尔姑妈在战争爆发后给尤利西斯的妹妹克拉拉写信，"如果你和可恶的林肯站在一边，我们的血缘关系将永远断绝"。[6]

但尤利西斯和他父亲之间的紧张关系仍然存在，他的父亲希望利用儿子意想不到的显赫地位大赚一笔。杰西想让尤利西斯帮忙，让儿子为他的生意争取到军用马具的合同，但尤利西斯回答说："我不能主动插手合同的事。"他解释说："为了公共利益和我自己的声誉，我有必要远离政府合同。"[7]他给玛丽写信说："我不想被人强求做什么。我没什么可以给别人的，也不想被强迫必须对某人承担义务。"[8]

*

　　1861 年 11 月，军队指挥部发生了重大变化。11 月 1 日，一位白宫信使通知年轻的乔治·B.麦克莱伦，林肯总统已经任命他为联邦陆军总司令。麦克莱伦将成为格兰特心中继现年 75 岁的"老牛皮"温菲尔德·斯科特将军之后的另一位新英雄。当格兰特听到这个消息时，他肯定想起了战争开始时在辛辛那提与麦克莱伦的会面。

　　三个月前，当联邦军在北弗吉尼亚的布尔溪会战（Battle of Bull Run）惨败后，34 岁的麦克莱伦开始迅速崛起。布尔溪会战结束后，麦克莱伦被召到华盛顿接替欧文·麦克道尔（Irvin McDowell）指挥联邦在东部战区的主要兵力波托马克军团（Army of the Potomac）。虽然麦克莱伦唯一的胜利是西弗吉尼亚的一场小规模战斗，但这是在北方久久未能尝到胜利甜头的情况下取得的。联邦政府渴望一个英雄，年轻的麦克莱伦有着迷人的面孔、灰色的眼睛和黑色的头发，看起来很适合充当这个角色。

　　到达华盛顿后，麦克莱伦对自己的能力展现了极大的信心。他对妻子艾伦（Ellen）兴高采烈地说："我发现自己在这儿有了一个全新的、奇特的地位——总统、内阁、斯科特将军以及所有人都在毕恭毕敬地听我说话——通过一些神奇的魔法，我似乎成了这里的主人。"[9]

　　作为新任总司令，麦克莱伦将注意力集中在东部战区，但他也决定重组东部战区。他把东部指挥部一分为三：亨利·哈勒克（Henry Halleck）的密苏里州分部，格兰特隶属其中；唐·

卡洛斯·布埃尔（Don Carlos Buell）的俄亥俄州分部；大卫·亨特（David Hunter）在堪萨斯建立的一个新分部。由弗里蒙特亲自挑选的格兰特并不知道自己会和弗里蒙特的继任者如何相处。

*

亨利·哈勒克是格兰特的新任指挥官，他于1815年出生在纽约广阔的莫霍克山谷（Mohawk Valley）的一个农场。他是联合学院（Union College）的"优等毕业生（Phi Beta Kappa）"，并于1835年进入西点军校。在那里，他对军事理论产生了长达一生的兴趣。[10]

在美墨战争期间，哈勒克在史蒂芬·科尔尼的指挥下曾在加利福尼亚服役。他于1854年退役，次年与亚历山大·汉密尔顿（Alexander Hamilton）的孙女伊丽莎白·汉密尔顿（Elizabeth Hamilton）结婚。哈勒克帮助制定了加州宪法，成为一名极具影响力的律师，并且专攻《土地法》。后来他经商发家，积累了50多万美元的财富，其中大部分收入来自于担任美国最大水银矿企业的总经理。[11]

哈勒克看上去并不像麦克莱伦或弗里蒙特，他时年46岁，但看上去更老。他身高5英尺9英寸，体重190磅，是个胖子，两颊下垂，有着双下巴。他有个烦人的习惯，就是不停搓他的手肘。由于他眼睛鼓起，所以谣言四起，说他是个瘾君子。士兵们称他为"老智囊（Old Brain）"，不仅缘于他军事理论家的名声，还因为他那双眼睛以及高高的前额。[12]哈勒克于11月19日抵达圣路易斯后，便立即开始收拾专横的弗里蒙特留下的烂摊子。

*

　　麦克莱伦被任命为总司令的两天后，他向哈勒克发出指示：
"我把一项任务托付给你，这项任务要求你非常机智和果断。"
他强调，"请努力向密苏里州及邻近各州的居民强调，我们只是
为了联邦的完整而战。"[13]民主党人麦克莱伦希望表明这场战争
与奴隶制无关。

　　根据麦克莱伦对哈勒克的指示，格兰特于11月20日发布
了第3号通令，他在通令中描述了所谓"逃亡黑奴"进入联邦阵

"老智囊"亨利·哈勒克是一位经验
丰富的军事理论家，但他从未带兵
上过战场，因此很多人以为他只是
一名文职将军。

营，以及在目的上向南方邦联报告联邦军队"人数和情况"的问题。他的补救办法是："此后不准这一类人进入任何营地。"[14]

在接下来的几个月里，格兰特根据具体情况用不同的方式解释了这条通令。在允许一名男子进入联邦军队追讨一名逃亡黑奴的过程中，他解释说："我不希望军队被用作黑人捕手，更不希望军队被用作掩护他们逃跑的斗篷。"但他对另一个人说："不管我们个人对这个问题有什么看法，我军对这个问题有明确的命令，这些命令必须得到遵守。"[15]至于质询这一问题的情况，比如"作为奴隶主和分离主义者的亨德森博士（Dr. Henderson）"坚持要追回他的一名奴隶，而这名奴隶正处于联邦阵营中，"使目前的情况更趋恶化"。[16]格兰特的回答是："奴隶是用来供养奴隶主的，而奴隶主是支持叛乱的，因而奴隶不可能由军事当局归还给奴隶主。"[17]

在1861年的最后几个月里，战争与奴隶制的关系开始在格兰特的脑海中占据更大的分量。他给父亲写信说："我倾向于彻底地镇压叛乱，维护所有的宪法权利。如果除了通过反对奴隶制的战争，不再有任何其他彻底击败敌人的方法，那就让反对奴隶制合法化吧。如果奴隶制必须废除，共和国才能继续存在，那么就让奴隶制消失吧。"

/ 181

为了平衡这些话，他又补充说："但是，那些鼓吹现在就发动这样一场战争的刊物，同那些公开的分离主义者一样，对国家而言都是大敌。"[18]这封信显示了一位指挥官在重新思考战争的政治和道德目的。

*

格兰特获悉哈勒克已于11月19日抵达密苏里州，于是在次日发电报给他："我可否前往圣路易斯拜访您，亲自向您说明这条通令的要求和条件？"[19]

第二天，他收到哈勒克的回复："你将以书面形式发送报告。现在还不能来圣路易斯。"[20]

如果哈勒克想要一份书面报告，格兰特就会马上写好并寄过去。格兰特把一份完整的报告交给了哈勒克的助理副官长约翰·C. 凯尔顿上尉（Captain John C. Kelton）。当天，格兰特就收到了哈勒克的答复。格兰特坦率地说："运输方面有诸多不足。没有流动的马拉救护车，军服基本上是劣质的，士兵手中的武器大多是经过改装的旧式燧发枪（Flint Lock）、塔式火枪（Tower Musket）和其他品质更差的武器。"[21]

格兰特的军队有17000名士兵，在1861年的最后两个月里，他没有向南方发起进攻。但他确实不间断地对哥伦布市施加压力，并致力于在整个地区建立情报网络。到了12月末，哈勒克把史密斯在肯塔基州帕迪尤卡和史密斯兰（Smithland）的部队增调至格兰特麾下。格兰特现在有了足够的力量向肯塔基州和田纳西州发起进攻。

11~12月，格兰特还加强了对河流的巡逻。在河道上行驶的小船和汽船经常带着各种各样的违禁品运往南方邦联。格兰特决心阻止或减少这一现象，但他需要海军的配合。

*

海军部部长吉迪恩·威尔斯（Gideon Welles）任命他儿时在康涅狄格州圣公会学校的朋友安德鲁·赫尔·富特（Andrew Hull Foote）担任西部战区"褐水海军（Brown-Water

Navy)"① 的指挥官。1861 年 9 月 6 日，富特抵达圣路易斯，与此同时，格兰特在开罗市受任指挥官。

富特出生于康涅狄格州的纽黑文市（New Haven），他在 1822 年进入西点军校，但六个月后便离开军校加入海军，成为一名海军军官候补生。在接下来的三十年里，他在地中海、中国以及非洲海岸服役。1827 年，在加勒比执行任务时，他皈依了基督教。从那时起，他成了一名热诚的改革者，反对在海军军舰上施行鞭刑，并支持庆祝安息日。[22]

之前的弗里蒙特曾让富特放手去做，并告诉他，"用你自己的判断去实现政府的目的"。[23]富特鼓足干劲，建造了 9 艘铁甲战舰和 38 艘迫击炮舰。这些迫击炮弹装在平底筏子上，它们可以发射 13 英寸的炮弹，射程可达 2 英里。

当哈勒克接替弗里蒙特时，一切都发生了改变。哈勒克限制了富特放手去做的能力，还叫停了迫击炮舰的建造。在与美国海军部助理部长古斯塔夫斯·V. 福克斯（Gustavus V. Fox）的通信中，富特倾诉了自己愈发沮丧的心情。鉴于哈勒克"似乎质疑我的判断"，富特发现哈勒克的想法"完全不切实际"。[24]

当富特遇到格兰特时，一切又改变了。当结果证明手段合理时，将军会愿意突破常规。这个结果便是进攻肯塔基州和田纳西州，手段是调用富特的"褐水海军"。

*

1861 年底，当格兰特开始承担更多责任并因此而声名鹊起

---

① 指多在内河中行驶的小型炮舰和巡逻艇，系美国海军的起源之一。

时，他才慢慢意识到同僚在嫉妒自己的迅速崛起。他们更愿意贬低格兰特从而推动自己的事业。批评格兰特的一种方式是散布他又酗酒的谣言。他们很少有人见过格兰特，但这并没有关系，一旦一个军人被贴上"酒鬼"的标签，它就很难被完全抹去。

众议员沃什伯恩在华盛顿的报纸上看到这些报道后写信给罗林斯，急切地想知道这些报道是否属实。作为格兰特的第一副官，罗林斯准备了一封很长的回信，但在寄出前将信呈交给格兰特阅览。当格兰特慢慢阅读这封回信时，罗林斯关注着他的情绪。格兰特读完后说："是的，没错。你写的内容完全正确。请务必寄过去。"[25]

罗林斯在 12 月 30 日的回信中写道："我要明确强调格兰特将军酗酒的说法是完全不真实的，这一谣言可能只是出于恶意。"他解释了格兰特在社交场合喝香槟或葡萄酒的次数，但"他从没有喝到足以影响他的程度"。罗林斯一直与他有着饮酒习惯的父亲生活在一起，这让他针对所服务的长者可以扮演一个特殊的角色。"我视他的利益为我自己的利益，一切关乎他名誉的事都与我有关。我像敬爱父亲一样敬爱他。"[26]

*

1862 年，随着格兰特期盼更多的军事行动，他明白田纳西州在南方邦联中占有的中心地位。作为最后一个脱离联邦的州，在这块南方土地上的战事将比弗吉尼亚州以外的任何州都要多。[27]

南方邦联将军阿尔伯特·西德尼·约翰斯顿在田纳西州建了一道长达几百英里的防线。这条防线穿过哥伦布市的博林格林

（Bowling Green），一直延伸至坎伯兰岬口。田纳西河上的亨利堡和坎伯兰河上的多纳尔森堡位于这条防线的中间，这两条河在田纳西州平行流动。在某个点，他们仅仅相隔12英里。

田纳西河和坎伯兰河是通往南方农业和工业中心地带的大门。战争前夕，"中田纳西"地区的农民们吹嘘他们的小麦年产量为250万蒲式耳，玉米产量为100万蒲式耳，烟草产量更是无地可比，此外还有成千上万的马匹、骡子和牛。西部大铁矿带也延伸到肯塔基州和田纳西州的交界处。负责鼓风炉、锻件和铸造厂的工人们在这条由13个县组成的狭长地带内，如果他们的河流被阻断，那么他们与北方市场的联系将被切断。克拉克斯维尔（Clarksville）的铁厂在对邦联军的供应量方面仅次于里士满的特雷德加铁厂（Tredegar Iron Works）。[28]

保卫密西西比河的核心流域成为战争时期南方在其西部战区的主导思想。因此，哥伦布市和密西西比河上的其他城镇及要塞都得到了严密的防御。在西部的头三个月里，约翰斯顿视察了辖区里所有重要的指挥部和要塞——但他从来没有到访过亨利堡和多纳尔森堡。

1861年底，格兰特认为南方邦联在田纳西州的防线仍然存在，但这并不是因为它的防御工事多有成效，而是因为联邦军指挥官们的犹豫不决。因为在这段时间里，南方的邦联军在亨利堡和多纳尔森堡的防御工事一直未完工，而且人手也不足。[29]

*

1862年初，由于在各方面缺乏进展，林肯感到沮丧，他请求哈勒克和俄亥俄州的唐·卡洛斯·布埃尔着手行动。1月7日，总统写信给哈勒克："请尽快确定你可以和布埃尔将军一起向南方进军的安全日期，或者你们进军之前作好准备的日期。拖延会毁了我们。"[30]

在林肯的质疑下，哈勒克命令格兰特前往肯塔基州"进行威慑"，"让大家知道，多佛（Dover）是你攻击的目标"。田纳西州的多佛位于田纳西州与肯塔基州交界处，是多纳尔森堡的所在地。为了增强欺骗敌人的效果，哈勒克告诉格兰特要在当地报纸上散布消息，说他将从密苏里州得到20000~30000名兵力的增援。"不要让任何人，甚至是你自己的手下知道你们真正的目的是阻止叛军增援肯塔基州的博林格林，西蒙·玻利瓦尔·巴克纳在那里指挥着一支邦联军。"[31]

如果能最终得到进攻的命令，格兰特会更加喜出望外，但是哈勒克补充说："要非常小心，尽量避免发生战斗。我们还没有准备好。"[32]

格兰特觉得自己完全作好了准备，他在 1 月 14 日开始行动。在接下来的一个星期里，他在肯塔基州实施了精心设计的骗局，与此同时，他的士兵们在不同的地形和条件下积累了战斗经验。邦联军对他的行动感到困惑，不知道他在做什么。可是格兰特却向部下吐露说："不去攻击敌人，而是让自己人在仲冬时节颠沛流离，并饱受泥泞、大雨、冰雹和暴雪之苦，这根本就不是战争。"[33]

*

如果格兰特对哈勒克"要求小心谨慎"的态度感到厌烦，那么哈勒克 1 月 22 日写给他的信可能会让他吓一跳。信里写着：

"你可以来访问我的指挥部。"[34]

在出发拜访前，格兰特给妹妹写信说："我现在指挥的兵力比斯科特将军在墨西哥时指挥的还要多。"他补充说，也许想到与哈勒克之间不确定的关系，"我确实希望我能有幸至少在一场会战中保持重要的指挥权"。最重要的是，他为自己的成就感到骄傲："我相信，我所在地区的军队于战争准备方面是所有联邦军中做得最充足的。如果我没法得到官兵们的信任，我就会犯很多错误。"[35]

在准备与哈勒克会面的过程中，格兰特知道，随着这位"老智囊"在1846年出版了《军事艺术与军事科学的原理》（*Elements of Military Art and Science*），他已被誉为精明的军事理论家。但格兰特也清楚哈勒克的短板：他的知识只来自于理论，而不是行动。他从来没有实际领导过军队。[36]

两人的会面进展得并不顺利。在场的一位官员报告说，格兰特刚把地图摊在桌子上准备展示时，就被哈勒克打断了。[37]格兰特后来写道："我受到的接待是如此不真诚，以至于我可能没办法清楚阐述自己的观点。我还没说上几句话就被打断，好像我的计划是荒谬的。"通常情况下，格兰特头脑清晰、言简意赅，但在这次等待已久的机会中他的表述一直磕磕绊绊，这一点他自己也清楚。"我垂头丧气地回到了开罗市。"[38]

*

格兰特返回开罗后便和富特待在一起。到目前为止，陆军和海军指挥官已经形成了一个团队。他们每个人单独向哈勒克发出请求——也许两个人的声音比一个人的更有分量。1月28日，富特给哈勒克发电报："格兰特和我认为田纳西河上的亨利堡可以被四艘铁甲战舰及与其相配给的军队占领。"富特直截了当地说："我们是否有权为这一目的采取行动？"[39] 第二天，格兰特更加恭敬地写道："我恭敬地呈上我的建议，我认为攻下肯塔基州和田纳西州边界附近的亨利堡是恰当且有必要的，我们需要征服并牢牢控制住这一有利位置。"[40]

当哈勒克仔细考虑何时采取行动时，他收到了两封至关重要的信。林肯于 1 月 27 日发布了第 1 号战争总令，要求所有的联邦军队，包括"驻扎在开罗的陆军和舰队"[41] 准备在 2 月 22 日乔治·华盛顿的生日之前向叛军发起进攻。两天后，哈勒克从麦克莱伦那里得到消息，一个逃兵报告说，皮埃尔·G. T. 包瑞德（Pierre G. T. Beauregard）正率领 15 个团赶往肯塔基州，增援约翰斯顿在南方邦联军于西部战区仅有的 23000 人部队。[42] 包瑞德是萨姆特堡会战和马纳萨斯会战（Battle of Manassas）的英雄，他是一位颇有意思但饱受争议的将军，正从弗吉尼亚被派往西部担任约翰斯顿的副指挥。[43] 该报告将被证明部分有误：包瑞德确实前往西部，但他没有军队；他是一个人去的，并打算前往哥伦布市。

林肯和麦克莱伦关于包瑞德的情报促使哈勒克作出决定。[44] 最后，在 1 月 30 日，哈勒克写信给格兰特："准备攻占亨利堡。"[45]

即使作出了决定，哈勒克仍在忧虑。他派遣年轻的工兵中尉詹姆斯·伯德西·麦克弗森（Engineer Lieutenant James Birdseye McPherson）前往开罗，协助格兰特进攻亨利堡。麦克弗森服役于美国陆军工程兵团，他在改进纽约港、建造特拉华堡（Fort Delaware）以及旧金山湾恶魔岛（Alcatraz Island）的防御工事中发挥了关键作用。

/ 186

麦克弗森被派往格兰特处还有另外一个目的。他向布林顿医生透露说："我来这里还奉命打听一些特别消息。"什么消息呢？"关于格兰特将军的习惯，在圣路易斯流传着关于他酗酒的各种报道，而且传闻他在各方面都效率低下。"布林顿告诉麦克弗森，"这些报道毫无根据，我知道它们都是假的"，但他鼓励麦克弗森亲自一探究竟。[46]

当哈勒克的决定在一个寒冷的下雪天送达开罗时，人们热情高涨。平日里安静的罗林斯踢了几下椅子，而格兰特的其他手下扔起了帽子。格兰特笑了笑，"然后暗示大家不需要弄出这么大的声音，没必要把这个好消息告诉在哥伦布市的敌人"。[47]

麦克弗森看到了这位纪律严明、受人尊敬的指挥官真实的样子。格兰特决定以紧凑的兵力行军，只带领他的 15000 名士兵，并命令约翰·麦克勒南德和查尔斯·史密斯动员最小兵力的骑兵和马车。富特对亨利堡的攻击至关重要，他加班加点准备了炮舰。他的舰队包括四艘新的铁甲战舰——卡龙德莱特号（Carondelet）、辛辛那提号（Cincinnati）、艾塞克斯号（Essex）和圣路易斯号（St. Louis）——外加三艘木制炮舰。他所担心的是自己的大部分船员缺乏实战经验。

2 月 4 日，尤利西斯给朱莉娅写信："不是我自夸，但我有成功的自信。"[48] 在此期间，他有时直到凌晨 5 点才上床睡觉。他答应朱莉娅每天给她写信，他做到了。

*

美国军队传统上并不在冬季作战。在独立战争期间，乔治·华盛顿每年冬天都会去营地。1776 年 12 月 25 日，他让特伦顿

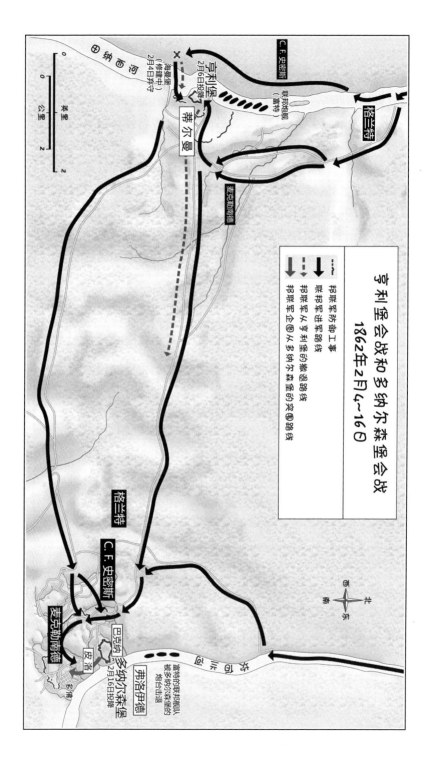

亨利堡会战和多纳尔森堡会战
1862年2月4~16日

（Trenton）和普林斯顿（Princeton）的英国人大吃一惊，因为他们无法想象华盛顿会在这个时间横渡特拉华河（Delaware River）。

亨利堡的指挥官是南方邦联将军劳埃德·蒂尔曼（Lloyd Tilghman），他希望冬季能成为自己的盟友。亨利堡是一座五边形的夯土结构建筑，坐落在田纳西河河湾上一片10英亩的低地沼泽上。它的守军不得不与几面高地作战，把优势拱手让给对手。为了弥补亨利堡的糟糕位置，蒂尔曼已经开始在河西岸的高地上建造第二座要塞"海曼堡（Fort Heiman）"，但仍未完工。亨利堡有17门重炮，其中12门对着河，5门对着陆地，而蒂尔曼只有2610名士兵。

南方邦联的情报不足，意味着格兰特和富特能够在未被发现的情况下接近这座要塞。守军在河里埋了水雷，他们称其为鱼雷，用来阻挡炮舰，但强大的水流把大部分水雷都冲走了。

暴雨造成了更糟糕的悲惨局面。虽然大雨把道路变成了泥沼，阻碍了陆路交通，但是河流的水位不断上升，船只可以快速移动。约翰斯顿继续把注意力集中在布埃尔率领的规模更大的军队对东部的威胁上，没能意识到格兰特规模较小的军队正从西部逼近。[49] 截至2月4日上午10点，田纳西河两岸的警戒哨仍未发现任何联邦军队。

*

最后，亨利堡的炮兵指挥官杰西·泰勒上尉（Captain Jesse Taylor）在2月5日上午发出警报。他还记得，"在目之所及的范围里，河面上空布满密密麻麻的舰艇冒出的浓烟。这表明，他们早就准备好要突破我们的防线了"。[50]

格兰特写信给朱莉娅，他估计在亨利堡的南军兵力"大约有10000 人"[51]——其实，这一数字是实际人数的约四倍。蒂尔曼和泰勒认为格兰特指挥了一支至少 25000 人的联邦军队，而他实际仅指挥了 15000 人。[52]格兰特考虑到亨利堡对南方防线的重要性，认为约翰斯顿一定会派出增援部队。一艘在西岸和东岸之间航行的汽船表明增援部队正从海曼堡驶来；没有人意识到海曼堡正在被遗弃。

格兰特登上威廉·波特（William Porter）的炮舰艾塞克斯号进行侦察。他想测试亨利堡大炮的射程和精确度。接近一英里时，艾塞克斯号向要塞打出了几发炮弹。但要塞并没有还击，于是波特掉转艾塞克斯号顺流而下。在两英里半的标记处，伴随着一声呼啸，一枚重达 24 磅的炮弹越过炮舰上空，击中了岸边的一些树苗。几分钟后，第二发炮弹击中了船尾的甲板，穿透了船员舱和指挥官舱。这一炮差点让格兰特和波特当场殒命。[53]他们被迫迅速撤退，以谋划下一步的行动。

*

经过几天降雨，2 月 6 日终于放晴，阳光明媚。格兰特的进攻计划要求部队在河流和陆地上同时展开迅速行动。当富特的炮舰靠近要塞的炮台时，麦克勒南德沿着田纳西河东侧前进，而史密斯沿着河流西侧前进。格兰特亲自指挥预备队，希望这支部队在必要时发挥作用，他牢牢记住贝尔蒙特会战的教训。

富特在他的旗舰辛辛那提号上会见了诸位舰长，并祈祷上帝与他们同在。上午 10 点 50 分，他举起了战旗，这是他的战舰开始行动的信号。这是多么壮丽的景象！四艘黑色铁甲战舰排成一条可怕的长线正穿过这条河流。三艘木制炮舰紧随其后，准备向要塞上的炮台发射远程炮弹，而铁甲战舰则向炮台不断靠近。

上午 11 点，麦克勒南德开始向河东岸行进。前几天的大雨把狭窄的小路变得很泥泞，减慢了他们前进的速度。

由于高估了格兰特部队的规模，除了炮兵和伤员以外，蒂尔曼已经命令他的部队从亨利堡撤退到多纳尔森堡。当 2000 多名南方士兵临阵逃脱时，他只能依靠泰勒的炮兵连阻挡格兰特进军的步伐。

11 点 45 分，在距离要塞将近 1700 码的地方，辛辛那提号开了一炮，示意其他三艘炮舰可以开火了。他们距离要塞越来越近，但亨利堡并未还击。最后，在 1000 码处，要塞的炮台才开始反击。

到目前为止，亨利堡只有 9 门临河大炮还在使用，但泰勒和他的炮兵设法一次又一次地反击河面上的联邦炮舰——总共命中 59 次。一枚南方炮弹击中了艾塞克斯号，使其锅炉破裂，热水和蒸汽从船头喷涌而出，导致 32 人伤亡。站在锅炉旁边的波特上尉被严重烫伤，但幸免于难。但是亨利堡被迅速摧毁，联邦的火炮以致命的精度开火，双方交战的炮火碎片炸伤甚至炸死了许多守军。

下午，还有几分钟就到 2 点，蒂尔曼登上一座矮墙，挥舞着一面停战旗。随着白旗在硝烟中飘扬，南方指挥官向富特投降。格兰特打电报给哈勒克："亨利堡是我们的了。"[54]

新闻界把亨利堡会战（Battle of Fort Henry）誉为海军的胜利，它使富特一举成名。但已经回到开罗修理辛辛那提号的富特比任何人都清楚，格兰特雄心勃勃的作战计划是他们共同成功的后盾。

/ 190

*

格兰特并没有为享受胜利而耽搁行程。《纽约论坛报》（*New York Tribune*）的战地记者阿尔伯特·D. 理查德森（Albert D. Richardson）即将返回纽约，但他稍作停留，准备向他敬佩的格兰特将军道别。

格兰特回答说："你最好等一两天再来道别。"

"为什么？"

"因为明天我就要进攻多纳尔森堡了。"[55]

格兰特从不浪费时间，他认为约翰斯顿会抢在他之前向多纳尔森堡派遣增援部队。至于他的武装力量，"我觉得8月份的15000人比一个月后的50000人更有效率"。[56]

如果不是2月8日确实不太可能，格兰特必然会选择当天快速出击。第二天，他在距离多佛县城以北两英里的多纳尔森堡进行侦察。他立刻看出，多纳尔森堡的位置不像亨利堡，它位于坎伯兰河西岸的悬崖边，是一座可以有效防卫的要塞。士兵和奴隶们在100多英亩的土地上修筑了占地15英亩、高达6英尺的防御工事。这片土地通常森林茂密，但为了给在散兵坑的守军提供可射击的空地，它已经被清理了；树木被砍倒，树梢被修剪成尖状，从而成为障碍物，或被称为"防线"，用以阻挡联邦步兵的进攻。总之，这个要塞依靠河面断崖上的炮台进行自我防卫。

在亨利堡会战之后的日子里，多纳尔森堡的指挥部内就像开始了一场抢座次游戏。亨利堡沦陷后的第二天，布什罗德·约翰逊将军（General Bushrod Johnson）接管了这里的指挥权。两天后，阿尔伯特·西德尼·约翰斯顿派遣吉迪恩·皮洛来保卫他自己家乡的这座要塞。皮洛在 1861 年 12 月与李欧尼达斯·波尔克发生了争吵，并黯然退役。当他到达这里时，皮洛发现"指挥部笼罩在一片黑暗中"，亨利堡的失败使"部队士气低落"。[57]亨利堡的战败消息使对"炮舰狂热"的恐惧蔓延到整个南方。

2 月 9 日，星期日，格兰特写信给他的妹妹："我把笔拿在手里，'到迪克西去'，让你知道我还活着，并且身体很好。"他提醒妹妹说，他无法预测未来几天会发生什么，但"我打算尽可能让军队保持活力"。在谈到个人问题时，他吐露说："这支军队的每一种供给都无可奈何地倚仗指挥官，"并承认，"然而，你那平凡无奇的哥哥到目前为止还没有理由感到自己不能胜任这项任务。"格兰特也许重读了这句话，进而总结道："这不是在自夸，而是一种预感。"[58]

当日在开罗，富特在第一长老会教堂（First Presbyterian Church）谈论《约翰福音》14：1 时说："你们心里不要难过，你们应当信　神，也应当信我。"两晚后，当他准备离开开罗时，富特发现自己陷入了深深的困扰。他知道格兰特指望着他，但他给迪恩·威尔斯发电报说："我对此不太情愿。"他对他的老朋友说："我要尽己所能，使炮舰在战斗中发挥作用，尽管我的人手不够。"[59]

2 月 12 日，格兰特发电报给哈勒克："我们将于今早出发，重兵前往多纳尔森堡。"[60] 他轻装上阵，随身只携带了牙刷、新衣领和雪茄。

他们打得很好，粉碎了内森·贝德福德·弗里斯特（Nathan Bedford Forrest）的骑兵对他们的几次封锁。士兵们积极乐观地在干燥的"电报和山脊路（Telegraph and Ridge Roads）"上行走。在这个温暖的 2 月，士兵们开始脱下他们的大衣和毯子。

哈勒克支持格兰特的行动。他派出爱将威廉·T. 谢尔曼将军（General William T. Sherman）去开罗指挥，并为格兰特组织士兵并提供物资。

一天过去了，格兰特想知道：炮舰和增援部队在哪里？

他给富特写道："没有你们炮舰的配合，我无法展开行动。"[61] 然而格兰特不知道的是，满载着6000名新志愿军的炮舰和汽船在俄亥俄河和坎伯兰河中逆流而上，正与洪水搏斗，因此速度非常缓慢。

格兰特在寡妇克里斯普（Crisp）居住的一所原木农舍里设立了指挥部。在这个位于联邦战线中间靠左的农舍，他既可以指挥军队，也可以在河边与富特的海军合作。[62]

他的作战计划是把麦克勒南德安排在印第安溪（Indian Creek）的右边，把史密斯安排在泛滥的西克曼溪（Hickman Creek）附近，从而组成一个大半圆包围多纳尔森堡。这一次，他不打算放走任何一个逃跑的敌人。他打算依靠富特来打垮海岸炮台，逼迫他们尽快投降。

*

次日清晨，约翰·弗洛伊德将军（General John Floyd）乘船抵达多佛，接替皮洛出任多纳尔森堡指挥官，这是六天来的第三次换帅。弗洛伊德曾担任弗吉尼亚州州长，并于1857~1860年在詹姆斯·布坎南总统政府中任战争部部长。皮洛和格兰特会在一件事上达成共识：弗洛伊德是一个优秀的政治将领，却不是指挥官的最佳人选。

西蒙·玻利瓦尔·巴克纳陪同弗洛伊德，率领他的精英部队肯塔基第二团来到这里。巴克纳住在多佛酒店，这家酒店是一幢两层楼的建筑，几乎与蒸汽船顶一样高。

巴克纳被认为是西蒙·玻利瓦尔（Simón Bolívar）第二。玻利瓦尔是一位勇敢的军人和政治家，1823 年，在巴克纳出生之前，玻利瓦尔就从西班牙人的统治下解放了南美洲北部。在战争中究竟该站在哪一边一直困扰着巴克纳，他在白宫会见了林肯总统，讨论了肯塔基州的中立问题。因为 1861 年 8 月他被任命为联邦军队的一员，他直到 9 月初才跟南方站在一边。[63] 但只要他加入，他就会全身心的投入。

在焦急等待富特的同时，格兰特在 2 月 13 日没有下令攻击。与在西点军校习得的理论相反，他没有为自己的军队设置防线，因为他决定第二天发起进攻，所以没有理由继续防守。

英俊的肯塔基人、格兰特的西点军校同学西蒙·玻利瓦尔·巴克纳将在多纳尔森堡与格兰特开战。

2月13日，天气终于转暖，但当天晚上突然刮起一阵强劲的北风，到了早晨，下起了刺骨的雨夹雪并堆积起3英寸厚的白雪。气温骤降到零下11摄氏度。格兰特军中的很多士兵已经扔掉了大衣和毯子，现在他们在寒冷中瑟瑟发抖。他们想尽办法保暖，甚至把自己裹在树叶里。他们不能生起营火，因为那样敌人就会知道他们的位置。格兰特同情士兵们的痛苦，写信给哈勒克说："昨天晚上军队遭受了非常严重的打击。"[64] 经历过那个残酷的夜晚并被冻得半死的士兵会在余生里一直谈论这件事。[65]

对格兰特来说，最好的消息是富特的舰队在午夜前不久刚刚抵达。富特命令他的士兵们通宵工作，用煤袋、木材和铁链临时组建起掩体来加固没有铁甲的上层甲板，从而抵御多纳尔森堡的炮火攻击。[66]

*

情人节那天早上，南方邦联军的雅各布·卡尔伯森上尉（Captain Jacob Culbertson）凝视着坎伯兰河河湾上那数不清的船只在视野之外冒出股股黑烟。下午2点刚过，黑烟开始移动。格兰特在岸边注视着富特的铁甲战舰以平行的队形绕过河曲。[67]

南方邦联的炮兵在等待。多纳尔森堡的大炮比亨利堡的位置更好，它们不是安置在水平面上，而是被架在高台上。[68] 按照卡尔伯森的指示，炮兵们只有当敌方炮舰驶近到一定距离时才能开火。

当北军距离炮台一英里时，**圣路易斯号**率先开火了，接着是其他11艘炮舰轮番开火。但是这第一批"钢铁情人节礼物"的射程并不够。射程调整后，有几发炮弹飞得更近一些，但也有几发炮弹越过了要塞，甚至击中了另一边的联邦战线。富特在驾驶室内用一个高音喇叭指挥着舰队，最后他看到敌人炮台被击中并发生爆炸。他自信满满，命令炮舰靠得更近。

但是他们靠得太近了。当舰队距离岸边已在 400 码以内时，优势转移至岸上的炮台。在如此近的距离内，即使是经验不足的南方炮兵也会把炮弹射向船只易受攻击的部位，木材和铁链做成的掩体根本无法阻挡这些冲击。

格兰特沮丧地眼瞧着一颗 32 磅重的炮弹击中了**圣路易斯号**的驾驶室。过了一会儿，舵手 F. A. 莱利（F. A. Riley）被炮弹碎片击中倒下，剩余的一些碎片划破了富特的脚踝和胳膊。富特尝尽各种方式从伤势严重的舵手手中夺过船舵，勉强控制住已经退出战斗的残躯炮舰。[69]

当第四颗炮弹击断**路易斯维尔号**（Louisville）的舵柄索时，格兰特眼看着它只能就此撤离。**匹兹堡号**（Pittsburg）也在有沉没危险时撤退了。只有**卡龙德莱特号**在不停开火，但很快它的甲板和傲立的桅杆都被摧毁，丧失了战斗力。战斗结束时，**圣路易斯号**被击中 9 次，**路易斯维尔号**被击中 36 次，**卡龙德莱特号**被击中 35 次，**匹兹堡号**被击中 30 次。

格兰特希望重演海军在亨利堡的胜利，但结果却是惨败。在他每日写给朱莉娅的信中，他只字未提南方邦联的胜利，只是简单地告诉她，"占领多纳尔森堡是一项长期的任务"。[70]

双方都不认为战斗已经结束。弗洛伊德、皮洛和巴克纳都担心格兰特会得到更多的增援，担心这座要塞经不起长时间的围困，于是决定突破联邦军队的包围。他们在 2 月 15 日晚的会议上对这个计划进行了讨论，但因三人对作战计划有不同的理解而不欢而散。

*

与此同时，格兰特回到克里斯普农舍计划下一步行动。凌晨2点，他收到富特要求开会的消息。富特由于伤势严重，无法起行，所以他让格兰特在圣路易斯河下游4英里处与他会合。当格兰特在日出后离开时，他并没有指定任何人接替指挥，而是指示各指挥官在他离开时不要轻举妄动。

2月15日凌晨，皮洛对联邦右翼的麦克勒南德发起猛烈攻击。南方士兵身穿灰色制服，混在浓密的灌木丛中向前冲锋。爱德华·麦卡利斯特（Edward McAllister）的伊利诺伊州第一炮兵团发射了重达24磅的火炮，试图阻止猛攻，但皮洛似乎无处不在地集结着他的部队。

到早上8点，麦克勒南德的部队从河边沿着韦恩渡口路（Wynne's Ferry Road）向西撤退，一些人一边四处逃窜一边大喊："我们要被撕成碎片了！"[71] 麦克勒南德派出一名副官到格兰特的指挥部请求增援，但是没有人愿意代替缺席的指挥官采取行动。

最后，指挥部联合中心绰号"卢"的刘易斯·华莱士（Lewis "Lew" Wallace）亲自承担责任，命令他的部队参战支援。三十年后，华莱士成了著名的《宾虚：一个基督徒的故事》（*Ben-Hur: A Tale of the Christ*）的作者，他描述了当时动荡的场面。

人们倒在地上，鲜血染红了雪地。硝烟弥漫在苍白的白云之间，附着在矮树丛和树梢上，仿佛要把战士们相互隔

离开来。靠近地面时，火枪和大炮的火焰把一切都染成了
血色。[72]

到上午 10 点前后，皮洛相信胜利就在眼前。他发电报给约
翰斯顿："为了军人的荣誉，今天是属于我们的。"[73] 但在战争的
迷雾中，皮洛意识到巴克纳的支援攻击并没有实现。他骑马去找
他，却发现巴克纳的军队还在坚守阵地。他们的作战计划缺乏共
识，两位将军陷入了激烈的争论。皮洛命令巴克纳攻击麦克勒南
德，但现在宝贵的时间已被浪费掉了。

*

快到下午 1 点时，格兰特在与富特商量后返回营地。他的副

格兰特首次引起全国关注是因为他在田纳西州多纳尔森堡具有战略性的会战
中取得了胜利。

官威廉·希利尔第一个见到他，并且看上去显得心烦意乱。威廉·希利尔告诉格兰特，麦克勒南德的部队已经全线撤退，现在通往纳什维尔的道路已被打开。

格兰特看见手下们在情绪激动地交谈着，现场似乎没有军官在担负责任。华莱士回忆说，当格兰特打断麦克勒南德对早晨事件的解释时，"他的脸已经冻得通红，嘴巴一直在哆嗦"。[74] 他看着自己的两个指挥官，简单地说："先生们，那条路必须在天黑之前抢回来。"华莱士被格兰特在这万分危急下的镇定所震惊。格兰特对副官约瑟夫·韦伯斯特（Joseph Webster）说："我们有些士兵士气低落得很厉害，但敌人的士气肯定更糟糕，因为他们试图突破围防，却不得不撤退。现在谁先进攻，谁就会获胜，如果我们先于敌人一步，敌人肯定就会着急起来。"[75]

邦联军没有乘胜反击。由于弗洛伊德经常缺席，皮洛笃定他那些筋疲力尽的士兵当天已不能再战，为此皮洛和巴克纳一直争吵不休，因而这个三头指挥部不能协调他们的战略。到了晚上，他们又返回了当日早晨开始作战的散兵坑里。

格兰特考虑了自己的选择，他可以撤退并重新开始。这将使他能够准备另一天的战斗，也许在南方邦联试图逃到纳什维尔的安全地带时，他可以公开攻击他们。或者他可以待在原地，继续向南方的部分地区施加压力，等待更多的增援部队到来。再者，他也可以辞职。[76]

格兰特本能地倾向于进攻。他目睹了泰勒和斯科特在墨西哥与为数众多的敌人作战；他现在也会这么做。他的理由是，弗洛伊德为了攻击联邦军的右翼，一定从他们防线右侧的战壕中撤走了许多团。现在的问题是，派谁同这条空虚的防线正面交锋呢？

格兰特骑马来到史密斯指挥部。史密斯部队的大部分士兵在白天都没有投入战斗，所以仍然精力充沛，供应充足。几乎不需要多说些什么，"史密斯将军，我们的右翼都失败了，你必须拿下多纳尔森堡"。

史密斯回答："我一定能够做到。"[77]

史密斯召集了他的部队，并告诉年轻的士兵们，他们应征入伍是为了国家而光荣牺牲，今天下午将是他们实现抱负的机会。[78]这位白发将军骑行在部队前面，后面一排排蓝色的队伍如波浪穿过乱木丛向前冲去。艾奥瓦州第二团用刺刀冲锋，刚开始交战便损失过半。经过激烈的战斗，史密斯成功占领了敌军外防线的一大片区域，直到这个初冬时节的日落时分才被迫停止攻击岸边的炮台。[79]

邦联军回到战壕里，经过一天的战斗他们已经筋疲力尽，但情绪依然高涨。两天之内，他们就击退了北方的炮舰，并向联邦军的右翼发起了攻击，给敌军造成了相当大的伤亡。经过一夜休整，他们足以作好准备并在第二天继续精力充沛地战斗。

*

2月15日晚，邦联军的旅和团一级指挥官在一次战争会议上碰面，他们一致确信这场会战已经失败。皮洛想要发布命令，让士兵们清晨从战壕中出发，准备在通往田纳西州首府纳什维尔的道路上突围，从而与约翰斯顿的部队会合。

当会议休会时，弗洛伊德、皮洛和巴克纳仍在进一步讨论。弗洛伊德问道："好吧，先生们，现在该怎么办？"这一问题引发了巴克纳和皮洛之间激烈的争论。巴克纳很沮丧，因为他在当天早些时候帮助维持了一条逃生路线，结果现在却被切断了。而皮洛争辩说，按照他们之前的计划，他们必须返回并取回补给，进而在第二天早上动身前往纳什维尔。巴克纳坚持说，格兰特将在明天早上继续进攻，邦联军将被大量歼灭。

三位参与者对他们谈话内容的细节有着不同的记忆，但到了午夜，他们作出了痛苦的决定，放弃多纳尔森堡。骑兵指挥官内森·贝德福德·弗里斯特在会议作出这一决定时恰好走了进来，他不敢相信自己听见的话，但是他告诉三位将军，他的骑兵可以杀出一条血路，使步兵能够从格兰特的进攻中挣脱出来，并在纳什维尔重新振作，以便择日再找。

最后弗洛伊德和皮洛先后决定撤退。每个人都说，南方将领没有人会被格兰特俘虏。皮洛询问最后撤离的巴克纳将怎么应对，巴克纳回答说："先生，不管怎样，我认为我有责任和我的士兵们待在一起，与他们同甘共苦。"[80]

深夜，皮洛的副官用船送他过河，弗洛伊德溜上**安德森号**（Anderson）汽船，两人将前往纳什维尔。巴克纳留了下来，向联邦军提出了休战请求。

*

2月16日，在太阳升起之前，一名邦联军官应巴克纳的正式请求，举着一面休战旗帜前往史密斯所部。史密斯将巴克纳的请求告诉格兰特，他发现当时格兰特正睡在农舍的一张羽毛褥垫上。[81]与其说格兰特被这个请求吓了一跳，不如说是对这一请求来自巴克纳而不是弗洛伊德或皮洛感到困惑。他抽出一张信纸，写了起来。

我们刚刚收到你方关于建议停战和任命专员以商议投降条件的建议。除无条件和立即投降外，任何条款均不被接受。我建议你立即着手这项工作。[82]

收到格兰特的回信后，巴克纳也很震惊，并期待与他会面就休战问题进行谈判。他说："尽管昨天邦联军取得了辉煌的胜利，但我指挥下的部队因指挥官的意外变动，以及你方压倒性的兵力，迫使我不得不接受你提出的不具雅量且无礼的条件。"[83]

*

清晨时分，多纳尔森堡被笼罩在一片诡异的寂静中。当太阳开始融化剩余的积雪时，突然散开的白旗使南方守军惊慌失措，同时也出乎联邦军队的意料。

格兰特到达多佛酒店时，巴克纳和他的参谋正在享用早餐：玉米面包和咖啡。巴克纳无疑向格兰特询问了一个令弗洛伊德和皮洛都感到恐惧的问题：他会被当作叛国者还是战俘？史密斯陪着格兰特一起，当巴克纳站起身来向两位将军打招呼时，在西点军校担任过巴克纳老师的史密斯拒绝和他的学生握手。

不同于史密斯，格兰特的举止立刻营造出一种肃静的气氛，他意在缓和肯塔基人自负的情绪。

格兰特对巴克纳说："我以为是皮洛在指挥。"

巴克纳回答："曾经是他在指挥。"

"他现在在哪里？"

"他已经走了。"

"为什么？"

"好吧。他认为相较于南方邦联任何一位士兵或将领，你更想抓住他。"

"哦。"格兰特很快地笑着说，"如果我抓住了他，我会放了他的。他会帮助我们更好地指挥你们的同伴！"[84]

格兰特抽着雪茄，他们谈论着对方军队的规模。巴克纳对格兰特部队规模之小表示惊讶，因为南方邦联一直以为他指挥着50000人。他为格兰特能够用这么少的兵力进攻要塞而恼火，他说："如果我是指挥官，你是不会那么容易拿下要塞的。"

"如果你是指挥官的话"，格兰特笑着说，"我会等待援军的。"[85]

多年后，巴克纳透露，2月18日，当他正准备乘坐将他押往北方监狱的交通工具时，格兰特把他拉到身边，轻声地说："巴克纳，我知道，虽然你和你的部下分开了，但也许你需要钱，我的钱包任你支配。"他们之间没有说出口的是八年前的事，当时格兰特身无分文，是巴克纳在纽约帮他付了账单。此时巴克纳感谢他的好意，但没有接受他的帮助。[86]

布林顿医生询问格兰特什么时候开始正式的受降仪式，包括收缴南方士兵的枪支和巴克纳的佩刀。格兰特严词拒绝："这种事是不会发生的。投降是事实，因为我们已经占有了要塞、降兵和他们的枪。我们为什么要用这种虚荣的形式去羞辱和伤害这些勇敢者的情感呢？他们毕竟是我们的同胞和兄弟。"[87]

*

一场战争可以通过指挥官在危机中的表现看出走向。为什么阿尔伯特·西德尼·约翰斯顿要放弃这两个要塞呢？它们可是通往田纳西州的门户。高级将领弗洛伊德和皮洛怎么会放弃他们的指挥呢？邦联军三方领导的弱点就是缺乏一个强有力的领导核心，而这显然为多纳尔森堡的故事奠定了基调。格兰特冷静而果断，他没有独断专行，而是将史密斯、华莱士和麦克勒南德塑造成一支有力的团队，这在亨利堡和多纳尔森堡的战斗中发挥了重要作用。格兰特不应该在没有任命临时指挥官的情况下离开战场和富特商议；但当返回战场时，他迅速预计了作战时机，选择了进攻而不是撤退或原地待命。

在短短的12天时间里，格兰特打开了通往田纳西州的大门，在亨利堡以水路取胜，在多纳尔森堡以陆路取胜，将陆军和海军几近完美地结合在一起。他俘虏了14000名战俘，这是当时美国历史上被俘人数最多的一场战事。格兰特知道，多纳尔森堡的胜利为通往田纳西州首府纳什维尔开辟了道路。纳什维尔距离坎伯兰河东南方仅有80英里。

注　释

1　*Nashville Banner*, November 10, 1861.

2　USG to Elihu B. Washburne, November 20, 1861, *Grant Papers*, 3：205.

3　*Grant Papers*, 3：207n4.

4　Hoyt Sherman, "Personal Recollections of General Grant," *Midland Monthly* 9, no. 2（April 1898）：326.

5　Julia Dent Grant, *Personal Memoirs*, 93-94.

6　Ulysses S. Grant, *Letters of Ulysses S. Grant to His Father and Youngest Sister, 1857-1878*, edited by Jesse Grant Cramer（New York：G. P. Putnam's Sons, 1912）, 27.

7　USG to JRG, November 27, 1861, *Grant Papers*, 3：226-27.

8　USG to Mary Grant, October 25, 1861, *Grant Papers*, 3：76.

9 McClellan, *McClellan's Own Story*, 55; George B. McClellan to Ellen McClellan, July 27, 1861, in George B. McClellan, *The Civil War Papers of George B. McClellan*, edited by Stephen W. Sears (New York: Ticknor & Fields, 1989), 70; Sears, *George B. McClellan*, 44-47.

10 Marszalek, *Commander of All Lincoln's Armies*, 22-23.

11 Ibid., 76-77, 86-87.

12 Ibid., 1; Stephen E. Ambrose, *Halleck: Lincoln's Chief of Staff* (Baton Rouge: Louisiana State University Press, 1962), 5-6, 47.

13 George B. McClellan to HWH, November 11, 1861, *Civil War Papers of George B. McClellan*, 130.

14 USG, General Orders No. 3, November 20, 1861, *Grant Papers*, 3: 345n1.

15 USG to John Cook, December 25, 1861, *Grant Papers*, 3: 343.

16 Leonard F. Ross to USG, December 31, 1861, *Grant Papers*, 3: 374n.

17 Grant's answer was conveyed through his aide William S. Hillyer to Leonard F. Ross, January 5, 1862, *Grant Papers*, 3: 373-74.

18 USG to JRG, November 27, 1861, *Grant Papers*, 3: 227.

19 USG to HWH, November 20, 1861, *Grant Papers*, 3: 202.

20 HWH to USG, November 21, 1861, *Grant Papers*, 3: 202n.

21 USG to HWH, November 21, 1861, *Grant Papers*, 3: 207-9.

22 Spencer Tucker, *Andrew Foote: Civil War Admiral on Western Waters* (Annapolis, Md.: Naval Institute Press, 2000), 4-5, 14-15.

23 John C. Frémont to Andrew F. Foote, September 16, 1861, *ORN*, ser. 1, 22: 335.

24 Andrew H. Foote to Gustavus V. Fox, December 28, 1861, in Robert Means Thompson and Richard Wainwright, eds., *Confidential Correspondence of Gustavus F. Fox, Assistant Secretary of the Navy, 1861-1865*, vol. 2 (New York: printed for the Naval Historical Society by De Vinne Press, 1919), 16, 17. 古斯塔夫斯·V. 福克斯（Gustavus V. Fox）于 1856 年从海军辞职，并于 1861 年 3 月在林肯政府中任职，进而成为林肯为萨姆特堡（Fort Sumter）提供补给的海军计划的设计师。

25 Wilson, *Life of John A. Rawlins*, 67-68.

26 John A. Rawlins to Elihu B. Washburne, December 30, 1861, in Wilson, *Life of John A. Rawlins*, 68-71.

27 Stanley F. Horn, *The Army of Tennessee* (Norman: University of Oklahoma Press, 1941), 434n2.

28 Benjamin Franklin Cooling, *Forts Henry and Donelson: The Key to the Confederate Heartland* (Knoxville: University of Tennessee Press, 1987), 30; McPherson, Battle

Cry, 393.

29 Gott, *Where the South Lost the War*, 49, 57.

30 AL to HWH, January 7, 1862, *CWAL*, 5: 92.

31 HWH to USG, January 6, 1862, *Grant Papers*, 4: 4n. 博林格林（Bowling Green）
是乔治·W. 约翰逊（George W. Johnson）领导的肯塔基州流亡政府的首府。

32 Ibid.

33 Emerson, "Grant's Life in the West," *Midland Monthly* 8（May 1898）: 413.

34 HWH to USG, January 22, 1862, *Grant Papers*, 4: 75n2.

35 USG to Mary Grant, January 23, 1862, *Grant Papers*, 4: 96.

36 Marszalek, *Commander of All Lincoln's Armies*, 42.

37 Emerson, "Grant's Life in the West," 410.

38 *Personal Memoirs*, 1: 287.

39 Andrew H. Foote to HWH, January 28, 1862, *Grant Papers*, 4: 99n.

40 USG to HWH, January 29, 1862, *Grant Papers*, 4: 103.

41 AL, President's General War Order No. 1, January 27, 1862, *CWAL*, 5: 111–12.

42 George B. McClellan to HWH and Don Carlos Buell, January 29, 1862, *OR*, ser. 1,
vol. 7, 571.

43 围绕皮埃尔·G. T. 包瑞德（Pierre G. T. Beauregard）缘何被派往西部发生了一场长
期的争论。是不是因为里士满的邦联领导人已经意识到在西部战场上需要更有经验的军
事领导人，或者这是一个计划，即为了流放这位饱受争议的将军，因为这位路易斯安那
的将军计划在马纳萨斯会战（Battle of Manassas）后夺取华盛顿，而与杰斐逊·戴维斯
（Jefferson Davis）爆发了冲突——只是（在他的版本中）这个计划被戴维斯否决了？详
见：Kenneth P. Williams, *Grant Rises in the West: The First Year, 1861–1862* [Lincoln:
University of Nebraska Press, 1997; reprinted from original edition: *Lincoln Finds a
General*, vol. 3（New York: Macmillan, 1952）], 113–15。

44 Kenneth Williams, in *Grant Rises in the West: The First Year, 1861–1862*, 188–90,
expertly discusses Halleck's decision making.

45 HWH to USG, January 30, 1862, *Grant Papers*, 4, 104n.

46 Brinton, *Personal Memoirs*, 131.

47 Emerson, "Grant's Life in the West," 417.

48 USG to JDG, February 4 and February 6, 1862, *Grant Papers*, 4: 149, 163.

49 Gott, *Where the South Lost the War*, 74.

50 Jesse Taylor, "The Defense of Fort Henry," in R. U. Johnston and C. C. Clough Buel,
eds., *Battles and Leaders of the Civil War*（New York: Century, 1887–1888）, 1:
369.

51 USG to JDG, February 5, 1862, *Grant Papers*, 4: 153.

52 Taylor, "Defense of Fort Henry," 370.

53 Gott, *Where the South Lost the War*, 82–83; Cooling, *Forts Henry and Donelson*, 92–93; Tucker, *Andrew Foote*, 140.

54 USG to HWH, February 6, 1862, *Grant Papers*, 4: 158n.

55 Richardson, *A Personal History*, 211.

56 *Personal Memoirs*, 1: 298.

57 Report of Gideon J. Pillow, February 18, 1862, *OR*, ser. 1, vol. 7: 278.

58 USG to Mary Grant, February 9, 1862, *Grant Papers*, 4: 179–80.

59 Andrew Foote to Gideon Welles, February 11, 1862, *ORN*, ser. 1, vol. 22: 550.

60 USG to HWH, February 12, 1862, *OR*, ser. 1, vol. 7, 612; *Grant Papers*, 4: 195.

61 USG to Andrew Foote, February 10, 1862, *OR*, ser. 1, vol. 7, 600.

62 Gott, *Where the South Lost the War*, 167.

63 See Stickles, *Simon Bolivar Buckner*, 6, 12–14, 78, 86–91.

64 USG to HWH, February 14, 1862, *Grant Papers*, 4: 207.

65 Gott, *Where the South Lost the War*, 165–66.

66 Cooling, *Forts Henry and Donelson*, 153.

67 我要感谢多纳尔森堡（Fort Donelson）的国家公园历史学家吉米·约贝（Jimmy Jobe），他在2011年6月帮助我了解了铁甲战舰从坎伯兰湾拐弯处驶往堡垒时的情景。

68 Craig L. Symonds, *The Civil War at Sea*（Santa Barbara, Calif.: Praeger, 2009），101.

69 Cooling, *Forts Henry and Donelson*, 153–60; Gott, *Where the South Lost the War*, 177–83.

70 USG to JDG, February 14, 1862, *Grant Papers*, 4: 211.

71 Gott, *Where the South Lost the War*, 211.

72 Lew Wallace, "The Capture of Fort Donelson," in Johnston and Buel, eds., *Battles and Leaders*, 1: 417.

73 Nathaniel Cheairs Hughes, Jr., and Roy P. Stonesifer, Jr., *The Life and Wars of Gideon J. Pillow*（Chapel Hill: University of North Carolina Press, 1993），229.

74 *Personal Memoirs*, 1: 307.

75 Lew Wallace, *An Autobiography*, vol. 2（New York: Harper & Brothers, 1906），412.

76 Gott, *Where the South Lost the War*, outlines these three options, 223–24.

77 Richardson, *A Personal History*, 222.

78 Cooling, *Forts Henry and Donelson*, 184–85.

79 Gott, *Where the South Lost the War*, 226-31.

80 Stickles, *Simon Bolivar Buckner*, 158.

81 Brinton, *Personal Memoirs*, 129.

82 USG to Simon B. Buckner, February 16, 1862, *Grant Papers*, 4：218. 西蒙·B. 巴克纳（Simon B. Buckner）给格兰特写道："考虑到目前阶段战事的所有情况，我建议联邦军指挥官任命专员就我部投降的条件达成一致，并为此建议停战至今天中午 12 点。" *Grant Papers*, 4：218n.

83 Simon B. Buckner to USG, February 16, 1862, *Grant Papers*, 4：218n.

84 Garland, *Grant*, 192；Simon Bolivar Buckner interview, Hamlin Garland Papers.

85 Richardson, *A Personal History*, 227.

86 M. B. Morton, interview with Simon Bolivar Buckner, *Nashville Banner*, December 11, 1909, in Stickles, *Simon Bolivar Buckner*, 173.

87 Brinton, *Personal Memoirs*, 133.

/ 第 14 章　夏伊洛

早上还是敌人，晚上却是朋友。

他们最不关心名声或国家：

（什么东西能像子弹一样可以揭穿谎言！）

但现在他们潜伏着，

燕子从上空掠过，

所有人都在夏伊洛安静下来。

——赫尔曼·麦尔维尔，《夏伊洛：一首安魂曲》（*Shiloh: A Requiem*，Herman Melville，1862 年 4 月）

"赢得战斗胜利的格兰特是谁？"[1]当多纳尔森堡胜利的消息传到北方城镇时，许多人都提出同样的问题。

1862 年 2 月 17 日，当陆军总司令乔治·麦克莱伦收到亨利·哈勒克发来的关于一天前获胜的电报时，他冒雨匆匆赶到宾夕法尼亚大道和第七街拐角处的一幢破旧的红砖大楼，那里是战争部所在地。当他到达时，战争部部长埃德温·M. 斯坦顿（Edwin M. Stanton）正开始向他的参谋们宣读格兰特送来的急件《关于敌军的"无条件投降"》，他的参谋们为格兰特三欢呼。斯坦顿办公室的一名参谋回忆说，欢呼声"震得旧墙塌地，蜘蛛网破散，老鼠都四处乱窜"。[2]

那天晚上的晚些时候，斯坦顿向总统提名晋升格兰特为少将。少将可以率领师级规模的作战单位，兵力通常为15000~20000 人不等。据报道，在林肯签署命令时，他沉思道："南方人通常会认为他们要比我们的伊利诺伊或西部人更优秀，如果真的是这样，他们会发现自己犯了一个严重的错误。"[3]

整个华盛顿满是教堂的钟声和礼炮声，人们聚在一起谈论格兰特和多纳尔森堡会战（Battle of Fort Donelson）。在几个月不断听到令人失望的消息后，当艾奥瓦州参议员詹姆斯·W. 格里姆斯（James W. Grimes）在参议院向人们宣布联邦军首次取得重大胜利的消息时，人们高兴得纷纷扔起自己的帽子。在纽约，报童们大声喊出霍勒斯·格里利（Horace Greeley）的《纽约论坛报》的标题："自由！多纳尔森堡大捷！"在波士顿，人们在邦克山上庆祝胜利；在圣路易斯，通常面无表情的商人们现在聚集于联合贸易商交易所高唱《星光灿烂的旗帜》；在芝加哥，经过一天的庆祝活动后，《芝加哥论坛报》（Chicago Tribune）发表社论："我们应该感到欢欣鼓舞。这种事情一生只会发生一次，而我们这些经历过昨天情景的人见证了一个时代。"[4]

1862 年 4 月，历时两天的夏伊洛会战造成了 23000 人以上的伤亡，格兰特因此既受到赞扬，也遭到批评。

*

麦克莱伦由于没有继续向东，即向南方的新都里士满挺进而受到越来越多的非议，他很快宣称自己"组织"了西部的胜利。《纽约时报》写道："我们可以说，这场战斗是在麦克莱伦将军的领导下进行的。"[5]

埃德温·斯坦顿在担任新一任战争部部长期间精力充沛，尤其是与前任部长西蒙·卡梅隆（Simon Cameron）的平平表现相比，他更获得了媒体的追捧。例如，《纽约论坛报》的主编查尔斯·达纳（Charles Dana）热烈地支持他，称赞这位新任战争部部长为北方的胜利作出了贡献。

然而，斯坦顿知道谁才应该获此殊荣，他立即写信给达纳澄清事实。第二天，《纽约论坛报》发表了这封信，上面有斯坦顿的签名，他在信中说，没有人能从华盛顿的一个办公室"组织"一场胜利。"从约书亚时代起，无论任何人在任何时间，只要勇敢地追击敌人"，我们就能赢得战争。[6]格兰特对巴克纳直截了当的指示——"我建议你立即着手这项工作"——集中向斯坦顿展现了当下所有北方将领应当具备的决心。[7]

一天之内，格兰特成了战斗英雄。缅因州未来的共和党总统候选人、32岁的詹姆斯·G.布莱恩（James G. Blaine）对格兰特的姓名在"街头和军营里传唱感到惊讶"。他观察着，这位英雄是如何变成"无条件投降"格兰特，然后到"山姆大叔"格兰特，最后成了"美国"格兰特的。[8]

报纸报道说，格兰特在战斗最激烈的时刻仍平静地抽着雪茄。于是，心存感激的美国人开始向他们的英雄送去一盒盒雪茄烟。格兰特的长子弗里德回忆说:"开始从全国各地寄来雪茄。他在很短时间内就有了11000支雪茄。"[9] 在未来的岁月里,格兰特手持雪茄烟的照片或图画成了他的标志。

*

在整个南方,市民们相互抱怨,认为新的联邦将军格兰特比传奇人物阿尔伯特·西德尼·约翰斯顿更有能力。这种焦虑的情绪在纳什维尔的约翰斯顿指挥部最为普遍。

南方认为纳什维尔在西部战区的重要性仅次于新奥尔良。纳什维尔拥有熙熙攘攘的17000名居民,自称"南方的雅典城"。这是一座河流和铁路交会的市场城市,拥有五家报纸和颇受欢迎的阿德尔菲剧院(Adelphi Theatre)。[10]

2月16日,一个阳光明媚的周日早晨,牧师们提前结束了他们的祷告集会。当聚会者走上街头时,他们遇到了肯塔基州中部的威廉·J.哈迪所部精疲力竭的士兵。这些人在约翰斯顿的紧急命令下,在鹅毛大雪中急行军65英里,从博林格林花了"一天一夜"赶往纳什维尔。他们蓬头垢面的样子并没有激起人们的信心。[11]

恐慌笼罩着这座城市。有传言说,联邦炮舰正加速赶往哥伦布市,而唐·卡洛斯·布埃尔的"蛮牛"部队将在下午3点抵达首府。[12]

垂头丧气的市民们慌慌张张地向火车站奔去。焦虑变成了愤怒。骚乱爆发,暴徒中包括新来的士兵,他们参与抢劫仓库中的食物和衣服。愤怒的市民涌向约翰斯顿的指挥部,要求知道他是否打算保卫这座城市。

约翰斯顿并没有保卫首府的打算。

*

　　格兰特渴望乘胜追击。他给哈勒克写信说："在我看来，我们携大胜之余威，纳什维尔将是一座很容易征服的城市。"他总结道："我已经准备好接受将军您可能下达的任何命令。"[13] 海军指挥官富特现在是格兰特领导能力的崇拜者，他在同一天写道："格兰特和我都相信我们能够占领纳什维尔，请询问一下哈勒克，我们能否这么做。"[14] 但后来富特在给妻子的一封信中指出了一个问题："我很反感我们被阻止前往纳什维尔。这是麦克莱伦和哈勒克的妒忌。"[15]

*

　　虽然格兰特制订了未来的军事行动计划，但他不知道哈勒克、麦克莱伦和布埃尔三人正为他最近的胜利成果争吵不休。在多纳尔森堡会战后的第二天，哈勒克写信给麦克莱伦总司令，"让布埃尔、格兰特和波普成为少将，并给予我西部战区的指挥权。这是作为对亨利堡和多纳尔森堡胜利的回报"。[16]

　　麦克莱伦没有立刻回复，哈勒克再次写道："犹豫和拖延正在让我们丧失黄金时机。请把此事呈送总统和战争部部长批复。"[17]

　　恼怒的麦克莱伦回复说："在博林格林的布埃尔比你更了解圣路易斯的情况。"令哈勒克失望的是，麦克莱伦又说，"在没有得到布埃尔的明确答复之前，我不会把你的要求告诉部长。"[18]

但哈勒克不愿意接受否定的回答。他绕过指挥系统，直接写信给战争部部长斯坦顿："现在一刻也不能浪费。请您授予我指挥权，我将对结果负责。"

斯坦顿把哈勒克的请求转达给处于极度悲伤情绪下的总统。2月20日，林肯11岁的儿子威利（Willie）死于伤寒。斯坦顿打电报给总统："总统阁下……经过充分考虑，我认为目前军队或军事部门的组织结构不作任何变动是可取的。"[19]

*

就在这个星期，格兰特给朱莉娅写信："'萨凯什（Secesh）'已经是田纳西州的最后一站。""我想尽快前进，避免艰苦的战斗。"他接着说："这些可怕的战斗对于那些没有失去战友的人是非常幸运的一件事，但是我坚决主张尽可能少地让人们失去战友。避免这种情况的方法是尽可能积极地向前推进。"[20]格兰特与哈勒克和布埃尔的看法不同，他认为拯救生命的方法是趁敌人士气低落之时立即出击，而不是等到他们能够重新组织起来，因为那时的代价将更大。

当格兰特得知害怕自己和布埃尔的约翰斯顿已经从纳什维尔撤退时，他决定前往第一个攻占的邦联首府纳什维尔。纳什维尔自2月25日起已由俄亥俄州的布埃尔军保卫。他知道自己可能要进入布埃尔的战区，但他认为战区的范围仍"未明确"。他写信给哈勒克："如果收到的下一封信仍未下达阻止命令，我就立即前往纳什维尔。"[21]

唐·卡洛斯·布埃尔把自己现在的职位归功于和麦克莱伦的十年友谊。43岁的布埃尔开始写信给他"亲爱的朋友"麦克莱伦，这段关系是哈勒克谋求晋升无法利用的。[22] 当布埃尔抵达俄亥俄州负责的战区时，机智善辩的《辛辛那提商报》(*Cincinnati Commercial*)编辑穆拉特·霍尔斯特德(Murat Halstead)很好奇这位新指挥官"能否胜任"[23]。几个月前，布埃尔第三师的指挥官奥姆斯比·米切尔将军(General Ormsby Mitchel)就赢得了许多军官的支持："我们每天都希望能向纳什维尔挺进，但布埃尔将军犹豫不决。"[24]

没等哈勒克同意，格兰特就动身前往纳什维尔。他打算只待一天，和布埃尔进行商议。过高估计敌军规模、担心没有足够军队来守住这座城市的布埃尔，直至下午仍未与格兰特见面。格兰特在信中表达了自己对目前形势截然不同的看法："如果我能看到这里需要更多的部队，我很乐意提供给他们。"[25]

当格兰特晚上抵达码头准备返回多纳尔森堡时，布埃尔出现了。两人的谈话变得像 2 月坎伯兰河面上的冰一样冷。[26]

格兰特宣称："我得到的消息是，敌人正在尽可能快地撤退。"

布埃尔对此抗议道："当时战斗就在 10 或 12 英里以外进行。"

格兰特回应说："这场战斗很可能是敌军的后卫部队在保护他们要乘坐逃离的火车。"

布埃尔不同意这种看法，他说"纳什维尔正面临敌人进攻的危险"。

格兰特反驳说："在没有正面消息的情况下，我相信我的消息是正确的。"[27]

然而这是没用的。这段痛苦的谈话表明，格兰特和布埃尔对田纳西州的军事战略有着不同的理解。

/ 206

*

　　格兰特现在面对的是约翰斯顿的西部军队，其一半在纳什维尔附近，另一半在肯塔基州的哥伦布市。两地相隔200英里，面临着布埃尔余下的军队向纳什维尔集结，和一支新的联邦军队——约翰·波普率领的密西西比军团（Army of the Mississippi）——进攻哥伦布市的钳形攻势。攻打哥伦布市原是格兰特的目标。约翰斯顿因为打了一场防御战而受到严厉的谴责，他决心要让敌人和同僚都大吃一惊。

　　在格兰特等待哈勒克进一步的命令时，约翰斯顿充分利用这一延误执行了一次战略撤退。2月23日，他和哈迪率领军队从纳什维尔出发，前往位于州地理中心位置的默弗里斯伯勒（Murfreesboro），并在那里停驻下来。格兰特的情报部门想知道约翰斯顿会向东跨越坎伯兰高原到达查塔努加（Chattanooga），还是会向西前往密西西比河谷防守一个尚未确定的地方。约翰斯顿把军械、军需用品，甚至邮件运送到查塔努加，这加剧了他们的困惑。

　　约翰斯顿向西行进。他命令几支邦联军集中在科林斯（Corinth），这是密西西比州东北部的一个小镇，就在田纳西州边境下方。这座小镇始建于1853年，是密西西比河流域最重要的两条铁路，即南北向的莫比尔—俄亥俄线和东西向的孟菲斯—查尔斯顿线的枢纽。

　　皮埃尔·G. T. 包瑞德作为约翰斯顿的副指挥被授予独立行动的权利。他命令李欧尼达斯·波尔克在2月的最后一天撤出哥伦布市。与此同时，身材瘦削、面色苍白，以出色的军队协调能力闻名的北卡罗来纳人布拉克斯顿·布瑞格（Braxton Bragg）正率领10000名来自墨西哥湾沿岸的士兵向北进发。布瑞格最近建议杰斐逊·戴维斯放弃分散战略，即每个州都要保卫，转而采取集中策略，这是最古老的军事战略原则之一。[28] 布瑞格还敦促厄尔·范·多恩（Earl Van Dorn）集中兵力。[29] 厄尔·范·多恩是一位锋芒毕露的密西西比人，刚刚于3月6~8日在阿肯色州的皮里奇（Pea Ridge）打了一场败仗。

*

正当格兰特理应享受胜利的荣誉时，他却发现自己被愚弄了。3月4日，他收到哈勒克发来的电报："你把远征军的指挥权授予史密斯少将，而你就留守亨利堡吧。你为何不听从我的命令，向我报告你的现存兵力和具体位置呢？"[30]

格兰特对这封电报的内容感到震惊，但他用克制的语言回答："据我所知，我从未违抗过指挥部的任何命令，当然也从未有意违抗过。"格兰特告诉哈勒克："我几乎每天都报告我指挥的情况，并报告所占领的每一个阵地。"[31]

格兰特不知道，哈勒克的参谋长乔治·华盛顿·库勒姆中校（Lieutenant Colonel George Washington Cullum）给哈勒克打了电报，说格兰特已经到纳什维尔和布埃尔进行了商议。[32] 哈勒克告诉麦克莱伦："我已经与格兰特将军进行了长达一个多星期的沟通。他未经我授权就去了纳什维尔。"哈勒克坚持认为，"胜利后很难立即指责一位成功的将军，但我认为他属于活该"。为什么呢？因为"我不能从他那里得到任何回报、任何报告或任何信息"。[33]

就在同一天，因东部战区进展缓慢，麦克莱伦受到国会越来越多的批评。麦克莱伦表示，他迫切希望通过谴责这位新近成功的西部将军从而使冲突升级："立即逮捕他，不要犹豫。"[34]

哈勒克再次给麦克莱伦写信："我刚刚听说，自从多纳尔森堡被攻占以后，格兰特将军又恢复了他以前的恶习。如果是这样的话，那就更好说明他为什么会经常无视我反复重申的命令。"[35]他准备相信一个声名鹊起之人的谣言。

受到哈勒克咄咄逼人的攻击，格兰特公开了最近几周的谈话："自从离开开罗以来，为了随时通报我的位置，我平均每天都写好几封信；如果您没有收到我的信，那也不是我的错。"[36]

格兰特对自己的行为很有把握。"如果您对我所说的不满意，可以立刻让我离开。"他更进一步补充说："我真诚地相信，在您和我之间一定存在着一些敌人，他们想要破坏我的工作效率，因此我恭敬地请求您解除我的军职。"[37]

哈勒克回答说："你错了。你我之间没有敌人。"[38]

结果是的确有一个敌人在格兰特和哈勒克之间游走。当时，军队的电报系统是由平民来操作的，当电报提交传送时，军队依靠的是接线员的忠诚。多年后，格兰特得知帕迪尤卡的接线员是一名变节者，在截获格兰特的电报后不久就南逃了。他带走了所有截获的电报，却从未将它们转交给哈勒克。这显然是一起蓄意的破坏事件。[39]

3月9日，格兰特寄出哈勒克所要求的全部信息摘要，并"重新申请免去他的职务"。[40]

那天晚些时候，哈勒克没有作任何解释，他暗示这次纠纷已经结束。关于塞缪尔·柯蒂斯准将（Brigadier General Samuel Curtis）在阿肯色州皮里奇取得胜利的消息，他表示，原本为柯蒂斯准备的增援部队现在将被派往格兰特处，并补充说，"一旦这些事情安排妥当，你将作好指挥的准备"。[41]

就在格兰特复职当天，一个晴天霹雳袭向哈勒克的指挥部。众议员伊莱休·沃什伯恩提请林肯注意对格兰特的指控。总统不希望看到多纳尔森堡的英雄在不知道原因的情况下被撤职。应林肯的要求，洛伦佐·托马斯将军给哈勒克发了电报："战争部部长希望你查明并报告格兰特将军是否在任何时候，在没有适当授权的情况下离开过他的指挥部，如果是这样，他离开了多久；他是否有向你作出适当的报告以及交还他的部队；他是否未经授权或有违反军事统属和礼节的行为，如果有，是什么行为？"[42] 换句话说，要么拿出证据提起正式起诉，要么放弃骚扰，让格兰特复职。

哈勒克无意与林肯和斯坦顿发生冲突。他迅速作出回复："格兰特将军作了适当的解释，现已奉命恢复了他的指挥权。"[43]

*

林肯于 3 月 11 日解除了麦克莱伦的总司令职务。从 2 月到 3 月，总统对麦克莱伦无法在弗吉尼亚半岛组织一场战役的不耐烦情绪进一步加剧。但林肯仍让麦克莱伦继续指挥波托马克军团。

就在同一天，林肯宣布，哈勒克的夙愿达成——在密西西比河州的新战区里指挥西部军队。[44] 麦克莱伦不再保护布埃尔，哈勒克的新权威把布埃尔置于他的指挥之下。

两天后，格兰特收到哈勒克的电报。"你不能辞职。因为这没有充分的理由。"格兰特读着电报。"权力掌握在你手中；好好利用它，你会得到上面所有人的支持。我不希望解除你的职务，我希望你的军队一旦进入战场，你就能立即指挥并带领他们走向新的胜利。"[45]

电报战停止了。格兰特现在可以再次开始他的战斗，这将考验他各方面的领导能力。

然而，格兰特对哈勒克公报的最初反应出乎查尔斯·史密斯的意料，因为哈勒克曾短暂地把控制权交给史密斯："我想我是否能接受都是非常值得怀疑的。"[46]格兰特不打算从史密斯那里夺取指挥权，因为史密斯是一位值得他尊敬的骄傲战士。几天后，史密斯向他的朋友评价了这位年轻的同僚："格兰特是一个非常谦虚的人。出于对我的敬畏——他是我在1838~1842年的一名学生（我认为是如此），他不喜欢给我下命令，或者说'我应该接替你'之类的话。"[47]

最后，当史密斯在黑暗中跳上船不小心滑倒并擦伤胫骨

聪明但尖刻的埃德温·斯坦顿曾在林肯政府中担任战争部部长。

后，这件事就解决了。他写信给格兰特说："恐怕这次你不得不来了。"[48]

在这种情况下，格兰特离开了亨利堡，恢复了他在军队的指挥权。在他到达田纳西州小镇萨凡纳（Savannah）后——这个小镇拥有一条主街和一座用方砖建造的政府办公楼——他将指挥部设立在威廉·H. 谢里（William H. Cherry）的白砖大楼里。谢里是当地一位颇为重要的商人和联邦主义者，而他的妻子安妮（Annie）却亲邦联。田纳西州确实是一个信仰对立的州。

在谢尔曼的建议下，格兰特决定驻军于匹兹堡登岸口（Pittsburg Landing），并将萨凡纳以南9英里的河流西岸作为他军队的主要营地。这个宽阔的三角形区域树木茂密，延展长达3英里半，右边是蛇溪（Snake Creek），再往前是它的支流猫头鹰溪（Owl Creek），左边是利克溪（Lick Creek）和它的支流洛克斯特格罗夫溪（Locust Grove Creek）。

一连串的道路纵横交错。有两条路直通登陆口：东科林斯路转向内陆，与巴克（Bark）相接；西科林斯路向西与珀迪（Purdy）相交。路的交叉口是夏伊洛卫理公会教堂。[49] 夏伊洛（Shiloh）在3000年前是以色列各部族的聚集与和平之所。[50] 1862年春天，这座乡村小教堂即将成为一场激烈战斗的中心地带。

虽然谢尔曼接到史密斯的命令，要求他建立临时防御工事，[51] 但他决定不这样做，并声称"地形使然，一些小布置就能轻松起到防御效果"。[52] 接替史密斯的格兰特同意这一看法，认为雨水泛滥的小溪、沼泽、沟壑和杂乱的灌木丛，这些在南方不太可能发动进攻的情况下将是绝佳的防御工事。

*

　　格兰特的部队在匹兹堡登岸口时，邦联军正向萨凡纳西南32 英里处的科林斯集结。科林斯镇有 1200 人，以及三家旅馆、五间教堂和科罗娜女子学院（Corona Female College）。

　　邦联军的两翼现在已连成一片，而联邦军队的两翼却没有。约翰斯顿、包瑞德和布瑞格决心在布埃尔到来前进攻格兰特。邦联军的兵力将首次与联邦军对等，他们相信自己能够打赢这场战争。

　　包瑞德制订了先发制人的进攻计划。他将密西西比州的邦联军分为三个部分，分别由李欧尼达斯·波尔克、布拉克斯顿·布瑞格和威廉·哈迪率领。此外，第四部分是预备队，将由约翰·C.布雷肯里奇（John C. Breckinridge）率领。[53] 不同军队的混杂使得维护秩序变得困难，尤其是考虑到许多士兵缺乏实战经验。正如布瑞格所指出的："这里的热情大于纪律，能力大于知识，勇气大于命令。"[54]

*

　　格兰特的田纳西军团由六个师组成。约翰·麦克勒南德指挥第一师。史密斯名义上指挥第二师，但格兰特让伊利诺伊州的律师兼政治家威廉·H. L. 华莱士（William H. L. Wallace）接替史密斯之职。史密斯因一条腿感染而卧床不起，但他顽固地拒绝接受治疗。印第安纳人"卢"华莱士率领着经验丰富的第三师，在下游 4 英里处的克伦普登岸口（Crump's Landing）安营扎寨。斯蒂芬·A. 赫尔布特（Stephen A. Hurlbut）指挥第四师，他是伊利诺伊州的一名"政治将军"，几乎没有什么军事经验。谢尔曼指挥第五师，其中包括许多来自俄亥俄州的新兵，他说他们是"生手和一支年轻的队伍"。[55] 本杰明·普伦蒂斯指挥第六师。[56]

格兰特的指挥中嵌套着各种各样的问题，其中最大的一个是麦克勒南德。格兰特曾试图无视麦克勒南德不断自夸的行为，但他雄心勃勃的行为在多纳尔森堡会战后反而变本加厉。麦克勒南德于 3 月 31 日给林肯写信："如果您能在一个充满活力和竞争的环境中授予我独立的指挥权，我将努力实现成功来回报您的信任。"[57] 他随信附上一份夸大自己作用的《多纳尔森堡会战报告》副本。格兰特后来指出："这个报告有些夸大第一师的行为。"[58]

*

几天没有收到布埃尔的消息，格兰特开始担心起来。尽管哈勒克曾鼓励他用汽船运输部队，但布埃尔决定从陆路行军 140 英里。3 月 19 日，格兰特派两名侦察兵带着一封信去找布埃尔，信中说："我非常急切地想知道你的下落。"[59]

格兰特曾考虑过在从匹兹堡登岸口到科林斯镇之间 22 英里的范围内发动一次快速进攻，但 3 月 20 日，哈勒克发来电报："一定要把你们的部队集结在一起，直到你们与布埃尔取得联系。"他警告说："现在别让敌人把你拖进战斗。等你得到适当的增援，你就会接到我的战斗命令。"[60]

这两名侦察兵于 3 月 26 日返回。他们报告说："布埃尔的部队还在鸭子河（Duck River）东岸……他们被困在桥梁那里。"
布埃尔距离萨凡纳还有 90 英里。

3 月 30 日，六名南方逃兵描述了邦联军因给养短缺而爆发的不满情绪，他们坚持认为许多人正准备逃跑。[61] 随着战争的发展，来自所谓逃兵的报告将得到更仔细的评估。格兰特应该更谨慎地考虑这一点。[62]

格兰特于 3 月 31 日将指挥部迁至匹兹堡登岸口，但自己留在萨凡纳等待布埃尔。他后来承认，"这比我本该停留的时间要多出好几天"。[63]

*

几十年前，德国军事理论家卡尔·冯·克劳塞维茨（Carl von Clausewitz）写道："时间使未尽之积累变成防御者之财富。他未经播种，却满载所得。"[64]

在 4 月的第一个星期，当哈勒克仍在耽搁进程时，约翰斯顿却有了充分的时间。他打算在布埃尔到达之前袭击格兰特，然后再调转部队袭击布埃尔。

*

22 英里外，一名艾奥瓦州士兵在考察遍布在田纳西州森林的无数帐篷时，认为格兰特的营地看上去就像"一场盛大的郊游"[65]。谢尔曼和普伦蒂斯的青春军占据着夏伊洛教堂，并将其作为前沿阵地。麦克勒南德师在谢尔曼的后面，而华莱士和赫尔布特则更靠后。[66]

4月2日，格兰特检阅了部队。他重新调整了骑兵，将一些团调往不同的师。重新安置部队需要一段时间，因为从匹兹堡登岸口延伸出来的陆路系统非常混乱。[67]

尽管连绵不断的大雨、泥泞和营地不卫生的状况都给格兰特的部队造成了损失，但他们因自负而损失最大。在匹兹堡登岸口随处可以看到芝加哥和辛辛那提的报纸，它们对未来的成功进行了热情的预测。[68]伊利诺伊州第十四团的佩森·沙姆韦中尉（Lieutenant Payson Shumway）给他的妻子写信说："人们普遍相信，敌人会随着我们的前进而退却。"格兰特写信给朱莉娅，"一场大战"即将来临，"在我看来，这将是西部的最后一战"。[69]

*

4月3日，原计划上午6点从科林斯出发的邦联军，直到早上8点才开始行动。到了中午，小镇狭窄的街道上还是挤满了车辆和枪支。原作战计划是4月3日走完20英里的大部分路程，4月4日拂晓发动进攻，但包瑞德的时间计划因沟通不畅及道路泥泞而耽搁。由于部队已经疲惫不堪，袭击被推迟到4月5日星期六。约翰斯顿对一名参谋说，他打算"给格兰特重重一击"。[70]

周五晚上，暴雨浸透了没有帐篷的士兵，黄色的道路变成一堆烂泥。暴雨一直下到第二天，包瑞德决定取消进攻返回科林斯。布瑞格对此表示同意。但被南方邦联的流言蜚语弄得不知所措的约翰斯顿却宣布："先生们，我们明天天亮就展开进攻。"[71]邦联军将在4月6日星期日，即安息日拂晓发起进攻。

*

4月4日，星期五，指挥俄亥俄州第七十七前哨队的威廉·B. 梅森上尉（Captain William B. Mason）一大早就接到报告，说有兔子和松鼠跑进他的防线。他派出两名士兵调查此事。这两名士兵回来报告，他们在四分之一英里外发现敌军步兵。于是，梅森派一名中士向谢尔曼汇报。神经紧张的谢尔曼扬言要逮捕他，认为他散布虚假消息。

格兰特亲自到匹兹堡登岸口查看敌人活动的报告。令他感到满意的是，这些报告表明不过是几个敌人想要探查他的防线。随后，他起程返回营地。在这个漆黑的夜晚，没有任何预兆便下起了滂沱大雨，"我的马在雨中滑倒，我的腿压在了马身下面"。[72] 格兰特的脚踝受了重伤，他不得不脱掉靴子。接下来的几天内，他不得不拄着拐杖四处走动。

由于脚踝受伤，当布埃尔所部先锋，即绰号"公牛"的威廉·尼尔森（William "Bull" Nelson）在4月5日中午向格兰特报告时，格兰特还在萨凡纳。在听说尼尔森部队经验不足后，格兰特宣布："不会在匹兹堡登岸口开战，我们必须前往科林斯，因为那里有叛军据点。"此外，"如果敌军胆敢来犯，我们可以彻底击败他们，因为我现在掌握的军队是多纳尔森堡会战时的两倍多。"[73]

就在同一天，谢尔曼写信给格兰特，谈到来自警戒连的报告。他承认"敌人很狡猾"，但结论是"我不担心他们会攻击我们的阵地"。[74] 格兰特写信给哈勒克："我根本不知道有什么袭击（一般的那种）会发生在我们身上，但一旦发生这种事，我将作好准备。"[75]

在一个月明之夜，两支庞大的军队相距不到一英里，一支在为内战中最大胆的进攻行动作着准备，另一支却不知道明天早上会发生什么。

*

4月6日早上，约翰斯顿骑上他那匹出色的枣红色纯种马"吞火者（Fire-eater）"。他头戴黑色羽毛礼帽，手持佩刀，对他的士兵们说："今晚我们将要饮马'田纳西河'。"[76]

到了安息日早晨，地面上笼罩着一层薄雾，但薄雾很快就消散了。约翰斯顿下令向他的部队宣读他写给"密西西比军团士兵"的信："我已动员你们向入侵我们的侵略者作战……请记住你们的母亲、妻子、姐妹，以及我们的孩子对战争结果给予的信赖。"他提醒着他们，并总结道："有了这种勇敢行为的激励，并且相信上帝与我们同在，你们的将军会带领你们自信地参与战斗，并保证我们可以大获全胜。"[77]

当前线的士兵读到约翰斯顿激动人心的讲话时，他们鼓起勇气准备战斗。包瑞德认为分散的联邦军队无法同时抵抗多线进攻，因此，他的作战计划要求在3英里的前线上以三条平行线的方式连续发起攻击。他计划向左驱逐联邦军队，迫使撤退的士兵向北进入猫头鹰溪泥泞的闭塞水域，同时切断这些士兵撤退到匹兹堡登岸口的任何可能性。

在进攻的那一刻，吼叫的南方士兵冲进联邦营地，同时半睡半醒的北方士兵们从他们的帐篷里跑了出来。邦联军在废弃的帐篷里发现未吃的早餐和其他粮食，而这些食物远比他们的好。饥

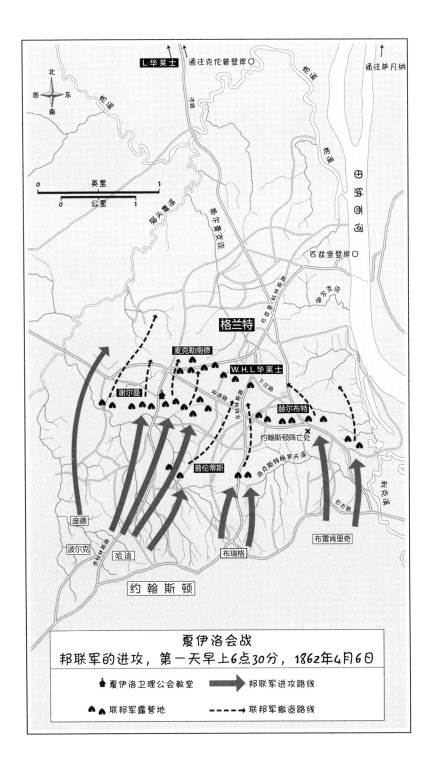

夏伊洛会战
邦联军的进攻，第一天早上6点30分，1862年4月6日

🏛 夏伊洛卫理公会教堂　➡ 邦联军进攻路线

⛺ 联邦军露营地　┈┈➤ 联邦军撤退路线

肠辘辘的南方士兵早已把三天的口粮吃完，于是他们停下来开始狼吞虎咽。同时，他们也停止了进攻，开始掠夺战利品。"立即停止你们的行动，士兵们！"约翰斯顿坚决地喊道，"我们不是来抢掠的！"[78] 但这并没有什么作用，经历过失败痛苦的人无法抗拒胜利时战利品的诱惑。他们花在掠夺上的时间使他们付出了巨大的代价。

*

格兰特在星期日早上起得很早。他不能再拖延将指挥部迁往匹兹堡登岸口。前一天下午，哈勒克告诉他，麦克勒南德和华莱士已晋升为少将。这意味着除格兰特之外，他们现在比在场所有人的军衔都要高。格兰特知道麦克勒南德会试图对谢尔曼发号施令。

清晨 6 点，在出发前往匹兹堡登岸口之前，格兰特在谢里的大楼里吃了早饭。当他读信件时，远处隆隆的炮声使他停了下来，一动不动地坐在那里。他知道那种令人反应暂时出现迟钝的震耳欲聋的声音只可能来自于大炮。他站了起来，"先生们，大炮正在轰鸣。我们得赶紧离开"。[79]

当格兰特费力地走向**娇虎号**（Tigress）汽船时，布埃尔正向谢里的住宅走去。[80] 他在前一天晚上抵达萨凡纳，但格兰特没有得到通知，所以两人错过了见面。在离开之前，格兰特给布埃尔留下一封信，"可以听到（河流）上游猛烈的炮火声，这清楚地表明我们最前沿的阵地正在遭受攻击。我一直在等待敌人的进攻，但不相信这场袭击会在星期一或星期二之前发生"。[81]

前一天下午，他写信给哈勒克说："我几乎没有想到会发生袭击。"但在 4 月 6 日，他写信给布埃尔："我一直在等待这次进攻。"真相是什么？格兰特在夏伊洛预料到了什么？

*娇虎号*大约在上午 9 点驶抵了匹兹堡登岸口的岸边。震耳欲聋的炮声在回响，硝烟从树林里升起。恐慌情绪与邦联军都成为联邦军的大敌。

格兰特骑马前行时遇到了威廉·华莱士，现在由他指挥史密斯的第二师。他告诉格兰特，谢尔曼和普伦蒂斯所部在邦联军的第一波进攻中遭受重创，正在撤退。听到这个消息后，格兰特派遣阿尔杰农·S. 巴克斯特（Algernon S. Baxter）传达命令，让"卢"华莱士带领他在克伦普登岸口作为预备队的第三师前来支援。[82]

如果威灵顿公爵（Duke of Wellington）在 1815 年滑铁卢会战（Battle of Waterloo）中面对的是 1 英里长的战场，那么格兰特所面对的则是不断扩大的战场。如果在多纳尔森堡，他的前线延伸了 3 英里，那么在夏伊洛，他就面临着 5 英里到处是小溪、峡谷、树木和矮树丛的战场的挑战。[83]

格兰特骑着马，前去和他那正腹背受敌的师长们进行协商，从右到左分别是谢尔曼、麦克勒南德、威廉·华莱士、普伦蒂斯和赫尔布特。10 点，格兰特遇到了谢尔曼，后者在夏伊洛教堂附近冷静地召集自己的部队，他的红胡子上布满了灰尘。谢尔曼在那天已经负过两次伤，在当天战斗结束之前，他已经有三匹坐骑战死。[84]格兰特告诉谢尔曼他将告诉每一位师长的话："卢"华莱士的经验丰富的军队很快就会赶到这里。[85]

当格兰特到达普伦蒂斯军的驻地时，他得知他们已经从阵地被赶回到营地。在敌众我寡的情况下，普伦蒂斯军在第一个小时就遭受了 1000 多人的战损，包括死伤和被俘。他的残部已经在一片茂密树林边缘的一条下沉路上架起了新的防线，在那里他们进行了激烈的战斗。格兰特鼓励普伦蒂斯"不惜一切代价守住这一阵地"。[86]

在视察了他的所有师长后，格兰特给布埃尔写道："从今天早上开始，我的部队遭到敌军的猛烈攻击。如果战场上出现新的部队，无论在鼓舞我军士气，还是在使敌军灰心丧气上都能产生强大的效果。"[87]

*

就在南方士兵冲锋之际，包瑞德的作战计划正在被瓦解。[88]以拿破仑为榜样的多线作战方式在一支由缺乏经验的士兵组成的军队中是行不通的。他试图从后方指挥部队，试图重新指挥各旅，但发现道路杂乱，难以使沟通运行无阻。约翰斯顿想要鼓励自己的士兵，于是他骑马冲上前线，但这使得他更像一名旅长而非整支军队的指挥官。

这场战斗很快就变成了一场士兵间而非将军间的战争——因为他们每个人分别得在100多条战线上作战。勇敢的攻击和反击出现在同一个战场上。炮火的硝烟遮住了明媚的春日。时间在点点滴滴中流逝，伤兵的呻吟和亡者的惨状在血迹斑斑的大地上不断增加。午后不久，赫尔布特第一旅的伊利诺伊州第四十一团伤亡惨重，当他们看到一些向前线挺进的由年轻士兵组成的生力军时，一个上校喊道："孩子们，把你们的水壶装满水！你们需要备足水，不然不到天黑，你们有些人就会渴到感觉堕入了地狱。"[89]

虽然南方最初的攻势改变了战斗进程，但并不像包瑞德所希望的那样。中部和右翼的胜利意味着他们没有把联邦军队驱至猫头鹰溪的沼泽，而是把谢尔曼和麦克勒南德所部推向了东北方向。他们并没有把联邦军赶出匹兹堡登岸口，而是把他们赶回了匹兹堡登岸口，如果有援军的话，联邦军就会增援这里。[90]

*

一小时后，格兰特又派出一名信使催促"卢"华莱士加快行军速度。格兰特原以为第三师会沿着最直接的路线即沿河路（River Road）行进5英里；[91]但华莱士没有在行军前检查道路，因而选择了支路，这导致他需要行军8英里。而且当华莱士从阿尔杰农·S.巴克斯特那里听说邦联军正在被击退时，他便毫无紧迫感地指挥部队继续行军。

中午12点30分，格兰特骑马回到匹兹堡登岸口的指挥部，他鼓励周围掉队的士兵重新投入战斗，但效果不大。他重新部署了他的骑兵，但很快发现骑兵在森林和灌木丛的崎岖地形上只能起到很有限的作用。

没有看到华莱士的任何踪影，格兰特派威廉·罗利带着第三道命令骑马顺着沿河路疾驰而去。罗利在第三师停下休息的岔道口追上了华莱士。华莱士发现他距离匹兹堡登岸口的距离比他刚出发时还要远，于是他被迫逆行，顺着沿河路进军。

在下午1点，布埃尔终于先于他的部队抵达战场。当他沿河而上时，他震惊地看到许多士兵在逃亡，他们正游过蛇溪逃离战斗。[92]格兰特和布埃尔在纳什维尔冰冷的谈话后就再没见过面。看到惊慌失措的士兵，布埃尔感到灰心丧气，便向格兰特询问撤退计划。

格兰特回答说："将军，我还没有绝望到怂恿他们这么做！"[93]

*

下午早些时候，约翰斯顿重新部署了军队，他们抱怨没有接到命令。突然，一排联邦炮兵从树林里向约翰斯顿的左翼开火。他骑着"吞火者"，派遣现在是他副官的前田纳西州州长伊沙姆·哈里斯（Isham Harris）下达还击命令。哈里斯回来时，他吃惊地看见约翰斯顿骑在马上趔趄前行。他问道："将军，您受伤了吗？"

"是的，而且恐怕伤得不轻。"[94]

哈里斯和一个年轻上尉给他寻找伤口。几个小时前，约翰斯顿坚持让他的私人内科医师大卫·W. 扬德尔医生（Dr. David W. Yandell）离开他去治疗伤员。现在在场的人都不知道，约翰斯顿膝下的腘动脉被一发米涅步枪（Minié Rifle）的子弹击穿。虽然可以用止血带止血，但由于失血过多，约翰斯顿没撑过一刻钟便过世了。[95] 他的手下不知所措，抬着他的尸体来到夏伊洛教堂。

得知约翰斯顿阵亡，包瑞德接管了指挥权。他命令丹尼尔·拉格尔斯将军（General Daniel Ruggles）集合大炮攻击普伦蒂斯。在华莱士和赫尔布特所部的帮助下，普伦蒂斯击退了一轮又一轮的进攻，保卫了所谓的"马蜂窝（Hornet's Nest）"。

格兰特与约翰斯顿不同，他没有试图从前线直接指挥军队，也没有对这支庞大军队的各部进行微观管理。他相信，依靠一个结构良好的指挥部的效力，师一级的指挥官可以很好地指挥他们的部队。因此，从他到达匹兹堡登岸口的那一刻起，他就向自己的师长们提供了全方位的战略谋划和支持。

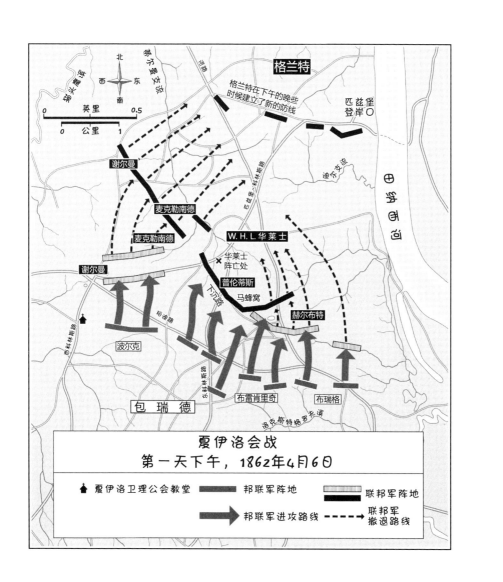

夏伊洛会战
第一天下午，1862年4月6日

格兰特

匹兹堡登岸口

格兰特在下午的晚些时候建立了新的防线

谢尔曼

麦克勒南德

麦克勒南德

W. H. L. 华莱士

谢尔曼

华莱士阵亡处

普伦蒂斯

马蜂窝

赫尔布特

波尔克

布雷肯里奇

布瑞格

包 瑞 德

夏伊洛卫理公会教堂　　邦联军阵地　　联邦军阵地

邦联军进攻路线　　联邦军撤退路线

北
西　东
南

英里
0　　　0.5

公里
0　　　1

下午晚些时候，随着"马蜂窝"战斗的进一步发酵，在猛烈的炮火下，赫尔布特和华莱士先后率领他们的人马从下沉路中走出。华莱士站在马镫上查看军情，突然被一颗子弹击中并摔下马来。[96]

格兰特知道邦联军想把他的军队推进田纳西河，于是他命令参谋长约瑟夫·韦伯斯特在离河四分之一英里的地方布置大炮和炮台作为最后的防御。下午5点，在勇敢击退11次进攻后，普伦蒂斯率领他剩下的2200人投降了。

当太阳开始落山时，经历一天漫长战斗的包瑞德决定暂停战斗，他知道己方士兵已经筋疲力尽。他向里士满发出电报："今天上午我们在匹兹堡前面的阵地向敌人展开进攻，经过十个小时的激战，感谢万能的主，我们取得了彻底的胜利，把敌人从各个阵地赶了出去。"[97]包瑞德和布瑞格在夏伊洛教堂附近的谢尔曼营地帐篷里过夜，他们计划着第二天的行程。

*

格兰特也暂停了战斗。他率领40000人开始当天的战斗，到最后，他已经遭受将近10000人的伤亡。[98]下午5点前后，布埃尔部的主力终于到达了匹兹堡登岸口。晚上7点，在接到第一封"立即赶来"的命令将近八个小时后，"卢"华莱士的第三师才开始跨越猫头鹰溪的渡桥。

傍晚时分下起了小雨，到了晚上雨下得更大了，躺在战场上呻吟的伤员被淋得全身湿透。格兰特因脚踝受伤而痛得直打哆嗦。但他不愿睡在干燥的小木屋里，也不愿睡在船上，而是宁愿和他的士兵们待在战场上，他只在一棵大橡树下挡雨。接近午夜时，谢尔曼发现格兰特还醒着，他拿着一把提灯站在那里，嘴里叼着一支雪茄，他那顶耷拉着的帽子挡住了打到脸上的雨水。谢尔曼想知道格兰特是否在一次战略性失败后有所计划，便问道："格兰特，我们今天过得很糟糕，不是吗？"

格兰特吸了一口雪茄，回答道："是的，不过明天我们可以再战胜他们。"[99]

*

/ 220

4月7日，星期一，两支疲惫不堪的军队不知怎么地振作了起来，开始了新一天的战斗。格兰特失去了他的六名师长中的两名，即普伦蒂斯和华莱士，还不包括史密斯，他只好命令剩余部队严阵以待。

在这一天，所有的优势都集中在格兰特一方。由于有了布埃尔的援军，格兰特现在指挥着七个师，他的部队已有将近45000人。邦联军的人数则减少到不足25000人，但他们不可能轻易放弃已取得的领土。他们战斗了一上午，但敌我兵力实际上接近 1∶2。战地中心的一个池塘成为这一天战斗的鲜明符号。蓝色的池塘被伤亡者的鲜血染红了；今天，游客们看到"血池（Bloody Pond）"，便能想象战争时期在这周围发生的恐怖事情。[100]

双方作战都很英勇，但是南军慢慢放弃了他们前一天所取得的全部战果。下午2点，联邦军的士兵们打到了夏伊洛教堂，包瑞德不得不下令开始向科林斯撤退。

格兰特骑马向前追赶了几英里，但他决定不让疲惫不堪的部队全力追击。[101]

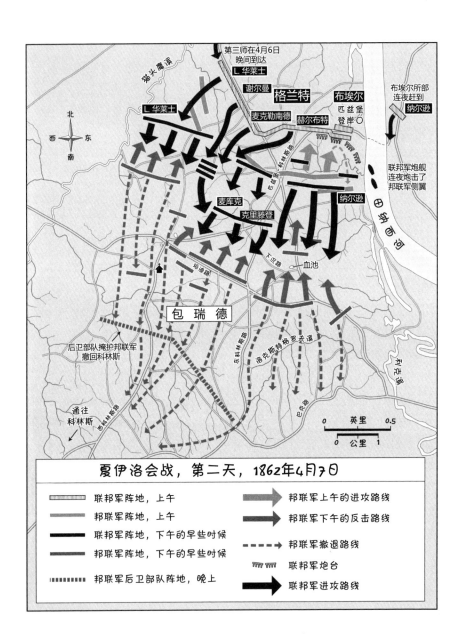

夏伊洛会战，第二天，1862年4月7日

⊞⊞⊞ 联邦军阵地，上午	➡ 邦联军上午的进攻路线
━━ 邦联军阵地，上午	➡ 邦联军下午的反击路线
■■■ 联邦军阵地，下午的早些时候	┅▶ 邦联军撤退路线
━━ 邦联军阵地，下午的早些时候	⋎⋎⋎ ⋎⋎⋎ 联邦军炮台
■■■ 邦联军后卫部队阵地，晚上	➡ 联邦军进攻路线

*

约翰斯顿决定在布埃尔到来之前突袭格兰特，这是第一年战争中最大胆的举动。具有讽刺意味的是，格兰特渴望进攻，却被约翰斯顿袭击，而约翰斯顿也因突袭失败而名誉受损。

4月6日的突袭几乎成功。有关夏伊洛会战（Battle of Shiloh，也称"匹兹堡登岸口会战"）的"假想"仍然争论不休。如果邦联军按照原计划在4月6日之前发动进攻呢？如果包瑞德有更好的作战计划呢？如果约翰斯顿没有在第一个下午阵亡呢？如果南军在4月6日太阳落山时乘胜追击又会怎样呢？

当夏伊洛会战的消息传到东部时，美国民众都惊呆了。在两天的战斗中，伤亡达到了惊人的23746人。联邦军伤亡13047人，其中死亡1754人，超过了布尔溪、威尔逊河、亨利堡和多纳尔森堡会战的总和。夏伊洛会战是截至当时为止美国历史上规模最大的会战。它向南北双方表明，这场内战从此时开始已成为一场全面战争，而且可能会持续很长一段时间。

夏伊洛会战表明，格兰特即使在猝不及防的情况下也能调动一支惊慌失措的军队，并将其集结起来，顽强地走向胜利。

注　释

1　Garland, *Grant*, 193. 加兰德没有指明是哪家报纸。

2　Benjamin P. Thomas and Harold M. Hyman, *Stanton: The Life and Times of Lincoln's Secretary of War* (New York: Alfred A. Knopf, 1962), 173.

3　*Grant Papers*, 4: 272n; Helen Nicolay, *Lincoln's Secretary* (New York:

358

Longmans, Green & Co., 1949), 131–32.

4　*New York Tribune* and *Chicago Tribune*, February 18, 1862; Larry J. Daniel, *Shiloh: The Battle That Changed the War* (New York: Simon & Schuster, 1997), 30; Catton, *Grant Moves South*, 179–80.

5　*New York Times*, February 18, 1862.

6　EMS to Charles A. Dana, February 19, 1862, cited in Thomas and Hyman, *Stanton*, 174.

7　EMS to Charles Dana, February 19, 1862, *New York Tribune*, February 20, 1862; Frank A. Flower, *Edwin McMasters Stanton: The Autocrat of Rebellion, Emancipation, and Reconstruction* (Akron, Ohio: Saalfield Publishing, 1905), 129–30.

8　James G. Blaine, *Twenty Years in Congress: From Lincoln to Garfield*, vol. 1 (Norwich, Conn.: Henry Brill, 1884), 356.

9　A. E. Waltrous, "Grant as His Son Saw Him: An Interview with Colonel Frederick D. Grant About His Father," *McClure' s Magazine* (May 1894).

10　Cooling, *Forts Henry and Donelson*, 31; William Preston Johnston, *The Life of Gen. Albert Sidney Johnston* (New York: D. Appleton & Co., 1878), 496.

11　Albert Sidney Johnston to William J. Hardee, February 14, 1862, *OR*, ser. 1, vol. 7, 881.

12　John M. McKee, "The Evacuation of Nashville," *Annals of the Army of Tennessee* 1, no. 5 (August 1878): 219–29.

13　USG to George W. Cullum, February 21, 1862, *Grant Papers*, 4: 257.

14　Andrew Foote to George W. Cullum, February 21, 1862, *Grant Papers*, 4: 258n1.

15　Andrew Foote to Caroline Foote, February 23, 1862, *ORN*, ser. 1, 22: 626.

16　HWH to George B. McClellan, February 17, 1862, *Grant Papers*, 4: 272n.

17　Ibid., February 20, 1862, *OR*, ser. 1, vol. 7, 641.

18　George B. McClellan to HWH, February 21, 1862, *OR*, ser. 1, vol. 7, 645.

19　EMS to HWH, February 22, 1862, *OR*, ser. 1, vol. 7, 652.

20　USG to JDG, February 24, 1862, *Grant Papers*, 4: 284.

21　USG to George W. Cullum, February 25, 1862, *Grant Papers*, 4: 286.

22　Stephen D. Engle, *Don Carlos Buell: Most Promising of All* (Chapel Hill: University of North Carolina Press, 1999), 45–47; Larry J. Daniel, *Days of Glory: The Army of the Cumberland, 1861–1865* (Baton Rouge: Louisiana State University Press, 2004), 34.

23　*Cincinnati Commercial*, November 15, 1861; Engle, *Don Carlos Buell*, 99.

24 Mitchel Ormsby letter to family, February 21, 1862, in F. A. Mitchel, *Ormsby Macknight Mitchel, Astronomer and General* (Boston: Houghton, Mifflin, 1887), 249; Daniel, *Days of Glory*, 69.

25 USG to Don Carlos Buell, February 27, 1862, *Grant Papers*, 4: 293-94.

26 Don Carlos Buell to George B. McClellan, February 26, 1862, *OR*, ser. 1, vol. 7, 425; Engle, *Don Carlos Buell*, xiii.

27 McPherson, *Battle Cry*, 402-3; Johnston, *Life of Gen. Albert Sidney Johnston*, 500-04.

28 Grady McWhiney, *Braxton Bragg and Confederate Defeat*, vol. 1 (New York: Columbia University Press, 1969), 28, 199-200; T. Harry Williams, *P. G. T. Beauregard: Napoleon in Gray* (Baton Rouge: Louisiana State University Press, 1955), 47-48.

29 McPherson, *Battle Cry*, 404-5.

30 HWH to USG, March 4, 1862, *Grant Papers*, 4: 319n1; *OR*, ser. 1, vol. 10, pt. 2: 3.

31 USG to HWH, March 5, 1862, *Grant Papers*, 4: 318.

32 George W. Cullum to HWH, March 2, 1862, *OR*, ser. 1, vol. 7, 682; Marszalek, *Commander of All Lincoln's Armies*, 118, 154 (caption of photograph no. 26).

33 HWH to George B. McClellan, March 3, 1862, *OR*, vol. 7, 679-80; *Grant Papers*, 4: 320n1.

34 George B. McClellan to HWH, March 3, 1862, *OR*, ser. 1, vol. 7, 680; *Grant Papers*, 4: 320n1.

35 HWH to George B. McClellan, March 4, 1862, *OR*, ser. 1, vol. 7, 682; *Grant Papers*, 4: 320n1.

36 USG to HWH, March 7, 1862, *Grant Papers*, 4: 331.

37 Ibid.

38 HWH to USG, March 8, 1862, *Grant Papers*, 4, 335n1.

39 *Personal Memoirs*, 1: 324-25.

40 USG to HWH, March 9, 1862, *Grant Papers*, 4: 334.

41 HWH to USG, March 10, 1862, *Grant Papers*, 4: 342; *OR*, vol. 10, pt. 2, 27. 关于这次纠纷的总结, 详见: Marszalek, *Commander of All Union Armies*, 118-20。

42 Lorenzo Thomas to HWH, March 10, 1862, *OR*, ser. 1, vol. 7, 683.

43 HWH to Lorenzo Thomas, March 15, 1862, *OR*, ser. 1, vol. 7, 683-84.

44 AL, President's War Order No. 3, March 11, 1862, *CWAL*, 5: 155.

45 HWH to USG, March 13, 1862, *Grant Papers*, 4: 354-55n.

46 USG to Charles F. Smith, March 11, 1862, *Grant Papers*, 4: 343.

47 Charles F. Smith to an unidentified person, March 17, 1862, *Grant Papers*, 4: 344n.

48 Charles F. Smith to USG, March 14, 1862, *Grant Papers*, 4: 343n.

49 O. Edward Cunningham, *Shiloh and the Western Campaign of 1862*, edited by Gary D. Joiner and Timothy B. Smith (New York: Savas Beatie, 2007), 86.

50 Joshua 18: 1.

51 Charles F. Smith to John A. Rawlins (Grant's aide-de-camp), March 16, 1862, *Grant Papers*, 4: 379n1.

52 WTS to John A. Rawlins, March 17, 1862, *Grant Papers*, 4: 379n1.

53 Williams, *Beauregard*, 124–25; John R. Lundberg, "'I Must Save This Army': Albert Sidney Johnston and the Shiloh Campaign," in Steven E. Woodworth, ed., *The Shiloh Campaign* (Carbondale: Southern Illinois University Press, 2009), 16; Daniel, *Shiloh*, 91.

54 Cunningham, *Shiloh and the Western Campaign of 1862*, 98–101.

55 WTS to Ellen Ewing Sherman, March 12, 1862, in Brooks D. Simpson and Jean V. Berlin, eds., *Sherman's Civil War: Selected Correspondence of William T. Sherman* (Chapel Hill: University of North Carolina Press, 1999), 196.

56 John A. Rawlins, Special Orders No. 36, March 26, 1862, *OR*, ser. 1, vol. 10, pt. 2, 67.

57 John A. McClernand to AL, March 31, 1862. http: //memory/loc.gov/ammem/alhtml/malhome/html.

58 USG to Nathaniel H. McLean, April 21, 1862, *Grant Papers*, 5: 63.

59 USG to Don Carlos Buell, March 19, 1862, *Grant Papers*, 4: 393–94.

60 HWH to USG, March 20, 1862, *Grant Papers*, 4: 392n.

61 USG to Nathaniel H. McLean, March 30, 1862, *Grant Papers*, 4: 447–48.

62 Arthur Latham Conger, *The Rise of U. S. Grant* (New York: Century, 1931), 226.

63 *Personal Memoirs*, 1: 334.

64 Carl von Clausewitz, *On War*, edited by Michael Howard and Peter Paret (Princeton, N.J.: Princeton University Press, 1976), 357. *On War*, a collection of von Clausewitz's writings, was published in 1832, a year after his death.

65 Seymour Dwight Thompson, *Recollections with the Third Iowa Regiment* (Cincinnati: published for the author, 1864), 204. Daniel, *Shiloh*, 109–10.

66 William B. Feis, *Grant's Secret Service: The Intelligence War from Belmont to Appomattox* (Lincoln: University of Nebraska Press, 2002), 82–84.

67 Ibid., 88–89.

68 James Lee McDonough, *Shiloh—in Hell Before Night* (Knoxville: University of

Tennessee Press, 1977), 19.

69 USG to JDG, March 29, 1862, *Grant Papers*, 4: 443.

70 George Baylor, "With Gen. A. S. Johnston at Shiloh," *Confederate Veteran* 5(1897):
    609.

71 William Preston Johnston, "Albert Sidney Johnston at Shiloh," in Johnston and Buel,
    eds., *Battles and Leaders*, 1: 555.

72 *Personal Memoirs*, 1: 335.

73 格兰特的朋友丹尼尔·艾门（Daniel Ammen）的哥哥雅各布·艾门（Jacob Ammen）
    参加了这次谈话，并在日记中作了记录。Colonel Jacob Ammen's diary, *OR*, ser. 1,
    vol. 10, pt. 1, 330-31.

74 WTS to USG, April 5, 1862, *OR*, ser. 1, vol. 10, pt. 2, 93-94.

75 USG to HWH, April 5, 1862, *Grant Papers*, 5: 13-14.

76 Johnston, *Life of Gen. Albert Sidney Johnston*, 582.

77 Albert Sidney Johnston, "Soldiers of the Army of the Mississippi," April 3, 1862,
    OR, vol. 10, 396-97.

78 约瑟夫·E. 约翰斯顿（Joseph E. Johnston）的副官乔治·W. 贝勒（George W.
    Baylor）在 "With Johnston at Shiloh" 中回忆了这次谈话，详见：*Confederate
    Veteran* 5（1897）: 610。

79 Statement of William I. Cherry to Lloyd Lewis, June 29, 1939, and, ms. Letter, Mrs.
    William H. Cherry to the Reverend T. M. Hurst, December 6, 1892, Lloyd Lewis
    Papers, MSUUSG; Report of John A. Rawlins, *OR*, ser. 1, vol. 10, pt. 1, 184.

80 Don Carlos Buell, "Shiloh Reviewed," in Johnston and Buel, eds., *Battles and
    Leaders*, 1: 492.

81 USG to Don Carlos Buell, April 6, 1862, *Grant Papers*, 5: 17.

82 Report of John Rawlins, *OR*, ser. 1, vol. 10, pt. 1, 185. 罗林斯的官方报告是在
    一年之后写的，在此之前，刘易斯·华莱士（Lewis Wallace）在夏伊洛的行为引发了
    数月的争议。详见：Steven E. Woodworth, ed., *Grant's Lieutenants*（Lawrence:
    University Press of Kansas, 2001），72。

83 英国军事历史学家约翰·基根（John Keegan）对欧洲战争和美国内战中不断扩
    大的战场进行了有益的比较。John Keegan, *The Mask of Command*（New York:
    VikingPenguin, 1987），221.

84 WTS to Ellen Ewing Sherman, April 11, 1862, *Sherman*, 201.

85 Conger, *Rise of U. S. Grant*, 246.

86 Report of General Benjamin M. Prentiss, *OR*, ser. 1, vol. 10, pt. 1, 278; Stacy D.
    Allen, "Shiloh! The Campaign and First Day's Battle," *Blue and Gray Magazine*, Civil

War Sesquicentennial Edition（2010）：17-18.

87 USG to Don Carlos Buell, April 6, 1862, *OR*, ser. 1, vol. 12, pt. 1, 232-33.

88 Daniel, *Shiloh*, 119-20.

89 Fenwick Y. Hedley, *Marching Through Georgia*（Chicago：Donnelley, 1885）, 46; McDonough, *Shiloh—in Hell Before Night*, 131.

90 Cunningham, *Shiloh and the Western Campaign of 1862*, 201; McDonough, *Shiloh—in Hell Before Night*, 106-7.

91 Allen, "Lewis Wallace," 74; Lewis Wallace, *Autobiography*, 1：464; Robert E. Morsberger and Katherine M. Morsberger, *Lew Wallace：Militant Romantic*（New York：McGraw-Hill, 1980）, 89-93.

92 Buell, "Shiloh Revisited," in Johnston and Buel, eds., *Battles and Leaders*, 1：492.

93 Report of John A. Rawlins, *OR*, ser. 1, vol. 10, pt. 1, 186; Engle, *Don Carlos Buell*, 224-25.

94 Roland, *Albert Sidney Johnston*, 336.

95 Ibid., 338.

96 Steven E. Woodworth, "William H. L. Wallace," in Woodworth, ed., *Grant's Lieutenants*, 40; McDonough, *Shiloh—in Hell before Night*, 185-86. 联邦方面没有任何人知道，华莱士看上去似乎死了，但他仍活着躺在南方的战线内，有人在那里给他盖了一条毯子。

97 Report of G. T. Beauregard, April 6, 1962, *OR*, ser. 1, vol. 10, pt. 1, 384.

98 William C. Davis, *The Battlefields of the Civil War*（Norman：University of Oklahoma Press, 1996）, 49.

99 Interview with Sherman in *The Washington Post*, quoted in *Army and Navy Journal*（December 30, 1893）and cited in Catton, Grant Moves South, 242 and 512n; Marszalek, Sherman, 180; McDonough, *Shiloh—in Hell before Night*, 183n.

100 *Sherman*, 179.

101 Keegan, *Mask of Command*, 227-28.

　　谢尔曼将军是我国的一位既能干又勇敢的捍卫者，同时也是你丈夫的真正的朋友。

　　——尤利西斯·S. 格兰特致朱莉娅·登特·格兰特，1862 年 5 月 4 日

　　4 月 9 日，伊利诺伊州参议员奥维尔·H. 布朗宁（Orville H. Browning）停下手头的参议院工作，阅读了《纽约先驱报》关于夏伊洛会战的首次报道，这篇报道由富有事业心的战地记者弗兰克·查普曼（Frank Chapman）撰写。

　　　　这场战斗的结果是彻底击败了星期日上午袭击我们的敌人。战斗一直持续到周一下午 4 点 35 分。当敌人开始飞奔撤回科林斯时，我们的骑兵大军紧追不舍。双方都遭受了巨大的创伤。[1]

　　印第安纳州众议员斯凯勒·科尔法克斯（Schuyler Colfax）向议员们宣读了查普曼对格兰特的描述。格兰特"命令士兵们穿越战场向前冲锋。他亲自带队，挥舞着佩刀，带领士兵们走向胜利的顶峰，而炮弹则像冰雹一样散落在他的身边"。[2]

　　第二天，林肯发布了一份总统公告，要求公民们"在下一周的集会上，在他们习惯的公众礼拜场所……感谢并报答天父赐给我们的不可估量的祝福"。[3]在首次关于夏伊洛的报道中，对多纳尔森堡会战的庆祝活动似乎再次上演，北方城镇的群众再次将格兰特奉为英雄。

二人在许多方面虽不相同，但威廉·特库赛·谢尔曼将成为格兰特最坚定的
捍卫者和最亲密的军事伙伴。

*

但庆祝并没有持续多久，24 岁的怀特洛·瑞德（Whitelaw Reid）抢先获得查普曼的独家新闻。瑞德身材高大，蓄着黑色小胡子，留着南方风格的长发，他更倾向以时评的方式撰写新闻，而不是直截了当的报道。他在 4 月 14 日出版的《辛辛那提公报》上发表了一篇 19500 词的文章，这篇文章很快被其他报纸转载，使夏伊洛成为内战中最具争议的会战。[4] 瑞德以第一人称视角撰写了文章的开头，这种身临其境的感觉让读者在不知不觉间屏住了呼吸。

/ 224

> 我刚从战场上归来，隆隆的炮声和尖锐刺耳的枪声还在我疲惫不堪的耳畔回响；当惊慌失措的溃败、勇敢的冲锋、顽强的抵御、救援和使人兴奋的成功情景在头脑中混乱地、不可磨灭地燃烧时，所有这些恐怖景象似乎仍在灼烧我的眼球，而我要写出我所知道的匹兹堡登岸口会战。[5]

瑞德指控格兰特对于敌军的袭击完全没有防备。"有些人，特别是我们的军官都没有起床。而其他人，有些在穿衣服，有些在洗衣服，有些在做饭，还有些在吃早饭。许多枪支被卸下，弹药供应不足。简而言之，营地几乎是出乎意料的不堪。"[6]

艾奥瓦州、伊利诺伊州、印第安纳州和俄亥俄州的报纸读者——他们不知道自己的亲人是否正躺在某个不知名的医院里慢慢死去或忍受着伤病的折磨——仍继续读着当天的小报："叛军蜂拥而至，他们飞快地冲进营地，射出锐利的子弹，并举着刺刀向我方的行动迟缓者冲去。一些人在奔跑时被击倒，他们没有武器，没有帽子，没有外套，朝着河边跑去。"[7] 瑞德强调联邦军的不设防和战斗造成的令人震惊的人员伤亡，这成功地使民众的愤怒集中到了格兰特身上。根据瑞德的说法，布埃尔军的赶到才使得第一天的灾难在第二天变成了胜利。

*

以格兰特为中心的一场风暴由此引发。芝加哥的报纸纷纷批评中西部士兵的懦弱，尤其是俄亥俄州第五十三团和第五十七团。《辛辛那提商报》回应道："俄亥俄人因她的儿子而被深深地羞辱了好几天。"俄亥俄州州长大卫·托德（David Tod）——还是一个小男孩的杰西·格兰特在青少年时期曾和托德一家住在一起——对此表示抗议，他认为被指控逃跑的几个俄亥俄团不应受到指责，责任在于格兰特和他将军们的"过失犯罪"。有谣言说格兰特在萨凡纳因醉酒而耽搁了战事。

格兰特的下级威廉·罗利写信告诉他的一个朋友，"这个编造故事的人是个臭名昭著的骗子"。雅各布·艾门（Jacob Ammen）在4月8日的日记中写道："请注意，我很满意格兰特将军在我两次见到他时都没有喝醉。"格兰特在谢里的住宅待了三个星期，家中的女主人谢里夫人回忆说，格兰特在4月6日早上离开她家时处于"完全清醒"的状态。[8]

为了亲眼看看俄亥俄州的士兵，该州副州长本杰明·斯坦顿（Benjamin Stanton）访问了夏伊洛，回来后他写道，格兰特应该"被军事法庭审判或枪决"。[9]

批判的声音传到了格兰特那里。如果对那些在田纳西军团中有丈夫、儿子和兄弟的人来说，有关夏伊洛的报道是不忍卒读的话，格兰特知道这些报道对于他的父母而言理解起来会有多么痛苦，对朱莉娅则尤甚。他写信告诉妻子："我想你已经在报纸上读过很多关于这场会战的报道了，其中有些是相当矛盾的。"为了使她心里有所准备，格兰特预先通知道："我还会再受那些不在场者的辱骂。"[10]

格兰特家庭每个成员的反应都不一样。杰西听后非常生气，作为一个经常写信的人，在接下来的几个月里，他会写信给辛辛那提的报纸为儿子辩护。汉娜对上帝充满信心，她相信自己的儿子被抚养长大是为了完成上帝在这场可怕战争中拯救联邦的使命。[11]朱莉娅虽然从婆婆的平静中得到了一些安慰，但她"一点儿也不高兴"。"我坐在那里，几乎被这些文章（这类文章还有很多）惊到了，它们就是对我丈夫在夏伊洛会战后的下流辱骂。"[12]

朱莉娅觉得自己被隔绝了：她和丈夫分居，和父亲的关系愈发冷淡——老登特一直在抱怨她的"联邦丈夫"——和圣路易斯的朋友的关系也在疏远。妹妹艾米已经长大，成长为一名坚定的邦联支持者。朱莉娅想抗议《辛辛那提公报》和《辛辛那提商报》上不公正的批评，但她知道丈夫并不希望家人为他辩护。

*

随着要求格兰特辞职的呼声越来越高，批评他的声音从指挥系统传到了白宫。4月23日，斯坦顿写信给哈勒克，询问"格兰特将军或其他军官的任何疏忽或不当行为是否造成星期日那场会战中惨剧的原因"。[13]

哈勒克原本可以利用这个机会批评格兰特，但他没有这么做。相反，他向斯坦顿回复，"大家所说的第六个星期日的伤亡，部分缘于完全不称职军官的恶劣行径，部分也缘于敌人的数量和勇气"。[14]哈勒克此时已经对那些试图通过指责格兰特来掩盖自身错误的军官感到厌恶。

但敌意仍在扩大。亚历山大·K. 麦克卢尔（Alexander K. McClure）是宾夕法尼亚州一位杰出的共和党人，他记得4月的一个晚上自己曾和林肯坐在内阁会议室里，并向总统呼吁"为了林肯的利益，请立即撤掉格兰特"。在长时间的沉默后，林肯把他的长腿支在火炉前的大理石壁炉架上，并回答说："我不能替换他，因为他在战斗。"[15]

*

在夏伊洛事件之后，格兰特的坚定捍卫者出现了。这位辩护人目睹了格兰特在战场上的行动，并决心澄清事实，他就是威廉·特库赛·谢尔曼（William Tecumseh Sherman）。他虽然与格兰特在许多方面有着不同，但他是一面强有力的透镜，使格兰特作为一名将军的奥德赛之旅变得更加清晰。

谢尔曼于1820年2月8日出生在俄亥俄州的兰开斯特（Lancaster），他比格兰特大2岁，在家里的11个孩子中排行第六，得名于肖尼印第安人（Shawnee Indian）领袖"特库赛"。[16]谢尔曼的父亲钦佩特库赛的勇气和军事能力。家人和朋友给这个小男孩起了个绰号"康普（Cump）"。

1829年，谢尔曼的父亲、俄亥俄州最高法院法官查尔斯（Charles）因伤寒突然病逝，终年40岁。他寡居的母亲玛丽

（Mary）没有遗产，并认为几个孩子需要和亲戚朋友们住在一起。于是，9岁的"康普"和邻居托马斯夫妇，即托马斯·尤因（Tomas Ewing）和玛丽·尤因（Maria Ewing）住到了一起。

玛丽是一名虔诚的天主教徒，只有"康普"接受洗礼成为天主教徒，她才会接受他加入自己的家庭。给红头发小男孩"康普"洗礼的牧师说服了玛丽，除了他的印第安语名字外，还应该再取一个基督教名字。那一天是圣威廉日，即1829年6月28日。所以，从那天起，"康普"就成了"威廉·特库赛·谢尔曼"。[17]

"康普"栖居于一个显赫的家庭。汤姆·尤因是一位极具个人特色的律师，他在1831年当选为联邦参议员。[18]

在他养父的帮助下，谢尔曼于16岁时进入西点军校。他和格兰特几乎没有接触，而且格兰特直到谢尔曼读四年级时才入学。谢尔曼聪明伶俐、能言善辩，无论在课堂还是在胡闹方面都表现出众。1840年他以全班第6名的成绩毕业，如果不是缺点拉低了排名，他本来会以第4名的成绩毕业。

到了1854年，格兰特和谢尔曼都从军中退役。谢尔曼在加利福尼亚和堪萨斯的银行业和法律业尝试了一番，但没有成功。二人于1857年在圣路易斯相遇，当时他们都处于低谷。谢尔曼回忆说："西点军校和正规部队对农民和银行家而言都不是好学校。"[19]

1859年，谢尔曼成为路易斯安那州州立神学院和军事学院的院长，该学院位于派恩威尔市（Pineville）。1861年1月10日，当路易斯安那州的部队在巴吞鲁日（Baton Rouge）占领联邦军火库时，他便辞去职务返回圣路易斯，并在一家有轨电车公司担任总裁。

在参议员哥哥约翰·谢尔曼（John Sherman）的帮助下，

谢尔曼成了联邦军队的上校。1861 年 7 月，在华盛顿南部的布尔溪会战中，谢尔曼指挥着一个旅从一场灾难性的失败中脱颖而出，并帮助军队有序地撤退回华盛顿，这成为为数不多的亮点之一。[20] 他被提升为准将，一个月后被派往路易斯维尔，担任萨姆特堡英雄、指挥官罗伯特·安德森（Robert Anderson）的副手。谢尔曼在 10 月接替安德森，但他对联邦的前景愈发悲观，他经常向华盛顿抱怨兵源短缺。谢尔曼从没有想到自己会给林肯总统写信，并在信的结尾写道："请回复。"[21]

在谢尔曼的信中，人们可以感受到他逐渐陷入深深的绝望。走投无路之时，他想彻底摆脱这一切，他告诉妻子艾伦（Ellen），他在绝望中曾考虑过自杀。《辛辛那提商报》的头条《威廉·特库赛·谢尔曼将军精神失常》的消息很快就被多家报纸转载。[22]

尽管谢尔曼比格兰特年长，但当他得知格兰特晋升少将时，还是立即写了一封贺信。格兰特很高兴地回复："承蒙阁下以如此友好的语气来信，我深表感激。希望您也有机会为自己赢得晋升，即便您很客气地说明我配得上这个荣誉。"[23]

*

与此同时，由于几乎没有战争的消息，报纸继续报道夏伊洛会战。《纽约世界报》（*New York World*）的一名记者质疑格兰特名字中的第一个字母是否就代表"奇袭（surprise）"。[24]

当格兰特在 4 月 26 日写信给父亲时，他根本不知道杰西会把他的信交给《辛辛那提商报》，因为父亲为儿子受到的批评感到愤怒。但这封信加剧了争议。[25]

在一片无法平息的混乱中，格兰特写信给朱莉娅，说他收到了父亲的一封信。"他似乎非常希望我反驳报纸上的说法！难道他不知道世界上最好的反驳就是对它们视而不见吗？"[26]

到夏天结束时，格兰特快受够了，他公开声明自己要一个人待一会儿。"在这个世界上没有一个敌人比你们在我的防守中给我造成的伤害更多。我不需要辩护人，如果真为我着想的话，就让我一个人待着吧。"[27]

*

格兰特的首席辩护人进入了这场新闻大战的漩涡中心。谢尔曼在夏伊洛的行动使他成为联邦的英雄，他于 5 月 1 日被晋升为少将。他不需要介入这场争论，但他告诉艾伦，"因奇袭而大声疾呼反对格兰特是错误的"。[28]

他将最大的枪口对准了俄亥俄州的副州长本杰明·斯坦顿。"我对匿名的涂鸦者写下和发表这些谎言并不感到惊讶"，因为"这是他们的职业"，但"他们与像你这种堕落到干这种肮脏工作的高官并不相同"。谢尔曼总结道："你太无耻了！"谢尔曼说到了点子上，"你发表的指控都是假的，不仅总体上是假的，而且每个细节都是假的，还有……当你发表那项声明时，你不可能不知道它是假的。"[29]

在华盛顿，随着批评在继续发酵，伊莱休·沃什伯恩在国会为格兰特辩护："尽管他只有 40 岁，但他经常受到攻击，而且他参战的次数比这个大陆上除斯科特以外的任何活人都要多。"这位众议员摈弃了人们对格兰特所谓"奇袭"和"醉酒"的指控，他称赞格兰特："他是勇气、荣誉、坚韧、活力、节制和谦虚的

典范。"³⁰

格兰特在得知沃什伯恩的话之后写道："你和我的朋友一样，还是参与到这件事中。"他向这位众议员保证，"我不会把这些骂名放在心上"。虽然"我并不会减轻自己的责任……但如果这件事和我不再有任何的瓜葛，那就再好不过了"。³¹

*

尽管得到了公众支持，亨利·哈勒克还是在4月9日通知格兰特，他将从圣路易斯来匹兹堡登岸口指挥一切。"如果可能的话，应该在所有人都到达这里之前尽量避免另一场战斗，这样我们就一定能击败敌人。"³² 这里的"所有人"指的是约翰·波普，他率领的密西西比军团在"十号岛（Island No. 10）"①取得的胜利开辟了密西西比河向南通往皮洛堡（Fort Pillow）的道路，现在他将加入格兰特和哈勒克的行列。

"老智囊"哈勒克倾向于传统的防御战，他还不了解格兰特。哈勒克的谨慎对南方来说是天赐良机。布瑞格在回科林斯的途中给包瑞德写信说："我们的处境糟糕透了，军队毫无组织且士气低落。"³³ 邦联军一瘸一拐地回到科林斯，准备改日再战。

哈勒克于4月11日抵达匹兹堡登岸口。当波普于4月21日抵达这里时，哈勒克将三支军队重新组织成一支军队。他把格兰特领导的田纳西军团安排在右翼，把布埃尔率领的俄亥俄军团（Army of the Ohio）安排在中间，把波普率领的密西西比军团安排在左翼，同时他还让麦克勒南德指挥预备队。哈勒克现在指

①　该岛是位于密苏里州新马德里市和伊利诺伊州开罗市以南的S形河湾上的战略要地。

挥着一支将近 12 万人的军队。[34]

一个伟大的战士即将陨落。4 月 25 日，格兰特在西点军校读书时的军校生指挥官查尔斯·史密斯最终因腿部感染而故去。格兰特在给史密斯夫人的信中写道："我可以真诚地证明他作为一名军人和朋友的伟大。"史密斯之死和格兰特紧密相关，"当你痛失亲人时举国哀悼，但没有人能比我更感到由衷的悲痛"。[35]

*

4 月 29 日，当哈勒克终于开始向南行军 25 英里从而进攻科林斯时，他宣布对指挥权进行调整。乔治·托马斯少将（Major General George Thomas）从布埃尔所部调去指挥格兰特的侧翼。托马斯有时也被称为"弗吉尼亚人"，他是在南方州长大的级别最高的联邦军官。

至于格兰特呢？哈勒克任命格兰特为副指挥。[36]

哈勒克现在想做格兰特在夏伊洛没做成的一切。如果格兰特感到惊讶，那他就不会；如果格兰特没有安排足够的警戒哨和侦察兵，哈勒克就把他们派往前线和侧翼；如果格兰特没能挖壕沟，哈勒克就命令部队每晚花四个小时挖战壕。联邦军队在这位谨慎指挥官的命令下缓慢前进。5 月 5 日，一名北方士兵在日记中讽刺地承认："哈勒克将军打算一枪不发就拿下科林斯。"[37]

格兰特对哈勒克向科林斯步步为营式地进军感到痛苦。哈勒克没有征求他的意见。格兰特曾建议，"我认为，如果他能在晚上调动波普的密西西比军团"，他们就能"准备好在天亮时出发"。[38] 但他对哈勒克的回复感到吃惊。"我很快就沉默了，因为我觉得我可能建议了一场非军事行动。"[39] 在进军科林斯的路上，有行动力的人却得不到合理的安排，格兰特发现自己"不过是个旁观者"。[40]

两周后，格兰特再也无法忍受这个职位了，他给哈勒克写信说："我相信这支军队的所有人都知道，我的处境和俘虏相差无几。"该如何解决呢？"根据我的军衔，我认为我有责任要求完全复职，或者要求完全解除我的职务。"[41]

哈勒克对此回答："将军，我非常吃惊，你竟然在最近下达的命令中找到抱怨的理由。"他进而抗辩道："你毋庸怀疑我有任何损害你感受或名誉的意图。"[42]

*

5 月 28 日，谢尔曼进军至距离科林斯主要防线不到一英里的地方。第二天早晨，波普带着重炮向前推进，到了下午，谢尔曼向离城不到 1000 码的地方挺进。

但在 5 月 30 日凌晨 1 点 20 分，忧心忡忡的波普给哈勒克发了一封电报："敌人通过火车运输，加强了他们位于我军正前方和左侧的防守。车厢在不停地运输，每次卸货时，我都能听见敌军的欢呼声。"波普警告说，"他可能将在白天遭到大规模袭击。"[43]

5 月 30 日凌晨 5 点，科林斯城发生了一系列爆炸，这让联邦军颇为震惊。谢尔曼和波普决定再一次探查敌人的外围防线，但他们没有任何收获。侦察队小心翼翼地进入城市，这里一个人都没有，什么东西也没剩下，所有人都离开了。

包瑞德设计了这场战争中最大的骗局。他认为自己无法抵挡联邦军的包围，于是制订了战略撤退计划。为了使行动隐蔽，他实施了一系列蒙蔽敌军的手段。鼓手在指定的时间敲响起床鼓；在黑暗中架设假炮和假枪，而就在几个小时之前，真正的枪炮还在这里，营火也一直在燃烧。波普之前听到的一切只不过是一场高明的骗局，空无一人的火车呼啸着进进出出，伴随着响亮的汽笛和"幽灵"援军的欢呼。[44]

5月30日上午，联邦军队进入已空无一人的科林斯城。当哈勒克骑马进城时，他看见悬挂在树上的一件蓝色制服，里面装满稻草，旁边还有一块刻着字的松木板，上面写道："哈勒克被骗了——老亚伯① 对此会怎么说？"[45]

*

在兵不血刃取得科林斯的几天之后，格兰特申请了为期30天的假期。谢尔曼决心搞明白他的朋友在做什么，便来到格兰特的帐篷前。"我发现他坐在折椅上，面前是放着文件的粗糙露营桌；他似乎被雇来这里专门负责分拣信件，用繁文缛节的方式把它们捆成方便的一叠叠。"[46]互致问候后，"我问他是否真的要走了"。

"是的。"

"我询问了原因。"

"谢尔曼，你知道的，我在这里已经碍事了。我已经忍耐了很久，但再也忍不下去了。"[47]

谢尔曼提醒格兰特，在战争初始，报纸评价他"很疯狂"。

---

① 即林肯总统。

谢尔曼建议说："如果他走了，事情就会真照报纸所写的发展，他就会被遗忘。然而，如果他留下来，一些幸运的意外也许会使他重获公众的好感，并重获真正的地位。"[48]

这次谈话有了效果。几天后，谢尔曼收到格兰特的一封信，他会留下来。[49]

＊

6月10日，一切都发生了变化。哈勒克颁布了第90号特别战地命令，"撤销"先前将三支军队合并成三支联队的命令。[50] 此外，哈勒克告诉波普："现在的主要目标不是追击邦联军，而是把他们赶到足够远的南方，使我们的铁路免遭被立即袭击的危险。如果不用作战就能实现这一目标，就没有必要为它去发动一场战斗。"[51]

哈勒克恢复了格兰特对田纳西军团的指挥权。波普负责守卫科林斯城，布埃尔将向东行军220英里前往查塔努加修复铁路。结果是：就像在多纳尔森堡之后发生的那样，哈勒克给了邦联军重组的时间。联邦军队将向北、西、东三个方向进军，除了在包瑞德身后的南方。

格兰特将指挥部设在孟菲斯，这座密西西比河上的城市在6月6日被联邦海军占领。孟菲斯有23000人口，是南方邦联的第五大城市，尤利西斯让朱莉娅也搬到这里。[52] 他于6月21日起程前往孟菲斯，仅在他的参谋和一支小规模骑兵的护送下向西骑行了100英里。他后来才知道，如果再晚45分钟出发，他就有可能被敌军拦截遭受俘虏。

克拉克斯维尔和科林斯都是被弃守的城镇。但在孟菲斯，格兰特进入的是一个熙熙攘攘的城市，市民们毫不掩饰自己对邦联的同情。他写道："这座城市的秩序似乎相当糟糕，分离主义者基本上以自己的方式在进行统治。"[53] 邦联的旗帜悬挂在各家各户门口，商人们拒绝宣誓效忠。运往孟菲斯的货物没有留在那里：这些货物被藏在棺材里、牛和猪的尸体里，或者妇女的箱子里，它们被全部运往南方邦联的军队。[54] 格兰特给哈勒克写道："尽管戒备森严，邦联军的间谍和一些成员仍在不断寻找进出这座城市的通道。"[55]

他听到有人抱怨说，在前几个星期日，好几座教堂都在为戴维斯总统祈祷。尽管有人劝他强硬一些，格兰特还是指示孟菲斯第十六军的指挥官斯蒂芬·赫尔布特："你可以强迫你管辖范围内的所有牧师在他们的教堂礼拜中省略任何你认为是叛国的部分，但你不能强迫插入或替换任何东西。"[56]

当朱莉娅和孩子们在 7 月 1 日来到身边时，尤利西斯非常高兴。朱莉娅注意到他自驻军开罗以来体重增加了 15 磅。7 月 4 日，联邦组织了一次盛大的独立日庆祝活动。12 岁的弗里德告诉小内莉，这些炮弹是为庆祝她 7 岁生日而发射的。内莉对朱莉娅大声说："妈妈，谁告诉他们今天是我的生日？这些叛乱者为什么这么好？"[57]

但是孟菲斯的叛乱者对联邦政府的占领并不友好。在目睹了无数不忠于联邦的行径后，格兰特下令将任何悬挂邦联旗帜的建筑物隔离起来用作医院。为了切断孟菲斯市民和四处游荡的农村游击队之间的联系，格兰特于 7 月 3 日发布命令，"凡政府由此遭受损失之处"，上述损失应由同情叛乱之人的财产加以弥补，直至"其足以补偿政府的一切损失和应征收的费用"。[58]

7 月 10 日，格兰特下达命令，由于邦联军和"他们在孟菲斯市的朋友和同情者"之间有着"不间断的沟通",所以,与南方有联系者"必须在五天之内向南迁徙,并越过我们的防线"。[59]

格兰特在分离主义的孟菲斯停留的时间很短,一连串的事件促成了另一场多米诺效应般的变化。5月中旬,乔治·麦克莱伦拖延已久的进攻总算推进到可以看到里士满教堂尖顶的地方。5月31日,南方邦联将军约瑟夫·E. 约翰斯顿(Joseph E. Johnston)发起反攻,将北军左翼赶回了七松村(Village of Seven Pines)。那天晚上约翰斯顿负了伤。第二天,南方总统戴维斯任命罗伯特·E. 李接替了他。麦克莱伦得知南军指挥官的变化后,表现得非常高兴,因为他相信李"谨慎而软弱……他在行动中可能会胆怯和优柔寡断"。[60]

但李将军加强了里士满周围的防御,并重组了由他新近指挥的北弗吉尼亚军团,他在一场又一场的战斗中击败了麦克莱伦和他规模更大的波托马克军团。他从谢南多厄河谷(Shenandoah Valley)召集了"石墙"杰克逊(Stonewall Jackson),后者试图骚扰并击败规模更大的联邦军队。李把麦克莱伦从里士满赶回了弗吉尼亚半岛。

一向耐心的林肯终于失去了耐心。麦克莱伦在3月被解除了总司令职务,到了7月,林肯也考虑解除他对波托马克军团的指挥。林肯把哈勒克叫到华盛顿,授予其总司令一职。[61]

*

7月11日,格兰特接到哈勒克在科林斯传达的命令时,是他第一次听到如此不明确的命令:"你马上到这里来。"[62]因为信中没有说明原因，所以格兰特很困惑，他问道："我是一个人去，还是带着我的手下一起呢？"[63]

哈勒克直率地回答说："这里将是你的指挥部。你可以自己作出判断。"[64]

格兰特返回科林斯，发现哈勒克"极度沉默寡言"。[65] 但在7月17日，哈勒克下达命令，授予格兰特西田纳西，即包括田纳西河和密西西比河之间的直至开罗市的所有地区的军队指挥权。约翰·波普被调往东部领导一支新组建的弗吉尼亚军团，而他之前的密西西比军团的指挥权被移交给威廉·S. 罗斯克兰斯，后者将向格兰特负责。谢尔曼则成了孟菲斯的军事长官，布埃尔将保留一个独立的指挥部，他和格兰特直接向哈勒克负责。[66]

格兰特欢迎威廉·S. 罗斯克兰斯接替波普的职位。7月和8月时，二人经常一起在格兰特的指挥部用餐。

*

格兰特把1862年夏称为"战争最紧张的时期"。是的，南方邦联对南方领土的控制已经进一步向南退缩至密西西比州和亚拉巴马州，但是由于哈勒克的分散政策，"我们完全处于守势，因为这片领土上的民众敌视联邦"。[67] 哈勒克手下有将近80000人，但他们被分散在密西西比州北部和田纳西州西部。

哈勒克确实鼓励过格兰特去打一场开始被称作"硬仗"的战争："你应该清除西田纳西和北密西西比的所有有组织的敌人，这是非常可取的。"怎么处理这些人呢？"如果有必要的话，应处理所有同情南方的积极分子，把他们关进监狱，或者流放出我们的阵营。要毫不留情地处理他们，没收其财产用于公共领域。"总而言之，"是时候让他们开始感受到我们一方的战争压力了"。[68]

这种变化在格兰特就职的那天就成了法律。7月17日，第37届国会通过了两项法案，预示着一场更为激烈的战争即将到来。首先，《民兵法案》（Militia Act）授权征召30万人入伍，为期三年。在该法案中，总统被授予招募"非洲裔后代"从事各种工作的权力，包括从营地服务到任何他们可能胜任的陆军或海军服务。[69]尽管有了这项法案，但在1862年夏，林肯依然没有使用非裔美国人作战的计划。

其次，《没收法案》（Confiscation Act）规定，应没收"任何反抗美国联邦政府的不服从者或叛乱者"的财产，这些财产包括"被视作战争俘虏并且永获自由"的奴隶。[70]《没收法案》的范围不需由林肯决定，而是由如格兰特这样的指挥官来决定。

沃什伯恩被格兰特视为华盛顿政治策略的阐释者，他在给格兰特的信中写道："政府已经达到了民众长期以来的要求，即用文明战争所熟知的一切手段对战争进行有力的控诉。"他想让格兰特明白，"黑人现在必须尽其所能成为我们的盟友，不管是干活儿还是打仗"。他相信格兰特不会再被科林斯高高在上的哈勒克所阻扰，也不会再被来自夏伊洛的流言蜚语所困扰，他深信格兰特有机会得到全国人民的最高评价。格兰特同意沃什伯恩的结论："如果宪法或奴隶制二者必须灭亡其一，那就让奴隶制消失吧。"[71]

*

选择支持宪法而非奴隶制继续存在，并不意味着不参加政治活动的格兰特成了奴隶制的反对者。国会颁布两项法案后不久，格兰特写信告诉父亲："我对黑人没有任何偏向性，无论是影响他的自由，还是他继续受到奴役。"但是，"如果国会通过任何法律，并经总统批准，我会毫不犹豫地执行它"。[72] 格兰特在这里表达了他对杰西的尊重，因为他知道杰西强烈反对奴隶制。同时，在奴隶制这个棘手的问题上，他也尊重文官政府的领导。

格兰特于 8 月 11 日发出新的命令。逃亡的奴隶不会被归还给"他们的索求者"；此外，他还授权"雇用这些人为政府服务"。在实施这一变革时，他明确表示，他的士兵"绝对不能引诱奴隶逃离他们的主人"，但如果奴隶主确实是为了那些自愿越过联邦边界的奴隶而来，而"那些奴隶已知是不忠和危险的公民，则可以驱逐或逮捕他们"。[73]

/ 235

一周后，格兰特对妹妹说，战争正在"给南方人施压"，"他们的奴隶开始有自己的想法，每次军队远征时，他们或多或少都会跟随联邦军队进入营地"。他描述了被解放的奴隶在医院当护工、担任厨师和运输队车夫的情景，"这样一来，可以省下更多人手来携带火枪"。他承认，"我不知道这些穷人最后会怎么样，但是把他们从敌人那边争取过来就是在削弱敌人的力量"。[74] 在这些信中，我们可以看到一位指挥官在不断变化的战争局势中决心服从命令的实际反应。

*

战争迅速呈现了不同的面貌。在接下来的几个月里，格兰特将与不断增长的游击队活动、越来越多的平民阻挠以及北方的非法贸易作斗争。

"游击队（guerrilla）"一词来源于西班牙游击战，他们是拿破仑在伊比利亚半岛发动战争时联合起来的独立战士。里士满的官员更喜欢用"partisan"（游击队）这个词，他们认为这些武装分子与正规军有关。无论是"guerrilla"还是"partisan"，都是极为自主的战士，他们在所熟悉的乡间作战。

由于哈勒克的分散政策，格兰特无法主动行动，只能作出被动反应。他只能眼睁睁地看着南方游击队袭击火车、切断电报线、捣毁桥梁，并扰乱田纳西河的交通。"虽然我每天都命令还击，但南方游击队在四面八方游荡，我们始终忙个不停。"[75]

在 1862 年夏天以前，格兰特在士兵和平民之间划出一条严格的界线。他现在重新评论了这种区别："我们招募了许多在我军面前表现得很安分的平民，他们却利用一切安全的机会来贬低联邦军，骚扰我们的军队。"[76]

那该怎么办呢？"从今以后，叛乱州的公民不得进入我军阵线。"[77]格兰特对哈勒克说："我坚决支持将我们战线内的所有不满的公民都迁往南方。"[78]

*

北方非法的棉花贸易也激怒了格兰特。到了内战时期，棉花已经成为南方农业和北方制造业不可或缺的命脉。棉花之于 19 世纪就像石油之于 20 世纪一样。

封锁联邦的海岸和河流是为了使南方丧失生活必需品，但北方商人非常乐意打破这种封锁，他们秘密地使用各式各样的货物交换南方的棉花。正如格兰特在孟菲斯所观察的那样，问题在于北方的物资不仅被用来维持平民的生活，还会被用来供给南方的军队。正如谢尔曼写给格兰特的信中所言，"我们不能同时与一个人既进行战争又进行交易"。[79]

格兰特在 7 月就职后便采取措施制止了这种贸易。7 月 26 日，他指示在哥伦布市的艾萨克·昆比将军"检查所有南下投机商的行李"。[80] 有一次当他的指挥部对军队宣布通令时，格兰特斥责投机商说："他们对利益的贪婪胜过爱他们的国家。"[81]

但是格兰特很快意识到，他正在与遥远的华盛顿官员们发生冲突。因为 1862 年，华盛顿采取了"让贸易追随军旗同行"的政策。格兰特通常对文官政府毕恭毕敬，但他预感这种非法贸易的后果会极为严重，以致他不得不采取非同寻常的方式，直接和财政部部长沙蒙·P. 蔡斯（Salmon P. Chase）进行联系。

在一封措词巧妙的信中，格兰特询问谁将从"让贸易追随军旗同行"的政策中获益。"首先是一类贪婪的交易者，他们的首要也是唯一的愿望就是获利。"格兰特认为，"我们的战线太长，任何军事监管都不可能成功地对付贸易商的诡计。"其次，"敌人会因此得到最必要和最有用的物资，这些物资可以减缓他们的痛苦，并加强他们抵抗联邦政府的能力"。[82] 但是，他给蔡斯的信并未能立即奏效。

*

格兰特在解决游击队和非法贸易这两个问题上消耗了不少精力。哈勒克分散西部指挥权的决定是一个巨大的错误。联邦在人数上的优势被打破了，这给了布拉克斯顿·布瑞格——他在到达科林斯之后取代了包瑞德——一个机会，他在科林斯以南 52 英里处的密西西比州图珀罗（Tupelo）重新发动攻势。布瑞格会进攻格兰特还是布埃尔呢？在派斯特林·普赖斯将军保卫密西西比州北部和厄尔·范·多恩守卫维克斯堡后，布瑞格率领34000人向北展开进攻。攻占查塔努加充满诱惑，特别是考虑到布埃尔谨慎地向北挺进这座田纳西州的城市——他最终作出了这个决定。如果格兰特驰援布埃尔，那么范·多恩或普赖斯将向北夺回科林斯和田纳西州西部的领土。

7月15日，哈勒克命令格兰特向阿肯色州的塞缪尔·柯蒂斯所部派兵。两天后，乔治·托马斯的部分兵力被调往布埃尔处。当哈勒克得知布埃尔行军缓慢时，格兰特接到了增援的请求。格兰特抗议说，这些要求"削弱"了他的力量，但他还是在8月14日通知哈勒克，"我已经命令另外两个师东进"。[83]

*

格兰特在防御上从来没有放松过。9月时，他决定继续进攻，即使他的兵力减少了不少。据侦察报告显示，普赖斯的部队从图珀罗一直延伸至密西西比州的圣泉市（Holly Springs，也译"冬青泉"），他们正在向北移动。格兰特给哈勒克发电报，"我虽然十分警惕，但无法确定敌人的目标"。[84] 普赖斯是想和布瑞格会师，还是想和范·多恩联手夺回科林斯呢？

9月14日，尤利西斯写信给朱莉娅，告诉妻子自己的部队正面临着多重威胁。他吐露说，如果普赖斯在刚抵达这里时就发起攻击，他"会发现我们非常脆弱，因为我的大批兵力已被征调到其他地方"。幸运的是，"现在情况不同了。我部现已集中兵力，而且非常强大。如果叛军敢来进犯，我必迎头痛击"。[85]

当日，普赖斯进抵位于科林斯东南20英里处的艾尤卡

（Iuka）。普赖斯相貌出众，有着银白色的鬓角，除吉迪恩·皮洛以外，他在美墨战争中获得的军衔比其他任何一位未来的南方军官都要高。在约翰斯顿阵亡和包瑞德被解职之后，许多人把普赖斯看作一位新的英雄。但他到达密西西比州时，以极强的独立自主性闻名。在接到与布瑞格军会师的命令后，普赖斯打算在艾尤卡作短暂停留，他相信在那里可以轻而易举地击败人数不多的联邦驻军，并使自己的军队收获一番补给。[86]

格兰特看到了机会。他制订了一项计划，让罗斯克兰斯率领9000人从南方进攻普赖斯，同时让爱德华·奥德将军（General Edward Ord）率领6500人从西北进攻普赖斯。这种配合下的钳形攻势应该能够阻止普赖斯向北与布瑞格军会师，或者向南与范·多恩所部连成一片。格兰特命令奥德"在听到南方或东南方的枪声后应立即发起进攻"。[87]格兰特的计划能否成功将取决于通讯是否顺畅。[88]

9月18日晚，格兰特收到一封电报，上面称9月17日在马里兰州的夏普斯堡（Sharpsburg）小村庄附近，北方军与李将军领导的南方联军进行了一场激战，结果是"弗吉尼亚的叛军遭到全歼"。[89]格兰特的副官威廉·希利尔把电报转发给了奥德，奥德又把电报发送给普赖斯，以敦促他投降，避免"无谓的牺牲"。[90]但普赖斯拒绝了。格兰特给罗斯克兰斯写道，"麦克莱伦以巨大的牺牲将叛军赶出了马里兰州，李将军定将被我军俘虏"。[91]格兰特知道，安蒂特姆会战（Battle of Antietam，也译"安提耶坦会战"）将成为美国历史上最血腥的一天。[92]

艾尤卡会战（Battle of Iuka）于下午4点打响，双方的伤亡人数迅速上升。晚上，罗斯克兰斯发电报给格兰特，"您必须在明天早晨大举进攻"。[93]罗斯克兰斯是在向他的指挥官下达命令吗？或者只是以一个将军的身份在给另一位将军发送消息？

罗斯克兰斯原以为奥德会参战，但他却白等了。第二天早晨，罗斯克兰斯恼怒地打电报给格兰特，"您今天上午为什么不进攻？"[94]和格兰特待在一起的奥德回答说："昨天下午我们没有听到任何战斗的声音。"奥德后来说，声影（Acoustical Shadow）——声波无法穿透的临时区域——使他无法听到任何的射击声。[95]

格兰特原以为罗斯克兰斯会阻止普赖斯逃逸，但邦联军却在黑暗中沿着罗斯克兰斯没能设防的一条路向南逃跑了。钳形攻势没有俘虏到任何人。

格兰特在关于艾尤卡会战的报告中没有理会罗斯克兰斯的尖刻言辞，他向哈勒克写道："我对罗斯克兰斯将军发动的进攻，以及他手下士兵的坚韧所展现出来的精神和本领致以最崇高的赞扬。"[96]虽然在最初领导罗斯克兰斯时感到不安，但格兰特还是决定把注意力集中在他的优点而不是缺点上。

*

虽说格兰特阻止了普赖斯进军田纳西州，但他其实知道自己并没能阻止普赖斯咄咄逼人的野心。9月20日晚，他询问一名副官"是否有普赖斯的援军或者攻击科林斯"[97]的行动。

与此同时，范·多恩从维克斯堡赶来，命令普赖斯在格兰特得到增援之前和他一起进攻科林斯。范·多恩与詹姆斯·朗斯特里特竞争过1842年西点军校的最后一个名额，范或许很勇敢，但他并不长于精心策划和侦察。[98]认识到在科林斯的胜利可以打开通往西田纳西的大门，他决定率领2200名士兵投入战斗。

邦联军在10月3日发起了一次猛烈进攻。尽管罗斯克兰斯加强了环绕该城的防御工事，但到下午 3 点前后，邦联军还是突破了联邦防御工事中两道防线的第一道。但在那里，双方陷入了胶着。天色渐暗，普赖斯鼓励范·多恩在月光下重新发动进攻，但范·多恩拒绝了这个提议。[99] 因为他觉得自己的士兵已经太累，晚上的休息会对他们有益。

第二天早晨，当进攻重开时，邦联军向前推进，却被罗斯克兰斯重新部署的部队击退。整个上午，联邦炮兵的猛烈炮火给敌人造成了致命伤亡。到了中午，范·多恩承认，随着疲惫不堪的士兵正在撤退，战斗已经结束。所有人都知道，南方遭受了惨败，普赖斯为此哭了起来。所有人都明白，在罗斯克兰斯的领导下，联邦军成功守住了科林斯。

格兰特认为，这场会战与其说保卫了科林斯，不如说摧毁了范·多恩疲惫不堪的军队。他指示罗斯克兰斯，"如果敌军撤退，请用一切可能的力量向他们推进"。[100] 罗斯克兰斯认为自己的部队已经筋疲力尽，无法追赶范·多恩，于是决定让士兵们休息。他将在第二天早晨开始追击。

罗斯克兰斯于 10 月 5 日出发，但其中一个师的行动落后于计划，另一个师则走错了路。格兰特向罗斯克兰斯发出电报："务必将敌人逼到墙角。"[101] 赫尔布特和奥德也急忙拦截逃跑的邦联军。格兰特写信告诉哈勒克："敌军这次算是插翅难逃了。"[102]

在接下来的 48 小时里，一封封电报在格兰特和罗斯克兰斯之间传来传去。已经撤退到北方的范·多恩绕了一圈，向南方的圣泉市逃去。10 月 7 日，考虑到范·多恩可能会得到新的增援，格兰特致电罗斯克兰斯，"我们无能为力，只能坚守原来的位置。请停止追击"。[103]

但罗斯克兰斯并不这么想。10 月 7 日，他给格兰特发了三封电报，抗议说："关于追击方针，我必须强烈反对您的观点。当敌人残败、饥饿、疲惫和补给匮乏时，我恳请您能不惜一切击败他们。"[104] 格兰特给罗斯克兰斯回电报，要求他"十分谨慎地"返回科林斯，因为"一支庞大的军队"即将与正在撤退的邦联军会合。[105]

由于艾尤卡的沟通不畅，再加上对追击范·多恩持有不同的意见，格兰特和罗斯克兰斯的关系产生了裂痕。也许这是可以克服的，但是当罗斯克兰斯和他的朋友们开始在报纸上表达自己的不满时，他和格兰特的隔阂也随之扩大了。[106]

*

格兰特知道，范·多恩和普赖斯的军队虽然被打败，但并未被消灭。他了解麦克莱伦于 9 月 17 日在安蒂特姆的胜利，即使不像最初报道的那样是迫使罗伯特·E.李被赶回弗吉尼亚的决定性因素，也确实是一个颇为重要的因素。在肯塔基州，布瑞格从查塔努加以快于布埃尔的行军速度向北进军，从而引起了北方的恐慌。在哈勒克的催促下，布埃尔终于在路易斯维尔东南 60 英里的重镇佩里维尔（Perryville）与布瑞格军相遇。布瑞格把他的军队分成数个师，只有三个师用于进攻。10 月 8 日，布埃尔发起反攻，迫使布瑞格向南撤退到田纳西州，他的军队不再对肯塔基构成威胁。

在安蒂特姆会战胜利的背景下，林肯总统于 1862 年 9 月 22 日颁布了准备好的《解放黑人奴隶宣言》（Emancipation Proclamation）。林肯在其战时权力下，以最高统帅（Commander in Chief）的身份宣布，自 1863 年 1 月 1 日起，"凡在当地人民尚在反抗合众国的任何一州之内，或一州的指明地区之内，为人占有而做黑奴的人们都应在那时及以后永远获得自由"。[107] 与此同时，逃到格兰特阵营一边的奴隶数量一直在增加。

*

当格兰特把 1862 年夏称为"战争最紧张的时期"时，人们普遍认为他指的是军事状况。但格兰特很少谈论自己的感受，同时也在努力克服自己的焦虑。他在夏伊洛会战后受到了严重的批评，在行军前往科林斯的路上又被哈勒克晾在一边，此外，他把请假的报告也交了上去。总之，在这几个月里，格兰特一直为自己前途未卜的指挥权而苦苦挣扎。

朱莉娅的到来可谓一剂良药，在远离丈夫很久之后，她在孟菲斯和科林斯与格兰特共度了一段时光，帮助他重新打起精神。在有关朱莉娅的事迹里，她的到访通常被认为是格兰特结束酗酒的原因。没有证据表明格兰特在孟菲斯或科林斯有酗酒行为，但有强有力的证据表明，朱莉娅和他们的孩子在这段艰难的日子里给他带来了快乐。

此外，格兰特与谢尔曼的友谊始于夏伊洛，两人之间建立了一种格兰特从未有过的同志情谊。与同哈勒克的持续斗争以及和罗斯克兰斯的新争斗形成鲜明对比的是，格兰特知道谢尔曼是可以依靠和信赖的。

*

10 月 25 日，哈勒克将格兰特的指挥权从田纳西州的西部地区扩大到田纳西州全境，格兰特从此时起将指挥整支田纳西军团。格兰特报告说，他现在的有效兵力为 48500 人。[108]

一天之后，格兰特写信告诉哈勒克，"您从来没有向我建议过这支军队的任何作战计划"。他需要更多的兵马，"就目前的情况而言，由于缺少更多的部队，我只能坚守阵地"。格兰特意识到，他们的时间和部队的精力都集中在修复和保卫铁路上。格兰特从不喜欢被动地作出回应，在信的结尾，他提了一个大胆的行动建议。

首先，他建议摧毁"从科林斯延伸出去的所有"铁路，而这些铁路正是他花了几个月时间修复和保卫的。其次，"在孟菲斯得到来自谢尔曼的小规模增援下，我想我能够沿着密西西比州的中央道路行动，然后让敌人撤出维克斯堡"。[109] 当格兰特写下这些话时，他可能无法意识到"让敌人撤出维克斯堡是非常复杂和困难的"。

注　释

1　*Congressional Globe*, 37th Congress, 2nd sess., vol. 32, pt. 2, 1581.

2　*New York Herald*, April 10, 1862.

3　AL, "Proclamation of Thanksgiving for Victories," April 10, 1862, *CWAL*, 5: 185-86.

4　Royal Cortissoz, *The Life of Whitelaw Reid*, vol. 1 (New York: Charles Scribner's Sons, 1921), 63, 85, 88-89. 他的笔名来源于一次西北之旅，在苏必利尔湖（Lake Superior）的玛瑙湾附近，他捡到了许多玛瑙。

5　Catton, *Grant Moves South*, 253.

6　Cortissoz, *Life of Whitelaw Reid*, 1: 87.

7　Ibid. 怀特洛·瑞德（Whitelaw Reid）文章的力量不仅在于篇幅，还在于对细节的把握。他以第一亲历者的身份写作。大多数战地记者没有料到匹兹堡登岸口（Pittsburg

Landing）会有一场战斗，他们都去报道了密西西比河十号岛（Island No. 10）的战斗。这些记者中的一些人最终还是写了关于夏伊洛的报道。从未踏上这一战场的记者"伪造"目击者证词的做法在夏伊洛不断增加。详见：J. Cutler Andrews, *The North Reports the Civil War*（Pittsburgh：University of Pittsburgh Press，1955），179。

8　The portion of Ammen's diary published in the OR, ser. 1, vol. 10, pt. 1, 329-37, does not contain his selection for April 8, which is in his diary at the Abraham Lincoln Presidential Library in Springfield. Catton, *Grant Moves South*, 222, 298; Daniel, *Shiloh*, 307.

9　Catton, *Grant Moves South*, 254. 本杰明·斯坦顿（Benjamin Stanton）是战争部部长埃德温·斯坦顿（Edwin Stanton）的堂兄弟，但关系并不密切。

10　USG to JDG, April 15, 1862, *Grant Papers*, 5：47.

11　Ross, *The General's Wife*, 121.

12　Julia Dent Grant, *Personal Memoirs*, 98-99.

13　EMS to HWH, April 23, 1862, *Grant Papers*, 5：50-51n.

14　HWH to EMS, April 24, 1862, *Grant Papers*, 5：51n.

15　Alexander K. McClure, *Abraham Lincoln and Men of WarTimes*（Philadelphia：Times Publishing, 1892），179-80. 亚历山大·K. 麦克卢尔（Alexander K. McClure）对林肯所说的话的真实性受到了质疑。然而，林肯的主张是可信的，因为麦克卢尔来这里不是为格兰特辩护，而是敦促林肯放弃格兰特以保全自己。

16　John F. Marszalek, *Sherman: A Soldier's Passion for Order*（Carbondale：Southern Illinois University Press, 1993），4-5，这是一本谢尔曼的权威性传记。

17　"威廉（William）"一名的日期和起源一直存有争议。See Marszalek, *Sherman*, 9-10.

18　Ibid., 7-8.

19　*New York Times*, September 10, 1885; Marszalek, *Sherman*, 113-14.

20　Marszalek, *Sherman*, 150-51.

21　WTS to AL, October 10, 1861, in ibid., 146.

22　*Cincinnati Commercial*, December 11, 1861.

23　USG to WTS, February 19, 1862, *Grant Papers*, 4：248-49；WTS to USG, February 21, 1862, in Marszalek, *Sherman*, 167.

24　Earl S. Miers, *The Web of Victory: Grant at Vicksburg*（New York：Alfred A. Knopf, 1955），19, 22.

25　*Cincinnati Commercial*, May 6, 1862, *Grant Papers*, 5：79-80n.

26　USG to JDG, May 4, 1862, *Grant Papers*, 5：110.

27　USG to JRG, September 17, 1862, *Grant Papers*, 6：61-62.

28　WTS to Ellen Ewing Sherman, April 24, 1862, in Marszalek, *Sherman*, 209.

29 WTS to Lt. Gov. B. Stanton, June 10, 1862, in Marszalek, *Sherman*, 241-44. 关于报纸上争议的总结，详见：John F. Marszalek, Jr., "William T. Sherman and the Verbal Battle of Shiloh," *Northwest Ohio Quarterly* 42, no. 4 (Fall 1970): 78-85。

30 Catton, *Grant Moves South*, 260.

31 USG to Elihu B. Washburne, May 14, 1862, *Grant Papers*, 5: 119.

32 HWH to USG, April 9, 1862, *Grant Papers*, 5: 20n.

33 Braxton Bragg to G. T. Beauregard, April 8, 1862, *OR*, ser. 1, vol. 10, pt. 2, 398.

34 一些记录显示军队人数高达12万，但也有其他人认为实际情况是108500人。See Daniel, *Shiloh*, 309, 380n18.

35 USG to Mrs. Charles F. Smith, April 26, 1862, *Grant Papers*, 5: 83-84.

36 C. Kelton, Special Orders No. 35, April 30, 1862, *Grant Papers*, 5: 105n.

37 Charles Tompkins diary, entry May 5, 1862, Charles Tompkins Papers, Duke University, in Stephen D. Engle, *Struggle for the Heartland: The Campaigns from Fort Henry to Corinth* (Lincoln: University of Nebraska Press, 2001), 168.

38 *Personal Memoirs*, 1: 379.

39 Ibid.

40 Ibid., 1: 377.

41 USG to HWH, May 11, 1862, *Grant Papers*, 5: 114.

42 Ibid., May 12, 1862, *Grant Papers*, 5: 115n.

43 John Pope to HWH, May 30, 1862, *OR*, ser. 1, vol. 10, pt. 2, 225.

44 Williams, *Beauregard*, 这本书对这个精心设计的骗局作了精彩的描述。见：Williams, *Beauregard*, 154。

45 Engle, *Struggle for the Heartland*, 183.

46 William Tecumseh Sherman, *Memoirs of Gen. William T. Sherman*, vol. 1 (New York: Charles L. Webster & Co., 1890), 283.

47 Miers, *Web of Victory*, 22.

48 Sherman, *Memoirs*, 283-84; Marszalek, *Sherman*, 183.

49 Sherman, *Memoirs*, 383-84.

50 C. Kelton, Special Field Orders No. 90, June 10, 1862, *Grant Papers*, 5: 143n.

51 HWH to John Pope, June 4, 1862, *OR*, ser. 1, vol. 10, pt. 2, 237.

52 USG to JDG, June 12, 1862, *Grant Papers*, 5: 142.

53 USG to HWH, June 24, 1862, *Grant Papers*, 5: 149-50.

54 Charles Bracelen Flood, *Grant and Sherman: The Friendship That Won the Civil War* (New York: Farrar, Straus and Giroux, 2005), 134.

55　USG to HWH, June 27, 1862, *Grant Papers*, 5: 165.

56　William S. Hillyer to Stephen A. Hurlbut, June 24, 1862, *Personal Memoirs*, 5: 150n.

57　Julia Dent Grant, *Personal Memoirs*, 101.

58　*Personal Memoirs*, 1: 390; USG, General Orders No. 60, July 3, 1862, *Grant Papers*, 5: 190.

59　USG, Special Orders No. 14 [issued by William S. Hillyer], June 10, 1862, *Grant Papers*, 5: 192n; Joseph H. Parks, "A Confederate Trade Center Under Federal Occupation: Memphis, 1862 to 1865," *Journal of Southern History* 7, no. 3 (August 1941): 293.

60　McPherson, *Battle Cry*, 462; Foote, *Civil War*, 1: 465.

61　Marszalek, *Commander of All Lincoln's Armies*, 189; James M. McPherson, *Tried by War: Abraham Lincoln as Commander in Chief* (New York: Penguin Press, 2008), 111-12.

62　HWH to USG, July 11, 1862, *Grant Papers*, 5: 207n.

63　USG to HWH, July 11, 1862, *Grant Papers*, 5: 207n.

64　HWH to USG, July 11, 1862, *Grant Papers*, 5: 207n.

65　*Personal Memoirs*, 1: 393.

66　USG, General Orders No. 62, July 17, 1862, *Grant Papers*, 5: 210.

67　*Personal Memoirs*, 1: 394-95.

68　HWH to USG, August 2, 1862, *Grant Papers*, 5: 244n.

69　*U.S. Statutes at Large*, vol. 12 (1855-1873) (Boston: Little, Brown & Co., 1863), 597-600.

70　Ibid., 589-92.

71　Elihu B. Washburne to USG, July 25, 1862, *Grant Papers*, 5: 226n.

72　USG to JRG, August 3, 1862, *Grant Papers*, 5: 263-64.

73　USG, General Orders No. 72, August 11, 1862, *Grant Papers*, 5: 273-74n.

74　USG to Mary Grant, August 19, 1862, *Grant Papers*, 5: 310-11.

75　Ibid.

76　USG to HWH, August 9, 1862, *Grant Papers*, 5: 278.

77　USG, General Orders No. 65, July 28, 1862, *Grant Papers*, 5: 247n.

78　USG to HWH, July 28, 1862, *Grant Papers*, 5: 243.

79　WTS to John A. Rawlins, July 30, 1862, *Grant Papers*, 5: 240n; McPherson, *Battle Cry*, 620-22.

80　USG to Isaac Quinby, July 26, 1862, *Grant Papers*, 5: 238.

81 John A. Rawlins, General Orders No. 64, July 25, 1862, *Grant Papers*, 5: 238-239n.

82 USG to Salmon P. Chase, July 31, 1862, *Grant Papers*, 5: 255-56.

83 USG to Don Carlos Buell, August 12, 1862, *Grant Papers*, 5: 288; USG to HWH, August 14, 1862, *Grant Papers*, 5: 292.

84 USG to HWH, September 10, 1862, *Grant Papers*, 6: 31.

85 USG to JDG, September 14, 1862, *Grant Papers*, 6: 43.

86 Peter Cozzens, *The Darkest Days of the War: The Battles of Iuka and Corinth* (Chapel Hill: University of North Carolina Press, 1997), 55-56.

87 关于格兰特、罗斯克兰斯 (Rosecrans) 和奥德 (Ord) 之间频繁的电报往来，见: *Grant Papers*, 6: 65-66n; *Personal Memoirs*, 1: 411。

88 Lesley J. Gordon, "The Failed Relationship of William S. Rosecrans and Grant," in Woodworth, ed., *Grant's Lieutenants*, 115-16.

89 John C. Van Duzer to USG, September 18, 1862, *Grant Papers*, 6: 66n.

90 William S. Hillyer to Edward O. C. Ord, September 18, 1862, *Grant Papers*, 6: 66n.

91 USG to William S. Rosecrans, September 18, 1862, *Grant Papers*, 6: 66n.

92 James M. McPherson, *Crossroads of Freedom: Antietam* (New York: Oxford University Press, 2002).

93 William M. Lamers, *The Edge of Glory: A Biography of General William S. Rosecrans, U.S.A.* (New York: Harcourt, Brace & World, 1961), 113.

94 William S. Rosecrans to USG, September 20, 1862, *OR*, ser. 1, vol. 17, pt. 1, 70.

95 E.O.C. Ord to William S. Rosecrans, September 20, 1862, *OR*, ser. 1, vol. 17, pt. 1, 70.

96 USG to HWH, September 20, 1862, *Grant Papers*, 6: 71-72.

97 John V. D. Du Bois, September 20, 1862, *Grant Papers*, 6: 74.

98 Robert G. Hartje, *Van Dorn: The Life and Times of a Confederate General* (Nashville: Vanderbilt University Press, 1967), 6-15.

99 Cozzens, *Darkest Days of the War*, 223.

100 USG to William S. Rosecrans, October 4, 1862, *Grant Papers*, 6: 114.

101 Ibid., October 5, 1862, *Grant Papers*, 6: 123.

102 USG to HWH, October 5, 1862, *Grant Papers*, 6: 118.

103 USG to William S. Rosecrans, October 7, 1862, *Grant Papers*, 6: 131.

104 William S. Rosecrans to USG, October 7, 1862, *Grant Papers*, 6: 132n.

105 USG to William S. Rosecrans, October 9, 1862, *Grant Papers*, 6: 142.

106 为了解决这个分歧，见：Gordon, "The Failed Relationship of William S. Rosecrans and Grant," in Woodward, ed., *Grant's Lieutenants*, 118-20。

107 AL, "Preliminary Emancipation Proclamation," September 22, 1862, *CWAL*, 5: 433-34.

108 USG, General Orders No. 1, October 25, 1862, *Grant Papers*, 6: 186.

109 USG to HWH, October 26, 1862, *Grant Papers*, 6: 199-200.

/ 第16章　胜过四十个里士满

> 现在全国民众的目光和希望都集中在你的军队身上。在我看来，对我们而言，打通密西西比河比拿下四十座里士满更加有用。
>
> ——亨利·W. 哈勒克致尤利西斯·S. 格兰特，1863年3月20日

1862年11月，格兰特作出向维克斯堡进军的大胆决定，这与那些主要联邦指挥官的犹豫不决形成了鲜明的对比。麦克莱伦在9月17日取得安蒂特姆会战的不完全胜利后的犹豫不决，让李有充分时间越过波托马克河（Potomac River）回到弗吉尼亚州的安全地带。10月8日在佩里维尔取得战略胜利后，布埃尔也没有追击千疮百孔的布瑞格军。

他们都为自己的谨慎付出了代价。10月24日，布埃尔被罗斯克兰斯取代，后者成为坎伯兰军团（Army of the Cumberland）的指挥官。在民主党于11月4日中期选举获胜后的第二天，林肯签署了解除麦克莱伦职务的文件，并将波托马克军团的指挥权移交给安布罗斯·伯恩赛德（Ambrose Burnside）。在1862年初，格兰特是留任下来的主要联邦指挥官。由于国会中对他的批评越来越多，同时也不确定他和哈勒克是否站在同一条战线上，格兰特肯定想知道自己会否成为下一个落马之人。

*

由于哈勒克没有对他在10月26日提出的行动计划作出答

复，于是，格兰特在 11 月 2 日主动向前推进。他给总司令发去电报，说他已经向大联轨铁路镇（Grand Junction，此处并非位于格兰德河和甘尼森河汇流之处的"大章克申"）"调遣军队"[1]。大联轨铁路镇是西田纳西州的兵家必争之地，是东西向的孟菲斯至查尔斯顿和南北向的密西西比中部铁路的交会处。格兰特打算在那里组建五个师，从而向南边的密西西比州圣泉市和格林纳达进军。

随着格兰特有所行动，哈勒克终于作出了回应。"只要你的部队足够强大，我肯定会批准你向敌人推进的计划。"[2]哈勒克给出的是他典型的谨慎回答；格兰特知道，如果要等到军队"足够强大"，他将永远无法进军。

格兰特的士兵们渴望着进军。整个 10 月，他们给家里写信，说最让他们心烦意乱的战斗是来自"苍蝇、蚊子、壁虱、蚂蚁、蠕虫、蜘蛛、蜥蜴和蛇的骚扰"，许多人认为同南方作战不会比同虱子作战更糟糕。[3]

比身体上的烦恼更糟糕的是，1862 年中期选举的结果打击了士气。格兰特的军队将民主党人反林肯和反共和党的言辞所取得的成就解释为反战。民主党在众议院获得 28 个席位，赢得纽约州州长一职，并在新泽西州、印第安纳州和伊利诺伊州的州议会中赢得多数席位。[4]艾奥瓦州士兵西摩尔·D. 汤普森（Seymour D. Thompson）察觉到周围士兵的反应："北方的选举结果给我军的绝大多数人种下阴影。"他继续说："即使我军主力遭遇惨败，也不会对士气产生如此可怕的影响。"[5]

*

当格兰特计划进行长期的陆上战役（overland campaign）

时，他知道自己需要再次与海军密切合作才能取得成功。他很重视他和安德鲁·富特在亨利堡和多纳尔森堡的合作，但他也听说大卫·迪克森·波特（David Dixon Porter）并不看好西点军校的将军们。11月，波特告诉海军部助理部长古斯塔夫斯·福克斯："我不信任陆军，很显然，格兰特打算在没有我们的情况下拿下维克斯堡，但是他无法做到。"[6]

波特是一位著名海军将领的儿子，他17岁便成为海军军官候补生。波特身材瘦削，有着黑色的头发和一双炯炯有神的棕色的眼睛，如果他挺直腰板，看上去就会比他5英尺6英寸的实际身高还要高。在战争刚爆发的时候，他受到的批评多于赞扬。这是因为，他绕过海军指挥系统直接向林肯总统呈交了一份计划，要求把波瓦坦号（Powhatan）驶向彭萨科拉港（Pensacola Harbor），在那里他解救了皮肯斯堡（Fort Pickens），而当时林肯想让他驰援萨姆特堡。他口直心快、做事鲁莽的倾向使他不止一次惹上麻烦。

10月份，当波特被任命为密西西比河舰队（Mississippi Squadron）的指挥官时，海军部部长吉迪恩·威尔斯在日记中私下透露了其他人的公开想法：波特"有令人振奋的积极品质，足智多谋、精力充沛，但他时不时会自我夸耀"。相比之下，"他缺少富特组织舰队的责任心和高尚的道德品质"。威尔斯沉思着："这是个问题，他既有好的一面，也有坏的一面，他如何才能走向成功呢？"[7]格兰特将成为回答这一问题的关键。

尽管波特心存疑虑，他还是写信给格兰特，要求与他会面。波特正享用晚餐的烤鸭和香槟时，一名副官把格兰特领了进来。这位代理海军少将（Acting Rear Admiral）穿着蓝色上衣、白色背心和锃亮的靴子，并佩带着一把令人印象深刻的刀，他对格兰特的出现吃了一惊。波特描述他的客人是"一个穿着便服旅行的人"。[8]

格兰特在旅途中又饿又累，但马上开始了工作："您什么时候可以开动您的炮舰，您一共有多少兵力？"[9]

*

接下来，因哈勒克承诺增派 20000 名士兵，11 月 9 日，格兰特给詹姆斯·M. 塔特尔将军（General James M. Tuttle）发电报，要求提供通过开罗市的有关部队的资料。这名地区指挥官回答说："我发现有些团纪律松散，竟然不向麦克勒南德汇报动向。"[10] 这个回答让格兰特大为震惊。麦克勒南德已于 8 月 28 日动身前往伊利诺伊州休假，但格兰特只听到关于他的活动传闻。

在伊利诺伊州，麦克勒南德开始直言不讳地批评战争的进行方式。他声称，西点的军官们喜欢用"战略"这个词作为不作战的借口："任何完全依赖战略的指挥官都必将失败。我们需要正确的人来领导我们；他会根据个人的功绩而不是是否毕业于西点军校来任命下级军官。"[11]

他相信自己是合适的人选，9 月底，麦克勒南德前往华盛顿，拜见了来自西部的内阁部长蔡斯和斯坦顿，他希望他们会理解向维克斯堡发起进攻并打通密西西比河的计划。在 9 月的内阁会议上，当蔡斯向林肯询问他对麦克勒南德的评价时，林肯回答说，麦克勒南德"勇敢能干"，但正如蔡斯在日记中所写，"他太渴望不受任何人指挥"。[12]

最后，麦克勒南德与林肯会面，当面提出了他的计划。10 月 21 日，斯坦顿召见麦克勒南德到战争部接受密令，授权他在中西部军队中"组织一支远征军，在他的指挥下向维克斯堡发起进攻"。[13] 林肯附上一张便条："我补充一下，我对这次远征军的成功抱有极大兴趣，希望以尽可能的速度向前推进，当然也要和军队其他部门保持一致。"[14]

命令的副本没有发给格兰特或哈勒克。起初，斯坦顿可能不想让哈勒克知道这件事，因为他知道哈勒克对麦克勒南德缺乏好感。然而，命令的最后一段指出："这样组织起来的部队将继续受命于总司令，并将根据总司令的判断而得到调用。"[15] 这意味着哈勒克和格兰特可以对麦克勒南德的计划行使审查的权力。

随着麦克勒南德离开华盛顿，根据《纽约时报》的社论，"麦克勒南德将军用他的勇气鼓舞了整个西部世界的热情，他把活力与军事技能结合在一起"。[16] 到 11 月底，麦克勒南德共组织了 42 个步兵团、6 个炮兵连和 6 个骑兵团。几乎所有招募的士兵都是新兵，所以他建议从格兰特麾下抽调四分之一的兵力，包括特定的富有经验的军官和团。

格兰特对从开罗和孟菲斯调派军队前往麦克勒南德所部的报道感到吃惊，他要求哈勒克澄清："我无法理解，当一支远征军从孟菲斯出发时，我还躺在这里不动。"[17]

哈勒克被迫在麦克勒南德和格兰特之间作出决定。他回复格兰特说："你有权指挥所有派往你部的军队，并有权在任何你愿意的地方与敌人作战。"[18] 这次，哈勒克坚定地支持了格兰特。

*

在向南进军的过程中，格兰特遇到了更多的逃亡黑奴。"我们南方的公民正在离开他们的家园，而黑人正一车车地过来。"[19]

他们会聚集在路边，希望路过的士兵能暂时征用他们做佣人。20

格兰特面临着人道主义危机。当奴隶自愿进入营地时，军队禁止将他们驱逐出去。9月，他把奴隶送到了伊利诺伊州的开罗市和肯塔基州的哥伦布市，在那里，慈善团体把他们带到北方。但在北方，民主党人正在散布焦虑，即南方的奴隶即将涌入北方城市，抢走就业岗位。格兰特可以吸收一些人当工人，也可以让其他人在废弃的种植园和农场摘棉花。但黑人奴隶仍在源源不断地涌入。21

11月13日，格兰特启动了一项处理战时违禁品的新政策。他授权俄亥俄州第二十七团的随军牧师约翰·伊顿（Chaplain John Eaton）负责管理这些进入营地的奴隶。22

/ 247

伊顿出生于新罕布什尔州，毕业于达特茅斯学院，1856年成为俄亥俄州托莱多市（Toledo）主管学校的负责人。他于1859年前往安多弗神学院（Andover Theological Seminary）攻读神职。1861年毕业后，他立即应征加入联邦军队。朋友们形容伊顿"充满了真正的传教精神"。23

由于不确定自己是否愿意接受这项任务，又担心战友们会嘲笑他与新解放的奴隶一起工作，伊顿匆匆赶到格兰特的指挥部。他"带着对我们指挥官以往不愉快的记忆"来到这里。但在他们的谈话中，伊顿发现自己已被这位"温和简朴"24的指挥官打动。

格兰特和伊顿都知道，许多持种族主义刻板印象的白人士兵认为奴隶不会独立工作。格兰特并不认可这个假设。当伊顿讲到他肯定会遇到的一些问题，尤其是士兵们因他雇用为他们免费干活的奴隶而表示不满时，格兰特向他保证，自己会全力支持他。伊顿这才接受了任命。25

从密西西比中部铁路的南线出发，格兰特又有了新的敌人——

他要和自己部队里的人作斗争，即他要竭力约束士兵们的肆意妄为。士兵们被游击队的活动激怒，他们常常把这种怨气发泄到地方民众身上。他们的行动变得不分青红皂白，因为他们会从无论是联邦或是邦联的同情者那里搜寻食物和补给。他们喜欢偷女主人的衣服送给女奴隶，以此激怒奴隶主。联邦的士兵们毁坏家具，损坏家庭照片，甚至在别人家中随意倾倒粪便。[26]

格兰特试图控制这些野蛮活动，他发布了第 1 号特别战地命令，以打击这些"严重破坏公物的行为"："房屋被抢劫、烧毁，围栏被摧毁，人们开始担忧自己在这场叛乱中所处的地位。"他的回答是："这种行为可以根据军规和当下的军令判处死刑。"此外，"他们还打算摧毁我军的效率，并让那些即使以前不是朋友的人，至少是非战斗人员，成为我们现在的公开敌人"。[27]

*

11 月 13 日，几乎没有遭遇任何抵抗，格兰特的骑兵就占领了密西西比州的圣泉市。军队在城镇周围的树丛里搭建起白色的帐篷。格兰特认为自己长长的补给线过于脆弱，于是决定把圣泉市作为补给基地。堆积如山的物资在随后几天被运了过来。朱莉娅也加入了他的行列，并住在哈维·华盛顿·沃尔特（Harvey Washington Walter）的房子中。[28]这座住宅是最后一座建于圣泉市的南方大宅式建筑，于 1859 年竣工。

/ 248

到了 12 月 1 日，格兰特的骑兵队伍渡过塔拉哈奇河（Tallahatchie River），到达距离圣泉市以南 30 英里的牛津市（Oxford）。在与谢尔曼商量之后，格兰特在 12 月 8 日向哈勒克提出发起交叉进攻的计划——谢尔曼指挥一支远征军沿密西西比河而下，而格兰特将从陆路前进。[29]格兰特的意图是，他希望在正面吸引邦联军的注意力，而谢尔曼趁机从后方攻击。[30]

格兰特现在面对的是一个新的邦联军领导人，48岁的费城人约翰·C.彭伯顿（John C. Pemberton），他接替了厄尔·范·多恩的职务。彭伯顿和一名弗吉尼亚女性结婚，成为少数几个不顾家人反对加入南方邦联的北方联邦军官之一。[31]

10月14日，彭伯顿在距离维克斯堡45英里的杰克逊（Jackson）建立了指挥部。从一开始，这位直率的宾夕法尼亚人就在双重障碍中挣扎：对许多人来说，他之前的军事经验并不能成为他获得新指挥权的合法证明，同时，他也无法摆脱对自己出生在北方这件事的忧虑。他在维克斯堡以北150英里处，背靠雅鲁布沙河（Yalobusha River）的格林纳达驻扎了一支20000人的小规模军队。[32]

在南方邦联的另一场人事调动中，杰斐逊·戴维斯选派约瑟夫·约翰斯顿掌管新的西部战区。约翰斯顿于同年5月在弗吉尼亚州的七松会战（Battle of Seven Pines）中负伤，目前已痊愈。戴维斯任命身材矮小但很有尊严感的约翰斯顿接管从阿巴拉契亚山脉到密西西比河的广阔领土。由于南方邦联的指挥结构很特殊，彭伯顿可以继续向里士满的戴维斯汇报工作。

*

格兰特更直接的威胁来自内森·贝德福德·弗里斯特，他是南方邦联军中唯一一位从士兵晋升为将军的传奇人物。他因身材魁梧而引人注目，有着灰蓝色的眼睛和铁灰色的头发，在40岁生日的前一个月，他在家乡孟菲斯应征入伍。事实上，他虽没有

格兰特担心内森·贝德福德·弗里斯特的能力。虽然弗里斯特没有接受过正规的军事训练，但他率领的南方邦联骑兵一次又一次地袭击了联邦军在南方的阵地。

接受过军事教育——他蔑视西点军校的战略，认为这些战略的防御性过强——却对这片土地非常了解。

12月10日，弗里斯特离开布瑞格的军队，开始向西横穿田纳西州。他的目标是：破坏联邦的补给线和通讯线，迫使格兰特从密西西比州撤军。弗里斯特的骑兵中还有从未上过战场的新兵，他们只从家里带着猎枪和小口径步枪就来了，但他们乐于追随弗里斯特。[33]

/ 249

弗里斯特让格兰特感到担忧。他写信告诉波特，弗里斯特现在在田纳西河西岸，"手下有5000~10000名士兵"，这是根据战地指挥官报告得出的一个夸大的数字。[34]虽然弗里斯特在向西进军时招募了不少新兵，但他从来没能一次招募到超过2000人。但格兰特担心，这些小型骑兵连在良好的统领下可能会给规模更大的部队制造麻烦，并造成相当大的破坏。谢尔曼推测了弗里斯特的目标："我非常怀疑他想把我们从前往维克斯堡的路上硬拉回去。"[35]

*

就在弗里斯特的骑兵引起格兰特注意的同时，范·多恩对在维克斯堡被替换感到不满，他计划在彭伯顿的批准下发动突袭。12月16日上午，在甚至不让部下知道自己想要干什么的情况下，他率领2500名骑兵跨过雅鲁布沙河，绕道向东北进发。[36]

12月20日拂晓，范·多恩的骑兵冲进圣泉市，并大声喊叫。这一天被当地人称为"光荣的20号"，穿着睡衣的妇女们欢呼起来，因为邦联军带来了枪支、食物和衣服。这些袭击者们摧毁了商店、补给站和仓库，放火烧毁了一座三层高的共济会建筑，该建筑在熊熊大火中倒塌，随后他们又烧毁了整个城镇广场的北侧。市民玛莎·斯特里克兰（Martha Strickland）给丈夫写信说："我想北方佬不会再来了。他们即使来了也一无所获。"[37]

当地有一种传说，当时朱莉娅住在沃尔特的房子中，具有骑士精神的范·多恩下令不要打扰她。但真相是朱莉娅在前一天晚上就前往牛津市和丈夫团聚了。[38]

*

12月20日，谢尔曼率领一支20000人的军队离开孟菲斯。他在动身前就听到了范·多恩袭击的消息，但是由于电报线路被切断，这些消息还没有得到证实。他仍然相信格兰特会把彭伯顿的军队阻挡在雅鲁布沙河之后，使他们远离维克斯堡。但随即令人担心的是，随着麦克勒南德的消息传来，谢尔曼相信当他向维克斯堡迅速挺进时，自己正在和伊利诺伊人与时间赛跑。[39]

格兰特和谢尔曼不知道戴维斯和约翰斯顿已经在 12 月 19 日抵达维克斯堡。戴维斯之所以对访问他的家乡感兴趣，是因为他渴望亲身了解西部战争的情况并安抚这里的人，这些人或许认为远在里士满的南方总统已经遗忘了他们。彭伯顿正在格林纳达款待戴维斯和约翰斯顿，当他听说格兰特可能在范·多恩的袭击下撤退，而谢尔曼正沿着密西西比河向前推进时，他立即派出两个旅的兵力，向西南方向 135 英里处的维克斯堡进发。[40]

圣诞节那天，谢尔曼到达了维克斯堡西北 12 英里的亚祖河（Yazoo River）河口。他计划沿着亚祖河直接进入密西西比河，然后上岸攻击海耶斯断崖（Haynes' Bluff）的守军，波特的炮舰将为他提供掩护。

不幸的是，谢尔曼没有考虑到自然环境的变化。12 月 26 日，当他在契卡索河湾（Chickasaw Bayou）下船时，发现自己正挣扎于茂密潮湿的林地，那里交叉着蜿蜒的溪流和河湾，几乎没有空地。他被迫放慢了行军速度，利用接下来的两天进行侦察，同时等待格兰特的来信或支援。

最后，在 12 月 29 日，谢尔曼指挥他的四个师发起进攻。当北方士兵徒劳无功地爬上断崖时，守军开始向山下还击，不到两个小时战斗就结束了。谢尔曼的部队即使在兵力上有一倍以上的优势，也遭到了邦联军的猛烈抵抗。联邦军的伤亡人数上升到1776 人，而壕沟中的邦联军只伤亡了 187 人。[41]

1863 年 1 月 3 日，谢尔曼写信给格兰特，"我承担一切责任，不追究任何人的过错"。[42]格兰特此次的交叉攻击策略，以其中一处的失败而告终。

*

对格兰特来说，1862 年的最后几天标志着战争中他个人的最低谷。哈勒克在 12 月 27 日致电格兰特，"我认为目前不应该再派军队攻打维克斯堡，我担心你们已经太过削弱自己的力量"。[43]

圣泉市惨败的一周后，格兰特承认战败，并准备回到田纳西州重新集结队伍。在他撤退期间，由于供给被切断，军队的口粮锐减，士兵们被迫四处觅食。"我对这个国家能够供应的物资数量感到吃惊。这表明，我们本可以在外面生活两个月，而不是两个星期。"[44] 这是他将来要吸取的教训。

谢尔曼失败后，格兰特准备再次接受批评。他在给妹妹的信中沉思，"我现在就像一座伸入敌国的半岛"。[45]

但谴责的浪潮有可能从另一个方向吞没他。1862 年秋，随着格兰特继续同非法贸易作斗争，他对犹太商人的抱怨越来越多。尽管他们自 1654 年以来一直生活在新大陆——截止到 1860 年，在新大陆的 3100 多万人口中，犹太人只有 15 万。尽管这场自称保护本土公民利益的"本土主义（Nativism）"运动愈发受到欢迎，但到了 1850 年代，来自欧洲德语国家的犹太移民数量已增至此前的三倍。虽然犹太人的数量还不足以煽动天主教徒的"排外主义"，但反犹情绪却在逐渐发酵。

对犹太商人的批评也渗透到军队中间。于是谢尔曼从孟菲斯写信给格兰特，"我发现这里有许多犹太人和投机商在买卖棉花……我觉得必须阻止这种行为。"[46] 此外，塞缪尔·柯蒂斯将军、伦纳德·罗斯将军（General Leonard Ross）和阿尔文·

霍维将军（General Alvin Hovey）都曾批评过犹太人参与了棉花贸易。据《纽约论坛报》报道，卡罗尔·马什上校（Colonel Carroll Marsh）"已经驱逐了十几名犹太棉花商，理由是他们买卖南方货币，使美国国债贬值"。尽管非犹太人也广泛参与了非法贸易，但科林斯的军事报章仍称犹太人像"鲨鱼"一样，以士兵为食。[47]

在这种日益增长的反犹情绪中，1862 年 12 月 17 日，格兰特颁布了第 11 号通令。通令第 1 条指出，"犹太人作为一个阶层，违反财政部制定的各项贸易规则……因此被驱逐"出他管辖的地区。[48] 由于格兰特对某些犹太商人不满，他对整个犹太族群提出了控诉。

在随后的骚动中，流传着这样一种说法：这项命令系格兰特的一名部下所写，也许是罗林斯写的，或者"犹太人"这个词只是"精明商人"的简称。其实并不是这样，只有格兰特一人对这条驱逐通令负责。

林肯最初可能没有看到格兰特的这条通令，因为 12 月的最后几天，他正在为计划于 1863 年 1 月 1 日签署的《解放黑人奴隶宣言》进行辩护。作为林肯支持者的《孟菲斯每日公报》（Memphis Daily Bulletin）将这些文件一份接一份地打印出来，用以讽刺总统解放奴隶而格兰特将军却在驱逐犹太人。[49]

当哈勒克得知这条通令时，他不知道该怎么做。他于 1 月 4 日致电格兰特，"一份自称是你们 12 月 17 日发布的第 11 号通令的文件已经呈现在我面前，"然后他直截了当地说，"如果该命令已经发出，请立即撤销。"[50]

当 1863 年 1 月国会再次召开时，刚刚在 11 月选举中取得胜利的民主党试图通过批评格兰特"驱逐犹太人"的通令来赢取政治加分。[51]

哈勒克告诉格兰特有关林肯的态度:"总统不反对你们驱逐商人和犹太小贩,我想这是你们通令的目的,但由于该通令规定了整个宗教阶层,而其中一些人还在我们的队伍中参与战斗,因此总统认为有必要撤销它。"[52]

格兰特发布这条维持公共秩序通令的动机可能部分是出于个人原因。他的父亲杰西在 1862 年 12 月曾来到圣泉市,打算从棉花贸易中获利。杰西是著名的辛辛那提犹太服装制造商"马克兄弟(Mack & Brothers)"的代理人,他承诺以 25% 的利润换取经营许可证。

当格兰特得知父亲的计划时,他对父亲再次试图从儿子的职位上谋利,以及对马克兄弟可能利用他父亲而感到愤怒。格兰特拒绝了这一请求,并把他父亲和马克兄弟的员工送上了第一班开往北方的火车。[53]

不管出于何种动机,从怀有反犹情绪到长期以来对北方投机者——这些投机者最终帮助了南方——非法交易的愤怒,格兰特的这一巨大失误将在未来几年一直困扰着他,尽管他会试图接受自己的所作所为。

*

1863 年初,一个长久以来有关约翰·麦克勒南德将军的传言得到了证实。1862 年 12 月 29 日,他和比他小 24 岁的新妻子密涅瓦·邓拉普(Minerva Dunlap)抵达孟菲斯,期待与格兰特见面。然而,他只收到了一封来自格兰特的信,信中只授权他指挥四个军中的一个,从而"组成维克斯堡远征军的一部分"。[54]"我很难过，"麦克勒南德回复说，"我很遗憾，我原以为能在这里见到你的期望，看来落空了。"为了确保格兰特能够明白他的权威，麦克勒南德随信附上来自哈勒克和斯坦顿的文件，以及林肯的"背书"。[55]

麦克勒南德在 12 月 31 日抵达维克斯堡以北 15 英里的地方。1863 年 1 月 2 日，他邀请谢尔曼与自己见面。第二天晚上，麦克勒南德和谢尔曼来到波特的旗舰，他们共同讨论战略问题。[56]

两天后，军衔高于谢尔曼的麦克勒南德下达了第 1 号通令，由他亲自指挥谢尔曼的军队，这标志着这支军队已从格兰特的田纳西军团独立出来，现在成了密西西比军团的一部分。在两支新组建的队伍中，谢尔曼不情愿地接受了其中一支的指挥权。

*

1 月 10 日，格兰特心情低落地回到位于孟菲斯的指挥部。当天，他写信给麦克勒南德："自从谢尔曼将军离开这里以来，我无法从你现在指挥的远征军中得到任何正式的消息。我必须猜测你想要什么必需品。"[57] 在这封信中，格兰特实现了两个目的：一方面他表示愿意支持麦克勒南德，但另一方面，他在谴责中提醒麦克勒南德，他——格兰特——才是这次行动的最高指挥官。

虽然许多人认为格兰特和哈勒克一样，他们都对麦克勒南德怀有敌意。但事实是，在这段时间里，格兰特很尊重这位来自伊利诺伊州的"政治将军"，称赞他在贝尔蒙特、多纳尔森堡和夏伊洛和自己并肩作战。尽管如此，他还是以最强烈的语气告诉麦克勒南德，"这次远征决不能失败。我会在所能控制的范围内派出尽可能一切的力量，以确保在维克斯堡大获全胜"。58

尽管格兰特有如此的希望，麦克勒南德还是把最初的目标定在了距离阿肯色河（Arkansas River）河口上游50英里远的阿肯色哨所（Arkansas Post）。这是因为，从最近完工的辛德曼堡（Fort Hindman）开始，邦联军阻碍了密西西比河的航运交通。1月12日，麦克勒南德和谢尔曼的军队向阿肯色哨所发起进攻。他们在与南方邦联将军托马斯·丘吉尔（Thomas Churchill）的战斗中取胜。这次会战伤亡了大约1000名北方士兵，同时大约有5000名南方士兵投降。59

格兰特没等战果出来就给哈勒克写道："麦克勒南德此役徒劳无功。"60 他还向麦克勒南德发了一封电报："我不赞成你暂时搁置维克斯堡而选择进攻阿肯色哨所，这样会损兵折将且毫无成效。"格兰特规劝说，一切都应以"取得维克斯堡这一伟大成果为目标"。61

失去耐心的哈勒克在1月12日写信给格兰特："兹授权你解除麦克勒南德将军对维克斯堡远征军的指挥权，你可以将这一任务移交给下一级军官，或者由你亲自接管。"62

哈勒克的电报解决了格兰特日益加深的困境。他知道麦克勒南德得到了林肯的庇护，但现在他有了哈勒克的信任。24小时之内，他写信给詹姆斯·麦克弗森："我现在打算亲自率领远征军沿河而下。"63 这次不再是两面夹击；相反，他会单刀直入。

*

维克斯堡坐落在密西西比河东岸急弯处的一个悬崖顶上。卫理公会的巡回牧师纽伊特·维克（Newitt Vick）在1819年开始出售这片大量种植胡桃树的闲置地。1862 年 1 月，该镇已有 4500 人口，比首府杰克逊还多。该城镇的经济繁荣得益于其港口的战略地位。1863 年 1 月，维克斯堡的黄土梯田上布满了灰色的炮兵阵地，其中布置着 37 门大口径火炮和 13 门小炮。9 座土堡保卫着密西西比南部铁路的起始段以及 6 条公路。[64]

1862 年夏，大卫·波特的养兄、海军少将大卫·法拉格特（Rear Admiral David Farragut）①对维克斯堡发动了一次进攻。当要求投降时，南方的驻地指挥官詹姆斯·奥特里（James Autry）回答说："我不得不说，密西西比人不知道，也不会学习如何向敌人投降。"[65] 作为回应，法拉格特和波特在 6 月和 7 月轰炸了南方的炮台，但维克斯堡顽强的守军被证明是难以击败的，最终联邦海军不得不撤退。[66] 如果维克斯堡在 1862 年夏成功地击退了法拉格特，并在冬天成功地击退了谢尔曼，那么在 1863 年，格兰特又能采取什么策略来突破这里的顽强抵抗呢？

在南下途中，格兰特在阿肯色的拿破仑（Napoleon）与波特、麦克勒南德和谢尔曼进行了会谈。谢尔曼和波特向他吐露，"无论是陆军还是海军，他们对于由麦克勒南德将军作为指挥官来赢得胜利都没有足够的信心"。然而，格兰特在与哈勒克的交流中增加了一句话，这句话充分顾及了他的体面："由于我打算亲自指挥，除非另有指示，没有必要特意提及此事。"[67]

1 月 28 日，格兰特在米利肯河湾（Milliken's Bend）下端的扬据点（Young's Point）设立了指挥部。在密西西比河下游，1 月和 2 月可能是令人沮丧的月份。在 1863 年初，冬天的雨水比往常要多，以致河水淹没了士兵们为搭建帐篷寻找的好几

---

① 法拉格特不仅是美国海军中的第一位少将，他还将于 1864 年 12 月 21 日第一个晋升为海军中将，并于 1866 年 7 月 25 日第一个晋升为海军上将。

处干燥地。

当格兰特研究地图时，他发现邦联军的大规模防御就像鸟群一样抱作一团，其远非军事进攻所能硬取。他考虑了几种选择。

他的第一个计划是挖一条运河，运河将在德索托角（De Soto Point）穿过狭长半岛的底部，而密西西比河就在那里蜿蜒流经维克斯堡。有了运河，船只就可以通过城市的防御工事。格兰特命令谢尔曼的 4000 名士兵和 2000 名被解放的奴隶开始挖掘泥土。[68] 士兵们拿着锄头和铁锹，艰辛地挖着他们所谓的"沟渠"。[69] 哈勒克给格兰特写信，传达了来自更高层的鼓励："把你的注意力特别集中在穿过德索托角的运河上，总统非常重视这一点。"[70] 林肯在 19 和 22 岁时，曾从密西西比河航行至新奥尔良，他一生都对这项工程着迷。

尽管付出了巨大努力，密西西比河还是嘲笑了那些认为可以改变她强大河道的人，所以格兰特最终放弃了"运河"。

接下来，他探索着从普罗维登斯湖镇［Lake Providence，得名于"河迹湖（oxbow lake）"］修建一条水道，这样船只就可以从维克斯堡以南 150 英里的红河（Red River）河口驶出。没过多久，他决定用倒下的柏树树枝修挖一条狭窄的水道，但这个计划也不切实际。[71]

然后，他把这项新任务交给了他的参谋，25 岁的詹姆斯·H. 威尔逊（James H. Wilson）。他是阿肯色州海伦娜（Helena）的地质工程师主管，他的任务是探索如何在亚祖河河口炸开一个缺口。这个缺口将产生一个从密西西比河穿过月亮湖（Moon Lake）的入口。月亮湖位于密西西比河以东 1 英里、维克斯堡以北 200 英里处。威尔逊率领一支由 400 人组成的工作队，他们挥舞着斧头、铁锹和锄头。爆炸使河水大量泻入加宽的缺口。波特的船队从缺口开了过去，但彭伯顿预料到格兰特的行动，便命令他的部队把大片杨树和桑树砍倒，迫使波特不得不折回。[72]

最后，波特带领他的炮舰行进在亚祖河上，然后向北转入斯蒂尔支流（Steele's Bayou），从而避开了邦联军在断崖上的炮火。格兰特独自前行了 30 英里。波特让水手们用扫帚把掉到船上的蛇扫走；当他们到达迪尔溪（Deer Creek）时，从种植园逃出来的奴隶已挤满了他的船。但邦联军在船后砍倒了树木，企图困住波特的舰队。波特为了不让邦联军登船，在船体上贴满了一层黏土，并被迫沿河道返航。[73]

到了 3 月底，格兰特和波特意识到，在地图上看起来有可能发生的事与在险象环生的密西西比河三角洲地区可能会大不相同。虽然格兰特的尝试被批评为不成熟的计划，但他相信他们达成了两个重要目的。[74] 首先，他诱使彭伯顿不断猜测他的意图，迫使后者调动部队为每一种可能性进行防御。其次，"我让工作继续下去，相信对士兵来说，有事干总比无所事事要好"。[75]

*

哈勒克把赌注押在了格兰特身上，在这个当口，其他指挥官都让他很失望。安布罗斯·伯恩赛德于 1862 年 12 月在弗里德里克斯堡（Fredericksburg）战败，1863 年 1 月的"泥地行军（Mud March）"也以失败告终，之后他被"好战的乔"约瑟夫·胡克尔（"Fighting Joe" Joseph Hooker）所取代。胡克尔是不到两年时间里领导波托马克军团的第四位指挥官。以行动大胆而闻名的罗斯克兰斯在进军查塔努加的途中莫名其妙地过于谨慎；1863 年 1 月，他在田纳西州默弗里斯伯勒附近的石河会战（Battle of Stones River）中击败了布拉克斯顿·布瑞格，但他突然停止了继续前进。

以这些军事挫折为背景，哈勒克致信格兰特："现在全国民众的目光和希望都集中在你的军队身上。在我看来，对我们而言，打通密西西比河比拿下四十座里士满更加有用。我们将尽最大努力帮助你。"[76]

*

1863 年春，格兰特遇到了一个新的挑战。1863 年 1 月 1 日，林肯在签署《解放黑人奴隶宣言》时，《名利场》（*Vanity Fair*）刊登了一幅颇具挑衅意味的漫画，这幅漫画描绘了"一个新地方"，但标题用的是非裔美国人的俚语：很想知道这对被解放的奴隶到底意味着什么。评论家指出，几乎所有被解放的奴隶都不在联邦军队的控制范围之内。但宣言中确实包含了这样一种承诺："我进一步宣告在适当条件下，这些人可参加合众国的军事工作，驻守炮台、阵地、卫戍区域和其他地区，以及在各种军舰上服役。"[77] 林肯是否打算让被解放的奴隶加入联邦军队？大多数北方士兵都没有签署解放黑奴的协议，也没有和他们一起并肩作战过。

但是，如果解放能够实现，那必将是依靠一支解放了的军队的步伐。到目前为止，内战一直是白人的战争。大多数美国人都已忘记，非裔美国人也曾参加过独立战争和 1812 年战争。但是，包括西点军校在内的正规军，也没有招募或招收非裔美国人。[78]

《名利场》在林肯签署《解放黑人奴隶宣言》的前几天刊登了这幅漫画：其描绘了一个非裔美国人，他背对着奴隶制的大门，充满怀疑地走向解放之门。

　　就在共和党激进派、废奴主义者和黑人领袖推进招募黑人军队时，总统受到了战争部部长的鼓动。在《解放黑人奴隶宣言》颁布后的几个月里，林肯开始考虑武装黑人军队。

/ 258

　　为了推进这项新政策，斯坦顿派遣副官长洛伦佐·托马斯前往密西西比河谷地。托马斯此行的主要目的包括和格兰特以及他的将军们谈话并视察军队，进而开始武装黑人士兵。第二个未公开的目的是向斯坦顿汇报他对格兰特是否执行新政策的评估。

3月30日，哈勒克写信给格兰特，告诉他托马斯的目的。这封信的语气——"我写这封非正式的信，仅仅是作为一个私人朋友的一项友好的建议"——暗示了他们之间的关系发生了巨大的变化。政府当时正在着手一项新政，针对的是已被解放的黑奴，托马斯来到西部，就是要视察联邦的将军们会否执行这项计划。黑人的加入既可以扩充军队，又可以解放白人士兵所执行的前线任务。[79]

哈勒克想让格兰特知道，"据说有人已经向战争部部长报告，声称你指挥部里的许多军官不仅阻止黑人来这里接受我们的保护，而且还以虐待的方式强迫他们回到奴隶主那里"。他坚持认为，"不管一名军官对所采取的措施——无论是否正确或明智——有任何看法……愉快、诚实并努力地执行才是我们的职责"。[80]

*

事先警告可以有备无患，格兰特赞成联邦的政策。他回复了曾是西点军校的同学、现在受他指挥的弗里德里克·斯蒂尔（Frederick Steele）的询问，他写道："许多黑人已服从指挥。"斯蒂尔需要"关于如何处置这些可怜家伙的指示"。[81]

格兰特的回答表明他已经接受了哈勒克的建议："叛乱只有以完全征服南方或推翻南方政府的形式才能结束。"他指示斯蒂尔："你还应该鼓励所有黑人，尤其是中年男性加入我们的阵营。"[82]

托马斯来到这里观察一番后，向斯坦顿报告说："这支军队状态极佳、非常健康且心地善良。"视察结束时，一向克制的托马斯滔滔不绝地说："他现在已经是'一个不折不扣的格兰特的人'了。"[83]格兰特已经向所有人表明，他在指挥辖区里支持非裔美国人获得权利和机会。

*

就在托马斯被派去间接报告格兰特情况的同时，斯坦顿派查尔斯·达纳去执行一项直接评估任务。达纳毕业于哈佛大学，曾任《纽约论坛报》主编，1863年被任命为战争部助理部长，这使他有资格督导战场上的财务。表面上，他被派往格兰特的指挥部就是为了完成督导财务的任务，但他还领有另一项任务指示："提供一些信息，使林肯和斯坦顿能够弄清楚格兰特的看法。"林肯制定了一项政策，要么邀请他的主要将军前往白宫，要么就去实地拜访他们。因为他和格兰特从未通过以上这两种方式进行过联系，所以他派出一名代理人替他前往。[84]

达纳在4月6日抵达格兰特的指挥部。格兰特从一开始就感受到来访者的使命感，对达纳表示欢迎，愿意"向我展示他们的内部事务"，[85]并让他几乎成为他们的一员。

在达纳为《纽约论坛报》工作的15年里，他见过各种各样的政治、商业和军事领袖，但他承认从未见过像格兰特这样的人。达纳一边看一边听，并开始发回报告赞扬这位西部将军。"他是我所认识的最谦虚、最无私、最诚实的人，他的脾气特别好，没有任何事能让他发脾气。"达纳发现格兰特"并不是一个有独创性的或才华横溢的人，而是一个真诚、有思想、有深度、有勇气以及从不动摇的人"。斯坦顿相信达纳的判断，因此，他更加信任格兰特。[86]

*

随着不合时宜的潮湿冬季最终转变为春天，谢尔曼开始担心格兰特，因为后者并不关心政治，不理解林肯和斯坦顿在维克斯堡战役（Vicksburg Campaign）中所承受的政治压力。曾经是威斯康星州的众议员、现在是格兰特麾下的志愿军少将的卡德瓦拉德·沃什伯恩（Cadwallader Washburn）对此表示理解。他写信给自己的众议员兄弟伊莱休·沃什伯恩（Elihu Washburne，他们两兄弟的姓氏拼写有所不同），"格兰特所有的计划都失败了。他知道自己必须做点什么，否则他会自身难保"。[87]

4月1日，格兰特邀请谢尔曼和波特与他一起在海耶斯断崖下侦察，以便考虑最后一种选择——进攻维克斯堡的右翼。在对几英里长的南方防御工事进行观察后，格兰特对波特说，这样的进攻"即使不失败，也会付出许多生命的代价"。[88]

相反，格兰特宣布了一个大胆的新计划。他的新战略是把自己的部队部署在维克斯堡以东一个干燥的高原上，从而进攻彭伯顿的左翼，他将从后面突击进入这个地方。他后来写信说，自己"整个冬天都在考虑这个计划"。由于他要"等到河水退去"才能实施，同时也不想减少冬天的选择，所以"我没有把这个计划告诉"任何人。[89]

为了完成这一新的战略，他必须首先把他的军队和物资运到维克斯堡以南。从那里，他试图渡过密西西比河，但他知道，维克斯堡连绵数英里的炮台可能给他的军队带来灾难。

谢尔曼强烈反对格兰特的计划，并建议他征求其他军指挥官的意见。[90] 谢尔曼知道麦克弗森和几乎所有的指挥官都反对格兰特的新计划，因为这个计划非常冒险。他建议格兰特放弃赌注，撤回孟菲斯，并重新制订进攻南方的计划。

格兰特对他最好朋友的回应表明了他的决心。他告诉谢尔曼，如果他撤到孟菲斯，"人们会非常沮丧，物资基地将毫无用处"。[91]

格兰特转而求助于一位支持他的高级指挥官：他委托麦克勒南德带领他的第十三军沿着沃尔纳特支流路（Walnut Bayou Road）向维克斯堡以南30英里的新迦太基（New Carthage）进发。跟反对冒险的计划相比，格兰特麾下的军官更反对麦克勒南德的领导。谢尔曼在给他弟弟的信中写道："麦克勒南德是个卑鄙小人，他被赢得个人名声的强烈欲望所吞噬。"[92]

为了实施他的新计划，格兰特要求波特指挥他的炮舰为运输船经过维克斯堡炮台时护航，但格兰特不能直接指挥波特的炮舰。炮舰此前曾两次行驶过该路线，单艘炮舰通过维克斯堡炮台时不遭受巨大损失是可以实现的，但派遣一支庞大的舰队是完全不同的挑战。此时，波特毫不犹豫地支持这位西点将军，但是他告诫道："我愿意与你们合作，让部队在另一边登陆，但你必须记住，炮舰一旦到达下游，我们就得放弃让它们再返回上游的一切希望。"[93]波特的意思是，这些炮舰像"海龟"一样以每小时6海里的速度缓慢航行，它们将无法逆流而上。[94]

*

彭伯顿对格兰特的计划仍一无所知，因此，当4月初看到有关联邦运输船在密西西比河行驶的报道时，他受到鼓舞。他向里士满发电报："我想格兰特的大部分部队都将撤回孟菲斯。"[95]四天后，他写信给经战俘交换已重返南方的西蒙·玻利瓦尔·巴克纳："我准备派遣部队前往约翰斯顿将军那里，因为格兰特的大部分军队正在增援罗斯克兰斯。"96 格兰特曾在多纳尔森堡会战战胜过巴克纳，后者是河湾战区的指挥官，

联邦运输船确实向密西西比河上游驶去，但都是空船。应罗斯克兰斯的请求，格兰特放弃在河口不成功的行动后，撤换了一些军队不再需要的小型运输船。97

*

4月16日，星期四，威廉·瓦茨少校（Major William Watts）计划在维克斯堡举行一场舞会，庆祝联邦军队撤离的喜讯。经过几个月的忐忑不安之后，音乐和舞蹈成为当晚的主旋律。许多炮兵军官也计划参与其中。

当天下午，波特集合着他的舰队。这项任务非常危险，部队只能乘坐炮舰而不能乘坐汽船。水手们把圆木捆绑在炮舰的发动机上，从而保护发动机不受炮弹的轰击。他们把运煤的驳船固定在将要面对岸上炮台的运输船的两侧，并在上面堆放干草和棉花以保护他们的机器。98

晚上8点45分，波特登上他的旗舰**本顿号**（Benton）。他的白星蓝底三角旗在微风中飘扬。朱莉娅和小尤利西斯与丈夫和年轻的弗里德一起来到**亨利冯福尔号**（Henry von Phul）的甲板上，观察即将上演的大战。

在晚上9点，两盏白灯发出信号，船队开始航行。这支船队由波特的**本顿号**领航。套着新铁甲的**亨利冯福尔号**和巨大的**拉法耶特号**（Lafayette）紧随其后。舰队成一列纵队行进。与

格兰特相隔50码远处跟着普赖斯将军号（General Price），那是一只缴获的南方战舰；其后依次是路易斯维尔号、芒德城号（Mound City）、匹兹堡号和卡龙德莱特号战舰；然后是森林女王号（Forest Queen）、银波号（Silver Wave）和亨利克莱号（Henry Clay）运输船，它们运送着配给麦克勒南德所部的30万份军粮；新的铁甲战舰塔斯坎比亚号（Tuscumbia）位于最后。波特将这支舰队描述成"幽灵船队"。[99] 在没有月光的夜空下，船队熄灯向前驶去。为避免碰撞，舰长们把每艘船都稍微驶向前一艘船的左舷。船只锅炉房的舱口被关闭，浓烟通过明轮箱的通风口重新排出。

他们拐过德索托角的尖端来到河中的马蹄形河湾，波特相信船队可以悄无声息地漂过维克斯堡。突然，一道强光照亮了天空，路易斯安那州一侧的德索托村的建筑起火了，其中包括维克斯堡、什里夫波特（Shreveport）和得克萨斯火车站的仓库。维克斯堡似乎也着了火，但是只有沿岸燃烧的沥青桶照亮了河流，瓦茨舞会上的音乐和跳舞停止了。轻武器、黄铜制的野战炮，以及高架上的巨炮先后向幽灵般的联邦舰队开火。

/ 262

很快，舰队的每条船都在为自己寻求生路。战舰用艏炮和左舷炮开火。运输船向维克斯堡河岸驶去，他们打赌，如果他们紧靠悬崖，炮台上的大炮就不能准确地向他们开火。在转向方面声誉不佳的铁甲战舰发现，绑在船舷的驳船和变幻莫测的密西西比河水流使船体像巨大的灰色犀牛一样在水中颠簸。八艘炮舰中有五艘在不同时间内暂时逆流而上。亨利克莱号汽船被南方炮弹击中后起火；船员和舰长弃船而去，被河中船载小艇内打哈欠的联邦水手接走。亨利克莱号上的大火分散了敌军的注意力，使剩下的船只受益。当船队驶近河岸线时，靠近河岸40码处的本顿号向岸边建筑物开炮，并将它们炸得粉碎。

　　午夜过后不久，这支船队夹杂着一捆捆燃烧的棉花漂到要塞下游的安全地带。邦联军共发射了500多枚炮弹，联邦船只至少被击中70次。格兰特后来写道："这一景象十分壮观，也十分可怕。"[100] 他大胆的新计划成功了。

*

　　为了进攻密西西比河维克斯堡而分散彭伯顿的注意力，格兰特派本杰明·H. 格里森上校（Colonel Benjamin H. Grierson）率领由1700名骑兵组成的三个团在密西西比州境内发起一次大

为了帮助自己的部队在密西西比河顺利通过维克斯堡，格兰特请海军少将大卫·迪克森·波特带领一队战舰穿过这座南方要塞。

胆的突袭。格里森似乎不太可能成为英雄，他曾是伊利诺伊州的一名音乐教师，不喜欢马，小时候还被马踢过脸。4月17日，格里森和他的突击队员从田纳西州南部出发，于4月24日抵达杰克逊以东65英里的纽顿火车站（Newton Station）。格里森的骑兵并没有掉头，而是继续向南冲去，拆毁铁轨，毁坏电报线，烧毁桥梁和水塔。他们一共打了四次仗，避开了南方骑兵的三支集合纵队。最后在5月3日，经过16天不间断奔袭600英里后，他们到达了位于路易斯安那州巴吞鲁日的联邦防线，这是联邦占领的第二个南方州首府。格里森真正的成就不是他拆下的铁轨和电报线，而是他搅动起的骚动。他迫使彭伯顿不得不把目光从格兰特处转移，并亲自带兵阻击他。格兰特打电报给哈勒克：“格里森使得这个南方州的主心骨心力交瘁。”[101]

*

顺利通过维克斯堡的炮台后，格兰特在8名参谋和20名骑兵的陪同下，重新布置了他位于下游的指挥部。当这群人来到一个泥沼前，他的儿子弗里德描述了接下来发生的事：当时泥沼上有一座窄桥，马车正在桥上缓缓驶过，而“我父亲骑着马放胆一跃，刚好够到对岸”。[102]22年前，格兰特在西点军校完成著名的骑跃动作，现在，他的马术英勇依旧。

在新迦太基，随着麦克勒南德和他率领的四个师的到来，很明显这里无法为成千上万渡过密西西比河的人提供一个集结待命的场地。格兰特还得出结论，麦克勒南德和他的士兵不能通过运货马车在“几乎无法通行的道路”上进行补给，所以，他决定再一次通过要塞。

在波特的带领下，格兰特的参谋克拉克·拉戈（Clark Lagow）自愿领导第二次任务。由于没有炮舰随行，一般人都拒绝在手无寸铁的运输船上工作，于是，他开始广招志愿军。"黑杰克"罗根率领他的第十七师自愿前往，他大声说道："我不希望士兵们犹豫不决。如果有人擅离职守，我肯定枪毙他。"[103]

4月22日晚，5艘尾轮汽船和1艘侧轮汽船夏伊洛娇虎号（Tigress of Shiloh），以及12艘驳船正式起航。这一次，当汽船绕过德索托角时，维克斯堡的守军正等着敌人到来。这些船只和他们的船员遭到391发火炮的攻击，损失远超4月16日，满载所有医疗用品的夏伊洛娇虎号以及一半的驳船都被击沉。

*

随着格兰特放缓在下游的行动，他下令进行另一项转移。4月27日，他给谢尔曼打电报，让他佯攻斯奈德断崖（Snyder's Bluff），四个月前，谢尔曼就在附近的海耶斯断崖被击退过。"从那个方向对敌人进行大范围施压具有良好的效果，但我不愿意下达这样的命令。"他解释说，"很难让我们的部队明白，为什么只进行军事示威会被民众视作一种挫败。"格兰特对谢尔曼的判断很有信心，他写道："我让你来决定是否要进行这样一场示威行动。"[104]

仍然对格兰特攻打维克斯堡右翼持怀疑态度的谢尔曼回答说："军队会明白这一目的的，并不会因示威被认成失败而受到伤害。这个国家的民众必须尽可能地看清真相。"他赞扬道："您正从事的是一项危险的事业，并且有充分的理由想转移敌人的注意力，这对我而言已经足够，我一定会完成任务。"[105]

　　谢尔曼履行了他的诺言。4 月 28 日和 29 日，炮舰和运输船向亚祖河上游驶去，然后军队在岸边登陆，他们上演了一场精彩的表演——其效果让人觉得似乎会有更多的炮舰和运输船来到这里。彭伯顿认为海耶斯断崖将遭遇第二次全面进攻，所以他调拨了 3000 名士兵来这里加强防御。

＊

　　4 月即将结束，格兰特试图在自信和失去耐心之间找到平衡。他告诉谢尔曼，他和波特已经在密西西比河沿岸的大河湾地区（Grand Gulf）侦察到邦联军的防御工事和炮台。大河湾的邦联军曾扰袭联邦海军，他们威胁格兰特从后方进攻维克斯堡的计划。"我的感觉是，如果能在两天内发起进攻，我们会很容易攻陷这里。"[106] 尽管格兰特对谢尔曼充满信心，对詹姆斯·麦克弗森也愈发拥有信心，却对麦克勒南德渐渐不耐烦起来。

　　格兰特也许会对麦克勒南德的自负视而不见，但无法坐视他的拖延症。他的不耐烦在 4 月 12 日写给麦克勒南德的信中表现得很明显："我希望你能在切实可行的时间内尽早攻占大河湾。迅速集合你所有的部队。"[107] 4 月 25 日，善于观察的达纳焦虑地给斯坦顿写道："我很遗憾地报告，麦克勒南德的指挥明显混乱不堪，特别是他的士兵和指挥部，而且由于这个原因，他的行动在某种程度上已被耽搁。"[108] 当麦克勒南德打算带着他的新娘和她的佣人们以及所有被禁止携带的行李行军时，达纳对此非常震惊。[109]

　　由于在大河湾的行动一再拖延，格兰特在波特的旗舰上约谈了麦克勒南德，命令他"毫不迟疑地让他的士兵们登船"。[110]
第二天早上，达纳仍然感觉不到麦克勒南德有什么动静，他在报告里说，格兰特"给麦克勒南德写了一封措辞严厉的信"。[111] 当天晚些时候，当格兰特发现麦克勒南德和他的部下终于有所行动时，他才没有发出这封警告信。

*

4月29日，格兰特准备发起这场美国在第二次世界大战之前最具野心的两栖攻击。10000名士兵在艰难地（Hard Times）集结，他们登上轮船、驳船、平底船以及小帆船，在咖啡角半岛（Coffee Point Peninsula）等待波特的攻击。如果炮舰取得成功，格兰特的军队将渡过密西西比河向东边的维克斯堡挺进。格兰特派出的密探告诉他，由于受到格里森和谢尔曼的牵制，这里的邦联军请求增援却没有被理睬。尽管如此，他知道波特不同意他对于维克斯堡最好的将军约翰·S. 鲍恩（John S. Bowen）指挥的大河湾防御力量的看法。鲍恩是格兰特之前住在"贫瘠之地"的邻居。

早上8点，格兰特在艾维号（Ivy）拖船上观察到，波特率领他的七艘铁甲战舰发起了攻击。

波特的炮舰共发射了2500多枚炮弹。格兰特关于大河湾防御力量的看法是错误的，而波特是正确的。一名艾奥瓦州士兵写道："这一景象十分壮观，但也十分可怕……这里有在头顶盘旋的炮弹，震耳欲聋却不曾间断的爆炸声，黑色的小型舰队，以及覆盖悬崖表面并喷出火焰的一层层炮台。"[112] 五个小时后，只剩下13门大炮的邦联军与还有81门火炮的联邦军陷入了僵持。[113]

13点5分，波特结束了轰炸。格兰特再次来到波特身边，看见一幕令他永生难忘的情景："当我上船看到那些血肉模糊、奄奄一息的士兵时，我感到极度不适。"[114]

*

格兰特可能会遇到阻碍，但他远不会被吓倒。他立即制订出一个新的计划：麦克勒南德和他的部队向下游9英里处的迪沙伦种植园（Disharoon's Plantation）进军，并试图横渡河流到达密西西比州的罗德尼（Rodney）。

午夜时分，联邦军队距迪沙伦种植园尚有几英里远，一名奴隶被带到格兰特跟前。他从这位老奴隶那里得知，从布伦斯堡（Bruinsburg）到吉布森港（Port Gibson）有一条好走的路。[115]格兰特过往的经验告诉他，一个本地人可能会误导联邦军队，但他相信了奴隶的话。他又一次改变了他在维克斯堡的作战计划。

4月30日的晨光将带来拖延已久但同时也是期待已久的挑战，即跨越几英里宽的密西西比河抵达布伦斯堡，然后对维克斯堡发起攻击。

注　释

1　USG to HWH, November 2, 1862, *Grant Papers*, 6：243.

2　Ibid., note.

3　Letter of Luther H. Cowan, quoted in Steven E. Woodworth, *Nothing but Victory: The Army of Tennessee, 1861–1865*（New York：Alfred A. Knopf, 2005），243.

4　McPherson, *Battle Cry*, 561–62.

430

5 Seymour D. Thompson, *Recollections with the Third Iowa Regiment* (Cincinnati: published for the author, 1864), 140.

6 David D. Porter to Gustavus Fox, November 12, 1862, in *Confidential Correspondence of Gustavus Vasa Fox*, vol. 2, edited by Robert Means Thompson and Richard Wainwright (New York: printed for the Naval Historical Society by DeVinne Press, c. 1920), 150.

7 Howard K. Beale and Alan W. Brownsword, eds., *Diary of Gideon Welles, Secretary of the Navy Under Lincoln and Johnson*, vol. 1: 1861-1864 (New York: W. W. Norton & Co., 1960), October 1, 1862, 157; Chester G. Hearn, *Admiral David Dixon Porter* (Annapolis, Md.: Naval Institute Press, 1996), 141-42.

8 David Dixon Porter, *Incidents and Anecdotes of the Civil War* (New York: D. Appleton & Co., 1885), 125. 大卫·迪克森·波特（David Dixon Porter）在日记中描述了 12 月在开罗与格兰特的会面，但这次会面肯定是在早些时候进行的；Richard S. West, Jr., *The Second Admiral: A Life of David Dixon Porter, 1813-1891* (New York: Coward-McCann, 1937), 31; Craig L. Symonds, *Lincoln and His Admirals* (New York: Oxford University Press, 2008), 197。

9 Porter, *Incidents and Anecdotes of the Civil War*, 125.

10 James M. Tuttle to USG, November 9, 1862, *Grant Papers*, 6: 279n.

11 *Chicago Tribune*, September 3, 1862; Victor Hicken, *Illinois in the Civil War* (Urbana: University of Illinois Press, 1966), 86-87.

12 Salmon P. Chase diary, entry September 27, 1862, in David Donald, ed., *Inside Lincoln's Cabinet: The Civil War Diaries of Salmon P. Chase* (New York: Longmans, Green & Co., 1954), 161.

13 EMS to John A. McClernand, *OR*, ser. 1, vol. 17, pt. 2, 282.

14 AL to John A. McClernand, October 20, 1862, *CWAL*, 5: 468-69.

15 McPherson, *Tried by War*, 152.

16 *New York Times*, October 30, 1862.

17 USG to HWH, November 10, 1862, *Grant Papers*, 6: 288.

18 HWH to USG, November 11, 1862, *Grant Papers*, 6: 288n.

19 USG to HWH, November 15, 1862, *Grant Papers*, 6: 315.

20 Catton, *Grant Moves South*, 357.

21 *Personal Memoirs*, 1: 424.

22 John A. Rawlins, Special Orders No. 17, November 13, 1862, *Grant Papers*, 6: 315-16n.

23 Ethel Osgood Mason, "John Eaton: A Biographical Sketch," in John Eaton, *Grant*,

Lincoln, and the Freedmen (New York: Longmans, Green & Co., 1907), xiii.

24 Ibid., 10.

25 Ibid., 11.

26 Michael B. Ballard, *Vicksburg: The Campaign That Opened the Mississippi* (Chapel Hill: University of North Carolina Press, 2004), 69, 83.

27 USG, Special Field Orders No. 1, November 7, 1862, *Grant Papers*, 6: 266-67.

28 Hubert H. McAlexander, *A Southern Tapestry: Marshall County, Mississippi, 1835-2000* (Virginia Beach, Va.: Donning, 2000), 66. 这座豪宅由哈维·华盛顿·沃尔特 (Harvey Washington Walter) 建造，他是带头修建密西西比中部铁路的律师。

29 USG to HWH, December 8, 1862, *Grant Papers*, 6: 403.

30 *Personal Memoirs*, 1: 431. 格兰特知道约翰·A. 麦克勒南德 (John A. McClernand) 还在伊利诺伊州，而且担心麦氏会组织军队向南挺进，因此他命令谢尔曼立即向南派遣部队。

31 John C. Pemberton, *Pemberton: Defender of Vicksburg* (Chapel Hill: University of North Carolina Press, 1942), 9, 20-21.

32 Michael B. Ballard, *Pemberton: A Biography* (Jackson: University Press of Mississippi, 1991), 115-16.

33 Robert Selph Henry, *First with the Most: Nathan Bedford Forrest* (Indianapolis: Bobbs-Merrill, 1944), 13; Jerry O'Neil Potter, "The First West Tennessee Raid of General Nathan Bedford Forrest," *West Tennessee Historical Society Papers* 28 (1974), 58.

34 USG to David D. Porter, December 18, 1862, *OR*, ser. 1, vol. 17, pt. 2, 426.

35 WTS to Willis A. Gorman, December 17, 1862, *OR*, ser. 1, vol. 17, pt. 2, 424.

36 Ballard, *Vicksburg*, 122.

37 McAlexander, *A Southern Tapestry: Marshall County, Mississippi, 1835-2000*, 66-67.

38 Julia Dent Grant, *Personal Memoirs*, 107.

39 Ballard, *Vicksburg*, 129-30.

40 William L. Shea and Terrence J. Winschel, *Vicksburg Is the Key: The Struggle for the Mississippi River* (Lincoln: University of Nebraska Press, 2003), 48-51; Ballard, Pemberton, 128; William J. Cooper, Jr., Jefferson Davis, American (New York: Alfred A. Knopf, 2000), 416-19; William C. Davis, *Jefferson Davis: The Man and His Hour* (New York: HarperCollins, 1991), 484-86.

41 Kenneth P. Williams, *Grant Rises in the West: From Iuka to Vicksburg, 1862-1863* [Lincoln: University of Nebraska Press, 1997; reprinted from original edition:

Lincoln Finds a General, vol. 4 (New York: Macmillan, 1956)], 215; Marszalek, *Sherman*, 206-07; Ballard, *Vicksburg*, 146.

42　WTS to Hdqrs. Right Wing, Army of the Tennessee, January 3, 1863, *OR*, ser. 1, vol. 17, pt. 1, 608.

43　HWH to USG, December 27, 1862, *Grant Papers*, 7: 83n.

44　*Personal Memoirs*, 1: 435.

45　USG to Mary Grant, December 15, 1862, *Grant Papers*, 7: 43-44.

46　WTS to John A. Rawlins, July 30, 1862, *Grant Papers*, 5: 240n; *OR*, ser. 1, vol. 17, pt. 2, 140-41.

47　*New York Tribune*, November 5, 1862; *Corinth War Eagle*, August 7, 1862; *Grant Papers*, 7: 51-52n.

48　USG, General Orders No. 11, December 17, 1862, *Grant Papers*, 7: 50.

49　*Memphis Daily Bulletin*, January 6, 1863, in Jonathan D. Sarna, *When Grant Expelled the Jews* (New York: Schocken, 2012), 11.

50　HWH to USG, January 4, 1863, *Grant Papers*, 7: 53n.

51　*Grant Papers*, 7: 55n; *Congressional Globe*, 37th Congress, 3rd sess., 184, 222, 245-46. 众议院以 56:53 票，参议院以 30:7 票通过了一项谴责格兰特的决议案。

52　HWH to USG, January 21, 1863, *Grant Papers*, 7: 54n.

53　Sylvanus Cadwallader, *My Four Years with Grant*, 48-49, ALPLM. 卡德瓦拉德（Cadwallader）的手稿包括他在《与格兰特共度三年》（*Three Years with Grant*）中未发表的章节, edited by Benjamin P. Thomas (New York: Alfred A. Knopf, 1955)。有关该计划的详细信息直到一年多后杰西·格兰特起诉马克（Macks）家时才公之于众。1864 年 5 月 17 日，《辛辛那提问询报》（*Cincinnati Enquirer*）在对这起诉讼进行报道时，试图将这些事联系起来："正是考虑到杰西·格兰特和马克兄弟之间的这种安排，格兰特将军才于 1862 年 12 月 17 日发布了他无情的命令吗？" 详见: the *Cincinnati Enquirer* article and the summation of the case in *The Democratic Speaker's Hand-Book*, compiled by Matthew Carey, Jr. (Cincinnati: Miami Print and Publishing Company, 1868), 42。

54　USG to John A. McClernand, December 18, 1862, *Grant Papers*, 7: 61; Richard L. Kiper, *Major General John Alexander McClernand: Politician in Uniform* (Kent, Ohio: Kent State University Press, 1999), 119.

55　John A. McClernand to USG, December 28, 1862, *Grant Papers*, 7: 136n.

56　Kiper, *McClernand*, 158.

57　USG to John A. McClernand, January 10, 1863, *Grant Papers*, 7: 207.

58　Ibid.

59 Marszalek, *Sherman*, 209.

60 USG to HWH, January 11, 1863, *Grant Papers*, 7: 209.

61 USG to John A. McClernand, January 11, 1863, *Grant Papers*, 7: 210. 两天后，他告诉麦克勒南德自己没有寄出 1 月 11 日的那封信，并归咎于执行能力不足 [USG to John A. McClernand, January 13, 1863, *Grant Papers*, 7: 218-19]。

62 HWH to USG, January 12, 1863, *OR*, ser. 1, vol. 17, pt. 2, 555.

63 USG to James B. McPherson, January 13, 1863, *Grant Papers*, 7: 220.

64 Ballard, *Vicksburg*, 1-4, 168-69, 199, 202-03; Shea and Winschel, *Vicksburg Is the Key*, 37.

65 Ballard, *Vicksburg*, 33; Shea and Winschel, *Vicksburg Is the Key*, 20-23.

66 Ballard, *Vicksburg*, 48-61.

67 USG to HWH, January 20, 1863, *Grant Papers*, 7: 233-35.

68 格兰特知道托马斯·威廉姆斯将军（General Thomas Williams）在上一个夏天试图修建这样一条运河，作为大卫·法拉格特（David Farragut）海军行动的一部分；他也知道这项努力已然失败。

69 Ballard, *Vicksburg*, 157-58, 172; Shea and Winschel, *Vicksburg Is the Key*, 63.

70 HWH to USG, January 25, 1863, *Grant Papers*, 7: 252n.

71 Ballard, *Vicksburg*, 173-74; Shea and Winschel, *Vicksburg Is the Key*, 63-64.

72 Williams, *Grant Rises in the West: From Iuka to Vicksburg*, 319-21; Ballard, *Vicksburg*, 174-83.

73 Ballard, *Vicksburg*, 184-88; Shea and Winschel, *Vicksburg Is the Key*, 72-75.

74 Smith, *Grant*, 229.

75 *Personal Memoirs*, 1: 449.

76 HWH to USG, March 20, 1863, *Grant Papers*, 7: 401n.

77 AL, "Emancipation Proclamation," January 1, 1863, *CWAL*, 6: 30.

78 McPherson, *Battle Cry*, 563.

79 HWH to USG, March 30, 1863, *Grant Papers*, 8: 93-94n.

80 Ibid.; James Oakes, in *Freedom National: The Destruction of Slavery in the United States, 1861-1865* (New York: W. W. Norton & Co., 2013), 詹姆斯·奥克斯（James Oakes）注意到，格兰特在内战初期"不认为他有任何制定奴隶制政策的权威，所以他对待逃亡者的态度是随着上司的行动而变化"（184）。

81 Frederick Steele to USG, April 10, 1863, *Grant Papers*, 8: 49-50n; Patricia J. Palmer, *Frederick Steele: Forgotten General* (Palo Alto, Calif.: Stanford University Libraries, 1971), 6.

82 USG to Frederick Steele, April 11, 1863, *Grant Papers*, 8: 49.

83 Simpson, *Grant*, 187.

84 Charles A. Dana, *Recollections of the Civil War* (New York: D. Appleton & Co., 1898), 20-21; James H. Wilson, *The Life of Charles A. Dana* (New York: Harper, 1907), 2-11, 200-03; Thomas and Hyman, *Stanton*, 267.

85 Dana, *Recollections of the Civil War*, 30.

86 Ibid., 61.

87 Hunt, *Israel, Elihu and Cadwallader Washburn*, 341.

88 USG to to David D. Porter, April 2, 1863, *Grant Papers*, 8: 3.

89 *Personal Memoirs*, 1: 460-61.

90 WTS to John Rawlins, *Grant Papers*, 8: 13-14n4.

91 *Personal Memoirs*, 1: 543.

92 WTS to John Sherman, April 3, 1863, *Sherman*, 439.

93 DDP to USG, March 29, 1863, *OR*, ser. 1, vol. 24, pt. 3, 152.

94 Edwin C. Bearss, *The Campaign for Vicksburg*, vol. 2: *Grant Strikes a Fatal Blow* (Dayton, Ohio: Morningside, 1986), 53-54.

95 John C. Pemberton to Samuel Cooper, *OR*, ser. 1, vol. 24, pt. 3, 733.

96 John C. Pemberton to Simon B. Buckner, *OR*, ser. 1, vol. 24, pt. 3, 745.

97 Shea and Winschel, *Vicksburg Is the Key*, 95.

98 West, *The Second Admiral*, 220-21; Hearn, *Admiral David Dixon Porter*, 208-10.

99 Porter, *Incidents and Anecdotes of the Civil War*, 175.

100 *Personal Memoirs*, 1: 464.

101 USG to HWH, May 3, 1863, *Grant Papers*, 8: 144.

102 Frederick Grant, "A Boy's Experience at Vicksburg," *Military Order of the Loyal Legion of the United States*, vol. 3 (New York: G. P. Putnam's Sons, 1907), 88.

103 Ira Blanchard, *I Marched with Sherman: Civil War Memoirs of the Twentieth Illinois* (San Francisco: Haff, 1992), 82; *Personal Memoirs*, 1: 471.

104 USG to WTS, April 27, 1863, *Grant Papers*, 8: 130.

105 WTS to USG, April 28, 1863, *Grant Papers*, 8: 130n.

106 USG to WTS, April 24, 1863, *Grant Papers*, 8: 117.

107 USG to John A. McClernand, April 12, 1863, *Grant Papers*, 8: 56.

108 Charles A. Dana to EMS, April 25, 1863, *OR*, ser. 1, vol. 24, 80.

109 Dana, *Recollections of the Civil War*, 40.

110 Charles A. Dana to EMS, April 27, 1863, *OR*, ser. 1, vol. 24, 80.

111 Ibid., April 29, 1863, *OR*, ser. 1, vol. 24, 81. 这是我们唯一的消息来源。

112 George Crooke, *The Twenty-first Regiment of Iowa Volunteer Infantry* (Milwaukee:

King, Fowle, 1891）, 53-54；Ballard, *Vicksburg*, 218.

113 Bearss, *Campaign for Vicksburg*, 2：307-14.
114 *Personal Memoirs*, 1：476.
115 USG to HWH, July 6, 1863, *OR*, ser. 1, vol. 24, pt. 1, 48.

/ 第 17 章　维克斯堡

> 自格兰特将军指挥军队以来，他展现了极大的智慧和技巧，以及巨大的精力和勇气。这支军队渡过了密西西比河，到目前为止，这是战争史上已知的最为巧妙的并且成功的军事行动之一。
>
> ——乔治·B.布默致妹妹阿米莉亚，1863 年 5 月 5 日

1863 年 4 月 30 日，两支强大的联邦军队跨越了命运之河。绰号"好战的乔"的胡克尔领导波托马克军团东军渡过拉帕汉诺克河（Rappahannock River），在弗吉尼亚州一个名叫钱斯勒斯维尔（Chancellorsville）的小村庄进攻罗伯特·E.李的北弗吉尼亚军队。就在同一天早上，格兰特率领的田纳西军团西军开始横渡密西西比河，向密西西比州维克斯堡的后方挺进，而彭伯顿的军队正在维克斯堡等待着他们。[1]

早上 8 点，格兰特挤进了大卫·波特的旗舰**本顿号**的小驾驶室。感觉到士兵们情绪紧张，他命令船上的乐队演奏《星条旗永不落》（*The Stars and Stripes Forever*），以便在舰队排列成行时保持士气。当行进在浑浊的河面上时，格兰特焦虑地注视着密西西比河畔布伦斯堡以东的悬崖峭壁，不知道当第一艘船驶近绿树成荫的河岸时，谁会隐藏其后。[2]

当格兰特巡视密西西比河对岸时，似乎没有观察到敌军会阻击他们渡河。他回忆说："从那时起，我感到一定程度的宽慰。""我现在和敌军处在河流同一侧的旱地上。从去年 12 月一直到现在，我们进行并忍受的所有战役、劳动、艰苦和佯动，都是为了实现这一目标。"[3]

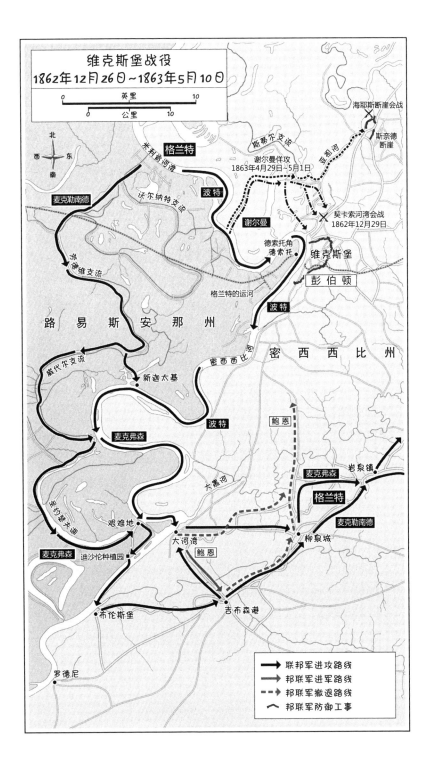

维克斯堡战役
1862年12月26日~1863年5月10日

0　　英里　　10
0　　公里　　10

北
西　东
南

格兰特

米利肯河湾

波特

沃尔纳特支流

麦克勒南德

斯蒂尔支流

贝坦河

谢尔曼佯攻
1863年4月29日~5月1日

谢尔曼

海耶斯断崖会战

斯奈德
断崖

契卡索河湾会战
1862年12月29日

德索托角
德索托

维克斯堡

彭伯顿

格兰特的运河

波特

路 易 斯 安 那 州

苏弗维支流

威代尔支流

新迦太基

密西西比河

密 西 西 比 州

波特

麦克弗森

鲍恩

岩泉镇

麦克弗森

大墨河

麦克弗森

至约瑟夫湖

艰难地

迪沙伦种植园

大河湾

鲍恩

麦克勒南德

格兰特

柳泉城

布伦斯堡

吉布森港

罗德尼

联邦军进攻路线
邦联军进军路线
邦联军撤退路线
邦联军防御工事

贝尔蒙特、亨利堡、多纳尔森堡和夏伊洛等会战在几天内就赢得了胜利，但维克斯堡战役在一月接一月地艰难地进行着。是否值得继续为这个坐落在密西西比河断崖上的要塞小镇付出更多的代价呢？

西部将军格兰特认为，如果他能在维克斯堡打败南方，他就能把南方一分为二，永远停止后者在密西西比河上运送士兵和物资的能力。他也明白，如果渡过密西西比河从后方接近维克斯堡，并且将大部分补给线抛诸身后，则意味着他将挑战传统的军事交战规则。格兰特看到了新策略的风险，但他也期待着这次冒险的回报。

*

到了下午4点，格兰特的军队已经登陆完毕，开始向东边10英里外的吉布森港进发。为什么要向东南方向进军，维克斯堡明明位于北边？这是因为，格兰特首先希望能够阻断吉布森港以及由此通往杰克逊和维克斯堡的主干道。而且，通过向内陆进军而不是紧贴河流，他为自己提供了机动空间来对付比他更了解这些地形的敌人。[4] 要不是有另一次令人沮丧的耽搁，这一进展本来可以更早开始。麦克勒南德未能给他的士兵们提供三天的口粮。当补给被运到河对岸时，一切行动都已停止。[5]

5月1日，北方士兵发现他们在敌人的领土上面临着第一次正面冲突。鲍恩的部队已经放弃大河湾，转而占据保卫吉布森港的阵地。在人数上，鲍恩以一敌四，而且当邦联军唯一的骑兵部队被调离追赶格里森的骑兵突袭队时，鲍恩的处境已变得更为不利，他打算等待时机，静候维克斯堡或杰克逊的增援。曾是西点军校学生艺术家的格兰特这样形容这里的地形——这里有着树木茂密的山脊和藤蔓缠绕的山谷。这一地形使他相信"一支处于劣势的军队有可能拖住，甚至击败一支远比它强大的军队"。[6]

但不久之后，即使格兰特的部队在酷热潮湿的环境中行军12个小时——一些人扛着60磅重的弹药，另一些人则光着脚行军——他们还是战胜了守军。当格兰特走进吉布森港时，淡紫色的楝树点缀着小镇的主要街道，格兰特评论说，这个几乎空无一人的小镇"非常漂亮，不能毁掉它"。[7]在极其漫长的一天结束时，他用优美的语言写下了一篇赞颂士兵的文章，这是他开始撰写报告文学的一个标志。

/ 270

> 我们的军队处于最佳的健康和精神状态。自从离开米利肯河湾以来，他们日夜兼程，穿过泥潭和雨水，没有帐篷和其他行李，口粮供给也不规律，但他们从未抱怨，也很少出现我以前见过的掉队现象。所有人都表现得如此崇高，每个人都是如此，没有任何分别。[8]

陪同格兰特一同前往维克斯堡的众议员伊莱休·沃什伯恩知道总统对维克斯堡战役的担忧，所以当军队越过密西西比河时，他给林肯写信，从而安抚总统的焦虑情绪。沃什伯恩在信的结尾说了一句话，这句话一定会给他的老朋友带来一个微笑："我担心格兰特会因缺乏风度而受到责备。在这五天的行程中，他既没有马，也没有勤杂工或仆役，既没有毯子，也没有大衣或干净的衬衫，甚至连一把佩刀也没有。他的全部行李只有一把牙刷。"[9]

第二天，格兰特回到大河湾，他对波特的一个军官送给他干净的海军内衣表示感谢。[10]在**本顿号**上，他发现堆积如山的信件，其中包括三周前来自河湾战区的"政治将军"纳撒尼尔·班克斯（Nathaniel Banks）的一封信。林肯曾经建议过，或者让格兰特向南进军，帮助班克斯攻打哈德逊港（Port Hudson），或者班克斯向北进军，与格兰特合兵进攻维克斯堡。为了回复林肯，班克斯在信中说，他十分期待能够与格兰特合军一处作战，但他不能承诺派遣超过12000人的军队，以及必须在他占领哈德逊港之后才能展开合作，而他估计自己最早也得在5月10日才能占领这座港口。[11]

格兰特权衡接下来该怎么做。在维克斯堡和哈德逊港之间有200英里的河段，他对班克斯的能力缺乏信心，因而作出了一个关键决定。当彭伯顿处于失衡状态时，他应该抓住主动权，在没有班克斯的情况下继续行动。

*

即使在格兰特渡过密西西比河之后，邦联军的反应也很迟缓。约翰斯顿和布瑞格一直待在查塔努加，彭伯顿直到5月1日才从杰克逊回到维克斯堡。通过追踪南方报纸，格兰特了解到造成南军反应迟缓的一个主要原因是格里森的袭击。格兰特给哈勒克写道："南方报纸和南方民众认为这是战争中最大胆的成就之一。"[12]彭伯顿试图从格林纳达、梅利第恩（Meridian）和杰克逊等地征集军队。他无法招来范·多恩，因为范·多恩已于5月7日在田纳西州被杀——不过不是在战斗中牺牲，而是被一个愤怒的年轻医生射杀，因为他调戏了这位军医的妻子。[13]此外，彭伯顿的谨小慎微进一步削弱了他的部队已经摇摇欲坠的信心。[14]

格兰特又作出了一个重要决定。他没有直接向北推进至维

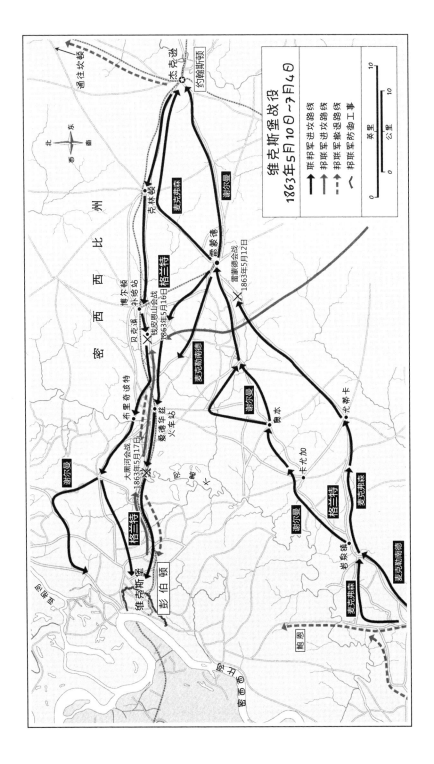

克斯堡，他知道这是彭伯顿所期望的，而是决定向东北方向发起间接进攻。这一次他没有向任何人征求意见，而是仅凭自己的权威。

5月3日，格兰特写信给谢尔曼——后者刚在斯奈德断崖成功使用计策并回到米利肯河湾——指示他调动一列有120节车厢并装满补给的火车："火车上有10万磅培根，其他还包括咖啡、糖、盐和硬饼干。"由于无法抑制自己的热情，格兰特敦促谢尔曼应更加"敏捷（celerity）"——他最近喜欢用这个词，意思即"速度（speed）"——因为"通往维克斯堡的道路现在已畅通无阻"。[15]

他还写信给朱莉娅，向她保证"弗里德很好，他在这里过得很开心。他听到子弹的呼啸声，但一点也不受影响"。此外，他忍不住夸赞自己的部队："我为军队感到骄傲。他们昼夜行军，即便没有帐篷，口粮供给也不规律，他们也没有怨言。"[16]

在岩泉镇（Rocky Springs），格兰特从南方报纸上看到胡克尔于5月6日命令他麾下的最后一支联邦军队再次渡过拉帕汉诺克河。即便士兵、枪支和补给都很充足，胡克尔的军队还是在钱斯勒斯维尔会战（Battle of Chancellorsville）中损失惨重。

收到胡克尔战败的消息，林肯急切地想知道格兰特那边的情况。他给驻守在弗吉尼亚州门罗堡（Fortress Monroe）的约翰·A.迪克斯将军（General John A. Dix）发电报："里士满的报纸上有报道关于大河湾或维克斯堡的消息吗？"[17]

*

格兰特决定在5月深入敌境，这迫使他不得不面对士兵和牲畜的给养问题。他知道，即使有一条从大河湾一直延伸至米利肯河湾的补给线，他也无法养活40000多名士兵以及几千匹马和骡子。他也知道靠在乡下觅食维持生计是多么困难。曾当过农民的格兰特非常明白土地和季节所带来的挑战。大黑河（Big Black River）以东的土地上并没有大面积的种植园，只有一些七零八落的小型自给农场，这些农场勉强能够养活拥有它们的家庭。此外，对于自己种田维持生计的农民来说，即使没有发生战争，春天也是传统上的"饥荒时期"，这是因为秋天的粮食已经吃完，而春季作物才刚刚播种。虽然春天水草茂盛，但对移动迅速的军队而言，并没有让马和骡子享受水草的奢侈时间。[18]

5月11日，当格兰特准备向维克斯堡进军时，他写信给麦克弗森："我们必须在口粮吃完前击败敌人，"并提醒他，"有一次你曾经用两天的口粮坚持了七天，我们也许不得不再上演一次。"[19]

就在同一天，哈勒克给林肯看了一份格兰特发来的机密电报："你可能会在好几天都没有我的任何消息。"[20]

格兰特决定在宽阔的前线上向东北移动。从一开始，他就希望彭伯顿对自己的下一步行动感到好奇和担心。虽然他在人数上占据优势，但他知道南方的援军很快就能平复局势。格兰特决定保持主动权，一次只与一支军队作战，而不是让两支邦联军逼近他。

密西西比河的5月还没有下过雨。一名北方士兵在他的日记中吐露和战友们的经历："这里缺少水、天气炎热、道路上尘土飞扬、土地贫瘠、口粮短缺、房屋破旧。总之，我们不喜欢乡下。"[21]

格兰特让麦克勒南德和谢尔曼引军前往爱德华兹火车站

（Edwards Station），那是维克斯堡和杰克逊之间南方铁路上的一个中间站，与此同时，彭伯顿正朝杰克逊进发。如果彭伯顿仍不确定联邦军队的意图，那么缺乏精确地图并在维克斯堡以东几英里处陷入困境的格兰特就努力从逃亡黑奴、友好的平民、逃兵、报纸和缴获的邮件中收集信息。[22]

5月12日上午，"黑杰克"罗根的王牌部队——麦克弗森率领的第十七军——在距雷蒙德（Raymond）2英里、杰克逊以西17英里处遭到约翰·格雷格（John Gregg）率领的邦联军的攻击。但当他们进入雷蒙德城时，北方士兵惊讶地发现迎接他们的并不是格雷格的后卫部队，而是一顿野餐。雷蒙德的妇女们正在为"凯旋"的格雷格军准备晚餐。当联邦军队尽情享用炸鸡和柠檬水时，敌人已经溜走，并准备改天再战。[23]

格兰特此时正在谢尔曼位于十四英里溪（Fourteen Mile Creek）的帐篷里，这时一名激动的信使骑马赶来，带来麦克弗森获胜的消息。与此同时，格兰特得到情报，据说敌人的增援部队即将抵达密西西比州首府杰克逊，约翰斯顿预计随时会赶到。

格兰特估量了一下形势变化，再次调整了计划，他撤回进攻爱德华兹火车站的命令。相反，他将进攻杰克逊——在彭伯顿还不知道他要干什么之前，向东占领密西西比州的指挥中心，然后掉头向西进攻维克斯堡。格兰特自己知道这是在赌博：要是他再向东行军，彭伯顿的军队很可能会从背后袭击他。

但他愿意冒这个风险。[24]

*

5月13日，格兰特指示麦克弗森和谢尔曼从两个方向接近杰克逊，而麦克勒南德则掩护他们的后方。约翰斯顿当夜乘火车到达杰克逊。这位"老乔伊"迅速察看了周围的形势，他意识到这里只有6000名守军，于是打电报给南方的战争部部长詹姆斯·塞登（James Seddon），"我来得太晚了"，[25]并从城里撤出。

麦克弗森冒着倾盆大雨在克林顿—杰克逊公路（Clinton-Jackson Road）上行军，下午3点抵达了杰斐逊·戴维斯家乡的首府。伴随着高声欢呼的人群，星条旗在州议会大厦的圆顶上空升起；年轻的弗里德·格兰特走在人群中，他帮助父亲打进了这座城市。[26]联邦现在占领了三个邦联州的首府——纳什维尔、巴吞鲁日和杰克逊。

格兰特和谢尔曼正处在从雷蒙德前往杰克逊的路上。下午4点，他们到达杰克逊，直接前往当地的主要旅馆鲍曼酒店（Bowman House）。当格兰特向他的将军们表示祝贺并与他们磋商时，他收到了两条至关重要的信息。麦克弗森送来第一条消息，他是从一个身穿灰色邦联制服的信使——而实际上这是一名北方间谍——那里得知这条消息的。约翰斯顿在5月13日晚8点40分给彭伯顿捎了封信，格兰特在5月14日下午阅读了这封信的三份复件中的一份："重建通信很重要，这样你才能得到增援。"格兰特的间谍情报网再一次提供了宝贵的情报，他立刻明白其中的含义：他不能让彭伯顿渡过大黑河与约翰斯顿会师，而约翰斯顿已经向北撤退6英里到达坎顿（Canton）。彭伯顿总结说，"时间是最重要的"。[27]但是相较于谨慎的彭伯顿，格兰特更加知道时间的重要性。

达纳把第二条消息交给格兰特。这位战争部助理部长收到斯坦顿的来信，允许他与格兰特分享他们最近的通信。达纳经常与斯坦顿通信，这使他赢得了"前线政府之眼（The Eyes of the

在维克斯堡战役中，格兰特已能熟练地评估每日多次收到的各种情报。

Government at the Front）”的绰号，他已经让战争部部长知道麦克勒南德的多次延误。格兰特现在正读着斯坦顿 5 月 5 日写给达纳的信。

格兰特将军有完全和绝对的权力执行他自己的命令，并免职任何由于无知、不作为或其他任何原因干扰和拖延他行动的人。他得到政府的充分信任，政府希望强化他的权威，他会得到最坚定和最忠诚的支持。但他也将对任何未能行使其权力的行为负责。[28]

格兰特明白，他现在可以根据自己设定的标准与麦克勒南德打交道了。

那天晚上，在鲍曼酒店，格兰特几个星期以来第一次睡在床上，而前一天晚上，约翰斯顿正住在这个房间。第二天早上，格兰特派谢尔曼接管了杰克逊，并由其负责向所有铁路公司和制造企业——包括铸铁厂、车厢工厂、油漆店和木匠店等——传达联邦的意图。

*

与此同时，在 5 月 13 日，正如格兰特所担心的那样，彭伯顿率领 23000 人的邦联军渡过了大黑河，开始向爱德华兹火车站进发。与格兰特不同的是，彭伯顿不喜欢野外作战，而是更倾向于在防守阵地上作战；但现在彭伯顿觉得自己已别无选择。他骑马向东行进，希望破坏或摧毁格兰特的补给线。

这是一个艰难的决定。整整一天，彭伯顿都在约翰斯顿的指示下苦苦挣扎。格兰特也读过约翰斯顿的指示，即要彭伯顿把军队从维克斯堡调走，以便与格兰特交战。彭伯顿召开了作战会议——这是他在需要作决定时保护自己的惯常做法。他的师长约翰·鲍恩、威廉·温·洛林（William Wing Loring）和卡特·史蒂文森（Carter Stevenson）进行了商讨和争论——所有这些都花费了时间，这恰恰与约翰斯顿的指示相违背。[29]

作战会议就几项计划进行了辩论，这再次显示了彭伯顿下属间的紧张关系。彭伯顿认为保卫维克斯堡是他的首要任务，他对进一步向东进军十分谨慎，认为这样的转移只会让格兰特有机会绕过他的右翼从而向维克斯堡发起进攻。在美墨战争中英勇作战并因此失掉左臂的威廉·洛林表达了对彭伯顿的不屑，他认为应该对雷蒙德发动攻击，从而切断格兰特过长的补给线——但他不知道的是，格兰特此时已基本上停止了自己的补给线。[30]

*

5 月 15 日下午，当天空飘起滚滚浓烟时，格兰特离开杰克逊，向西骑行 10 英里前往克林顿，并在那里过夜。在敌区深处，他检阅了自己的阵地。当约翰斯顿还在为格兰特不会这么快就离开杰克逊而犹豫下一步的行动时，格兰特已经在准备第二天于爱德华兹火车站的集结事宜了。

格兰特在早上 5 点被叫醒，他听取了两名南方铁路公司员工传递的一些重要信息。他们报告说自己曾在夜间经过彭伯顿军，得知这支叛军共有 80 个团，以及 10 支炮兵连，他们估计彭伯顿全军共有 25000 人。[31]

格兰特给他的三名指挥官发电报。5 点半，他指示谢尔曼从杰克逊派一个师向西行进 20 英里前往博尔顿（Bolton）："在行动时，敏捷而迅速是最重要的。"5 点 40 分，他命令麦克勒南德向爱德华兹火车站进军，去"摸索一下敌军情况"。[32] 麦克勒南德向他保证："我们全军都紧紧跟随您，每个人都会以'最快速度'前进。"[33] 5 点 45 分，格兰特给麦克弗森发电报，要求他和麦克勒南德会合，以"确保我们的部队能迅速集中"。[34] 当彭伯顿和约翰斯顿的两支军队依然相距 30 英里时，格兰特已经把他的军队集中在三条向西通往维克斯堡的道路上。[35]

　　　　　　　　　　*

　　西德尼·钱皮恩（Sidney Champion）和马蒂尔达·钱皮恩（Matilda Champion）夫妇在杰克逊和维克斯堡之间的主干道上沿着贝克溪（Baker's Creek）山坡建立了一座简陋的屋子。在博尔顿补给站和爱德华兹火车站之间，有一座大约140英尺高的小山盘踞在这块崎岖不平的地势上，这里遍布洼地、山脊，以及各条小溪——它们汇合成水流湍急的贝克溪。西德尼曾在美墨战争中与杰斐逊·戴维斯并肩作战，那天早晨他与密西西比州第二十八骑兵团一起在爱德华兹火车站当值。听到战争逼近的消息时，马蒂尔达正在收拾传家宝，准备去麦迪逊县（Madison County）给父母送行，这时北方士兵到达了她宁静的乡间家园。[36]

　　在那个万里无云的早晨，麦克勒南德的师长阿尔文·霍维将军和他的旅在克林顿向西至维克斯堡的途中遇袭。霍维15岁时成了孤儿，自学成才，是印第安纳州的一名律师，而且注定要成为该州的州长。[37]当霍维催促他的马顺着路并向南拐时，就在钱皮恩屋前面，他发现敌军已经驻守在山顶上，那是方圆几英里内的最高点。

　　霍维联系了麦克勒南德，后者在上午9点45分通知格兰特，霍维"发现敌军在他前面严阵以待"。邦联军由思维敏捷的南卡罗来纳人、29岁的斯蒂芬·迪尔·李（Stephen Dill Lee）率领，他意识到没人能预料到格兰特的部队会出现在彭伯顿的左翼，于是率领亚拉巴马州军队到达了尽可能的最佳防御点——希德冠军山（Sid Champion's Hill）顶部的山脊线上。[38]麦克勒南德询问格兰特："我应该原地不动，还是交战？"[39]

格兰特上午 10 点到达钱皮恩屋。他观察到霍维遭到邦联军炮火的轰击，于是写信给麦克勒南德，命令他"尽快但谨慎地"[40]调来所有的部队。一个小时过去了，平时总是急于带兵打仗的麦克勒南德此时似乎出奇地心不在焉。不过话说回来，麦克勒南德会如何解读格兰特的信息呢？他是否会"迅速"或"谨慎"地行动呢？

当麦克弗森的两个师，即罗根和马塞勒斯·克罗克（Marcellus Crocker）所部先后抵达后，格兰特下令进攻。在号角声和击鼓声中，霍维和罗根斗志昂扬的士兵们端着刺刀，在格兰特的密切注视下开始了进攻。这两个师有将近 10000 人，他们穿过茂密的灌木丛，向山上推进了 600 码。当邦联军动用更多的火炮时，火势迅速蔓延到山坡上。到了中午 11 点半，格兰特的士兵们抵达了山脊下的树林，在那里，肉搏战取代了火炮战。在接下来的几分钟里，绝望和浑身是血的人们为争夺冠军山的顶峰展开了鏖战。[41]

12 点 35 分，格兰特又给麦克勒南德写道："一旦你能牢牢掌握全部指挥权，就让散兵们向前推进去试探敌人，如果有机会就全力进攻。"[42]在麦克勒南德未解释的怠惰行为中，格兰特是否应为自己所下达命令的不直接或不清晰负责呢？"如果"并不意味着"迅速"。

不幸的是，格兰特并没有意识到这个困难的地势会在 5 月的早晨使得军队调度延误。麦克勒南德直到下午 2 点以后才收到他的第二封信，但格兰特说："我给他发了几条信息，要他尽快推进。"[43]

当霍维和罗根的部队向山顶集结而麦克勒南德仍停留在原

地，以及谢尔曼还在几英里之外时，彭伯顿终于作出了回应。他命令鲍恩和洛林在冠军山发起反攻。来自密苏里州的律师弗朗西斯·M. 科克雷尔（Francis M. Cockrell）是鲍恩的旅长，他带领着勇敢的士兵们从山顶冲下，将联邦军击退了。[44]

克罗克的旅长约翰·桑伯恩（John Sanborn）听到观看战局的格兰特曾问道："麦克勒南德在哪里？"[45] 在一个小时内，当邦联军的弹药开始耗尽时，格兰特命令曾当过艾奥瓦州律师，后因肺结核而身体虚弱的克罗克率领北方士兵压上。克罗克又命令约翰·桑伯恩和乔治·布默（George Boomer）的军队上山增援霍维和罗根。在霍维的帮助下，他在钱皮恩屋附近架起16门火炮，克罗克的军队才成功夺回冠军山山顶。[46]

5月16日黄昏，格兰特的军队停了下来——他们非常兴奋，但也筋疲力尽。那天晚上，邦联军的外科医生约翰·A. 利维（John A. Leavy）在他的日记中抱怨："今日之战已向全国证明了将军的'价值'。彭伯顿要么是个叛徒，要么就是邦联军中最无能的军官。他优柔寡断、犹豫不决、毫无主见。"[47]

冠军山确实证明了一个将军的价值。格兰特在没有谢尔曼参与的情况下作战，在麦克勒南德和他的第十三军基本不在场的情况下，成功跨越崎岖的地形和混乱的道路，尽管如此，他还是出乎彭伯顿军的意料，向敌人发起了进攻。他赢得了一场决定性的会战。那天晚上格兰特写信告诉当时并未抵达战场的谢尔曼："我认为维克斯堡战役已然打响。"[48]

*

但现在还不是庆祝的时候。5月17日黎明前，格兰特继续向前推进。就在 5 月 17 日星期日早上教堂礼拜结束的时候，彭伯顿沮丧的士兵们开始返回维克斯堡。市民们对此非常震惊。维克斯堡的妇女多拉·米勒（Dora Miller）在日记中坦白心事，"我永远不会忘记那支被击败、士气低落的军队回来时的悲惨景象——人性正备受熬煎"。[49]维克斯堡的社会名流艾玛·鲍尔弗（Emma Balfour）在日记中写道："我希望再也不会看到我们的溃军回来时的场面了！"[50]

*

彭伯顿逃回维克斯堡，在大黑河以东留下三个旅控制着两座桥。当格兰特抵达大黑河时，他立刻明白彭伯顿为什么要选择这个位置。这里的野战炮兵和步兵阵地沿着一条泥泞的支流绵延了一英里，这条支流紧挨着大黑河的河湾。这些后卫部队虽然人数不多，但对任何接近该地的军队都能组织起明显的火力攻势。

尽管位置优越，但彭伯顿的后卫部队并没能坚持多久。到了上午 9 点，战斗已经结束。当邦联军撤退时，一名南军神枪手瞄准了一个年轻的士兵——弗里德·格兰特。像往常一样，弗里德在战场附近骑行，突然他的腿部中弹，并感到一阵剧痛。他呼喊着："我要死了！"格兰特的副官克拉克·拉戈对他说："先活动一下你的脚趾。"弗里德照做并发现自己果然还活着。[51]

*

第二天，格兰特信心满满地向维克斯堡进军，他对冠军山和大黑河的胜利记忆犹新。谢尔曼骑马前往西北部，那是他在 12

月遭遇耻辱性失败的地方。这一次麦克弗森军是核心，正沿着杰克逊通往维克斯堡的道路前进。麦克勒南德则转向西南方向。格兰特相信彭伯顿士气低落的军队不会倾向于拉锯战，于是决定在约翰斯顿召集一支部队增援他之前袭击过的维克斯堡。他下令部队在下午 2 点从各个阵地发射三枚炮弹，这将是一个信号，"让所有部队沿着这条线全体冲锋"。[52] 当他的士兵们冲向迷宫般的战壕和散兵坑时，炮火照亮了天空，守军向进攻的北方士兵开火了。

他们的进攻被南方守军击退。匆忙的进攻没有给格兰特留出时间准备一个恰当的作战计划，而这通常是他领导才能的一个标志。格兰特后来写道，他没有为仓促行动和错误判断敌人的决定承担责任。相反，他为 5 月 19 日的进攻辩护，认为这是一种"获得更加有利阵地"[53] 的方式。最后，共有 157 名士兵阵亡，777 名士兵负伤，而南方邦联军的伤亡则没有超过 200 人。[54]

格兰特失算了。首先，他没有想到彭伯顿战败的军队一旦回到维克斯堡就能够重整旗鼓，从而更加努力地战斗。然后，他并没有充分认识到工程总监塞缪尔·洛克特（Chief Engineer Samuel Lockett）建造的防御工事的复杂性。此外，他也没有考虑到彭伯顿的另外两个师，分别由约翰·W. 福尼（John W. Forney）和马丁·L. 史密斯（Martin L. Smith）率领。他们养精蓄锐，既没有在冠军山也没有在大黑河作战。

/ 280

格兰特面临着一个抉择。考虑到约翰斯顿可能会袭击后方，也知道他的部下不会热衷于在密西西比河炎热的夏季发起长期围攻，于是，格兰特决定在 5 月 22 日再次发起进攻。许多士兵并没能在 5 月 21 日晚休息很久。内战结束后买下亚伯拉罕·林肯在斯普林菲尔德房屋的俄亥俄州士兵奥斯本·H. 奥尔德罗伊德

（Osborn H. Oldroyd）形容士兵们当时"纷纷丢下他们的手表、戒指、照片和其他纪念品"。一个年轻士兵对一个厨师说："如果我没能回来，你就把这块表送给我父亲。"[55]

*

5月22日太阳升起时，格兰特让每个人对表。早上10点，波特炮舰的轰击基本压制住南军上游的火炮，格兰特的部队开始冲锋。他们取得了一些初步进展，在要塞的护墙上插了几面旗子，但代价则是惨重的伤亡。到了上午11点，观察到谢尔曼和麦克弗森所部在中路的攻击，格兰特认为这已几近丧失任何突破的可能性。

但是上午11点15分，麦克勒南德用铅笔潦草地写了一条讯息："我正忙着与敌人交战。"他请求格兰特命令麦克弗森发起进攻"以转移敌军的注意力"。[56]格兰特在11点50分回答，"如果你的进攻力量很弱，那就从你的后备力量中抽调一部分出来"，而不是从另一支部队中调动后备力量。[57]事实上，麦克勒南德和他的预备队已几乎全部投入战斗，而麦克弗森的军队还没有出动。

即便如此，麦克勒南德在午时又写道："我们还是部分地占据了两座堡垒，星条旗飘扬在它们上空。我们应该在这条线上进行有力的推进。"[58]

格兰特骑马去找谢尔曼，并抱怨道："我对此一个字也不相信。"[59]格兰特后来在他的报告中写道，谢尔曼的位置"给我提供了一个更好的机会观察第十三军正面临的情况，而不是我的指挥官自认为可能看到的情况"。[60]然而，他和麦克弗森驻扎在一

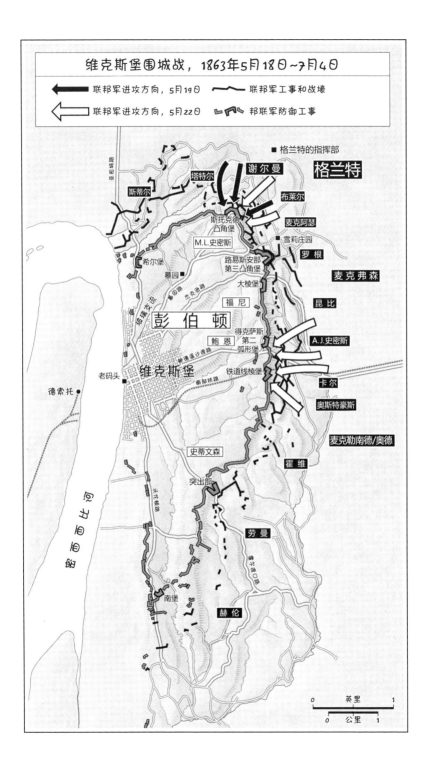

起，和谢尔曼深入交谈，却从来没和麦克勒南德说过话。尽管如此，格兰特还是同意了麦克勒南德的请求。谢尔曼和麦克弗森都开始努力支援麦克勒南德。

但这仍无济于事。黄昏时分，联邦军开始撤退，进攻失败了。5月22日下午的早些时候，麦克勒南德又一次发动袭击，至少造成一半人员的伤亡。26岁的密苏里人、冠军山会战的英雄乔治·布默在战斗中阵亡。

格兰特在5月24日写给哈勒克的报告中对一个糟糕的结果作出了最好的评价："我们的部队没有在任何地方被击退，我们只是没有攻破敌人的防御工事。"在信的中间，他把矛头对准了麦克勒南德："麦克勒南德将军的电报误导了我对真实情况的认识，并由此造成了巨大的损失。"他告诉哈勒克，麦克勒南德"完全不能胜任行军和战场上的指挥官职务。与其他部下相比，照看他的部队让我更加辛苦，并感到无尽的不安"。[61]尽管如此，格兰特还是决定在完成围攻之前，对麦克勒南德暂时不作处理。

在华盛顿，林肯总统正密切关注着维克斯堡战役。5月26日，林肯在给伊利诺伊州的老朋友艾萨克·阿诺德（Isaac Arnold）的信中写道："无论格兰特将军是否会完成对维克斯堡的占领，他从这个月初到5月22日的战斗，已经使这场战役成为世界上最耀眼的战役之一了。"[62]

*

5月25日，格兰特向他的军队指挥官们下达了命令，要求他们通过围攻"立即缩小敌人的活动范围"。[63]作为一名参加过美墨战争的年轻士兵，格兰特曾于1847年参加了温菲尔德·斯科特将军在韦拉克鲁斯成功领导的 20 天围城行动。

格兰特在维克斯堡周围建立了 12 英里的包围圈。波特回来后，他就可以寄希望于 220 门大炮和近 100 门舰炮了。格兰特认为彭伯顿经不起长时间围困，但他并没有抱任何幻想——他知道围困彭伯顿还需要很长的时间。

围城工作由工兵团队领导，但格兰特遇到了一个问题：可用的工兵寥寥无几。他的确有西点军校的毕业生，他们曾在工程学院学习过很多课程，但那已是几年前的事了。他们现在还能记住多少知识呢？[64] 格兰特号召他的士兵们成为业余的工兵和广义上的工匠，通过反复试验和试错，建造那些他们之前从未尝试过的东西——一连串的隧道和战壕。这些隧道和战壕最终提供了 13 条通道，以便联邦军通往维克斯堡要塞的无规则防御工事。[65]

围城工作主要靠铁铲进行。"坑道战"由北方的白人士兵和南方的被解放的黑人共同承担。工兵们经常被称作"杂役队"，他们挖了一条 6~12 英尺宽、7 英尺深的战壕。他们还建造了"坑道弹（Sap Roller）"，这是一种填满棉花或柴束的大型滚装物，可以帮助他们躲避敌人的火力。这种战术非常有效，直到邦联军使用火球滚向"坑道弹"进行了反击。由此，工兵们也改变了策略，修建了曲折的战壕。

/ 283

格兰特很欣赏这些工兵，并成为他们工作的支持者。他每天都沿着防线骑行，但为了避免引起南方狙击手的注意，他总是穿着一件普通士兵的制服，唯一的身份标识则是肩章上的双星。[66]

在围城战的其中一天，格兰特走在外围防线时遇到一个骡队的士兵正在鞭打、咒骂一头骡子，他立刻制止了那个人。那人看见格兰特穿着衬衫，也没有通常的军衔标识，就转过身开始骂他。格兰特逮捕了这个士兵，并把他带回了指挥部。直到这时，这个骡夫才意识到他侮辱了谁。这个士兵最后被下令捆起双手。[67]

获释后，这名悔悟的士兵为自己的不当言语道歉，告诉格兰特他不知道自己在跟谁说话。格兰特解释说，他之所以惩罚那个士兵，并不是因为他对指挥官说了什么："我可以保护自己不被你伤害，但骡子不行。"[68]

*

尽管格兰特决定等到围城结束后再处置麦克勒南德，但这位"政治将军"还是强行采取了行动。6月15日，谢尔曼第二师的指挥官小弗朗西斯·普雷斯顿·布莱尔（Francis Preston Blair, Jr.）在《孟菲斯晚报》（*Memphis Evening Bulletin*）上看到了麦克勒南德于5月30日刊登在报纸上的"祝贺状"，称赞他自己的部队于维克斯堡所取得的成就。第二天，布莱尔把这篇文章拿给了谢尔曼。[69]

愤怒的谢尔曼写信给罗林斯，抱怨麦克勒南德"泛滥的虚荣心"，他的"自我颂扬"将被"激动的公众"所阅读。谢尔曼一直怀疑麦克勒南德的真正动机，他相信这个祝贺状"显然不是写给军队的，而是写给伊利诺伊州的选民"。他提醒大家注意格兰特的第151号通令，该通令禁止"公布所有的官方信件和报告"。[70]

就在格兰特收到谢尔曼信的同一天，他写信给麦克勒南德，询问报纸文章里的那份祝贺状是不是"真的"。[71]麦克勒南德承认确有其事，但也承认他确实犯了严重的错误，进而回答说："我很遗憾我的副官没有按时给您寄一份副本，我原以为他寄出去了。"[72]

这场事关重大的闹剧的高潮发生在 6 月 19 日凌晨 2 点，格兰特的副官詹姆斯·威尔逊来到麦克勒南德的营帐，要求叫醒他。当麦克勒南德穿好军装出现时，威尔逊递给他一封密信。开封后，麦克勒南德阅读了第 164 号特别命令："特此免去约翰·麦克勒南德少将对第十三军的指挥权。他将前往伊利诺伊州任何他可能选择的地点待命，并通过信件向陆军总司令部汇报状况。"[73]

格兰特把他的行动告诉了哈勒克："我早就应该解除他的职务，因为他不适合这个职位。"[74] 他任命谢尔曼的老朋友爱德华·奥德为第十三军的新指挥官，奥德在前一天刚抵达维克斯堡。

*

已经被围困 25 天的彭伯顿开始失去希望。他的部队只剩下四分之一的口粮——豆子和大米——而伤病清单上已列有将近一半的人。围城之初，彭伯顿还以为自己可以坚持六个星期，可是这段时间他几乎断了这个念想。当然戴维斯不会让他们牺牲。但里士满派往西部的军队少得可怜，人们的注意力也转移到罗伯特·E. 李的身上，他正准备侵入宾夕法尼亚州。北弗吉尼亚军团的前线部队于 6 月 23 日开始越过波托马克河进入马里兰州。

几乎所有的维克斯堡居民都住在由密实黄色黏土制成的洞穴里，从而保护自己免受联邦军队的炮击。威廉·罗德（William Lord）是基督教圣公会的教区牧师，他和妻子玛格丽特（Margaret）及四个孩子搬进了位于杰克逊路的市医院后面的一个洞穴中。[75] 玛丽·拉夫伯勒（Mary Loughborough）观察到，维克斯堡"洞穴密布，街道看起来就像墓地里的穴道"。[76] 每当晚上炮击通常减弱时，这些地下难民才返回家园去估算一下大概的损失。[77]

*

在格兰特指挥围城战时，《纽约时报》的战地记者弗兰克·B. 威尔基（Franc B. Wilkie）对格兰特的肖像作了引人注目且广为流传的描绘。"他的肩膀向前微微倾斜，左手放在裤子口袋里，嘴里叼着一支未点燃的雪茄；在遮挡住他视野的抽象迷雾中，他的眼睛向前方凝视；他陷入沉思，似乎心事重重。"[78]

威尔基是战地记者中最优秀的作家之一，他以笔名"戈尔韦（Galway）"发表文章，他继续写道："士兵们看到他走过来便站起身来，他们在道路两边集合并看他走过——他们并没有向他致敬，只是看着他……带着一种亲切的崇敬。"他描述了格兰特的穿着和举止："一套朴素的蓝色军装，没有围巾、佩刀或任何配饰，除了双星肩章——一顶普通的'科苏特（Kossuth）'帽子紧贴着他的头发；介于'浅色'和'沙色'之间的浓密胡须；方脸上的线条和轮廓显露了极强的耐力和决心。"[79]"戈尔韦"希望他的读者能够像士兵们一样看待格兰特。

*

忍受着酷暑和敌人无休止的炮火，格兰特的军队一天天地逼近维克斯堡的防线。6 月 16 日，在联邦军的努力下，他们到达距离防线某点不到 25 码的地方。现在，以前的煤矿和铅矿工人开始在凸角堡下挖掘，这种凸角堡是一种从防线上突出的 V 形防御工事。

6 月 25 日下午，格兰特和麦克弗森在维克斯堡防御工事下挖出一条 35 英尺深的隧道，他们聚集在一起围观 2200 磅重的黑火药在地表上炸开一个大洞。北方士兵冲了上去，但在彻夜和第二天的激烈战斗后，格兰特被迫撤回了部队。[80]

6 月 30 日，工兵们通知格兰特，联邦军现在距所有 13 条通道的距离都在 5~120 码。格兰特认为，要在 7 月 6 日于敌军所有的防御工事通道下埋上地雷，以便在维克斯堡防线上发起一次大规模的进攻。

*

但是在 7 月 3 日早晨，维克斯堡防线上突然升起了白旗。不久，身着全套军装的鲍恩将军和彭伯顿的副官路易斯·M. 蒙哥马利上校（Colonel Louis M. Montgomery）沿着鲍德温沙渡路（Baldwin's Ferry Road）骑着马走了出来。彭伯顿选择由格兰特在密苏里州的邻居鲍恩提交信函，并要求进行一次谈判，讨论"维克斯堡投降的条件"。彭伯顿提出这个"建议是为了减少更多的牺牲"。[81]

格兰特回信说："你可以在任何你能选择的时间点结束你所提议的无意义的流血，只要你无条件地放弃这座城市和所驻扎的部队。"他在维克斯堡向彭伯顿提出的条件与在多纳尔森堡向巴克纳提出的条件相同。"在维克斯堡战役中展现巨大耐力和勇气的人将会永远得到对手的尊敬，我可以向你们保证，你会受到战俘应有的尊重。"[82] 在离开前，鲍恩询问了格兰特是否愿意在下午 3 点同彭伯顿见面。

在一个异常安静的下午，格兰特在麦克弗森、奥德、罗根和史密斯的陪同下，在一棵矮小的橡树附近与彭伯顿、鲍恩和蒙哥马利会面，这棵橡树后来因一幅描绘历史场景的画作而出名。但是格兰特和彭伯顿再一次无法在条款上达成一致，格兰特主动提出自己将在晚上 10 点答复最后的条款。

在接下来的几个小时里，格兰特邀请他的部队和各师级指挥官参加会议——正如他后来所说的："这是我主持过的与'军事会议'最相近的一次会议。"[83] 会议争论的中心是：守军应该成为战俘还是应该被释放。格兰特告诉与会者，他"将完全掌握决定投降条件的权力"。但他听着听着就被说服了，释放守军比承担把 30000 名士兵送进北方战俘营的艰巨任务要好得多。按照欧洲先例，在内战中获得释放意味着战俘们承诺在正式与同等级别的敌方俘虏交换之前，他们不会拿起武器对抗俘虏他们的人——然后他们才可以回家。

7 月 3 日晚些时候，格兰特向彭伯顿提出新的投降条件："只要军官和士兵们签署释放协议，你们就可以从我们的队伍中离开。"军官可以随身携带"他们的佩刀和衣服，校级、参谋和骑兵军官则可每人带一匹马"。普通士兵可以带走他们所有的衣服。[84]

过了半夜，格兰特收到彭伯顿的回信。他提出了一些修正条款，但格兰特并不同意。一直到了 7 月 4 日上午 9 点，彭伯顿才准备投降。

*

上午 9 点，彭伯顿没有回应。到了 10 点，彭伯顿的回复终于来了：他选择投降。战争开始 47 天之后，南方士兵从防御工事中走了出来，他们堆好武器，然后又回到工事中。格兰特将第一个进城的荣誉给予约翰·罗根和他的部队，因为他的部队最接近突破敌人的防线。格兰特骑马进入要塞，看着他的士兵们把他们的口粮分享给饥饿的南方士兵。他很高兴："这些人表现得很好，我不想羞辱他们。我相信，顾及他们的感情会使他们在战争持续期间成为不那么危险的敌人，并在战争结束后成为更好的公民。"[85] 他来到河边，跨过跳板，向海军少将波特和水手们祝贺他们有了新的旗舰黑鹰号（Black Hawk）。波特打开了他所有的酒柜，但他回忆说，"在人群当中，格兰特将军是唯一一个不碰酒的人"，他只是心满意足地抽着雪茄。在兴奋之中，波特注意到"格兰特将军无论是在逆境中还是在胜利中，总是保持着那种一贯的沉着风度"。这位海军少将自言自语道："在一片欢乐之中，没人看见他坐在那里，他的外表那么沉着……他永远也不会把自己当作一名伟大的将军，但他完成了有史以来最辉煌的军事壮举之一。"[86]

*

维克斯堡战役是美国历史上最令人印象深刻的军事行动。在 17 天的时间里，格兰特率领他那支艰苦跋涉的军队行走了 130 英里，赢得了吉布森港、雷蒙德、杰克逊、冠军山和大黑河五场会战的胜利，击败了被震惊的对手。他们发起围攻，终于在 7 月 4 日取得胜利。在多纳尔森堡会战中形成的作战方针让格兰特确立了一种行为心理学，他认为即将取得胜利的军队永远不会沉湎于过去的错误，永远不会沉溺于自己的创伤，永远不会停止重整旗鼓。相反，格兰特明白，如果他不采取行动，后果将不堪设想。他曾对一个副官说："同敌人作战，我们每耽搁一天，相当于自损 2000 兵力。"[87] 邦联军和格兰特的军队一样庞大，但是格兰特决心与他们单独作战，而决不让他们联合起来。

对伤亡人数的估计首先要从向格兰特投降的 29491 名战俘开始。尽管投降的战俘数量巨大，但损失同样惨重。在漫长的维克斯堡战役中，田纳西军团伤亡 10142 人，其中 1581 人阵亡，而南方邦联军则伤亡 9091 人，其中 1413 人阵亡。[88]

*

在这场战役中，格兰特和彭伯顿的领导才能形成了鲜明的对比。格兰特巧妙的策略——无论是指挥格里森还是谢尔曼，都迫使彭伯顿对他下一步的行动感到疑惑和担忧。除了麦克勒南德以外，格兰特与指挥官们密切合作，在听取他们反对意见的同时，他也赢得了他们的信任，但彭伯顿却与他的军官们保持着距离，结果是失去了他最需要之人的信任。格兰特的供给线非常脆弱，但同样重要的是，这位前军需官和前农夫熟练地学会了依靠土地来自给自足。

到了 1863 年，格兰特已经成为一名出色的战术家。他在维克斯堡的作战计划将在 123 年后的 1986 年被收入《陆军野战手册》（Army Operations Field Manual），这场战役成了一个研究案例。该手册指出，现代空地一体战的特点应该是"出奇、集中、迅速、灵活和勇敢"。其还宣称，由于格兰特的功劳，"未来的战役将同样需要迅速、出其不意、机动和果断行动"。[89]

维克斯堡大捷为格兰特赢得了持久的喝彩，这个国家对他充满感激。但是，有一个人的感激对他来说无疑是最重要的："我不记得你和我见过面。"在对"你为国家所作的几乎不可估量的贡献"表示感谢之后，写信者说他"还想再说几句话"。他写道：

当你第一次到达维克斯堡附近时，我认为你应该做的，你到最后都做了——让部队穿过峡湾，行驶运输船通过炮台，然后前往下游；我从未抱有任何必胜的信心，但我有一个大家普遍都有的夙愿，对此你比我更清楚，那就是我希望在亚祖河的远征以及其他相类似的远征行动可以成功。当你抵达下游，占领吉布森港、大河湾以及附近地区时，我想你应该顺流而下与班克斯将军会合；当你从大黑河向东偏北进军时，我还担心是不是你搞错了。

这封信的作者便是林肯总统。在详细列举了他对格兰特策略的异议之后，林肯坦白地说："我现在想亲自向你承认，你是对的，而我是错的。"[90]

注　释

1　Williams, *Grant Rises in the West: From Iuka to Vicksburg*, 4: 344.

2　*History of the Forty-sixth Regiment Indiana Volunteer Infantry: September 1861–September 1865* (Logansport, Ind.: Wilson, Humphreys, 1888), 56.

3　*Personal Memoirs*, 1: 480–81.

4　Terrence J. Winschel, *Triumph and Defeat: The Vicksburg Campaign*, vol. 2 (New York: Savas Beatie, 2006), 1–2.

5　Kiper, *McClernand*, 221.

6   *Personal Memoirs*, 1: 483.

7   Ballard, *Vicksburg*, 241; Winschel, *Triumph and Defeat*, 2: 2.

8   USG to HWH, May 3, 1863, *Grant Papers*, 8: 147.

9   Elihu B. Washburne to AL, May 1, 1863, ALPLC.

10 *Personal Memoirs*, 1: 490.

11 James G. Hollandsworth, Jr., *Pretense of Glory: The Life of General Nathaniel P. Banks* (Baton Rouge: Louisiana State University Press, 1998), 118–20.

12 USG to HWH, May 3, 1863, *Grant Papers*, 8: 148.

13 Hartje, *Van Dorn*, 307–27.

14 Ballard, *Pemberton*, 141–47.

15 USG to WTS, May 3, 1863, *Grant Papers*, 8: 151–52.

16 USG to JDG, May 3, 1863, *Grant Papers*, 8: 155.

17 AL to John A. Dix, May 11, 1863, *CWAL*, 6: 210.

18 Warren Grabau, *Ninety-eight Days: A Geographer's View of the Vicksburg Campaign* (Knoxville: University of Tennessee Press, 2000), 209–10.

19 USG to James B. McPherson, May 11, 1863, *Grant Papers*, 8: 200.

20 USG to HWH, May 11, 1863, *Grant Papers*, 8: 196.

21 W. B. Halsey diary, entry May 11, 1863, cited in Shea and Winschel, *Vicksburg Is the Key*, 120.

22 Feis, *Grant's Secret Service*, 160.

23 Osborn H. Oldroyd, *A Soldier's Story* (Springfield, Ill.: published for the author, 1885), 18–19; Bearss, *Campaign for Vicksburg*, 2: 490–510.

24 *Personal Memoirs*, 1: 499–500.

25 Joseph T. Glatthaar, *Partners in Command: The Relationships Between Leaders in the Civil War* (New York: Free Press, 1994), 123.

26 Bearss, *Campaign for Vicksburg*, 2: 536–46; Frederick Grant, "A Boy's Experience at Vicksburg," 92–93.

27 Joseph E. Johnston to John C. Pemberton, May 13, 1863, *Grant Papers*, 8: 214n; *OR*, ser. 1, vol. 24, pt. 1, 261.

28 EMS to Charles A. Dana, May 5, 1863, *OR*, vol. 24, pt. 1, 84; Thomas and Hyman, *Stanton*, 268.

29 Ballard, *Pemberton*, 154–56.

30 Ballard, *Vicksburg*, 283–84; Timothy B. Smith, *Champion Hill: Decisive Battle for Vicksburg* (New York: Savas Beatie, 2006), 290–91.

31 USG to John C. Kelton, July 6, 1863, *Grant Papers*, 8: 497.

32 USG to WTS, May 16, 1863, *Grant Papers*, 8：227-28.

33 USG to JAM, May 16, 1863, *Grant Papers*, 8：224.

34 USG to James B. McPherson, May 16, 1863, *Grant Papers*, 8：226. 由于1930年代的砾石开采，1863年的山比今天的要高。

35 USG to WTS, May 16, 1863, *Grant Papers*, 8：227-28.

36 Smith, *Champion Hill*, 127-33.

37 Alvin P. Hovey, report, May 25, 1863, *OR*, ser. 1, vol. 24, pt. 2, 41.

38 Smith, *Champion Hill*, 165-69.

39 JAM to USG, May 16, 1863, *Grant Papers*, 8：225n.

40 USG to JAM, May 16, 1863, *Grant Papers*, 8：225.

41 Smith, *Champion Hill*, 192-206.

42 USG to JAM, May 16, 1863, *Grant Papers*, 8：225-26n.

43 USG to John C. Kelton, ［July 6, 1863］, *Grant Papers*, 8：499；Bearss, *Campaign for Vicksburg*, 2：593.

44 Winschel, *Triumph and Defeat*, 104-06；Smith, *Champion Hill*, 235-40.

45 John B. Sanborn, *The Crisis at Champion's Hill* (St. Paul, Minn.: n.p., 1903), 13.

46 Ballard, *Vicksburg*, 299-302；Smith, *Champion Hill*, 243-47, 282-85.

47 John A. Leavy diary, entry May 16, 1863, Letters and Diaries Files, Vicksburg National Military Park, in Shea and Winschel, *Vicksburg Is the Key*, 137.

48 USG to WTS, May 16, 1863, *Grant Papers*, 8：228.

49 "A Woman's Diary of the Siege of Vicksburg," *Century Magazine* (September 1885)：771. 这份日记被交给了南方作家乔治·华盛顿·凯布尔（George Washington Cable），他说："作者的名字是根据她自己的要求而保留的。"

50 Emma Balfour diary, entry May 17, 1863, Gordon A. Cotton, *Like a Hideous Nightmare: Vicksburg Women Remember the Horrors of the Civil War* (Vicksburg, Miss.: The Print Shop, 2009), 39.

51 Frederick Grant, "A Boy's Experience at Vicksburg," 95.

52 USG, Special Field Orders No. 134, May 19, 1863, *Grant Papers*, 8：237.

53 *Personal Memoirs*, 1：529.

54 Ballard, *Vicksburg*, 332.

55 Oldroyd, *A Soldier's Story of the Siege of Vicksburg*, 31-32.

56 JAM to USG, May 22, 1863, *Grant Papers*, 8：253n.

57 USG to JAM, May 22, 1863, *Grant Papers*, 8：253n.

58 JAM to USG, May 22, 1863, *Grant Papers*, 8：253n.

59 Sherman, *Memoirs*, 1: 355.

60 USG to John C. Kelton, July 6, 1863, *Grant Papers*, 8: 503; see Kiper, *McClernand*, 260-62, for a more critical view of Grant's actions.

61 USG to HWH, May 24, 1863, *Grant Papers*, 8: 261.

62 AL to Isaac N. Arnold, May 26, 1863, *CWAL*, 6: 230.

63 John A. Rawlins, Special Orders No. 140, May 25, 1863, *Grant Papers*, 8: 267-68n.

64 Ballard, *Vicksburg*, 358.

65 Winschel, *Triumph and Defeat*, 1: 130; Shea and Winschel, *Vicksburg Is the Key*, 153-55.

66 Winschel, *Triumph and Defeat*, 1: 129-38; Ballard, *Vicksburg*, 360.

67 This incident was reported by Jacob S. Wilkin, Illinois 130th, in "Vicksburg," *Military Order of the Loyal Legion of the United States* (Chicago: Cozzens & Beaton, 1907), 233.

68 Ibid.

69 For an excellent summary of McClernand and the order, see Kiper, *McClernand*, 268-78.

70 WTS to John A. Rawlins, June 17, 1863, in Marszalek, *Sherman*, 485-87.

71 USG to JAM, June 17, 1863, *Grant Papers*, 8: 384-85.

72 JAM to USG, June 18, 1863, *Grant Papers*, 8: 385n.

73 John A. Rawlins, Special Orders No. 164, *Grant Papers*, 8: 385n; James H. Wilson, *Under the Old Flag*, vol. 1 (New York: D. Appleton & Co., 1912), 185-86.

74 USG to HWH, June 19, 1863, *Grant Papers*, 8: 385n.

75 Cotton, *Like a Hideous Nightmare*, 36-37.

76 Mary Loughborough, *My Cave Life in Vicksburg* (New York: D. Appleton & Co., 1864), 72.

77 Samuel Carter III, *The Final Fortress: The Campaign for Vicksburg, 1862-1863* (New York: St. Martin's Press, 1980), 230-32.

78 *New York Times*, June 21, 1863.

79 Ibid.

80 Shea and Winschel, *Vicksburg Is the Key*, 158-59.

81 John C. Pemberton to USG, July 3, 1863, *Grant Papers*, 8: 455n.

82 USG to John C. Pemberton, July 3, 1863, *Grant Papers*, 8: 455.

83 *Personal Memoirs*, 1: 560.

84 USG to John C. Pemberton, July 3, 1863, *Grant Papers*, 8: 457.

85 Ulysses S. Grant, "The Vicksburg Campaign," in Johnston and Buel, eds., *Battles and Leaders*, 3：554；Grant letter to unidentified correspondent, undated but written during summer of 1863, Grant Papers, Chicago History Museum.

86 Porter, *Incidents and Anecdotes of the Civil War*, 200-01.

87 USG to William S. Hillyer, May 5, 1863, *Grant Papers*, 8：162.

88 Ballard, *Vicksburg*, 398-99.

89 我要感谢特里·温谢尔（Terry Winschel）提醒我注意这种联系。详见：Winschel, *Triumph & Defeat: The Vicksburg Campaign*, 34-36；*FM 100-5 Operations*, 5 May, 1986, Headquarters, Department of the Army, Washington, DC, 91, 94-95。

90 AL to USG, July 13, 1863, *CWAL*, 6：326.

/ 第 18 章 查塔努加

> 这一壮观景象在这个大陆上实属空前绝后。这是我见过的第一个完全遵循作战计划的战场，我们可以从一个地方就能窥见整个战场。
>
> ——尤利西斯·S.格兰特致伊莱休·沃什伯恩，1863年12月2日

7月7日，当攻陷维克斯堡的消息终于传到华盛顿时，《纽约时报》的头版头条写道："密西西比河谷的英雄"，极力称赞格兰特的"辉煌成就"。[1]南方听到维克斯堡陷落的消息后，于7月9日将哈德逊港拱手交给了纳撒尼尔·班克斯，至此，密西西比河被成功打通。

格兰特现在已经习惯了新闻界的变化无常，他更感激那些了解他的人对他的赞许。谢尔曼在7月4日的信中写道："如果我不知道你的诚实、谦虚和纯洁的天性，我很可能也会效仿我一贯的敌人——报刊——肆意地阿谀奉承你。"精明实际的"康普"强调说："你对待一个勇敢但被欺骗的敌人的微妙之处，比埃弗雷特（Everett）最华丽的演说更加动人。"哈勒克是一个学习军事史的学生，他把格兰特与这个时代最伟大的将军进行比较："在计划的大胆、执行的迅速和结果的辉煌方面，这些行动比拿破仑在乌尔姆（Ulm）*的表现更为出色。"[2]

---

* 拿破仑以高超的战术包围了巴伐利亚的乌尔姆城，迫使等待俄国援军的奥地利军队投降。

*

在维克斯堡投降后，格兰特立刻开始思考未来。在忙着处理释放战俘时，他告诉斯坦顿自己"根本不打算去避暑胜地"——即便部队仍处在闷热的天气和普遍的疾病困扰当中——但是他希望尽快收到"关于所负责的战区未来作战的一般或具体的指示"。[3]

当被释放的南方士兵准备离开维克斯堡时，他们以为能够带着奴隶一起离开。格兰特打破了他们的幻想，在给麦克弗森——他被格兰特委任监管维克斯堡——的指示中称："我希望所有的黑人都明白，他们是自由的人。"[4]

格兰特的奴隶自由承诺在 1863 夏意味着什么？他传达了一个微妙的信号。一方面，"目前不允许在维克斯堡被俘的黑人入伍"；另一方面，"如果他们渴望和自己的主人一起回去，我认为也没有必要阻止"。最后，考虑到维克斯堡以外的情况，"有些人的离开也许对我们的事业有利，因为他们会说北方人解放了他们，从而在南方黑人中间散布不满情绪"。[5]

格兰特派随军牧师约翰·伊顿前往华盛顿向总统和斯坦顿简要介绍他为解放奴隶所做的工作。他向他们保证，他支持这一政策。格兰特在介绍伊顿的一封信中写道，"大批黑人涌入我们的阵线"，但他们"受到善待或虐待取决于部队与他们最初接触时所抱有的想法"。[6]

伊顿向格兰特汇报说，林肯办公室的"三脚架上有一张你的作战地图"。在第二次接见中，伊顿说林肯"对你很有好感"。格兰特曾授予伊顿"战时禁运品总监（General Superintendent for Contrabands)" ① 的头衔，但伊顿想让格兰特知道，"总统更希望这些人被称作自由民（freedmen）或自由人（freed people）"——一个更加积极的称呼。7

*

约翰·麦克勒南德仍是格兰特的一个挥之不去的问题。这位"政治将军"在 6 月 23 日给林肯发了一封电报，恳求能够表达自己的观点。8 接下来的几个月里，总统将从麦克勒南德那里听到比他想要得到的更多的消息，其中包括维克斯堡战役的报告。9

当格兰特审阅麦克勒南德的报告时，他简直不敢相信自己读到的内容。10 他给洛伦佐·托马斯写道："麦克勒南德太自负和傲慢。"他激愤地补充说："这份报告有许多不实之处，为了更正它，为了使它成为一份公正的报告从而作为历史的一部分被流传下去，我们需要重写其中的大部分内容。"11

格兰特认为最好的防守是深思熟虑下的进攻。他告诉林肯，他打算派约翰·罗林斯去华盛顿作为他的个人代表。12 在官方层面上，这位参谋长可以前往东部亲手递交格兰特的长篇官方报告；而私下里，他可以打探麦克勒南德公关活动的结果，然后告诉格兰特事情的经过。13

罗林斯于 7 月 30 日来到华盛顿后便迫不及待地了解当地的情况。他写道："我刚刚看见布瑞恩斯将军（General Brains）和赛特奥上校（Colonel Celton）。来到这里真是太值了，可以看出他们对你的成功有多高兴。"尽管这位伊利诺伊州的"政治将

---

① 南北战争初期，北方联邦称逃离南方的奴隶为"战时禁运品"，并拒绝将他们归还给其邦联主人。

军"正在进行一场声势浩大的运动，但"他们最终还是决定让麦克勒南德下台"。[14]

第二天，林肯给了罗林斯两个小时，让他向内阁展示格兰特的报告。会见结束后，海军部部长吉迪恩·威尔斯在日记中透露："这个热心而真诚的爱国者和军人，几乎是我见过的最让我心喜的军官。"[15] 至于麦克勒南德，"格兰特派罗林斯来这里是为了赢得总统的支持，而不是派人送急件。在这方面我认为他是成功的"。[16]

*

维克斯堡战役之后，林肯考虑让格兰特去东部接管波托马克军团。由于格兰特愈发受欢迎，而乔治·戈登·米德（George Gordon Meade）在葛底斯堡会战（Battle of Gettysburg）后让罗伯特·E. 李逃回弗吉尼亚，这令林肯非常沮丧，所以，总统的这一考虑开始为人们所接受。意识到自己将要被征召，8 月 5日，格兰特写信给查尔斯·达纳："如果我被命令指挥波托马克军团，我会感到忧伤而非满意。"他解释说："我了解西部的军官和士兵，以及每一位将军作为一名独立指挥官的能力。而在东部，我将要重新学习所有的东西。在这里，我了解这个国家的地理和资源。而在那里将是一种全新的学习。"格兰特虽未说明，但他通过军中的谣传早已得知，即波托马克军团充满了派系冲突。他相信，"空降一位将军来指挥一支军队，而这支军队由那些伴随着军队成长并被提拔的人所把持"，这样的安排是注定不会使军队满意的。[17]

当马萨诸塞州参议员亨利·威尔逊（Henry Wilson）得知

要把格兰特派往自己的州时，他写信给沃什伯恩抗议，但出发点不同。威尔逊表示担心，如果格兰特"接管波托马克军团……他会被那支军队内部和外部的一群人搞垮"。这支东部军队由麦克莱伦和他招募来的一些师级指挥官创建，其中一些人在麦克莱伦遭到免职后还继续留任，他所担心的正是东部军中的民主党人对奴隶制的软弱态度。威尔逊从达纳那里听说格兰特"谦虚、真实、坚定、诚实、有作战能力"，但他不确定格兰特在奴隶制问题上的立场。[18]

沃什伯恩写信给格兰特，随信附上威尔逊的信。格兰特对此回复说："我从来不是一个废奴主义者，甚至也不反对奴隶制，但我试图公正、诚实地加以判断，并在叛乱初期形成了一种观念，那就是，南北方除了作为一个国家之外，不可能和平相处，这与奴隶制无关。"对于未来，"尽管我迫切希望和平得以恢复，但在奴隶制这个问题未得到永久解决之前，其他问题都无法解决"。[19]格兰特的话揭示了他在奴隶制问题上有了一种何种程度的思考——这些都与他在内战中的经历密切相关。

*

1863年夏，格兰特面临着无数与前一年夏天十分相似的问题。他在维克斯堡取得胜利后——这是他通过集中兵力取得的战术上的成就——接到了哈勒克的命令，要他遣散军队，并分遣一些师团支援其他行动。这是夏伊洛会战后的情境重演。

8月，他写信给哈勒克，请求允许他访问驻守新奥尔良的纳撒尼尔·班克斯。他知道，亚拉巴马州的莫比尔港是南方政府在墨西哥湾沿岸的最后一个深水港。他希望获得班克斯的支持，在那里发动袭击。9月2日，他抵达新奥尔良，18年前他就是从这里出发率军远征的。那天晚上，班克斯在高雅的圣查尔斯酒店举办了一场欢迎活动。[20]

两天后，格兰特骑马来到附近的卡罗敦（Carrollton）领导一场审查。出于对格兰特骑术的认可和赞赏，班克斯送给他一匹巨大的栗色马。参加完一个觥筹交错的宴会后，格兰特、班克斯和他们的队伍骑行了4英里返回新奥尔良市区。格兰特让他那匹精力充沛的马摆脱束缚，奔跑起来。但是，当一列驶近的火车鸣笛时，那匹马吓得直往后退，摔倒并压在格兰特的身上——他的左腿遭受了巨大的撞击。当格兰特昏迷不醒时，一位旁观者说，"我们以为他已经死了"。[21]

格兰特被送回圣查尔斯酒店，他的整个左半身已经肿胀起来并不停地颤抖。他记得，"痛得让人几乎无法忍受"。[22]他没有骨折，但在酒店房间里一动不动地躺了一个多星期。他保持着惯常的幽默，对来访者说，他的马想穿过火车的车厢，但因"马力不足"[23]而失败了。

/ 293

卧床不起的格兰特开始了阅读。他特别喜欢《菲尼西亚》（*Phoenixiana*），这是他在西点军校的同学乔治·德比（George Derby）撰写的幽默小品集。[24]德比的一些故事模仿了查尔斯·里威尔（Charles Lever）的风格，后者是格兰特在西点军校时最欣赏的小说家之一。当格兰特平躺着阅读菲尼西亚医生嘲笑政治和军事领袖的虚假借口时，他尽量让笑声不要太过。

在夏伊洛，格兰特的马也曾在黑暗中不小心摔倒并压在他身上，但新奥尔良的这起事故对那些决定重提他酗酒传言的人来说是一针有效的催化剂。班克斯不太了解格兰特，但听说过他的故事。他给妻子玛丽（Mary）写信说："我一想到格兰特是个酒鬼就害怕。他的事故就是由此引起的，这一点见过他的所有人都知道。"[25]

"所有人"包括卡德瓦拉德·沃什伯恩将军，但他在向他的兄弟伊莱休·沃什伯恩汇报时，却只字未提喝酒的事："审查结束后，格兰特正在返回城里的路上，他的马摔倒，他也因此受了重伤。"[26]格兰特有可能喝了酒，甚至有可能喝得很多，但他没有从马上摔下来；只是马吓了一跳，并摔倒压在了他身上。

*

林肯对格兰特愈发欣赏。1863年夏，他已经考虑在战争结束之前，要求哈勒克征求格兰特关于他希望在密西西比州组建一个文官政府的意见。当格兰特到8月底还没有答复时（他不习惯于思考这种问题），哈勒克也给谢尔曼写信提出了类似的要求。

谢尔曼对此强烈反对："任何文官政府都是荒谬可笑的。"[27]他认为，在南方被彻底击败之前，是不可能建立政府的。

收到谢尔曼回信副本的两天后，格兰特写信给哈勒克，他对这一情况的看法完全不同。谢尔曼显然已经成为一场硬仗的倡导者，而格兰特却觉得，"路易斯安那州的大部分地区对联邦存有一种非常美好的感情"。军队应该让人们知道，通过接受结束战争行动的条款，任何南方州"都可以得到我们的法律保护"。[28]格兰特没有采取强硬手段来征服和羞辱另一半的国民，而是在考虑如何把人们团结到一处。

*

1863年9月，格兰特从伤病中恢复过来，当时战争在西部显现了不祥之兆。整个夏天，林肯对西部的另一支军队，威廉·罗斯克兰斯率领的坎伯兰军团的缓慢进展感到沮丧。1863 年 1 月，罗斯克兰斯在田纳西州取得石河会战的胜利，却没有取得进一步的决定性胜利，随后，他在纳什维尔东南 33 英里处的默弗里斯伯勒停止了进军。在林肯和斯坦顿持续六个月的压力下，6 月 23 日，罗斯克兰斯终于开始攻击布瑞格的田纳西军，迫使后者越过坎伯兰山脉 100 英里抵达查塔努加的边缘。但罗斯克兰斯又停了下来。[29]

7 月 7 日，带着对维克斯堡和葛底斯堡胜利消息的喜悦，斯坦顿给罗斯克兰斯写道："你和你高贵的军队现在有机会给叛乱分子致命的一击，你会错过这个机会吗？"[30] 罗斯克兰斯读后很生气，他回击说，他军队的成就没有得到充分的认可："你似乎没有注意到这样一个事实，即这支确实高尚的军队把反叛分子从田纳西州中部赶了出去。"他建议斯坦顿，不要"因为一件大事不是用鲜血写就就可以忽视它"。[31] 虽然罗斯克兰斯没有提到格兰特的名字，但他的批评很明确：格兰特为了在维克斯堡取得胜利牺牲了太多的人。

8 月 16 日，罗斯克兰斯终于向查塔努加挺进，迫使布瑞格的田纳西军队在 9 月 9 日撤退。9 月 11 日，查尔斯·达纳带着与前一年去格兰特指挥部时同样的任务——成为斯坦顿的耳目——来到罗斯克兰斯的指挥部。与格兰特热烈欢迎达纳不同，罗斯克兰斯的手下把他视作"报丧鸟"。[32]

当达纳拿起他的报告之笔时，最初的叙述是积极的。罗斯克兰斯相貌英俊，有着棕色鬈发和蓝色的眼睛，给人留下极好的第一印象。9 月 14 日，达纳乐观地联系了斯坦顿，"这里的一切进展顺利"。[33]

向南进军至佐治亚州西北部山区的罗斯克兰斯相信他已经把布瑞格赶走了。但是，这只是狡猾南军的一次战术撤退，他们伺机在选好的地点再战。布瑞格还希望得到增援，包括詹姆斯·朗斯特里特的北弗吉尼亚军团的两个师。

9月19~20日，布瑞格在查塔努加东南15英里处的奇克莫加河（Chickamauga Creek）河畔向罗斯克兰斯的部队发起突袭。第二天，在茂密的森林地带，15000名士兵冲进了罗斯克兰斯右翼的一个缺口。这是一场混乱而激烈的战斗，朗斯特里特的师发动了一场攻势，迫使罗斯克兰斯的大部分部队撤出了战场。[34]

当罗斯克兰斯向查塔努加撤退时，乔治·托马斯从史诺德农场（Snodgrass Farm）和马蹄岭（Horseshoe Ridge）重新召集了人马。他鼓起勇气奋勇防御，阻挡了灰衣军团（邦联军）的进攻。由于坚持不懈，托马斯赢得了"奇克莫加磐石（The Rock of Chickamauga）"的绰号。[35]

9月20日下午4点刚过不久，华盛顿通过达纳令人难忘的话得知了战斗结果："奇克莫加河会战和我们之前的布尔溪会战一样，是一个灾难性的名字。"[36] 他用密码把电报发给斯坦顿，但纳什维尔的电报员破译了电报内容，在夜幕降临前，随着电报的敲击声，这则悲惨的故事传遍了全国。

*

10月9日，格兰特接到哈勒克的命令，让他前往伊利诺伊州的开罗市汇报工作。当他于10月16日到达时，却收到了一封来自总司令的电报："请你立即前往肯塔基州路易斯维尔的高尔特酒店（Galt House），在那里你将见到一位给你命令和指示的战争部官员。"此外，"请你带上你的参谋……以便即时投入战斗"。³⁷哈勒克似乎又恢复了1862年在孟菲斯时的那种控制欲，命令格兰特去报到，却不告诉他新的任务是什么。

第二天早上，格兰特的火车在印第安纳波利斯（Indianapolis）停了一会，正当重新开动时，一个车站工人赶紧拦住火车司机，让他等等从华盛顿开来的专列，因为车上还差一位来自战争部的政府官员。最后，这位神秘的官员跳上了前往路易斯维尔的火车，并冲进格兰特的车厢。这位满脸胡须、气喘吁吁的绅士作了自我介绍——他是战争部长埃德温·M. 斯坦顿，同时他和格兰特的私人内科医师、加利纳人爱德华·基托医生（Dr. Edward Kittoe）热烈握手，说他通过照片认出了格兰特将军。³⁸

火车正驶往路易斯维尔，罗林斯也认出了斯坦顿。这时，斯坦顿给格兰特看了两套命令，"说我可以自行选择"。³⁹在俄亥俄、坎伯兰和田纳西三个旧指挥部的基础上，组建密西西比军事指挥部——除纳撒尼尔·班克斯的墨西哥湾军队外，新的指挥部将指挥从阿勒格尼山脉到密西西比河所有土地上的军队。林肯决定将三个指挥部联合起来，并将其托付给最好的将军来指挥。至于最好的将军，他选择了格兰特。

林肯授予格兰特全权负责被他寄予厚望的新指挥部。格兰特可以选择让罗斯克兰斯继续留任，也可以让托马斯替代。也许是还记得1862年在科林斯和艾尤卡与罗斯克兰斯相处得不好，格兰特选择了托马斯。

格兰特明白，西部战争的关键点现在正从维克斯堡转移到查塔努加。如果维克斯堡是控制密西西比河的关键，那么，无论谁控制查塔努加——其位于田纳西、亚拉巴马和佐治亚州的交界

/ 296

处——就都可以打开通往佐治亚和弗吉尼亚州的后门。查塔努加坐落在阿巴拉契亚山脉和坎伯兰山脉之间的一个山谷里，是三条铁路的枢纽。1863 年秋，查塔努加成为继里士满和亚特兰大之后联邦军的必争之地。

*

10 月 19 日，星期一，一个美丽的深秋初冬的日子，罗斯克兰斯回到他的指挥部，发现了这条意外的消息。华盛顿传来的电报通告他已被解除了指挥权。他惊呆了，并叫来托马斯，把命令交给他。托马斯替他的朋友愤愤不平，抗议说他不接受这个命令。他们谈了又谈，托马斯才终于同意。[40]

晚上 11 点 30 分，格兰特的电报送达："要不惜一切代价占领查塔努加。"他还写道："请告知你们目前的物资供应还能维持多久，以及能否坚守下去。"[41] 托马斯回复说，他手头有五天的口粮，还有两天的口粮需要用马车运过来。一向寡言少语的托马斯称："我一定会攻占这座城市，直至我们饿死方休。"[42]

*

格兰特动身前往查塔努加。在纳什维尔过夜时，他听取了田纳西州参议员、现任州军事长官安德鲁·约翰逊（Andrew Johnson）的长篇演讲。虽然没人指望格兰特能说点什么，但格兰特回忆说，"他的演讲让我很受煎熬，我很怕他会让我在他演讲时作出回应"。[43]

第二天晚上，当格兰特乘坐的火车驶入亚拉巴马州的史蒂文森（Stevenson）时，奥利弗·O. 霍华德将军（General Oliver O. Howard）登上火车，并向他表示敬意。[44] 这位 32 岁的军官在准备与"重要战役中成功的指挥官"会面时神态庄重，格兰特说"我见到他时大吃一惊"。霍华德是一名职业军官，他在 1862 年的弗吉尼亚半岛战役中失去了一条胳膊。霍华德承认，他原以为这位"著名的将军""身材魁梧、相貌粗野"。相反，他发现格兰特"骨瘦如柴、脸色苍白……明显沉默寡言且不善于交际"。[45]

霍华德当时在"好战的乔"胡克尔的军队服役，后者在 6 月之前还是波托马克军团的指挥官。在他们简短的谈话中，霍华德评论说："一个军官很难适应指挥权被降级。"格兰特反驳说："霍华德，我并不这么认为。一个少将也只能指挥一个师而不是更多。"霍华德永远不会忘记格兰特接下来说的话："我相信我是在挑战上帝，去寻求一项高于祂所托付给我的指挥权。"[46]

另一位来访者是罗斯克兰斯，他在北上途中与格兰特尴尬地交谈起来。在格兰特的回忆中，罗斯克兰斯"非常清楚地描述了查塔努加的情况，并就应该做些什么提出了一些极好的建议。我唯一感到奇怪的是他为什么没有去做"。[47]

*

从布里奇波特（Bridgeport）到查塔努加共有五条道路，其中四条较短，一条较长，但是，四条较短的路线，包括铁路、运河和另外两条道路，都被切断了。只有一条较长的路线勉强可以通行：这将是一段长达 60 英里的耐力考验。

10 月 22 日太阳升起的时候，由于格兰特腿伤未愈，罗林斯将他扶上马鞍，"仿佛他还是个孩子"。[48]格兰特沿着田纳西河谷的一条马车路前行，当他们来到塞阔奇山谷（Sequatchie Valley）时，这里的道路因大雨而泥泞不堪，连马肚子都陷进泥里，不得不挣扎着前进。路上到处散落着马车残骸，以及成百上千匹饿死的骡子和马。[49]棕黄色的"老杰克"是格兰特的马，它痛苦地摔倒并压在它主人受伤的腿上。第二天，格兰特一行人穿过瓦尔登岭（Walden's Ridge），最后穿过一座浮桥进入了查塔努加。

对格兰特来说，当他疲惫不堪地走进托马斯朴素的木制指挥部大楼时，前面房间里熊熊燃烧的篝火并不能缓解空气中的寒意。[50]这个指挥部靠近第四街，坐落在胡桃木街上。这就是罗斯克兰斯朋友的指挥部。人们经常把身材魁梧的托马斯和乔治·华盛顿作比较，他有一尊如主神朱庇特①般的大理石雕塑。但对那些亲近他的人来说，他就是"托马斯老爹"——一种追随者会跟到任何地方的父亲式形象。

几分钟后，格兰特的副官詹姆斯·威尔逊走了进来，发现格兰特坐在壁炉的一边，他的湿衣服在地上积了一摊水，而托马斯则坐在另一边。威尔逊开口了。"托马斯将军，格兰特将军又湿又累，应该穿些干衣服……此外，他饿了，需要吃点东西。"[51]他知道格兰特永远不会开口索要这些东西。[52]格兰特和托马斯第一次会面时的氛围，引起了他们崇拜者的注意，威尔逊在两位将军的沉默中观察到了敌意还是缄默？[53]

晚上，军官们聚在一起，讨论查塔努加及其周边地区的形势。格兰特虽然疲惫不堪，却用一连串的问题使谈话活跃起来。

---

① 朱庇特是罗马神话中的主神，对应希腊神话中的主神宙斯。

格兰特钦佩"奇克莫加磐石"乔治·托马斯的勇气，但托氏的迟疑常常让格兰特感到沮丧。他的另一个绰号"老慢跑"就源于这种迟疑的性格。

他立即给威廉·法勒·史密斯将军（General William Farrar Smith）留下了深刻的印象。格兰特称他为"秃头"史密斯（"Baldy"Smith），以区别于军队中的许多个史密斯。史密斯现在是坎伯兰军团的工程总监，当他在弗里德里克斯堡会战后批评伯恩赛德和胡克尔后，便失去了总统的支持。[54] 格兰特记得史密斯"把敌我两军的情况和国家的地形解释得十分清楚，使我无需实地考察就能了解具体情况"。[55]

*

那天晚上，另一个被格兰特吸引的军官是霍勒斯·波特上尉（Captain Horace Porter）。他在 1860 年以西点军校第 3 名的成绩毕业后，曾在麦克莱伦手下短暂服役，后来被派往罗斯克兰斯的坎伯兰军团。波特和许多人一样，原以为会遇见一个勇猛的大块头，没想到遇到的却是"一个身材修长、微微驼背、身高 5 英尺 8 英寸、体重 135 磅、举止庄重、态度温和，似乎更适合供职于法院而非军营的人"。[56] 在那个阴沉的夜晚，波特敏锐地观察到，"格兰特的询问是那么有见地，他的建议又是那么中肯，他那敏锐的观察力和对军队情况的了解给大家留下了深刻的印象"。波特明白，"格兰特的问题从一开始就显示了他的意图，他的心思不仅集中在迅速打通补给线上，而且还集中在向敌人发动进攻上"。[57]

*

重要的事先做。在联邦军被敌人包围的情况下，第二天早上，格兰特、托马斯和史密斯开始想办法打通补给线，也就是格兰特所说的"打通饼干线（opening up the cracker line）"，[58] 因为这条补给线可以把军事必需品"硬饼干"输送过来。

地理环境意味着一切。查塔努加位于 4 英里宽的查塔努加山谷中，以蜿蜒的田纳西河和两座山脉——传教士岭（Missionary Ridge）和卢考特山（Lookout Mountain）——为界。虽然只有 300 英尺高，但传教士岭陡峭的斜坡为守军提供了对抗进攻者的巨大优势。站在城里向右望去，可以看到坎伯兰高原南端的卢考特山。谁控制了 1200 英尺高的卢考特山，谁就控制了通往查塔努加的主要路线。

格兰特总能迅速地掌握地理要素，他骑马来到史密斯所指的一条旧马车路边，这条路从河的西边开始，一直通向布朗渡口（Brown's Ferry）。由于丛林中的树木遮蔽了渡口，使其无法被邦联军窥探，因此，史密斯建议在河上修建一座浮桥，以便开辟一条通往亚拉巴马州布里奇波特的更为直接的补给线。格兰特下了马，一瘸一拐地来到河边仔细检查。就在田纳西河对岸，好奇的南方哨兵正在监视他们。哨兵似乎并不关心在场的三名联邦军官。格兰特后来回忆说："我想，他们把查塔努加的驻军视作战俘……并且认为除自卫外杀死他们中的任何一人都是非人道的。"[59]

史密斯的计划令格兰特印象深刻，他很快接受了建议。虽然史密斯只相当于一名参谋，但格兰特授权这位直言不讳的工程总监策划这次行动。

10月27日凌晨3点，威廉·哈森（William Hazen）和约翰·图尔钦（John Turchin）的两个旅开始乘坐驳船沿田纳西河顺流而下。在9英里的行程中，有7英里会途经敌方控制区。在满月的照耀下，随着南方哨兵于附近开火，另一个旅沿着格兰特早些时候走过的道路悄悄疾行，并携带着重型武器和桥梁建设物资。两队人马都到达了布朗渡口，叛军只开了几枪。只要浮桥一建成，"饼干线"就打通了。[60]

/ 300

*

在到达查塔努加的五天内，格兰特就突破了邦联军的包围，并制订了进攻计划。他向朱莉娅保证，他觉得自己已愈发强壮，而且他相信，最近几天的艰苦跋涉"不但没有使我的伤势加重，反而几乎完全治好了我。我现在走路不用拐杖，从地面跃上我的马也没有困难"。[61]

格兰特看到了永久性补给线的开通如何改变了士气，他回忆说："任何一个没有目睹的人都很难意识到此举带来的宽慰。"不久，人们就享受到了丰盛的食物，新的蔬菜、衣服和弹药意味着

"许多星期以来从未有过的欢乐"。[62]

　　缓和了紧张气氛后，格兰特的副官威尔逊在格兰特的指挥部——一座两层楼的砖房——看到了一幕"让我觉得非常有趣的"情景。在一个下雨的午后，威尔逊听将军们——格兰特、托马斯、史密斯、约翰·雷诺兹（John Reynolds）、戈登·格兰杰（Gordon Granger）和托马斯·伍德（Thomas Wood）——"在讲笑话，以及军校生活和军旅生涯的故事时，听到他们在互叫绰号，我感到很高兴"。雷诺兹叫格兰特"山姆"，格兰特叫他"乔"，他们称呼托马斯为"老汤姆"、谢尔曼则被称作"康普"。[63] 但更重要的是格兰特定下的基调，这种基调培养了这些意志坚强的将军们和睦相处的能力。

＊

　　打通补给线后，负责整个指挥部而不仅仅是查塔努加的格兰特，把注意力转向了安布罗斯·伯恩赛德，他在弗里德里克斯堡遭到了耻辱性的失败，现在正率领着俄亥俄军团。伯恩赛德正式登记的军队有 15000 名步兵和 8600 名骑兵，但他的有效兵力实际上要少得多，而且分散在东田纳西州。格兰特意识到"伯恩赛德的军队几乎和坎伯兰军团一样处于绝望的境地"。[64] 最近，报纸的报道聚焦在"无能者伯恩赛德"身上，然而格兰特并没有因此就先入为主，而是拉近了他与伯恩赛德的关系。作为回应，伯恩赛德的士兵们也十分赞赏格兰特的彬彬有礼。[65]

　　格兰特给伯恩赛德写道："确有迹象表明一支来自李将军的军队正在向你进军吗？"他补充说，"如果你受到一种你无法与之竞争的力量的威胁，我们就必须努力帮助你。"[66]

11月6日，格兰特从一名逃兵那里得知，两天前，他的老朋友朗斯特里特率领15000名士兵离开了查塔努加前线，向伯恩赛德所部进发。格兰特认为他必须做些什么来减轻伯恩赛德的压力，并且他意识到随着朗斯特里特的行动，布瑞格的力量已经减少了超过四分之一，于是他制订了进攻计划。他给伯恩赛德写道："我将从这里开始行动，尽快把敌人从你的右翼赶回去。"[67]为了加强兵力，他写信给谢尔曼，让他停止修复和守卫铁路，尽快赶往查塔努加。

格兰特在11月7日给托马斯的信中写道："我认为最能吸引敌军行动的是对传教士岭北端的攻击，尽你所能去对付它。"为了强调紧迫性，他下令进攻"不得迟于明天上午，哪怕迟一点都不行"。然而，尽管他的命令很强硬，格兰特还是接受了一个颇为自治的指挥结构。"你来过这个州，"他补充说，"而且比我有更好的机会研究这个州，所以细节安排就留给你了。"[68]

托马斯担心他那支残缺不全的军队还没有作好全面进攻的准备，于是派人去找"秃头"史密斯。"如果我尝试着执行所收到的命令，"他告诉史密斯，"我的军队将遭受可怕的打击。"然后，托马斯意识到格兰特特别善于接受史密斯的意见，他催促道："你必须让格兰特撤销命令。"[69]

史密斯答应了，并告诉格兰特，他认为在谢尔曼所部到来前，不应该采取任何行动。[70]

那天晚上，尽管格兰特认为速度是援助伯恩赛德的关键，但他还是撤销了命令。他告诉伯恩赛德："我之前在电报中告知你托马斯将发动进攻，但这不得不在谢尔曼筹备好后方能行动。"[71]然后他告诉哈勒克："现在托马斯不可能在我的指挥下行动以驰援伯恩赛德了。"[72]

格兰特对托马斯不满吗？当然，托马斯的行为削弱了格兰特对他的信任。然而，与此同时，他相信工程总监史密斯的分析。他知道谢尔曼现在只剩下一个星期了，不习惯等待的格兰特勉强决定继续等候。

*

格兰特向朱莉娅透露了他当时的想法："事情将在十天内达到高潮，这对任何一方都大有好处。"他向妻子保证说："尽管如此，我没有失眠，只是晚上 12 点或 1 点以前没有上床睡觉而已，也找不出骂人或烦恼的理由。"[73]

如果格兰特没有失眠，远在华盛顿的人就会失眠。哈勒克发现自己受到了海军部部长威尔斯和财政部部长蔡斯的批评，后者以前是他的支持者，现在指责哈勒克"一无是处，除了总统，大家都知道这一点"。[74]哈勒克向格兰特施压，要求他激励这位已经失宠的伯恩赛德将军，以摆脱这些批评的阴影。他恳求道："我担心他不会去战斗，尽管他强烈要求这么做。除非你能立即援助他，否则他将把阵地拱手让给对手。"[75]

格兰特以他自己的方式激励着伯恩赛德。伯氏此时开始收到格兰特发来的电报，虽然里面充满了战略建议，但最后还是一再重复："你在现场，知道地面的情况，必须由你自己决定，"还有，"在那里，你能比我更清楚地知道如何抵抗朗斯特里特的进攻。"[76]格兰特竭力劝说道："我不知道怎样才能使你们明白牢牢控制住东田纳西州的必要性。"两天后，格兰特按照之前的告诫再次确认，"在我看来，到目前为止，你们所做的都是正确的"。[77]在弗里德里克斯堡惨败之后，伯恩赛德由于饱受批评而战战兢兢，一年多来，他第一次稳稳实实地坐在一位指挥官的位置上。

谢尔曼于 11 月 13 日傍晚抵达布里奇波特，他所辖四个师中的大多数人都比他晚到了几天。他们从维克斯堡跋涉了 600 多英里，穿过密西西比州北部和亚拉巴马州。11 月 15 日，谢尔曼匆匆赶往查塔努加。奥利弗·霍华德第一次见到谢尔曼，回忆起他是如何"跃入"格兰特指挥部的。他注意到格兰特"对谢尔曼的态度与对其他军官不同，会很自由、亲切和幽默"。谢尔曼站着说个不停，直到格兰特插嘴说："谢尔曼，坐到主位上吧。"

"主位？哦，不！那属于您，将军。"

格兰特并没有被劝阻，说："谢尔曼，我可不会忘记对年长者给予适当的尊重。"

谢尔曼回答："好吧，如果您这么说，我就必须得接受了。"[78]

霍华德很高兴格兰特对此似乎放松了不少，因为谢尔曼终于接受了他的建议。这两位挚友一支接一支地抽着雪茄，一直聊到晚上。

*

在另一边，尽管布拉克斯顿·布瑞格才华横溢，但他的努力却不断受到其刚愎自用性格的影响，导致他与下属之间不断发生争吵。尽管田纳西州的邦联军在奇克莫加河取得了最大的胜利，但南方的将军们仍然指责他没有摧毁罗斯克兰斯的军队。朗斯特里特的到来加剧了紧张局势，他公开批评布瑞格，认为他比罗伯特·E. 李差远了。朗斯特里特主张进攻，而布瑞格倾向于饿死联邦军从而让他们投降。

在这种不满的情绪中，杰斐逊·戴维斯前往查塔努加会见了布瑞格和他的将军们。最终，邦联总统——唯一且重要的投票人——决定布瑞格继续任职。戴维斯感觉到朗斯特里特成了反布瑞格派系的领袖，于是便命令布瑞格派这个桀骜不驯的将军去夺回诺克斯维尔（Knoxville）。[79]

相比之下，格兰特的指挥更具凝聚力，因此也更有效率。格兰特有几种习惯是布瑞格所没有的，他懂得倾听，会提出问题，不会试图管控各种细节，战斗结束后也很少批评别人。然而，摆在格兰特面前的是一个特别的挑战——与"奇克莫加磐石"乔治·托马斯合作，尽管托马斯颇有勇气，但他还有另一个绰号，"老慢跑（Old Slow-Trot）"。

11月16日早晨，格兰特、谢尔曼和托马斯骑马去查看战场。格兰特认为，维克斯堡战役的经验表明，正面攻击要塞的代价太大。托马斯主张优先攻占戒备森严的卢考特山，而史密斯主张优先攻打传教士岭。无论哪种方式，速度都很重要。格兰特给哈勒克写道："我正在竭尽全力为伯恩赛德将军提供最早的援助。"[80]

这时，一位来自华盛顿的高级别访客抵达了指挥部。1862年5月，比格兰特年长20岁的大卫·亨特将军曾下令解放南卡罗来纳州、佐治亚州和佛罗里达州的奴隶，然而这一命令立即被林肯总统撤销，他因此而声名狼藉。1863年秋，战争部部长斯坦顿派遣亨特前往西部进行一次评估之旅，其中包括视察格兰特的指挥部。[81]

*

11月18日，格兰特完成了他最终的计划。他同意史密斯的看法，认为最好的攻击地点是布瑞格在传教士岭防守薄弱的最右翼阵地。但是他把任务交给了他最信任的将军谢尔曼，而不是托马斯。如果谢尔曼遇到了意想不到的负隅抵抗，格兰特要么会命令托马斯来帮助他，要么就让托马斯攻击位于传教士岭的邦联军核心。格兰特指挥了 80000 人——谢尔曼的四个师、托马斯的四个师、胡克尔的三个师和霍华德的两个预备师——比布瑞格42000 人的部队多了近一倍。[82]

格兰特的计划比他想象的要有效得多。11 月 20 日，布瑞格通知戴维斯，"谢尔曼的部队已经抵达，我们左边有动静"。[83]布瑞格原以为主要攻击会发生在托马斯所极力主张的卢考特山。

格兰特于 11 月 21 日开始进攻。但是滂沱大雨和布朗渡口的一座浮桥被冲毁，滞缓了谢尔曼部队的行军速度。相较对谢尔曼的迟缓感到不满，格兰特其实更担心托马斯。他在信中给哈勒克写道："在坎伯兰军团停滞不前的情况下，我感到前所未有的不安。"[84]

*

将军们总是在收集情报，而且情报常常是相互冲突的。如何区分真假，又该如何区分情报是及时还是过时？ 11 月 23 日凌晨 3 点半，一名逃兵报告说，邦联军正在向亚特兰大撤退。格兰特敦促托马斯"立即查明昨晚逃兵所称的布瑞格军已经撤退的真伪"。他从经验中得出结论，逃兵有时是被派往敌军阵地去迷惑联邦指挥部的。事实上，布瑞格已经派出帕特里克·克利本（Patrick Cleburne）和西蒙·玻利瓦尔·巴克纳的两个师去协助朗斯特里特与伯恩赛德作战。

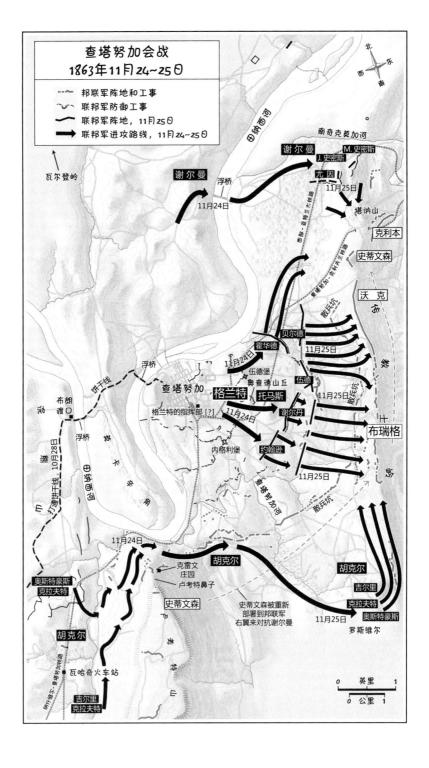

由于谢尔曼还没有准备好，格兰特愿意改变他精心准备的计划，他指示托马斯在传教士岭前面佯动，以测试布瑞格的意图，看他是否真的离开。

11月24日下午1点，号角声打破了原有的平静，人们从帐篷里涌出，聚集在查塔努加东部边缘宽阔的平原上。托马斯的坎伯兰军团认为他们在格兰特的作战计划中属于次要角色，他们站在蓝色纵队中。当格兰特通过望远镜凝视时，约瑟夫·富勒顿上校（Colonel Joseph Fullerton）捕捉到眼前的奇观。[85]

> 旗帜在飘扬，成千上万人在同一时间迈动步伐。战地上空，响起几百名连长的强烈命令声、鼓声以及号角的呜呜，随之而来的是连队来回调动，军团列阵完毕，明亮的太阳照耀着上万把擦亮的刺刀，它们闪闪发光，有若雷电花火——所有这些看起来就像是在准备迎接和平的盛会。[86]

邦联军的哨兵观察着这场对于全世界而言似乎都极为盛大的阅兵。托马斯的队伍距离传教士岭有两英里远，一大片开阔的平原隔开了邦联军的散兵和正在游行的联邦军队。平原的中间有几座小山，其中的奥查德山丘（Orchard Knob）是一座离谷底100英尺高的岩石小山。[87]

托马斯的士兵们在半个小时里按照传统的阅兵节奏行进。突然，在下午2点，这14000名士兵向前冲过平原，一直冲到奥查德山丘顶端。邦联军在小山丘上的634名散兵仅仅开了几枪，随后寡不敌众，最终撤退到传教士岭山下。格兰特和托马斯命令军队在距离传教士岭的邦联军前线约一英里的地方加强防御。

*

11 月 24 日，谢尔曼的首批三个师乘坐驳船越过田纳西河，抵达东岸。大雨使田纳西河涨到了 1400 英尺宽，但谢尔曼修建了一座特制的 1350 英尺长的浮桥。

格兰特在伍德堡（Fort Wood）注视并等待着。他在上午 11 点 20 分给谢尔曼打电报："除非我接到你的通知，否则我不愿下令进行全面交战。"[88] 中午 12 点 20 分，谢尔曼的最后一批部队渡过了田纳西河。小雨和低云使他的行动更显隐蔽，他通过达纳传递给格兰特一条消息：这里一切都很好。[89]

到了下午 1 点，谢尔曼的士兵们以三支平行的纵队发起进攻，向布瑞格防守薄弱的右翼迅速推进。谢尔曼在河边的指挥部里，通过传递的信号得知，他的部队已经前进了一英里半进抵了目标——传教士岭的北端。[90]

*

与此同时，格兰特的计划要求胡克尔做的只是把邦联军牵制在原地。"好战的乔"胡克尔率领着一支由 10000 名老兵，即他自己的部队、托马斯师团和谢尔曼师团组成的联合部队，这支联军此前从未合作过。经过数周的努力，情报人员截获了南方的消息，一切都改变了："如果他们打算进攻，我认为他们将会进攻我们的左翼，即卢考特山。"格兰特现在修正了路线，颠覆了南方的预判。11 月 24 日中午 12 点 30 分，他命令胡克尔组织一次"佯攻"，"帮助谢尔曼翻越"到传教士岭。[91] 胡克尔知道佯攻是辅助性的，但他渴望战斗，并命令他的部队准备好在白天行动。卡特·史蒂文森在卢考特山组织南方守军备战，他觉得胡克尔不会如此莽撞地公开进攻这里。[92]

胡克尔知道在钱斯勒斯维尔会战之后，他的胸前就挂着"失败者"的徽章，他把这次佯攻当作一个自我救赎的机会。在这次大胆的袭击中，他的士兵越过了深谷和茂密的森林，攀登上号称坚不可摧的卢考特山北坡。来自纽约的乔治·柯林斯上尉（Captain George Collins）记下了那天早晨的感觉："每个人的心都跳到了嗓子眼儿。"[93] 胡克尔原本希望最多只能占领山坡下面和山腰，因为逃兵告诉他，山顶的"卢考特鼻子"处有三个配有大炮的旅在严防死守。士兵们发现很难前行，因为他们挣扎着用一只手拿着枪，另一只手抓住树枝或岩石来帮助攀爬。[94]

当格兰特竭力想看一下进展状况时，低矮的云层挡住了他的视线。令人目眩的雾起初是胡克尔士兵的敌人，但当浓雾笼罩着他们的行动时，雾气反而变成了他们的朋友。在半山腰，铁矿石大亨罗伯特·克雷文（Robert Cravens）于1855年在一处平坦的地方建造了他的房子，固守其中的邦联军炮兵暂时阻止了胡克尔的行动。

上午时分，胡克尔的联合部队经历了一种奇异的天气现象，事后，那些退伍的军人永远记住了他，直至下个世纪。雾气突然消散，露出了上面的云堤和下面的雾，中间出现了一片晴朗的蓝天。在下方——格兰特一直在努力观察的地方——突然出现了身穿蓝色衣服的士兵。

胡克尔想要占领山顶"卢考特的鼻子"，但随着邦联军的撤退，他决定在克雷文的白色隔板房子前停一停。几个星期以来，克雷文庄园一直是邦联军占领卢考特山的象征。那一天的殊死搏斗，被后人称作"云巅之战（The Battle Above the Clouds）"。[95]

*

当谢尔曼的军队到达他们认为是传教士岭的顶峰时，他们惊愕地发现前面还有一座宏伟得多的山。由于谢尔曼被迫在没有适当地图的情况下行军，而且距离很远，所以他并没有意识到这个错误。他的先头部队意识到传教士岭并不像查塔努加那样是一个完整的高地。他们已经占领了比利山羊山（Billy Goat Hill），但现在"山羊"却在他们的上面——这里有一条深谷，它把比利山羊山和传教士岭的塔讷山（Tunnel Hill）隔开。但是谢尔曼在他的指挥部却不知道这个错误，他还派出一名士兵夜行去通知格兰特自己已经成功。下午6点，格兰特给哈勒克发了电报："谢尔曼已经占领了传教士岭的尽头。"[96]

*

11月25日的黎明虽然寒冷，却也放晴。上午9点半，格兰特把他的指挥部重新布置在奥查德山丘，这是一块位于中央的高地，从那里可以一览无遗地看到半圆形战区。所有人的注意力都集中在谢尔曼的进展上。与此同时，格兰特希望托马斯继续作好援助准备，通过向前推进剩下的路程，越过平原，从而夺取传教士岭山脚下的散兵坑。胡克尔奉命追击布瑞格军，以防止他们在传教士岭加强对谢尔曼所部的防御。

不久，格兰特开始调整他的计划，以适应不断变化的环境。

最先到来的惊喜是一缕晨光照亮了在"卢考特的鼻子"上升起的星条旗，胡克尔超越了自己。巨大的欢呼声接踵而至，将军和士兵们在空中挥舞着他们的帽子。登上这座山顶意味着邦联军对卢考特山长达 60 天的占领已经结束。[97]

接下来就不是惊喜了，而是令人惊吓的坏消息。谢尔曼从田纳西河的指挥地走出来，亲眼看见了他的位置和塔讷山之间有一条意想不到的深沟。他还发现自己与帕特里克·克利本的军队正处于对峙状态，克利本所部由布瑞格从卢考特山调来。邦联军都很崇拜这位出生在爱尔兰，并曾在石河和奇克莫加河服役的老兵，准备追随他的领导。[98] 谢尔曼命令师长休·博伊尔·尤因（Hugh Boyle Ewing）（他是托马斯·尤因的儿子和谢尔曼的养兄弟）率领几个旅继续前进，但他们在上山的途中不得不紧贴地面，以避免邦联军从山上向他们发起的倾泻而下的射击。有时战斗人员靠得太近，叛军又会向他们扔石头。[99]

到了中午，谢尔曼进攻六小时后，军队开始变得更加沮丧。艾奥瓦州的约翰·科尔斯（John Corse）和他的士兵袭击了塔讷山的北坡，但被击退。中午 12 点 45 分，谢尔曼突然给格兰特发了一条一句话的信息："托马斯在哪里？"[100] 由于遭到顽强抵抗，格兰特正在回复前一天晚上发来的电报。他在电报中写道，托马斯要么攻占传教士岭前面的"敌军散兵坑"，"要么向左移动去支援你"。但是，格兰特认为，这个决定得"视情况而定"。[101]

在一天的"即兴表演"中，最后的惊讶在下午的晚些时候到来。格兰特在下午 2 点离开奥查德山丘吃午饭，2 点半回来时，他看到了这半小时内发生的巨大变化。正如格兰特预料的那样，谢尔曼的部队并没有在进攻中向前推进，而是往后撤退。下午 3 点，由于谢尔曼停了下来，胡克尔也延误了，格兰特对 11 月下旬昼长渐短的情况很是在意，便转而告诉托马斯："胡克尔没有出现，但我认为你最好采取谢尔曼的建议行动起来。"[102]

托马斯走开了，几分钟过去后都没有回应。当左右两边都在激烈战斗时，坎伯兰军团仍然是旁观者。托马斯是否反对这一行动，担心他的军队会被战壕里的守军屠杀？格兰特走向托马斯的一位师长托马斯·伍德，并对他说："谢尔曼将军似乎现在不好过。"伍德同意这一点，格兰特继续说，"我想我们应该设法去帮助他。"[103]

托马斯第四军的指挥官戈登·格兰杰有摆弄大炮的习惯，就在那时，他还在摆弄自己的炮。格兰特忍无可忍，终于开口说话："托马斯将军，请命令格兰杰把大炮移交给其他指挥官，并指挥他的部队。现在命令你的部队向前推进，占领敌人的第一道防线。"[104]格兰特打算让邦联军在传教士岭山顶动弹不得，直到谢尔曼抵达后率先发起进攻。

易激动的格兰杰站在格兰特身旁，他抬起胳膊，开始叫道："开火！开火！"[105]很快，军事史上罕见的一幕开始了。大约有24000名身穿蓝色军装的士兵向前冲锋，他们排成2英里宽、4英里纵深、散兵在前的阵列——比乔治·皮克特（George Pickett）在葛底斯堡冲锋时的规模还要大——开始横扫传教士岭山下犹如圆形竞技场的平地。托马斯的师级指挥官阿布索伦·贝尔德（Absalom Baird）在左路，托马斯·伍德和菲利普·谢尔丹（Philip Sheridan）在中路，理查德·约翰逊（Richard Johnson）在右路，总共面对着由16000人组成的强大敌军。[106]

在传教士岭的山脊上，有超过50门大炮开火，而位于伍德堡、内格利堡（Fort Negley）和奥查德山丘的联邦炮兵则加以还击。令所有人吃惊的是，托马斯的部队迅速占领了这些散兵坑，勇敢地面对枪林弹雨，炮弹在他们上方和周围爆炸，伤亡人员倒在枯萎的冬草上。当北方士兵向前冲锋时，他们无法相信自己所看到的场景：守军们惊慌失措，放弃阵地，开始向山脊上撤退。北方士兵们继续前进，他们扯着嗓门大声喊道："奇克莫加！奇克莫加！"如果在平原上的冲锋可以用有序来描述，那么在山坡上的冲锋则是无序的。

格兰特惊讶地问道："托马斯，是谁命令这些人冲上山的？"

"我也不知道。"托马斯回答。[107]

格兰特通过野外望远镜，惊讶地看着托马斯的士兵。他们带着飘扬的军旗，面对沟壑中的障碍，砍掉树木，并跨越远处疏松的碎石。然而，他们似乎很快就到达了山顶，他们发现那里防守薄弱，没人料到他们会在那里出现。谢尔丹的师最先到达山顶，18 岁的威斯康星州第二十四团上尉阿瑟·麦克阿瑟（Arthur MacArthur）获得了第一个将国旗插在山顶的荣誉，他喊道："威斯康星万岁！"麦克阿瑟是他所在团的第四位旗手——之前的第一位被击中，第二位被刺刀刺穿，第三位则"被斩首"。年轻的麦克阿瑟在 1902~1909 年会继续担任陆军的高级将领，但他留给世人的最深印象则是道格拉斯·麦克阿瑟（Douglas MacArthur）的父亲，他的儿子在第二次世界大战中是盟军西南太平洋战区的总司令。[108]

*

在奥查德山丘，胡克尔沿着传教士岭向北推进，由于之前工兵们在查塔努加河（Chattanooga Creek）上架桥，他们已经耽搁了几个小时。格兰特骑上他的马来到山脊时，普通士兵认出了他，纷纷紧紧抓住他的马镫，高声欢呼。格兰特举起帽子，一次又一次地停下来向他们表示谢意。[109]

在庆祝活动中，林肯致电格兰特："记住伯恩赛德。"[110] 他正是打算这样做的。由于谢尔曼的部队在当天早些时候受阻于邦联军的反攻，因此他在查塔努加感到失望，他不情愿地在 11 月 25 日晚上接到命令："现在，下一件事就是援救伯恩赛德。"[111] 这不是一个容易的任务。格兰特知道谢尔曼的士兵们已经筋疲力尽，自从他们七天前离开布里奇波特，就一直靠着两天的口粮维生。谢尔曼想起他在战争开始时精神崩溃的尴尬情景，就对他的朋友说："记住，东田纳西州是我的恐惧之地。"[112]

但他的担心是徒劳的。12 月 5 日，当谢尔曼接近诺克斯维尔时，伯恩赛德派来的一名信使通知他，在大雾散去的那天清晨，联邦哨兵发现朗斯特里特已经离开，他正在返回弗吉尼亚的途中。[113]

*

格兰特在查塔努加获胜的重要性再怎么夸大也不过分。在不到三天的时间里，由三支从未并肩作战过的军队组成的新指挥部，将田纳西的邦联军——一个强大的对手，已经包围了查塔努加两个多月——向南驱逐。现在，通往佐治亚州和亚特兰大的门已经敞开。

托马斯的坎伯兰军团是自行追击逃跑的邦联军，还是格兰特或托马斯下达命令才有了这次引人注目的进攻，这一点仍有争议。[114] 查尔斯·达纳在奥查德山丘目睹了这一事件，他写道："我军攻占传教士岭是军事史上最伟大的奇迹之一。任何一个沿着他面前蜿蜒盘旋的道路并爬上这座山的人，都无法相信 18000 名士兵如何攀登在它那破碎的、岩块剥落的表面，除非他有幸目睹了这件事。"[115] 一个月后，格兰特在写正式报告时仍然对这场战斗感到惊讶，"我只能这么解释……敌人由这种冲锋的胆大所产生的混乱和惊讶，导致了他们部分的混乱和无目标的射击"。[116]

在查塔努加取得胜利的原因值得分享。一方面，谢尔曼误判了地形，使得行动放缓；另一方面，胡克尔很耀眼，为了消除被从东部指挥部撤走的耻辱，他在西部证明了自己的勇气。托马斯起初不愿从罗斯克兰斯手中接过军职，但他恢复了被击败的坎伯兰军团的士气。

邦联军的领导人也值得赞扬：布拉克斯顿·布瑞格，因为他没有预料到格兰特的作战计划；杰斐逊·戴维斯，因为他命令朗斯特里特向诺克斯维尔进发，抢走了布瑞格手下一支最好的军队。格兰特带着他干巴巴的幽默感，后来写了一篇关于戴维斯的文章，"在战争期间，他有几次凭借出众的军事才能帮助了联邦军队"。[117]

格兰特对自己的天赋不以为然。他知道自己在查塔努加等待谢尔曼的成功等得太久了；由于不信任托马斯，他很可能错过了在 11 月 25 日早些时候把他投入战场的机会。然而，格兰特冷静的决心首先解除了邦联军对这座城市长达两个多月的围困，然后他又精心协调了一支经常内部不和的军队，而这支军队以前从未并肩作战过。

林肯总统怀着钦佩之情在 12 月 8 日写信给格兰特将军："我愿向你以及在你指挥下的所有人表示衷心的感谢。感谢你们在巨大的困难中达成重要目标的技巧、勇气和毅力。愿上帝保佑你们所有人，林肯。"[118]

12月14日，在结束访问后，大卫·亨特将军电告斯坦顿对格兰特为期一个月的观察所作的评估。亨特"受到格兰特将军的盛情款待。他把他的床让给我，把他的房间让给我，让我骑他最喜欢的战马，给我读他收到和发送的命令。……他是一个勤奋的工作狂，自己写急件和命令，自己思考"。而且，"他静静地听取他人的意见，然后迅速作出判断"。至于他的习惯，"他很谦虚、安静，从不咒骂，很少喝酒，因为我和他在一起的三个星期里他只喝了两杯酒"。[119]

*

由于1950年代和1960年代的城市重建，查塔努加的所有内战建筑，包括格兰特的指挥部都被拆除。然而，今天站在城市中心以东2.5英里的崎岖不平的奥查德山丘顶上的游客，仍然可以想象1863年11月下旬那场为期三天的战斗。正如格兰特在给众议员沃什伯恩的信中所写的那样，"这一壮观景象在这个大陆上实属空前绝后"。[120]

注 释

1　*New York Times*，July 7，1863．

2　WTS to USG，July 4，1863，in Marszalek，*Sherman*，496–97．当时最伟大的演说家爱弗雷特（Edward Everett）将于1863年11月19日在葛底斯堡（Gettysburg）发表重要演说。

3　Charles A. Dana to EMS，July 5，1863，in Dana，*Recollections of the Civil War*，102．

4　USG to James B. McPherson，July 5，1863，*Grant Papers*，8：483．

5　Ibid.

6　USG to AL, June 11, 1863, *Grant Papers*, 8: 342.

7　John Eaton to USG, July 23, 1863, *Grant Papers*, 8: 343n.

8　JAM to AL, June 23, 1863, ALPLC.

9　Kiper, *McClernand*, 270-74.

10　John A. McClernand, report, Thirteenth Army Corps, June 17, 1863, *OR*, ser. 1, vol. 24, pt. 1, 137-57.

11　USG to Lorenzo Thomas, July 19, 1863, *Grant Papers*, 9: 78-79.

12　USG to AL, July 20, 1863, *Grant Papers*, 9: 80-81. 格兰特这样介绍罗林斯: "他与这支军队关系紧密, 从贝尔蒙特会战到维克斯堡投降, 他在每一次交战中都和我牵连甚深。"

13　詹姆斯·H. 威尔逊 (James H. Wilson) 后来宣布, 罗林斯是报告的主要作者 (Wilson, *Life of John A. Rawlins*, 147, 157-58), 但在 1876 年, 格兰特把这份报告的初稿交给了他的儿子弗里德里克·登特·格兰特 (Frederick Dent Grant)。*Grant Papers*, 8: 508n.

14　John A. Rawlins to USG, July 30, 1863, *Grant Papers*, 9: 81n.

15　Welles, *Diary*, entry July 31, 1863, 1: 386.

16　Ibid., 387.

17　USG to Charles A. Dana, August 5, 1863, *Grant Papers*, 9: 145-46.

18　Henry W. Wilson to Elihu B. Washburne, July 25, 1863, *Grant Papers*, 9: 219n; Richard H. Abbott, *Cobbler in Congress: The Life of Henry Wilson, 1812-1875* (Lexington: University Press of Kentucky, 1972), 68; William E. Gienapp, *The Origins of the Republican Party, 1852-1856* (New York: Oxford University Press, 1987), 135.

19　USG to Elihu B. Washburne, August 30, 1863, *Grant Papers*, 9: 218.

20　Richardson, *A Personal History*, 348.

21　*Personal Memoirs*, 1: 581-82; Frank Parker interview, Hamlin Garland Papers; Cadwallader C. Washburn to Elihu B. Washburne, September 5, 1863, Washburne Papers, Library of Congress; Simpson, *Grant*, 222.

22　*Personal Memoirs*, 1: 581.

23　Richardson, *A Personal History*, 349.

24　Ibid.

25　Nathaniel P. Banks to Mary Banks, September 5, 1863, cited in Catton, *Grant Takes Command*, 26. 当时并不在新奥尔良 (New Orleans) 的记者西尔维纳斯·卡德瓦拉德 (Sylvanus Cadwallader) 后来写道, 这次事故 "完全是由他酗酒造成的"。

Cadwallader, *Three Years with Grant*, 117.

26　Cadwallader Washburn wrote his brother Elihu Washburne on September 5, 1863, Washburne Papers, Library of Congress.

27　WTS to HWH, September 17, 1863, *OR*, ser. 1, vol. 30, pt. 3, 695, 697, 699.

28　USG to HWH, September 19, 1863, *Grant Papers*, 9: 221-22.

29　Steven E. Woodworth, *Six Armies in Tennessee: The Chickamauga and Chattanooga Campaigns* (Lincoln: University of Nebraska Press, 1998), 3.

30　EMS to William S. Rosecrans, July 7, 1863, *OR*, ser. 1, vol. 23, pt. 2, 518.

31　William S. Rosecrans to EMS, July 7, 1863, *OR*, ser. 1, vol. 23, pt. 2, 518.

32　Lamers, *Edge of Glory*, 311-12; Woodworth, *Six Armies in Tennessee*, 117-18.

33　Lamers, *Edge of Glory*, 315.

34　Peter Cozzens, *This Terrible Sound: The Battle of Chickamauga* (Urbana: University of Illinois Press, 1992), see especially 368-405.

35　Brian Steel Wills, *George Henry Thomas: As True as Steel* (Lawrence: University Press of Kansas, 2012), 203-21; Woodworth, *Six Armies in Tennessee*, 122-28.

36　Charles A. Dana to EMS, September 20, 1863, *OR*, ser. 1, vol. 30, pt. 1, 192-93; Lamers, *Edge of Glory*, 358.

37　HWH to USG, October 16, 1863, *OR*, ser. 1, vol. 30, pt. 4, 404; Thomas and Hyman, *Stanton*, 290-91.

38　*Personal Memoirs*, 2: 18; HWH to USG, October 16, 1863, *Grant Papers*, 9: 297n. 一个月后, 罗林斯澄清了格兰特用托马斯取代罗斯克兰斯的决定: "虽然格兰特将军并不是罗斯克兰斯将军的敌人, 而我们的一些报纸似乎对此印象深刻, 但在1862年夏秋两季与他共事之后, 无论是为了自己还是对国家的事业而言, 都无法再考虑指挥罗斯克兰斯将军了。" Rawlins to Mary E. Hurlbut, November 23, 1863, *Grant Papers*, 9: 298n.

39　*Personal Memoirs*, 2: 18.

40　Lamers, *Edge of Glory*, 392-93.

41　USG to George H. Thomas, October 19, 1863, *Grant Papers*, 9: 302.

42　George H. Thomas to USG, October 19, 1863, *Grant Papers*, 9: 302n.

43　*Personal Memoirs*, 2: 27.

44　John A. Carpenter, *Sword and Olive Branch: Oliver Otis Howard* (Pittsburgh: University of Pittsburgh Press, 1964), 32, 59.

45　Oliver O. Howard, "Grant at Chattanooga," in Military Order of the Loyal Legion of the United States, New York Commandery, *Personal Recollections of the War of the Rebellion*, vol. 1 (New York: published by the New York Commandery, 1891),

46 Ibid., 248.

47 *Personal Memoirs*，2：28.

48 Catton，*Grant Takes Command*，37.

49 *Personal Memoirs*，2：28.

50 Horace Porter，*Campaigning with Grant*（New York：Century Co.，1897；repr.，
Lincoln：University of Nebraska Press，2000），1.

51 Wilson，*Under the Old Flag*，1：273-74. 听威尔逊的话一定要小心，因为他总是有
把自己当作故事中心的倾向。

52 托马斯的参谋长约瑟夫·J.雷诺兹（Joseph J. Reynolds）对此有不同的解读。他认
为自己的上司和格兰特在一个寒冷潮湿的一天结束时，只是在炉火旁享受了片刻的宁
静。三十多年后，雷诺兹告诉哈姆林·加兰德，"格兰特和托马斯之间没有什么感情"。
（Hamlin Garland Papers）托马斯没有留下任何文件，所以很难从他的角度想象当晚的
情形。

53 最近的两本传记都对托马斯敬仰有加，但对格兰特的看法却截然不同。Brian Steel
Wills，*George Henry Thomas: As True as Steel*，imputes no ill will from Grant to
Thomas，whereas Benson Bobrick，*Master of War: The Life of General George H.
Thomas*（New York：Simon & Schuster，2009），cannot miss an opportunity to put
Grant down.

54 Walter H. Hebert，*Fighting Joe Hooker*（Lincoln：University of Nebraska Press，
1999），165；William Marvel，*Burnside*（Chapel Hill：University of North Carolina
Press，1991），200-204. 麦克莱伦的另一位密友威廉·富兰克林（William Franklin）
也加入了史密斯（Smith）的批评行列。

55 *Personal Memoirs*，2：29.

56 Porter，*Campaigning with Grant*，14.

57 Ibid.，5. 霍勒斯·波特（Horace Porter）对格兰特的人性作了一种有价值的描述，但
附有一个限定性条款：他大量引述了自己当时无法写下的引语。

58 Ibid.

59 *Personal Memoirs*，2：31.

60 Wiley Sword，*Mountains Touched with Fire: Chattanooga Besieged, 1863*（New
York：St. Martin's Press，1995），112-22；Peter Cozzens，*The Shipwreck of Their
Hopes: The Battles for Chattanooga*（Urbana：University of Illinois Press，1994），
59-65.

61 USG to JDG，October 27，1863，*Grant Papers*，9：334.

62 *Personal Memoirs*，2：38.

63 James H. Wilson to Adam Badeau, November 5-6, 1863, *Grant Papers*, 9: 353n; Wilson, *Under the Old Flag*, 1: 280. 格兰特的两层指挥部建筑由查塔努加的开发商詹姆斯·A. 怀特塞德（James A. Whiteside）建造。

64 Marvel, *Burnside*, xii.

65 Ibid., 296.

66 USG to Ambrose E. Burnside, October 26, 1863, *Grant Papers*, 9: 325.

67 Ibid., November 5, 1863, *Grant Papers*, 9: 359.

68 USG to George H. Thomas, November 7, 1863, *Grant Papers*, 9: 370-71.

69 William F. Smith, "Comments on General Grant's 'Chattanooga,'" in Johnston and Buel, eds., *Battles and Leaders*, 3: 716.

70 Ibid.

71 USG to Ambrose E. Burnside, November 8, 1863, *Grant Papers*, 9: 374-75.

72 USG to HWH, November 9, 1863, *Grant Papers*, 9: 377.

73 USG to JDG, November 14, 1863, *Grant Papers*, 9: 395-97.

74 Marszalek, *Commander of All Lincoln's Armies*, 186.

75 HWH to USG, November 16, *Grant Papers*, 9: 404n.

76 USG to Ambrose E. Burnside, November 7, 14, 1863, *Grant Papers*, 9: 368-69, 391-92.

77 USG to Ambrose E. Burnside, November 15, 17, 1863, *Grant Papers*, 9: 401, 405.

78 Howard, "Grant at Chattanooga," in *Personal Recollections of the War of the Rebellion*, 1: 248.

79 Cooper, *Jefferson Davis, American*, 453-58.

80 USG to HWH, November 16, 1863, *Grant Papers*, 9: 404.

81 Edward A. Miller, *Lincoln's Abolitionist General: The Biography of David Hunter* (Columbia: University of South Carolina Press, 1997), 114, 157-59.

82 Smith, *Grant*, 273-74; Sword, *Mountains Touched with Fire*, 156-57.

83 Braxton Bragg to Jefferson Davis, November 20, 1863, *OR*, ser. 1, vol. 31, pt. 2, 667.

84 USG to HWH, November 21, 1863, *Grant Papers*, 9: 428.

85 USG to WTS, November 24, 1863, *Grant Papers*, 9: 441.

86 Joseph Fullerton, "Army of the Cumberland at Chattanooga," in Johnston and Buel, eds., *Battles and Leaders*, 3: 721; Howard, "Grant at Chattanooga," in *Personal Recollections of the War of the Rebellion*, 1: 250.

87 William Wrenshall Smith, "Holocaust Holiday: The Journal of a Strange Vacation to

the War-torn South and a Visit with U. S. Grant," *Civil War Times Illustrated* 18, no. 6 (October 1979): 33; Sword, *Mountains Touched with Fire*, 178-79; Cozzens, *Shipwreck of Their Hopes*, 128-30.

88 USG to WTS, November 24, 1863, *Grant Papers*, 9: 441.

89 Charles A. Dana to USG, November 24, 1863, *OR*, ser. 1, vol. 31, pt. 2, 42.

90 Marszalek, *Sherman*, 243-44; Sword, *Mountains Touched with Fire*, 198-99.

91 Joseph J. Reynolds to Joseph Hooker, November 24, 1863, *OR*, ser. 1, vol. 31, pt. 2, 106; Sword, *Mountains Touched with Fire*, 204-5.

92 Sword, *Mountains Touched with Fire*, 213-14.

93 George K. Collins, *Memoirs of the 149th Regt. New York* (Syracuse, N.Y.: published by the author, 1891), 207.

94 Sword, *Mountains Touched with Fire*, 209-10.

95 Cozzens, *Shipwreck of Their Hopes*, 179-87; Sword, *Mountains Touched with Fire*, 215-16; Hebert, *Fighting Joe Hooker*, 263-64. The phrase the battle within the clouds was first used by Montgomery Meigs in his report of November 26, 1863, *OR*, ser. 1, vol. 31, pt. 2, 78.

96 USG to HWH, November 24, 1863, *Grant Papers*, 9: 439.

97 Sword, *Mountains Touched with Fire*, 228.

98 Ibid., 240.

99 Marszalek, *Sherman*, 244; Sword, *Mountains Touched with Fire*, 186-87; Cozzens, *Shipwreck of Their Hopes*, 151-54.

100 WTS to USG, November 25, 1863, *OR*, ser. 1, vol. 31, pt. 2, 44; Marszalek, *Sherman*, 245.

101 John A. Rawlins to WTS, November 24, 1863, *Grant Papers*, 9: 441n. After the battle, Sherman would cite Thomas's failure to back him as the reason for his lack of success.

102 Garland, *Grant*, 249; Sword, *Mountains Touched with Fire*, 262.

103 Thomas J. Wood, "The Battle of Missionary Ridge," in *Sketches of War History, 1861-1865* (Cincinnati: Robert Clarke, 1896): 4: 34.

104 奥查德山丘 (Orchard Knob) 顶上的情景已经被同代人和历史学家作过无数种解释。

105 Joseph Wheelan, *Terrible Swift Sword: The Life of Philip H. Sheridan* (Cambridge, Mass.: Da Capo Press, 2012), 51.

106 Smith, *Grant*, 277-78; Wills, *George Henry Thomas*, 234-35; Sword, *Mountains Touched with Fire*, 270-71.

107 Fullerton, "Army of the Cumberland at Chattanooga," in Johnston and Buel, eds.,

Battles and Leaders，725；Sword，*Mountains Touched by Fire*，280-81.

108 Wheelan，*Terrible Swift Sword*，53，322n38.

109 Garland，*Grant*，251-52；Simpson，*Grant*，242.

110 AL to USG，November 25，1863，*CWAL*，7：30.

111 USG to WTS，November 25，1863，*Grant Papers*，9：451.

112 WTS to USG，December 1，1863，*OR*，ser. 1，vol. 31，pt. 3，297.

113 Marvel，*Burnside*，330-31；Marszalek，*Sherman*，246.

114 有关格兰特应该为查塔努加的胜利获得多少荣誉的争论的精彩讨论，详见：James Lee McDonough，*Chattanooga：A Death Grip on the Confederacy*（Knoxville：University of Tennessee Press，1984），162-65，229-30。

115 Charles A. Dana to EMS，November 26，1863，ALPLC；Wills，*George Henry Thomas*，236-38.

116 USG to John C. Kelton，December 23，1863，*Grant Papers*，9：563.

117 *Personal Memoirs*，2：87.

118 AL to USG，December 8，1863，*CWAL*，7：53.

119 David Hunter to EMS，December 14，1863，*Grant Papers*，9：476n2.

120 USG to Elihu B. Washburne，December 2，1863，*Grant Papers*，9：490-91.

第 19 章　乔治·华盛顿的合法继承人

> 我相信你和伟大的华盛顿一样勇敢、爱国、公正，同时
> 也是一个无私、善良、诚实的人。
> ——威廉·T. 谢尔曼写致尤利西斯·S. 格兰特，1864
> 年 3 月 10 日

1863 年 12 月的第一个星期一，当第 38 届国会召开时，热情的伊莱休·沃什伯恩不失时机地提出了一项联合决议。这项联合决议的内容不仅包括对格兰特的感谢，而且还打算以格兰特的形象制作一枚金质奖章。这位伊利诺伊州众议员表示，他将提出一项"恢复"中将军衔的草案，而这一军衔只有一个人曾经拥有——乔治·华盛顿。[1]

远在查塔努加的格兰特对此惊讶不已。他在给沃什伯恩的信中写道："你对我如此关心，我觉得我对你负有更多责任。但请记住，我已经受到政府的高度尊重，不要求或觉得我应该得到更多的荣誉或晋升。"[2]

*

与此同时，格兰特被一份来自另一机构的质询吓了一跳。12月 7 日，俄亥俄州民主党内部一个大力支持推进战争的团体负责人巴纳巴斯·伯恩斯（Barnabas Burns）询问格兰特，他是否同意在 1864 年 1 月举行的民主党全国代表大会的选举中成为民主党的"总统候选人"。[3]

格兰特对此抗议道："这个问题让我惊讶不已，我不知道我

曾经做过或说过什么，以表明我可以成为任何政府官员的候选人，即使这是人民所赋予的。"[4]格兰特对这位俄亥俄州的政客说，看到我的名字与政府官员联系在一起，没有什么比这更让我感到痛苦了。

对于另一位质询者，格兰特打趣道："我这辈子只渴望得到一份工作，那就是成为加利纳的市长，这样就可以从我家到仓库之间修一条新的人行道。"[5]

詹姆斯·戈登·班尼特是《纽约先驱报》的一位独立的、反共和党的，同时也颇具争议的编辑，他更是大力地推动这一计划。作为一名苏格兰移民，班尼特于 1835 年在一个脏兮兮的地下室里创办了《纽约先驱报》，他的办公桌只是一块搁在面粉桶上的木板。到内战前夕，《纽约先驱报》已成为全国发行量最大的报纸，日发行量超过 10 万份。[6]他认为，将格兰特提升为中将的行动是林肯的幕僚们巧妙地"将他从竞选总统的轨道上挪开"。[7]因此，班尼特通过提名格兰特竞选总统来加以抵制。

班尼特开始每天发表社论，赞扬格兰特，批评林肯。他告诉广大读者，"格兰特与政治几乎没有任何牵连，没有人能肯定地说出他对当时政党的看法和有关政党的问题"。[8]12 月 16 日，《纽约先驱报》写道："这个国家的危机在于谁将成为我们的下一任总统。"班尼特认为，格兰特会超然于政治，他不欠"陈腐平庸的政客"任何东西。他把格兰特描绘成"一个懂得鞣制皮革、对付政客和镇压反叛者的人"。[9]

在内战时期的政治中，格兰特不仅成为人们欣赏的对象，而且成为权力政治的焦点。考虑到格兰特可能理解不了政治的动力学，沃什伯恩建议："你不能不注意到某些政党正试图让你成为总统的候选人，所有这些都是为了实现某些目的，而不是为了你的任何良好的意愿或利益。" [10] 为了表达格兰特的真实想法，沃什伯恩发表了 1863 年 8 月格兰特将军写的一封信："北方和南方永远不能和平相处，除非作为一个没有奴隶制的国家。这封信冷却了一些民主党人的热情。" [11]

格兰特没有回应班尼特，就像他对几乎所有敦促他竞选政府官员的记者都置之不理一样。"我收到了很多这样的问题，但都没有作答，"他写信给艾萨克·N. 莫里斯（Isaac N. Morris）："我不是一个政治家，从来不是，也希望永远都不会是。"伊萨克·N. 莫里斯是伊利诺伊州昆西市的一名律师，也是杰西·格兰特的朋友、来自俄亥俄州的美国参议员托马斯·莫里斯的儿子。格兰特在信中总结："这是一封我给你的私人信件，我不打算让其他人看到或读到，因为我想避免让公众听到我的声音，除非是那些履行我的合法职责的行为。" [12]

*

并非只有民主党人在考虑未来。在 1864 年的选举中，一些共和党人已经在讨论林肯的继任者问题。在他们看来，总统背负着无休止的战争和面对《解放黑人奴隶宣言》的强烈反对声的双重选举负担。但沃什伯恩让大家知道，他坚定地站在林肯的一边，而林肯站在格兰特的一边："没有人比总统更能对你感到亲切和感激了。"他提醒格兰特，"在夏伊洛会战之后，当谩骂和混乱的洪流向你席卷而来时，是林肯先生站在你和它们中间，他就像一堵防火墙，让你不受众议员威胁的影响。" [13]

林肯知道一些关于麦克莱伦将军和班克斯将军政治野心的流言蜚语，他想知道格兰特是否也有同样的想法。他联系了沃什伯恩："我从未见过格兰特。在我任命他指挥军队之前，我想了解他的一切。他的朋友中谁最了解他？"[14]

沃什伯恩推荐了加利纳的 J. 拉塞尔·琼斯（J. Russell Jones），他在 1861 年被林肯任命为伊利诺伊州北部地区的联邦执法官。作为一个精明的商人，琼斯于 1863 年成为芝加哥西区铁路公司（Chicago West Division Railway Company）的总裁。格兰特现在的薪水是每月 500 美元，他终于在今年还清了债务，开始每月节省 300 美元。格兰特请琼斯做他的财务顾问，二人是在加利纳相识的。格兰特对朱莉娅说，"我要把我的积蓄投资到"琼斯的铁路股票中。[15]

总统派人联系琼斯。在去芝加哥火车站的路上，琼斯在邮局停了下来，在他的箱子里发现一封格兰特的信。琼斯读过班尼特为格兰特的竞选造势，于是写信给查塔努加的格兰特："我无意干涉你的事，但我不得不说，我非常希望你不要理会别人说你是接替林肯的总统候选人。"[16]

上了火车，琼斯读到格兰特的回信："我收到了很多这类文字，但很快就将它们扔进了垃圾桶。我已经有了一份相当重要的工作，我唯一的抱负就是看到这场叛乱被镇压。没有什么能推动我想要成为总统候选人，特别是只要林肯先生有可能继续连任。"[17]

琼斯到了华盛顿，然后前往白宫，他不知道林肯为什么要找他。一见面，林肯便向他询问有关西部战争的事。他感觉到总统的真正兴趣所在，于是让林肯阅读了他刚收到的格兰特的信。当林肯看到格兰特谈到林肯再次当选时，他折好信，站了起来，告诉琼斯格兰特的这条消息令他多么高兴。"对总统的怨言开始给他带来苦恼时，没有人知道这种折磨会变得有多深，直到他亲自体验过；我虽然不知道，但确实有些事在烦扰着格兰特。"[18]

*

1864 年 1 月 8 日，哈勒克写信给格兰特，询问他对 1864 年军事行动的看法。他鼓励格兰特"写下你对这些问题的任何意见"。[19] 哈勒克可能以为他会询问在西部应该怎么做，但格兰特抓住这个机会第一次谈到联邦军队在东部应该怎么对付罗伯特·E. 李和北弗吉尼亚军团。由于没有在东部开展行动的第一手资料，格兰特咨询了两名他认为最了解战术策略的同事："秃头"史密斯和年轻的工程师塞勒斯·康斯托克（Cyrus Comstock），他们在围攻维克斯堡期间给格兰特留下了深刻的印象。

在过去的两年里，不同的北方将领在弗吉尼亚州对李将军采取了相同的策略。北方的将军们穿过了拉皮丹河（Rapidan River）和拉帕汉诺克河，只被击败过四次——第二次马纳萨斯会战、弗里德里克斯堡会战、钱斯勒斯维尔会战和最近的矿河会战（Battle of Mine Run）。

1 月 19 日，格兰特写信告诉哈勒克："我谨恭敬地建议，是否放弃所有之前尝试过的进军里士满的路线，因为它们都是不可取的。"他提出了另一种方法：首先由一支 60000 名士兵组成的军队袭击北卡罗来纳州的罗利市（Raleigh）；然后，在这座城市安全的情况下，继续向北卡罗来纳州海岸的新伯尔尼市（New Bern）进军；从那里，控制并封锁北卡罗来纳州的威明顿港（Port of Wilmington）。格兰特的目标是："使敌人从他们自己选择并为之作好准备的战役中转移出来，从而进入从未预料到却非常有必要的新战线中。"[20]

格兰特非常恭敬地结束了给哈勒克的信："我写这封信只是

按照自己的理解，即你邀请我表达对军事行动的看法，并不是必须要执行我所说的任何计划。"[21]

*

1月底，格兰特得知弗里德在圣路易斯患有伤寒和痢疾等重病，并伴发肺炎。于是，他匆匆离开了查塔努加，于1月27日抵达圣路易斯。格兰特担心长子在他到达时已经去世。相反，他发现弗里德正在路易莎·博格斯的家里养伤。

格兰特带着朱莉娅、路易莎和朱莉娅的朋友卡丽·奥法伦前往圣路易斯剧院（这是1848年格兰特和朱莉娅结婚前几天曾去过的同一家剧院）观看爱德华·布尔沃－利顿（Edward Bulwer-Lytton）的作品《黎塞留》，以庆祝弗里德的康复。他和朱莉娅坐在一个单独的包厢里，但他们在这个夜晚还是被人们认了出来。第一幕结束时，观众便开始大叫："格兰特！格兰特！格兰特！"他向前走了几步，鞠了一躬，然后把椅子往后挪了挪。[22]

在圣路易斯，55位市民领袖邀请格兰特作为他们的客人参加一个公共晚宴，"在那里，旧日的友谊可能会重新建立"。[23]两晚后，250名热切的与会者在最近开业的林德尔酒店（Lindell House）举行盛大的活动，向他们的英雄致敬。当格兰特回忆起不到六年前，他还在圣路易斯的街上卖柴火养家糊口时，他的心情可想而知。[24]

*

当朱莉娅在圣路易斯的时候，她的丈夫变得如此出名，她对

朱莉娅·格兰特的一只眼睛患有斜视，所以她很少给自己拍照。我们仅有的几张照片都是从一定角度拍摄的，这样就不会显露出她那受影响的眼睛。

此感到很难为情，决定要改变一下自己的外表。长期以来，她一直担心斜视问题（strabismus，通常被称为"cross-eyed"），当有人给她拍照时，她从不面对镜头。

她求助于圣路易斯医学院院长查尔斯·A.波普医生。波普告诉她，现在给她眼睛做手术已经太晚了。她伤心欲绝，向丈夫坦白了自己的意图和失望。

尤利西斯吃了一惊，回答说："朱莉娅，你怎么会有这种想法？"

"你会成为一个伟大的人，而我只是一个平凡的小妻子。我想，如果我的眼睛和别人一样，那我就可能不那么普通了。"

尤利西斯把她拉到身边，说："难道我的眼中没有你，并且没有用同样的眼神爱上你吗？我喜欢你这双眼睛现在的模样，请记住，你不要改变它们。"[25]

*

当格兰特回到位于纳什维尔的指挥部时，华盛顿关于恢复中将军衔的讨论仍在继续。2月1日，众议院增加了一项修正案，规定格兰特是该军衔的领受者。几名参议员对此表示反对，称这违反了总统任命将军的权力，于是修正案被取消。一些人建议推迟到战争结束后再作决定，以免到时有其他将军更有获得这一殊荣的资格。

但是林肯从琼斯那里了解到格兰特没有政治野心，他很高兴地同意了这项草案。后来，众议院于2月1日以117：19票通过了这项草案，参议院也于2月26日以31：6票通过。最终，总统在闰年的2月29日签署了这项草案。[26]

一份重要的新杂志《陆海军杂志》（*Army and Navy Journal*）对格兰特的晋升表示祝贺。[27]这份杂志由前《纽约太阳报》（*New York Sun*）的出版商威廉·科南特·丘奇（William Conant Church）于1863年8月创办。丘奇可能没有预料到自己的这本杂志会立即获得成功——这本杂志通过向公众提供津津乐道的具体信息来宣扬战果。将军们阅读这本杂志，士兵们依靠它获取战争的消息。

从第一期开始，格兰特就成为《陆海军杂志》的英雄。甚至在1864年2月格兰特被任命为中将之前，丘奇就在1863年秋宣布格兰特是"我们将军中独一无二"的领袖。[28]在华盛顿，关于林肯将邀请格兰特指挥所有联邦军队的讨论越来越多，该杂志宣称，他们对格兰特的喜爱不仅出于对他军事技能的赞赏，还缘于一位指挥官对他的军队和国家的"道德影响力"。[29]

当格兰特准备离开华盛顿去接受新的军衔时，他写信告诉谢尔曼："虽然我在这次战争中取得了非常大的成功，至少在获得公众信任的方面的确如此，但没有人比我更能体会到这种成功在很大程度上是由于我很幸运地拥有那些受我统率之人的活力、本领与和睦。"他承认他的话适用于"许多军官"，但"我想……我要感谢你们和麦克弗森，我对我所取得的一切成功感到无比感激"。[30]

谢尔曼本人也是个自尊心很强的人，他恭敬地回答说："你把你的成功也归功于我们，这对你自己太不公平，对我们则是莫大的荣誉。"谢尔曼以最广阔的历史视角看待格兰特被晋升为中将："你现在是华盛顿的合法继承人。"他鼓励格兰特说："如果你能像以前那样继续做你自己，简单、诚实、不张扬，你将毕生得到朋友的尊重和爱戴，以及数百万人民对你的忠诚，他们将会确保你和他们的后代有一个法治和稳定的政府。"[31]

*

格兰特带着明确的目标离开了纳什维尔，他的目标便是回来领导春季战役，夺取亚特兰大。他与罗林斯和塞勒斯·康斯托克一同前往华盛顿。13岁的弗里德请求陪同父亲一起前往，格兰特同意了。

在离开的时候，尤利西斯告诉朱莉娅，他对获升中将军衔抱有一种遗憾。朱莉娅问他可能会遗憾什么。

他回答说晋升可能意味着他需要待在华盛顿，而当战争结束时，他曾希望有自己"选择的驻地"。他继续说："我的选择是太平洋沿岸各州，但是（叹了口气）这把一切都打破了。"[32]

1　Washburne introduced the resolution on December 8, 1863. *Congressional Globe*, 38th Congress, 1st Sess: 9, 10, 12; *Grant Papers*, 9: 503-504n. 这个军衔是 1798 年为华盛顿设立的，当时他正准备与法国开战。

2　USG to Elihu B. Washburne, December 12, 1863, *Grant Papers*, 9: 521-22.

3　Barnabas Burns to USG, December 7, 1863, *Grant Papers*, 9: 542n.

4　USG to Barnabas Burns, December 17, 1863, *Grant Papers*, 9: 541.

5　Richardson, *A Personal History*, 377.

6　Douglas Fermer, *James Gordon Bennett and the New York Herald* (New York: St. Martin's Press, 1986), 1-2. 10 万这个数字大大低估了读者的数量。在 19 世纪，报纸会被送到遥远城镇的普通商店，当订阅者大声朗读全国主要报纸的社论和新闻故事时，人们会聚在一起，这在当时是一种普遍现象。

7　*New York Herald*, December 8, 1863.

8　Ibid., December 15, 1863.

9　Ibid., December 16, 1863; Fermer, *James Gordon Bennett*, 254-55; David Quentin Voigt, "'Too Pitchy to Touch' —President Lincoln and Editor Bennett," *Abraham Lincoln Quarterly* (September 1950): 146-47.

10　Elihu B. Washburne to USG, January 24, 1864, *Grant Papers*, 9: 523n3.

11　USG to Elihu B. Washburne, August 30, 1863, *Grant Papers*, 9: 218.

12　USG to Isaac N. Morris, January 20, 1864, *Grant Papers*, 10, 52-53.

13　Elihu B. Washburne to USG, January 24, 1864, *Grant Papers*, 9: 522n3.

14　Richardson, *A Personal History*, 380.

15　USG to JDG, November 14, 1863, *Grant Papers*, 9: 397.

16　J. Russell Jones to USG, n.d., *Grant Papers*, 9: 543n.

17　USG to J. Russell Jones, n.d., "Joseph Russell Jones," typescript, 11, unpublished biography of Jones, *Grant Papers*, 9: 543n; Ida M. Tarbell interviewed Jones for her book *The Life of Abraham Lincoln*, vol. 3 (New York: Lincoln History Society, 1909), 187; Richardson, *A Personal History*, 380-81; George R. Jones, *Joseph Russell Jones* (Chicago: privately printed, 1964), 43.

18　Tarbell, *Life of Abraham Lincoln*, 3: 188.

19　HWH to USG, January 8, 1864, *Grant Papers*, 10: 17-18n.

20　USG to HWH, January 19, 1864, *Grant Papers*, 10: 39-40. 我要感谢布鲁克斯·辛普森（Brooks Simpson）在《尤利西斯·S. 格兰特：战胜逆境，1822~1865》(*Ulysses S. Grant: Triumph Over Adversity, 1822-1865*, 250-51) 中对格兰特在东部战役的替代

21 Ibid., 40.

22 Ross, *The General's Wife*, 159. 那年冬天，在去路易斯维尔（Louisville）的一次旅行中，格兰特带着他的参谋们去了趟剧院，这招致了罗林斯的强烈反对。Catton, *Grant Takes Command*, 117.

23 John O'Fallon to USG, January 27, 1864, *Grant Papers*, 10: 70n.

24 John M. Schofield, *Forty-six Years in the Army* (New York: Century Co., 1897), 111. 坐在格兰特右边的约翰·斯科菲尔德（John Schofield）后来回忆说："他没有碰过盘子边上摆着的任何一杯酒。"过了一会儿，"我可以大胆地说，他没有尝过这些酒。"

25 Julia Dent Grant, *Personal Memoirs*, 126–27.

26 Smith, *Grant*, 286.

27 Donald Nevius Bigelow, *William Conant Church & the Army and Navy Journal* (New York: Columbia University Press, 1952), 108–14, 134–35.

28 *The Army and Navy Journal*, October 24, 1863.

29 Ibid., December 5, 1863.

30 USG to WTS, March 4, 1864, *Grant Papers*, 10: 186–87.

31 WTS to USG, March 10, 1864, in Marszalek, *Sherman*, 602–4.

32 Julia Dent Grant, *Personal Memoirs*, 127.

> 对格兰特的感觉是奇特的——有点嫉妒，有点不喜欢，有点羡慕，有点缺乏自信……然而，所有人都愿意给他一个机会……如果他成功了，战争就结束了。
>
> ——小查尔斯·弗朗西斯·亚当斯致老查尔斯·弗朗西斯·亚当斯，1864 年 5 月 1 日

格兰特抵达华盛顿后，作为中将的他要作出三项重大决定。首先，他应该把指挥部设在哪里？其次，他应该留任波托马克军团的指挥官乔治·戈登·米德，还是替换他？最后，他应该如何同当时的上司哈勒克打交道？

*

在华盛顿期间，格兰特收到谢尔曼的一封信："不要待在那里。哈勒克比你更有忍受阴谋和应对政策冲击的资历。"他恳求道："到西部去吧。去占领整个密西西比河谷。"谢尔曼认为格兰特最好的指挥方式是驻扎在西部战区，因为"这里是即将到来的帝国的所在地"。[1]

但在华盛顿待了不久后，格兰特就意识到他需要在东部建立自己的指挥部。罗伯特·E. 李和北弗吉尼亚军团值得关注，而且他也相信谢尔曼能够领导西部战区的战役。不论怎样，格兰特决定将自己的指挥部设在前线附近的弗吉尼亚州，而不是华盛顿。因为在华盛顿，他将受到林肯和斯坦顿善意却事与愿违想法的影响，并受到国会政治争论的冲击。

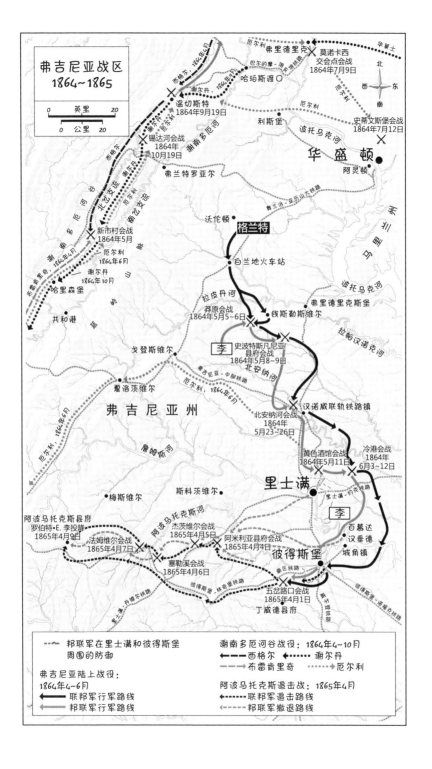

*

更大的问题是在东部如何处理米德。

　　乔治·戈登·米德，1815 年出生在西班牙加的斯（Cádiz），父亲是美国海军的一名事务官。年轻的乔治于 1835 年从西点军校毕业，比格兰特早八年。内战爆发时，他被任命为宾夕法尼亚州志愿军准将。在 1862 年的弗吉尼亚半岛战役中，他在乔治·麦克莱伦的领导下作战，在格兰岱尔（Glendale）时，一发火枪子弹击中了他的上臀，他因此受了重伤，只是所幸未伤及脊椎。在休养过后，米德率领他的宾夕法尼亚军队抵达南山（South Mountain）和安蒂特姆河流域。作为钱斯勒斯维尔会战的一名军指挥官，他对胡克尔的防守战术感到沮丧，他选择以自己的高超技巧率领部队展开进攻。[2]

　　1863 年 6 月底，米德受命接替胡克尔指挥波托马克军团，他很快便率领联邦军进入华盛顿以北 70 英里的宾夕法尼亚州小镇葛底斯堡，对抗罗伯特·E. 李率领的邦联军。随后的战斗就像一出没有剧本的三幕戏，随着越来越多的演员出现在舞台上而不断扩大。米德大部分时间都是在防守位置上作战，但经过三天血战，他终于在 7 月 3 日取得了胜利。[3]

　　但这并不是全然的胜利。当罗伯特·E. 李的溃军艰难地向南撤退时，林肯希望米德能够率军追击。总统明显感到不安，并等待着；李的部队被困在宾夕法尼亚，无法驶过洪水泛滥的波托马克河返回弗吉尼亚。最后，在 7 月 14 日早晨，也就是葛底斯堡会战结束的 11 天后，联邦军到达了河边，可李将军部队最后的残余力量在夜间刚刚越过了波托马克河。

乔治·戈登·米德，葛底斯堡会战的胜利者，但因没有追击战败的罗伯特·E. 李而受到批评，他怀疑格兰特会否继续让他担任波托马克军团的指挥官。

格兰特是在葛底斯堡会战后的政治斗争中到达这里的。米德出现在联合作战委员会面前，并为自己的战绩辩护。在这种听证会的背景下，他向自己的妻子玛格丽特（Margaret）写道，格兰特"可能想用自己的人来指挥，特别是我所理解的那样，他被灌输了西部军队优越性的观念，波托马克军团的失败起自他们的指挥官"。[4]

3 月 10 日，格兰特前往弗吉尼亚州白兰地火车站（Brandy Station）的米德指挥部，这座车站位于华盛顿西南 64 英里的一个小村庄内。走下奥兰治—亚历山大铁路的火车，他受到鲁弗斯·英戈尔斯的欢迎，自从他们一起在洪堡服役以来，格兰特就再也没有见过他。英戈尔斯现在担任波托马克军团的军需官。

米德带着不祥的心情来参加这次会议，但他礼貌地欢迎了格兰特。他只比格兰特大 7 岁，却看上去老得多，因为他的头发过早地变白了。

格兰特给米德留下的最初印象是他无私的精神："他对我说，我也许想要一个曾经和我一起在西部服役的军官来接替他的位置，为此他特别提到了谢尔曼。如果是这样，他恳求我不要对改变抱有顾虑。"[5]米德对格兰特说："我们面前的工作对整个国家来说非常重要，任何人的感情或愿望都不应妨碍为所有职位选择合适的人选。"[6]

那天晚上，米德写信给他的妻子玛格丽特，"格兰特中将彬彬有礼，没有说任何要取代我的话"。几天后，"我想我告诉过你，我对格兰特将军非常满意。在他向我表达的意见中，我把他想矮了，他展现了更多的能力和品格"。[7]格兰特决定留下米德。

*

只剩下最私人的决定。到了1864年冬，国会的情绪已经明显转向了反哈勒克。1862年夏，哈勒克从科林斯来到华盛顿，并成为陆军总司令，但到1863年秋，他的光彩已经失去了光泽。格兰特在华盛顿的时候，哈勒克意识到有人试图挑拨两位军事领导人之间的关系，他是不会允许有人这样做的。3月7日，他给朋友弗朗西斯·利伯（Francis Lieber）写了封信，利伯是哥伦比亚大学的教授。"有人会说，我在愤怒中放弃了自己的职务，因为格兰特中将的军衔已经超过了我，但没有理由提出这样的指控。格兰特是我的私人朋友，我为他的升职感到高兴。这一荣誉完全归功于他。"[8]

3月12日，美国战争部发布了第98号通令，确立了新的指挥结构，承认哈勒克"在自己的要求下解除了陆军总司令的职务"。通令指出，"陆军中将格兰特将军受命指挥联邦军队"。[9]

谢尔曼将代替格兰特指挥密西西比军团，詹姆斯·麦克弗森将代替谢尔曼指挥田纳西军团。格兰特最信任的将军们和他一同崛起了。

哈勒克将成为新任陆军总司令麾下的参谋长（Chief of Staff）。通过这次任命，格兰特获得了一个新的指挥结构和一个新的职位。在这样做时，他认识到了哈勒克的能力，即参谋长将是行政主官，负责向格兰特作报告，并传达中将在战场上的指令。时间会告诉我们这个新结构是如何运作的。

林肯邀请格兰特参加一个宴会，向他和一些重要的将军表示敬意。但格兰特婉言谢绝了，说他需要马上回到纳什维尔："我非常感谢林肯夫人为我们作的准备，但时间很宝贵，我也不太喜欢娱乐活动。"他利用低调的幽默感，告诉国家幽默大师（指林肯），在华盛顿的这些日子是"我在战争中目睹到的最温和的战役"。[10]

格兰特给华盛顿留下了深刻的印象，在一次又一次拒绝社交邀请的过程中，他表明自己是认真的。《纽约论坛报》对他的评价很高，"他马上就去上班了。参议员们高兴地表示，他不会在华盛顿租一间房子（这里指的是麦克莱伦），也不会试图在扶手椅上操纵战争，让它变得荒谬可笑"。《纽约论坛报》的竞争对手《纽约先驱报》也对此表示同意："我们找到了我们的英雄。"[11]

*

格兰特回到纳什维尔，准备结束在那里的军事行动。他召集了一个由以下将军，谢尔曼、罗林斯、麦克弗森、罗根、格伦维尔·道奇（Grenville Dodge）、弗朗西斯·布莱尔、戈登·格兰杰和一位新成员菲利普·谢尔丹组成的小圈子。格兰特想邀请他的朋友们对即将到来的春季战役发表意见，他们接连会谈了几天，既有工作也有娱乐。他们成群结队地前往州首府，与军事长官安德鲁·约翰逊会面。格兰特带他们去阿德尔菲剧院观看莎士比亚的《哈姆雷特》（*Hamlet*）。[12]

道奇记得格兰特说过他想带领几个将军前往东部，但是谢尔曼极力反对，说他需要这些人到西部去。格兰特听了谢尔曼的意见，最后同意只有谢尔丹才能去东部。[13]格兰特报告了他访问波托马克军团的情况："和我们的军队相比，这是一支多么精锐的军队啊！"他记得不止一个军官对东部感到担心："您还没有见过罗伯特·E. 李。"[14]

加利纳市市长刘易斯·S. 费尔特（Lewis S. Felt）来到纳什维尔，送给格兰特一把来自加利纳和乔戴维斯县（Jo Daviess County）民众赠送的宝剑。宝剑上装饰着十四颗钻石，一面刻有格兰特参加过的美墨战争的名字，另一面刻着他赢得过的内战会战的名字。[15]

格兰特邀请谢尔曼和他一起参加典礼。市长发言结束后，谢尔曼对格兰特的腼腆感到好笑，"像往常一样，他站在那里很尴尬地"回答。谢尔曼记得格兰特在口袋里摸来摸去，先是他的胸衣口袋，然后是他的裤子和背心，过了相当长时间才抽出一张皱巴巴的普通黄色墨盒纸递给了市长。他的朋友谢尔曼认为，"他的整个举止极为笨拙，却十分有特色，与市长那优雅的羊皮纸和讲话形成了强烈的对比"。然而，"当阅读时，他的回答是最出色、最精悍和最简洁的。……所有都是这些场合所需要的"。[16]

*

格兰特回到华盛顿，在那里与林肯进行了第一次长谈。总统非常坦率，林肯告诉格兰特，他不知道"应该如何开展军事行动，也不想干涉"。问题"出在指挥官们的拖延上，来自北方民众和国会的压力迫使他发布了一系列'军事命令'"。他向格兰特保证，"他想要的一切……是一个愿意承担责任和采取行动的人，并要求他对所需帮助的人提供帮助"。[17]

在格兰特的领导下，北方的期望高涨。报纸在东部和西部战区激起了公众的狂热期待："《萨克拉门托联合日报》（*Sacramento Daily Union*）的记者诺亚·布鲁克斯（Noah Brooks）写道：由格兰特中将领导军队，会让我们的人民重新燃起对春季战役的希望。"[18]战争肯定会在1864年夏天结束。

并不是所有人都陷于这种热情。纽约律师乔治·坦普尔顿·斯特朗（George Templeton Strong）在他的日记中支持对格兰特的任命，但他用古英语担心地写道："对格兰特来说，这是一条通往里士满的艰难之路，上面遗留下了众多消逝的猛士。（the road to Richmond is a passage perylous, whereon have perysshed manie good Knyghtes.）"[19]

《纽约先驱报》把格兰特和林肯联系在一起。詹姆斯·戈登·班尼特发表社论说，林肯的"政治前途不亚于国家的伟大事业，其掌握在格兰特将军手中。如果格兰特将军失败了，总统也将被掀翻"。[20]

在担任总统期间，很多摄影师都能接近林肯。这张广受欢迎的照片由亚历山大·加德纳于华盛顿特区工作室拍摄。

*

　　尽管报纸热情高涨，但许多波托马克军团的士兵对格兰特仍持观望态度。约翰·亚当斯总统（President John Adams）的曾孙小查尔斯·弗朗西斯·亚当斯（Charles Francis Adams, Jr.）在写给父亲，即林肯的驻英国公使老查尔斯·弗朗西斯·亚当斯的一封信中总结了当时的舆情："对格兰特的感觉是奇特的——有点嫉妒，有点不喜欢，有点羡慕，有点缺乏自信……然而，所有人都愿意给他一个机会……如果他成功了，战争就结束了。"[21]

　　3月24日，格兰特再次离开华盛顿，前往弗吉尼亚州的库尔佩珀（Culpeper）。当他到达的时候下起了瓢泼大雨，一支铜管乐队在法院前为这位新总司令献上了一首小夜曲。在距离米德指挥部 6 英里、拉皮丹河以北 12 英里的地方，格兰特建立了自己的指挥部。他在大街上的简陋砖房与乔治·麦克莱伦于 1861 和 1862 年担任总司令时在华盛顿的豪华住宅形成了鲜明的对比。

随着指挥权的扩大，格兰特的通讯呈指数级增长，他命令指挥官们将报告送到华盛顿的哈勒克处。新任命的参谋长对这些报告进行了润色，并把他认为最重要的东西交给了格兰特。格兰特的新职位意味着他现在可以使用印有职衔的公文信纸，但在给家人和朋友写私人信件时，他会划掉上面的头衔。

*

进行充分的准备是格兰特春季战役的首个标志，这始于他对地图的大量研究。他在处理工作时充分了解到联邦军此前在弗吉尼亚州的军事灾难，以及公众对李将军坚不可摧的防御体系的看法。虽然他从未亲自到过拉皮丹河，但他决定要掌握连绵起伏的田野、树林、河流和道路等细节，这些"细节"在东边以切萨皮克湾（Chesapeake Bay）为界，在西边则以蓝岭山脉（Blue Ridge Mountains）为界。

格兰特还充分利用了改善后的情报部门。约瑟夫·胡克尔在 1863 年初创建了军事情报局（Bureau of Military Information，BMI），他们从被俘的士兵、逃兵以及间谍那里获取有关敌军兵力、位置和士气的信息。军事情报局试图通过各种方法来区分真相和谎言。格兰特并不想要这些原始数据，但他每天都会收到一份从大量数据分析中整理出来的书面摘要。[22]

格兰特的后勤状况很好。他的朋友鲁弗斯·英戈尔斯被认为是军中最好的扑克玩家之一，也享有最佳军需官的声誉。英戈尔斯曾自豪地报告："也许地球上从来没有一支军队在各个方面会比现在的我们更好。"[23] 每个士兵都要携带三天的全部口粮，以及另外三天的部分口粮。庞大的车队包括 4300 辆货车、835 辆马拉救护车、22528 匹骡子、4046 匹私马、29945 匹骑兵和炮兵用马，以及一群肉牛。格兰特本人就是一位经验丰富的军需官，他说，这支运货队如果排成一列，将从拉皮丹河一直延伸到里士满，首尾将近 90 英里。[24]

在格兰特的准备过程中，有两个问题变得至关重要。首先，他急于知道詹姆斯·朗斯特里特的位置，以及弄清楚传闻已久的他已经从田纳西返回弗吉尼亚的消息。其次，随着天气转暖，道路变干，问题仍然是要穿过拉皮丹河到达李将军的左翼或右翼。格兰特想从边路进攻李，迫使他要么战斗要么撤退，但每种计划都拥有特殊的优势。如果他选择进军李的右翼，那么自己的左翼会有一条可供数百辆运输车直接行进的线路；如果选择越过拉皮丹河到达李的左翼，那么格兰特也许能跟在李的身后，偷偷向里士满快速进军。[25]

*

协调将是格兰特春季战役的第二个标志。他和米德结成了一个对立的军事联姻，他们从不同的背景来到联合指挥部。米德出身名门望族，从小在费城长大。两名指挥官身边围绕着不同风格的参谋。贵族米德的首席顾问是受过哈佛教育的西奥多·莱曼（Theodore Lyman），而格兰特的首席助理是约翰·罗林斯，他是一位西部小镇的律师。尽管他们有分歧，尽管林肯担心米德的谨慎，格兰特还是以开放的心态对待他们的伙伴关系。

1864 年 4 月，米德夸耀说，3 支新增部队将由战场上表现突出的将军率领。因外表英俊魁梧而被称作"超级汉考克（Hancock the Superb）"的温菲尔德·斯科特·汉考克（Winfield Scott Hancock）将率领米德的第二军。曾和格兰特一起在美墨战争中服役并担任中尉的约翰·塞奇威克（John Sedgwick）将成为第六军的指挥官。塞奇威克是个和蔼的单身汉，把自己奉献给了军队，士兵们知道他关心自己，便给他起了个绰号"约翰大叔（Uncle John）"。[26]古弗尼尔·K. 沃伦（Gouverneur K. Warren）领导着新近重建的第五军。沃伦在战前是西点军校的一名数学老师，他在葛底斯堡因小圆顶山丘最后的防御战而一战成名。然而，在许多同事看来，他似乎更应该待在制图桌后面，而不是战场上。[27]

格兰特打算同时在五个方面取得进展。由东部的米德和西部的谢尔曼率领两支中路军，另三支规模较小的军队则负责支援。弗朗茨·西格尔（Franz Sigel）将他的军队向南推进至谢南多厄河谷，并从西边向里士满施加压力。本杰明·巴特勒（Benjamin Butler）从弗吉尼亚半岛顶端的门罗堡出发，从南边向里士满推进。纳撒尼尔·班克斯将占领亚拉巴马州的莫比尔，并向北与谢尔曼会师。在田纳西州，格兰特曾指挥过三名西点军校的职业军人：谢尔曼、托马斯和胡克尔；现在，他将指挥三名"政治将军"西格尔、巴特勒和班克斯。[28]

格兰特给谢尔曼写道："如果敌人一动不动，那么我在春季战役中将采取主动策略，把我们军队的各个部分联合起来，在某种程度上朝着一个共同的目标前进，这就是我的计划。"[29]像往常一样，格兰特和谢尔曼意见一致。谢尔曼回答说："我们现在都在一个共同的计划中行动，集中在一个共同的中心，就像在进行一场前途光明的战争。"[30]

格兰特前往门罗堡，第一次会见巴特勒。他知道巴特勒对新奥尔良的粗暴管理所引发的争议，但他还是选择对人们的质疑作无罪推定，就像他早些时候对伯恩赛德所做的那样。格兰特最初的反应似乎得到了证实，他发现巴特勒的战略视角"非常符合我的意图"。[31]尽管格兰特对巴特勒印象深刻，但他的副官塞勒斯·康斯托克在日记中对这位雄心勃勃的前辩护律师颇为担忧："巴特勒敏锐、精明、能干，但缺乏道德心或谦虚，表现得很傲慢。"[32]

4月中旬，格兰特新增加了伯恩赛德的第九军。为了避免产生米德凌驾于他的军事长官伯恩赛德的尴尬，格兰特指示伯恩赛德直接向自己汇报。伯恩赛德军中被讨论最多的是第四师，包括非裔美国人组成的七个团，分别来自被占领的南部和北部各州。在白人军官的带领下，美国有色人种军队成为波托马克军团中的第一支非裔部队。[33]

格兰特的策略是毫不松懈地进攻。对维克斯堡的围攻强化了他的信念，即里士满的防御工事如此之好，以至于"一个人在里士满进行防御，可以抵御外面超过五人的围攻或攻击"。他的第一个目标是攻击李将军的军队，因为他确信李的军队一旦被击溃，里士满的崩溃"就会紧随其后"。[34]此前，邦联军虽然人数众多，但他们已经调整了内线防御，以应付中心点经常不协同的联邦军的进攻。他告诉米德："李的军队就是你的目标。李在哪里，你就要跟到哪里。"[35]格兰特命令谢尔曼的军队向东南穿过佐治亚州，占领亚特兰大："我建议你进攻约翰斯顿的军队，将其瓦解，并尽可能深入他们的腹地，对他们的战争资源给予你所能造成的一切破坏。"[36]

*

李的军队正在等待着。他在 1862 年 12 月的弗里德里克斯堡和 1863 年春的钱斯勒斯维尔两次击败了联邦军队。1863 年底，他又迫使米德将军停止了对矿河的进攻。1863 年末至 1864 年初的冬天，南北双方在彼此的侦察范围内没有发生任何冲突。2 月，里士满通知李将军，由于人手不足，不会向他派遣新的部队。他的生命线奥兰治—亚历山大铁路无法维持足够的列车运行以养活他的部队。口粮不足使南方士气低落。为此，一位有进取心的南方邦联将军还下发了一份可食用植物的清单。[37]

李将军率领着三支部队，他们都是些既有名又难以捉摸的将军。詹姆斯·朗斯特里特指挥第一军，这位佐治亚州人坚定而勇敢，给战场带来了最丰富的经验，但他一旦下定决心，也可能变得顽固起来。第二军之前由"石墙"杰克逊指挥，他在钱斯勒斯维尔会战中被自己的士兵意外射杀，这支军队现在由弗吉尼亚人理查德·尤厄尔（Richard Ewell）领导。在第二次布尔溪会战中，尤厄尔的一条腿被截肢。尽管在杰克逊的领导下，尤厄尔曾领导过一个师，但当他掌握指挥权时，决策上便会遇到困难。[38]安布罗斯·P. 希尔（Ambrose P. Hill）指挥着李将军新设立的第三军。在内战初期，安布罗斯的领导非常果断，但到了 1864年，他坚持蓄起的长胡须已经无法掩盖那凹陷的双颊，说明他的精神和身体疾病都可能复发，这将大为削弱他的决断力。[39]

李将军将他的部队从拉皮丹河撤退到莽原（Wilderness），

这是一个令人生畏的地区——宽 12 英里，纵深 6 英里，向河的南边延伸。正是在这里，胡克尔在大约一年前的钱斯勒斯维尔会战中遭到了戏剧性的失败。李将军之所以选择这里作为驻地——这里有茂密的森林，生长着次生林胭脂栎、矮苔松和雪柳，其间穿插着溪流、道路和小径——是因为它可以抵消联邦军在数量上的优势，使他们的炮兵几无用武之地。[40]

4 月 11 日，米德骑马前往库尔佩珀，参加格兰特召开的会议。山茱萸和野玫瑰在路上迎接他们。米德的副官西奥多·莱曼在日记中记录了他最近的印象。莱曼是美国内战时期最优秀的编年史作家之一，他非常严格地记录下发生事件的确切时刻。他在这一天记录道："格兰特是一个很有威严的人，他沉默寡言，但说话迅速果断。"令人印象深刻的是，"他习惯性地摆出一副表情，仿佛决心要用头撞穿一堵砖墙"。莱曼总结道："我对他很有信心。"[41]

整个 4 月，许多报纸的战地记者采访了格兰特。位于美国文化之外的一名英国记者提供了一段格兰特的人物侧写："格兰特不像麦克莱伦那样陶醉于恭维之中。我从未见过像他这样单纯、腼腆而又果断的人。"因为这位记者报道波托马克军团已经有一段时间了，他注意到了许多不同之处："格兰特避开了华盛顿及其腐败的诱惑。他本质上是营地和战场上的一名士兵……他的帐篷几乎都在士兵中间。这是西部军队的风俗，而不是波托马克军团的习惯。"记者评价说："他是一个地地道道的军人，一个真正的平民，一个来自民主人民的民主军队的统帅。"[42]

/ 331

*

4 月 25 日，格兰特找到了他第一个问题的答案：朗斯特里特的位置。情报人员告诉他，朗斯特里特已经到达夏洛茨维尔市（Charlottesville），并正向东前往戈登斯维尔（Gordonsville）。[43] 在解答第二个问题时，格兰特决定穿过拉皮丹河前往李的右翼，驻扎在伊利浅滩（Ely's Ford）和日耳曼纳浅滩（Germanna Ford），两地相距6英里。格兰特最终选择了更迅捷、更安全和更直接的后勤补给路线。

最后一个问题与天气有关。与八十年后第二次世界大战诺曼底登陆前夕的德怀特·D. 艾森豪威尔（Dwight D. Eisenhower）一样，由于天气信息不那么准确，美军指挥官一直在等待合适的时机发起重大袭击。

林肯支持格兰特的计划。4月30日，格兰特收到一封来自总统的信，林肯在信中"对你到目前为止所做的一切表示非常满意"。他又说："你很警惕，也很自信，对此我很高兴，我不想对你施加任何限制。"[44] 这位最高统帅等了很长时间才向他的陆军总司令宣示这种信心。

北方士兵全副武装，开始发动春季战役。他们占尽优势：不仅弹药充足，同时还有着一支12万人的联合部队，这几乎是敌军的两倍。虽然李将军的军队衣服破烂、装备简陋，但他们对主将和自己充满信心。如果格兰特的战术是不断向前推进，那么李的战术就是防守和拖延。他希望通过制造巨大损失来击败至少是他两倍的敌人，这样北方的公众就会认为即使胜利也不值得付出这样的代价。

在弗吉尼亚州奥兰治市法院大楼前的土方建筑后面，邦联军固守着阵地，他们在地理知识和当地居民的支持方面都具有优势。这一点经常被人们忽略，但格兰特从来没有。

＊

5月4日，星期三，清晨，波托马克军团突破了敌军的冬季营地。联邦骑兵已经清除了邦联军布置在前方警戒联邦军进攻的岗哨，这样他们就可以在伊利浅滩和日耳曼纳浅滩架起横跨河流的浮桥。

格兰特骑着他那匹巨大的名叫"辛辛那提"的马从库尔佩珀出发，急切地前往渡口视察。他平常穿着朴素，但在这个重要的日子里，他戴着棕黄色的骑行手套和一顶黑色的毡帽，帽子上围着一根朴素的金绳。在他的视线所及之处，密集的部队和补给马车正在向南行进。各军种、各师、各旅都在军服上缝有各自的徽章。当精力充沛的士兵看到格兰特经过时，他们以热烈的欢呼声迎接这位新总司令。[45]

《纽约先驱报》的西尔维纳斯·卡德瓦拉德（Sylvanus Cadwallader）对此评论道："自建军以来，波托马克军团还从未像现在这样精神饱满，渴望着与敌人决一死战。"《纽约论坛报》年轻的查尔斯·佩奇（Charles Page）写道："我从来没有见过一支军队比这支军队更有行军秩序，他们掉队的士兵非常少，同时士兵们也没有明显的疲劳感。"[46]

到达拉皮丹河后，格兰特给哈勒克打电报："我们已经实现了渡过拉皮丹河。48小时后，将会证明敌人是否打算在里士满这边开战。"[47] 然而还不到24小时，格兰特就得到了答复。

＊

快到中午的时候，格兰特在日耳曼纳浅滩渡过了拉皮丹河。

他骑马来到俯瞰河流的断崖顶上，并在一座废弃的农舍里设立了临时指挥部。这里只有一张桌子和两把椅子。他坐在前面的台阶上点燃了一支雪茄。

米德在附近搭起了帐篷，帐篷上插着新指挥部的旗帜——淡紫色的背景中绘着一只戴着银制花环的金鹰。格兰特咯咯地笑着，忍不住问副官：“这是什么？恺撒大帝在这附近吗？”[48]

第二天早上，米德营地华丽的旗帜不见了。他按照格兰特的做法，挂了一面小的美国国旗取而代之。[49]

*

5月5日清晨，格兰特和米德的士兵们穿好蓝色军装。喝完咖啡后，他们准备在日出时行军，这是一个比往常更暖和的春天。以充满自信给格兰特留下深刻印象的沃伦在米德的陪同下，开始沿着马车小道向莽原酒馆（Wilderness Tavern）进军。塞奇威克从日耳曼纳浅滩出发，与此同时，汉考克的士兵沿着卡斯平路（Catharpin Road）向托德斯酒馆（Todds Tavern）进军。[50]

米德和沃伦于早上7点15分在莽原酒馆停了下来。米德得到情报说，李的步兵正在向奥兰治通行大路（Orange Turnpike）挺进。7点半，他通知格兰特：“我想敌人正试图拖延我们的行动而不会参与战斗，这一点我们很快就能看到。”[51]

格兰特还在农舍里，发现自己陷入了一个自行制造的难题中。他答应过不干涉米德的行动，但随着时间流逝，他对前线传来的消息感到恼火。8点半，他对米德说：“要是有机会进攻李将军的一部分部队，那就赶快上吧，不要留时间考虑。”[52] 他愈发不耐烦，到了上午9点，他骑上马，向南赶往米德的指挥部。

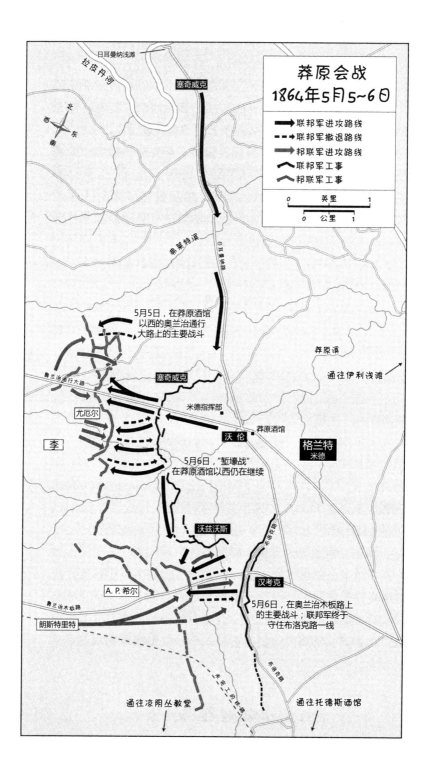

莽原会战
1864年5月5~6日

联邦军进攻路线
联邦军撤退路线
邦联军进攻路线
联邦军工事
邦联军工事

英里
公里

日耳曼纳浅滩

拉皮丹河

塞奇威克

北
西　东
南

弗莱特误

日耳塞纳路

5月5日，在莽原酒馆以西的奥兰治通行大路上的主要战斗

莽原误

通往伊利浅滩

奥兰治通行大路

塞奇威克

米德指挥部

莽原酒馆

尤厄尔

沃伦

格兰特
米德

李

5月6日，"堑壕战"在莽原酒馆以西仍在继续

沃兹沃斯

布洛克路

A. P. 希尔

汉考克

奥兰治木板路

5月6日，在奥兰治木板路上的主要战斗；联邦军终于守住布洛克路一线

朗斯特里特

布洛克路

通往凉阴丛教堂

通往托德斯酒馆

到了上午 10 点前后，令人震惊的是，李将军的大胆程度显露出来。沃伦和汉考克都遭到攻击，但他们都没有意识到攻击部队是何种规模。莽原的灌木丛为前进的邦联军提供了完美的伪装。联邦军正在退守，这削弱了他们在兵力上的两倍优势。不久树林开始着火，烟雾笼罩着本已混乱的战局。[53]

格兰特沿着日耳曼纳木板路（Germanna Plank Road）行进，上午 10 点到达米德的指挥部。米德向格兰特汇报了他对李将军的迅速双边推进发展情况的评估。

这时，格兰特开始正视米德独立指挥的错误。在接下来的几个小时里，当他听米德和他的将军们讨论如何才是最好的策略，而李将军继续掌握主动权时，他愈发不耐烦。午后，沃伦和汉考克的进军已被尴尬地逆转。下午 2 点，米德发起反攻，但不到半小时就败退了。

*

敌人不仅有邦联军，还有莽原本身。当阳光穿过灌木丛时，士兵们很难保持队形，甚至看不清谁在他们的身边。步兵的战线变得扭曲，子弹从四面八方呼啸而过。事实证明，联邦军的炮兵优势毫无价值。记者佩奇对战斗作了总结："这是近距离拍摄的。丛林里没有机动的空间，没有刺刀冲锋，没有大炮的援助，没有骑兵的帮助，只有近距离的、方形的、尖锐的、面对面的致命的枪击。"[54]最重要的是，格兰特精心安排的协同进攻路线失败了。

随着天色变暗，时间从下午渐至傍晚，格兰特面临着一个挑战：如何在这支庞大的军队中恢复某种程度的协同。他的核心战术是让己方占有优势的军队一起进攻，这样兵力较少的邦联军就无法从战线的一端转移到另一端，也就无法挫败联邦军最危险的进攻。但格兰特的计划没有奏效。

下午晚些时候，当汉考克试图重新发起进攻时，亚历山大·海斯发现他的防线被攻破了，于是带领他的士兵去增援缺口。当他冲锋时，被一颗米涅步枪的子弹击中，当场阵亡。

当格兰特得知海斯牺牲的消息时，一向沉着冷静的他也情绪异常起来。他沉默了几分钟，然后哽咽着说："我和海斯一起当了三年的军校生。在美墨战争期间，我们曾在同一个团服役过一段时间。他是一个高尚的人，一个英勇的军官。"他停顿了一会儿，接着说："我并不奇怪他死在自己部队的最前面，而实际上他也这样做了。他是一个在战斗中永远冲在最前面，永远不会落在别人后面的人。"[55] 格兰特又失去了一个朋友。

到了晚上 9 点，令人烦恼的一天即将结束，表现更为机敏的罗伯特·E. 李以智谋战胜了格兰特和米德。

*

5 月 6 日黎明之前，即战斗的第二天，格兰特沿着 5 英里的战场前线重新发起了协同进攻。汉考克所部和隶属于沃伦第五军的詹姆斯·沃兹沃斯（James Wadsworth）的第四师分别从东部和北部对安布罗斯·希尔的防御阵地发起进攻。在激烈的战斗中，希尔的部队开始撤退。罗伯特·E. 李大声问道："朗斯特里特去哪儿了？"[56]

随着天刚刚亮，朗斯特里特的第一军正在赶往奥兰治木板路（Orange Plank Road）。这里正是汉考克发起进攻之地。绰号"老皮特（Old Pete）"的朗斯特里特用响亮的口号声催促他的士兵发起反攻。朗斯特里特的部队非常有组织地抵达战场，而联邦军在森林茂密、杂草丛生的乡间已经打了几个小时的仗，此时已然杂乱无章。不到两个小时，朗斯特里特就扭转了战局。[57]

到了上午 10 点前后，格兰特的攻势即使没有停止，也已经放慢了步伐。塞奇威克和沃伦正与尤厄尔在所谓的阵地战中决一雌雄。汉考克和沃兹沃斯正忙着对付朗斯特里特。格兰特计划将其王牌——伯恩赛德的预备队——插入到两股南方军队之间，但行动像往常一样落后于计划。

中午时分，格兰特和米德讨论如何才能重居上风。格兰特认为唯一的出路是汉考克和伯恩赛德联手进攻。整天遭受猛烈攻击的汉考克命令他的士兵在下午休息，准备晚上 6 点继续进攻。

下午晚些时候，一位将军到达格兰特的指挥部，讲话迅速而激动。"根据过去的经验，我很了解李将军的作战方法，"他坚持说，"我担心他会把自己的整支部队都投入到我们和拉皮丹河之间，从而彻底切断我们的交通。"站在旁边的霍勒斯·波特看到格兰特站起身来，"脸上带着一种很少见的兴奋"，他回答说："哦，我已经听腻了李将要做的事。你们中间的一些人似乎总认为他突然要翻出一个双筋斗，同时在我们的后方和两侧着陆。还是回到你们各自的指挥部吧，试着想想我们应该做什么，而不是李要做什么。"[58]

不久之后，李发起了进攻，但这一次汉考克和他重新组织的军队数量实在太多，在这场战斗中，李第一次有些力不从心。

*

到第二天战斗结束时，格兰特只向华盛顿发出了一条正式信息。他知道林肯和斯坦顿急于知道战果，但他最关心的是保密自己的计划，总统允许他这么做。

但格兰特通过一个不太可能的渠道发出了另一条信息，他不知道这条信息能否被传达。那天晚上，《纽约论坛报》的记者霍默·拜因顿（Homer Byington）在格兰特指挥部附近的一处露营地召集了三名记者，告诉他们必须向报纸提供一篇有关莽原会战（Battle of the Wilderness）的报道。自从格兰特关闭了电报线路后，拜因顿给任何愿意前往华盛顿的人均提供 1000 美元的酬劳。[59]

在一阵令人不安的沉默后，其中一人主动站了起来。他叫亨利·E.温（Henry E. Wing），年仅 24 岁，是一名来自康涅狄格州的瘦弱的年轻记者，曾在弗里德里克斯堡服过役，并因此失去了两根手指。突然，他自信地走到格兰特的指挥部，说自己明天早上就要离开，询问是否有消息要传达给急需新闻的公众。格兰特对记者像苍蝇一样围着他的帐篷团团转感到恼火，但这次他一反常态，回答说："你可以告诉人们这里一切都很顺利。"[60]

当亨利·E.温谢过格兰特并转身离开时，他突然感觉到一只手拍打在自己的肩膀上。"你想去华盛顿吗？"格兰特犹豫了一下，然后轻声说道，以免有人听到，"好吧，如果你见到总统，替我告诉他，无论发生什么，都不要回头。"[61]

亨利·E.温于 5 月 7 日凌晨 4 点出发。当他渡过拉皮丹河到达伊利浅滩时，一个联邦拥护者警告他，约翰·莫斯比（John Mosby）的游击队非常猖獗，唯一能安全走出此地的办法就是乔装成南方的同情者，并携带着从李那里得到的一条假消息，即南方在莽原取得了胜利。因此，温伪装起来，并销毁了他从格兰特那里写下的信息。

经过无数次险象环生之后，温终于抵达了华盛顿，向林肯传达了一个简单明了的六字信息："没有回头之路。"这句话体现了格兰特中将对林肯的承诺，即他对最终胜利的信心。林肯告诉年轻的秘书约翰·海伊（John Hay）："我们以前对这些事约束得太多，但结果都失败了。我相信，如果当时有别的将军能率领这支军队，他一定是在拉皮丹河的另一边。胜利的关键在于格兰特的坚持不懈。"[62]

*

在两天里，有将近20万人在这场致命的莽原会战中互相厮杀。联邦军伤亡人数达到了17666人，而邦联军的伤亡人数约为7500人，但这些严酷的统计数字并不能完全描述这场会战的恐怖。大自然是一个敌人，就像敌人的军队一样，它在削弱光线、迷惑视线、阻碍道路和前进的步伐。听觉变得和视觉一样重要。当灌木丛起火时，人们被活活烧死。当其他人看见火势来临时，他们就拿起自己的武器自杀了。[63]

5月5日和6日，林肯在电报局坐了好几个小时，等待着迟迟未到的报告。据报道，当一位众议员问及格兰特的进展时，林肯回答说："嗯，我不能说太多。你看，格兰特去了莽原，等于是钻进了一个撤掉梯子的洞穴，我想我们得等他出来，才能知道他到底在干什么。"[64]

自始至终，格兰特都保持着乐观。就像在夏伊洛会战的第二天，他设法取得了主动权，但这一次他无法作出决定性的决定。然而，他并不认为这场战斗是一场失败的行动。他最亲近的副官罗林斯观察到，格兰特"沉着冷静地"面对莽原会战的困境。[65]

他从中吸取了什么教训呢？那便是格兰特对李的正面印象消失了。他对米德说："'乔'约翰斯顿将在遭受两天这样的攻击后撤退。"[66] 与此同时，格兰特对米德和他的一些将军们的评价也有所下降。汉考克并没有宣传的那样出色，沃伦让人很失望，同时，塞奇威克也败于敌军的智取。这些判断将对格兰特在春季战役中的思考和计划产生影响。

*

5月7日早晨，格兰特是第一个来到指挥部的人。随着时间的推移，每个人心中都有一个疑问：这场巨大的斗争会持续多久？双方都筋疲力尽，准备改天再战。当格兰特用营火取暖时，在他的手下看来，经过一夜的睡眠，他似乎精神焕发起来。他可能考虑过和米德的关系，他原打算给这位经验丰富的将军很大的自由，让他一个小时一个小时地作出决定，就像他一向对自己的指挥官所做的那样。但是一旦战斗开始，由于他们的计划变得愈发不协同，格兰特发现自己也被拉进了许多的战术决策里。一旦伯恩赛德也直接向格兰特汇报工作，紧张局势就不可避免了。

对于普通士兵而言，无论是在1864年的莽原还是1944年的法国，他们都不可能理解一场战斗的全部。当他们在5月7日醒来时，大多数北方士兵都很沮丧，认为他们已经输掉了莽原会战。格兰特预计会有12000人伤亡，而实际上这个数字增长到近18000人。他的许多士兵现在都在预料着另一次耻辱性的撤退，就像1862年的伯恩赛德和1863年的胡克尔一样。

早上6点半，格兰特下令为夜间行军作准备，但又命令米德天黑以后才下发命令。士兵中逐渐传出消息，浮桥已从拉皮丹河上拆除，但这可能意味着军队将向东边的弗里德里克斯堡挺进，穿过拉帕汉诺克河，再向北返回安全地带。

　　当天晚上8点半，步兵开始行军。格兰特、米德和指挥部一行人沿着布洛克路（Brock Road）出发。在黑暗中，雾水和烟雾在燃烧着的灌木丛中弥漫，士兵们很难辨认出彼此。但是当指挥部行至钱斯勒斯维尔的交叉口时，人们开始议论纷纷，互相认出了对方，士兵们从四面八方涌向岔路口。在昏暗的灯火下，他们认出了骑着"辛辛那提"——一匹巨大而兴奋的马——的格兰特。[67]

/ 339

　　格兰特会去向哪里？是朝着拉皮丹河的方向向北走？像过去一样耻辱性地撤退吗？当人们蜂拥而至时，格兰特转向南方通往

画家埃德温·福布斯描绘了格兰特在莽原会战后决定南下，而不是像之前所有的联邦军指挥官那样向北撤退的场景。格兰特的决定引起了数百名士兵的欢呼，他们在掌声中举起了帽子。

史波特斯凡尼亚县府（Spotsylvania Court House）的道路，那是李将军的驻地。士兵们一跃而起，欢呼起来，他们的声音在森林中回荡，成为整场战争中最激动人心的时刻之一。

格兰特决定南下，这对身体和精神都受伤的人来说是一剂有效的长生不老药。有些人开始唱起了一首黑人圣歌——"走出莽原我能不高兴吗？"霍勒斯·波特被眼前的景象惊呆了，他写道："这位新总司令让这场夜间行军变成了一次凯旋之行。"[68] 格兰特第一次赢得了波托马克军团自发的掌声。

注　释

1　WTS to USG, March 10, 1864, in Marszalek, *Sherman*, 603-04.

2　White, *A. Lincoln*, 574-75.

3　Ibid., 576-77.

4　GGM to Margaret Meade, March 8, 1864, in George Gordon Meade, *The Life and Letters of George Gordon Meade*, vol. 2 (New York: Charles Scribner's Sons, 1913), 176.

5　*Personal Memoirs*, 2: 117.

6　GGM to Margaret Meade, March 10, 1864, in Meade, *Life*, 2: 177.

7　Ibid., March 14, 1864, in Meade, *Life*, 2: 178.

8　HWH to Francis Lieber, March 7, 1864, in Marszalek, *Commander of All Lincoln's Armies*, 196.

9　General Orders No. 98, March 12, 1864, *OR*, ser. 1, vol. 32, pt. 3, 58.

10　Richardson, *A Personal History*, 386.

11　The *New York Tribune* and the *New York Herald* are quoted in Garland, *Grant*, 260-61.

12　Grenville M. Dodge, *Personal Recollections of President Abraham Lincoln, General Ulysses S. Grant, and General William T. Sherman* (Council Bluffs, Iowa: Monarch Printing, 1914), 69-70; Catton, *Grant Takes Command*, 137.

13　Dodge, *Personal Recollections*, 70.

14 Ibid.

15 Julia Dent Grant, *Personal Memoirs*, 128.

16 *Daily Gazette* (Galena), March 23, 1864, 3; Sherman, *Memoirs*, 1: 429–30.

17 *Personal Memoirs*, 2: 122.

18 Noah Brooks, *Sacramento Daily Union*, March 24, 1864; Noah Brooks, *Mr. Lincoln's Washington: Selections from the Writings of Noah Brooks, Civil War Correspondent*, edited by P. J. Staudenraus (South Brunswick, N.J.: Thomas Yoseloff, 1967), 311.

19 Strong, *Diary*, entry March 18, 1864, 416.

20 *New York Herald*, April 4, 1864.

21 Charles Francis Adams, Jr., to Charles Francis Adams, Sr., May 1, 1864, in Worthington Chauncey Ford, ed., *A Cycle of Adams Letters, 1861–1865* (Boston: Houghton Mifflin, 1920), 2: 128.

22 Feis, *Grant's Secret Service*, 196–200.

23 Rufus Ingalls, report, August 28, 1864, *OR*, ser. 1, vol. 36, pt. 1, 276–79.

24 *Personal Memoirs*, 2: 188.

25 *Personal Memoirs*, 2: 134–35.

26 For Sedgwick, see Richard Elliott Winslow, *General John Sedgwick: The Story of a Union Corps Commander* (Novato, Calif.: Presidio Press, 1982).

27 For Warren, see Emerson Gifford Taylor, *Gouverneur Kemble Warren* (Boston: Houghton Mifflin, 1932), and Paula Walker and Robert Girardi, *The Soldiers' General: Gouverneur K. Warren and the Civil War* (El Dorado Hills, Calif.: Savas Beatie, 2015).

28 Smith, *Grant*, 299.

29 USG to WTS, April 4, 1864, *Grant Papers*, 10: 253n.

30 WTS to USG, April 10, 1864, *Grant Papers*, 10: 53n.

31 Hans L. Trefousse, *Ben Butler: The South Called Him BEAST!* (New York: Twayne, 1957), 147; *Personal Memoirs*, 2: 132–33.

32 Cyrus B. Comstock, *The Diary of Cyrus B. Comstock*, compiled and edited by Merlin E. Sumner (Dayton, Ohio: Morningside, 1987), entry April 1, 1864, 262.

33 Marvel, *Burnside*, 346–49.

34 *Personal Memoirs*, 2: 140–41.

35 USG to GGM, April 9, 1864, *Grant Papers*, 10: 274.

36 USG to WTS, April 4, 1864, *Grant Papers*, 10: 252.

37 Gordon C. Rhea, *The Battle of the Wilderness, May 5–6, 1864* (Baton Rouge:

Louisiana State University Press, 1994）, is the classic study, 9.

38　For Ewell, see Donald Pfanz, *Richard S. Ewell: A Soldier's Life*（Chapel Hill: University of North Carolina Press, 1998）.

39　For Hill, see James I. Robertson, *General A. P. Hill: The Story of a Confederate Warrior*（New York: Random House, 1987）.

40　莫里斯·沙夫（Morris Schaff）对莽原（Wilderness）的描述非常出色，只有参与者才能做到这一点。*The Battle of the Wilderness*（Boston: Houghton Mifflin, 1910）, 59.

41　Theodore Lyman, *Meade's Headquarters, 1863-1865: Civil War Letters of Colonel Lyman from the Wilderness to Appomattox*, edited by George R. Agassiz（Boston: Atlantic Monthly Press, 1922）, letter to wife Elizabeth, April 12, 1864, 81.

42　Garland, *Grant*, 266. 加兰德还补充说："他出行时就像个少尉一样简单，只带着一个小箱子，但他还是经常忘了拿这个箱子就走了。"

43　Feis, *Grant's Secret Service*, 201.

44　AL to USG, April 30, 1864, *CWAL*, 7, 324. 林肯的秘书约翰·海伊（John Hay）在当天的日记中写道："总统向我读了他写给格兰特将军的信，这是一封令人钦佩的信，充满了友善和尊严。在开战前夕，格兰特一定会心怀感念。" John Hay, *Inside Lincoln's White House: The Complete Civil War Diary of John Hay*, edited by Michael Burlingame and John R. Turner Ettlinger（Carbondale: Southern Illinois University Press, 1997）, diary entry April 30, 1864, 192.

45　Porter, *Campaigning with Grant*, 41-43; Cadwallader, *Three Years with Grant*, 174-75.

46　Charles A. Page, *Letters of a War Correspondent*, edited by James R. Gilmore（Boston: L. C. Page, 1899）, 43, 47; Cadwallader, *Three Years with Grant*, 175.

47　USG to HWH, May 4, 1864, *Grant Papers*, 10: 397.

48　Ulysses S. Grant, "Preparing for the Campaigns of '64," in Johnston and Buel, eds., *Battles and Leaders*, 4: 97n; Freeman Cleaves, *Meade of Gettysburg*（Norman: University of Oklahoma Press, 1960）, 236.

49　Cleaves, *Meade of Gettysburg*, 236.

50　Rhea, *Battle of the Wilderness*, 94.

51　GGM to USG, May 5, 1864, *Grant Papers*, 10: 399n.

52　USG to GGM, May 5, 1864, *Grant Papers*, 10: 399.

53　Herman Hattaway and Archer Jones, *A Military History of the Civil War*（Urbana: University of Illinois Press, 1983）, 540.

54　Page, *Letters of a War Correspondent*, 50.

55　Porter, *Campaigning with Grant*, 52; Mahood, *"Fighting Elleck" Hays*, 167.

56　Rhea, *Battle of the Wilderness*, 283-90; Catton, *Grant Takes Command*, 196.

57　McPherson, *Battle Cry*, 725; Hattaway and Jones, *Military History of the Civil War*, 541; Rhea, *Battle of the Wilderness*, 302-15.

58　Porter, *Campaigning with Grant*, 69-70.

59　Louis M. Starr, *Bohemian Brigade: Civil War Newsmen in Action* (New York: Alfred A. Knopf, 1954), 298. Also see Ida M. Tarbell, *A Reporter for Lincoln: Story of Henry E. Wing, Soldier and Newspaperman* (New York: Macmillan, 1927), 14.

60　Gordon C. Rhea, *The Battles for Spotsylvania Court House and the Road to Yellow Tavern, May 7-12, 1864* (Baton Rouge: Louisiana State University Press, 1997), 3-4.

61　Starr, *Bohemian Brigade*, 299.

62　Hay, *Inside Lincoln's White House*, diary entry May 9, 1864, 195.

63　Hattaway and Jones, *Military History of the Civil War*, 540-45.

64　Porter, *Campaigning with Grant*, 97.

65　Wilson, *Life of John A. Rawlins*, 216.

66　Lyman, *Meade's Headquarters*, letter to wife, Elizabeth, May 6, 1864, 102.

67　Rhea, *Battles for Spotsylvania Court House and the Road to Yellow Tavern*, 37-39.

68　Ibid., 39.

/ 第 21 章　罗伯特·E. 李

世界上从未有过如此血腥和旷日持久的战争，我希望它永远也不要再发生。

——尤利西斯·S. 格兰特致朱莉娅·登特·格兰特，1864 年 5 月 13 日

在战争中是否获胜，这永远是一个观念方面的问题。

格兰特在 5 月 8 日给哈勒克的信中写道："在老莽原进行为期三天的战斗，其结果无疑对我们有利。"如果这份声明听起来过于乐观，那么格兰特还会补充道："当然不可能是对罗伯特·E. 李的军队施加那种我所希望的沉重打击。"[1]

《里士满快讯》（*Richmond Dispatch*）的记者则报道了截然不同的结果："这位自吹自擂的联邦军领袖按照自己选择的时间和地点作战；他发起了进攻，但被击退，而且损失惨重；他的协同作战被击溃，整个行动也彻底失败，至少到目前为止就是这样。"[2]

北方民众聚集在报社和电报局，焦急地等待着战争的消息。但当最初的报道终于陆续传来时，他们只是表达了失望之情。大部分民众认为，联邦的将军们应该在每一场战斗中都取得决定性的胜利。很少有人意识到，"莽原"只是两位技艺精湛的指挥官，尤利西斯·S. 格兰特和罗伯特·E. 李之间的一出非同寻常的序幕——这出戏才刚刚开始。

*

到了 1864 年春，罗伯特·E. 李已经成为南方民众的希

当格兰特接管所有联邦军队时，人们经常将他和北弗吉尼亚军团的指挥官罗伯特·E. 李作比较，前者来自鲜为人知的伊利诺伊州加利纳，出身农民，后者则是弗吉尼亚的地主士绅培养的贵族式人物。

望和梦想。士兵们也许从未见过他，却对李充满了感情。凯瑟琳·安·德弗罗·埃德蒙斯顿（Catherine Ann Devereux Edmondston）和她的丈夫在北卡罗来纳州的种植园里招待南方士兵，她在日记中写道："他们认为李和华盛顿一样，是纯粹的爱国者，是一位更能干的将军。"[3]

李的生平事迹与格兰特的生平事迹在各方面都形成了鲜明的对比。李于1807年出生在弗吉尼亚州北部的斯特拉特福德庄园（Stratford Hall），这是一幢豪宅，与1822年出生在俄亥俄州边境的一个小地方波因特普莱森特的格兰特大不相同。李的父亲是著名的"轻骑兵哈里（Light-Horse Harry）"，他在独立战争时期是乔治·华盛顿的骑兵领袖；李的母亲安·希尔·卡特（Ann Hill Carter）出生在一个富裕的、传统的沿海洼地世家。家里的一切开始虽然很顺利，结果却并非如此。在担任弗吉尼亚州州长后，"轻浮的哈里"玩弄女人、挥霍无度，从而使家族蒙羞。他因债务入狱，西印度群岛的流放结束后，他在返回途中去世。从来没有真正了解过父亲的年轻的罗伯特决心扔掉声名狼藉的父亲所带来的一切。[4]

尽管父亲去世了，但李仍是一个享有特权的贵族子弟，并从古典教育中受益。当他学会用希腊语和拉丁语阅读时，他在书中遇到了最初的"尤利西斯"。在长大以后，李能够在谈话中毫不费力地使用拉丁语格言。1825年，李进入西点军校，并在1829年以第2名（共49名毕业生）的成绩毕业，而格兰特毕业时仅名列第21名（共39名毕业生）。同时，李的档案中毫无劣迹。[5]与许多为了更赚钱的机会而离开军队的毕业生不同，李选择留在了军队。

1831年，李与玛丽·安娜·伦道夫·卡斯蒂斯（Mary

Anna Randolph Custis）在他父母位于阿灵顿（Arlington）的豪宅结婚。玛丽是玛莎·华盛顿（Martha Washington）的曾孙女，而阿灵顿仅与华盛顿隔长桥（Long Bridge）相望。

在美墨战争中，李因在温菲尔德·斯科特手下服役而出名。在战后的军队中，当格兰特服役时，李从太平洋海岸不愉快的职位上辞职，并在西点军校担任了三年的主管。1860年10月，当格兰特在一个弟弟的指导下在加利纳的一家皮具商店工作时，李接受了镇压约翰·布朗的任务。[6]约翰·布朗是一名废奴主义者，他在弗吉尼亚州哈珀斯渡口占领了联邦军火库。格兰特的父亲在21岁时曾和15岁的约翰·布朗一起住在俄亥俄州哈德逊市的欧文·布朗家。

萨姆特堡遇袭后，当格兰特花费数周时间寻找一个可以服役的地方时，林肯则任命李指挥所有的联邦军队。他左右为难："尽管我反对分裂和战争，但我不能参加对南方各州的入侵，所以我尽量坦诚而礼貌地拒绝了总统让我接管将要被派赴到战场上的军队的提议。"[7]

与格兰特是在指挥系统的底层参与内战不同，李是从高层开始的。1861年末至1862年初的冬天，李被派去督导东南沿海城市的防御工事。1862年3月，杰斐逊·戴维斯将李召回里士满，担任他的私人军事顾问。1862年5月，"乔"约翰斯顿将军在七松会战中身负重伤，于是李接过了指挥权。李将军重组了北弗吉尼亚军团，并把麦克莱伦从里士满的大门口赶了出去。因在弗吉尼亚前线——这里位于东部战区的主要人口中心附近——的胜利，李甚至超过了格兰特在西部最引人注目的胜利所带来的影响。[8]尽管米德将军在1863年7月击退了李对北方葛底斯堡的入侵，但李并没有战败。作为一个热衷于阅读北方报纸的人，他为 1864 年制定了一项既有政治意义又有军事意义的战略。他相信，如果自己能挫败格兰特在弗吉尼亚的努力，北方公众对战争的厌倦将使林肯在 11 月下台，从而结束战争。

*

如果说格兰特到 1864 年时已能熟练指挥超过 10 万人的大军穿过莽原，那么他的不足就是没有充分考虑到来自地形和时间的障碍，而它们对李非常有利。此时，在和南方的赛跑中，格兰特命令波托马克军团从侧翼发起进攻，从而插进李的军队和里士满之间的缝隙。在仔细研究地图后，他决定了目的地：史波特斯凡尼亚县府，这是通往里士满道路上的一个小镇。5 月 8 日清晨，当联邦先遣军抵达这个十字路口小镇时，格兰特终于意识到他最大的担忧：接替负伤的朗斯特里特的理查德·H. 安德森（Richard H. Anderson）正在那里等待，以阻止他们的前进方向。

*

当格兰特在第一天早上到达这里时，他已经卷入了一场战斗，这是一场发生在他指挥内部的冲突。格兰特已经对米德谨慎起来，因为他和格兰特从西部调来的唯一一位高级将领发生了冲突。格兰特第一次见到菲利普·谢尔丹是在科林斯，但正是谢尔丹对传教士岭的袭击让他更加欣赏这位年轻的将军。在弗吉尼亚，米德命谢尔丹执掌骑兵。

谢尔丹出生于 1831 年，是爱尔兰移民之子，在俄亥俄州

"小菲尔"谢尔丹成了格兰特的坚定盟友，他为联邦骑兵在军中塑造了新的角色。

的萨默塞特（Somerset）长大。他身高只有 5 英尺 5 英寸，体重 115 磅，按照他自己的描述，谢尔丹"瘦得近乎憔悴"。他于 1853 年从西点军校毕业，并因此获得"小菲尔（Little Phil）"的绰号。但他最引人注目的特征是那对杏仁形状的淡褐色眼睛，它似乎能看穿你的一切，这使他的举止和矮小的身材极不相称。[9]

在内战中，"小菲尔"经常骑着一匹高大的骏马，这使他的外表更加显眼。这匹马名叫"里恩兹（Rienzi）"，毛色黝黑，有 16 只手掌那么高（马肩隆高 5 英尺 4 英寸，是马背最高点），以耐力出众而闻名。[10]今天，华盛顿的谢尔丹和里恩兹的等比例大小雕像再现了这位将军的活力，他伸出右手，仿佛在指挥骑兵。[11]

谢尔丹于 4 月 4 日抵达华盛顿，在战争部四处走动，在那里，他感受到战争部部长斯坦顿锐利的目光。早些时候，当格兰特短暂访问华盛顿时，一位战争部官员评论说："你从西部带来的那位军官，他在驾驭你的骑兵部队方面就是个小孩儿。"格兰特回答说："在我们和他谈话结束之前，你就能发现他已足够强大。"[12]

5月8日，因脾气暴躁而获得"老鳄龟（Old Snapping Turtle）"绰号的米德，在夜间行军时因交通问题造成的延误而心烦意乱，于是他派人去叫谢尔丹。谢尔丹刚走进他的帐篷，米德就"狠狠地批了他一顿"。[13]米德的副官西奥多·莱曼在日记中写道，"当米德将军精神饱满时，他会讲很多笑话和故事"。然而，"他也像火药桶一样，总是朝向某个人爆炸，谁也不知道下一个会是谁"。[14]

谢尔丹就是那天早上被他逮到的那个人。米德指责他犯了错误，并指责他没有妥善安排好部队。谢尔丹不愿接受任何人的管束，愤怒地回答说，米德没有发出明确的命令，应该对路上的混乱局面负责。[15]

在激烈的言语交锋中，激动的谢尔丹喊道："只要你允许，我现在就向'杰布'斯图尔特发起进攻。"谢尔丹讲了这番激烈的陈词，挑战了骑兵在步兵指挥下服役的传统观念。到那时为止，在战争中，联邦骑兵担负着掩护步兵、侦察敌情和保护补给车量的任务。谢尔丹知道，相比之下，邦联军绰号"杰布"的詹姆斯·尤厄尔·布朗·斯图尔特将军（General James Ewell Brown "Jeb" Stuart）的行动方式截然不同。1862年6月，他率领骑兵绕过麦克莱伦所部，在弗吉尼亚半岛上整整行军了100英里，俘虏了170名士兵以及许多匹马和骡子。谢尔丹认为，南方骑兵的战斗力远远超过了联邦骑兵，而他的目标是迎头赶上对手。[16]

米德对谢尔丹的不服从大为光火，便拉着谢尔丹冲进格兰特的帐篷。波特注意到，"在帐篷里，一个人的激动与另一个人的平静形成了鲜明的对比"。当米德重复谢尔丹所说的话，即如果有机会就进攻斯图尔特时，格兰特插到两人中间问道："谢尔丹真这么说吗？嗯，他基本上知道自己在说什么，那就让他马上行动起来吧。"[17] 在这一绝妙的指挥策略中，格兰特即将在联邦的进攻型战略中展开一场全新的攻势，但是他不愿意牺牲米德的地位。事实上，随着时间的推移，"老鳄龟"将成为谢尔丹最大的支持者之一。

*

当所有的联邦军队到达史波特斯凡尼亚县府时，5 月 9 日成为着手准备的一天。虽然格兰特认为重要的不是敌人会怎么做，而是他自己该怎么做，但那天早上他想要得知李的防御计划。早上 8 点，他骑上一匹名叫"杰夫·戴维斯（Jeff Davis）"的黑色小马，他很喜欢它，因为它走跑起来四平八稳。格兰特找到约翰·塞奇威克并和他商议了一会儿。他们谈到了过去几天的困难，然而，这位"约翰大叔"对即将到来的战役表达了自己的信心。[18]

当格兰特继续前进时，很明显李已经控制住了史波特斯凡尼亚。莽原会战促使格兰特和李都改变了策略。直到南北战争之前，军队都遵循 19 世纪初拿破仑战争的模式。当时，士兵们互相面对着对方，装备的没有膛线的火枪最多只能射击 100 码远。但是，随着火枪的发展，意味着到了 1864 年，其射程可以达到 300 码，而且精度更高。由于在开阔地带作战通常会导致

/ 346

大量伤亡，李的军队在莽原会战中虽然人数上不占优势，但他用木头和泥土建造了完美的防御工事，这成为第一次世界大战中堑壕战的前身。李也许会说，"需要乃是艺术之母（Mater artium necessitas）"，即现实需要是发明创造的源泉。[19]

反过来，格兰特需要学习如何攻击这种新的防御壁垒。在夏伊洛、维克斯堡和查塔努加的战斗中，格兰特都是机动作战的高手，现在他将要遭遇更顽强的抵抗。

格兰特发现，南方士兵在夜间用铁锹挖战壕，以便对北方发动的进攻作好充足的准备。随着战争的继续，对于普通士兵来说，简陋的铁锹变得跟步枪一样重要。《纽约先驱报》欢呼起来："铁锹万岁！在决定许多会战时，铁锹就是王牌。"[20] 每个士兵都成了工兵，至今仍能看到当时的士兵用铁锹建造的土方工程。

邦联军把原木和栅栏堆在一起，用泥土盖住它们。在第一道防线后面，他们又挖了第二道防线。在土方工程内，他们为火枪和大炮射击的孔洞作了准备。每隔 15~20 码，士兵们就会建造一座横梁，这是一种垂直建造的防护墙，以保护己方免受炮火的攻击。[21] 他们全部努力的结果便是创造了一个极具防护性的突出物，因为它的结构，后来被称作"骡蹄铁（Mule Shoe）"。这只"骡蹄铁"有半英里宽，四分之三英里深。5 月 9 日上午，邦联军以史波特斯凡尼亚县府为后方，搭建了一个从东北到西北的半圆形对峙阵型。

野战工事前面是一块无人区。它的空间是变化的，但往往只有几百码，因为双方都衡量着彼此。炮弹在早晨咆哮，但一名孤独的狙击手的子弹可能同样致命。

大约 9 点 30 分，为了更好地防护，塞奇威克在侦察时命令新泽西州第十四步兵团挖掘更多的散兵坑。他们的工作引起了南方狙击手的零星射击。当塞奇威克大步走在空地上时，那些人都躲开了。"什么！什么！士兵们因为一颗子弹而左右闪躲！当他们沿着整条战线开枪时，你们该怎么办？"当士兵们仍退缩不前时，他说道："我为你们感到羞耻，他们在这么远的地方连大象都打不中。"[22] 不一会儿，一颗子弹击中塞奇威克的左眼下方，他当场阵亡了。

当格兰特得知塞奇威克的死讯时，他几乎说不出话来。他两次问道："他真的死了吗？他真的死了吗？"塞奇威克是内战迄今为止联邦伤亡将士中军衔最高的军官。格兰特悲痛地宣布："他的死对这支军队的影响，比损失整个师还要大。"[23]

*

但现在没时间哀悼。完成侦察后，格兰特有两个选择，他可以从侧面包抄李延伸的防线，也可以突破这些防线。面对李的半圆形防线，他把沃伦的第五军安排在右边，把塞奇威克的第六军——现在由霍雷肖·G. 赖特（Horatio G. Wright）指挥——安排在中间，伯恩赛德的第九军则被安排在最左边。最后一个离开莽原的汉考克的第二军，仍没有到达这里。

为了在敌人的防御中找寻一个薄弱环节，格兰特决定试着在李防线的左翼进行突破。汉考克到达后，格兰特命令他在下午6点继续前进，但要求他两次渡过波河（Po River），并搭建三座浮桥。随着夜幕降临，这阻碍了汉考克的努力，因此，格兰特的第一次尝试不得不推迟到第二天早上。[24]

同一天，格兰特对谢尔丹寄予厚望，想让他率领骑兵绕到李的后方去破坏南方的通讯线路，而格兰特则从前方对李的防御工事进行打击。黎明时，谢尔丹沿着电报路（Telegraph Road）出发，这条路连接着弗里德里克斯堡和里士满。他的骑兵气势勇猛：共有 9800 名骑兵，每 4 名骑兵并排前行，后面跟着 32 门大炮和几百辆满载弹药和食物的马车；队伍整整有 13 英里长。由于他的部队规模庞大，谢尔丹并不打算使诈，而是希望和斯图尔特正面交战。[25]

第二天，即 5 月 10 日上午 9 点半，格兰特写信告诉哈勒克："敌人以非常强大的力量挡住了我们前进的道路，并展现了阻止我军进攻里士满的强烈决心。"然后他强调："我绝不后退。"[26]

下午 3 点前后，格兰特再次开始行动，派遣沃伦的第五军在一英里宽的前线发起进攻。但是这次冲锋并没有发现李将军的中左翼有任何弱点，他已经在那里调动了军队应对预期的进攻。谢尔丹突袭后方防线的一个后果是格兰特没有骑兵来监控李的前线防御。[27]

格兰特决定在下午 5 点，由汉考克率领主力在史波特斯凡尼亚县府对李的整条防线发起进攻。当第二军准备的时候，他们可以看到之前沃伦进攻时身着联邦军服的士兵尸体散布在他们面前的战场上。进攻被推迟了两次，直到晚上 7 点，汉考克才发起猛烈攻击。一些士兵看到沃伦所部充满厄运的进攻尝试，也就对自己的努力不抱什么希望了。其中一名士兵低声说："我告诉你们，谁进攻谁就是疯了，最后只能以被肆意杀戮和失败而告终。"[28]结果确是如此。他们再一次被击退。

在这些挫折中，一位相信自己能克服无效进攻的军官引起了格兰特的注意。1861 年从西点军校毕业的年轻的埃默里·厄普顿（Emory Upton）告诉格兰特，在不停止正常射击的情况下，关键是要迅速到达李的防御工事，并在敌人作出反应前就越过

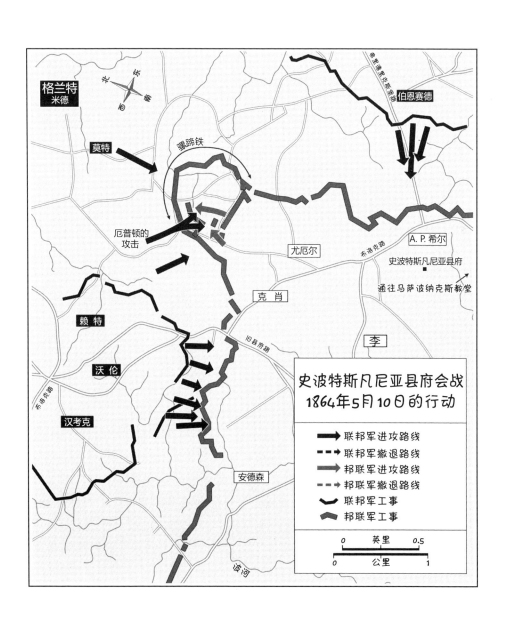

史波特斯凡尼亚县府会战
1864年5月10日的行动

联邦军进攻路线
联邦军撤退路线
邦联军进攻路线
邦联军撤退路线
联邦军工事
邦联军工事

0 英里 0.5
0 公里 1

格兰特
米德

北 东
西 南

莫特

骡蹄铁

伯恩赛德

厄普顿的
攻击

A. P. 希尔
尤厄尔
史波特斯凡尼亚县府

布洛克路
通往马萨波纳克斯教堂

克肖

赖特

旧县衙路

李

沃伦

布洛克路

汉考克

安德森

波河

它。格兰特听后表示同意。[29]

为了指挥精心挑选的 12 个团，厄普顿把他们分成了 3 支小纵队。厄普顿相信，只要援军紧随，他的部队就可以在南方邦联的防御工事上开出一个缺口。一名士兵记得厄普顿的命令："在我们袭击敌人的阵地之前，不要开枪、欢呼或喊叫。"[30]

格兰特目不转睛地注视着，厄普顿的士兵们从树林里冲了出来，他们没有开一枪就向前冲去，跳过了被认为是无懈可击的防御工程，很快就越过了第一道防线。几分钟之内，他们俘虏了几百名敌人和他们的枪支。

由汉考克所部的格肖姆·莫特（Gershom Mott）率领的援军开始前进，但他们在遇到炮火时停了下来，并在混乱中不得不撤退。这时，邦联军发起了反攻，格兰特眼见厄普顿失去了所期望的增援，于是命令他撤军。[31]

直到血腥的 5 月 10 日，格兰特才意识到敌军不存在任何的软肋。

*

5 月 11 日，几天的炎热过后，终于下起了冷雨。经过一周的持续战斗，格兰特宣布休息一天。他将利用这个喘息之机，重新计划如何攻击这支根深蒂固的敌军。当天早上，一直陪同格兰特的众议员伊莱休·沃什伯恩将要返回华盛顿。他问格兰特："我要不要给你捎个口信，就目前的情况，带给总统一些鼓励。"格兰特告诉沃什伯恩，他意识到自己面临的战斗比预想的要更加艰难："我们确实取得了长足进步，所有的战斗都对我们有利，但是这次肯定是一场长期的战役，我特别担心，现在不要说任何可能给民众带来虚假希望的话。"他坐在一张野外餐桌旁，嘴里叼着雪茄，给斯坦顿和哈勒克写了几封信："到目前为止，我们已经有 11 名将军和大概 20000 名士兵阵亡、负伤或失踪。"在这篇可怕的报告之后，或许是考虑到他的信息将如何被接受，因而格兰特会以同样的口吻结束每一份报告："即使要花费整个夏天，我也建议在这条战线上同敌人决一死战。"[32]

与此同时，谢尔丹率领他的骑兵整齐划一地绕过李的右翼，终于追上了"杰布"斯图尔特，或者更确切地说，斯图尔特让自己被追上。斯图尔特曾被西点军校的同学戏称为"小美人（Beauty）"，但 31 岁时，他已然变成了一个体格健壮的男人，眼睛炯炯有神，蓄着浓密的胡须和卷曲的小胡子。在南方公众眼中，他是一位具有传奇色彩的民间英雄。斯图尔特穿得像个中世纪的骑士，佩带一把法国军刀，灰色的外套一直扣到下巴，他头上戴着一顶棕色的帽子，黑色的羽毛在微风中飘扬。现在，他被人们称为"俊美的剑客（Beau Sabreur）"。[33]

由于不确定谢尔丹的意图，斯图尔特日夜不停地赶路，上午10 点就到了一家叫作"黄色酒馆（Yellow Tavern）"的废弃旅店，这里距离里士满只有 6 英里。他习惯了克服困难，但在这一天，他的困难比平时更大。斯图尔特只有 3000 名疲惫不堪的士兵。他超过三分之一的士兵骑着筋疲力尽的战马，所以他决定最好和谢尔丹步战，为此他不得不放弃马战的机动性。

当谢尔丹的第一批骑兵在上午 11 点前后到达时，斯图尔特已等候多时，他的骑兵分成两翼，在通往里士满的道路上据守阻击位置。但斯图尔特的部队在武器上也处劣势，他们仅仅装备了单发且射速缓慢的前膛枪，而谢尔丹拥有可速射的栓动卡宾枪。[34]

不过，战斗一直持续到下午。谢尔丹骑着他的马来回奔走，挥舞着他的黑帽子鼓励士兵。到下午 4 点，斯图尔特疲惫不堪的骑兵开始撤退。他骑上自己的那匹栗色马，想要重新召集人马。当他们再次冲锋时，斯图尔特被一颗 0.44 口径的手枪子弹击中。这位受了重伤的将军被抬到他姐夫在里士满的家中，那里聚集了一大群人，不过，第二天他就牺牲了。他的死在南方邦联中引起了轩然大波，尤其是因为大家都知道他死于"石墙"杰克逊一周年忌日后的第二天。[35]

*

回到史波特斯凡尼亚后，格兰特制订了一个新计划，打算采用与厄普顿已经成功使用的相类似的方法。格兰特在 5 月 12 日起得很早，像往常一样，他在炉火旁取暖。清晨 4 点半刚过，寂静便被打破。在格兰特的命令下，汉考克第二军的 15000 人在雾气和冰冷的雨水中穿过一片空地，向"骡蹄铁"进发。他们在泥泞中冲锋，排成狭窄的纵队越过路障，俘虏了尤厄尔第二军的几千名士兵和两名将军。对这些欢呼雀跃的士兵来说，他们的冲锋预示着联邦军取得了决定性的胜利。[36]

格兰特坐在将近一英里外的地方，透过茂密的树林，他可以听见一些动静，却什么也看不见。上午 5 点半，一名通讯兵疾驰而来，向他通报战场的最新情况，这将是他收到的第一条定期通报。格兰特命令伯恩赛德的第九军和赖特的第六军分别从左翼和右翼支援汉考克，沃伦的第五军在接到命令后随时准备行动。

罗伯特·E. 李也起得很早，他正常在凌晨 3 点起床。汉考克的攻击使他很吃惊，他迅速作出反应。汉考克的军队在李将军的前线打开了一个大缺口，那里有被涌入的更多北方士兵一分为二的危险。靠着尤厄尔第二军的约翰·B. 戈登（John B. Gordon）预备队组成的薄弱防线，李的两翼被艰难地拼接在一起。

32 岁的佐治亚人戈登没有接受过正式的军事训练，但他对必须做什么有着本能的理解。他在一块突出的防御工事上催促士兵们向前推进，开始击退汉考克最初的冲锋。

到了早上 6 点，当汉考克开始撤退到最初的前线时，格兰特命令赖特的第六军进攻"骡蹄铁"的西角，后来这个角被命名为"血腥之角（Bloody Angle）"。冲锋和反冲锋催生了这场战争中最可怕的一天。北方士兵的迅速成功带来了意想不到的后果，汉考克和赖特的部队混于一处，失去了他们开始时的内聚力。

从黎明之前一直到午夜，"血腥之角"是一片杀戮的战场。士兵们穿过原木的缝隙，用刺刀疯狂地刺杀，在肉搏战中向前冲去。他们战斗了一个又一个小时。如此多的子弹被发射出去，以至于连一棵直径 20 英寸的树都被击穿倒地。尸体开始堆积到 5~10 英尺高。通常，这种胶着的战斗不会持续很长时间，因为一方或另一方会选择撤退，但那天并没有。

最后，经过 20 个小时的持续战斗，李将军下令撤退到后方半英里处一条仓促修建的防线后。

*

当天晚些时候，格兰特召集他的主要将领和副官对史波特斯凡尼亚的行动进行评估。在这些评估中，格兰特鼓励最坦率、最诚恳地交换意见。他推动了这一过程而不是立即加入其中，同时

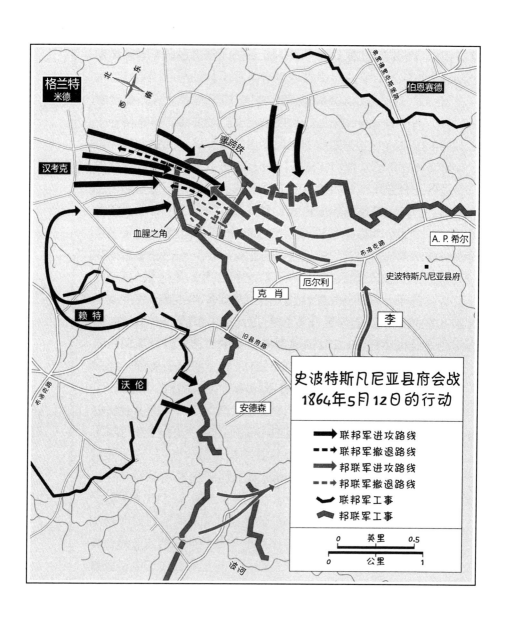

史波特斯凡尼亚县府会战
1864年5月12日的行动

格兰特
米德

伯恩赛德

骡蹄铁

汉考克

A. P. 希尔

血腥之角

厄尔利

史波特斯凡尼亚县府

布洛克路

克肖

李

赖特

旧县府路

沃伦

安德森

波河

→ 联邦军进攻路线
- - → 联邦军撤退路线
→ 邦联军进攻路线
- - → 邦联军撤退路线
联邦军工事
邦联军工事

0	英里	0.5
0	公里	1

直到谈话结束之前，他一直保留了自己要说的话。这一天，争论的焦点变成了霍勒斯·波特指出的米德的"尴尬"位置。米德指挥着波托马克军团，他是格兰特的副指挥。罗林斯和几名副官敦促格兰特绕过米德，直接向部队指挥官下达命令。[37]

在这些激烈的对话结束后，格兰特终于开口了："我完全知道，目前的组织出现了一些尴尬，但问题的另一方面更重要。"格兰特负有指导伯恩赛德、巴特勒、西格尔和谢尔曼的责任，能和米德这样有经验的领导人一起工作，他感到很欣慰。格兰特宣称，他曾关注过士气问题："我刚从西部来，如果我把一个值得尊敬的东部将军从军队指挥官的位置上撤下，我的动机很有可能会被人误解，对部队的士气也会产生不好的影响。"他总结道："米德很有能力，也完全服从。他通过关注细节，让我不必做太多的工作，并给我更多的时间去思考和完善我的总体计划。我会永远看到他所做的一切，而这一切都应得到充分的赞扬。"[38]

/ 353

格兰特不仅这样说，也这样做了。了解到人们对米德充满争议的看法，他在同一天写道："米德将军的表现超出了我最乐观的预期。"他甚至更进一步，推荐米德晋升为正规军的少将。"对于这一荣誉，他是当之无愧的，我个人也会感到欣慰。"在同一封信中，他还推荐谢尔曼晋升为少将，因为他在西部战区发挥了出色的领导作用。格兰特在信的结尾说道："我希望看到他们俩都能够晋升，而不是一个人。"[39]

*

格兰特在史波特斯凡尼亚取得胜利的最初报道，特别是俘虏了3000名南方士兵，在北方产生了欢欣鼓舞的情绪。公众已经习惯了听到有关联邦在弗吉尼亚失利的报道，因此他们对所有的好消息都津津乐道。格兰特5月11日向斯坦顿和哈勒克发送的报告（"即使要花费整个夏天，我也建议在这条战线上同敌人决一死战。"[40]）很快就成了头条新闻。驻华盛顿的诺亚·布鲁克斯在《萨克拉门托联合日报》上报道："即将到来之人似乎终于来了，格兰特是战争英雄，他的名字为每一个人所称道。"

但当随后的故事报道了"血腥之角"的可怕时，公众的情绪发生了变化。《纽约时报》直言不讳的记者威廉·斯文顿（William Swinton）促成了这种观点的转变："在战争期间，没有什么能比得上这场斗争的野蛮更让人绝望……我刚从冲突的现场过来，那里遍地皆是恐怖景象，使最胆大的人都血液凝固起来。"斯文顿最后说："每一个看到这一景象的人都会感叹，上帝保佑我再也不会看到这样的景象了。"[41]

经过这么多的流血牺牲，人们开始质疑格兰特的策略和胜利的代价。

*

当格兰特把注意力集中在弗吉尼亚不断变化的战线上时，他对其他指挥官感到疑虑和担忧。他并不担心谢尔曼，因为在5月的第二个星期，谢尔曼率领100000人把"乔"约翰斯顿率领的50000邦联军驱逐出佐治亚西北部的道尔顿（Dalton）。谢尔曼指挥着约翰·斯科菲尔德（John Schofield）的俄亥俄军团、乔治·托马斯的坎伯兰军团和詹姆斯·麦克弗森的田纳西军团，正在向亚特兰大进军。[42]

但格兰特确实担心他的三位"政治将军"。他命令弗朗茨·

西格尔把他的军队调到谢南多厄河谷，以便封锁敌军的补给线，并阻止那些可能会增援李将军的部队。格兰特得知，5 月 15 日，在新市村（Village of New Market），西格尔 7000 人的军队被约翰·C. 布雷肯里奇 4100 人的邦联军所击败。[43] 哈勒克对"政治将军"的态度比格兰特更不屑一顾，他对西格尔很是怒不可遏："他除了逃跑什么也不做。他再也没干过别的事。"[44] 更直接的担忧是，布雷肯里奇派出了两个旅去支援罗伯特·E. 李以对抗格兰特。

格兰特更关心本杰明·巴特勒的进展，因为他希望能与巴特勒的詹姆斯河军团（Army of the James）联合进攻里士满。他给了巴特勒一项任务：向詹姆斯河（James River）上游推进，切断彼得斯堡（Petersburg）和里士满之间的铁路，然后威胁彼得斯堡或里士满。

巴特勒在弗吉尼亚州东南部的汉普顿路（Hampton Roads）集结了一支庞大的运输船队，率领 30000 人的军队在詹姆斯河上开足马力前进，并在名叫百慕大汉垂德（Bermuda Hundred）的渔村登陆。他距离彼得斯堡只有 8 英里，距离里士满只有 12 英里，在方圆 50 英里以内，他所面对的南方士兵不足 10000 人。要实现格兰特的目标，必须采取果断行动。巴特勒最常做的事就是和他的两名军指挥官"秃头"史密斯和昆西·A. 吉尔摩（Quincy A. Gilmore）争论，同时这两名指挥官之间也互相争论。

虽然格兰特对巴特勒的指令最初让南方邦联措手不及，然而巴特勒的怠慢让皮埃尔·G. T. 包瑞德得以从南卡罗来纳州赶来增援。"小克里奥尔人（The Little Creole）"[45] 出发前急忙召集了近 20000 名士兵，其中一些是青少年和老年人。5 月 16 日，他在德鲁里断崖（Drewry's Bluff）袭击了巴特勒，把他们赶回了百慕大汉垂德。现在，巴特勒被围困在一个只有 4 英里宽的狭长地带里：他出不去，包瑞德只需派一点人马就能把他困在这里。[46] 格兰特描述了巴特勒的情况："尽管他的军队处于非常安全的位置，却完全与直接针对里士满的下一步行动断绝了联系，有如被关在一个塞得严严实实的瓶子里。"[47]

/ 355

当格兰特得知这场灾难的时候，他知道会有很多的指责。格兰特写信给哈勒克："可能是指挥官的错，也可能是他下属的错。史密斯将军虽然是一个非常能干的军官，但他非常固执，他可能会谴责任何不是他自己提出的建议。"[48] 格兰特明白他现在必须调整计划了，因为巴特勒不能成为他集中精力对付李的一分子。此外，包瑞德还派遣了乔治·皮克特的师率领 5000 人增援李。

更糟的是，格兰特陆续听到有关墨西哥湾军团（Army of the Gulf）令人沮丧的消息。4 月 8 日，纳撒尼尔·班克斯的军队在路易斯安那州什里夫波特以南 35 英里的萨宾路口（Sabine Crossroads）遭到理查德·泰勒（Richard Taylor）的袭击。作为回应格兰特对第三位"政治将军"的失望，哈勒克提醒格兰特："班克斯将军是总统的私人朋友，在国会内外都拥有强有力的政治支持者。"[49] 格兰特意识到，即使作为中将，他的权力也是有限的。哈勒克告诉格兰特，只有在他努力游说林肯和斯坦顿的情况下，才有可能撤换班克斯。哈勒克也这么做了。5 月 16 日，格兰特宣布墨西哥湾军团对班克斯"毫无疑问地失去了信心"，[50] 并下令撤换了他。

/ 356

在自己的战线上，格兰特不屈不挠地向前推进。5 月 18 日，波托马克军团再次袭击了"骡蹄铁"，但尤厄尔的守军击退了进攻。第二天，邦联军在史波特斯凡尼亚的最后交战中被击退。史

士兵和画家查尔斯·威灵顿·里德画了一幅格兰特骑着"辛辛那提"的画，这位骑手和战马在行动时已融为一体。

波特斯凡尼亚会战前后总计打了 12 天，这远远超出了格兰特的预期，他决定转向李的左翼。格兰特把目光投向了东南方向 25 英里外的汉诺威联轨铁路镇（Hanover Junction）。格兰特和他的战友们保持着密切的联系，他知道很多人都和他一样，因为无法在战场上与李的军队决一死战而感到沮丧。一位士兵在信中写道："孩子们戏称这位中将为'老而无用的将军'。这种情况还会阻碍他前进的步伐多久，尚有待观察。"[51]

5 月 21 日，格兰特收到了一个好消息，即道路宽阔、畅通无阻，但坏消息是他既没有地图也没有向导。[52] 他的副官伊利·S. 帕克（Ely S. Parker）对格兰特在即使有更好道路的情况下仍会选择不同寻常的行军路线感到惊讶："道路对他来说几乎没有什么用处，因为他会在沼泽地和树林里抄近路，几乎所有挡住他去路的溪流，他都能骑着马过去。有没有日光照射对他的行动也不产生任何影响，因为他从吃完早饭就一直骑行到深夜一两点，而且中途也不吃任何东西。"[53]

当天早些时候，格兰特暂住在马萨波纳克斯教堂（Massaponax Church）。这是一个闷热的日子，他命令把长凳搬到外面，这样他、米德和参谋们就可以开始制订计划。在他们交谈时，摄影师蒂莫西·奥沙利文（Timothy O'Sullivan）爬上了这座砖砌教堂的二楼。从这个不同寻常的角度，奥沙利文为格兰特拍摄了一张极具特色的照片。照片中的格兰特抽着雪茄，看着地图，同时边阅读边在书写急件。

李将军也在行动，决心让他的军队阻遏在格兰特和里士满之间。他故意放弃进攻格兰特的长线部队和马车，他到底想干什么？

答案在北安纳河（North Anna River）变得明确起来。这里距离里士满只有23英里，李在那里建立起他的下一道防线，以阻止格兰特南下。这里河水上涨，淹没了陡峭河岸上灌木丛覆盖的土地。当年5月，在经历了比往年更大的春雨之后，渡过这条汹涌的河流只能依靠桥梁。李将他的防线布置成三角形，顶端位于一处高地，这样就转移了格兰特对他的侵略性进攻。同时，李诱骗汉考克过河，使格兰特的军队处于危险的分裂状态。格兰特提醒伯恩赛德待在原地："敌人的情况和我想象的大不一样。"[54]

就在这时，李得了严重的腹泻病，只能躺在床上。他在那里祈求说："我们必须给他们一记重击，我们决不能让他们再从身边溜走。"[55]

格兰特在5月23日侦察到李的防守中枢，但他认为李的防线非常坚固。在命令部队固守阵地后，他决定实施自己的计谋。格兰特命令詹姆斯·威尔逊的骑兵带着栓动卡宾枪进行射击，就像

1864年5月，蒂莫西·奥沙利文爬上马萨波纳克斯浸信会教堂的二楼，在那里，他拍摄下格兰特坐在靠近一棵树的长椅左端——正在查看地图、阅读并书写急件。

要攻击李的左翼一样。这种声东击西，再加上倾盆大雨，都为格兰特提供了契机，让他可以撤退到一个更有利的位置改日再战。[56]

5月24日，格兰特终于作出一个正确的决定，将伯恩赛德的第九军纳入米德和波托马克军团的麾下，组建了联合指挥部。就在这一天，谢尔丹终于结束了两个多星期的冒险，得意洋洋地回来。他在太阳和马鞍上晒成了古铜色，急于讲述自己的功绩。

*

不像米德经常会讲粗话，格兰特从不咒骂。"真该死！""被雷劈！""臭狗屎！"[57]——这些就是他的脏话。他会告诉人们："罗林斯替我咒骂，我从未学过骂人。当我还是个孩子的时候，我似乎对咒骂就有一种厌恶感，当我长大成人后，更是让我觉得这样很愚蠢。我也时常注意到，说脏话有助于激起一个人的愤怒。"[58]

临近里士满时，霍勒斯·波特回忆起他唯一一次看到格兰特发脾气的情景。格兰特碰到一个运货的人，他的马车陷在泥里；他一边咒骂一边"用马鞭的末梢狠狠地抽打马脸"。[59]格兰特骑着一匹名叫"埃及（Egypt）"的马走上前，这是一匹体型中等的红棕色马，是伊利诺伊州南部格兰特的仰慕者们赠送给他的礼物。格兰特下了马，对着那人的脸就是一拳，接着开始咒骂："你这个混蛋！"格兰特把这个令人厌恶的人绑在树上六个小时。波特注意到，在那一天剩下的几个小时里，格兰特两次用"激烈"的语言谈论到这个鞭马者的残忍。

那天晚上，波特询问格兰特的一名副官，即绰号"乔"的T. S. 鲍尔斯少校（Major T. S. "Joe" Bowers），他是否见过格兰特如此愤怒。鲍尔斯少校自1862年4月以来一直待在格兰特身边。他说，只有一次。那是1862年9月的艾尤卡会战，格兰特遇到了一个流浪者，他正在一所房子前侵犯一名妇女。"将军从马上跳下来，从一名士兵手中夺过一支火枪，对准那个人的头部就是一枪。"鲍尔斯说，格兰特"对这类罪行总是有一种特殊的厌恶"。[60]

*

格兰特和李都没有预料到他们的下一场战斗会是何种规模。

李还从来没有被迫日复一日地与如此坚定的敌人作战。

战斗在里士满东北 8 英里处的冷港（Cold Harbor）进行，这里距离李和麦克莱伦在 1862 年半岛战役中交战的地方很近。[61]冷港由一个十字路口的村庄里的一些破旧旅馆组成，这里在 37.8 摄氏度的高温下会酷热难耐，而且也没有任何港口。这个名字实际上来源于一家英国旅馆，在那里人们可以找到过夜的住处，但不能找到热食。

在格兰特看来，有几个因素共同促成了他的紧迫感，让他不得不现在就发动进攻。首先，他终于比罗伯特·E. 李先一步到达这里。其次，他相信如果再尝试从左翼发起一次侧翼进攻，他最终可能会葬身于契卡霍米尼河（Chickahominy River）洼地，而两年前麦克莱伦曾战败于此。再次，他知道 6 月的服役期结束后自己将面临一个大问题——失去十几个团和有着三年经验的老兵。最后，这将是他兵临里士满之前的最后一次机会，利用人数上的优势在开阔的农田里与李交战。[62]

冷港会战由几股互不相干的力量交织而成。数天前，格兰特命令"秃头"史密斯的第十八军从巴特勒的军队加入到波托马克军团。5 月 31 日，当史密斯接近这里时，格兰特命令谢尔丹派出两个骑兵师去占领这个位于五条主要道路交会点的十字路口村庄。李对史密斯军队 17000 人的行动感到震惊，于是命令他的骑兵立刻前往冷港。起初双方都是由一些小部队在发起进攻，但很快就演变成了两支大军的全面战争。在 6 月 1 日那个炎热无风的夜晚，格兰特感觉到机会来了，他将和五个军在冷港迎战李。最后，他也许能够在空旷的土地上，而不是在他们的防御工事后面击败李的军队。

但李也感觉到了机会。如果他能追赶上格兰特庞大的军队，并从不同的方向接近冷港，他就能发起进攻，制造混乱，并对格兰特造成巨大打击。

格兰特打算在 6 月 2 日凌晨 4 点 30 分发动进攻。趁李还未
准备好防守之前，格兰特就会向他进攻。但是，庞大的波托马克
军团又一次没有作好准备，问题层出不穷。赖特的第六军因不停
歇的行军和战斗而疲惫不堪，所以他们落后于原定 15 英里的通
宵跋涉计划。史密斯直到 6 月 1 日晚些时候才到达战场，他派了
一名副官去报告说，他正在努力让手下就位，但他们几乎没有了
弹药。米德对此大发雷霆："那么，他到底为什么来这里？"[63] 据
报道，沃伦正在和他的师长们吵架。即使派出米德最好的制图师
威廉·H. 潘恩（William H. Paine），汉考克也在整晚的行军
中迷路并迟到了。由于这些困难，袭击被推迟了 20 个小时，格
兰特失去了一个极好的机会。李又多了一天来准备防御。[64]

在格兰特等待的时候，他的注意力很可能转向了即将获得连
任提名的总统。为了强调他们的共同事业，1864 年共和党选择
使用"国家联盟党（National Union Party）"这个名字。格兰
特明白，他领导的联邦军的成败将会影响到聚集在巴尔的摩的代
表们的情绪。[65]

对于那些经历了攻击"骡蹄铁"和"血腥之角"的士兵来
说，他们 6 月 2 日晚的行为反映了未来形势的严重性。霍勒斯·
波特注意到，这些人正脱下外套，缝制他们认为最应赶制的东
西——"在这样一个时刻，这些东西显得相当奇特"。[66] 当他走近
看时，他发现"这些士兵们正在平静地把他们的名字和地址写在
纸片上，并把纸片钉在他们的衣服后面，这样他们的尸体就可以
在野地上被认出来，他们的命运也可以被在家等候的亲人知道"。

6 月 3 日天亮之前，下了一场雨，让令人难以忍受的高温有
所下降，但随之而来的是能见度有限的浓雾。遵照格兰特的命

令，米德将部署指挥官并指挥战斗。[67]

凌晨 4 点 30 分，汉考克、赖特和史密斯超过 60000 名士兵的军队向李的防线发起冲锋。汉考克像在史波特斯凡尼亚一样，悄悄占领了一个叛军阵地。赖特也报告了一些成功，但代价是巨大的。

李的军队经过 48 小时的准备，正在用强大的火力进行反击。一名北方士兵说："这看起来更像是一场火山爆发，而不是一场战斗。"[68]汉考克报告说，他的第一师和第二师的士兵"非常接近敌军，但他们无法有效攻击到敌人"。史密斯请求支援，但很快被告知撤退。天还没亮，米德在给格兰特的信中写道："如果这些努力都没有成功，我将很高兴听取你关于继续进行这些努力的意见。"[69]

这幅出自《哈珀周刊》的插图描绘了弗吉尼亚冷港的绝望战斗。

早上 7 点，格兰特回答说："一旦确定进攻无法成功，那就暂停进攻。但一旦成功，就要大力推进。"[70] 联邦军起初占领了一些前线的防御工事，但无法再向前推进，甚至在那时他们也被击退了。纽约州第七重炮团的弗里德里克·W. 马瑟（Frederick W. Mather）总结道："我们就像在地狱里战斗，然后被狠狠地揍了一顿。"[71]

李第一次阻止了格兰特。由于李的猛烈进攻，联邦军遭受了 7000 多人的伤亡，其中很多人是在头半个小时中丧生的，而李的伤亡还不到 1500 人。在战争中，进攻部队几乎总是比防守部队伤亡更多。刚到下午，格兰特便停止了进攻。那天晚上，当军官们聚集在他的指挥部时，格兰特承认："我对发动这次袭击很后悔，超过了我所下的任何一次命令。"[72]

*

格兰特横渡拉皮丹河时的喜悦已被冷港的绝望所取代。吉迪恩·威尔斯捕捉到这种情绪："波托马克军团内部有着强烈的焦虑感。人们对格兰特充满信心，但这场战争对勇敢者的大规模屠戮，使我们所有人都感到战栗和震惊。"[73]

格兰特曾在冷港和史波特斯凡尼亚尝试正面进攻，但都没有成功。再次左转，他的军队就会进入契卡霍米尼河洼地。哈勒克敦促格兰特要小心谨慎地接近里士满，进而包围南方邦联的首都。但是格兰特知道罗伯特·E. 李有三年的时间来准备里士满的防御。他对战争的政治性质已愈发敏感，不想做出任何阻碍林肯总统连任的事，他担心长期的围困会使北方日益增长的反战势力得手。

格兰特面临着一个关键的选择。

1　USG to HWH, May 8, 1864, *Grant Papers*, 10: 410-11.

2　*Richmond Dispatch*, May 7, 1864.

3　Beth G. Crabtree and James W. Patton, eds., *"Journal of a Secesh Lady": The Diary of Catherine Ann Devereux Edmonston, 1860-1866* (Raleigh: North Carolina Division of Archives and History, 1979), diary entry February 10, 1864, 524; Bruce Levine, *The Fall of the House of Dixie: The Civil War and the Social Revolution That Transformed the South* (New York: Random House, 2013), 5.

4　Emory M. Thomas, *Robert E. Lee: A Biography* (New York: W. W. Norton & Co., 1995), 23-37; Douglas Southall Freeman, *R. E. Lee: A Biography*, vol. 1 (New York: Charles Scribner's Sons, 1934), 1-33.

5　Thomas, *Robert E. Lee*, 41, 47-55; Freeman, *R. E. Lee*, 1: 48-85.

6　Thomas, *Robert E. Lee*, 178-83.

7　Robert E. Lee to Reverdy Johnson, February 25, 1868, quoted in Freeman, *R. E. Lee*, 1: 437.

8　Brooks D. Simpson, "Great Expectations: Ulysses S. Grant, the Northern Press, and the Opening of the Wilderness Campaign," in Gary W. Gallagher, ed., *The Wilderness Campaign* (Chapel Hill: University of North Carolina Press, 1997), 2-4.

9　Philip H. Sheridan, *Personal Memoirs of P. H. Sheridan* (New York: Charles L. Webster & Co., 1888), 1; Wheelan, *Terrible Swift Sword*, xx. Four different versions of where Sheridan was born exist. 他说自己出生在纽约州首府奥尔巴尼（Albany）。撰写谢尔丹传记的问题在于，他所有的日记、游记和个人文件都在1871年的芝加哥大火中损毁了。

10　Wheelan, *Terrible Swift Sword*, xxi, 19.

11　Kathryn Allamong Jacob, *Testament to Union: Civil War Monuments in Washington, D.C.* (Baltimore: Johns Hopkins University Press, 1998), 134-38. 这座雕像由格曾·博格勒姆（Gutzon Borglum）完成，并于1908年落成；他后来成为南达科他州拉什莫尔山（Mount Rushmore）巨型总统雕像的创作者。

12　Porter, *Campaigning with Grant*, 24.

13　Ibid., 83-84.

14　Lyman, *Meade's Headquarters*, letter to wife, Elizabeth, February 22, 1864, 73.

15　Porter, *Campaigning with Grant*, 83-84; Wheelan, *Terrible Swift Sword*, 70-71; Sheridan, *Personal Memoirs*, 1: 367-69.

16　Sheridan, *Personal Memoirs*, 1: 367-69; Wheelan, *Terrible Swift Sword*, 70-71;

Cleaves, *Meade of Gettysburg*, 242–43; McPherson, *Battle Cry*, 462–64.

17　Sheridan, *Personal Memoirs*, 1: 367–69; Wheelan, *Terrible Swift Sword*, 71.

18　Porter, *Campaigning with Grant*, 88–89; Rhea, *Battles for Spotsylvania Court House and the Road to Yellow Tavern*, 94.

19　Rhea, *Battles for Spotsylvania Court House and the Road to Yellow Tavern*, 5–6.

20　*New York Herald*, September 4, 1862; McPherson, *Battle Cry*, 728.

21　Richard Elliott Winslow, *General John Sedgwick: The Story of a Union Corps Commander* (Novato, Calif.: Presidio Press, 1982), 172–74.

22　Martin T. McMahon, "The Death of General John Sedgwick," in Johnston and Buel, eds., *Battles and Leaders*, 4: 175. When Sedgwick was hit, he fell on McMahon.

23　Porter, *Campaigning with Grant*, 90.

24　David M. Jordan, *Winfield Scott Hancock: A Soldier's Life* (Bloomington: Indiana University Press, 1988), 127.

25　Wheelan, *Terrible Swift Sword*, 73; McPherson, *Battle Cry*, 728.

26　USG to HWH, May 10, 1864, *Grant Papers*, 10: 418.

27　Rhea, *Battles for Spotsylvania Court House and the Road to Yellow Tavern*, 105.

28　Brigadier General Samuel W. Crawford, quoted in Rhea, *Battles for Spotsylvania Court House and the Road to Yellow Tavern*, 177; Jordan, *Winfield Scott Hancock*, 128–29.

29　Rhea, *Battles for Spotsylvania Court House and the Road to Yellow Tavern*, 161–63.

30　Ibid., 164–65.

31　*Personal Memoirs*, 2: 223–25; Catton, *Grant Takes Command*, 220–22.

32　USG to HWH, May 11, 1864, *Grant Papers*, 10: 422–23; Porter, *Campaigning with Grant*, 97–98; Rhea, *Battles for Spotsylvania Court House and the Road to Yellow Tavern*, 212–13.

33　Emory M. Thomas, *Bold Dragoon: The Life of J. E. B. Stuart* (New York: Harper & Row, 1986), 18, 69, 128.

34　Wheelan, *Terrible Swift Sword*, 76–77; Thomas, *Bold Dragoon*, 290–91. 斯图尔特（Stuart）的军队处于更加不利的位置，因为他不得不腾出四分之一的骑兵去守护战马。

35　Thomas, *Bold Dragoon*, 291–95.

36　William D. Matter, *If It Takes All Summer: The Battle of Spotsylvania* (Chapel Hill: University of North Carolina Press, 1988), 191–93; Rhea, *Battles for Spotsylvania Court House and the Road to Yellow Tavern*, 232–36; McPherson, *Battle Cry*, 729–30; Porter, *Campaigning with Grant*, 102.

37 Porter, *Campaigning with Grant*, 113–14.

38 Ibid., 115；Cleaves, *Meade of Gettysburg*, 245. 波特在这里背诵了一长段格兰特的话。对他记忆的准确性可以提出合理的反对意见，但我相信如果这即使不是格兰特的原话，却也抓住了那天早上的谈话精神。

39 USG to EMS, May 13, 1864, *Grant Papers*, 10：434.

40 Noah Brooks, *Sacramento Daily Union*, May 13, 1864, in Brooks, *Mr. Lincoln's Washington*, 317.

41 *New York Times*, May 18, 1864. 威廉·斯文顿（William Swinton）对宗教语言的频繁使用，可能源于他早期受到的长老会牧师教育。

42 Marszalek, *Sherman*, 264.

43 Stephen D. Engle, *Yankee Dutchman: The Life of Franz Sigel* (Baton Rouge: Louisiana State University Press, 1993), 186–92.

44 HWH to USG, May 17, 1864, *Grant Papers*, 10：460n.

45 Trefousse, Ben Butler, 150; Williams, *Beauregard*, 208–11.

46 Gordon C. Rhea, *To the North Anna River: Grant and Lee*, May 13–25 (Baton Rouge: Louisiana State University Press, 2000), 126–27.

47 USG, report, *OR*, ser. 1, vol. 36, pt. 1, 20.

48 USG to HWH, May 21, 1864, *Grant Papers*, 10：475.

49 HWH to USG, May 3, 1864, *Grant Papers*, 10：375n.

50 USG to HWH, May 16, 1864, *Grant Papers*, 10：452.

51 Cited in Rhea, *To the North Anna River*, 279.

52 *Personal Memoirs*, 2: 243.

53 William H. Armstrong, *Warrior in Two Camps: Ely S. Parker, Union General and Seneca Chief* (Syracuse, N.Y.: Syracuse University Press, 1978), 91.

54 USG to Ambrose E. Burnside, May 24, 1864, *Grant Papers*, 10：484; Rhea, *To the North Anna River*, 320–24, 355–62.

55 Douglas Southall Freeman, *Lee's Lieutenants: A Study in Command* (New York: Charles Scribner's Sons, 1942–1944), 3: 498.

56 Ibid., 367.

57 William E. Woodward, *Meet General Grant* (New York: Liveright, 1928), 23; Miers, Web of Victory, 106–7.

58 Porter, *Campaigning with Grant*, 251.

59 Ibid., 164–65；"Egypt"之所以得名，是因为这匹漂亮的马来自伊利诺伊州南部，即"小埃及地区（Little Egypt）"。

60 Ibid., 165.

61　Freeman, *R. E. Lee*, 3: 373-84.

62　McPherson, *Battle Cry*, 734.

63　Lyman, *Meade's Headquarters*, letter to wife, Elizabeth, June 1, 1864, 138.

64　Rhea, *To the North Anna River*, 354-62.

65　White, *A. Lincoln*, 632-35.

66　Porter, *Campaigning with Grant*, 174-75.

67　乔治·戈登·米德（George Gordon Meade）第二天写信告诉妻子："我一整天都在战场上指挥。"GGM to Margaret Meade, June 4, 1864, in Meade, *Life*, 2: 200.

68　Cited in Smith, *Grant*, 362.

69　GGM to USG, June 3, 1864, *Grant Papers*, 11: 14n.

70　USG to GGM, June 3, 1864, *Grant Papers*, 11: 14n.

71　Maher cited in Gordon C. Rhea, *Cold Harbor: Grant and Lee, May 26-June 3, 1864* (Baton Rouge: Louisiana State University Press, 2002), 329.

72　Porter, *Campaigning with Grant*, 179; McPherson, *Battle Cry*, 735; Cleaves, *Meade of Gettysburg*, 251. 后来，格兰特在《个人回忆录》中写道："我总是为最后一次袭击冷港而感到遗憾……在冷港没有得到任何收益以弥补所遭受的严重损失。"（2: 276）

73　Welles, *Diary*, entry June 2, 1864, 2: 44.

　　我对格兰特充满信心，但我和叛军一样，都对他感到困惑。当我们希望他佯攻示威的时候，他会选择直接战斗；当我们希望他寻找战机的时候，他会静默等候；当我们希望他战斗的时候，他则会撤离。只要我们不打扰格兰特，他就会拿下里士满，对此我已愈发确信。

　　——小查尔斯·弗朗西斯·亚当斯致老查尔斯·弗朗西斯·亚当斯，1864年6月19日

　　格兰特和罗伯特·E. 李在一场前所未有的东线战役中被纠缠到了一起。这位南方邦联的领导人证明了自己比格兰特早期遇到的敌人更有能力，如夏伊洛的阿尔伯特·西德尼·约翰斯顿、维克斯堡的约翰·彭伯顿以及查塔努加的布拉克斯顿·布瑞格。格兰特也表现得更加机智和善于应变。他们之间的战争并不仅仅持续了几天，而是一直进行着。

　　格兰特在越过拉皮丹河后发起进攻，但他无法一击制敌，因为李将军比格兰特更了解弗吉尼亚的局势。格兰特的每一次进攻都遭到了李的坚强防御。尽管格兰特对未来表示乐观，但李和北弗吉尼亚军团，无论在人数上还是在武器装备上，仍然是一支强大的军事力量。格兰特知道里士满的防御十分强大，于是他决定改变策略。

　　他和哈勒克回顾了长期以来的计划："如果可能的话，我的想法从一开始就是在里士满以北打败李的军队，然后在摧毁他在詹姆斯河以北的通讯线路后，我们就向南进军，在里士满将李团团围住，或者如果他继续向南撤退的话，我们就紧追不舍。"到

目前为止，格兰特把所有精力都集中在里士满的北部，但是李的顽强防守迫使他改变了主意。"经过 30 多天的尝试，我现在发现，敌人目前认为对于他们最重要的是不要冒险进军。他们的行动纯粹是在护墙后面的防御，或者当他们无力抵挡敌人进攻而一旦被击败时，就可以立即退到护墙的后面。"格兰特总结说："如果不付出比我所愿付出的更大的生命代价，我在城外所计划的一切都不可能实现。"[1] 批评者们把格兰特描绘成一个对伤亡人数漠不关心的人。但在这个关键时刻，由于战果带来的压力越来越大，格兰特告诉哈勒克，"牺牲生命"是有限度的。

格兰特已经决定改变他精心准备的从北面进攻里士满的计划。6 月 6 日，他派塞勒斯·康斯托克和霍勒斯·波特前往位于百慕大汉垂德的巴特勒指挥部，他们的任务是侦察那里并带回最好的地图。他想让他们找寻一个紧迫问题的答案：他的军队最好在哪里渡过詹姆斯河从而前往南方？当他们在 6 月 11 日午夜提交报告时，波特观察到，"格兰特将军展现了在其他任何场合都未曾表现过的焦虑和紧张"。[2] 格兰特知道他的新策略风险很大。

*

6 月 7 日中午，当格兰特正坚定他从南方发起进攻的新计划时，在巴尔的摩的前街剧院里召开了国家联盟党代表大会。在林肯的支持下，大会通过了一项纲领，其主要内容是"修改宪法，这将积极禁止在美国推行非洲奴隶制度"。[3] 大会第二天提名林肯连任。[4]

唯一的悬念围绕着谁将成为林肯的副总统。在大会召开之前，报纸和代表们曾向林肯施压，要求他说出自己的选择。但他拒绝回答，并表示他将遵守大会的决定。1860 年，共和党人选择了缅因州的汉尼巴尔·哈姆林（Hannibal Hamlin）来平衡东西部之间的选票。1864 年，为了向战争中的民主党人示好，代表大会提名田纳西州的安德鲁·约翰逊为候选人，他是战争爆发后唯一一位留在联邦的南方参议员。[5]

6 月 9 日，代表们前往华盛顿，将提名通知了总统。作为回应，林肯宣称："我们想要的仍然要比巴尔的摩大会或总统选举更为重要，即在格兰特将军的领导下获取胜利。"当林肯提到格兰特时，人们报以热烈的掌声和欢呼。他最后说："请允许我以这样的方式结束讲话，让我们为格兰特将军和他手下的军官和士兵们三欢呼吧。"[6]

*

格兰特拿着地图，开始谋划起他的新策略。就像在维克斯堡一样，他一开始并没有和其他人分享。相反，他指示工兵们改善通过契卡霍米尼河洼地的道路，制造出他准备在里士满前方进攻李的假象。他命令谢尔丹在里士满以西的两个师摧毁弗吉尼亚中部铁路，但更重要的是，要同时吸引李的骑兵离开这里。他下令门罗堡从上游运来浮桶和建桥木材。他知道这一切都取决于伪装和速度。

李将军侦察到了这些浮桥，但他以为这是为了在契卡霍米尼河上架起一座桥梁，以便对南方邦联的首都发动长期进攻。

6 月 9 日，格兰特命令巴特勒突袭里士满以南 23 英里处的彼得斯堡。彼得斯堡是一个与里士满相连的运输和供应中心，这里有五条铁路向西和向南延伸。巴特勒派遣昆西·吉尔摩所部发起进攻，虽然这里的防御人数还不到吉尔摩兵力的一半，而且其中还有许多老人和小孩，但他们成功抵挡住了联邦军的进攻。[7]巴特勒的军队再度让格兰特失望。

6月12日上午，格兰特同意摆拍照相。一直记录内战故事的马修·布雷迪（Mathew Brady）让格兰特站在他指挥部帐篷旁的一棵树前，拍下了最著名的战争照片之一。西奥多·莱曼像往常一样边看边写。他观察道："格兰特将军蓄着胡须，显得十分和蔼可亲。他的确是个温和的人。"莱曼被格兰特性格的悖论所吸引，他认为"格兰特集中了所有美国人的特征于一身"。[8]

那天晚上，格兰特开始实施他的新计划，希望夜色能为行动提供掩护。他的部队开始从李将军长达7英里的防线上撤退，同时让古弗尼尔·沃伦和詹姆斯·威尔逊佯攻，好像要再一次向李将军的左翼移动。随着格兰特的行动被伪装起来，他疲惫不堪的军队开始迅速向詹姆斯河上的威尔科克斯登岸口（Wilcox's Landing）进军。格兰特明白，如果李识破这个骗局，他将有很大的风险。他的部队从不同地方出发，经过长途跋涉，很容易遭到攻击。格兰特与巴特勒合军一处后攻下并保卫了彼得斯堡，并打算从南部向里士满发起进攻。他相信这样的攻击最终会迫使李在南方首都前的开阔地带作战。

直到6月13日早晨，李才发现格兰特的军队不见了。由于不知道他们去了哪里，在接下来的几天里，李分别向契卡霍米尼河下游和詹姆斯河派出了侦察队。[9]

格兰特自信地给哈勒克写信："我们部队今天将开始越过詹姆斯河。敌人还没有把军队开进里士满南部的迹象。如果可能的话，我会在他们大举进攻之前保障彼得斯堡的安全。"[10]

到达威尔科克斯登岸口后，格兰特站在詹姆斯河的北岸，注视着一项非凡的工程壮举。弗吉尼亚的许多河流成为联邦军向南推进时反复出现的障碍。詹姆斯河发源于阿巴拉契亚山脉，全长340 英里，最后向东流入切萨皮克湾。1864 年 6 月，一场春雨过后，宽阔的河水涨到 80 英尺深，非常危险。[11]

联邦军以浮桥作为解决办法。浮桥由多个浮筒组成，而浮筒由 20 英尺长的木制框架和防水帆布皮制成，跨越这条宽阔河流的工具就这样建好了。这个拼组而成的浮桥可以同时保证四人并排前行，并带上马车和大炮。[12]格兰特在视察浮桥时，一个哨兵命令他把雪茄掐灭。格兰特笑着把它扔到了河里："哨兵说得对，他不会让我违抗我自己的命令。"[13]

伴随着嘹亮的军乐和飘扬的旗帜，格兰特双手紧握在身后，

/ 366

威廉·沃德绘制了一幅联邦军在弗吉尼亚渡过詹姆斯河的插画，他成功描绘了格兰特的大军在 1864 年春季战役中的进展。

他惊叹于这座有史以来最长的浮桥——这座浮桥有 2100 英尺长、13 英尺宽，由 100 艘浮筒船支撑。他看见河里有一支由炮舰、渡船、拖船、双桅帆船和储粮船组成的舰队。士兵、战马、闪亮的大炮、白色的补给车和 3500 头肉牛正在过河。当英国出生的艺术家威廉·沃德（William Waud）在《哈珀周刊》（*Harper's Weekly*）上发表了他的插画《横渡詹姆斯河》后，这个场景变得广为人知。[14]

下午，格兰特顺流而下，来到城角镇（City Point）。城角镇位于詹姆斯河和阿波马托克斯河（Appomattox River）交汇处的悬崖边上，这里是格兰特军的中心地带，他在这里设立了指挥部。那天深夜，格兰特写信给朱莉娅。他给妻子的信通常都很低调，以免吓到她，但这天晚上，他的语气变了："从星期日起，我们就开始了一支大军有史以来最危险的行动。"[15]

在接下来的几个月，格兰特将城角镇改造成一个巨大的联合港口和供应基地。它的码头将延伸超过一英里，通常能够容纳 70 艘帆船和 100 艘驳船。在军需官鲁弗斯·英戈尔斯的努力下，这里为军粮、军械和军需各部门以及铁匠铺和货车修理店建造了巨大的仓库。面包店每天能生产出 10 万条面包。占地 200 多英亩的仓库野战医院可以为 10000 名伤患提供服务。每天有 4 艘汽船从这里开往华盛顿。此外，英戈尔斯还修建了一条 21 英里长的铁路，连接城角镇和彼得斯堡。[16]

但在最初的几天里，格兰特知道他必须在李作好准备之前迅速出击。他命令"秃头"史密斯进攻彼得斯堡，希望他能完成巴特勒未竟的事。彼得斯堡的守军得到了包瑞德匆忙集结的部队的增援，但人数仍然只有 5400 人左右，远远少于史密斯的 17000 人。[17] 格兰特信任史密斯，史密斯在查塔努加给他留下了深刻的

这张广角照片记录了格兰特在弗吉尼亚城角镇所集结的大规模军队，反映了这位前军需官非常重视野战部队的物资供应。

印象。他还指示汉考克前去支援。

史密斯认识到，在最近与巴特勒发生争执之后，他有机会挽回自己的名誉，于是从东北方向穿过炎热、尘土飞扬的道路赶往彼得斯堡。通常精力充沛的他，在这一天变得过于谨慎。也许是想到在冷港忽视了侦察工作，他称自己需要时间检查地面的情形。

几个小时过去了，但前方音讯全无，格兰特给巴特勒打电报说："你有彼得斯堡的消息吗？"[18] 他不知道汉考克还在为葛底斯堡会战时受过重伤的大腿而困扰，同时他也带着一张错误的行军地图，并以一种不同寻常的缺乏紧迫感的方式前行。格兰特愈发

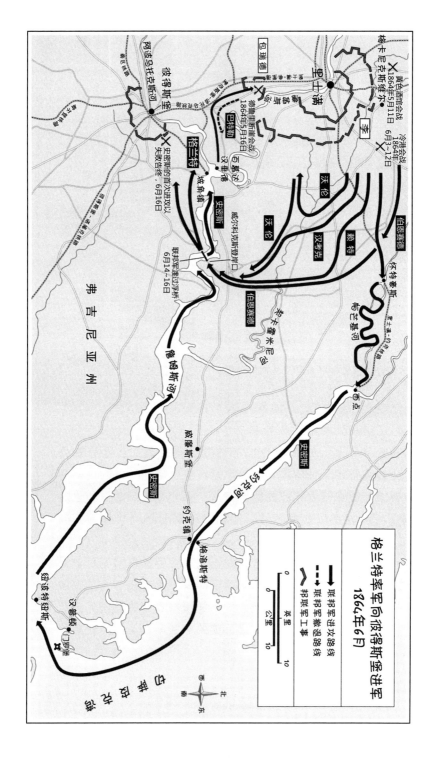

担心，并再次写道："我还没有听到有关彼得斯堡远征结果的任何消息。"[19]

史密斯在沉默中进行了四个小时的精心侦察。他的发现使他感到不安，彼得斯堡的守军在令人印象深刻的防线后面行动。绵延数英里的护城墙环绕城市的三面，有些地方有 24 英尺厚。城墙之外是 15 英尺深的沟渠，周围环绕着在被砍倒的树上支起的铁丝网，沿途都是用各种各样的枪炮加固的堡垒。然而，仔细检查应该会发现敌人的防御工事人手不足。突然变得谨慎的史密斯更进一步地拖慢了进攻。[20]

史密斯终于在晚上 7 点开始了进攻，并随时恭候汉考克第二军的到来。当他的士兵们冲锋时，皎洁的月光照亮了前面的道路。史密斯的第一次猛攻使邦联军的防御系统失灵。很快，他的部队前进了一英里，占领了方圆一英里半范围内的战壕和 5 座堡垒，并缴获了 16 门大炮。

汉考克最终到达时，35000 名联邦军面对的邦联军还剩不到 7000 人。后来，包瑞德写了一篇文章，总结了当天傍晚的情况："当时的彼得斯堡显然是在联邦指挥官的控制之下，他几乎把它全部占领了。"[21]

6 月 16 日上午，格兰特穿着一件便服，骑马前往彼得斯堡视察。这里的守备力量给他留下了深刻的印象。他从前线回来时，遇见了米德，于是两人骑着马商议。格兰特对米德说，他希望继续进攻，希望在李将军有时间作出反应前占领这座城市。[22]在伯恩赛德的协助下，傍晚的进攻取得了更大进展。第二天早上一切看起来都变得很有希望。

6 月 17 日，格兰特命令史密斯、汉考克和伯恩赛德继续进军，但他们的努力并不协同。沃伦本应参与其中，但令米德恼火的是，用沃伦自己的话说，他被自己的侦察行动和邦联军拖慢了脚步。在这个本是最佳的决战时刻，包瑞德向后撤退，并组成了一道新的内部防线。[23]

6月18日，北方士兵们意识到可能没有多少时间了。他们小心翼翼地再次前进，占领了前一天被遗弃的一些战壕。但那天早晨7点半，李的第一支部队开始列队进入包瑞德的战壕。李在上午11点到达彼得斯堡。[24]下午结束时，格兰特叫停了进攻：他从一开始就知道成功取决于速度。[25]战后他写道，如果他的命令能按时执行，"我认为，毫无疑问，我们可以在没有太多损失的情况下取得彼得斯堡的胜利"。[26]

*

夺取彼得斯堡失败的消息令北方愈发气馁。6月16日，林肯在费城发表讲话时谈到了这些担忧："我们接受这场战争是为了一个目标，一个有价值的目标，当这个目标实现时，战争就会结束。"当谈到弗吉尼亚的形势时，他继续说："据最新消息，格兰特将军曾表示，即使这场战争会花费整个夏天，他也将坚持下去。"林肯宣称："我认为，如果再花三年时间，我们就会走完这条路。"[27]

*

为了表示对他的进一步支持，几天后，林肯出其不意地造访了格兰特位于城角镇的指挥部。6月21日，林肯在儿子泰德（Tad）的陪同下抵达这里。他告诉格兰特："我只想赶紧跳上一条船，然后过来见你。我不指望我能帮什么忙，事实上，我反而担心我可能会给你带来不便，但我将服从你的命令，如果你发现我做错了什么，请立刻把我打发走。"28

"总统先生，如果部队有机会能看到您，我认为他们会非常高兴。"

林肯同意了，说他非常乐意看望士兵。29

格兰特把他的栗色马"辛辛那提"让给林肯，因为这匹马刚好适合总统的长腿，而他骑着另一匹名叫"埃及"的马。

格兰特建议林肯去慰问伯恩赛德第九军的一个整编黑人师，他们在彼得斯堡英勇作战。霍勒斯·波特写道，总统的接待情形"难以描述……黑人士兵们展现了极高的热情"。当他们簇拥

格兰特以马术闻名。他在内战期间拥有过许多战马，但没有一匹比巨大的"辛辛那提"更强大，它使这位身高 5 英尺 8 英寸的骑手相形见绌。

在林肯周围时，波特回忆说，"他们欢呼、大笑、哭泣、歌颂"，并大声赞扬总统。[30]

第二天早上，林肯前往詹姆斯河上游，视察了更多的联邦防线。在百慕达汉垂德，林肯对这块已经占领的防御阵地留下了深刻的印象："格兰特一旦占领了一个地方，就会攥紧它，就像继承了父亲的家产一样。"[31]

当林肯离开城角镇时，这次经历加深了他对格兰特将军的欣赏。曾是纽约一家报纸的戏评人，同年2月才担任格兰特秘书的亚当·巴多（Adam Badeau）对二人之间的融洽氛围作了很好的解释："林肯性格简单直率，这与格兰特相似；当他们的思想直接并坦率地接触时，他们比聪明和有野心的人更欣赏对方。"[32]

*

6月18日，夜幕降临后，格兰特在弗吉尼亚的军事行动进入了一个新的阶段。从拉皮丹河到彼得斯堡之间的森林、河流以及小城镇，在这里的45天中，格兰特和罗伯特·E.李进行了战争中最残酷的会战。联邦军伤亡65000人；邦联军的伤亡人数少得多，大概为35000人。格兰特失去了许多最优秀的士兵，有些士兵和他一起经历了三年的战争。

面对联邦军对彼得斯堡的围攻，李知道他军队的前景已非常严峻。他早就告诉曾在莽原和冷港英勇作战的朱巴尔·厄尔利将军："我们必须在格兰特到达詹姆斯河之前摧毁他的军队。如果他到达詹姆斯河，他将会围攻这里，然后所有的一切都只是时间问题罢了。"[33]现在，随着他的恐惧变为现实，李在和时间赛跑。

读过北方的报纸后，他清楚尽管林肯已被提名连任，但他仍是被批评的对象，人们已愈发称这场战争为"林肯先生的战争"。李知道谢尔曼已经带领 10 万人进入佐治亚州，为了确保这些城镇不会被邦联军重新占领，谢尔曼被迫在各个城镇留下小股部队，这样就势必削弱他的军队。李相信，如果他和"乔"约翰斯顿能再坚持四个月，他们就有可能不输而胜。[34]

*

格兰特计划打一场后勤战来围困彼得斯堡，即切断彼得斯堡通往南部和西部的货车和铁路线。当他意识到李将军的主力部队已经被困在他们的防线之内时，格兰特立即采取了行动。他建立了自己的围城线，并动用重炮，包括能发射 700 码远的科霍恩迫击炮（Coehorn Mortar）。在彼得斯堡东线，两军有时仅相距 100 码，虽然经常交火，但偶尔也交换报纸和咖啡。然而，两军在南线可能会相隔半英里。[35]

事实证明，后勤战比格兰特所希望的要困难得多。他派遣汉考克和赖特拆除威尔登铁路（Weldon Railroad），这是李将军在彼得斯堡和北卡罗来纳州之间的主要补给线。但是 6 月 17 日发生的事在 6 月 22 日被证明已不再可能。曾经是铁路工程师的威廉·马洪将军（General William Mahone）对这片土地非常熟悉，他利用两支联邦军队之间的距离，逐一将他们击退。1700 人被邦联军俘虏很难令人接受，格兰特向哈勒克承认："这是一起军事溃败。"[36]

到 6 月底，格兰特指挥着一支已疲惫不堪的军队。塞勒斯·康斯托克在评论威尔登铁路溃败时总结了这个问题："军队

彼得斯堡围城战
1864年6月~
1865年4月

W. F. 史密斯
6月15日

邦联军未能在斯蒂德曼堡
突破联邦军防线
1865年3月25日

伯恩赛德
6月18日

格兰特
米德

包瑞德建立了新的防线
6月15~18日

火山坑
7月30日

包瑞德

彼得斯堡

李

伯尼

赖特

6月21日

沃伦

8月初的
联邦军工事范围

6月
22日

反攻
8月18~19日

A. P. 希尔

当联邦军向
西南方向推进时
罗伯特·E. 李
扩大了防线范围

环球酒馆会战
8月18~19日

8月底的联邦军
工事范围

非瑟堡

10月底的联邦军
工事范围

联邦军
突破防线
1865年4月2日

联邦军进攻路线
联邦军撤退路线
邦联军进攻路线
邦联军撤退路线
联邦军工事
邦联军工事

0   英里   1

0   公里   1

的战斗力已不如当初，我们损失了大量最优秀的军官和最优秀的士兵。"

*

如果格兰特相信李将军的军队瘫痪了，那他还没有完全了解这个"老家伙"。7月初，李设法在彼得斯堡转移格兰特的注意力，并开始考虑在秋季选举时将恐怖播散给北方民众。

朱巴尔·厄尔利将成为他的工具。6月12日，李用厄尔利取代了生病的理查德·尤厄尔，后者曾是"石墙"杰克逊所部的一员。厄尔利意志坚定，虽然有时有些固执，但他比谨慎的尤厄尔更胜一筹。因为厄尔利的攻击性，李称呼他为"坏老头（Bad Old Man）"。他47岁时，他的部队曾称他为"老朱贝（Old Jube）"。[37]

厄尔利横扫了谢南多厄河谷，并于7月6日越过波托马克河，向华盛顿进军。三天后，"卢"华莱士在马里兰州弗里德里克（Frederick）以东的莫诺卡西河（Monocacy River）组建了一支州属民兵部队。但格兰特对他并没有信心，厄尔利毫不费劲地击败了他。在从弗里德里克地方官那里征收了20万美元的税款，并狼吞虎咽地吃完冰激凌后，厄尔利的骑兵继续向北进军。[38]

格兰特明白，现在没有任何军队能阻挡厄尔利率领的14000人进入联邦首都。谣言把厄尔利的兵力夸大到30000人。自1814年英国人烧毁白宫以来，首都从未受到过袭击。[39]

哈勒克开始怀疑格兰特渡过詹姆斯河进攻彼得斯堡的策略。他担心李将军现在阻挡在格兰特和华盛顿之间。他还担心，当格兰特召集华盛顿的常规防御部队来弥补他在弗吉尼亚州的巨大损失时，华盛顿的防御力量已被大为削弱。

格兰特平静地向他的参谋保证："我们可以通过占领李将军的领地来保卫华盛顿，这样他就无法指挥足够多的军队去进攻首都。"[40] 于是，他立刻派遣霍雷肖·赖特的第六军回援首都。

每当防守时，格兰特总是计划着如何进攻。他把厄尔利的举动看成了进攻的机会："我们现在要粉碎和消灭敌人胆敢派往北方的任何力量。我们可以从这里腾出足够的力量来做这件事。"[41]

但在7月10日，格兰特收到另一位忧心忡忡的华盛顿居民的来信。这一次，他倾听了。当总统得知厄尔利已经抵达距离华盛顿20英里的马里兰州罗克维尔市（Rockville）后，他写信给格兰特，询问总司令是否增援华盛顿。林肯补充说："这是我根据你的建议所想到的，但并不是命令。"[42] 作为三军统帅的总统并不打算告诉联邦军队总司令该做些什么。

格兰特不得不作出一个艰难的决定。他尊重总统，但他也想到了一个更大的目标。许多人认为他会在7月4日之前攻占里士满，但他与顽强抵抗的李作战了一个半月，最后只来到了23英里外的彼得斯堡。与之相反，厄尔利在短短几天内就接近了距离华盛顿不到7英里的地方，并且没有正规的联邦军来阻止他。

尽管身边一片恐慌，但格兰特还是坚持不着急赶回华盛顿。在收到林肯的信息后，他向总统保证所派去的霍雷肖·赖特的部队足以保卫华盛顿。此外，他对林肯说："我想，经过深思熟虑，如果我离开这里，将会产生不良影响。"[43]

7月11日下午，战前曾是一名工程师的说话温和的赖特，带领着12000名别着希腊十字架徽章的正规军走上第七街，在人群雷鸣般的掌声中，他们在城市的防御工事前就位。[44]

第二天，厄尔利带领他的 14000 人来到距离华盛顿不到 5 英里的地方。林肯急忙赶到史蒂文斯堡（Fort Stevens），亲眼见证了这场战斗。当身高 6 英尺 4 英寸、戴着标志性高筒帽的总统从栏杆上往外看时，一颗神枪手的子弹差点击中他。[45]

7 月 12 日，厄尔利意识到他现在面对的是经验丰富、装备精良的联邦正规军，于是就撤回到弗吉尼亚。

*

尽管有南方邦联带来的动荡不安，格兰特还是被迫花时间与自己联邦部队内的"敌人"作斗争。他在西部战区遇到过将军们的针锋相对，但是他还未准备好面对将军们在西部战区中的纷争。从性格上而言，他不喜欢个人对抗。在接下来的几个月里，他将被迫对追逐私利的将军们作出艰难的决定。[46]

格兰特渐渐欣赏米德，但他注意到其他人并不喜欢他。为了统一指挥的效益，伯恩赛德默许了格兰特的决定，他被置于米德之下，但这两个人很快发现自己处于剑拔弩张的境地。查尔斯·达纳观察到："米德似乎一天比一天不受欢迎，除了格兰特将军，大家都感到和他难以相处。"[47]

与此同时，格兰特继续想办法对付巴特勒。他认为这位前马萨诸塞州众议员没有受过军事训练，无法胜任战术指挥官的职位。缘于巴特勒将被晋升为级别更高的军官，所以格兰特不想离开彼得斯堡。但他明白巴特勒不能被解职，因为他强大到足以与林肯组成 1864 年的总统竞选搭档。

7 月 1 日，格兰特写信给哈勒克："虽然我对巴特勒将军并无异议，而且我发现他对命令的概念总是很清楚，并总是迅速地服从命令，然而，他缺乏执行的知识，特别是他的偏见，作为一名指挥官，这大大妨碍了他的作用。"格兰特提议："也许有必要将他和史密斯将军分开。"格兰特称赞史密斯是"现役中最有效率的军官之一"，但他补充说，如果不能动巴特勒的话，那他可能不得不将史密斯解职。[48]

第二天，史密斯写信给格兰特请求休假。格兰特回答说："我宁愿你不要去。"在史密斯的信中，对他人的批评是主要内容。他终于腾出时间来谈他不高兴的主要原因：巴特勒。史密斯抱怨说："你怎么能把一个像孩子一样无用的人安排在战场上指挥两个军呢？"[49]

格兰特决定解决这个难题。他提议让巴特勒把指挥部设在门罗堡，同时将战场上的战术指挥权赋予史密斯。[50] 所有问题似乎迎刃而解了，但真的可以吗？

7月19日，当史密斯休假归来时，格兰特要求与这位几个月前他还在考虑是否让其担任波托马克军团指挥官的人见面。他告诉史密斯，他不能解职巴特勒，所以他不得不解职史密斯。格兰特对他的决定说出了许多理由。史密斯未能攻占彼得斯堡，现在他发现自己卷入了一场代价高昂的围攻，这使他的脑海中浮现了更大的阴影。更重要的是，他已经厌烦了史密斯打破自己制定的基本规则：不要说军官兄弟的坏话。史密斯不愿意承认自己的失败，所以听不进去格兰特想对他说的话。"我再次追问他真正的原因"，史密斯回忆说。最后，格兰特转过身说："出于种种原因，你说得太多了。"[51]

西奥多·莱曼总结了这次谈话："'秃头'史密斯试着用马基雅维利式的方式来对付'斗鸡眼'巴特勒，但在第一回合就被打倒在地。"[52]

                        *

史密斯被撤职后，围攻继续进行。为了保卫彼得斯堡，邦联军在每座小山上都用木头和泥土建造了一座堡垒。这些小堡垒布置得很巧妙，使战壕的每一寸土地都能受到炮火的保护。由于已一个月没有下雨，士兵们面临着另一个致命的敌人：难以忍受的高温。日复一日，部队在尘土飞扬的空气中闷热难当。在战壕之间的无人地带，尸体在烈日下腐烂。格兰特带领他的士兵在恶劣的条件下受苦受难，所以，他试图找到突破口。

6月底，他听到一个大胆的想法。亨利·普莱森特（Henry Pleasants）是一名采矿工程师，他认为他的宾夕法尼亚煤矿工人可以在南方邦联的堡垒下挖掘隧道。伯恩赛德支持这个计划，并将其提交给米德。米德本人曾是一名工程师，起初对此表示怀疑。但是在维克斯堡成功进行小规模隧道挖掘工作的格兰特，批准了伯恩赛德的计划。[53] 普莱森特计划在南方邦联的战线下面挖一个500英尺长的矿井，然后装填炸药，从而炸出一个缺口。[54]

伯恩赛德断定，他之前派出战斗的三个师已经疲惫不堪，于是在爆破之后，他选择休整待命的第四个师来发起攻击，这是波托马克军团中唯一的一个黑人师。伯恩赛德自豪地相信，如果领导得当，他们会表现巨大的勇气和能力。

所以他把希望寄托在爱德华·费列罗（Edward Ferrero）身上，他曾在莽原会战中指挥过非裔部队。费列罗于7月9日开始训练他的士兵。[55]

*

当格兰特把李围困在彼得斯堡时,他得到了一个令人振奋的消息:谢尔曼于7月21日在亚特兰大以北3英里的桃树溪(Peachtree Creek)击败了约翰·贝尔·胡德(John Bell Hood)。格兰特之前就认为胡德比约翰斯顿更具侵略性,但也更加鲁莽,而此前约翰斯顿已经被胡德所取代。结果证明他是对的。

第二天,格兰特大为震惊,因为詹姆斯·麦克弗森在亚特兰大会战(Battle of Atlanta)中阵亡了。波特注意到,当格兰特得知他最亲密的朋友去世的消息时,他明显受到了影响。"在接下来的两三天里,他在谈话中反复谈到这件事。"[56]

格兰特写信给麦克弗森的祖母莉迪亚(Lydia):

> 我们每一个人都为失去一位对我们国家事业如此重要的人而悲痛……认识他就会爱上他。年迈的祖母,你也许会感到些许安慰,因为你孙子麾下的每一位军官和士兵,都对他的爱国主义、热情、无与伦比的伟大才能、和蔼可亲的性格,以及所有男子气概的美德,感到无比的崇敬,而这些品质是其他很多指挥官所不具备的。我和您一样,都损失巨大。[57]

格兰特的信使人想起林肯写给遇难者家属的那封最好的信。

*

在格兰特的关注和等待下,经过数周的工作,宾夕法尼亚州的矿工们建造了一条511英尺长、20英尺深的隧道，分支巷道宽40英尺，里面共装满4吨火药。由于米德反对伯恩赛德在袭击中使用黑人军队的计划，爆炸被推迟了。他认为这些黑人军队缺乏经验，不值得信任。米德的决定既是军事上的，也是政治上的。在葛底斯堡会战后，他受到了严厉批评，他担心如果牺牲黑人士兵，他会受到谴责。当伯恩赛德提出抗议时，米德说他会咨询格兰特。[58]格兰特在7月29日给米德打了电报："我把攻击行动的细节留给你自己去弄清楚。"[59]

伯恩赛德在他那些缺乏热情的白人指挥官中抽签，从而决定由谁来领导这次袭击。命运落在了詹姆斯·H.莱德利（James H. Ledlie）身上，具有讽刺意味的是，他是最缺乏军事训练的指挥官。在他的战友看来，莱德利喜欢喝酒胜过作战。[60]

7月30日，普莱森特点燃了导火索，但它熄灭了。格兰特不知道发生了什么事，便飞奔到米德的指挥部。[61]

每个人都很焦虑，几分钟就像几个小时一样长。格兰特看了看表：爆炸已经迟了一个小时。最后，随着导火索重新接上，隧道在凌晨4点46分准时爆炸。一阵深沉的隆隆声震动了大地，像夏日的雷声一样轰鸣，地面膨胀并裂开，散发出火焰和烟雾。突然，泥土、岩石、沙砾、木头、破碎的大炮和尸体被裹挟其中，随着爆炸喷向200英尺的高空，一片漆黑的蘑菇云在废墟上空盘旋。这次爆炸形成了一个巨大的洼地，这个洼地有170英尺长、60~80英尺宽、30英尺深。尔后，这里被称作"火山坑（The Crater）"。[62]

莱德利的第一师在最后时刻没有接受任何特殊训练便替补上场并向前冲锋，两翼各有第二师和第三师辅助，第四师现在被指定为预备队。在"火山坑"周围，144门大炮和迫击炮作好了开火准备，但他们很难分辨敌我双方。邦联军的大炮没有停止战斗，反而开始还击。很快，这个"火山坑"里挤满了杂乱无章的联邦军士兵：坑的两边非常陡峭，里面的人几乎爬不出来。

早上5点半，格兰特骑上马，沿着巴克斯特路（Baxter Road）向火山坑前进。他与敬畏自己的士兵同行，由于不能再骑马前行，于是他穿着一件蓝色制服继续步行向前。必须仔细观察，才能发现他别着三颗星的肩章。没有人认出他那张脏兮兮的脸。格兰特在一大群士兵中穿过，他们中间有很多人负伤。他翻过一堵矮护墙，子弹从头顶呼啸而过。他终于找到了伯恩赛德，通过他的身高和戴着的高钟形帽可以很容易地辨认出来。[63]

早上7点半，费列罗的黑人士兵奉命进入火山坑。[64]但他们行动得太晚了，当士兵们冲上去时，邦联军开始了反击。上午10点前后，联邦军开始无序撤退，最后演变成一场屠杀。当黑人士兵试图逃跑时，他们被南方的步枪手击毙。[65]

格兰特对他所看到的一切感到痛苦。一切都不顺利：糟糕的领导和错误的时机导致了黑人士兵被屠杀。第二天他写信给哈勒克："这是我在这场战争中所见过的最悲伤的事。"格兰特很少在信中发表批评意见，但这次他写道："我不得不认为，如果当时的命令得到迅速执行，彼得斯堡就会连同其所有的大炮被攻陷，同时还将获得一大批战俘，而且我们也不会损失300人。"[66]

最终，联邦军此役的伤亡人数为3826人，其中504人阵亡。同时，黑人士兵的伤亡比例要高得多。邦联军宣称取得了胜利，他们的损失仅为1491人。联邦军统计共有1441名士兵失踪，其中有大量的非裔美国人，他们要么被送回奴隶主身边，要么被安排做苦工。[67]

火山坑的灾难损害了格兰特的声誉。海军部部长吉迪恩·威尔斯抱怨格兰特的"能力不如人们所认为的那么强"。他沉思着对未来的预感:"一个国家的命运几乎已经托付给了这个人,如果这是一种不恰当的托付,我们该怎么办?"[68]

*

格兰特在 7 月 31 日欢迎林肯来到门罗堡。他们会谈了五个小时。格兰特谈到要在谢南多厄河谷开辟第二条战线来对抗厄尔利。厄尔利刚从波托马克河以北撤军,他的战术愈发恶毒。就在前一天,厄尔利的一名指挥官约翰·麦考斯兰德(John McCausland)因为没能从宾夕法尼亚州钱伯斯堡(Chambersburg)的市政官员那里得到 50 万美元的赎金,便把这个城镇夷为平地。[69]

格兰特想让谢尔丹在谢南多厄河谷发动进攻,他希望这位绰号"小菲尔"的将军能在弗朗茨·西格尔和大卫·亨特失败的地方取得成功。他可能还记得查塔努加会战的最后一天,在攀登传教士岭的过程中,当所有人都筋疲力尽时,这位年轻的将军希望继续前进以打败敌人。现在,他想让谢尔丹在谢南多厄河谷发动进攻。格兰特的提议得到了林肯的强烈支持。

第二天,格兰特写信给哈勒克:"我想让谢尔丹指挥战场上的所有部队,命令他们从敌军的南面发起进攻,直至最后一刻。无论敌人走到哪里,我们的军队也要追到哪里。"[70]

格兰特知道他需要做一些说服工作,但他不知道哈勒克和斯坦顿在华盛顿进行了多少政治操作,毕竟他们不喜欢谢尔丹。的确,当人们第一次见到谢尔丹时,他粗鲁的举止让人吃惊,但更重要的是,哈勒克和斯坦顿与他争论,是因为谢尔丹年轻和缺乏经验。格兰特明白谢尔丹缺乏社交技巧，但对他来说，真正重要的是他在战场表现出来的军事才能。

当林肯回到华盛顿并了解到战争部的诡计时，他为格兰特发给哈勒克电报中的坚定而称赞。他写信告诉格兰特："我认为，我们的军队这样行动是完全正确的。"他建议格兰特检查一下从华盛顿发来的电报，因为总统不确定战争部是否理解或同意格兰特对谢南多厄河谷发起进攻的策略。"我再强调一遍，除非你每时每刻都关注它，并且强迫它，否则它既不会被执行，也不会被尝试。"[71]林肯此前还从未警告过格兰特要当心华盛顿的政治领袖。

格兰特和林肯之间的交流揭示了他们有着共同的认识：现在打要好于日后打，即使眼前的损失可能会很大。在当下，随着北方的伤亡人数不断增加，许多人对长期战争感到厌倦，没人知道他们的做法是否会产生更好的军事或政治效果。到目前为止，林肯对格兰特的一系列胜利感到满意。与其他将军相比，他更倾向于不告诉格兰特应该做什么——就像如果他是格兰特，他也会采取同样激进的方法，冒同样的风险。

为感谢林肯的警告，收信不到一个小时，格兰特就登上了开往华盛顿的船。他知道自己必须与斯坦顿和哈勒克面对面打交道，即使这意味着他必须离开彼得斯堡。他给巴特勒写了封信："作为一个在任何紧急情况下都必须要指挥的高级军官，如果你对我的命令有什么意见，请用电报随时与我联系。"[72]换句话说，格兰特仍然是负责人。

第二天早上，格兰特没有去战争部，而是直接去了火车站，连夜赶往位于马里兰州的莫诺卡西交会点，那里是大卫·亨特指挥部的所在地。62岁的亨特于当年5月上任，并在谢南多厄河谷大举向南挺进，但在 6 月 17~18 日的林奇堡会战（Battle of Lynchburg）中被厄尔利击败。[73]

当格兰特询问："敌人在哪里？"亨特回答说他也不知道。格兰特的副官塞勒斯·康斯托克直言不讳地描述了当时的情景："亨特的整个指挥部在那儿什么也不做，也不知道敌人在做什么。"[74]

格兰特立即把注意力集中在亨特身上："立刻将你所有的兵力集中在哈珀斯渡口附近。"他把自己的意思讲得很清楚，"我们的目标是把敌人赶到南方去，而要做到这一点，你就得时刻让敌人留在你的视线范围之内。"[75]

*

到了 1864 年夏天，谢南多厄河谷失去了往日的平静，已经成为南北双方频繁冲突的焦点。从谢南多厄河和波托马克河在北部汇流的地方开始，河谷向西南方向延伸了 110 英里，一直抵达弗吉尼亚州的斯汤顿镇（Town of Staunton）。河谷位于东边的蓝岭山脉和西边的阿勒格尼山脉之间，拥有富饶的农田：这里盛产谷物、水果、猪、牛、羊等。蓝岭的一个独特地理特征是拥有众多的隘口或裂口，这使得邦联军能够从更东边的基地进出。正如一位联邦军官所写，谢南多厄河谷为军队进攻"提供了一条诱人的路线"[76]。

在此之前，厄尔利一直在谢南多厄河谷自由扫荡，破坏了至关重要的巴尔的摩—俄亥俄铁路，并向西弗吉尼亚州和马里兰州发起进攻。格兰特以罕见的力量表达了自己的意图。敌人应该知道，"他会带着老兵、民兵、骑兵以及一切能找到的东西，把弗吉尼亚所到之处横扫一通，以致在这个季节飞过这里觅食的乌鸦都必须随身携带食物"。[77]

在莫诺卡西交会点，格兰特告诉亨特，他想让谢尔丹担任战地指挥官，而年长的亨特继续担任主官。当格兰特提出类似的建议时，巴特勒表示抗议，但亨特很慷慨地辞职了。格兰特后来写道，亨特自愿放弃指挥权，"彰显了一种在军队中并不常见的爱国主义"。[78]

33 岁的谢尔丹第二天到达这里，按照命令，他可以直接向格兰特汇报工作。到 9 月初，谢尔丹将指挥一支由 40000 多人组成的谢南多厄河谷军团（Army of the Shenandoah），其中包括 8000 名骑兵。[79] 就这样，格兰特把谢尔丹带进了他暗中信任的将军们的小圈子，在此之前，这个小圈子只包括谢尔曼和麦克弗森。他告诉谢尔丹，他不会试图控制或干涉他的努力："我对你的能力充满信心，我将让你尽可能根据自己的判断行事，而不是用命令和指示来为难你。"[80]

*

7 月 18 日，林肯发出招募 50 万新兵的号召。哈勒克意识到，一年前发生在纽约市的大规模征兵骚乱，表明（或加剧）了平民情绪的普遍逆转，他担心不能招募到新的士兵。他写信告诉格兰特："这可能需要从战场上撤出相当数量的部队。这不是我们应该扬帆起航为迎接暴风雨作好准备的征兆吗？"[81]

格兰特回答说，保护征兵不受暴乱者侵犯是忠诚的州长和民兵的职责。如果他从詹姆斯河下游撤军，那么李将军将向佐治亚州进军，这将威胁到谢尔曼。[82]

那天晚上，当格兰特和参谋们在一起的时候，他收到总统发来的一封电报："我看到你发来的急件，表明你不愿意撤军。我也不想你撤军。要像斗牛犬般牢牢抓紧，尽力撕咬并扼住咽喉。"

波特注意到格兰特读完电报时脸上洋溢的笑容。最后，"他突然开怀大笑起来"。他又看了看那封电报，宣布道："总统比他的任何顾问都有勇气。"[83]

*

当格兰特在彼得斯堡受阻，谢尔丹也还没有进攻谢南多厄河谷时，民主党人以乐观的心情在芝加哥举行了全国代表大会。他们面临的挑战是在党内两个派别之间找到一个中间地带。8月29日，奥古斯特·贝尔蒙特（August Belmont）下令召开全国代表大会，他警告民主党，党内的分歧已经造成他们在1860年的大选中落败。主战的民主党提名林肯的前军事指挥官乔治·B.麦克莱伦在第一轮投票中竞选总统。主和的民主党人写下一份政治纲领，宣布"在经过四年的战争、正义、人道、自由和公共福利的实验之后，要求在坚持联邦的基础上"结束战争。[84]

/ 382

民主党人一直要等到夏末才举行全国代表大会，这是因为他们希望军事上持续不断的坏消息会给他们的候选人在国内的竞选带来好处。现在，乔治·B.麦克莱伦回到位于新泽西州奥兰治的家中，他努力思考着如何在主和的民主党竞选平台上以一名主战的民主党人身份参选。

麦克莱伦还没来得及表现，谢尔曼就改变了局面。9月3日，他在电报中宣称："亚特兰大属于我们，我们赢了。"[85]

亚特兰大的胜利改变了一切。悲观主义消失了，联邦主义的热情重新席卷了北方。麦克莱伦的民主党总统竞选班子对这个好消息难以作出反应。格兰特给谢尔曼写信："你已经完成了这场战争中任何一位将军所能承担的最艰巨的任务，而且你们的技巧和能力将在历史上被公认为无与伦比。"[86]

*

但是战争还远没有结束。虽然谢尔曼的行动鼓舞了北方，但人们对谢尔丹行动的迟缓愈发感到担忧。9月12日，林肯给格兰特打电报："谢尔丹和厄尔利在僵局里对峙。难道我们不能四处调集兵力，数量约为10000人，将他们悄悄地、突然地集中到谢尔丹的营地，使他发动进攻吗？"林肯以那时惯用的"这只是一个建议"结尾，但格兰特没有耽搁，立即与总统进行了沟通。[87]

格兰特回答说，他打算与谢尔丹会谈，以确定"什么是能够让厄尔利离开河谷的必要举措"。[88] 9月16日和17日，他前往西弗吉尼亚州的查尔斯镇（Charles Town）与谢尔丹进行了私人会谈。"我知道我不可能通过华盛顿向谢尔丹发出命令，因为他们会在首都便停止行动，毫无疑问，随后的命令将与我的命令互相矛盾。"[89]

当格兰特和谢尔丹交谈时，一名来自佛蒙特州的中士向来自康涅狄格州的志愿军、日后的小说家约翰·威廉·德弗里斯特（John William De Forest）指明这两名身材矮小的男人的身份。"你不知道另一个是谁吗？那是格兰特。"德弗里斯特抱怨了一声："当那个老家伙在这里的时候，这里一定会有一场大战。"[90]

在返回城角镇的路上，格兰特停驻在新泽西州的伯灵顿（Burlington），并从费城穿过特拉华河去看望朱莉娅和孩子们。尤利西斯和朱莉娅重视好的学校，他们在新泽西州伯灵顿小镇找到了一栋两层楼的房子，孩子们就住在那里：弗里德，14岁；小尤利西斯，12岁；内莉，9岁；杰西，6岁，他可以在9月开始上学。当朱莉娅在找房子的时候，尤利西斯写道："我讨厌住在华盛顿，而且从来没打算住在那里。"[91]

*

9月19日，城角镇断断续续地发来了有关格兰特和谢尔丹在谢南多厄河谷击败朱巴尔·厄尔利的电报。在弗吉尼亚州的温切斯特（Winchester），谢尔丹集结了5个骑兵旅和20个步兵旅，共7000人，他们的战旗和军刀在太阳下闪闪发光。谢尔丹以他的热情和谩骂，无时无处不在敦促自己的士兵。这场在谢南多厄河谷进行的最为血腥和漫长的战斗，让谢尔丹俘虏了2000名南方士兵。

第二天，格兰特给谢尔丹发电报："我刚刚接到你大获全胜的消息，于是我命令这里的每支军队在明天早上7点将鸣枪100响以示庆祝——如果这样做能切实推进你的成功，同时也请你尽己所能。"[92]

谢尔丹做到了。9月22日，他又袭击了往南20英里的费希尔山（Fisher's Hill）。当他的两个军假装正面攻击厄尔利的防御工事时，第二天下午，乔治·克鲁克（George Crook）率领的西弗吉尼亚州和俄亥俄州的士兵，在密林的掩护下成功避开了位于三个山顶的南方岗哨。[93]他们组成平行的阵型从侧翼冲下山

谢南多厄河谷战役
1864年4~10月

0 ──英里── 20
0 ──公里── 20

北
西 ● 东
南

西弗吉尼亚州

弗吉尼亚州

邦克山会战
9月2~3日

史密斯菲尔德路口会战
8月25~29日
8月25日
8月29日
9月19日

卢瑟福农场会战
7月20日

萨米特角会战
8月21日

9月19日
温切斯特

克恩斯镇
7月24日

凉泉会战
7月17~18日

贝里维尔
9月3~4日

8月21日

锡达河会战
10月19日

米德尔镇
11月12日

11月12日

费希尔山会战
9月21~22日

史特拉斯堡

哨兵山会战
8月16日

汤姆溪会战
10月9日

9月21日
弗兰特罗亚尔

伍德斯托克

切斯特峡谷

9月22日

米尔福德
10月26日

沃伦顿 ●

9月24日

桑顿峡谷
9月24日

斯佩里维尔 ●

新市村

卢雷

霍尼维尔

白兰地火车站 ●

5月15日

12月21日

哈里森堡

克劳福德山镇

共和港

通往
斯汤顿镇

皮德蒙特会战
6月5日

通往林奇堡

9月28日
韦恩斯伯勒

夏洛茨维尔

通往林奇堡

联邦军行军路线：黑色
邦联军行军路线：灰色

✕ 会战和小规模战斗

第一阶段：4~6月
←─── 西格尔   ←·─·─ 亨特
←──── 布雷肯里奇在新市村击败
西格尔
←═══ 厄尔利在林奇堡击败亨特

第二阶段：6~7月
←─── 厄尔利夺回河谷；
继续向马里兰州进军，
威慑华盛顿特区

第三阶段：7~8月
←─── 厄尔利重返河谷；
袭击巴的摩-俄亥俄铁路

第四阶段：8~10月
←─── 谢尔丹将邦联军赶出河谷

坡，把厄尔利的部队推向谢南多厄河谷的更深处。

谢尔丹给格兰特打电报说，他对厄尔利的军队"取得了最显著的胜利"。[94]格兰特对他的"第二次伟大胜利"表示感谢，并鼓励他继续前进，"你的努力将使我们最终攻陷里士满"。[95]

格兰特观察到李将军率领一支规模较小的军队继续坚守，他明白这对联邦军意味着什么。在"火山坑"袭击失败的那晚，他写道："拥有合理数量的火炮和身高6英尺的步兵，我相信任何一方都能坚守阵地，抵抗住敌军的直接进攻。"[96]为什么不利用李的战壕把他自己困守在原地，同时从彼得斯堡腾出大批军队以便进攻厄尔利呢？

格兰特也意识到厄尔利的军队是唯一一支没有战壕保护的邦联军队。厄尔利的标志是他的机动性，但这为格兰特提供了一个增援谢尔丹，并在开阔农田与之战斗的机会。在厄尔利威胁首都华盛顿后，格兰特没有把霍雷肖·赖特的第六军派回彼得斯堡，而是把它派给了新的谢南多厄河谷军团。他命令米德对彼得斯堡继续施压，这样李就不能增援位于谢南多厄的厄尔利了。[97]

*

但是李将军不会在没有作最后抵抗的情况下就放弃河谷。他派遣约瑟夫·克肖（Joseph Kershaw）的3000人步兵师和一个骑兵旅去增援厄尔利。

10月16日，谢尔丹离开位于温切斯特以南15英里的宁静的锡达河（Cedar Creek），前往华盛顿与斯坦顿和哈勒克磋商。[98]他们曾怀疑过，但现在都非常重视他的领导能力。三天后，两战皆败的厄尔利所部，经过一整夜的行军，在雾蒙蒙的早晨渡过了冰冷的锡达河，对尚未准备的联邦军发起了突袭。霍雷肖·赖特在最初的袭击中脸部负伤，灰白的胡须凝结了血块，虽然他很快就勇敢地作出了回应，但联邦军士兵仍然慌张地撤退到河谷下游 4 英里处。厄尔利的士兵们相信他们已经取得了巨大的胜利，于是趁下午的空当，劫掠了废弃的联邦军营地。[99]

谢尔丹感觉可能会出什么问题，于是仅仅在华盛顿待了半天就完成了此行的工作，并从联合车站预订了一辆专列返回了南方。10 月 18 日晚，他已经回到了温切斯特。

10 月 19 日清晨，谢尔丹骑着马在温切斯特南部边缘遇到了正在撤退的联邦军士兵。他骑着一匹壮硕的黑马疾驰向前。当他继续往南的时候，他遇到了越来越多的撤退中的士兵和马车。谢尔丹喊道："向后转，孩子们！我今晚要么睡在那个营地里，要么就待在地狱！"[100] 那个骑在马上的意志坚定的小个子男人给战败的士兵们带来了勇气。他遇到了 21 岁的少校威廉·麦金莱（Major William McKinley），即未来的美国第 25 任总统。麦金莱跑在前面，大声欢呼谢尔丹回来了。

在这个秋天的下午，谢尔丹组织了一次引人注目的反攻。在骑兵的带领下，瞬间精力充沛的联邦军将士驱赶着敌人渡过了锡达河，并在几小时内取得了显著的胜利，有效地结束了厄尔利在谢南多厄河谷的行动。

10 月 20 日，格兰特给巴特勒和米德打电报，要他们"今天晚上日落时分鸣响 100 响礼炮"。[101] 米德回复格兰特，赞扬自己曾经批评过的谢尔丹取得了"战争中最辉煌的功绩之一"。[102]

锡达河会战之后，格兰特立即推荐谢尔丹晋升为少将。在格兰特的帮助下，谢尔丹已经成为联邦军中排名第四的军官，仅次于格兰特、谢尔曼和米德。

         *

    到了 10 月底，随着总统大选的临近，格兰特决定在彼得斯堡和谢南多厄河谷双线出击。随着罗伯特·E. 李的防守和格兰特的进攻，两位伟大的将军发现他们卷入了一场错综复杂的决斗。尽管围攻彼得斯堡的头几个月陷入了僵局，但格兰特还是从他的失误中吸取了教训。当其他人充满怀疑和质疑时，格兰特把他的信任寄托于谢尔丹。林肯对格兰特的信任，让这位西部将军以他最好的方式领导着东部的解放运动。

    10 月 21 日晚，距离总统大选还有 18 天，唱着小夜曲的人们前往了总统官邸。林肯和他的儿子泰德聆听了人们的歌声，然后，他呼吁聚集的人群："我提议你们为谢尔丹三欢呼！"随后，林肯接着说："我提议同时为格兰特将军三欢呼，因为只有他知道把谢尔丹派上什么用场。"[103]

注 释

1   USG to HWH, June 5, 1864, *Grant Papers*, 11: 19.

2   Porter, *Campaigning with Grant*, 188–89; Simpson, *Grant*, 333–35.

3   John C. Waugh, *Reelecting Lincoln: The Battle for the 1864 Presidency* (New York: Crown Publishers, 1997), 188–89.

4   *Proceedings of the First Three Republican National Conventions of 1856, 1860 and 1864* (Minneapolis: Charles W. Johnson, 1893), 180, cited in David Herbert Donald, *Lincoln* (New York: Simon & Schuster, 1995), 504.

5   White, *A. Lincoln*, 634.

6   AL, "Response to a Serenade by the Ohio Delegation," June 9, 1864, *CWAL*, 7: 384.

7　Trefousse, *Ben Butler*, 151.

8　Lyman, *Meade's Headquarters*, letter to wife, Elizabeth, June 12, 1864, 156.

9　Freeman, *R. E. Lee*, 3: 401–02.

10　USG to HWH, June 14, 1864, *Grant Papers*, 11: 45.

11　Catton, *Grant Takes Command*, 284; Smith, *Grant*, 172.

12　Rhea, *Cold Harbor*, 41.

13　Porter, *Campaigning with Grant*, 213.

14　McPherson, *Battle Cry*, 740; Catton, *Grant Takes Command*, 282–83.

15　USG to JDG, June 15, 1864, *Grant Papers*, 11: 55.

16　"City Point During the Civil War," *Encyclopedia Virginia*, www.encyclopediavirginia. org/City_Point_During_the_Civil_War; Bruce Catton, *A Stillness at Appomattox* (Garden City, N.Y.: Doubleday, 1953), 321.

17　Williams, *Beauregard*, 227–28.

18　USG to Benjamin F. Butler, June 15, 1864, *Grant Papers*, 11: 47.

19　Ibid., 11: 49.

20　Hattaway and Jones, *Military History of the Civil War*, 589–90; McPherson, *Battle Cry*, 740–41.

21　P. G. T. Beauregard, "Four Days of Battle at Petersburg," in Johnston and Buel, eds., *Battles and Leaders*, 4: 541.

22　Cleaves, *Meade of Gettysburg*, 263; Porter, *Campaigning with Grant*, 206.

23　G. T. Beauregard, *With Beauregard in Mexico: The Mexican War Reminiscenses of P.G.T. Beauregard*, edited by T. Harry Williams (Baton Rouge: Louisiana State University Press, 1956), 230.

24　Freeman, *R. E. Lee*, 3: 424–25.

25　Porter, *Campaigning with Grant*, 208–10.

26　*Personal Memoirs*, 2: 298.

27　AL, speech at Great Sanitary Fair, Philadelphia, Pennsylvania, June 16, 1864, *CWAL*, 7: 394–95.

28　Foote, *The Civil War*, 3: 443.

29　Porter, *Campaigning with Grant*, 217.

30　Ibid., 219–20.

31　Ibid., 222–23.

32　Adam Badeau, *Military History of Ulysses S. Grant: From April 1861 to April 1865*, vol. 3 (New York: D. Appleton & Co., 1867), 139.

33　Robert E. Lee to Jubal Early, Freeman, *R. E. Lee*, 3: 398; J. William Jones, editor, *Personal Reminiscences, Anecdotes, and Letters of General Robert E. Lee* (New York: D. Appleton & Co., 1876), 40.

34 Marszalek, *Sherman*, 269.

35 Catton, *Grant Takes Command*, 294. 尽管"围城战（siege）"被用来形容彼得斯堡，但它并不符合军事用语上的定义。1863年，格兰特包围了维克斯堡。1864年，彼得斯堡北、西、南的一部分地区仍旧开放，铁路和马车路使人们可以来去自如。格兰特一直面临的挑战是切断那些进出点。

36 USG to HWH, June 24, 1864, *Grant Papers*, 11: 123; Simpson, *Grant*, 343.

37 See Frank E. Vandiver, *Jubal's Raid: General Early's Famous Attack on Washington in 1864* (New York: McGraw-Hill, 1960).

38 Ibid., 99–118.

39 McPherson, *Battle Cry*, 756; Catton, *Grant Takes Command*, 309–11; Smith, *Grant*, 377.

40 Porter, *Campaigning with Grant*, 182; Marszalek, *Commander of All Lincoln's Armies*, 203–5.

41 USG to HWH, July 5, 1864, *Grant Papers*, 11: 170.

42 AL to USG, July 10, 1864, *CWAL*, 7: 437.

43 USG to AL, July 10, 1864, *Grant Papers*, 11: 203.

44 Thomas H. Hyde, *Following the Greek Cross; Or, Memories of the Sixth Army Corps* (Boston: Houghton Mifflin, 1894), 22; Frank Everson Vandiver, *Jubal's Raid: General Early's Famous Attack on Washington in 1864* (New York: McGraw-Hill, 1960), 159–60.

45 Hyde, *Following the Greek Cross*, 223; McPherson, *Battle Cry*, 756–57. Fort Stevens guarded Washington along the Seventh Street Pike (today's Georgia Avenue).

46 布鲁克斯·辛普森在《尤利西斯·S. 格兰特：战胜逆境，1822~1865》（346–54）一书中对这些矛盾的关系作了深刻的审视和分析。

47 Dana, *Recollections of the Civil War*, 226.

48 USG to HWH, July 1, 1864, *Grant Papers*, 11: 155.

49 William A. Smith to USG, July 2, 1864, *Grant Papers*, 11: 163n.

50 HWH, General Orders 225, July 7, 1864, *Grant Papers*, 11: 206n; Trefousse, *Ben Butler*, 153–54.

51 William F. Smith, *Autobiography of Major General William F. Smith, 1861–1864*, edited by Herbert M. Schiller (Dayton, Ohio: Morningside House, 1990), 116. 格兰特和史密斯再也没有说过话。

52　Theodore Lyman to Elizabeth Lyman, July 20, 1864, in Lyman, *Meade's Headquarters*, 193.

53　Marvel, *Burnside*, 390-91.

54　William A. Powell, "The Battle of the Petersburg Crater," in Johnston and Buel, eds., *Battles and Leaders*, 4: 545; Marvel, *Burnside*, 391.

55　Richard Slotkin, *No Quarter: The Battle of the Crater 1864* (New York: Random House, 2009), 72-73. 爱德华·费列罗（Edward Ferrero）唯一一次在西点军校度过的时光是他沿着哈德逊河逆流而上，教军校学员们跳交际舞。Ferrero authored *The Art of Dancing* in 1859.

56　Porter, *Campaigning with Grant*, 244-45.

57　USG to Lydia Slocum, August 10, 1864, *Grant Papers*, 11: 397.

58　Andrew A. Humphreys to Ambrose E. Burnside, *OR*, ser. 1, vol. 40, pt. 1, 137; Slotkin, *No Quarter*, 140-41; Cleaves, *Meade of Gettysburg*, 276-77.

59　USG to GGM, July 29, 1864, *Grant Papers*, 11: 344.

60　Slotkin, *No Quarter*, 69, 164-65.

61　Theodore Lyman to Elizabeth Lyman, July 31, 1864, in Lyman, *Meade's Headquarters*, 198.

62　Porter, *Campaigning with Grant*, 263-64; Slotkin, *No Quarter*, 149-50; Herman Hattaway and Archer Jones, *How the North Won: A Military History of the Civil War* (Urbana: University of Illinois Press, 1982), 614-15.

63　Porter, *Campaigning with Grant*, 264-67; Slotkin, *No Quarter*, 210-11.

64　Slotkin, *No Quarter*, 223, 225, 229-31.

65　Ibid., 233-34.

66　USG to HWH, August 1, 1864, *Grant Papers*, 11: 361.

67　Slotkin, *No Quarter*, 310, 318.

68　Welles, *Diary*, entry August 2, 1864, 2: 92.

69　William G. Thomas, "Nothing Ought to Astonish Us: Confederate Civilians in the 1864 Shenandoah Valley Campaign," in Gary W. Gallagher, ed., *The Shenandoah Valley Campaign of 1864* (Chapel Hill: University of North Carolina Press, 2006), 234. 朱巴尔·厄尔利（Jubal Early）声称这次纵火是为了报复大卫·亨特（David Hunter）烧毁了弗吉尼亚州州长约翰·莱彻（John Letcher）的家以及弗吉尼亚军事学院。一些南方邦联领导人认为厄尔利的行动是错误的，在他们希望北方对战争感到厌倦的时候激起了北方的舆论反应。

70　USG to HWH, August 1, 1864, *Grant Papers*, 11: 358.

71　AL to USG, August 3, 1864, *Grant Papers*, 11: 360n.

72　USG to Benjamin F. Butler, August 4, 1864, *Grant Papers*, 11: 372.

73　Simpson, *Grant*, 355.

74　Comstock, *Diary*, entry August 5, 1864, 285.

75　USG to David Hunter, August 5, 1864, *Grant Papers*, 11: 377-78.

76　Wesley Merritt, "Sheridan in the Shenandoah Valley," in Johnston and Buel, eds., *Battles and Leaders*, 4: 500; Wheelan, *Terrible Swift Sword*, 101-2.

77　USG to HWH, July 14, 1864, *Grant Papers*, 11: 242-43; Gary W. Gallagher, "Two Generals and a Valley: Philip H. Sheridan and Jubal A. Early," in Gallagher, ed., *Shenandoah Valley Campaign*, ix-xii.

78　*Personal Memoirs*, 2: 320.

79　Gallagher, "Two Generals and a Valley," in Gallagher, ed., *Shenandoah Valley Campaign*, 14. 格兰特将霍雷肖·G. 赖特（Horatio G. Wright）的第六军、威廉·H. 埃默里（William H. Emory）的第十九军、乔治·克鲁克（George Crook）的第八军，以及阿尔弗雷德·托伯特（Alfred Torbert）的三个骑兵师归入谢尔丹的麾下。

80　USG to Philip H. Sheridan, August 7, 1864, *Grant Papers*, 11: 379-80.

81　HWH to USG, August 11, 1864, *Grant Papers*, 11: 425n.

82　USG to HWH, August 15, 1864, *Grant Papers*, 11: 424.

83　Porter, *Campaigning with Grant*, 279.

84　Donald, *Lincoln*, 530. 民主党全国代表大会选择俄亥俄州众议员乔治·H. 彭德尔顿（George H. Pendleton）作为副总统候选人，他是一位坚定的和平倡导者。

85　WTS to HWH, September 3, 1864, *Sherman's Civil War*, 696.

86　USG to WTS, September 12, 1864, *Grant Papers*, 12: 154-55.

87　AL to USG, September 12, 1864, *CWAL*, 7: 548.

88　USG to AL, September 13, 1864, *Grant Papers*, 12: 163n.

89　*Personal Memoirs*, 2: 327.

90　John William De Forest, *A Volunteer's Adventures: A Union Captain's Record of the Civil War* (New Haven, Conn.: Yale University Press, 1946), 172.

91　USG to JDG, August 25, 1864, *Grant Papers*, 12: 90-91; Ross, *The General's Wife*, 172.

92　USG to PHS, September 20, 1864, *Grant Papers*, 12: 177.

93　Robert E. L. Krick, "A Stampeede of Stampeeds: The Confederate Disaster at Fisher's Hill," in Gallagher, ed., *Shenandoah Valley Campaign*, 161-99.

94　PHS to USG, September 22, 1864, *Grant Papers*, 12: 191n.

95　USG to PHS, September 23, 1864, *Grant Papers*, 12: 193n.

96　USG to GGM, July 30, 1864, *Grant Papers*, 11: 353-54.

97　我要感谢理查德·斯洛特金（Richard Slotkin）对格兰特把握机遇的分析。See *No Quarter*, 318−20.

98　Wheelan, *Terrible Swift Sword*, 141.

99　关于锡达河的两个故事，详见：Keith S. Bohannon, "'The Fatal Halt' versus 'Bad Conduct': John B. Gordon, Jubal A. Early, and the Battle of Cedar Creek," and William W. Bergen, "The Other Hero of Cedar Creek: The 'Not Specially Ambitious' Horatio G. Wright," in Gallagher, ed., *Shenandoah Valley Campaign*, 56−133。

100　Foote, *The Civil War*, 3：570；George A. Forsyth, *Thrilling Days in Army Life*（New York：Harper, 1900）, 142−43；Wheelan, *Terrible Swift Sword*, 148−50.

101　USG to Benjamin F. Butler and GGM, October 20, 1864, *Grant Papers*, 12：328n.

102　GGM to USG, October 20, 1864, *Grant Papers*, 12：328n.

103　AL, "Response to a Serenade," October 21, 1864, *CWAL*, 8：57−58.

/ 第23章　阿波马托克斯

我必须接受表面上的按兵不动，但如果结果正如我所料想的那样，能够使李的军队陷入混乱，那么我就会非常满意。

——尤利西斯·S.格兰特致威廉·T.谢尔曼，1865年2月4日

1864年11月8日，选举日当晚，格兰特正坐在他位于城角镇指挥部帐篷前的营火旁，这时他收到了林肯在大选中获胜的消息。林肯获得2220846票，乔治·麦克莱伦获得1808445票，并最终以212：21票赢得选举。同时，林肯以116887：37748票赢得了士兵们的支持。[1]格兰特在给斯坦顿的信中写道，他相信林肯的连任"对国家来说比打赢一场战争更有价值"。[2]虽然他知道眼前还有许多仗要打。

*

在经历了一个令人沮丧的夏天之后，如进攻冷港失败，错失占领彼得斯堡的机会，以及"火山坑"的灾难，格兰特认为，最近的迹象表明，形势可能正在逆转，战争可能已进入最后一章。他在8月5日对海军少将大卫·法拉格特在莫比尔湾的胜利表示祝贺。这位海军将领的名言是"该死的水雷！让我们全速前进！"[3]谢尔曼终于在9月2日占领了亚特兰大，并提议在11月向大海进军。①

---

① 亚特兰大会战作为"向大海进军（March to the Sea）"的开始，其目的就是彻底破坏南方继续发动战争的能力。因此，联邦军非常有节制地使用了一些类似"焦土政策"的策略。

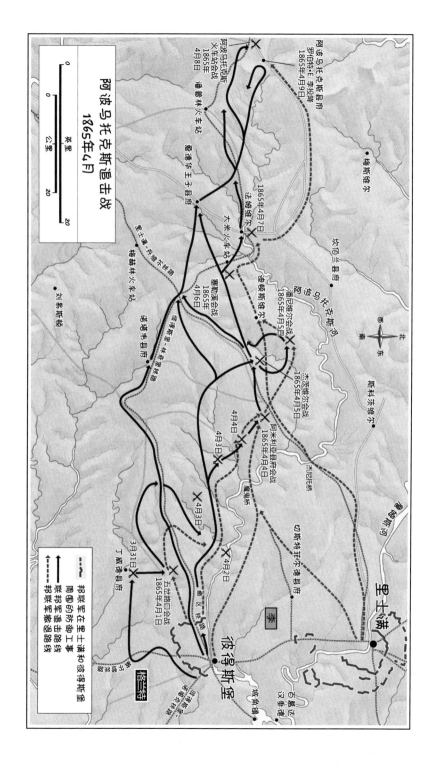

阿波马托克斯追击战
1865年4月

谢尔丹于 10 月 19 日在锡达河击败了厄尔利，成为谢南多厄河谷战役的转折点。让格兰特更加乐观的是，许多在春季退伍的服役满三年的老兵决定在秋季之前重新入伍。他感受到联邦势头正猛。

随着冬季临近，格兰特指挥由米德、谢尔曼、谢尔丹和巴特勒率领的四支大军。就像格兰特的副官霍勒斯·波特所观察到的那样，这些军队曾经"像停滞不前的马车一样，他们从未并肩作战过"，但现在他们就像组成了"一辆劲头十足的驷马高车"，所有人都在格兰特的带领下一起工作。[4] 在接下来的几个月里，格兰特会给四位指挥官提供建议，有时还会纠正错误，但结果却截然不同。

9 月，格兰特派波特前往亚特兰大，通知谢尔曼他的下一步战略（"比我写一封信通知他更好"[5]）。不久之后，林肯和斯坦顿授权格兰特全权决定谢尔曼向佐治亚州进军是否可行。在第一次表达了疑虑之后——格兰特曾担心，如果谢尔曼依靠一条很长，而且可能很脆弱的补给线挺进敌方领土，将会带来危险——他最终说服了林肯和斯坦顿，谢尔曼的进军将彰显联邦进入南方邦联心脏地带的力量。[6]

*

当谢尔曼在亚特兰大休整时，南方邦联的将军约翰·贝尔·胡德却没有休息。胡德是一位在各个战场上逐渐脱颖而出的老兵，以勇敢著称。他在葛底斯堡会战中左臂受伤严重，在奇克莫加河会战中则失去了一条腿。[7]

胡德曾经保卫过亚特兰大。他决定率领他的大部分军队攻击谢尔曼的补给线，然后带着 39000 名士兵向北推进，收复田纳西州，随后进入肯塔基州，也许还会打到俄亥俄河上游，甚至可能会渡过俄亥俄河。胡德深信谢尔曼必须对他紧跟不舍，从而放弃向大海进军的计划。

9月29日，胡德越过佐治亚州的查塔胡奇河（Chattahoochee River），开始向北推进。[8]他迅速击败大棚屋（Big Shanty）和肯尼索大水箱（Kennesaw Water Tank）附近的小股卫戍部队，这里是谢尔曼补给线所依赖的西部和大西洋铁路的必经之处。如今，沮丧的北方民众听到了谢尔曼曾穿越佐治亚州行军的熟悉地名——新希望教堂（New Hope Church）、孤山（Lost Mountain）、阿拉图纳（Allatoona）和道尔顿——只不过顺序是反过来的。[9]

格兰特和谢尔曼不得不决定是继续向大海进军，还是去追击胡德。谢尔曼表达了他的强烈意见："胡德可能会转向田纳西州和肯塔基州，但我相信他将被迫一直紧跟着我。"[10]他派遣乔治·托马斯前去保卫纳什维尔以防止胡德袭击。

当格兰特了解到胡德向北推进的更多情况时，他确信需要阻止南方邦联的指挥官，但他仍然相信自己的将军在战场上的判断。

11月15日，谢尔曼在烧毁了亚特兰大大部分地区后，开始了他备受期待的向大海进军的计划。他带着62000名士兵，开始了285英里的行程，他希望能在圣诞节前到达大西洋沿岸的萨凡纳（Savannah）。谢尔曼和胡德的军队在交战八个多月后，各自在向相反的方向行进。

*

11月25日，格兰特收到托马斯的电报："胡德的整支部队都出现在哥伦比亚，他们的人数远远超过我部，我不得不采取守势。"他总结说："一旦我能得到我的骑兵，我将向胡德发起进攻。"[11]

骑兵对托马斯至关重要，但他的许多马不是死于战斗就是死于饥饿。绝望的托马斯以 1800 美元的价格征用了纳什维尔马戏团的 18 匹马，只留下了"一匹瘸腿的"[12]。

与此同时，胡德对他的前任指挥官"乔"约翰斯顿的防守心态感到失望，于是他于 11 月 30 日在纳什维尔以南 20 英里的田纳西州富兰克林市（Franklin）对约翰·斯科菲尔德在战壕中的部队发起了正面进攻。胡德的军队被斯科菲尔德的守军缓慢而坚决地击退，前者伤亡 7000 人，包括 12 名将军，其中 6 人战死，损失十分惨重。格兰特希望托马斯能在富兰克林市与斯科菲尔德所部会师。相反，斯科菲尔德被迫撤退到纳什维尔与托马斯会合。胡德向纳什维尔进军，用格兰特的话说，"他几乎没有受到任何抵抗就包围了那里"。[13]

格兰特不是唯一关注胡德的指挥官。12 月 2 日，斯坦顿给格兰特发电报："这看起来像是麦克莱伦和罗斯克兰斯的策略，即什么都不做，让叛军袭击这个国家。"他最后把决定权交给了格兰特："总统希望你考虑一下这件事。"[14]

三十分钟后，格兰特对给托马斯的电报施压："如果胡德的军队被允许在纳什维尔附近静静待着，你将失去回到查塔努加的所有道路。"他警告说："如果胡德攻击你，那很好；如果他不攻击你，你就应该在他进攻之前先攻击他。"[15]格兰特认为托马斯的果断行动可能会促使胡德撤军。"如果你能让他撤退，那就别给他喘息的机会。"[16]

但是在接下来的日子里，托马斯对他为什么还没有作好进攻准备给出了一长串解释。格兰特的个人电报员"格兰特之影（Grant's Shadow）"塞缪尔·贝克威斯（Samuel Beckwith）回忆说，在这些频繁往来的电报中，当每次给格兰特递电报时，他都会提醒道："将军，目前仍没有开战！"[17]

12月7日，格兰特通知斯坦顿他打算换人指挥。如果托马斯不立即发起进攻，"我建议斯科菲尔德接替他"。[18]

哈勒克写信给格兰特："如果你希望托马斯将军被撤职，那就下令吧。我想这里没有人会干涉。"但他警告说："你们必须承担相应责任，因为据我所知，这里没有人希望托马斯将军离职。"[19]

当电报在纳什维尔和城角镇之间快速传送时，一场百年不遇的暴风雪使田纳西州首府陷入瘫痪，人和动物几乎无法外出行动。托马斯打电报给格兰特："今天来了一场可怕的冻雨风暴，我们的士兵无法在有力境地中展开进攻。"托马斯补充说："哈勒克少将告诉我，你对我的拖延进攻非常不满。我只能说，我已经尽我所能作准备了，如果你认为有必要替换我的话，我将毫无怨言地服从。"[20]

绰号"奇克莫加磐石"的托马斯发出这份辞呈，格兰特却踌躇不决了。四个小时后，他写信给哈勒克："我非常不愿意对一位像托马斯这样为国家作出如此多贡献的将军不公正，因此，我将暂停解除他职务的命令，看看他是否会有所行动。"[21]

格兰特的不耐烦似乎不同寻常。也许他会禁不住透过查塔努加的望远镜去观察这位"老慢跑"。

12月13日，格兰特下令"黑杰克"罗根立即赶往纳什维尔接替托马斯。格兰特长期以来一直钦佩这位令人兴奋的伊利诺伊州将军，他是少数几个在战场上取得成功的"政治将军"。他告诉罗根："在他到达那里之前，不要发出或公布命令；如果托马斯已经开始行动，那就撤销命令。"[22]

第二天，格兰特"焦躁不安"地思考着所发生的一切，最终决定亲自去一趟纳什维尔。他收拾了一口袋雪茄，提前15分钟通知了贝克威斯，叫他"快点"。[23]当厄尔利逼近华盛顿时，格兰特不愿离开城角镇，现在他却让巴特勒在这里负责指挥，因为胡德的挑战很严峻。

托马斯终于在12月15日发起进攻。太阳穿过清晨的浓雾，俄亥俄人詹姆斯·斯蒂德曼（James Steedman）率领他含有大量非裔士兵的两个旅，开始对胡德的右翼发起猛烈攻击。刚到下午，一支更大的部队便袭击了胡德的左翼。

当战争在纳什维尔打响后，格兰特决定亲自前往华盛顿而不是纳什维尔，与总统和斯坦顿在战争部的一次深夜会议上碰面。回到威拉德酒店后，他听到托马斯取得决定性胜利的消息，便在当晚11点半给托马斯发去电报，祝贺他"今天取得的辉煌成就"。格兰特主张要赢得完全的胜利，他鼓励托马斯不要满足于仅仅阻止胡德前进："现在你就要向敌人压进，使他们不得安歇，直至全部消灭。"[24]

/ 392

胡德的军队被削减了一半，只剩下15000人，他们撤退到密西西比州的图珀罗。[25]尽管未来的历史学家会把焦点放在谢尔曼不朽的"向大海进军"的前线故事上，但格兰特还是把大部分精力放在了这个故事的背后，即敦促托马斯阻止胡德切断谢尔曼在田纳西州的补给线。在格兰特的支持下，托马斯粉碎了田纳西州的邦联军，并在这个关键的南方州有效地结束了战争。

协同努力奏效了。谢尔曼于12月13日到达海边，在那里他占领了麦卡利斯特堡（Fort McAllister）。真正的战利品是萨凡纳城，这是一座由奴隶建造的沿海城市，拥有众多的彩色砖砌联排别墅。谢尔曼在 12 月 22 日进入城中，他写信告诉格兰特："我非常满意地向你报告，我们已经占领了萨凡纳城及其所有堡垒。"[26] 谢尔曼给林肯写的信则更为炫耀："我请求把萨凡纳城作为圣诞礼物送给你。"[27]

*

与此同时，格兰特切断彼得斯堡补给线的努力却受挫了，因为最大的港口，靠近北卡罗来纳州的威明顿港仍然对南方邦联开放。他观察到货物从港口出发，通过威尔登铁路，从而供应被围困的彼得斯堡。几个月来，他一直试图切断铁路但都没有成功，现在他把注意力转向了港口。

他计划联合陆海军远征，从而占领非瑟堡（Fort Fisher）——这是一个位于半岛上的大型防御工事，保卫着威明顿港以南的恐怖角河（Cape Fear River，也译"开普菲尔河"）入口。格兰特指派戈弗雷·韦策尔（Godfrey Weitzel）指挥这次战役，但巴特勒却坚持由自己来指挥。

虽然格兰特默许了巴特勒的指挥，但人们在格兰特给这位詹姆斯河军团指挥官的电报中看到了他与日俱增的担忧。例如，格兰特在 12 月 4 日的电报中说："为威明顿港远征队送行，我感到非常焦虑。"[28] 12 月 14 日的电报中则写道："你的远征前景如何？"[29]

格兰特对北大西洋舰队的指挥官、海军少将大卫·迪克森·波特就没有这样的担心。波特曾在维克斯堡与格兰特有过很好的合作，但他在和同僚相处上可能会很鲁莽，1862 年他曾在新奥尔良与巴特勒发生过冲突。[30] 如今，巴特勒想出了一个主意，把满载 2000 吨火药的**路易斯安那号**（Louisiana）老式军舰拖到离海堤 100 码远的地方引爆。12 月 14 日，他的部队离开了弗吉尼亚州汉普顿路的指挥部，但冬季风暴造成了延误。波特决定比他先行一步，于是在 12 月 23 日午夜时分把**路易斯安那号**拖到了海堤附近。在众目睽睽之下，爆炸于凌晨 1 点 45 分开始了。但是定时器没能工作，而且因为船没有到达预定的位置，一系列的小爆炸对堡垒几乎没造成什么破坏。[31]

波特并没有被吓倒，第二天早上，他开始对堡垒展开大规模轰炸。仅当日，舰队就发射了 10000 余枚 11 英寸的炮弹。那天晚上，巴特勒终于带着 6500 人的部队赶到，但对波特没有等他就开始行动非常生气。[32]

圣诞节早晨，波特又发起了一次大规模轰炸。巴特勒的士兵们乘着海军的小艇，顺着低浪冲向海滩。韦策尔一上岸就注意到与波特的报告相反，堡垒并没有遭到严重破坏。[33]

韦策尔向巴特勒报告了情况，巴特勒决定暂停进攻，让他的部队重新登船——尽管登陆并没有遭到多少反击，并且遭遇的第一批邦联军队也已投降。巴特勒之所以这样做，是因为他知道格兰特已经明确下令"不许撤退，或者在登陆后不许失败"。[34]

格兰特获得了足够的情报。他派来当观察员的塞勒斯·康斯托克报告说，巴特勒在迅速决定让他的部队重新登船之前，从来没有登陆过。格兰特于 12 月 28 日直接致函总统："对威明顿港的远征已被证明是一场严重的、应受谴责的失败。"他想彻底弄清楚这件丢脸之事的真相，"我希望能知道谁是罪魁祸首。"[35]

格兰特和巴特勒谈了谈，想听听他的看法，但他已经知道是谁错了。格兰特决心拿下菲瑟堡，他向波特示意："请在原地等候几天，我将努力在没有前任指挥官的情况下，以更大的兵力重返战场。"[36]

　　1月4日，格兰特写信给斯坦顿："我不得不请求将巴特勒少将从北卡罗来纳州和弗吉尼亚州的指挥职位上撤职。我很不情愿这么做，但出于军队的需要却不得不这么做。当我不在的时候，巴特勒将军必须发号施令，但人们对他的军事能力缺乏信心。"[37]格兰特的这封信来得太迟了。

*

/ 394

　　巴特勒并不是格兰特要处理的唯一一个有争议的将军。1863 年秋被格兰特在查塔努加解除职务的威廉·罗斯克兰斯于 1864 年 1 月，即在格兰特成为总司令之前被任命为密苏里州州长。

　　密苏里州游击队袭击的凶猛程度超过了其他西部各州。南方邦联的斯特林·普赖斯将军在 9 月重新进入密苏里州，企图和游击队联合起来夺回圣路易斯，并渡过密西西比河，入侵伊利诺伊州。尽管这个宏伟的计划被证明是不切实际的，他至少也能夺回密苏里州。普赖斯打算干扰秋季大选，从而迫使格兰特从东部撤军。1862 年，格兰特曾和普赖斯在科林斯与艾尤卡交过手。现在，他写信给哈勒克："我认为普赖斯会在一个星期内被一个合适的人驱逐出去。"[38]

　　罗斯克兰斯不是合适的人选。格兰特或许对托马斯感到恼怒，但他对罗斯克兰斯则毫无尊重可言。他给哈勒克写信："罗斯克兰斯能成为普赖斯的对手吗？如果不能，他应该立即被撤换。"他提到"黑杰克"罗根是一个可能的替代者，但他的结论是，"无论如何，任何人都强于罗斯克兰斯"。[39] 当有人建议熟悉田纳西州的罗斯克兰斯可以帮助托马斯对付胡德时，格兰特写道："我知道，没有哪个部门或军队的指挥官应该受到像罗斯克兰斯那样的惩罚。"[40] 最后，格兰特于 1865 年 1 月 1 日要求"罢免"[41] 罗斯克兰斯。罗斯克兰斯将进一步失去内战中的指挥权。

*

　　1865 年伊始，格兰特相信联邦将在接下来的一年赢得战争，但他明白还有很多工作要做。他打算向南方邦联各地施压。他不情愿地认识到，他的一些主要指挥官并不接受他的进攻型战略。他要么在他们周围工作，要么撤走他们的一些部队，要么直接把他们解职。

　　当格兰特奋力争取胜利时，他调整了管辖的指挥官。他为失去温菲尔德·斯科特·汉考克感到遗憾，因为汉考克在葛底斯堡的伤势仍未痊愈。1864 年 11 月，格兰特派他去北方招募退伍军人，为期一年。格兰特任命米德的参谋长、以严格的军纪著称的安德鲁·汉弗莱斯（Andrew Humphreys）接替汉考克。[42] 对于詹姆斯河军团，他让爱德华·奥德代替巴特勒。格兰特任用格伦维尔·道奇取代了罗斯克兰斯，这位土木工程师因在田纳西州和密西西比州重建铁路而获得了格兰特的赞赏。

　　在纳什维尔取得胜利之后，格兰特失望地看着托马斯没有继续进攻。格兰特从托马斯军中一个接一个地抽调了一些人，将他们派往他认为可以做得更好的地方。他命令斯科菲尔德的第二十三军前往马里兰州的安纳波利斯（Annapolis），目的是夺取威明顿港，并告诉谢尔曼："我被迫这样做是因为我不相信托马斯可能在春天之前采取行动。"[43]他派遣史密斯和他重组的第十六军帮助攻占莫比尔，并命令新奥尔良的墨西哥湾军团指挥官爱德华·坎比（Edward Canby）也向莫比尔发起进攻。格兰特派遣27岁的詹姆斯·威尔逊和13500名士兵进入亚拉巴马州，摧毁位于塞尔玛（Selma）的南方邦联补给中心。他还命令乔治·斯通曼（George Stoneman）的6000名骑兵从田纳西州东部突袭弗吉尼亚州西南部和北卡罗来纳州西部，摧毁南方的铁厂和仓库。[44]令格兰特大为恼火的是，托马斯、坎比和斯通曼等高级指挥官在执行命令时都有所延误。格兰特只好巧妙地在棋盘上移动着棋子。

1865年1月，格兰特任命阿尔弗雷德·H. 特里（Alfred

到了1864年，格兰特已组建了一支才华横溢、值得信赖的团队。在这张照片里，他身边从左到右分别是伊利·S. 帕克、亚当·巴多、奥维尔·E. 巴布科克和霍勒斯·波特。

H. Terry）领导对非瑟堡的第二次进攻。特里曾担任康涅狄格州纽黑文市的法院书记官，他常常显露出一种平静的自信，这让他赢得了共事者的钦佩。格兰特鼓励特里与波特和海军密切合作："我曾在波特少将手下服役，你完全可以信赖他的判断。"[45]

特里指挥着 9600 名士兵和波特的 2261 名水手和海军士兵。1 月 13 日，经过两天的战斗，在特里和波特的默契配合下，非瑟堡投降了。格兰特很满意地看着特里完成了巴特勒不能或不愿完成的事。[46]

*

到了 1865 年冬，格兰特重新开始了他集中兵力的策略。谢尔曼的军队和几支较小的军队继续向前推进。他打算与躲在彼得斯堡防御工事后的罗伯特·E. 李决一死战，但这要按照他自己的时间表去做。

可公众并不了解格兰特的时间安排。当谢尔曼继续向佐治亚州挺进时，他们只看到格兰特似乎被彼得斯堡阻挡了去路。国会中的一些人愈发不安，他们说要把谢尔曼提拔为中将，军衔与格兰特平齐。

当谢尔曼听说这一举动后，他立即通知格兰特，称他已经联系了自己的参议员兄弟，请他让那些持不同政见的人保持沉默。谢尔曼认为"这样做是有害的，因为有足够多的无赖企图在我们之间挑拨离间，而你和我目前是完全了解战场情况的指挥官"。他向他的朋友保证："我希望由你而非其他任何人来指挥，因为你是一个公正、诚实的人，并且在内心深处激励着我们所有人。"[47]

格兰特回答说："没有人会比我更心喜你的晋升，即使你取代了我的位置，而我在从属地位，也丝毫不会改变我们之间的私人关系。"[48] 他的慷慨回应不仅体现了两名主要北方将领间的情谊，即无论是谁得到了褒奖，都反映了他们对更大的联邦胜利事业的共同承诺。

*

1月，费城的一个市民委员会给了格兰特一个惊喜，他们送给他一套位于切斯特纳特街 2009 号带家具的房子。美国基督教委员会主席乔治·H. 斯图尔特（George H. Stuart）写道，自从得知格兰特夫人在城里一直找不到房子，人们为"感谢您为国家作出的杰出贡献"，[49] 决定将这套房子送给格兰特。

尤利西斯鼓励朱莉娅搬进新房子，但她选择了和丈夫住在城角镇。[50] 随着冬天来临，格兰特搬进了鲁弗斯·英戈尔斯建造的小屋。如今，修复后的木屋给人的印象是内部空间相当逼仄。小木屋里有一间带火炉的前屋，里面有几把椅子和两张桌子——这就是格兰特指挥部的办公室——和一间用作卧室的后屋。

霍勒斯·波特观察到，朱莉娅来到这里后，很快就赢得了每个人的尊敬，因为"她和蔼可亲、性格开朗、态度极为热情"。[51] 她会去看望生病的军官，并让厨师提供特别的美食，以便慰问他们。有一次，当波特走进小屋时，他看到朱莉娅的手被尤利西斯紧紧地握着。格兰特的副官从别处了解到，当一名参谋撞见他们时，他们俩会很害羞，犹如年轻恋人在求爱时被偷看到一样。

在朱莉娅仅存的几封信中，她给一位朋友写道："我舒舒服服地依偎在我丈夫的小木屋里。"她喜欢与尤利西斯进行长时间的交谈。"我不就是一个快乐的女人吗？"[52]

1865 年 1 月，格兰特得知怀特黑文即将被出售，原因是他的内兄约翰·登特（John Dent）拖欠税款。为了让朱莉娅保留少女时代的家庭记忆，格兰特给财务顾问 J. 拉塞尔·琼斯打了电报，请他用自己的钱买下这处房产。[53]

*

随着战争的持续，1865 年 1 月底，一面白旗从南方邦联彼得斯堡的护墙上升起，上面写着给格兰特的信息。一辆拥挤的马车行驶在耶路撒冷木板路（Jerusalem Plank Road）上，带来了三位和谈代表，他们分别是前最高法院大法官约翰·A. 坎贝尔（John A. Campbell）、前南方邦联国务卿罗伯特·M. T. 亨特（Robert M. T. Hunter）以及南方邦联副总统亚历山大·斯蒂芬斯（Alexander Stephens）。格兰特会同意为这些代表提供安全通道吗？他们曾在华盛顿与林肯和国务卿威廉·西华德（William Seward）见过面，讨论过终结战争的方式。格兰特亲切地招呼他们，吩咐他们留在城角镇。他在**玛丽马丁号**（Mary Martin）汽船上为代表们提供了最好的住宿——船上没有配备警卫——然后他写信向华盛顿请求指示。[54]

接下来的几天，格兰特记得代表们曾试图让他说出"他对拟议的和平条款的适当条件的看法"。出于应严格区分军事和政治方面的权力，格兰特坚持说："这与我无关，因此我不想对这个问题发表任何看法。"[55]

林肯和斯坦顿准备拒绝会见南方代表，因为他们的提议涉及"我们两国"之间的谈判。格兰特介入了此事，给斯坦顿写信说：

"我觉得自己甚至没有自由就这个问题发表见解。"但是,"我将以保密的方式作出陈述,但不会正式记录在案,即在与斯蒂芬斯和亨特先生的交谈中,我确信他们的意图是好的,他们真诚地希望恢复和平与联邦制"。格兰特的直觉是正确的,因为这些谈判者比戴维斯更渴望重建联邦。他对战争部部长斯坦顿说:"现在不派权威人士来谈判而直接让他们回去,恐怕会产生不好的影响。"[56]

林肯原本选定由西华德去会见南方代表,但格兰特的这封信改变了他的主意:"告诉他们,我将亲自接见。"[57]

2月3日,这五个人在汉普顿路的*河道女王号*(River Queen)侧轮汽船上会面。就在四天前,也就是1月31日,出现了一个戏剧性的背景,众议院以超过三分之二的比例通过了禁止奴隶制的《宪法第十三条修正案》(Thirteenth Amendment)。[58]与会者同意不作会议记录,会议持续了四个小时。但是林肯无法改变南方谈判代表们的想法,汉普顿路会议无果而终。[59]

*

"看到这封信后,请不要把我当作总统,而是视作朋友,并作出回复。"这是格兰特在同一个月里收到的第二封以不同寻常的要求为开头的信,"不会让您尴尬,也不会有害军队的工作",格兰特能给刚从哈佛大学毕业、现年22岁的罗伯特·林肯(Robert Lincoln)在手下找个职位吗?[60]尽管信中没有提到玛丽·林肯,但这个请求源自一场家庭斗争,其中包括一个想要加入其他年轻人行列的儿子,一个已经失去两个儿子并担心失去长子的母亲,还有一个夹在中间的父亲。

格兰特回答说:"根据您的提议,我很乐意让他进入我们的军人家庭。"[61] 他建议授予上尉军衔。由于不愿让财政部埋单,林肯用自己的钱给儿子购买了军事装备和一匹新马。罗伯特于2月22日赶到城角镇报到。[62]

*

当格兰特继续包围彼得斯堡时,有消息说谢尔曼已于2月1日进入南卡罗来纳州。为了回应公众日益高涨的期望,格兰特在2月4日向斯坦顿写道:"我必须接受表面上的按兵不动,但如果结果正如我所料想的那样,能够使李的军队陷入混乱,那么我就会非常满意。"[63] 当等待谢尔曼在南卡罗来纳州完成任务,并从南方赶来弗吉尼亚的这段时期内,格兰特不希望蒙受任何伤亡。谢尔曼于2月17日进入南卡罗来纳州首府哥伦比亚市,在将其烧毁后,南方民众的骚动促使李恢复了自负的"乔"约翰斯顿的指挥权。约翰斯顿是谢尔曼在佐治亚州的敌人,他拼凑了一支不到20000人的军队,试图阻止联邦军的进攻。[64]

与此同时,斯科菲尔德负责联邦对威明顿港的行动,威明顿港位于非瑟堡上游30英里处。经过11天的战斗,布拉克斯顿·布瑞格于2月22日放弃了这座城市。格兰特期待着斯科菲尔德与谢尔曼在北卡罗来纳州的合作。他预计谢尔曼将于4月下旬抵达彼得斯堡以南,但他不想等待那么久才打败李。他主要担心李会从彼得斯堡溜走,进而与约翰斯顿会师,从而把战争再延长一年。[65]

*

2月底,在交换战俘期间,爱德华·奥德和詹姆斯·朗斯特里特讨论了和平的可能性。朗斯特里特把和奥德的谈话带给李，李于 3 月 2 日写信给格兰特，提议"交换意见，以期对目前不幸的困难作出令人满意的调整"。[66]

斯坦顿立即写信给格兰特，提醒他坚持战斗，把和谈问题交给林肯。"总统命令我告诉你，希望你不要和李将军会谈，除非是为了李将军的军队投降问题，或者仅仅是为了一些次要的纯粹的军事问题。他指示我说，你不能决定、讨论或协商任何政治问题：这些问题将由总统亲自接管，并且不会将它们提交给任何军事会议或大会。"[67] 虽然林肯对格兰特愈发拥有信心，但只有他才能决定国家的政策。

*

3 月 4 日，林肯举行了第二次就职典礼，报纸报道了他的疲惫和近来的疾病，不久之后，朱莉娅建议格兰特邀请总统到城角镇。格兰特不同意："我无权邀请他。"朱莉娅采取了一种巧妙的方式。当问起罗伯特父亲的健康状况时，她建议他的父母来看望他。罗伯特回答说："如果他们确定他们不会打扰的话，我想他们会来的。"[68]

朱莉娅说服了丈夫。格兰特在 3 月 20 日给林肯写信："您能不能来城角镇待一两天？我非常想见到您，我想适度的休息对您会有好处。"[69]

3 月 24 日，林肯在玛丽和泰德的陪同下来到了河道女王号。在接下来的几天里，格兰特与总统进行了长时间的交谈。

另一位受欢迎的来访者是约翰·海尔·文森特，他是格兰特在加利纳卫理公会的牧师，现在则是美国基督教委员会的代表。在夏伊洛会战后，格兰特曾收到文森特的一封信。在回信中，格兰特回忆起"聆听你在讲台上演说的乐趣"[70]——格兰特很少表露自己的感受，但他用这种吸引人的方式来描述文森特的布道。

格兰特邀请文森特陪他和总统去詹姆斯河进行一次周日远足，但文森特拒绝了，因为他有责任为部队布道并举办主日学校的活动。文森特记得格兰特回答说："自从他参战以来，他只去过三到四次教堂。"在某种程度上，这是因为他总是要由他的个人电报员陪同，他"带着需要立即回复处理的电报"。[71]

两天后，在城角镇的轻松日子被打破了。当格兰特和林肯准备对奥德的詹姆斯河军团进行一次检阅时，玛丽发现了奥德的妻子、年轻漂亮的玛丽·奥德与林肯并排骑行。她勃然大怒："这个女人骑在总统旁边是什么意思？而且还骑在我前面？"[72]

朱莉娅试图安抚她，但她的努力只会增加玛丽的愤怒。玛丽问道："我想你以为自己能住进白宫，是吗？"朱莉娅一直保持着冷静。玛丽在把怒气转向奥德夫人之前，临别时留给朱莉娅一句气话："哦！如果你能得到它的话，那你最好就拿稳了。这很好。"① 当朱莉娅撰写自己的个人回忆录时，她没有批评玛丽·林肯，而是指出亚当·巴多的叙述加了很多佐料。[73]

*

到那时为止，格兰特的军队共有超过125000名士兵，相较之下，李的军队只有50000名士兵，而且其中只有35000人

---

① 玛丽·林肯有个外号叫"白宫泼妇"，一般被认为是美国历史上脾气最古怪的第一夫人，但据历史学家考证，她实际上患有精神类疾病。

适合战斗。南北双方在彼得斯堡周围的战壕长达35英里，格兰特继续向西推进，希望能切断从南方来的最后一条公路和铁路。[74]

当林肯访问城角镇时，李意识到他最终要被包围，于是，他决定尝试一次大胆的冒险，以突破格兰特的防线。他知道自己的行动可能意味着里士满的陷落，但现在最重要的是他军队的生存。如果他能在北卡罗来纳州与约翰斯顿会师，他们就可能联合起来进攻谢尔曼。

3月25日，约翰·戈登在彼得斯堡以东的斯特德曼堡（Fort Stedman）发动突袭。他领导的部队假扮成逃兵，在突袭前与北方士兵们友善相处。戈登的军队很快俘虏了1000名北方士兵。

由北方将领约翰·帕克（John Parke）率领的第九军发起的反攻很快收复了要塞。李将军损失了近4000人，而帕克将军则损失不到1500人。格兰特和林肯一起前来犒劳军队。[75]

格兰特在3月28日安排了一次会议，与会者包括总统、从北卡罗来纳州乘船而来的谢尔曼，以及大卫·波特。谢尔曼问林肯："叛军被打败后该怎么办？"总统作了冗长的回答，强调他希望和解。他告诉谢尔曼，他想让"南方邦联军队的士兵回到他们的家里，回到他们的农场和商店里工作"。[76]

是时候结束围攻了。在漫长的九个月后，格兰特采取了果断行动。3月29日，格兰特离开城角镇，临别前不停地亲吻朱莉娅。林肯询问他是否应该回到华盛顿，但格兰特鼓励他留下来。他希

望总统能够进入里士满。在火车站，林肯激动得声音哽咽，向格兰特和他的士兵们表示祝福。在和总统紧紧握手之后，格兰特登上火车去往前线。[77]在那里，他骑上他的黑色小马"杰夫·戴维斯"进行指挥。

乔治·希利的这幅画描绘了 1865 年 3 月 28 日，格兰特、林肯、谢尔曼和波特在河道女王号上的会面。他们在那里讨论了战争最终结束时应该做些什么。

　　他计划切断南侧的铁路，这是运送补给的最后一条铁路线，从而把彼得斯堡的邦联军赶出战壕，迫使李将军弃守里士满，并在战场上决一死战。他命令谢尔丹的骑兵和古弗尼尔·沃伦的第五军向彼得斯堡西南 10 英里处的李军右翼发起进攻。当谢尔丹被乔治·皮克特率领的邦联军和瓢泼大雨阻挡在丁威德县府（Dinwiddie Court House）时，格兰特写了封信，指示他原地待命。[78]

　　谢尔丹不愿意推迟行动，于是前往格兰特的指挥部，其位于一个被水淹没的玉米地。他强有力地催促着："我准备明天就发起进攻，破坏一切。"谢尔丹回忆说："这几乎不需要争辩就能说服他。"[79]

4月1日，格兰特命令谢尔丹向附近的五岔路口（Five Forks Road Junction）推进。这是雨停之后的一个阳光明媚的春日，谢尔丹的骑兵步行作战，向皮克特的阵地发起冲锋。令谢尔丹沮丧的是，沃伦的行动迟缓了。最后，由于"该死的"沃伦行动迟缓，谢尔丹亲自将这支联军组织起来，并大获全胜。[80]

格兰特观察沃伦迟缓的行动已经很长时间了，所以他告诉谢尔丹可以取代沃伦。本就大为恼火的谢尔丹立即将沃伦解职。沃伦直接向格兰特申诉，格兰特则向他证实了解职的决定。[81]

在其他战线上，南方邦联的守军仍在进行着有效的战斗。格兰特写信告诉奥德："我不希望你们挣扎于进攻那些坚固的防线。我希望的是你能弄清楚敌人是不是要撤退，如果是的话，就追击他们。"[82]虽然格兰特急于争取最后的胜利，但同时他也不想造成不必要的伤亡。

*

第二天，即4月2日星期日，除一条路线外，格兰特军切断了李通往南方的所有逃跑路线，并开始沿着彼得斯堡的防线发起进攻。

同一天早上，杰弗逊·戴维斯坐在里士满圣保罗圣公会教堂的长凳上。一个教堂司事穿过礼拜仪式，递给戴维斯一封李将军发来的电报：格兰特正在彼得斯堡突破防线，为了保护军队，李将军决定撤离首都。布道进行到一半时，政府人员和军人们一个接一个从座位上站起来离开教堂，必须放弃里士满了。[83]

经过293天的围攻，格兰特在同一天迫使邦联军放弃了彼得斯堡和里士满。

4月3日上午9点，格兰特骑着马进入彼得斯堡。他周围躺着刚刚战死的士兵。白人妇女和老人们躲在拉着的百叶窗后面，而成群的黑人则在为身穿着蓝色制服的北方士兵们欢呼。尽管格兰特急于加入谢尔丹的行列，并与李决一死战，但他还是停了下来，在总统长期的共和党盟友托马斯·华莱士（Thomas Wallace）的家中会见了林肯。[84]

林肯握着格兰特的手说："将军，你知道吗，我一直对你打算做的这件事有一种隐隐约约的想法；不过，我前些时候还认为，你会设法让谢尔曼到这里与你会师，跟你合作。"[85]

格兰特承认他曾考虑让谢尔曼参加最后的战斗，"但我有一种感觉，最好还是让李的老对手给他的军队最后一击，并完成任务"。格兰特担心，如果谢尔曼因为最后的胜利而受到赞扬，那么"东部的众议员和西部的众议员可能会发生不愉快的争吵"。[86]林肯承认他从来没有想到过，一直履职西部的格兰特，现在会开始欣赏东部军队的自豪和英勇。

格兰特在这个特殊的日子想起了朱莉娅："我现在给你写信的地方，在早上还位于敌军堡垒的深处，现在已经在我们的手上了。"在告诉妻子部队俘虏了12000名战俘后，格兰特热情洋溢地补充说："总之，这是战争中最伟大的胜利之一。其最伟大之处在于结束了叛军一直所认为的他们拥有最不可战胜的军队来保卫首都。"[87]

*

第二天，4月4日，林肯对南方邦联的首都里士满进行了一次令人难忘的访问，但取得这场战争胜利的英雄格兰特选择不参与其中。他开始向最后的终点冲刺。

早在八个小时之前，李将军率领里士满和彼得斯堡的部队出发，向西行军30英里，到达阿米利亚县府（Amelia Court House），这里屯放着来自里士满的35万份特别储备口粮。从阿米利亚出发，李打算沿着里士满—丹维尔铁路前往丹维尔（Danville），那里距离北卡罗来纳州边境只有3英里，他将在那里与约翰斯顿会合。但是当他到达这里与朗斯特里特所部的先头部队会合时，他们打开火车的车门，发现只有弹药，30000名饥肠辘辘的士兵已没有任何口粮了。[88]

4月5日，格兰特同奥德所部一起行军，谢尔丹的骑兵冲在前面，并在杰茨维尔（Jetersville）切断了里士满—丹维尔铁路，迫使李在试图到达北卡罗来纳州时不得不向西走得更远。

当天下午，在一场相当大的骚动中，一个身穿灰色制服的骑手靠近格兰特。格兰特认出了他，他是谢尔丹的侦察兵 J. A. 坎贝尔（J. A. Campbell）。坎贝尔从嘴里取出一个很小的锡纸团，打开外层包装后，他递给格兰特一张纸巾。纸巾上写着谢尔丹发来的信息："我希望您能亲自来这里。如果我们全力以赴，我有信心击败北弗吉尼亚军团。"[89]

格兰特换了匹马，骑上"辛辛那提"，因为它的力量更加强大，并吩咐坎贝尔带路。格兰特知道带一队骑兵护送是明智的，但是附近没有人，他只带了14个士兵。下午的阳光转变成夜晚的黑暗后，由于这里没有直接的道路，所以格兰特必须骑着马穿过森林地带。敌营就在附近，他知道如果他们突然遇到南方骑兵，会非常危险。晚上10点半，在骑行近20英里后，他们遇到了谢尔丹的巡逻队。幸运的是，这是一个月光皎洁的夜晚，格兰特听见别人认出他后的喊声："为什么这里会有一个老人？"[90]

第二天，当李的军队试图到达法姆维尔（Farmville）时，谢尔丹在赖特第六军和汉弗莱斯第二军的帮助下，在小水手河（Little Sailor's Creek）击溃了李撤军中的近四分之一兵力。格兰特的军队俘虏了6000人，其中包括几位将军：理查德·尤厄尔、约瑟夫·克肖以及罗伯特·E. 李的儿子卡斯蒂斯·李（Custis Lee）。[91]

4 月 7 日早晨，李的部队在法姆维尔短暂停留，他终于在那里找到了口粮，而格兰特紧随其后。格兰特当天下午到达法姆维尔；他在晚上乘车前往谢尔丹指挥部时，除了身上的那件溅满泥浆的衣服外没有携带任何行李。

格兰特坐在村庄砖砌旅馆的门廊里，拿出信纸给李写信："上个星期的结果必须使你相信，北弗吉尼亚军团在这场斗争中作进一步抵抗是没有希望的。"他要求李投降，以避免"更多的牺牲"。[92] 就在他派一名信使去找李时，赖特第六军的士兵们正举着火把继续行军。当他们路过这里看到格兰特时，爆发出一阵阵欢呼声。

4 月 8 日，李对格兰特的信避而不答，建议双方进行一次关于"恢复和平"[93]的对话。当两军之间的行动几乎停止时，出现了一片可怕的寂静。随着焦虑的加剧，格兰特患上了严重的偏头痛。那天晚上，格兰特和米德以及他们的工作人员一起住在农舍里。格兰特试图用热水洗脚，并在手腕和脖子上涂抹芥子膏来缓解头痛，但毫无效果。莱曼看着格兰特"痛苦万分"，[94] 但惊讶地发现他并没有阻止军官们在家里弹钢琴弹到深夜。

*

4 月 9 日是棕枝主日（Palm Sunday），一个阳光普照的晴朗春日。在研究了朗斯特里特和戈登可能采取的行动后，李对他的参谋们说，"除了去见格兰特将军外，我别无他法。我宁愿自己死上 1000 次"。[95] 一个孤独的骑兵匆匆把李将军的便条交给格兰特。在等待答复时，李向朗斯特里特吐露了忧虑，他担心格兰特会提出非常苛刻的要求。绰号"老皮特"[96]的朗斯特里特自西点军校的学生时代起就认识格兰特，并参加过他的婚礼。"老皮特"称，他相信格兰特不会这么做。

中午时分，格兰特和李骑马前往位于阿波马托克斯县府所在村庄的威尔默·麦克莱恩（Wilmer McLean）的庄园。农民麦克莱恩原本住在马纳萨斯附近。1861 年 7 月，第一马纳萨斯会战中的一枚联邦炮弹砸中了他的厨房，他明智地决定是时候结束敌对的状态，所以来到了阿波马托克斯县府。现在，战争再次找上了门，不过这次是格兰特和李准备在他的客厅里和谈。

下午 1 点刚过，格兰特来到这里。他走上白色的木台阶，走进两层楼高的砖房，发现李坐在客厅里。这两个人之间的对比非常明显。李穿了一件崭新的军礼服，佩着一把镶嵌宝石的剑，系着深红色的腰带。格兰特身着几天来他一直穿着的那套褪色的溅满泥巴的制服：一件朴素的便服衬衫，泥泞的军靴，没有佩剑，以及表明他军衔的肩章。格兰特脱下骑马用的手套，伸出手告诉李，他记得以前两人见过一次面，当时他们都在墨西哥服役，但缘于军衔和年龄，他不指望李会记得他。李回答说，他知道自己见过格兰特，但不记得具体的场合。[97]

当格兰特继续谈论他们在墨西哥的旧日时光时，李提醒他这次会面的目的。格兰特抽着烟，拿出他的黄纸日程簿开始记录。格兰特后来承认，他这次很匆忙，并没有事先组织好自己的想法，但他当场还是写下了一段 185 词的简短文字。最后一句话体现了劝降的意识："投降以后，所有官兵将被允许返回家园，只要他们遵守释放宣言和可能居住地的现行法律，就不会受到美国政府的打扰。"[98]

李表示满意，并签署了一份接受函，然后提出了最后一点：骑兵和炮兵都有自己的马匹，他们应该可以继续拥有这些动物。

格兰特回答说："嗯，这对我来说是个新话题。我认为，队伍中的大多数人都是小农，而且由于这个国家被两军袭扰，他们是否能在没有现在所骑马匹的帮助下于冬天播种庄稼来养活自己和家人都很值得怀疑。因此，我同意这种安排。"[99]

1865 年 4 月 9 日，格兰特在威尔默·麦克莱恩于阿波马托克斯县府的家中会见了罗伯特·E. 李，并商讨了北弗吉尼亚军团的投降事宜。格兰特宽宏大量的条款将成为他不朽遗产的一部分。

李回答说："这将对士兵们产生最好的效果，而且对安抚我们的民众大有帮助。"[100] 格兰特的话呼应了林肯在**河道女王号**上对谢尔曼关于如何处置南方战俘的回答。

格兰特答应为李将军饥饿的部队提供 25000 份口粮，李在讨论了战俘的遣返问题后便离开了麦克莱恩庄园。像旁观者描述的那样，李默默地骑上马，呼出一阵可让人听见的叹息声，便准备离开。就在这时，格兰特走到门廊，举起帽子以示尊敬。谢尔丹、奥德和其他联邦军官也都举帽致敬。李将军也举起帽子以示回应。

当格兰特开始返回他的指挥部时，投降的消息像野火一样迅速传开。各地都爆发了自发的庆祝活动，但格兰特立即下令停止所有此类活动。"战争结束了，叛军再一次成了我们的同胞。"[101]

*

来到阿波马托克斯和谈的格兰特，在经历了四年战争后，已经发生了翻天覆地的变化。他低调的风格磨练了他潜在的领导能力。他从不谈论自己有什么领导能力，但其他人在战争结束时会这样做，他们认为是时候去衡量这个人了。在麦克莱恩庄园，他思考和撰写的方式与在多纳尔森堡要求西蒙·玻利瓦尔·巴克纳和在维克斯堡要求约翰·彭伯顿时完全不同。他不仅在阿波马托克斯赢得了能打硬仗的勇士声誉，而且还提出了很有雅量的和平条款。

格兰特在撰写投降条款时采用了一种全国性的视角。在此之前，他已经走了很长一段路。一个在俄亥俄州边境长大的男孩，一名辞职的西点军校毕业生，一个对政治不感兴趣的密苏里州和伊利诺伊州年轻人——在内战开始时，这位将军除了文官政府的指示外对奴隶制没有任何看法；而战争结束时，这些阅历使他懂得了战争与政治密切相关。林肯成了他的榜样，他们一起选择了和解而不是报复。

在神话中，特洛伊战争结束后，远古的奥德修斯花了十年时间才回到佩涅洛佩（Penelope）的身边。而这位"美国的尤利西斯"在经历了四年内战后，同样渴望回到朱莉娅和他们的孩子身边。但是，随着国家从激烈的战争转向不确定的和平，国家将召唤这位最伟大的军事英雄前往公共服务的新领域。

注　释

1　Catton, *Grant Takes Command*, 383-84；White, *A. Lincoln*, 644-45.

2　USG to EMS, November 10, 1864, *Grant Papers*, 12：398.

3　James M. McPherson, *War on the Waters: The Union and Confederate Navies, 1861-1865*（Chapel Hill：University of North Carolina Press, 2012），207-13.

4　Porter, *Campaigning with Grant*, 278.

5　USG to WTS, September 12, 1864, *Grant Papers*, 12：154-55.

6　Catton, *Grant Takes Command*, 387；Marszalek, *Sherman*, 295.

7　John P. Dyer, *The Gallant Hood*（Indianapolis：Bobbs-Merrill, 1950），22-23, 194, 210.

8　约翰·贝尔·胡德（John Bell Hood）离开威廉·J. 哈迪（William J. Hardee）所在的南卡罗来纳州、佐治亚州和佛罗里达州战区以抵御谢尔曼。

9　Davis, *Jefferson Davis*, 575；Dyer, *Gallant Hood*, 279；Wills, *George Henry Thomas*, 284-85；Hattaway and Jones, *How the North Won*, 629-31.

10　WTS to USG, October 11, 1864, *Grant Papers*, 12：290n.

11　George H. Thomas to USG, November 25, 1864, *Grant Papers*, 13：24.

12　William L. Slout, *Clowns and Cannons: The American Circus During the Civil War*（San Bernardino, Calif.：Emeritus Enterprise, 1997），175.

13　*Personal Memoirs*, 2：378-79；Wills, *George Henry Thomas*, 291-94；Dyer, *Gallant Hood*, 289-95.

14   EMS to USG, December 2, 1864, *Grant Papers*, 13: 50-51n; Thomas and Hyman, *Stanton*, 341.

15   USG to George H. Thomas, December 2, 1864, *Grant Papers*, 13: 52-53.

16   Ibid., 13: 53; Wills, *George Henry Thomas*, 296.

17   Samuel H. Beckwith, "Samuel H. Beckwith: 'Grant's Shadow,'" in David L. Wilson and John Y. Simon, eds., *Ulysses S. Grant: Essays and Documents* (Carbondale: Southern Illinois University Press), 116.

18   USG to EMS, December 7, 1864, *Grant Papers*, 13: 78-79.

19   HWH to USG, December 8, 1864, *Grant Papers*, 13: 84n.

20   George H. Thomas to USG, December 9, 1864, *Grant Papers*, 13: 88.

21   USG to HWH, December 9, *Grant Papers*, 13, 90-91.

22   *Personal Memoirs*, 2: 382-83; Gary Ecelbarger, *Black Jack Logan* (Guilford, Conn.: Lyons Press, 2005), 213-14; James Pickett Jones, *Black Jack: John A. Logan and Southern Illinois in the Civil War Era* (Tallahassee: Florida State University Press, 1967), 241-42.

23   Beckwith, "'Grant's Shadow,'" in Wilson and Simon, eds., *Grant: Essays and Documents*, 117.

24   USG to George H. Thomas, December 15, 1864, *Grant Papers*, 13: 124; Wills, *George Henry Thomas*, 317-19.

25   Dyer, *Gallant Hood*, 301-4.

26   WTS to USG, December 22, 1864, *Sherman*, 771.

27   WTS to AL, December 22, 1864, *Sherman*, 772.

28   USG to Benjamin F. Butler, December 4, 1864, *Grant Papers*, 13: 61.

29   USG to Benjamin F. Butler, December 14, 1864, *Grant Papers*, 13: 119.

30   Symonds, *Lincoln and His Admirals*, 19, 188. 本杰明·巴特勒（Benjamin Butler）在报纸上读到英国厄里斯港（Port of Erith）一艘驳船意外爆炸所造成的损害。

31   For a lively account of the attack upon Fort Fisher, see Rod Gragg, *Confederate Goliath: The Battle of Fort Fisher* (New York: HarperCollins, 1991). For the navy story, see McPherson, *War on the Waters*, 213-21; Symonds, *Lincoln and His Admirals*, 347-48.

32   Gragg, *Confederate Goliath*, 65-73.

33   Ibid., 81; Comstock, *Diary*, entry December 24, 1864, 298-99; McPherson, *War on the Waters*, 215. 波特不知道的是，守军的44门火炮只有3000发炮弹，他们节约着弹药，往往每半小时才开一次火。

34   戈弗雷·韦策尔（Godfrey Weitzel）建议重新登船，但巴特勒不同意格兰特不要撤退的命令。Trefousse, *Ben Butler*, 170-74. USG to EMS, January 7, 1865, *Grant Papers*, 13: 241. 格兰特告诉斯坦顿, 他给过巴特勒明确的命令, 但它们"是口头的"。

35 USG to AL, December 28, 1864, *Grant Papers*, 12: 177-78.

36 USG to David Dixon Porter, December 30, 1864, *Grant Papers*, 13: 190.

37 USG to EMS, January 4, 1865, *Grant Papers*, 13: 223. 格兰特在《个人回忆录》中写道:"巴特勒犯了一个可怕的错误。我给他的指示很明确, 实现登陆已然是一场伟大的胜利, 如果成功了, 就不能放弃这个立足点。"*Personal Memoirs*, 2: 394.

38 USG to HWH, October 13, 1864, *Grant Papers*, 12: 306; Hattaway and Jones, *How the North Won*, 635. 关于罗斯克兰斯在密苏里州的遭遇表示同情的描述, 见: Lamers, *Edge of Glory*, 415-39。

39 USG to HWH, October 20, 1864, *Grant Papers*, 12: 329.

40 USG to EMS, December 2, 1864, *Grant Papers*, 13: 49.

41 Ibid., January 1-3, 1865, *Grant Papers*, 13: 199.

42 Glenn Tucker, *Hancock the Superb* (Indianapolis: Bobbs-Merrill, 1960), 261; Stephen R. Taaffe, *Commanding the Army of the Potomac* (Lawrence: University Press of Kansas, 2006), 193-94.

43 USG to WTS, January 21, 1864, *Grant Papers*, 13: 291.

44 Catton, *Grant Takes Command*, 406-07.

45 USG to Alfred H. Terry, January 3, 1865, *Grant Papers*, 13: 219; Gragg, *Confederate Goliath*, 105-6.

46 Gragg, *Confederate Goliath*, 138-229; Symonds, *Civil War at Sea*, 162-64; McPherson, *War on the Waters*, 217-19. 詹姆斯·M. 麦克弗森 (James M. McPherson) 写道:"这是战争中联合作战的最高成就。"

47 WTS to USG, January 21, 1864, *Grant Papers*, 13: 350-51n; Marszalek, *Sherman*, 335.

48 USG to WTS, February 1, 1864, *Grant Papers*, 13: 349-50.

49 George H. Stuart to USG, January 2, 1865; USG to George H. Stuart, January 4, 1865, *Grant Papers*, 13: 234-35. 美国基督教委员会 (The United States Christian Commission) 成立于 1861 年, 会为战场上的士兵提供包括新教牧师和社会服务在内的宗教支持。

50 USG to JDG, January 4, 1865, *Grant Papers*, 13: 233-34.

51 Porter, *Campaigning with Grant*, 284.

52 Cited in Geoffrey Perret, *Ulysses S. Grant: Soldier and President* (New York: Random House, 1997), 349.

53 USG to J. Russell Jones, January 10, 1865, *Grant Papers*, 13: 261.

54　Porter, *Campaigning with Grant*, 382–83; Cadwallader, *Three Years with Grant*, 288.

55　*Personal Memoirs*, 2: 421.

56　USG to EMS, February 1, 1865, *Grant Papers*, 13: 345–46; Donald, *Lincoln*, 557.

57　AL to USG, *CWAL*, 8: 256.

58　2012 年的电影《林肯》(*Lincoln*) 聚焦于《宪法第十三条修正案》(Thirteenth Amendment) 的通过过程。详见：Michael Vorenberg, *Final Freedom: The Civil War, the Abolition of Slavery, and the Thirteenth Amendment* (Cambridge, U.K.: Cambridge University Press, 2001)。

59　Donald, ed., *Inside Lincoln's Cabinet*, 557–59; Simpson, *Grant*, 405–7.

60　AL to USG, January 19, 1865, *CWAL*, 8: 223; Jason Emerson, *Giant in the Shadows: The Life of Robert T. Lincoln* (Carbondale: Southern Illinois University Press, 2012), 90.

61　USG to AL, January 21, 1865, *Grant Papers*, 13: 281.

62　Emerson, *Robert T. Lincoln*, 91.

63　USG to EMS, February 4, 1865, *Grant Papers*, 13: 362.

64　McPherson, *Battle Cry*, 828; Marszalek, *Sherman*, 328; Thomas, *Robert E. Lee*, 348. 约翰斯顿与戴维斯长期不和，但当罗伯特·E. 李在 1 月 31 日被任命为邦联军总司令时，却给李起用约翰斯顿扫清了障碍。

65　Introduction, *Grant Papers*, 14: xiii.

66　Robert E. Lee to USG, March 2, 1865, *Grant Papers*, 14: 99n.

67　EMS to USG, March 3, 1865, *Grant Papers*, 14: 91n.

68　Julia Dent Grant, *Personal Memoirs*, 141–42; Emerson, *Robert T. Lincoln*, 95.

69　USG to AL, March 20, 1865, *Grant Papers*, 14: 215n.

70　USG to John H. Vincent, May 25, 1862, *Grant Papers*, 5: 132; Vincent, *John Heyl Vincent*, 52–53.

71　Vincent, *John Heyl Vincent*, 98–99.

72　Badeau, *Grant in Peace*, 356–58.

73　Ibid., 359; Julia Dent Grant, *Personal Memoirs*, 142, 145–47. 关于这一故事的另一版本，见：Cadwallader, *Three Years with Grant*, 282–83。他描述了玛丽·林肯 (Mary Lincoln) 对待朱莉娅的方式"相当傲慢"。关于玛丽·林肯情绪暴怒（很多人会说这只是自私）的说法已流传开来。Julia Dent Grant, *Personal Memoirs*, 146.

74　格兰特给米德发电报："我不建议对战壕发起任何进攻。"USG to GGM, February 6, 1865, *Grant Papers*, 13: 382.

75 Taaffe, *Commanding the Army of the Potomac*, 200; McPherson, *Battle Cry*, 845.

76 Sherman, *Memoirs*, 2: 326.

77 Porter, *Campaigning with Grant*, 425−26; Taaffe, *Commanding the Army of the Potomac*, 205.

78 USG to PHS, March 30, 1865, *Grant Papers*, 14: 269.

79 Sheridan, *Personal Memoirs*, 2: 143−45; Porter, *Campaigning with Grant*, 428−29; Wheelan, *Terrible Swift Sword*, 174−75.

80 乔治·皮克特（George Pickett）的军队有近5000人阵亡、受伤或被俘，而联邦军只伤亡了1000人。

81 *Personal Memoirs*, 2: 445; Porter, *Campaigning with Grant*, 435−41; Wheelan, *Terrible Swift Sword*, 181−84.

82 USG to Edward O. C. Ord, April 1, 1865, *Grant Papers*, 14: 302−03.

83 Davis, *Jefferson Davis*, 603.

84 *Personal Memoirs*, 2: 459−61; Lyman, *Meade' s Headquarters*, 340−41; Catton, *A Stillness at Appomattox*, 364.

85 Porter, *Campaigning with Grant*, 450.

86 *Personal Memoirs*, 2: 460; Porter, *Campaigning with Grant*, 450−51.

87 USG to JDG, April 2, 1865, *Grant Papers*, 14: 330.

88 Freeman, *R. E. Lee*, 4: 66−67.

89 Porter, *Campaigning with Grant*, 453−54.

90 *Personal Memoirs*, 2: 468−69; Porter, *Campaigning with Grant*, 454−56.

91 Freeman, *R. E. Lee*, 4: 81−93.

92 USG to Robert E. Lee, April 7, 1865, *Grant Papers*, 14: 361; Porter, *Campaigning with Grant*, 459; Catton, *Grant Takes Command*, 436.

93 Robert E. Lee to USG, April 8, 1865, *Grant Papers*, 14: 367n.

94 Lyman, *Meade' s Headquarters*, 354; *Personal Memoirs*, 2: 483.

95 Freeman, *R. E. Lee*, 4: 120; Thomas, *Robert E. Lee*, 360−62.

96 Freeman, *R. E. Lee*, 4: 131.

97 *Personal Memoirs*, 2: 490; Freeman, *R. E. Lee*, 4: 135−36; Catton, *Grant Takes Command*, 464.

98 Catton, *Grant Takes Command*, 465.

99 *Personal Memoirs*, 2: 493; Freeman, *R. E. Lee*, 4: 138−39.

100 Simpson, *Grant*, 435; Smith, *Grant*, 405; Freeman, *R. E. Lee*, 4: 138.

101 Porter, *Campaigning with Grant*, 486.

索·恩·人物档案馆

001

【下】

— 传达了格兰特作为男人和作为战士的本质 —

〔美〕
罗纳德·C.怀特（Ronald C. White） 著

刘洋 译

美国____的
尤利西斯

尤利西斯·S.格兰特的故事

AMERICAN ULYSSES: A LIFE OF ULYSSES S. GRANT

社会科学文献出版社
SOCIAL SCIENCES ACADEMIC PRESS (CHINA)

上

Contents /

下

地图列表

家庭背景和早年生活

美墨战争

和平时期的责任

内战

第四部分　**重建，1865~1868**

从公民权利的行使到经济和种族平等的痼疾，这些
重建的核心议题同美利坚合众国一样古老，它们与
不平等一同困扰着当代社会。

——埃里克·方纳，《重建：美国未完成的革命，1863~1877》

/ 第 24 章　我会信守承诺

> 战争虽然已经结束，但南方明年必将遭受的苦难仍会超出人们的想象。除政治领袖外，那些谈论进一步报复和惩罚的人，要么是没有考虑南方人民已经承受的痛苦，要么就是冷酷无情，希望他们只待在家里。
>
> ——尤利西斯·S. 格兰特致朱莉娅·登特·格兰特，1865 年 4 月 26 日

1865 年 4 月 10 日上午，格兰特回到麦克莱恩庄园。几名南方邦联军官，包括他的前西点军校同学詹姆斯·朗斯特里特，以及当过格兰特婚礼伴郎的卡德穆斯·威尔科克斯，都向这位北方联邦将军表达敬意。[1]

约翰·戈登也来了。他是一个强硬的佐治亚人，在战争结束时成为李将军最好的指挥官之一。戈登此前从未见过格兰特，几年后他回忆说："给我印象最深的是他谦逊的举止。从他脸上的表情、谈吐和举止中，都看不出他对自己取得的伟大胜利沾沾自喜。"[2]

自从他们在圣路易斯的种植园主家门前相遇以后，格兰特就再也没有见过朗斯特里特。那段时间是格兰特不怎么顺利的日子。现在格兰特抓住这位老朋友的手说："皮特，让我们再玩一次布莱格牌戏，回忆一下过去那些让大家都很愉快的日子吧。"[3]

但是过去的日子永远回不来了。当北方和南方开战时，美国人口仅为 3000 多万。对这个人口小国来说，公认的内战死亡人数为 62 万，北方 36 万，南方 26 万，远远超过了美国历史上任何一场战争的死亡人数。[4] 现在，一项使用 19 世纪数字化人口

普查数据的新研究显示，公认的死亡总数被低估了。人们普遍认为，内战导致近 75 万人死亡，这比原来的总数高出 20%。[5]

哈佛大学历史学家乔治·提克诺（George Ticknor）代表他那一代曾经历过内战的许多人说："1861 年爆发的内战在我们这个世纪以前和之后发生的事情，或者在今后可能发生的事情之间制造了巨大的鸿沟。在我看来，我现在并不像生活在我出生时的那个国家。"[6]

*

格兰特并没有参加 4 月 12 日举行的正式投降仪式。在此之后，他的将军们想要大张旗鼓地访问里士满，他同样也没有去。他写信告诉朱莉娅："我不会让战败者难过的。他们正痛苦地体验着失败，要换成是你的话，你也不会凭借目睹他们的绝望而加重他们的失败感，对吗？"[7]意识到批评家们已经开始谴责他在阿波马托克斯向李将军开出了慷慨的条件，格兰特向他的私人秘书亚当·巴多透露："林肯先生一定会站在我这一边。"[8]

格兰特前往华盛顿，并于 4 月 14 日上午前往白宫与总统会面。那天晚上，林肯还邀请他和朱莉娅一同前往福特剧院（Ford's Theatre）观看《我们美国人的亲戚》（Our American Cousin）。当报纸宣布格兰特夫妇将和林肯一家一起出席时，票贩子们购买了 1 美元的门票，然后以 2.5 美元的价格转售。但是当格兰特和总统会谈时，朱莉娅发来一封短信，说她想在当天下午离开首都。[9]

为什么朱莉娅选择不去福特剧院看戏，这个问题至今仍无答案。也许是她想尽快去看望孩子们，她已经三个月没见到他们了，也许跟她最近与玛丽·林肯在城角镇的经历有关，还有可能是在威拉德酒店吃午饭的时候，她觉得肯定有个陌生的男子在盯着她看，让她感到不安，所以突然想尽快离开首都。不管真正的原因是什么，格兰特同意了。

当格兰特的火车到达费城的布罗德街火车站（Broad Street Station）时，一位拿着战争部电报的信使在这里等候多时。[10] 格兰特默默地读着：

> 今晚 10 点 30 分，总统在福特剧院被暗杀。他的头部被手枪子弹射穿，已经去世。国务卿西华德及儿子弗里德里克也在他们的住所遇刺，目前情况危急。战争部部长希望你立即返回华盛顿。[11]

格兰特把电报交给朱莉娅。当她读到电报时，哭了起来。在格兰特的余生里，他一直在为如果他和林肯一起坐在福特剧院的包厢里会发生什么而苦恼。他能阻止林肯之死吗？[12]

当朱莉娅问格兰特这会是谁干的，为什么这么做时，他也说不出来，但"这让我感到非常沮丧"。她问道："这将使安迪·约翰逊① 成为总统，不是吗？"格兰特回答道："是的，出于某种原因，我对这种改变感到担心。"[13]

*

格兰特立即返回华盛顿，此时的福特剧院披上了一层黑色幕

---
① 即安德鲁·约翰逊。

格兰特在林肯被暗杀后返回华盛顿，福特剧院已披上了黑帘。

帘。他负责安排林肯的葬礼。4月19日，在白宫东厅举行的葬礼上，格兰特独自站在铺满鲜花的灵柩前泪流满面。[14]

四天后，格兰特看着林肯的棺椁被安放在一列火车上。这列火车将沿着与1861年2月林肯从斯普林菲尔德到华盛顿的几乎相反的路线行驶。

*

安德鲁·约翰逊于4月15日上午11点宣誓就职。格兰特认为军队应该听从文官政府的领导，他希望能够跟新总统建立正常的工作关系。他写信告诉圣路易斯的朋友查尔斯·福特："我完全有理由相信，在我们新总统身上，我们将发现他是一个有意愿并有能力以原有的方式领导政府的人。"[15]

乍一看，约翰逊的生平和林肯很相似。1808年12月29日，约翰逊出生在北卡罗来纳州的一个小木屋里，他比林肯仅仅早出生45天，也在贫困中长大，没有受过正规教育，但对学习充满热情。1826年，他接受过裁缝培训，并定居在田纳西州东部的格林维尔（Greeneville）。在那里，他迅速从市议员晋升为市长，并在田纳西州议会中取得了一个席位。[16]

1843年，安迪·约翰逊当选为田纳西州的国会众议员。他信奉田纳西人安德鲁·杰克逊的政治主张，强调穷人的权利，反对专横的贵族统治。作为他所在政党的农业派成员，他极力主张"为无地者提供自由土地"。[17] 同时，作为州权的坚定支持者，约翰逊谴责了由肯塔基州的亨利·克莱和他的伊利诺伊州门徒亚

格兰特坚信军队必须服从文官政府的领导，现在他要向安德鲁·约翰逊总统汇报工作，但实际上，他和全国民众对约翰逊知之甚少。

伯拉罕·林肯所倡导的联邦政府对水路和道路的改善政策。他在国会为奴隶制和白人至上主义辩护。

在众议院任职五届之后，约翰逊于 1853 年当选为田纳西州州长，1856 年进入参议院。[18] 当田纳西州成为最后一个脱离联邦的南方州时，约翰逊脱离了他的家乡，成了唯一一个仍然忠于联邦的南方参议员。这一举动使他成为北方的英雄，也使他在孟菲斯和诺克斯维尔的雕像被焚烧破坏。[19] 1862 年，当林肯认为联邦军已经占领了足够的南方邦联领土时，他任命约翰逊为这个曾脱离了联邦的州的第一军事长官。[20]

*

但是对于格兰特将军来说，战争并没有结束。他现在最关心的是北卡罗来纳州约瑟夫·约翰斯顿军队的投降问题。当谢尔曼写信告诉格兰特，他将向约翰斯顿提出和格兰特向李提出的"同样条件"时，格兰特很高兴，因为"他小心翼翼地不使国内政策的任何问题复杂化"。[21] 因此，当三天后谢尔曼寄来一份截然不同的协议副本时，格兰特感到非常震惊。考虑到这一点，他写信告诉斯坦顿，谢尔曼的电报是"如此重要"，总统应该立即召集内阁会议进行讨论。[22]

约翰逊和内阁中的每一个人都拒绝接受谢尔曼的条款，因为这些条款承认了南方各州政府的合法地位，许诺对所有参与叛乱的人实行大赦，并授权南方士兵将他们的武器和公共财产存放在州军火库中，而这可能会导致冲突的延续。[23] 约翰逊、斯坦顿和司法部部长詹姆斯·斯皮德（James Speed）都谴责了谢尔曼；据海军部部长吉迪恩·威尔斯所言，虽然格兰特不同意谢尔曼的条款，"但他并没有加以指责"。[24]格兰特相信谢尔曼的行动是本着林肯的慷慨与和平的精神，所以他自愿前往北卡罗来纳州与谢尔曼交谈。[25]

格兰特抵达了北卡罗来纳州的罗利市（Raleigh），希望在谢尔曼的军队还不知道他要来的情况下见到谢尔曼。在路上，格兰特已经得知斯坦顿非但没有保密内阁讨论的内容，反而在周日的报纸上发表了一篇九批谢尔曼的文章，指责他对联邦"不忠"。《纽约先驱报》发表社论说："谢尔曼辉煌的军旅生涯已经结束，他将在阴影下隐退。"[26]

在格兰特的坚定影响下，谢尔曼重新谈判了一项可以接受的条约。当格兰特得知他的朋友不断受到攻击时，他愤怒地说："真是厚颜无耻！当谢尔曼为国家服役四年后，竟然受到这般待遇！"[27]

/ 416

*

战争终于结束了。5月23日和24日，格兰特和约翰逊在华盛顿主持了一场盛大的阅兵式，20万北方士兵在欢呼的人群前，沿着宾夕法尼亚大道整整游行了两天。这是一幕永远也不会被忘记的景象。格兰特站在白宫附近的检阅台上注视着他的士兵。检阅台上可谓众星云集，分布着写有"夏伊洛"、"维克斯堡"和"莽原"字样的旗帜。[28]

第一天，米德骑着他那匹昵称"老秃头"的战马，率领波托马克军团参与检阅。他们的队伍一列12人，以精确无误的步伐一列接一列地游行。伴随着多个乐队的音乐，学生和成年人们一首又一首地唱起了歌："当这场残酷的战争

/ 417

1865 年 5 月 23 日和 24 日，格兰特和约翰逊一道在华盛顿主持了东西部联邦军的联合大阅兵。

结束时"，"当约翰尼回到家时"，"噔，噔，噔！男孩们在游行。"[29]

第二天早晨，谢尔曼率领他的部队参与了检阅。当人们从窗口第一次看到西部军队时，他们发现士兵们的着装虽然不够鲜艳，步伐也不那么精准，但他们个个昂首阔步。在长达六个小时的游行中，在军乐队的伴奏下，士兵们顺利地"进军佐治亚"①。30

*

盛大的阅兵式闭幕了，格兰特面临着未知的领域，即所谓的重建。这个统一的国家在情绪上混杂着喜悦、愤怒和不确定。林肯被刺，与之相关的悼念标志即便被从公共建筑物中移除，此事却仍旧被人们常常谈起。与此同时，这位鲜为人知的新总统也增强了人们对未来的不安全感。

作为总司令的格兰特，这个林肯所敬重的人，现在被当成了国家稳定的保证。他的官方职责将包括监督一支庞大的战时军队缩减至和平时期的227000人。

*

大阅兵后的第五天，约翰逊向格兰特展示了第一份重建宣言。新总统决定不重新召集国会就采取行动。他对一些叛军予以特赦，使其拥有豁免权。格兰特对这项豁免权表示关注，特别是对那些加入南方邦联并成为南方将领的西点军校毕业生们。约翰逊向他保证，这些毕业生和将军可以申请赦免，而格兰特认为这些赦免将会很快得到批准。31

格兰特意识到李将军的指挥地位，他给哈勒克写道："尽管

---

① 《进军佐治亚》（*Marching through Georgia*）系积极参军的排字工人亨利·克拉里·沃克（Hemry Clary Work）创作的反映谢尔曼率军挺进佐治亚，进而解放黑奴的革命歌曲。

允许李将军享受特赦会遭到北方的反对，但我认为，对他的特赦将对恢复南方的良好情绪与和平产生最佳的效果。"他观察道："除了少数南方的政治领导人外，所有的民众都认为他所做的一切是正确的，并在很大程度上以他为榜样。"[32]

当李读到约翰逊的宣言时，他松了一口气。[33]但他很快得知，地区法官约翰·C.安德伍德（John C. Underwood）已经要求弗吉尼亚州诺福克（Norfolk）的一个大陪审团以叛国罪起诉他和其余的南方将领。

李考虑过给格兰特写信，但不知道他以前的对手会如何看待这件事。他通过马里兰州参议员雷弗迪·约翰逊（Reverdy Johnson）去打听情况。格兰特让李知道，他是支持《阿波马托克斯投降协议》的。[34]

6月13日，李写信给格兰特，其中包括对他的赦免申请。[35]格兰特把李的信和申请书连同他自己对这一问题的强烈支持寄给了斯坦顿："在我看来，军官们和士兵们在《阿波马托克斯投降协议》中被有条件地释放，从那以后……只要他们遵守释放条款，就不能以叛国罪受审。"他提醒斯坦顿："我提出的条件在当时得到了总统和全国人民的衷心赞同。"[36]

为了进一步解释李的来信和申请，格兰特决定与总统交谈。从约翰逊口中说出的第一句话就是总统决心"使所有的叛国行为都令人憎恶"。他询问道："这些人什么时候可以接受审判？"[37]

格兰特回答说："绝对不能审判，除非他们违反了释放条款。"他告诉约翰逊，他已经和李达成了某些协议。如果"我告诉他和他的军队……他们可能会因叛国罪而被逮捕、审判和处决，那么李和他的军队绝对不会投降，而我们将在战胜他的过程中牺牲更多的生命"。

格兰特有所震惊，他返回指挥部，向参谋们转述了当时的对话，并说道："如果他们违背我的诺言，我就不会留在军队里。"总之，"我将信守诺言。"[38]

约翰逊意识到格兰特广受爱戴，于是决定让步。他指示司法部部长斯皮德撤销对李的指控。同一天，格兰特写信告诉李，他在阿波马托克斯的诺言已得到尊重。在接下来的几个星期里，许多信任格兰特的邦联军官通过他获得了赦免。[39]

*

格兰特是如此渴望逃离首都的政治斗争，以至于他借避暑之机离开了华盛顿。他首先来到纽约，在这里，他经历了差异明显的对待。1854 年，他辞去加州的军职来到纽约，当时他身无分文，无法支付酒店的费用，而现在，1865 年，当他入住同一家酒店时，他听到人们在欢呼着自己的名字。晚上，他参加了由纽约民主党人组织的库珀联盟学院（Cooper Union）的集会，这场集会是为了表示对约翰逊的支持。但人群朝他欢呼的声音打断了第一位演讲者，格兰特不自在地提前离开了。[40]

离开纽约市后，他来到了西点军校，这是他自 22 年前毕业以来首次回到母校。温菲尔德·斯科特将军退休后，赠送给格兰特一本他最近出版的回忆录，上面题写道："最老的将军致最伟大的将军。"[41]

随后，格兰特前往芝加哥参加了一个公共卫生委员会的博览会，这是一个由公民组织的自愿活动，旨在为军队的福利保障收集食物和医疗用品。在讨论黑人投票的可能性时，《芝加哥论坛报》援引了格兰特的话："现在宣布忠于南方的黑人没有选举权还为时过早。"[42]

格兰特希望在星期日做礼拜，许多著名的教会也都向他发出邀请。他询问来自加利纳的前牧师约翰·海尔·文森特是否参加在芝加哥的布道。当他得知文森特在三一卫理公会教堂布道时，格兰特不请自来地前往那里做礼拜。[43]

布道使他渴望到达他最终的目的地——加利纳。在战前的一年里，他就是在这个小镇为自己和家人找到了幸福。他曾在那里住过短暂的一年，几乎不认识什么人，现在却有许多人自称记得他。德索托酒店（DeSoto House）门前的大街上横跨着一座凯旋门，每一面都刻着格兰特取得胜利的伟大会战的名字：从贝尔蒙特到西部的夏伊洛和维克斯堡，再到莽原、五岔路口和东部的里士满。格兰特——这位不情愿的演讲者——请文森特替他演讲。这位卫理公会牧师告诉人们，尽管格兰特的公务将使他大部分时间留在华盛顿，但他认为加利纳才是他的家。[44]

一年多以前，当格兰特作为总统候选人被广泛传播时，他发表了一份声明以扭转这种高涨的热情："我不是任何职位的候选人，但我想成为加利纳的市长，这样我就有足够的时间修理人行道，特别是那条通往我家的人行道。"[45] 现在，格兰特抬起头就能看到一条横幅：将军，人行道已经建好了。在加利纳，人们不仅修建了一条人行道，还为他提供了一间房屋并准备好晚餐。这是一幢由市民们筹资 2500 美元买下的意大利风格的砖房，他们将它送给了格兰特夫妇。

*

当格兰特开始为自己打造一个战后身份时，在这个身份中被忽视的一部分，便是他不断地把目光转向墨西哥。如果说美墨战争的故事已迅速从美国人的记忆中淡去，但对格兰特而言，这段年轻时的重要经历现在成了他的驱动力。当贝尼托·华雷斯（Benito Juárez）和他的自由派墨西哥爱国者们试图赶走法国殖民者时，他想方设法帮助他们。法国人得到了天主教会和军方等在墨西哥漫长而痛苦的改革战争（Guerra de Reforma）中失利的保守派的帮助。自由主义者们赢得了这场内战，他们想要一个强大的联邦政府，使墨西哥现代化。格兰特对墨西哥的兴趣使他对国内和对外政策之间联系的理解迅速增长。

/ 420

格兰特与华雷斯的门徒、精力充沛的年轻的墨西哥驻美国公使马蒂亚斯·罗梅罗（Matías Romero）建立了友谊。1861 年，罗梅罗曾被派往华盛顿，游说美国支持被围困的墨西哥政府。在 1866 年 4 月发给上级的备忘录中，罗梅罗建议道："根据我的判断，我们应该让格兰特将军成为我们的心腹朋友，向他表达我们的愿望，并征求他的意见。"[46] 格兰特出于对罗梅罗和墨西哥事业的尊重，他邀请这位年轻的公使于 5 月住在他费城的家中。[47] 6 月，罗梅罗写道："我非常高兴地看到，我与格兰特频繁、长期和亲切的交谈对我们的事业大有裨益。"[48]

*

格兰特恳求约翰逊总统授权美国在墨西哥危难时刻向其提供援助："我认为，任何企图在外国刺刀的庇护下于墨西哥建立君主制政府的行为，都是对美国政府的具敌意之行为。"[49] 格兰特暗中帮助华雷斯的军队，他告诉谢尔丹："我不说想必你也知道，我对墨西哥的事务很感兴趣。"[50] 在进行的一项秘密武器计划中，

/ 421

格兰特一直在寻求支持贝尼托·华雷斯的方法，他努力在墨西哥建立自由民主制度。

格兰特与墨西哥最直接的接触来自他与年轻的墨西哥外交官马蒂亚斯·罗梅罗发展的友谊。

谢尔丹从巴吞鲁日军火库拨给华雷斯 30000 支步枪。

格兰特从加利纳给约翰逊总统写了一封满怀感情的信，信中他提及了门罗主义（Monroe Doctrine）①，认为"不干涉墨西哥事务将在今后导致一场更加广泛而血腥的战争"。[51] 他认为，美国应该通知法国，法军必须撤出墨西哥，以便当地民众能够自由管理自己。为了支持这份声明，格兰特建议："应该公开向墨西哥政府赊销，出售给他们想要的所有武器、弹药和军装，并向他

---

① 门罗主义由詹姆斯·门罗总统于 1823 年提出，表明当时的美国认为欧洲列强不应再殖民美洲，或涉足美国与墨西哥等美洲国家之主权的相关事务。而对于欧洲各国间的争端，或各国与其美洲殖民地间的战事，美国应保持中立。相关战事若发生于美洲，美国会将其视作敌对行为。

们提供指挥部队的军官。"他为墨西哥的自由民主提供了强有力的支持。

*

　　格兰特还把目光投向南方，试图在与南方白人和解及保护自由黑人之间找到平衡。当他的老朋友詹姆斯·朗斯特里特来到华盛顿寻求赦免时："如果我得到宽恕，我觉得这是对我个人的恩惠。"格兰特利用了自己与总统的关系，后来又出面调停，促成了南方邦联副总统亚历山大·斯蒂芬斯从监狱中获释。当格兰特在城角镇担任和谈代表时，斯蒂芬斯曾给他留下过良好的印象。

　　尽管格兰特寻求迅速裁减军队，部分原因在于避免在南方的联邦军和返回南方的邦联士兵之间发生"冲突"，但他告诉斯坦顿，一项持续不断的任务必须是"保护自由人所享有的自由"。[52] 1865年下半年，当南方开始起草各州宪法，否定来之不易的解放成果时，他带着惊恐的神色关注着正在发生的一切。州法律保障黑人结婚、签订合同和拥有财产的权利，但新颁布的《黑人法典》（Black Codes）则限制了这些种植园劳工的工作机会。从1866年1月1日开始，密西西比州的黑人必须拥有书面的就业证明。如果黑人离开他们的工作岗位，将有可能被没收工资，并遭到逮捕和监禁。路易斯安那州共和党人本杰明·F. 弗兰德斯（Benjamin F. Flanders）描述了立法者的意图："他们的全部思想和时间都将用于制订一项计划，即让奴隶制尽可能地回归。"[53]

　　格兰特面对着南方大量黑人士兵所面临的困境。以前的奴隶现在在南方城市穿着联邦的制服。战争结束时，黑人士兵占总兵力的11%。因为白人比黑人更早参军，所以他们的服役期也就更早。这意味着到了 1865 年秋，当格兰特将军队从 100 多万缩减至 22 万多人时，黑人在联邦军队中的占比达到了 36%。[54]

10 月，约翰逊总统邀请格兰特去南方旅行。早些时候，总统派出了一位杰出的德裔美国领导人卡尔·舒尔茨（Carl Schurz）到南部进行为期两个半月的实情调查，但舒尔茨的报告使约翰逊感到沮丧："恢复民事政府的时机还远未成熟。"舒尔茨敏锐的目光察觉到，如果说南方在战争结束时确实已经准备好接受联邦政府的强硬政策，但一旦他们嗅到了约翰逊的宽大政策，前南方邦联的领导人们就决定重新控制他们的州。舒尔茨的报告没有让总统满意，于是他又找了另一位观察者。[55]

他寻求格兰特的帮助，因为他相信人们会听取他的结论。格兰特身着便服，于 11 月 27 日离开华盛顿，开始为期 16 天的旅行。尽管南方白人展现了他们最好的一面，但格兰特的副官塞勒斯·康斯托克在日记中记录了一些犀利的观察。在查尔斯顿，当一群妇女做着嘲弄的表情时，康斯托克注意到她们"公开表达了自己的丈夫和兄弟没有表露的感受"。[56]

12 月 11 日返回华盛顿后，格兰特在内阁会议上报告说："民众比我所期望的更加忠诚，也更有好感。"[57]他在一份书面报告中宣称："我对南方广大有思想的人诚心诚意地接受目前的局势感到满意。"[58]报纸称赞他的报告，认为这是对约翰逊总统政策的支持。[59]

约翰逊试图阻止舒尔茨发布更具批判性的报告，只有在他的报告与格兰特的报告相一致时，总统才同意发表。具有讽刺意味的是，这一策略适得其反：格兰特最后仔细阅读了舒尔茨 46 页的报告，并意识到舒尔茨做了他没能做的事，即把注意力集中到针对黑人和白人联邦主义者的暴力上。他后来向舒尔茨坦白：

"我以总司令的身份旅行，来见我的人都试图展现他们最好的一面。但从那以后，我得出结论，即你是对的，而我是错的。"[60]

在阅读了舒尔茨报告的一周后，格兰特写信给他在南部各州的指挥官："尽早向总司令部提交一份报告，内容是关于自叛军投降以来，你辖区内发生的所有已知暴行。"[61]

*

第 39 届国会在 12 月 4 日一个温和的星期一召开。整个春季和夏季，议员们对约翰逊总统在没有国会制衡的情况下实施重建政策感到恼火。现在，国会决定重新掌权。在本届国会，共和党人在参议院以 42 : 10 票，在众议院以 149 : 42 票的绝对优势获胜。经过八个月的辩论后，《宪法第十三条修正案》于 12 月 6 日正式获得批准，国会的共和党人打算将其付诸实施。[62]

约翰逊总统的这种不安由共和党内的左翼激进派所领导。他们的道德感是在战争前几十年反对奴隶制的斗争中塑造的。参议院的主要激进派包括俄亥俄州的"虚张声势者（Bluff）"本·韦德（Ben Wade），以及马萨诸塞州的查尔斯·萨姆纳（Charles Sumner）和亨利·威尔逊（Henry Wilson）。在众议院，主要的激进派包括宾夕法尼亚州的撒迪厄斯·史蒂文斯（Thaddeus Stevens）和俄亥俄州的詹姆斯·M. 阿什利（James M. Ashley）——他们帮助通过了《宪法第十三条修正案》——以及印第安纳州的乔治·W. 朱利安（George W. Julian）。除了史蒂文斯，其余的人都来自新英格兰地区，或者是从纽约向西迁徙到宾夕法尼亚州、俄亥俄州、印第安纳州和伊利诺伊州北部的新英格兰移民的一部分。[63]

随着国会的召开，格兰特发现自己处于一个新的位置。1864年春，他将自己的指挥部设在了首都的郊外，部分原因是他不想卷入政治斗争。之前，格兰特与华盛顿的主要交往对象是行政部门的林肯总统和战争部部长斯坦顿，但他与国会几乎没有联系。

情况现在则有些不同了，越来越多的人开始谈论格兰特在1868年接替约翰逊成为美国总统。1868年，年仅46岁的他认为自己还太年轻了，如果当选，他将成为有史以来最年轻的总统。而格兰特现在的主要目标是行使他作为总司令的职权，以维护和平。[64]

*

国会与约翰逊总统的第一次冲突爆发在南方各州的法律地位问题上。总统争辩说脱离联邦是不可接受的，因此，南方各州从未脱离过联邦，所选出的代表也应立即就座。共和党认为，南方的11个州目前已被征服，在重新进入国会之前，需要满足某些条件。所以，当最近当选的新的16名南方众议员——包括4名南方邦联将军——在新一届国会的头几天提交他们的凭证时，申请被拒绝了。[65]

1865年1月，格兰特来到参议院，回答了伊利诺伊州参议员莱曼·特朗布尔（Lyman Trumbull）提出的《自由民局草案》（Freedmen's Bureau Bill）问题。自由民局成立于1865年3月，旨在为被解放的奴隶提供住房和食物，并提供教育和医疗保障。该草案规定公民不受种族或肤色歧视，享有平等的公民权利。特朗布尔宣称该草案"一直持续到没有保护措施的人……能够养活自己，照顾自己为止"。《黑人法典》的阴云笼罩着这场辩论。在它的广泛影响下，自由民局代理人将在雇主和自由人之间订立新的合同。代理人将负责处理与黑人有关的案件，有权惩罚拒绝赋予黑人"属于白人公民权利"的州级官员。[66] 格兰特听着特朗布尔的宣告，该草案将通过对非裔美国人提供军事和司法保护来支持《宪法第十三条修正案》的实施。[67]

在听证会进行的过程中，根据格兰特的要求，他开始听取指挥官们关于针对黑人和白人联邦主义者的暴力事件所作的陈述。作为回应，他于 1 月 12 日发布了第 3 号通令。他指示在南方的指挥官保护效忠联邦者和军事人员免受州或市法院的起诉。他的命令的效力载于最后一句：保护被控诉犯有罪行的黑人，如果

这幅 1866 年的漫画是一系列在黑人选举权问题上攻击共和党激进派的作品之一，它把自由民局描绘成一个以牺牲白人为代价的培养懒惰黑人的机构。

"白人不会因犯有同样罪行的方式和程度受到起诉或惩处"。[68] 特朗布尔在为自由民局辩护时，引用了格兰特最近的命令："它包含了正在审议的草案中的许多条款。"[69] 当格兰特坐在国会辩论《自由民局草案》时，他明白自己的任务是向他指挥下的南方将领解释草案的意义和范围。

接下来，特朗布尔提出了第二项更为全面的民权草案：他认为这是"自《宪法第十三条修正案》以来正在审议的最重要的举措"。它将公民权赋予"所有在美国出生的人"。[70] 作为对《宪法第十三条修正案》的进一步加强，该草案授权自由民局的官员、联邦法警和地区检察官对违反法律规定的人提起诉讼，甚至是罚款和监禁。最后，参议院和众议院分别以33：12票和111：38票通过了该草案。[71]

*

与此同时，格兰特开始考虑让自己和家人在经济上处于稳定状态。在过去的21年里，他一直借住在岳父位于加利纳的房子，这是一间租来的小屋。在四年战争期间，他也作过多次临时安排。他最终摆脱了在加利纳的债务，但几乎没有为退休存钱或投资。

战争结束时，格兰特决定住在费城，这样他只用花费五个半小时就能乘火车到达华盛顿。当然，仅仅几周后，他就意识到这种安排是行不通的。最后，尽管他不愿意住在首都，但还是接受了亨利·哈勒克的邀请，使用哈勒克在华盛顿乔治敦高地的房屋。

1864年10月，格兰特想要拥有自己的住宅，于是花了30000美元买了一栋四层楼的大房子。这栋楼实际上是由阿贝尔·拉斯伯恩·科尔宾（Abel Rathbone Corbin）为他购买的。

科尔宾是一位报纸编辑和金融家，格兰特在密苏里州时就认识了他。科尔宾随后将所有权转让给格兰特，为此，格兰特签署了一份票据，承诺在十年内偿还这笔钱。由于华盛顿住宅的装修费用，格兰特预计自己将负债多年，"我想一个没有债务的人是不会感到快乐的"。他对朋友兼财务顾问查尔斯·福特打趣道："然而，我从来没有亲自尝试过。"[72]

格兰特的个人财务状况在 2 月发生了巨大变化。"好战的乔"胡克尔在查塔努加的参谋长丹尼尔·巴特菲尔德（Daniel Butterfield）现在是一名纽约商人，他带头为这位著名的将军筹集资金。他说，到处都有人问他："格兰特将军的工资是多少？"他的标准回答是："他的工资根本不足以支撑他所担任的职位。"[73] 因此，巴特菲尔德给了格兰特一张价值 105000 美元的"表彰"支票。

格兰特用这笔钱还清了新房子的抵押贷款，将 55000 美元投资于政府债券，并得到了剩下的 19837.5 美元的现金。他对巴特菲尔德说："我不知道如何表达对你的感激之情。"[74]

格兰特开始走在他不熟悉的财富和权力之路上。作为一名军人，他避开了政治，但他在回避商业方面行动迟缓。在接受费城、加利纳和华盛顿的房子作为一个充满感恩之情的国家馈赠时，他没有意识到天底下没有免费的房子。[75]

*

2 月 19 日，当约翰逊否决《自由民局法案》（Freedmen's Bureau Act）时，格兰特感到震惊。在否决通知书中，约翰逊歪曲了该法案的目标，反对联邦政府代表非裔美国人进行干预，并声称该法案违宪，将司法权移交给了军方。此外，当南方各州还没有代表时，他不会签署任何法律。[76]

特朗布尔和其他温和派共和党人与激进派一起投票推翻了否决。当众议院通过时，推翻否决却因参议院少了 2 票而未获通过。这是因为温和派还没有准备好放弃约翰逊。他们希望约翰逊能够签署《1866 年民权法案》(1866 Civil Rights Act)，该法案在国会获得了共和党几近一致的支持。对约翰逊来说，修复与国会的关系还为时不晚。[77]

当约翰逊在 3 月 27 日否决《1866 年民权法案》时，格兰特也感到惊讶。这一次约翰逊对种族的看法变得非常明确，他争辩说，联邦政府在保护黑人公民权利方面的作用违反了"我们作为一个民族的所有经验"，他断然宣称给予黑人公民权的特权会对白人产生偏见。"种族和肤色的区别是由草案决定的，该草案的目的是支持有色人种反对白人。"[78]

这次约翰逊的否决案被推翻了。4 月 6 日，参议院以 33：15 票推翻了否决案，只有四名共和党人支持约翰逊。在美国历史上，国会第一次不顾总统的否决，通过了一项重要的草案。[79]

*

1866 年冬，格兰特发现自己成了一个左右为难的人。战后的几个月，他开始致力于和解。现在，受舒尔茨报告的影响，格兰特正在调查关于自由民局工作的情况，同时他的指挥官也向他报告了针对新近获得自由的黑人的暴力事件，于是，格兰特正从调解转向维护自由人的权利。

南方各州州长开始发出呼吁，要求联邦军队撤回，并允许

THE MAN THAT BLOCKS UP THE HIGHWAY.

在这幅1866年的漫画中，人们驾驶着标有"自由民局"、"民权"和"重建"字样的马车，结果却被一根标有"否决"的原木挡住了去路。

/ 428

各州国民军取代联邦军队。当约翰逊转发密西西比州议会的请求时，格兰特回答说："密西西比州的情况并不足以使人们相信，该州的民事当局'有足够的力量来执行法律和维持良好的秩序'。"[80] 当亚拉巴马州州长提出类似的要求时，这一地区的指挥官乔治·托马斯准备批准，但把它交由上级指挥系统裁决。格兰特宣布这位高级指挥官的决定无效，他回答说："就目前而言，除非安全性充足到可以确保公平地维护最近发生叛乱的各州所有公民阶层的权利和安全，否则我不会建议联邦军队从各州中撤出。"[81]

*

对联邦政府的尖刻抨击正从另一个"民兵组织"中兴起：南方的报纸，他们的武器是文字。《里士满观察报》（*Richmond Examiner*）是战争期间南方邦联首都中最持不同政见的报纸。当格兰特得知该报斥责里士满妇女参加了由联邦将军阿尔弗雷德·特里举办的舞会时，他指示特里"立即采取军事行动，查抄这张极具煽动性的报纸，并在接到进一步命令之前禁止它继续出版"。[82]

《里士满观察报》编辑 H. 里夫斯·波拉德（H. Rives Pollard）赶赴华盛顿与约翰逊交谈。见过波拉德之后，约翰逊把波拉德介绍给格兰特，要求如果波拉德"'作出令人满意的解释'，并保证以后会做得更好，你就会尽量对他温和一些"。[83]当天晚些时候，波拉德写信给约翰逊，"承诺将热情支持联邦、宪法和美国法律"。波拉德感觉到这是一个机会，总结道："你们政府的政策将继续得到我们报纸的支持。"[84]

格兰特不相信波拉德的"解释"。那天他给波拉德写了一封信，他也把信寄给了总统。"我所见过的每一期《里士满观察报》，一直以来都是在培养和增加对美国政府的不良情绪。"格兰特认为，"为了北方和南方全体国民的最大利益，应该压制这种言论。"他对约翰逊的问题作了预测——凭借何种法律权威能这样做？格兰特回答说："考虑到在戒严令盛行的地方，这种权力当然存在，并将得到行使。"[85]

约翰逊否决了格兰特的提议，迫使他写信给特里，如果《里士满观察报》"对联邦及其支持者毫无保留地给予支持和忠诚，他之前下令查封报纸的命令将暂时停止"。[86]

事实证明，《里士满观察报》只是一个持续不断故事的开端。格兰特写信给南方各州的指挥官，要求他们发送含有"对联邦政府不忠和怀有敌意情绪的报纸"。[87] 没有等到约翰逊的批准，在接下来的几个月里，格兰特就对《威明顿快讯》（*Wilmington Dispatch*）和《莫比尔时报》（*Mobile Daily Times*）可能存在的违禁行为展开调查。[88]

当然，更大的故事是格兰特愈发意识到他和约翰逊在重建道路上的分歧。约翰逊忽略了格兰特对安抚南方最强势报纸之一的评论地位产生的严重疑虑。2月19日，格兰特不情愿地命令特里让《里士满观察报》重新出版，同一天，约翰逊也否决了《自由民局法案》。[89]

*

到了1866年春，约翰逊总统和共和党控制的国会已经壁垒森严，双方的沟通越来越少。引起人们越来越多讨论的问题是：格兰特会站在哪一边？

4月6日，华盛顿所有最重要的政治人物聚集在一起。当天，参议院推翻了约翰逊对《1866年民权法案》的否决，尤利西斯和朱莉娅在他们位于I街的新家中举行了招待会。据《纽约时报》记者报道："格兰特将军今晚的招待会是这一时期最后一件重要的事。"[90]

海军部部长吉迪恩·威尔斯察觉到了当晚非同寻常的气氛，他在日记中写道："这次聚会在某些方面和以往任何一次都不一样，现在不仅矛盾众多，而且还多种多样。"海军部部长有充分的理由相信，一些激进派中的主要分子企图把"格兰特将军，或

/ 第24章 我会信守承诺 /

者至少是他的名字和影响力据为已有"。[91]

当天下午，人们蜂拥而至，讨论参议院史无前例的否决决议。"老萨德（Old Thad）"史蒂文斯（即撒迪厄斯·史蒂文斯）很少参加这样的招待会，却意气风发地来到这里。温和派领导人莱曼·特朗布尔也是如此。史蒂文斯看到约翰逊总统和他的两个女儿站在尤利西斯和朱莉娅身旁——约翰逊总统通常也不参加招待会——而感到震惊。最令人惊讶的是，史蒂文斯发现格兰特还邀请了前南方邦联副总统亚历山大·斯蒂芬斯。[92]

格兰特的邀请函上写着："尽管意见分歧很大，但我们需要合作。"随着时间推移，威尔斯写道："在对参议院的投票结果感到欢欣鼓舞和表示不满的气氛中，这次的聚会非常奇特。"[93] 格兰特的联谊会把不常见的人聚在一起，俄亥俄州联邦老兵、众议员卢瑟福·B.海耶斯（Rutherford B. Hayes）对这次聚会有着不同的感受，他给妻子露西写信说："这是我见过的最快乐的聚会。"[94]

他们都想和格兰特见面。共和党激进派，保守的民主党人，甚至是约翰逊总统，他们都希望得到格兰特的支持。这位长期回避政治的军事英雄现在正处于内战后政治风暴的中心。随着 1866 年事态的加速发展，他能否长期保持中立呢？

注　释

1　Porter, *Campaigning with Grant*, 490–91.

2　John B. Gordon, *Reminiscences of the Civil War*（New York: Charles Scribner's Sons, 1903）, 460–61; Frank A. Burr, *The Life and Deeds of General U. S. Grant*（Philadelphia: National Publishing, 1885）, 813.

3　Interview with James Longstreet, *New York Times*, July 24, 1885.

4　McPherson, *Battle Cry*, 854.

5　J. David Hacker, "A Census-Based Count of the Civil War Dead," *Civil War History* 57,
no. 4 (December 2011): 306-47. 威廉・F. 福克斯 (William F. Fox) 和托马斯・伦纳
德・利弗莫尔 (Thomas Leonard Livermore) 都曾为联邦而战, 并且在 1889 年完成了他
们的研究。J. 大卫・哈克 (J. David Hacker) 认为, 被低估最多的其实是邦联一方。

6　George Ticknor to George T. Curtis, July 30, 1869. George Ticknor, *Life, Letters,
and Journals of George Ticknor*, vol. 2 (Boston: Osgood, 1876), 485; James M.
McPherson, *Abraham Lincoln and the Second American Revolution* (New York:
Oxford University Press, 1990), vii.

7　Julia Dent Grant, *Personal Memoirs*, 153.

8　Badeau, *Grant in Peace*, 21.

9　Donald, *Lincoln*, 595.

10　Charles E. Bolles, "General Grant and the News of Mr. Lincoln's Death," *Century
Magazine* 40 (June 1890): 309-10.

11　Thomas T. Eckert to USG, April 15, 12: 20 a.m., *Grant Papers*, 14: 390n.

12　格兰特后来写道:"我无法描述听到这个消息时的心情。"*Personal Memoirs*, 2: 509.

13　Julia Dent Grant, *Personal Memoirs*, 156.

14　Noah Brooks, *Washington in Lincoln's Time* (New York: Century Co., 1895),
262-63.

15　USG to Charles W. Ford, April 17, 1865, *Grant Papers*, 14: 405.

16　See Hans L. Trefousse, *Andrew Johnson: A Biography* (New York: W. W. Norton
& Co., 1989), 27; Eric Foner, *Reconstruction: America's Unfinished Revolution*
(New York: Harper & Row, 1988), 176.

17　Trefousse, *Andrew Johnson*, 53-54.

18　Ibid., 88.

19　*PAJ*, 4, xx-xxi; Trefousse, *Andrew Johnson*, 131-33.

20　Trefousse, *Andrew Johnson*, 152-55.

21　WTS to USG, April 15, 1865, *Sherman*, 862.

22　USG to EMS, April 21, 1865, *Grant Papers*, 14: 423; Marszalek, *Sherman*, 346.

23　WTS to USG, April 18, 1865, *Sherman*, 863-65; Marszalek, *Sherman*, 346;
Lewis, *Sherman*, 550.

24　Welles, *Diary*, entry April 21, 1865, 2: 294-95.

25　*Personal Memoirs*, 2: 516.

26　Thomas and Hyman, *Stanton*, 408-09; see Marszalek, *Sherman*, for a sampling of
the attacks on Sherman: in the editorial pages of The *New York Times*, *New York*

Tribune, *Chicago Tribune*, *New York Herald*, and *Washington Star*, 349-50.

27　Badeau, *Grant in Peace*, 120.

28　Richardson, *A Personal History*, 508.

29　Porter, *Campaigning with Grant*, 505-07; Catton, *Grant Takes Command*, 490-92; Simpson, *Grant*, 448-49.

30　Smith, *Grant*, 415-16.

31　Simpson, *Grant*, 449-50; Trefousse, *Andrew Johnson*, 216-18.

32　USG to HWH, May 6, 1865, *Grant Papers*, 15: 11.

33　Freeman, *R. E. Lee*, 4, 200-203.

34　Badeau, *Grant in Peace*, 25-27.

35　Robert E. Lee to USG, June 13, 1865, *Grant Papers*, 15: 150n.

36　USG to EMS, June 16, 1865, *Grant Papers*, 15: 149.

37　Young, *Around the World*, vol. 2: 460-61.

38　Badeau, *Grant in Peace*, 26.

39　USG to Robert E. Lee, June 20, 1865, *Grant Papers*, 15: 210-11.

40　Garland, *Grant*, 325-27; Simpson, *Grant*, 450-51; Smith, *Grant*, 419.

41　Garland, *Grant*, 327.

42　*Chicago Tribune*, June 14, 1865.

43　Vincent, *John Heyl Vincent*, 101; O. H. Tiffany, *Pulpit and Platform: Sermons and Addresses* (New York: Hunt & Eaton, 1893), 202-3.

44　Vincent, *John Heyl Vincent*, 102-03.

45　Garland, *Grant*, 337-38.

46　Thomas D. Schoonover, trans. and ed., *Mexican Lobby: Matías Romero in Washington, 1861-1867* (Lexington: University Press of Kentucky, 1986), memorandum, April 30, 1866, 58.

47　Ibid., memorandum, May 16, 1866, 61.

48　Ibid., memorandum, June 5, 1866, 65.

49　USG to AJ, June 19, 1865, *Grant Papers*, 15: 156-58.

50　USG to PHS, June 16, 1865, *Grant Papers*, 15: 154.

51　USG to AJ, November 7, 1865, *Grant Papers*, 15: 401-2.

52　USG to EMS, October 1865, *Grant Papers*, 15: 357-58.

53　Flanders cited by Foner, *Reconstruction*, in his description of the development of the Black Codes, 199-201, 208-9.

54　Ira Berlin and Leslie S. Rowland, eds., *Freedom: A Documentary History of Emancipation, 1861-1867*, series II: *The Black Military Experience* (New York:

New Press, 1997）, 733.

55　Hans L. Trefousse, *Carl Schurz: A Biography*（Knoxville: University of Tennessee Press, 1982）, 153-60; for Schurz's letters to Johnson, see Brooks D. Simpson, LeRoy P. Graf, and John Muldowny, eds., *Advice After Appomattox: Letters to Andrew Johnson, 1865-1866*, special vol. 1 of *The Papers of Andrew Johnson*（Knoxville: University of Tennessee Press, 1987）, 61-150, quotation on page 69. Schurz wrote Senator Charles Sumner on October 17, 1865, "The President is not at all favorable to me on account of the report," 74.

56　Comstock, *Diary*, entry December 1, 1865, 324-25.

57　Welles, *Diary*, entry December 15, 1865, 2: 396-97.

58　USG to AJ, December 18, 1865, *Grant Papers*, 15: 434-37.

59　布鲁克斯·辛普森的《让我们拥抱和平：尤利西斯·S.格兰特与政治秩序的重建》（*Let Us Have Peace: Ulysses S. Grant and the Politics of Reconstruction*）对格兰特的旅行、报告以及对他调查结果的反应作了很好的总结。

60　Carl Schurz to Margarethe Schurz, December 20, 1868, in Carl Schurz and Joseph Schafer, *Intimate Letters of Carl Schurz, 1841-1869*, vol. 30（Madison: State Historical Society of Wisconsin, 1928）, 457.

61　USG to George H. Thomas, Thomas H. Ruger, Alfred H. Terry, and Daniel Sickles, *Grant Papers*, 16: 69-70n.

62　McPherson, *Battle Cry*, 241, 840.

63　对"共和党激进派（Radical Republicans）"的定义及其领导人的描述，见：Hans Trefousse, *The Radical Republicans: Lincoln's Vanguard for Racial Justice*（New York: Alfred A. Knopf, 1969）, 3-33, and Foner, *Reconstruction*, 228-39。

64　Garland, *Grant*, 346-47.

65　Foner, *Reconstruction*, 239.

66　*Congressional Globe*, 39th Congress, 1st sess., January 29, 1865, 319; Foner, *Reconstruction*, 243.

67　Chronology, *Grant Papers*, 16: xxi.

68　USG, General Orders No. 3, January 12, 1865, *Grant Papers*, 16: 7-8.

69　William H. Barnes, *History of the Thirty-ninth Congress of the United States*（New York: Harper, 1868）, 123.

70　*Congressional Globe*, 39th Congress, 1st sess., January 29, 1865, 319.

71　Mark M. Krug, *Lyman Trumbull: Conservative Radical*（New York: A. S. Barnes, 1965）, 240.

72　USG to Charles W. Ford, October 28, 1865, *Grant Papers*, 15: 372; USG to

William Coffin, November 3, 1865, *Grant Papers*, 15：388；USG to J. Russell Jones, March 27, 1866, *Grant Papers*, 16：136-37.

73 Daniel Butterfield, to USG, February 15, 1866, *Grant Papers*, 16：74n；Daniel Butterfield to Elihu B. Washburne, December 8, 1865, *Grant Papers*, 16：75n；Julia Dent Grant, *Personal Memoirs*, 167n12. 丹 尼 尔 · 巴 特 菲 尔 德（Daniel Butterfield）因在1862年给"熄灯号（Taps）"作曲而出名。

74 USG to Daniel Butterfield, February 17, 1866, *Grant Papers*, 16：74.

75 Smith, *Grant*, 420.

76 Foner, *Reconstruction*, 247-49；Trefousse, *Andrew Johnson*, 242-43.

77 Trefousse, *Andrew Johnson*, 243-45；Krug, *Lyman Trumbull*, 239-40.

78 Foner, *Reconstruction*, 250；Trefousse, *Andrew Johnson*, 241, 244.

79 Trefousse, *Andrew Johnson*, 245-47；Foner, *Reconstruction*, 250-51.

80 USG to AJ, February 9, 1866, *Grant Papers*, 16：52-53.

81 USG to George H. Thomas, January 9, 1866, *Grant Papers*, 16：54. 格兰特补充说："尽管这样一支部队被保留在南方，但我仍怀疑把武器交给民兵是否合适。"

82 USG to Alfred H. Terry, February 9, 1866, *Grant Papers*, 16：71.

83 AJ to USG, February 16, 1866, *PAJ*, 10：110.

84 Edward Rives Pollard to AJ, February 16, 1866, *Grant Papers*, 16：71.

85 USG to AJ, February 17, 1866, *Grant Papers*, 16：70.

86 USG to Alfred H. Terry, February 19, 1866, *Grant Papers*, 16：71.

87 Theodore S. Bowers to Commanding Officers, February 17, 1866, *Grant Papers*, 16：72.

88 See telegrams to Grant, March 21 and April 6, 1866, *Grant Papers*, 16：73n.

89 有关格兰特、约翰逊和《里士满观察报》（*Richmond Examiner*）更全面的论述，见：Simpson, *Let Us Have Peace*, 130-32。

90 *New York Times*, June 7, 1866.

91 Welles, *Diary*, entry April 6, 1866, 2：477-78；Ross, *The General's Wife*, 196；Lately Thomas, *The First President Johnson: The Three Lives of the Seventeenth President of the United States of America*（New York：Morrow, 1968）, 449.

92 Hans L. Trefousse, *Thaddeus Stevens: Nineteenth-Century Egalitarian*（Chapel Hill：University of North Carolina Press, 1997）, 190.

93 Welles, *Diary*, entry April 6, 1866, 2：478.

94 Rutherford B. Hayes, *Diary and Letters of Rutherford Birchard Hayes*, vol. 3, edited by Charles Richard Williams（Columbus：Ohio State Archaeological and Historical Society, 1924）, 22.

格兰特将军已变得愈发激进。

——塞勒斯·康斯托克，1867年3月1日的日记

我对总统说，格兰特可能会在一年之内不知不觉改变自己的观点。

——海军部部长吉迪恩·威尔斯，个人日记，1867年7月26日

在阿波马托克斯战役过去一年之后，格兰特已愈发担心他所谈判的那种宽宏大量的和平条款即使没有终止，也正趋于停滞。1866年4月2日，约翰逊发表了一份公告，宣布"叛乱……结束了"。[1]他的命令在日益混乱的南方迅速重建起政府统治。在约翰逊的指示下，斯坦顿于1866年5月1日发布了第26号通令，将军事法庭的权力移交给民事法庭。[2]格兰特读到这份公告后十分震惊，只得宣布结束戒严和关闭军事法庭，"除非在实际情况的需要下"——在接下来的几个月里，这句话的意思将会引起激烈的争论。

当年5月，格兰特在接受《纽约时报》采访时表示："我发现南方那些没有经历过战争的地区……比起那些被战火肆虐的地区，人们更不愿意真诚地接受现状。一年前，他们愿意做任何事情；但现在他们认为自己是局势的主人。"[3]在华盛顿胜利大游行一周年之际，格兰特明白了南方在短短的一年时间里发生了多么大的变化。

*

　　国会推翻了约翰逊的否决，重新通过了《1866 年民权法案》，这表明国会决心阻挠总统的重建政策，从而确立自己的重建政策。现在，格兰特与国会的各位代表一起推动通过了《宪法第十四条修正案》（Fourteenth Amendment），这将确保未来的国会不会撤销《1866 年民权法案》。修正案第一款宣布："所有在合众国出生或归化合众国并受其管辖的人，都是合众国的和他们居住州的公民。"回到《权利法案》（Bill of Rights，也译"《人权法案》"），其认为"任何一州，都不得制定或实施限制合众国公民的特权或豁免权的法律；不经正当法律程序，不得剥夺任何人的生命、自由或财产；在州管辖范围内，也不得拒绝给予任何人以平等的法律保护"。[4]

　　6 月 13 日，众议院以 120∶32 票通过了参议院版本的修正案，轻松超过了必要的三分之二多数，并且每一位共和党人都投了赞成票。前反叛各州被要求在有资格重新加入联邦之前批准新的修正案。

　　约翰逊立即宣布反对修正案。他认为，由于南方各州在国会中没有代表，修正案是不合法的。他的根本反对意见是：他和南方各州都不会为黑人争取平等的政治权利。

　　格兰特发现自己正处于一架跷跷板的中间，总统压在一头，国会压在另一头。内战刚结束时，他致力于支持总统作为三军统帅的权威，但在这之后的 14 个月里，他慢慢转向支持国会。作为一名经历过太多流血事件的军人，他渴望和解；作为一个从对奴隶制漠不关心到倡导非裔美国人权利的人，他支持国会采取保护黑人的措施；作为总司令，他致力于国家法律的执行。然而，来自总统和国会的命令、法律和修正案非但没有提供明确的内容，反而愈发相互冲突。

*

正当众议员们在国会大厅辩论时，南方的种族问题爆发了。
5月1日，在孟菲斯，几名从军队退伍才一天的黑人士兵被白人

孟菲斯骚乱成为《哈珀周刊》1866年5月26日的头版新闻。

警察逮捕，罪名是扰乱治安。几分钟后，一群白人暴徒袭击了孟菲斯南部，那里居住着士兵的家属和被解放的奴隶。而在附近的皮克林堡（Fort Pickering），乔治·斯通曼将军没有采取任何行动，暴徒们肆无忌惮地烧毁了黑人的房屋、学校和教堂。[5]

南方的报纸意识到这场骚乱将被北方的共和党人利用，于是他们歪曲事实，指责黑人。《孟菲斯守卫报》（Memphis Argus）发表社论称："毫无疑问，这次悲剧和流血骚乱的全部责任，一如既往地应该由贫穷、无知和受蒙蔽的黑人来承担。"[6]

新获解放的奴隶、在警方任职的前南方邦联成员以及联邦军中的黑人士兵，三者的结合肯定会点燃一场战火。像孟菲斯这样的城市在约翰逊的命令下恢复了地方政府的管理，白人城市的创建者们凭借警察开始反对"北方佬黑人共和主义"[7]的一切明显迹象。

格兰特在国会的支持者伊莱休·沃什伯恩成了重建联合委员会附属委员会的主席，并于5月22日抵达孟菲斯展开调查。他的委员会调查报告说，从5月1~3日，在骚乱中共死亡46名黑人（其中有14名黑人士兵）和2名白人，其中包括1名警察和1名消防员。有75人受伤，5名黑人妇女被强奸，91所黑人房屋、8所学校和4座教堂被烧毁。[8]沃什伯恩宣称，"骚乱"实际上是对黑人公民的"大屠杀"。为了支持这些结论，斯通曼证实，黑人在第一天过后没有参与其中："他们没有组成任何团体，也没有聚众闹事。"[9]

格兰特对此很反感。他通知乔治·托马斯将军自己将派4支连队去"镇压暴行"。格兰特意识到约翰逊禁止在军事法庭审判罪犯，但他不信任当地的民事法庭，他指示："如果民事当局未能对此前的施暴者予以逮捕，那就让部队去抓捕他们，并将当事各方监禁起来，直到民事当局提供令人满意的证据，证明正义将得到伸张，或者直到你接到更明确的命令为止。"[10]

那是一种什么样的进程呢？格兰特向斯坦顿寻求支持："受害者都是无助的、毫无抵抗力的黑人，如果把他们交给民事当局，则将留下恒久的耻辱。"由于"孟菲斯的民事当局在这次骚乱事件中没有逮捕任何人，我建议由军方逮捕并拘留骚乱的首脑，直到民事当局证明他们有能力和意愿审理案件并进行公正的审判"。[11]

斯坦顿把格兰特的呼吁转交给约翰逊，约翰逊征求了司法部部长詹姆斯·斯皮德的意见。斯皮德认为："格兰特将军评论说，如果这样做将给孟菲斯的民事当局留下持久的耻辱。"然而，他的法律意见强调，虽然军方"在协助镇压暴行方面履行了自己的职责，但他们与对公众错误行为的呼吁没有丝毫关系"。因为田纳西州在1866年7月24日成为南方第一个重新加入联邦的州，在它批准《宪法第十四条修正案》的一周后，法院现已开放，所以"受害者可以向法院提出申诉要求赔偿"。[12]

当年8月，托马斯向格兰特报告说："最近我们已明确孟菲斯骚乱的几名首脑，要逮捕他们吗？"[13]格兰特对斯皮德的决定感到困惑，他把托马斯的询问转给了斯坦顿，但也发表了自己的看法。一方面，"我觉得无权下令逮捕孟菲斯的暴乱分子"；另一方面，"我认为应该用强有力的方式表明，如果民事当局没有注意到此类犯罪，那么将会有另一种力量去关注"。[14]格兰特决定斯皮德的判决只适用于孟菲斯，所以他觉得自己可以授权在未来进行其他的军事抓捕。

/ 435

同样是8月，愈发没有政治归属的约翰逊试图超越共和党和民主党，创建第三个政党，并希望在秋季选举出支持他政策的众议员。[15]

国家联盟党代表大会在费城召开。但是，聚集在一起拥护约翰逊政策的 7000 人很快发现他们的意见并不一致。保守的民主党人不信任约翰逊，因为他曾在 1864 年以共和党人的名义参与竞选；共和党人也不相信他，因为他被认为是一个愈发保守的民主党人。最后，尽管大会花费了大量夸大的言辞来谴责共和党中的激进派，但他们并不能作为一个第三党派团结在一起。[16]

狡猾的约翰逊改变了策略，在西部组织了一次竞选式的演讲之旅。为了吸引观众，他邀请格兰特作为随行的头号人物。如果 19 世纪的总统不竞选公职，他们尤其不会在任职期间参与竞选。但是，约翰逊被《宪法第十四条修正案》所刺痛，该修正案尚未获得四分之三的州议会批准，因此他决定将自己拟定的草案带到全国各地。格兰特向沃什伯恩坦白说："我觉得一个军官，尤其是军队的指挥官参加选举是不合适的。"[17] 他试图拒绝，但最后还是拒绝不了最高统帅的邀请。

约翰逊等一行人于 8 月 27 日离开华盛顿。约翰逊在纽约的演讲中巧妙地让格兰特站在自己的身边，仿佛在说这位军事英雄也支持他的政策。几天后，尤利西斯给朱莉娅写道："我厌倦了这次旅行，也厌倦了政治演讲。"然而，出于对总统权威的敬意，他告诉妻子："我必须得这么做。"[18]

这场政治闹剧还在继续，现在这场竞选之旅被人嘲笑为约翰逊在"绕圈子荡秋千"。巴尔的摩、费城、辛辛那提、印第安纳波利斯和匹兹堡的市政官员拒绝提供官方接待。尽管格兰特试图远离公众注意的中心，但吉迪恩·威尔斯指出，"他通常会受到更大的欢呼，甚至比总统本人更受关注"。[19]

一位感兴趣的外国观察家、墨西哥的马蒂亚斯·罗梅罗察觉到了此行的紧张气氛："格兰特将军的出现和他的名字比约翰逊更能激起人们的热情。"罗梅罗告诉他在墨西哥的上级,人们"打断了总统的讲话,并向将军欢呼,甚至宣布他为下一任总统"。这位年轻的外交官很自然地注意到,"这使得格兰特将军和约翰逊总统之间的关系有所降温,他们的朋友也擦出了些许竞争和嫉妒的火花"。[20]

当他们到达圣路易斯时,格兰特听着约翰逊激昂的演说达到了一个新的低点。"为安迪欢呼!"他声称激进派的最终目的是"剥夺白人的公民权"。最后,在回应那些在华盛顿要求他绞死杰斐逊·戴维斯的人时,他爆发了:"我可能会问这样一个问题,那你为什么不绞死撒迪厄斯·史蒂文斯和温德尔·菲利普斯(Wendell Phillips)?站在队伍一端的叛徒和站在另一端的叛徒一样坏,不是吗?"[21]

尤利西斯从圣路易斯写信给朱莉娅:"我从没有像现在这样厌倦约翰逊先生从华盛顿到这个地方所进行的政治竞选演说。我认为他们是国家的耻辱。"他向妻子建议:"只要约翰逊先生还是总统,你当然不能把这封信给任何人看。我必须尊重他,也应该相信他,这符合国家的利益。"[22]这封给朱莉娅的信表明格兰特非常清楚自己在约翰逊竞选活动中所扮演的角色,以及他已愈发意识到自己在美国人民心目中的政治地位。

但格兰特受够了。他在辛辛那提之后提前告别了巡演,在约翰逊之前回到了华盛顿。[23]

*

由于这次巡演不成功,约翰逊一回到华盛顿,便计划摆脱格

兰特笼罩在他日益下降的支持率上的长长阴影。10月17日，他
要求格兰特接受前往墨西哥的外交任务，陪同驻贝尼托·华雷斯
政府的新任公使刘易斯·坎贝尔（Lewis Campbell）。约翰逊知
道格兰特将军对墨西哥有很深的感情，认为他将无法拒绝。格兰
特的副官塞勒斯·康斯托克对政治阴谋很敏感，他很清楚约翰逊
在做什么，并在日记中写道：约翰逊"将他（格兰特）流放到墨
西哥"。[24]

与此同时，约翰逊要求格兰特邀请谢尔曼到华盛顿。他的
策略是利用谢尔曼来平衡格兰特的巨大声望：他将派遣格兰特到
格兰德河以南（即墨西哥），同时任命谢尔曼为临时总司令；然
后，在格兰特离开后，他将把斯坦顿撤下，让谢尔曼成为战争部
的新部长。

格兰特明白他在重建问题上与谢尔曼有分歧。谢尔曼更服从
约翰逊的政策：他支持立即恢复南方各州的国会席位，并反对赋
予黑人选举权。[25] 然而，现在格兰特更加了解约翰逊的诡计，他
警告谢尔曼，约翰逊想利用他达到自己的目的："我不会冒险地
写一封信来表达我对这件事的全部看法，也不会冒险跟你当面
谈论。"[26]

谢尔曼并不总是意识到他的话和行动的政治含义，但这一次
他从格兰特的信中读出了弦外之音。他写信告诉妻子："有个计
划要把格兰特弄走，把我弄上去，但是我不打算这样做。"[27]

格兰特很快就决定该如何处理。10月21日，他写信给约翰
逊，请求"免除他提出的这项职责"。他解释说："这是一种外
交工作，我既没有受过相应训练，也没有相关经验。它必须在国
务院的领导下进行，而我的职责与国务院无关。"[28] 格兰特说他
是军人，而不是政治家。

他希望这样就能结束这件事。但事实并非如此。两天后，在一次内阁会议上，约翰逊像从未与格兰特沟通过一样，转而请国务卿威廉·西华德审阅关于格兰特外交任务的指示。

约翰逊挑战了错误的人。格兰特现在被激怒了，他一再表示不愿意接受这个任务。约翰逊求助于司法部部长亨利·斯坦伯里（Henry Stanbery）。斯坦伯里是一位保守的共和党人，于1866年7月接替了詹姆斯·斯皮德的职位。约翰逊问道："司法部部长先生，格兰特将军有什么理由可以不服从我的命令吗？"

斯坦伯里还没来得及说一句话，格兰特就站了起来："我可以回答这个问题。"他告诉内阁，作为一名军官，"你给我的任何合法军事命令，我都会服从；但这是民事的，不是军事的，所以我拒绝这项任务"。他以引人注目的方式结束了讲话："世界上没有任何力量能强迫我这么做。"[29]

格兰特走出了内阁会议室。在这个决定性时刻，他发出了自己的声音。最后，谢尔曼接受了前往墨西哥的任务，斯坦顿继续担任战争部部长，而格兰特和约翰逊之间的裂痕进一步扩大了。

*

格兰特认为，秋季两年一度的选举将在投票箱上考验约翰逊的总统政策。尽管两人之间存在敌对情绪，但作为总司令，格兰特不希望被视为选举中的一方或另一方的参与者。当他得知自己的前副官威廉·希利尔（现为纽约律师）发表演讲，宣称格兰特支持约翰逊时，他立即进行了反驳。"在政治问题上，包括你在内，没有任何人能够代表我发言。"他坚持说，"我希望每个人都按照自己的判断投票，而不受我的影响。"[30]

《纽约时报》认为，选举将主要取决于《宪法第十四条修正案》。[31]格兰特眼看着约翰逊的主要支持者们弃船而逃。到了10月，《纽约时报》的出版人亨利·J.雷蒙德抛弃了约翰逊。民主党《纽约先驱报》的编辑詹姆斯·戈登·班尼特曾在当年称赞约翰逊是"正确地方的正确人选"，[32]但现在也抛弃了他。

在秋季选举的准备阶段，有传言说约翰逊将试图阻止第39届国会的重新召开，并试图组建自己的国会，他的国会将由南方邦联各州的代表和保守的北方民主党人组成。这些谣言听起来并不荒谬。格兰特向菲利普·谢尔丹吐露了日益增长的忧虑："我非常担心，我们正迅速接近他想要宣布国会本身系非法、违宪和叛逆的时刻。"[33]

9月，一向谨慎的格兰特发布命令，从佐治亚、路易斯安那、南卡罗来纳、弗吉尼亚、亚拉巴马和得克萨斯各州的军械库向纽约运送武器。[34]10月，他写信给谢尔丹，提醒他要警惕，"得州不应该有任何合理的理由召集由议会授权的民兵"。[35]格兰特在10月23日给沃什伯恩的信中写道，尽管一直盼望着11月初参加他的副官奥维尔·E.巴布科克（Orville E. Babcock）的婚礼，"但我将无法前往加利纳。我不能向你们充分解释原因，但我不能在选举前离开华盛顿"。他补充道："这是一件令我深感遗憾的事，但你会领会我留下来的苦衷。"[36]格兰特真的警惕起来。

*

1866年9月、10月和11月，选民们在五个不同的日期投票选举了众议员和参议员，其中参议员由州议会选举产生。在最终的投票结果统计的一周后，《国家》（*The Nation*）杂志宣布："这是美国政治史上最具决定性和显著性的胜利。"[37] 共和党在众议院以173∶47票，在参议院以57∶9票获胜。这样的结果便是：参众两院都可以以超过三分之二的共和党多数票推翻约翰逊的任何否决。[38]

*

12月3日，国会召开了一次短期务虚会。对南方黑人和白人联邦主义者遭到攻击的抱怨声在不断增加，共和党承诺采取更严厉的立法措施。"老萨德"史蒂文斯咆哮道："他在去年冬天还相当保守，但现在却很激进。"[39]

南方邦联的十个州仍然在努力打开国会的大门。他们知道打开这扇门的钥匙：批准《宪法第十四条修正案》。但他们不会这么做。由于他们相信总统站在自己的一边，他们愈发觉得自己的防守姿态坚定且充满力量。

格兰特变得更加直言不讳。他在10月的内阁会议上发出了自己的声音，并开始在众议员中继续发声。一年前，当莱曼·特朗布尔提出第一批《重建草案》（Reconstruction Bills）时，他只是个旁观者；而到了1867年1月，他作为一名参与者，与许多国会领导人会面，并为执行这些草案展开辩论。[40]

应参议院的请求，格兰特写信给自由民局局长奥利弗·霍华德，请他"寄来一份关于南方自由人和联邦主义者被证实犯有谋杀和其他暴力行为罪名的案件清单"。[41] 到了2月，他向国会提交了一份报告，即"关于1866年对自由人犯下的440起违反

《民权法案》的暴行说明"。他相信，这些记录在案的案例将加强国会的力量。[42]

海军部部长吉迪恩·威尔斯强烈反对《宪法第十四条修正案》。当他听到两个阿肯色州人的报告时，变得非常不高兴。他们在报告里说："格兰特将军敦促他们通过修正案；他支持北方；他们在选举后期就已经决定了；如果不接受政府，条款将更加苛刻。"[43]

但格兰特坚持自己的信念。他继续告诉南方的访问者只有一条路可走："当你们回家时，敦促你们的人民接受黑人享有选举权。如果你们及时通过了废除奴隶制的宪法修正案，或者是使黑人成为正式的公民……国会肯定会接纳你们的。"[44]

《独立报》（ *The Independent* ）是一份新教报纸，发行量很大，并支持共和党激进派的重建工作："他在各地的发言"都表示支持这项《重建草案》。[45]

3月1日，康斯托克在日记中透露，"格兰特将军已变得愈发激进"。[46]

虽然他的朋友康斯托克和反对者威尔斯都注意到了格兰特的变化，但并不是所有人都注意到了这一点。这是因为作为国家的首席军事指挥官，格兰特在他的公开讲话中仍然保持谨慎。此外，与约翰逊总统和煽动者撒迪厄斯·史蒂文斯、查尔斯·萨姆纳和温德尔·菲利普斯形成鲜明对比的是，格兰特保持着冷静的态度，这使他能够在有权势和有争议的人物之间纵横捭阖。格兰特的私人秘书亚当·巴多提供了自己的见解："在这个节骨眼上，他的冷静性格和他的无私且坚定不移的目的一样重要。"[47]

*

　　格兰特愈发确信，联邦政府需要做更多的工作来捍卫南方黑人的权利，而此时国会正在通过《军事重建法案》（Military Reconstruction Act），该法案通常被称为《第一重建法案》（First Reconstruction Act）。目前南方各州的政府只是临时性的，而这项法案旨在"为叛乱各州提供更有效的政府"。该法案将在拒绝批准《宪法第十四条修正案》的十个南方州建立五个军区。领导这些地区的五名将军将拥有作为有效政府的广泛权力。格兰特意识到共和党中一些较为保守的成员对这项法案持反对态度，所以他表示自己很乐意让总统选择哪五名将军。[48]

　　当约翰逊不出所料地否决了该法案时，新选出的第 40 届国会于 1867 年 3 月推翻了他的否决，这个法案成为第一批处理的法案之一。在给沃什伯恩的一封信中，格兰特称约翰逊的否决是"历届总统发出的最荒谬的否决通知之一"。[49]这些言辞非常激烈。尽管格兰特在公众面前很谨慎，但他越来越多地与朱莉娅、谢尔曼和沃什伯恩分享自己对约翰逊的真实想法和感受。

　　格兰特与约翰逊会晤了三个小时，讨论应该任命谁担任这些重要职务。最后，令人惊讶的是，约翰逊很大程度上听从了格兰特的选择。[50]两天后，在第 10 号通令中，格兰特任命了五名值得信赖的将军，他们分别是：约翰·斯科菲尔德、丹尼尔·西克尔斯（Daniel Sickles）、乔治·托马斯、爱德华·奥德和菲利普·谢尔丹。[51]

　　在宣读名字的时候，威尔斯注意到格兰特的手，他担心"格兰特在某种程度上已经受到激进派的影响"。[52]

*

 由于约翰逊决心阻止国会通过的任何与重建有关的举措，国会议员们担心他会憎恶格兰特和斯坦顿。由于斯坦顿是林肯内阁仅存的成员，俄勒冈州参议员乔治·H. 威廉姆斯（George H. Williams）提出了一项《联邦官员任期草案》（Tenure of Office Bill）来保护他。该草案规定，内阁成员"将在任命他们的总统任期内任职"，[53] 这实际上剥夺了约翰逊在未经参议院批准的情况下罢免斯坦顿的权力。3 月 2 日，国会通过了约翰逊否决的《联邦官员任期法案》（Tenure of Office Act）。

 如果说国会担心战争部部长斯坦顿，那么斯坦顿则担心格兰特。他了解到，约翰逊已经开始向军队里的军官发号施令，而他和格兰特对此一无所知。更糟糕的是，他得知约翰逊又一次计划把格兰特赶出华盛顿。[54]

 作为回应，斯坦顿规定，所有发给军队的命令都必须由总司令下达，而总司令必须待在华盛顿——这样就可以让格兰特不再前往墨西哥了。此外，除非得到参议院批准，否则不能免去格兰特的职务。史蒂文斯把这一条附加在等待国会通过的《军事拨款草案》（Military Appropriations Bill）之后。[55]

 约翰逊对此大为愤怒，他认为这是对宪法赋予总统特权的干涉。然而，国会于 3 月 2 日通过了该草案。约翰逊最终只得签署，因为他无法对急需的军事拨款说不。[56]

*

也许是为了缓解在华盛顿的压力，格兰特 1867 年的私人信件中，有相当一部分内容提到了他在圣路易斯附近的房产。朱莉娅 81 岁的父亲现在和他们一起住在华盛顿，他不仅买下了怀特黑文，还买下了几处毗邻的房产，包括属于他内兄约翰·登特的 280 英亩土地，以及属于他妻妹艾米丽·登特·凯西（Emily Dent Casey，即"艾玛"）的土地。[57]

格兰特喜欢被他称为"格拉瓦（Gravois）"的地方。这让他想起了 24 年前向朱莉娅求爱时的场景。他想象着他们俩，现在是他们的孩子，能够骑马尽情地穿过农田草地。他买了四匹母马，打算让它们生育出一些优秀的小马。他在 3 月份给他在圣路易斯的朋友查尔斯·福特写了封信，"以后我希望每年能在那里待上几个月"。[58] 他期待着做一名绅士农场主和养马人。但在 1867 年，情况并不允许他这么做。

*

/ **442**

在《第一重建法案》通过后不到一个月，格兰特开始担心起谢尔丹。他是一位好斗的领导人，正在接近成为约翰逊的头号敌人。3 月 27 日，谢尔丹罢免了 1866 年 7 月新奥尔良骚乱的三名首脑，他事先向骚乱者保证他们不会被起诉。[59] 格兰特批准了谢尔丹的命令："事情如此……我毫不怀疑，它也会得到重建者的赞同。"[60]

当新奥尔良的官员拒绝调查针对黑人公民的犯罪行为时，谢尔丹罢免了 22 名市议员以及市检察官、市主计长和市财务长；他还解雇了一名不允许黑人证人出庭作证的法官。但在没有白宫批准的情况下，军事指挥官的行动是有限的。接下来的一周，谢尔丹给格兰特打电报，他打算撤换路易斯安那州和得克萨斯州的州长，格兰特赶紧回复道："我建议，目前还不应罢免各州州长。"[61]

格兰特正在等待一项意见，即是否可以根据最近通过的《第一重建法案》采取这种行动，还是需要国会再通过一项特别法案。"事实是，白宫对国会的重建计划持坚决的反对态度，而且倾向于把你从现在的指挥岗位上撤下来。"他向谢尔丹保证，"无论是战争部部长还是我本人都将反对任何的此类行动。"[62]

其他军区也发生了变化。约翰·波普现在是弗吉尼亚州第三军区的指挥官，他给格兰特打电报，说自己已经"罢免了市长和警察局局长，改用能干的联邦主义者取而代之"。格兰特回复道："军区指挥官有责任忠实地执行国会的《重建法案》。"[63]

格兰特了解到，约翰逊对 1867 年 3 月 23 日颁布的《第二重建法案》（Second Reconstruction Act）感到非常愤怒，该法案赋予五个军区的指挥官负有登记选民的责任，因此他要求司法部部长斯坦伯里重新审查这两项重建法案。1867 年 6 月 12 日，顺从的斯坦伯里发表了一项削弱军区指挥官权力的意见。因此，必须把重点放在民事和军事的适当领域，"尽可能清楚地界定这两种管辖权之间的界限"。[64] 斯坦伯里的目的是削弱五名军区指挥官罢免行政官员的权力，并限制叛乱者的选举权。

格兰特期待着定于 7 月召开的国会特别会议，确信国会将发表一份针对斯坦伯里观点的反驳意见，"该法律使军区指挥官可自行解释他们的权力和职责"。[65] 虽然格兰特希望把责任赋予十个州的五名指挥官，他自己却成了执行这两项重建法案的焦点。

*

与此同时，众议院司法委员会访问了格兰特，开始考虑以"重罪和行为不当（High Crimes and Misdemeanors）"弹劾约翰逊总统。在这次采访中，委员会成员向格兰特询问了约翰逊执政后最初几个月的重建情况，询问了他对大赦，尤其是对罗伯特·E. 李的看法。委员会试图强调格兰特和约翰逊之间的分歧。格兰特总是毕恭毕敬地告诉委员会，"我曾多次向总统表达过这些观点，不过他没有同意"。[66]

虽然格兰特没有提供新的信息，但是听证会巩固了他在国会的声誉。《纽约时报》对他大加赞赏："格兰特将军的责任、忠诚和睿智向我们提供了唯一的保证，使我们能够按照设计这些条款的精神，充分执行国会规定的条款。"[67]

《第三重建法案》（Third Reconstruction Act）于 7 月 19 日通过。它无视司法部部长斯坦伯里的建议，授予格兰特和他的五名将军撤销行政官员的最终权力，并阐明和扩展了前两项重建法案的含义。此外，它赋予了格兰特独立的总司令权威，其不受总统的控制，同时能决定谁有资格在他们的选区投票。总统抨击了该法案，但国会再次推翻了他的否决。[68]

*

第二天，国会休会四个月。格兰特给斯坦顿写道："昨天一收到国会通过的关于总统否决的草案的副本，我就会发出我认为必要的命令，以执行该草案的规定，并指示在发出命令之前向你出示它们。"[69]

格兰特和斯坦顿一起工作，他们越走越近。没有多少人愿意接近斯坦顿，因为他坚持不懈的热情和常常尖刻的性格使他没有朋友。但格兰特和斯坦顿作为同事团结在一起，因为格兰特明白，他们在这个重建时代有着共同的目标。

斯坦顿相信约翰逊已经被最新的《重建法案》所驯服，随着国会休会，他放松了紧张的步伐，自战前以来首次恢复了战争部的正常办公时间。他甚至鼓励格兰特去度假。[70] 于是，尤利西斯和朱莉娅离开湿热的华盛顿，前往新泽西州的朗布兰奇（Long Branch）享受凉爽的海滨微风。朗布兰奇是新泽西海岸最受欢迎的度假胜地之一。

格兰特迫切需要休息。然而，他还没到新泽西海岸，就在 7 月 24 日写信给斯坦顿，"我离开华盛顿的每一天都会听到或在报纸上看到一些东西，这让我觉得自己应该待在那里"。[71]

*

在政治上被削弱的总统仍然相信他能从失败中夺取胜利，他与忠诚的内阁成员待在一起。约翰逊知道他不能碰格兰特，但他会去追击跟格兰特关系最近的两个人。听到这些传闻，格兰特几乎在假期开始前就结束了它，匆匆赶回了首都。

他在 7 月的最后一天会见了约翰逊。总统告诉格兰特，他打算把斯坦顿和谢尔丹双双撤职，并希望格兰特接管战争部。

第二天，震惊的格兰特给约翰逊写了一封措辞严谨的信。他

"私下"向约翰逊强调，"如果执行了您当时所表达的计划，那么对国家的稳定会造成极大的危险"。他质疑总统对《联邦官员任期法案》的误读，并提醒约翰逊，未经参议院同意，他不能罢免斯坦顿："法律的意义可以由一位精明的律师解释清楚，但常识和广大忠实的民众将给法律制定者带来所期望的效果。"[72]

至于罢免谢尔丹，格兰特要求约翰逊"考虑此事对公众的影响"。他提醒约翰逊，"谢尔丹受到支撑政府走过艰难困苦的民众的普遍且当之无愧的爱戴"。[73]

但是格兰特的信并没能阻止总统。8月5日，星期一，上午，约翰逊的秘书带着总统的口信来到斯坦顿办公室："出于公众对高尚品格的考虑，我不得不说，我们将接受你辞去战争部部长一职。"[74]

斯坦顿很震惊，但格兰特的提醒让他事先早有准备。他毫不犹豫地用约翰逊的原话回答道："我荣幸地回复你，公众对高尚品格的考虑促使我继续担任这个部门的负责人，也迫使我在下次国会会议召开前不能辞去战争部部长一职。"[75]

斯坦顿和谢尔丹都暂时坚守住了岗位。

*

1867年，正当国会努力建立一个与美国第二次独立战争[①]后相匹配的国家时——就在那一年，第一次独立战争的最后一名幸存老兵去世了——格兰特继续认为他的首要任务是保护南方的自由人免受攻击。正如他告诉沃什伯恩的那样，"我有同样的责任坚守岗位，就像在战场上与叛军作战时所做的那样"。[76]

———————

① 指美国与英国于1812~1815年爆发的战争。

1 Andrew Johnson, "Proclamation re End of Insurrection," April 2, 1865, *PAJ*, 10: 349−52.

2 Thomas and Hyman, *Stanton*, 477−78.

3 *New York Times*, May 26, 1866.

4 For the Fourteenth Amendment, see Garrett Epps, *Democracy Reborn: The Fourteenth Amendment and the Fight for Equal Rights in Post-Civil War America*(New York: Henry Holt, 2006), and Joseph B. James, *The Framing of the Fourteenth Amendment* (Urbana: University of Illinois Press, 1965) .

5 关于孟菲斯骚乱，见：Bobby L. Lovett, "Memphis Riots: White Reaction to Blacks in Memphis, May 1865−July 1866," *Tennessee Historical Quarterly* 38 (Spring 1979): 9−33; James G. Ryan, "The Memphis Riot of 1866: Terror in a Black Community During Reconstruction," *Journal of Negro History* 62 (July 1977): 243−57; Jack D. L. Holmes, "The Underlying Causes of the Memphis Race Riot of 1866," *Tennessee Historical Quarterly* 17 (September 1958): 195−221。

6 *Memphis Argus*, May 5, 1866, cited in Lovett, "Memphis Riots," 28.

7 Lovett, "Memphis Riots," 13.

8 *Congressional Globe*, "Memphis Riots and Massacres," Report of Select Committee, 39th Congress, 1st sess., House Report 101 [serial 1274]; William S. McFeely, Yankee Stepfather: General O. O. *Howard and the Freedmen* (New Haven, Conn.: Yale University Press, 1968), 274−82.

9 *Congressional Globe*, "Memphis Riots and Massacres," 5.

10 USG to George H. Thomas, July 6, 1866, *Grant Papers*, 16: 230−31; Wills, *George Henry Thomas*, 389−90.

11 USG to EMS, July 7, 1866, *Grant Papers*, 16: 233−34.

12 James Speed to AJ, July 15, 1866, *PAJ*, 10: 688−89.

13 George H. Thomas to USG, August 15, 1866, *Grant Papers*, 16: 231n1.

14 USG to George H. Thomas, August 16, 1866, *Grant Papers*, 16: 323n1.

15 See Eric L. McKitrick, *Andrew Johnson and Reconstruction* (Chicago: University of Chicago Press, 1960), 394−420; Trefousse, *Andrew Johnson*, 255−62.

16 Trefousse, *Andrew Johnson*, 258, 261−62; Foner, *Reconstruction*, 264.

17 USG to Elihu B. Washburne, August 16, 1866, *Grant Papers*, 16: 298.

18 USG to JDG, August 31, 1866, *Grant Papers*, 16: 306−7.

19 Welles, *Diary*, entry September 17, 1866, 2: 589, 591, 593.

20　Romero, *Mexican Lobby*, memorandum, September 7, 1866, 143.

21　AJ, speech at St. Louis, September 8, 1866, *PAJ*, 11: 193, 199.

22　USG to JDG, September 9, 1866, *Grant Papers*, 16: 308.

23　Badeau, *Grant in Peace*, 39.

24　Comstock, *Diary*, entry October 23, 1866, 337-38.

25　Marszalek, *Sherman*, 368-70; Lewis, *Sherman*, 588.

26　USG to WTS, October 18, 1866, *Grant Papers*, 16: 337-38.

27　WTS to Ellen Sherman, October 26, 1866, *Grant Papers*, 16: 339-40n.

28　USG to AJ, October 21, 1866, *Grant Papers*, 16: 346-47.

29　巴多在《和平时期的格兰特》(*Grant in Peace*, 53-54)中写道:"他立即回到指挥部。我把当时的话记了下来,后来把这段叙述念给他听,得到了他的认可。"

30　USG to William S. Hillyer, September 19, 1866, *Grant Papers*, 16: 310.

31　*New York Times*, October 24, 1866; Leslie H. Fishel, Jr., "Northern Prejudice and Negro Suffrage," *Journal of Negro History* 39 (January 1954): 17.

32　Lawanda Cox and John H. Cox, *Politics, Principle, and Prejudice: 1865-1866* (Glencoe, Ill.: Free Press, 1963), 88-95; Foner, *Reconstruction*, 260-61, 264; Trefousse, *Andrew Johnson*, 269.

33　USG to PHS, October 12, 1866, *Grant Papers*, 16: 330-31.

34　USG to Alexander B. Dyer, September 22, 1866, *Grant Papers*, 16: 331-32n1.

35　USG to PHS, October 12, 1866, *Grant Papers*, 16: 330-31.

36　USG to Elihu B. Washburne, October 23, 1866, *Grant Papers*, 16: 549.

37　*The Nation*, November 15, 1866; Foner, *Reconstruction*, 268.

38　McKitrick, *Andrew Johnson*, 447.

39　*Washington Daily National Intelligencer*, November 24, 1866; Trefousse, *Andrew Johnson*, 272.

40　Thomas and Hyman, *Stanton*, 520.

41　USG to Oliver O. Howard, January 18, 1867, *Grant Papers*, 17: 50n; Carpenter, *Sword and Olive Branch*, 129.

42　USG to EMS, February 8, 1867, *Grant Papers*, 17: 50.

43　Welles, *Diary*, entry January 5, 1867, 3: 8.

44　Richardson, *A Personal History*, 535.

45　*New York Independent*, March 7, 1867. For the *Independent* as an opinion maker, see Ronald C. White, Jr., *Liberty and Justice for All: Racial Reform and the Social Gospel, 1877-1925* (San Francisco: HarperCollins, 1990), 127-28.

46　Comstock, *Diary*, entry, March 1, 1867, 344.

47 Badeau, *Grant in Peace*, 75.

48 Louis A. Coolidge, *Ulysses S. Grant* (Boston: Houghton Mifflin, 1917), 248–49; Trefousse, *Andrew Johnson*, 278; Hans L. Trefousse, *Impeachment of a President: Andrew Johnson, the Blacks, and Reconstruction* (Knoxville: University of Tennessee Press, 1975), 45–46.

49 USG to Elihu B. Washburne, March 4, 1867, *Grant Papers*, 17: 76.

50 Orville H. Browning, *The Diary of Orville Hickman Browning, 1865–1881*, edited by Theodore C. Pease (Springfield: Collections of the Illinois State Historical Society, vol. 22, 1933), entry March 9, 1867, 2: 135; Trefousse, *Andrew Johnson*, 281.

51 USG, General Orders No. 10, March 11, 1867, *Grant Papers*, 17: 80–81.

52 Welles, *Diary*, entry March 13, 1867, 3: 65.

53 McFeely, *Grant*, Tenure of Office Act, 262; *PAJ*, 14: 42.

54 George S. Boutwell, "Johnson's Plot and Motives," *North American Review* 141 (December 1885): 572.

55 George S. Boutwell, *Reminiscences of Sixty Years in Public Affairs*, vol. 2 (New York: McClure, Phillips, 1902), 107–08. Foner, *Reconstruction*, 333–34.

56 Simpson, *Let Us Have Peace*, 173–74.

57 USG to Charles W. Ford, January 4, 1867, *Grant Papers*, 17: 4–5; ibid., April 28, 1867, *Grant Papers*, 17: 129.

58 USG to Charles W. Ford, March 24, 1867, *Grant Papers*, 17: 90.

59 PHS, General Orders No. 5, March 27, 1867, *Grant Papers*, 17: 93n; Wheelan, *Terrible Swift Sword*, 222.

60 USG to PHS, March 29, 1867, *Grant Papers*, 17: 91–92.

61 Ibid., April 3, 1867, *Grant Papers*, 17: 93n.

62 Ibid., April 5, 1867, *Grant Papers*, 17: 95–96.

63 USG to John Pope, April 21, 1867, *Grant Papers*, 17: 117–18; 关于五位指挥官的行动概述，见: James E. Sefton, *The United States Army and Reconstruction, 1865–1877* (Baton Rouge: Louisiana State University Press, 1967), 113–18。

64 Henry Stanbery to AJ, June 12, 1867, in *PAJ*, 12: 321. For a summary and the full text, see 299–300, 320–32.

65 USG to Edward O. C. Ord, June 23, 1867, *Grant Papers*, 17: 192.

66 Testimony, House Judiciary Committee, July 18, 1867, *Grant Papers*, 17: 210–35; Grant quotation, *Grant Papers*, 17: 213.

67 *New York Times*, July 31, 1867.

68 David Miller DeWitt, *The Impeachment and Trial of Andrew Johnson* (New York:

Macmillan, 1903), 224-31; Thomas and Hyman, *Stanton*, 546; Simpson, *Let Us Have Peace*, 185-87.

69 USG to EMS, July 20, 1867, *Grant Papers*, 17: 235.

70 Thomas and Hyman, *Stanton*, 546.

71 USG to EMS, July 24, 1867, *Grant Papers*, 17: 239-40.

72 USG to AJ, August 1, 1867, *Grant Papers*, 17: 250-51.

73 Ibid., 251.

74 AJ to EMS, August 5, 1867, *Grant Papers*, 17: 269n.

75 EMS to AJ, August 5, 1867, *Grant Papers*, 17: 269n.

76 USG to Elihu B. Washburne, April 5, 1867, *Grant Papers*, 17: 98.

/ 第26章 让我们拥抱和平

> 所有那种浪漫的感觉——身居高位的人可以不顾个人利益，只出于纯粹的爱国主义动机以及为了公众的普遍利益而行动——现在都已经被摧毁。内幕消息证明事实恰恰相反。
>
> ——尤利西斯·S. 格兰特致威廉·T. 谢尔曼，1867 年9 月 18 日

"永远忠于国家。但对政府忠诚，只有当它值得的时候。"

塞缪尔·兰霍恩·克莱门斯（Samuel Langhorne Clemens）曾如此评论道。[1] 他是一位并不谦逊的年轻作家，最近刚刚采用马克·吐温（Mark Twain）这个笔名。他可能是想起格兰特才写下了这句话。因为内战唤起了格兰特对国家更深层次的忠诚。在 1866 和 1867 年的重建时期，随着政治敏感性的觉醒，格兰特面临着一个难题：安德鲁·约翰逊领导的政府还值得他继续效忠吗？

*

1867 年 8 月 11 日，当朱莉娅和尤利西斯在星期日早晨正要动身前往教堂时，一位来自白宫的信使要求总司令立即前往白宫。[2] 格兰特有一种不祥的预感。

当到达白宫时，约翰逊总统告诉他，他将被任命为战争部部长，以代替埃德温·斯坦顿。总统问他们之间是否存有任何分歧。格兰特指出，他们在《宪法第十四条修正案》和几项国会重建法案上存在重大分歧。但这种分析并没能阻止约翰逊。

约翰逊之前没有安排格兰特担任这个职位，是因为他一直认为格兰特是自己的坚定盟友，而现在约翰逊已经意识到，不管格兰特在公众面前多么恭顺，他都反对自己的许多重建政策。相反，总统作出了一个深思熟虑的决定，认为格兰特比具有争议的斯坦顿更容易共事。他听到了人群的呼声，知道格兰特很可能成为 1868 年总统候选人的竞争者。如果约翰逊能说服格兰特成为内阁成员，就可能会让公众觉得总司令赞同总统的观点，这可是他破坏格兰特在共和党人中声望的最大希望。

当格兰特看到这位亚伯拉罕·林肯的继任者阻挠国会的《重建法案》时，他愈发感到震惊，他开始相信接受战争部部长的职位比让另一个人去做要好。他回到家，对朱莉娅说："我同意这么做，因为我认为最重要的是要有一个不能被利用的人待在那个位置上。"[3]

同一天晚上，格兰特去了斯坦顿家。在斯坦顿的私人图书馆里，没有关于他们 15 分钟谈话内容的记录，但斯坦顿肯定让格兰特知道，即使同约翰逊的战斗已经使他疲惫不堪，他也不准备放弃。[4]

在格兰特的时代，他有时被称为"沉默寡言的格兰特"、"安静的人"或"美国的狮身人面像"。大多数人认为格兰特是个实干家，而不是个空谈家。今天，我们想对他的性格进行更细致入微的分析。他当然不是被动的，但他也没有我们倾向于与当代政治领导人联系在一起的那种鲜明个性。我们可以称格兰特是个内向的人。[5]事实上，在心理学家列出的内向性格特征列表中，我们可以窥见格兰特的许多特征。

许多内向的人更喜欢用写作来表达自己的观点，而不是说话。当格兰特被要求在公众面前讲话时，他内心感到恐惧，但他在内战期间精心准备的书面命令却清晰有力。

格兰特害怕闲聊，尤其是当他发现自己被卷入大型社交活动时（而朱莉娅在这样的聚会上要自在得多）。格兰特更喜欢与他认识和信任的人进行一对一的交谈。内向的人往往也是很好的倾听者。格兰特麾下的许多人都体验过，在谈话中，他通常只有在其他人都有机会发言后才发表自己的意见。

格兰特不喜欢矛盾。他倾向于回避那些跟他对着干的人，比如威廉·罗斯克兰斯或本杰明·巴特勒。然而，这并不意味着他是一个易受摆布的人。他内心有着很强的道德指南，但也特别敏感。他对针对妇女的暴力行为感到厌恶。他非常爱护动物。他是一个非常坚韧的人，但他很可能会被朱莉娅、内莉和身边的其他人感动得流泪。[6]

内向的人能成为领导者吗？是的，当然可以。他们性格内向的特质可以让他们成为卓越的领导者，尽管公众生活可能会让他们在情感上花费很多功夫（格兰特深受头痛之苦）。格兰特的体贴周到、善于倾听和敏感能够转化为一种和谐的共鸣，使这个"安静的人"将自己置身于他人的生活中——无论是他的孩子、南方邦联的将军、非裔美国人，还是在此时有潜在争议的斯坦顿。

第二天早上，格兰特把前一晚跟斯坦顿交谈时未能很好表达的话写到纸上。他写道："在通知你我接受了强加给我的职责时，我不能放过这个机会而不向你表达我对你曾经履行战争部部长职责的热情、爱国主义、坚定和能力的赞赏，以及我现在为你的去职感到的遗憾。"[7]这封经过编辑的信包含几个关键性的短语，反映了格兰特在给斯坦顿写信时的难处。这是因为，虽然他觉得斯坦顿是一个经常在人际关系中遇到的麻烦的人，但他敬佩斯坦顿能够直面约翰逊总统。

在接下来的几天里，格兰特的朋友和敌人都问他为什么会接受内阁职位。他的朋友、《芝加哥论坛报》的编辑霍勒斯·怀特（Horace White）在给沃什伯恩的信中写道，他担心格兰特接受内阁职位会使他染上"约翰逊主义"。[8]他的反对者、共和党激进派的温德尔·菲利普斯谴责格兰特"支持这位叛国的总统"。[9]格兰特在公开场合对他接受任命的原因保持沉默。他试图忠于自己的信念，即军官不应该发表政治观点。

*

随着斯坦顿被解职和国会休会，约翰逊瞄准了他的下一个目标。8月17日，他命令格兰特解除路易斯安那州和得克萨斯州指挥官谢尔丹的职务。令约翰逊惊愕的是，在《第三重建法案》通过后，谢尔丹罢免了路易斯安那州州长詹姆斯·麦迪逊·威尔斯（James Madison Wells）和得克萨斯州州长詹姆斯·W. 斯洛克莫顿（James W. Throckmorton）。谢尔丹最伟大的成就之一就是登记了成千上万名黑人选民，这是他在这项法案下的特权。不过，这也给他招致了白人的强烈反对。[10]

约翰逊的命令引起了格兰特的强烈反弹。如果说他和谢尔曼将军有如兄弟，那么谢尔丹则更像是他的孩子，他过去一直支持并保护着谢尔丹。[11]出于这种欣赏，格兰特很难意识到"小菲尔"有时会给自己带来麻烦。这不仅缘于他咄咄逼人的行为，还因为他在最近和约翰逊的通信中表达了过激的言辞。

尽管约翰逊邀请格兰特来讨论这项命令的相关事宜，格兰特还是决定把他的想法写下来。这已经成了他的习惯。他在一封情绪激昂的信中写道："毫无疑问，不应将谢尔丹将军从他目前的指挥岗位上撤下，这是我国民众的意志。"此外，"这是一个国家法律突显人民意志的共和国。我请求您能听到他们的呼声。"由于国会和总统之间存在分歧，格兰特警告说："谢尔丹被免职只会被视作一种挫败国会立法的努力。"然后，他以笔代剑，写下了几个月前尚不会讲出的话："南方的顽固分子会把这解释为一种胜利，他们此前一直在尽其所能通过武力来分裂政府，现在他们希望自己能够成为恢复秩序的唯一因素。"此外，"这将鼓励这些顽固分子重新反对忠诚民众的意志，因为他们相信政府跟他们站在一起"。格兰特最终认定约翰逊是问题的根源。[12]

约翰逊对格兰特这封信的反应强度感到震惊，他写了一封回信，拒绝了所有的反对意见，并谴责谢尔丹，称他的第五军区政府是在"诉诸不被法律允许的权力"。[13]

两天后，格兰特给沃什伯恩写了一封短信："今年秋天我不太可能去加利纳或其他任何地方了。我一直对最终的结果充满希望和信心，但公共事务现在看起来确实很糟糕。"[14]

*

他们的关系变得越来越差。约翰逊在信中建议调任乔治·托马斯接替谢尔丹。格兰特立即反驳，说托马斯"一再抗议被派去接替谢尔丹将军的职务"。[15] 在格兰特的要求下，托马斯还转发了一封他在 7 月写给斯坦顿的信，当时关于约翰逊对谢尔丹意图的谣言已经流传开来，"谢尔丹的解职必将使反对重建的人重新获得精力并燃起希望"。托马斯不想接受这项任务，他请求允许谢尔丹"以如此充沛的精力和认真的态度来完成他已然开始的格兰特拿着托马斯的信，试图说服约翰逊，但总统反驳说，应该把温菲尔德·斯科特·汉考克从西部调到新奥尔良。汉考克既是美国历史上获得勋章最多的将军之一，也是一位保守的民主党人。[17]

格兰特再次抗议。他认为，"1867 年 7 月 19 日的《国会法案》（Act of Congress）规定了忠实执行国会《重建法案》的大部分责任在于军队的将军，我坚决拒绝交出其中的任何一项权力"。[18]

/ 450

由于不愿屈服，格兰特发出了第 429 号特别命令。根据《第三重建法案》的授权，他禁止谢尔丹的继任者"任命被谢尔丹免职的人担任行政职务"，[19] 以及不允许赦免重要的邦联军官。根据这一命令，格兰特公开了他给约翰逊的信，抗议谢尔丹被撤职一事。军队坚定地支持格兰特，《陆海军杂志》称赞了这封信，社论指出，信里的"每个字都是金玉良言"。[20]

*

到了 1867 年下半年，格兰特已经身兼两职，成为一位更加重要的领导人。他承受着巨大的压力，要在总统和国会之间站队，但他决定，目前最好的办法还是保持沉默。自尊心受到伤害的斯坦顿，他欣赏地看着格兰特继续推行他的政策。[21] 格兰特开始相信，重建工作只有在国会共和党人能够实施的范围内才能取得进展，只有在军队能够执行的范围内才能扩展到整个南方。

格兰特想把他肩负的两处公职区分开来。每天早晨，作为战争部部长，他都要去战争部。[22] 战争部位于第十七街和宾夕法尼亚大道东南角一幢不起眼的砖房里。他没有带任何工作人员，因为他认为自己只是暂时担任这个职务，或者直到国会重新召开。他甚至不想给人留下他要永久担任这一职务的印象。下午，作为总司令，他回到了原来的办公室。[23]那是一所简陋的房子，在第十七街532号，位于温德大厦（Winder Building）的陆军总指挥部对面。他的秘书巴多说，当格兰特穿过马路时，他的整个心态都会改变。一方面，他是一位正式的内阁部长；另一方面，他是一位带着参谋的总司令，他还是"一如既往的亲密和无拘无束"。[24]

格兰特发现约翰逊的内阁会议令人沮丧，他厌倦了约翰逊对宪法的夸耀性演说。他不喜欢内阁在处理国家事务时带有强烈的党派色彩，这与林肯领导的会议对比鲜明。格兰特最后告诉约翰逊，由于他的主要角色是军官，而他的临时战争部部长职位没有得到参议院的批准，他打算只参加与军事事务有关的会议，并要求免除其他议程。

约翰逊拒绝了这一要求，并决心继续他的托词，即新的战争部部长支持总统的政策。格兰特厌倦了约翰逊，越来越多地缺席内阁会议，仅仅提交书面报告而不是亲自到场参会。[25]

*

到了1867年秋，格兰特探索军队在南方的作用时，试图执行一项微妙的平衡行动。9月，他写信给指挥阿肯色州第四军区的爱德华·奥德将军，"我极其渴望看到重建工作的完成和军事统治的结束"。由于对谢尔丹的强烈辩护，格兰特经常被误解为是对南方进行激进军事统治的拥护者。实际在这一点上，他希望在利用军队来恢复和平——这意味着保护联邦主义者和自由人的权利——和限制军队过分干预之间取得平衡。他向奥德转述了这两个目标。格兰特希望"政客们对军方迄今使用权力的温和方式完全满意，但如果迁延太久，就会出现对军方抗议的巨大危险"。[26]

为了保持低调，格兰特决定不积极参加 1867 年的选举。但当乔治·托马斯发现自己在田纳西州陷入混乱时，他不得不在 10 月采取行动。在即将到来的纳什维尔市选举中，谁将被允许投票？回答这个问题的一方是州长威廉·G. 布朗洛（William G. Brownlow）。布朗洛曾是一名卫理公会牧师和报纸编辑，战前是田纳西人安德鲁·约翰逊的死敌。随着内战临近，布朗洛，这位著名的牧师，成了坚定的联邦主义者，并在重建中加入了共和党激进派。另一方是纳什维尔市市长 W. 马特·布朗（W. Matt Brown），他是纳什维尔保守派的领袖，坚持选举应根据纳什维尔城市宪章进行，选举的仲裁人必须由他任命。田纳西州是南方唯一一个通过了《宪法第十四条修正案》的州，该修正案授权黑人拥有选举权。因此，布朗洛认为应按照州选举法进行城市选举。[27]

托马斯向格兰特征求意见。[28] 几个小时后，格兰特回答说："我既没有指示要支持州长，也没有指示要支持市长，而是要防止冲突。"[29] 但托马斯寻求更多的指示，再次对自己是否要采取行动而犹豫不决："如果两派都坚持按各自方式进行选举，就有发生冲突的危险。在这种紧急情况下，我是否应该干预并允许两场选举同时进行？或者我的职责仅仅是阻止暴徒帮助任何一方？"[30]

格兰特鼓励托马斯从位于路易斯维尔的总部前往纳什维尔。

与市长及其盟友会面后，忧心忡忡的托马斯致电格兰特，"冲突是不可避免的……我不能在不干预的情况下维持和平"。[31] 在回复中，格兰特明确了权责："在执行国家法律时，不能运用军队来打击行政官僚，而且他们已经批准了《宪法第十四条修正案》。"[32]

在格兰特的指示下，托马斯把《宪法第十四条修正案》拿给布朗看，于是市长放弃了抵抗。格兰特鼓励托马斯，"希望你的出席、良好的判断和建议将防止这场冲突"。[33] 格兰特良好的判断力成了托马斯坚定的后盾，并帮助化解了纳什维尔的火药桶。

*

但火药桶却在纳什维尔以北 665 英里处爆炸了。在华盛顿，当格兰特向内阁会议报告纳什维尔发生的事情时，约翰逊爆发了。由于担心格兰特加入激进派，约翰逊恼怒不已，五天后派人请谢尔曼来"讨论公共利益问题"。[34] 他能说服谢尔曼接替格兰特吗？

谢尔曼于 10 月 6 日星期日早晨 6 点抵达华盛顿，当天清晨旋即拜访了格兰特。那天晚些时候，谢尔曼拜见了约翰逊，然后回到格兰特家吃晚饭。他写信告诉妻子艾伦："总统不理解格兰特。"[35]

第二天，谢尔曼又见到了约翰逊。他拒绝了总统的提议，而是提出了几名温和派共和党人的名字。[36] 内政部部长奥维尔·希克曼·布朗宁（Orville Hickman Browning）曾与谢尔曼交谈，并在日记中写道，"他愿意留在这里做格兰特的部下，而不愿意做其他任何事"。[37] 约翰逊尝试邀请谢尔曼代替格兰特，但他从未理解这两个朋友间的忠诚纽带。

*

在 1867 年选举过后，民主党人通过与约翰逊保持距离而取得了比预期更好的成绩，公众对 1868 年总统大选的期待使更多的注意力集中在格兰特身上。12 月，乔治·坦普尔顿·斯特朗在日记中写道："格兰特入主白宫的机会是其他任何人的十倍。这部分是由于人们普遍相信他的诚实和能力，部分是由于他沉默的天赋。"[38] 坦普尔顿的这句话，反映了格兰特和共和党人在一段时间以来一直意识到的事情。

虽然格兰特成名了，但他从来没有享受过法国人所说的那种"接受人群的簇拥（bain de foule）"，即与人们混在一起，每个人都想和他握手，拍拍他的背。[39]

他也成为人们更加密切关注的对象。他的政治观点是什么？国会中的共和党人既担心他会屈服于总统的权威，也担心他会屈从于国会。他们知道格兰特在战争结束时已经成了一个反对奴隶制的人，但他们想知道他是如何致力于保护黑人不受攻击，并扩大他们的公民政治权利的。[40]

共和党激进派在党内的占比不多，他们表达了最大的担忧，而其中的温德尔·菲利普斯则发出了最响的抱怨。他长着一头白发，嘴巴固执，一辈子都在诋毁别人。他称林肯为"奴隶猎犬（slave-hound）"，并将美国的著名演说家爱德华·埃弗雷特（Edward Everett）描述为一只"抱怨猎犬（whining spaniel）"。菲利普斯有时用辱骂的言语和不屈不挠的策略让自己的激进派同事感到尴尬。现在他把所有的矛头都对准格兰特。他因格兰特和约翰逊的关系而嘲笑他"处在这片大陆的最令人蒙羞的位置上"。同时，他的嘲讽也不会因人群的嘘声而停下来。[41]

*

1868 年，弹劾的讨论重新开始。共和党温和派现在加入到激进派的行列中，因为他们看到约翰逊不仅解雇了斯坦顿，还解雇了五名军区指挥官中的四个，他们开始担心格兰特也会遭到解职。

1 月 10 日，参议院军事委员会投票决定恢复斯坦顿的职位。[42] 第二天，格兰特和他的参谋会谈，考虑下一步该怎么做。到那时，他已经开始相信，最好的办法就是取代斯坦顿，因为他尖酸刻薄的做法甚至疏远了此前的一些支持者。但在重读《联邦官员任期法案》时，格兰特获悉，如果参议院投票让斯坦顿复职，而格兰特没有放弃这一职位，他将面临 10000 美元的罚金和 5 年的监禁。[43]

格兰特急忙赶到白宫，通知约翰逊他不会违反《联邦官员任期法案》。一旦参议院恢复斯坦顿的职务，他将辞去战争部部长一职。约翰逊反驳说，他将支付格兰特的罚款，然后替他进监狱。格兰特告诉巴多，他认为约翰逊的建议是"荒谬的"。格兰特要离开时，他相信已经表明了自己的观点，然而，约翰逊要求格兰特在周一继续这段谈话。[44]

格兰特并不知道，约翰逊也一直在密谋驱逐他。总统秘书威廉·G. 摩尔（William G. Moore）在他的日记中写道："（总统说）已经达到了选中格兰特的目的，他在战争部的职位最好能被另一个人取代。"[45]

1月13日，星期一，参议院在晚上以35∶6票恢复了斯坦顿的职务。[46]

第二天早上，格兰特像往常一样上午9点就到了战争部办公室，但这次他锁上了门，把钥匙交给了助理副官长爱德华·D.汤森德（Assistant Adjutant General Edward D. Townsend）。他让塞勒斯·康斯托克给约翰逊写了一封正式的信，告诉他"我作为战争部部长的职务从您收到通知的那一刻起就停止了"。[47]

一小时后，斯坦顿到达战争部。汤森德鞠躬行礼，把钥匙交给了这位面带微笑的战争部部长。[48]

斯坦顿的第一个命令便是召唤格兰特。格兰特回到原来的办公室去会见这位粗率的斯坦顿，但他对格兰特将军帮助他恢复职务的行为丝毫没有表示感激。多年以后，格兰特发现斯坦顿"根本不在乎别人的感受。事实上，对他来说，让别人失望似乎比让别人满足更令他感到愉快"。[49]

当天下午，格兰特接到约翰逊的通知，要他出席例行的内阁会议。格兰特刚坐下，约翰逊就称其为"部长先生"进而开始发问。格兰特否认了这个职位，并说他已不再担任。约翰逊指责格兰特食言，背弃了继续留任的承诺。格兰特否认约翰逊的指控。约翰逊是一个操纵政治的高手，他立刻转向财政部部长休·麦卡洛克（Hugh McCulloch）和另外两名内阁官员，他们证实了总统的说法。格兰特觉得自己的荣誉受到了诋毁，便站起身离开了会场。[50]

但约翰逊没有屈服。为了维护自己和羞辱格兰特，他接受了最喜欢的报纸之一《纽约世界报》的采访，讲述了他和格兰特之间发生的事。[51]

由于约翰逊的指控，格兰特深受困扰。1月28日，他写了一封长信，"因许多严重的、被歪曲的事实，导致我的个人名誉受到影响，并且在新闻界广为流传"。[52]

随着书信中的争论仍在继续，身患肺结核的约翰·罗林斯从加利纳赶到东部，协助他的上司。为了鼓励格兰特更加直率，他帮助格兰特编辑了另一封写给约翰逊的信："我只能把整件事从头到尾视作你想让我参与到对法律的抵抗中来，而你却不愿依照规章承担责任，因而在全国面前败坏我的人格。"[53]

在各大报纸纷纷发表评论之际，《纽约论坛报》道出了许多人的心声："在一个荣誉像太阳一样光彩夺目的战士和一个背叛了所有朋友、违背了所有承诺的总统之间的真实性问题上，这个国家会毫不犹豫地选择前者。"[54]

*

作为一种受欢迎的消遣，尤利西斯和朱莉娅期待着聆听英国著名作家查尔斯·狄更斯在华盛顿卡罗尔大厅的朗读。狄更斯曾在 1842 年第一次访问华盛顿，但当时主要是观光旅行。从那时起，他就成为第一个带着自己的著作四处旅行赚钱的作家。狄更斯第二次访问美国时，他是从波士顿出发，慢慢地向华盛顿前进。[55]

格兰特夫妇很快加入到全国性的"狄更斯热"中。尤利西斯和朱莉娅一起阅读狄更斯的小说。格兰特还给他的儿子弗里德朗读狄更斯的作品。1864 年，格兰特在写给伊莱休·沃什伯恩的信中提到了威尔金斯·米考伯（Wilkins Micawber），他是《大卫·科普皮尔德》（*David Copperfield*）中的一个角色：现在处于绝境的南方就像米考伯一样，在贫困中不切实际地生活着，

"祈祷会有转机"。[56] 当狄更斯在 2 月的第一周朗读小说时，格兰特夫妇正坐在观众席上。[57]

但文学并不能长久地分散格兰特的注意力。1867 年夏秋两季，格兰特明确表示他不会加入弹劾总统的一方，但一切在 1868 年 2 月初发生了改变。众议院要求提供格兰特和约翰逊之间的通信，于是让书记员大声朗读了格兰特在 2 月 3 日写给总统的那封措辞强硬的信，与会者自发地鼓起了掌。"老萨德"史蒂文斯称赞格兰特，他"比我想象得更加勇敢。现在我们要让他进入教堂"。[58] 当格兰特详细描述约翰逊希望他继续留任，并要求他违抗《联邦官员任期法案》时，史蒂文斯最终在推动弹劾中找到了一项可信的指控。这封信的公开曝光，粉碎了格兰特和约翰逊之间继续保持私人关系的任何可能性。

到了 2 月 10 日，史蒂文斯说服众议院让他的重建委员会接管司法委员会的弹劾程序。三天后，病重的史蒂文斯匆忙提交了一份弹劾决议，但没有得到全体委员会的支持。

/ 456

这个决议本应是对约翰逊的一个警告，提醒他克制自己的行为。相反，出于对格兰特的愤怒，约翰逊试图通过绕开格兰特来重新获得对军队的控制权。首先，他试图运用总统作为军队最高统帅的权力，命令格兰特任命谢尔曼指挥新成立的大西洋战区。[59] 谢尔曼给格兰特写信说："我这辈子还从未如此烦恼过。即使是命令我去锡特卡（Sitka），去魔鬼那里，去反叛分子那里，或者到印第安人那里作战，我想你也不会听到我有任何怨言，但它是以这样一种可疑的形式出现，就像哈姆雷特的鬼魂一样，它凝结了我的血液，破坏了我的判断力。"[60] 谢尔曼通知约翰逊和格兰特，他愿意辞职，而不是被迫接受这样一个新职位。在给格兰特的信中，他补充了一句很吸引人的话："如果你肯定会在 5 月接受（总统）提名，那我就会试着消磨这段时间……但我不希望你在作出选择之前把你的计划透露给我。"[61]

2月21日，格兰特惊讶地得知，约翰逊派洛伦佐·托马斯去接替斯坦顿的职位。63岁的托马斯骨瘦如柴，是美国内战期间的一名文职军官，因不受欢迎而几乎没有什么追随者。他是一个不太可能的替代者，保证不会在国会获得支持。[62]

托马斯上午11点来到斯坦顿的办公室，把约翰逊的命令交给对方。戴着眼镜的斯坦顿停顿了很长一段时间，在回答之前打起精神来。他请托马斯把这份让他离开办公室的命令备份一份。

这时，斯坦顿邀请格兰特到他的办公室。斯坦顿和格兰特一起作出决定，认为他不该妥协。托马斯回来后，斯坦顿说道："我需要一点时间来思考，我不知道我是否应该服从你的命令。"[63]在面对共同的对手时，格兰特和斯坦顿又站在了一起。

*

就在第二天，已处于狂怒状态中的众议院以"重罪和行为不当"开始了对约翰逊总统的弹劾程序。许多参议员给斯坦顿写信鼓励，包括激进派的查尔斯·萨姆纳："请坚持住！"[64]参众两院也公开点名格兰特，让他知道议员们都很支持他。[65]

3月4日，众议院的几位领袖向参议院提交了11项弹劾条款，其中包括违反《联邦官员任期法案》，以及任命洛伦佐·托马斯为战争部部长，而该职位并没有空缺。3月5日下午1点，弹劾法庭召开会议，首席大法官沙蒙·P.蔡斯宣誓就任庭长。[66]

既然格兰特已经公开与约翰逊断绝关系，关于他与总统关系的猜测也就烟消云散了。格兰特决定继续保持中立，因为双方的代理人正在处理他们的案子。

但是，有影响力的共和党温和派参议员意识到格兰特作为总统候选人的前途就隐藏在这场审判之下。1792 年的一项法案规定，在副总统之后，参议院临时议长（Senate President Pro Tempore，副总统是参议院议长）是继任总统的下一个人选。所以，如果约翰逊被判有罪，林肯遇刺后副总统职位又空缺，那么俄亥俄州的共和党人本·韦德（Ben Wade）将成为新任总统。对一些温和派共和党人来说，激进派的韦德当选总统将比约翰逊更为糟糕。许多格兰特的支持者知道共和党全国代表大会已定于 5 月的第三个星期在芝加哥召开，所以他们很乐意让审判慢慢进行。

*

弹劾审判在 5 月达到高潮。5 月 16 日，星期六，一个美丽的春日，华盛顿的每个人都渴望出席这个千载难逢的活动，但需求量远多于参议院的座位。首席大法官蔡斯指示书记员根据每一项弹劾条款按字母顺序召集 54 名参议员。"你怎么说？作为被告的美国总统安德鲁·约翰逊是否犯有本条款所指控的'重罪和行为不当'？"当参议员们一个接一个地为第一项条款起立时，观众席上的观众一直在数着。所有 12 名民主党人都高呼"无罪"。除了 7 人外，大部分共和党人对此进行了反驳，认为约翰逊有罪。最终计票结果为 35∶19，距离定罪所需的三分之二票数仅差 1 票。这次投票只针对其中一项条款，但戏剧性的一幕基本上已经结束。由于即将在芝加哥举行共和党全国代表大会，法庭宣布休庭至 5 月 26 日重新召开。11 项弹劾条款中的每一项都将得到相同的裁决。[67]

谁赢了？谁输了？几乎所有人都输了。约翰逊被判无罪，他赢得了一场得不偿失的胜利，这给他未来的影响力带来了毁灭性的打击。斯坦顿于5月26日辞职。如果约翰逊被弹劾下台，韦德就会成功，但现在他也输了。弹劾约翰逊的代理人们，包括直言不讳的本杰明·巴特勒，因起诉不力而受到批评。人们的失望升级为对七名投无罪票的共和党参议员的怨恨。格兰特从一开始就决定不参与这场华而不实的政治审判，他是唯一一个毫发无损地走出法庭的人。[68]

*

1868年5月20日，共和党全国代表大会在芝加哥的克罗斯比歌剧院（Crosby's Opera House）开幕。克罗斯比歌剧院是一座五层楼高的意大利宫殿式建筑，1866年刚刚竣工。当格兰特的五名重建军区指挥官之一的丹尼尔·西克尔斯将军在一面巨大的美国国旗的引领下，带领代表们列队进入会场时，8000人欢呼起来。大会的首脑们一直与74岁的杰西·格兰特保持着联系，以确保这位冲动的老人肯定没有对记者说过什么话。[69]

殉道者林肯——他八年前刚刚在芝加哥被提名为总统——的精神，在大会上随处可见。在卫理公会主教马修·辛普森（Matthew Simpson）发言之后，临时主席卡尔·舒尔茨将军发表了主题演讲。[70] 他是来自密苏里州的参议员，是共和党高层中一位冉冉升起的新星。

第二天，1868年重返国会的约翰·罗根将军站起来提名格兰特为总统候选人，并大喊"打倒约翰逊"。罗根不是西点军校的毕业生，但他对格兰特心存感激。在战争初期，当他的军事生涯举步维艰而被称作"黑杰克"时，格兰特给了他信心。根据往常的惯例，作为候选人的格兰特预计是不会出席大会的。

总统候选人本可有多个提名，但没有其他候选人被提及。所有650名代表都投了格兰特一票，他们狂热地庆祝格兰特被提名，不仅跳了起来，还把帽子抛向空中。拉开舞台后方的帘子，映入眼帘的是一幅由托马斯·纳斯特（Thomas Nast）创作的画《自由女神》（*Goddess of Liberty*），左右两侧分别放有一个基座。一侧放着格兰特的画像，而另一侧是空的，但上面悬挂着一个牌子：民主党提名人。代表们期待看到自由女神指向格兰特，而在格兰特面前只剩下一个挑战："找到一个能与之抗衡的对手。"[71]纳斯特的作品很快就成了竞选的口号、歌曲和诗歌。[72]

安德鲁·约翰逊当了四年总统，但在1868年的芝加哥共和党全国代表大会上，代表们一致提名格兰特为他们的总统候选人。

如果全国代表大会一致支持格兰特竞选总统，那么在副总统的提名上则出现了分歧。11个不同的提名突显了党派分歧。这场对副总统的提名投票共持续了6轮，直到大会最终确定来自印第安纳州的小斯凯勒·科尔法克斯为候选人。他是众议长，绰号"微笑者"科尔法克斯，是一位以迎合他人而著称的受欢迎人士。[73]

*

当被芝加哥一派混乱的大会提名为总统候选人时，格兰特正在华盛顿的总司令部里安静地工作着。随着约翰逊影响力的降低，格兰特成为执行《重建法案》的主要决策者。

刚刚得知结果的斯坦顿就从战争部冲到街对面通知格兰特。当时和格兰特在一起的巴多正好观察到他们俩："斯坦顿气喘吁吁地冲上楼，生怕有人先于他说出来。"他冲了进来，大声说，"将军！我是来告诉您，您已经被共和党提名为总统候选人了。"听到这个消息时，巴多观察到格兰特："他脸上没有一丝兴奋和激动，脸颊上也没有红晕，眼睛里也没有闪光。"[74]尽管格兰特知道提名即将产生，但他可能因将要到来的巨大责任而难以言表。

一周后，主持这次大会的康涅狄格州前州长约瑟夫·霍利（Joseph Hawley）率领一个代表团前往华盛顿，正式向格兰特提出提名。因为更习惯于书面答复，所以格兰特提供了一封简短的正式接受信，这让他在编写上花费了相当长的时间。格兰特认识到这个国家正经历着一个前所未有的时期，他对霍利说："像现在这样的时代，无论正确与否，一项政策一经制定，要坚持四年是不可能的，或者至少是极不恰当的。"展望未来，"不可预见的新政治问题层出不穷；公众对旧观念的看法也在不断变化"。那么，格兰特是如何看待自己的任务的呢？"一个纯粹的行政官员应该始终自由地执行人民的意志。"在这一句话的背后，格兰特愈发确信约翰逊背弃了美国人民的意志。他在接受信的结尾写道："让我们拥抱和平。"[75]

如果格兰特一开始觉得挑战安德鲁·约翰逊很痛苦，那么这些年来他经历了一个关键的转变，这使他能够集中精力，阐明自己的信念，并有勇气采取行动。在成年后的大部分时间里，他一直鄙视参与政治，但现在他相信自己可以在不丧失道德操守的情况下参与其中。

"让我们拥抱和平"激起了全国人民的想象。这句口号引起了民众的共鸣——他们早已厌倦了四年内战和三年分裂的重建政治。格兰特回想起了在第二次就职典礼上的林肯和在阿波马托克斯时的自己。如果在 11 月当选，格兰特决心成为和平的缔造者。

注　释

1　Mark Twain, "The Czar's Soliloquy," in *Mark Twain: Collected Tales, Sketches, Speeches, and Essays, 1891–1910* (New York: Library Classics of America, 1976), 645.

2　Julia Dent Grant, *Personal Memoirs*, 165.

3　Julia Dent Grant, *Personal Memoirs*, 165.

4　George C. Gorham, *Life and Public Services of Edwin M. Stanton* (Boston: Houghton Mifflin, 1899), 395–404; Thomas and Hyman, *Stanton*, 551.

5　我对格兰特的分析得到了苏珊·凯恩 (Susan Cain) 富有创见著作的帮助，见: *Quiet: The Power of Introverts in a World That Can't Stop Talking* (New York: Crown Publishing, 2012)。

6   Ibid., 17.

7   USG to EMS, August 12, 1867, *Grant Papers*, 17: 268.

8   Horace White to Elihu B. Washburne, August 13, 1867, Washburne Papers, Library of Congress.

9   Irving H. Bartlett, *Wendell Phillips: Brahmin Radical* (Boston: Beacon Press, 1961), 309.

10   AJ to USG, August 17, 1867, *Grant Papers*, 17: 279; Wheelan, *Terrible Swift Sword*, 228.

11   Badeau, *Grant in Peace*, 95; Trefousse, *Andrew Johnson*, 196-97; Wheelan, *Terrible Swift Sword*, 227.

12   USG to AJ, August 17, 1867, *Grant Papers*, 17: 277-78.

13   AJ to USG, August 19, 1867, *Grant Papers*, 17: 279-81.

14   USG to Elihu B. Washburne, August 21, 1867, *Grant Papers*, 17: 291.

15   USG to AJ, August 17, 1867, *Grant Papers*, 17: 277-78.

16   George H. Thomas to EMS, July 4, 1867, *Grant Papers*, 17: 281-82n1; Wills, *George Henry Thomas*, 404-06.

17   David M. Jordan, *Winfield Scott Hancock: A Soldier's Life* (Bloomington: Indiana University Press, 1988), 199-201; Tucker, *Hancock the Superb*, 276-78.

18   USG to AJ, August 26, 1867, *Grant Papers*, 17: 301-03; Trefousse, *Andrew Johnson*, 297-98.

19   USG, Special Orders No. 429, August 29, 1867, *Grant Papers*, 17: 304.

20   "General Grant's protest against the removal of Sheridan must be regarded as the most extraordinary manifesto of our time." *Army and Navy Journal* (August 31, 1867).

21   Thomas and Hyman, *Stanton*, 557-59.

22   Richard M. Lee, *Mr. Lincoln's City: An Illustrated Guide to the Civil War Sites in Washington* (McLean, Va.: EPM Publications, 1981), 114. 美国战争部位于现在行政办公楼的北翼。

23   Ibid., 118. 温德大厦 (Winder Building) 已在 1940 年代被拆除。

24   Badeau, *Grant in Peace*, 109-10.

25   Ibid., 107-9.

26   USG to Edward O. C. Ord, September 22, 1867, *Grant Papers*, 17: 354.

27   Ben H. Severance, "Reconstruction Power Play: The 1867 Mayoral Election in Nashville, Tennessee," in Kent T. Dollar, Larry H. Whiteaker, and W. Calvin Dickinson, eds., *Sister States, Enemy States: The Civil War in Kentucky and Tennessee* (Lexington: University Press of Kentucky, 2009), 326.

28   George H. Thomas to USG, September 25, 1867, *Grant Papers*, 17: 360n; Wills, *George Henry Thomas*, 409.

29   USG to George H. Thomas, September 25, 1867, *Grant Papers*, 17: 361n.

30   George H. Thomas to USG, September 26, 1867, *Grant Papers*, 17: 361n.

31   Ibid.

32   USG to George H. Thomas, September 26, 1867, *Grant Papers*, 17: 361. 激进派候选人奥古斯塔斯·E. 奥尔登（Augustus E. Alden）以压倒性的优势赢得了市长选举。Wills, *George Henry Thomas*, 409–13; Simpson, *Let Us Have Peace*, 201–02.

33   USG to George H. Thomas, September 25, 1867, *Grant Papers*, 17: 361n.

34   AJ to WTS, October 2, 1867, *PAJ*, 13: 131.

35   WTS to Ellen Sherman, October 7, 1867, in M. A. De Wolfe Howe, ed., *Home Letters of General Sherman* (New York: Charles Scribner's Sons, 1909), 360–62.

36   Ibid., 362.

37   Browning, *Diary* 2, entry October 9, 1867, 163.

38   Strong, *Diary* 4, entry December 6, 1867, 4: 171–72.

39   Lee Kennett, *Sherman: A Soldier's Life* (New York: HarperCollins, 2001), 288.

40   James M. McPherson, *The Struggle for Equality: Abolitionists and the Negro in the Civil War and Reconstruction* (Princeton, N.J.: Princeton University Press, 1964), 417–19.

41   Bartlett, *Wendell Phillips*, 304; Trefousse, *Radical Republicans*, 339.

42   McKitrick, *Andrew Johnson*, 501.

43   Smith, *Grant*, 445.

44   Badeau, *Grant in Peace*, 110–11.

45   "Notes of Colonel W. G. Moore, Private Secretary to President Johnson, 1866–1868," *American Historical Review* 19 (October 1913): 115.

46   Trefousse, *Impeachment of a President*, 123.

47   USG to AJ, January 14, 1868, *Grant Papers*, 18: 102–3; Badeau, *Grant in Peace*, 111–12.

48   Thomas and Hyman, *Stanton*, 569–70.

49   *Personal Memoirs*, 2: 536.

50   Badeau, *Grant in Peace*, 112–13; Thomas and Hyman, *Stanton*, 570–71; Trefousse, *Impeachment of a President*, 126; Martin E. Mantell, *Johnson, Grant, and the Politics of Reconstruction* (New York: Columbia University Press, 1973), 83–84; David O. Stewart, *Impeached: The Trial of President Andrew Johnson and the Fight for Lincoln's Legacy* (New York: Simon & Schuster, 2009), 119–20.

51 Stewart, *Impeached*, 122.

52 USG to AJ, January 28, 1868, *Grant Papers*, 18：116-18. 由于这封信的重要性，格
兰特让约翰·罗林斯协助编辑，后者从加利纳回到华盛顿以协助自己的领导。

53 USG to AJ, February 3, 1868, *Grant Papers*, 18：124-26. 关于罗林斯对格兰特的影
响，见：Badeau, *Grant in Peace*, 114-15。

54 *New York Tribune*, January 17, 1868.

55 Michael Slater, *Charles Dickens* (New Haven, Conn.: Yale University Press,
2009), 578-84.

56 USG to Elihu B. Washburne, August 16, 1864, *Grant Papers*, 12: 16-17.

57 Ross, *The General's Wife*, 198, 328.

58 *Philadelphia Ledger*, February 10, 1868; Fawn Brodie, *Thaddeus Stevens: Scourge
of the South* (New York: W. W. Norton & Co., 1959), 332-33.

59 AJ to USG, February 12, 1868, *PAJ*, 13: 556-57.

60 WTS to USG, February 14, 1868, *Grant Papers*, 18: 139.

61 Ibid.

62 Thomas and Hyman, *Stanton*, 581-83; William B. Hesseltine, *Ulysses S. Grant,
Politician* (New York: Dodd, Mead, 1935), 113-14.

63 Thomas and Hyman, *Stanton*, 583-84.

64 David Herbert Donald, *Charles Sumner and the Rights of Man* (New York: Alfred A.
Knopf, 1970), 332.

65 Trefousse, *Impeachment of the President*, 134, 149-50.

66 John Niven, *Salmon P. Chase: A Biography* (New York: Oxford University Press,
1995), 420.

67 Trefousse, *Impeachment of a President*, 165-72; Stewart, *Impeached*, 275-83.

68 See McFeely, *Grant*, 274-75, for an astute analysis of Grant's position.

69 Herbert Eaton, *Presidential Timber: A History of Nominating Conventions, 1868-
1960* (Glencoe, Ill.: Free Press, 1964), 21-22; *New York Herald*, May 19, 21,
1868; *New York Times*, May 19, 1868.

70 Trefousse, *Carl Schurz*, 167-68.

71 Charles H. Coleman, *The Election of 1868: The Democratic Effort to Regain Control*
(New York: Columbia University Press, 1933), 92; Richardson, *A Personal
History*, 541.

72 Albert B. Paine, *Thomas Nast* (New York: Macmillan, 1904), 119-20; Fiona
Deans Halloran, *Thomas Nast: The Father of Modern Political Cartoons* (Chapel
Hill: University of North Carolina Press, 2012), 103-7.

73 Willard H. Smith, *Schuyler Colfax: The Changing Fortunes of a Political Idol* (Indianapolis: Indiana Historical Bureau, 1952), 278-86; Coleman, *Election of 1868*, 92-93.

74 Badeau, *Grant in Peace*, 144.

75 USG to Joseph R. Hawley, May 29, 1868, *Grant Papers*, 18: 263-64.

第五部分　**总统，1869~1877**

　　我是迫不得已才参与其中。在我看来，为了不让搞
政治交易的人在未来四年里争权夺利，那我就不能
退却。不论哪一个政党获胜，我们都将在很大程度
　　上失去付出高昂代价所取得的战争成果。

——尤利西斯·S. 格兰特致威廉·T. 谢尔曼，1869

/ 第 27 章　黄金危机

如果第二天金价大幅上涨，我们就有责任把它卖掉。

　　——尤利西斯·S. 格兰特，黄金恐慌调查，美国众议院，第 41 届国会，1870 年 3 月 1 日

共和党全国代表大会结束后一个月，格兰特给谢尔曼写了封信："我是迫不得已才参与其中。"他解释说，"在我看来，为了不让搞政治交易的人在未来四年里争权夺利，那我就不能退却。不论哪一个政党获胜，我们都将在很大程度上失去付出高昂代价所取得的战争成果。"[1] 他决心不成为另一个"搞政治交易的人"——那些通过承诺未来会给予支持者好处而获得他们职位的政治贩——他的自我感到了真正的自由，因为他无心谋求这个位置。

本着这种精神，格兰特决定不参加竞选。他知道林肯虽然没有参加 1860 年的竞选，但仍然留在了斯普林菲尔德，但格兰特决定更进一步，他离开了华盛顿。他被政治上的明争暗斗搞得身心俱疲，盼望到新的地方去旅行，其他人可以代表他参加竞选。

格兰特在 6 月底动身前往西部。他给朱莉娅写信说："从堪萨斯州的利文沃斯堡（Fort Leavenworth）出发，这可能是我最后一次有机会观赏大平原了，这些不断增加的居民点正在迅速改变这里的原貌。"[2] 在谢尔曼和谢尔丹这两位最亲密的战友，以及次子巴克的陪同下，格兰特沿着堪萨斯太平洋铁路开始了为期两周的旅程，随后他们穿越大平原进入落基山脉（Rocky Mountains），并考察了沿途要塞。在科罗拉多领地的夏延维尔斯（Cheyenne Wells），他乘车开始了 170 英里的丹佛之旅。7

月 21 日，他写信给朱莉娅，说巴克第二天就满 16 岁了，"这次旅行是他有生以来最开心的一次"。[3] 这对父子看到野马、水牛、狼和羚羊都很兴奋。

尽管这不是格兰特的竞选活动，但还是有一群新闻记者尾随其后。当他前往乔治敦、夏延和桑德斯堡（Fort Sanders）附近的拉勒米（Laramie）时，他们的故事把格兰特描绘成一个平易近人的人。《纽约时报》也记录了"这些美国和世界上最伟大的将军们"[4] 的行动。公众们如饥似渴地阅读着格兰特、谢尔曼和谢尔丹在大众想象中的浪漫西部之旅。

*

虽然格兰特在度假，但大选年的政治仍在向前推进。1868 年 7 月 4 日，于纽约举行全国代表大会的民主党人在纽约市点燃了最大的烟花，以欢度国庆。他们在联合广场附近新建的坦慕尼大厅（Tammany Hall）集会，对林肯和新近提名的格兰特深表关注。他们试图用巨大拱门上刻着的民主党爱国圣徒雕像来对付这些英雄：托马斯·杰斐逊和安德鲁·杰克逊。这次大会值得注意的是，南方各州的民主党人再次出席。大会的口号是："这是一个白人国家，让白人进行统治吧。"[5]

7 月 7 日，代表们公布了九名总统候选人名单，其中包括迫切希望连任的安德鲁·约翰逊；前俄亥俄州众议员乔治·H. 彭德尔顿（George H. Pendleton），他是内战期间党内反战人士的领袖；来自宾夕法尼亚州的将军温菲尔德·斯科特·汉考克，他的支持者们认为民主党必须选择一名能够与格兰特相匹敌的军人。经过两天 22 轮投票，他们选出了前纽约州州长霍雷肖·西摩（Horatio Seymour）。[6] 西摩曾多次在大会上拒绝成为候选人。他的政治生涯一直试图在这个美国人口最多的州弥合民主党内的分歧，他的支持者现在建议他对这个国家也这么做。[7] 代表们提名密苏里州的小弗朗西斯·普雷斯顿·布莱尔将军为副总统候选人。大会休会，他们希望能够赢得选举，通过布莱尔令人印象深刻的军事履历抵消西摩对战争不冷不热的支持，从而平衡东部和西部以及北部和南部。[8]

*

总统竞选在夏季进入高潮。8 月初，格兰特从西部回到加利纳，他在这里受到了热烈欢迎。他认为谈论自己不合时宜，并拒绝各种政治会议发言的邀请，但他密切关注着竞选活动。《纽约时报》曾报道，他定期拜访位于主街德索托酒店二层两个房间里的政治活动人士。[9]

共和党人试图加强他们在南方的吸引力。他们终于在 6 月和 7 月重新接纳了南方的七个州——因为这些州投票通过了《宪法第十四条修正案》——并希望在他们短暂的历史上第一次获得南方的选票。他们认为新获得选举权的黑人选民将在这几个州获得优势。1868 年 7 月 9 日，经过了长期斗争，《宪法第十四条修正案》终于获得了批准。[10]

正如格兰特预测的那样，其他人也为他助选。共和党人和民主党人在竞选时都唱着内战歌曲，举办火把游行，从而为竞选助威。双方都展示了五颜六色的彩旗，格兰特的支持者们高喊"U.S.G." ——"他是叛乱的镇压者，我们的象征是和平而不是剑"；民主党人表示反对，"我们支持西摩就像我们支持李一样，让所有好人而不是黑人参加选举"。[11] 共和党人组织了"制革者（Tanner）"俱乐部，因为格兰特和科尔法克斯被描述成"鞣制旧民主党人的兽皮来制革"。"蓝色制服男孩（Boys in Blue）"组织通过游行唤起战争的精神。"阿波马托克斯"一词随处可见。[12]

在 19 世纪，竞选传记成为最有效的宣传工具之一，阿尔伯特·D. 理查德森的《尤利西斯·S. 格兰特个人史》（*A Personal History of Ulysses S. Grant*）在 1868 年成为畅销书。作为《纽约论坛报》的战地记者，理查德森强调，他认识格兰特本人，因此可以披露一些公众尚不知道的轶事。[13]

如果说到了 1868 年时，竞选传记已经成为标准读物，那么另一种旧媒体的进步则引发了争议。政治漫画一直存在，但到了 1860 年代，托马斯·纳斯特将讽刺漫画的艺术形式提升

这张 1868 年最受欢迎的竞选卡片结合了幽默和苛评，因为其强调了格兰特和科尔法克斯的卑微出身。

到一个新的高度。纳斯特后来被称为"美国漫画之父",他先是在《弗兰克莱斯利新闻画报》(*Frank Leslie's Illustrated Newspaper*)工作,后来又供职于《哈珀周刊》,拥有巨大的影响力。出于内战的经历,他对非裔美国人的困境表示同情。1868年,他通过画报来赞扬格兰特,以及对格兰特的对手进行了毁灭性的评论,从而坚定地站在背后支持着格兰特。[14]

民主党人试图批评格兰特,声称他在西部有另一个妻子,一个在温哥华堡遇到的印第安女人,并育有三个孩子。[15]《纽约世界报》指责格兰特对士兵的生命漠不关心,联邦军的伤亡人数远远超过李的军队。[16]后一种说法虽然不是真的,但直到现在仍有立锥之地。[17]

他们甚至污蔑格兰特是一个"黑人共和党人"和一个"黑鬼的情人"。但是格兰特有他的辩护人,没有人比纳斯特更厉害。对于这位著名的漫画家来说,1868年的选举是一场有关他心目中的英雄格兰特将军与霍勒斯·格里利(Horace Greeley)的民主党的较量,即捍卫还是压制非裔美国人的权利。

/ 467

9月5日,《哈珀周刊》刊登了纳斯特最能引起人共鸣的一幅漫画。他描绘了三个人:一位是爱尔兰天主教移民;一位是前南方邦联的成员、3K党领袖内森·贝德福德·弗里斯特;还有一位是犹太金融家、民主党全国主席奥古斯特·贝尔蒙特,他手里拿着一大笔钱,打算购买选票。他们三人手拉手,脚踩在一名联邦黑人老兵的背上,这名老兵怀里紧握着一面美国国旗,手臂伸向了投票箱。

民主党候选人西摩很快发现自己处于守势。作为纽约州州长,他曾派遣军队前往葛底斯堡,但共和党媒体抱怨说他对联邦不忠,因为他曾公开批评林肯政府释放奴隶和监禁持不同政

742

漫画家托马斯·纳斯特的英雄
格兰特在1868年与民主党候
选人霍雷肖·西摩展开竞争。
纳斯特在这幅漫画中讽刺地描
绘了三位西摩的支持者：一个
出身下层社会的爱尔兰天主教
男子；前南方邦联成员内森·
贝德福德·弗里斯特；民主党
主席、金融家奥古斯特·贝尔
蒙特。这些民主党人共同碾碎
了一名非裔美国人的脊梁。

见者的举措。《纽约论坛报》刊出一幅漫画，画中西摩在1863
年的征兵骚乱中站在市政厅的台阶上，声称那些暴徒为"我的
朋友"。[18]

共和党人还批评了曾在维克斯堡和查塔努加任职的副总统候
选人弗朗西斯·布莱尔。但布莱尔对他的老上级已经不再抱有幻
想。他抱怨说，格兰特"有可能成为激进派的工具"。[19]

格兰特的朋友们对布莱尔的批评感到不快，但格兰特却不以
为然。他告诉参谋，布莱尔在战争期间曾是自己的同事和朋友，
因而要"原谅他"在激烈的竞选中所显露的"激昂"。[20]

＊

　　格兰特在夏末和秋季都住在加利纳山上的砖房里，但是距离并不能让他和朱莉娅免受竞选活动的影响。谢尔曼早些时候对朱莉娅说："格兰特夫人，您现在必须对您丈夫性格上的改变作好准备。"[21]

　　朱莉娅记得她并不同意："为什么？格兰特将军就像是我尊敬的克莱顿（Crichto，苏格兰16世纪的演说家和文学家）一样。他把每件事都做得很好。"谢尔曼微笑着回答："哦，亲爱的夫人，这不在于格兰特将军已经做了什么，而是人们会说他已经做了什么。"

　　有一个特殊的问题要求格兰特必须打破沉默。1862年12月，他发布的第11号通令让选民们感到不安，即将犹太商人驱逐出他的军队。甚至在他被提名总统候选人之前，格兰特就收到了来自西蒙·沃尔夫（Simon Wolf）的一封信。沃尔夫既是一名律师，也是华盛顿犹太人聚居区的非官方说客，同时，他还是一名德国移民，陷入了对共和党的热爱和讨厌格兰特通令的矛盾中。在这封信里，沃尔夫问道："这条通令在当时或之后是否打算以任何方式将犹太人重新视为一个阶级？它是否只针对某些邪恶狡诈之徒，且并不将他们的宗教信仰牵涉其中？"[22]

/ 468

　　考虑到来自犹太律师信件的语气，格兰特回应说，这条通令"只是针对邪恶狡诈之徒，他们的宗教信仰与此无关"。[23]他的回答使沃尔夫信服。

　　在这场争论中，沃尔夫在《波士顿邮报》（Boston Post）上读到一篇社论《格兰特和犹太人选举权》（Grant and the Jewish

Vote），这篇文章尖锐地批评了格兰特。沃尔夫愤怒地回了一封长信，最后在全国各地的报纸上发表："不论过去还是现在，格兰特将军从来没有因为他们是犹太人而剥夺他们受法律保护的权利，他只是为了驱逐在军营中乞食的流浪汉。"沃尔夫成了格兰特竞选的坚定支持者，他说："我了解格兰特将军和他的动机。"[24] 1869 年，沃尔夫给儿子取名为阿道夫·格兰特·沃尔夫（Adolph Grant Wolf）。

*

格兰特也许希望谢尔曼能够支持他，但当他的朋友写道"我已经放弃了一切政治，我愈发不愿意相信纯粹的政治人物"时，格兰特并没有感到特别震惊。对那些向谢尔曼不断施压的人，"我会说，你将被选上，而且应该被选上，比起相信西摩和布莱尔，我宁愿相信你是公正的，甚至对南方是温和的"。[25] 当一些共和党人批评谢尔曼的沉默时，格兰特捍卫了他对政治观点的权利。[26]

外界普遍预计格兰特将在 11 月 3 日的选举日获胜。当天，他和加利纳的邻居们一起参加了投票。他直接把票投给了共和党众议员沃什伯恩。他不会为自己投票。他把选举总统的选票留白了。[27]

晚上，他前往沃什伯恩家，并通过安装在这位众议员家里的电报线得知了选举结果。没有选举权的朱莉娅没有参加选举，她不得不担心国内的结果。凌晨 1 点后不久，人们开始祝贺格兰特当选。

格兰特赢得了决定性的胜利：214∶80，并赢得了 26 个州的选票，而西摩仅赢了 6 个州。他获得了 53% 的选票：3013650：2708744；如果没有大约 40 万自由人的支持，反对党并不会输，格兰特也不会赢得大选。[28]

新参议院将由 57 名共和党人和 11 名民主党人组成，这对民主党来说是一个小小的改善。在众议院，虽然民主党增加了 25 个席位，但共和党继续以 143：72 席的优势占据绝对多数。

格兰特感谢收到马蒂亚斯·罗梅罗的祝贺："将军，我认为您的当选不仅是美国的福祉，也是全人类的福祉，特别是墨西哥的福祉。"[29]

格兰特接受总统职位，更多像是一名军官领受了一份职责。安德鲁·约翰逊的无能和分裂使他感到沮丧，他决心重振林肯的民族和解愿景。

*

当选总统的格兰特现在面临着从选举到就职长达四个月的过渡期。[30]林肯在远离华盛顿的斯普林菲尔德度过了大分裂的冬天；詹姆斯·布坎南一直住在宾夕法尼亚州兰开斯特附近的宅地惠特兰（Wheatland）。格兰特住在华盛顿的家中，并在陆军总司令部工作。与林肯（当选时没有担任政治职务）和布坎南（当选时辞去美国驻英国公使一职）不同，格兰特当选时继续担任总司令。

至于任命自己的行政班底，格兰特遵循了军中的有效方法：他相信自己的判断。《纽约时报》编辑亨利·J. 雷蒙德曾写信询问格兰特将任命谁成为他的内阁成员，但即便是对这位有影响力的支持者，格兰特也保持了沉默。他也没有和罗林斯或沃什伯恩讨论任命一事。他瞒着朱莉娅，把背心藏在枕头底下，以确保妻子不会看内阁提名名单。[31]

格兰特期待着任命他最熟悉的总司令一职。他将从战后仍在服役的五名主要将军中选出——哈勒克、汉考克、米德、谢尔曼和托马斯。他需要一个自己可以完全信任的将军，于是选择了谢尔曼。格兰特任命米德领导新成立的指挥部设在费城的大西洋战区，并任命托马斯领导指挥部设在旧金山的太平洋战区。他将谢尔曼在西部的军事指挥权授予了谢尔丹。[32]

谢尔曼成为总司令从另一个方面使格兰特受益。亚历山大·T. 斯图尔特（Alexander T. Stewart）因其在干货行业的非凡成就而被称为"商业王子"。他向格兰特提出要买下他在华盛顿的房子，并解释说自己和其他几名商人希望把房子送给谢尔曼。由于格兰特当时正准备搬进白宫，但仍生活在 1850 年代所处的经济困难的阴影下，同时也想为退休后的生活存一些钱，于是便接受了 65000 美元的出价——这是房子原价的两倍多。[33]

*

/ 470

随着格兰特就职典礼筹备工作的进行，华盛顿卫理公会的领袖们争先恐后地建造了一座新教堂，希望能够将它与政治庆典结合起来。[34]

在美国独立战争前的十年间，卫理公会来到殖民地，并迅速成长为宗教的核心会。从 1850 年代初开始，卫理公会[①]计划

[①] 此处实际指的是"美以美会（Methodist Episcopal Church）"。美国卫理公会在 1844 年因黑奴问题而发生了南北大分裂，"美以美会"是北方的教会，南方则称"监理会（Methodist Episcopal Church，South）"。直至 1939 年，几经分裂的教会才重新联合在一起。

在华盛顿建立一座国家教堂，这是在美国首都第一个这样做的教派。到了内战时期，卫理公会的迅猛发展使它成为美国最大的新教教派。这座哥特式教堂造价22.5万美元，被国家媒体称为"卫理公会的西敏寺"。[35]

2月28日，星期日，也就是格兰特就职的四天前，他和朱莉娅以及宗教和政治要人一起，在这座新建的大都会卫理公会教堂（Metropolitan Methodist Church）参加了一场庆典奉献日活动。将近2000人挤满了教堂。教堂牧师约翰·菲利普·纽曼（John Philip Newman）主持了晨祷仪式，而卫理公会最著名的牧师马修·辛普森主教则主持了布道。[36]

尤利西斯和朱莉娅不仅仅是名流的旁观者；尤利西斯接受了第一批十名理事的提名，而朱莉娅则担任了全国清算教会债务委员会的主席。[37]

*

3月4日，小雨，天气很冷。在位于I街的家门口，格兰特坐上一辆马车，准备前往他的陆军总司令部。人们从全国各地赶来庆祝一个新的开始，宾夕法尼亚大道两旁几乎每一个窗口都悬挂着国旗，奏响的军乐听起来有如回到了1865年春。

就在上午11点之前，格兰特和新当选副总统的斯凯勒·科尔法克斯开始前往国会大厦。约翰逊让人们知道自己无意参加格兰特的宣誓就职仪式，他一直躲在白宫里，签署着属于他最后时刻的法律草案。约翰逊将成为继约翰·亚当斯和约翰·昆西·亚当斯之后第三位没有参加继任者就职典礼的总统，这并不是一种美名。[38]

卫理公会是第一个在华盛顿特区建立国家教堂的新教教派。在这张1869年的照片中，大都会卫理公会教堂高高耸立在华盛顿的天际线上，它于格兰特就职的四天前落成。

　　中午12点过后不久，太阳突然从云层中出现，格兰特走到国会大厦的东面。他身着典雅精致的黑色西装宣誓就职，由首席大法官沙蒙·P.蔡斯主持。46岁的格兰特是迄今为止历届总统中最年轻的一位。

　　格兰特走上讲台，从胸前的口袋里掏出演说词。这篇讲稿是他在三周前写就的，并经过了亚当·巴多的润色。包括大量非裔美国人在内的人群向前挤去，希望能够聆听一位不以演讲著称的总统的发言。格兰特站在四年前林肯发表他第二次就职演说的地方，用交谈的语气开始了就职演说。[39]

　　一开始，他简单地说明了自己的候选人资格："我能感觉到

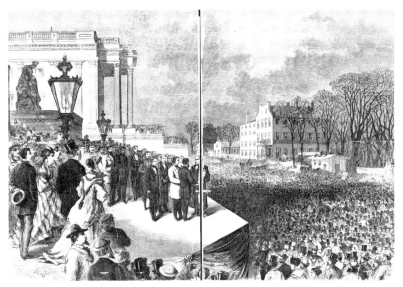

1869年3月4日，首席大法官沙蒙·P.蔡斯在美国国会大厦的东门廊主持了尤利西斯·S.格兰特的宣誓就职仪式。

这个职位的责任，但也能毫无畏惧地接受它。我来任职，并无所求；我将不受限制地履行自己的职责。"①格兰特表示，他上任时不会有任何纠缠不清的盟友。"所有的法律，不管是否得到我的批准，都会被忠实地执行。""我将对所有问题提出一项政策建议，但没有一项政策会违背人民的意愿。"⁴⁰他将是人民的总统而不是党的主席。

展望未来时，格兰特预测，在"一场大叛乱"之后，美国政府将面临许多问题，"这些问题是此前的政府从来没有处理过

_____

① 格兰特这里的"不受限制"指的是自己区别于那些投机型政客，那类人在上任后不得不向给他们投票的人兑现承诺。

的"。日益紧迫的国家债务问题因战争而加剧，谈论这一问题几乎花费了他演讲的一半时间。他承诺偿还债务，"忠诚税收"，并在整个政府推行"最切实可行的开支削减"。[41]

在演说进行到一半时，13 岁的内莉离开了母亲身旁的座位，走上前去，在她父亲旁边站了几分钟。这一幕感动了每个人。[42]

在演说的末尾，格兰特谈到了两个令人棘手的国家问题。首先，他承诺"妥善对待这片土地上的原住民印第安人"。他赞成"对印第安人采取任何有利于他们的文明及最终公民身份的方针"。[43] 在此之前，还从来没有哪位总统在就职演说中讨论过美洲印第安人的权利问题。

接下来，他讨论了非裔美国人的权利。他认为，"选举权问题很可能会激怒公众，只要该国的一部分公民被排除在任何国家特权之外。这个问题现在应该得到解决"。[44] 因此，格兰特主张通过《宪法第十五条修正案》（Fifteenth Amendment）。

格兰特进行了一次精彩的演说，而且没有因害怕讲话而头脑不清，这使每一个人都很吃惊。格兰特讲完后，朋友们走上前来迎接他，但他径直走向朱莉娅，弯下身子，亲了亲她的脸颊，并把他的就职演说稿递给了妻子。[45]

报纸社论称赞了格兰特的讲话。《纽约时报》将其与林肯的第二次就职典礼相提并论："格兰特将军有话要说，他说得既有力又得体。"[46]《国家》杂志对此给予了更低调的赞扬，声称这"至少是一场简单、明智、实用的演讲"。该杂志对"格兰特对总统在政府中地位的看法"勉强表示满意，其"表明过去四年的讨论并没有白费"。[47]

格兰特的演讲思路清晰，虽然没有华丽的辞藻，却是他成为总统后计划解决问题的蓝图，以及他为新政府的头 100 天下达的军令。

*

对于内阁，格兰特向参议院提交了六人名单。约翰·罗林斯反映了许多同代人的观点，他们认为林肯的内阁已被证明极为棘手，并建议格兰特不要把敌人纳入进来，从而重蹈覆辙。[48] 格兰特的选择反映了他发现在军队中个人的忠诚是有效的，在那里，高级军官们需要紧密合作。

格兰特任命加利纳的朋友伊莱休·沃什伯恩为国务卿。他选择了商业王子亚历山大·斯图尔特担任财政部部长，还提名费城的老朋友阿道夫·E. 博利（Adolph E. Borie）为海军部部长。当这个名字在参议院被公布时，几名参议员问道："谁是博利？"评论家指出，博利是一位富有的退休商人，除了为格兰特在费城的住宅筹集资金外，没有其他明显的资历。[49] 格兰特提名 E. 洛克伍德·霍尔（E. Rockwood Hoar）为司法部部长，他曾在马萨诸塞州高级法院任职十年，因学识和司法经验而广受尊重。[50] 格兰特选择前俄亥俄州州长雅各布·D. 考克斯（Jacob D. Cox）担任内政部部长，他曾是一位有着值得称赞的作战履历的"政治将军"。格兰特选择了马里兰州的约翰·A. 克雷斯韦尔（John A. Creswell）出任邮政署署长，他是一名反战的民主党人，后来加入了共和党激进派；作为一名很有能力的律师，克雷斯韦尔对如何改革邮政部门有自己的想法。[51]

格兰特要求约翰·斯科菲尔德将军继续担任战争部部长，直到他能把自己的人安置其中为止。[52] 许多人认为格兰特可能会任命他的参谋长约翰·罗林斯。但是格兰特知道罗林斯的肺结核愈发严重，打算任命他去领导亚利桑那领地军区，因为格兰特相信干燥温暖的气候可能会让罗林斯恢复健康。[53] 当罗林斯得知格兰特的担忧时，他告诉格兰特自己有资格接受战争部部长的任命。新总统很快就答应了。[54]

*

《纽约时报》称赞了格兰特的人选。[55] 但也有人认为总统的人选更多是基于忠诚而非能力。吉迪恩·威尔斯抱怨说："没有任何一个政治家和爱国主义者会这样作选择。"太多的提名者是"未经考验的"、"个人的追随者"和"捐钱者"。[56]

特别是格兰特任命沃什伯恩似乎是出于对一位老朋友的特别感谢。沃什伯恩不愿看到格兰特因自己而受到批评，便主动提出辞职。[57] 格兰特接受了辞呈，转而任命他为驻法国公使（沃什伯恩法语流利）。[58]

然而，他选择斯图尔特则是对这位慷慨的竞选捐助人的另一种回报：因为他买下了格兰特的房子。斯图尔特作为美国最富有的人之一，虽然没有人会质疑他的成就，但国会反对这项提名。当马萨诸塞州参议员查尔斯·萨姆纳引用 1789 年一项明确禁止任命进口商人的法律时，格兰特要求豁免，尽管斯图尔特也提出放弃他在财政部任职期间的所有收益。但是国会此前已被约翰逊严重激怒，这次拒绝听取格兰特的意见。格兰特只得撤换提名。[59]

在最初的内阁任命中，格兰特犯了错误。他没有征求意见，而是根据友谊而非能力作出任命。不过，最终他相信自己可以通过新的任命来克服这些初步的挫折。

他给前纽约州州长汉密尔顿·菲什（Hamilton Fish）写了

一封标有"紧急"字样的信。菲什此时已然 60 岁，退出政坛已有 12 年。格兰特要求菲什"接受美国国务卿一职"。[60]

这次提名很成功。菲什的父亲用朋友亚历山大·汉密尔顿的姓氏给自己的儿子取了名字。菲什毕业于哥伦比亚大学，是班上毕业致辞的学生代表。他曾在纽约担任辉格党的众议员、州长和参议员，游历过很多地方，说话温和，为人正直，颇受尊重。[61]

格兰特选择乔治·布特维尔（George Boutwell）来取代斯图尔特。布特维尔是最初弹劾约翰逊的一名国会领导人。1862 年，他曾任马萨诸塞州州长，是国税局的首任局长。如果说布特维尔属于主张非裔美国人选举权的激进派，那么他在金融事务上则是一个保守派。《纽约时报》对布特维尔的提名大加称赞："人民对他的正直信心十足，毫无疑问，各方都会对这一提名作出热烈响应。"[62]

*

但很快，另一项任命陷入了争议。就在格兰特任命谢尔曼继任总司令的第二天，战争部部长约翰·斯科菲尔德发布了第 11 号通令，规定"参谋长联席会议、各军区及主官都要向指挥军队的总司令汇报工作，并将在总司令的直接命令下采取行动"。[63] 这则通令让谢尔曼感到高兴，他目睹过格兰特同战争部部长斯坦顿的斗争，因而自信地认为自己不会再和爱管闲事的政客们作同样的斗争。[64]

当格兰特任命罗林斯取代斯科菲尔德时，一切都改变了。他的前参谋长在与斯坦顿的地盘争夺战中与格兰特站在一起，但在新职位上，他担心谢尔曼会有太多的权力。罗林斯要求格兰特取消第 11 号通令，这样他才有必要的权力去履行职责。3 月 26 日，罗林斯写道："在总统的指示下，第 11 号通令已被取消。"[65]

谢尔曼措手不及，赶往白宫和他的老朋友交谈。格兰特在慌乱中试图向他解释："罗林斯对此感到非常抱歉，这让他很担心，而且他身体不是太好。"格兰特补充道："我现在不想给他带来痛苦。"[66] "可是格兰特，"谢尔曼反驳说，"是您而不是我撤销了您的命令，您想想这会给社会各界带来什么后果？"他提醒格兰特，现在他们的谈话，其实和当时格兰特处在总司令的职位时一样。格兰特回答说："如果这是我自己的命令，我可以撤销它，不是吗？"谢尔曼竭力控制住自己的情绪，回答说："是的，总统先生，您有权撤销您自己的命令，但您也必须服从。"[67]

格兰特作出了选择。谢尔曼会保留这个职位和荣誉，但不会拥有实权。谢尔曼失望地离开白宫，一段友谊被深深地破坏了。格兰特感受到谢尔曼的痛苦，并将寻找机会修复他们的关系。

*

除了内阁人选之外，格兰特还提出了另一项引发争议的提名。他选择前南方邦联高级将领詹姆斯·朗斯特里特担任新奥尔良港的海关检查官，这一职位的年薪高达 6000 美元。[68] 朗斯特里特已是新奥尔良的一名商人，曾在总统竞选期间支持过格兰特，他在接受《纽约论坛报》采访时表示，"我相信他是一个公正的人"。[69]

格兰特的提名引来了掌声和批评。《纽约论坛报》写道："我们的新总统已经做了许多让国家铭记的行为，但他从未做过比昨

詹姆斯·朗斯特里特曾参加过格兰特的婚礼。因为和格兰特结盟，以及支持格兰特的重建政策，他受到了自己的家乡，即美国南部的恶毒批评。

天提名詹姆斯·朗斯特里特将军更明智或更高尚的行为。"[70]《纽约时报》宣布格兰特的选择是一种"和解的姿态"。[71]

　　但是对于许多南方人而言，朗斯特里特犯了一个不可饶恕的罪行。他是一个令人憎恨的"南方佬（scalawag）"[①]，一个支持重建的南方白人。《里士满问询观察报》（*Richmond Enquirer and Examiner*）嘲笑道："这就是罗伯特·E. 李'忠诚'的副手吗？"[72]朗斯特里特在西点军校的同学丹尼尔·哈维·希尔（Daniel Harvey Hill）斥责道："我们的这位'南方佬'是当地社区的麻风病人。与那些'提包客（carpetbagger）'[②]不同，他是本地人，这显然更为糟糕。"[73]

　　4月3日，经过九个小时的辩论，参议院以25：10票通过

[①]　亦写作"scallawag"或"scallywag"，一种蔑称，原指"流氓无赖"，后专指内战结束后在政治和成就上支持"重建"的南方人。

[②]　对美国内战后去南方投机钻营的北方人的蔑称。

了对朗斯特里特的提名。[74] 格兰特为和解所作的努力是为了回报一段可以追溯到三十年前的友谊。

*

当尤利西斯和朱莉娅搬进白宫时，朱莉娅发现一切都"很混乱"。白宫在美国唯一一位单身总统詹姆斯·布坎南的领导下被荒废了四年，之后，以超支预算而著称的玛丽·林肯开始着手重建总统的房子。但是，1862 年 2 月威利·林肯的去世使玛丽心神难安，所以她的计划从来都没有实现。朱莉娅决心给住宅带来一种秩序感和仪式感。她制订了一项花费整个夏天来整修白宫的计划。地毯要更换，椅子要换新，家具要恢复原样。她下令白宫的工作人员从今以后都要"穿正装，戴白手套"。[75]

格兰特总统确立了他的日常生活习惯。他早上 7 点钟起床，看华盛顿的报纸；8 点半和家人一起吃早饭。四个孩子中有两个不在首都——长子弗里德在西点军校，次子巴克正在菲利普艾斯特中学（Phillips Exeter Academy）学习，准备进入哈佛。早餐后，格兰特会在华盛顿的街道上散步，向本地人打招呼，这令他们非常惊讶。林肯被暗杀后，武装警卫一直驻扎在白宫内外。格兰特把他们都解雇了，因为他希望美国民众看到他们的总统是可以接近的。

上午 10 点，他会前往二楼的办公室；内兄弗里德里克·登特（Frederick Dent）坐在接待处；前副官霍勒斯·波特和奥维尔·巴布科克担任秘书。登特、波特和巴布科克都身着便服，但保镖威廉·克鲁克（William Crook）却对他们印象深刻，认为这就是一个"军事委员会"，因为"他们将军事的精确性渗透到了日常工作中"。[76]亚当·巴多负责撰写格兰特的军事史,被安排在另一个办公室工作。

在美国,通常下午3点结束公务,格兰特经常在幼子杰西的陪同下前往马厩。他在这里养了11匹马,其中有一些是他的老伙计,包括他的黑湾战马"辛辛那提";"小杰夫·戴维斯",曾经让他的主人舒服地穿越过许多内战战场;"埃及"和"圣路易斯",现在用于拉车;此外,还有杰西的两匹设得兰矮种马(Shetland Pony),它们分别叫作"雷布(Reb)"和"比利·巴顿(Billy Button)"。[77]

有时内莉也会陪着父亲。格兰特会挽着他唯一的女儿向马车房走去。内莉让他把两匹小马拴在她最喜欢的轻便马车上,然后下午去兜风。[78]

这家人在下午5点准时聚在一起吃饭。桌子边总是放着额外的椅子,以容纳白天可能被邀请的客人。格兰特吃得很少,但他喜欢吃牛肉,当然,牛肉必须做得很好。令格兰特高兴的是,年轻的杰西常常以幽默让谈话活跃起来。朱莉娅的父亲登特上校83岁了,仍然没有改变自己的思想,他对共和党激进派和试图超越他们地位的黑人大吼大叫。喝完咖啡,抽了一支黑雪茄,格兰特会阅读白天送来的纽约报纸。几个亲密的朋友会来进行一场非正式会谈,然后他和朱莉娅会在10~11点上床睡觉。[79]

*

如果说作为总司令,格兰特已愈发站在国会一边,但他现在已然成了行政部门的领导人。林肯曾在由谁制定重建议程的问题上与国会争论不休。当国会奋起推翻约翰逊对《重建法案》的否决时，这场冲突爆发成了公开的斗争。国会不打算归还其努力取得的成果。

新总统和国会之间的政治角力始于约翰逊任期内遗留下来的几个棘手问题。在国内方面，格兰特试图废除《联邦官员任期法案》，他认为总统在罢免自己任命的官员时不应受到束缚，并认为这是一种常识。众议院以 121∶47 票轻松通过，但参议院却没有，他们希望控制联邦政府的任免权。格兰特考虑过动用否决权，但司法部部长霍尔反对这么做，格兰特表示同意。[80]

约翰逊政府遗留下来的另一个主要问题是联邦债务。1860年的国家债务为 6400 万美元，而当格兰特就任总统时，债务已增长为 28 亿美元。由于数亿不可赎回的纸币美元，即"林肯绿币（Greenback）"[①]将金币挤出了流通领域，这个问题变得更加复杂。所有这些情况都使国家的信用状况很不稳定。格兰特因而签署了自己的第一项总统法案，承诺联邦政府将以"黄金或其等价物"[81]的形式支付美债持有人，并在切实可行的情况下尽快赎回美元。

格兰特发起了强有力的联邦措施来偿还国债。他认为健全的货币体系是恢复经济的最佳途径，而民主党则把重点放在了通过印刷纸币，从而将更多资金注入经济来缓解农民和小企业主的压

---

① 林肯在内战前既要为战争筹措资金，又要避免向银行贷款而产生巨额的债务，因此在内战期间发行了一种背面用绿色印刷的纸币。"林肯绿币"拥有两种形式：1861~1862 年以即期票据的形式发行；1862~1865 年以纸币的形式发行。绿币虽然是法定货币，但不以黄金或白银为本位，只以美国政府的信誉为后盾，实质上是一种主权信贷工具。因为人们相信政府可以用国家税收来背书，只要政府收税时接受自己发行的纸币，那么，这种纸币就成了税收债务的主权信用，可以用政府发行的国债对冲。基于此，"林肯绿币"也被称作联邦券或政府券。

力上。

就像他与同事和值得信赖的下属打交道时的习惯一样，格兰特给了他才华横溢的财政部部长乔治·布特维尔很大自由，让他能够履行减少国家债务的使命。在格兰特的支持下，参议员约翰·谢尔曼（John Sherman）通过了参议院的《公共信贷法案》（Public Credit Act），该法案允许那些购买债券支持内战的人将以"金币或其等价物"的形式得到偿还。

布特维尔在财政部发起了改革，以提高税收和限制造假。格兰特政府的财政政策保持了货币供应水平，使黄金保持在较低价位，并减少了国债。4月底，布特维尔指示他的助理部长开始折价出售黄金，并购买战时债券。他非常高兴，"当财政部宣布购买债券时，市场上的价格就上涨了"。[82] 与此同时，格兰特和布特维尔打算减少美元或纸币的供应，并用黄金来替代它们。到了5月底，布特维尔已经减少了1200万美元的国债。[83]

*

当格兰特准备在暑假离开时，他向亚当·巴多吐露："公共事务在我看来进展得很顺利。目前的国家收入正在以前所未有的方式取得，支出也得到了更细致的管理。"[84] 同一天，《纽约时报》发表社论说："没有理由担心新政府不能完全满足国家的期望。"[85]

/ 479

那年夏天，格兰特一家在新泽西州朗布兰奇的海滨村庄度假。格兰特最初是作为《费城公共纪事报》（*Philadelphia Public Ledger*）的出版商乔治·W. 蔡尔兹（George W. Childs）的客人来到这里。他们相识于内战期间，当时格兰特和朱莉娅正在费城为他们的孩子寻找学校。

蔡尔兹和两位投资者——企业家乔治·普尔曼（George Pullman）与银行家摩西·泰勒（Moses Taylor）——很快就给格兰特买下了位于海洋大道995号的房子，其正好在蔡尔兹家旁边。这幢三层别墅有7个卧室和28间房，将成为格兰特的夏季白宫。[86]

在一个典型的夏日，格兰特吃完早餐就会骑马出去。蔡尔兹注意到，将军很快就熟悉了"20英里以内的每条小路"。一回来，格兰特就和他的秘书们一起在面向大海的宽阔阳台上工作。[87]

朱莉娅很喜欢朗布兰奇：在华盛顿度过一个难熬的冬天和春天之后，她看着丈夫在有益健康的海风中恢复起精神来。她还盼望着每年有一次机会能够和她那遥远的家人们团聚在一起。[88]

在朗布兰奇度假之时，格兰特前往纽约看望他刚结婚的妹妹弗吉尼亚。37岁的"珍妮（Jennie）"在亚伯·拉斯伯恩·科尔宾（Abel Rathbone Corbin）一阵旋风般的求爱后结了婚：他们只在几个月前格兰特的就职典礼上见过面。[89]现年61岁的科尔宾比珍妮大25岁，他的前妻于去年4月去世。

科尔宾在西二十七街他那令人印象深刻的五层褐石豪宅迎接格兰特，他身上散发出大多数富有商人共同的成功气息。但是，这位总统姐夫的形象比那个夏天下午人们看到的要复杂得多。科尔宾是一个说话圆滑的人，他是一个房地产投机商（他已经将自己位于华盛顿 I 街的住宅卖给格兰特），他作为说客（"游说投机商"）的技能得到了广泛的认可。在他的一生中，他都会受到权力和金钱的影响。[90]

然而，这一次，科尔宾与两名不择手段的商人发生了冲突，因为他们想要引诱他。詹姆斯·菲斯克（James Fisk），年仅 33 岁，是个爱交际的表演者，已经从绰号"海军准将（Commodore）"的科尼利厄斯·范德比尔特（Cornelius Vanderbilt）手中夺取了伊利铁路（Erie Railroad）的控制权。杰伊·古尔德（Jay Gould）比菲斯克小一岁，性格安静得多，对数字很有头脑，他的第一笔财富是通过联邦铁路走私违禁品棉花挣来的——这种不义之财令格兰特感到厌恶。为了炫耀自己的财富，两人已经从华尔街搬到了第二十三街富丽堂皇的大歌剧院（Grand Opera House）。1868 年，他们花费 82 万美元买下了这座歌剧院。[91]

站在科尔宾公馆的门厅里，格兰特被介绍给古尔德，他一直在寻找机会和格兰特谈论黄金问题。

在格兰特的支持下，布特维尔每周的国债拍卖稳定了市场上的金价。随着时间推移以及政府卖出更多的黄金，金价开始下跌。古尔德和菲斯克意识到，如果他们能获得即将到来的政府黄金销售的信息，他们就能操纵市场，推动黄金价格回升，以虚高的价格出售手中的黄金，然后像强盗一样行窃。

但要取得成功，他们必须对政府的财政政策有更多的了解：他们需要盟友，无论他是否知情，都要为他们的计划提供便利。他们知道自己无法接触到布特维尔，截止到 9 月初，他已使国家债务减少了 5000 万美元。

首先，他们制定战略，让一名下属担任美国财政部纽约州分部助理部长。他们相中科尔宾的朋友丹尼尔·巴特菲尔德。他是一位内战英雄，曾帮助筹集资金，使格兰特能够买下他在华盛顿的家。古尔德和菲斯克知道布特维尔下令通过巴特菲尔德购买黄金。于是，古尔德在 7 月 3 日访问巴特菲尔德，送给了他一张10000 美元的支票，这比巴特菲尔德每年从政府拿到的 8000 美

/ 第 27 章 黄金危机 /

这幅由柯里尔与艾夫斯公司制作的漫画《那个时代的男孩》讽刺了金融家杰伊·古尔德试图垄断黄金市场,画中的人物将公牛和熊关在笼子里。1869年9月24日,黑色星期五,美国总统格兰特——在画中间抱着一个包裹向前方跑去——下令财政部出售价值500万美元的黄金,以恢复当时的金价。

元薪水还要高。这张支票及其潜在目的后来将成为国会调查案的一部分。[92]

　　其次,他们试图通过科尔宾让格兰特相信,如果金价上涨,国家将受益。在接下来的两个月里,格兰特在科尔宾家待过多次,他安排古尔德或菲斯克陪同在场。科尔宾试图与格兰特谈论他的计划来提振经济,但他很快就发现其他人所熟悉的:格兰特不愿谈论政府的财政政策。

　　陷入了困境后,科尔宾转向朱莉娅,表示愿意从7月24日为珍妮购买的25万元美债中拿出一半的利息给她。但格兰特夫人谢绝了他。[93]

　　再次，古尔德试图贿赂格兰特的秘书霍勒斯·波特。他提出以波特的名义购买 50 万美元的黄金。波特完全忠于格兰特，表示拒绝。但令他沮丧的是，古尔德在给纽约的波特的信中写道，"我们为你的账户买了 50 万美元的黄金"。[94] 波特迅速回复，"我没有授权你购买黄金"。[95]

　　最后，为了获得处理业务的便利，古尔德购买了纽约第十国民银行的控股权。华尔街银行家经常光顾这家银行，但其目前正在接受联邦审计机构的调查。当富有的纽约人在传统的 8 月假期前往萨拉托加（Saratoga）或纽波特（Newport）时，古尔德和菲斯克正努力完成他们的计划。

*

　　1869 年夏，格兰特在多大程度上意识到了这些阴谋？他与古尔德和菲斯克在科尔宾家中谈话的确切性质尚不清楚。在其他会议上，例如在伊利铁路的一辆私人车厢上参观该公司在宾夕法尼亚州萨斯奎哈纳的火车头厂，或者在第五大道剧院的菲斯克包厢里，格兰特彬彬有礼地听着他们讲述如何帮助他和经济的计划。[96]

　　但是，当古尔德敦促总统对他的黄金行动方案提供"一点暗示"[97] 时，格兰特回答说，提供这样的信息"是不公平的"。格兰特最常用的策略是：他重新点燃一支雪茄，把话题转移到马身上。尽管他谨慎行事，但他并没有意识到，只要别人看到自己与菲斯克和古尔德待在一起，他就向华尔街的许多投机者发出这样一个信息：他支持金价不断上涨。[98]

/ 482

8 月底，格兰特写信给布特维尔，表达出对金融市场的担忧。1870 年 2 月，在局势爆发之后，在众议院银行和货币委员会作证时，布特维尔回忆说，格兰特"认为强行压低黄金价格是不可取的"。总统担心，如果黄金价格下跌，将会损害西方农民"运输农作物"的能力。[99]

*

9 月 1 日，两位同谋者将其计划的最后一步付诸行动。他们以科尔宾和巴特菲尔德的名义购买了价值 150 万美元的黄金。黄金价格每上涨 1 美元，这对"黄金兄弟"就能赚到 15000 美元（相当于今天的 263000 美元）。9 月 6 日，金价升至 137 美元，不到一周就上涨了 4.5 美元。

9 月 12 日，格兰特准备去宾夕法尼亚州西部度过最后一周的假期，他将乘坐古尔德提供的伊利铁路私人车厢旅行。在离开科尔宾家之前，格兰特写信给布特维尔，后者原定于本周晚些时候因公抵达纽约。"当你到达的时候，你会遇到公牛和熊"，他们要么想卖出，要么想持有。"事实是，现在正在进行一场绝望的斗争，各方都希望政府帮助他们摆脱困境。"格兰特的建议是："我想，顺着我面前的光明，我会继续前行不改变，直到现在的斗争结束。"[100] 他把信封好交给科尔宾，让他交给巴特菲尔德，并嘱咐他把信交给布特维尔。科尔宾认为这封信是停止出售黄金的指示，于是决定通知古尔德。

然后，充满忧虑的科尔宾走得更远，当布特维尔到达纽约时，他前往拜访了对方。但是，由于布特维尔要应付纽约五大日报——《纽约时报》《纽约先驱报》《纽约论坛报》《纽约世界报》

《纽约太阳报》——的记者们在他旅馆门外排起的长队，他都没能听科尔宾把话说完。科尔宾向古尔德表达了关切，古尔德让他写信给格兰特。9月17日，在古尔德的陪同下，科尔宾匆忙写了信。这封杂乱无章的信后来应该散佚了，但古尔德回忆起科尔宾曾说过，在两个相互竞争的金融党派中，他希望总统能站在"缺乏黄金"的"显赫人物"一边。[101]

菲斯克命令伊利铁路公司的信使把这封紧急信件交给格兰特。送信人比利·查平（Billy Chapin）经过24小时不间断的奔波（先是乘火车，然后乘马车），终于到达宾夕法尼亚州的华盛顿。他径直前往格兰特家，发现格兰特正和霍勒斯·波特在玩槌球。[102]格兰特停下来查看这封信，然后年轻的信使询问总统是否愿意回信。格兰特回答："没有回信。"[103]

波特被信使的艰辛和格兰特冷淡的回答弄得迷惑不解，现在他向格兰特讲述了古尔德为他购买50万美元债券的事。听到这些，格兰特把这幅"黄金拼图"的碎片拼在了一起。他回忆起曾与古尔德和菲斯克的所有会面。科尔宾、古尔德和菲斯克打算垄断黄金市场。

格兰特把正好给珍妮写信的朱莉娅带到谈话中来。"写下这些，"他对妻子说，然后开始作口头陈述，"将军说，如果你对你丈夫有任何影响，请转告他不要和杰伊·古尔德和吉姆·菲斯克有任何关系。如果他这样做了，他将损失惨重。"[104]

封好信，格兰特沉思着，"我一直对科尔宾非常尊敬，并为他高兴，因为他的宝贵建议对政府提供了极大帮助"。他补充说自己被这一发现震惊了，"我现在责怪自己没有检查……这是令人非常痛心的。我担心他可能会因此损失惨重——哎，我可怜的妹妹！"[105]

*

　　但为时已晚，菲斯克的信使给菲斯克发了一封电报。匹兹堡和纽约之间的一位电报员不知何故，增加了一个决定命运的标点符号。送信人写道："信已顺利送达。（Letter delivered all right.）"菲斯克却收到这样的信息："信已送达。一切顺利。（Letter delivered. All right.）"因此，菲斯克推测总统已经同意了通过投机来提高股价。[106]

　　"买！买！买！" 9 月 20 日，星期一，菲斯克和古尔德加速了他们贪婪的攻击，黄金价格上涨。急切的买家们涌入威廉斯街黄金交易所，将金价从 137 美元开始向上哄抬。到 9 月 22 日星期三下午，金价达到 141.875 美元的高位。[107]

　　同样在 9 月 22 日，尤利西斯和朱莉娅在结束夏天度假后回到白宫。朱莉娅检查了木匠、工匠和画家在夏天所做的工作。尤利西斯问她关于布置在房子里的新画和雕像的事。她不知道它们从何而来。进一步的调查显示，这些艺术品是免费从纽约的一位艺术品经销商那里寄来的。格兰特闻到其中掺杂着臭鼬的气味，指示把画和雕像装箱运回。巴特菲尔德后来作证说，这些估价在 60000 美元的礼物来自"金戒指"团伙，其目的显然是为了讨好总统。[108]

　　第二天晚上，格兰特和布特维尔见面，相互交换了意见。一开始他担心自己需要说服总统让财政部提供资金，并粉碎"金戒指"团伙。但当两人谈话时，他们一致认为国家的事务处于危险之中。格兰特的沉着自信给布特维尔留下了深刻的印象。总统告诉他的财政部部长要稳定市场，即"如果第二天金价大幅上涨，我们就有责任把它卖掉"。[109]

1869 年 9 月 24 日，一个异常温暖的周五，菲斯克和古尔德从大歌剧院骑马前往市中心，口袋里装着 1 亿美元的黄金认购单，他们希望通过第十国家银行收到更多的投标。随着交易员涌入黄金交易所，没人知道会发生什么。《弗兰克莱斯利新闻画报》和《哈珀周刊》的艺术家们都在争夺最佳的有利位置，从那里他们可以勾勒出这部精彩的戏剧。如果说华尔街交易员为"黄金兄弟"的虚张声势叫好，那么许多普通民众则嘲讽这场金融危机，因为其给农民和小企业主带来了沉重打击。当菲斯克向他的手下发出指令时，金价在上午 9 点半涨至 150 美元，并于上午 11 点上涨至超过 155 美元。这个问题在黄金交易所之外被越来越多的人提出：政府会怎么做？[110]

*

就在这个时候，布特维尔从财政部大步走到白宫与格兰特交谈。他不仅从纽约，而且从费城和巴尔的摩收到了混乱不断加剧的报告。布特维尔强烈建议出售黄金，以抑制金价上涨，结束混乱局面。

格兰特询问布特维尔打算出售价值多少钱的黄金。

布特维尔回答说："300 万美元将足以结束混乱。"

格兰特马上说道："我想你最好用 500 万美元来达此目的。"[111]

布特维尔回到办公室，给巴特菲尔德发了一封电报：

明天卖出价值400万美元的黄金，并买入400万美元的债券。[112]

当纽约三一教堂的钟声在正午时分响起时，巴特菲尔德收到布特维尔的电报。他把它贴在了分部的公告栏上。

几分钟之内，黄金价格从160美元下跌到138美元。"卖！卖！卖！"后来被称为"黑色星期五"的事件阻止了"金戒指"团伙赌徒菲斯克和古尔德的阴谋。《纽约先驱报》写道："也许从未发生过比这次更猛烈的断崖下跌了。"[113]

中午12点，格兰特召开内阁会议。当收到各处的电报消息

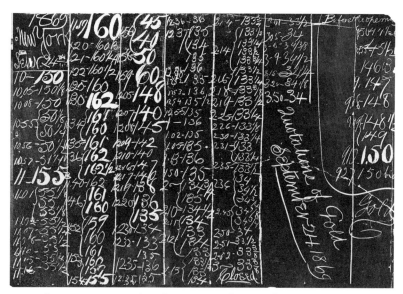

1869年9月24日，黑色星期五，纽约"黄金屋"的黑板上写着下跌的金价。

时，都是一片祝贺的声音。格兰特和布特维尔做足了功课，行动果断。

可以肯定的是，在那一刻没有人能体会到整个国家多年来感受到的痛苦和损失。但是，正如纽约港联邦海关征税官摩西·格林内尔（Moses Grinnell）当天下午给格兰特和布特维尔发的电报所言："如果你们没有这样做，我相信我们大多数最可靠的商人和银行家都会被迫在今天3点前破产，因为人们完全丧失了信心，恐慌正在蔓延。"[114]

很多人永远都不会知道格兰特在"黑色星期五"中扮演的全部角色。正如这位将军经常对谢尔曼或谢尔丹所做的那样，他会把自己受到的任何赞扬都转移给手下最有才华的内阁部长之一布特维尔的身上。然而，尽管格兰特自己对金融市场缺乏经验，他还是和布特维尔合作，果断采取行动，避免了一场全国性的金融危机。

注　释

1   USG to WTS, June 21, 1868, *Grant Papers*, 18: 292-93.

2   USG to JDG, July 17, 1868, *Grant Papers*, 19: 9-10; Robert G. Athearn, *William Tecumseh Sherman and the Settlement of the West*, rev. ed. (1956; repr., Norman: University of Oklahoma Press, 1995), 212-14.

3   USG to JDG, July 21, 1868, *Grant Papers*, 19: 10-11.

4   *New York Tribune*, July 22, 1868; *New York Times*, July 31, 1868; Athearn, *William Tecumseh Sherman and the Settlement of the West*, 214-15.

5   Coleman, *Election of 1868*, 187; Eaton, *Presidential Timber*, 8-9; Joel H. Silbey, *A Respectable Minority: The Democratic Party in the Civil War Era, 1860-1868* (New York: W. W. Norton & Co., 1977), 204-8.

6   Eaton, *Presidential Timber*, 1-2, 11-12; Coleman, *Election of 1868*, 239-

45. 彭德尔顿在 1864 年和乔治·麦克莱伦一起成为民主党副总统的候选人。Stewart Mitchell, *Horatio Seymour of New York* (Cambridge, Mass.: Harvard University Press, 1938), 25, 57-58, 423.

7　Mitchell, *Horatio Seymour*, 429-33; Strong, *Diary 3*, entry July 9, 1863, 222.

8　William E. Parrish, *Frank Blair: Lincoln's Conservative* (Columbia: University of Missouri Press, 1998), 254.

9　*New York Times*, August 14, 1868.

10　Foner, *Reconstruction*, 338; Epps, *Democracy Reborn*, 252-53; James, *Framing of the Fourteenth Amendment*, 192.

11　Mark Wahlgren Summers, *The Press Gang: Newspapers and Politics, 1865-1878* (Chapel Hill: University of North Carolina Press, 1994), 43.

12　Coleman, *Election of 1868*, 306.

13　Richardson, *A Personal History*. 阿尔伯特·D. 理查德森（Albert D. Richardson）曾担任过联邦政府的间谍，在越狱前，他在邦联政府的 7 座监狱中被关押了 7 个月，这为他的传记带来了名人效应。

14　Halloran, *Thomas Nast: The Father of Modern Cartoons* (Chapel Hill: University of North Carolina Press, 2015), 69, 81.

15　Summers, *Press Gang*, 44; McFeely, *Grant*, 282-83.

16　*New York World*, May 25, 1868; Coleman, *Election of 1868*, 96.

17　罗伯特·E. 李部队的伤亡率为 18%~20%，远远高于格兰特的 10.2%。Elizabeth R. Varon, *Appomattox: Victory, Defeat, and Freedom at the End of the Civil War* (New York: Oxford University Press, 2013), 21-22.

18　Mark Wahlgren Summers, *The Gilded Age; Or, The Hazards of New Functions* (Upper Saddle River, N.J.: Prentice Hall, 1997), 23.

19　Francis Preston Blair, Jr., to Francis Preston Blair, Sr., August 2, 1867, cited in Parrish, *Frank Blair*, 249.

20　Badeau, *Grant in Peace*, 147.

21　Julia Dent Grant, *Personal Memoirs*, 172.

22　Simon Wolf, *The Presidents I Have Known* (Washington, D.C.: Byron S. Adams, 1918), 66; Simon Wolf to USG, April 14, 1868, *Grant Papers*, 19: 18-19; Sarna, *When Grant Expelled the Jews*, 50-61.

23　Adam Badeau to Simon Wolf, April 22, 1868, *Grant Papers*, 19: 17-18; Wolf, *The Presidents I Have Known*, 64-65.

24　Wolf, *The Presidents I Have Known*, 67-68.

25　WTS to USG, September 28, 1868, *Grant Papers*, 19: 46.

26   Badeau, *Grant in Peace*, 148.

27   Ibid.

28   Donald R. Deskins, *Presidential Elections*, *1789-2008*（Ann Arbor: University of Michigan Press, 2010）, 190-91; Coleman, *Election of 1868*, 362-63. 除一个州外，格兰特在所有州都领先于共和党候选人。他在特拉华州获得的选票比共和党国会候选人少 10 张。Paul F. Boller, *Presidential Campaigns*（New York: Oxford University Press, 1984）, 125.

29   Matías Romero to USG, November 9, 1868, *Grant Papers*, 19: 69-70.

30   从乔治·华盛顿（George Washington）时期到 20 世纪，这种交接会持续四个月，一直到 3 月 4 日。就职日期被提前到 1 月 20 日，是从富兰克林·D. 罗斯福（Franklin D. Roosevelt）第二任期时开始的。

31   Badeau, *Grant in Peace*, 156; Ross, *The General's Wife*, 205.

32   USG to PHS, February 15, 1869, *Grant Papers*, 19: 131; Wheelan, *Terrible Swift Sword*, 246; Cleaves, *Meade of Gettysburg*, 346-48; Wills, *George Henry Thomas*, 426-28.

33   USG to WTS, January 5, 1869, *Grant Papers*, 19: 103. 该房产的出售在争议中蒙上了阴影。早些时候，格兰特同意以 40000 美元的价格将它卖给塞勒斯·J. 鲍恩市长（Mayor Sayles J. Bowen），双方达成的协议是，如果格兰特在卸任总统后选择住在这里，这笔交易可能会被取消。当鲍恩听说该房产已经出售给谢尔曼时，他写道，自己对他们口头谈话的理解不包括出售给第三方的可能性。详见: USG to Sayles J. Bowen, January 30, 1865, *Grant Papers*, 19: 118-119, and Sayles J. Bowen to USG, February 1, 1869, *Grant Papers*, 19: 119.

34   Richey, Rowe, and Schmidt, *Methodist Experience in America*, 1: 219-20. 直到 1907 年，圣公会国家大教堂（National Cathedral of the Episcopal Church）的地基才被奠定。

35   Ibid.; Lillian Brooks Brown, *A Living Centennial Commemorating the One Hundredth Anniversary of Metropolitan Memorial United Methodist Church*（Washington, D.C.: Judd & Detweiler, 1969）, 1-9. 1845 年，由于对奴隶制度存有争议，卫理公会分裂，南方分会改名为 "监理会（Methodist Episcopal Church, South）"。

36   Brown, *A Living Centennial*, 1-9; *New York Times*, February 28, 1869; *Harper's Weekly*, March 13, 1869. On Simpson, see George R. Crooks, *The Life of Matthew Simpson*（New York: Harper & Bros., 1890）; Matthew Simpson, *A Hundred Years of Methodism*（New York: Phillips & Hunt, 1876）; Richey, Rowe, and Schmidt, *Methodist Experience in America*, 1: 204, 207; Richard

Carwardine, *Lincoln: A Life of Purpose and Power* (New York: Alfred A. Knopf, 2006), 277–80.

37　Brown, *A Living Centennial*, 23.

38　Smith, *Grant*, 466; Albert Castel, *The Presidency of Andrew Johnson* (Lawrence: Regents Press of Kansas, 1979), 211–12. 关于其他两位总统：约翰·亚当斯 (John Adams) 没有参加托马斯·杰斐逊 (Thomas Jefferson) 的就职典礼；约翰·昆西·亚当斯 (John Quincy Adams) 没有参加安德鲁·杰克逊 (Andrew Jackson) 的就职典礼。

39　Allan Nevins, *Hamilton Fish: The Inner History of the Grant Administration* (New York: Dodd, Mead, 1937), 131.

40　USG, Inaugural Address, March 4, 1869, *Grant Papers*, 19: 139.

41　Ibid., 140–42.

42　Garland, *Grant*, 388.

43　USG, Inaugural Address, March 4, 1869, *Grant Papers*, 19: 142.

44　Ibid., 142.

45　Julia Dent Grant, *Personal Memoirs*, 172.

46　*New York Times*, March 5, 1869.

47　*The Nation*, March 11, 1869.

48　Badeau, *Grant in Peace*, 163–64. See Doris Kearns Goodwin, *Team of Rivals: The Political Genius of Abraham Lincoln* (New York: Simon & Schuster, 2005).

49　Smith, *Grant*, 468–69.

50　Moorfield Storey and Edward Waldo Emerson, *Ebenezer Rockwood Hoar: A Memoir* (New York: Houghton Mifflin, 1911), 45–46, 162–63.

51　Robert V. Friedenberg, "John A. J. Creswell of Maryland: Reformer in the Post Office," *Maryland Historical Magazine* 64, no. 2 (Summer 1969): 133–35.

52　Donald B. Connelly, *John M. Schofield and the Politics of Generalship* (Chapel Hill: University of North Carolina Press, 2006), 214.

53　Wilson, *Life of John A. Rawlins*, 351.

54　Ibid., 351–53.

55　*New York Times*, March 8, 1869.

56　Welles, *Diary 3*, entry March 5, 1869, 3: 544–45.

57　Elihu B. Washburne to USG, March 10, 1869, *Grant Papers*, 19: 151.

58　USG to Elihu B. Washburne, March 11, 1869, *Grant Papers*, 19: 150–51; Hunt, *Israel, Elihu and Cadwallader Washburn*, 243–46.

59　Alexander T. Stewart to USG, March 9, 1869, *Grant Papers*, 19: 148; Hesseltine,

Ulysses S. Grant, 146-47. Nevins, *Hamilton Fish*, 108, 111.

60 USG to Hamilton Fish, March 10, 1869, *Grant Papers*, 19: 149.

61 Nevins, *Hamilton Fish*, 1, 19, 114.

62 *New York Times*, March 12, 1869.

63 USG, "To Senate," March [4], 1869, *Grant Papers*, 19: 143; John M. Schofield, Orders, March 5, 1869, *Grant Papers*, 19: 143.

64 Marszalek, *Sherman*, 384; Athearn, *William Tecumseh Sherman and the Settlement of the West*, 240.

65 John A. Rawlins, General Orders No. 28, March 26, 1869, *Grant Papers*, 19: 144; Wilson, *Life of John A. Rawlins*, 356.

66 Manning F. Force, *General Sherman* (New York: D. Appleton & Co., 1899), 324-26; Lloyd Lewis, *Sherman: Fighting Prophet* (New York: Harcourt, Brace & Co., 1932), 601.

67 Force, *General Sherman*, 325-26; Marszalek, *Sherman*, 385.

68 Jeffry D. Wert, *General James Longstreet: The Confederacy's Most Controversial Soldier* (New York: Simon & Schuster, 1993), 413.

69 *New York Tribune*, August 24, 1868.

70 Ibid., March 12, 1869.

71 *New York Times*, March 15, 1869.

72 *Richmond Enquirer and Examiner*, March 12, 16, 1869.

73 Donald Bridgman Sanger and Thomas Robson Hay, *James Longstreet* (Baton Rouge: Louisiana State University Press, 1952), 345-46.

74 James Longstreet to USG, March 31, 1869, *Grant Papers*, 19: 405; Sanger and Hay, *James Longstreet*, 346.

75 Julia Dent Grant, *Personal Memoirs*, 173-74; Ross, *The General's Wife*, 205.

76 William H. Crook, *Through Five Administrations, Reminiscences of Col. William H. Crook, Body-Guard to President Lincoln*, edited by Margarita Spalding Gerry (New York: Harper & Bros., 1910), 155-56.

77 Benjamin Perley Poore and O. H. Tiffany, *Life of U. S. Grant* (New York: Union Publishing House, 1885), 50.

78 Ibid., 59.

79 Badeau, *Grant in Peace*, 243; Poore and Tiffany, *Life of U. S. Grant*, 50.

80 Nevins, *Hamilton Fish*, 129-30; Hesseltine, *Ulysses S. Grant*, 135-36.

81 Milton Friedman and Anna Jacobson Schwartz, *A Monetary History of the United States, 1867-1960* (Princeton, N.J.: Princeton University Press, 1963), 27.

82　Boutwell, *Reminiscences of Sixty Years in Public Affairs*, 2：157.

83　Ibid., 2：130-39.

84　USG to Adam Badeau, July 14, 1869, *Grant Papers*, 19：212-13.

85　*New York Times*, July 14, 1869.

86　George William Childs, *Recollections*（Philadelphia：J. B. Lippincott, 1890）, 103; Mark Perry, *Grant and Twain：The Story of a Friendship That Changed America*（New York：Random House, 2004）, 53.

87　Childs, *Recollections*, 103.

88　Julia Dent Grant, *Personal Memoirs*, 177-78.

89　Ibid., 57.

90　Kenneth D. Ackerman, *The Gold Ring：Jim Fisk, Jay Gould, and Black Friday, 1869*（New York：Dodd, Mead, 1988）, 54.

91　Ibid., 6-7, 35-36.

92　Ackerman, *The Gold Ring*, 94; Smith, *Grant*, 483.

93　"Gold Panic Investigation," House of Representatives, 41st Congress, 2nd sess., Report No. 31：270-71.

94　Jay Gould to Horace Porter, September 16, 1869, *Grant Papers*, 19：244n.

95　Horace Porter to Jay Gould, September 19, 1869, *Grant Papers*, 19：245n. See also Porter's testimony to the Gold Panic Investigation Committee, "Gold Panic Investigation," 445-46. 他向委员会报告，自己曾告诉古尔德："我是政府的一名官员，不能进行任何投机活动。"

96　*Grant Papers*, 19：229n5.

97　Interview with Ulysses S. Grant, *New York Sun*, October 4, 1869.

98　Ackerman, *Gold Ring*, 73-74.

99　*Grant Papers*, 19：244.

100　USG to George Boutwell, September 12, 1869, *Grant Papers*, 19：243-44.

101　"Gold Panic Investigation," 155; Ackerman, *Gold Ring*, 128.

102　Ackerman, *Gold Ring*, 136-38.

103　"Gold Panic Investigation," 444-45.

104　Julia Dent Grant, *Personal Memoirs*, 182. 多年后，朱莉娅在回忆录中写道，她选择把杰伊·古尔德（Jay Gould）和吉姆·菲斯克（Jim Fisk）的名字留白，这两个名字由她的个人回忆录编辑约翰·Y. 西蒙提供。

105　Ibid., 182-83.

106　Ackerman, *Gold Ring*, 146.

107　Ibid., 140-51.

108 "Gold Panic Investigation," 425−26.

109 Ibid., 344.

110 Boutwell, *Reminiscences*, 2: 174.

111 Ibid., 2: 175.

112 Ibid.

113 *New York Herald*, September 25, 1869.

114 Boutwell, *Reminiscences*, 2: 177.

/ 第 28 章 对印第安人政策的根本性转变

> 感谢上帝，在白宫有一位总统，他就职演说的第一个关键词是"黑人"，第二个关键词便是"印第安人"；他对印第安人的保护并不是在谢尔丹和谢尔曼实施粗鲁和嗜血政策时才被看到，而是在公民身份和投票中就已被看到。

> ——温德尔·菲利普斯，美国反奴隶制协会主席，1870年2月24日

格兰特在他的就职演说中承诺要改变国家对印第安人的政策，这使每个人都感到惊讶。

三周后，他兑现了自己的诺言，召集了由一群基督教领袖和慈善家参加的会议，开始了这一变革。总统告诉他们，有必要"对印第安人制定一项人道和基督教教化的政策"。《纽约先驱报》对此报道说："格兰特希望彻底改变政府对印第安人的政策。"[1]

格兰特对印第安人的倡议可能鼓舞了改革者的精神，但也引发了军方同僚的反对，并有可能疏远他的西部支持者。《利文沃斯公报》（*Leavenworth Bulletin*）谴责说："如果有更多的人被剥了头皮并且心被灼烧，那么我们向上帝祈祷，希望这个人也许是我们贵格会中一些替印第安人说话的人。"[2]与他的大多数军事朋友形成鲜明对比的是，格兰特开始相信边境上的大多数问题都是殖民者造成的。至于印第安人，他在给谢尔曼的信中批评道："我们白人，他们似乎从来都对印第安人充满敌意。其实，支持一个和平委员会比支持一场针对印第安人的战

役要好得多。"³

在格兰特宣布这一消息的几天内，他收到了一条来源令人惊讶的回应。美国反奴隶制协会（American Anti-Slavery Society）主席温德尔·菲利普斯曾是批评格兰特最严厉的人之一，他写道："我们衷心并真诚地感谢他。"⁴许多参加争取印第安人权利运动的人以前都参加过反奴隶制运动。对他们来说，这是扩大美国境内少数群体权利的合乎逻辑的延伸。

后来被称为格兰特的"和平政策"引发了一系列问题。他的想法从何而来？格兰特会选择谁来领导这项新的事业？为什么他要向基督教领袖寻求建议？谁会成为新的印第安人政策代理人？

*

1824 年，詹姆斯·门罗总统下令将居住在东部的印第安部落"自愿"迁徙至密西西比州西部，政府对印第安人的这一政策已被编成成文法典。安德鲁·杰克逊在 1829 年成为美国总统后，在深南部（lower South）①制定了印第安人迁徙政策，那里是"五个文明部落"——切罗基人（Cherokee）、克里克人（Creek）、乔克托人（Choctaw）、契卡索人（Chickasaw）和塞米诺尔人（Seminole）——的所在地。在

---

① 也称 "Deep South"，又被称为棉花州，是美国南方腹地的文化与地理区域名，与之相对的是上南方（Upper South / Upland South）。深南部的定义并不统一，一般情况下，将亚拉巴马州、佐治亚州、路易斯安那州、密西西比州和南卡罗来纳州视为深南部，有时得克萨斯州和佛罗里达州也被视为深南部的一部分。

他的继任者马丁·范·布伦总统的领导下，1838~1839年的"泪水之路（Trail of Tears）"迫使切罗基人在今天的俄克拉荷马州重新定居。[5]

在格兰特执政初期，美国对印第安人的政策陷入混乱。超过25万名印第安人生活在100多个部落中，受大约370项条约管辖，他们被迫向密西西比河以西推进。印第安人是这片土地最早的居民，他们的语言、宗教和统治方式各不相同，现在受到被黄金和新西部土地吸引并由20000名士兵保护的白人殖民者的威胁。

*

格兰特的行动源于他就职演说中的承诺："妥善对待这片土地上的原住民印第安人。"[6]在这些话的背后有一个很长的故事，而关于这个故事格兰特没有怎么提起过。这是他特有的方式。[7]

格兰特对印第安人困境的同情最初源于1853年驻扎在温哥华堡时的经历。当朱莉娅得知尤利西斯经常独自一人骑马深入俄勒冈州的森林时，她担心丈夫会中印第安人的埋伏。尤利西斯向朱莉娅保证："这里的人将是你见过最无害的人。"他补充说："我认为，如果不是白人强行压迫，他们整个种族将是无害且和平的。"[8]同一年夏天，格兰特给一位军中朋友写了一封关于奇努克印第安人（Chinook Indian）的信："这个曾经强大部落的可怜残余，正在文明的赐福——威士忌和天花——面前迅速消亡。"[9]后来，格兰特告诉他在朗布兰奇的邻居乔治·蔡尔兹，当他还是一名年轻中尉的时候，他"曾看到印第安人在白人手中遭受过不公正的对待"。[10]

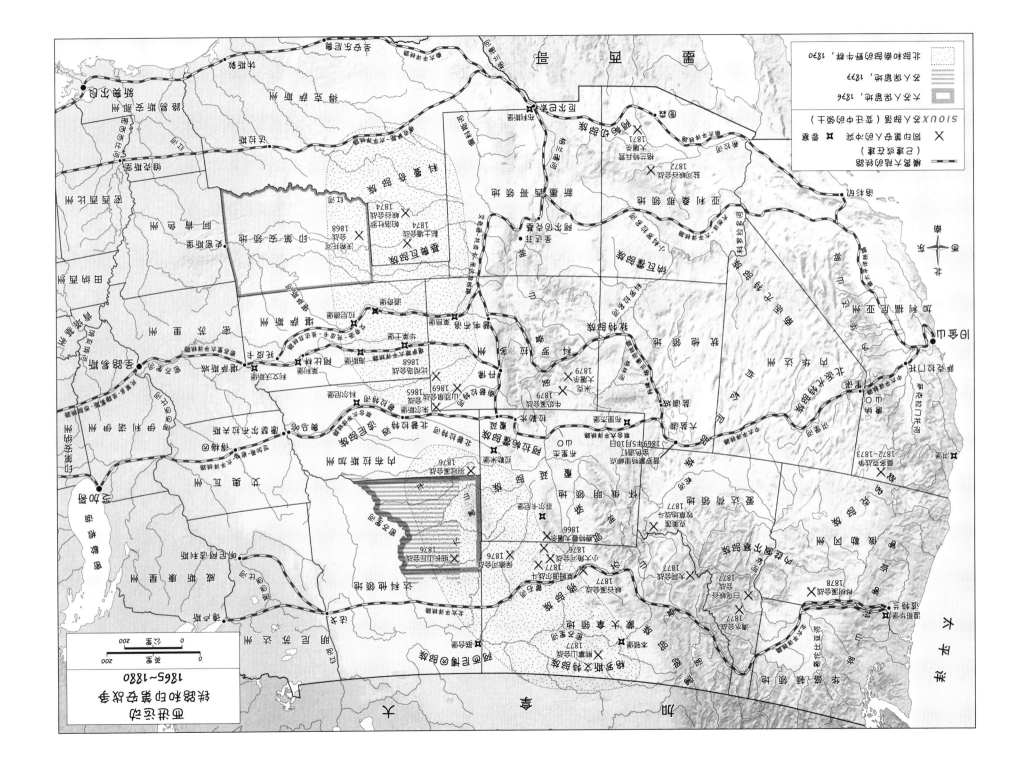

早在九个月前的 1868 年夏，格兰特视察大平原时就目睹过文明之间的冲突。他目睹了越来越多的白人殖民者向西迁移。他担心印第安人和殖民者之间的冲突会越来越大。如果早年的格兰特是同情印第安人，那么现在他已有热情去寻找解决这一问题的酝酿许久的方案。

*

格兰特倡议的第一个组成部分引起了人们的注意。他提名前军事秘书伊利·S. 帕克为印第安人事务局（Bureau of Indian Affairs）局长。帕克 1828 年出生于纽约州西部的塞内卡托纳万达保留地（Seneca Tonawanda Reservation），他珍视自己的印第安语名字 "Ha-sa-no-an-da"①。他的英文名字来自埃尔德·伊利·斯通（Elder Ely Stone），后者是一位浸礼会牧师，曾在帕克起初接受教育的教会学校任教。从十几岁时起，帕克开始为塞内卡人做翻译和发表声明，他到奥尔巴尼（Albany）和华盛顿为他们在托纳万达地区的冲突发声。[11]

年轻时，帕克决定分别穿上鹿皮大衣和燕尾服在印第安人和白人的世界里生活与工作。托纳万达的诉讼失败让他深受打击，于是他开始学习法律。令人沮丧的是，他被告知作为一名印第安人，他将被禁止进入法庭，因为他并非合法的公民。23 岁时，他成为塞内卡人的一名首领，并被授予"红夹克勋章"，这是乔治·华盛顿总统在 1792 年授予他伟大的塞内卡祖先的银制奖章，象征着美国这个新国家与印第安民族之间的和平纽带。

①　意为"名字（Leading Name）"，即在一个世系或更广泛的亲族中几代人反复使用的名字。

格兰特不只是谈论印第安人事务，他还任命塞内卡人伊利·S. 帕克为印第安人事务局局长。

帕克在维克斯堡战役后担任格兰特的秘书时赢得了格兰特的信任。帕克记得格兰特"使我想起了一些印第安人朋友。在看到这位将军的良好品格前，必须打破沉默"。一旦打破沉默，帕克说，他遇到的这个人"不仅友好，而且有着友善和同情的天性"。[12] 他成为格兰特了解印第安人面对美国白人无情西进时所遇困境的窗口。

后来，格兰特和帕克已愈发亲密。1867 年 12 月，当帕克与 18 岁的华盛顿社交名媛米妮·奥尔顿·萨克特（Minnie Orton Sackett）结婚时，格兰特亲自护送了这位新娘。[13]

关于帕克是否有资格被任命为局长，格兰特咨询了司法部部长 E. 洛克伍德·霍尔。霍尔回答说："根据宪法，帕克没有被剥夺担任这一职务的资格。"[14] 总统听后松了一口气。选择帕克是格兰特对印第安人的一种肯定，他认为印第安人如果有机会接受教育和从事有价值的工作，他们就可以和现代美国的任何一个人享有同样的合法地位。

*

接下来，格兰特向基督教领袖寻求建议。从某种程度上说，格兰特一直被描述成不信教的人。不过，这仅仅是根据他出席教堂次数的狭隘标准，而非其他充分的标准来衡量他的宗教信仰或实践。他与宗教的关系比人们通常理解的要复杂得多。[15]

格兰特在卫理公会的传统中长大，他曾宣布"美国有三大政党：共和党、民主党和卫理公会"。[16]他的虔诚是实用性的，他捐钱给外国传教士，因为他不仅支持他们努力传播福音，还支持他们教授农业。关于印第安人的未来，他告诉长老会的朋友乔治·斯图尔特，"我不相信我们的造物主把不同种族的人放在这个地球上就是为了让强者尽其所能消灭弱者"。[17]

内战结束后，当贵格会教徒拜访格兰特时，他又加入了另一个美国宗教传统。贵格会（通常也被称作"公谊会"）给他讲述了18世纪与特拉华印第安人和平相处的威廉·佩恩（William Penn）的故事。[18]

/ 492

当年2月，格兰特让帕克联系巴尔的摩公谊会的领导人本杰明·哈洛威尔（Benjamin Hallowell）。帕克在给哈洛威尔的信中说，格兰特非常感激"你们团体对印第安福利事业所保持的友谊和兴趣"。此外，他还"希望制定一些政策来保护印第安人的正当权利，并在管理他们的事务时保持公正"。[19]

哈洛威尔称赞格兰特的"睿智"，他明白，与印第安人合作的首要条件是重建与部落之间的信任，而这些部落已经开始不信任之前的印第安人权益代理人的言论和工作。格兰特的和平政策经常被称为他的"贵格会政策"。[20]

在白宫为基督教领袖举行的会议上，几位与会者建议美国基督教委员会作为新成立的印第安人委员会的榜样。该委员会在内战初期由基督教青年会发起，是为士兵提供精神和身体护理的主要机构——几乎从《圣经》到毛毯无所不包。这个教会与政府合作的实验之所以成功，是因为它得到了林肯总统的支持。同样，曾担任该委员会主席的乔治·斯图尔特认为，新的印第安人委员会可以在格兰特的支持下开展工作。[21]

*

国会于 1869 年 4 月 10 日投票成立了印第安人专员委员会，但那些不愿放弃享有任命特权的国会成员也在不断抱怨。根据该法案，总统有权"组织一个委员会……他们以智慧和慈善事业而闻名"，[22]同时他们也愿意进行无偿服务。格兰特想把有公德心的人安置在不受政治压力的地方，而这种压力曾困扰着此前的印第安人办事处管理层。为了使自己的愿景得以实现，他努力工作，在正常年度拨款的基础上再增加了 200 万美元。[23]

各教派选出了新委员会的所有九名成员，该委员会于 5 月 27 日会见了格兰特，正式确定了委员会的任务，包括访问各部落、检查印第安人办事处的记录、评估条约制度的有效性以及监督印第安人的财产置得。[24]

6 月 3 日，格兰特发布了一项冗长的行政命令，授予新委员会"全权，由其亲自或附属的小组委员会检查印第安人的各种管理和代理机构"。[25]在帕克的指示下，委员们在那个夏天和秋天去各地拜访了印第安人，并与各代理机构见面。

格兰特授权内政部部长雅各布·考克斯和帕克管理印第安

人事务。考克斯是一位优秀的行政人员，以意志坚定而著称。作为一名公务员制度改革的倡导者，他想让最好的人来负责。帕克负责管理一个有 600 多人的办事机构，其中包括 15 名主管和 70 名代理人。[26]

*

格兰特计划的第三个组成部分是挑选一组新的印第安人代理人。印第安人专员委员会的第一份报告批评了之前的许多代理人："这些代理人，被任命为印第安人的朋友和顾问，经常走到他们中间去，但只是为了在最短的时间里使自己富裕起来。"[27] 从 4 月开始，卫理公会、长老会、圣公会、公理会和贵格会被邀请提名代理人。格兰特在挑选解决危机的最佳人选时，并没有要求司法部部长霍尔跨越教会和国家之间的界限。

*

格兰特密切关注着印第安人专员委员会的行动，并饶有兴趣地阅读着委员会在 11 月提交的第一份报告。首先，它勇敢地承认，美国与印第安人打交道的历史是"一段不光彩的历史，有撕毁条约和未兑现承诺的记录"。这份报告挑战了主流观点："证词记录在案……在我们的印第安战争中，几乎无一例外都是白人发动了第一次侵略。"报告进一步宣称："白人一直是印第安文明道路上的主要障碍，尽管这似乎有些自相矛盾。"[28] 报告的主体由提议组成，它建议印第安人住在保留地，美国取消条约制度，加强教育，鼓励基督教传教等。

在 1868 年 12 月格兰特向国会发表的第一次年度讲话中，他强调了新委员会的起诉书和提议。在长篇讲话中，格兰特以最个人的方式说："根据我在边境和印第安人故乡的经验，我并不认为那些与印第安人接触最多的白人立法和其他行为无可指责。"他站起身来说："一个着眼于种族灭绝的制度太令人憎恶了，一个国家不能沉溺其中而不引起所有文明的基督教国家的愤怒。"[29] 当 1869 年接近尾声时，格兰特对改变与印第安人合作模式的前景非常乐观。

*

那一年的假期将是喜忧参半。尤利西斯和朱莉娅度过了他们在白宫的第一个圣诞节，在家人和朋友们的陪伴下，他们过得非常愉快。12 月 24 日，他们在大都会卫理公会教堂参加了平安夜敬拜。在一个特别的仪式上，格兰特作为会众的受托人，收到了一张 50000 美元的支票，用以偿还建造新教堂所欠下的剩余债务。[30]

当晚的欢乐氛围被埃德温·斯坦顿于凌晨 3 点去世的消息所冲淡。就在几天前，格兰特刚刚提名斯坦顿取代退休的罗伯特·C. 格里尔（Robert C. Grier）担任最高法院大法官。

12 月 19 日，格兰特步行前往斯坦顿位于富兰克林广场附近的家中，亲自通知这位前战争部部长自己有意提名他。国会第二天批准了这项提名。由于斯坦顿病得不能走到白宫，于是写了一封感谢信："这是我唯一渴望的公职。"[31]

格兰特立即下令所有政府办公大楼都以示哀悼。在与斯坦顿经历了一段富有成效又艰辛的关系后，格兰特很高兴自己可以任命斯坦顿成为最高法院大法官。当时他写信告诉艾伦·斯坦顿

（Ellen Stanton）："我无法用言语表达对你们所受巨大苦难的同情，我也无法用言语表达自己对斯坦顿的能力、正直、爱国精神和贡献的评价。全国民众将与你们一同哀悼。"[32]

*

在新的一年里，格兰特试图强化此前曾冒犯过的一群公民的权利。他向美国的犹太人伸出援助之手，他们当时正开始遭受歧视。内战结束后，从欧洲移民而来的犹太人数量在不断增加。尽管格兰特以使他名誉受损的第11号通令而闻名，该通令将犹太人驱逐出南方的部分地区，朱莉娅称其为"令人讨厌的通令"[33]——但后来格兰特与美国犹太人的关系却鲜为人知。

格兰特就职三天后，鼓励犹太人投票支持格兰特竞选总统的西蒙·沃尔夫写信要求任命他为驻外事务处官员。著名的圣路易斯犹太人领袖伊西多·布什（Isidor Bush）也表示支持："如果格兰特总统想证明他对以色列人的公正性，并驳斥第11号通令所带来的任何不友好行为，那么没有比任命西蒙·沃尔夫先生更好的机会了。"[34]

格兰特并没有任命沃尔夫为驻外事务处官员，而是将他任命为哥伦比亚特区的"行为记录官（Recorder of Deeds）"。在这一岗位上，沃尔夫努力为犹太人和犹太人问题在国会进行游说。沃尔夫声称，格兰特在当选总统后对他说，"你代表了你的宗教伙伴，而且你与德裔美国人的关系也很好。我可能要经常拜访你，并向你请教"。[35]

1870年1月，格兰特任命沃尔夫的朋友爱德华·S.所罗门（Edward S. Salomon）为华盛顿领地总督。所罗门曾在葛底斯堡与伊利诺伊州第八十二团并肩作战，他成为第一个担任州级行政区长官的犹太人。艾萨克·迈耶·怀斯拉比（Rabbi Isaac Mayer Wise）是美国最重要的犹太人领袖，他原先曾称第 11 号通令是一种"暴行"，但现在对格兰特的这一行为赞誉有加："该任命表明格兰特总统撤销了他还是将军时发布的臭名昭著的第 11 号通令。"[36]

当格兰特向犹太社区伸出援手时，他遭到了部分新教和天主教领袖的反对。但他也有一个新的捍卫者，《巴尔的摩犹太时报》（*Baltimore's Jewish Times*）写道："我们认为，总统的这一委任是为了以示公平，即承认犹太教会与其他教派具有同样的权利。"[37] 通过向犹太人打开开放政府职位的可能性，格兰特延续了他更为广泛的和解政策。

格兰特任命赫尔曼·本德尔医生（Dr. Herman Bendell）为亚利桑那领地印第安人事务主管。本德尔的任命之所以引人注目，是因为格兰特想通过选择一名参加过内战的犹太外科医生，从而平衡他将印第安人专员委员会的控制权交给基督教派的决定。

*

1870 年 1 月，格兰特对印第安人政策的乐观态度受到了冲击。有报道称，1 月 23 日，在谢尔丹将军的命令下，由尤金·贝克少校（Major Eugene Baker）率领的第二骑兵团的骑兵连惩罚了隶属于黑脚部族（Blackfeet Tribe）的皮埃甘人（Piegan）勇士，袭击了他们位于蒙大拿领地北部玛丽亚斯河（Marias River）上的一个村庄。此前，这些印第安人劫掠了白人定居点。骑兵报告说，他们找到了被劫掠的财物，但很快，

173名皮埃甘印第安人被恐怖杀害的细节就浮出了水面，其中有140名是妇女和儿童。《纽约时报》称这次袭击是"令人作呕的屠杀"，《纽约论坛报》称其为"国家的耻辱"。[38]《全国反奴旗帜报》（*National Anti-Slavery Standard*）谴责谢尔丹是这次袭击的罪魁祸首。

在印第安人专员委员会的领导下，改革派作出了回应。在此之前，专员们一直与军队保持着不安的休战关系，但"皮埃甘大屠杀"改变了一切。委员会秘书文森特·科莱尔（Vincent Colyer）于2月25日在众议院作证，他曾在南北战争期间组建并领导过一个非裔美籍团。他指控贝克少校犯有谋杀罪，并将矛头直指为贝克辩护的谢尔丹。[39]

尽管官方最终没有作出谴责决议，但"皮埃甘大屠杀"还是把焦点放在了谁应该管理印第安人事务的长期论争上。战争部认为应由其负责，因为他们有这方面的先例。例如，1789年战争部成立伊始就负责处理印第安人事务，1824年，战争部成立了印第安人事务局。内政部认为，近期的历史站在他们一边：1849年内政部成立后，印第安人事务局便立即移交给其管理。内战结束后，格兰特和谢尔曼观点一致，希望把印第安人事务从内政部移交回战争部。这个问题一直事关由军事还是由民事来控制。[40]

尽管格兰特的新政策是由宗教或人道主义代理人制定的，西部将这些代理人称为"多愁善感者"，但把印第安人事务移交给战争部的势头似乎在"皮埃甘大屠杀"之前就已经取得了胜利。现在担任总司令的谢尔曼继续恳求用军事进行控制。他认为军队可以通过其上级组织，从而更有效地管理印第安人事务。

格兰特试图将一只手伸向信奉基督教的印第安人改革家，同时用另一只手紧握着军队。有时，令所有人吃惊的是，他相信既要用橄榄枝也要用剑。迫使他作出选择的是 1870 年的《军事拨款法案》(Military Appropriations Act)。

在经济形势的掩护下，国会以削减军官人数为借口，下令军官不能再在印第安人事务局中充当代理人。他们如果这样做，将不得不离开所属的军事委员会。议员们希望通过这一举措，让自己能再次在任免权博弈中站稳脚跟。

但他们低估了格兰特。总统对一群议员讲道："先生们，你们挫败了我的印第安人管理计划；但你们不会得逞的，因为我要把这些任命授给你们不敢与之竞争的教会。"41

许多教会和人道主义改革家对格兰特的倡议表示赞赏。纽约的贵格会联盟组织通过了一项决议，对总统在新的印第安人政策中表现出的"人文精神、智慧和执行力"42 表示赞赏。

*

/ 497

格兰特得知奥拉加加苏人 ① 的首领"红云（ Red Cloud ）"

---

① 苏人（ Sioux ）系"纳杜苏人（ Nadouessioux ）"的略称，亦称"达科他人"，为北美大平原的印第安人部族联盟。"达科他"意为"同盟者"，而通常所谓的"纳杜苏"，意为"敌人"，是奥吉布瓦人（ Ojibwa ）对他们的称呼。苏人一般分为三个主支：桑蒂人（ Santee ）、扬克顿人（ Yankton ）以及特顿人（ Teton ），他们分别自称为达科他人（ Dakota ）、纳科他人（ Nakota ）和拉科他人（ Lakota ）。其中，桑蒂人又名东苏人，包括姆德乌坎顿人（ Mdewkanton ）、瓦佩顿人（ Wahpeton ）、瓦佩库蒂人（ Wahpekute ）和西塞顿人（ Sisseton ）；扬克顿人包括扬克顿人和扬克托奈人（ Yanktonai ）；特顿人又名西苏人，有七个主要分支，即西哈萨帕人（ Sihasapa，又名"黑脚人"）、布鲁勒人（ Brulé，又分上布鲁勒人和下布鲁勒人）、洪克帕帕人（ Hunkpapa ）、米尼孔朱人（ Miniconjou ）、奥加拉拉人（ Oglala ）、桑萨雷人（ Sans Arcs ）和乌赫农帕人［ Oohenonpa，又名"两壶人（ Two-Kettle ）"］。

尽管谢尔曼和其他军事领导人反对，但格兰特还是邀请印第安人首领"红云"和"斑尾"在华盛顿见面。

想拜访这位"伟大的白人父亲"。对于该请求的原因尚不清楚。经过多年的战斗和对条约的讨论，为什么这位最著名的战士想要见格兰特呢？[43]

谢尔曼反对这样的会见，认为"红云"是想抗议最近的军事政策。

谢尔曼没能理解他的朋友。5月3日，在和内阁商议之后，格兰特决定邀请"红云"来华盛顿。布鲁勒拉科他苏人的首领、红云的竞争对手"斑尾（Spotted Tail）"也受到了邀请。在开始实施印第安人和平政策的14个月之后，格兰特认识到如若想使政策有效，沟通必须是一条互谅互让的双向道。

6月1日，格兰特以国家元首的身份隆重欢迎"红云"来到华盛顿。他理解这次访问已产生了些许争议。《纽约先驱报》的一名记者对此印象深刻，他写道："从身体上而言，要找到一群更健壮的男性是很困难的。他们都身材高大，胸肌发达，明显具有美洲印第安人的特征。"[44] 尽管东部人对最终有机会一睹这些传奇印第安人的风采表示欢迎，但军队和大部分西部人的态度则较为冷淡。

格兰特在白宫会见了"红云"和"斑尾"所率领的代表团。"红云"恭敬且坚决地表态支持和平，但详述了对那些经常不遵守条约或承诺的白人的不满。格兰特耐心地聆听了他的诉说。一道陪同的印第安人代理人 D. C. 普尔（D. C. Poole）记得，格兰特"用一种坦率且直接的方式同他们交谈，深深地吸引了他们的注意力"。总统向他们保证，他将尽其所能履行条约中规定的美国政府的义务。[45] 他指示战争部通告军事指挥官："当印第安人通过条约反对白人占领他们的土地时，军事指挥官应在必要时用军事力量阻止那些白人入侵者。"[46]

受红云之旅的影响，格兰特在7月给国会写了封信，敦促他们"有必要通过一项针对印第安人的拨款草案"[47]。国会在休会前一天就这样做了。

*

1870年夏，格兰特意识到华盛顿的没有硝烟的战争不像他在内战中打过的那些仗，无法在几天、几周甚至几个月的时间里取得胜利。他决心改变国家对印第安人的政策，这促使他与宗教和人道主义者结盟，但同时也招致了军方和国会的批评，他们批评格兰特在旧的印第安人事务局中分配了一些有利可图的职位。格兰特对印第安人政策新方向的设想已取得了初步成果。这可能鼓舞了他，但格兰特意识到仍有一些障碍尚待克服。

　　与此同时，外交事务中可能存在的问题也威胁着他的国内政策。格兰特感到自己缺乏经验，进而积极寻找值得信赖的盟友，于是他把注意力从国内转向了外交。

注　释

1　*New York Herald*，March 25，1869.

2　Wheelan，*Terrible Swift Sword*，251；Philip Weeks，*Farewell，My Nation：The American Indian and the United States in the Nineteenth Century*，2nd ed.（Wheeling，Ill.：Harlan Davidson，2001），166-67.

3　USG to WTS，May 19，1868，*Grant Papers*，18：257-58.

4　*New York Times*，March 11，1869.

5　关于杰克逊的印第安人迁徙政策，见：Howe，*What Hath God Wrought*，342-57，414-23。

6　USG，Inaugural Address，March 4，1869，*Grant Papers*，19：142.

7　Francis Paul Prucha，*American Indian Policy in Crisis：Christian Reformers and the Indians，1865-1900*（Norman：University of Oklahoma Press，1976），51.

8　USG to JDG，March 19，1853，*Grant Papers*，1：296.

9　USG to Osborn Cross，July 25，1853，*Grant Papers*，1：310.

10　Childs，*Recollections*，100.

11　Armstrong，*Warrior in Two Camps*，ix，1-3，15-17，25-27. 伊利·S. 帕克（Ely S. Parker）借鉴了格兰特在阿波马托克斯交给罗伯特·E. 李的投降条款。

12　*Brooklyn Daily Eagle*，September 25，1892，cited in Armstrong，*Warrior in Two Camps*，204n5.

13　Armstrong，*Warrior in Two Camps*，128-33.

14　格兰特要求内政部部长雅各布·D. 考克斯（Jacob D. Cox）向司法部部长 E. 洛克伍德·霍尔（E. Rockwood Hoar）询问帕克的资格。关于霍尔的答复，见：Hoar to Cox，April 12，1869，*Grant Papers*，19：197n.

15　在卫理公会的传统中，成为教会成员通常需要在教会权威机构面前陈述自己的基督教信仰。因此，许多人去教堂时从未通过正式的步骤加入。

16　Robert H. Keller, *American Protestantism and United States Indian Policy, 1869–1882* (Lincoln: University of Nebraska Press, 1983), 37.

17　USG to George H. Stuart, October 26, 1872, *Grant Papers*, 23: 270; Keller, *American Protestantism and United States Indian Policy*, 25.

18　Keller, *American Protestantism and United States Indian Policy*, 19.

19　Ely S. Parker to Benjamin Hallowell, February 15, 1869, *Grant Papers*, 19: 193n; Benjamin Hallowell, *Autobiography of Benjamin Hallowell* (Philadelphia: Friends' Book Association, 1884), 261–62. 当时，本杰明·哈洛威尔（Benjamin Hallowell）是马里兰农学院（Maryland Agricultural College）——马里兰大学（University of Maryland）的前身——的首任校长。

20　Hallowell, *Autobiography of Benjamin Hallowell*, 266.

21　George H. Stuart, *The Life of George H. Stuart*, edited by Robert Ellis Thompson (Philadelphia: Stoddart, 1890), 239–40; Francis Paul Prucha, *The Great Father: The United States Government and the American Indians*, vol. 1 (Lincoln: University of Nebraska Press, 1984), 504–6.

22　Robert Winston Mardock, *The Reformers and the American Indian* (Columbia: University of Missouri Press, 1971), 58–59; Keller, *American Protestantism and United States Indian Policy*, 29.

23　Armstrong, *Warrior in Two Camps*, 139.

24　Stuart, *Life of George H. Stuart*, 240–41; Prucha, *American Indian Policy in Crisis*, 36–37.

25　USG, Order, June 3, 1869, *Grant Papers*, 19: 191–93.

26　Armstrong, *Warrior in Two Camps*, 140.

27　*Annual Report of the Board of Indian Commissioners* (Washington, D.C.: Government Printing Office, 1870), 7.

28　Ibid., 7–9. 12 年后，诗人兼作家海伦·亨特·杰克逊（Helen Hunt Jackson）在她富有创见的著作中引用了委员会最初报告的大部分内容，见: *A Century of Dishonor: The Classic Exposé of the Plight of the Native Americans* (New York: Harper & Bros., 1881)。

29　USG, First Annual Message to Congress, December 6, 1869, *Grant Papers*, 20: 38–39.

30　*Grant Papers*, 20: 73n.

31　EMS to USG, December 21, 1869, *Grant Papers*, 20: 79–80n; Thomas and

Hyman, *Stanton*, 634-37.

32　USG, "Memorandum to All Department Heads," December 24, 1869, *Grant Papers*, 20：80n；USG to Ellen H. Stanton, January 3, 1870, *Grant Papers*, 2077-78n.

33　Julia Dent Grant, *Personal Memoirs*, 107.

34　*Grant Papers*, 19：19n；Sarna, *When Grant Expelled the Jews*, 84.

35　Wolf, *Presidents I Have Known*, 71-73；Sarna, *When Grant Expelled the Jews*, 85-86. 西蒙·沃尔夫（Simon Wolf）是格兰特的大力支持者。"在他担任总统的八年时间里，无论在国内还是在国外，格兰特为犹太信仰的美国公民所做的事情比之前和之后的所有美国总统都要多。"（71）

36　Sarna, *When Grant Expelled the Jews*, 14, 90；Lee M. Friedman, *Jewish Pioneers and Patriots*（Philadelphia：Jewish Publication Society, 1942）, 353-64；Edmond S. Meany, *Governors of Washington, Territorial and State*（Seattle：University of Washington Press, 1915）, 43.

37　*Jewish Times*, January 6, 1871, quoted in Sarna, *When Grant Expelled the Jews*, 95.

38　Robert Winston Mardock, *The Reformers and the American Indian*（Columbia：University of Missouri Press, 1971）, 67-69；Keller, *American Protestantism and United States Indian Policy*, 31；Wheelan, *Terrible Swift Sword*, 251.

39　Keller, *American Protestantism and United States Indian Policy*, 31；Mardock, *Reformers and the American Indian*, 70.

40　Donald J. D'Elia, "The Argument over Civilian or Military Indian Control, 1865-1880," *The Historian：A Journal of History* 24, no. 2（February 1962）：207-9；Ahearn, *William Tecumseh Sherman and the Settlement of the West*, 110-11.

41　Sherman, *Memoirs*, 2：437.

42　*National Standard*, November 12, 1870；Mardock, *Reformers and the American Indian*, 83.

43　关于"红云（Red Cloud）"的故事，见：Robert W. Larson, *Red Cloud：Warrior-Statesman of the Lakota Sioux*（Norman：University of Oklahoma Press, 1997）, and James C. Olson, *Red Cloud and the Sioux Problem*（Lincoln：University of Nebraska Press, 1965）。

44　*New York Herald*, June 2, 1870.

45　D. C. Poole, *Among the Sioux of Dakota*（New York：Van Nostrand, 1881）, 165-66.

46　*New York Times*, June 8, 1870. 有关"红云"的访问，以及他在华盛顿和纽约受到的接待，见：Larson, *Red Cloud*, 128-36；Olson, *Red Cloud and the Sioux Problem*, 96-113；Mardock, *Reformers and the American Indian*, 74-78。

47　USG, "To Congress," July 15, 1870, *Grant Papers*, 20：195-96.

/ 第29章　对外关系

　　我希望不久的将来，两国政府能够本着一种精神，即以一种对各自应享有的权利、尊严和荣誉的理解来着手解决这一重大问题，并且……为一项广泛的公法原则奠定基础，这将防止今后的分歧，并有助于巩固和保持和平与友谊。

　　　　——尤利西斯·S. 格兰特，致国会的年度报告，1869年12月6日

　　在格兰特担任总统之初，国家利益主要关注国内。[1] 在这个时候，美国人把注意力集中在国内而不是对外关系上，换句话说，即集中于赢得西部而非改善与外国的关系。格兰特在就职演说中宣称："我将尊重所有同样尊重我们国家权利的国家。"[2] 但是在1869年春，媒体和公众很少考虑与其他国家打交道。不过，这种情况即将发生改变。

*

　　尽管对格兰特内阁人选的优劣一直争论不休，但人们一致认为，他任命汉密尔顿·菲什为国务卿乃明智之举。菲什身高6英尺，有个大大的脑袋，经常以一种邀请人们参加谈话并达成共识的方式来平衡自己威严的外表。格兰特认为，与菲什建立信任关系，是政府在外交政策上取得成功的关键。[3]

　　菲什那时已有60岁，离开公职已12年之久。他在纽约的圣马克圣公会教堂（St. Mark's Episcopal Church）当牧师。他在格伦克莱夫（Glenclyffe）住过很长时间，那是他在哈德逊河

摄影师马修·布雷迪为格兰特拍摄了这幅全身照。

畔加里森（Garrison-on-Hudson）的红砖巨宅，在那里他可以看到哈德逊河对岸的西点军校。[4]

虽然菲什是一个具有世界眼光的人，但他很不情愿地接受了国务卿一职，他希望只干几个月。[5]然而几周之内，他就辞去了纽约历史学会会长和哥伦比亚大学校董事会主席的职务，从埃比特酒店（Ebbitt House）的临时宿舍搬到了第十五街和 I 街交会处的一幢富丽堂皇的房子里。

从那里菲什可以在五分钟内走到白宫。他每天走过第十四街一段未铺柏油路的地方——那里曾是华盛顿的孤儿院——前往国务院办公室。从早上 9 点开始，他就在这栋破旧砖房二楼的一间狭小办公室内毫无怨言地工作。[6]

一天结束的时候，也就是傍晚时分，他忠实地把当天发生的事情写在日记里。随着菲什开始撰写更多的外交关系问题的文章，这本"官方会议记录册"的内容也随之扩大。他的日记从未出版，但这本日记将提供他对格兰特以及格兰特政府不断变化的见解。[7]

*

在前 17 任总统中，只有约翰·亚当斯、托马斯·杰斐逊、詹姆斯·麦迪逊、詹姆斯·门罗、约翰·昆西·亚当斯和詹姆斯·布坎南有丰富的外交经验。作为一个领导人，格兰特很清楚自己不懂哪些事情。他对身边的领导者们很有信心，因为他们在各自的领域比他了解得更多。格兰特明白，他与菲什的关系将从初级合伙人开始。

菲什以慷慨的精神特征接近新总统。他知道有些人把"沉默

汉密尔顿·菲什被格兰特任命为国务卿，他原本只打算任职几个月，但对对方日益增长的赞赏最终促使他供职于格兰特的整个总统任期。

寡言的格兰特"说成是一个谜。他们在一起的头几个月，菲什注意到格兰特只在一群他不熟悉的人面前显得沉默寡言。然而，"在亲密朋友面前，很少有人比他拥有更强的谈话和讲述能力"。[8]

当话题转到对外关系上时，格兰特最初在内阁会议上表现得很克制。尽管他对别的国家和其人民充满了与生俱来的好奇心，但他还是决定信任这位新国务卿。

*

菲什很快就面临着考验。自1812年战争以来，美国与英国的关系从未像格兰特就任总统时这么紧张。他的第一个外交挑战来自英国在内战期间与南方邦联的关系。

1862年7月的一天，英国建造的第290号战舰沿着英国伯肯黑德市（Birkenhead）的默西河（Mersey River）河口驶入大海。它被南方邦联命名为**亚拉巴马号**（Alabama），用以袭扰北方的商业。随后两年，**亚拉巴马号**横越北大西洋、墨西哥湾、南太平洋以及南非海域。它俘获或击毁了 65 艘联邦商船。其他 4 艘由英国为南方邦联建造用以突袭的战舰——**佛罗里达号**（Florida）、**佐治亚号**（Georgia）、**拉帕汉诺克号**（Rappahannock）和**谢南多厄号**（Shenandoah）——也给联邦航运制造了威胁，连同**亚拉巴马号**，它们共击沉了超过 150 艘北方联邦船只。**亚拉巴马号**最终于 1864 年 6 月在法国西北部瑟堡港（Harbor of Cherbourg）外的一场战斗中被击沉。1984 年，法国海军在 200 英尺深的水中发现了**亚拉巴马号**的残骸。9

在 1868~1869 年的过渡时期，即将离任的国务卿威廉·西华德就英国协助南方邦联建造袭击舰，并由此给北方造成的损失进行谈判。虽然英国在内战初期宣布中立，但美国要求英国对这些船只的行为进行道歉和赔偿。10

双方最终签订《约翰逊—克拉伦登条约》（Johnson-Clarendon Treaty），其也被称为《亚拉巴马号索赔案》（Alabama Claims）。但格兰特对此很不高兴，因为他认为这远远不够。在就职之前，他向西华德和英国驻美国公使爱德华·桑顿爵士（Sir Edward Thornton）都表达了自己的观点。11

4 月 13 日，强势的参议院外交关系委员会主席查尔斯·萨姆纳让格兰特的工作变得更加复杂。萨姆纳在一次激烈的反英演讲中抨击了这项条约："当文明与奴隶制进行最后一场战争时，英国把她的名字、影响和物质资源都献给了邪恶的事业，并为奴隶制提供了宝剑。"12 萨姆纳要求 20 亿美元的巨额赔偿，包括他所谓的"间接"索赔。其与沉没或损坏船只的"直接"索赔无关，只针对大型远洋贸易上的损失。萨姆纳表示愿意接受英国割让加拿大来偿还债务。他的讲话刺激了参议院，使得参议院以54∶1票否决了该条约。通过这次投票，参议院发出了一个信号：他们想给格兰特和菲什一个机会，让他们就一项更有利于美国利益的新条约进行谈判。

虽然萨姆纳的演讲鼓舞了美国人，但也激发了对英国人的敌对情绪。批评者指出，英国支持南方邦联从来就不是因为奴隶制——因为英国已经将其废除——而是出于分裂联邦。[13]萨姆纳的讲话使谈判变得愈发艰难。

*

格兰特和菲什很快作出两个判断。首先，需要时间来缓和这种情绪。其次，为了获得更直接的控制权，谈判需要从伦敦转移到华盛顿。[14]

格兰特考虑何时以及如何在仇英心理的氛围中重启谈判。在美国和加拿大边境水域，美国的捕鱼权长期受到侵犯且短期内不会消失。最近，爱尔兰裔美国人组织了芬尼亚兄弟会（Fenian Brotherhood）一直在加拿大发动袭击，希望能够迫使英国从爱尔兰撤军。[15]

格兰特和菲什从截然不同的对英经历中探讨了《亚拉巴马号索赔案》。格兰特可能对萨姆纳的傲慢态度感到反感，但他对萨姆纳的基本观点表示认同。作为所有联邦军队的指挥官，格兰特对英国建造的供给南方邦联的巡洋舰对联邦航运造成的破坏感到愤怒。

与此相反，菲什曾在英国长期逗留。他于1857~1859年在欧洲旅行了两年，度过了一段愉快的时光。他经常阅读伦敦的

《泰晤士报》（*The Times*）和英国最好的评论。[16]菲什越熟悉这个国家，他就越尊重这个国家。

*

重启谈判的重要一步是任命一位令各方都满意的新任驻英公使。4月26日，格兰特写信给维多利亚女王（Queen Victoria），谈到他对萨姆纳的朋友约翰·洛斯罗普·莫特利（John Lothrop Motley）的任命："他了解两国的相关利益，了解我们培养和加强两国友谊和良好往来的诚意。"[17]莫特利有很多事情要做，他接替了老查尔斯·弗朗西斯·亚当斯，一位父亲和祖父均担任过美国总统的外交官。亚当斯曾在林肯和约翰逊任内担任驻圣詹姆斯宫（Court of St. James）①的美国公使，但未能说服英国同意一项金融解决方案。

莫特利毕业于哈佛大学，内战期间曾在驻沙俄圣彼得堡和驻奥地利的外交使团中工作。[18]萨姆纳自豪地给他的朋友阿盖尔公爵夫人（Duchess of Argyll）写信，认为莫特利是"总统根据我的推荐而提名的，正如国务卿告诉我的那样，这是对我的'赞美'"。[19]这位参议员也许夸大了他对这次任命的影响，但他对格兰特的看法还不错。总统知道菲什很担心莫特利——他很聪明，但是有时也颇急躁易怒。不过，格兰特和菲什的关系已愈发融洽，所以他认为与萨姆纳接触是有好处的。作为一种保障，为了把握他不认识的莫特利，格兰特任命了一个他很熟悉的人担任公使馆的助理秘书：他的前任秘书亚当·巴多。[20]

---

① 圣詹姆斯宫是英国君主的正式王宫，按照礼节和传统，外国派驻英国的使节应在圣詹姆斯宫呈递国书。

*

朱莉娅也参与了属于她的外交活动。她知道华盛顿的政治不仅在国会大厅，也存在于首都的社交集会中。虽然朱莉娅从来没有明确说过，但她知道自己的热情有时可以弥补丈夫的沉默寡言。

朱莉娅成了一位热情的女主人。她开始要求其他女性——包括参议员和内阁官员的妻子和女儿——协助她履行社交职能。[21]在林肯执政期间，玛丽·林肯并不欢迎丈夫的一些"反对者"参加她的社交活动。到了约翰逊执政期间，随着敌意的增长，人们愈发远离这位四面楚歌的总统的社交活动。

朱莉娅·格兰特和朱莉娅·菲什之间发展了一段充满活力的友谊，前者称后者为"我心目中的皇后"。[22]这两个女人的背景截然不同。朱莉娅·基恩·菲什（Julia Kean Fish）成长于新泽西州的上流社会，而朱莉娅·登特·格兰特在圣路易斯郊外怀特黑文的乡下长大。当朱莉娅·格兰特首次举办社交活动时，她让朱莉娅·菲什站在一旁迎接客人。[23]两个朱莉娅之间的关系加强了她们丈夫之间的联系。

艾米丽·埃德森·布里格斯（Emily Edson Briggs）是华盛顿最早的女记者之一，她在周二下午蓝厅（Blue Room）的一次例行招待会上描述了朱莉娅·格兰特："她端庄大方，就像任何其他聪敏的女人一样，从普通人的行列中被提升到如此崇高的地位。"[24]

同样，约翰·罗根将军的妻子玛丽·罗根也友好而有趣地看着朱莉娅。"她常常忘记某某先生和某某夫人结过两次婚，以及某某人是不是戒酒会的领袖、新教徒或天主教徒。"然后罗根夫人看了看总统，他此时"充满了安静的幽默"，然后"看着朱莉娅出糗便咯咯地笑起来。……他们的家庭生活和谐且完美"。[25]

在朱莉娅的鼓励下，当格兰特开始承担起总统职责时，他的社交能力让朋友们大吃一惊。此前的总统通常在行政官邸内用餐，但格兰特不打算被关在白宫里，他接受了内阁官员和朋友们的邀请，经常在晚上去他们家中做客。

格兰特童年时的朋友丹尼尔·艾门长期在周末受到格兰特的邀请。晚饭前，格兰特和这位海军上校会一起散步几英里。有一次，格兰特感受到工作压力，进而说道，如果他的朋友"没有在四十多年前将他从水里拉出来，那这会儿他就可以免掉许多痛苦了"。[26]

*

就在格兰特任命约翰·莫特利为驻英公使以帮助处理大西洋两岸的长期关系时，加勒比地区的危机要求总统立即予以关注。在他就职仅仅四天之后，有报道称 4000 名起义者和 1500 名西班牙士兵在古巴发生冲突。古巴是加勒比地区最大的岛屿，距离美国只有 90 英里。

1492 年，哥伦布发现了古巴，这座岛很快成为西班牙最珍贵的殖民地之一。但从 1850 年代开始，古巴商人和种植园主要求进行经济和社会改革，并在 1868 年 10 月宣布古巴独立的起义中达到高潮。西班牙在政治和经济上都处于弱势，对此焦头烂额。

美国人作出了反应。他们本能地支持古巴，在他们看来，古巴是为掌握自身命运而在进行勇敢的斗争。南北战争的退伍军人，包括联邦和邦联的退伍军人，都宣称他们随时准备支持古巴的爱国者。《纽约论坛报》和《纽约先驱报》派出记者对古巴革命进行了报道。报道称，在美国解放奴隶的五年后，仍有50多万非洲奴隶在古巴种植园劳作。1869年4月，起义者通过了废除奴隶制的宪法。支持革命的美国人同情古巴的志向，也对欧洲帝国在他们海岸附近的势力感到愤怒，他们希望美国能够参加这场战争。[27]

格兰特曾支持墨西哥为摆脱法国的统治而进行的斗争，他也同样同情古巴起义者的愿望。班尼特的《纽约先驱报》和达纳的《纽约太阳报》对他进行了游说，呼吁他带头干预。4月10日，众议院通过一项决议，如果格兰特选择承认双方为交战国，那么美国将提供相应的支持。[28]

跟格兰特关系最近的人游说得最为厉害。战争部部长约翰·罗林斯对起义者表示强烈支持。他与邮政署署长克雷斯韦尔和内政部部长考克斯一道主张美国应立即承认古巴独立。在罗林斯的敦促下，格兰特命令海军增加在加勒比海的舰队。[29]

在格兰特的另一只耳朵里则充斥着司法部部长霍尔和财政部部长布特维尔对这一问题的争议。司法部部长反对承认古巴独立，理由是在国际法上缺乏依据。霍尔担心"格兰特将军倾向于接受罗林斯将军的建议"。[30]罗林斯因其强烈的观点和丰富多彩的评论而受到新闻界的追捧，许多人认为他是格兰特的发言人。[31]

在这场辩论中，菲什钦佩格兰特平衡各派的领导能力。当年4月，在内阁讨论是否承认古巴的问题时，格兰特宣称："强烈的正义感使我们在这一问题上采取不拖延的对策，但过早采取行动可能会损害我们与英国的关系，使对方无法支持我们的主张。"在听取了罗林斯的主张和霍尔的反对意见后，"总统决定目前不考虑此事"。[32] 此时尚没有作出任何决定。

*

在朗布兰奇度过第二个暑假后，格兰特于8月31日重新召集内阁。要求对古巴采取行动的压力只增不减。随着气温飙升到37.8摄氏度，格兰特主持了一场讨论激烈的会议，菲什和罗林斯隔着内阁的桌子面对面交谈。

罗林斯先开口了，他的声音因疾病和情绪显得有些颤抖。对于美国为什么应该承认古巴独立，他提出了一个长期的、充满激情的观点。说完，他瘫倒在椅子上。接着是菲什发言，他还是那么恳切，却又镇定自若，说着反对承认的话。他的目光转向格兰特，发现他正在白宫的公文纸上写些东西。菲什讲完后，格兰特向他递去了一份《备忘录》。他决定了。"美国愿意在西班牙和古巴之间进行斡旋，争取后者的独立（这一点被划掉），条件如下。"他规定，"除非得到国会的批准，否则美国对此无法作出保证。"[33]

格兰特主动提出调解，这意味着他不再抱有干预的想法。他支持了菲什。

不到一周，罗林斯就去世了，给格兰特的行政班底留下了一个其他人无法填补的空缺。他是唯一一个目睹格兰特从加利纳一家皮具店的店员成长为联邦军队总司令的内阁成员。由于他的忠诚，罗林斯赢得了走进格兰特内心的权利；他能以别人无法企及的方式与格兰特展开争论。他的死也使格兰特核心圈子里对古巴爱国者的主要支持沉寂了下去。

＊

古巴不是唯一一个让格兰特费心的加勒比岛屿。风景如画、讲西班牙语的圣多明各（Santo Domingo，今多米尼加共和国）占据了加勒比地区第二大岛伊斯帕尼奥拉岛（Hispaniola）东部三分之二的面积。[34] 尽管说法语的海地占据了西部的三分之一，但圣多明各在当时拥有更多的耕地。

格兰特继承了美国人对圣多明各的长期兴趣。1846 年，在国务卿约翰·C. 卡尔霍恩的要求下，年轻的海军军官大卫·波特探索了天然港沙门湾（Samana Bay），将其视作一个潜在的海军基地和装煤港。内战期间，林肯和西华德一直寻求在该岛建立海军基地的可能性。作为约翰逊政府的一员，西华德继续对购买或租赁沙门湾颇有兴趣。[35]

1869 年 4 月，一个充满阴谋诡计的波士顿人约瑟夫·沃伦·法宾斯（Joseph Warren Fabens）在写给汉密尔顿·菲什的信中表示，他有兴趣促成对圣多明各的吞并。法宾斯和他的合伙人威廉·L. 卡兹瑙（William L. Cazneau）希望在吞并圣多明各时赚钱。卡兹瑙是投机者，在美国吞并得克萨斯时就曾大赚过一笔。"把这个国家并入美国应该是一项很有价值的收购。"[36] 五天后，法宾斯带着多米尼加政府的一份《备忘录》来到菲什的办公室，建议"其作为一个自由和独立的州并入美国"。[37]

菲什第二天将这份《备忘录》提交给内阁会议，鉴于国会即将休会，他建议赶在更为紧迫的议题之前正式提出这个设想。没有人反对。[38]

但这个问题不可能不引起轰动。班尼特的《纽约先驱报》于5月在纽约举行了会议，倡导美国成为多米尼加的保护国。达纳的《纽约太阳报》则大肆宣扬："古巴之后，是圣多明各。"[39]

格兰特知道霍勒斯·波特、众议员约翰·罗根和众议院外交事务委员会主席纳撒尼尔·班克斯都强烈支持兼并圣多明各。格兰特的老朋友、海军上校丹尼尔·艾门也主张吞并，认为这将加强美国的军事力量。[40]海军在加勒比一带能够保护已有的和新的市场。

为了解多米尼加人对吞并的态度，总统邀请助理奥维尔·巴布科克访问该岛。巴布科克是一位英俊、聪明的佛蒙特人，1861年毕业于西点军校，是格兰特在加利纳的朋友J.拉塞尔·琼斯的侄子。巴布科克第一次给格兰特留下深刻印象是在1863年，当时他正在为防守诺克斯维尔建造桥梁，并在一年后正式成了格兰特的一名参谋。

到了1869年，巴布科克在格兰特政治家族中的地位已仅次于罗林斯。与罗林斯不同的是，他从不与上级争吵，而是展现一种冷静、随和的态度，这让他赢得了所有相识之人的称赞，也赢得了格兰特的赞赏和信任。

7月13日，格兰特给多米尼加总统布埃纳文图拉·巴埃斯（Buenaventura Báez）发去一封介绍信。巴埃斯个头不高，在政治和经济权谋上颇有手段。在过去的二十年里，曾三次担任总统，又三次被推翻。1868年3月，他再次当选总统，渴望与美国做生意。格兰特表明了自己的愿望，即"通过我所依赖的来源获取信息，以满足我对你们这个有趣国家的好奇心"。[41]菲什作了补充，称巴布科克为"特别代理人"[42]，但他明确表示，巴布科克没有任何外交授权。

巴布科克抵达后告知巴埃斯总统，"他没有被授权订立条约"。他最多只能拟定一个条约大纲，然后提交给格兰特和菲什。巴布科克说，他不想"在任何方面束缚格兰特总统"。[43]

巴布科克于 9 月返回，并将他的研究结果呈交给菲什。巴布科克离开时没有被授予任何外交权限，回来时却带来了一份吞并草案。美国可以用 200 万美元购买沙门湾，也可以通过承担 150 万美元的公共债务来吞并整个圣多明各。该议定书还指出，格兰特总统将利用他对国会的"所有影响"来接受这项条约。格兰特同意巴布科克的草案，并要求菲什起草一份正式的条约。[44]

11 月 18 日，巴布科克在军需官鲁弗斯·英戈尔斯的陪同下回到圣多明各，菲什向他下达了冗长的指令，要求他谈判两项条约：一项是吞并该岛，另一项是租借沙门湾。[45] 当他们回来后，格兰特要求菲什在 12 月 21 日的内阁会议上提出这两项条约并进行讨论。格兰特相信一切都很顺利，但还是需要去咨询一个更重要的参与者。

*

1870 年 1 月 2 日，星期日，格兰特总统在傍晚独自穿过拉法叶公园（Lafayette Park），来到参议员查尔斯·萨姆纳位于 H 街和佛蒙特大道交会处的家。这个目的地表明了总统在个人外交上的努力。

1851 年丹尼尔·韦伯斯特（Daniel Webster）去世后，马萨诸塞州首次选举萨姆纳为参议员。18 年后，中年的萨姆纳留着一头浓密的灰色长发，体重增加到 235 磅，他每次演讲时，参议院都座无虚席。他双手撑在参议院的椅子上，就所有问题发表论说。人们经常能够阅读到他新近发表的文章，这些文章都是由出版商准备的，他们急于将其印刷出来供公众阅读。他似乎不知疲倦，滔滔不绝地说个不停，使自己感到满意，也使听众感到振奋。[46]

但萨姆纳不是韦伯斯特。在萨姆纳的高调演讲中，他经常被自己的自负所绊倒。由于在外交关系方面拥有卓越知识，他因无法妥协反而失去了支持。自信的萨姆纳开始了第 41 届国会的最后一次会议，他确信自己有能力驾驭这位经验不足的总统。

格兰特就任总统时，萨姆纳正处于权力的顶峰。1869 年 12 月，当第 41 届国会召开会议时，这位参议员剪下一篇社论放入自己的剪贴簿中，上面宣称他"将成为公认的参议院领袖"[47]。

在格兰特上任的头十个月里，他一直在观察和倾听萨姆纳。他知道菲什和萨姆纳是老朋友。格兰特赞赏萨姆纳对非裔美国人权利的倡导，但对他频繁的干涉感到恼火：这位参议员阻止了他提名亚历山大·斯图尔特担任财政部部长，阻止了与英国的条约，阻止了他废除《联邦官员任期法案》的愿望，并反对他最初援助古巴起义者的计划。最让格兰特反感的是萨姆纳的自负：这位参议员认为他的判断是理所当然的优越；在属于他的新英格兰，他瞧不起这位新入主白宫的西部人。尽管如此，在整个 1869 年，格兰特一直竭力不与萨姆纳对抗。[48]

格兰特为了满足萨姆纳的虚荣心，决定非正式地和他谈谈圣多明各的事。他按下萨姆纳家的门铃，一个仆人见格兰特来了，急忙叫来参议员来欢迎总统。萨姆纳当时正在和华盛顿的两位著名新闻记者约翰·W. 福尼（John W. Forney）和本·佩利·普尔（Ben Perley Poore）共进晚餐，三人正在讨论如何支持詹姆斯·W. 阿什利（James W. Ashley）。阿什利是弹劾安德鲁·约翰逊行动的领导者之一，现在他的蒙大拿领地总督一职即将被取代。萨姆纳给这位意想不到的客人倒了一杯雪利酒，但被格兰特拒绝了。不过，格兰特并没有拒绝表达他对阿什利的看法：他称其为"恶作剧制造者"。普尔对总统的突然到访感到有些不寻常，便主动提出离开，但格兰特坚持说："请别走，我把你和福尼上校都当作朋友。"[49]

晚饭后，四个人移步到图书馆，格兰特说明他此行的目的。他打算把兼并圣多明各的条约提交参议院。他没有把条约带来，但他对条约作了概括性的描述。格兰特即将讲完时，另一位客人也来了：财政部部长布特维尔，他是萨姆纳在马萨诸塞州的老朋友。格兰特相信自己已经完成了任务，不想在此逗留太久，于是他对萨姆纳说："我明天早上会把巴布科克将军的条约文本交给你。"[50]

萨姆纳向格兰特保证，他会研究条约。格兰特刚走到门口，福尼插嘴说："当然，萨姆纳先生，你也会支持条约的。"萨姆纳回答说："总统先生，我是一名公职人员，无论你做什么，我都会给予最认真、最坦诚的考虑。"[51]

萨姆纳答复的确切措辞将成为今后数月和数年里争论不休的话题。格兰特离开萨姆纳家时，他相信已经得到了萨姆纳对条约的支持——或者至少没有反对意见。福尼回忆说，他听到萨姆纳说过，"他会欣然支持这项条约"。萨姆纳后来说，他从来没有说过支持条约一类的话。普尔记得萨姆纳曾宣称，"他是共和党人，是共和党政府的支持者，如果可能的话，他应该在审查完这些条约后才能决定是否要在这件事上支持政府"。布特维尔记得萨姆纳说过，"总统先生，我期待着支持您政府所采取的措施"。[52]

也许这些对话的版本都不完全正确。因为它们是在不同的时间被记录下来的——从几个月之后到八年之后。这些版本和所有的回忆录一样，都经过了后来事件的过滤，以及作者对格兰特不断变化的观点的影响。

*

来自亚当斯政治家族的亨利·亚当斯（Henry Adams）在他的小说《民主》（*Democracy*）中写道："民有，民选，由参议员所享受的政权。（Of the people，by the people，for the benefit of the Senators.）"[53] 1870年1月10日，格兰特将《圣多明各条约》（Santo Domingo Treaty）提交给参议院后，将真正体会到这句话的含义。条约在那里被搁置了两个月。无论总统是约翰逊还是格兰特，参议院都决心让所有人知道是谁说了算。

1870年2月，汉密尔顿·菲什写信给著名的历史学家、美国驻柏林公使乔治·班克罗夫特（George Bancroft），他在信中描述了格兰特的沮丧："国会和约翰逊之间的分歧使得立法权得到加强，并让国会特别是参议员们习惯于对抗行政部门提出的每一项建议。"他补充说，"这种批评的习惯，即使不是反对的话，也变得有些固化了。而且当一个朋友成为行政领袖时，这种习惯也不可能立刻完全消却——因为人们很难自动放弃权力。"[54]

作为权力很大的参议院外交关系委员会主席，萨姆纳采用了一套行之有效的拖延和沉默策略。他把听证会推迟到2月中旬。他直到3月11日才邀请巴布科克出席。他对条约保持沉默，甚至不与委员会成员分享意见。

萨姆纳希望通过拖延来破坏条约。但格兰特不愿意参加这样的游戏，他知道如果不在 3 月 29 日之前采取行动，临时条约将会失效。3 月 14 日，他在致参议院的一封信中表示："衷心希望你们的行动可能有利于条约的批准。"[55]

在格兰特的推动下，萨姆纳的委员会于 3 月 15 日采取了行动：他们以 5∶2 票反对该条约。

格兰特知道参议院全体成员仍需投票表决，于是采取了一项不同寻常的举措。3 月 17 日，他前往国会大厦，决定在总统的房间游说参议员。传统上，总统在国会大厦的房间只有在国会会议的最后一天才正式使用。他派人邀请了 15 个人，他的政治情报人员告知，这些人要么支持条约，要么持模棱两可的态度。在持续两个小时的讨论中，他谈到了该条约对美国的财政和战略利益。五天后，他在白宫召集了一场会议，邀请已知持反对意见的参议员参加。他一共邀请了 22 人，其中有 15 人参加。[56]

随着关于圣多明各的剧情进入投票阶段，萨姆纳在 3 月 24 日的非公开会议上向参议院发表了四个小时的讲话；第二天他又继续了一个半小时。他认为巴埃斯总统贪腐，目前海军使用沙门湾属于非法。

美国助理国务卿、年轻的班克罗夫特·戴维斯（Bancroft Davis）采纳了萨姆纳的措施。外交关系委员会主席萨姆纳表示，他非常尊敬总统，称格兰特是他"尊贵的朋友"和"一生的朋友"。戴维斯没有被愚弄，他给不在华盛顿的菲什写了一封信，信里写着他告诉萨姆纳的话，"你可以用诗人的话说：'做这件事的不是我的敌人。'"[57]格兰特不会忘记萨姆纳的挑衅。

最后，萨姆纳计划在 6 月 30 日进行投票，结果是 28∶28 票，甚至还没有达到批准所需的三分之二多数，这意味着格兰特在立法上遭遇了重大失败。条约未能通过，但总统还没有准备承认失败。[58]

*

当格兰特继续为圣多明各的战略重要性观点而努力时，他已于 1869 年改变了与英国谈判的想法。4 月，萨姆纳给格兰特看了一份他写的反英讲稿。1869 年底，格兰特改变了他所认为的萨姆纳所持的极端立场，认为是时候与英国谈判解决问题了。

格兰特改变主意的部分原因是他与汉密尔顿·菲什的关系日益密切。如果说内战期间格兰特的领导会受到威廉·谢尔曼的鼓励，那么在总统任期的头几年，菲什很快就成为对他影响最大的领导人。格兰特再一次接近了一个他所信任的强有力的领导人。

菲什担心格兰特和萨姆纳在圣多明各问题上的争议会破坏与英国的更为重要的外交关系。在菲什的影响下，格兰特采取了一种更加公正的态度，他认为在 19 世纪的最后的三十年中，卓有成效将是美国外交关系的核心。

1870 年夏，谈判有所升温。莫特利在与英国外交大臣克拉伦登勋爵（Lord Clarendon）的第一次重要会谈中，展示了与萨姆纳相同的毫不妥协的态度，从而使双方摩擦出一些火花。他对克拉伦登说，美国将以"深感国家错误"作为讨论的开始，除非联合王国对这个错误提出"承认和补偿"，否则就不再有谈判。第二天，美国公使馆秘书本杰明·莫兰（Benjamin Moran）抄写了莫特利会谈的长稿，他指出，公使向克拉伦登发表的声明"更多像是萨姆纳先生而非总统的口吻"。[59]

格兰特读了这封信后变得很生气。别人曾警告过莫特利很自负，但格兰特还是希望他能够在履职时能表现得有些规矩。格兰特任命莫特利在一定程度上是为了让萨姆纳满意，现在他决定召回莫特利。菲什虽然也感到不安，但他坚持认为美国在谈判中不能再次受挫，以便使总统冷静下来。[60]

6月25日，格兰特邀请菲什到白宫参加一个会议。当他到达时，总统手里拿着前一天的《纽约论坛报》。他首先通知菲什，一旦找到合适的人选接替莫特利，他就会召回驻英国公使，因为莫特利"代表萨姆纳先生超过了代表政府"。格兰特接着读了一篇文章，文中称菲什想辞去国务卿一职，并希望被任命为驻英国公使。菲什称这两种说法都不对。格兰特松了一口气，坦白道："你的坚定和智慧使我避免了本会犯的错误。"[61]

*

12月5日，在格兰特向国会发表的第二次年度讲话中，他把关于外交关系的评论大多用在了敦促与圣多明各签订条约上。他提醒国会，"圣多明各政府是自愿寻求合并的"。[62] 到现在，他已经开始认识到圣多明各不仅具有经济或军事价值，还是既能解决美洲难以解决的奴隶制问题，又能为400万黑人中的一部分人提供一个安全的避风港，而这些人正经历着白人对他们作为自由人生活梦想的阻挠。合并自由的圣多明各将"使奴隶制在古巴和波多黎各无法立足，最终在巴西也是如此"。[63] 为了让合并的想法继续下去，格兰特建议成立一个委员会，让其在新的一年里去该岛考察。

格兰特的计划得到了著名领导人弗里德里克·道格拉斯

（Frederick Douglass）的支持，他长期以来一直反对从非洲输出黑人进行殖民统治的计划。当道格拉斯聆听围绕圣多明各的辩论时，他开始不再同意朋友萨姆纳的观点。萨姆纳认为，黑人如果移民到圣多明各，会使美国放弃自内战得来的来之不易的权利。道格拉斯则认为，圣多明各可以为那些希望在新地方寻求新开端的黑人提供一个理想的空间。[64]

*

作为一名废奴主义者，萨姆纳对任何不认同他反对奴隶制立场的人都会失去耐心；现在，他对任何在外交关系上与自己意见相左的人也会失去耐心。在格兰特发出信息后，萨姆纳立即对格兰特关于圣多明各有朝一日将为美国商品提供新市场的主张提出质疑，要求总统向国会提供他所掌握的与合并辩论有关的所有文件。对许多参议员来说，这一步走得太远。即使是萨姆纳最亲密的盟友也认为他的举动是对总统的不尊重，结果会适得其反。在气氛紧张的参议院中，印第安纳州参议员奥利弗·莫顿（Oliver Morton）提出一项动议，即允许格兰特任命一个委员会访问该岛，并探讨在何种条件下存在合并的可能。[65]

12月21日，不甘屈服的萨姆纳试图通过演讲来实现无法通过立法实现的目标。他以殉道者的口吻宣称，关于圣多明各的辩论与1854年关于《堪萨斯—内布拉斯加法案》的历史性辩论如出一辙。他演讲的题目为"拿伯的葡萄园（Naboth's Vineyard）"。这是一个取材于《圣经·列忘记》的故事，亚哈王（King Ahab）是一位富有的君主，但他渴望得到贫穷邻居的葡萄园。萨姆纳在一篇冗长、杂乱无章的演讲中，提到了格兰特拒绝分享有关圣多明各的机密信息，以及格兰特与内战之前的总统詹姆斯·布坎南和富兰克林·皮尔斯之间的相似之处。

萨姆纳的演讲在参议院引发了一场通宵的辩论，但这次他失败了。

莫顿义愤填膺，批评萨姆纳和所有攻击格兰特的人："这些攻击一个接一个地失败了，而且是彻底的失败；他们已经暴露在这个国家的人民面前，变得可鄙不堪。"[66]萨姆纳在历史类比和戏剧性尖刻言辞上的过分表现，只是成功地反弹成对他自己的控告。

黎明时分，疲惫不堪的参议员们以32∶9票的结果通过了格兰特任命该委员会的动议。[67]格兰特任命了一个由三名成员组成的委员会，同时还有一名秘书，他们将在次年1月前往圣多明各。格兰特选择了俄亥俄州前参议员本·韦德，马萨诸塞州的改革家塞缪尔·格里德利·豪医生（Dr. Samuel Gridley Howe），以及康奈尔大学的创始校长安德鲁·D.怀特博士（Dr. Andrew D. White），并选任弗里德里克·道格拉斯担当秘书。格兰特任命了两位著名的废奴主义者韦德和豪，以及最重要的非裔美国改革家道格拉斯，这三位都是萨姆纳的密友，从而挫败了萨氏关于在圣多明各的行动是种族主义事业的批评。[68]

*

就在同一天，菲什向格兰特汇报了一份刚从伦敦发来的急件。新近被召回的约翰·莫特利写了一篇很长的总结报告，他称之为"使命的终结"。他愤怒地说，自己被召回的真正原因是

"一位杰出的参议员对批准《圣多明各条约》表示反对，而这位参议员与我有着深厚的友谊"。[69]

菲什对这份报告感到震惊，通常低调的他决定压制莫特利，并提出一项计划为格兰特辩护，进而解除萨姆纳的参议院外交关系委员会主席职务。他告诉莫特利，如果他认为萨姆纳在圣多明各的立场与他的召回有关，那他就"完全错了"。"莫特利先生必须知道，或者说，如果他不知道，那是因为他独自一人的无知，其实许多参议员公开、慷慨、高效地反对《圣多明各条约》，就像萨姆纳一样，但他们继续享受着总统的信任和友谊。"[70]

菲什在发出这份措辞强硬的回复之前，先把它读给总统听。格兰特认为这个答复过于强烈，但并不反对把它寄出去。当菲什的回复送达美国驻伦敦公使馆时，秘书本杰明·莫兰担心莫特利可能会烧掉菲什的回信，所以确保将其收录在参议院的记录中。[71]

按照惯例，一个由共和党人组成的特别委员会召开了会议，并分配了相关工作。委员会以3:2票通过了撤换萨姆纳作为外交关系委员会主席的提议。[72]

萨姆纳无法保持平静，当全体议员开会时，他提出抗议。3月9日，以26:21票，共和党核心会议维持了委员会的建议。萨姆纳被邀请担任另一个主席职务，但他拒绝了。[73]

*

在与英国开始谈判时，格兰特和菲什面对的两个主要问题是：首先，让英国承认其责任；其次，鉴于萨姆纳的反对，如何让一项条约在参议院获得通过。

　　2月，格兰特下令组建了一个联合高级委员会代表团，以负责审议和解决所有悬而未决的问题。代表包括：菲什，新任驻英公使罗伯特·申克（Robert Schenck），前司法部部长 E. 洛克伍德·霍尔，俄勒冈州参议员乔治·H. 威廉姆斯（George H. Williams），民主党人、国际法专家、最高法院联席大法官塞缪尔·纳尔逊（Samuel Nelson）。综合起来，这五人囊括了美国政府的行政、立法和司法部门。[74]

　　2月27日，星期一，上午10点，马车咯噔咯噔地驶进那座古老的孤儿院大楼（指美国国务院）。英国代表团秘书爱德华·桑顿爵士和其他成员走了进去：枢密院议长格雷和里彭伯爵（Earl de Grey and Ripon）、前任印度事务大臣斯塔福德·诺斯科特爵士（Sir Stafford Northcote）、英国大学代表蒙塔古·伯纳德教授（Professor Montague Bernard），以及加拿大首任总理约翰·A. 麦克唐纳（Sir John A. Macdonald）。来自双方的委员们迅速展开工作，在昏暗的图书馆里，他们围坐在一张刚清理过的桌子两旁。这种一板一眼的氛围掩盖不了挥之不去的猜疑，尽管它藏在彬彬有礼的外表之下。[75]

　　深得格兰特信任的菲什，在3~4月熟练地领导美国参加了联合高级委员会的37次会议。每天晚上，格兰特都会漫步穿过拉法叶广场，来到菲什家中讨论当天的议事日程。他急于在国会于暑期休会前达成协议。他知道新一届国会预定在1871年12月履职，他们会更加民主党化并更加仇视英国。[76]

　　最后，1871年5月8日，一个阳光明媚的日子，双方终于签署了《华盛顿条约》（Treaty of Washington）——它解决了美英之间所有悬而未决的分歧。双方都作出了让步。英国宣布

"无论在何种情况下，对**亚拉巴马号**和其他驶离英国港口的船只的掠夺行为"[77] 感到懊悔。而美国则从早先的巨额"间接"索赔中后退一步。在联合高级委员会的每个成员签署条约后，条文文本被上蜡封存。

格兰特于 5 月 10 日将条约送交参议院。[78] 5 月 24 日，参议院以 50∶12 投票通过，格兰特第二天就签署了条约。该条约规定由国际仲裁法庭就损害赔偿金额等具体问题进行谈判。来自五个国家的五名代表，以及由前美国驻英国公使老查尔斯·弗朗西斯·亚当斯代表美国在日内瓦会谈。[79]

条约的签署对格兰特和菲什来说是一个巨大的成就。这是一座里程碑，将随着双方在他们的英美联盟关系中向前迈进而彰显更大的意义。

*

有人认为格兰特的外交政策只是汉密尔顿·菲什的外交政策，而总统本人并没有参与其中。[80] 这种观点很短视。诚然，格兰特确实在担任总统的最初几年里，于外交关系方面走上了一条艰难的学习之路。但与许多总统不同，他愿意承认自己不懂的事情，并向精明的国务卿学习。

最初的两年，格兰特发现自己在对外关系方面作了两大努力，结果却大不相同。就圣多明各而言，他把目标定得太高。起初，他把计划仅仅告诉给自己的政治小圈子，却没有为合并提出可以公开的理由。由于受到阻碍，他拒绝接受失败。

格兰特的国内政策和外交政策之间的明线很容易被忽略。他对圣多明各的热情不仅在于获得新的领土：他相信，一个自由的

这幅托马斯·纳斯特的漫画正面
描绘了格兰特和菲什在等待瑞士
日内瓦国际仲裁结果时的情景。

圣多明各将成为实施奴隶制岛屿中的灯塔。弗里德里克·道格拉
斯理解并支持格兰特的立场。

关于英国，外交则帮助缓解了内战后美国与世界领先大国之
间的紧张关系。尽管当时《华盛顿条约》被视为一个正式解决特
定紧张局势的方案，这种紧张局势由南方邦联的袭击舰所造成的
损害引起，但从历史的大视野来看，这项协议显然是美英之间成
为最强大盟友的一个重要基石。[81]

汉密尔顿·菲什理应得到格兰特对他担任国务卿的高度赞
扬。然而，人们忽略的是菲什对格兰特的称赞。1870 年圣诞节
前夕，菲什与莫特利进行了一次杂谈，其间他即兴写了一篇颂词
献给他的总司令。菲什毫不夸张地写道：

/ *518*

没有一个活着的人比他更能容忍坦诚而有男子气概的意见分歧；比他对公共福利更真诚和有着坚定的渴望；比他更无私且丝毫不关心自己的事情；比他的行为更坦率和更自信；比他对泄露秘密更加敏感，或者，当一个人用言语和友谊的保证来掩饰他的秘密和坚决的敌意时，他会带着更多的轻蔑和厌恶来看待他。[82]

即使格兰特承认从菲什身上学到了很多东西，国务卿对格兰特身上那种能够成为一位卓有成效的总统的特质也表示了充分的赞赏。格兰特需要所有这些品质来应对即将到来的各种挑战。

注　释

1　George C. Herring, *From Colony to Superpower: U.S. Foreign Relations Since 1776* (New York：Oxford University Press, 2008), 251.

2　USG, Inaugural Address, *Grant Papers*, 19：142.

3　Nevins, *Hamilton Fish: The Inner History of the Grant Administration*，如副标题所示，艾伦·内文斯（Allan Nevins）作品的价值远远超过汉密尔顿·菲什（Hamilton Fish）担任国务卿的故事；Hesseltine, *Ulysses S. Grant*, 148。

4　Nevins, *Hamilton Fish*, 92-97. 在格伦克莱夫（Glenclyffe）时，菲什是高地的圣腓力教堂（St. Philip's in the Highlands）的教区代表。战后，当南部教区和主教们申请重新加入圣公会时，在四天的激烈辩论中，菲什呼吁和解，主张重新接纳，并最终获得批准。

5　Nevins, *Hamilton Fish*, 115, 122.

6　Ibid., 117-18.

7　在阅读汉密尔顿·菲什的日记时，我们会看到这位新任国务卿从对当天事件的实事求是的记录转变为试图分析事件意义的论文风格。Hamilton Fish Papers, Library of Congress.

8　Nevins, *Hamilton Fish*, 134.

9   McPherson, *War on the Waters*, 112, 114-17, 130, 204-5; Symonds, *Civil War at Sea*, 72-82.

10   Walter Stahr, *Seward: Lincoln's Indispensable Man* (New York: Simon & Schuster, 2012), 498-99.

11   《约翰逊—克拉伦登条约》(Johnson-Clarendon Treaty) 是以两位首席谈判代表, 美国参议员雷弗迪·约翰逊 (Reverdy Johnson) 和克拉伦登勋爵乔治·威廉·维利尔斯 (George William Villiers, Lord Clarendon) 的名字命名的。See Adrian Cook, *The Alabama Claims: American Politics and Anglo-American Relations, 1865-1872* (Ithaca, N.Y.: Cornell University Press, 1975), 43-72; Badeau, *Grant in Peace*, 153-54.

12   Charles Sumner, *Charles Sumner: His Complete Works* (Boston: Lee & Shepard, 1900), 17: 93; Donald, *Charles Sumner and the Rights of Man*, 374-94.

13   Cook, *Alabama Claims*, 84-85.

14   Nevins, *Hamilton Fish*, 155-56.

15   Adrian Cook, *The Alabama Claims: American Politics and Anglo-American Relations, 1865-1872* (Ithaca, N.Y.: Cornell University Press, 1975), 35, 37.

16   Nevins, *Hamilton Fish*, 70-71, 101.

17   USG to Queen Victoria, April 26, 1869, *Grant Papers*, 19: 213n1.

18   格兰特认为约翰·洛斯罗普·莫特利 (John Lothrop Motley) 在伦敦会受到欢迎, 因为他已颇有名气, 尤其是他的书《尼德兰联省共和国的崛起》(*Rise of the Dutch Republic*) 在英国卖出了 15000 册。莫特利还为《北美评论》(*North American Review*) 撰写历史和评论文章。

19   Charles Sumner to the Duchess of Argyll, May 18, 1869, Charles Sumner, *The Selected Letters of Charles Sumner*, Beverly Wilson Palmer, ed. (Boston: Northeastern University Press, 1990), 462-64.

20   Badeau, *Grant in Peace*, 197-99.

21   Grant, *In the Days of My Father*, 159.

22   Julia Dent Grant, *Personal Memoirs*, 188.

23   Nevins, *Hamilton Fish*, 575.

24   Ibid.

25   Mrs. John A. Logan, *Thirty Years in Washington* (Hartford, Conn.: Worthington, 1901), 670-71; Ross, *The General's Wife*, 208.

26   Ammen, *The Old Navy and the New*, 529.

27   Nevins, *Hamilton Fish*, 121, 179-80; *Grant Papers* 19: 459n.

28   Smith, *Grant*, 491-99; Hesseltine, *Ulysses S. Grant*, 161-62.

29　Smith, *Grant*, 493.

30　Storey and Emerson, *Ebenezer Rockwood Hoar*, 179.

31　Wilson, *Life of John A. Rawlins*, 359–60.

32　Fish diary, entry April 6, 1869; Smith, *Grant*, 493.

33　USG, memorandum, August 31, 1869, *Grant Papers*, 19：238; Nevins, *Hamilton Fish*, 243–44.

34　William Javier Nelson, *Almost a Territory: America's Attempt to Annex the Dominican Republic*（Newark：University of Delaware Press, 1990）, 19.

35　Ibid., 47; Charles Callan Tansill, *The United States and Santo Domingo, 1798–1873*（Baltimore：Johns Hopkins Press, 1938）, 351; Stahr, *Seward*, 455, 57, 519–20.

36　Tansill, *United States and Santo Domingo*, 353–54.

37　Fish diary, entry April 5, 1869.

38　Ibid., April 6, 1869.

39　Charles Dana's *Sun*, quoted in Nevins, *Hamilton Fish*, 260–61.

40　Tansill, *United States and Santo Domingo*, 351; Jesse R. Grant, *In the Days of My Father*, *General Grant*（New York；Harper & Bros., 1925）, 132–35.

41　USG to Buenaventura Báez, July 13, 1869, *Grant Papers*, 19：209. 关于布埃纳文图拉·巴埃斯（Buenaventura Báez）的角色，见：Tansill, *United States and Santo Domingo*, 134。

42　Nevins, *Hamilton Fish*, 265.

43　Tansill, *United States and Santo Domingo*, 362.

44　Nevins, *Hamilton Fish*, 267–68.

45　Tansill, *United States and Santo Domingo*, 370–71.

46　Ibid., 371–72, 415.

47　Donald, *Charles Sumner and the Rights of Man*, 414. 大卫·唐纳德（David Donald）这部获得普利策奖（Pulitzer Prize）的关于查尔斯·萨姆纳（Charles Sumner）的传记，抓住了此人的复杂性和矛盾性。

48　Ibid., 289.

49　Ibid., 434–35; Ben Perley Poore, in the *Boston Journal*, October 21, 1877.

50　Donald, *Charles Sumner and the Rights of Man*, 435.

51　Ibid.

52　大卫·唐纳德在《查尔斯·萨姆纳与人权》（*Charles Sumner and the Rights of Man*, 434–38）一书中，对在萨姆纳家中所说的相互矛盾的证词作了最好的总结。11 个月后，即 1870 年 12 月，被这一说法——他告诉格兰特他将支持该条约——刺痛的萨姆纳在参议院的一次演讲中宣布，"听到这样一种说法，即我曾向总统保证，我将支持政府的这一举措。但从来没有这回事！" Donald, *Charles Sumner and the Rights of Man*, 435. See also Edward Lillie Pierce, *Memoir and Letters of Charles Sumner* (Boston: Roberts Bros., 1877-1893), 4: 435.

53　Henry Adams, *Democracy: an American Novel* (New York: H. Holt, 1880), 23.

54　Hamilton Fish to George Bancroft, February 9, 1870, in Nevins, *Hamilton Fish*, 313.

55　USG, "To Senate," March 14, 1870, *Grant Papers*, 20: 121.

56　Nevins, *Hamilton Fish*, 317.

57　Bancroft Davis to Hamilton Fish, March 27, 1870, Nevins, *Hamilton Fish*, 319.

58　Donald, *Charles Sumner and the Rights of Man*, 452.

59　Nevins, *Hamilton Fish*, 160-61, 205; Donald, *Charles Sumner and the Rights of Man*, 408.

60　Badeau, *Grant in Peace*, 202-3.

61　Fish diary, entry June 25, 1870; *Grant Papers*, 20: 183-84; Nevins, *Hamilton Fish*, 383.

62　USG, Annual Message to Congress, December 5, 1870, *Grant Papers*, 21: 51. 多米尼加共和国现在共有 1000 万人口。

63　Ibid., 53.

64　William S. McFeely, *Frederick Douglass* (New York: W. W. Norton & Co., 1991), 276.

65　格兰特要求参议院任命这样一个委员会。印第安纳州参议员奥利弗·P. 莫顿 (Oliver P. Morton) 在 12 月 8 日给格兰特写道："如果参议院没有其他人负责此事，我将根据电文中的建议介绍有关圣多明各的决议。" *Grant Papers*, 21: 79.

66　William Dudley Foulke, *Life of Oliver P. Morton*, vol. 2 (Indianapolis: Bowen-Merrill, 1899), 157.

67　Nevins, *Hamilton Fish*, 454.

68　Hamilton Fish diary, entry January 10, 1871, *Grant Papers*, 21: 133n; McFeely, *Frederick Douglass*, 276; Tansill, *United States and Santo Domingo*, 436.

69　Nevins, *Hamilton Fish*, 453, 457; Joseph Guberman, *The Life of John Lothrop Motley* (The Hague: Martinus Nijhoff, 1973), 140; Nevins, *Hamilton Fish*, 453, 457.

70　Guberman, Ibid., 141; Nevins, *Hamilton Fish*, 455.

71　Nevins, *Hamilton Fish*, 454.

72　Donald, *Charles Sumner and the Rights of Man*, 490.

73　Ibid., 491.

74　USG, "To Senate," February 9, 1871, *Grant Papers*, 21：175–76；Cook, *Alabama Claims*, 170；Smith, *Grant*, 511.

75　Storey and Emerson, *Ebenezer Rockwood Hoar*, 224. 常被称为"加拿大的乔治·华盛顿"的约翰·A. 麦克唐纳（John A. Macdonald）表示，于 1867 年新成立的加拿大自治领（Dominion of Canada）将成为谈判的伙伴。

76　Nevins, *Hamilton Fish*, 474；Cook, *Alabama Claims*, 169–70.

77　关于《华盛顿条约》（Treaty of Washington）的文本，见：John Bassett Moore, *History and Digest of the International Arbitrations*（Washington, D.C.：Government Printing Office, 1898）, 1：546–53。

78　USG, "To Senate," May 10, 1871, *Grant Papers*, 21：352.

79　Cook, *Alabama Claims*, 238–40.

80　威廉·S. 麦克菲莱在《格兰特传》（*Grant：A Biography*）中明确地表达了对格兰特在总统任期内的负面看法。大卫·唐纳德敏锐地反驳了这种观点："正如内战期间许多人认为格兰特的军事战略是纯粹的屠杀一样，许多同代人和后来的历史学家也错误地判断了总统打政治战的技巧。"Donald, *Charles Sumner and the Rights of Man*, 446.

81　Herring, *From Colony to Superpower*, 255.

82　Fish's penciled draft is in the Hamilton Fish Papers. Donald, *Charles Sumner and the Rights of Man*, 478.

/ 第 30 章　3K 党

> 我将毫不犹豫地行使国家赋予行政机关的权力……以确
> 保美国所有公民和平享有宪法和法律所保障的各项权利。
> ——尤利西斯·S. 格兰特，政府公告，1871 年 5 月
> 3 日

在内战后的几年里，一个神秘组织 3K 党——其有着奇怪的希腊名称、秘密的仪式，以及穿着白色床单的成员——将恐怖播散到整个南部地区。以白人至上的名义，他们殴打、鞭笞、致残、绑架并绞死了数千名黑人公民。他们的主要目的是压制新获得选举权的非裔美国人，因为他们知道这些人会在地方和州选举中以压倒性的优势投票给共和党。在 1870 年的州选举中，3K 党的策略使白人民主党在南方的几个州取得了实质性的胜利。[1]

尽管 3K 党最终在内战后的南方象征着白人恐怖主义，但该组织一开始并没有这样做。3K 党于 1866 年在田纳西州靠近亚拉巴马州边界的贸易集镇普拉斯基（Pulaski）成立，其由六名年轻的南方邦联退伍军人组成，他们想要建立一个社交俱乐部。参与其中的一些大学生回忆说，希腊字母兄弟会当时在南方很受欢迎，于是他们建议该组织采用希腊语 "kuklos"，意思是 "圆（circle）" 或 "环（band）"，然后将其头韵扩展为 "Ku Klux Klan"。

3K 党意识到需要一个有声望的人来领导他们迅速发展的运动，于是选举格兰特的宿敌、田纳西州的骑兵英雄内森·贝德福德·弗里斯特作为他们的第一任领袖暨 "党首大巫师（Grand Wizard）"。[2]许多南方邦联的士兵很难在已经满目疮

这张 3K 党党徒的照片并没有展现穿白色床单的匿名男性形象，而是强调他们表面上的威严。人们必须仔细观察才能发现他们凶残卑鄙行径的蛛丝马迹。

痍的南部地区接受和平。他们成为热切的新兵，3K 党在很短的时间内从最初的概念转变为一场针对黑人的身体欺凌和暴力的大漩涡。

在种族主义盛行的氛围中，许多南方白人认为解放黑奴所带来的自由是种诅咒，而不是对以前"幸福奴隶"的祝福。他们的论点是自私的。白人对黑人的暴力行为代表着"种族控制"。南方白人决心不让黑人变得"大胆活泼"。[3]

起初，3K 党在经济上施加压力，威胁说如果黑人劳工投票给共和党就将失去工作。当 3K 党进入南部各州时，夜间活动的党徒在非裔美国人家中和教堂里进行恐吓。其余的敌人则是支持联邦的本地白人和为黑人开办学校的北方传教士——3K 党称他们为"外部煽动者"。[4]

*

1871 年初，格兰特决定发动一场反 3K 党的全面运动。在担任总统的头两年，外界对军方越权的批评让格兰特很敏感，并且他对民主选举充满信心，因而并没有反对 3K 党。现在他决定采取行动，尽管他知道国会正在从重建工作中退却。一些曾经强烈反对奴隶制、支持重建修正案 ① 的共和党人与民主党人一道，努力将 3K 党暴力事件最小化，并认为任何解决方案都应交予南部各州处理。格兰特认为 3K 党的恐怖主义已经超出任何一州的控制范围，并深信联邦政府有必要采取行动。

*

1870 年 5 月 31 日，为了强化《宪法第十四条修正案》和《宪法第十五条修正案》，阻止各州官员干涉南方各州的选民登记程序，国会通过了《强制法案》（Enforcement Act）。该法案规定："每个人，无论种族、肤色或之前的奴役状况如何，都必须被给予平等的机会，使其拥有投票资格。"该法案进一步授权总统在必要时动用军队来维护法律规定的原则。但起威慑作用的联邦部队实际上很少部署，也没有压制对黑人的暴力活动。[5]

1871 年 2 月 28 日，就在休会的前一周，第 41 届国会通过

---

① 指美国于 1865~1870 年通过的《宪法第十三条修正案》、《宪法第十四条修正案》和《宪法第十五条修正案》。

了第二项《强制法案》，格兰特立即签署通过，为联邦官员提供了规范选举程序的指导方针。但这两项《强制法案》都没有解决选民被压制背后的真正问题：3K 党的恐吓。[6]

在这个关键时刻，格兰特呼吁国会赋予他更大的执法权。他认为，联邦政府是保护新近由宪法赋予的自由人权利的唯一途径。[7]

在格兰特所面临的所有问题中——无论是国内还是国外——没有什么比对黑人越来越多的攻击更能激起他的关切。随着第 41 届国会将于 1871 年 3 月 4 日休会，而第 42 届国会要到 12 月才会召开，总统敦促了一些不同寻常的事情：他在 3 月 4 日要求新一届国会立即召开。格兰特于 3 月 9 日写信给众议长詹姆斯·G. 布莱恩，"南方的一些地区存在着一种令人遗憾的状况，我要求国会立即予以关注"。[8]

第 42 届国会同意了：在会议的头几天，马萨诸塞州众议员本·巴特勒（Ben Butler）起草了一份严厉反对 3K 党的草案。然而，尽管该草案在参议院获得通过，但在众议院，几名共和党人与民主党人联手阻挠了它。伴随着相互纠缠的挫败感和不断增长的自信心，格兰特要求采取行动，特别是当他眼看着一个又一个 3K 党党徒要么被地方当局释放，要么在地方或州法院被宣告无罪。

一项新的立法，即现在所谓的《3K 党草案》（Ku Klux Klan Bill）被提出，并引发了激烈的讨论。[9]超过 80 名众议员参加了辩论，辩论的核心是联邦政府执行《宪法第十四条修正案》和《宪法第十五条修正案》的权力范围。在参议院，共和党参议员卡尔·舒尔茨和莱曼·特朗布尔也加入了民主党的反对阵营。舒尔茨称该草案是"国家权力对地方自治合法领域的侵犯"。[10]

　　共和党的反对对格兰特来说是种警告信号。作为回应，他于3月23日前往国会，要求增强他的行政权力，从而保护公民的公民权利。他告诉国会，他担心自己被称作"军事独裁者"，[11]但国会的几位领导人告诉他，反对3K党的草案只有在他的领导下才能通过。

　　同一天，格兰特写信告诉国会："纠正这些罪恶的权力超出了国家当局的控制。"他谈到自己所面临的困境："美国行政当局在现行法律范围内采取行动的权力是否足以应付目前的紧急情况尚不清楚。"格兰特"紧急"建议国会通过"此类立法"。为了强调这一问题的中心地位，他向众议员们保证，"在本届会议期间，我没有其他可建议立法的议题"。[12]

　　第42届国会于4月20日通过了修改后的《3K党法案》（Ku Klux Klan Act）。为了更有力地执行前两项修正案，这一范围更广的法案将"妨碍、拖延、阻止或阻挠"任何人"在任何选举中投票"定为联邦犯罪。该法案还将禁止个人担任选任公职或担任陪审团成员定为联邦犯罪。直到内战之前，公民们都向州法院寻求救济。现在，根据重建修正案，受到侵犯的公民可以利用司法部律师的新资源直接向联邦法院上诉。最后，《3K党法案》授权总统能使用军事力量，并暂停人身保护令。[13]

　　该法案的通过引发了关于联邦政府在捍卫公民权利方面的适当作用的激烈争论。《国家》杂志宣称："这些都是重大变化，不仅增加了联邦政府的权力，而且赋予联邦政府对某类案件的司法管辖权，而联邦政府此前从未拥有过，也从未尝试拥有过这种司法管辖权。"

　　民主党人将3K党暴力程度最小化，并最大限度地增加了对联邦政府扩张权力的担忧。密西西比州杰克逊市的《号角报》

（*Clarion*）声称，这项"违宪且令人发指的专制"法案的目标是"用刺刀和《戒严法》取代州当局"。北卡罗来纳州首府罗利市的《哨兵报》（*Sentinel*）则将矛头直指格兰特，声称该法案的目的是让格兰特"宣布该州处于叛乱状态，并通过军事恐怖手段赢得 1872 年的大选"。[14]

格兰特充分意识到这场风暴，他在 5 月 3 日发表的声明中郑重承诺："我将毫不犹豫地行使国家赋予行政机关的权力……以确保美国所有公民和平享有宪法和法律所保障的各项权利。"[15]格兰特的声明是针对白人对黑人暴行的回应，是由一位随时准备使用他总统职权的总统发布的。事实上，一些他自己的共和党成员挑战了他使用这些权力的权利，但未能阻挡住他。在行使这些权力时，格兰特认为联邦政府需要在保护所有公民的宪法权利方面发挥更具核心的作用。

*

在加大对南方种族暴力回应力度的同时，格兰特开始重新思考更大的执政策略。他写信给巴黎的伊莱休·沃什伯恩诉苦："许多表面上自称是坚定的共和党人在瓦解共和党方面，表现得超过了民主党。"格兰特列举着，"萨姆纳和舒尔茨的表现最糟糕，紧随其后的是康涅狄格州的费里（Ferry）和内布拉斯加州的蒂普顿（Tipton）。约翰·罗根正在为自己铺路，让他变得和他想象中的一样坏"。[16]

为了实现自己的目标，格兰特决心成为共和党的领袖。而在1868 年，当他允许自己被提名为共和党总统候选人时，曾经避免这样做。尽管他最初不希望以一个党派色彩浓厚的共和党人的身份执政，但他已经意识到尽管共和党在反对安德鲁·约翰逊总统的政策方面基本上是团结一致的，但现在在许多州却分裂成了不同的派别。他最担心的是越来越多的共和党领导人接受了北方选民的退却态度，而不是站出来保护南方的非裔美国人。[17]

为了实施新的执政策略，格兰特将目光转向了年轻的领导人。其中的主要人物是纽约州参议员罗斯科·康克林（Roscoe Conkling）。康克林 1829 年出生于奥尔巴尼市，父亲是联邦众议员和联邦法官。他 17 岁开始学习法律，19 岁为辉格党总统候选人扎卡里·泰勒发表竞选演说。1850 年，康克林获得律师资格，定居于尤蒂卡（Utica），并于 1858 年当选为市长。1859 年，康克林当选众议员，后于 1867 年当选参议员，他代表了一种新的、更专业的政治家形象。[18]

康克林是一个自信而有趣的人。他英俊潇洒，身高 6 英尺 3 英寸，留着金黄色的头发和尖胡子，在人群中脱颖而出。他喜欢在黑色燕尾服下搭配亮领带和浅色裤子，这种风格的服装成了他公众形象的一部分。他致力于锻炼身体，尤其是拳击，有人说这表明他随时准备参加政治斗争。[19]

这正是他在 12 月 21 日听到萨姆纳关于圣多明各的演讲后所做的。这位自信的参议员像拳击手一样站起来为总统辩护。他并不急于讨论派遣一个委员会到圣多明各的好处；相反，他对萨姆纳对格兰特的人身攻击感到愤怒："在这次辩论中，我一直保持沉默。要不是因为今天发生的暴力事件，要不是由于把错误推给一个人，而且更重要的是，要不是光纸上写和嘴上说的伟大是简单的，只有身体力行上的伟大才是艰巨的，我还是会保持沉默。"[20]

并不是在华盛顿的每个人都崇拜康克林，但所有人都认真

纽约州参议员罗斯科·康克林是新一代的职业政治家，他是一群年轻的国会领导人之一，他们团结在格兰特身边，尤其是支持捍卫非裔美国人的权利。

对待他。他赢得了演说家的声誉，他演讲的武器包括煽动、讽刺和嘲笑。康克林是一位具有传奇色彩的人物，是一位能操纵政党活动的政客，在竞选过程中，他给予选民恩惠，并制造出大量的敌人。纽约中央和哈德逊河铁路公司（New York Central and Hudson River Railroad）的法律总顾问昌西·德皮尤（Chauncey Depew）声称："他令人无法容忍的自负让他丧失了担任最高领导层所必需的远见。"[21]

　　虽然汉密尔顿·菲什不喜欢自负——这也是他和萨姆纳友谊破裂的主要原因——但他非常欢迎康克林对格兰特的支持。作为一名纽约人，他对这位参议员在第一个任期内日益强大的能力表示赞赏，这位参议员已是美国人口最多的州的共和党领袖。菲什的实践智慧预测康克林对格兰特的辩护"将是无私和精明的"，即使"有明显的党派色彩"。[22]

*

为了打击 3K 党，格兰特还联系了其他的年轻领导人。他很欣赏司法部部长 E. 洛克伍德·霍尔的法律建议，但这位资深律师不愿起诉南方的种族暴力案件。

在格兰特之前，司法部部长一直充当总统的私人律师，政府聘请其他律师在法庭上处理案件。但随着 1870 年司法部成立，司法部部长的权势大幅增加。当格兰特因内阁中有两名马萨诸塞人——霍尔和财政部部长乔治·布特维尔——而受到批评时，他决定将这种批评化为自己的优势。他要求霍尔辞职，以便任命佐治亚州共和党人阿莫斯·T. 阿克曼（Amos T. Akerman）。

/ 526

阿克曼于 1821 年出生于新罕布什尔州，是达特茅斯学院的"优等毕业生"。在这种背景下，他呼吁自己根深蒂固的长老会伦理传统，教导学生对"十诫"作出更广泛的解释，以鼓励他们对法律的忠诚。四年后，他搬到了佐治亚州萨凡纳，为安德鲁·杰克逊政府的司法部部长约翰·M. 贝里安法官（Judge John M. Berrien）的孩子们做家教。在这里，阿克曼"阅读法律"，并在 1850 年通过了律师资格考试。[23]

内战结束后，阿克曼认为"不应再让南方邦联的思想统治我们"。作为一个被鄙视的"南方佬"，他帮助组织了佐治亚州的共和党。1868 年，当佐治亚州在新宪法下选出的黑人议员被州议会除名时，他满怀激情地为他们的重新加入作了辩护。[24]

阿克曼认为，重建修正案的通过意味着政府已在"理论上更具有全国性"，但他也听到，"即使是在共和党人中间，他们也在犹豫是否要行使权力来纠正各州的错误"。阿克曼感到沮丧，他开始相信，"除非民众现在已经习惯了行使这些权力，而国家精神仍沉浸在战争后期的光辉中……否则'州的权利'精神可能会再次滋长麻烦"。[25]

在格兰特的内阁官员中，只有阿克曼受到了 3K 党的威胁。格兰特的内阁官员中，阿克曼是唯一一位来自南方州的成员，这使他在保护南方黑人权利方面成为格兰特的盟友。阿克曼已经确信，镇压 3K 党需要"非常手段"，他宣称 3K 党和其他白人恐怖主义组织"等同于战争，不能用任何其他理论进行有效的征服"。[26]

格兰特同意任命另一位南方共和党人、现年 38 岁的本杰明·H. 布里斯托（Benjamin H. Bristow）为司法部的首席副次长（First Solicitor General）。布里斯托有勇气成为"肯塔基的冠蓝鸦（Kentucky Bluejay）"——在他的家乡社区，邦联占据统治地位，但布里斯托是一名活跃的联邦主义者。当国会于 1866 年 4 月通过《民权法案》时，作为肯塔基州的美国律师，布里斯托通过起诉那些对黑人实施犯罪的人，为他的家乡确立了判例。格兰特任命布里斯托为副次长，通过新成立的司法部监督和处理政府诉讼。[27]

*

1871 年 8 月，格兰特接到奥斯卡·邓恩（Oscar Dunn）的紧急呼吁。邓恩曾是一名奴隶，当时已是路易斯安那州的首位黑人副州长："在没有您的介入下，我们不能行使自己的政治特权，除非是冒着个人危险，或者在自我保护中使用暴力。"[28]格兰特将邓恩的呼吁转交阿克曼，命令他的司法部部长"确保言论自由和行动自由受到保护"。[29]

同月，在北卡罗来纳州联邦军人的保护下，黑人与白人共和党人一起投票否决了民主党保守派修改州宪法的企图。他们成功之后，阿克曼给《3K党法案》的起草者巴特勒写了一封信，称赞他"在那个州进行了公正的选举，并取得了最有益的结果"。[30]

南卡罗来纳州的局势尤其令格兰特担忧。1870年，大量黑人投票支持共和党，3K党决心压制他们在未来的投票。

8月31日，格兰特缩短了朗布兰奇的假期，返回了华盛顿，亲自负责打击3K党。他的内阁建议谨慎行事，并提醒说，北方的公众舆论将不再支持在南方采取激进的行动。格兰特与宾夕法尼亚州参议员约翰·斯科特（John Scott）进行磋商，斯科特向他通报了自己对南卡罗来纳州约克县（York County）和斯帕坦堡县（Spartanburg County）的调查情况：那里发生过对"227名公民"犯下的"暴行"，其中"两人已被杀害"。[31]

10月初，格兰特不顾内阁的建议，根据《3K党法案》的军事规定，准备向南卡罗来纳州派兵。他发表了一份措辞强硬的声明："鉴于长期以来，南卡罗来纳州存在非法组织和阴谋集团，其目的在于剥夺该州某些部分和阶层民众的权利、特权及豁免权，而这些权利是受宪法保护的"，格兰特命令所有这些罪犯"在五天内老实地退回到他们的家里。"[32]

10月17日，格兰特发布了第二份公告。他注意到3K党"没有老实地分散和退回各自的家中"，[33]于是下令暂停人身保护令。10月19日，在前往该州的阿克曼的监督下，100多人被逮捕。[34]

在南方生活了近三十年之后，阿克曼为白人对黑人施加的暴力程度之深所震撼："我对这件事感到非常难过。对这一代人来说，它揭示了南方白人道德情感的扭曲，这对这个国家来说是种不祥之兆。"[35]

*

格兰特对 3K 党发起的激进运动疏远了他的许多前共和党盟友。1870 年，在杰斐逊市举行的密苏里州共和党代表大会上，参议员卡尔·舒尔茨匆忙主持了另一场大会。他们自称为"自由共和党人（Liberal Republicans）"，并提名 B. 格拉茨·布朗（B. Gratz Brown）为领袖。布朗承诺废除禁止数千名前邦联成员参加投票的誓约，最终在与激进派共和党人、现任州长约瑟夫·麦克卢尔（Joseph Mcclurg）的竞选中取得了决定性的胜利。舒尔茨急忙向格兰特保证，密苏里州发生的事情纯粹是地方事务。[36]

舒尔茨又高又瘦，留着长长的鬏发，眼睛闪闪发亮，戴着一副经常从鼻梁滑落的眼镜。作为一个在 1848~1849 年德意志各邦革命失败后逃离的移民，他动员了中西部的大量德意志人支持林肯竞选总统。林肯任命舒尔茨为驻西班牙公使，但他于 1862 年回国，领导德裔士兵加入联邦军队。在约翰逊政府期间，格兰特对舒尔茨的南方实况调查任务表示赞赏。当他被邀请在 1868 年的共和党全国代表大会上发表主题演讲时，舒尔茨支持格兰特。[37]

舒尔茨于 1868 年当选为参议员，同僚们很快就了解到这位"德裔参议员"不容小觑。作为一个有独立见解的人，他与那些被他称为"最优秀的人"结盟，而不顾党派关系。尽管舒尔茨在内战期间强烈反对奴隶制，并支持《宪法第十四条修正案》和《宪法第十五条修正案》，但到了1870年，他已成为"自由主义"圈子的一员，认为公务员制度改革、硬通货和低关税应该取代民权成为共和党的优先事项。[38]

缅因州参议员威廉·费森登（William Fessenden）的去世使参议院外交关系委员会有了一个空缺，舒尔茨填补了它。他和萨姆纳一起反对兼并圣多明各。1870年12月，他就坐在委员会成员的正后方，在萨姆纳谴责格兰特的演讲时给他递交材料。格兰特现在把舒尔茨看作委员会中的另一个萨姆纳。

1871年8月，舒尔茨在纳什维尔的一次演讲中正式宣布反对格兰特连任。[39]

*

格兰特没有公开回应"自由共和党人"对共和党的变节。在写给马萨诸塞州参议员亨利·威尔逊的一封信中，他确实表达了对舒尔茨的不满："他是一个忘恩负义的人，是一个天生的破坏者，他能为他所不属的那个民主党提供比他假装依恋的共和党更大的帮助。"[40]

格兰特又看了看信，觉得信里的谴责异常强烈，于是决定暂不寄出。这封信是在格兰特去世后留下的文件中被发现的。[41]

*

1872年1月，共和党全国委员会选择费城作为6月5日代表大会的举办地。委员会在声明中宣布，格兰特总统和1868年

在格兰特第一个总统任期的中期，来
自密苏里州的德裔移民卡尔·舒尔茨
领导了一场反对总统的"自由共和
党人"活动。

代表大会的承诺已经实现：南方所有脱离联邦的州都已恢复，实
现了平等的选举权，债务已经减少，外交关系也正在恢复。《国
家共和党人报》（*National Republican*）欢欣鼓舞地说："在白
宫里，从来没有哪位总统对所有种族和阶层的人都这么公平。"[42]
是的，全国委员会承认犯了错误，但这些错误已经得到纠正。格
兰特的政策是"非常明智且爱国的"。[43]共和党要求再次提名他，
因为他一直是"共和党最忠实、最优秀的公仆和代表"。

/ 530

　　随着代表大会地点的宣布，人们开始讨论格兰特成就的多
寡，以决定他是否值得连任。早些时候，伦敦的《泰晤士报》发
表了自己的观点："有利于格兰特连任的因素是他所赢得的尊重，
通过他的诚实以及认真地履行职责，同时选民们知道他是一个久
经考验的人，能够适合任何的紧急情况。这种尊重不仅来自共
和党人，也来自所有党派的温和派人士。"《泰晤士报》称赞道：

"秩序以坚定而温和的方式得到了恢复,并通过经济能力减少了债务,进而以善意结束了国际争端。"[44]

如果有人对格兰特最初任命的内阁感到失望,那么三年之后,这几位内阁官员则受到了热烈的赞扬。人们普遍认为国务卿汉密尔顿·菲什为这个职位带来了声望和智慧。1869 年 9 月,美国财政部部长乔治·布特维尔曾与格兰特一起有效地抗击黑色星期五恐慌。[45]邮政署署长约翰·克雷斯韦尔使邮政系统现代化,同时降低了成本。他推行了许多改革,包括向迅速扩张的西部地区扩展服务;建立公平竞争的邮政运输线路,以替代之前充满贿赂的系统;废除邮资盖印制度。这些都得到了格兰特的支持。

同样,格兰特也得到了他内阁成员的赞扬。布特维尔特别赞赏格兰特主持内阁会议的方式:"他能以最大的自由表达自己的观点,经过讨论,他经常听取和采纳别人的建议和依据。他是如此伟大,以至于承认自己的观点发生了改变,或承认自己在政策或目标上犯了错误都不是一件丢脸的事情。"[46]克雷斯韦尔同情格兰特所遇到的不公平的指责,他在 1871 年 10 月写道:"格兰特是如此善良和纯粹,他所需要的只是让人们了解他和他的工作。我对他越熟悉,就越钦佩和爱戴他。"[47]

*

但这个国家并不是所有人都对格兰特倾心。在共和党全国委员会宣布代表大会的召开日期不到三周后,舒尔茨邀请与他志同道合的"自由共和党人"于 5 月 1 日在辛辛那提举行了他们自己的全国代表大会。舒尔茨想在共和党人在费城聚集之前的一个月举行一次会议,以先发制人。

对于习惯于两党制的几代人来说，很难理解 19 世纪的政党似乎来来去去，没有任何永久性的主张。这些新政党往往在特定的改革冲动下成长起来。1840 年代，主张反对在西部扩大奴隶制的单一议题政党"自由土地党（Free Soil Party）"蓬勃发展。"一无所知党（The Know-Nothings）"则承诺通过限制移民的影响来净化美国的政治，于 1850 年代曾繁荣一时。1850 年代，反奴隶制运动将自由土地党、辉格党，甚至是一些民主党人团结在一起，促成了共和党的诞生。"自由共和党人"确信，他们有可能成为一个与 1870 年代的改革重点相关的新政党。

"自由主义（Liberalism）"一词在 19 世纪改变了人们对自由主义的看法，并提出了一套与 20 世纪人们对自由主义的看法截然不同的价值观。1872 年，"自由共和党人"接受了个人自由、有限政府和自由贸易等永恒的价值观，同时也关注他们认为更适时的公务员制度改革和对南方邦联的大赦。

特别是公务员制度改革，就像宗教复兴一样引起了轩然大波。1869 年 12 月，格兰特第一次向国会发表年度讲话时没有提及这一点，这让"自由共和党人"感到不安。他们认为，通过任人唯亲而获得职位的人应该被有才能的人取代，暗箱操作者应该被"公务员委员会"取代。[48]

格兰特在 1870 年给国会的年度报告中确实宣布了他打算推行"国家公务员制度改革"："目前的体制不能确保最优秀的人，甚至往往不能让合适的人充任公职。"[49] 两位内阁官员，财政部部长布特维尔和内政部部长考克斯施行了公务员改革家所提倡的那种考试。但对"自由共和党人"来说，一切都太迟也太微不足道了。批评人士抨击格兰特，因为在他保护印第安人并起诉 3K 党时，他的一些主要支持者——参议院的罗斯科·康克林、奥利弗·莫顿、扎卡里亚·钱德勒和众议院的本·巴特勒——是他们家乡的破坏者。[50]

任人唯亲的批评刺痛了格兰特，他在写给加利纳的朋友 J. 拉塞尔·琼斯——格兰特曾任命他为驻比利时公使——的一封信中用幽默的口吻描述了自己的愤怒："萨姆纳、舒尔茨、达纳和所有你仰慕的人都认为我是荒谬的，因为我把公职任命给我认识的人，尤其是那些跟我有私交的人。如果我听从这些建议，你肯定是要被解职的。"[51]

*

/ 532

"自由共和党人"将于 4 月底前往辛辛那提。这座河畔城市似乎是共和党全国代表大会的合适地点——其横跨俄亥俄河，坐落在南北边界上——因为他们的许多言论都试图通过软化共和党在重建问题上的传统观点，从而在南方赢取支持。到了 1871 年，已经成为格兰特批评者的《国家》杂志捕捉到了"自由共和党人"的情绪，他们对所看到的南方共和党政府的不诚实行为以及对未受过教育的黑人的依赖感到失望："我们已经着手于重建和奴隶制改革，而我们渴望行政和税收改革。"[52]

卡尔·舒尔茨作为主席主持了一场有 700 多名代表参加的大会，数千名观众为之欢呼。经过 6 轮激烈投票，大会提名《纽约论坛报》编辑霍勒斯·格里利为总统候选人。格里利身材修长，自我意识极强，让第一次见到他的人都很惊讶。他穿着一件标志性的白色防尘外套和一双大长靴，戴着一顶宽大的破帽子，系着一条总是歪着的领带，手里拿着一把褪了色的蓝色棉布伞。[53]"霍勒斯大叔"享有美国最具影响力编辑的美誉。

但"自由共和党人"的领导人,即实际的幕后操纵者对格里利的提名感到悲观。舒尔茨担心对唐·吉诃德式的格里利的提名对"自由共和党人"意味着灾难。[54] 没有人比格兰特更能概括格里利的优点和缺点,他在给一位朋友的信中写道:"他是一个没有常识的天才。"[55]

*

6月5日,共和党人怀着乐观的心情在费城聚集。整个音乐学院的正面装饰着各式旗帜。在学院里面,圣三一——华盛顿、林肯和格兰特——的画像迎接着前来的代表们。这次大会将开创现代政治大会的即时通讯,因为电报员会记录下每一分钟的进程。

在撰写竞选纲领时,共和党精明地抢了自由共和党的风头。他们延长大赦期,降低关税,并推行公务员制度改革。[56]

但并不是每件事听起来都一样。共和党赞扬了格兰特对印第安人的和平政策,教会改革者们不会忘记"自由共和党人"在这一问题上的沉默。格兰特对3K党的有力打击,得到了一些人(并非所有人)的赞扬。

大会第二天一致提名格兰特为总统候选人。人们通常不会将精力花费在庆祝,而是花费在从众多候选人中提名上:"汹涌的人群不断挥舞着手臂和帽子,成千上万人的欢呼声震动着穹顶。"[57] 记者们观察到,会议厅里几乎没有人不为之流泪。

在副总统竞选中,格兰特放弃了"微笑者"科尔法克斯。去年,科尔法克斯曾发表声明,建议共和党必须从早期的重建承诺中削减开支。在格兰特的支持下,共和党全国代表大会在第一轮投票中提名激进派的马萨诸塞州参议员亨利·威尔逊接替他。威尔逊白手起家的故事使他成为格兰特合适的竞选伙伴：在新罕布什尔州，威尔逊经历过贫穷的青少年时期，签订过做苦役的契约，在马萨诸塞州纳蒂克（Natick）当过鞋匠的学徒，最终，天生的商业头脑使他在贸易和政治舞台上都取得了成功。格兰特和威尔逊分别以"加利纳制革者"和"纳蒂克鞋匠"的称号吸引着劳工。58

*

新的第三党的设计师卡尔·舒尔茨希望这位自由共和党的候选人也能成为民主党的候选人。他与奥古斯特·贝尔蒙特进行谈判，将民主党代表大会的召开时间推迟到自由共和党和共和党代表大会之后。贝尔蒙特和舒尔茨一样是德裔美国人，当时已是一位成功的纽约银行家和民主党主席。59

民主党于7月9~10日在巴尔的摩福特大歌剧院开会。被控在内战期间犯有叛国罪后，民主党人仍在努力重新获得支持，他们在1870年宣布"新起点"政策，接受了《宪法第十三条修正案》、《宪法第十四条修正案》和《宪法第十五条修正案》。然而，提名格里利的前景再次暴露了该党内部的意识形态分歧。格里利自己也充满矛盾：他提供了25%的债券给杰斐逊·戴维斯。作为一名废奴主义者，他对格兰特保护非裔美国人的努力持批评态度。他抱怨道："他们是一个安逸、无用的种族，从不为明天作打算。"60尽管如此，许多民主党人还是捏住鼻子提名了他——这是美国历史上两大政党中唯一一次有一个政党提名了来自第三党的候选人。

民主党的《萨凡纳晨报》（*Savannah Morning News*）谴责提名格里利为"政治自杀"。《纽约先驱报》对即将提名格里利的民主党人的盛况进行了评估："这将标志着我们政治史上最不寻常的政党变革。在融合了民主党和辛辛那提党之后，前者可以说已然消失了。"[61]

*

每一场总统竞选都要以选民们认为最有说服力的方式讲述国家面临的问题。霍勒斯·格里利和自由共和党试图用一种说法来说明格兰特要么过于消极，他没有承担责任；要么过于积极，他是一个集权的、大政府的军事暴君。格里利是一位可怜的活动家，他发现自己不得不为多年前发表的许多社论进行辩护。就目前而言，格里利对格兰特和他第一个任期的指控没有说服力。

"加利纳制革者"和"纳蒂克鞋匠"的陈述与此相反，他们认为，尽管公务员制度和其他改革非常重要，但不应使人们从内战爆发的原因中退却。年迈的废奴主义领袖威廉·劳埃德·加里森（William Lloyd Garrison）抱怨称，新的"自由共和党人""对所有叛国者都最宽容，对所有非常忠诚的人都最不宽容"。[62] 格兰特遵循了1868年的竞选策略，让履历和朋友为自己发声。

但在私底下，在给沃什伯恩的信中，他坦承自己的感受。信中说："格里利派在拉拢普通共和党人方面，也将采取同样的自由态度，就像撒旦对待我们的救世主一样，但他没有拉拢的能力。"[63]

民主党试图再次诽谤并指控格兰特酗酒，但也没有奏效。10月，菲什给一位南方记者写了一封毫不含糊的信：

自内战结束以来，我对格兰特将军非常熟悉。我们日日夜夜一起共事——和他一起整日整夜地旅行——在社交场合和节假日时，我每小时都和他在一起，与他保持着密切的官方关系。我从来没有见过他在任何程度上因为酒或任何种类的饮料而兴奋。

他告诉问询者，"多年来，我和他的私人交往非常密切，因此我有理由称，说他酗酒简直是无稽之谈"。[64]

*

在1872年的选举中，格兰特再次赢得了南方黑人的选票。为格兰特竞选的共和党人采取了可靠的策略，即挥舞着被鲜血浸染的衣服，重新点燃人们对联邦为内战牺牲的记忆。已是格兰特的狂热支持者的众议员本·巴特勒咆哮道："投票给霍勒斯·格里利就意味着支持烧毁校舍、亵渎教堂和侵犯妇女。"[65]

感谢格兰特打击3K党的弗里德里克·道格拉斯也积极推动非裔美国人投票，让格兰特再次当选。他早在1871年夏就宣称："在决定谁将在1872年获得提名时，应该冷静而仔细地调查"，"对我而言，共和党似乎不太可能找到一个可以跟格兰特将军旗鼓相当的候选人。"[66]

*

在辛辛那提举行的自由共和党全国代表大会过去一年以后，道格拉斯与他的老朋友查尔斯·萨姆纳以及"自由共和党人"作对，他坚决支持格兰特，并维护他的声望。[67] 在 9 月波士顿的一次演讲中，他解释了为什么自己不能投票给格里利，并指责格氏不断改变他对非裔美国人和自由的看法。相比之下，道格拉斯宣称："我很了解格兰特。"他喊出几个月来一直在强调的主题："在任何时候，他都不遗余力地推动工业的发展并改善有色人种的境遇。"[68]

格兰特看到了自己对社会正义的倡议在投票中获得的回报。废奴主义者为他反对 3K 党的运动而欢呼，纷纷站在他的一边；在反奴隶制先锋中南下的白人教师们也为格兰特的胜利而不懈努力。[69] 印第安人问题的改革者们也坚定地支持格兰特连任。[70]

距离总统大选只有不到两个月的时间，总部位于日内瓦的国际仲裁法庭终于传来消息。该法庭根据《华盛顿条约》设立，旨在解决《亚拉巴马号索赔案》。9 月 14 日，经过三个月的谈判，委员会在市政厅酒店（Hotel de Ville）大厅发布了一项引人注目的声明，命令英国向美国支付 1550 万美元的赔款。格兰特不

非裔美国人领袖弗里德里克·道格拉斯赞同格兰特为非裔美国人所作的努力，并支持他在 1872 年的竞选中连任。

但对特别委员会的结果感到高兴，而且为更广泛的国际仲裁事业而欢欣鼓舞，认为这是解决国际争端的有效途径。[71]

格兰特以 56% 的选票赢得了压倒性的连任，这比他 1868 年竞选时的优势更大，同时也是从 1828 年安德鲁·杰克逊到 1904 年西奥多·罗斯福之间历届总统中获胜百分比最高的一位。他在 37 个州中赢了 31 个，获得了 286 张选举人票，而格里利仅获得 66 张。1870 年 2 月通过的《宪法第十五条修正案》赋予非裔美国人投票权，他们以压倒性的优势把票投给了捍卫他们权利的总统。[72] 尽管格兰特与"自由共和党人"分道扬镳，但他赢得了北方各州以及旧邦联 11 个州中的 8 个。除此之外，他代表的共和党夺回了众议院三分之二的多数席位，从 1870 年 141：102 席的微弱多数上升到 1872 年大幅领先的 203：89 席。

*

到 1872 年底，格兰特动用了联邦政府的全部法律和军事权威，再次挫败了 3K 党在南方的进攻。仅在 1871 年，联邦大陪审团就提出了 3000 份起诉书。格兰特面临的指控是，他表现得像个暴君，但他决心保护自由人的权利，而自由人的权利现在得到了重建修正案的保障。如果格兰特不会被 3K 党吓倒，那他也不会因民主党人而退缩，他们和"自由共和党人"一起将各州的权利作为己方不采取行动的理由。

在整个事件中讽刺的是：当格兰特所在的共和党的许多北方成员背弃南方时，总统选择了两个来自南方的勇敢年轻人主持法律和检察部门。负责执法的司法部部长阿莫斯·阿克曼向格兰特致谢：在法律执行方面，没有人比格兰特更"强大"。[73]

　　司法部副次长本杰明·布里斯托在大选三周后写信给自己的堂兄弟："我知道他是个好人，他的动机是爱国主义和对国家利益的无私奉献。也许没有人比他在公开场合和私下里受到过比这更恶毒和更无理的攻击了，但这些事情并没有激起他对任何团体的敌意。"至于他的家乡南方，布里斯托坚持说："我知道，他对南方民众的感情，除了最善良、最慷慨以外，从来就没有别的。"遗憾的是，"如果他们没有充分享受到政府和行政所带来的好处，那是缘于他们对新秩序的实际或假想的敌意。"[74]

　　最后，1872 年的选举不仅是一场总统竞选，而且是一场为共和党——林肯的政党——的灵魂所作的战斗，对未来有着深远的影响。对于自由共和党来说，他们对强大联邦政府崛起的担忧，导致他们放弃了早些时候对非裔美国人民权的支持。但是格兰特坚持认为，当州政府和地方法院拒绝履行职责时，联邦政府必须有权采取行动。

*

　　在赢得连任的几周后，格兰特欢迎一个由非裔美国人组成的代表团从费城来到白宫。他们前来感谢总统，宣称他是"美国第一任由全体人民选出的总统"。他们想让格兰特知道，对他们而言，他代表着"我们共和党理论的实际化身"。[75]

　　格兰特回答说："你们渴望获得所有的公民权利，对此我深表同情。"他对这句话作了一番解释："一张铁路或其他交通工具的车票应该使你享有其他人所同样拥有的权利。"本着这种精神，他对代表团说："我希望美国的每一位选民在各方面都能一样，这一定会实现的。"[76]

1　Richard H. Abbott, *The Republican Party and the South, 1855–1877: The First Southern Strategy* (Chapel Hill: University of North Carolina, 1986), 210–11.

2　3K 党的早期历史粗略且矛盾, 有时甚至是 "虚构的"。See Trelease, *White Terror*, 20–21; Jack Hurst, *Nathan Bedford Forrest* (New York: Alfred A. Knopf, 1993), 285.

3　George C. Rable, *But There Was No Peace: The Role of Violence in the Politics of Reconstruction* (Athens: University of Georgia Press, 1984), 18–19, 22.

4　Chalmers, *Hooded Americanism*, 9–10. 1868 年 4 月, 当 3K 党从社交俱乐部迅速转变为 "义警暴力" 时, 最初六名成员中的一员宣称: "令人遗憾的是, 3K 党最初的简单目标竟变得如此扭曲, 以至于在示威活动中变得政治化和有害。" Trelease, *White Terror*, 5–6.

5　1870 年的《强制法案》(Enforcement Act) 是一项正式的 "强制美国公民在联邦的几个州享有投票权的法案"。In 41st Congress, sess. 2, ch. 144, sections 1 and 2; Trelease, *White Terror*, 385–86.

6　Xi Wang, *The Trial of Democracy: Black Suffrage and Northern Republicans, 1860–1910* (Athens: University of Georgia Press, 1997), 80–82.

7　Abbott, *Republican Party and the South*, 205.

8　USG to James G. Blaine, March 9, 1871, *Grant Papers*, 21: 218–19.

9　1871 年的众议院由 243 名议员组成, 而今天的众议院有 435 名议员。

10　Wang, *Trial of Democracy*, 83–88.

11　Trelease, *White Terror*, 387–88.

12　USG, "To Congress," March 23, 1871, *Grant Papers*, 21: 246.

13　*Statutes at Large of the United States of America* (Boston: Little, Brown & Co., 1875–1905), 41st Congress, Second Session, vol. 141, 3656; www.constitution. org/uslaw/sal/019_statutes_at_large.pdf. Foner, *Reconstruction*, 454–55, 455n80.

14　The newspaper quotations are cited in Trelease, *White Terror*, 389–90.

15　USG, "Proclamation," May 3, 1871, *Grant Papers*, 21: 336–37.

16　USG to Elihu B. Washburne, May 17, 1871, *Grant Papers*, 21: 364.

17　Abbott, *Republican Party and the South*, 212–14; Gould, *Grand Old Party*, 59–60.

18　See David M. Jordan, *Roscoe Conkling of New York* (Ithaca, N.Y.: Cornell University Press, 1971); Gould, *Grand Old Party*, 62–63.

19　Jordan, *Roscoe Conkling of New York*, 11–12, 35–36.

20　罗斯科·康克林 (Roscoe Conkling) 的演讲见: *Congressional Globe*, 41st Congress,

3rd sess., 244-47; Jordan, *Roscoe Conkling of New York*, 161。

21 Jordan, *Roscoe Conkling of New York*, 143.

22 Ibid., 143-44.

23 Donald, *Charles Sumner and the Rights of Man*, 446-47; William S. McFeely, "Amos T. Akerman: The Lawyer and Racial Justice," in J. Morgan Kousser and James M. McPherson, eds., *Region, Race, and Reconstruction: Essays in Honor of C. Vann Woodward* (New York: Oxford University Press, 1982), 395-99; McFeely, *Grant*, 367.

24 McFeely, "Amos T. Akerman," 402-3.

25 Amos T. Akerman to Charles Sumner, April 2, 1869, cited in Foner, *Reconstruction*, 454.

26 Foner, *Reconstruction*, 457.

27 Ross A. Webb, "Benjamin H. Bristow: Civil Rights Champion, 1866-1872," *Civil War History* 15, no. 1 (March 1969): 39-48; Ross A. Webb, *Benjamin Helm Bristow: Border State Politician* (Lexington: University Press of Kentucky, 1969), xi.

28 Oscar J. Dunn to USG, July 29, 1871, *Grant Papers*, 22: 101n.

29 USG, "Endorsement," August 3, 1871, *Grant Papers*, 22: 101.

30 Amos Akerman to Benjamin Butler, August 9, 1871, cited in Abbott, *Republican Party and the South*, 213.

31 John Scott to USG, September 1, 1871, *Grant Papers*, 22: 163n.

32 USG, "Proclamation," October 12, 1871, *Grant Papers*, 22: 161-62.

33 Ibid., October 17, 1871, *Grant Papers*, 22: 176-78.

34 Trelease, *White Terror*, 403-5.

35 Foner, *Reconstruction*, 458.

36 卡尔·舒尔茨（Carl Schurz）没有把自由派共和党（Liberal Republican Party）的胜利完全归功于民主党的高投票率，因为后者并未推出候选人。Andrew L. Slap, *The Doom of Reconstruction: The Liberal Republicans in the Civil War Era* (New York: Fordham University Press, 2006), 14-22.

37 Trefousse, *Carl Schurz*, 13, 174-75.

38 See Hans Trefousse, *Carl Schurz: A Biography*, for his balanced appraisal of "the German Senator," 182.

39 Ibid., 189.

40 USG to Henry Wilson, November 15, 1871, *Grant Papers*, 22: 231-32.

41 *Grant Papers*, 22: 232n.

42 *National Republican*, January 19, 1872; Hesseltine, *Ulysses S. Grant*, 269.

43 *National Republican*, February 24, 1872.

44 *The Times* (London), October 31, 1871.

45 关于乔治·布特维尔 (George Boutwell) 在财政部的成就, 见: Boutwell, "The Treasury Department in 1869," *Reminiscences of Sixty Years in Public Affairs*, 2: 125–49; Hesseltine, *Ulysses S. Grant*, 165–66。

46 Boutwell, *Reminiscences of Sixty Years in Public Affairs*, 2: 236.

47 John A. J. Creswell to Rebecca Creswell, October 24, 1871, Creswell Papers, Library of Congress, cited in Friedenberg, "John A. J. Creswell of Maryland," 134n10.

48 Ari Hoogenboom, *Outlawing the Spoils: A History of the Civil Service Reform Movement, 1865–1883* (Urbana: University of Illinois Press, 1961), vii.

49 USG, Second Annual Message, December 5, 1870; James D. Richardson, *A Compilation of the Messages and Papers of the Presidents, 1789–1897*, vol. 7 (Washington, D.C.: U.S. Congress, 1899), 109; John Y. Simon, "Ulysses S. Grant and Civil Service Reform," *Hayes Historical Journal* 4, no. 3 (Spring 1984): 10.

50 Simon, "Ulysses S. Grant and Civil Service Reform," 12.

51 USG to J. Russell Jones, November 7, 1871, *Grant Papers*, 22: 217; 关于萨姆纳的批评, 见: Donald, *Charles Sumner and the Rights of Man*, 373。

52 *The Nation*, March 21, 1872.

53 Henry Luther Stoddard, *Horace Greeley: Printer, Editor, Crusader* (New York: G. P. Putnam's Sons, 1946), 100, 191.

54 Trefousse, *Carl Schurz*, 205–07.

55 USG to Henry Wilson, November 15, 1871, *Grant Papers*, 22: 231–32.

56 Slap, *Doom of Reconstruction*, 185–86.

57 "Republican Philadelphia: GOP Convention of 1872 in Philadelphia," *Public Ledger* (Philadelphia), June 7, 1872; http://www.ushistory.org/gop/convention_1872.htm; Eaton, *Presidential Timber*, 41.

58 Smith, *Schuyler Colfax*, 338–51; Abbott, *Cobbler in Congress*, 242–45; McFeely, *Grant*, 381–82.

59 Slap, *Doom of Reconstruction*, 188–89.

60 Horace Greeley, Essays Designed to Elucidate the Science of Political Economy (Philadelphia: Porter & Coates, 1869), 57, 74–78.

61 *New York Herald*, June 11, 12, 1872, in Slap, *Doom of Reconstruction*, 170–71.

62　William Lloyd Garrison, *Independent*, September 12, 1872.

63　USG to Elihu B. Washburne, August 26, 1872, *Grant Papers*, 23: 237-38.

64　Hamilton Fish to C. C. Amsden, October 25, 1872, cited in Nevins, *Hamilton Fish*, 609.

65　Foner, *Reconstruction*, 509.

66　Frederick Douglass to Cassius M. Clay, July 26, 1871, in Philip S. Foner, ed., *The Life and Writings of Frederick Douglass, Reconstruction and After*, vol. 4 (New York: International Publishers, 1955), 252-53.

67　Nathan Irvin Huggins, *Slave and Citizen: The Life of Frederick Douglass* (New York: Little, Brown & Co., 1980), 134-35; McFeely, *Frederick Douglass*, 277.

68　Frederick Douglass, " 'My Reasons for Opposing Horace Greeley' : Address delivered in Boston, Massachusetts on September 5, 1872," in *The Frederick Douglass Papers, Series One: Speeches, Debates, and Interviews* (New Haven, Conn.: Yale University Press, 1979-1992), 4: 1864-1880, 328.

69　James McPherson, *The Abolitionist Legacy: From Reconstruction to the NAACP* (Princeton, N.J.: Princeton University Press, 1975), 30.

70　Keller, *American Protestantism and United States Indian Policy*, 77.

71　Cook, *Alabama Claims*, 233-40; Nevins, *Hamilton Fish*, 518-64. 仲裁法庭拒绝了美国提出的 "间接" 损害赔偿要求。

72　William Gillette, *The Right to Vote: Politics and the Passage of the Fifteenth Amendment* (Baltimore: Johns Hopkins University Press, 1965), 81, 84-85.

73　Amos Akerman to Garnet Andrews, July 31, 1871, Amos Akerman Papers, University of Virginia; Smith, *Grant*, 547.

74　Benjamin H. Bristow to George T. Edwards, November 27, 1872, cited in Webb, *Benjamin Helm Bristow*, 111.

75　*Washington National Republican*, November 28, 1872; Foner, *Reconstruction*, 504-5.

76　USG, speech, November 26, 1872, *Grant Papers*, 23: 289-90; *New York Times*, November 27, 1872.

问　人的首要目的是什么？

答　变得富有起来。

问　用什么方法呢？

答　如果可以的话是不诚实；如果必须的话则是诚实。

问　谁是上帝，唯一且真实的上帝？

答　钱就是上帝，即黄金、美元和股票。

——马克·吐温，《修正的教义问答》（*Revised Catechism*，1871）

马克·吐温模仿长老会《西敏短教义问答》（Westminster Shorter Catechism）的最初问题，来攻击对金钱的崇拜及其随之而来的腐败影响。作为一个长老会教徒的吐温虽然经常拿宗教开玩笑，但他知道他读者中的很多人都熟悉最原始的问题和答案。

问　人的首要目的是什么？

答　荣耀上帝，并以祂为乐。[1]

马克·吐温的文学天赋之一就是拿起一枚众所周知的硬币，然后注入自己的讽刺意味。

两年后，吐温在他 1873 年的政治小说《镀金时代：当代故事》（*The Gilded Age: A Tale of To-day*）中创造了 "镀金时代" 一词。在这部幽默的讽刺作品中，他嘲笑了在一个物欲横流的年代里因不义之财而产生的不道德行为。他使用了一种比喻，即用装饰于超级富豪实业家和金融家住宅的一层薄镀金来描述内战后美国对不断扩散问题的掩饰。"镀金时代"几乎没有伪装的政治领导人，他们巧妙地展示大量的财富，但这些财富很快就腐蚀了政府的办公大楼。[2]

1866 年，格兰特在华盛顿的一个招待会上见过吐温一次，但在接下来的几年里，他们的生活注定会以一些至关重要的方式交织在一起。"镀金时代"将成为定义整个丑闻时代的主要象征。在对这些年的复述中，格兰特的第二个任期常常成为故事中的一个例子。[3]事实上，格兰特的个人形象并没有受到玷污，但他在阻止腐败蔓延方面的效率却备受争议。

*

从格兰特赢得连任到第二次就职之间的四个月里，他的胜利开始黯淡下来。在竞选活动的最后几个月，查尔斯·达纳的《纽约太阳报》开始报道一家名为"美国信贷公司（Crédit Mobilier of America）"的秘密公司，称其是"最具破坏性的官方与私人恶行和腐败的展示"。《纽约太阳报》指控该公司已收到 7200 万美元的合同，建造价值 5300 万美元的联合太平洋铁路。[4]

1872 年 12 月 12 日，国会开始调查该信贷公司。调查发现，该公司允许内部人士通过向联邦政府收取虚高的费用来获取巨额利润，在一个案例中就赚取了 348% 的巨额资金。尽管这种欺诈行为始于约翰逊政府时期，但在格兰特政府时期，对腐败的指控受到了公众的密切关注。[5]

在 1873 年整个 1 月，观众们蜂拥而至，聆听丑闻受惠者们的证词。证词以财务专业术语形式的提供，既澄清了一些事实，也让人感到困惑。

托马斯·纳斯特的漫画《美国信贷公司》描绘了在国会大厦前颜面扫地的政客们。

/ 540

　　众议院授权九名众议员进行调查，其中包括副总统斯凯勒·科尔法克斯，参议员乔治·布特维尔，罗斯科·康克林和约翰·罗根，以及刚刚当选为副总统的马萨诸塞州参议员亨利·威尔逊。这些政客中有许多人与格兰特关系密切。有些人认为他们的关系实在是太密切了。

　　3月3日，也就是格兰特第二次就职的前一天，公众得知了国会的另一个不良影响。在第42届国会的"跛脚鸭会期（lame duck session）"① 期间，国会投票为总统增加一倍的薪水——即从25000美元提高到50000美元——同时也为最高法院的法官

---

① "lame duck"是具有美国特色的政治术语，在政界常用来形容届期将满的总统或国会的窘境——在总统竞选后的一段时期内，国会不会举行重要的会议，因此重要的法案也无法被通过。

们加薪，还批准为议员们大幅涨薪。提高总统的工资似乎是合适的，因为他必须从自己的私人资金中支付入主白宫的费用。众议员的工资也已经二十年没有提高。但是，当公众得知国会为自己加薪可以追溯到任期开始时，他们对这种偷偷摸摸的贪婪表达了愤怒。新闻界把这次投票称为"抢工资法案（Salary Grab Act）"。新的第43届国会召开时，维持了总统和最高法院法官的工资增长，但取消了众议员的加薪。[6]

*

1873年3月4日，格兰特宣布连任；宣誓仪式由身患重病的首席大法官沙蒙·P. 蔡斯主持。没有人记得就职典礼那天有多冷。一阵狂风从西南方吹来，寒冷系数降到零度以下。旗帜被风从旗杆上吹跑，乐队也演奏着不和谐的音符或根本就没有演奏。[7]

第二次就职演说往往令人失望，因其总是陷入沾沾自喜之中——无论是对候选人还是对整个国家——而不是对第二个任期将要面临的问题作出现实的评估。但亚伯拉罕·林肯和格兰特的第二次就职演说都是例外。[8]他们都没有逃避问题。

格兰特在他的第二次就职演说中重申了他所认为的主要问题：不是公务员制度改革，而是所有美国人的自由和公平。他强调了获得自由的非裔美国奴隶享有公民身份的好处。他宣称："尽管并不是所有人都享有公民权所赋予的权利，但这是错误的，应予以纠正。"他也承认总统在这一领域的权力有限，但自己打算站出来承担这份苦差事，"就行政影响所能发挥的作用而言，我决心纠正这一错误。"[9]

他也没有回避印第安人问题："应该考虑到已经存在的错误，并把剩下的做好。"他希望他的听众能"从道德的角度来看待这个问题"。格兰特的理由是："难道印第安人不能通过适当的教育和待遇从而成为一个有用的和有生产力的社会成员吗？"[10]

每一位总统在就职演说中都会问自己：现在是什么时间了？尽管格兰特在演讲结束时呼吁和解——"我今后的努力将着眼于恢复我们共同国家不同地区之间的良好感情"[11]——但他演讲的基调在于顺应时代要求，推动建设更加包容、更加平等的社会。

*

1873 年夏，在经历内战后八年的商业繁荣之后，金融不稳定的迹象开始显现。但金融和政治领导人都没有注意到这一点：自 1837 年以来，美国从未遭受过严重的金融萧条。

"镀金时代"产生了一种投机精神。从密西西比河向西奔涌而来的铁路建设热潮成为这种繁荣的前沿。巨大的石油、钢铁工业支撑了这一繁荣。同时，制造业也很繁荣。此外，统治也很铺张。很少有人注意到 1873 年天空中出现的金融乌云。

9 月，一切都迅速发生了变化。在西部人烟稀少的地区，铁路实业家已经预先投入了巨额资金，用于投资那些几乎没有直接回报的项目。陷入投机的银行，则在抵押品不足的情况下随意放贷。

格兰特突然面临着一系列没人预料到的经济问题。9 月 17 日，他来到奥冈兹（Ogontz），这是投资银行家杰伊·库克（Jay Cooke）在费城郊外的房产。在库克的建议下，格兰特把 15 岁的杰西安排到了附近的切尔滕纳姆学院（Cheltenham

Academy）就读。库克曾帮助联邦进行战争，最近又为格兰特的连任提供了强有力的财政支持，他目前最喜欢的项目是修建第二条横贯大陆的铁路：北太平洋铁路。1864 年由国会特许，北太平洋铁路计划连接旧西北（Old Northwest，即原西北领地）的五大湖区和新西北（New Northwest）的普吉特海峡（Puget Sound，位于今华盛顿州）。在高山和大片荒原上修建数英里铁轨的惊人成本被严重低估了。[12]

9 月 18 日清晨，库克的私人电报突然收到一些疯狂的信息。在与总统共进早餐后，库克匆匆赶往他在第三街的办公室。他发现，来自北太平洋、苏必利尔湖（Lake Superior）和密西西比、俄勒冈蒸汽航运以及其他铁路的股票和债券抵押品突然之间都近乎一文不值，这使得他的公司不堪重负。他在纽约和华盛顿的办公室也报告了类似的问题。库克在上午 11 点关闭了位于第三街公司的大门；在华盛顿的公司也在中午 12 点 15 分关闭。库克继续向铁路公司提供贷款，并承销了第一批抵押贷款债券，但当市场突然枯竭时，他陷入失去流动资金的困境，个人财富化为乌有。[13]

恐慌！在 21 世纪，经济学家们会使用不那么情绪化的词"衰退（recession）"和"萧条（depression）"，但"恐慌（panic）"更准确地描述了突然爆发的歇斯底里。经济市场的崩溃威胁并破坏着整个社会结构。[14]《纽约论坛报》呼喊着："这是一场金融风暴。"费城媒体回应道："这就像晴天霹雳。"库克倒闭的消息传遍了华尔街。西部联盟电报公司（Western Union）的市值也在十分钟内损失了 10%。这家被认为大到不可能倒闭的主要银行戏剧性的垮台，削弱了其他银行的信心，它们很快也纷纷倒闭。[15]

美国人过了一段时间才意识到，1873 年的恐慌并非只发生在美国。当时，美国的国内市场已与世界市场相连。从英国到德国，再到沙俄，甚至是遥远的南非和澳大利亚，代价高昂的战争、过度扩张的信贷以及毫无根据的铁路建设，都发生在美国本土经济动荡之前，并伴随着这场经济动荡。

格兰特于 9 月 20 日赶到纽约。第二天早上，在第五大道酒店，他和新财政部部长威廉·A. 理查德森（William A. Richardson）与焦虑的银行家、经纪人、商人和铁路工人举行了一系列会谈。由于金融领袖们损失惨重，他们要求格兰特做点什么，但围绕他应该做什么、能够做什么，将成为激烈辩论的主题。[16]

总统不得不在缺少他信任的财政部部长乔治·布特维尔的情况下面对这场危机，后者曾在 1869 年的黄金恐慌中发挥了至关重要的作用。当亨利·威尔逊辞去参议员职位成为副总统时，马萨诸塞州议会选择了布特维尔来接替他的职位。[17] 迫于压力的格兰特被要求任命知名人士以接替布特维尔，但格兰特选择了他的助手威廉·A. 理查德森。在任命鲜为人知的理查德森时，格兰特选择了一种连续性，即宣称"不会偏离"[18] 布特维尔成功的金融管理方式。媒体和许多商业领袖都对格兰特的决定提出了质疑。

/ 543

理查德森在哈佛大学法学院获得法学学士学位，同学们称他"谦虚"且"执着"。作为马萨诸塞州的一名律师和遗嘱认证法官，他创造了一项稳定的纪录。[19] 但批评人士指出，早在 1872 年 10 月，在布特维尔缺席期间，理查德森就决定将 4400 万美元储备中的 500 万美元注入市场，以帮助缓解压力。他的举措类似于美联储今天为实施货币政策而进行的例行"公开市场操作"，但这在当时是一种不同寻常的做法。批评者指责理查德森的提议带有党派政治色彩，目的是通过金钱来吸引西部的选民。[20]

在纽约的会议上，格兰特展现了一种根植于他不断增长的自信中的沉着。他带来了明智的金融判断，但也听取了相互竞争的经济上的利害关系。在没有中央银行的情况下，即在美联储成立的四十年前，格兰特缺乏后来几任总统的经济工具。此外，由于沉迷于市场自我监管的神话，许多金融领袖对政府的任何干预都持谨慎态度。

在接下来的日子里，格兰特受到"软通货（soft-money）"和"硬通货（hard-money）"支持者的猛烈抨击。"软通货"倡导者担心普遍的破产和债务问题，希望扩大纸币供应，这意味着即使导致通货膨胀，也要重新发行美元。"硬通货"支持者——通常是银行家——援引内战时期纸币贬值的教训，为相反的立场辩护：偿还债务，继续缩减纸币供应。尽管经纪商们请求投放美元储备，以恢复市场的部分流动性，但银行家们反对用不可变现的资金来充盈市场。[21]

格兰特从在西点军校一年级买第一本账簿到在美墨战争中担任军需官，一直赞赏量入为出。然而，作为一名西部人和农民，他理解苦苦挣扎的西部农民的困境，他们恳求他向经济中投放美元。农民们认为，让钱变得更稀缺只会推高其价值，进而推高其对农业的购买力。

当格兰特返回华盛顿时，双方的拥护者通过电报、信件和私人访问向总统施压。秘书霍勒斯·波特和奥维尔·巴布科克，内政部部长哥伦布·德拉诺（Columbus Delano）和战争部部长威廉·沃斯·贝尔纳普（William Worth Belknap）都敦促格兰特通过投放美元来增大货币的流通量。身为"硬通货"倡导者的国务卿菲什则称赞格兰特立场坚定。在给理查德森的一封热情洋溢的信中，他坚持认为，"我向你保证，就我所听到的来自各阶层的消息，总统从来没有做过比他和你们在星期日达成的决定更令人满意的事情"。[22]

在一片恐慌之中，格兰特收到一封来自纽约商人贺拉斯·B.克拉夫林（Horace B. Claflin）和查尔斯·L. 安东尼（Charles L. Anthony）的来信，征求他对如何最好地恢复对金融市场信心的看法。格兰特回复道："政府希望尽其所能，以缓解目前仍未解决的商业问题，因为目前商业问题正阻碍着美国庞大的、等待运往沿海市场的资源。"他认为"民众的信心是缓解这种情况所需的第一要务"。[23]格兰特的信很快被公开，并在全国各地的报纸上广泛转载。

1872 年 10 月，前财政部部长、参议员布特维尔在 13 天内给格兰特写了三封信，对他的行动表示赞同："在当前的危机中，政府表现良好，它的行动，尤其是你的那封信，得到了普遍认可。"[24]与六十年后富兰克林·D. 罗斯福在对抗大萧条时公开为民众呐喊助威的做法截然不同，格兰特沉静的领导和稳健的手腕对平息动荡起到了很大作用。

格兰特的行为有助于阻止华尔街的恐慌，尽管批评人士抱怨说，他的硬通货政策保护了他富有的朋友。但损害已经造成。滥用健全的财务管理原则对有罪和无辜的人都造成了同样的打击。对 1873 年恐慌的叙事往往集中在大量银行、企业和铁路公司的破产上，但更深层的故事是个别受害者，比如工厂、机械厂和钢铁工人失业，农民失去农场，许多家庭看到他们的银行储蓄蒸发。对失业工人人数的估计各不相同，但在一个拥有 4000 万人口的国度里，失业人数可能超过 100 万。即使有充满活力的自愿救济组织，政府救济——1930 年代对大萧条的回应——的缺失也意味着不可计数的苦难将在 1873~1874 年的冬天蔓延开来。[25]

*

朱莉娅希望圣诞节的到来能给白宫带来一些欢乐。她总是在大都会卫理公会教堂慷慨解囊，每年圣诞节前，她还会向当地医院、收容所和孤儿院赠送礼物。她和尤利西斯不仅送了钱，还送了几箱水果和糖果。在圣诞节前的日子里，华盛顿的玩具商学会了寻找格兰特夫人，那时她会带领一群年幼的孩子走进他们的商店，给每个男孩和女孩购买礼物。[26]

但是，在白宫度过的第四个圣诞节却与众不同。对尤利西斯和朱莉娅而言，1873 年是个人损失惨重的一年。当年 6 月，格兰特的父亲杰西·鲁特·格兰特去世，享年 79 岁。尤利西斯在早年的大部分时间里都试图与父亲达成妥协，他的父亲后来成了华盛顿的常客。12 月 15 日，朱莉娅的父亲弗里德里克·登特去世，享年 86 岁。作为一个晚辈，尤利西斯不得不忍受朱莉娅这位邦联父亲不断的批评，但作为白宫的主人，登特除了对他的女婿表示骄傲和赞扬外，什么也没有说。

在格兰特的军事家族中，一些巨人们也相继故去。乔治·米德在格兰特连任两天后去世；爱德华·坎比将军则在加利福尼亚参加和平谈判时被反叛的莫多克（Modoc）印第安上尉杰克（Jack）刺杀。

格兰特的政治家族也损失惨重。霍勒斯·波特曾在内战期间担任他的副官，他在格兰特连任后辞职，接受了普尔曼豪华汽车公司（Pullman Palace Car Company）副总裁的职位。[27] 波特在格兰特的亲密圈子里享有特殊地位，无可替代。副总统亨利·威尔逊在当年 5 月中风，一直没有完全康复。威尔逊是一名废奴主义者，他钦佩格兰特，认为他"被低估了"，尤其是赞同格兰特对 3K 党的激进做法。[28]

*

当第 43 届国会在 1873 年 12 月和 1874 年 1 月召开会议时，它把重点放在了应对恐慌的立法上。当格兰特在年度报告中援引金融"弹性（elasticity）"——货币理论和实用主义行动之间的平衡——之后，60 多项草案被提出。他们中间的大多数人都是强烈的扩张主义者，这鼓励铁路工人通过增发纸币来游说救济。格兰特则赞成财政紧缩。[29]

经过几个月的辩论，参众两院通过了被称为《通货膨胀草案》的第 617 号草案（Bill S. 617）。这将使得流通中的美元增加到 4 亿美元的规模。与此同时，它将把以铸币为后盾的货币发行量提高到同等水平。参议院提出的这项草案在国会参众两院都获得了压倒性通过，大家都希望格兰特能在上面签字。

1874 年 4 月 14 日，格兰特收到了草案，紧张的内阁成员在一周后来到总统办公室听取他的决定。格兰特告诉他们，"他已经非常仔细地考虑了这件事，并真诚地希望得到批准"。他告诉他们，按照一贯的做法，他已经写出了赞成这项草案的依据。但他发现，他写的赞成意见越多，同时他提出的反对意见也就越多。最后，在办公室思考了几个小时后，他得出了不能签字的结论，声明这"背离了财政原则、国家利益、对债权人的国家义务、国会承诺、政党承诺（两党都有），以及我发给国会的每一

/ 546

份年度报告和就职演说"。[30]格兰特了解到该草案的支持者——国会中的多数人——的观点，并以他们认为最好的方式陈述了这些观点，然后用他自己的财政理念予以反驳。

内阁成员坐在那里静静地听着，然后大家都发表了意见。菲什当晚写道，"德拉诺抗议"格兰特的结论；"（司法部部长）威廉姆斯坚决反对"；海军部部长乔治·M.罗伯逊（George M. Robeson）希望"总统能得出不同的结论"；战争部部长威廉·贝尔纳普"认为这将让整个西部都站起来反对"。菲什赞同格兰特所谓的"大转变"（180度大转变）。理查德森支持这一决定。克雷斯韦尔称赞格兰特："您说得对。"[31]

格兰特作了最后的陈述："我敢说，第一个结果将是一场谴责风暴。但我有信心，这个国家的最终判决将批准我的否决。"

国会试图推翻格兰特的否决，但参议院只有34票赞成，30票反对。[32]否决得以维持。

没有人比格兰特更惊讶于人们对他决定的支持。参议员罗斯科·康克林在同一天写道："我对您表示钦佩，因为您证明了您与承担以往任何一项摆在您面前的责任一样伟大。"[33]来自全国各地的普通人写信给格兰特。底特律第一公理会教堂（First Congregational Church）的牧师扎卡里·艾迪（Zachary Eddy）惊呼道："我相信我代表了这个国家99%的牧师的感情，对您否决了所谓的《通货膨胀草案》表示感谢。"[34]来自纽约的朱莉·R.西维（Julie R. Seavey）写道："我要向大家表示祝贺。"她补充说，"虽然我只是一个女人，但我对国家的事务和荣誉还是有点兴趣的。"[35]

格兰特作出了自己的决定，选择在这场战争中站在"硬通货"一边，但对他来说，这是他总统任期内最艰难的决定之一。

他不想背弃西部农民——他曾是他们中的一员——但他相信这是解决经济困境的最佳选择。

*

1874 年春，格兰特很高兴把注意力从国会转移到他唯一的女儿身上。新闻界把内莉·格兰特当作一个偶像。她在白宫度过了自己的青少年时代，成了美国的公主，有着温柔的眼睛和长长的头发。她的父亲，一个不经常在公共场合表达感情的人，会公开表示对女儿的爱。

两年前，也就是 1872 年春，16 岁的内莉在前海军部部长阿道夫·E. 博利和妻子伊丽莎白（Elizabeth）的陪同下前往英国。无论她走到哪里，英国人都像对待王室一样对待她。她甚至见过维多利亚女王。

内莉所受的正规教育并不如两位哥哥，她曾被描绘成一个"缺乏教育"的年轻女孩。这种尖锐的评价没有看到她所受教育的各种形式——家教和旅行。尤利西斯收到她从国外寄来的信后，对父亲说："内莉经常写信，而且比两个哥哥写得都要好。"[36]

在结束英国之行回家的路上，内莉遇到了年轻英俊的英国人阿尔杰农·萨托里斯（Algernon Sartoris），他是爱德华·萨托里斯（Edward Sartoris）和阿德莱德·坎布尔（Adelaide Kemble）富有的儿子，而坎布尔是英国著名女演员范妮·坎布尔（Fanny Kemble）的妹妹。当格兰特得知女儿在船上的罗曼史时，他给爱德华·萨托里斯写了一封焦急的信，对"这两个年轻人之间似乎突然出现的"事情表示"惊讶"。他一反常态地敞开心扉，承认自己"把女儿始终当成一个孩子，一个有着美好家庭的孩子，多年来我都没有想过她会想要离开……她是我唯一的女儿，"他解释道，"因此我对她的幸福格外关注。"然后，他询问了"她似乎已经爱上的那个人的习惯、性格和前景"。格兰特"最大的遗憾"是让内莉"离开美国，在别处成立永久的家"。[37]年轻的萨托里斯有成为美国公民的打算吗？在审阅了这封坦白的信后，格兰特要求萨托里斯绝对"保密"，因为这封信表达了"一位父亲对唯一深爱的女儿的终身幸福的担忧"。[38]

然后他让内莉等待一年后再结婚——女儿同意了。

终于，在 1874 年 5 月 21 日，一个明媚的春日，还不到 19 岁的内莉在白宫东厅嫁给了阿尔杰农·萨托里斯。这是举行婚礼的一年。路上有 70 辆马车经过，载着 200 名客人，道路两边全是玉兰树。牧师奥蒂斯·蒂芙尼（Otis Tiffany）依据卫理公会的婚礼仪式主持了婚礼。[39]内莉穿着一件价值 2000 美元的白色缎子长袍，戴着她父亲从布鲁塞尔买来的面纱——对他的女儿

尤利西斯和朱莉娅唯一的女儿内莉是她父亲的最爱，也是美国新闻界的公主。

来说，没有什么比这更好的了。伴郎弗里德·格兰特穿着军装，看上去很英俊。内莉的八名伴娘都是来自华盛顿的权贵：安娜·巴恩斯（Anna Barnes）、贝茜·康克林（Bessie Conkling）、玛吉·登特（Maggie Dent）、范妮·德雷克塞尔（Fannie Drexel）、伊迪丝·菲什（Edith Fish）、萨莉·弗雷林霍伊森（Sallie Frelinghuysen）、莉莉·波特（Lillie Porter）以及珍妮·谢尔曼（Jennie Sherman）。[40]

格兰特只是勉强同意内莉结婚，他站在婚礼现场，眼泪夺眶而出。[41]

五个月后，格兰特的长子弗里德与20岁的芝加哥社交名媛艾达·玛丽·奥诺雷（Ida Marie Honoré）结婚。格兰特写道："弗里德的妻子很漂亮，她所有的熟人，无论男女老少，都夸赞她漂亮，说她的风度、和蔼可亲、良好的判断力和受教育程度都同她的美貌一样迷人。"[42]尤利西斯和朱莉娅深爱着他们的新儿媳，并邀请她与他们一起住在白宫，而弗里德则在布拉克山（Black Hills）与乔治·卡斯特将军（General George Custer）一起服役。[43]

如果说亚伯拉罕·林肯因热爱莎士比亚而闻名，《纽约时报》则指出，格兰特"强调要参加所有美国新剧目的演出"。1874年秋，格兰特观看了《镀金时代》的演出，[44]该片改编自马克·吐温1873年出版的畅销书，由演员约翰·T.雷蒙德（John T. Raymond）主演。格兰特和朋友鲁弗斯·英戈尔斯从华盛顿特地前往纽约的帕克剧院（Park Theatre）观看。

英戈尔斯在就座时注意到总统尽可能坐在包厢的后面。他后来报告说，格兰特不希望自己的出现分散了人们对舞台的注意力。[45]

那年秋天的晚些时候，格兰特接受邀请，参加了伊利诺伊州斯普林菲尔德为亚伯拉罕·林肯举行的墓园落成仪式。格兰特通常会拒绝发表讲话的邀请，但这次对林肯的崇敬压倒了他的不情愿。他努力起草了两份演讲的初稿，尽管他并不以雄辩著称，但最终他还是战胜了自己。

10月15日，他拿着手中的稿子宣读演讲。在总结时，一位当地报纸的记者被格兰特强调的林肯在内战期间的信仰所震撼。"他相信全能的上帝指引我们走向最终的结果，这是基督徒的信

1874年，富有同情心的托马斯·纳斯特在他最著名的漫画之一中，用"他必须肩负的重担"来描述格兰特所承担的所有问题和争论。

仰，他的救世主活着。"[46]

格兰特的主要关注点是林肯面临的反对声："尽管处在媒体的诽谤、人身攻击和仇恨中，他仍然是人民坚定不屈的公仆。"他称赞了这位朋友："亲自认识一个人，就是爱他和尊敬他，因为他心地善良、拥有耐心且爱国。"最后，"我从来没有听他抱怨过谁，也没有因不良行为或不诚实而指责过别人。他有为对手找借口的天性。他的死使这个国家失去了最伟大的英雄。在他死后，南方失去了它最公正的朋友。"[47]

*

在其他地方，1874 年秋对格兰特并不友好。社论漫画家托马斯·纳斯特虽然是格兰特的辩护人，但他还是创作了一幅《他必须肩负的重担》(*A Burden He Has to Shoulder*) 的漫画。

总统在围绕国会选举的政治斗争中占据了一片真空地带。尽管在第二个任期伊始他就打算对南方采取更温和的态度，却因干预南方各州而受到了批评。由于共和党深受派系斗争和腐败的困扰，格兰特眼看着共和党人在南方建立强大政党的希望破灭了。这些人被指责为"提包客 (carpetbagger)"，或投靠共和党的"南方佬"。因他们偏袒非裔美国人而非白人的权利，所以他们经常被南方各州重新崛起的"新邦联 (Neo-Confederate)"[①]民主党击败。

对格兰特和共和党人来说，1874 年的国会选举收获了民主党复兴的苦果。共有 293 个席位的众议院发生了翻天覆地的变

---

① 指一些团体和个人，他们积极描绘南方邦联在内战期间的行动，比如"南方联盟 (League of the South)"就依然主张前邦联州脱离联邦。

化。1872 年，共和党以超过 110 席成为多数党（198∶88），而到了 1874 年，民主党以超过 60 席成为多数党（169∶109）。在参议院，共和党失去了 7 个席位，但保住了多数席。[48] 民主党自内战前以来首次赢得了众议院的控制权。

这一变化背后隐藏着几个因素。在经济困难时期，选民们往往会指责执政党。此外，在整个南部地区，不同的白人联盟——不同于 3K 党那样的组织——再次利用压制选民的方式帮助民主党赢得众议院的席位。最终，民主党赢得了该地区三分之二的议席。

*

当格兰特准备下一次有机会向国会和美国人民发表讲话时，他的愤怒爆发了。这是他在 12 月 7 日向国会发表的第六次年度讲话。与以往不同的是，他向内阁宣读了他的讲话草稿：他与"那些不承担责任、在很多情况下毫无良知地直接处理事务的批评家"[49] 进行了较量。菲什认为格兰特的讲话"非常有力、非常公正"，但这位谨慎的国务卿也表达了担忧。他认为格兰特的话"完全有损总统的官方地位或官方文告的尊严"。[50] 格兰特的话证实了他的真情实感。

尽管格兰特最终删除了最具煽动性的词语，但他仍然保持了自己的坦率。谈到最近结束的选举，他毫不讳言地描述了"因公民的政治观点而剥夺其投票自由"的暴力和恐吓行为。他举了一个又一个例子："在一些地方，黑人劳工被迫按照雇主的意愿投票，他们如果不这样做，就会有被开除的危险。"[51]

格兰特预料到批评家们的反应，他知道他们会继续控告他利用联邦政府进行干涉。"有人抱怨联邦政府的这种干预；但是，如果上述修正案（《宪法第十五条修正案》）和《强制法案》没有规定在上述情况下进行这种干预，那么它们就没有意义、力量或效果，这对整个有色人种获得选举权的计划与其说是一种嘲弄，不如说是一种犯罪。"[52]

格兰特提出了什么解决方案呢？他说："把黑人当作公民和选民来对待，就像他现在和必须继续这样做一样，那么很快政党就会分裂，这种分裂不是依据颜色，而是依据原则。那么，我们就不会再抱怨地方遭到干涉了。"[53]

众所周知，总统每年向国会发表的部分讲话通常是由内阁部长撰写，他的工作内容包括一个特定的主题或问题。除了格兰特，没人能写下这些坚定的话。在第二个任期中期，他发出了自己的声音。当他谈到在前奴隶走向完全自由的道路上设置不公平障碍时，他的声音变得更加激动。他充分利用了从战场上的将军们那里得到的定期报告，他关于种族不平等的演讲充满了能深深打动他的实例。

*

到了1874年底，一些政治家和报界人士都在谈论格兰特竞选第三个任期，这在美国政坛是前所未有的尝试。但随着1873年的恐慌仍在继续，众议院中民主党占多数，共和党在南部取得成功的希望迅速减弱，并且有更多的丑闻谣言威胁到接近格兰特的人，在展望总统任期的最后两年时，他面临着诸多不确定性。

1　Presbyterian Church General Assembly, *The Book of Confessions: The Westminster Shorter Catechism, Question 1* (Louisville, Ky.: Westminster John Knox, 1999), 175.

2　Mark Twain and Charles Dudley Warner, *The Gilded Age: A Tale of Today* (Hartford, Conn.: American Publishing, 1873). For an insightful introduction, see Louis J. Budd, Penguin Classics edition of The Gilded Age (New York: Penguin, 2001), xi-xxxi. See also Bryant Morey French, *Mark Twain and The Gilded Age: The Book That Named an Era* (Dallas: Southern Methodist University Press, 1965).

3　关于"镀金时代(Gilded Age)"，见：Charles W. Calhoun, ed., *The Gilded Age: Perspectives on the Origins of Modern America* (Lanham, Md.: Rowman & Littlefield, 2007)。在这本论文集中，尤为值一提的是：Calhoun, "The Political Culture: Public Life and the Conduct of Politics," 239-64。

4　The *New York Sun* began its reporting on September 4, 1872.

5　关于"信贷公司"的故事非常复杂，研究了整个过程的作者们给出了不同的判断。详见：J. B. Crawford, *The Credit Mobilier of America: Its Origin and History* (Boston: Calkins, 1880); Maury Klein, *Union Pacific: Birth of a Railroad, 1862-1893*, vol. 1 (Garden City, N.Y.: Doubleday, 1987), see especially 293-305。

6　Charles C. Calhoun, *From Bloody Shirt to Full Dinner Pail: The Transformation of Politics and Governance in the Gilded Age* (New York: Hill and Wang, 2010), 34; Sean Dennis Cashman, *America in the Gilded Age: From the Death of Lincoln to the Rise of Theodore Roosevelt* (New York: New York University Press, 1984), 197; Josiah Bunting, *Ulysses S. Grant* (New York: Times Books, 2004), 134-35.

7　Niven, *Salmon P. Chase*, 448.

8　For why Lincoln is the exception, see Ronald C. White, Jr., *Lincoln's Greatest Speech: The Second Inaugural* (New York: Simon & Schuster, 2002).

9　USG, Second Inaugural Address, March 4, 1873, *Grant Papers*, 24: 61.

10　Ibid., 63.

11　Ibid., 62.

12　Ellis P. Oberholtzer, *Jay Cooke: Financier of the Civil War*, vol. 2 (Philadelphia: George W. Jacobs, 1907), 421.

13　Ibid., 421-22. See also Henrietta M. Larson, *Jay Cooke, Private Banker* (Cambridge, Mass.: Harvard University Press, 1936), 409-11.

14　Gould, *Grand Old Party*, 69-70.

15   Calhoun, *From Bloody Shirt to Full Dinner Pail*, 34–36; Irwin Unger, *The Greenback Era: A Social and Political History of American Finance, 1865–1879* (Princeton, N.J.: Princeton University Press, 1964), 213–33; Allan Nevins, *The Emergence of Modern America, 1865–1878* (New York: Macmillan, 1927), 290–99.

16   Frank Warren Hackett, *A Sketch of the Life and Public Service of William Adams Richardson* (Washington, D.C.: H. L. McQueen, 1898), 92–93.

17   Boutwell, *Reminiscences of Sixty Years in Public Service*, 2: 221.

18   USG to George S. Boutwell, March 17, 1873, *Grant Papers*, 24: 82–83.

19   Hackett, *Life and Public Service of William Adams Richardson*, 27–31.

20   Unger, *Greenback Era*, 171–72. 理查德森的行动最终提交给了参议院财政委员会，该委员会裁定 4400 万绿币应永久退出流通，不再发行。

21   关于"软通货"和"硬通货"的定义，见：Unger, *Greenback Era*, 8–9; Smith, *Grant*, 576。

22   Nevins, *Hamilton Fish*, letter from Fish to Richardson, September 26, 1873, 701.

23   USG to H. B. Claflin and Charles L. Anthony, September 27, 1873, *Grant Papers*, 24: 218–19.

24   George S. Boutwell to USG, October 2, 1873, *Grant Papers*, 24: 219–20n.

25   McFeely, *Grant*, 392–93.

26   Ross, *The General's Wife*, 217.

27   Elsie Porter Mende, *An American Soldier and Diplomat: Horace Porter* (New York: Fredrick A. Stokes, 1927), 123–25. See appreciative exchange of letters between Porter and Grant, Horace Porter to USG, December 1, 1872; USG to Horace Porter, December 1, 1872, *Grant Papers*, 23: 294n. 25 年后，波特出版了一本引人注目的书《与格兰特并肩作战》(*Campaigning with Grant*)，并以驻法国大使的身份度过了卓越的外交生涯。

28   Elias Nason, *The Life and Public Service of Henry Wilson* (Boston: B. B. Russell, 1876), 417–21; Henry Wilson, *The History of the Rise and Fall of the Slave Power in America* (Boston: J. R. Osgood, 1872). 第三卷在亨利·威尔逊 (Henry Wilson) 死后于 1877 年出版。

29   Unger, *Greenback Era*, 215–16.

30   Fish diary, entry April 21, 1874.

31 Ibid.

32 See http：//www.senate.gov/reference/Legislation/Vetoes/Presidents/GrantU.pdf, 47.

33 Roscoe Conkling to USG, April 22, 1874, *Grant Papers*, 25：76n.

34 Zachary Eddy to USG, April 22, 1874, *Grant Papers*, 25：77.

35 Julie R. Seavey to USG, April 22, 1874, *Grant Papers*, 25：77-78.

36 USG to JRG, June 2, 1872, *Grant Papers*, 23：159-60；Ross, *The General's Wife*, 220. McFeely, in *Grant*, 内莉始终被描绘成一个没有教养的年轻女子。(400-404)

37 USG to Edward J. Sartoris, July 7, 1873, *Grant Papers*, 24：163.

38 Ibid., 163-64. 有传言说，在阿尔杰农·萨托里斯（Algernon Sartoris）同意居住在美国之后，格兰特才同意了这门婚事。

39 Tiffany, *Pulpit and Platform*, 206.

40 Ross, *The General's Wife*, 237-38；Catherine Clinton, *Fanny Kemble's Civil Wars*（New York：Simon & Schuster, 2000）, 227.

41 Brown, *A Living Centennial*, 23；Jesse R. Grant, *In the Days of My Father*, 176.

42 USG to Adam Badeau, October 25, 1874, *Grant Papers*, 25：260-61.

43 Julia Dent Grant, *Personal Memoirs*, 181；Ross, *The General's Wife*, 239-41.

44 *New York Times*, December 24, 1874.

45 *New York Times*, July 26, 1885.

46 Edwin Sawyer Walker, *Oak Ridge Cemetery：Its History and Improvements*（Springfield, Ill.：H. W. Rokker, 1879）, 53, 55.

47 USG, speech, October 15, 1874, *Grant Papers*, 25：259.

48 Foner, *Reconstruction*, 523, 549-50, 552-53；Charles W. Calhoun, *Conceiving a New Republic：The Republican Party and the Southern Question, 1869-1900*（Lawrence：University Press of Kansas, 2006）, 59-60.

49 USG, Draft Annual Message Fragment, [December 1, 1874], *Grant Papers*, 25：269-70.

50 Fish diary, entry December 1, 1874；Nevins, *Hamilton Fish*, 747.

51 USG, Sixth Annual Message to Congress, December 7, 1874, in Richardson, *A Compilation of the Messages and Papers of the Presidents*, 7：297.

52 Ibid.

53 Ibid., 299；Calhoun, *Conceiving a New Republic*, 60-61.

/ 第 32 章　渎职！

> 如果能够避免，请让无罪之人脱身。
>
> ——尤利西斯·S.格兰特，1875 年 7 月于新泽西州朗布兰奇

　　第二个任期很少像第一个任期那样成功，原因可想而知：总统最初的人气已开始消退；第一个任期内的举措也已经失去了一些光彩；他的对手，甚至是他自己党内的对手，已经开始联合起来进行阻挠。不可避免的是，在任期的最后两年，总统将愈发被视为一只跛脚鸭。

　　在格兰特的第二个任期内，越来越多的丑闻在他的核心圈子内扩散。在任期的最后两年中，这些丑闻将转移人们的注意力和时间，使人们不再关注他试图解决的主要问题，并测试第一位自四十年前安德鲁·杰克逊以来完成第二个任期的总统的领导能力。第一个任期的两项优先事项——保护南方自由人的权利和倡导西部印第安人的权利——已经失去了相当力度的支持。然而，对格兰特的反对并不会削弱格兰特对这个群体的承诺。

＊

　　到了 1875 年，共和党只控制了四个南方州——佛罗里达州、南卡罗来纳州、密西西比州和路易斯安那州。在这四个州中，黑人都在共和党人中占据多数。[1]

这幅托马斯·纳斯特的漫画描绘了一群腐败分子，他们在格兰特的总统任期内制造了许多丑闻。漫画中的人物是格兰特那令人蒙羞的战争部部长威廉·贝尔纳普。

在路易斯安那州，有关"白人联盟（White League）"① 在新奥尔良街头操练的报道促使格兰特派遣"小菲尔"谢尔丹接管军队，制止暴力和谋杀。谢尔丹于 1875 年 1 月 1 日抵达后，向

① 也被称为"White Man's League"，是 1874 年在美国南部成立的一个白人准军事化恐怖组织，目的是恐吓自由人投票和在政治上进行组织化实践。

战争部部长威廉·贝尔纳普请求许可，以便逮捕在最近的州长选举中骚扰黑人选民的"白人联盟"成员，他们大部分是南方邦联的老兵。

众议员乔治·F. 霍尔（George F. Hoar）作为调查委员会的成员，匆匆赶到新奥尔良，并描述了对谢尔丹的公开对抗。当谢尔丹走进圣查尔斯酒店拥挤的餐厅时，"几乎所有聚集在一起的人都会发出巨大的嘘声和抱怨声"。当他吃早餐时，酒店的客人会在晨报上的"侮辱性文章"下画线，并要求服务员把这些文章送给他。"将军会不动声色地瞥上一眼，然后向送信人鞠躬微笑。"[2]

1875 年 1 月 4 日，星期一，当一名书记官点名召集分裂的路易斯安那州议会时，52 名共和党人和 50 名民主党人回答说："一定会出席。"很快，民主党人就把共和党人的议长赶下了台，用他们自己的议长取而代之，并任命了他们自己的议会警卫官，还用 5 名民主党人取代了 5 名共和党人，从而获得了多数席位。他们的意图很明显，当共和党人试图逃跑时，民主党人要求当地的驻军司令菲利普·里吉斯·德·特罗布里恩德（Philippe Régis de Trobriand）禁止他们离开大楼。

一些共和党人确实逃脱了，他们通知共和党的州长威廉·凯洛格（William Kellogg）。凯洛格冲进议院，命令德·特罗布里恩德带走所有不是议会合法成员的人。军人们上好刺刀冲进立法大厅，赶走了 5 名民主党人，从而允许共和党人组织州议会。[3]

谢尔丹通过贝尔纳普通知格兰特："这里的团体似乎把藐视法律和谋杀个人的行为视为可以逍遥法外的活动。"针对"白人联盟"的恐怖主义策略，他呼吁总统发表声明，宣布他们是"暴徒",应该"由军事委员会审判"。[4]

贝尔纳普回答说:"总统和我们所有人都有充分的信心,完全赞成你的做法。"[5]鉴于路易斯安那州所发生事情的相关报道在报纸上流传,格兰特和贝尔纳普决定向媒体公布谢尔丹的报告和信件,以证明联邦政府行动的合法性。

这些信件引起了轩然大波。反对联邦军队进入州议会的抗议活动在不断增加。俄亥俄州众议员詹姆斯·加菲尔德(James Garfield)在给朋友的信中写道:"我从未如此绝望,但现在我要告诉你们,这是我所见过共和党未来最黑暗的一天。"他抱怨道,"在过去的四天里,总统和谢尔丹将军把这个问题搞得一团糟,把麻烦的重担推给了我们——国会的共和党人。"[6]

参议员卡尔·舒尔茨还在为1872年格兰特击败自由共和党而恼火,但已着手开始猛烈地抨击总统。虽然他现在成了"跛脚鸭",在密苏里州的国会参议员席位上输给了民主党人弗朗西斯·M. 科克雷尔,但舒尔茨在参议院的职务是捍卫议会的绝对自由,使其免受行政权的干涉,尤其是武力干涉。他指责说:"对所有人来说,权力的无法无天比暴徒的无法无天更加危险。"[7]

格兰特最坚定的支持者之一、印第安纳州参议员奥利弗·莫顿回答称:"我们的国家目前所面临的一个困难是,有色人种在联邦的某些州不被承认是人民的一部分。他们不被承认拥有政治和公民权利。"他警告说,"我们今天听到美国总统被控犯有严重且明显违反美国宪法的罪行。"[8]他建议这些参议员同僚在等到格兰特公布正在准备的信息之前,不要草率作出结论。

即使舒尔茨和莫顿在参议院内发生了冲突,格兰特仍旧勤奋地工作,完成了向国会提交的最长的报告之一。他强调了南部继续存在的针对非裔美国人的暴行,并为谢尔丹作了辩护。1月11

日，菲什记录道："总统在和我谈到路易斯安那州的麻烦时，虽然只有几分钟的时间，但他说在任何情况下都不会为自己所做的事情道歉。"国务卿提醒格兰特，"他的一些最好的朋友"对于"军事干预议会的问题"表示关切。[9]

格兰特指示司法部部长乔治·H. 威廉姆斯准备一份草稿，他将对其进行修改，"说有些事情他希望以自己的方式处理"。[10]第二天早上，格兰特邀请参议员莫顿、康克林、罗根、亚伦·萨金特（Aaron Sargent，加利福尼亚州）、乔治·埃德蒙斯（George Edmunds，佛蒙特州）和弗里德里克·弗雷林霍伊森（Frederick Frelinghuysen，新泽西州）前来会面。他大声朗读了报告，并征求他们的意见。在第二个任期内，格兰特已不会不征求国会领导人的意见就向国会呈递报告。

1月13日，格兰特向参议院发表了他对路易斯安那州的讲话。一开始，他观察到"无法无天、动乱和流血事件是该州自根据《重建法案》重组以来在政治事务上的特征"。他将目光转向选民压制问题："许多黑人公民被拒绝登记，还有一些人因为害怕而不敢投票。"格兰特在回应批评人士谴责联邦政府介入1873年路易斯安那州科尔法克斯大屠杀时哀叹道："科尔法克斯的每一个恶棍都没有受到法律的惩罚，在这个充满文明和基督教的土地上找不到任何办法来惩罚这些血腥和犯下滔天罪行的罪犯。"[11]面对国会的批评，格兰特强调他致力于捍卫南方非裔美国人的公民权。

1875年春，格兰特又陷入了另一场危机。他了解到，威士忌酒商多年来一直在酒类税问题上串通一气，欺骗联邦政府。尽管不诚实的酿酒师在林肯和约翰逊政府中已经很活跃，但到了1870年代，他们的避税行为已经成为一项久经实践的业务，程

1874 年 10 月，随着南部对重建的抵抗愈发强烈，托马斯·纳斯特代表被围困的非裔美国人支持格兰特的行动。他描绘了一个被称为"白人联盟"的人与一个被称为"3K 党"的人在相互握手，而一对被恐吓的非裔夫妇正惊恐地看着他们死去的婴儿。

序非常简单。酿酒商每年生产 1200 万 ~1500 万加仑的威士忌，但通过向政府报告更少的产量，他们便缴纳了更低的税。为了达到目的，酿酒商贿赂了国税局的代理人，让他们睁一只眼闭一只眼。[12]

格兰特很欣赏本杰明·布里斯托担任司法部首席副次长期间的服务，于是在 1874 年 6 月任命他为财政部部长。《纽约世界报》把布里斯托描述成"不像学者或牧师"，而是"目光如炬"，这保证了他在新职位上的"富有进取心的坚持不懈"。[13] 格兰特认为，布里斯托是可以应对双重威胁，即持续的经济危机和不断恶化的腐败的人。

以格兰特 1874 年 12 月 7 日的年度致辞中的呼应为基础（"不应延误……通过立法确定我们将回归铸币的方法"[14]），格兰特和布里斯托与参议院财政委员会主席约翰·谢尔曼合作，于 1875 年 1 月 14 日通过了《恢复铸币支付法案》（Specie

Payment Resumption Act）。由此，格兰特恢复了金本位，进一步收缩了国家的货币供应量，并希望通过减缓通货膨胀周期来稳定经济，因为正是通货膨胀周期引发了 1873 年的恐慌。

布里斯托给这个职位带来了诚信。在上任的头 11 个月里，他整顿了财政部——解雇了 700~800 人。[15]

威士忌税，或者说威士忌税的缺失，是不断加剧的腐败的核心。"我对着上帝起誓，我不会因伟大的耶和华而牺牲我的荣誉和尊严，更不用说对那些劫掠人民财富的人了。"[16]布里斯托于 5 月 7 日与格兰特进行磋商，强调了采取果断行动的必要性。格兰特对财政部部长表示了"衷心的支持"，要求他采取行动，制止酿酒师、蒸馏师、征税官，以及财政部和国税局的腐败官员之间围绕"不正当威士忌"的勾结。[17]几个月来，布里斯托一直很沮丧，因为华盛顿有人向团伙成员通风报信："这场灾祸正在向西部蔓延。我建议朋友们离开这个城市。"[18]

5 月 10 日，布里斯托和法务官布卢福德·威尔逊（Bluford Wilson）从财政部外聘请特工人员，在圣路易斯、芝加哥和密尔沃基（Milwaukee）展开联合突击行动，没收了一些公司的账簿和文件。他还关停了 16 家大型酒厂和 16 台蒸馏器。布里斯托发现，在过去的十个月里，政府被骗走了 160 多万美元的税款。仅在圣路易斯，"威士忌集团（Whiskey Ring）"①就把 25 万美元的赃物分给了五个人。[19]

对"威士忌集团"的突袭——布里斯托称他们为"团伙（rings）"，因为他们在多个城市工作——与格兰特解职司法部部长乔治·H. 威廉姆斯同时发生。缘于威廉姆斯夫人索要

---

① 指 1875 年牵涉转移税收丑闻的阴谋集团，涉及政府代理人、政客、威士忌酒商和分销商等。

了 30000 美元的贿赂，所以威廉姆斯停止了对纽约商人普拉特（Pratt）和博伊德（Boyd）欺诈海关账户的诉讼。格兰特知情后，要求威廉姆斯引咎辞职。朱莉娅很久以前就看穿了凯特·威廉姆斯（Kate Williams）供给她奢侈生活方式的计划，她对丈夫的行为表示赞赏。[20]

格兰特迟来的解雇威廉姆斯的行动，为内阁的重大升级打开了大门。他任命爱德华·皮尔庞特（Edwards Pierrepont）为司法部部长，他是当时最著名的律师之一。作为一个无可争议的正直之人，皮尔庞特帮助关闭了由威廉·特威德（William Tweed）任"老板"的"坦慕尼协会（Tammany Hall）"①，特威德是纽约南区的联邦检察官。格兰特任用布里斯托和皮尔庞特组建了一个反腐小组。[21]

*

格兰特否决了《通货膨胀草案》，颁布了《恢复铸币支付法案》，突袭了"威士忌集团"，累积效应极大地提升了他的声望，以至于权威人士再次谈到了格兰特第三次连任的可能性。美国当时没有任期限制，对任期作出限制的《宪法第二十三条修正案》（Twenty-second Amendment）直到 75 年后在富兰克林·罗斯福的第四个任期结束后才被通过。

整个春天，报纸都在鼓吹这个想法。1874 年中期国会选举失利后，共和党人也加入了这一阵营，他们认为格兰特的第三个任期将是共和党夺回众议院的最佳前景。尤利西斯知道，喜欢白

---

① 指从 19 世纪中后期到 20 世纪初期操纵纽约政界的政治腐败组织。

宫生活的朱莉娅也支持这个主意。[22]

1875 年 5 月 27 日，当宾夕法尼亚州共和党公开支持格兰特第三次连任总统时，格兰特不得不采取行动。考虑到随后可能会有类似的支持，总统立即作出回应。他对批评家们对他"恺撒主义（Caesarism）"的指责很敏感，他提醒宾夕法尼亚州的共和党人，"我从来没有寻求连任，甚至连提名都没想过"。他强调说："我不是，也从来不是一个被提名的候选人。"[23]

在完成答复后，格兰特在一个星期日的下午派人请所有内阁成员来到白宫。朱莉娅看到他们来了，问道："有什么消息吗？为什么你们今天碰巧都来到这里？我确定会有什么不同寻常的事情发生。"[24]

就在这时，尤利西斯从他的书房里走出来。朱莉娅仍然很困惑，她问丈夫是否有重要的事情要讨论。[25]

总统邀请内阁成员周日到白宫做客，不仅仅是出于礼貌，他知道他们的职业生涯将受到自己决定的重大影响。他没有征求他们的意见，但为了表示尊重，他在新闻头版报道自己的决定之前将先通知他们。

当内阁成员开始离开时，看着丈夫把一封密封好的信交给一个即将离开的信使，朱莉娅问尤利西斯："我想知道发生了什么事？我确信发生了什么事，而且我必须知道。"

"是的，"尤利西斯说，"我点一根烟就过来。"

"过来干吗？告诉我吗？"

"你知道关于第三个任期会在报纸上会引起什么骚乱吗？嗯，直到现在我才有机会回答……我不希望有第三个任期，为此我写了一封信。"

"这些人都赞成并建议你把那封信寄出去？"

"我没有征求同意或建议。我只是把信读给他们听。就这样。"

"你为什么不念给我听呢？"

"哦，我太了解你了。如果我读了它，它就不会被寄走了。"

"拿回来，现在念给我听一遍。"朱莉娅恳求道。

"不，那封信已经发出去了，这就是我刚才在大厅里逗留点雪茄的原因，这样就不会让你想到那封信了。"

"哦，尤利西斯，你这样对我好吗？只是针对我吗？"

"好吧，我不想再在这里待四年了。我想我无法忍受，我求求你，别为这件事操心了。"[26]

多年后，朱莉娅回忆起这段对话，这揭示了他们夫妇二人在 1875 年春的强烈差异。格兰特知道妻子非常热爱他们在白宫的生活，她很乐意继续在这里生活四年，但他的回答却显得非常厌倦。

*

朗布兰奇的 1875 年之夏并没有遵循往年的模式。随着更多关于丑闻的谣言和报道出现，格兰特拒绝了各种演讲的邀请；这一季的社交活动非常少。

6 月 20 日，内政部部长哥伦布·德拉诺来到朗布兰奇。尽管没有令人信服的证据表明德拉诺是个腐败分子，但他监管的部门却陷入了任人唯亲、土地欺诈和腐败的泥潭——甚至牵连到他的儿子约翰。这种情况对格兰特来说更加痛苦，因为内政部要继续监督印第安人事务局——现在他知道腐败已经深入印第安人事务局，格兰特要求德拉诺辞职。[27]

在困扰着格兰特第二个任期的丑闻中，尤利西斯和朱莉娅喜欢在新泽西州朗布兰奇海边的小屋避暑。

格兰特任命密歇根州前参议员扎卡里亚·钱德勒为新的内政部部长。虽然年轻的格兰特曾经就底特律结冰的人行道而把钱德勒告上法庭，但这一次没有人指责他任人唯亲，因为钱德勒作为一名废奴主义者和激进派共和党人，支持格兰特为非裔美国人争取民权的运动，由此受到了广泛尊重。[28] 钱德勒也是格兰特的印第安人和平政策的坚定拥护者。如果媒体大量报道格兰特内阁的一些丑闻，那么人们往往会忽视格兰特选择谁来接替他们。钱德勒立即开始了改革——终结腐败的代理人，停止牟取暴利，并禁止在内政部使用所谓的"印第安律师"，这些人以虚假的华盛顿代表身份骗取印第安人的钱财。

*

同年 6 月，格兰特前往费城考察将于 1876 年开幕的建国百年博览会的进展情况。即便是这样一个看似无关政治的项目，也会因为与固执的国会之间的斗争而蒙上阴影。民主党人反对联邦拨款，但格兰特长期以来一直是建国百年纪念活动的支持者，他认为这是一个庆祝过去100年成就、展示未来技术和吸引海外游客的机会。

*

格兰特整个夏天都住在朗布兰奇，但8月时他接受了一位老朋友的邀请。加利纳牧师、现任卫理公会主日学校联盟（Methodist Sunday School Union）的首席代表和《主日学校杂志》（*Sunday School Journal*）的编辑约翰·海尔·文森特，于1874年在纽约西南部的肖托夸湖（Lake Chautauqua）岸边举办了为期两周的主日学校教师教育活动。[29]卫理公会信徒长期以来一直在该地区举行教友间的野营集会，但文森特认为是时候从体验转向教育了。他把新集会的目标受众定位于公立学校的教师，这些教师在夏天的活动是免费的，在当年余下的时间里，他们构成了主日学校中教育儿童和成人的主导力量。[30]

在1875年夏天，为了给他的新项目在全国范围内作宣传，文森特邀请格兰特在8月前来度周末。格兰特接受了邀请——这是他们友谊的见证。[31]

当宣布格兰特将于星期六下午登上**乔西贝莱号**（Josie Belle）轮船后，有近20000名观众在等候迎接他。格兰特简短地说了几句话，便迅速把接力棒递给了"文森特博士，他是我的老朋友，比我更健谈，让他告诉你们，我和你们在一起有多快乐"。[32]

1875 年夏，格兰特接受约翰·海尔·文森特的邀请，参加了在纽约举行的第二次肖托夸夏日集会。在照片里，格兰特正坐在自己的帐篷前。

　　格兰特住在一个装备齐全的帐篷里。"休息"被缝在了帐篷入口的帘子上，尽管第二天并不是这样。一大早，格兰特就去了主日学校。在上午 11 点的礼拜仪式上，他在装饰着许多国家国旗的大礼堂讲台上坐下。在仪式结束时，文森特向总统赠送了两本《圣经》："这是我们工作的象征。"格兰特的出现使卫理公会的集会闻名于世，它将成长为世界著名的"肖托夸学院"。33

*

　　布里斯托在继续追查"威士忌集团"，但他发现腐烂已蔓延至高层。他将矛头对准了约翰·麦克唐纳将军（General John McDonald），指控其是圣路易斯的首脑。1870 年，格兰特任命麦克唐纳为圣路易斯的国税主管。他依赖麦克唐纳随时向他通报密苏里州的政治情况，尤其是在舒尔茨发动了一场自由共和党的叛乱之后。[34]

最初的突击检查过去两周后，当布里斯托开始简要介绍他的初步发现时，总统说道："好吧，布里斯托先生，在圣路易斯至少有一个诚实的人，我们可以信赖他——那就是约翰·麦克唐纳。"格兰特解释说："我知道这一点，因为他是巴布科克的一个亲密熟人和知心朋友。"[35] 布里斯托不知道如何回答。

随着"威士忌集团"的名单被公开，麦克唐纳和其他官员辞了职。在起诉中，格兰特全力支持布里斯托。麦克唐纳于当年6月被起诉。在接下来的几个月里，布里斯托对350名酿酒商和政府官员提起诉讼。[36]

公众感到震惊，为格兰特和布里斯托的全面行动鼓掌。

在调查过程中，布里斯托发现了一些暗藏的电报——"警告麦克唐纳，布里斯托的特工即将展开调查"。其中一封写于1874年12月10日："我成功了。他们不会去的。我会写信给你的。西尔芙（Sylph）。"[37]

布里斯托四处寻找原稿，终于在华盛顿找到了一些。他发现，这些原稿是由巴布科克的笔迹写成的。[38]

到了1875年，奥维尔·巴布科克已经成为政府中最有影响力的人物之一。除了担任格兰特的私人秘书外，巴布科克还正式担任国会大厦的建筑物和场地主管；私下里，他与多米尼加总统布埃纳文图拉·巴埃斯在圣多明各的土地诈取中同谋。布里斯托认为，巴布科克从他的"朋友"那里收到了装满1000美元钞票的雪茄盒，以答谢他帮助获取内部消息。[39]

7月下旬，司法部部长皮尔庞特和国务卿菲什在朗布兰奇拜访了格兰特。当皮尔庞特陈述对巴布科克的指控时，格兰特向司法部部长要了一封投诉信，并在信的背面潦草地写道："如果能够避免，请让无罪之人脱身。但要特别警惕——那些对从事欺诈行为进行指示的人——那些暗示他们有很强大的保护力或能够提供保护的人。任何对个人的考虑都不应妨碍公共职责的履行。"[40] 格兰特告诉皮尔庞特："如果巴布科克有罪，没有人会像我一样希望他被证明有罪，因为对我来说，这可能是一个人能够犯下的最大的叛国罪。"[41] 此时，格兰特面临着他长期信任的私人助理和他内阁中两个最值得信赖的人之间的冲突。

司法部部长敦促格兰特让媒体发表他的评论，以便使政敌们闭嘴。这封信于8月10日发表在《华盛顿纪事报》（*Washington Chronicle*）上。

*

尽管如此，格兰特亲密圈子里的其他成员却来到朗布兰奇，并提出相反的观点。总统的妹夫詹姆斯·F. 凯西（James F. Casey）——艾米的丈夫——是新奥尔良的联邦海关征税官，他本人也因参与"海关集团（Customhouse Ring）"欺诈而被布里斯托调查。凯西告诉总统，对巴布科克的指控都是布里斯托野心勃勃的政治发展计划的一部分。当格兰特回到华盛顿时，各种各样的来访者已经成功地在他心中播下了怀疑的种子，使他怀疑这位强势的财政部部长的动机。

/ 563

回到白宫后，格兰特坚持留任巴布科克。尽管有朋友们劝告，但他始终不敢相信那个在维克斯堡和阿波马托克斯战役中坚定站在自己一边的人有罪。

10月，布里斯托参加内阁会议时带来了两封"西尔芙"电报。格兰特请巴布科克进来解释其中隐藏的内容。巴布科克说，所有电报都与密苏里州的政治有关。布里斯托和皮尔庞特在一旁看着，格兰特接受了巴布科克的解释。[42]

11 月，格兰特跟进了有关麦克唐纳在圣路易斯受审的报道，来自全国各地的记者挤满了法庭。五天之后，陪审团裁定麦克唐纳有罪。亨利·范·内斯·博因顿（Henry Van Ness Boynton）是一位有影响力的华盛顿记者，他在《北美评论》（North American Review）上发表了一篇文章，称赞"财政部部长出色而有效的行动"。[43] 1876 年，人们开始谈论布里斯托作为总统候选人的事。

12 月，格兰特担心评论家们试图通过攻击巴布科克来攻击他。12 月 8 日，联邦检察官大卫·戴尔（David Dyer）说服大陪审团发布起诉书，将审判日期定在 1876 年 2 月。[44]

一个星期后，格兰特给巴布科克的妻子安妮（Annie）写信说："我知道你一定对今天刊载的关于你丈夫正直的文章感到非常苦恼。"他告诉安妮，"在他和我之间存在将近 14 年的密切关系之后——在这段时间里，他一直是我最信任的助手和私人秘书——我不相信我有可能被欺骗。"格兰特进而保证道："我对巴布科克将军的信心和我们在战场上对抗政府已知的敌人时一样。"[45] 最后一句话很能说明问题，当格兰特和巴布科克在过去一起对抗"已知"的敌人时，他们也会在现在一同对抗"未知"的敌人。

*

尤利西斯和朱莉娅在 1876 年 1 月 1 日凌晨 12 点 1 分，通过聆听大都会纪念卫理公会教堂的钟声演奏伊格纳斯·普莱耶尔（Ignace Pleyel）的流行赞美诗《朝圣者之歌》（*Pilgrim Song*）来迎接期待已久的百年庆典。[46] 离建国百年博览会开幕只有几个月的时间了，格兰特继续敦促国会拨款。在上年 12 月的年度讲话中，他重申道："在国际上，对这个国家来说，值得称道的表现是最重要的，而政府的漠不关心或不值得称道的参与，将使我们人民的爱国情怀蒙羞。"[47]

*

1876 年 2 月，"巴布科克案"计划在圣路易斯进行审判，格兰特采取了不同寻常的举措要求作证。菲什和布里斯托都劝阻他，司法部部长皮尔庞特甚至警告辩方，格兰特的参与将是"不可能的，也是不体面的"。[48]

尽管内阁反对，格兰特还是在 2 月 12 日出庭作证了五个小时。首席大法官莫里森·威特（Morrison Waite）担任公证人，皮尔庞特和布里斯托出席。格兰特重申，他完全支持财政部对"威士忌集团"的调查。至于巴布科克，"我一直对他的正直和能力充满信心；到目前为止，我对他的信心还没有动摇"。[49]

最后，受总统证词和缺乏直接证据的影响，巴布科克被无罪释放。《纽约论坛报》通常是格兰特的批评者，它承认"威士忌集团"丑闻"在白宫门口转了一圈，然后又回去了"。[50]

巴布科克回到了白宫，但并没有待多久。格兰特可能一直坚称巴布科克是无辜的，但他已经对这位长年的下属失去了信任。在巴布科克的位置上，他任命了一个自己完全可以信任的人：他的儿子小尤利西斯（Ulysses Jr.）。

*

不幸的是，平静并没持续太久。在巴布科克被判无罪的几天内，华盛顿就有传言说，格兰特的一位内阁部长正在接受腐败调查。

在 1869 年约翰·罗林斯去世后，格兰特任命威廉·沃斯·贝尔纳普为战争部部长。在第一任妻子科拉（Cora）去世后，贝尔纳普娶了昵称"卡丽"的卡丽塔·S. 汤姆林森（Carita "Carrie" S. Tomlinson）。1870 年夏，贝尔纳普向国会请求授予他全权以负责任命代理人掌管印第安人贸易站。不久之后，野心勃勃的卡丽不满足于靠丈夫每年 8000 美元的薪水生活，便策划了一桩交易，获得了俄克拉荷马领地锡尔堡（Fort Sill）① 一个利润丰厚的印第安人贸易站站长的职位，并将其作为她个人的摇钱树。[51]

首先，她游说丈夫把这个职位提供给一位友人、纽约商人凯勒布·马什（Caleb Marsh）。贝尔纳普现在有权任命他喜欢的任何人，但在这个问题上，这个职位以前是分配给经验丰富的约翰·埃文斯（John Evans）的，而且埃文斯不想放弃这个职位。因此，马什想出了一个方案，让埃文斯保留他的经纪人身份，而

---

① 实际上成建制的俄克拉荷马领地要到了 1890 年 5 月 2 日才被建立，此时的锡尔堡尚属于非建制的印第安领地（Indian Territory）。1868 年 7 月 29 日至 1876 年 8 月 1 日，美国的行政区划包含华盛顿、蒙大拿、达科他、爱达荷、怀俄明、犹他、科罗拉多、亚利桑那和新墨西哥等九个建制领地，以及两个非建制领地印第安与阿拉斯加。在美国国会通过《组织建制法案》（Organic Act）设立"合并建制领地"后，印第安领地的边界被缩小了，直到 1907 年与俄克拉荷马领地合并成为新设立的俄克拉荷马州。

让人尴尬的是，战争部部长威廉·贝尔纳普被指控在印第安人事务局从回扣中牟利。

埃氏每年要按季度回报总共 12000 美元的费用。卡丽·贝尔纳普和马什同意平分从印第安人贸易经纪人职位上捞取的回扣。

　　1870 年 12 月，卡丽·贝尔纳普产下了一个儿子，但一个月后却死于肺结核。在贝尔纳普知情和赞同下，马什继续把商定的回扣份额交给卡丽的妹妹阿曼达（Amanda）。阿曼达早些时候搬进了贝尔纳普家，并同意为这个婴儿托管这笔钱。六个月后，孩子在 1871 年 6 月夭折，阿曼达去了欧洲，贝尔纳普独自负责回扣事宜——直到 1873 年 12 月，阿曼达回来成了他的第三任妻子。卡丽的妹妹甚至比她的姐姐还要任性，不久就为自己赢得了华盛顿"挥霍无度的美女"的外号。[52] 从那时起，夫妻俩就开始分享回扣。

　　1876 年 2 月，宾夕法尼亚州众议员希斯特·克莱默

（Hiester Clymer）曾在重建问题上反对格兰特和贝尔纳普，他是一名坚定的民主党，正在领导一项对可能存在的贸易站站长"渎职"的调查。当马什承认行贿时，他在 2 月 29 日告诉国会委员会，"这笔钱是按照战争部部长的指示汇来的"。[53]

国会委员会的一名共和党人、纽约众议员莱曼·K. 巴斯（Lyman K. Bass）开始担心另一桩丑闻将在选举年对格兰特和共和党造成影响，于是在 3 月 2 日一大早就赶到司法部部长布里斯托那里。布里斯托得知后急忙赶到汉密尔顿·菲什的家中。当时国务卿还未起床，布里斯托就把这个坏消息告诉了他。菲什催促布里斯托"马上去叫总统"。[54]

布里斯托到达白宫时，格兰特和朱莉娅正在吃早饭。布里斯托建议总统从众议员巴斯那里了解全部情况。格兰特答应以后会去，并准备前往观看著名艺术家亨利·乌尔克（Henry Ulke）的一幅肖像画。一个随从跟在他后面：贝尔纳普和内政部部长钱德勒正在红客厅（Red Drawing Room）里急切地要求见他。

"现在不行，等我回来再说吧。"

"哦，总统先生，请您在走之前一定要见他。他有麻烦了，看上去病得很重。"[55]

格兰特走进红客厅，发现明显心烦意乱的贝尔纳普正双手抱头。他嘟囔着："总统先生，我来递交辞呈。请您马上接受它。"[56]

"当然，如果你愿意的话。"格兰特有些动摇。他和朱莉娅与贝尔纳普一家交情很好。格兰特让他的秘书小尤利西斯过来，命令他写一份接受贝尔纳普辞职的声明。格兰特不满意儿子的措辞，于是站在壁炉前亲自写下声明书："你方辞去战争部部长一职的申请书已收到，并要求立即接受，特此遗憾地接受。"[57]

贝尔纳普松了口气，紧紧握住格兰特的手，"谢谢您，您总是那么好"。他说着，匆匆向门口走去。当格兰特拿起外套和帽子准备去赴约时，他遇到了参议员奥利弗·莫顿和贾斯汀·莫里尔（Justin Morrill，佛蒙特州），他们来警告总统不要接受贝尔纳普的辞呈，因为此时国会正对贝尔纳普的犯罪行为展开调查。[58]

国会立即一片哗然，众议员克莱默当天下午写信给格兰特，询问他接受贝尔纳普辞职的确切时间。格兰特在给克莱默的信中写道："接受辞职的时间大约是今天上午10点20分。"[59]

国会的问题很快变成了格兰特接受贝尔纳普的辞职。当天下午，当克莱默的国会委员会重新召开会议，准备弹劾贝尔纳普时，民主党人把矛头对准了总统。在许多人看来，贝尔纳普辞职是为了避免受到惩罚和弹劾。格兰特接受贝尔纳普的辞职是否等于在庇护他的战争部部长？[60]

第二天，在一次激烈的内阁讨论中，格兰特承认他对针对自己的批评感到惊讶；"他不知道接受贝尔纳普的辞职并非理所当然之事。"[61]皮尔庞特和布里斯托都认为他的行为是正确的。格兰特指示司法部部长调查贝尔纳普是否应该受到刑事或民事指控。

众议院正辩论他们是否可以弹劾一名普通公民。他们投了赞成票，然后将其提交参议院审理。贝尔纳普将成为唯一一位被众议院弹劾的前内阁部长。

*

3月2日，格兰特任命海军部部长乔治·M. 罗伯逊为贝尔纳普的临时继任者，但四天后，他得知罗伯逊因海军部的不正直行为而受到调查。[62] 所有这些丑闻将在何处结束？

贝尔纳普在普林斯顿的同学罗伯逊是一个英俊、天性快活的人，但在华盛顿的社交圈里，他被描绘成"一流的葡萄酒鉴赏家、二流的鳟鱼渔夫和三流的新泽西律师"。[63] 大多数人补充说：罗伯逊是四流的海军部部长。

罗伯逊被指控与费城谷物商卡特尔公司（A. G. Cattell & Company）达成私下交易，使其成为美国海军的主要食品供应商。国会的一项调查显示，罗伯逊在 1872~1876 年往自己的银行账户上存了 32 万美元。调查还发现，卡特尔家族的一名成员在朗布兰奇为罗伯逊购买了一栋小别墅。[64]

当国会委员会检查卡特尔的账簿时，发现账目一片混乱，而且没有向罗伯逊付款的证明。到了 7 月，委员会就弹劾罗伯逊进行了辩论，但由于贝尔纳普已经因弹劾指控进入被告席，所以他们没有采取任何行动。最后，他们指责罗伯逊如果不是促进，就是在纵容腐败之风，"这种风气后来必须被称为'卡特尔主义（Cattellism）'"。[65] 并非罗伯逊朋友的海军上将大卫·迪克森·波特在圣路易斯写道："我不知道总统怎么会被这个人欺骗。"[66]

*

到了 1876 年春，格兰特那句著名的台词"请让无罪之人脱身"遭到了批评者的反对：格兰特有罪吗？

随着国会继续调查似乎无处不在的"威士忌集团"丑闻，司法部部长本杰明·布里斯托于 7 月被召出庭作证。民主党控制的国会委员会没有把他们的目光放在布里斯托身上，而是放在了最高目标格兰特的身上。布里斯托向委员会表示，他"认为总统和各部门首脑之间就公务事务进行的所有对话都是机密和享有特权的"，即今天所谓的"行政特权（Executive Privilege）"。[67] 新闻界立即得出结论，布里斯托在保护格兰特。[68]

格兰特认为他没有什么好隐瞒的。他在给布里斯托的信中写道："我很感激你在这个问题上所持的行政特权"，"但请免除你在这个问题上的一切保密义务；我只希望你能回答与此有关的所有问题。"更重要的是，格兰特希望"内阁的所有成员，以及自我就任总统以来的所有前内阁成员都能被传唤，并就同样的问题出庭作证"。

为了表明自己的观点，格兰特写信告诉艾奥瓦州众议员、调查委员会的约翰·A. 卡森（John A. Kasson），自己写信给布里斯托是为了"免除他对有关问题的一切保密义务"。[69] 格兰特想要完全透明。

17 年后，在格兰特的信件仍归他所有的情况下，卡森在信中写道："没有什么比这封信更清楚地表明总统的清白了，因为这封信公开了他决心为敌人的调查提供最充分的空间。"[70]

格兰特不用等 17 年，他巧妙地把寄给布里斯托的信刊登在了下午出版的报纸上。

《每日画报》（*Daily Graphic*）在一篇名为《总统的公正》（*Justice to the President*）[71] 的文章中将格兰特的困境与乔治·华盛顿、托马斯·杰斐逊和约翰·昆西·亚当斯面临的类似困难作了比较，并在社论中称赞了格兰特。

*

并不是所有媒体都持积极态度。当报纸因丑闻而加紧攻击格兰特和他的政府时，总统选择了他一贯的模式——不作回应。但是，这种在军队中行之有效的姿态却对作为总统的他帮助不大，甚至带来危害。除了这封公开信，格兰特拒绝反驳，甚至拒绝回信，所以许多人开始相信他应该为同僚们的错误行为承担一些责任。

奥维尔·巴布科克和威廉·贝尔纳普的传奇故事，揭示了格兰特在军中高度珍视的个人忠诚是如何成为他在更公开的总统任职中的盲点。他不明白，在追求权力的华盛顿，人们是如何改变的。

格兰特的朋友和批评者都对他的能力感到困惑，或者是他缺乏这种能力，即无法辨别他亲密伙伴——从私人助理到内阁官员——的动机和行为。作为将军，他有善于选拔军官的能力；但作为总统，他的这种能力为什么衰退了？

那些最了解他的人给出了答案。"在谈话中，他不喜欢争论"，格兰特的财政部部长乔治·布特维尔说。[72] 这种特质意味着他不愿意或无法面对个体。在内战中，作为总司令，当他试图对抗本·巴特勒作为詹姆斯河军团指挥官的缺点时，他最终退缩了。

前秘书亚当·巴多说："他很仔细地考虑别人的感受。"[73] 格兰特的这位长期助手暗示，格兰特对某人越熟悉——他曾被邀请参加巴布科克的婚礼，他和朱莉娅与威廉·贝尔纳普及他的首任妻子科拉的关系很密切——他进行客观判断的难度就越大。

格兰特的卫理公会牧师奥蒂斯·蒂芙尼认为："他绝对不会卑躬屈膝，他也不会怀疑其他人会阿谀奉承。格兰特将军是一个很有荣誉感和男子气概的人，他不喜欢拐弯抹角，也不喜欢撒谎，他不明白人们怎么会不择手段地做出不光彩和虚伪的事来。"[74] 蒂芙尼进一步指出："他被公众人物和媒体攻击为一个不诚实和腐败的人，他开始相信诚实的人肯定会受到精神虐待。因此，他站在了遭受攻击之人的一边。"[75]

*

1876 年 5 月，由于丑闻缠身，再加上他信任的人犯下的罪行，格兰特已经失去了作为第三次竞选总统候选人的所有信誉。有几个开玩笑的人建议他不要对丑闻和欺诈行为过于激愤，因为这些丑闻和欺诈行为正成为"镀金时代"商业和政治的一部分，但他已经听不进去了。无情的压力使他疲惫不堪，他几乎迫不及待地要离开潮湿的华盛顿，去新泽西海岸享受凉爽的夏日微风。

然而，作为总统，他首先期待着一个愉快的仪式职责：期盼已久的 1876 年费城建国百年博览会将正式开幕。

注　释

1　Simpson, *Reconstruction Presidents*, 184.

2　George Frisbie Hoar, *Autobiography of Seventy Years*, vol. 1 (New York: Charles Scribner's Sons, 1913), 208.

3　Rable, *But There Was No Peace*, 141; Calhoun, *Conceiving a New Republic*, 62–63; Joe Gray Taylor, *Louisiana Reconstructed, 1863–1877* (Baton Rouge: Louisiana State University Press, 1974), 304–5.

4　Rable, *But There Was No Peace*, 141; Wheelan, *Terrible Swift Sword*, 274.

5　Calhoun, *Conceiving a New Republic*, 63.

6　James Garfield to Burke A. Hinsdale, January 7, 1875, in Mary L. Hinsdale, ed., *Garfield-Hinsdale Letters: Correspondence Between James Garfield and Burke Aaron Hinsdale* (Ann Arbor: University of Michigan Press, 1949), 309.

7   Carl Schurz, *Congressional Record*, 43rd Congress, 2nd sess., 366–67, 370; Trefousse, *Carl Schurz*, 221–23; Calhoun, *Conceiving a New Republic*, 63–64.

8   Oliver Morton, *Congressional Record*, 43rd Congress, 2nd sess., 371.

9   Fish diary, entry January 11, 1875; Nevins, *Hamilton Fish*, 755; *Grant Papers*, 26: 23n.

10 Fish diary, entry January 11, 1875.

11 USG, "To Senate," January 13, 1875, *Grant Papers*, 26: 3, 7. 格兰特全力以赴地准备为自己的行为辩护。相比之下，埃里克·方纳（Eric Foner）写道："总统给国会的信息，只对军队的行动进行了最温和的辩护。"Foner, *Reconstruction*, 555.

12 1875 年 3 月，本杰明·H. 布里斯托（Benjamin H. Bristow）在读到圣路易斯贸易商交易所的促销报告后，决定将从该市运来的烈酒数量与所缴纳的税款进行比较。他发现只有三分之一的酒纳了税。H. V. Boyton, "The Whiskey Ring," *North American Review* 123（October 1876）: 288–91; Nevins, *Hamilton Fish*, 767–68.

13 *New York World*, June 1874, cited in Webb, *Benjamin Helm Bristow*, 134–36. 布里斯托接替了威廉·A. 理查德森，后者是第一个在乌云笼罩下辞职的格兰特内阁成员。理查德森任命约翰·桑伯恩（John Sanborn）追回未缴的税款，但同意由桑伯恩保留他所收税款的一半，即 213000 美元。桑伯恩在 1874 年 1 月被指控"税收欺诈"。虽然理查德森没有被起诉，但他的参与成为他被免职的原因。

14 USG, draft, Sixth Annual Message, December 7, 1874, *Grant Papers*, 25: 272; Richardson, *A Compilation of the Messages and Papers of the Presidents*, 7: 285.

15 Fish diary, entry July 3, 1874; Nevins, *Hamilton Fish*, 720–21.

16 *New Orleans Times*, May 29, 1875.

17 H. V. Boynton, "The Whiskey Ring," *North American Review* 123（October 1876）: 294; Webb, *Benjamin Helm Bristow*, 192–93. 检验者报告了木桶的序列号和税戳：征税官证明了已经支付的适当税款。

18 Nevins, *Hamilton Fish*, 768. 布卢福德·威尔逊（Bluford Wilson）是财政部的法务官，他是詹姆斯·H. 威尔逊的兄弟，格兰特对他很熟悉，因其曾在内战期间为格兰特效力。

19 Ibid., 763, 768.

20 Ibid., 770.

21 Smith, *Grant*, 585; Nevins, *Hamilton Fish*, 772–73.

22 Julia Dent Grant, *Personal Memoirs*, 185.

23 USG to Harry White, May 29, 1875, *Grant Papers*, 26: 132–34. 哈里·怀特（Harry White）是宾夕法尼亚州共和党代表大会的主席。两天前，格兰特非常深刻地回答了克利夫兰一家报社编辑的提问。他充分意识到，谈论第三个任期的一个主要原因是希望有一个值得信赖的领导人，"在大动乱的时代，人们认为作出改变是不明智的"；他同样认识到，谋求第三个任期也会被"共和党和本届政府的敌人"利用，"迫使其解决一个只会引起分歧和分裂的问题"。格兰特很有远见地说："如果总统的任期限制在一届、两届或其他任何届数，那么问题就应该是如何通过修改宪法来实现这一点。"USG to Edwin Cowles, May 29, 1875, *Grant Papers*, 26：128-29. 考尔斯（Cowles）是《克利夫兰领导者报》（*Cleveland Leader*）的编辑。

24　Julia Dent Grant, *Personal Memoirs*, 185-86.

25　Ibid., 186.

26　Ibid.

27　USG to Columbus Delano, June 20, 1875, *Grant Papers*, 26：166. Keller, *American Protestantism and United States Indian Policy*, 86, 93："In a period of growing Democratic power, patronage had become imperative for Republicans." Nevins, *Hamilton Fish*, 773-75; Smith, *Grant*, 586-87.

28　Hans L. Trefousse, *Benjamin Franklin Wade：Radical Republican from Ohio*（New York：Twayne Publishers, 1963）, 110.

29　Vincent, *John Heyl Vincent*, 116-21. 关于什么是"肖托夸学院（Chautauqua Institution）"，见：Jeffrey Simpson, *Chautauqua：An American Utopia*（New York：Abrams, 1999）, 32-33, and Kathleen Crocker and Jane Currie, *The Chautauqua Institution, 1874-1974*（Charleston, S.C.：Arcadia Publishing, 2001）, 9-10. 在格兰特访问的一年之后，于1876年创刊的《肖托夸集会先驱报》（*Chautauqua Assembly Herald*）记载了对他访问的回忆，并在随后几年结集出版。文森特保存了大量关于初创岁月的文章，它们均被存放在肖托夸学院的奥利弗档案中心（Oliver Archives Center）。

30　Simpson, *Chautauqua：An American Utopia*, 33. 肖托夸集会的共同领导人是商人刘易斯·米勒（Lewis Miller），他同时也是俄亥俄州阿克伦市（Akron）主日学校的负责人。

31　Simpson, *Chautauqua：An American Utopia*, 37; Crocker and Currie, *Chautauqua Institution*, 14.

32　*Chautauqua Assembly Herald*, August 11, 1905.

33　Simpson, *Chautauqua：An American Utopia*, 37.

34　Timothy Rives, "Grant, Babcock, and the Whiskey Ring," http：//www.archives. gov/publications/prologue/2000/fall/whiskey-ring-1.html, 2-4; Hesseltine, *Ulysses S. Grant*, 207-8, 380.

35　Fish diary, entry May 22, 1875; Webb, *Benjamin Helm Bristow*, 194-95.

36　McFeely, *Grant*, 408-10.

37 Rives, "Grant, Babcock, and the Whiskey Ring," 4.

38 Webb, *Benjamin Helm Bristow*, 174, 192-98.

39 Nevins, *Hamilton Fish*, 790; John McDonald, *Secrets of the Great Whiskey Ring* (Chicago: Belford, Clarke & Co., 1880), 106.

40 Webb, *Benjamin Helm Bristow*, 196; USG "Endorsement," July 29, 1875, *Grant Papers*, 26: 232.

41 Hesseltine, *Ulysses S. Grant*, 384. Louis A. Coolidge, *Ulysses S. Grant*, (Boston: Houghton Mifflin, 1917), 483; Edwards Pierrepont to House Committee, *Whiskey Frauds*, 44th Congress, 1st sess., *House Miscellaneous Documents*, no. 11, 30, 485.

42 Hesseltine, *Ulysses S. Grant*, 384-85

43 Boynton, "The Whiskey Ring," 303; Webb, *Benjamin Helm Bristow*, 199-200. For Boynton, see Summers, *Press Gang*, 85-86.

44 Rives, "Grant, Babcock, and the Whiskey Ring," 4.

45 USG to Annie Campbell Babcock, December 17, 1875, *Grant Papers*, 26: 430.

46 Ross, *The General's Wife*, 244.

47 USG, Annual Message, December, 7, 1875, *Grant Papers*, 26: 414.

48 Nevins, *Hamilton Fish*, 798-99.

49 USG, deposition, February 12, 1876, *Grant Papers*, 27: 35. For full deposition, see 27-45.

50 *New York Tribune*, February 25, 1876. 关于其他主要报纸在奥维尔·E. 巴布科克（Orville E. Babcock）被判决后对格兰特诌媚的回应，见：Smith, *Grant*, 592-93, 702n70。

51 Edward S. Cooper, *William Worth Belknap: An American Disgrace* (Madison, N.J.: Fairleigh Dickinson University Press, 2003), 12, 19, 26. 在此之前，威廉·T. 谢尔曼将军被授予委任贸易站站长的权利。William S. McFeely, "Ulysses S. Grant, 1869-1877," in C. Vann Woodward, ed., *Responses of the Presidents to Charges of Misconduct* (New York: Delacorte Press, 1974), 151.

52 Cooper, *William Worth Belknap*, 12.

53 "Malfeasance of W. W. Belknap, Late Secretary of War," 44th Congress, 1st sess., House Report 186, March 2, 1876, 3; Cooper, *William Worth Belknap*, 25.

54 Webb, *Benjamin Helm Bristow*, 223; Fish diary, entry March 2, 1876; *Grant Papers*, 27: 54n.

55 Julia Dent Grant, *Personal Memoirs*, 190.

56 Ibid.; Cooper, *William Worth Belknap*, 33.

57　USG to William W. Belknap, March 2, 1876, *Grant Papers*, 27：53. 第二天，俄亥俄州众议员詹姆斯·A. 加菲尔德（James A. Garfield）在日记中写道："总统给了我一个关于他在贝尔纳普（Belknap）辞职事件中所扮演角色的详细说明。"格兰特说："前者激动得几乎喘不过气来，作了一个语无伦次的解释，并提出了辞呈。" *The Diary of James A. Garfield*, introduction by Harry James Brown and Frederick D. Williams, eds.（East Lansing: Michigan State University Press, 1967–1981）, 3：243–44.

58　Julia Dent Grant, *Personal Memoirs*, 191.

59　Hiester Clymer to USG, March 2, 1876, *Grant Papers*, 27：54n; USG wrote his reply on Clymer's letter.

60　New York Herald, March 3, 1876, *Grant Papers*, 27：54–55n.

61　Fish diary, entry March 3, 1876; *Grant Papers*, 27：55n.

62　USG to George M. Robeson, March 2, 1876, *Grant Papers*, 27：62; 62–63n.

63　Cooper, *William Worth Belknap*, 111.

64　"Investigation of the Navy Department," 44th Congress, 1st sess., House Report 784, July 22, 1876.

65　Ibid.; McFeely, *Grant*, 432.

66　David Dixon Porter to WTS, March 18, 1876, *Grant Papers*, 27：63n.

67　布里斯托在 1876 年 7 月 13 日的一封信中重申了他关于授予行政特权的言论，见：*Grant Papers*, 27：185–86n。

68　Webb, *Benjamin Helm Bristow*, 254.

69　USG to John A. Kasson, July 11, 1876, *Grant Papers*, 27：187n.

70　John A. Kasson, December 29, 1893, *Grant Papers*, 27：187n.

71　*New York Daily Graphic*, July 14, 1876; Webb, *Benjamin Helm Bristow*, 254–55.

72　Boutwell, *Reminiscences of Sixty Years in Public Affairs*, 2：250.

73　Badeau, *Grant in Peace*, 81.

74　Tiffany, *Pulpit and Platform*, 207.

75　Ibid.

/ 第33章　百年纪念危机

> 任何一方都可以对选举结果感到失望，但我们不能让选举结果受到涉嫌非法或虚假谎报的玷污。
>
> ——尤利西斯·S.格兰特致威廉·T.谢尔曼，1876年11月10日

1876年5月10日清晨，成千上万的人聚集在费城街头。伴随着教堂的钟声，人们乘坐各种交通工具，包括轨道马车、四轮马车、四轮四座大马车、家具车、肉铺车、殡仪车、出租马车，甚至行李车前往费尔蒙特公园（Fairmount Park）参加建国百年博览会。来自纽约、华盛顿，以及北部、南部和西部等地的游客乘火车抵达宾夕法尼亚州新建的三层火车站。[1]

在上午9点博览会开门的时候，阴沉的天空转为晴朗。中午，在马修·辛普森主教的祈祷和约翰·格林里夫·惠蒂埃（John Greenleaf Whittier）朗诵《百年赞歌》（*Centennial Hymn*）之后，格兰特站起身来说："100年前，我们的国家刚刚诞生，但现在，其中的一部分已然稳固。"然后，他鼓励观众们去欣赏一场将"在法律、医学和神学方面——在科技文献、哲学和美术方面——与更古老和更先进的国家相抗衡"的展览。[2]

大门内隐现着巨大的主展厅、机械大厅的塔楼、农业大厅的无数谷仓、纪念馆的艺术画廊，以及园艺大厅中引人注目的创新。[3]从5月10日至11月10日，总共有8804631人参观了建国百年博览会，以庆祝《独立宣言》发表100周年。考虑到重复观看，据估计，在这个拥有4000万人口的国家，每五个美国人中就有一个人会花50美分购买门票。[4]

*

在博览会开幕一个月后，当共和党在辛辛那提举行第六次全国代表大会时，格兰特决定不去参加。1868 年，他的支持率远远高于其他竞争者，而 1876 年则不同，当时并不缺少受欢迎的候选人。报纸将众议长詹姆斯·G. 布莱恩、财政部部长本杰明·布里斯托、参议员罗斯科·康克林和奥利弗·莫顿列为主要竞争对手。位于第二梯队的则是宾夕法尼亚州州长约翰·哈特兰福特（John Hartranft）、俄亥俄州州长卢瑟福·B. 海耶斯和康涅狄格州的马歇尔·朱厄尔（Marshall Jewell，于 1874 年被格兰特任命为邮政署署长）。[5]

格兰特认为大会可能会陷入僵局，也有可能出现黑马。如果

格兰特主张联邦政府为 1876 年费城的建国百年博览会提供财政支持。

是这样的话，他有他看中的候选人，"我看中菲什"。[6] 为了以防万一，他"写了一封信，以便在适当的时候使用"。[7]

据《纽约论坛报》报道，6 月 14 日，星期三，代表们挤进了一个大厅，"它在风格上像一座宏大却令人失望的火车站，装潢透露着乡野烧烤的气息"。[8] 布莱恩以 285 张选票领先——获胜需要 378 张选票——紧随其后的是莫顿，有 124 票，布里斯托 113 票，康克林 99 票，海耶斯 61 票，哈特兰福特 58 票，朱厄尔 11 票。布莱恩的支持者相信这个被他们称作"羽翼骑士（Plumed Knight）"的人会大获全胜。[9]

代表们一次又一次投票。缅因州的布莱恩继续领先，进入第六轮投票——然后一切都改变了。正如格兰特预测的那样，在第七轮投票中出现了一匹黑马：一位在南山严重负伤的退伍军人，目前是一位几乎没有华盛顿经验的政治家。卢瑟福·B.海耶斯曾在 1874 年以压倒性的优势击败民主党，并于次年在俄亥俄州州长竞选中获胜。现在，他最终以 384∶351 票击败了布莱恩，赢得了总统候选人的提名。甚至他的支持者也承认海耶斯缺乏格兰特的英雄魅力、布莱恩的演讲才能、莫顿的敏锐洞察力，或者康克林热情洋溢的个性。但支持者们称赞他是一个正直的人，鉴于最近发生的一系列政治丑闻，这种特质特别值得称赞。[10]

当天傍晚，格兰特给海耶斯打电报："我向你表示祝贺，并深信你将在明年 3 月 4 日接替我目前的职位。"[11] 他的祝贺对一个他几乎不认识的人没有特别的热情。最令人沮丧的是，他得知海耶斯承诺允许南方各州恢复自治。对格兰特而言，如果承认的话，这将是对他在过去八年里大力倡导的"重建"的背叛，尤其是对捍卫非裔美国人权利的背叛。[12]

*

在共和党全国代表大会结束 11 天后，民主党在圣路易斯召开了自己的会议。1872 年，分裂的民主党被迫批准自由派共和党人霍勒斯·格里利的候选人资格，这一次代表们来到密西西比河以西举行第一次全国政治大会，他们意识到自己在 1876 年可能会成功。与共和党不同，民主党夸耀自己是公认的领先者。塞缪尔·J. 蒂尔登（Samuel J. Tilden）是纽约州的改革派州长，他反对"老板（Boss）"威廉·特威德和臭名昭著的"运河集团（Canal Ring）"，后者通过建设和维护纽约州的驳船运河系统收取过高的费用，从而赚取了数百万美元。蒂尔登通过研究"独立日演说"把自己变成了一名优秀的演讲者，并在演说中寻找改革主题。通过精明的金融投资，他在 30 多岁时就成为百万富翁。作为一名民主党人，他曾在内战期间反对共和党人亚伯拉罕·林肯对政府采取的"强执行力"方式，并誓言将削弱格兰特对行政权力的使用。包括联邦将军温菲尔德·斯科特·汉考克在内的其他六名候选人也参加了角逐。6 月 29 日，蒂尔登在第二轮投票中轻松获胜。一个团结的民主党使圣路易斯对胜利充满了信心。

*

与此同时，在建国百年博览会上，盲人艺术家约翰逊·M.蒙迪（Johnson M. Mundy）雕刻的弗里德里克·道格拉斯的半身像被放置在一项孤独的展览中——孤独是因为非裔美国人基本上缺席了这次建国百年纪念活动。截至 1876 年，在为自由人争

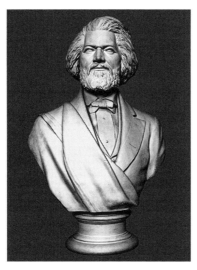

盲人艺术家约翰逊·M. 蒙迪在建国百年博览会上自豪地展出了自己为弗里德里克·道格拉斯创作的半身像，而非裔美国人基本上没有参加这次纪念活动。

取民权的基础上重建国家的努力已基本完结。这座半身像成了一个梦想被否定的无声的见证。

　　一个月前，格兰特作为贵宾出席了道格拉斯为自由民纪念馆举行的一次演讲活动。这座雕像源出于前奴隶夏洛特·斯科特（Charlotte Scott）捐赠的 5 美元，这是她作为自由女性赚来的第一笔钱。后来，雕像的资金出自自由黑人，主要是非裔美国退伍军人。美国雕塑家托马斯·鲍尔（Thomas Ball）将亚伯拉罕·林肯描绘成伟大的解放者，他右手紧握《解放黑人奴隶宣言》，左手伸向跪在地上的奴隶。鲍尔一开始创作的奴隶形象——即雕像的赞助者们——显得过于被动，后来他重新制作了雕像，雕刻了一个肌肉发达、脚镣刚被斩断的前奴隶。[13]

　　59 岁的道格拉斯有着一头引人注目的白发和胡须，他对林肯给予了有保留的赞扬："从最充分的意义上来说，亚伯拉罕·林肯既不是我们的人，也不是我们的榜样。"他对林肯的批评多年来已然被人们遗忘，但这次他确实向格兰特表达了毫无保留的敬意。道格拉斯宣称，这首献词是在"受尊敬且值得信赖的美国总统在场和坚定目光的注视下"进行的。"值得信赖（trusted）"是道格拉斯词典中很少使用的一个特殊的词——一种独特的赞美词——因为道格拉斯不信任白人领导人。这位热情的改革家后来在谈论格兰特时说："他是我们将军中第一个看到奴隶制必须灭亡，联邦才能生存下去，并保护黑人士兵不受军事命令侮辱的人。"对道格拉斯来说，格兰特的行动比他说的话更有说服力："黑人士兵在他的帐篷里受到欢迎，自由民在他的房子里受到欢迎。"[14] 道格拉斯将揭幕这座 12 英尺高雕像的荣誉授予了格兰特。

*

　　随着百年庆典热潮在夏季升温，格兰特接受了基督教和犹太教组织的邀请，希望在博览会及以后的日子里推广它们的项目。费城第一百货公司和《主日学校时报》（*Sunday School Times*）的老板约翰·沃纳梅克（John Wanamaker）一直在寻找方法，以促进受欢迎和日益增强的主日学校运动。沃纳梅克邀请格兰特为《主日学校时报》的特刊写一封信，并将其分发给博览会的参观者。[15]

　　6 月 6 日，格兰特亲笔写道："我给主日学校的建议是：你要紧紧抓住《圣经》，把它作为你们自由的锚；把《圣经》里的训词写到心里，并在生活中实践它。"他用《旧约·箴言》14：34 中的话作结："公义使邦国高举，罪恶是人民的羞辱。"[16] 沃纳梅克认为，格兰特的这封信使主日学校的受欢迎程度提升到了一个新的水平。[17]

三天后，格兰特接受了著名的犹太领袖阿道弗斯·所罗门斯（Adolphus Solomons）的邀请，参加在华盛顿举行的以色列会众犹太会堂（Adas Israel Synagogue）的落成仪式。阿道弗斯·所罗门斯曾在内战期间说服林肯总统委派犹太教拉比。这座犹太会堂将举行这次活动的时间定在了建国百年博览会的同一时期，并感谢格兰特将成为第一位出席犹太会堂落成仪式的美国总统。1862年，这位将军因臭名昭著的驱逐"犹太人阶层"的通令而受到严厉的批评；14年后，他却作为朋友受到了犹太人的欢迎。[18]

当年7月，美国希伯来人宗教集会联盟（Union of American Hebrew Congregations）的理事会年会在华盛顿召开，格兰特邀请与会代表前往白宫。据报道，格兰特在被介绍给艾萨克·迈耶·怀斯时曾说，"我知道你的一切，博士，尤其是关于第11号通令的事。"格兰特真诚地对战时不公正的通令感到惭愧，这激起了他想要作出补偿。[19]

*

格兰特虽然缺席了1876年的总统竞选，但也出现在讲话中。按照19世纪的传统，海耶斯和蒂尔登都没有出现，而是由他们的代理人代表候选人发言。格兰特决定不代表海耶斯发言。

他出现在"格兰特主义（Grantism）"——民主党用来诋毁格兰特政府丑闻的术语——一词中。民主党还指责格兰特领导下的"重建"实属失败。马萨诸塞州《斯普林菲尔德共和报》（Springfield Republican）具有改革思想的编辑塞缪尔·鲍尔斯（Samuel Bowles）在总统竞选期间代表了大部分北方人的情绪：

"我们必须解决南方问题。""南方问题"指的是在内战结束后的那些年里如何处理南方的问题。1872年，鲍尔斯与格兰特决裂，转而支持自由派共和党。1876年，鲍尔斯支持蒂尔登，当时北方的共和党和民主党都认为，应该让南方在不受联邦政府任何干涉的情况下自行处理各州的非裔美国人问题。[20]

格兰特发现自己被同样的"南方问题"彻底地卷入了总统竞选。这件事发生在7月4日南卡罗来纳州的小镇汉堡（Hamburg）上，这个小镇与佐治亚州的奥古斯塔（Augusta）隔萨凡纳河（Savannah River）相望。在南方腹地，黑人发现自己正处于白人日益严格的控制之下，于是他们通过在乡村小镇重新定居来寻求安全。

独立日那天，自豪的南卡罗来纳州国民警卫队在绰号"医生"的D. I. 亚当斯上尉（Captain D. I. "Doc" Adams）的指挥下，沿着市场街游行，开始了一年一度的爱国庆典。两个年轻的白人种植园主托马斯·巴特勒（Thomas Butler）和亨利·盖岑（Henry Getzen）在中午时分到达，他们要求黑人民兵移到路边，这样他们的马车就可以通过。亚当斯认为宽阔的街道为马车提供了足够的通行空间，但在尖锐的争辩后，这位联邦老兵还是命令黑人民兵散开，让马车继续前进。[21]

两天后，种植园主们赶到地方法院，控告亚当斯阻碍公共道路。前南方邦联将军马修·C. 巴特勒（Matthew C. Butler）作为原告律师出现在法庭上，陪同他的还有大约150名准军事部队"红衫军（Red Shirts）"[①]的成员，他们配备了猎枪、左轮手枪、干草叉和锄头。当巴特勒要求民兵投降并交出他们的武器时，民

---

① 美国南部的白人至上主义准军事恐怖组织，在19世纪后期重建结束前后的一段时期内比较活跃。

兵们拒绝了，并在营房周围设置路障。在随后的交火中，一名当地白人农民被杀，暴徒随后枪杀了汉堡的黑人警察局局长。当黑人民兵得知白人从奥古斯塔带来一门大炮时，他们试图在夜间逃跑。"红衫军"抓了大约 24 名黑人士兵，然后把受惊的黑人士兵围成一个"死圈"，挑选出 4 名士兵，然后一个接一个地杀害他们。"汉堡大屠杀（Hamburg Massacre）"为未来几周的暴力活动定下了基调，这些暴力活动的目的都是在秋季选举中压制黑人共和党人的选票。[22]

《萨姆特真实南方报》(*Sumter True Southron*) 在一篇社论中观察到一些南卡罗来纳州白人对汉堡暴力事件的反应："我们可能无法在投票箱中投票，但是当涉及对子弹的审判时，我们便对结果不抱任何怀疑。"[23] 一个验尸陪审团指控 94 名白人参与袭击，其中包括巴特勒，但没有人遭到起诉。

不久，格兰特收到丹尼尔·张伯伦（Daniel Chamberlain）州长的申诉："这次屠杀的结果是在这个州的有色人种和共和党人中间引发了广泛的恐惧和忧虑。"张伯伦于 1866 年来到南方种植棉花赚钱，由于在该州的所见所闻，他已经成为一名改革派政治家。"毫无疑问……这场屠杀在相当一部分白人和民主党人的心中引起了一种胜利和欢欣鼓舞的感觉。"张伯伦向格兰特保证，他会尽一切努力制止暴力，但他问道："在目前的运动中，联邦政府是否会大力镇压南卡罗来纳州的暴力活动？"[24]

格兰特全力支持张伯伦："汉堡发生的这种残忍、嗜血、肆意、无缘无故、毫无道理的情况，只不过是过去几年南方各州所发情形的重演。"他继续说，"这些事情还要持续多久，或者最后的补救办法是什么，只有全能的上帝才知道——但我有一个坚定的信念，那就是补救办法会到来，而且会很快到来，并真诚地希望它会和平地到来。"格兰特向南卡罗来纳州州长保证:"我将尽我所能,提供法律或宪法权力方面的一切援助。"[25]

但是在 1876 年夏天,究竟应该给予什么样的援助呢?当年 3 月,美国最高法院在**联邦诉克鲁克香克案**(United States v. Cruikshank)中裁定《宪法第十四条修正案》中的平等保护和正当程序条款仅适用于州而不适用于个人行为,这削弱了联邦政府执行民权修正案的权力,从而推翻了对所有参与其中的白人的定罪。[26]自此以后,南方黑人将不得不依靠南方法院来获得保护,这基本上意味着根本没有任何保护。比格兰特作出决定更加复杂的是,他的内阁中已不再有精力充沛的约翰·罗林斯或阿莫斯·阿克曼。当共和党人警告称,联邦在南方的行动将削弱海耶斯在北方的机会时,他只能沮丧地听着。

南卡罗来纳州的暴力事件仍在继续。前南方邦联将军马丁·加里(Martin Gary)制订了他的"1876 年竞选计划",其中第 12 条规定:"每一位民主党人都必须感到,控制至少一名黑人的投票都是一种荣耀。"[27]民主党人明白,除非他们压制黑人共和党人的选票,否则他们无法赢得选举。人们举行了火炬集会,成立了更多的"步枪俱乐部",所有这些都是为了"拯救"南卡罗来纳州。

张伯伦要求解散"步枪俱乐部"。当他们没有这样做时,他在 10 月又给格兰特写了一篇关于"暴动和家庭暴力"[28]的文章。由于他"不能用任何手段压制这种局面",便请求总统给予帮助。

格兰特发表声明回应道:"'步枪俱乐部'不分昼夜地武装起来,杀害一些爱好和平的市民,并恐吓他人。"他呼吁宪法授权"保护美国的每一个州",他警告说:"这对美国总统来说是合法的……即征用被认为是镇压暴动所必需的一部分陆军和海军。"格兰特命令"所有参与上述非法和暴动活动的人都必须和平地散离"。[29] 他指示谢尔曼在大西洋战区提供"所有可用的部队",[30] 以充分贯彻声明的精神。军队驻扎在选举前动乱的地区。

格兰特的强硬命令在大选前三周维持了和平。[31] 尽管他因这一强有力的联邦行动而受到批评,但他也得到了一个意想不到的肯定。老暴脾气的威廉·卡伦·布莱恩特(William Cullen Bryant)是举国皆知的诗人,长期担任《纽约晚邮报》(New York Evening Post)的编辑,一直反对在南方使用武力。现在,他对暴力行为感到震惊,赞扬格兰特的声明和动用军队。[32]

*

11月7日选举日当天,共和党和民主党都对胜利进行了预测。尽管降雨从新英格兰蔓延到佐治亚州,但81.8%的男性选民投票率成为美国历史上最高的一次。[33]

初步结果出来时尤利西斯和朱莉娅正在费城:格兰特已经接受了乔治·蔡尔兹的邀请,以总统身份出席11月10日的百年庆典的闭幕式。第一次投票结果显示,蒂尔登赢得了大多数选票和184张选举人票——比所需的多数票少了一张。分布在南部三个州以及西部一个州的21张选举人票——佛罗里达州(4张)、路易斯安那州(8张)、南卡罗来纳州(7张)以及俄勒冈州(1张)——仍在争夺。

格兰特于11月8日星期三早上醒来,发现报纸上充斥着相互矛盾的标题。大多数人都在吹捧蒂尔登的胜利。《纽约论坛报》的头条是:你好,百年山姆!蒂尔登在南方的主要支持

者亨利·沃特森（Henry Watterson）的《路易斯维尔信使报》
（*Louisville Courier-Journal*）自豪地说："感谢上帝！伙计们，
我们找到他们了。"华盛顿特区的《国家共和党人报》捕捉到共
和党人的情绪：悬念，可能是蒂尔登，但希望是海耶斯。《纽约
先驱报》问道："结果是什么？"[34]

格兰特和蔡尔兹一起前往蔡尔兹作为《费城公共纪事报》
（*Philadelphia Public Ledger*）出版人的办公室。蔡尔兹的几个
共和党朋友仍然希望海耶斯能赢得选举。格兰特平静地表示反
对："先生们，在我看来，蒂尔登先生似乎要当选了。"[35]

随着相互矛盾的报道在逐渐传播，人们开始歇斯底里起来。
每个街角都回响着一个问题：计票是否公平？共和党人敏锐地意
识到，民主党人在利用恐吓手段压制黑人共和党人投票——历史
学家估计，在 1876 年的选举中，有多达 25 万人被阻止投票。[36]

就在前一天晚上还相信自己可以退到幕后，并随着公众的注
意力转移到一位总统当选人身上而安心睡觉的格兰特，却发现自
己正卷入一场有争议的选举。所有的目光都转向了总统，想看看
他在这种前所未有的情况下会怎么做。

格兰特立即向全国人民保证，公平将高于一切。他写信给谢
尔曼将军："任何一方都可以对选举结果感到失望，但我们不能
让选举结果受到涉嫌非法或虚假谎报的玷污。"[37]

在不断蔓延的焦虑中，格兰特回到华盛顿，召开了选举后
的第一次内阁会议。他面对的是意见分歧的内阁官员。保守的菲
什建议在南方不要使用武力威胁。国务卿的观点遭到了内政部
部长扎卡里亚·钱德勒的反对——他是"混战政治（Rough-and-
Tumble Politics）"的支持者——同时也遭到司法部部长阿方
索·塔夫特（Alphonso Taft）和新任战争部部长詹姆斯·D. 卡

梅伦（James D. Cameron）的反对。这三人鼓励格兰特采取果断行动，保护海耶斯和共和党的利益。[38]

同一天，菲什会见了前南方骑兵领袖约翰·莫斯比，他的"突袭者（Raiders）"在战争期间给格兰特制造了许多麻烦，现在却成为总统在前南方邦联军事领袖中最有力的支持者之一。他发表了一份令菲什担忧的报告，强调说："民主党人的言辞比1860年南方人在林肯当选时的言辞更具威胁和更充满暴力。"莫斯比报告说，如果海耶斯当选总统，他们威胁要暗杀格兰特。[39]

紧张局势仍在加剧。11月20日，一位署名"A.M.B."的不知名记者写信告诉格兰特，当他独自在华盛顿街头行走时，无意中听到两个人拿着匕首"密谋暗杀你"。[40]两天后，格兰特收到一封信，信中是一具躺在棺材中的骷髅的素描，标题是"你是一个注定要死的人"。[41]这名匿名作者在信上署名"3K党"。格兰特先前对自己生命的威胁不屑一顾，出门散步也没有任何安全措施，现在他下令换用一根较重的金属拐杖，相信他能抵挡住任何袭击者。

11月26日，星期日，这是一个狂风暴雨的下午，格兰特召开了紧急内阁会议。前一天晚上，他收到张伯伦州长的一封信。南卡罗来纳州议会定于下周二举行会议，张伯伦获悉，多达8000名"步枪俱乐部"成员正前往州府以阻止集会。张伯伦要求格兰特派出"军队，使议会免受非法武力的侵害"。[42]

这一次，内阁团结一致。格兰特指示战争部部长卡梅伦下令陆军作好准备，在南卡罗来纳州维持政府管制，应对该州无法抵抗的强大力量。[43]起初，联邦军队的行动是公正的，但11月28日，在张伯伦的指挥下，当共和党和民主党议员到达时，共和党人被允许进入，而民主党人被拒之门外。

当格兰特听到这个令人沮丧的消息时，他联系了蒂尔登竞选团队的领导人艾布拉姆·S.休伊特（Abram S. Hewitt），邀请他来白宫参加一个会议。休伊特抵达时听到传言说，由于选举有争议，格兰特可能会使用军队来延长他的总统任期。

格兰特得知这些谣言，试图让休伊特放轻松。休伊特后来回忆说，在一次坦诚的谈话中，格兰特说："他渴望有一天能够退休……他盼望着即将到来的自由。"格兰特在长篇大论中表现了对南卡罗来纳州困难的广泛了解，他相信海耶斯会赢。当话题转到路易斯安那州及该州的 8 张选举人票时，格兰特说，他将告诉休伊特的事情"必须保密"。以目前的投票结果为例，格兰特确信"蒂尔登和亨德里克斯无疑在那里拥有多数"。[44] 正因如此，他相信蒂尔登会成为下一任总统。格兰特当然没有必要和一脸惊讶的休伊特见面。疲惫不堪，而且对卸任总统后立即前往英国和欧洲进行一次私人旅行充满热情的格兰特，在这个关键时刻作出了公正的斡旋，出人意料地实现了"让我们拥抱和平"。

/ 580

休伊特跳着走下了白宫的台阶，他对自己听到的消息感到高兴。格兰特打算贯彻国会两院的精神，而不仅仅是共和党参议院。回到家后，休伊特立即口述了一份长长的谈话备忘录，供公众查阅。他给总统发了一份副本，询问是否有改正之处。格兰特没有改动任何内容。[45]

*

12 月 6 日，选举人在各州首府举行会议，统计他们的选举人票。在南卡罗来纳、路易斯安那和佛罗里达，两组选举人投了不同的票。相反的结果被传到华盛顿。人们担心 1877 年 3 月 4

日将有两位不同的总统就职。

由谁来计票？传统上，担任参议院议长的副总统负责计票。但是亨利·威尔逊已于 1875 年去世。作为参议院多数党领袖，密歇根州参议员托马斯·W. 费里（Thomas W. Ferry）接替威尔逊成为参议长。费里是否应该有唯一的权力来计算有争议的选举人票呢？[46]

相反，1877 年 1 月 18 日，在经过一个多月的激烈讨论后，参众两院提议成立一个联合选举委员会来决定谁赢得了选举。参议院多数党共和党和众议院多数党民主党各选出三名代表加入该委员会，少数党各选出两名代表，结果导致 5∶5 分裂。最后的五名成员将来自最高法院，包括两名共和党人和两名民主党人，第五名代表中立，由其他四人选出。1860 年，曾是林肯竞选经理的大卫·戴维斯大法官（Justice David Davis），目前已成为民主党人，他是最初的候选人。但戴维斯一直倾向于蒂尔登，在成为候选人后不久，他就被伊利诺伊州议会选为参议员。最后，他被约瑟夫·P. 布拉德利（Joseph P. Bradley）取代，后者被

A NATIONAL GAME THAT IS PLAYED OUT.

托马斯·纳斯特讽刺了 1876 年的总统选举，他用了好几只靴子踢了备受尊敬的投票箱。

认为是其余大法官中最独立的一位。休伊特称布拉德利的入选"令人非常满意"。[47]

选举委员会的投票暴露了共和党内部的严重分歧。在参议院，共和党人以 21∶16 票勉强支持该委员会。在众议院，他们以 31∶69 票反对该委员会。相比之下，民主党在参议院以 26∶1 票，在众议院以 160∶17 票支持该委员会。[48]

由于共和党人对联合选举委员会的强烈反对，格兰特在一对一的谈话中使用自己在说服上的能力以倡导启动该委员会。他给参议院发了一封信，赞扬他们的支持，"因为我意识到这个国家的机构面临迫在眉睫的危险，根据我的判断，这项草案提供了一种明智且符合宪法的规避危险的手段"。格兰特承认，"该草案可能并不完美，其条款也可能不适用于所有场合，但它是为了解决国家现时问题而被制定的"。[49] 作为一名愈发老练的务实政治家，格兰特理解自己所在的共和党内部的焦虑，并试图缓和他们的担忧。

联合选举委员会从 1 月的最后一天开始开会，离总统就职日只有五周的时间。在 2 月，格兰特与委员会保持着一定的距离，并定期与海耶斯和蒂尔登的密使交谈。随着紧张局势持续高涨，格兰特成了不确定风暴中那颗平静的中心。

最后，委员会以 8∶7 票将全部 20 张选举人票授予海耶斯。布拉德利大法官投下了决定性的一票。海耶斯在普选中仍以 4034142∶4286808 票落败，但他赢得了 185∶184 票的选举人票。[50] 在后来的《1877 年妥协案》（Compromise of 1877）中，南方的民主党人同意，如果海耶斯同意结束"重建"，支持南方自治，他们就支持他当选总统。格兰特知道地方自治意味着白人统治；它将使剥夺黑人选民选举权的情况一直延续到 20 世纪。

/ 582

*

3月2日，星期五，格兰特欢迎海耶斯来到白宫。他邀请海耶斯留下来，但海耶斯选择尊重格兰特一家作为白宫第一家庭的最后时刻，所以拒绝了这个邀请，而是居住到俄亥俄州参议员约翰·谢尔曼位于K街的家中。

第二天晚上，格兰特夫妇在蓝厅为海耶斯一家举办了一场优雅的晚宴。晚饭后的谈话中，格兰特和海耶斯来到红客厅。根据法律，海耶斯将于3月4日中午就任总统。但是自1821年詹姆斯·门罗总统的第二个任期以来，传统上认为就职典礼不会在星期日举行。因此，格兰特在周六晚上与海耶斯、首席大法官莫里森·威特和几个证人一起主持了一场秘密的宣誓就职仪式。正式的就职典礼将于3月5日星期一公开举行。[51] 在经历了充满挑战的八年之后，格兰特将不再担任美国总统。

在3月5日的公开就职典礼之后，朱莉娅在白宫举行了一场颇具格调的午宴。在准备离开住了近十年的家时，她对海耶斯夫人说："我希望你们在这里会像我过去八年一样快乐。"[52]

*

格兰特高调地离开了白宫。尽管在第二个任期中丑闻频出，但在竞争激烈的"百年选举"中，他彰显了一流政治家的风范。为了国家的更大利益，他愿意与蒂尔登竞选团队和民主党掌控的众议院合作，这显示了他在政治上的成熟。格兰特后来说："如果宣布蒂尔登当选，我也打算把总统权位交出来，让他和平地就

俄亥俄州州长卢瑟福·B.海耶斯是一位中间派共和党候选人，他赢得了1876年的总统大选，成为格兰特的继任者。

职。我应该像对待海耶斯那样对待他，因为总统的问题既非个人也非政治问题，而是国家的问题。"[53]

格兰特在调停方面的冷静技巧，使他在许多曾批评过他的人中间重获声望。《纽约论坛报》编辑怀特洛·瑞德（Whitelaw Reid）赞扬了格兰特的"公众和爱国服务"，他告诉读者，格兰特在"战争与和平"中的服务值得美国"尊敬和感激"。瑞德宣称："尽管他的政府在后期不受欢迎，但他将在公众的善意中卸任。"[54]

尽管未来的美国总统詹姆斯·加菲尔德早些年曾对格兰特担任总统表示担忧，但他同样也在日记中透露："我再次确信的是，当总统任期结束时，格兰特将军将再度成为美国最重要的人物之一。"加菲尔德预测说："他留下来的力量，他的沉着冷静，对这个国家有着不可估量的价值，随着他职业生涯的远去，这些将愈发受到珍视。"[55]

*

在这八年里，格兰特的身体情况发生了变化，体重增加，脸也变得更胖，他那棕红色的头发已夹杂着些许银丝。他开始戴眼镜读书。他和朱莉娅在所居住的公共世界里更加自信，他们已经习惯了舒适的生活。尽管疲惫不堪，但他的血液里仍流淌着对旅行的渴望，他几乎等不及去冒险，接受旅行教育。

格兰特对休伊特说："16 年来，我把自己的生命奉献给了公共事业，没有任何休息的时间，也没有任何免除重大责任的可能。"[56] 这位将军已经准备好移交指挥权。

朱莉娅感到遗憾。当最后一次走过白宫时，看着八年前自己发现的破旧房间，她为自己所钟爱的大房子的修缮和品质提升感到自豪，她看到了自己曾主持过的无数晚宴和社交招待会，帮助这个分裂的首都实现和解。

此外，她和尤利西斯在这座著名的住宅里经历了出生、婚姻和死亡的神秘生命周期，这在历史上不太为人所知，但对他们的家庭却同样重要。朱莉娅·格兰特从来没有想过，她的小孙女朱莉娅会比她祖父之后的 18 位总统都长寿，在 1975 年去世前，她一次又一次地被邀请访问白宫，享年 99 岁。

也许带着一丝苦笑，朱莉娅为海耶斯夫人准备了食品橱，把她最喜欢的葡萄酒摆在了精心挑选的位置上。她知道露西·海耶斯积极参与禁酒运动，后者打算在接下来的四年里让白宫绝对禁酒。[57]

格兰特夫妇向家人、朋友和仆人告别后，走下北门廊的台阶，坐上马车。格兰特的四匹栗色骏马阔步向前驶去，他和朱莉娅准备一起步入他们人生的下一段篇章。

1　Dee Brown, *The Year of the Century: 1876* (New York: Charles Scribner's Sons, 1966), 112-13.

2　Address, May 10, 1876, *Grant Papers*, 27: 107-8.

3　Centennial Exhibition of 1876: Pennsylvania/Historical & Museum Commission, https://archive.org/details/CentennialExhibitionOf1876.

4　Roy Morris, Jr., *Fraud of the Century: Rutherford B. Hayes, Samuel Tilden, and the Stolen Election of 1876* (New York: Simon & Schuster, 2003), 19.

5　Eaton, *Presidential Timber*, 44-45.

6　Young, *Around the World*, 2: 275.

7　Ibid.

8　*New York Tribune*, June 14, 1876.

9　关于代表大会和候选人的描述，见：Morris, *Fraud of the Century*, 55, 57-83。

10　Eaton, *Presidential Timber*, 45-46, 57-59.

11　USG to Rutherford B. Hayes, June 16, 1876, *Grant Papers*, 27: 133n. 关于代表大会的投票，见：Ari Hoogenboom, *The Presidency of Rutherford B. Hayes* (Lawrence: University Press of Kansas, 1988), 15-16。

12　Nevins, *Hamilton Fish*, 838.

13　Jacob, *Testament to Union*, 24-26. 即使重新绘制，奴隶的跪姿在后来的几年里也会变得愈发具有争议。

14　Frederick Douglass, "The Freedmen's Monument to Abraham Lincoln: An Address Delivered in Washington, D.C.," April 14, 1876, in *The Frederick Douglass Papers, Series One: Speeches, Debates, and Interviews*, vol. 4: 1864-80, 428-40; *New York Tribune*, April 15, 1876; Waldo E. Martin, Jr., *The Mind of Frederick Douglass* (Chapel Hill: University of North Carolina Press, 1984), 85-88.

15　Herbert Adams Gibbons, *John Wanamaker*, vol. 1 (New York: Harper, 1926), 191-92.

16　Proverbs 14: 34. USG to Editor, *Sunday-School Times*, June 6, 1876, *Grant Papers*, 27: 124.

17　Gibbons, *John Wanamaker*, 赫伯特·亚当斯·吉布森（Herbert Adams Gibbons）写道："这一举措使得主日学校成为一个全国性的新教教会机构，沃纳梅克（Wanamaker）生前目睹了《主日学校时报》（Sunday School Times）的发行量突破50万大关。"（192）

18　Sarna, *When Grant Expelled the Jews*, 121-22.

19 Ibid., 123.

20 *Springfield Republican*, quoted in the St. Louis Republican, October 16, 1876. For Bowles's reputation, see Summers, *Press Gang*, 23.

21 Foner, *Reconstruction*, 570–71; Thomas Holt, *Black over White: Negro Political Leadership in South Carolina During Reconstruction* (Urbana: University of Illinois Press, 1977), 199.

22 Foner, *Reconstruction*, 571; Holt, *Black over White*, 199–200; Francis B. Simkins and Robert Hilliard Woody, *South Carolina During Reconstruction* (Chapel Hill: University of North Carolina Press, 1932), 586–87.

23 *Sumter True Southron*, cited in Alrutheus Ambush Taylor, *The Negro in South Carolina During Reconstruction* (Washington, D.C.: Association for the Study of Negro Life and History, 1924), 237–38.

24 Daniel H. Chamberlain to USG, July 22, 1876, *Grant Papers*, 27: 201–2n. On Chamberlain's personality, see Peggy Lamson, *The Glorious Failure: Black Congressman Robert Brown Elliott and the Reconstruction in South Carolina* (New York: W. W. Norton & Co., 1973), 153–55. 有关丹尼尔·H. 张伯伦（Daniel H. Chamberlain）是否应该获得改革者荣誉的争论目前仍在继续。

25 USG to Daniel H. Chamberlain, July 26, 1876, *Grant Papers*, 27: 199–200.

26 Michael J. Klarman, *From Jim Crow to Civil Rights: The Supreme Court and the Struggle for Racial Equality* (New York: Oxford University Press, 2006), 37.

27 "Plan of the Campaign of 1876," in Simkins and Woody, *South Carolina During Reconstruction*, 566.

28 Daniel H. Chamberlain to USG, October 11, 1876, *Grant Papers*, 27: 330n.

29 USG, Proclamation, October 17, 1876, *Grant Papers*, 27: 329–30.

30 James D. Cameron to WTS, October 17, 1876, *Grant Papers*, 27: 331n.

31 Calhoun, *Conceiving a New Republic*, 103–4.

32 *New York Evening Post*, October 18, 1876; Charles H. Brown, *William Cullen Bryant* (New York: Charles Scribner's Sons, 1971), 473–74, 499–500; Nevins, *Hamilton Fish*, 843.

33 "Voter Turnout in Presidential Elections: 1828–2012," American Presidency Project, http://www.presidency.ucsb.edu; Brown, *Year of the Century*, 287–88.

34 These newspaper headlines are cited by Morris, *Fraud of the Century*, 164–65.

35 Childs, *Recollections*, 76–77.

36 詹姆斯·M. 麦克弗森估计，有多达25万人可能因为恐吓而不敢投票。*Ordeal by Fire*, 3rd ed. (New York: McGraw-Hill, 2000), 641.

37 USG to WTS, November 10, 1876, *Grant Papers*, 28: 19-20.

38 Nevins, *Hamilton Fish*, 844-45.

39 Fish diary, entry November 14, 1876; Nevins, *Hamilton Fish*, 844; *Grant Papers*, 28: 24n.

40 AMB to USG, November 20, 1876, *Grant Papers*, 28: 24n.

41 "United Order of Bush Rangers" to USG, November 22, 1876, *Grant Papers*, 28: 24.

42 Daniel H. Chamberlain to USG, November 25, 1876, *Grant Papers*, 28: 49n.

43 USG to James D. Cameron, November 26, 1876, *Grant Papers*, 28: 49.

44 Abram S. Hewitt, memorandum, December 3, 1876, *Grant Papers*, 28: 78-81.

45 Allan Nevins, *Abram S. Hewitt: With Some Account of Peter Cooper* (New York: Harper, 1935), 337-42.

46 Morris, *Fraud of the Century*, 200-201.

47 C. Vann Woodward, *Reunion and Reaction: The Compromise of 1877 and the End of Reconstruction* (Boston: Little, Brown & Co., 1951), 150-51.

48 Morris, *Fraud of the Century*, 218-19; Woodward, *Reunion and Reaction*, 151.

49 USG, "To Senate," January 29, 1877, *Grant Papers*, 28: 143-45.

50 1876 election results, http://uselectionatlas.org.

51 Badeau, *Grant in Peace*, 251-52.

52 Julia Dent Grant, *Personal Memoirs*, 196.

53 Young, *Around the World*, 2: 271-72.

54 *New York Tribune*, August 25, 1876.

55 James A. Garfield, *The Diary of James A. Garfield*, edited by Harry James Brown and Frederick D. Williams (East Lansing: Michigan State University Press, 1973), entry October 18, 1876, 3: 365-66.

56 Abram S. Hewitt, memorandum, December 3, 1876, *Grant Papers*, 28: 79n.

57 Ross, *The General's Wife*, 247. 朱莉娅并不知道海耶斯夫人被称为"柠檬水露西（Lemonade Lucy）"。

第六部分　**世界公民，1879～1885**

格兰特非常聪明。他具有小说家进行人物速写、设置戏剧性氛围和介绍事件的天赋；他具有历史学家的能力，能够总结事件，并将它们流畅地融入更宏大的历史叙事中；他有地志学者对自然景观的感触，还有经济学家对物质要素的直觉。

——约翰·基冈，《指挥官的面具》

> 同和他重名的经典人物一样，尤利西斯·格兰特将军几
> 乎看过世界上每个角落的人和城市，他通过旅行来扩大自己
> 作为政治家和军人的天赋。
>
> ——杨约翰，个人日记，1879 年 3 月 10 日

"在我离开白宫的那一天，我感到前所未有的开心。我感觉
自己就像一个离开了学校的小男孩。"[1]格兰特卸任总统后的轻松
感被夸大了，掩盖了他即将踏上一生之旅的热情。政客们对此议
论纷纷，认为格兰特是因为不喜欢卢瑟福·B. 海耶斯，所以才
想离开这座城市，但实际上他的继任者并不在他考虑的因素中。

对于旅途的期待给格兰特带来了活力。三十年前在墨西哥，
他养成了一个接触不同民族和文化的习惯。这个习惯将帮助他在
这次更重大的冒险之旅中了解新的国家和民族。

尤利西斯和朱莉娅离开白宫后并没有考虑清楚在哪里定居，
因而他们形容自己是"无主物"。但眼下，他们还想留在华盛顿
和内莉待在一起，因为她已经从英国回来产下了第二个孩子。因
此，格兰特夫妇高兴地接受了汉密尔顿·菲什夫妇的邀请，和他
们待了三周。3 月 17 日，被命名为阿尔杰农·爱德华·萨托里
斯（Algernon Edward Sartoris）的婴儿出生了。

格兰特长久以来一直在设想他卸任总统后的旅行生活，现在
他决定通过几次成功的投资为这次冒险筹措资金。通过持有弗吉
尼亚矿业联合公司（Consolidated Virginia Mining，位于内华
达州弗吉尼亚城）的 25 份股票，格兰特挣了 25000 美元。他相
信，如果他在住宿和生活上一切从俭，那么这笔钱就足以支付他

两年的旅居费用。他委托次子小尤利西斯在他出国期间帮他管理财务。

然而，外界对于格兰特的旅行一直有许多误解和误判，他被批评花费不菲且并不懂得欣赏所造访国家的历史和文化。

然而事实恰好与这些批评相反，格兰特朴素的个性深深吸引了其他国家的领导人。与此同时，普通民众将尤利西斯当作一位从美国前来的特殊使者予以接待。格兰特在一个又一个国家受到热情欢迎的报道将使许多美国人重新审视他们的前总统。[3]

*

5月17日，格兰特夫妇登上了从费城前往利物浦（Liverpool）的客货蒸汽轮船印第安纳号（Indiana）。和格兰特夫妇同行的还包括他们现年19岁的三子杰西，他现在就读于康奈尔大学四年级，同时，还有一位女仆和一位秘书。此外，《纽约先驱报》预见格兰特夫妇此行必有十分精彩的故事，于是委派36岁的记者杨约翰（John Russell Young）与格兰特一家同行。

作为一名爱尔兰移民，杨约翰在费城长大。他15岁就成为《费城报道》（Philadelphia Press）的校对编辑。21岁时，他已成为该报的总编辑。内战结束后，他移居纽约并给霍勒斯·格里利的《纽约论坛报》撰稿。后来，他又任职于詹姆斯·戈登·班尼特的《纽约先驱报》，在这里，他的工作包括报道来自欧洲的消息。这一次，班尼特希望杨约翰在格兰特的旅行中作定期报道，并着重关注格兰特在造访各个国家时是被如何接待的。

在轮船横渡大西洋时，格兰特和杨约翰开始了一段奇妙的友谊。看着眼前与他身高相同，有着棕色头发、蓝色眼睛、红色胡

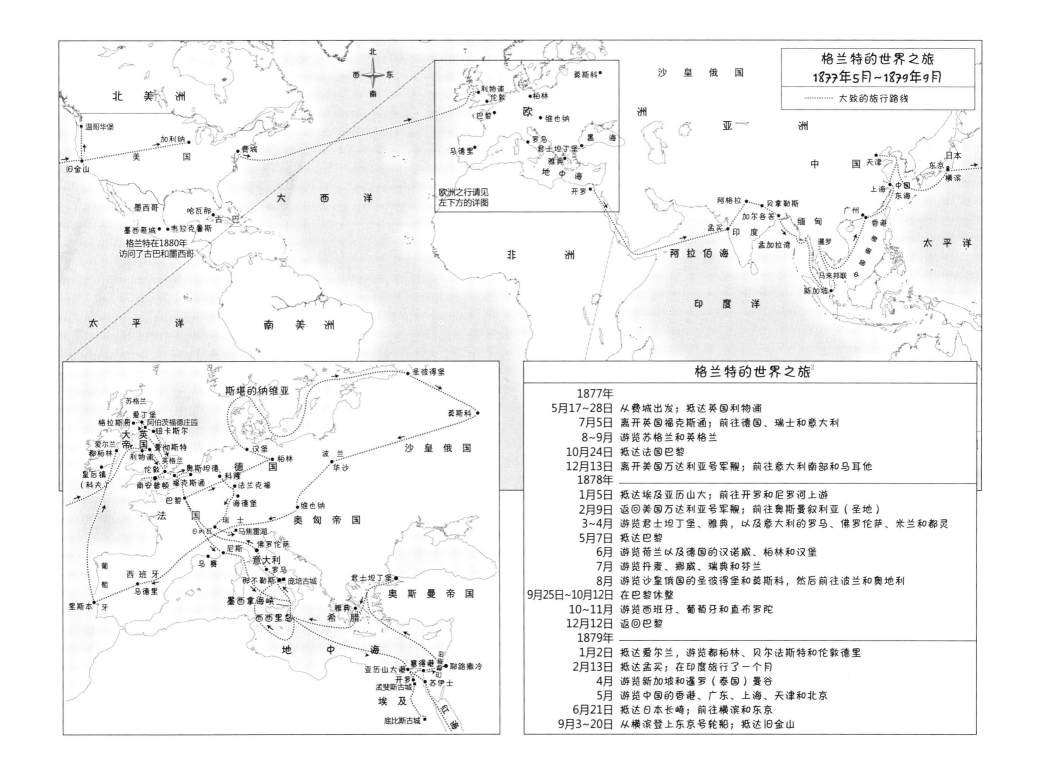

格兰特的世界之旅
1877年5月~1879年9月
.... 大致的旅行路线

欧洲之行请见
左下方的详图

格兰特在1880年
访问了古巴和墨西哥

格兰特的世界之旅²

1877年	
5月17~28日	从费城出发；抵达英国利物浦
7月5日	离开英国福克斯通；前往德国、瑞士和意大利
8~9月	游览苏格兰和英格兰
10月24日	抵达法国巴黎
12月13日	离开美国万达利亚号军舰；前往意大利南部和马耳他
1878年	
1月5日	抵达埃及亚历山大；前往开罗和尼罗河上游
2月9日	返回美国万达利亚号军舰；前往奥斯曼叙利亚（圣地）
3~4月	游览君士坦丁堡、雅典，以及意大利的罗马、佛罗伦萨、米兰和都灵
5月7日	抵达巴黎
6月	游览荷兰以及德国的汉诺威、柏林和汉堡
7月	游览丹麦、挪威、瑞典和芬兰
8月	游览沙皇俄国的圣彼得堡和莫斯科，然后前往波兰和奥地利
9月25日~10月12日	在巴黎休整
10~11月	游览西班牙、葡萄牙和直布罗陀
12月12日	返回巴黎
1879年	
1月2日	抵达爱尔兰，游览都柏林、贝尔法斯特和伦敦德里
2月13日	抵达孟买；在印度旅行了一个月
4月	游览新加坡和暹罗（泰国）曼谷
5月	游览中国的香港、广东、上海、天津和北京
6月21日	抵达日本长崎；前往横滨和东京
9月3~20日	从横滨登上东京号轮船；抵达旧金山

须的格兰特，杨约翰迅速对后者产生了兴趣，与此同时，格兰特在他心中的形象也开始转变："前总统在为国家艰苦服务和辛勤工作多年所表现的那种严谨态度已从他身上脱落下来，仿佛是他摘掉了一副面具。"这个改变意味着格兰特"现在没有了公务上的顾虑"，表现了"恰是发自天性的亲切和同情心"。[4]

在 11 天的航程中，格兰特开始阅读马克·吐温的《傻子出国记》(*The Innocents Abroad*)。这本书基于马克·吐温在 1867 年与一群美国人到欧洲和圣地巴勒斯坦的旅行，他在作品中讽刺了同时期游记所采用的浮夸术语。他突出了历史与现代世界间的紧张关系，一再强调牟取暴利的行为和庸俗化蹂躏了历史遗迹的意义。通过吐温的文学镜头，作为公民的格兰特不会像个无知者一样在国外旅行。

*

5 月 28 日，格兰特一行来到英国，他们对人们的热烈欢迎大吃一惊。利物浦市长在那里用"这座伟大商业城市的礼仪"诚挚地迎接了格兰特。

到达英国的第二天，格兰特参观了造船厂和码头，他知道 15 年前人们在那里建造了南方邦联的袭击舰。当天下午，他考察了利物浦的公共免费图书馆。在一整天的行程结束后，格兰特产生了复杂的情绪，他意识到这不是他所期望的私人假期，因为他的一举一动都是可以预见的，他需要日复一日地参加公众为他举行的招待会。

整个 6 月，格兰特都在英国旅行。处处都有政府官员欢迎他，但是只要有可能，他就从主人那里溜走，与普通人交谈。

令人难忘的一幕是，格兰特在曼彻斯特发表了讲话，那里的工人欢欣鼓舞地聆听这位美国内战英雄的演讲，因为对工人而言，美国内战代表着他们在世界范围内争取人权斗争的最高点。在讲话中，格兰特表达了他的谢意，"我深深感念曼彻斯特人民在这场艰苦的斗争中向美国表示的同情，而在这场伟大的斗争中，我仅仅是做了一些微不足道的部分"。在市长举杯祝酒之后，记者注意到格兰特在回复时眼中闪烁的光芒，"比起他祖国的同胞，英国人从他那里听到了更多的讲话，从中体悟了更深层的内容"。[5]

抵达伦敦后，格兰特成为威尔士亲王（Prince of Wales）①的客人，并受邀前往于 1661 年建成的叶森马场（Epsom Downs Raceccourse）。[6]第二代威灵顿公爵（2nd Duke of Wellington）知道格兰特善于赛马且名声在外，于是将当晚的谈话主题转向赛马。格兰特回答说："在国外，人们普遍认为我是一名不错的赛马运动员，喜欢马并十分了解赛马。但恰恰相反，我其实对赛马一无所知。"[7]他补充说，他一生只参加过两场比赛。他没有明说的是：他不打算再去参加任何赛马比赛。正是格兰特对马的喜爱使他认为赛马是一项残酷的运动。

第二天早上，格兰特出席了在西敏寺（Westminster Abbey，也译"威斯敏斯特大教堂"）举行的"礼拜仪式"，教堂合唱团齐声歌唱。西敏座堂主任牧师阿瑟·斯坦利（Arthur Stanley, Dean of Westminster）在布道时选中了格兰特。斯坦利在牛津大学担任教会史钦定教席教授期间，一直是北方联邦的坚定支持者。在布道时，他突然说道："在会众中有一位美国

---

① 即 1901 年即位英王的爱德华七世，维多利亚女王和阿尔伯特亲王之子。

最重要的公民……他通过自己的军事才能和对待同志与敌人的慷慨，使国家恢复了团结。"[8]

*

在旅行两个星期后，格兰特给当时仍担任美国驻法公使的伊莱休·沃什伯恩写了封信，"为了跟我的财产积蓄保持一致，我将不得不确保支出适度"。他吐露，"事实上，我出国旅行的范围将完全取决于我随身携带的有限资金能花多久"。[9]

这幅由英国考文垂的托马斯·史蒂文斯创作的绸织画，庆祝了格兰特最著名的战役，包括他 1868 年的竞选口号："我将在这条战线上战斗到底。"

格兰特从一系列官方接待活动中解脱出来，花了好几天的时间与内莉待在一起，现在他们一同回到了内莉在南安普敦（Southampton）的家。格兰特送给外孙子阿尔吉（Algy）一份特殊的礼物：不是别的，正是一匹快步马！尤利西斯、杰西、内莉和阿尔吉就坐着一辆美式小轮马车上走遍了整个南海岸。[10]

在伦敦，6 月 18 日是令人难忘的一天。早餐时，格兰特尽情享受了与英国文学巨匠马修·阿诺德（Matthew Arnold）、安东尼·特罗洛普（Anthony Trollope）和罗伯特·布朗宁（Robert Browning）的交流时光。[11] 晚间，格兰特在改良俱乐部（Reform Club）发表演说。1836 年，改良俱乐部由曾宣布支持《1832 年大改革法案》（Great Reform Act 1832）的自由党成员建立，而这一法案对已经过时的选举制度产生了深远的影响。俱乐部的意大利豪华宫殿风格，被誉为古典建筑的杰作。[12] 负责《亚拉巴马号索赔案》后期谈判的时任英国外交大臣乔治·格兰维尔勋爵（Lord George Granville）介绍了格兰特，并感谢他为通过这一具有历史意义的协议所发挥的领导作用。杨约翰提到"格兰特在异样感的压力下发表了演讲"。[13] 尽管格兰特对"自己贫瘠的词汇……感到非常遗憾"，但他仍希望"尽可能地表明自己对祖国的感情"。[14]

在格兰特抵达伦敦时，美国驻英国公使、格兰特的前司法部部长爱德华·皮尔庞特有些担心。尽管公众反应热烈，但那里的官员清楚地告诉他，格兰特现在在美国只是一个普通公民，一介"平民"。皮尔庞特听到的这种观点主要来自于保守党首相本杰明·迪斯雷利（Benjamin Disraeli）所领导的政府，但许多自由党成员，如激进派口才极佳的约翰·布莱特（John Bright）认为格兰特应该受到英格兰的热烈欢迎。皮尔庞特与英国外交大臣德比勋爵（Lord Derby）讨论了这个问题。德比勋爵表示，政府不会承认一位"在自己国家没有公认地位或优先地位，在这里也不可能有任何相应地位"的前总统。皮尔庞特坚持不懈，当他被告知，对于欧洲统治者来说，"曾经的皇帝永远是皇帝"，皮尔庞特反驳说，"那么，曾经的总统也永远是总统"。[15]

当格兰特被邀请与维多利亚女王一起在温莎城堡（Windsor Castle）过夜时，他的地位受到了考验——他得知这次邀请是不情愿的。最终，女王在宏伟城堡长达520英尺的方院中接见了格兰特和皮尔庞特。[16]

格兰特以7月4日在美国使馆举行的庆祝活动结束了他对英国的访问。[17] 由于伦敦的每个人都开始过暑假，他决定推迟去英格兰北部和苏格兰的旅行，并对欧洲大陆作一次短暂的访问。

*

格兰特从福克斯通（Folkestone）穿过英吉利海峡来到比利时的奥斯坦德（Ostend）。[18] 由于法国政局动荡，他推迟了对巴黎的访问，直接前往德国。他沿着莱茵河进行了传统的乘船旅行，看到了科隆大教堂，并在法兰克福停了下来，在那里，他在著名的帕尔默花园餐厅（Palmer Garten Restaurant）享受了一顿丰盛的晚餐，然后继续前往海德堡（Heidelberg）。

格兰特特别期待瑞士之行。在日内瓦，他说道："长期以来，我一直渴望访问仲裁解决《亚拉巴马号索赔案》的城市，这里不仅没有流血，而且国际仲裁原则得以确立。我希望其他国家也能采取这种方式，将其作为全人类维持和平的手段。"[19]

8月，格兰特游历了意大利。在马焦雷湖（Lake Maggiore）

的欢迎仪式上，他承认："有一位意大利人，我特别想和他握手，那就是加里波第将军（General Garibaldi）。"[20] 这位爱国者和战士，帮助实现了意大利的统一。

在意大利海岸旅行时，他和朱莉娅大声朗读荷马的《奥德赛》。格兰特想看看拉厄耳忒斯（Laertes）的儿子到了哪里，在那里他躲过了海之女神卡吕普索（Calypso）以及女海妖锡拉（Scylla）和大漩涡怪卡律布狄斯（Charybdis）。利用地图，格兰特试图绘制出与他同名的神话人物走过的路线。[21]

在经历三个月超出预期的旅行后，格兰特在 8 月 25 日写信给巴克，即他的次子小尤利西斯，询问弗吉尼亚矿业联合公司股票的情况："我在国外逗留的时间将在某种程度上取决于它继续支付股息的时间，或者我所持股票的售价。"[22]

*

格兰特于 8 月 31 日抵达爱丁堡（Edinburgh），当时正值苏格兰人结束暑假归来。他对欢迎演说的反应显示了他的诙谐幽默。在一个接一个的苏格兰城市，他感谢聚集在一起的人们成为一个个自由民，并向他们预告，他可能会竞选公职。他对苏格兰的铁路大加赞赏，并开玩笑说，"如果我早点出发，就可能经常在苏格兰投票"。[23]

他在各地被誉为著名军人——"美国的威灵顿"——他对格拉斯哥（Glasgow）的一名观众说，"我被称为军人，但我从来都不是好战的人"。他澄清道："虽然我很早就参军，但只要有机会，我就会从中退出。我一直是个热爱和平的人，我将继续保持这种心态。"[24]

格兰特一直盼望着参观沃尔特·司各特爵士位于苏格兰和英格兰交界地带的乡间别墅。当然，他在西点军校就阅读过司各特的小说，在追求朱莉娅的过程中，他们也在格拉瓦河岸边读过他的小说。[25] 几天后，格兰特回到爱丁堡时，他仍然在谈论司各特。[26]

*

当格兰特回到英格兰时，他在泰恩河（Tyne River）河畔的纽卡斯尔（Newcastle）受到热烈的欢迎，每家每户和商店窗外都悬挂着美国和英国国旗。9月22日，星期六，包括郡矿井数千名矿工在内的近10万名工人从周边城镇涌入诺森伯兰（Northumberland），观看和聆听格兰特的讲话。工人组织了一场多彩缤纷的游行，向市中心行进，包括：裁缝师协会；正在工作的画家，其手中拿着一幅展示打破奴隶制枷锁的画，并在上面写着"欢迎解放者到来"；埃尔斯威克（Elswick）的制革工人，他们挥舞着一面写有"让我们拥抱和平"的旗帜。[27]

著名的自由党工人阶级领袖托马斯·伯特（Thomas Burt）在下午发表了讲话："从未有过一场在英国军队没有参加的情况下而直接影响民众感情的战争。"他宣称，"这不是一场为征服、为自私的扩张或为支撑摇摇欲坠的王位而进行的战争，而是涉及自由、民权、劳动的尊严和荣誉等重大问题的战争。"[28] 然后他谈到格兰特的另一伟大之处，"当19世纪的历史被书写出来时，其中最精彩的一页将讲述世界上两个最伟大、最勇敢的国家是如何通过仲裁而不是诉诸武力来解决它们之间的分歧"。[29]

为什么英格兰和苏格兰民众如此热情地接待格兰特？毕竟，

格兰特在英国纽卡斯尔向数千名工人发表讲话时，赢得了热烈的掌声。

英国媒体花了很长时间才对亚伯拉罕·林肯产生好感。其中一个主要原因是对美国政客的看法。最后，当媒体为林肯的第二次就职演说喝彩时，《星期六评论》（*Saturday Review*）表达了一种普遍的态度："如果这是由其他的重要美国政客所写，那它将是自吹自擂、厚颜无耻且充满威胁。"[30] 英国人不喜欢美国政客的傲慢——想想参议员查尔斯·萨姆纳在《亚拉巴马号索赔案》纠纷中所说的气话吧。

　　谦逊的格兰特根本不是那样的人。格兰特穿着普通的黑色西服，没有像其他人那样穿戴任何勋章和缎带，所以深受英国人的喜爱。在一个拥有高度阶级意识的社会里，媒体把格兰特描绘成制革工人的儿子，这无疑表明了从美国卑微的出身中崛起的可能性。[31]

*

如果格兰特对他在英国受到的接待感到惊讶,那么他受到的欢迎在美国人看来也很出乎意料。缘于杨约翰的报道,格兰特上了头版新闻。此外,他的一些私人信件也被结集出版。他写信给乔治·蔡尔兹:"我很感激这一事实,我很自豪,我所受到的关注更多是因为我们的国家,而不是因为我自己。"他补充说,"我很高兴看到我们的国家在国外受到尊重。"[32] 这些信件将增加美国公众对格兰特此行的兴趣。

汉密尔顿·菲什总结了对格兰特之行的回应:"即使是那些不喜欢他的人……一些自由派共和党人从他受到的接待中得到安慰,认为这一切都是为了向'美国人民'致敬。"[33]

*

在仲秋时节,格兰特再次横渡英吉利海峡,于 10 月 24 日抵达巴黎。[34] 他到达时发现这是一座焦虑不安的城市。1870~1871年,普鲁士的军事力量摧毁了拿破仑三世的法兰西第二帝国。共和主义者及君主主义者之间的冲突推迟了格兰特 7 月的访问,而在日常生活的表象下,紧张的气氛仍在继续。

另一种压力产生于普法战争期间,美国公使沃什伯恩保护了德国的外交官和财产——这一立场得到了时任总统格兰特的公开支持——即使其他外交官选择离开,美国仍然留在巴黎。法国在逐渐酝酿对德国人和他们支持者的怨恨。格兰特受到了帕特里斯·德·麦克马洪总统(President Patrice de MacMahon)的欢迎，但考虑到紧张的氛围，他尽量避免出席公众接待，而是把自己限制在巴黎美国侨民社区的大型聚餐和普通游客的观光活动中。杨约翰报告说，格兰特多次到卢浮宫观看大师们的画作。[35]

格兰特参观了美国艺术家乔治·P. A. 希利（George P. A. Healy）的工作室。1868 年，希利曾为格兰特、林肯、谢尔曼和波特等创作绘画《和平缔造者》（*The Peacemakers*）。希利知道格兰特想见莱昂·甘贝塔（Léon Gambetta），于是在家里举办了一场晚宴，向格兰特介绍这位曾帮助指挥法国保卫战的共和英雄。几年之后，希利说道："他们似乎是两个国家的典型代表。"[36]

格兰特还拜访了雕塑家弗里德里克·奥古斯特·巴托尔迪（Frédéric Auguste Bartholdi），当时他正在"加吉特—高蒂尔公司（Gaget，Gauthier & Co.)"的工作室里努力创作他的自由女神像。七年前，巴托尔迪曾到朗布兰奇拜访过格兰特。格兰特在给法美联盟委员会主席的信中写道："自由女神像承诺在任何方面都符合其宗旨，并将恰如其分地表达两国的友谊。"[37]

格兰特最喜欢去的地方之一是《纽约先驱报》的巴黎办事处。他会在阅览室里找一个安静的角落，花一两个小时阅读《纽约先驱报》和别的英文报纸。[38]

在给一位朋友的信中，格兰特的语气和许多刚出国旅行几个月的美国人一样："我在这里没有看到任何东西，能让我想住在巴黎或美国以外的任何地方。"[39]

但是格兰特已经学会了挑战在旅行之前对某一事物的第一印象。在异国他乡，格兰特意识到了自己理解不同文化的局限性，他培养了对自己最初判断的自我批评能力，直到这种能力成为一种交互模式。

*

在巴黎度过 11 月后，格兰特夫妇前往尼斯（Nice）。在尼斯，格兰特给丹尼尔·艾门写了一封颇有见地的信，谈到了他对法国人民不断变化的看法。他承认，"在来到这里之前，我不相信法国人民有能力进行自治"。有什么发生了改变吗？"自亲见以来，我对他们自治能力的看法发生了重大变化。"格兰特说了很多话，其关于自己和其他美国人形成的对别国的看法，却没有"亲眼所见"。此外，"他们有耐心，'长期受苦'，但在所有人都有充分发言权的政府形式建立之前，不会有完全的和平与安宁"。他确信，"这将比他们以共和国的名义所拥有的任何东西都更加共和"。[40] 格兰特在法国的旅行并不无聊，相反，他总是对其他国家的风俗感到好奇，他向儿时的朋友承认自己现在不得不改变看法。他们从尼斯登上了由海耶斯总统亲自派往埃及的**万达利亚号**（Vandalia）军舰，进行了一次悠闲的冬季地中海巡游。[41] 在甲板上，尤利西斯和朱莉娅再次阅读了《奥德赛》，因为他们航行在墨西拿海峡（Strait of Messina），这在史诗中非常有名。在这次航行中，杨约翰若有所思："我的朋友马克·吐温会很高兴地知道，格兰特将军在国外正带着喜悦和欣赏阅读他的《傻子出国记》。"[42]

当月，格兰特写道："我开始享受旅行，如果钱能够维持下去，或者弗吉尼亚矿业联合公司的股票能维持下去，未来两年内我都不会回返美国东部。"[43] 此时，格兰特旅行的目的已经发生了改变。起初，他只计划对英国和欧洲进行一次私人访问，现在他期待着探索美国游客不太熟悉的新地方。尽管一开始他表达了一种典型的美式观点，即没有比家更好的地方，但他的好奇心最终引发了一种渴望，即在没有预先确定边界的情况下继续向前进发。

阿尔伯特·考德威尔（Albert Caldwell）是**万达利亚号**的二副，他不喜欢驾驶军舰供前总统聚会。航行伊始，他在给家人的一封信中抱怨道："我们要带这位伟大的马戏团表演者去地中海旅游，这让我深感烦闷和苦恼。我希望他在去加的斯（Cádiz）之前就把钱花光。"[44]

一个月之后，考德威尔的看法发生了巨大的改变。1878 年 1 月 10 日，考德威尔写道："我对格兰特的看法发生了奇妙的变化——他是那么令人愉悦，我现在可以看到他的朋友们是如何与他同甘共苦。"此外，"有一件事让我喜欢整个聚会，那就是他们之间的感情。格兰特对他的妻子、杰西对他的母亲——朱莉娅——拥有同样的善良和专心，就好像她仍是一个夏天 18 岁的可爱小姑娘"。[45] 旅行，尤其是带有无数文化冲击的国外旅行，往往会带来家庭内部最严重的紧张关系，但考德威尔表达了其他人的看法：格兰特一家是彼此真心相爱。

万达利亚号在那不勒斯湾抛锚停泊。在那里，有人发现了一份英文版的《纳斯比的信》（*The Nasby Papers*），这对格兰特的阅读欲望是一种"恩惠"。波特罗利昂·V. 纳斯比（Petroleum V. Nasby）是作者大卫·洛克（David Locke）虚构的另一个自我，他在 1872~1876 年是格兰特有力的支持者。纳斯比的幽默信件故意采用半文盲式的拼写，充满了讽刺意味。

格兰特迫不及待地想去参观庞贝古城，于是决定于 12 月 19 日一早前往。他的热情源于在西点军校对爱德华·布尔沃-利顿的《庞贝的最后日子》（*The Last Days of Pompeii*）的回忆。

这本书讲述了公元 79 年维苏威火山（Mt. Vesuvius）爆发时，整座城市被灰烬湮没的故事。

格兰特调查了仍在发掘中的废墟，并参观了布尔沃书中的主人公格劳库斯（Glaucus）的房子，想象着他可能会怎样生活。[46] 朱莉娅在圣路易斯的学校里也读过布尔沃的书，她想象着女主人公，"可怜的尼迪亚（Nydia）双手高举，神情急切，美丽的脑袋向前探得很远，偷听着他人对她心爱的格劳库斯的背叛阴谋"。[47] 尽管格兰特对许多历史遗迹的粗陋感到失望，但他的庞贝之行是个例外。[48]

尤利西斯、朱莉娅和杰西在**万达利亚号**上举行了圣诞宴会。每个人都赞赏朱莉娅乐观开朗的精神。杨约翰写道："我希望能揭开面纱，让你们知道格兰特夫人是多么善良、体贴、永远有女人味、永远快乐，她赢得了我们所有人的喜爱，但是我决不能侵犯家庭的隐私。"[49]

其他不在场的记者则试图提出不同的观点："它告诉我们，格兰特将军有如贵族带着随从旅行；他之所以能这样做，是因为那些因他政府的腐败而养肥的人把他们的掠夺物给了他一份儿。"此外，"他从不问酒店房间的价格，而是挥金如土"。[50] 对腐败的指控并没有止步于美国领土的边缘，而是留下了长长的阴影。

杨约翰很愤怒。"事实是格兰特将军旅行时并不像贵族，而是一位普通公民。他只有一个仆人和一名信使（秘书）。"如果对这次旅行的总体报道是完全正面的，那么这位《纽约先驱报》记者赞赏他们在旅行中一起"擦掉了一两张诽谤的蜘蛛网"。[51]

1877 年底，经过一年半的时间，杨约翰如此评价格兰特："将军给你的印象是他有大量的资源储备。格兰特在很大程度上拥有'凌晨2点钟的勇气',而这正是拿破仑自认为在他的元帅和将领中只有他一人所具有的非凡品质。"杨约翰对"格兰特在谈到战争中的同袍和对手时所展现的良好感情和宽宏大量"印象深刻。特别引人注目的是,"尤其是在谢尔曼和谢尔丹以及麦克弗森和林肯的例子中——这成为一种热情且相当迷人的见证。"[52]

*

1878年1月5日,**万达利亚号**在亚历山大港(Alexandria)靠岸。埃及在奥斯曼帝国内部是一个半自治的国家。尽管帝国由赫迪夫高贵的伊斯梅尔(Khedive Ismail the Magnificent)①统治,但英国和法国在1876年插手成立了一个公共债务委员会来管理埃及的外债。[53]为方便探索尼罗河(Nile)和埃及古迹,赫迪夫为格兰特提供了一条由他掌控的又长又窄的轮船。

在抵达埃及的第三天,格兰特失望地给巴克写信,"小说和导游书中赋予东方辉煌的所有浪漫,通过亲眼见到的真实事物都已烟消云散。这里只有天生的丑陋、邋遢、污秽和懒惰"。[54]

现在,杨约翰不但是记者,而且已然成为格兰特的同伴。这种关系使格兰特能够像和亚当·巴多、霍勒斯·波特或奥维尔·巴布科克那样敞开心扉。杨约翰在《尼罗河之旅:值得纪念的时刻》(*The Red-Letter Hours of Our Nile Journey*)中透露,格兰特将军"告诉我们,他是如何在阿波马托克斯与罗伯特·E.

---

① "赫迪夫"首先被穆罕默德·阿里帕夏(Muhammad Ali Pasha)采用,穆罕默德·阿里帕夏来自奥斯曼帝国治下的卡瓦拉(Kavala,位于今希腊境内)。在他自称为"赫迪夫"后,奥斯曼帝国于1867年正式承认这一称号,其后被伊斯梅尔帕夏及其王朝的继承人沿用,直至1914年。

李将军相遇，或者谢尔曼是如何在夏伊洛作战的"。[55]

　　每一天都是一种超现实主义的结合，宁静美丽的尼罗河波光粼粼，不时穿插着村民们对"美利坚国王"的热烈欢迎。到了1月底，格兰特想起了他欣赏的基本原则，用与第三天截然不同的观点给巴克写信："在我的旅行中，埃及比其他任何地方都更让我有兴趣。"[56]当开罗的尖塔终于出现时，旅行者们悲伤地发现，虽然文明的摇篮可能建造了巨大的庙宇和坟墓，但用朱莉娅的话

在埃及古城底比斯，尤利西斯戴着一顶太阳帽同朱莉娅、杰西以及其他人一起坐在卡纳克神庙的废墟中。

说，他们也没有为贫穷的子民"留下任何东西"。[57]

格兰特在塞得港（Port Said）再次登上**万达利亚号**，满怀期待地朝耶路撒冷驶去。1875 年，在格兰特访问肖托夸时，卫理公会的教育家文森特向他展示了一个完全按照比例建造的，并用于视觉教学工具的圣地模型，于是格兰特的心中已然播下了一颗想访问巴勒斯坦的种子。[58] 文森特鼓励格兰特一有机会就去看一看。

朱莉娅带头为他们的小团体作好准备："为了确保我们能够到达圣地，我们一直在大量阅读《圣经》并进行了相关的订正。"[59]

然而，格兰特对耶路撒冷的访问，正如他给亚当·巴多的信中所言，被证明是"一次非常不愉快的访问"。[60] 1878 年，土耳其人统治了巴勒斯坦。耶路撒冷贫穷且破败，供养着 22000 人口，其中一半是犹太人。天气并没有改善旅客们的印象——6 英寸厚的积雪加剧了本已糟糕恶劣的街道。格兰特试图忘记这一天，因为他参观了许多与《圣经》中耶稣故事有关的地方，但最终他赞同了吐温的观点，吐温曾写过与这些圣迹有关的"哗众取宠的次要事件和各种不得体的骗局"。[61]

*

接着，格兰特于 3 月 1 日抵达了君士坦丁堡，即 1877~1878 年俄土战争（Russo-Turkish War）结束并签订《圣斯特法诺条约》（Treaty of San Stefano）的两天前。他参观了圣索菲亚大教堂（Hagia Sophia）——近 1000 年来，这里是君士坦丁堡牧首（Patriarchate of Constantinople）的驻地，但在过去的 425

年里，这里一直是一座伊斯兰教的清真寺。[62]

土耳其苏丹阿卜杜勒·哈米德二世（Abdul Hamid II）邀请格兰特前往他的私人马厩，以便听取这位将军对他数量众多的阿拉伯马的看法。令格兰特惊讶的是，苏丹让他挑选两匹马。起初他拒绝了苏丹的好意；然后，意识到这样做会冒犯主人，他不得不接受。[63]

格兰特挑选的两匹马，一匹是灰黑花斑，另一匹是铁灰色。这两匹马都显示了阿拉伯马的独特特征：头形优美，眼睛大且神态温柔，尾巴长。

尽管获得了奢侈的礼物，格兰特旅行时并没有过于乐观地戴着"玫瑰色的眼镜（rose-colored glasses）"。他谴责了自己在土耳其看到的阶级和性别分化："他们政府的形式总是会阻碍进步和发展。"他深信，"如果人民得到鼓励，他们就会勤奋工作，但他们被当作奴隶，他们生产的一切都被剥夺，以造福统治阶级，并使他们过上奢侈淫乱的生活。"格兰特对土耳其妇女的困境尤其感到震惊："女人的地位十分低下，甚至比奴隶还低……即使是驴子都比她们更有特权。"[64]

格兰特在雅典度过了一个特别的星期，他爬上雅典卫城（Acropolis），在夜晚欣赏帕特农神庙（Parthenon）的灯光。在这座古老的城市里，杨约翰感慨道："我们的首脑可能拥有沉着冷静的名声，但肯定没有人比格兰特将军更能欣赏过去的伟大。"在步行的城市里，即使是经验丰富的旅行者也会感到疲惫，但"作为一名游客，将军展现了最显著的适应能力……他一点也不累"。[65]

到达意大利后，格兰特离开了**万达利亚号**。一行人于3月底抵达罗马，再次见到了许多美国游客，这让格兰特意识到他在奥斯曼帝国疆域内见到的同胞是多么稀少。如今，他意识到，这个目的地"并不在国外旅行者的常规路线中"。[66] 当他游历意大利，欣赏罗马的名胜古迹和佛罗伦萨的乌菲兹美术馆（Uffizi Gallery）时，他评论道："在尼罗河之旅之前，应该先游览一下罗马。在这里你可以看到现代的和相对不那么重要的遗迹，它们的历史并没有追溯到基督教时代开始之前的几个世纪。在尼罗河上，人们可以看到宏伟的遗迹，上面的文字和最初制作时一样清晰。"[67] 很少有 19 世纪的美国旅行者带着这种观点前往罗马旅游。

*

回到巴黎后，格兰特参观了巴黎世界博览会，这是法国政府为庆祝 1870~1871 年普法战争结束后国家的复苏而开展的一项雄心勃勃的事业。尽管这是迄今为止举办的规模最大的博览会，格兰特还是忍不住进行了比较："这是一个相当成功的展览，但我认为，与我们的建国百年博览会相比没有任何起色。这些建筑和场地远不如我们的。"[68]

下一站：柏林。

在这里，格兰特利用这个机会沿着"菩提树下大街（Under the Linden Trees）"漫步，这是一个著名的步行街，建于 1647 年。事实上，格兰特每天都会花费部分时间徒步探索普鲁士的国都。[69] 这种经历给他留下了深刻的印象，但也让他感到厌恶。

在访问的过程中，格兰特的观察使他确信普鲁士已成为中欧的主要政治力量。尽管他钦佩德国的秩序和纪律，但他也被主导社会方方面面的军国主义氛围吓了一跳。无论走到哪里，他都能看到士兵们穿着传统的蓝色制服，配着红色的绲边。[70]

格兰特通过一位内幕人士，对德国统一的规划师奥托·冯·俾斯麦（Otto von Bismarck）有了了解。因为在1870年，在格兰特的鼓励下，菲利普·谢尔丹成为普鲁士军队的顾问。格兰特在柏林逗留期间，俾斯麦正忙着主持柏林会议（Congress of Berlin）——这是在1877~1878年俄土战争后，欧洲列强和奥斯曼帝国的主要政治家们举行的一场会议，他们试图确定巴尔干半岛各国的领土——但这位普鲁士宰相还是抽出时间把他的名片送到格兰特下榻的酒店，邀请将军拜访他。

/ 603

8月20日，快到午后4点，格兰特独自一人出发前往拉齐维乌宫（Radziwill Palace）。进入宏伟的庭院后，他以一种谦逊的方式朝前门走去，好像要敲门似的。虽然格兰特的来访已在预料之中，但他还是出乎全副武装警卫的意料，因为他仅仅穿着一套朴素的深色西装，没有戴勋章或绶带，也没有保镖或穿制服的护卫随同，更别提正式的马车了。卫兵们定了定神，急忙打开门，格兰特走进一间大理石铺就的大厅。[71]这位"铁血宰相"身着军装，光芒四射，双手向他致意。

俾斯麦英语说得很慢，向格兰特问起谢尔丹："将军和我是与法国作战的老伙计，我们成了好朋友。"

"是的，"格兰特答道，"我认为谢尔丹不仅是我们战争中最伟大的军人之一，而且是世界上最伟大的军人之一。"[72]

第二天早晨，俾斯麦邀请格兰特去观看阅兵。尽管将军一再拒绝其他领导人的邀请，但这次他还是勉强接受了。"事实是，与其说我是一个士兵，不如说我是一个农民，"他坦白道，"我对军事不感兴趣，尽管我35年前就参军了，而且还参加过两次战争……我从来没有不无遗憾地参军，也从来没有为退役而感到不快。"[73]

/ 604

格兰特在柏林与"铁血宰相"奥托·冯·俾斯麦交谈。

作为回应，俾斯麦称赞格兰特在内战中的领导作用："你必须拯救联邦，就像我们必须拯救德国一样。"

格兰特说："不仅要拯救联邦，还要消灭奴隶制。"

柏林的报纸上充斥着英国首相本杰明·迪斯雷利、沙俄公爵亚历山大·戈尔恰科夫（Prince Alexander Gorchakov）和土耳其将军梅赫梅特·阿里帕夏（Mehemet Ali Pasha）的消息——他们是柏林会议的重要人物——但现在格兰特也成了该市的话题。[74]

"俾斯麦和格兰特"是《柏林日报》（Berliner Tageblatt）一篇报道的标题。这份柏林报纸强调说："格兰特非常渴望见到这个人，他非常钦佩俾斯麦的性格和成就。"[75]相比之下，《柏林证券报》（Berliner Borsenzeitung）同样关注格兰特，说"帝国宰相"最真诚地接见了他。[76]

*

与此同时，格兰特通过杨约翰在《纽约先驱报》上发表的一篇创造性的新文章，进一步吸引了美国人的注意。1878 年 5 月 27 日，杨约翰"与格兰特将军进行了一次有趣的谈话"。[77] 虽然他没有这样说过，但杨的"谈话"实际上浓缩了几次对谈。在接下来的几个月里，格兰特的"餐桌谈话"成为这份报纸最受欢迎的一个特色。

在第一篇文章中，杨约翰呼吁人们注意前海军部部长吉迪恩·威尔斯和前南方邦联将军理查德·泰勒最近发表的文章，这些文章再次批评了格兰特的弗吉尼亚陆上战役。杨说，他已提请格兰特注意这些文章，由此产生的"谈话"构成了他的回应。一个月前，杨在日记中透露，他和格兰特在巴黎散步时曾交谈过；晚上，他把谈话内容写了下来，这些谈话后来成为他写新闻报道的基础。[78]

格兰特亲自讲述了他在军事与政治生涯中的重要人物和事件，美国人为此激动不已。格兰特敏锐地意识到，1875 年《谢尔曼回忆录》的出版引发了一场风暴，他早些时候曾告诉圣路易斯的一位记者，自己无意出版回忆录。[79] 当时，前联邦和邦联的将军们正忙着把他们的回忆录付梓，每个人都认为杨约翰的谈话将是他们能从格兰特那里得到的最接近的内容。[80] 尽管许多回忆录几乎没有掩饰作者想要算旧账的意图，但让杨印象最深的是，格兰特"从不记仇，也从不说闲话"[81]。

7 月 24 日，《纽约先驱报》发表了第二篇"餐桌谈话"。这一次格兰特透露了他对联邦和邦联将军的看法。他称赞谢尔曼，把重点放在他的"性格上——如此坦率，如此真诚，如此直言不讳，如此真实"。至于谢尔丹，"他是那种具有统治气场的男性，我希望我也有这种气质——一般来说，这是一种罕见的气质"。[82]

杨约翰知道美国人想知道格兰特对南方邦联将军的评价。因此，他引用格兰特对阿尔伯特·西德尼·约翰斯顿的评价，后者死于夏伊洛会战——他"本可以声名鹊起，我们都对他充满信心，但他死得太早了"。格兰特敬重"石墙"杰克逊，他还在西点军校时就已知道杰克逊的事迹；然而，"杰克逊闻名于世的战术并取得如此显著的战绩，完全只是在战争初期"。格兰特相信，这些战术"会使任何想用它们来对付谢尔曼、托马斯、谢尔丹、米德或我们任何一位伟大将军的指挥官都遭到灭顶之灾"。然而，格兰特慷慨地宣称："毫无疑问，像杰克逊这样有能力、有耐心的人，无论做什么事情都很努力，他会适应新的环境，并与之一同成长。"[83]

关于罗伯特·E. 李呢？"我从来没有把李排在军中其他人的前面……他站在我面前的时候，从来没有像"乔"约翰斯顿那样使我焦虑。"格兰特承认"李是一个好人，一个公正的指挥官，他拥有一切对自己有利的东西……他得到了南方一致的支持"，但对格兰特来说，"李是一个缓慢、保守、谨慎的人，没有想象力，也缺乏幽默感，始终如一，带着庄严的高贵。"他深信"除非处于艰难绝境，否则自己不会战败，但这种幻想将无法承受历史的最终光芒"。[84]

第一篇"餐桌谈话"发表后，杨在日记中透露，这种新体裁"似乎引起了巨大轰动"。[85]美国公众通过林肯的演讲了解了他，但现在他们通过格兰特与杨的"谈话"开始了解尤利西斯，而这位前总统在任职期间坚定拒绝了各种演讲的机会。1878 年 6 月，格兰特一行失去了第一位成员：杰西，他决定返回家乡，不再旅行。杰西抵达纽约接受采访时说："我厌倦了外国。"至于父亲，"他比我更喜欢出国旅行"。[86]

*

格兰特在汉堡庆祝 7 月 4 日独立日，在那里，他对美国领事约翰·M. 威尔逊（John M. Wilson）的祝酒词提出了温和的异议。

> 我必须反对领事的一句话，其大意是说，我在最近的战争中拯救了这个国家。如果我们的国家可以靠任何一个人的努力来拯救或毁灭，我们就不应该拥有一个国家，现在也不应该庆祝我们的 7 月 4 日……拯救联邦的是这个国家的年轻人。他们离开家乡，离开田地，挺身而出，正如他们在为国奉献一切之时所做的那样。由于他们的奉献，我们才得以拯救联邦。即使是最卑微的士兵，只要带着枪，他就有资格和指挥官一样，为战争结果而受到赞扬。[87]

在汉堡，格兰特展现了几年前难以想象的口才。他自然地以美国领事关于拯救国家的比喻为基础，巧妙地超越了自己，指出了美国爱国主义的包容性愿景。

*

在圣彼得堡和莫斯科的旅行结束后，格兰特途经华沙来到维也纳，再经过瑞士阿尔卑斯山于 9 月 25 日返回巴黎。[88] 既然已经游历了整个欧洲北部，格兰特便开始想前往西班牙和葡萄牙了。

在马德里，格兰特利用每一分钟的空闲时间来探索西班牙首都的小巷。著名诗人詹姆斯·罗素·洛威尔（James Russell Lowell）作为美国驻西班牙公使在马德里居住了一年多，他感叹道："格兰特在这里待了两天后，我想他已比我更了解马德里。"[89]

*

1879 年 1 月，格兰特前往爱尔兰，结束了他的欧洲之行。在那里他被授予了"都柏林荣誉市民"称号。同时，他也在那里第一次遇到了抗议。报纸重提他在 1876 年拒绝会见支持爱尔兰独立的芬尼亚兄弟会代表团一事。科克郡的（County Cork）的一位官员在《爱尔兰时报》（Irish Times）上批评他，说格兰特"侮辱了在美国的爱尔兰人"。[90]

格兰特决定用他已经很熟悉的幽默方式来处理这种情况。他开玩笑地说，作为一个公民，他可以竞选公职，但"你不知道会遇到什么麻烦——因为我是一个麻烦的候选人"。[91]

格兰特原本打算离开皇后镇（Queenstown）前往美国，但他宣布计划有变：他和朱莉娅将把旅行扩展到印度、中国和日本，也许还有澳大利亚——实际上是全球各地。他感谢巴克使这一切成为可能。他的儿子在加州生活期间进行了一些投资，又拿出 60000 美元供他父亲使用。[92]

1879 年 1 月，格兰特开始了世界旅行的最后阶段。由朱莉娅，儿子弗里德，他的老朋友、前海军部部长阿道夫·E. 博利，博利的侄子、内科医生 J. 基廷医生（Dr. J. Keating）以及杨约翰组成了新的旅行团，一行人将从马赛出发，乘坐法国的**拉布多内号**（Labourdonnais）轮船前往埃及。他们从亚历山大港出发，经陆路到达苏伊士（Suez），在那里登上英国轮船**威尼西亚号**（Venetia），开始前往孟买（Bombay / Mumbai）的长途旅行。[93]

三个星期后，他们一到孟买就住进了地方长官的官邸。尤利西斯和朱莉娅立刻被英国的特权精神围拢，他们的几名仆人每天都需要 1 卢比（相当于 1879 年的 40 美分）。

在接下来的六个星期，他们惊叹于阿格拉（Agra）的泰姬陵（Taj Mahal），在圣城贝拿勒斯（Benares）观察印度教朝圣者，并参观了加尔各答（Calcutta）附近的古迹。杨约翰指出，"白天在印度旅行非常严酷"——因为有高温和灰尘。然而，他对格兰特惊叹不已，"他总是随时准备远足或体验一番，对路上是否舒适和是否有必需品漠不关心，就像在维克斯堡战役中，他会在一棵树下露营一样"。缘于军事经验，格兰特"将根据地图和时间表提前几天规划路线，只安排到达和离开的时间，并且从不改变"。[94]

在贝拿勒斯，格兰特拒绝被抬坐在装饰华丽的金椅子上穿过街道，陪同人员会要求人们让路，这是达官显贵的惯例。格兰特选择了步行。博利的健康状况不是很好，他对这个机会表示欢迎，坐上了格兰特的椅子。当人们看到这个被认为是前总统的德高望重之人时，他们开始行礼。令格兰特高兴的是，这位以彬彬有礼著称的前海军部部长以还礼相报。[95]

在加尔各答，格兰特遇到了印度总督爱德华·罗伯特·布尔沃-利顿（Edward Robert Bulwer-Lytton），格兰特非常喜欢他父亲的小说，而他本人在美国多以创作诗歌时的笔名"欧文·梅雷迪斯（Owen Meredith）"为人熟知。他告诉格兰特，他是"怀着兴趣和敬意"[96]在追随自己的职业生涯。

拜访杰伊布尔（Jeypore）的王公体现了格兰特印度之行的不和谐。王公是一位苦行僧，以每天花七个小时祈祷而闻名，他有10位妻子。当他不祷告时，他邀请格兰特加入他的另一项爱好：台球。[97]

格兰特在大英帝国内部旅行时心情复杂。当然，他欣赏英国人的秩序感——毕竟，这是他自己培养出来的一种品质——但不可否认的是，臣服于帝国的民族让他感到不自在。出于对英国人的尊重（"如果撤走英国人，对印度人民和全世界的商业都将是一个悲哀"[98]），他相信美国人会以一种更人道的方式治理国家。

*

格兰特从印度乘船到缅甸、马来邦联、新加坡、暹罗和中国香港。他们一行人是英国*西姆拉号*（Simla）轮船上仅有的几位乘客，格兰特和杨约翰在甲板的椅子上进行了面对面的长谈。有一次，当杨问格兰特关于墨西哥的事情时，格兰特回忆道："我敦促约翰逊总统立即入侵墨西哥……我当时相信，现在也相信，我们有正义的战争事业。"他想让谢尔丹"越过格兰德河，与华雷斯所部会合，然后进攻马西米连诺一世（Maximiliano I）"。他这样做，是希望"雇佣"前南方邦联军队："我们在国内毁掉了他们许多人的事业，所以我想让他们去墨西哥。"[99]

杨认为"格兰特将军的谈话中没有什么比他对战争的回忆

更让人感兴趣的了"。但即使在那时，格兰特仍然保持着典型的宽宏大量："就这一点而言，我从来没有失去过对麦克莱伦性格的尊重，也没有对他的忠诚和能力失去信心。我在他身上看到了一个要带领我们渡过难关的人，我想成为他的手下。"杨向格兰特施压，格兰特回答说："在我看来，麦克莱伦的批评者们并不认为这是一种巨大而残酷的责任——战争对我们所有人来说都是一种新事物，军队也是一种新事物，并且从一开始就需要做的每一件事，都伴随着躁动不安的人民和国会。"格兰特进而宣称，"麦克莱伦年轻的时候，这种情况就发生在他身上，如果他没有成功，那是因为成功的条件是如此的艰难。"此外，"如果麦克莱伦像谢尔曼、托马斯或米德那样一路打仗，我没有理由认为他不会像我们中的任何一个人一样赢得如此高的荣誉"。[100]

*

格兰特乘坐美国炮舰亚士维拉号（Ashuelot）前往中国，在那里，他与杨的谈话仍在继续。"南方在很多方面都令我失望。"他曾希望北方的资产阶级"涌入南方"，但邀请的条款排除了以下情况："编者认为，他们欢迎北方人，只要他们不参与政治活动。"格兰特认为，"如果从新英格兰和中部各州流向艾奥瓦州和堪萨斯州的移民潮被分流到南方，对南方而言将是一件大好事"。他为"贫穷的白人阶层"感到遗憾，希望战争"能把他们从某种程度上甚至比奴隶还低的束缚中解放出来"。但事实并非如此。"他们受到奴隶主的控制和战前一样多。"[101]格兰特对经济发展的关注，无论是在墨西哥还是在美国南部，在这次谈话中都显露得非常明显。当他的旅程接近尾声时，他已变得愈发沉思。

格兰特对中国的访问引起了巨大轰动。在广州，大约有 20 万人在街道两旁列队欢迎"美利坚国王"[102]。在无数的招待会和会议之间，格兰特和杨约翰交谈着。"我毫不怀疑林肯将成为战争中引人注目的人物：他是历史上最伟大的人物之一。"沿着中国海岸航行，格兰特饱含感情地说："也许有一天我会走西华德的路，或者斯坦顿的路，但我一直在走自己的路。"在格兰特看来，"没有明显的强制或摩擦，而是温和且坚定地执行自己的意志，形成了他的性格基础"。[103]

在上海，格兰特参加了一场舞会和火炬游行。在天津，他遇到了直隶总督李鸿章，后者是中国最著名的镇压太平天国运动的人。太平天国运动是一场反对满人统治的内战。尽管格兰特的思绪开始转向即将回国，但他对在中国度过的这几周的赞叹，不仅体现在他的演讲中，还体现在与此次经历有关的大量信件中。他在天津对一群人说，通过在一个完全不同的国家旅行，"我对中国的访问提升了我对中国人的文明和性格的评价。"[104]

格兰特与恭亲王奕䜣交谈，后者是中国的实际领袖。

在与卓有成效的国家领袖恭亲王奕䜣交谈时，格兰特鼓励道："我认为，中国的进步应该来自内部，来自她自己的人民。"[105] 也许是最近在印度的经历助长了这种情绪，格兰特告诫说："你不要寄希望于哪个外国人借你钱，他们只会掠夺你的国家，让你债务缠身。"一周后，他向恭亲王保证："美国对待外国势力的政策是公正的。我们认为，公平竞争、对他人权利的考虑和对国际法的尊重将永远赢得各国的尊重并促进和平。"[106]

在中国待了六周后，格兰特对中国的未来充满了热情。他对亚当·巴多说："事实上，中国人比其他外国人更喜欢美国人，或者说更不讨厌美国人。原因显而易见。我们是唯一承认他们有权控制自己事务的国家。"格兰特预言，"我的印象是，中国正处于一场伟大革命的前夜，这场革命将使其跻身进步国家之列。他们也拥有巨大财富和强权能力的要素，不会超过一代人，他们就能体会到这些要素了。"[107]

*

但中国有日本这个竞争对手。两国之间隔着一段狭长的海域，并围绕琉球的所有权陷入激烈的争端。恭亲王奕䜣信任格兰特，并请他出面调停，给日本领导层带去口信，希望能够解决争端。格兰特也曾对李鸿章说过，他愿意尽一切努力帮助调解两国之间的纷争。[108] 当年 7 月，这位美国的非官方使者登上美舰里士满号（Richmond）前往日本。

格兰特在日本帝国的旅行给他留下了更深刻的印象。他给曾访问过日本的海军少将丹尼尔·艾门写信说："日本人完全是东方的上等人。"三周后，他几乎控制不住自己："这里发生的变化更像是一场梦，而不是一个现实。"[109] 其中最主要的是："他们有一个覆盖整个帝国的公立学校体系，为每个孩子提供普通学校教育的设施，并且无论男女。"[110]

格兰特言出必行，与明治天皇讨论了与中国的和平问题。他再次强调："在您与中国就琉球问题及相关所有问题进行讨论时，请尽可能避免邀请或允许外国势力介入。"他解释说，"就我所能从他们的外交政策中判断，欧洲列强在亚洲没有任何利益，不涉及羞辱和征服亚洲人民。"此外，"他们的外交总是自私的，中日之间的斗争将被视为一场可能对他们有利的争端"。[111] 格兰特从与两国领导层的对话中获得了独特的视角，并由此发表了讲话。

当格兰特在 26 个月之前开始英国和欧洲之行时，他从未想过自己会以中日之间值得信赖的调停者身份来结束这场世界之旅。

格兰特同意中国的恭亲王奕诉与日本的明治天皇间的调解请求。

在他准备回返美国时，他给这两个正在崛起的大国的领导层写了一封敏感的信。

> 我将在两周后离开日本，返回美国的家。如果在故乡能听到中国和日本已经建立了友善和最友好的关系，我将感到高兴。如果我可能说过的任何话或做过的任何事能产生如此令人满意的结果，我应该感到此次访问并没有白费，尽管我并没有想要参与两国的事务。[112]

*

/ 612

尽管格兰特作出了努力，但在他离开日本几个月后，这个岛国便吞并了整个琉球群岛。

在离开日本的四个星期前，格兰特给亚当·巴多写了一封祖露心声的信："在出国的第一年末尾，我非常想家，但我决心至少要看看欧洲的每一个国家。现在26个月过去了，我反而害怕回国，即使在这里和澳大利亚之间有一排轮船，我也不愿意回去。"[113]内战期间，格兰特是在马鞍上过日子，后来在白宫过着舒适的生活，现在则在船上、火车上和大象上度过了两年半的快乐时光。

从横滨出发，格兰特于9月3日登上东京号（City of Tokio）轮船，开始了前往加利福尼亚州和家乡的长途旅行。在船上，他靠着船舱墙壁坐着，被维克多·雨果（Victor Hugo）的小说《悲惨世界》（Les Misérables）所吸引。朱莉娅记得，"他整天没完没了地阅读着"冉·阿让（Jean Valjean）的挣扎和他最终的救赎。[114]

*

杰西后来写道:"这次旅行实现了父亲的梦想。他本想安静地走自己的路,可这次旅行给他带来的乐趣远远弥补不了那令人不快的排场和仪式。"格兰特的儿子认为,"从这些磨难的经历中,他获得了领悟和知识,如果他的国家再次召唤,他会服务得更好。"[115]

这个国家会以什么方式召唤他呢?外交部门,还是其他?在26个月的旅行中,格兰特学到了很多东西——不仅关乎许多其他领导人,而且也关乎自身——他对同不了解的国家进行外交艺术的切磋愈发感到有兴趣,也愈发拥有能力。在许多方面,1880年的他比12年前更有资格竞选总统。如果格兰特成为美国在海外的非官方大使,那么,他是否会在1880年成为国内的共和党总统候选人呢?

注　释

1　John Russell Young, *Chicago Tribune*, September 1, 1885.

2　我非常感谢埃德温娜·坎贝尔(Edwina Campbell)允许我使用她更完整的《格兰特外交年表》(Chronology of Grant's Diplomacy)中的一些内容。See Edwina Campbell, *Citizen of a Wider Commonwealth: Ulysses S. Grant's Postpresidential Diplomacy* (Carbondale: Southern Illinois University Press, 2016), 209-11.

3　我推荐前美国外交部官员埃德温娜·坎贝尔(Edwina Campbell)的《广阔共和国的公民》(*Citizens of a Wider Commonwealth*),她以外交视角对格兰特的世界之旅作了全新解读。

4　Young, *Around the World*, 1: 10-11.

5　J. F. Packard, *Grant's Tour Around the World* (Cincinnati: Forshee & McMakin,

1880），49-50. 尽管与格兰特将军一起环游世界的杨约翰（John R. Young）被认为有着对格兰特世界之旅的标准记述，但 J. F. 帕卡德（J. F. Packard）在一年以后提供了一些杨的著作里所没有的具有启发性的材料。

6　Ibid., 54.

7　Ibid., 56.

8　Ibid., 57. *Penny Illustrated Paper*（London），June 9，1877.

9　USG to Elihu B. Washburne, June 9, 1877, *Grant Papers*, 28: 214.

10　Young, *Around the World*, 1: 21; Jesse R. Grant, *In the Days of My Father*, 217-18.

11　*New York Herald*, June 19, 1877.

12　改良俱乐部（Reform Club）由自由党成员于 1836 年成立，承诺支持《1832 年大改革法案》（Great Reform Act 1832），该法案使过时的选举制度发生了深远的变化。

13　*New York Herald*, June 19, 1877.

14　USG, speech, London, June 18, 1877, *Grant Papers*, 28: 225.

15　Edwards Pierrepont to William M. Evarts, Secretary of State, June 27, 1877, *Grant Papers*, 28: 231-32n; Badeau, *Grant in Peace*, 264-65.

16　Jesse R. Grant, *In the Days of My Father*, 226-27.

17　*Leeds Mercury*, July 4, 1877; *Standard*（London）July 4, 1877.

18　His first European travels were followed in British newspapers led by *The Morning Post*（London），July 5, 1877, July 10, 1877.

19　Young, *Around the World*, 1: 49-50.

20　Grant's remark was reported by a London correspondent of the *New York Herald*, August 9, 1877. *Grant Papers*, 28: 248n2.

21　Badeau, *Grant in Peace*, 307.

22　USG to Ulysses S. Grant, Jr., August 25, 1877, *Grant Papers*, 28: 248-49.

23　USG, speech, Glasgow, Scotland, September 13, 1877, *Grant Papers*, 28: 270-71. *Leeds Mercury*, Sept. 14, 1877.

24　USG, speech, September 13, 1877, *Grant Papers*, 28: 271-72; *Morning Post*（London），September 14, 1877; *Dundee Courier and Argus*, September 14, 1877.

25　Packard, *Grant's Tour Around the World*, 115.

26　Ibid.

27　Young, *Around the World*, 1: 90-91.

28　Ibid., 92. 由于第二天早上游行和演讲的特殊意义，《纽卡斯尔纪事报》（*Newcastle Chronicle*）用 20 个专栏报道了当天的事件。

29　Ibid., 90-94；*Grant Papers*, 28: 275n.

30 *Saturday Review*, March 18, 1865; White, *Lincoln's Greatest Speech*, 195.

31 *Reynolds's Newspaper* (London), 在看到格兰特与之前访问英国的世界领导人的差异后, 人们终于松了一口气: "现在, 我们中间终于有了一位诚实的前统治者, 但他完全是另一种风格。……格兰特将军是一名伟大的军人和一个真诚的人。……在格兰特将军担任总统期间, 美国的腐败问题得到了部分解决。"*Reynolds's Newspaper* (London), June 3, 1877.

32 USG to George W. Childs, June 6, 1877, *Grant Papers*, 28: 210-11. See also George W. Childs, *Recollections of General Grant* (Philadelphia: Collins Printing House, 1890), 96-98. This initial letter was published in both U.S. and British newspapers: *Liverpool Mercury*, June 21, 1877; *Huddersfield Daily Chronicle* (West Yorkshire), June 22, 1877; *Aberdeen Weekly Journal*, June 23, 1877; *Reynolds's Newspaper* (London), June 24, 1877.

33 Hamilton Fish to Edwards Pierrepont, August 7, 1877, *Grant Papers*, 28: 227n.

34 *Daily Gazette* (Middlesbrough, U.K.), October 25, 1877; *Lloyd's Weekly Newspaper* (London), October 28, 1877.

35 Young, *Around the World*, 1: 133, *Daily News* (London) Oct. 31, 1877.

36 George P. A. Healy, *Reminiscences of a Portrait Painter* (Chicago: A. C. McClurg, 1894), 193-94; David McCullough, *The Greater Journey: Americans in Paris* (New York: Simon & Schuster, 2011), 356.

37 USG to Édouard Laboulaye, November 21, 1877, *Grant Papers*, 28: 319; McCullough, *Greater Journey*, 356.

38 Young, *Around the World*, 1: 141-42. Grant's busy schedule was reported in British newspapers: *Dundee Courier & Argus* (Scotland), October 30, 1877; *Daily News* (London), October 31, 1877; *Lancaster Gazette*, October 31, 1877.

39 USG to Edward Beale, November 4, 1877, *Grant Papers*, 28: 299-300.

40 USG to Daniel Ammen, December 10, *Grant Papers*, 28: 331-32.

41 USG to Michael John Cramer, November 27, 1877, *Grant Papers*, 28: 328.

42 Young, *Around the World*, 1: 218; Ross, *The General's Wife*, 260-61.

43 USG to Adam Badeau, December 18, 1877, *Grant Papers*, 28: 333.

44 Albert J. Caldwell to his family, November 30 and December 20, 1877, *Grant Papers*, 28, 327n5.

45 Ibid., January 10, 1878, *Grant Papers*, 28: 327n5.

46 Packard, *Grant's Tour Around the World*, 188.

47 Julia Dent Grant, *Personal Memoirs*, 218.

48 Young, *Around the World*, 杨约翰花了很大篇幅讲述参观庞贝古城, 因为格兰特对这个地方很感兴趣，见：1：166-96。格兰特的评论见第 193 页。

49 Ibid., 200; J. T. Headley, *The Life and Travels of General Grant* (Philadelphia: Hubbard Bros., 1879), 106.

50 Young, *Around the World*, 1: 202-3.

51 Ibid., 1: 203.

52 Young, *Around the World*, 1: 219-20.

53 Young, *Around the World with General Grant*, edited by Michael Fellman (Baltimore, Md.: Johns Hopkins University Press, 2002), 95. 英国控制了苏伊士运河 44% 的航段，这条运河于 1869 年由法国人修建完成。

54 USG to Ulysses S. Grant, Jr., January 7, 1878, *Grant Papers*, 28: 334.

55 Young, *Around the World*, 1: 246.

56 Ibid., 262; USG to Ulysses S. Grant, Jr., January 25, 1878, *Grant Papers*, 28: 345; Headley, *Life and Travels of General Grant*, 121-22, 145. 四分之一个世纪后，人们对格兰特的这次旅行充满了兴趣，详见：Elbert Eli Farman, *Along the Nile with General Grant* (New York: Grafton Press, 1904)。该书对格兰特的所见所闻作了详尽的描述和解释。

57 Julia Dent Grant, *Personal Memoirs*, 224.

58 Simpson, *Chautauqua: An American Utopia*, 34; Crocker and Currie, *Chautauqua Institution*, 29; "The Inner Life of Ulysses S. Grant," *The Chautauquan* 30, no. 6 (March 1900): 636.

59 Young, *Around the World*, 1: 322; Ross, *The General's Wife*, 262.

60 USG to Adam Badeau, February 22, 1878, *Grant Papers*, 28: 348-49.

61 Mark Twain, *The Innocents Abroad*; or, *The New Pilgrim's Progress* (Hartford, Conn.: American Publishing, 1869), 573.

62 USG, *Grant Papers*, 28: xiv.

63 Headley, *Life and Travels of General Grant*, 181.

64 USG to Daniel Ammen, March 25, 1878, *Grant Papers*, 28: 366.

65 Young, *Around the World*, 1: 359.

66 USG to Daniel Ammen, March 25, 1878, *Grant Papers*, 28: 365.

67 USG to Abel R. Corbin, March 29, 1878, *Grant Papers*, 28: 370. 两个星期后，格兰特对他的儿子弗里德说了同样的话。USG to Frederick Dent Grant, April 9, 1878, *Grant Papers*, 28: 375.

68 USG, May 11, 1878, *Grant Papers*, 28: xxvii.

69 Young, *Around the World* 1: 395-96.

70 Ibid., 1: 397-98.

71 Ibid., 1：408-10.

72 Ibid., 1：411.

73 Ibid., 1：416.

74 McFeely, *Grant*, 468；Smith, *Grant*, 609.

75 *Berliner Tageblatt*, August 16, 1878.

76 *Berliner Borsenzeitung*, August 6, 1878. See also *Berlin Provinzial-Correspondenz*, July 26, 1878.

77 *New York Herald*, May 27, 1878.

78 Ibid. 吉迪恩·威尔斯（Gideon Welles）的文章发表在《大西洋月刊》（*The Atlantic Monthly*）上，泰勒的发表在《北美评论》（*North American Review*）上。关于杨约翰和谈话的过程，见：*Grant Papers*, 28：386n。

79 Marszalek, *Sherman*, 463-65；Lloyd Lewis, *Sherman: Fighting Prophet*（Lincoln：University of Nebraska Press, 1993），615-16.

80 有人可能会反驳说，格兰特在《个人回忆录》中会重复他在环游之旅中的谈话，但尽管有相似的地方，也存有不同之处。

81 *New York Herald*, July 24, 1878；*Grant Papers*, 28：433n. 杨约翰补充说："除非你直接给他限定主题，否则格兰特永远不会提及战争。"

82 USG, interview, Hamburg, July 6, 1878, *Grant Papers*, 28：425-26.

83 Ibid., 428-29.

84 USG, Hamburg interview, July 6, 1878, *Grant Papers*, 28：419；Young, *Around the World*, 2：458-59.

85 John Russell Young, diary, entry August 8, 1878, *Grant Papers*, 28：433n.

86 Interview with Jesse Root Grant, Jr., New York Herald, June 14, 1878；Jesse R. Grant, *In the Days of My Father*, 321.

87 USG, speech［near Hamburg］, July 4, 1878, *Grant Papers*, 28：412-13.

88 他的演讲以及与领导人和记者的对话被英国报纸广泛报道：*Aberdeen Weekly Journal*, July 23, 1878；*Sheffield and Rotherham Independent*, September 12, 1878；the *Dundee Courier and Argus*, September 16, 1878，它们描述了格兰特走出莫斯科的杂技表演，"不想就此结束"。

89 诗人詹姆斯·罗素·洛威尔（James Russell Lowell）使用"阿盖特（achates）"来表示埃涅阿斯（Aeneas）在维吉尔（Virgil）的《埃涅阿斯记》（*Aeneid*）中的忠实伴侣和朋友。James Russell Lowell to Charles E. Norton, November 10, 1878, in James Russell Lowell, *Letters of James Russell Lowell*, vol. 2, edited by Charles Elliott Norton（New York：Harper & Bros., 1894），233；Martin B. Duberman, *James Russell Lowell*（Boston：Houghton Mifflin, 1966），293.

90 *Freeman's Journal*（Dublin），January 4，1879；*Irish Times*（Dublin），January 4，1879；*Grant Papers*，29：46n.

91 USG，speech，Dublin，January 3，1879，*Grant Papers*，29：43.

92 Badeau，*Grant in Peace*，316.

93 USG，travel diary，entry February 13，1879，*Grant Papers*，29：63.

94 Young，*Around the World*，2：99.

95 Ibid.，2：107-8.

96 Ibid.，2：136；Smith，*Grant*，472-73.

97 Young，*Around the World*，2：30-36.

98 *Grant Papers*，29：xii；Young，*Around the World*，Fellman，ed.，198-99.

99 Young，*Around the World*，2：163.

100 Ibid.，2：213-17.

101 Ibid.，2：361-62.

102 Ibid.，2：313-17.

103 Ibid.，2：354.

104 USG，speech，Tientsin，May 30，1879，*Grant Papers*，29：140-41.

105 USG，conversation with Prince Kung，June 5，1879，*Grant Papers*，29：144.

106 Ibid.，June 8，1879，*Grant Papers*，29：151. *The Pall Mall Gazette*（London），详细描述了格兰特对移民美国的中国人的同情，见：May 19，1879。

107 USG to Adam Badeau，June 22，1879，*Grant Papers*，29：171.

108 *Grant Papers*，29：164n.

109 USG to Daniel Ammen，July 16，1879，*Grant Papers*，29：183.

110 USG to Daniel Ammen，August 7，1879，*Grant Papers*，29：195.

111 USG，conversations with Emperor Meiji，August 10，1879，*Grant Papers*，29：204.

112 USG to Prince Kung and Iwakura Tomomi，August 13，1879，*Grant Papers*，29：214.

113 USG to Adam Badeau，August 1，1879，*Grant Papers*，29：192-93.

114 Julia Dent Grant，*Personal Memoirs*，307.

115 Jesse R. Grant，*In the Days of My Father*，321.

/ 第35章　格兰特和沃德公司

> 我的计划是建立一个伟大的公司，并在它的创始人去世后仍能经久不衰。
>
> ——费迪南德·沃德

格兰特于 1879 年 9 月 20 日抵达旧金山，并受到了热烈欢迎。当**东京号**通过金门大桥时，一英里宽的水道突显了旧金山湾（San Francisco Bay）的入口，天使岛（Angel Island）、黑点（Black Point）和恶魔岛（Alcatraz Island）的礼炮齐鸣，向他们表示问候。当轮船在海湾航行时，挂着横幅的许多小船前来迎接它。一场盛大的欢迎回家的招待会已经筹备了数周：当外交官、政府官员和军方要员纷纷涌向海岸，争相向这位时下的风云人物致敬时，人群拥挤在岸边。从格兰特的船被望见的那一刻起，他就像皇室一样，受到欢呼、礼敬和款待，直到他被正式送往皇宫酒店（Palace Hotel）。（一周后，格兰特写信告诉阿道夫·E. 博利："这个地方有如战争结束时的费城。我不能在街上冒险，除非坐上一辆马车去迎接一群善良热情的朋友，无论老幼。"[1]）在参观了无数历史悠久的城市后，这座闪亮的新大都会紧扣住他的心弦：格兰特回来了！

后来，在庆祝活动取消后，巴克迎接了他，他的投资帮助父亲的旅行扩展到世界各地。[2]现在是考虑未来的时候了。格兰特的远行扩大了他的政治视野，他不打算带着自己的马去过牧场生活。此外，他在从政时放弃了军队养老金，所以不得不找一份有用的工作。

也许更令他不安的是，他很快就会发现，在自己离开的两年

旧金山举行了游行，欢迎格兰特回到美国。

半时间里，他的继任者卢瑟福·B. 海耶斯未能对国家这艘船的舵柄保持强有力的控制。在上任的头几个月里，海耶斯便结束了"重建"工作，从仍处于联邦监管之下的南方各州撤军，从而使南方重新回到当地白人的统治之下。此外，他还任命了一些南方人，即前南方邦联的成员担任重要的政府职位，希望能与他们和解。尽管这种行为可能让民主党人高兴，却疏远了他所在的共和党。此外，海耶斯在推行公务员制度改革的努力中曾与格兰特的盟友，即参议员罗斯科·康克林发生争执，当时他要求纽约海关的两名主要官员辞职，这是一种象征性的行动，旨在挫败康克林的政治支持。所有这些都令格兰特感到不安，并加剧了他对未来的担忧。

然而，在着手未来之前，他有一个梦要去实现。

*

25 年前，一名 32 岁的士兵离开加州，思念着他的妻子和两个年幼的孩子，但他告诉妻子，总有一天他要在加州安家落户。尽管格兰特知道住在这里是不可能的，但他还是迫不及待地想花时间向朱莉娅展示这里美丽的自然风光。10 月 1 日，他们乘坐公共马车前往约塞米蒂山谷（Yosemite Valley）。格兰特一家徒步旅行，攀爬岩石，并惊叹于这里的"大树"——加利福尼亚巨杉。

当格兰特回到旧金山时，他向杨约翰道别。这位《纽约先驱报》的记者急于回到纽约，决定把他在报纸上的文章扩充成书。《同格兰特将军环游世界》（*Around the World with General Grant*）会于 1879 年末出版，共两卷，配有 800 幅插图，提升了美国人对格兰特的了解。杨把这本书献给了朱莉娅，"作为对

我的友谊和尊重的致敬"。³

格兰特带着朱莉娅和弗里德前往俄勒冈州，向他们展示1852年他曾驻扎过的地方。当他们到达波特兰时，格兰特发现这里在四分之一个世纪里发生了巨大的变化。当人们——有些人站在屋顶上——聚集起来迎接他们时，尤利西斯转向妻子，开玩笑道："朱莉娅，看那儿：看那些人。这一定是你的功劳，因为我以前来这里的时候，码头上连三个人都没有！"⁴

在温哥华堡，老朋友 O. O. 霍华德将军——现在是这里的指挥官——带领他们来到格兰特曾经住过的房子。这次到访使格兰特想起了自己的孤独。黄昏时分，他向妻子指出了自己在俄勒冈州许多不幸经历中的一个："朱莉娅，那就是我种土豆的地方。"⁵

*

/ 616

格兰特的旅行还没有结束。他们于10月25日离开旧金山，在全国各地进行了一次缓慢而成功的旅行。人们聚集在铁路沿线的城镇里，渴望一睹"美国的尤利西斯"的风采，但最好能听到他演讲几句话。11月初，他们愉快地抵达了加利纳。⁶多年来，格兰特一直考虑把加利纳当作自己的家，但他知道自己负担不起。作为一名前总统，他既没有工作，也没有养老金。[直到哈里·S.杜鲁门（Harry S. Truman）在20世纪退休后，总统才拥有养老金。]格兰特认为他需要的商业机会只有大城市才能提供。⁷

在芝加哥，菲利普·谢尔丹将军戴着羽饰帽，骑着老战马"里恩齐（Rienzi）"，率领着80000人在数百面旗帜下阅兵游行。一位报界人士盛赞格兰特是"天选之人"。老兵们简单地称他为"我们自己的格兰特将军"。[8]

庆祝活动的高潮在帕尔默庄园（Palmer House）举行，格兰特和600名退伍军人一起参加了田纳西陆军协会的年度聚会。整整六个小时，他和谢尔丹、谢尔曼坐在一起，享受着祝酒和演讲的乐趣。[9]

午夜过后两个多小时，第15位也是最后一位发言者站了起来。这名男子曾在他的家乡密苏里州汉尼拔（Hannibal）的一支南方非正规军中短暂服役。司仪对演讲者说："让大家不要离开。"[10]这位演讲者就是马克·吐温，他瞥了一眼疲倦的格兰特，决定逗笑他。

吐温长期以来一直是"格兰特迷"。他相信自己和格兰特是"再生"之人——因为他们都经历过极度绝望和极度兴奋。马克·吐温爬上一张桌子，想让老兵们听得更清楚，他提醒老兵们，从前他们都是被人抱在怀里的婴儿。即使是格兰特，也是从试图把大脚趾放进嘴里开始生活的。格兰特被逗乐了。"如果这个孩子是预言中的人，那么很少有人会怀疑他的成功。"[11]当晚会终于结束时，格兰特向吐温还以热烈的祝贺。[12]

*

终于，12月16日，格兰特和朱莉娅到达费城。这是他们在31个月前旅行起程的地方。他们曾环游世界，穿越美国。[13]格兰特回来后，不仅重新振作起来，而且恢复了名望——缘于杨约翰对这次旅行的亲密描述和格兰特的"餐桌谈话"，前总统受到了公众的欢迎。一个问题开始被大声提出：**这位新的格兰特会史无前例地成为第三个任期的总统候选人吗？**

这个想法似乎并不离谱。事实证明，卢瑟福·B. 海耶斯不受欢迎，共和党迫切希望找到一位可能获胜的候选人。在 1878 年的中期选举中，民主党赢得了 7 个参议院席位，自内战前以来首次赢得参议院的控制权，这让共和党更加焦虑。[14] 当海耶斯的一些朋友敦促他考虑连任时，曾在 1876 年共和党全国代表大会上提名詹姆斯·G. 布莱恩的罗伯特·G. 英格索尔（Robert G. Ingersoll）警告海耶斯，"如果没有人与他竞争，他就无法当选"。[15]

当海耶斯和他的政府一次又一次犯错时，人们对格兰特和他的政府就刮目相看了。海耶斯本人在注视格兰特成功的跨国旅行时，在日记中透露，"最受欢迎的是格兰特"。[16] 报纸重申了对共和党人《圣路易斯环球民主报》（St. Louis Globe Democrat）的赞同：美国需要一个"铁人"来取代"稻草人"。[17]《纽约时报》也加入了这种社论大合唱，宣称格兰特的世界之旅赋予"他更大的力量去辨别人的真实性格，并让他更清楚地看到过去的错误"。[18]

但是格兰特的长期批评者们却在杂草中伺机而动。他的老对手查尔斯·达纳的《纽约太阳报》写道："尤利西斯·S. 格兰特是一个被野心逼疯的人。"[19] 埃德温·L. 戈德金（Edwin L. Godkin）的《国家》杂志指控格兰特，虽然他是公认的英雄，但他是"机器"政治家（指操纵政党活动的政客）的傀儡，比如纽约的罗斯科·康克林，他已经在为格兰特争取第三个任期的支持。[20]

*

格兰特也感受到竞选公职的政治压力。在离开日本前不久，他给亚当·巴多写了一封信，"我不是任何职位的候选人，也不会担任一个需要任何手段或牺牲才能获得的职位"。[21]

然而格兰特感到了矛盾。两届任期的先例并没有困扰他，他认为时代的迫切需要才是最重要的。然而，在得到欧洲各国政府的赞扬后，他不确定自己能否再次忍受国内的批评。

如果说格兰特在对自己的意图保持沉默，但其他人并不会这样。在他的支持者中出现了一个三人小组，由有影响力的共和党人组成，他们仍然拥护"重建"的理想，并且没有为操纵和"机器"政治而道歉：纽约州的罗斯科·康克林；詹姆斯·D. 卡梅伦，格兰特的前战争部部长，现任宾夕法尼亚州参议员；伊利诺伊州参议员约翰·罗根。[22]他们三人都认为只有格兰特才能使这个国家恢复良好的政治和财政基础。

*

/ 618

格兰特的支持者担心他回来得太快，没完没了的庆祝活动会使他失去一些光彩，于是他们鼓励他重新旅行。格兰特把自己的目光投向了温暖的古巴和墨西哥的冬季之旅。

12 月底，他和朱莉娅动身南下。1880 年 1 月 1 日，许多被解放的奴隶在庆祝解放日，南方种族关系的基调已转向反对任何黑人的民权。格兰特为内战中黑人士兵的勇气感到自豪，他接受了在南卡罗来纳州博福特（Beaufort）向黑人民兵发表演讲的邀请。[23]

后来，他从佛罗里达州圣奥古斯丁（St. Augustine）写信给乔治·蔡尔兹，谈到他在南方受到的温暖和善意。他赞扬了佛罗里达州巨大的农业和经济潜力："它面前有一个宏伟的未来。"24

格兰特在古巴的三个星期里无法逃避政治投机。在哈瓦那（Havana），他写信给沃什伯恩，"我宁愿我提到的任何一个人成为总统，也不愿那个人是我"。他无疑受到诱惑，但他重申："我不是任何候选人，如果芝加哥全国代表大会提名一位可以当选的候选人，我将感到满意，如果是别人而不是我，我会更加满意。"25

格兰特在 2 月前往墨西哥。韦拉克鲁斯州州长路易斯·米尔－特兰（Luis Mier y Teran）欢迎他来到韦拉克鲁斯，称他是"一位老朋友，我记得并将永远以感激的心情回忆起你对这个国家的同情，以及你为墨西哥作出的杰出贡献"。26 在墨西哥城，波菲里奥·迪亚斯总统（President Porfrio Díaz）在圣科斯梅（San Cosme）的蒂沃利公园（Garden of Tivoli）接见了格兰特夫妇，并特别为这个场合装饰了华盛顿、林肯、格兰特和贝尼托·华雷斯的画像。27

在离开墨西哥 32 年后，格兰特再次惊叹于这个国家的美丽——"这里的风景无与伦比"——但这一次他通过不同的视角来看待墨西哥：经济发展的视角。他认为交通是经济发展的关键，并对乔治·蔡尔兹沉思道："从墨西哥城到格兰德河之间的公路只需很少的劳动力就可以修建完成，而且等同于到达艾奥瓦州的距离。"预见到美国的反对，他坚持说："人民并非阻碍国家巨大资源开发的障碍，而是他们在国外的坏名声在阻碍一切。"格兰特和他的朋友、外交官马蒂亚斯·罗梅罗一起旅行，他开始相信，外国资本的投资将"让墨西哥人民站起来"，从而使"墨西哥成为一个富裕的国家，一个好邻居，这两个共和国将通过接触获得发展"。28

*

1880年3月，格兰特回到美国后，在得克萨斯州加尔维斯顿（Galveston）向黑人学生发表讲话。然后，他来到路易斯安那州，并在州议会发表演说，随后参观了黑人教堂和学校，包括卫斯理礼拜堂（Wesley Chapel）、斯特雷特大学（Straight University）和有色人种保护联盟（Colored Men's Protective Union）。在孟菲斯，在他的旧指挥部稍作停留后，便前往市中心的集会发表演讲，然后参观了一所黑人学校。格兰特从未放弃过共和党人能在南方获胜的想法，在这次访问中，他决定与每个州的民选首脑和非裔美国人团体会面。无论走到哪里，他都诉说着一个共同的主题："我相信，全面繁荣的日子正在到来，未来几年的成就将超过过去的15年，使我们成为一个团结的民族。"[29] 在乌云密布中，格兰特决定强调和解而不是争吵。

4月，当他抵达加利纳时，共和党候选人已经花了整个冬天来支持他。"缅因州人"詹姆斯·G. 布莱恩在1876年共和党全国代表大会上领导了大部分的投票活动，将再次成为最受欢迎的候选人。"康普"的兄弟约翰·谢尔曼是行政机构的候选人，他曾在海耶斯的领导下担任财政部部长。在1873年恐慌过后，格兰特与年轻的谢尔曼合作，通过了《1875年恢复硬通货法案》（Specie Payment Resumption Act of 1875）。格兰特长期的政治导师沃什伯恩也得到了支持。沃什伯恩成为候选人的意愿让一些格兰特的支持者感到失望，但格兰特并没有这样，他对自己的意图保持沉默。

随着代表大会的临近，格兰特的支持者试图通过"机器"政治来巩固关键州的支持。他们坚持各代表团采用"单位投票制（Unit Rule）"：代表票数最多的候选人将获得本代表团的所有选票。当宾夕法尼亚州的共和党人于2月4日在哈里斯堡开会时，詹姆斯·D. 卡梅伦利用这一规则确保了对格兰特的一致投票。2月25日，纽约州共和党人在尤蒂卡举行会议时，康克林也这样做了。[30] 罗根利用他的影响力在伊利诺伊州代表团中安排了格兰特的代表。

但事实证明，这些领导人喜忧参半。当年2月，《纽约时报》评论道："许多支持格兰特的人……不希望他成为卡梅伦和康克林的候选人，他们以操纵党团会议和承诺代表团来保证选举。"《纽约时报》并没有忽视这样一个具有讽刺意味的事实：拒绝推动自己参选的格兰特，正被一些强硬的幕后策略选中，这些策略与他们低调英雄的价值观相悖。

/ 620

尽管格兰特公开表示不愿参选，但他在代表大会前一周密切关注着代表人数。亚当·巴多在加利纳拜访了格兰特，他说："格兰特展现了我所见过的他为自己显现的焦虑。"[31] 朱莉娅表示同意："我怎么形容对我而言那充满悬念的一周呢？"[32] 她希望丈夫再次当选；她渴望自己再次成为白宫的女主人；但她预感到尤利西斯的对手会阻止他的提名。

芝加哥从1871年灾难性的大火中重建，自豪地举办了从6月2日星期三开始的共和党全国代表大会。到了周五，由于天气酷热，过热的会议厅炸锅了。康克林的算计大错特错。争论的焦点是所谓的"单位投票制"。在列举的11个案例中，为了证明每个州代表团中的个人可以凭自己的良心投票，反对者每次都击败了格兰特的支持者。格兰特的支持者们精心制定的"单位投票制"被否决了。[33]

提名从周六晚上 10 点开始。康克林站起身来提名格兰特，跳到一张记者的桌子上，等着全场鸦雀无声，他开始说：

> 当被问及他来自哪个州时，
> 我们唯一的答复是，
> 他来自阿波马托克斯，
> 还有它那著名的苹果树。

康克林的朗诵点燃了掌声、跺脚声，人们向空中抛起了帽子。但随后他又讽刺了其他候选人的不足之处。尽管最后他以和解的方式呼吁大家团结一致，但康克林越来越多的批评却背叛了格兰特。它推翻了"阿波马托克斯的英雄"所唤起的宽宏大量的精神。

周一，当全国代表大会准备投票时，格兰特计划从芝加哥前往密尔沃基，参加南北战争联邦退伍军人联合会的年度聚会。朱莉娅"恳求他"去参加全国代表大会，她相信丈夫的出现会使代表们热情高涨。

"但他拒绝了！他说他宁愿砍掉自己的右手"，朱莉娅后来回忆道。

她问丈夫："你不渴望成功吗？"

"嗯，是的，当然渴望了，自从我的名字已经被提出来后。但我宁愿被提名，而不会为此做任何事。"

"哦，尤利斯，这是非常不明智、错误的骑士气概。看在上帝的份儿上，去吧。"

"朱莉娅，你真让我吃惊。"[34] 格兰特有自己的道德准则，他不会违反。

　　格兰特没有参加代表大会，但他通过电报跟踪了投票进程。在第一轮投票结束时，他以 304 票领先，布莱恩以 284 票紧随其后，谢尔曼获得了 93 票，埃德蒙斯 34 票，沃什伯恩 30 票。经过 12 个小时的艰苦努力，代表们投了 28 轮票。尽管格兰特在每次投票中都以 300 多票领先，但他始终未能获得提名所需的 379 张选票。[35]

　　在第三十四轮投票中，一切都改变了。第一次在第三十三轮投票中获得宾夕法尼亚州某位代表的唯一一张投票后，俄亥俄州众议员詹姆斯·加菲尔德突然发现他自己也成了一名候选人。48 岁的加菲尔德曾在夏伊洛作战，并于 1862 年当选为众议员，他发自内心的热情吸引着人们来到身边，但他抗议道："未经被投票人的同意，任何人都无权在本次代表大会中宣布被投票人的姓名，并投票给他。我不同意这么做。"[36] 可其余的话早已被淹没在如释重负的欢呼声中。

　　僵局打破了，在第三十六轮投票中，大会提名了加菲尔德，他从之前给其他候选人的选票中获得了 399 票。但这并非来自于格兰特代表们的选票，他们仍然保持着稳定的 306 票。在未来的岁月里，他们将以"306"自称，为自己一直忠诚于己方的英雄而自豪。[37]

　　代表大会之所以提名康克林的人，即纽约港前联邦海关征税官切斯特·阿瑟（Chester Arthur）为副总统候选人，部分原因是要安抚康克林派，并且共和党知道纽约州需要赢得 11 月的大选。[38]

*

　　6 月 24 日，民主党提名温菲尔德·斯科特·汉考克将军为总统候选人。两周后，格兰特在一次报纸采访中称赞汉考克："我对汉考克将军没什么可说的。我认识他四十年了。他的个人、官方和军队记录都很好。"[39]

三个月后，格兰特私下里分享了更多关于汉考克的事情。卫理公会牧师詹姆斯·O. 克拉姆（James O. Cramb）和卫理公会的《基督教倡导者报》（*Christian Advocate*）的编辑查尔斯·H. 福勒（Charles H. Fowler）在加利纳拜访了格兰特。那天晚上，福勒在给妻子的一封信中重申了格兰特关于汉考克的一些秘密："他是一名非常优秀的指挥官。他雄心勃勃，有勇气，也很有风度；可是他虚荣、自私、软弱，而且很容易受人奉承。"而格兰特恰恰相反，最令他烦恼的是，"他永远不能忍受从别人那里得到任何荣誉"。[40]

当福勒发表这封信时，格兰特很不高兴——尤其是因为他认为自己的一些言论被错误地引用了。[41]

*

加菲尔德和汉考克在 1880 年选举中经常小心翼翼地处理这些问题。加菲尔德在俄亥俄州门托市（Mentor）的家中发起了一场"前廊"运动，而汉考克则经常透露自己在关税等政治问题上经验不足。他们都支持公务员制度改革，对中国人的移民限制，以及为内战老兵提供养老金。他们在关税问题上确实存在分歧，共和党人支持高保护性关税。最后，为了对抗作为内战英雄的"超级汉考克"，共和党提出了这样的策略，即民主党候选人几乎不了解自己的政党纲领。他们出版了一本小册子，题为《汉考克的政治成就》（*Hancock's Political Achievements*）——

以全部空白页印制。[42]

　　格兰特表达了他愿意公开为加菲尔德说话，并投入到他生命中的第一次竞选活动中。他写道："我对共和党竞选成功深感兴趣。"[43]

　　9月底，格兰特在俄亥俄州发表了一场关于"我为什么是共和党人"的竞选演说。他指责民主党"剥夺"了14个州公民的意见和投票权。为了阐明他的观点，他提到了阿尔比昂·W. 图吉（Albion W. Tourgee）最近出版的小说《一个傻瓜的差事》（*A Fool's Errand, by One of the Fools*），这本小说根据图吉在北卡罗来纳州14年的居住经历写成，他在那里当过政客、编辑和法官。格兰特认为，图吉"令人钦佩地讲述了"共和党人与种族主义南方之间的冲突。[44] 如果汉考克和民主党获胜，格兰特警告说："稳固的南方将会像以前的3K党主义（Kukluism）那样灭亡。"[45]

　　在演讲中，格兰特拥护共和党的政治哲学，即"在法律面前人人平等，不论他的种族、国籍或先前的状况"。他坚持共和党人"不容忍任何特权阶级。每个人都有机会尽己所能"。[46] 人们意识到，格兰特不仅想攻击民主党的立场，还想让共和党人挺起脊梁，因为有很多共和党人愿意把非裔美国人的命运交给南方的本地政府。

　　10月11日，纽约共和党人举行火炬游行欢迎格兰特。他把纽约作为自己的活动中心，在接下来的几个星期，他在新英格兰、纽约州北部和新泽西州率先发表演说，经常一天演讲两到三次，展示他改进过的演讲技巧。

　　在泽西城（Jersey City），格兰特又回到由图吉引发的话题上。图吉曾被一些批评人士指责为"提包客"。

我们所要求的是，我们的"提包客"同胞，我们的非洲裔同胞，以及每一个可能选择成为共和党人的其他阶级的同胞，都有权参加投票，即使他们是少数派，在投票时他们的房子不会被烧掉，他们也不会受到威胁或恐吓。[47]

当天晚些时候，在泽西城，格兰特决定把这个标签作为一种荣誉的象征，他怒吼道："我们都是'提包客'——别无其他。"[48]

在康涅狄格州哈特福德市（Hartford）的一次演讲中，格兰特受到了欢迎委员会成员马克·吐温的迎接。在从波士顿开来的火车上，吐温和弗里德·格兰特聊了起来。马克·吐温回忆说："渐渐的，事实证明，这位将军根本不像人们通常认为的那样是个富人，他甚至没有足够的收入，不能像一个三流的医生那样体面地生活。"[49]

马克·吐温相信"这一切都是如此可耻，是国会的耻辱"，决心"把这位将军手头拮据的情况作为我向哈特福德民众介绍他的材料"。在的演讲中，他提到了英国是如何用财富和荣耀来回报威灵顿公爵的"贡献"。他总结道："你们的国家爱你们，你们的国家以你们为荣，你们的国家感激你们。"在典型的吐温式讽刺中，他补充道："你们的国家从今天起就准备好了用一切可以想象的廉价方式证明她对你们无限的爱、自豪和感激。"[50]

格兰特回答说，他得到了足够的回报："他们给我的东西比金银更值钱。"但是吐温在哈特福德与格兰特的会面使他忧心忡忡；他决心做更多的事情来尊重和帮助这个他认为是美国"伟大的战士、受人尊敬的政治家和独立公民"的人。[51]

随着竞选活动的结束，尤利西斯和朱莉娅搬进了纽约的第五大道酒店过冬。

*

11 月 2 日，在投票率为 78.4% 的情况下，加菲尔德以不到 10000 票的微弱优势击败汉考克（4453337∶4444267 票），这是美国历史上票数最接近的选举之一。每个候选人都赢得了 19 个州，但是加菲尔德以 214∶155 票赢得了选举人票。选举地图证实了这个国家的地区划分。虽然选举失利，但汉考克赢得了前南方邦联的所有州，以及与之接壤的密苏里州、肯塔基州、西弗吉尼亚州、马里兰州和特拉华州。在 1868 年的总统选举中，非裔美国人为格兰特投下了 40 多万张选票，而在 1880 年，对非裔美国人的压制只带来了 17 万张选票。[52] 压制选民对非裔美国人的投票机会造成了更严重的影响。

格兰特的竞选活动起作用了吗？纽约政治家昌西·德皮尤称赞格兰特"慷慨、无私和热情的支持"是"加菲尔德得到的最大帮助"。他认为格兰特不仅是说服"所有老兵投票"的关键人物，而且是说服"那些已经变得不满或冷漠的人"从代表大会走出来并投票给加菲尔德的关键人物。[53]

选举结束后，许多朋友建议格兰特担任内阁职务，或承担一些可能与中国或日本有关的特殊任务。

为了让当选总统放心，在大选结束九天后，格兰特写道："在总统的馈赠中，没有一个职位是我愿意接受的。"不过，他还是提出了一个建议，"如果我能为国家服务……（我很乐意）就与墨西哥和东方——尤其是中国和日本——的事务提供建议。"[54]

*

就像马克·吐温所说的那样，从 1880 年秋开始，他经常拜访格兰特。有时，他还会带一些作家朋友前来，如威廉·迪恩·豪威尔斯（William Dean Howells）和乔治·华盛顿·凯布尔（George Washington Cable）。

不久，吐温开始谈论格兰特写回忆录的可能性。吐温记得格兰特"不会听从这个建议"。[55] 格兰特告诉吐温，他对自己的写作能力没有信心，并且进一步反对说，杨约翰已经出版了关于自己环球旅行的书，而巴多关于他军事史的书籍也刚刚出版。最后，格兰特确信自己的回忆录不会有销路。当吐温称他相信这样一本书会有"巨大的销量"时，格兰特回答说，他不需要额外的收入。[56]

谈话在 1881 年 1 月继续进行，当时格兰特写信告诉吐温："我一直不相信自己有能力写出任何能让自己满意的东西，而要让公众满意则更加困难。"他确实给吐温写过他很欣赏"（吐温）所激发的友谊"。[57]

*

那年夏天，朋友和支持者们挺身而出，解决了格兰特夫妇将如何以及将住在哪里的问题。包括乔治·蔡尔兹、安东尼·J. 德雷克塞尔（Anthony J. Drexel）和 J. 皮尔庞特·摩根（J. Pierpont Morgan）在内的 20 多人联合起来筹集了一笔 25 万美元的信托基金，格兰特每年将从中获取利息。另外增加的 10 万美元，使得格兰特在中央公园附近的东六十六街 3 号购买一栋新的四层褐砂石建筑成为可能。[58]

有了格兰特在内战、总统任期和环游世界中获得的所有奖品和纪念品，这栋房子的一楼看起来更像是个博物馆，而不是一个家。但对格兰特来说，最重要的是朱莉娅喜欢他们的新家。朱莉娅回忆说："这所房子比我们原先打算（或有能力）买的要大得多，也贵得多，但它是那么新、那么温馨、那么大，远远超过了我们谨慎的顾虑。"[59]

19 世纪下半叶，纽约市的财富中心从下第五大道转移到上城区。新近成立的大都会艺术博物馆（Metropolitan Museum of Art）和美国自然历史博物馆（American Museum of Natural History）都欣欣向荣。朱莉娅经常穿着她在东方购买的丝绸衣服，跟在丈夫珍爱的两匹马"少校"和"将军"后面，沿着第五大道前往她最喜欢的地方：朱莉娅·菲什位于东十七街 251 号的家。[60] 格兰特夫妇充分利用了纽约的社会和文化机遇。

*

从 1881 年开始，格兰特把他的精力放在了商业和投资机会上。他不必费劲寻找。新墨西哥州的一家金矿公司想要格兰特做他们的总裁，但他拒绝了。纽约世界博览会委员会曾计划在 1883 年举办一场博览会，以纪念 1783 年签订结束独立战争的《巴黎条约》（Treaty of Paris）100 周年，该委员会请求格兰特担任他们的负责人。他在工作几个月后便辞职了，并解释称，"我希望如此投入，却发现不方便投入"[61] 足够的时间来领导这项工作。

3 月 28 日，工作变得明朗起来。格兰特动身前往墨西哥，与当地政府协商成立墨西哥南方铁路公司（Mexican Southern Railroad Company）的章程。这次冒险不仅仅是修建一条铁路，格兰特意识到自己有兴趣帮助墨西哥，这是他一段时间以来一直设想的事情。[62]

/ 626

早在一年前，格兰特就以知名客人的身份来到这里，但这一次，他以风险投资家的身份前来。他与带着"准官方"身份的马蒂亚斯·罗梅罗一道，开始了一项建设一条从墨西哥城南部通往危地马拉（Guatemala）的铁路线计划，这条铁路线的分支将延伸至太平洋沿岸和墨西哥湾。格兰特的目标是开放西南部孤立的瓦哈卡州（Oaxaca）的贸易。他还想把这条新铁路和一条向北穿过格兰德河的铁路连接起来。[63]

4月22日，格兰特在墨西哥国会举行的瓦哈卡代表团宴会上致辞："我一直认为美国和墨西哥应该是最亲密的朋友，享有最密切的商业关系。"在阅读地方报纸上有关修建铁路可能是为了掩盖"吞并墨西哥领土的可能性"后，格兰特向官员们保证，"我们不想要更多的土地"。[64]

5月11日，他与墨西哥签署了一份合同，授权修建这条铁路。[65]计划要求在十年内完成。

*

格兰特回到美国为这条新铁路组织办事处。他选择在纽约州成立公司，并将办公室设立在华尔街2号的联合银行大楼二楼。他的内战同僚、工程师格伦维尔·道奇将担任副总裁，曾大举投资铁路的金融家拉塞尔·塞奇（Russell Sage）将担任财务主管。[66]

1882 年初，由于知道格兰特对墨西哥的兴趣——1881 年 9 月詹姆斯·加菲尔德遇刺身亡后 ①——美国总统切斯特·阿瑟邀请格兰特出任美国驻墨西哥专员，负责起草一份与墨西哥的商业条约。墨西哥任命马蒂亚斯·罗梅罗为墨方的两名专员之一。专员们很快就一项自由贸易条约的条款达成一致，该条约将取消对美国和墨西哥产品的关税。《互惠条约》于 1883 年 1 月 20 日签署，但需要得到两国参议院的批准。[67]

条约在美墨两国都遭到失败。在美国，贸易保护主义者谴责自由贸易条款。美国和墨西哥的一些人指责格兰特和罗梅罗主要是为了自己的经济利益。

尽管格兰特的冒险事业在《哈珀杂志》(*Harper's Magazine*) 上得到了积极报道（"这似乎是一个相当全面的计划，以满足最雄心勃勃的想法[68]"），但他的老对手怀特洛·瑞德指责格兰特"极度渴望赚钱"，并被在墨西哥的机遇搞得"神志不清"。[69] 格兰特很失望，给当时担任驻古巴总领事的巴多写道："我决不会为了自己可能获得的任何利益而从事我现在从事的工作。"[70]

/ 627

1883 年，在墨西哥南部修建铁路的许可仍然没有兑现，建设进展缓慢，许可证发放滞后。一本墨西哥旅行手册评论了施工所需的大量"授权"，指出到墨西哥铁路完工时，这些工人将是"初始工人的第三代"。[71]

*

格兰特的办公室位于华尔街 2 号，当他艰难地在办公室指挥

---

① 詹姆斯·加菲尔德在当选为总统四个月后即遇刺身亡，成为美国历史上第二个被暗杀的总统。

着墨西哥南部的工作时，就在楼下一层，29 岁的巴克在投资方面取得了惊人的成功。他毕业于菲利普艾斯特中学、哈佛大学和哥伦比亚大学法学院，在所有格兰特家的孩子中，他所受的教育是最好的。

1880 年 7 月，巴克被说服与费迪南德·沃德（Ferdinand Ward）合作成立了一家经纪公司。费迪南德·沃德是一位年轻的华尔街能手，1873 年在曼哈顿下城的纽约农产品交易所开始了职业生涯，凭借他金发碧眼的外表和个人魅力，以及大量的狡猾手段迅速崛起。巴克向他未来的岳父杰罗姆·查菲（Jerome Chaffee）借了 10 万美元，查菲在科罗拉多州凭借采矿业和银行业发家致富。沃德也投资了约 10 万美元，这让巴克对他深信不疑。

拿到巴克的钱后，沃德殷勤地坚持把他的名字放在公司正式注册的首位，尽管沃德才是那位是活跃的合伙人，而巴克只是沉默寡言的合伙人。因此，"格兰特和沃德公司"表面上看是对巴克的敬意，而巴克不知怎么忽略了一个显而易见的事实：公众自然会认为所提到的"格兰特"是他的父亲。沃德无意跟他说明，这并不奇怪。

1880 年 7 月，沃德的另一位合伙人，即华尔街国家海事银行（Marine National Bank）行长詹姆斯·D. 菲什（James D. Fish）使这家新的银行和经纪公司完全合法化。菲什的年龄几乎长了沃德一倍，他是另一个和蔼可亲的小镇移民［来自康涅狄格州的神秘镇（Mystic）］，他在这座大城市取得了不错的成绩，熟悉这里的生活。沃德在自己的办公室里安装了一条电话线，以便菲什直接联系。[72]

几个月后，费迪南德·沃德被称为"金融界的年轻拿破仑"，甚至对最有经验的华尔街交易员也产生了影响。[73] 只是这一次，并不是他的魅力，而是高收益率提高了他在热切投资者中的人气。这家公司赚得盆满钵满。

因此，几个月后，当格兰特的墨西哥南方铁路公司陷入墨西哥官僚作风的泥淖时，他向儿子求助，而儿子又找到沃德，要把他的父亲作为合伙人带进公司。毫不意外，沃德同意了。经过几次会议和愉快的交谈，格兰特决定投资 10 万美元，其中的一半将由朱莉娅和杰西出资。

随着老格兰特的加入，沃德决定是时候对公司进行资本重组。他、菲什和巴克都同意再出资 10 万美元，以配合格兰特的投资。格兰特和巴克作为不过问业务的合伙人，得到了每月 2000 美元的收入保证。[74]

有一段时间，一切似乎都很完美。这两个年轻人干得很好，格兰特不费吹灰之力就成了一个有钱人。该公司最初的账面资本为 40 万美元，现在的估值已为 1500 万美元。格兰特对退休收入的担忧烟消云散。

格兰特很快就喜欢上了年轻的沃德。毕竟，有什么是不喜欢的呢？沃德出生在印度的长老会传教士家庭，在他年轻的时候，其父亲回到纽约北部的一个教堂当牧师。他过着平静的生活，如果过得不错的话，他会以令人难以置信的慷慨将礼物赠送给家人和朋友。他似乎没有什么坏习惯。俄亥俄州民主党参议员艾伦·G. 瑟曼（Allen G. Thurman）对沃德是"迄今为止最成功的金融家"[75]印象深刻，希望提名他为下一任财政部部长。然而，与他同时代的一位更具洞察力的华尔街人士回忆道："他的存在很有吸引力，他的举止谦逊得令人难以置信。"[76]

事后，格兰特被指责没有做好沃德投资的功课。诚然，他从未参与过经纪公司的日常工作，但似乎每个人都在争先恐后地参与华尔街的"繁荣"。马克·吐温《镀金时代》中的核心人物"塞勒斯上校（Colonel Sellers）"代表了许多贪得无厌的美国人高呼："其中有数以百万计的人。"[77] 后来成为美国主要的小说家和早期格兰特传记作家的哈姆林·加兰德（Hamlin Garland）也评论道："如果格兰特拒绝与这样一位金融家的进一步合作，他会是一个独特的例外。"[78]

沃德确信没人了解这家新公司，但这也于事无补。他亲自处理所有的投资、存款，签署所有的文件，开具所有的支票。他暗示政府合同是公司繁荣的基础，但没有人见过任何的合同——因为根本就没有。[79]

很久以后，人们才发现巴克和格兰特是公司唯一的投资者，沃德和菲什什么都没有贡献。

今天，我们可以把沃德的操纵称为"庞氏骗局（Ponzi scheme）"。2008 年，伯尼·麦道夫（Bernie Madoff）① 令"沃德的骗局"臭名昭著。在格兰特的时代，其被称为"再抵押"。它的工作原理是这样的：沃德以证券作为贷款的抵押品，向客户支付了异常高的利息，而此前同样的证券也被用于其他贷款。因此，沃德能够从新的投资项目中抽取资金来支付投资者的利息。他的客户都不知道，包括格兰特父子。[80]

但菲什知道一切。他允许沃德从国家海事银行取回本应存放在银行金库中的证券。这种持续不断的花招迫使菲什在和银行查账员不期而遇时，不得不同他们捉迷藏。[81]

---

① 美国金融界明星经纪商，前纳斯达克主席，后开设了"麦道夫对冲避险基金"作为投资骗局的上市公司。他所设计的庞氏骗局在美国证券交易委员会等机构的监管下长期运作而未被察觉。案发后，包括众多大型金融机构在内的投资者共损失了超过 500 亿美元。

*

与此同时，格兰特不仅感到经济上有了保障，而且对自己的三个儿子事业有成、与可爱的妻子共同抚养家庭感到无比欣慰——到 1883 年，他已经有了九个孙辈。他希望内莉能住在美国，但又很享受她和孩子们前来探望。夏天，他在朗布兰奇给女儿写信说："事实上，你的妈妈和我都为我们的外孙子和外孙女感到骄傲。"[82]

圣诞节前十天，格兰特继续给女儿写信说："我们都很好，我们家正享受着我们所期望的繁荣。"[83] 即使格兰特对墨西哥南部的希望破灭，他估计自己的财富仍有 150 万美元，这主要归功于沃德的投资。作为他新得到的慷慨馈赠的一部分，他在圣诞节给了四个孙女 / 外孙女每人 2500 美元的债券。

1883 年圣诞节当天，格兰特接到许多社会来电后赶回家，当他伸手付钱给马车夫时，却滑倒在结冰的街道上。几年前，他的马在维克斯堡摔了一跤，他的大腿肌肉也受了伤。虽然已 61 岁，但他身体很健康，只不过要靠拐杖生活。[84]

1884 年初的某个时候，格兰特的前副官、现任普尔曼豪华汽车公司总裁的霍勒斯·波特听说格兰特的这些利润有可能是非法的，觉得有必要提醒他一下。当波特来到格兰特家的时候，沃德正好在场。在听到沃德热情的谈话以及看到格兰特的赞赏回应后，他决定退出，不作干预。[85]

*

1884 年 5 月 4 日，星期日，下午，费迪南德·沃德按响了东六十六街 3 号的门铃。沃德到格兰特家做客总是受欢迎的，但通常他并非不请自来。一个女仆带他进入客厅，在那里他受到格兰特和巴克的欢迎。他对两人说，国家海事银行的处境非常困难，因为市财政主管已经决定提取一些海事银行的资金。

格兰特表示惊讶，并问这事与他有什么关系。

沃德回答说，由于格兰特和沃德在那里有 66 万美元的存款，这可能会使公司的财务状况处于危险之中。

巴克插了一句，但银行的资金状况不是很好吗？

当然可以。从长远来看没有什么可担心的，但公司需要资金来填补潜在的缺口。沃德说，他已经有了 23 万美元的支票，但不知道将军当天能否再借 15 万美元给他。沃德向格兰特保证，这笔钱只需要借用 24 小时。

格兰特同意试着借钱。他带着沃德和巴克坐着马车沿第五大道行进，并停在威廉·H. 范德比尔特（William H. Vanderbilt）那座有 58 个房间的塔楼前。[86] 一进屋，格兰特就解释了来访的目的。范德比尔特是"海军准将"科尼利厄斯·范德比尔特的长子和继承人，他养成了不发放个人贷款的习惯。以脾气暴躁著称的威廉·H. 范德比尔特告诉格兰特："我对国家海事银行一点也不关心。说实话，我对格兰特和沃德公司一点也不关心。但是为了方便您，我将按照您的要求开出支票。我认为这是给您的个人贷款，而不是给别人的。"[87]

格兰特接受了 15 万美元的支票。他回到马车里，和年轻人一起回到东六十六街，在那里签名并把支票交给沃德。"金融界的年轻拿破仑"向老将军保证，整个事情都会好转起来。

*

5月6日，星期二，上午10点，国家海事银行准时开门营业。银行的董事们来到这里，聚集在一起开每周例会。但是菲什董事长在哪里呢？沃德又在哪里呢？有人联系了他的办公室，但没人看到他。

董事会议于上午11点结束。几分钟后，当存款人开始聚集在银行门外时，银行的所有门都上了锁。到下午，股市已暴跌了3%。[88]

中午，格兰特来到他位于华尔街2号的办公室。街上挤满了人，但报社记者亚历山大·诺耶斯（Alexander Noyes）写道：

1884年的华尔街恐慌使格兰特遭受了巨大损失。

"将军没有左顾右盼。"在诺耶斯的注视下，"没有人跟在他后面，也没有人跟他说话，但是这个充满疑虑的'铁石心肠'团体里的每个人都摘下了帽子"。这位年轻的记者宣称："这与其说是对一位前长官的敬意，不如说是对发生在我们眼前的巨大个人悲剧的自发承认。"[89]

在紧闭的门后，格兰特问巴克发生了什么事。

"格兰特和沃德公司倒闭了，沃德逃跑了。您最好回家去，父亲。"[90]

格兰特一句话也没说，挂着拐杖稳住了身子，默默地从人群中走过，回家去了。

深感耻辱的格兰特把发生的一切都告诉了朱莉娅。然后他打开钱包，取出里面的东西：81 美元。她有 130 美元。他所有的退休梦想都消失了。

注　释

1　USG to Adolph F. Borie, September 28, 1879, *Grant Papers*, 29: 248.

2　Young, *Around the World*, 2: 627–28.

3　Young, "To Mrs. Julia D. Grant," *Around the World*, 1: n.p.

4　Howard, *Autobiography of Oliver Otis Howard*, 2: 481.

5　Ibid., 479–80.

6　USG, speech, November 5, 1879, *Grant Papers*, 29: 282.

7　1958 年的《前总统法案》(Former Presidents Act) 首次赋予前总统领取终身退休金的权利。http://www.archives.gov/about/laws/former-presidents.html.

8　Justin Kaplan, *Mr. Clemens and Mark Twain* (New York: Simon & Schuster, 1966), 224–25.

9　贾斯汀·卡普兰 (Justin Kaplan) 描述了当晚的情绪，见：225ff。

10　Ibid., 226.

11 Rachel Cohen, *A Chance Meeting: Intertwined Lives of American Writers and Artists* (New York: Random House, 2004), 58–60.

12 Twain, *Autobiography of Mark Twain*, 1: 68.

13 *Grant Papers*, 29: xv; Julia Dent Grant, *Personal Memoirs*, 312.

14 Eaton, *Presidential Timber*, 67–68.

15 *Chicago Tribune*, May 12, 1880; Smith, *Grant*, 614. 对于卢瑟福·B. 海耶斯 (Rutherford B. Hayes) 看法的修正, 见: Ari Hoogenboom, *Rutherford B. Hayes: Warrior and President* (Lawrence: University Press of Kansas, 1995)。See also Harry Barnard, *Rutherford B. Hayes and His America* (Indianapolis: Bobbs-Merrill, 1954), and H. J. Eckenrode, *Rutherford B. Hayes: Statesman of Reunion* (New York: Dodd, Mead, 1930).

16 Rutherford B. Hayes, entry December 18, 1879, *Diary and Letters of Rutherford Birchard Hayes*, 3: 582.

17 St. Louis Globe Democrat, quoted in *New York Tribune*, July 22, 1878.

18 *New York Times*, January 6, 1880.

19 *New York Sun*, n.d., cited in Spencer L. Leitman, "The Revival of an Image: Grant and the 1880 Republican Nominating Campaign," *Missouri Historical Society Bulletin* 30 (April 1974): 200.

20 *The Nation*, September 25, 1879.

21 USG to Adam Badeau, August 30, 1879, *Grant Papers*, 29, 234.

22 Lewis L. Gould, *The Republicans: A History of the Grand Old Party* (New York: Random House, 2014), 74.

23 *Grant Papers*, 29: xxix, 345n.

24 USG to George Childs, January 18, 1880, *Grant Papers*, 29: 346.

25 USG to Elihu B. Washburne, February 2, 1880, *Grant Papers*, 29: 352–53. 阿道夫·E. 博利 (Adolph E. Borie) 于 1880 年 2 月 5 日在费城去世。

26 *Chicago Inter-Ocean*, February 27, 1880; *Grant Papers*, 29: 363n.

27 David M. Pletcher, *Rails, Mines, & Progress: Seven American Promoters in Mexico, 1867–1911* (Ithaca, N.Y.: Cornell University Press, 1958), 156.

28 USG to George W. Childs, *Grant Papers*, 29, 365. 英国驻华盛顿公使馆秘书维克多·德拉蒙德 (Victor Drummond) 注意到格兰特的来访, 于是给伦敦的上级发了一封电报, 告知格兰特给他留下的良好印象。自 1862 年英国与法国和西班牙三方入侵墨西哥后, 英国在墨西哥就没有外交代表派驻了。德拉蒙德认为, 墨西哥新近对美国资本的开放是在格兰特的影响下达成的。*British Parliamentary Papers*, 1881: 89, 100, 2994, cited by Osgood Hardy, "Ulysses S. Grant: President of the Mexican Southern

Railroad," *Pacific Historical Review* 24, no. 2（May 1955）: 113.

29 *Grant Papers*, 29: xxix-xxx, 376-78n; speech, Vicksburg, April 12, 1880, 380-81.

30 Jordan, *Roscoe Conkling of New York*, 322-23.

31 Badeau, *Grant in Peace*, 320.

32 Julia Dent Grant, *Personal Memoirs*, 321.

33 Eaton, *Presidential Timber*, 75-76.

34 Julia Dent Grant, *Personal Memoirs*, 321-22.

35 Hesseltine, *Ulysses S. Grant*, 438-39; Jordan, *Roscoe Conkling of New York*, 338-39.

36 Candice Millard, *Destiny of the Republic: A Tale of Madness, Medicine and the Murder of a President*（New York: Doubleday, 2011）, 7-11, 44.

37 Eaton, *Presidential Timber*, 84. Smith, *Grant*, 赫伯特·伊顿（Herbert Eaton）叙述道，在1880年末制作的一份荣誉榜中，306名全部忠诚的拥护者均被列出，并且每个人都被颁发了一枚特别的格兰特奖章。（705n33）

38 Jordan, *Conkling of New York*, 342.

39 Interview with the *Chicago Advance*, July 8, 1880, *Grant Papers*, 29: 438-39.

40 Charles H. Fowler to his wife, September 21, 1880, *Grant Papers*, 29: 461n. 查尔斯·H.福勒（Charles H. Fowler）之前曾担任西北大学校长。这段与格兰特的谈话并非隐私，因为福勒将这封信公开给了妻子。

41 USG to Chicago reporter, October 5, 1880, *Grant Papers*, 29: 464n.

42 Millard, *Destiny of the Republic*, 59.

43 USG to James A. Garfield, August 5, 1880, *Grant Papers*, 29: 440.

44 For Tourgée as a radical racial reformer, see White, *Liberty and Justice for All*, 7, 6-9, 36-37.

45 USG, speech, Warren, Ohio, September 28, 1880, *Grant Papers*, 29, 478-79.

46 Ibid., 478.

47 USG, speech, Jersey City, N.J., October 21, 1880, *Grant Papers*, 30: 15.

48 Ibid., 30: 17n.

49 Twain, *Autobiography of Mark Twain*, 1: 75-76.

50 Ibid., 76; Mark Twain, welcoming speech to Hartford, Conn., October 16, 1880, *Grant Papers*, 30: 10-11n.

51 USG, speech, Hartford, Conn., October 16, 1880, *Grant Papers*, 30: 10.

52 George R. Goethals, *Presidential Leadership and African-Americans*（New York: Routledge, 2015）, 121.

53 Chauncey M. Depew, *My Memories of Eighty Years* (New York: Charles Scribner's Sons, 1922), 111.

54 USG to James Garfield, November 11, 1880, *Grant Papers*, 30: 74–75.

55 Twain, *Autobiography of Mark Twain*, 1: 71.

56 Ibid., 71.

57 USG to Samuel L. Clemens, January 14, 1881, *Grant Papers*, 30: 118–19.

58 Smith, *Grant*, 618.

59 Julia Dent Grant, *Personal Memoirs*, 323–24.

60 Ross, *The General's Wife*, 281.

61 USG to World's Fair Commission, March 22, 1881, *Grant Papers*, 30: 182.

62 关于墨西哥的交通现代化，见：Pletcher, *Rails, Mines, & Progress*。

63 *Grant Papers*, 30: 219n.; Pletcher, *Rails, Mines, & Progress*, 150.

64 USG, speech, Mexico City, April 22, 1881, *Grant Papers*, 30: 199, 202; Pletcher, *Rails, Mines, & Progress*, 163.

65 *Grant Papers*, 30: xxiv.

66 Ibid., 30: 121n.

67 Pletcher, *Rails, Mines, & Progress*, 171–74. 虽然对格兰特的正式邀请是阿瑟总统（President Arthur）发出的，但是由新任国务卿弗里德里克·T. 弗雷林霍伊森（Frederick T. Frelinghuysen）倡导，他是格兰特的老朋友，于 1881 年 12 月 18 日接替了詹姆斯·G. 布莱恩（James G. Blaine）。

68 F. E. Prendergast, "Railroads in Mexico," *Harper's Magazine* 63 (1881): 276–81.

69 Whitelaw Reid to Justin S. Morrill, May 18, 1883, cited in Pletcher, *Railroads, Mines, & Progress*, 150.

70 Badeau, *Grant in Peace*, 353.

71 Frederick A. Ober, *Travels in Mexico and Life Among the Mexicans* (Boston: Estes and Lauriat, 1884), 443–44.

72 Ibid., 138, 147, 149, 163.

73 Geoffrey C. Ward, *A Disposition to Be Rich: How a SmallTown Pastor's Son Ruined an American President, Brought on a Wall Street Crash, and Made Himself the Best-Hated Man in the United States* (New York: Alfred A. Knopf, 2012), 152–53, 158–59, 162–63.

74 Ibid., 168, 179.

75 Hamlin Garland, "A Romance of Wall Street: The Grant and Ward Failure," *McClure's Magazine* (April 1898), 500; Thomas M. Pitkin, *The Captain Departs: Ulysses S. Grant's Last Campaign* (Carbondale, Ill.: Southern Illinois University

Press，1973），2；Ward，*A Disposition to Be Rich*，159，169，198.

76　Henry Clews，*Twenty-eight Years in Wall Street*（New York：Irving Publishing，1898），215.

77　Twain，*The Gilded Age*，xxiii，47.

78　Garland，"A Romance of Wall Street，" 499.

79　Ward，*A Disposition to Be Rich*，178–84.

80　Ibid.，177，204，210–11.

81　Ibid.，177，204.

82　USG to Ellen Grant Sartoris，July 25，1883，*Grant Papers*，31：55.

83　Ibid.，December 15，1883，*Grant Papers*，31：91.

84　Julia Dent Grant，*Personal Memoirs*，326；Hesseltine，*Ulysses S. Grant*，446–47.

85　Ward，*A Disposition to Be Rich*，194n.

86　Ferdinand Ward，"My Recollections of General Grant，" *New York Herald*，December 26，1909.

87　Garland，"A Romance of Wall Street，" 500–501.

88　Ward，*A Disposition to Be Rich*，217. 虽然费迪南德·沃德（Ferdinand Ward）的故事一直被包含在格兰特的各种传记中，但沃德本人的这本书以全新的方式阐释了这个利欲熏心的故事。

89　Alexander Dana Noyes，*The Market Place：Reminiscences of a Financial Editor*（New York：Little，Brown & Co.，1938），44–45.

90　Ward，*A Disposition to Be Rich*，218–19；Garland，"A Romance of Wall Street，" 502.

> 如果说格兰特将军是一本书，那么这将是一部伟大的、独特的、无与伦比的文学杰作。
>
> ——马克·吐温

"尤利西斯·S. 格兰特有罪吗？"《纽约太阳报》如是问道。"出于对金钱的热爱，我们这个时代最伟大将军的军事声誉已经被其拥有者抹黑和贬低。人们羞愧地看着。"[1]

格兰特不需要和查尔斯·达纳谈论这件耻辱之事。他向密友乔治·蔡尔兹倾诉："如果真是这样，我会承担所有的经济损失，但是我被一个凭借这样的机会认识的人骗了这么久，真是一种耻辱。"[2]

格兰特决定偿还所有债务，他从偿还欠威廉·H. 范德比尔特的债务开始。他准备了一份自己所有财产的账目：在密苏里州的农场，在加利纳、费城和华盛顿的住宅，以及在芝加哥的土地。他收集了自己的战刀、战役地图、国会颁发的金质奖牌、用来撰写莽原会战命令的钢笔，以及在世界之旅中获得的稀有纪念品。朱莉娅捐献了珠宝和花瓶，这只花瓶价值不菲，里面装满了许多国家送给她的金币。格兰特对此毫无保留。最后，他认为这笔钱的总额几乎正好是 15 万美元。[3]

他把所有的东西都寄给了范德比尔特。当他从欧洲度假回来发现格兰特寄来的东西时，这位金融巨头感到困惑不解。他通知格兰特会把所有东西都寄还回去。但格兰特不同意。

最后，范德比尔特接受了偿还，并给朱莉娅写道："所有具有历史价值和影响的物品，应在将军去世后，或者如果您想要更早些的话，都应交给联邦政府。在华盛顿，它们将永远作为纪念他的名声和他那个时代的历史纪念物。"[4] 范德比尔特这样做既是为了维护格兰特的尊严，也是为了把他的故事留给未来的几代美国人。

尽管范德比尔特获得了东六十六街 3 号那栋房子的所有权，但他坚持要格兰特和朱莉娅继续住在那儿。

*

公众没有责怪格兰特。大多数美国人认为他是沃德巨大骗局的无知旁观者。认识的和不认识的人都前来帮忙。

查尔斯·伍德（Charles Wood）在纽约州兰辛堡（Lansingburgh）拥有一家刷子厂，他写道："谨同函奉上 500 美元支票一张，用以支付我在 1865 年 4 月前后到期的劳务款项。"[5] 他这样做是由于"您在阿波马托克斯战役中作出的贡献，我欠您一个人情"。[6] 在《特洛伊日报》（*Troy Daily Press*）上读到"格兰特的破产"时，伍德只是想帮忙。

格兰特立即给伍德回信，感谢这位陌生人送来的礼物。几天之内，伍德又寄来了两张支票，总额为 1000 美元。他鼓励道："这个国家会为您团结起来，但大规模的行动还比较缓慢。"[7]

马蒂亚斯·罗梅罗拜访了格兰特，向他提供支持。墨西哥领导人一言不发地离开时，把 1000 美元放在门边的桌上。他的意思是把它作为礼物，但格兰特和朱莉娅只接受将其作为贷款，他们在一个月后就偿还了款项。[8]

5 月 27 日下午，东六十六街 3 号的门铃响了。费迪南德·沃德又一次站在门口。他于 5 月 21 日被捕，将要在监狱里度过接下来的八年，随后获得保释。他只想见格兰特几分钟，将军给出了他的回答：无话可说。9

*

6 月，格兰特和朱莉娅回到他们在朗布兰奇的避暑别墅。6月6日，在芝加哥开会的共和党人提名詹姆斯·G. 布莱恩和约翰·A. 罗根在秋季选举中领导共和党。16 年来，格兰特第一次远离了政治会议，他并不后悔。

对格兰特的支持也以非货币的形式到来。乔治·斯图尔特是一位长老会的平信徒领袖，长期以来一直与反奴隶制事业、主日学校联盟和基督教青年会有联系，他邀请格兰特一同参加在新泽西州海洋树林小镇（Ocean Grove，也译"欧申格罗夫"）举行的一场集会。这个夏季周日的集会，由卫理公会野营布道会运动发展而来，在海洋树林小镇的露天帐篷里聚集了数千人。斯图尔特向人群作了简短发言，并介绍了前陆军牧师 A. J. 帕尔默，帕尔默的话直接指向了格兰特："我是您的一个士兵。虽然没有我们，您无法过活，但没有您，我们也同样无法过活。华尔街骗子的任何合作都不会损害我这位老上级的名誉。"斯图亚特扶着格兰特站起来回应，但几句话之后，格兰特"忍不住感情的迸发，他的眼泪夺眶而出"，他觉得"不得不重新回到座位上"。10

*

6 月的晚些时候，格兰特咬了一口夏天的桃子，痛苦地叫道："哦，天啊。我想那个桃子里的什么东西刺痛了我。"他在厨房里踱来踱去，走到阳台上，用水漱了漱口，但对朱莉娅说："水就像液体的火一样刺痛。"[11]

朱莉娅恳求他去看医生。他回答说："不，我会马上就好，不用看医生。"[12]

格兰特确实告诉了邻居乔治·蔡尔兹自己喉咙里很干燥。蔡尔兹请来访的费城内科医师雅各布·M. 达·科斯塔医生（Dr. Jacob M. Da Costa）给他作了检查。[13]

达·科斯塔没有发现什么特别的问题，只是建议格兰特去看家庭内科医师。每年夏天都待在欧洲的福代斯·巴克医生（Dr. Fordyce Barker）直到四个月后的 10 月才回来。格兰特早忘掉了他喉咙里的刺激性症状。[14]

*

1884 年春，《世纪杂志》（*The Century Magazine*）的高级编辑理查德·沃森·吉尔德（Richard Watson Gilder）找格兰特写一篇或几篇文章。该杂志是美国内战后的主要杂志之一，因对国家问题的评论而广受欢迎。它的编辑们在下赌注，认为这本定价 35 美分的月刊，它的 125000 名读者会对这位伟大领袖和内战战事的有关文章感兴趣。1883 年向投稿者发出的最初邀请迄今没有收到任何积极的答复。吉尔德将招募投稿人称作"捕捉将军"。被"捕捉"的主要将领是前陆军总司令格兰特。如果能说服格兰特投稿，编辑们相信其他人也会同意投稿。[15]

格兰特拒绝了吉尔德的提议。

吉尔德毫不气馁，指派副编辑罗伯特·U. 约翰逊（Robert U. Johnson）去"捕捉"格兰特。在 6 月的一个美丽的早晨，约翰逊和格兰特在朗布兰奇格兰特家的阳台上交谈。格兰特以一种令编辑吃惊的坦率口吻，"毫无节制"地谈论了他的金融崩溃，好像他想在开始新的冒险之前"扫清障碍"。[16]

他问约翰逊，《世纪杂志》想要多少篇文章？"将军想写多少就写多少。"但这位年轻的编辑告诉格兰特，他认为最好从四篇开始：夏伊洛会战、维克斯堡战役、莽原会战和罗伯特·E. 李将军的投降。该杂志准备为每篇文章支付 500 美元（相当于今天的 13000 美元）。

格兰特曾告诉马克·吐温，他不够自律，所以不能成为一名作家，但现在他开始了一种自律的生活方式。他让亚当·巴多协助自己。弗里德会帮父亲查看官方记录。[17]阅读这些记录再次唤起了格兰特的记忆。

*

在 7 月 1 日收到第一篇关于夏伊洛的文章时，吉尔德给约翰逊写信道："格兰特万岁！"[18]

欢呼声立刻消失了。令他们沮丧的是，吉尔德和约翰逊意识到格兰特提交的短短四页纸基本上是对他官方报告的重写。[19]

吉尔德责成约翰逊返回朗布兰奇，敦促格兰特进行修改，以期为《世纪杂志》的读者提供一种身临其境的感觉。约翰逊不想让将军泄气，他知道"这需要我集中所有的机敏"。[20]

约翰逊把那篇文章塞进口袋里，又一次和格兰特坐在一起。他决定不从坏消息开始，而是开始谈论夏伊洛。令他惊讶的是，"我发现格兰特将军不是一个'沉默寡言的人'，而是非常健谈"。正如他们所谈论的，"这里没有自信，没有创造完美记录的欲望，也没有不负盛名的愿望"。他们谈得越多，格兰特就越能"揭示他经历中人性的一面"。[21] 例如，在夏伊洛会战第一天结束时，格兰特曾试图在一家临时战地医院睡觉，但由于他无法忍受截肢手术，所以他在雨中靠着一棵树坐了一整夜。

约翰逊记录下格兰特自由分享的"兴趣点"。编辑鼓励他写作，就像他在和那些对夏伊洛一无所知的人交谈一样，从"他的计划、想法、所见、所说和所做"[22] 的角度叙述。

所有这一切"对他来说都是一个新想法"。[23] 格兰特收回他的四页纸，告诉约翰逊自己会重新开始。

7月15日，他在给吉尔德的信中写道："我现在已经为维克斯堡战役写了两周时间，包括周日和其他所有时间，平均每天超过四个小时。"[24]

格兰特深受鼓舞，他给谢尔曼写道："我希望你和谢尔丹都能为这个系列写点东西。"[25]

*

格兰特对自己的文章及其受到《世纪杂志》编辑们的欢迎感到满意，于是萌生了写回忆录的想法。尽管他关于夏伊洛的第一篇文章计划要到1885年2月才发表，但这一消息还是传开了。意识到其他人可能会要求格兰特为之服务，编辑们把他们的目光投向了这个最具价值的项目。

吉尔德向世纪公司总裁罗斯威尔·史密斯（Roswell Smith）施压，要求他提出合约。史密斯反对向作者支付预付款，但他同意在9月初参加格兰特、蔡尔兹和约翰逊于朗布兰奇的一次会面。[26]

在海滩季节即将结束的一个温暖日子里，这四个人在格兰特别墅的阳台上见了面。将军静静地坐着，脖子上围着一条丝巾。

突然，他用沙哑的声音问道："你真的认为会有人对我写的书感兴趣吗？"[27]

史密斯回答说："将军，您不认为公众会贪婪地阅读拿破仑对他作战的个人描述吗？"

那天，《世纪杂志》的工作人员离开了朗布兰奇，他们知道格兰特会为他们撰写回忆录。但在格兰特看来，他并没有作出任何承诺。他写道："我个人的观点是，他们将是最好的出版商。但在发表之前，我不会作出任何承诺。"[28]

*

当格兰特10月初回到这座城市时，喉咙又疼了起来。10月20日，他终于去看了家庭内科医师巴克。巴克建议他立刻去看咽喉病专家。[29]

两天后，他去找约翰·H. 道格拉斯医生（Dr. John H. Douglas）。道格拉斯很威严，满头白发，蓄着胡须。他在美国卫生委员会任职期间，在夏伊洛和莽原地区建立了野战医院，那时便与格兰特相识。

格兰特第一次意识到问题的严重性。检查显示，问题不在于喉咙，而在于舌根。

"这是癌症吗？"

道格拉斯在他的日记中写道："这个问题已经被提出，我不能给出不确定、犹豫的回答。"他告诉格兰特："将军，这种病很严重……有时还能治愈。"[30]他注射了大量可卡因，立刻缓解了疼痛，让病人能够不再持续疼痛地入睡。

为了证实自己的观点，道格拉斯请来了另外两名医生。在从格兰特舌头后部取出一小块组织后，他让乔治·埃利奥特医生（Dr. George Elliott）作了活组织检查。埃利奥特和道格拉斯把样本拿给微生物学家兼外科医生乔治·施拉迪（George Shrady），但没有告诉他检查对象的名字。施拉迪认为这个标本是癌变的。

格兰特是因为抽雪茄导致了癌症吗？在这么多年的时间里，持续吸烟确实使情况更加不利。道格拉斯让他戒烟。[31]

*

1883 年 11 月，格兰特给远在英国的内莉写信，只透露"我喉咙疼痛已经四个多月了"，"医生在治疗喉咙疼痛方面取得了一定进展"。[32]

格兰特也没有把自己的病情告诉朱莉娅和弗里德。失望之下，朱莉娅决定亲自拜访医生。"然后我去看了专家，得知了这一可怕的事实，但我仍然不相信这种病是致命的。"[33]

*

随着格兰特回到这座城市，吐温又开始了他的访问。当他们交谈时，吐温开始意识到将军也有讲故事的天赋。他特别着迷于格兰特对细节的关注——地形、作战计划和地势。

1884 年秋，吐温正忙着撰写《哈克贝利·费恩历险记》（*Adventures of Huckleberry Finn*）的最后阶段，为 12 月的出版作准备。在与众多出版商发生争执后，他成立了自己的出版社"查尔斯韦伯斯特公司（Charles L. Webster & Company）"，韦伯斯特是他侄女的丈夫。

11 月的一个晚上，马克·吐温在联合广场附近的娱乐区读书会活动结束后遇到了吉尔德，吉尔德邀请他在东十五街的家里吃晚饭。吉尔德用他说服格兰特为《世纪杂志》写四篇文章的故事逗乐了吐温。他告诉作家，将军很高兴为每篇文章获得 500 美元的稿酬。[34]

"我竖起耳朵来听，"吐温后来写道，"为一篇杂志文章给格兰特支付 500 美元是一种巨大的侮辱。"[35] 在进一步询问后，吐温得知《世纪杂志》计划出版格兰特的回忆录。

马克·吐温认识到格兰特的文学才能，并成为他的朋友和利益代理人。

第二天早上，吐温径直前往格兰特家。他重复了吉尔德告诉他的话，问他是否签了合同。

格兰特拿出这份合同，评论道："他认为《世纪杂志》的提议是公平和正确的。"[36] 它要求支付10%的标准版税。格兰特准备接受，但还没有签字。

"我不知道该哭还是该笑。"为什么？10%的版税和"他们会提供给任何不知名的科曼奇印第安人（Comanche Indian）"一样，他们的书可能会卖出3000册。但吐温相信格兰特的回忆录能卖出30万册。

他试图说服格兰特让他在查尔斯韦伯斯特公司出版这本回忆录。[37]

格兰特很难过，抗议说他有义务与《世纪杂志》签署合同。吐温意识到，在格兰特的"军事头脑"看来，在这么晚的时刻改变出版商似乎就是"不忠"。弗里德提议："把《世纪杂志》的合同搁在桌面上24个小时，同时审查和讨论这一情况。"[38]

第二天早上，吐温又回来了："把回忆录卖给我吧，将军。"说完，他拿出支票簿，主动提出当场开一张50000美元的支票。

吐温回忆说，格兰特对此大吃一惊，并"不愿意听到这样的事。他说我们是朋友，如果我的书不能赚那么多钱，你该怎么办呢？"[39]

经过长时间的考虑，格兰特给乔治·蔡尔兹打了电报，他依靠蔡尔兹充当财务顾问："在重新审视《世纪杂志》编辑们起草的合同时，我发现这一切都有利于出版商，作者一无所有。查尔斯韦伯斯特公司向我提供了非常优惠的条件，这是马克·吐温的公司。"[40]

在与格兰特、弗里德和朱莉娅广泛讨论了这个问题后，蔡尔兹发表了看法："把书给克莱门斯①。"吐温给了格兰特一个选择：20%的版税或70%的净收入。[41]在蔡尔兹的建议下，格兰特选择了总净收入的70%。

*

格兰特手里拿着一份已签好的合同，进而养成了一种严谨的写作习惯。他在家里二楼楼梯顶端的一个小房间工作。光线从东六十六街对面的两扇窗户射进来。他把自己裹在围巾里，头上戴着一顶编织帽，以抵御冬天的寒冷。蔡尔兹安排每周送两到三次温室里的花束，以便使原本平淡无奇的书房变得明亮起来。[42]

早晨，格兰特在一张没有横线的稿纸上稳定地写作四个小时。他写得很快，有时一天写几千词——这证明了他的专注力。在他写作的小桌子旁，弗里德把父亲的地图按时间顺序排列在一张从厨房搬上来的白色松木桌子上。[43]

格兰特邀请亚当·巴多做助手。由于巴多有自己的工作——他当时正在写一部以古巴为背景的小说——他起初有些犹豫，但最终还是同意了。格兰特把谢尔曼的回忆录放在办公桌上，而巴多则参考了他自己写的《尤利西斯·S. 格兰特军事史》（*Military History of Ulysses S. Grant*）。

写作是一门可以通过练习来提高的技艺。尽管在军队时，格兰特就很稳定地写作，几乎没有受到影响，因而现在他成了自己的编辑。虽然他明白，由于健康状况，他是在与时间赛跑，但值得注意的是，他在修改手稿时是很小心谨慎的。

---

① 即马克·吐温。

下午，格兰特会编辑早上写过的样稿，并停下来寻找更合适的词来表达一个想法或行动。晚上，他和弗里德、巴多则讨论第二天的写作计划。

晚上快结束的时候，就像许多年前他们曾在加利纳那样，在永远改变了他们生活的战争开始之前，尤利西斯会大声朗读给朱莉娅听，朱莉娅听着他句子的节奏，并提出自己的建议。[44]

*

格兰特咳嗽得愈发厉害，这意味着他很难入睡。他的医生只能开止痛药来帮助他，但往往没有效果。一天晚上，他请施拉迪医生过来。施拉迪到达后，他意识到格兰特的焦虑，建议称"假装你又回到了童年"，这样就能像在乔治敦一样睡着了。"蜷起你的腿"并"侧卧"，施拉迪把格兰特的胳膊放在枕头下。"现在像个好孩子一样去睡觉。"[45]格兰特很快就睡着了。

施拉迪抬头一看，发现朱莉娅在门口。他告诉朱莉娅，他希望不要觉得他的话"有损身份"——他只想帮助病人入睡。"一点这样的想法都没有，"朱莉娅回答说，"他是世界上最简单、最有礼貌、最有理性的人，他喜欢所认识的人能不带礼节客套地对待他。"[46]

*

1885年初冬，格兰特的健康状况进一步恶化，吐温建议雇一名速记员，让他口述手稿。来自华盛顿的诺布尔·E.道森（Noble E. Dawson）前来帮忙，他曾在格兰特前往墨西哥的一次旅行中担任过他的秘书，并在参议院州际商务委员会担任速记员。[47]

*

1885年1月，格兰特被关在家里。由于担心在睡觉时窒息，他开始在两张面对面的大扶手椅上直立着睡觉。[48]

内莉从英国写信回来，关心她的父亲。如果他早些时候曾试图保护女儿不受他病情的严重影响，到2月时他已经向她透露这是"一件非常严重的事情"。格兰特承认："我还需要很长时间才能康复。"[49]但后来他开始向女儿讲述自己的回忆录："如果你花时间读这本书，你会发现在你认识我之前，我是一个什么样的男孩和男人。"[50]

2月21日，马克·吐温与乔治·华盛顿·凯布尔结束为期四个月的"天才双胞胎之旅"后立即拜访了格兰特。[51]将军的脸色如此苍白，这让他大为震惊，他甚至担心格兰特能否完成这本回忆录。然而格兰特承诺他会完成这个项目。

*

3月1日，《纽约时报》的头条大声疾呼："**格兰特正在死去。**"[52]《纽约时报》的报道引发了其他纽约报纸《纽约先驱报》、《纽约论坛报》、《纽约世界报》、《纽约太阳报》、《纽约邮报》（*New York Post*）以及《布鲁克林鹰报》（*Brooklyn Eagle*）的记者们，他们聚集在东六十六街3号的对面。不久，来自辛辛那提、芝加哥、圣路易斯和旧金山的记者们壮大了这支记者队伍。

一名记者开始称他们每天的露面为"死亡观察"。[53]

为了回应这种全国性的关注，格兰特的医生们每天都要发表两次公告。代表美联社（Associated Press）、合众社（United Press）和西部联盟电报公司的"公告小子"在医生的新闻公告发布后立即抢走了副本，并将它们迅速送往各自的通讯社。格兰特的健康吸引了全国人的关注。[54]

有一天，一直在减肥的格兰特叹了口气，幽默地对道格拉斯医生说："你可能认为报纸能帮我把体重导向正轨。"那天早上，他给自己称重：146磅，减轻了40多磅。"今天早上我看了六份报纸。其中没有两个数字是一样的，也没有一个是对的。"[55]

报纸的报道有时超越了医学报告中的信息——通常夸大了格兰特病情的严重性。格兰特从未失去过幽默感，有一天他对施拉迪说："医生，你昨天给我的报告不太好。"[56]

*

与此同时，在华盛顿，随着国会被迫于3月4日休会，另一个关于格兰特的戏剧性事件开始上演。当格兰特辞去陆军总司令一职成为总统时，他的行为产生了意想不到的后果。由于他没有退休，他被禁止领取军队养老金。虽然国会拒绝让他复职，但谢尔曼和蔡尔兹对此没有放弃。

随着格兰特病危的消息在全国引起反响，国会又一次试图推动通过这项草案。伴随着距离休会还剩不到一个小时，同时格罗弗·克利夫兰（Grover Cleveland）的就职典礼定于中午开始，该草案最终获得通过。[57]

下午的早些时候，格兰特家收到一封电报。他打开它，对蔡尔兹说："我很感激这项草案获得通过。"朱莉娅喊道："好哇，我们的老司令官回来了。"[58]格兰特每年将得到13500美元的养老金，朱莉娅在丈夫死后将继续得到5000美元。[59]

*

3月，内莉的到来使格兰特感到非常高兴，他坚持要到客轮码头去接她。

随着格兰特生病的消息传遍全国，大批拜访者来到纽约。前指挥官约翰·C. 弗里蒙特来了。罗伯特·E. 李和阿尔伯特·西德尼·约翰斯顿的儿子也表达了他们的敬意。为自己的写作感到自豪，格兰特把回忆录的部分副本送给了特别的朋友"黑杰克"约翰·罗根和霍勒斯·波特。[60]

这些访问虽然令格兰特振奋，但也使他疲劳，道格拉斯医生试图赶走来访者。但格兰特在华盛顿大都会卫理公会教堂的牧师约翰·菲利普·纽曼是一位不容拒绝的访客。得知格兰特的病情后，纽曼从旧金山匆匆赶来，他在那里为大亨利兰·斯坦福（Leland Stanford）的小儿子主持葬礼。朱莉娅很尊敬纽曼，并像家人一样接待了他。[61]

纽曼在他遗失了半个世纪的日记中记录了对格兰特的印象，以及在这场危机中为格兰特尽牧师之责的努力。虽然纽曼很高兴地发现格兰特"在祷告上比我所知道的任何时候都更依赖上帝"，但这位卫理公会的牧师还是给自己设定了一个任务："我必须走近他的灵魂，唤起一种清晰的宗教体验。"[62]这取决于你听谁的，在未来的几周里，纽曼要么成为一个有教养的人（朱莉娅），要么成为一个爱管闲事的人（吐温）。[63]

＊

在寒冷多雨的 3 月，马克·吐温从哈特福德出发，自出版办公室出来后，经常在东六十六街停下脚步。由于年龄、背景和品味均有所不同，这两个人在他们的文学创作上结下了不解之缘。有时格兰特会把吐温当作他写作策略的"参谋"。在其他时候，当他们各自阅读回忆录章节的最新版本时，他们会安静地展开交流。吐温后来回忆道："格兰特将军是个病人，但他的回忆录写得很好，而且进展得稳定可靠。"64

＊

随着病情的发展，格兰特最大的恐惧是窒息而死。在 3 月底，他经历了一次剧烈的窒息发作，到 3 月 30 日晚上，他的病情恶化到医生担心这可能是生命的终结。朱莉娅坐在他身旁，等着他咽下最后一口气。报纸的头条几乎判了格兰特死刑，就好像它已经发生了一样。65

4 月 4 日，马克·吐温在笔记本上写道："今天早上，格兰特将军还活着。昨夜，两大洋之间有许多人躺在床上好几个小时都没有合眼，静静地听着那隆隆作响的火钟，它可以同时向这个国家宣告这场灾难。"他特别指出："钟的敲响间隔为 30 秒，将敲响 63 下——代表将军的年龄。它们将在同一时刻袭击美国的每一个城镇。"66

在这次几近死亡的经历过后，格兰特复活了——在他的回忆录中可以感受到这种重生。他在撰写谢尔丹在谢南多厄河谷战役或者谢尔曼"向大海进军"时，融入了约翰逊在朗布兰奇格兰特家的阳台上鼓励的那种身临其境之感。关于五岔路口会战，格兰特写道："这两支军队已在那里交手了一段时间，一方要求另一方投降几乎成了一个焦点。"[67] 每个读者都知道结果，但格兰特使其成为一个焦点，把我们置身于这场结果尚不可知的战争中。

4 月，吐温从弗里德那里得知格兰特很失望，"因为我从来没有对这本回忆录的文学质量发表过意见"。[68] 这时，吐温开始相信格兰特是"最谦虚的人，这只是另一个例子罢了。他是在冒险从事一种新的行业，一片未知的海洋"。马克·吐温利用"最早的机会"作出了弥补。当时他正读着《恺撒战记》（*Julius Caesar's War Commentaries*），对格兰特鼓励道："这两本书都有着同样的优点——叙述清晰、直接、简单、朴实、真实，对朋友和敌人一视同仁，有着军人般的坦率和公正，以及军人那避免华丽的言辞。"[69]

*

为什么格兰特的《个人回忆录》如此重要？因为作为一本军事回忆录，他的书是独一无二的。格兰特实现了罗伯特·U. 约翰逊的名言，告诉读者"他的计划、想法、所见、所说和所做"，[70] 丝毫没有自我主义。他是通过描述每场战斗中引人入胜的细节，通过将读者带入他指挥决策的临场感中而做到这一点的。

叛乱期间，我经历过最焦虑的时期之一是在彼得斯堡围城战前的最后几周。我觉得邦联军的情况是这样的，他们将

在可行的最初时刻设法逃跑；每天早晨，我都害怕从睡梦中醒来时听到罗伯特·E. 李将军已经走了。[71]

在这段非凡的文字中，读者仿佛置身其中。格兰特让他的读者了解到战争的偶发事件和他自己在作决定时的不确定性。

如果人们把这视作一本"文学"回忆录，那么请一定要记住，格兰特在还是一名学生时——先是在乔治敦，然后是在肯塔基州的梅斯维尔——便学到了"名词就是一个人、地方或事物的名字"。[72]如果说他在《个人回忆录》的开头几页采用了这种单调的语法练习，那么他在 7 月给约翰·道格拉斯医生的信中则写道："事实是，我认为我是一个动词，而不是一个人称代词。动词是任何表示要成为，以及要做或要遭受的……"[73]

强调格兰特写作的转变，其实是强调他提高了在写作上使用动词的能力。强有力的动作动词指挥着他的叙述。如果认为动词的这种用法是全新的，那就错了。[74]格兰特在他的军事命令中就这么使用过动词。1863 年，在冠军山，他给弗朗西斯·布莱尔写过这样一段话："黎明时分向黑河大桥进发。我想你在路上不会遇到敌人。但如果你遇见敌人，就立即向他们开火。（Move at early dawn toward Black River Bridge. I think you will encounter no enemy on the way. If you do, however, engage them at once.）"[75]

在《个人回忆录》中，动作动词一遍又一遍地促成有力的段落。因此，在查塔努加会战取得胜利之后，他向"老慢跑"托马斯将军下达命令："如果可行，我命令托马斯攻下并占领道尔顿；然后，我指示他不要拖延，立即行动。在发现他一动未动之后，我于 17 日催促他尽快动身。（I ordered Thomas to take Dalton and hold it，if possible；and I directed him to move without delay. Finding that he had not moved，on the 17th I urged him to start.)" [76]

仔细阅读格兰特的《个人回忆录》后，你会发现他还有许多其他的文学特质，这足以让他的作品经受住时间的考验。和林肯一样，他更喜欢强有力的单音节单词，避免使用形容词和副词。细读格兰特的作品，你会发现他学到了"少就是多"的道理。

*

4月27日，格兰特庆祝了自己的63岁生日。他近来恢复了一些体力，准备处理一些复杂的记忆：史波特斯凡尼亚县府会战、冷港会战、彼得斯堡的长期围城战，最后还有阿波马托克斯战役。在这个美丽的春日，格兰特在中央公园坐上马车，然后又精神焕发地坐在马车上回来。下午，一位信差从安德鲁·卡耐基（Andrew Carnegie）那里送来63朵红玫瑰。[77] 小说家兼民权改革家阿尔比昂·W. 图吉向"这位让国家重获新生——这使他获得了无尽的声望——的英雄送去了最热情的祝愿"。[78] 尤其令人欣慰的是，在佐治亚州奥古斯塔举行的南方邦联幸存者协会会议通过了一项决议："请记住他现在是一个慷慨的胜利者，在阿波马托克斯那次永远值得纪念的会议上，他作出了自由和宽宏大量的让步。"[79]

*

4月29日，从来不对格兰特友好的《纽约世界报》给了他感情上的一击。在报纸的"首都闲话"专栏中，记者塞隆·C. 克劳福德（Theron C. Crawford）断言格兰特的回忆录不是他写的。这位专栏作家写道："格兰特将军的一些朋友散布出一种错误的想法，认为他是一名作家。他不是作家。他不容易镇静。为他写作是件苦差事。"[80]

那么，作者是谁呢？克劳福德指责说："他的那本新书，已经有很多人说是亚当·巴多将军的作品。"[81]

马克·吐温非常愤怒。在愤怒之下，他威胁要起诉《纽约世界报》，并写信给弗里德，"将军今天早上的工作便是对《纽约世界报》无畏谎言的有力证据"。[82]

在《纽约世界报》这篇引爆舆论的文章刊发三天后，格兰特给吐温写了一封详细的信，回答了文章中的四项指控。

关于第一项指控，他强调说："首先——'他的那本新书，已经有很多人说是亚当·巴多将军的作品。'——这是错误的。这完全是我自己写的。"

利用与无数记者的联系，吐温确保格兰特的回应登上了报纸的头版。

就在同一天，巴多递给格兰特一封信。巴多才华横溢但有些神经质；他既钦佩格兰特，又觉得自己愈发渺小。有一句话蹦了出来："你的书具有去年夏天我们都没有预料到的重要性。"他抱怨了几句，但其中有两项意义重大。首先，"我已经有七个月没有从事其他工作了……我的小说目前尚未出版完全缘于此"。其次，巴多现在明白，格兰特的《个人回忆录》将取代他之前撰写的关于格兰特的多卷本著作。[83]

巴多已经看到他的角色在慢慢改变。它已经缩小到"将支离破碎的片段拼凑起来，准备好连接成一个连贯的叙述。这是

长期担任格兰特助手的亚当·巴多对这本回忆录的写作和作者身份有所抱怨，并提出了要求，这令格兰特感到意外。

一件有关文学的苦差事——除了你，我决不会同意为任何人做这种事"。[84]

虽然吐温坚定地认为巴多是全世界指责的根源，但巴多态度坚决："报纸上荒谬的断言会自食其果。"[85] 他的要求是经济上的：将薪水上涨一倍，从 5000 美元增加到 10000 美元；如果利润达到或超过 30000 美元，就再增加一倍。

格兰特的前秘书随后也越界了。"您写的不是，也不会是一个文学家的作品，"他嘲笑道，"而是一个实干家和一位伟大将军的简单故事；它很适合您，但不足以增加我的声誉。"[86]

格兰特花了四天时间写回应。他以结论开始："我已经得出结论，你和我必须在准备任何要我签字的工作之前，解除所有的联系。"他建议巴多，"我比你自己更了解你。你是个脾气暴躁的人，你的愤怒很容易被激起，你甚至对我也很专横。"他回忆道，"想想那些和你吵过架的出版商吧。"在总结了巴多一连串的抱怨之后，格兰特总结道："请允许我说，你的这些话都是胡说八道。"[87]

巴多采取了战略撤退。在 5 月的一封信中，他没有撤回自己的抱怨，而是想让格兰特知道，"二十年来，我一直没有改变自己的看法和感情，因为在我看来，这一次你并不公正"。[88]格兰特和巴多此后再也没有碰面，但在格兰特去世两年后，巴多出版了《和平时期的格兰特》（*Grant in Peace*），作出了同时代人对格兰特最好的描写。

*

随着 5 月转成 6 月，天气变得既热又潮湿，格兰特的医生建议他在山区过一个更好的夏天。格兰特夫妇接受了一项提议，将租用银行家兼慈善家约瑟夫·W. 德雷克塞尔（Joseph W. Drexel）位于麦格雷戈山（Mount McGregor）的小屋。[89]麦格雷戈山距离萨拉托加泉（Saratoga Springs）12 英里，到 19 世纪中叶已成为纽约州北部一个受欢迎的度假胜地。

6 月 16 日上午，聚集的人群目送格兰特离开。在大中央车站，他登上了威廉·H. 范德比尔特提供的专列。尽管这是一个闷热的夏日，格兰特还是穿了一件阿尔伯特亲王长外套，脖子上围着一条白丝巾。经常在萨拉托加泉度假的内科医师约翰·道格拉斯同病人一道前往。火车向哈德逊山谷进发，经过西点军校时速度放慢了一些。

下午，疲惫不堪的格兰特来到这栋两层楼、有 12 间房的小屋。他喜欢三面环绕房子的宽阔敞开的门廊。阿迪朗达克山脉（Adirondack Mountains）北部的松树香使格兰特很高兴。

当夜间气温降到 15 摄氏度以下时，格兰特几天来第一次能够入睡。[90]

格兰特目前已几乎无法说话，他再也不能口授回忆录了。当诺布尔·E. 道森读到最新几页时，格兰特会在记事本上草草写下一些建议。一旦他开始写关于弗吉尼亚陆上战役的文章，速度就慢了下来。他的草写体一向有力而清晰，但现在也开始走下坡路了。他紧张地工作了半个小时，先是给道格拉斯写了一封信，然后又写了一份"给我家人的备忘录"。在本质上，这些信息是相同的。他在给道格拉斯的信中写道："我可以清楚地感觉到我的身体正在垮掉。"[91] 道格拉斯和施拉迪认为，是完成回忆录的承诺在支撑着格兰特活下去。

格兰特认为自己会死于三种方式：内出血、窒息或筋疲力尽。尽管没有告诉家人这些细节，他还是告诉他们，"我觉得我

6 月，在医生的建议下，格兰特在位于纽约州萨拉托加泉附近的阿迪朗达克山脉的麦格雷戈山上租了一间凉爽的避暑寓所。

正在衰退"。[92] 虽然他从来没有回避过真相，但他可能不知道这条信息会对家庭产生什么样的影响。道格拉斯注意到，在读完之后，"格兰特夫人几乎是一蹶不振"。[93]

但令所有人惊讶的是，格兰特坚持了下来。一天晚上，他让道森把过去几天写的纸片收集起来。当速记员阅读最新的样稿时，格兰特偶尔会举一下手，用几乎听不见的声音口述简短的补写。那天晚上，他给道格拉斯写道："我说我一直在往我的书和棺材里添东西。我认为精神或身体的每一次疲劳都是棺材上的又一颗钉子。"[94]

*

6月27日，马克·吐温赶往麦格雷戈山，在那里他和格兰特花了很长时间来审读排版样。他们用纸片交谈，吐温每年夏天回到纽约州埃尔迈拉（Elmira）写作时都随身带有大量纸片。[95] 在吐温的陪伴下，格兰特完成了关于阿波马托克斯的那一章，并写下了评价林肯、斯坦顿和主要指挥官的新篇章。尽管身体虚弱，但他的评价却成为回忆录中最精彩的部分之一。

吐温告诉格兰特，他将通过订购的方式来销售这本书。订购在当时是一种很流行的方式，出版商雇用代理人对全国各地进行调查，并按需求销售。这需要预付一笔钱，但吐温相信这会带来更多的销售额。

6月底，尤利西斯给朱莉娅写了一封告别信："有一些事情我想说，但我不能说。这个话题对你和孩子们来说都是痛苦的，我也会下意识地感到痛苦。"格兰特曾希望能活到秋天或冬天，但现在他相信自己的死亡"会来得更快"。他谈到了自己的葬礼

格兰特和家人坐在麦格雷戈山小屋的门廊上。

和遗嘱。在他的结论中，我们可以感受到他的情绪："看顾我们亲爱的儿女，引导他们走上正直的道路。一想到他们中的一个远离一种光荣、正直和高尚的生活，比我知道他们卧病在床，再也不能活着起来会更加难受。"他总结说，"我向你作最后的道别，直到我们在另一个世界相遇，我相信那个世界会更加美好。"他添加了一条附注："我死后，你会在我的大衣里发现这封信。"[96]尤利西斯与朱莉娅的关系一直是他内心情感力量的主要基础，现在也是如此，因为面临死亡，格兰特明白他的离去对妻子未来几年意味着什么。

*

"'谋事在人，成事在天。'在人类的事务中，只有很少的重要事件是由他们自己的选择造成的。"7月1日，格兰特终于写下了500字的序言。在这番开场白过后，他不遗余力地告诉读者，他从来没有打算写自己的回忆录，以及最近促使他写回忆录的情况。坦率地说（"我几乎坠入死亡的边缘"），他为自己被迫如此匆忙地完成作品而道歉，并补充说，如果给他更多的时间，"我将更有希望满足公众的期望"。97

马克·吐温立即向新闻界发表了序言，希望借此获得免费的宣传。《纽约论坛报》赞扬了序言的坦率："在麦格雷戈山的患者无需对此感到不安。还从来没有一个作家像他一样，能够把作品提交给一个更富有同情心和更加宽容的读者群体。"98

同样在7月初，格兰特给约翰·道格拉斯写了一封信："我请你不要把这封信给任何人看……尤其是，我不想让我的家人知道。"格兰特担心，他说的话"只会让他们感到几乎无法忍受的痛苦，而且也会反过来让我痛苦"。尽管他希望自己能活到写完回忆录，但他告诉道格拉斯："如果这是上帝的旨意，我现在应该走了，我准备服从他的召唤，没有任何怨言。"99

每个人在面对死亡时都有一个选择。在他最后的战役中，格兰特选择了感恩。

能亲耳听到——来自全国各地，来自各民族、各宗教与非宗教、邦联军和联邦军，来自士兵组织，来自包括技工、科学、宗教和所有其他阶层——几乎包括这个国家的每一个公民对我的亲切问候，真是莫大的荣幸。虽然他们没有治愈我的疾病，但他们已经给我的心带来了快乐。

最后，他感谢医生们"带我穿过'死亡阴影的山谷'，让我能够亲眼见到这些事情"。[100]

*

拜访者还是络绎不绝地来了。他们坐着窄轨铁路上山，或者乘坐马车，甚至步行。内战老兵萨姆·威利特（Sam Willett）搭起了帐篷，自告奋勇地站岗，让在旅馆周围四处游荡的拜访者们过来看一眼坐在门廊上写作和编辑的格兰特。他偶尔会抬起头并点头示意，或者把他的大礼帽摘下来。

7月8日，20名墨西哥联合通讯社（Mexican Associated Press）的记者和编辑赶了过来；出于墨西哥对格兰特的爱戴，他们想见见这位将军。弗里德担心这么多记者会使父亲感到疲倦，但格兰特坚持要见见他们。[101]

7月9日，格兰特接待了一位从未见过的客人。在被威利特询问后，来访者被允许进入。他称自己叫查尔斯·伍德，自格兰特和沃德公司倒闭后，他立即寄来了500美元。格兰特通过在纸条上写字跟伍德交谈，开头写道："很抱歉，我甚至不能低声交谈。"他被伍德的善良所感动，补充道，"我很高兴地说，虽然这个世界上有许多未经洗礼的邪恶，但同时也有一种慷慨的补救和伟大的灵魂。"[102]

自从23年前2月的一个寒冷早晨，格兰特在多纳尔森堡见过一位拜访者之后，再也没有比伍德对他更有影响的拜访者了。

西蒙·玻利瓦尔·巴克纳是格兰特在西点军校的同学。当格兰特在1854年刚从加州回来时，他曾在纽约将钱借给过格兰特，现在巴克纳是肯塔基州的一位成功的报纸编辑和政治家。告别了鳏夫生活，巴克纳和他的新任妻子迪莉娅·克莱伯恩·巴克纳（Delia Claiborne Buckner）一起来到麦格雷戈山。巴克纳夫人后来写道："巴克纳将军来访的唯一目的就是向格兰特保证，南方人民欣赏他在阿波马托克斯的宽宏大量。"当巴克纳离开时，记者们向他追问他们的谈话内容——交流是在纸上完成的——但巴克纳回答说："这是一次纯粹的私人访问。"[103] 几天后，格兰特允许巴克纳分享他们的谈话，认为这可以增进南北双方的良好感情。

这是格兰特的最后一张照片：他在过世前三天正坐在椅子上阅读报纸。

*

/ 651

7月16日，格兰特向道格拉斯承认，早些时候，在虚弱的身体状况下，"我的工作是如此匆忙，以至于遗漏了很多东西"。但现在令他高兴的是，"我给这本书增加了多达50页"。在最后一句话中，他很有先见之明地对医生说："我现在不应该再做什么了，因此就离开一事，我不太可能比现在准备得更好了。"[104]

格兰特用他在《个人回忆录》中援引的"道义勇气（Moral Courage）"与癌症作斗争。他坚持了下来，主要原因有三：第一，朱莉娅、弗里德和他的大家庭给了他爱的支持。第二，他已承诺要完成回忆录。第三，通过马克·吐温，他慢慢了解到，当这本书通过订购出版时，他能赚到足够多的钱好照顾朱莉娅的余生。

7月19日，格兰特在门廊上拍摄了最后一张照片，他戴着大礼帽，手里拿着报纸。

7月21日，道格拉斯确信死亡即将来临，于是派人去找他的同事乔治·施拉迪医生。

7月23日清晨，所有最爱戴和最敬佩这位将军的人都聚集在他的床边。记者们警觉起来，在外面恭敬地站成一排。朱莉娅握着尤利西斯的手，这也是她最后一次握着他的手。四十年来，他们每天都待在一起。早上8点，将军最终屈服于死亡。

/ 652

当格兰特说话的声音沉寂下来时，他发现了一种新的表达方式：写作。如果"阿波马托克斯的英雄"会因为他拯救联邦的行动而被人们铭记的话，那么尤利西斯·S.格兰特的最后一役——作为一个军人、丈夫、总统、父亲、公民——他的《个人回忆

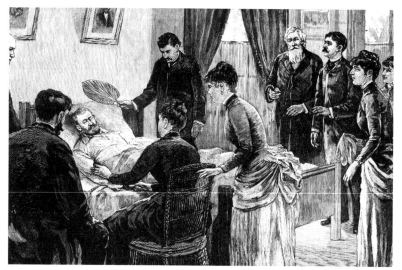

这张 8 月 1 日的插图为一个悲痛的国家捕捉到了格兰特在麦格雷戈山的逝世。

录》是在一场与死亡的竞赛中完成的，一代又一代的美国人将带着欣赏和感激之情来阅读它。

注 释

1 *New York Sun*，May 5，1884.《纽约邮报》(*New York Post*)发表社论说："一个不可抗拒的结论是，大量的人被卷入一场漩涡，他们相信格兰特将军的影响力正被某种非常不正当的方式利用，从而损害了政府以及格兰特和沃德公司的利益。"见：July 5，1884。

2 USG to George W. Childs，May 15，1884，*Grant Papers*，31：148.

3 Julia Dent Grant，*Personal Memoirs*，327；Garland，"A Romance of Wall Street，"502-3.

4　W. H. Vanderbilt to JDG, January 10, 1885, *Grant Papers*, 31：256-57n.

5　Charles Wood to USG, May 10, 1884, *Grant Papers*, 31：146-47n. 查尔斯·伍德（Charles Wood）又向将军提供了 1000 美元的借款，可以在一年内无息偿还。

6　Warren F. Broderick, "'I Owe You This for Appomattox'：U. S. Grant's Mystery Visitor at Mount McGregor," *Hudson Valley River Review* 22, no. 1（Autumn 2005）, 49-53. 伍德被误认为是老兵，其实他没有参加过战争。他有两个弟弟参战过，但都没有在格兰特麾下服役。

7　Charles Wood to USG, May 17, 1884, *Grant Papers*, 31：151n. 伍德和格兰特之间的四封书信的全文后来发表在《纽约时报》（*New York Times*, August 5, 1892）上。

8　Julia Dent Grant, *Personal Memoirs*, 328. 在 6 月 23 日写给马蒂亚斯·罗梅罗（Matias Romero）的信中，格兰特全额偿还了借款。与此同时，他邀请罗梅罗偕夫人到朗布兰奇居住一周。USG to Matias Romero, June 23, 1884, *Grant Papers*, 31：164-65.

9　Ward, *A Disposition to Be Rich*, 232-34. 詹姆斯·D. 菲什（James D. Fish）于 5 月 26 日被捕。

10　Stuart, *Life of George H. Stuart*, 312-13；Childs, *Recollections*, 88-89.

11　Julia Dent Grant, *Personal Memoirs*, 328-29.

12　Ibid., 329.

13　Childs, *Recollections*, 111-12. 达·科斯塔博士（Dr. Da Costa）也是费城杰斐逊医学院的讲师。

14　Charles Bracelen Flood, *Grant's Final Victory：Ulysses S. Grant's Heroic Last Year*（Boston：Da Capo Press, 2011）, 74-75.

15　Harold Holzer, Introduction, in Harold Holzer, ed., *Hearts Touched by Fire：The Best of Battles and Leaders of the Civil War*（New York：Modern Library, 2011）, xiii. 从 1870 年开始，《世纪杂志》（*The Century Magazine*）改称《斯克里布纳月刊》（*Scribner's Monthly*）。

16　Robert Underwood Johnson, *Remembered Yesterdays*（Boston：Little, Brown & Co., 1923）, 210-11.

17　Flood, *Grant's Final Victory*, 87-88. 弗里德与菲利普·谢尔丹将军（General Philip Sheridan）合写了一份有关格兰特在黄石河（Yellowstone River）上探险的报告：James W. Forsyth and Frederick D. Grant, *Report of an Expedition up the Yellowstone River*（Washington, D.C.：Government Printing Office, 1875）。

18　USG to Richard Watson Gilder, *Grant Papers*, 31：170.

19　Johnson, *Remembered Yesterdays*, 213.

20　Ibid., 213-14.

21　Ibid., 214-15.

22　Perry, *Grant and Twain*, 59; Johnson, *Remembered Yesterdays*, 215.

23　Johnson, *Remembered Yesterdays*, 215.

24　USG to Richard Watson Gilder, July 15, 1884, *Grant Papers*, 31：175. 大约在这个时候,《巴尔的摩美国人报》(*Baltimore American*) 的一名记者拜访了格兰特。"我在将军的书房里发现了他,他正陷于一大堆文件和书籍中,努力研究关于维克斯堡围城战 (Siege of Vicksburg) 的历史。"他告诉记者一个关于围城的幽默故事,"然后开怀大笑"。Pitkin, *The Captain Departs*, 13.

25　USG to WTS, August 9, 1884, *Grant Papers*, 31：187-88.

26　Holzer, *Hearts Touched* by Fire, xii; Perry, *Grant and Twain*, 62.

27　Johnson, *Remembered Yesterdays*, 216-17; Pitkin, *The Captain Departs*, 15.

28　USG to Adam Badeau, September 13, 1884, *Grant Papers*, 31：204-5.

29　Flood, *Grant' s Final Victory*, 74-75, 83.

30　John H. Douglas diary, entry October 24, 1884, Library of Congress.

31　Richard Goldhurst, *Many Are the Hearts: The Agony and the Triumph of Ulysses S. Grant* (New York: Reader' s Digest Press, 1975), 148.

32　USG to Ellen Grant Sartoris, November 18, 1884, *Grant Papers*, 31：235.

33　Julia Dent Grant, *Personal Memoirs*, 329.

34　Twain, *Autobiography of Mark Twain*, 1：77; Kaplan, *Mr. Clemens and Mark Twain*, 261.

35　Twain, *Autobiography of Mark Twain*, 1：77-78.

36　Ibid., 1：78.

37　Ibid., 2：61.

38　Ibid.

39　Ibid.

40　USG to George W. Childs, November 23, 1884, *Grant Papers*, 31：237; Twain, *Autobiography of Mark Twain*, 2：63-64. 在二十年后的自传中,马克·吐温 (Mark Twain) 缩短了原来冗长的思考。

41　Twain, *Autobiography of Mark Twain*, 2：63-64. 关于这次商议的摘要,见：Perry, *Grant and Twain*, 84-90, 115。

42　Perry, *Grant and Twain*, 76.

43　Flood, *Grant' s Final Victory*, 69.

44　Perry, *Grant and Twain*, 77, 161.

45　George F. Shrady, *General Grant' s Last Days* (New York: De Vinne, 1907), 21-22.

46　George F. Shrady, "Interviews with Grant' s Doctor," *Saturday Evening Post*,

September 9, 1901.

47　Flood, *Grant's Final Victory*, 130.

48　Julia Dent Grant, *Personal Memoirs*, 329.

49　USG to Ellen Grant Sartoris, February 16, 1885, *Grant Papers*, 31: 293-94.

50　Ibid.

51　Twain, *Autobiography of Mark Twain*, 1: 79.

52　*New York Times*, March 1, 1885.

53　Perry, *Grant and Twain*, 149.

54　Goldhurst, *Many Are the Hearts*, 172; Flood, *Grant's Final Victory*, 131-32.

55　Flood, *Grant's Final Victory*, 133; Goldhurst, *Many Are the Hearts*, 173-74.

56　Shrady, *General Grant's Last Days*, 54.

57　Perry, *Grant and Twain*, 156-59.

58　Goldhurst, *Many Are the Hearts*, 169-70.

59　Perry, *Grant and Twain*, 160.

60　Ibid., 153-56.

61　Stefan Lorant, "Baptism of U.S. Grant," *Life*, March 26, 1951, 90. 约翰·菲利普·纽曼（John Philip Newman）遗失了半个世纪的日记最终被斯蒂凡·洛伦特（Stefan Lorant）找到；Perry, *Grant and Twain*, 177-80。

62　Lorant, "Baptism of U. S. Grant," 91.

63　Perry, *Grant and Twain*, 马克·佩里（Mark Perry）对纽曼和他的不同态度进行了很好的讨论，见：177-84。

64　Twain, *Autobiography of Mark Twain*, 2: 65; Perry, *Grant and Twain*, 163.

65　Goldhurst, *Many Are the Hearts*, 80-81, 151-52; Perry, *Grant and Twain*, 149, 173. Flood, *Grant's Final Victory*, 131.

66　Mark Twain, *Mark Twain's Notebooks & Journals*, edited by Frederick Anderson, Michael B. Frank, and Kenneth M. Sanderson (Berkeley: University of California Press, 1975-1979), 3: 117-18.

67　*Personal Memoirs*, 2: 445-46.

68　Twain, *Autobiography of Mark Twain*, 2: 71.

69　Ibid., 71-72.

70　Perry, *Grant and Twain*, 59; Johnson, *Remembered Yesterdays*, 215.

71　*Personal Memoirs*, 2: 424.

72　Ibid., 1: 25.

73　USG to John H. Douglas, [undated, probably in July 1885], *Grant Papers*, 31: 441n.

74　詹姆斯·M. 麦克弗森为格兰特《个人回忆录》的军事和文学成就作了最好的介绍。我要感谢他关于格兰特对动词用法的深入分析。See Ulysses S. Grant, *Personal Memoirs of U. S. Grant*, introduction and notes by James M. McPherson (New York: Penguin Books, 1999), xiii-xxvi.

75　杰出的英国军事历史学家约翰·基冈 (John Keegan) 指出："他 (格兰特) 的写作风格清晰有力。" John Keegan, *The Mask of Command* (New York: Viking, 1987), 200-201.

76　*Personal Memoirs*, 2: 113.

77　Perry, *Grant and Twain*, 190.

78　Albion Winegar Tourgée to USG, April 27, 1885, *Grant Papers*, 31: 346n.

79　Resolution, Confederate Survivors' Association, April 27, 1885, *Grant Papers*, 31: 346n.

80　*New York World*, April 29, 1885; Pitkin, *The Captain Departs*, 37-38. 尽管伊赫里 (Ihrie) 后来提出抗议，他从来没有打算让自己对一名华盛顿记者说的话登上《纽约世界报》(*New York World*) 的头版，但损害已经造成。

81　Perry, *Grant and Twain*, 196; USG to Charles L. Webster & Co., May 2, 1885, *Grant Papers*, 31: 347.

82　Perry, ibid.

83　Adam Badeau to USG, May 2, 1885, *Grant Papers*, 31: 357-58n.

84　Ibid., 358n.

85　Ibid.; Perry, *Grant and Twain*, 198-200.

86　Adam Badeau to USG, May 2, 1885, *Grant Papers*, 31: 358n.

87　USG to Adam Badeau, [May 2-5, 1885] *Grant Papers*, 31: 350-57.

88　Adam Badeau to USG, May 9, 1885, *Grant Papers*, 31: 360n.

89　关于麦格雷戈山 (Mount McGregor) 的故事，见: Pitkin, *The Captain Departs*, 46-56。

90　Flood, *Grant's Final Victory*, 192-94.

91　USG to John H. Douglas, June 17, 1885, *Grant Papers*, 31: 374-75.

92　USG, "Memoranda for My Family," June 17, 1885. *Grant Papers*, 31: 375n; Pitkin, *The Captain Departs*, 64.

93　*New York Times*, June 18, 1885; Pitkin, *The Captain Departs*, 64-65.

94　USG to John H. Douglas, June 23, 1885, *Grant Papers*, 383n. 纸条最早的版本，见: Horace Green, *General Grant's Last Stand* (New York: Charles Scribner's Sons, 1936), xiii, 306。霍勒斯·格林 (Horace Green) 的这本著作根据约翰·道格拉斯博士 (Dr. John Douglas) 的女儿哈丽特·谢尔登·道格拉斯 (Harriet Sheldon Douglas)

保存的102张纸条写成。今天，这些纸条藏于国会图书馆中。

95 Pitkin, *The Captain Departs*, 70-72.

96 USG to JDG, June 29, 1885, *Grant Papers*, 31: 387-88.

97 *Personal Memoirs*, 1: 7-8.

98 *New York Tribune*, July 7-8, 1885; Pitkin, *The Captain Departs*, 73.

99 USG to John H. Douglas, July 2, 1885, *Grant Papers*, 31: 402-3.

100 Ibid., 403.

101 USG, "To Mexican Delegation," July 8 1885, *Grant Papers*, 31: 417-18; Pitkin, *The Captain Departs*, 79.

102 USG to Charles Wood, July 9, 1885, *Grant Papers*, 31: 419; see also Broderick, "'I Owe You This for Appomattox,'" 49-58.

103 Stickles, *Simon Bolivar Buckner*, 325.

104 USG to John H. Douglas, July 16, 1885, *Grant Papers*, 31: 437.

/ 结　语

今天，这个国家是一辆庞大的送葬灵车。

——勒巴伦·B. 柯尔特法官，致尤利西斯·S. 格兰特的悼辞，1885 年 8 月 8 日于罗得岛州布里斯托

1885 年 8 月 8 日，纽约市举行了美国迄今为止规模最大的公众集会：尤利西斯·S. 格兰特的送葬队伍和葬礼。[1] 这是一个温和的夏日周六，《纽约论坛报》估计，参加游行的人数将接近150 万，其中整整三分之一的人是乘火车或轮船从纽约城外赶来的。

一些纽约人还清楚地记得二十年前哀悼亚伯拉罕·林肯的场景，当时他的遗体正安放在穿过这座城市的送葬火车里，送往伊利诺伊州斯普林菲尔德的墓地。但是林肯的死亡发生在内战末期，在北方会比在南方引起更多的悲痛，而格兰特的去世则引发了全国范围内的哀悼和敬意。

《纽约时报》写道："格兰特将军的名字将被美国人铭记，他是他们国家在危机中的救世主，这场危机比美国建国以来经历的任何危机都要可怕。"[2]《纽约论坛报》声称，"在共和国的历史上，这个国家最重要人物的职业生涯无人能够企及。"[3]

即使在南方邦联的第一个首都，《蒙哥马利广告人报》（ *Montgomery Advertiser* ）也宣称："从最广泛的国家视角来看格兰特将军的生活和性格，可以说，自乔治·华盛顿以来，没有人比他更能说明美国制度的天才和美国人民的气质。"[4]《新奥尔良民主党人时报》（ *New Orleans Times-Democrat* ）热情地说道："我们在阿波马托克斯不仅被他的臂膀所征服，也被他骑士

般的善良所征服，即被双重征服了。"[5]

格兰特在美国各地的民间纪念和教会礼拜上受到尊敬，许多人不仅将他视为内战中的将军，而且将他视作美利坚叙事上的英雄。一位来自马萨诸塞州的牧师向这位"名字响彻两个半球"的领袖致敬，称他"在战争中伟大，在和平中伟大，在同胞的心目中伟大"。[6] 在旧金山，卫理公会主教查尔斯·H. 福勒在技工展馆中致辞：格兰特是"一名军人，他征服了一个伟大的民族，并运用他取得胜利的中庸之道使他们变得高尚；他是一个统治者，治愈了这个国家胸中的创伤，并通过他政府的公正使人民合而为一"。[7] 在罗得岛州的布里斯托，前州长奥古斯塔斯·O. 伯恩（Augustus O. Bourn）发表悼辞："几个世纪过去了，我们国家的历史将由公正无私的子孙后代书写，华盛顿、林肯和格兰特的名字将更加熠熠生辉。"[8]

格兰特的一个老朋友詹姆斯·朗斯特里特由于身体不好，不能承受去纽约的长途奔波，但是当《纽约时报》的一位记者在佐治亚州盖恩斯维尔（Gainesville）附近的一座石制房屋里联系到他时，这位前南方邦联的将军迫切地谈论"我一生的朋友，在我受到最猛烈的攻击时，他是最仁慈的"。"老皮特"热情地说："他是一位伟大的将军，但他最卓越之处是他的仁慈之心。"[9]

*

格兰特在美国之外也受到哀悼，特别是在他两年半的世界之旅中访问过的国家。在伦敦西敏寺为他举行的追悼会上，《泰晤士报》指出，对教堂座位的需求远远超过了可以提供的数量。[10]在发表了大量讣告后，《泰晤士报》总结道："他的名字将与亚伯拉罕·林肯的名字共同分享 19 世纪美国历史上的主要荣耀。"[11]

爱尔兰第一家全国性报纸《自由人日报》（*Freeman's Journal*）写道："即便在美国，每个人的成长都由自身塑造，并且要获得崇高的地位只能依靠个人的才能而非生来的权利，但像尤利西斯·S. 格兰特这样的成功仍旧非比寻常。"[12]

*

格罗弗·克利夫兰是自美国内战以来首位当选总统的民主党人，他曾要求温菲尔德·汉考克将军负责送葬队伍。[13] 汉考克代表着在这历史性一天的几则政治奇闻之一。汉考克终生都是民主党人。1867 年，当格兰特批评他在路易斯安那州的军事管理部门对待自由人的方式时，他们二人发生了争执。1880 年的总统大选中，格兰特支持詹姆斯·加菲尔德，反对汉考克。然而，1885 年 8 月 8 日，汉考克系着一条浅黄色腰带，手臂缠着黑纱，率领着一队骑兵，其中包括前邦联的菲茨休·李（Fitzhugh Lee），即罗伯特·E. 李的侄子，以及约翰·B. 戈登，他们第一次在阿波马托克斯会面时对格兰特印象深刻。

游行队伍将于上午 10 点从市政厅出发。[14] 整个路程共 9 英里半。他们蜿蜒向北，沿着百老汇大街一直走到第十四街，然后沿着第五大道一直走到第五十七街，再回到百老汇大街，最后到达河滨公园，在那里一座临时坟墓被匆匆建好。37000 名美国军人——包括许多前南方邦联军人——跟在载有格兰特灵柩的灵车后面游行。灵柩由 24 匹黑色骏马牵引，但是朱莉娅没有来。她仍然沉浸在悲痛中，选择留在麦格雷戈山上哀悼和祈祷。

站在百老汇大街两旁的人群会立刻看到另一件奇特之事：带

1885 年 8 月 8 日, 在纽约市, 跟随格兰特灵柩的送葬队伍长达 7 英里。

领抬棺的是格兰特最喜欢的两位北方将领威廉·T. 谢尔曼和菲利普·谢尔丹, 他们坐在四人马车里, 但坐在他们旁边的是两位南方将领, 即从加利福尼亚赶来的"乔"约翰斯顿以及西蒙·玻利瓦尔·巴克纳。[15]格兰特的葬礼为南北双方提供了一个机会, 即使只有一天时间, 也可以回忆起他们的和解纽带。[16]

当庞大的队伍开始游行时, 旧三一教堂的钟声也随之稳定地响起。通过预先安排, 一个来自西部联盟电报公司的信号在全国范围内发出, 从缅因州到加利福尼亚州, 甚至到更远的地方, 即格兰特钟爱的墨西哥, 许多人都开始在城镇和城市的教堂里敲响钟声。[17]一路上, 缝纫女工、学徒和店员都在窗户上悬挂着黑白相间的带子、鲜花和旗帜。快走到终点时, 一个非裔美国擦鞋工人在他的工作室前钉了块牌子: "他助我实现自由。"[18]

　　游行队伍在下午 1 点到达河滨公园。但直到下午 5 点，人群才全部抵达这里。当老兵们举起破旧的战旗聚集在一起时，附近哈德逊河上的战舰发出隆隆的礼炮声，一支乐队演奏着挽歌。谢尔曼和谢尔丹站在棺材的一边，约翰斯顿和巴克纳站在另一边。在约翰·菲利普·纽曼宣读完卫理公会的悼辞后，一名孤军号手吹响了营地的最后一声号角。格兰特将军的最后一次阅兵意义重大、激动人心，被认为是"美国有史以来最伟大的葬礼"。[19]

　　格兰特的名声还以另一种非常重要的方式在延续。四个月后，他的《个人回忆录》一经出版便轰动一时。在一场新锐的营销活动中，马克·吐温派出了一群订购推销员，他们以三种不同的价格，以三种吸引人的装订方式出售这本两卷本的回忆录。[20]首印卖出了 30 万套。回忆录的最终版税额为 45 万美元（相当于

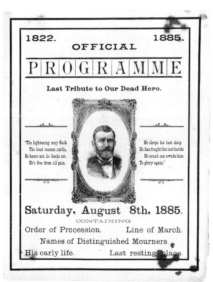

官方计划反映了葬礼的正式和庄严。

今天的 1200 万美元），吐温骄傲地向朱莉娅提供了一张 20 万美元的支票。[21]

格兰特的《个人回忆录》不仅取得了经济上的成功。1962年，评论家埃德蒙·威尔逊（Edmund Wilson）写道："回忆录还传达了有关格兰特活力和个性的某种确定性。也许从来没有一本书在形式上如此客观，每一行字句都是如此的牵涉个人。"[22]美国最重要的文学家之一戈尔·维达尔（Gore Vidal）断言："读格兰特的回忆录时，你不可能不意识到作者是一个非常聪明的人……他的书很经典。"[23]

朱莉娅从悲痛中能够走出来，部分原因是开始撰写自己的回忆录；这项计划变成一种回忆所有她和尤利西斯分享过的一切的方式。她在家里的阳台上写作，好像在和朋友说话一样。她的回

1885 年 12 月，格兰特的两卷本《个人回忆录》（第一版）上市发行。

忆录中充满了迷人的轶事，竭力纠正人们对她丈夫的误解。她将丈夫描述为美国最伟大的领导人之一。[24] 但是朱莉娅害怕受到批评，所以她的回忆录直到 1975 年方才出版。

慢慢的，朱莉娅开始重建她与尤利西斯分开的生活。1893 年 6 月的一天，她在纽约克兰斯顿酒店（Cranston's Hotel）度假时，得知另一位著名的遗孀来到了哈德逊河上著名的度假胜地。她敲了敲新来者的门。

"我是格兰特夫人。"朱莉娅说。

"很高兴见到你。"瓦丽娜·戴维斯（Varina Davis）答道。

在尤利西斯·S. 格兰特向罗伯特·E. 李伸出和平之手近三十年后，朱莉娅·格兰特向杰斐逊·戴维斯的遗孀瓦丽娜·戴维斯伸出了友谊之手。《纽约先驱报》注意到了这一点，并将文章命名为《他们的遗孀在和平中相遇》（*Their Widows Met in Peace*）。[25]

这两位遗孀在纽约市的住址相隔 20 个街区，她们很快成了好朋友。戴维斯夫人在约瑟夫·普利策（Joseph Pulitzer）的《纽约世界报》当编辑兼专栏作家，不时可以看到她们俩坐在一辆车上。[26]

*

但到了 1895 年，朱莉娅卖掉了纽约的房子，搬到了华盛顿，她曾在那里担任第一夫人。她开始在位于马萨诸塞大道的家中举办受欢迎的星期二招待会。她的女儿内莉也来到这里。内莉和她的三个十几岁的孩子最终离开了英国，与阿尔杰农·萨托里斯的婚姻也宣告破裂。[27]

　　至于尤利西斯和朱莉娅的其他孩子，弗里德在 1889~1893 年担任驻奥匈帝国公使，时任总统有两位，即本杰明·哈里森（Benjamin Harrison）和格罗弗·克利夫兰。1894~1898 年，他担任纽约市警察局局长，与后来的总统西奥多·罗斯福共事。

　　在华尔街度过灾难性的一段时间后，巴克重新站稳了脚跟。1893 年，他搬到了圣迭戈（San Diego），他的弟弟杰西已经住在那里。巴克开始从事法律业务，但最终在房地产领域取得了成功。1910 年，经过长达五年、耗资 190 万美元的建设，他开设了 U. S. 格兰特酒店，作为对他父亲的一个非常成功的纪念。最小的杰西比他所有的兄弟姐妹都长寿，1925 年，他写了一本书《在我父亲格兰特将军的时代》（*In the Days of My Father, General Grant*），这是一个喜欢和父亲摔跤的幽默男孩的温馨回忆。

＊

　　1897 年 4 月 27 日，在丈夫 75 周年诞辰之际，朱莉娅前往纽约的河滨公园参加格兰特纪念馆的落成仪式。在这位将军去世 12 年后，在一个异常寒冷的日子里，他那不朽的名声仍然吸引了 100 万人。纪念馆由建筑师约翰·邓肯（John Duncan）设计，象征性地面向南方，是美国最大的花岗岩和大理石圆顶陵墓；格兰特的遗体由内战时期的谢尔曼将军、谢尔丹将军、麦克弗森将军、托马斯将军和奥德将军的半身像守护。整整五个小时，士兵们在游行，乐队在演奏。最近宣誓就职的威廉·麦金利总统（President William McKinley）对格兰特作出了评价："伟大的生命永垂不朽。"[28]

五年后，朱莉娅将被安葬在她丈夫雄伟的陵墓旁。她最好的遗言可能是她个人回忆录的结束语。

> 近37年来，我，他的妻子，在他忠诚的爱情和伟大的名声的阳光下休憩并感受到温暖，现在，即使他的美好生活已经消逝，就像某个遥远的星球从天上消逝一样；他荣耀的名誉之光仍在照耀着我，洒落在我身上，并温暖着我。

1900年，新世纪即将开启，西奥多·罗斯福对美国的历史进行了全面考察，并作出了如下判断："在伟大的逝者中，有三位伟人配享最伟大的尊号，即华盛顿、林肯和格兰特。"[29]罗斯福将本杰明·富兰克林（Benjamin Franklin）、托马斯·杰斐逊（Thomas Jefferson）、亚历山大·汉密尔顿（Alexander Hamilton）和安德鲁·杰克逊（Andrew Jackson）排在第二序列。

19世纪最重要的非裔美国人领袖弗里德里克·道格拉斯为我们重新聚焦尤利西斯·S.格兰特的生活提供了一个真实的视角："对他来说，黑人比其他任何人都更应享有选举权，而印第安人则更应该享有人道的政策。……所有的人都能接近他。……黑人士兵在他的帐篷里受到欢迎，自由人在他的房子里受到欢迎。"[30]

道格拉斯的评价被这位传记作家①所采纳，并作为发给读者的邀请函：值得让更多的人去了解关于"美国的尤利西斯"的神秘、鼓舞人心且复杂的故事。

---

① 系本书作者罗纳德·C.怀特的自称。

1　　*New York Tribune*，August 8，1885. 关于格兰特送葬队伍更好的描述和分析，见：
　　　Joan Waugh，"'Pageantry of Woe'：The Funeral of Ulysses S. Grant," in *Vale of*
　　　Tears：New Essays on Religion and Reconstruction，edited by Edward J. Blum and W.
　　　Scott Poole（Macon, Ga.：Mercer University Press，2005），212-34。关于其广泛的
　　　同时代叙述，见：Poore and Tiffany，*Life of U. S. Grant*，549-71。

2　　Quoted in James P. Boyd，*Military and Civil Life of Gen. Ulysses S. Grant*（Philadelphia
　　　and Chicago：P. W. Ziegler & Co.，1885），674.

3　　Ibid.，676.

4　　Ibid.，675.

5　　Ibid.，676.

6　　Charles L. Woodworth，*A Commemorative Discourse on the Work and Character of*
　　　Ulysses Simpson Grant（Boston：Beacon Press，1885），7，17；Waugh，"'Pageantry
　　　of Woe'：The Funeral of Ulysses S. Grant," 213.

7　　Charles H. Fowler，*General Grant: Memorial Address*（San Francisco：Methodist
　　　Book Depository，1885），32.

8　　*Death of General U. S. Grant：Funeral Memorial Service at Bristol, R.I.*（Providence,
　　　R.I.：J. A. & R. A. Reid，1885），11，21，40.

9　　Interview with James Longstreet，*New York Times*，July 24，1885. James Grant
　　　Wilson，*General Grant*（New York：D. Appleton & Co.，1897），362.

10　*The Times*（London），August 4，1885. 这场在伦敦的追悼会与 8 月 4 日在麦格雷戈
　　　山的葬礼同时举行。

11　Ibid.，July 24，1885.

12　*Freeman's Journal*，July 24，1885. 其他对格兰特发表评论的报纸包括《贝尔法斯特
　　　新闻通讯》（*Belfast News-Letter*，July 28，1885）；*Dundee Courier and Argus*，July
　　　24，1885。

13　Poore and Tiffany，*Life of U. S. Grant*，557.

14　Richard G. Mannion，"The Life of a Reputation：The Public Memory of Ulysses S.
　　　Grant," PhD dissertation，Georgia State University，2012，241.

15　Craig L. Symonds，*Joseph E. Johnston: A Civil War Biography*（New York：W. W.
　　　Norton & Co.，1992），380.

16　David Blight, in *Race and Reunion：The Civil War in American Memory*（Cambridge,
　　　Mass.：Belknap Press of Harvard University Press，2001），215-16. 该书作者在讨论
　　　格兰特的葬礼时，指出其"象征着和解主义者的洪流"。

17   Poore and Tiffany, *Life of U. S. Grant*, 560.

18   *Harper's Weekly*, August 8, 1885.

19   *Philadelphia Advertiser*, August 10, 1885.

20   McFeely, *Grant*, 501.

21   Twain, *Autobiography of Mark Twain*, 2: 73; Perry, *Grant and Twain*, 233.

22   Edmund Wilson, *Patriotic Gore* (New York: Oxford University Press, 1962), 143.

23   Gore Vidal, "The Grants," A Review of Julia D. Grant's Personal Memoirs, *The New York Review of Books*, vol. 22, September 18, 1975, 12.

24   John Y. Simon, editor of *The Papers of Ulysses S. Grant*, edited its publication. 为了澄清事实，朱莉娅想说明她的丈夫并没有寻求第三个任期，但"报纸对第三个任期的呼声是如此之高"（185-86）。

25   *New York Herald*, June 25, 1893; *Chicago Tribune*, June 25, 1893; *New York Times*, June 25, 1893. 关于这一部分以及瓦丽娜·戴维斯（Varina Davis）的生活，详见：Joan E. Cashin, *First Lady of the Confederacy: Varina Davis's Civil War* (Cambridge, Mass.: Belknap Press of Harvard University Press, 2006), 279-80。

26   Cashin, *First Lady of the Confederacy*, 280.

27   Ross, *The General's Wife*, 325, 332-33. 1912 年，内莉与律师弗兰克·哈奇·琼斯（Frank Hatch Jones）结婚，并搬到了芝加哥。

28   *Address of President William McKinley, at the Dedication of the Grant Monument* (New York: General Grant National Memorial, 1897), 5.

29   Theodore Roosevelt, *The Strenuous Life: Essays and Addresses* (New York: Century Co., 1900), 1.

30   Frederick Douglass, "An Address Delivered in Rochester, New York, August 6, 1885," in *The Frederick Douglass Papers: Series One: Speeches, Debates, and Interviews*, edited by John W. Blassingame and John R. McKivigan (New Haven, Conn.: Yale University Press, 1881-1895), 5: 201-2.

/ 致 谢

《尤利西斯·S. 格兰特文集》(*The Papers of Ulysses S. Grant*) 是我写作格兰特传记的基础。对这本美国瑰宝的编辑始于 1962 年，第一卷则于 1967 年出版。五十年后的 2017 年，这部书将以带丰富注释版本的格兰特《个人回忆录》作结。幸运的是，我是第一个能读到全部 33 卷文集的格兰特传记作家。

南伊利诺伊大学的约翰·Y. 西蒙 (John Y. Simon) 在这个庞大项目的整个生命周期中担任编辑。我从未有幸见到过西蒙博士——他已于 2008 年去世——但我感觉自己每天早晨都沉浸在《格兰特文集》中，仿佛每天清晨都能见到他。他对每一卷都作了精辟的介绍和翔实的注解，这本身就是一部格兰特的传记。从我 2009 年展开研究和写作开始，西蒙博士的遗孀哈丽特 (Harriet) 一直在鼓励我，她曾协助过丈夫的编辑工作。

2008 年，在长期担任尤利西斯·S. 格兰特协会主席的首席大法官弗兰克·J. 威廉姆斯 (Chief Justice Frank J. Williams, 已退休) 的倡议下，这套《格兰特文集》被从南伊利诺伊大学搬到了密西西比州立大学。在他的邀请下，著名的内战历史学家约翰·马斯扎勒克 (John Marszalek) 成为执行主管和总编辑。

在我访问现今的尤利西斯·S. 格兰特总统图书馆期间，我得到了马斯扎勒克博士及其才华横溢的编辑团队——迈克尔·B. 巴拉德 (Michael B. Ballard)、阿曼达·卡洛克 (Amanda Carlock)、伊丽莎白·科金斯 (Elizabeth Coggins)、路易斯·加洛 (Louis Gallo)、梅格·亨德森 (Meg Henderson)、大卫·诺伦 (David Nolen) 以及莱恩·P. 塞默斯 (Ryan P. Semmes) ——的慷慨协助和建议。我感谢尤利西斯·S. 格兰特协会在 2010 年拨给我一笔研究旅行经费。尽管最近有人建议几乎所有的历史档案都可以在网上找到，但我在格兰特总统图书馆发现，有关格兰特生平和时代的大量资料既不在网上，也不在已出版的书籍中。对任何书写格兰特的人来说，访问这座信息金矿都是必须的。

*

"格兰特在等你。"每天早晨，当我到达加利福尼亚州圣马力诺（San Marino）的亨廷顿图书馆，走向我在红木街的书房时，吉米·米切尔（Jimi Michere）都会这样问候我。每天，一群才华横溢的档案管理员和图书管理员在等候着我，当我在亨廷顿图书馆非凡的美国历史收藏中进行探索时，他们随时准备以各种可能的方式提供帮助。我要感谢 2001~2015 年担任亨廷顿大学校长的史蒂夫·柯布利克（Steve Koblik），他虽然肩负着许多职责，但总能抽出时间和我讨论关于格兰特的问题。我还要感谢研究部主任史蒂夫·欣德尔（Steve Hindle）；此外还有图书馆馆长大卫·齐德伯格（David Zeidberg）、美国历史馆馆长奥尔加·查皮纳（Olga Tsapina）、照片保管员詹妮弗·瓦茨（Jennifer Watts），以及劳拉·斯托克（Laura Stalker）、克里斯托夫·阿德（Christopher Adde）和罗伯特·缅因（Robert Maine）。每年，亨廷顿图书馆都会邀请一位著名的美国历史学家来这里工作一年。我要感谢加里·加拉格尔（Gary Gallagher）、肖恩·威伦茨（Sean Wilentz）、布鲁斯·莱文（Bruce Levine）、哈利·斯托特（Harry Stout）和琼·沃伊（Joan Waugh），他们就我的资助项目进行了非常有益的交谈。

亨廷顿图书馆是一个无与伦比的研究和写作之地。我很幸运有它作为我的基地。

*

我要感谢杰夫·弗兰纳里（Jeff Flannery）——他是国会图书馆参考和读者服务部主任——以及他在手稿部门的工作人员。尤利西斯写给朱莉娅的信通常只能在旧的缩微胶片上阅读。我要感谢约翰·塞勒斯（John Sellers）——他是内战藏品的保管员——以及他的继任者米歇尔·A. 克罗尔（Michelle A. Krowl），是他们让我得以查阅这些藏品的原件。

*

我要再次感谢伊利诺伊州斯普林菲尔德市亚伯拉罕·林肯总统图书馆的工作人员。我特别感谢林肯收藏品的保管员詹姆斯·科尼利厄斯（James Cornelius）和图书馆服务主管凯瑟琳·哈里斯（Kathryn Harris）、手稿管理员谢丽尔·施尼尔林（Cheryl Schnirring），以及参考服务员格温尼思·波德斯基（Gwenith Podeschi）。

任何想了解格兰特更多信息的人都要参观圣路易斯附近的"尤利西斯·S. 格兰特国家历史区（Ulysses S. Grant National Historic Site）"。它位于怀特黑文——格兰特于 1844 年第一次在这里遇见了朱莉娅——现由负责人蒂莫西·S. 古德（Timothy S. Good）管理，他一直是位热情的朋友。国家公园历史学家帕姆·桑菲利波（Pam Sanflippo）也在撰写朱莉娅·登特·格兰

/ 致 谢 /

特的传记。她慷慨地与我分享了朱莉娅写的信，这些信没有收录在《格兰特文集》中。国家历史区的博物馆位于尤利西斯为他的马匹建造的谷仓内，是必看之选。

在南加利福尼亚大学，当我搜索哈姆林·加兰德（Hamlin Garland）的文件时，好几次都得到了档案兼手稿管理员克劳德·B. 扎卡里（Claude B. Zachary）的宝贵帮助。年轻的加兰德对在格兰特一生不同阶段认识他的人进行了数十次采访。

在芝加哥历史博物馆，黛比·沃恩（Debbie Vaughn）为我提供了各种各样的帮助。

很多人都慷慨地献出他们的时间，并提供了很重要的帮助了解格兰特的人物和地方的相关见解。洛蕾塔·福尔曼（Loretta Fuhrman）介绍我到格兰特在俄亥俄州的出生地"波因特普莱森特"。李·施魏卡特（Lee Schweickart）和内德·洛德威克（Ned Lodwick）带我参观了格兰特在俄亥俄州乔治敦的家和其他地方。南希·珀迪（Nancy Purdy）和斯坦·珀迪（Stan Purdy）住在乔治·贝利和简·贝利以及他们的孩子曾住过的家里，距离格兰特家只有半个街区，他们自1876年以来就在家里招待客人。我以前的学生丽莎·科鲁姆（Lisa Corum）帮助我理解了俄亥俄州南部的"地下铁路（Underground Railroad）"[①]；她的著作《地下的尤利西斯：U. S. 格兰特和地下铁路未被发掘的根源》（*Underground Ulysses: The Unexplored Roots of U. S. Grant and the Underground Railroad*）中就有这样的故事。在俄亥俄州的里普利，她把我介绍给安·哈格多恩（Ann Hagedorn）。午饭时，她详细阐

---

① 指废奴主义者在内战前帮助奴隶逃跑用的地下交通网。

述了自己的精彩作品《河对岸：地下铁路英雄们不为人知的故事》（*Beyond the River：The Story of the Heroes of the Underground Railroad*）。里普利联合镇公共图书馆的艾利森·吉布森（Allison Gibson）帮助我了解了约翰·兰金（John Rankin）和格兰特16岁时于1838~1839年就读于长老会学院的情况。

在肯塔基州的梅斯维尔，我从肯塔基门户博物馆中心（Kentucky Gateway Museum Center）的凯·钱尼斯（Cay Chamness）那里受益匪浅，特别是关于格兰特就读的梅斯维尔学院。

2010年10月的某个星期，我前往西点军校，那里的档案保管员艾丽西亚－莫尔丁·韦尔（Alicia-Mauldin Ware）与负责特别藏品和档案的副主任苏珊娜·克里斯托夫（Suzanne Christoff）帮助我查阅格兰特学生时代的原始记录。西点军校博物馆的艺术品保管员加里·胡德（Gary Hood）带我参观了馆里的珍品。艾伦·艾蒙（Alan Aimone）仍然是我在西点军校不可或缺的联系人。我对艾伦与我分享的有关学院的深厚知识表示由衷的感谢。

为了帮助我更多地了解格兰特于内战前后在伊利诺伊州加利纳度过的时光，我非常感谢加利纳历史学会和U. S. 格兰特博物馆的执行主管南希·布里德（Nancy Breed）。在加利纳公共图书馆，史蒂夫·雷普（Steve Repp）让我查看格兰特曾阅读过的当地报纸。加利纳历史学家斯科特·沃尔夫（Scott Wolfe）与我分享了他对约翰·罗林斯的大量知识。格兰特在主街的房子现在归私人所有，房主詹姆斯·沃斯（James Wirth）允许我进入参观。

*

　　我很早就下定决心要到遥远的战场上去走走，在那里格兰特指挥着他的军队——我的访问总是由杰出的历史学家引导。帕姆·桑菲利波与约翰·萨姆森（John Samson）同我参观了密苏里州的贝尔蒙特战场和伊利诺伊州开罗的历史遗迹。在多纳尔森堡，我的老朋友道格·理查德森（Doug Richardson）为我安排了参观。国家公园历史学家吉米·约贝（Jimmy Jobe）在这里连续工作了四十年，他让我想象联邦炮舰在坎伯兰河上行进的场景。在夏伊洛，国家公园历史学家史黛西·艾伦（Stacy Allen）提供了对这场关键会战起起落落的深入理解。在密西西比州的圣泉市，罗伯特·米尔顿·温特牧师（Reverend Robert Milton Winter）帮助我设想南方邦联将军厄尔·范·多恩袭击格兰特的补给物资，以及他抓住朱莉娅·格兰特的希望。在维克斯堡，我接受了国家公园历史学家特伦斯·温谢尔（Terrence Winschel，已退休）在精神和智慧上的慷慨帮助。帕克·希尔斯（Parker Hills）是维克斯堡战役遗址保护工作的领导者，他带领我沿着格兰特的作战路线前进，他不知疲倦地保护着这条路线。奇克莫加河和查塔努加国家军事公园的历史学家詹姆斯·奥格登三世（James Ogden III）带着地图和照片来找我，以便让我可以拍下1863年秋格兰特在查塔努加的照片。

　　在2011年5月的一个温暖的日子里，也就是格兰特1864年开始弗吉尼亚陆上战役的同一个月，内战历史学家加里·加拉格尔和比尔·伯根（Bill Bergen）手里拿着绘制好的地图，熟练地引导我穿越莽原会战的地形，来到史波特斯凡尼亚县府，最后抵达格兰特位于城角镇的指挥部。我要感谢威尔·格林（Will Greene）在潘普林历史公园（Pamplin Historical Park）的指导，从而使我进一步了解了彼得斯堡战役。

*

为了帮助我更多地思考卫理公会及其在格兰特家族和登特家族中的地位，我要感谢肯尼斯·E. 罗（Kenneth E. Rowe）——他多年来担任新泽西州麦迪逊德鲁大学联合卫理公会档案中心的图书管理员——以及美国宗教历史学家、西雅图太平洋大学神学院院长道格拉斯·M. 斯特朗（Douglas M. Strong）。我还要感谢南方卫理公会大学珀金斯神学院布莱德维尔图书馆的档案保管员蒂莫西·宾克利（Timothy Binkley），感谢他提供了格兰特在加利纳卫理公会的牧师约翰·海尔·文森特的文集，文森特后来创办了著名的肖托夸学院。

*

我要感谢达雷尔·古德尔（Darrell Guder）和本杰明·斯塔尔（Benjamin Stahl）在柏林的报纸上找到了格兰特1878年与俾斯麦谈话的报道，感谢加里·萨特勒（Gary Sattler）翻译了这些文章。

*

为了欣赏格兰特非凡的马术，我从与骑手们的交谈中获益良

/ 致 谢 /

多：他们来自于怀俄明州穆斯（Moose）附近的"三角 X 农场（Triangle X Ranch）"和亚利桑那州巴塔哥尼亚（Patagonia）附近的"圆圈 Z 农场（Circle Z Ranch）"。

在我撰写格兰特的旅行中，我还要感谢以下朋友的鼓励和款待：彼得·鲍格（Peter Baugher）和罗宾·鲍格（Robin Baugher），威尔逊·戈尔登（Wilson Golden），达雷尔·古德尔（Darrell Guder）和朱迪·古德尔（Judy Guder），戈迪·赫斯（Gordy Hess）和桑迪·赫斯（Sandy Hess），布鲁斯·麦克劳里（Bruce Maclaury）和金妮·麦克劳里（Ginny Maclaury）。感谢我在亨廷顿图书馆的周二午餐伙伴杰克·罗杰斯（Jack Rogers）的智慧和友谊。

*

我要感谢新泽西州西米尔福德（West Milford）的大卫·林德罗斯（David Lindroth），他是一位杰出的制图师。我相信大卫的 30 幅地图将使人们对格兰特在复杂的美墨战争和南北战争中的角色有更深刻的理解。

*

我要再次感谢华盛顿特区林肯档案的数字项目主任凯伦·尼兹（Karen Needles），他发现了许多此前研究格兰特的专著中没有出现过的照片、图档和漫画。我很感激凯伦的能力，以及她随时作出回应的意愿。我要感谢兰登书屋（Random House）的承诺，它在正确的地点找到了（许多）正确的图片。

非常感谢那些有才华的人，他们在评论这本传记的各种草稿时既付出了时间也分享了见解。我要感谢艾伦·艾蒙、迈克尔·B. 巴拉德、加里·加拉格尔、帕姆·桑菲利波和特伦斯·温谢尔阅读了特定的章节。

我要特别感谢所有读过全部手稿的人。吉姆·麦克弗森（Jim McPherson），他既是老师也是朋友，补强并订正了我对军事史的叙述。从本书计划伊始，约翰·马斯扎勒克就从他在尤利西斯·S. 格兰特总统图书馆的职位上鼓舞着我的工作，并仔细阅读了几份草稿。历史学家理查德·诺顿·史密斯（Richard Norton Smith）是多个总统图书馆的馆长，他发表了睿智的评论，尤其是对格兰特总统经常受到诋毁的评论。我在加利福尼亚大学洛杉矶分校的同事琼·沃伊，对我提出的每一个问题都作出了积极的回应，她的《U. S. 格兰特：美国的英雄，美国的神话》（U. S. Grant: American Hero, American Myth）重新将注意力集中到了格兰特身上。尤利西斯·S. 格兰特协会主席弗兰克·J. 威廉姆斯是我对格兰特各种知识的源泉。小埃内斯托·科尔特斯（Ernesto Cortes Jr.）是工业区基金会（Industrial Areas Foundation）的联合主席，他专注于基层民主，阅读广泛，能够在数十次早餐会上对多份草稿提出批判性的见解。最后，我要感谢美国文化历史学家理查德·怀特曼·福克斯（Richard Wightman Fox）的智慧。十年来，我和理查德在帕萨迪纳市（Pasadena）的福奈奥餐厅（Il Fornaio）或园路烤肉餐厅（Parkway Grill）共进晚餐，享受着最丰富的餐桌谈话。我对他感激不尽，因为当他对我的手稿提出问题和评论时，会不时地挑战着我对格兰特的某种痴迷。

南希·麦基（Nancy Macky）是我最衷心要感谢的人。南希是我的老朋友，一位亨廷顿图书馆的读者，同时也是英语和戏剧教授。她帮助我思考格兰特对小说和戏剧的热爱——这一点在此前被忽略了——让我发掘出格兰特在去西点军校的路上可能在费城看过戏剧演出。南希教会我她那富有感染力的热情和敏锐的侦探技巧，让我能够深入了解关于格兰特的传统叙事。在南希钟爱的牛津大学，她搜索了博德莱安图书馆（Bodleian Library）和罗瑟米尔美国研究所的维尔哈姆斯沃斯图书馆（Vere Harmsworth Library），进而追踪了格兰特在英国和爱尔兰旅行期间的报纸报道。她还带着自己的编辑用铅笔投入到许多的手稿中，协助我完成了原始资料记录的艰巨任务。

*

这是我在兰登书屋出版的第三本书，我的编辑仍然是优秀的大卫·埃伯霍夫（David Ebershoff）。在《林肯传》（*A. Lincoln: A Biography*）之后，是大卫鼓励我继续书写第二本总统传记。大卫设法成为一个最精明的编辑，他的话既具鼓励性，也有挑战性，同时他自己的小说也获了奖。2015年11月，随着根据大卫小说改编的电影《丹麦女孩》（*The Danish Girl*）上映，大卫打电话告诉我，他将翻看人生的下一篇章，专注投身于写作。我会想念大卫，但我会永远感激从他身上学到的一切。

凯特琳·麦肯纳（Caitlin McKenna）是我的新编辑，我真是太幸运了。凯特琳对这项计划的投入，她明智的建议和判断，以及我们关于这本书的每一个方面的频繁电话交谈，使我在最后的关键一年里得到了鼓舞和支持。谢谢你，凯特琳！

兰登书屋拥有一支强大的团队。我要感谢索娜·沃格尔（Sona Vogel）的专业且细致的文稿编辑；维多利亚·王（Victoria Wong）为本书作出的整体设计；以及设计封面的约瑟夫·佩雷斯（Joseph Perez）。丹尼斯·安布罗斯（Dennis Ambrose）再次以他一贯的效率统筹规划着本书的编辑工作。

*

这是我第四次感谢我的朋友和杰出的文学经纪人。玛丽·埃文斯（Mary Evans）是我此前出版的关于林肯的三本著作的支持者，现在她也同样支持着这本《美国的尤利西斯：尤利西斯·S. 格兰特的故事》（*American Ulysses: A Life of Ulysses S. Grant*）。她的眼睛和耳朵十分敏锐，总是在适当的时候提出正确的建议。

*

最后，我要最衷心地感谢妻子辛西娅·康格·怀特（Cynthia Conger White）。在我撰写尤利西斯和朱莉娅故事的每一个段落，她都在一旁陪伴。我要感谢她的幽默——当我从亨廷顿图书馆回到家时，她认为相较于 2016 年，她的丈夫更沉浸在 1866 年。当我给亚伯拉罕·林肯和尤利西斯·S. 格兰特作传时，她会听我朗读书稿好几个小时。我们大声朗读，以便既能看见也能听见词句。辛西娅是一个狂热的书迷，是我的第一个也是最后一个读者。我感谢她在过去的七年里所给予的爱和不断的鼓励。

AJ	Andrew Johnson
AL	Abraham Lincoln
EMS	Edwin M. Stanton
GGM	George Gordon Meade
HWH	Henry Wager Halleck
JAM	John A. McClernand
JDG	Julia Dent Grant
JRG	Jesse Root Grant
JRY	John Russell Young
PHS	Philip H. Sheridan
USG	Ulysses S. Grant
WTS	William Tecumseh Sherman
ALPLC	Abraham Lincoln Papers at the Library of Congress, Manuscript Division, Washington, D.C.: American Memory Project, 2000. http://memory.loc.gov./ammem/alhtml/alhome.html.
ALPLM	Abraham Lincoln Presidential Library and Museum, Springfield, Illinois.
Catton, *Grant Moves South*	Bruce Catton. *Grant Moves South*. Boston: Little, Brown & Co., 1960.
CWAL	*The Collected Works of Abraham Lincoln*. 9 vols. Edited by Roy P. Basler. New Brunswick, N.J.: Rutgers University Press, 1953–1955.
Garland, *Grant*	Hamlin Garland. *Ulysses S. Grant: His Life and Character*. New York: Doubleday & McClure Co., 1898.
Grant Papers	*The Papers of Ulysses S. Grant*. 32 vols. Edited by John Y. Simon and John Marszalek. Carbondale: Southern Illinois University Press, 1967–2012.
Julia Dent Grant, *Personal Memoirs*	Julia Dent Grant. *The Personal Memoirs of Julia Dent Grant*. Edited by John Y. Simon. Carbondale: Southern Illinois University Press, 1975.
Lewis, *Captain Sam Grant*	Lloyd Lewis. *Captain Sam Grant*. Boston: Little, Brown & Co., 1950.
McPherson, *Battle Cry*	James M. McPherson. *Battle Cry of Freedom: The Civil War Era*. New York: Oxford University Press, 1988.
McFeely, *Grant*	William S. McFeely. *Grant: A Biography*. New York: W. W. Norton & Co., 1981.

Meade, *Life*	George Gordon Meade. *The Life and Letters of George Gordon Meade*. 3 vols. New York: Charles Scribner's Sons, 1913.
OR	*War of the Rebellion . . . Official Records of the Union and Confederate Armies*. 128 vols. Washington, D.C.: Government Printing Office, 1880–1901.
ORN	*Official Records of the Union and Confederate Navies in the War of the Rebellion*. Washington, D.C.: Government Printing Office, 1894–1922.
PAJ	Andrew Johnson. *The Papers of Andrew Johnson*. Edited by LeRoy P. Graf and Ralph W. Haskins. Knoxville: University of Tennessee Press, 1967–2000.
Personal Memoirs	*The Personal Memoirs of U. S. Grant*. 2 vols. New York: Charles L. Webster & Co., 1885.
Porter, *Campaigning with Grant*	Horace Porter. *Campaigning with Grant*. New York: Century Co., 1897.
Richardson, *A Personal History*	Albert D. Richardson. *A Personal History of Ulysses S. Grant*. Hartford, Conn.: American Publishing Company, 1868.
Simpson, *Grant*	Brooks D. Simpson. *Ulysses S. Grant: Triumph over Adversity, 1822–1865*. Boston: Houghton Mifflin, 2000.
Smith, *Grant*	Jean Edward Smith. *Grant*. New York: Simon & Schuster, 2001.
Strong, *Diary*	George Templeton Strong. *The Diary of George Templeton Strong*. Vols. 3, 4: *The Civil War, 1860–1865*. Edited by Allan Nevins and Milton Halsey Thomas. New York: Macmillan, 1952.
Young, *Around the World*	John Russell Young. *Around the World with General Grant*. 2 vols. New York: American News, 1879.

手稿集

Abraham Lincoln Presidential Library, Springfield, Illinois
Jacob Ammen Diary
William H. Austin Letters
Sylvanus Cadwallader Papers
Ulysses S. Grant Papers
John A. McClernand Papers
Lindorf Ozburn Letters
John A. Rawlins Papers

Bridwell Library, Perkins School of Theology, Southern Methodist University, Dallas, Texas
John Heyl Vincent Papers

Chicago History Museum, Chicago, Illinois
Jesse Root Grant Papers
Ulysses S. Grant Papers
John A. Rawlins Papers

Detroit Public Library, Burton Historical Collection, Detroit, Michigan
Ulysses S. Grant Papers

Doheny Memorial Library, University of Southern California, Los Angeles, California
Hamlin Garland Papers

Firestone Library, Princeton University, Princeton, New Jersey
Adam Badeau Papers

Huntington Library, San Marino, California
Samuel Barlow Papers
William K. Bixby Collection
James William Eldridge Collection
Ulysses S. Grant Collection
Henry Wager Halleck Papers
Thomas Hamer Papers
David Dixon Porter Papers
William T. Sherman Papers
Zachary Taylor Papers

Library of Congress, Manuscript Division, Washington, D.C.
William C. Church Papers
William C. Comstock, Diary
Charles Dana Papers
Hamilton Fish Papers
Ulysses S. Grant Papers
Horace Greeley Papers
Abraham Lincoln Papers
David Dixon Porter Papers
William T. Sherman Papers
Edwin M. Stanton Papers
Elihu B. Washburne Papers
James H. Wilson Papers

Lincoln Memorial Shrine, Redlands, California
Mortimer D. Leggett Papers

National Archives, Washington, D.C.
Orville E. Babcock Papers

Oliver Archives Center, Chautauqua Institution, Chautauqua, New York
John Heyl Vincent Papers

Ulysses S. Grant National Historic Site, St. Louis, Missouri
Letters of Julia Dent Grant

Ulysses S. Grant Presidential Library at Mississippi State University, Starkville, Mississippi
Orville E. Babcock Materials
Bultema-Williams Photographic Collection
Lloyd Lewis–Bruce Catton Notes
Julia Grant Scrapbook
Ulysses S. Grant Papers

United States Military Academy, Archives and Special Collections, West Point, New York
U.S. Military Academy Library Circulation Records, 1842–1843
Cadets Admitted to the U.S. Military Academy, 1840–1845
Official Register of the Officers and Cadets of the U.S. Military Academy, West Point, New York, June 1840

Charles E. Young Library, University of California at Los Angeles, Los Angeles, California
William Rosecrans Papers

报　纸

美　国

Army and Navy Journal
The Atlantic
Baltimore Sun
Brooklyn Daily Eagle
The Castigator
Chautauqua Assembly Herald

The Chautauquan
Chicago Tribune
Cincinnati Commercial
Cincinnati Gazette
Enquirer and Examiner (Richmond, Virginia)
Frank Leslie's Illustrated Weekly
Galena Daily Gazette
Galena Weekly North-Western Gazette
Harper's Magazine
Independent (New York)
McClure's Magazine
Midland Monthly Magazine
Nashville Banner
The Nation
National Intelligencer
National Republican
New York Herald
New York Post
New York Times
New York Tribune
New York World
Niles Register
North American Review
Philadelphia Times
Sacramento Daily Union
St. Louis Missouri Republican
Sun (New York)
Washington Star

英　国

Aberdeen Weekly Journal
Belfast Newsletter
Leeds Mercury
Manchester Times
Morning Post (London)
Reynolds's Newspaper (London)
Sheffield and Rotherham Independent
The Star (St. Peter Port)
The Times (London)

书籍、论文、日记、信函

Abbott, Richard H. *Cobbler in Congress: The Life of Henry Wilson, 1812–1875*. Lexington: University Press of Kentucky, 1972.
————. *The Republican Party and the South, 1855–1877*. Chapel Hill: University of North Carolina Press, 1986.
Ackerman, Kenneth D. *The Gold Ring: Jim Fisk, Jay Gould, and Black Friday, 1869*. New York: Dodd, Mead, 1988.
Ammen, Daniel. *The Old Navy and the New*. Philadelphia: Lippincott, 1891.
Andrews, J. Cutler. *The North Reports the Civil War*. Pittsburgh: University of Pittsburgh Press, 1955.

————. *The South Reports the Civil War.* Princeton, N.J.: Princeton University Press, 1970.

Anecdotes and Reminiscences of Gen'l U. S. Grant. New York: Cheap Publishing, c. 1885.

Armstrong, William H. *Warrior in Two Camps: Ely S. Parker, Union General and Seneca Chief.* Syracuse, N.Y.: Syracuse University Press, 1978.

Badeau, Adam. *Military History of Ulysses S. Grant, from April, 1861, to April, 1865.* 3 vols. New York: D. Appleton, 1868–1881.

————. *Grant in Peace: From Appomattox to Mount McGregor; A Personal Memoir.* New York: D. Appleton, 1887.

Ballard, Michael B. *Pemberton: A Biography.* Jackson: University Press of Mississippi, 1991.

————. *Vicksburg: The Campaign That Opened the Mississippi.* Chapel Hill: University of North Carolina Press, 2004.

Barber, James. *U. S. Grant: The Man and the Image, with an Essay by John Y. Simon.* Washington, D.C.: National Portrait Gallery, Smithsonian Institution; Carbondale: in association with Southern Illinois Press, 1985.

Bartlett, Irving H. *Wendell Phillips: Brahmin Radical.* Boston: Beacon Press, 1961.

Bauer, K. Jack. *The Mexican War, 1846–1848.* New York: Macmillan, 1974.

————. *Zachary Taylor: Soldier, Planter, Statesman of the Old Southwest.* Baton Rouge: Louisiana State University Press, 1985.

Bearss, Edwin C. *The Campaign for Vicksburg.* 3 vols. Dayton, Ohio: Morningside, 1985–1986.

Benedict, Michael Les. *A Compromise of Principle: Congressional Republicans and Reconstruction, 1863–1869.* New York: W. W. Norton & Co., 1974.

Blaine, James G. *Twenty Years in Congress: From Lincoln to Garfield.* Vols. 1 and 2. Norwich, Conn.: Henry Brill, 1884.

Blight, David. *Race and Reunion: The Civil War in American Memory.* Cambridge, Mass.: Belknap Press of Harvard University Press, 2002.

Boutwell, George S. *Reminiscences of Sixty Years in Public Affairs.* 2 vols. New York: McClure, Phillips, 1902.

Brinton, John Hill. *Personal Memoirs of John H. Brinton, 1861–1865.* New York: Neale Publishing, 1914.

Brooks, Noah. *Washington in Lincoln's Time.* New York: Century, 1896.

Brown, Dee. *The Year of the Century: 1876.* New York: Charles Scribner's Sons, 1966.

Cadwallader, Sylvanus. *Three Years with Grant.* Edited by Benjamin P. Thomas. New York: Alfred A. Knopf, 1955.

Calhoun, Charles C. *Conceiving a New Republic: The Republican Party and the Southern Question, 1869–1900.* Lawrence: University Press of Kansas, 2006.

————. *From Bloody Shirt to Full Dinner Pail: The Transformation of Politics and Governance in the Gilded Age.* New York: Hill & Wang, 2010.

Campbell, Edwina S. *Citizen of a Wider Commonwealth: Ulysses S. Grant's Postpresidential Diplomacy.* Carbondale: Southern Illinois University Press, 2016.

Carpenter, John A. *Sword and Olive Branch: Oliver Otis Howard.* Pittsburgh: University of Pittsburgh Press, 1964.

————. *Ulysses S. Grant.* New York: Twayne Publishers, 1970.

Casey, Emma Dent. *When Grant Went A-Courtin', by His Wife's Sister.* New York: Circle Publishing, 1909.

Cashman, Sean Dennis. *America in the Gilded Age: From the Death of Lincoln to the Rise of Theodore Roosevelt.* New York: New York University Press, 1984.

Castel, Albert. *The Presidency of Andrew Johnson.* Lawrence: Regents Press of Kansas, 1979.

Catalogue of the Library of the U.S. Military Academy at West-Point, May 1830. New York: J. Desnoues, 1830.

Catalogue of the Library of the U.S. Military Academy, West Point, N.Y., Exhibiting Its Condition at the End of the Year 1852. New York: John F. Trow, 1853.

Catton, Bruce. *A Stillness at Appomattox*. Garden City, N.Y.: Doubleday, 1953.

————. *Grant Moves South*. Boston: Little, Brown & Co., 1960.

————. *Grant Takes Command*. Boston: Little, Brown & Co., 1969.

————. *U. S. Grant and the American Military Tradition*. Edited by Oscar Handlin. Boston: Little, Brown & Co., 1954.

Chalmers, David M. *Hooded Americanism: The History of the Ku Klux Klan*. Durham, N.C.: Duke University Press, 1987.

Chetlain, Augustus L. *Recollections of Seventy Years*. Galena, Ill.: Gazette Publishing Company, 1899.

Childs, George W. *Recollections of General Grant*. Philadelphia: Collins Printing House, 1885.

Christensen, Allan Conrad. *Edward Bulwer-Lytton: The Fiction of New Regions*. Athens: University of Georgia Press, 1976.

Comstock, Cyrus B. *The Diary of Cyrus B. Comstock*. Edited by Merlin E. Sumner. Dayton, Ohio: Morningside, 1987.

Cook, Adrian. *The Alabama Claims: American Politics and Anglo-American Relations, 1865–1872*. Ithaca, N.Y.: Cornell University Press, 1975.

Cooling, Benjamin Franklin. *War and Society in Kentucky and Tennessee, 1862–1863*. Knoxville: University of Tennessee Press, 1997.

————. *Forts Henry and Donelson: The Key to the Confederate Heartland*. Knoxville: University of Tennessee Press, 1987.

Cozzens, Peter. *The Darkest Days of the War: The Battles of Iuka and Corinth*. Chapel Hill: University of North Carolina Press, 1997.

————. *General John Pope: A Life for the Nation*. Urbana: University of Illinois Press, 2000.

————. *The Shipwreck of Their Hopes: The Battles for Chattanooga*. Urbana: University of Illinois Press, 1994.

Crackel, Theodore J. *Mr. Jefferson's Army: Political and Social Reform of the Military Establishment, 1801–1809*. New York: New York University Press, 1987.

Cramer, Michael John. *Ulysses S. Grant: Conversations and Unpublished Letters*. New York: Eaton & Mains, 1897.

Crawford, J. B. *The Credit Mobilier of America: Its Origin and History*. Boston: C. W. Calkins, 1880.

Crocker, Kathleen, and Jane Currie. *The Chautauqua Institution, 1874–1974*. Charleston, S.C.: Arcadia Publishing, 2001.

Cullom, George W., ed. *Biographical Register of the Officers and Graduates of the U.S. Military Academy at West Point, N.Y.* Vol. 2. 3rd ed., revised and extended. Boston: Houghton Mifflin, 1891.

Cunningham, O. Edward. *Shiloh and the Western Campaign of 1862*. New York: Savas Beattie, 2007 [Gary D. Joiner and Timothy B. Smith edited the original Louisiana State University PhD dissertation, 1966].

Dana, Charles A. *Recollections of the Civil War*. New York: D. Appleton, 1898.

Daniel, Larry J. *Shiloh: The Battle That Changed the War*. New York: Simon & Schuster, 1997.

Davis, Jefferson. *The Essential Writings*. Edited by William J. Cooper, Jr. New York: Random House, 2003.

Davis, William C. *Crucible of Command: Ulysses S. Grant and Robert E. Lee—The War They Fought, the Peace They Forged*. Boston: Da Capo Press, 2015.

————. *Jefferson Davis: The Man and His Hour*. New York: HarperCollins, 1991.

————. *Look Away!: A History of the Confederate States of America*. New York: Free Press, 2003.

Dodge, Grenville M. *Personal Recollections of President Abraham Lincoln, General Ulysses S. Grant, General William T. Sherman*. Council Bluffs, Iowa: Monarch Printing, 1914.

Donald, David Herbert. *Charles Sumner and the Rights of Man*. New York: Alfred A. Knopf, 1970.

———. *Lincoln*. New York: Simon & Schuster, 1995.

Dowdall, Denise M. *From Cincinnati to the Colorado Ranger: The Horsemanship of Ulysses S. Grant*. Dublin, Ireland: Historyeye, 2012.

Dugard, Martin. *The Training Ground: Grant, Lee, Sherman, and Davis in the Mexican War, 1846–1848*. Lincoln: University of Nebraska Press, 2008.

Dyer, Brainerd. *Zachary Taylor*. Baton Rouge: Louisiana State University Press, 1946.

Eaton, John. *Grant, Lincoln, and the Freedmen*. In collaboration with Ethel Osgood Mason. New York: Longmans, Green & Co., 1907.

Ecelbarger, Gary. *Black Jack Logan*. Guilford, Conn.: Lyons Press, 2005.

Eckenrode, H. J., and Bryan Conrad. *James Longstreet: Lee's War Horse*. Chapel Hill: University of North Carolina Press, 1936.

Eisenhower, John S. D. *Agent of Destiny: The Life and Times of Winfield Scott*. New York: Free Press, 1997.

———. *So Far from God: The U.S. War with Mexico, 1846–1848*. New York: Random House, 1989.

Ellington, Charles G. *The Trial of U. S. Grant: The Pacific Years, 1852–1854*. Glendale, Calif.: Arthur H. Clark, 1987.

Engle, Stephen D. *Don Carlos Buell: Most Promising of All*. Chapel Hill: University of North Carolina Press, 1999.

———. *Struggle for the Heartland: The Campaigns from Fort Henry to Corinth*. Lincoln: University of Nebraska Press, 2001.

Feis, William B. *Secret Service: The Intelligence War from Belmont to Appomattox*. Lincoln: University of Nebraska Press, 2002.

Fellman, Michael. *Citizen Sherman: A Life of William Tecumseh Sherman*. New York: Random House, 1995.

Flood, Charles Bracelen. *Grant and Sherman: The Friendship That Won the Civil War*. New York: Farrar, Straus and Giroux, 2005.

Flower, Frank A. *Edwin McMasters Stanton: The Autocrat of Rebellion, Emancipation, and Reconstruction*. Akron, Ohio: Saalfield Publishing, 1905.

Foote, Shelby. *The Civil War: A Narrative*. 3 vols. New York: Random House, 1958–1974.

Foulke, William Dudley. *Life of Oliver P. Morton*. Vol. 2. Indianapolis: Bowen-Merrill, 1899.

Freeman, Douglas Southall. *Lee's Lieutenants: A Study in Command*. 3 vols. New York: Charles Scribner's Sons, 1942–1944.

———. *R. E. Lee: A Biography*. 4 vols. New York: Charles Scribner's Sons, 1934–1935.

Friedman, Lee M. *Jewish Pioneers and Patriots*. Philadelphia: Jewish Publication Society, 1942.

Gallagher, Gary W. *The Confederate War*. Cambridge, Mass.: Harvard University Press, 1997.

———. *The Union War*. Cambridge, Mass.: Harvard University Press, 2011.

———, ed. *Lee the Soldier*. Lincoln: University of Nebraska Press, 1996.

———, ed. *The Shenandoah Valley Campaign of 1864*. Chapel Hill: University of North Carolina Press, 2006.

———, ed. *The Wilderness Campaign*. Chapel Hill: University of North Carolina Press, 1997.

Garfield, James A. *The Diary of James A. Garfield*. Vol. 3. Edited with an introduction by Harry James Brown. East Lansing: Michigan State University Press, 1973.

Garland, Hamlin. *Ulysses S. Grant: His Life and Character*. New York: Doubleday & McClure, 1898.

Gillette, William. *The Right to Vote: Politics and the Passage of the Fifteenth Amendment*. Baltimore, MD: The Johns Hopkins Press, 1965.

Glatthaar, Joseph T. *Partners in Command: The Relationships Between Leaders in the Civil War.* New York: Free Press, 1994.

Gott, Kendall D. *Where the South Lost the War: An Analysis of the Fort Henry–Fort Donelson Campaign: February 1862.* Mechanicsburg, Pa.: Stackpole Books, 2003.

Gould, Lewis L. *Grand Old Party: A History of the Republicans.* New York: Random House, 2003.

Grabau, Warren. *Ninety-eight Days: A Geographer's View of the Vicksburg Campaign.* Knoxville: University of Tennessee Press, 2000.

Grant, Arthur Hastings. *The Grant Family: A Genealogical History of the Descendants of Matthew Grant of Windsor, Conn., 1601–1898.* Poughkeepsie, N.Y.: Press of A. V. Haight, 1898.

Grant, Julia Dent. *The Personal Memoirs of Julia Dent Grant.* Carbondale: Southern Illinois University Press, 1975.

Grant, Ulysses S. *Personal Memoirs.* 2 vols. New York: Charles L. Webster & Co., 1885.

Griess, Thomas Everett. "Dennis Hart Mahan: West Point Professor and Advocate of Military Professionalism, 1830–1871." PhD dissertation. Durham, N.C.: Duke University, 1968.

Grimsley, Mark. *The Hard Hand of War: Union Military Policy Toward Southern Civilians, 1861–1865.* New York: Cambridge University Press, 1995.

Halloran, Fiona Deans. *Thomas Nast: The Father of Modern Political Cartoons.* Chapel Hill: University of North Carolina Press, 2012.

Hamilton, Holman. *Zachary Taylor: Soldier in the White House.* Indianapolis: Bobbs-Merrill, 1941.

Hattaway, Herman, and Archer Jones. *How the North Won: A Military History of the Civil War.* Urbana: University of Illinois Press, 1983.

Hearn, Chester G. *Admiral David Dixon Porter.* Annapolis, Md.: Naval Institute Press, 1996.

Hebert, Walter E. *Fighting Joe Hooker.* Indianapolis: Bobbs-Merrill, 1944.

Henderson, Timothy J. *A Glorious Defeat: Mexico and Its War with the United States.* New York: Hill & Wang, 2007.

Henry, Robert Selph. *"First with the Most" Forrest.* Indianapolis: Bobbs-Merrill, 1944.

Hesseltine, William B. *Ulysses S. Grant, Politician.* New York: Dodd, Mead & Co., 1935.

Hoar, George Frisbie. *Autobiography of Seventy Years.* Vol. 1. New York: Charles Scribner's Sons, 1913.

Hollandsworth, James G., Jr. *Pretense of Glory: The Life of General Nathaniel P. Banks.* Baton Rouge: Louisiana State University Press, 1998.

Holt, Thomas. *Black over White: Negro Political Leadership in South Carolina During Reconstruction.* Urbana: University of Illinois Press, 1977.

Hoogenboom, Ari. *Outlawing the Spoils: A History of the Civil Service Reform Movement, 1865–1883.* Urbana: University of Illinois Press, 1961.

———. *The Presidency of Rutherford B. Hayes.* Lawrence: University Press of Kansas, 1988.

Horn, Calvin W. *A Handbook of the Methodist Episcopal Church Georgetown, Ohio.* Georgetown: Georgetown Gazette, 1904.

Horn, Stanley F. *The Army of Tennessee: A Military History.* Indianapolis: Bobbs-Merrill, 1941.

Howard, Oliver O. *Autobiography of Oliver Otis Howard.* New York: Baker & Taylor, 1908.

Howe, Daniel Walker. *What Hath God Wrought: The Transformation of America, 1815–1848.* New York: Oxford University Press, 2007.

Howe, Henry. *Historical Collections of Ohio.* Vol. 1. Norwalk, Ohio: Laning Printing Co., 1896.

Hughes, Nathaniel Cheairs, Jr., and Roy P. Stonesifer, Jr. *The Life and Wars of Gideon J. Pillow.* Chapel Hill: University of North Carolina Press, 1993.

Hunt, Gaillard. *Israel, Elihu and Cadwallader Washburn: A Chapter in American Biography.* New York: Macmillan, 1925.

Hurst, Jack. *Nathan Bedford Forrest*. New York: Alfred A. Knopf, 1993.

Hyman, Harold M. *The Radical Republicans and Reconstruction, 1861–1870*. Indianapolis: Bobbs-Merrill, 1967.

James, Joseph B. *The Framing of the Fourteenth Amendment*. Urbana: University of Illinois Press, 1965.

Johannsen, Robert Walter. *To the Halls of the Montezumas: The Mexican War in the American Imagination*. New York: Oxford University Press, 1985.

Johnson, Andrew. *The Papers of Andrew Johnson*. Edited by LeRoy P. Graf and Ralph W. Haskins. Knoxville: University of Tennessee Press, 1967–2000.

Johnson, Timothy D. *Winfield Scott: The Quest for Military Glory*. Lawrence: University Press of Kansas, 1998.

Johnston, R. U., and C. C. Clough Buel, eds. *Battles and Leaders of the Civil War*. 4 vols. New York: Century, 1887–1888.

Jones, George R. *Joseph Russell Jones*. Chicago: privately printed, 1964.

Jordan, David M. *Roscoe Conkling of New York*. Ithaca, N.Y.: Cornell University Press, 1971.

Keegan, John. *The American Civil War: A Military History*. New York: Alfred A. Knopf, 2009.

———. *The Mask of Command*. New York: Viking, 1987.

Keller, Robert H. *American Protestantism and United States Indian Policy, 1869–1882*. Lincoln: University of Nebraska Press, 1983.

Kemble, John Haskell. *The Panama Route, 1848–1869*. Berkeley: University of California Press, 1943.

Knepper, George W. *Ohio and Its People*. Kent, Ohio: Kent State University Press, 1989.

Korn, Bertram Wallace. *American Jewry and the Civil War*. Philadelphia: Jewish Publication Society of America, 1951.

Lamers, William M. *The Edge of Glory: A Biography of General William S. Rosecrans, U.S.A.* With a new introduction by Larry J. Daniel. Baton Rouge: Louisiana State University Press, 1999.

Larson, Robert W. *Red Cloud: Warrior-Statesman of the Lakota Sioux*. Norman: University of Oklahoma Press, 1997.

Lewis, Lloyd. *Captain Sam Grant*. Boston: Little, Brown & Co., 1950.

Lincoln, Abraham. *The Collected Works of Abraham Lincoln*. 9 vols. Edited by Roy P. Basler. New Brunswick, N.J.: Rutgers University Press, 1953–1955.

Little, Kimberly Scott. *Ulysses S. Grant's White Haven: A Place Where Extraordinary People Came to Live Extraordinary Lives, 1796–1885*. St. Louis: Ulysses S. Grant National Historic Site, 1993.

Longacre, Edward G. *General Ulysses S. Grant: The Soldier and the Man*. Cambridge, Mass.: Da Capo Press, 2006.

Longstreet, James. *From Manassas to Appomattox: Memoirs of the Civil War in America*. Philadelphia: Lippincott, 1896.

Lowe, Richard. *Republicans and Reconstruction in Virginia, 1856–1870*. Charlottesville: University Press of Virginia, 1991.

Lyman, Theodore. *With Grant and Meade from the Wilderness to Appomattox*. Introduction by Brooks D. Simpson. Lincoln: University of Nebraska Press, 1994. Originally published, Boston: Atlantic Monthly Press, 1922.

Mahood, Wayne. *Alexander "Fighting Elleck" Hays: The Life of a Civil War General: From West Point to the Wilderness*. Jefferson, N.C.: McFarland, 2005.

Mannion, Richard G. "The Life of a Reputation: The Public Memory of Ulysses S. Grant." PhD dissertation. Atlanta: Georgia State University, 2012.

Mardock, Robert Winston. *The Reformers and the American Indian*. Columbia: University of Missouri Press, 1971.

Marsh, Dianne. *Galena, Illinois: A Brief History*. Charleston, S.C.: History Press, 2010.

Marszalek, John. *Commander of All Lincoln's Armies: A Life of General Henry W. Halleck*. Cambridge, Mass.: Belknap Press of Harvard University Press, 2004.

————. *Sherman: A Soldier's Passion for Order*. New York: Free Press, 1993.

————. ed. *The Best Writings of Ulysses S. Grant*. Carbondale: Southern Illinois University Press, 2015.

Marvel, William. *Burnside*. Chapel Hill: University of North Carolina Press, 1991.

McDonough, James Lee. *Chattanooga: A Death Grip on the Confederacy*. Knoxville: University of Tennessee Press, 1984.

McFeely, William S. *Grant: A Biography*. New York: W. W. Norton & Co., 1981.

McKitrick, Eric L. *Andrew Johnson and Reconstruction*. Chicago: University of Chicago Press, 1960.

McPherson, James M. *The Abolitionist Legacy: From Reconstruction to the NAACP*. Princeton, N.J.: Princeton University Press, 1975.

————. *Abraham Lincoln and the Second American Revolution*. New York: Oxford University Press, 1990.

————. *Battle Cry of Freedom*. New York: Oxford University Press, 1988.

————. *Drawn with the Sword: Reflections on the American Civil War*. New York: Oxford University Press, 1996.

————. *Embattled Rebel: Jefferson Davis and the Confederate Civil War*. New York: Penguin Books, 2015.

————. *The Struggle for Equality: Abolitionists and the Negro in the Civil War and Reconstruction*. Princeton, N.J.: Princeton University Press, 1964.

————. *War on the Waters: The Union and Confederate Navies, 1861–1865*. Chapel Hill: University of North Carolina Press, 2012.

Meade, George Gordon. *The Life and Letters of George Gordon Meade*. 2 vols. New York: Charles Scribner's Sons, 1913.

Merry, Robert M. *A Country of Vast Designs: James K. Polk, the Mexican War and the Conquest of the American Continent*. New York: Simon & Schuster, 2009.

Morris, Benjamin Franklin, ed. *The Life of Thomas Morris*. Cincinnati: Moore, Wilstach, Key & Overend, 1856.

Morris, Roy, Jr. *Fraud of the Century: Rutherford B. Hayes, Samuel Tilden, and the Stolen Election of 1876*. New York: Simon & Schuster, 2003.

Morrison, James L., Jr. *"The Best School in the World": West Point, the Pre–Civil War Years, 1833–1866*. Kent, Ohio: Kent State Universitiy Press, 1986.

Neely, Marx E., Jr., and Harold Holzer. *The Union Image: Popular Prints of the Civil War North*. Chapel Hill: University of North Carolina Press, 2000.

Nelson, William Javier. *Almost a Territory: America's Attempt to Annex the Dominican Republic*. Newark: University of Delaware Press, 1990.

Nevins, Allan. *Frémont: Pathmarker of the West*. New York: Appleton-Century, 1939.

————. *Hamilton Fish: The Inner History of the Grant Administration*. New York: Dodd, Mead & Co., 1936.

Niven, John. *Gideon Welles: Lincoln's Secretary of the Navy*. New York: Oxford University Press, 1973.

————. *Salmon P. Chase: A Biography*. New York: Oxford University Press, 1995.

Oberholtzer, Ellis P. *Jay Cooke: Financier of the Civil War*. Vol. 2. Philadelphia: George W. Jacobs, 1907.

Official Records of the Union and Confederate Armies: The War of the Rebellion. Washington, D.C.: Government Printing Office, 1880–1901.

Official Records of the Union and Confederate Navies in the War of the Rebellion. Washington, D.C.: Government Printing Office, 1894–1922.

Official Register of the Officers and Cadets of the U.S. Military Academy. Vol. 3. West Point, N.Y.: New York: W. L. Burroughs, 1843.

Ohrt, Wallace. *Defiant Peacemaker: Nicholas Trist in the Mexican War.* College Station: Texas A&M University Press, 1997.

Olson, James C. *Red Cloud and the Sioux Problem.* Lincoln: University of Nebraska Press, 1965.

Page, Charles A. *Letters of a War Correspondent.* Edited by James R. Gilmore. Boston: L. Page, 1899.

Paine, Albert P. *Thomas Nast.* New York: Macmillan, 1904.

Parks, Joseph Howard. *General Leonidas Polk, C.S.A.: The Fighting Bishop.* Baton Rouge: Louisiana State University Press, 1990.

Pemberton, John C., *Pemberton: Defender of Vicksburg.* Chapel Hill: University of North Carolina Press, 1942.

Peskin, Allan. *Winfield Scott and the Profession of Arms.* Kent, Ohio: Kent State University Press, 2003.

Pollard, Edward A. *The Lost Cause: A New Southern History of the War of the Confederates.* New York: E. B. Treat, 1866.

Poole, D. C. *Among the Sioux of Dakota.* New York: D. Van Nostrand, 1881.

Poore, Benjamin Perley, and O. H. Tiffany. *Life of General U. S. Grant.* Philadelphia: Hubbard Brothers, 1885.

Porter, David Dixon. *Incidents and Anecdotes of the Civil War.* New York: D. Appleton, 1885.

Porter, Horace. *Campaigning with Grant.* Introduction by Brooks D. Simpson. Lincoln: University of Nebraska Press, 2000. Originally published New York: Century Co., 1897.

Rable, George C. *But There Was No Peace: The Role of Violence in the Politics of Reconstruction.* Athens: University of Georgia Press, 1984.

Randel, William Peirce. *The Ku Klux Klan: A Century of Infamy.* Philadelphia: Chilton Books, 1965.

Reardon, Carol. *With a Sword in One Hand and Jomini in the Other: The Problem of Military Thought in the Civil War North.* Chapel Hill: University of North Carolina Press, 2012.

Regulations Established for the Organization and Government of the Military Academy at West Point, New York. New York: Wiley & Putnam, 1839.

Remlap, L. T. *General Grant's Tour Around the World.* Chicago: J. Fairbanks, 1879.

Rhea, Gordon C. *Cold Harbor: Grant and Lee, May 26–June 3, 1864.* Baton Rouge: Louisiana State University Press, 2002.

———. *To the North Anna River: Grant and Lee, May 13–25, 1864.* Baton Rouge: Louisiana State University Press, 2000.

Richardson, Albert D. *A Personal History of Ulysses S. Grant.* Hartford, Conn.: American Publishing, 1868.

Robins, Glenn. *The Bishop of the Old South: The Ministry and Civil War Legacy of Leonidas Polk.* Macon, Ga.: Mercer University Press, 2006.

Roland, Charles Pierce. *Albert Sidney Johnston: Soldier of Three Republics.* Austin: University of Texas Press, 1964.

Romero, Matías. *Mexican Lobby: Matías Romero in Washington, 1861–1867.* Edited and translated by Thomas D. Schoonover. Lexington: University Press of Kentucky, 1986.

Ross, Isabel. *The General's Wife: The Life of Mrs. Ulysses S. Grant.* New York: Dodd, Mead & Co., 1959.

Sanborn, John B. *The Crisis at Champion Hill.* St. Paul, Minn.: n.p., 1903.

Sanger, Donald Bridgman, and Thomas Robson Hay. *James Longstreet: I. Soldier; II: Politician, Officeholder, and Writer.* Baton Rouge: Louisiana State University Press, 1952.

Sarna, Jonathan D. *When Grant Expelled the Jews.* New York: Schocken, 2012.

Schofield, John M. *Forty-six Years in the Army.* New York: Century Co., 1897.

Sefton, James E. *The United States Army and Reconstruction, 1865–1877*. Baton Rouge: Louisiana State University Press, 1967.

Shea, William L., and Terrence J. Winschel. *Vicksburg Is the Key: The Struggle for the Mississippi River*. Lincoln: University of Nebraska Press, 2003.

Sheridan, Philip H. *Personal Memoirs of P. H. Sheridan*. 2 vols. New York: Charles L. Webster & Co., 1888.

Sherman, William Tecumseh. *Memoirs of William T. Sherman*. 2 vols. New York: D. Appleton & Co., 1875.

————. *The Sherman Letters: Correspondence Between General and Senator Sherman from 1837 to 1891*. Edited by Rachel Sherman Thorndike. New York: Da Capo Press, 1969.

Simpson, Brooks D. *Let Us Have Peace: Ulysses S. Grant and the Politics of Reconstruction, 1861–1868*. Chapel Hill: University of North Carolina Press, 1991.

————. *Ulysses S. Grant: Triumph over Adversity, 1822–1865*. Boston: Houghton Mifflin, 2000.

————, and Jean V. Berlin, eds. *Sherman's Civil War: Selected Correspondence of William T. Sherman*. Chapel Hill, University of North Carolina Press, 1999.

Simpson, Jeffrey. *Chautauqua: An American Utopia*. New York: Harry N. Abrams, 1999.

Slotkin, Richard. *No Quarter: The Battle of the Crater, 1864*. New York: Random House, 2009.

Smith, Jean Edward. *Grant*. New York: Simon & Schuster, 2001.

Smith, Timothy B. *Champion Hill: Decisive Battle for Vicksburg*. New York: Savas Beatie, 2006.

————. *Corinth, 1862: Siege, Battle, Occupation*. Lawrence: University Press of Kansas, 2012.

————. *Shiloh: Conquer or Perish*. Lawrence: University Press of Kansas, 2014.

Smith, Willard H. *Schuyler Colfax: The Changing Fortunes of a Political Idol*. Indianapolis: Indiana Historical Bureau, 1952.

Smith, William F. *Autobiography of Major General William F. Smith*. Edited by Herbert M. Schiller. Dayton, Ohio: Morningside, 1990.

Stephens, Gail. *Shadow of Shiloh: Major General Lew Wallace in the Civil War*. Indianapolis: Indiana Historical Society Press, 2010.

Stevens, Walter B. *Grant in Saint Louis*. St. Louis: Franklin Club, 1916.

Stickles, Arndt. *Simon Bolivar Buckner: Borderland Knight*. Chapel Hill: University of North Carolina Press, 1940.

Stiles, Henry Reed. *The History of Ancient Windsor, Connecticut*. New York: C. B. Norton, 1859.

Stoddard, Henry Luther. *Horace Greeley: Printer, Editor, Crusader*. New York: Charles Putnam's Sons, 1946.

Sword, Wiley. *Mountains Touched with Fire: Chattanooga Besieged, 1863*. New York: St. Martin's Press, 1995.

Symonds, Craig L. *The Civil War at Sea*. Santa Barbara, Calif.: Praeger, 2009.

————. *Lincoln and His Admirals*. New York: Oxford University Press, 2008.

Tansill, Charles Callan. *The United States and Santo Domingo, 1798–1873*. Baltimore: Johns Hopkins University Press, 1938.

Taylor, Joe Gray. *Louisiana Reconstructed, 1863–1877*. Baton Rouge: Louisiana State University Press, 1974.

Taylor, Walter H. *General Lee: His Campaigns in Virginia, 1861–1865*. Brooklyn, N.Y.: Press of Braunworth, 1906.

Thomas, Emory M. *Robert E. Lee: A Biography*. New York: W. W. Norton & Co., 1995.

Tiffany, O. H. *Pulpit and Platform: Sermons and Addresses*. New York: Hunt & Eaton, 1893.

Tindall, George Brown. *South Carolina Negroes, 1877–1900*. Baton Rouge: Louisiana State University Press, 1966.

Trefousse, Hans L. *Andrew Johnson: A Biography*. New York: W. W. Norton & Co., 1989.

———. *Ben Butler: The South Called Him BEAST!* New York: Twayne Publishers, 1957.

———. *Carl Schurz: A Biography*. Knoxville: University of Tennessee Press, 1982.

———. *Impeachment of a President: Andrew Johnson, the Blacks, and Reconstruction*. Nashville: University of Tennessee Press, 1975.

———. *The Radical Republicans: Lincoln's Vanguard for Racial Justice*. New York: Alfred A. Knopf, 1969.

———. *Thaddeus Stevens: Nineteenth Century Egalitarian*. Chapel Hill: University of North Carolina Press, 1997.

Trelease, Allen W. *White Terror: The Ku Klux Klan Conspiracy and Southern Reconstruction*. New York: Harper & Row, 1971.

Tripler, Eunice. *Eunice Tripler: Some Notes of Her Personal Recollections*. New York: Grafton Press, 1910.

Tucker, Spencer. *Andrew Foote: Civil War Admiral on Western Waters*. Annapolis, Md.: Naval Institute Press, 2000.

———. *Blue & Gray Navies: The Civil War Afloat*. Annapolis, Md.: Naval Institute Press, 2006.

———. *Unconditional Surrender: The Capture of Forts Henry and Donelson*. Abilene, Tex.: McWhiney Foundation Press, 2001.

Tunnell, Ted. *Crucible of Reconstruction: War, Radicalism, and Race in Louisiana, 1862–1867*. Baton Rouge: Louisiana State University Press, 1984.

Unger, Irwin. *The Greenback Era: A Social and Political History of American Finance, 1865–1879*. Princeton, N.J.: Princeton University Press, 1964.

Vandel, Gilles. *The New Orleans Riot of 1866: Anatomy of a Tragedy*. Lafayette: University of Southwestern Louisiana, 1983.

Van Deusen, Glyndon G. *Horace Greeley: Nineteenth-Century Crusader*. Philadelphia: University of Pennsylvania Press, 1953.

Vandiver, Frank E. *Jubal's Raid: General Early's Famous Attack on Washington in 1864*. New York: McGraw-Hill, 1960.

Wang, Xi. *The Trial of Democracy: Black Suffrage and Northern Republicans, 1860–1910*. Athens: University of Georgia Press, 1997.

Waugh, Joan. *U. S. Grant: American Hero, American Myth*. Chapel Hill: University of North Carolina Press, 2009.

Webb, Ross A. *Benjamin Helm Bristow, Border State Politician*. Lexington: University Press of Kentucky, 1969.

Weems, John Edward. *To Conquer a Peace: The War Between the United States and Mexico*. Garden City, N.Y.: Doubleday, 1974.

Weigley, Russell Frank. *History of the United States Army*. Bloomington: Indiana University Press, 1984.

Welles, Gideon. *Diary of Gideon Welles*. 2 vols. Boston: Houghton Mifflin, 1911.

Wert, Jeffry D. *General James Longstreet: The Confederacy's Most Controversial Soldier*. New York: Simon & Schuster, 1993.

West, Richard S., Jr. *The Second Admiral: The Life of David Dixon Porter, 1813–1891*. New York: Coward-McCann, 1937.

Wheelan, Joseph. *Terrible Swift Sword: The Life of Philip H. Sheridan*. Cambridge, Mass.: Da Capo Press, 2012.

White, Ronald C., Jr. *A. Lincoln: A Biography*. New York: Random House, 2009.

Williams, George W. *A History of the Negro Troops in the War of the Rebellion, 1861–1865*. New York: Harper & Bros., 1888.

Williams, Harry T. *McClellan, Sherman and Grant*. New Brunswick, N.J.: Rutgers University Press, 1962.

Williams, Kenneth P. *Grant Rises in the West: The First Year, 1861–1862*. Lincoln: University of Nebraska Press, 1997. Originally published as vol. 3 of *Lincoln Finds a General*. New York: Macmillan, 1952.

————. *Grant Rises in the West: From Iuka to Vicksburg*. Lincoln: University of Nebraska Press, 1997. Originally published as vol. 4 of *Lincoln Finds a General*. New York: Macmillan, 1956.

Wills, Brian Steel. *George Henry Thomas: As True as Steel*. Lawrence: University Press of Kansas, 2012.

Wilson, James Grant. *General Grant*. New York: D. Appleton, 1897.

————. *Life and Campaigns of General Grant*. New York: De Witt, 1868.

Wilson, James Harrison. *The Life of John A. Rawlins*. New York: J. J. Little & Ives, 1916.

Winschel, Terrence J. *Triumph and Defeat: The Vicksburg Campaign*. Vol. 2. New York: Savas Beatie, 2006.

Woodward, C. Vann. *Reunion and Reaction: The Compromise of 1877 and the End of Reconstruction*. Boston: Little, Brown & Co., 1951.

Woodworth, Steven E. *Nothing but Victory: The Army of the Tennessee, 1861–1865*. New York: Alfred A. Knopf, 2005.

————. *Six Armies in Tennessee: The Chickamauga and Chattanooga Campaigns*. Lincoln: University of Nebraska Press, 1998.

————, ed. *The Shiloh Campaign*. Carbondale: Southern Illinois University Press, 2009.

Young, John Russell. *Around the World with General Grant*. 2 vols. New York: American News, 1879.

————. *Around the World with General Grant*. Abridged, edited, and introduced by Michael Fellman. Baltimore: Johns Hopkins University Press, 2002.

————. *Men and Memories*. 2 vols. Edited by Mary D. Russell Young. New York: F. Tennyson Neely, 1901.

书籍和期刊文章中的章节

"A Woman's Diary of the Siege of Vicksburg." *Century Magazine* (September 1885): 767–75.

Allen, Stacy D. "Lewis Wallace." In *Grant's Lieutenants*. Edited by Steven E. Woodworth. Lawrence: University Press of Kansas, 2001, 63–89.

Bolles, Charles E. "General Grant and the News of Mr. Lincoln's Death." *Century Magazine* 40 (June 1890): 309–10.

Boutwell, George S. "Johnson's Plot and Motives." *North American Review* 141 (December 1885): 570–80.

Broderick, Warren F. " 'I Owe You This for Appomattox': U. S. Grant's Mystery Visitor at Mount McGregor." *Hudson Valley River Review* 22, no. 1 (Autumn 2005): 49–58.

Calomiris, Charles W., and Larry Schweikart. "The Panic of 1857: Origins, Transmissions, and Containment." *Journal of Economic History* 51 (December 1991): 807–34.

Catton, Bruce. "Reading, Writing, and History: Grant Writes Home." *American Heritage* (October 1973): 16–19.

————. "Reading, Writing, and History: U. S. Grant, Man of Letters." *American Heritage* (June 1968): 97–100.

Crane, James L. "Grant as a Colonel: Conversation Between Grant and His Chaplain." *McClure's Magazine* (June 1896): 40–45.

Fry, James B. "An Acquaintance with Grant." *North American Review* 141 (December 1885): 540–52.

Gallagher, Gary W. "An Old-Fashioned Soldier in a Modern War? Robert E. Lee as Confederate General." *Civil War History* 45, no. 4 (December 1999): 295–321.

Govan, Gilbert E., and James W. Livingood. "Chattanooga Under Military Operations, 1863–1865." *Journal of Southern History* 17 (February 1951): 23–47.

Grant, Ulysses S. "The Battle of Shiloh." *Century Magazine* (February 1885): 593–613.

Hacker, J. David. "A Census-Based Count of the Civil War Dead." *Civil War History* 57, no. 4 (December 2011): 307–48.

Howe, Timothy. "The Third Term." *North American Review* 130 (February 1880): 116–29.

Keller, Robert H., Jr. "Ulysses S. Grant: Reality and Mystique in the Far West." *Journal of the West* 31, no. 3 (July 1992): 68–80.

Ketchum, Richard M. "The Thankless Task of Nicholas Trist." *American Heritage* 21, no. 5 (August 1970): 12–15, 86–90.

Leitman, Spencer L. "The Revival of an Image: Grant and the 1880 Republican Nominating Campaign." *Missouri Historical Society Bulletin* 30 (April 1974): 196–204.

Lewis, William S., ed. "Reminiscences of Delia B. Sheffield." *Washington Historical Quarterly* 15 (Summer 1924): 49–62.

Lovett, Bobby L. "Memphis Riots: White Reaction to Blacks in Memphis, May 1865–July 1866." *Tennessee Historical Quarterly* 38 (Spring 1979): 9–33.

Mahan, Dennis Hart. "The Cadet Life of Grant and Sherman." *Army and Navy Journal* (March 31, 1866): 507.

McFeely, William S. "Amos T. Ackerman: The Lawyer and Racial Justice." In *Region, Race, and Reconstruction: Essays in Honor of C. Vann Woodward*. Edited by J. Morgan Kousser and James M. McPherson. New York: Oxford University Press, 1982, 395–415.

———. "Ulysses S. Grant, 1869–1877." In *Responses of the Presidents to Charges of Misconduct*. Edited by C. Vann Woodward. New York: Delacorte Press, 1974, 133–62.

McWhiney, Grady. "Ulysses S. Grant's Pre–Civil War Military Education." In McWhiney, *Southerners and Other Americans*. New York: Basic Books, 1973, 61–71.

Moore, Ensley. "Grant's First March." *Transactions of the Illinois State Historical Society for the Year 1910* (Springfield, 1912): 5:55–62.

Parks, Joseph H. "A Confederate Trade Center Under Federal Occupation: Memphis, 1862 to 1865." *Journal of Southern History* 7, no. 3 (August 1941): 289–314.

———. "Memphis Under Military Rule, 1862 to 1865." *East Tennessee Historical Society's Publication* 41 (1942): 312–58.

Payne, Darwin. "Camp Life in the Army of Occupation: Corpus Christi, July 1845 to March 1846." *Southwestern Historical Quarterly* 73, no. 3 (January 1970): 326–42.

Reid, Brian Holden. "Command and Leadership in the Civil War, 1861–65." In *The American Civil War: Explorations and Reconsiderations*. Edited by Susan Mary Grant and Brian Holden Reid. Harlow, U.K.: Pearson Education, 2000, 142–68.

Robson, Maureen M. "The Alabama Claims and the Anglo-American Reconciliation, 1865–1871." *Canadian Historical Review* 42 (March 1961): 1–22.

Ryan, James G. "The Memphis Riot of 1866: Terror in a Black Community During Reconstruction." *Journal of Negro History* 62 (July 1977): 243–57.

Shrady, George F. "Interviews with Grant's Doctor." *Saturday Evening Post,* September 9, 1901.

Simon, John Y. "A Marriage Tested by War: Ulysses and Julia Grant." In *Intimate Strategies of the Civil War: Military Commanders and Their Wives*. Edited by Carol X. Blesser and Lesley J. Gordon. New York: Oxford University Press, 2001, 123–37.

———. "From Galena to Appomattox: Grant and Washburne." *Journal of the Illinois State Historical Society* 58, no. 2 (Summer 1965): 165–89.

———. "Grant at Belmont." *Military Affairs* 45, no. 4 (1981): 161–66.

———. "Ulysses S. Grant and Civil Service Reform." *Hayes Historical Journal* 4, no. 3 (Spring 1984): 9.

Simpson, Brooks D. "Butcher? Racist? An Examination of William S. McFeely's *Grant*." *Civil War History* 33 (1987): 63–83.

———. "Great Expectation: Ulysses S. Grant, the Northern Press, and the Opening of the Wilderness Campaign." In *The Wilderness Campaign*. Edited by Gary W. Gallagher. Chapel Hill: University of North Carolina Press, 1997, 1–35.

Skelton, William B. "West Point Officer Professionalism, 1817–1877." In *West Point: Two Centuries and Beyond*. Edited by Lance Betros. Abilene, Tex.: McWhiney Foundation Press, 2004, 22–37.

Smith, Francis Henney. "United States Military Academy." *Southern Literary Messenger* 9, no. 11 (November 1843): 665–70.

Smith, William Wrenshall. "Holocaust Holiday: The Journal of a Strange Vacation to the War-Torn South and a Visit with U. S. Grant." *Civil War Times Illustrated* 18, no. 6 (October 1979): 28–40.

Stauffer, Alvin P. "Supply of the First American Overseas Expeditionary Force: The Quartermaster's Department and the Mexican War." *Quartermaster Review* (May–June 1950): 12–95.

Taussig, William. "Personal Recollections of General Grant." *Missouri Historical Society Collections* 2, no. 3 (1903): 1–13.

Vincent, John H. "The Inner Life of Ulysses S. Grant." *The Chautauquan* 30 (October 1889–March 1900): 634.

Wallace, Edward S. "The United States Army in Mexico City." *Military Affairs* 13, no. 3 (Autumn 1949): 158–66.

Webb, Henry W. "The Story of Jefferson Barracks." *New Mexico Historical Review* 21, no. 3 (July 1946): 185–208.

Webb, Ross A. "Benjamin H. Bristow: Civil Rights Champion, 1866–1872." *Civil War History* 15, no. 1 (March 1969): 39–53.

Wood, Thomas J. "The Battle of Missionary Ridge." In *Sketches of War History, 1861–1865*. Vol. 4. Edited by W. H. Chamberlin. Cincinnati: Robert Clarke, 1896, 23–51.

（条目序号为英文版页码，即本书页边码。）

517 Cartoon: "Grant and Fish Sending *Alabama* Claims to Geneva." *Harper's Weekly,* October 5, 1872.

520 Ku Klux Klan. Library of Congress, Prints and Photographs Division, Washington, D.C.

525 Roscoe Conkling. Library of Congress, Prints and Photographs Division, Washington, D.C.

529 Carl Schurz. Library of Congress, Prints and Photographs Division, Washington, D.C.

535 Frederick Douglass. Library of Congress, Prints and Photographs Division, Washington, D.C.

539 Cartoon: "Crédit Mobilier Scandal." Library of Congress, Prints and Photographs Division, Washington, D.C.

548 Nellie Grant. Library of Congress, Prints and Photographs Division, Washington, D.C.

549 Cartoon: "A Burden He Has to Shoulder." Ulysses S. Grant Presidential Library, Mississippi State University, Starkville, Mississippi.

552 Cartoon. Library of Congress, Prints and Photographs Division, Washington, D.C.

556 Cartoon: "The Union as It Was." Library of Congress, Prints and Photographs Division, Washington, D.C.

559 Ulysses, Julia, and Jesse at Long Branch, New Jersey. Library of Congress, Prints and Photographs Division, Washington, D.C.

561 John Heyl Vincent. Oliver Archives Center, Chautauqua Institution, Chautauqua, New York.

565 William Belknap. Library of Congress, Prints and Photographs Division, Washington, D.C.

571 Centennial Exhibition ticket. Heritage Auctions, Beverly Hills, California.

573 Bust of Frederick Douglass. Frederick Douglass National Historic Site, Washington, D.C.

580 Cartoon: "The Ballot Box." Library of Congress, Prints and Photographs Division, Washington, D.C.

582 Rutherford B. Hayes. Library of Congress, Prints and Photographs Division, Washington, D.C.

585 Grant writing his *Personal Memoirs* at Mount McGregor. Ulysses S. Grant Papers, Ulysses S. Grant Presidential Library, Mississippi State University, Starkville, Mississippi.

592 Stevengraph of Ulysses S. Grant. Heritage Auctions, Beverly Hills, California.

595 Grant addressing workers at Newcastle. Harvard Art Museums, Cambridge, Massachusetts.

600 Ulysses and Julia in Egypt. Library of Congress, Prints and Photographs Division, Washington, D.C.

603 Grant meeting with Otto von Bismarck. Harvard Art Museums, Cambridge, Massachusetts.

609 Grant meeting Prince Kung in China. Harvard Art Museums, Cambridge, Massachusetts.

611 Grant mediating peace with Emperor Meiji. Harvard Art Museums, Cambridge, Massachusetts.

614 Welcome home to San Francisco. Library of Congress, Prints and Photographs Division, Washington, D.C.

631 Wall Street Panic. Library of Congress, Prints and Photographs Division, Washington, D.C.

637 Mark Twain. Library of Congress, Prints and Photographs Division, Washington, D.C.

645 Adam Badeau. National Archives and Records Administration, Still Picture Division, College Park, Maryland.

647 Mount McGregor. Library of Congress, Prints and Photographs Division, Washington, D.C.

648 Grant and family at Mount McGregor. Library of Congress, Prints and Photographs Division, Washington, D.C.

650 Last photo of Grant at Mount McGregor. Library of Congress, Prints and Photographs Division, Washington, D.C.

651 Grant's death. *Harper's Weekly.* August 1, 1885.

655 Grant's funeral procession. Library of Congress, Prints and Photographs Division, Washington, D.C.

656 Official program of Grant's funeral procession. Heritage Auctions, Beverly Hills, California.

657 Grant's *Personal Memoirs*. Cynthia Conger White.

（索引中的页码为英文版页码，即本书页边码。）

图书在版编目（CIP）数据

美国的尤利西斯：尤利西斯·S.格兰特的故事：
上下 /（美）罗纳德·C.怀特（Ronald C. White）著；
刘洋译. -- 北京：社会科学文献出版社，2021.4
　　书名原文: American Ulysses: A Life of Ulysses
S. Grant
　　ISBN 978-7-5201-7012-3

　　Ⅰ.①美… Ⅱ.①罗… ②刘… Ⅲ.①格兰特(
Grant, Ulysses Simpson 1822－1885)－传记 Ⅳ.
①K837.127=4

中国版本图书馆CIP数据核字（2020）第153519号

美国的尤利西斯：尤利西斯·S.格兰特的故事（上、下）

著　　者 / ［美］罗纳德·C.怀特（Ronald C. White）
译　　者 / 刘　洋

出 版 人 / 王利民
组稿编辑 / 段其刚
责任编辑 / 陈旭泽　周方茹

出　　版 / 社会科学文献出版社·联合出版中心（010）59367151
　　　　　　地址：北京市北三环中路甲29号院华龙大厦　邮编：100029
　　　　　　网址：www.ssap.com.cn
发　　行 / 市场营销中心（010）59367081　59367083
印　　装 / 北京盛通印刷股份有限公司

规　　格 / 开　本：787mm×1092mm　1/16
　　　　　　印　张：72.25　字　数：869千字
版　　次 / 2021年4月第1版　2021年4月第1次印刷
书　　号 / ISBN 978-7-5201-7012-3
著作权合同
登 记 号 / 图字01-2017-3384号
定　　价 / 238.00元（上、下）